БАНКОВСКО-БИРЖЕВОЙ СЛОВАРЬ

DICTIONNAIRE DE BANQUE ET DE BOURSE

DICTIONARY ON BANKING AND EXCHANGE

K. S. GAVRICHINA
M. A. SAZONOV
I. N. GAVRICHINA

DICTIONNAIRE DE BANQUE ET DE BOURSE

FRANÇAIS
ANGLAIS
RUSSE

Environ 24 000 termes

DICTIONARY ON BANKING AND EXCHANGE

FRENCH
ENGLISH
RUSSIAN

Approx. 24 000 entries

«RUSSO»
MOSCOU   MOSCOW
1999

К. С. ГАВРИШИНА
М. А. САЗОНОВ
И. Н. ГАВРИШИНА

БАНКОВСКО-БИРЖЕВОЙ СЛОВАРЬ

ФРАНЦУЗСКИЙ
АНГЛИЙСКИЙ
РУССКИЙ

Около 24 000 терминов

«РУССО»
МОСКВА
1999

ББК 65
Г 12

Гавришина К. С. и др.
Г 12 Банковско-биржевой словарь (французский, английский, русский). / К. С. Гавришина, М. А. Сазонов, И. Н. Гавришина. Ок. 24 000 терминов. — М.: «РУССО», 1999. – 976 с.

ISBN 5-88721-122-9

Словарь содержит около 24 000 терминов и терминологических сочетаний, относящихся к коммерческому и инвестиционному банковскому делу, корпоративному финансированию, кредитной и валютной политике, денежной системе, а также к организации и функционированию финансовых рынков в целом, и, в частности, фондовой биржи. В словаре отражены макро- и микроэкономика, страховое дело, бухгалтерский учет и право в той мере, в которой они связаны с банковско-биржевой тематикой.

Словарь снабжен указателями английских и русских терминов.

Предназначен для деловых людей, банковских и финансовых специалистов как в России, так и за рубежом, для студентов, аспирантов и преподавателей финансовых специальностей, переводчиков.

ISBN 5-88721-122-9   ББК 65+81.2-4

© «РУССО», 1999
Репродуцирование (воспроизведение) данного издания любым способом без договора с издательством запрещается.

ПРЕДИСЛОВИЕ

Настоящий словарь подготовлен специалистами Московского государственного института международных отношений (Университета) МИД РФ: К. С. Гавришиной, к. ф. н., профессором кафедры французского языка №2 МГИМО, М. А. Сазоновым, специалистом по валютно-кредитным отношениям, выпускником МГИМО, И. Н. Гавришиной, доцентом кафедры французского языка №2 МГИМО.

Словарь содержит около 24 000 терминов и терминологических сочетаний, относящихся к банковскому и биржевому делу. Наибольшее внимание уделено разработке терминов по следующим темам: формы безналичных расчетов, сберегательные, кредитные и инвестиционные операции коммерческих банков, внешнеэкономическая деятельность коммерческих банков и формы международных расчетов по экспортно-импортным операциям, финансовые инструменты и их производные, профессиональные участники рынка ценных бумаг, сделки и расчеты на фондовом рынке, страхование рисков и анализ рынка ценных бумаг.

При отборе терминов использовались специальные справочники, словари и монографии, вышедшие в последние годы за рубежом и в нашей стране, а также периодическая литература, посвященная финансам, банкам и фондовым рынкам. Поэтому в данный словарь включены многочисленные неологизмы (примерно 20% от общего объема словаря), отражающие современные тенденции развития банковского и биржевого дела, в частности, появление новых финансовых инструментов и биржевых стратегий, использование информационных технологий.

Каждая словарная статья состоит из основного французского термина и наиболее употребительных его сочетаний с соответствующими английскими и русскими эквивалентами. Словарь дополняют указатели английских и русских терминов, с помощью которых по номерам можно найти в основной части словаря эквиваленты на других языках.

Словарь предназначен для специалистов в области банковского и биржевого дела, работников банков, инвестиционных компаний, фондовых бирж и других структур. Он может быть полезен преподавателям, аспирантам, студентам экономических вузов, слушателям академий и высших школ предпринимательства, а также всем тем, кто интересуется деятельностью банков и фондовых бирж.

Авторы выражают глубокую признательность руководству Московского государственного института международных отношений (Университета) МИД РФ: ректору МГИМО, профессору А. В. Торкунову и первому проректору МГИМО, профессору И. Г. Тюлину за содействие и помощь в работе над настоящим словарем.

Все замечания и отзывы по содержанию словаря просьба направлять по адресу: 117071, Москва, Ленинский пр-т, 15, офис 323, издательство «РУССО».

Телефон: 955-05-67. Факс: 237-25-02.
Web: http: //www.aha.ru/~russopub/
E-mail: russopub@aha.ru

Авторы

О ПОЛЬЗОВАНИИ СЛОВАРЕМ

Ведущие французские термины расположены в алфавитном порядке, причем составные термины рассматриваются как слитно написанные слова, например:

accord-cadre *m*
accorder

Словарная статья состоит из терминов на французском и их эквивалентов на английском и русском языках, расположенных в виде таблицы.

Все ведущие французские термины пронумерованы в пределах каждой из букв алфавита для возможности обратного перевода с английского и русского языков с помощью указателей.

Таким образом, словарная статья имеет следующий вид:

A22	**abattement** *m*	abatement, rebate, allowance; deduction	снижение; вычет

Пояснения заключены в круглые скобки и набраны курсивом, например:

négocier des blocs	to trade in blocks *(of securities)*	осуществлять операции с пакетами *(ценных бумаг)*

Факультативная часть термина также заключена в круглые скобки, но даётся прямым шрифтом, например:

cours *m* **de l'once**	(gold)ounce price	цена унции (золота)

Синонимичные варианты термина помещены в квадратные скобки, например:

compte *m* **de charges**	expenditure [expense] account	счёт издержек [расходов]

В переводах разные значения разделяются цифрами, близкие по смыслу варианты — точкой с запятой, синонимичные варианты — запятой.

В конце словаря даны указатели английских и русских терминов.

ФРАНЦУЗСКИЙ АЛФАВИТ

Aa	Jj	Ss
Bb	Kk	Tt
Cc	Ll	Uu
Dd	Mm	Vv
Ee	Nn	Ww
Ff	Oo	Xx
Gg	Pp	Yy
Hh	Qq	Zz
Ii	Rr	

A

A 1	abaissement *m*	lowering, fall, drop, decrease	снижение, уменьшение, понижение
A 2	abaissement des commissions	lowering of commissions	уменьшение размера комиссии
A 3	abaissement des coupons	lowering of coupons	уменьшение размеров купонов
A 4	abaissement des coûts de négociation	reduction in transaction costs	снижение издержек по (биржевым) операциям
A 5	abaissement du taux d'escompte	lowering of the discount rate	снижение учётной ставки
A 6	abaissement du taux du loyer de l'argent	lowering of the interest rate	снижение процентной ставки
A 7	abaissement de la valeur de la monnaie	decline in the value of currency	обесценение валюты
A 8	abaisser	to lower, to reduce, to bring down	снижать, уменьшать, понижать
A 9	abandon *m*	abandonment, giving up	отказ; отмена; ликвидация; свёртывание
A 10	abandon de l'activité boursière	abandonment of stock exchange transactions	свёртывание биржевой деятельности
A 11	abandon d'une branche	liquidation of a branch	ликвидация отделения
A 12	abandon des changes fixes	abandonment of fixed exchange rates	отказ от [отмена] фиксированных валютных курсов
A 13	abandon de la correction monétaire	giving up monetary adjustment	отказ от корректировки валютных курсов
A 14	abandon des créances	forgiveness of debts	ликвидация долговых требований
A 15	abandon du droit de vote	waiving one's voting right	отказ от права голоса
A 16	abandon de l'encadrement du crédit	abandonment of the tight credit policy	отмена ограничения кредита
A 17	abandon de l'étalon-or	coming off the gold standard	отказ от [отмена] золотого стандарта
A 18	abandon de l'option	abandonment of the option	отказ от опциона
A 19	abandon des parités fixes	abandonment of fixed currency parities	отказ от фиксированных паритетов
A 20	abandon de la prime	abandonment of the option	отказ от премии
A 21	abandonner	to abandon, to come off *(e.g. the gold standard)*	отказываться; отменять *(напр. золотой стандарт)*; свёртывать
A 22	abattement *m*	abatement, rebate, allowance; deduction	снижение; вычет
A 23	abattement de crédit	credit restriction	сужение [сокращение] кредита
A 24	abattement définitif	final (tax) deduction	установленный необлагаемый минимум

A

A 25	abattement fiscal [d'impôt]	tax abatement	налоговая скидка
A 26	abattement sur revenus obligataires	bond income deduction	необлагаемый минимум дохода по облигациям
A 27	abattements *m pl*	tax relief, tax rebates, tax abatements	налоговые скидки
A 28	abattements sur les revenus de capitaux mobiliers	reduction of tax on income from securities	снижение налога на доход от ценных бумаг
A 29	abattre	to allow a reduction *(of tax)*	снижать *(налоги)*, делать скидку *(налогов)*
A 30	abolir	to abolish, to annul, to cancel, to abrogate	отменять, упразднять
A 31	abolition *f*	abolishment, abolition, cancellation, abrogation, annulment	отмена, упразднение
A 32	abolition des commissions fixées	abolition of fixed commissions	упразднение фиксированных комиссионных
A 33	abolition du contrôle des changes	abolition of exchange control	отмена валютного контроля
A 34	abolition de la retenue à la source	abolition of withholding at source	отмена налога у источника
A 35	abondance *f*	abundance	избыток, изобилие
A 36	abondance de capitaux	capital abundance	избыток капиталов
A 37	abondance de liquidités	liquidities abundance	избыток ликвидных средств
A 38	abondant	abundant	избыточный, обильный
A 39	abonnement *m*	subscription *(for securities)*	подписка *(на ценные бумаги)*
A 40	abrogation *f*	abrogation, annulment	отмена, аннулирование
A 41	abrogation d'une dette	debt annulment	аннулирование долга
A 42	abrogation des restrictions	abolition of restrictions	отмена ограничений
A 43	abroger	to abrogate, to cancel, to annul	отменять, аннулировать
A 44	absence *f*	absence; lack, default, want	отсутствие; недостаток, нехватка
A 45	en l'absence de	in the absence of...	за неимением...
A 46	absence de cotations	absence of quotations	отсутствие котировок
A 47	absence de droit de vote	absence of right to vote [of voting right]	отсутствие права голоса
A 48	absence d'investissement	lack of investment	деинвестирование, низкая инвестиционная активность
A 49	absence de liquidité	absence of liquidity	неликвидность
A 50	absence d'ordres	absence of orders	отсутствие поручений *(на бирже)*
A 51	absence de rentabilité	nonprofitability	нерентабельность, низкая доходность
A 52	absolu	1. absolute; complete, total 2. unrestricted; unlimited	1. абсолютный; полный 2. крайний; неограниченный
A 53	absorber	1. to take over *(e.g. a company)* 2. to lower, to cut	1. поглощать *(напр. компанию)* 2. уменьшать, сокращать
A 54	absorption *f*	1. taking over, takeover 2. cut, abatement	1. поглощение *(покупка одной компанией контрольного пакета акций другой)* 2. уменьшение, сокращение
A 55	absorption de filiales	takeover of subsidiaries	поглощение дочерних компаний
A 56	absorption du pouvoir d'achat	reduction [drop] in the purchasing power	снижение покупательной способности

A

A 57	abus *m*	abuse	злоупотребление
A 58	abus de blanc-seing	abuse of blank signature	злоупотребление бланковым документом
A 59	abus de confiance	breach of trust	злоупотребление доверием
A 60	abus de pouvoir	abuse of power, action [act] ultra vires	превышение власти, злоупотребление властью
A 61	accalmie *f* sur le marché	sluggish [inactive] market	вялая конъюнктура на рынке
A 62	accaparement *m*	1. buying up 2. cornering; monopolizing	1. скупка *(спекулятивная)* 2. захват; монополизация *(рынка)*
A 63	accaparer	1. to buy up 2. to corner; to monopolize *(the market)*	1. скупать *(с целью спекуляции)* 2. захватывать; монополизировать *(рынок)*
A 64	accapareur *m*	1. buyer-up 2. monopolizer; cornerer	1. скупщик 2. компания, пытающаяся монополизировать рынок
A 65	accéder	to get access to, to reach	получать доступ
A 66	accélération *f*	acceleration; speeding up	ускорение; повышение [нарастание] темпов
A 67	accélération de l'inflation	acceleration of the inflation rate	повышение [нарастание] темпов инфляции
A 68	accélération de la vitesse de circulation de la monnaie	acceleration of money velocity	увеличение скорости обращения денег
A 69	accentuation *f*	accentuation; aggravation; intensification; increase	обострение; усиление; увеличение
A 70	accentuation de la concurrence	intensification of competition	обострение конкуренции
A 71	accentuation des risques	aggravation of risks	увеличение рисков
A 72	accentuation de la tendance	strengthening [sharpening, accentuation] of a trend	усиление тенденции
A 73	accentuer	to accentuate; to aggravate; to increase	обострять; усиливать; увеличивать
A 74	acceptant *m*	acceptor	акцептант
A 75	acceptation *f*	acceptance	1. принятие *(предложения)* 2. акцепт *(векселя)*
A 76	bon pour acceptation	accepted, approved	«акцептовано» *(надпись на векселе)*
A 77	à défaut d' acceptation	in default of acceptance	из-за неакцепта
A 78	domicilier l'acceptation	to domicile an acceptance	домицилировать акцепт
A 79	envoyer à l'acceptation	to send for acceptance	посылать для акцепта
A 80	faute d'acceptation	in default of acceptance	из-за неакцепта
A 81	munir de l'acceptation	to accept	акцептовать
A 82	présenter à l'acceptation	to present for acceptance	предъявлять к акцепту
A 83	refuser l'acceptation	to refuse to accept	отказываться от акцепта
A 84	sous réserve d'acceptation	subject to acceptance	при условии акцепта
A 85	revêtir de l'acceptation	to accept	акцептовать
A 86	acceptation bancaire	bank [banker's] acceptance	банковский акцепт
A 87	acceptation en blanc	blank acceptance	бланковый акцепт
A 88	acceptation cambiaire	bill acceptance	вексельный акцепт
A 89	acceptation de cautionnement	collateral acceptance	гарантийный акцепт
A 90	acceptation des chèques	check acceptance	чековый акцепт
A 91	acceptation commerciale	trade acceptance	торговый акцепт
A 92	acceptation de complaisance	accommodation bill	«дружеский» вексель

A

A 93	acceptation sous condition [conditionnelle]	qualified [special] acceptance	условный акцепт
A 94	acceptation à découvert	blank acceptance	бланковый акцепт
A 95	acceptation en dépôt de titres	taking securities on deposit	приём на депозит ценных бумаг
A 96	acceptation des dépôts	deposit taking	приём депозитов
A 97	acceptation contre documents	acceptance against documents	акцепт против документов
A 98	acceptation générale	general [unconditional] acceptance	простой [необусловленный] акцепт
A 99	acceptation par honneur	acceptance for honor, acceptance supra protest	акцепт на доверии
A 100	acceptation inconditionnelle	general [unconditional] acceptance	простой [необусловленный] акцепт
A 101	acceptation par intervention	acceptance for honor, acceptance supra protest	акцепт на доверии
A 102	acceptation d'une lettre de change	acceptance of bill	вексельный акцепт
A 103	acceptation nette	clean acceptance	чистый акцепт
A 104	acceptation partielle	partial acceptance	частичный акцепт
A 105	acceptation postérieure	subsequent acceptance	последующий акцепт
A 106	acceptation préliminaire	advance acceptance	предварительный акцепт
A 107	acceptation sous protêt	acceptance for honor, acceptance supra protest	акцепт на доверии
A 108	acceptation pure et simple [sans réserve]	general [unconditional] acceptance	простой [необусловленный] акцепт
A 109	acceptation sous réserve [spéciale]	qualified [special] acceptance	условный акцепт
A 110	acceptation tacite	tacit acceptance	молчаливый акцепт
A 111	acceptation d'une traite	bill acceptance	вексельный акцепт
A 112	acceptation ultérieure	subsequent acceptance	последующий акцепт
A 113	acceptations *f pl* croisées	acceptance cross-facilities	взаимный акцепт
A 114	accepter	to accept	1. принимать *(предложение)* 2. акцептовать *(вексель)*
A 115	accepteur *m*	acceptor	акцептант
A 116	accepteur par honneur [par intervention]	acceptor for honor, acceptor supra protest	акцептант в качестве поручителя *(за своевременный платёж)*
A 117	accepteur d'une lettre de change	acceptor of a bill of exchange	акцептант по векселю
A 118	accès *m*	1. access 2. burst	1. доступ; возможность получения 2. вспышка, приступ
A 119	avoir directement accès à la bourse	to have direct access to the stock exchange	иметь доступ на биржу
A 120	fermer l'accès au marché	to close access to the market	закрывать доступ на рынок
A 121	obtenir l'accès au marché	to obtain access to the financial market	получать доступ на рынок
A 122	accès à la bourse	access to the stock exchange	доступ на биржу
A 123	accès aux coffres-forts	access to the safe deposit boxes	доступ к сейфам
A 124	accès au crédit	access to credit	доступ к кредиту, возможность получения кредита
A 125	accès direct au marché	direct access to the market	непосредственный [прямой] доступ на рынок

A

A 126	accès de faiblesse de la bourse	weakening of the market	кратковременный биржевой кризис
A 127	accès de faiblesse du dollar face au mark	fall of the dollar against the mark	падение курса доллара против марки
A 128	accès de fièvre spéculative	outbreak of speculative fever	вспышка спекулятивной лихорадки
A 129	accès d'inflation	inflation bout	вспышка инфляции
A 130	accès au système informatique (de la banque)	access to the (bank's) information system	доступ к компьютерной (банковской) системе
A 131	accès télex	telex access	доступ с помощью телекса
A 132	accommodement *m*	arrangement	соглашение *(должника с кредитором)*
A 133	venir à un accommodement	to come to terms	приходить к соглашению
A 134	accomplissement *m* d'un engagement	fulfillment of an obligation	выполнение обязательства
A 135	accord *m*	1. agreement 2. consent, agreement, arrangement	1. договор, соглашение 2. согласие, договорённость
A 136	conclure [passer] un accord	to conclude an agreement	заключать договор [соглашение]
A 137	prolonger un accord	to prolong an agreement	продлевать договор [соглашение]
A 138	renégocier un accord	to revise an agreement	пересматривать договор [соглашение]
A 139	«résilier» [rompre] un accord	to break an agreement	расторгать договор
A 140	signer un accord	to sign an agreement	подписывать договор [соглашение]
A 141	accord de cession-bail	sale leaseback arrangement	кредитно-арендное соглашение
A 142	accord de change	monetary agreement	валютное соглашение
A 143	accord de clearing [de compensation]	clearing agreement	клиринговое соглашение
A 144	accord conditionnel	qualified agreement	условное соглашение *(по кредитам)*
A 145	accord de confirmation	stand-by agreement	соглашение «стэнд-бай» *(соглашение о резервном кредите)*
A 146	accord de consolidation de dettes	debt rescheduling agreement	соглашение о консолидации долга, соглашение об отсрочке платежей *(по кредиту)*
A 147	accord de correspondance	correspondent agreement	корреспондентское соглашение
A 148	accord de crédit	credit agreement	кредитное соглашение
A 149	accord des échéances	matching of terms, matching of maturities	соответствие [совпадение] сроков активов и пассивов
A 150	accord financier	financial agreement	кредитное соглашение
A 151	accord en matière de double imposition	agreement on double taxation	соглашение о двойном налогообложении
A 152	accord monétaire	monetary agreement	валютное соглашение
A 153	accord de non double imposition	agreement on elimination of double taxation	соглашение об отмене двойного налогообложения
A 154	accord de paiement	payment agreement	платёжное соглашение
A 155	accord de partenariat	partnership agreement	соглашение о партнёрстве
A 156	accord de participation	profit-sharing agreement	соглашение об участии в прибылях

A

A 157	accord de rachat de titres	repurchase agreement	соглашение об обратном выкупе, РЕПО
A 158	accord de rééchelonnement de dettes	debt rescheduling agreement	соглашение об отсрочке платежей *(по кредиту)*
A 159	accord de réescompte	rediscounting agreement	соглашение о переучёте векселей
A 160	accord de soutien	support arrangement	соглашение о (кредитной) поддержке
A 161	accord stand-by	stand-by agreement	соглашение «стэнд-бай» *(соглашение о резервном кредите)*
A 162	accord de taux à terme	forward rate agreement	соглашение о будущей процентной ставке
A 163	accord à terme	forward forward agreement	срочное соглашение на срок *(обязательство вступить в срочную сделку через определённое время)*
A 164	accord de transfert	transfer agreement	платёжное соглашение
A 165	Accord *m* général d'emprunt	general arrangement to borrow	Генеральное соглашение о займах
A 166	Accord *m* monétaire européen	European Monetary Agreement	Европейское валютное соглашение
A 167	accord-cadre *m*	frame agreement	рамочное соглашение
A 168	accorder	1. to grant, to allow 2. to adjust, to conform	1. предоставлять 2. согласовывать, корректировать, приводить в соответствие
A 169	accords *m pl*	agreements	соглашения
A 170	accords d'échange	swap agreements	соглашения своп
A 171	accords interbancaires	banking arrangements	межбанковские соглашения
A 172	accords de participation financière croisés	financial cross-holding agreements	соглашения о взаимном участии в капитале
A 173	accords de refinancement	refunding [refinancing] agreements	соглашения о рефинансировании
A 174	accords (de) swap(s)	swap agreements	соглашения своп
A 175	Accords *m pl* monétaires de Bretton Woods	Bretton Woods Agreements	Бреттон-Вудские валютные соглашения
A 176	accréditer	to open a credit	открывать аккредитив
A 177	accréditer auprès d'une banque	to open a credit for... with a bank	открывать аккредитив в банке
A 178	accréditeur *m*	guarantor, surety; endorser	поручитель
A 179	accréditif *m*	credit, letter of credit	аккредитив
A 180	établir [loger, ouvrir] un accréditif	to open a credit	открывать аккредитив
A 181	révoquer un accréditif	to withdraw a letter of credit	отзывать аккредитив
A 182	accréditif confirmé	confirmed letter of credit	подтверждённый аккредитив
A 183	accréditif divisible	divisible letter of credit	делимый аккредитив
A 184	accréditif documentaire	documentary letter of credit	документарный аккредитив
A 185	accréditif indivisible	indivisible letter of credit	неделимый аккредитив
A 186	accréditif irrévocable	irrevocable letter of credit	безотзывный аккредитив
A 187	accréditif non confirmé	unconfirmed letter of credit	неподтверждённый аккредитив
A 188	accréditif en numéraire	cash letter of credit	денежный аккредитив
A 189	accréditif renouvelable	revolving letter of credit	револьверный [возобновляемый] аккредитив

A 190	accréditif révocable	revocable letter of credit	отзывный аккредитив
A 191	accréditif revolving [rotatif]	revolving letter of credit	револьверный [возобновляемый] аккредитив
A 192	accréditif rotatif cumulatif	cumulative revolving letter of credit	револьверный [возобновляемый] накопительный аккредитив
A 193	accréditif transférable	transferable letter of credit	переводной аккредитив
A 194	accréditif en une fois	single letter of credit	разовый аккредитив
A 195	accrochage *m*	pegging *(of a currency)*	привязка *(валюты)*
A 196	accrocher	to peg *(a currency)*	привязывать *(валюту)*
A 197	accroissement *m*	growth, rise, increase	прирост; увеличение, рост
A 198	accroissement des charges	rise in expenses	рост расходов
A 199	accroissement de la circulation monétaire	rise in monetary circulation	увеличение количества денег в обращении
A 200	accroissement des concours de la banque	rise in bank lending	увеличение банковского кредитования
A 201	accroissement des dettes à long terme	rise in long-term indebtedness	рост долгосрочной задолженности
A 202	accroissement des fonds propres	equity increase	увеличение собственных денежных средств
A 203	accroissement des liquidités	increase in liquidities	увеличение ликвидных средств
A 204	accroissement des prêts à long terme	increase in long-term loans	рост долгосрочных займов
A 205	accroissement des signes monétaires	increase in paper money amount	рост объёма денежных знаков
A 206	accroissement de la valeur	rise in value, value increase	прирост стоимости; возрастание стоимости
A 207	accroissement de la valeur de la monnaie	currency appreciation	повышение курса валюты
A 208	accroître, s'	to rise, to increase, to grow	увеличиваться, расти
A 209	accumulation *f*	accumulation; piling up	накопление, аккумуляция
A 210	accumulation de capital	capital accumulation	накопление капитала
A 211	accumulation des créances	accumulation of claims	накопление (долговых) требований
A 212	accumulation en espèces	accumulation of cash	денежные накопления
A 213	accumulation financière	financial accumulation	накопление денежного капитала
A 214	accumulation initiale du capital	initial capital accumulation	первоначальное накопление капитала
A 215	accumulation d'intérêts	interest accrual	накопление процентов
A 216	accumulation des réserves monétaires	accumulation of monetary reserves	накопление валютных резервов
A 217	accumuler	to accumulate; to pile up	накапливать, аккумулировать
A 218	accusé *m* de bien trouvé	confirmation of the statement of account; reconciliation statement	подтверждение выписки из счёта
A 219	accusé de réception	acknowledgment of receipt	подтверждение получения; уведомление о получении
A 220	achat *m*	purchase, buying; acquisition	покупка; приобретение
A 221	achat adossé	leverage(d) buyout	покупка (компании) за счёт (в основном) заёмных средств
A 222	achat d'anticipation	hedge buying	покупка с целью хеджирования

A

A 223	achat anticipé de devises	advance purchase of foreign exchange	досрочная покупка валюты
A 224	achat sur appel d'offres	tender purchase	покупка на торгах
A 225	achat à la baisse	bear purchase	покупка в расчёте на понижение курса
A 226	achat en bloc	block purchase; block trade	покупка крупного пакета ценных бумаг
A 227	achat d'un call	long call, call (option) buying	покупка опциона колл
A 228	achat (au) comptant	cash purchase	покупка за наличный расчёт
A 229	achat de couverture	hedge buying	покупка с целью хеджирования
A 230	achat à découvert	bull purchase	покупка в расчёте на повышение курса
A 231	achat de devises à terme	forward currency purchase	покупка валюты на срок
A 232	achat d'émissions étrangères	purchase of foreign issues	покупка иностранных эмиссий
A 233	achat par endettement	leverage(d) buyout	покупка (компании) за счёт (в основном) заёмных средств
A 234	achat ferme	fixed [firm] purchase	твёрдо обусловленная покупка
A 235	achat à la hausse	bull purchase	покупка в расчёте на повышение курса
A 236	achat initial	opening purchase	первоначальная покупка
A 237	achat liquidatif [de liquidation]	closing purchase	покупка для закрытия позиции
A 238	achat en liquidation	buying for the account	покупка в ликвидационный период (на бирже)
A 239	achat sur marge	margin purchase, margin buying	покупка (ценных бумаг) за счёт гарантийного депозита у брокера
A 240	achat mutuel	back-to-back placement	взаимная покупка (ценных бумаг)
A 241	achat d'option couvert	covered long option	покупка покрытого опциона
A 242	achat d'option de vente	long put, put (option) buying	покупка опциона пут
A 243	achat de précaution	hedge buying	покупка с целью хеджирования
A 244	achat d'un put	long put, put (option) buying	покупка опциона пут
A 245	achat d'une réduction d'intérêt	buy-down	покупка права платить более низкий процент
A 246	achat RM	monthly settlement purchase	покупка с расчётом по операции в конце месяца
A 247	achat spéculatif [en spéculation]	speculative buying	покупка (ценных бумаг) с целью получения спекулятивной прибыли
A 248	achat d'un straddle	straddle purchase	стрэдл (покупка одновременно опционов пут и колл на один и тот же финансовый инструмент)
A 249	achat d'un strangle	strangle purchase	стрэнгл (покупка опционов пут и колл на один и тот же финансовый инструмент с разными ценами и одинаковыми сроками исполнения)
A 250	achat à tempérament	installment buying; hire purchase	покупка в рассрочку

A

A 251	achat à terme	forward purchase; futures buyings	покупка на срок, форвардная покупка
A 252	achat à terme ferme	purchase for future delivery during specified periods	покупка на срок с твёрдой поставкой
A 253	achat à terme fixe	forward purchase; futures buyings	покупка на срок, форвардная покупка
A 254	achat dans la tranche de crédit	credit tranche purchase	покупка в пределах кредитной доли
A 255	achat dans la tranche de réserve	reserve tranche purchase	покупка в пределах резервной доли
A 256	achat de valeurs	purchase of securities	покупка ценных бумаг
A 257	achat et vente de métal anonymes	anonymous purchase and sale of gold	анонимная купля-продажа золота
A 258	achat et vente de titres	sale and purchase of securities, securities trading	купля-продажа ценных бумаг
A 259	acheter	to purchase, to buy; to acquire	покупать; приобретать
A 260	acheteur *m*	buyer, purchaser	покупатель
A 261	acheteur de bonne foi	bona fide purchaser	добросовестный покупатель
A 262	acheteur d'un call	call purchaser	покупатель колла [опциона колл]
A 263	acheteur d'un cap	cap purchaser	покупатель контракта «кэп»
A 264	acheteur à découvert	bull purchaser	покупатель-«бык»
A 265	acheteur dispensé	exempt purchaser	покупатель, освобождённый от обязательства
A 266	acheteur de double option	double option buyer	покупатель двойного опциона
A 267	acheteur de droits	purchaser of rights	покупатель прав
A 268	acheteur ferme	firm buyer	покупатель на твёрдых условиях
A 269	acheteur sur marge	margin account buyer	покупатель за счёт маржи (гарантийного депозита у брокера)
A 270	acheteur d'obligations	buyer of bonds	покупатель облигаций
A 271	acheteur d'options	option buyer	покупатель опционов
A 272	acheteur d'options de change	currency option buyer	покупатель валютных опционов
A 273	acheteur d'un put	put purchaser	покупатель пута [опциона пут]
A 274	acheteur à réméré	buyer by a repurchase agreement	покупатель по соглашению об обратном выкупе (ценных бумаг)
A 275	acheteur en report	contango buyer	покупатель по репортной сделке
A 276	acheteur d'un stellage	spread [straddle] buyer	покупатель по стеллажной сделке
A 277	acheteur d'un straddle	straddle buyer	покупатель стрэдла
A 278	acheteur d'un strangle	strangle buyer	покупатель стрэнгла
A 279	acheteur de titres étrangers	buyer of foreign securities	покупатель иностранных ценных бумаг
A 280	achèvement *m*	completion, fulfillment, carrying out	окончание; завершение
A 281	achèvement des formalités	completion of formalities	выполнение формальностей
A 282	acompte *m*	prepayment, advance (payment); downpayment	аванс, авансовый платёж; задаток
A 283	déduire un acompte	to deduct an advance	вычитать задаток

A

A 284	demander un acompte	to ask for a downpayment [for an advance]	требовать уплаты задатка
A 285	donner [payer] un acompte	to pay [to grant] an advance	вносить задаток
A 286	recevoir un acompte de 1000F	to receive an advance of F 1000	получать задаток в 1000 фр.
A 287	à titre d'acompte sur	in earnest	в качестве задатка
A 288	acompte sur commission	advance on commission	задаток в счёт комиссии
A 289	acompte sur dividende	interim dividend	промежуточный [предварительный] дивиденд
A 290	acompte mensuel	monthly installment	ежемесячный взнос
A 291	acompte, premier	first installment	первый взнос
A 292	acompte provisionnel	advance payment, provisional installment	предварительная частичная уплата налога
A 293	acomptes *m pl*	installments	периодические платежи
A 294	payer par acomptes	to pay by installments	платить в рассрочку
A 295	acomptes reçus	payments received	полученные платежи
A 296	à-coups *m pl* monétaires	monetary jolts	валютные потрясения
A 297	acquéreur *m*	acquirer; purchaser, buyer	приобретатель; покупатель
A 298	se porter acquéreur	to announce one's intention of buying	выступать в качестве покупателя
A 299	se rendre acquéreur	to acquire; to purchase, to buy	приобретать; покупать
A 300	acquéreur d'un bloc	buyer of a block *(of shares)*	покупатель контрольного пакета *(акций)*
A 301	acquéreur de bonne foi	bona fide purchaser	добросовестный покупатель
A 302	acquéreur cessionnaire	cessionary, transferee, assignee	цессионарий
A 303	acquéreur de créances	purchaser of debts	покупатель (долговых) требований
A 304	acquéreur de droits	acquirer of rights	приобретатель прав
A 305	acquéreur de mauvaise foi	purchaser in bad faith	недобросовестный покупатель
A 306	acquéreur d'une option	buyer of an option	покупатель опциона
A 307	acquéreur de titres	buyer of securities	покупатель ценных бумаг
A 308	acquérir	to acquire; to purchase, to buy	приобретать; покупать
A 309	acquiescement *m*	1. consent 2. acceptance *(e.g. of a debt)*	1. согласие; уступка 2. признание *(напр. долга, исковых требований)*
A 310	acquisition *f*	acquisition; purchase, buying	приобретение; покупка
A 311	acquisition d'actifs	purchase [acquisition] of assets	приобретение активов *(компании)*
A 312	acquisition d'actions	stock [share] purchase	покупка акций
A 313	acquisition d'un capital	raising of capital	приобретение капитала
A 314	acquisition de dollars contre DTS	purchase of dollars for SDR	покупка долларов в обмен на СДР
A 315	acquisition de lettres de change	acquisition of bills of exchange	покупка тратт
A 316	acquisition des parts subordonnées	purchase of subordinate stock	приобретение «младших» акций
A 317	acquisition progressive	step-by-step acquisition *(of a controlling block of shares)*	постепенное приобретение *(контрольного пакета акций)*
A 318	acquisition de ses propres actions	share repurchase	выкуп (собственных) акций
A 319	acquisition de titres [de valeurs]	securities purchase	покупка ценных бумаг
A 320	acquisitions *f pl*	acquisitions; purchases	закупки
A 321	acquisitions de droits de tirage spéciaux	SDR acquisitions	получение СДР

A

A 322	acquisitions nettes de devises étrangères	net purchases of foreign exchange	нетто-закупки иностранной валюты
A 323	acquisitions nettes d'obligations étrangères	net purchases of foreign bonds	нетто-закупки иностранных облигаций
A 324	acquit *m*	receipt	расписка; квитанция
A 325	pour acquit	received (with thanks); paid	оплачено; деньги сполна получил *(надпись на денежном документе)*
A 326	donner acquit	to give a receipt	выдавать расписку
A 327	acquit de paiement	receipt for payment	расписка в получении платежа
A 328	acquittable	payable	подлежащий оплате, оплачиваемый
A 329	acquittement *m*	payment, settlement; discharge, paying off	платёж, уплата
A 330	en acquittement	in payment	в погашение, в оплату
A 331	acquittement d'une dette	payment of a debt, discharge of a debt	погашение долга
A 332	acquittement des impôts	payment of taxes	уплата налогов
A 333	acquitter	to pay, to settle; to pay off, to discharge	оплачивать, уплачивать
A 334	acquitter, s'	to settle, to pay off, to pay up; to discharge *(a debt)*	расплачиваться, рассчитываться; погашать *(задолженность)*
A 335	acte *m*	1. act, law 2. deed 3. transaction	1. акт, закон 2. акт, документ 3. сделка
A 336	dresser [établir] un acte	to draw up a deed	составлять акт
A 337	passer un acte	to conclude a contract	заключать [совершать] сделку
A 338	rédiger un acte	to draw up a deed	составлять акт
A 339	acte authentique	notarial deed, instrument drawn by solicitor, legalized deed	удостоверенный акт
A 340	acte de cautionnement	surety bond	свидетельство о поручительстве
A 341	acte de cession	deed of conveyance [of transfer]	акт передачи [уступки]
A 342	acte constitutif de société	articles of incorporation, memorandum of association	учредительский договор
A 343	acte falsifié	forged document	поддельный документ
A 344	acte de fidéicommis [fiduciaire, de fiducie]	deed of trust, trust deed	трастовый договор
A 345	acte hypothécaire	mortgage deed	ипотечный договор, ипотека
A 346	acte notarié	notarial deed, deed authenticated by notary	нотариально заверенный акт
A 347	acte de protêt	deed of protest	акт о протесте векселя
A 348	acte de société	articles of incorporation, memorandum of association	учредительский договор
A 349	acte de transfert	deed of assignation [of assignment]	передаточный акт
A 350	acte translatif de propriété	deed of transfer	акт передачи собственности
A 351	acte de vente	bill of sale	купчая
A 352	acteurs *m pl*	participants	участники
A 353	acteurs boursiers	stock exchange participants	участники биржевого рынка
A 354	acteurs du marché des changes	foreign exchange market participants	участники валютного рынка

A

A 355	actif		**1.** active, brisk, buoyant *(e.g. a market)* **2.** favorable *(e.g. a balance)*	**1.** активный, оживлённый *(напр. о рынке)* **2.** положительный *(напр. о сальдо баланса)*
A 356	actif *m*		asset, assets	**1.** актив(ы), капитал, средства **2.** актив(ы) *(баланса)*
A 357	à l'actif de...		to the credit of, on the credit side of	в актив, в кредит...
A 358	céder un actif		to dispose of an asset	уступать актив
A 359	évaluer l'actif		to evaluate the assets	оценивать активы
A 360	incorporer dans l'actif		to enter [to book, to set up] as an asset	включать в актив
A 361	inscrire [passer, porter] à l'actif		to put on the assets side	заносить [зачислять] в актив *(баланса)*
A 362	actif amortissable		depreciable assets	активы, подлежащие амортизации
A 363	actif bancaire		bank assets	банковские активы
A 364	actif du bilan		assets side of the balance, the assets	актив баланса
A 365	actif brut		gross assets	брутто-активы
A 366	actif circulant		current [floating] assets	оборотный капитал, оборотные средства
A 367	actif comptable		book value, ledger assets	балансовая стоимость активов
A 368	actif corporel		tangible assets	материальные активы
A 369	actif disponible		liquid [quick] assets	ликвидные [легкореализуемые] активы
A 370	actif douteux		doubtful assets	сомнительные активы
A 371	actif d'exploitation		operating assets	текущие активы
A 372	actif fictif [immatériel]		fictitious [nominal] assets	нематериальные [неосязаемые] активы
A 373	actif immobilisé		fixed assets	внеоборотные активы
A 374	actif incorporel		intangible assets	нематериальные [неосязаемые] активы
A 375	actif liquide		liquid [quick] assets	ликвидные [легкореализуемые] активы
A 376	actif matériel		material [tangible] assets	материальные активы, основные средства
A 377	actif négociable		liquid [quick] assets	ликвидные [легкореализуемые] активы
A 378	actif net		net assets	нетто-активы, собственные средства
A 379	actif net réel		net real assets	чистые материальные активы
A 380	actif permanent		fixed assets, tied-up capital	постоянный капитал
A 381	actif réalisable		liquid [quick] assets	ликвидные [легкореализуемые] активы
A 382	actif reçu en garantie		security pledged	активы, полученные в качестве гарантии
A 383	actif réel		real [tangible] assets	материальные активы
A 384	actif de roulement		current [floating] assets	оборотные средства
A 385	actif social		company's assets	активы [собственность] компании

A

A 386	actif sous-jacent	underlying asset	исходный [опорный] инструмент *(финансовый инструмент, лежащий в основе опционного или фьючерсного контракта)*
A 387	actif à taux fixe	fixed-rate assets	активы с фиксированной ставкой
A 388	actif à taux flottant	floating-rate assets	активы с плавающей ставкой
A 389	actif titres	paper assets	фондовые активы *(активы в виде ценных бумаг)*
A 390	actifs *m pl*	assets	активы, фонды, средства
A 391	déplacer les actifs	to transfer assets	переводить активы
A 392	détenir les actifs	to hold assets	владеть активами
A 393	diversifier les actifs	to diversify assets	диверсифицировать активы
A 394	financer les actifs	to finance assets	финансировать активы
A 395	répartir les actifs	to distribute assets	распределять активы
A 396	actifs, autres	other assets *(balance sheet item)*	прочие активы *(статья баланса)*
A 397	actifs commerciaux	commercial assets	коммерческие активы
A 398	actifs à court terme	short-term assets	краткосрочные активы
A 399	actifs dérivés	derivatives, derivative assets	производные активы, производные инструменты, деривативы
A 400	actifs financiers	financial assets	финансовые активы
A 401	actifs à long terme	long-term assets	долгосрочные активы
A 402	actifs à long terme non négociables	long-term nonnegotiable assets	долгосрочные необращающиеся активы
A 403	actifs monétaires	monetary assets	денежные активы
A 404	actifs non monétaires	nonmonetary assets	неденежные активы
A 405	actifs de portefeuille	portfolio assets	портфельные активы
A 406	actifs transitoires	transit assets	переходящие активы
A 407	action *f*	1. *UK* share, *US* stock 2. (legal) action, suit 3. action	1. акция *(ценная бумага)* 2. иск 3. действие, воздействие
A 408	action d'administrateur	management [manager's] share	директорская акция
A 409	action amortie	amortized [paid-up] share	оплаченная [выкупленная] акция
A 410	action amortissable	redeemable share	выкупаемая акция
A 411	action ancienne	old share	старая акция
A 412	action annulée	canceled share	аннулированная акция
A 413	action d'apport	founder's [initial] share	учредительская акция
A 414	action attribuée	allotted share	распределённая акция
A 415	action autodétenue	treasury stock	собственная акция компании в её портфеле
A 416	action bancaire [de banque]	bank share	банковская акция
A 417	action bénéficiaire	participating share	акция, обеспечивающая участие в управлении компанией
A 418	action bloquée	escrowed share, pooled share, share under escrow	замороженная акция
A 419	action avec bon de souscription d'action, ABSA	share with share warrant	акция с варрантом на акцию
A 420	action cambiaire [cambiale]	action on bill of exchange	иск по векселю
A 421	action en cents	penny share	акция, деноминированная в центах

A

A 422	action à cessibilité restreinte	tied share, share with restricted transferability	акция с ограниченным правом передачи
A 423	action cessible	transferable share	передаваемая акция
A 424	action de change	action on bill of exchange	иск по векселю
A 425	action en circulation	outstanding share	акция в обращении
A 426	action confisquée	forfeited share	изъятая акция
A 427	action convertible	convertible share	конвертируемая акция
A 428	action convertie	converted share	конвертированная акция
A 429	action cotée	listed [quoted] share	котирующаяся акция
A 430	action cotée dividende détaché [cotée ex-dividende]	share quoted ex dividend	акция, котирующаяся без учёта дивиденда
A 431	action en créance	suit in equity	иск по долговому требованию
A 432	action de croissance	growth stock	акция роста *(быстро растущая в цене)*
A 433	action demandée	stock in demand	акция, пользующаяся спросом
A 434	action différée	deferred share	акция с отсроченной выплатой дивидендов
A 435	action diluée	watered share	разводнённая акция
A 436	action de dividende	participating share	акция, приносящая дивиденд
A 437	action à dividende cumulatif	cumulative share	кумулятивная акция
A 438	action à dividende différé	deferred share	акция с отсроченным дивидендом
A 439	action à dividende fixe	nonparticipating preferred share	акция с фиксированным дивидендом
A 440	action à dividende non cumulatif	noncumulative share	некумулятивная акция
A 441	action à dividende prioritaire, A.D.P.	preference [preferred] share	акция с гарантированным дивидендом
A 442	action à dividende prioritaire sans droit de vote	nonvoting preference share	привилегированная акция без права голоса
A 443	action donnée en prime	bonus share	бесплатная [неоплачиваемая] акция; выплата в форме акции
A 444	action avec droit de vote	voting share	«голосующая» акция
A 445	action sans droit de vote	nonvoting share, share without voting power	«безголосая» акция, акция без права голоса
A 446	action à droit de vote plural	share with plural voting right, voting right share	«многоголосая» акция
A 447	action à droit de vote privilégié	preferred voting share	привилегированная акция с правом голоса
A 448	action avec droit de vote subordonnée	subordinate(d) voting share	«младшая» голосующая акция
A 449	action émise	issued share	выпущенная акция
A 450	action émise dans le public	publicly traded share	акция, обращающаяся на (открытом) рынке
A 451	action enregistrée	registered share	зарегистрированная акция
A 452	action entièrement libérée	fully paid share	полностью оплаченная акция
A 453	action ex-droit	ex-right stock	акция без права *(на безвозмездное получение или на приобретение дополнительных акций того же общества)*
A 454	action fictive	phantom share	фиктивная акция
A 455	action de fondateur	founder's share	учредительская акция
A 456	action à fort rendement	income stock	высокодоходная акция

A

A 457	action de garantie	qualifying share	доля участия в компании, необходимая для получения места в правлении
A 458	action gratuite	bonus share	бесплатная [неоплачиваемая] акция
A 459	action inactive	inactive share	неходовая акция
A 460	action indirecte	indirect action	косвенный иск (*предъявляемый кредитором от имени его должника к должнику последнего*)
A 461	action individuelle	individual suit	иск (*к членам правления*), предъявляемый в интересах одного *или* нескольких акционеров
A 462	action industrielle	industrial share	акция промышленной компании
A 463	action inscrite à la cote	listed [quoted] share	котирующаяся акция
A 464	action de jouissance	1. bonus share 2. dividend share	1. акция, дающая право на часть имущества ликвидируемой компании 2. акция, приносящая дивиденд
A 465	action libérée	paid-up share	оплаченная акция
A 466	action librement cessible	freely transferable stock	акция с неограниченным правом передачи
A 467	action à la liquidation de mars	share with settlement in March	акция с расчётом в марте
A 468	action sur la liquidité	effect on liquidity	воздействие на ликвидность
A 469	action minoritaire	minority share	миноритарная акция
A 470	action à négociabilité restreinte	letter stock	акция с ограниченной обращаемостью
A 471	action nominative	personal share, registered share	именная акция
A 472	action nominative liée	registered share with restricted transferability	именная акция с ограниченным правом передачи
A 473	action non amortie	nonredeemed share	невыкупленная акция
A 474	action non attribuée	unallotted share	нераспределённая акция
A 475	action non cotée	unlisted [unquoted] share	некотирующаяся акция
A 476	action non émise	unissued share	невыпущенная акция
A 477	action non entièrement libérée	partly paid-up share	частично оплаченная акция
A 478	action non libérée	unpaid share	неоплаченная акция
A 479	action non susceptible d'appels subséquents	nonassessable share	акция, по которой нельзя потребовать дополнительного платежа в случае банкротства
A 480	action nouvelle	new share	вновь выпущенная акция
A 481	action de numéraire	cash share, share paid in cash, share issued for cash	акция за наличный расчёт
A 482	action oblique	indirect action	косвенный иск (*предъявляемый кредитором от имени его должника к должнику последнего*)
A 483	action ordinaire	ordinary share, common stock	обыкновенная [простая] акция
A 484	action ordinaire sans droit de vote	nonvoting common share	обыкновенная «безголосая» акция
A 485	action ordinaire entièrement libérée	paid-up common share	оплаченная обыкновенная акция

A

A 486	action ordinaire sans valeur nominale	no-par-value common share	обычная акция без номинала
A 487	action à ordre	share to order	ордерная акция
A 488	action au pair	share at par value	акция, продающаяся по номиналу
A 489	action de participation	equity, ordinary share, common stock	обыкновенная [простая] акция
A 490	action à participation restreinte	constrained share	акция с ограниченным участием
A 491	action partiellement libérée	partly paid share	частично оплаченная акция
A 492	action en paiement	action for payment	иск о взыскании платежа
A 493	action paulienne	revocatory action	паулианов иск *(иск об отмене сделки, совершённой должником в ущерб кредиторам)*
A 494	action perdue par défaut	forfeited share	изъятая акция
A 495	action au porteur	bearer share	предъявительская акция, акция на предъявителя
A 496	action de préférence [préférentielle]	preference [preferred] share	привилегированная акция
A 497	action préférentielle à taux variable	preferential variable rate stock	привилегированная акция с переменным дивидендом
A 498	action de premier rang	senior [first, prior] share	«старшая» акция *(с преимущественным правом требования)*
A 499	action primitive	equity, ordinary share, common stock	обыкновенная [простая] акция
A 500	action prioritaire	senior [first, prior] share	«старшая» акция *(с преимущественным правом требования)*
A 501	action de priorité	preference [preferred] share	привилегированная акция
A 502	action prise ferme	underwritten share	акция, распространение которой гарантировано синдикатом
A 503	action sans privilège de participation	nonparticipating share	неучаствующая *(в прибылях)* акция
A 504	action privilégiée	preference [preferred] share	привилегированная акция
A 505	action privilégiée convertible	convertible preferred share	конвертируемая привилегированная акция
A 506	action privilégiée cumulative	cumulative preferred share	кумулятивная привилегированная акция
A 507	action privilégiée dépouillée	stripped preferred share	«расчленённая» привилегированная акция *(разбитая на несколько отдельных инструментов)*
A 508	action privilégiée à dividende cumulatif	cumulative preferred share	кумулятивная привилегированная акция
A 509	action privilégiée à dividende non cumulatif	noncumulative preferred share	некумулятивная привилегированная акция
A 510	action privilégiée à durée limitée	limited-life preferred share	срочная привилегированная акция
A 511	action privilégiée sans échéance	perpetual preferred share	бессрочная привилегированная акция
A 512	action privilégiée à impôt différé	tax-deferred preferred share	привилегированная акция с отсроченным налогом

A

A 513	action privilégiée non rachetable	noncallable preferred share	привилегированная акция, не подлежащая досрочному выкупу со стороны компании
A 514	action privilégiée participante	participating preferred share	привилегированная акция с долей участия
A 515	action privilégiée perpétuelle	perpetual preferred share	бессрочная привилегированная акция
A 516	action privilégiée de premier rang	first [prior, senior] share	«старшая» акция (с преимущественным правом требования)
A 517	action privilégiée rachetable	callable preferred share, redeemable preferred share	привилегированная акция с правом досрочного выкупа со стороны компании
A 518	action privilégiée à taux flottant [à taux variable]	floating-rate preferred share	привилегированная акция с переменным дивидендом
A 519	action privilégiée à terme	limited-life preferred share	срочная привилегированная акция
A 520	action de quotité	share without par value	долевая акция
A 521	action rachetable	redeemable share	акция с правом выкупа со стороны компании
A 522	action rachetée	redeemed share	выкупленная акция
A 523	action de recours	recourse action	регрессный иск
A 524	action de recouvrement	action for recovery (of debt)	иск о взыскании (долга)
A 525	action répartie	allotted share	распределённая акция
A 526	action à revenu variable	equity, ordinary share, common stock	обыкновенная [простая] акция
A 527	action de SICAV	mutual fund share	акция СИКАВ (инвестиционной компании открытого типа)
A 528	action de société étrangère	foreign share	акция иностранной компании
A 529	action solidaire	joint suit	солидарный иск (основанный на солидарной ответственности)
A 530	action à la souche	unissued share	нераспределённая акция
A 531	action souscrite	share applied for, share subscribed	акция, на которую имеется подписка
A 532	action spécifique	golden share	золотая акция
A 533	action statutaire	qualification share	доля участия в компании, необходимая для получения места в правлении
A 534	action subalterne	restricted share	«младшая» акция (с ограниченным правом требования)
A 535	action sur les taux d'intérêt	impact on the interest rates	воздействие на процентные ставки
A 536	action transférable	transferable share	уступаемая акция
A 537	action de trésorerie	treasury share	собственная акция в портфеле компании
A 538	action sans valeur nominale	no-par-value share	акция без указания номинальной стоимости
A 539	action à vote multiple	multiple-vote share	«многоголосая» акция
A 540	actionnaire m	shareholder, stockholder	акционер, держатель акций
A 541	devenir actionnaire	to become a shareholder, to buy into (a company)	стать акционером
A 542	actionnaire clé	key shareholder	основной акционер

A

A 543	actionnaire de contrôle	majority [controlling] shareholder	мажоритарный акционер (держатель контрольного пакета акций)
A 544	actionnaire désigné	specified shareholder	указанный акционер
A 545	actionnaire dissident	dissenting shareholder	несогласный акционер
A 546	actionnaire, gros	large [major] stockholder	крупный акционер
A 547	actionnaire individuel	individual shareholder	мелкий [индивидуальный] акционер
A 548	actionnaire inscrit	shareholder of record, recorded [registered] shareholder	зарегистрированный акционер
A 549	actionnaire majoritaire	majority [controlling] shareholder	мажоритарный акционер (держатель контрольного пакета акций)
A 550	actionnaire minoritaire	minority shareholder	миноритарный акционер
A 551	actionnaire non-résident	nonresident shareholder	акционер-нерезидент
A 552	actionnaire ordinaire	ordinary shareholder, common stockholder	рядовой акционер (держатель обычных акций)
A 553	actionnaire, petit	small [minor] stockholder	мелкий [индивидуальный] акционер
A 554	actionnaire principal	leading shareholder	основной акционер
A 555	actionnaire privilégié	preferred shareholder	держатель привилегированных акций
A 556	actionnaire résident	resident shareholder	акционер-резидент
A 557	actionnariat *m*	1. shareholding, stockholding; share [stock] ownership 2. shareholders, stockholders	1. владение акциями; участие в акционерном капитале 2. акционеры
A 558	identifier son actionnariat	to identify stock ownership	определять состав акционеров
A 559	actionnariat étatique	state shareholding	государственное участие в акционерном капитале (компаний)
A 560	actionnariat de masse	mass shareholding	массовое [широкое] владение акциями
A 561	actionnarisation *f*	opening up of capital, going public	акционирование
A 562	actions *f pl*	shares, stock(s)	акции
A 563	amortir des actions	to pay off shares	выкупать акции
A 564	attribuer des actions	to allot shares	распределять акции
A 565	céder des actions	to sell [to transfer] shares	уступать [продавать] акции
A 566	créer des actions	to issue shares	выпускать [эмитировать] акции
A 567	démembrer des actions	to strip shares	дробить акции
A 568	détenir des actions	to hold shares	держать акции
A 569	diviser des actions	to split shares	делить акции
A 570	échanger les anciennes actions conre des actions nouvelles	to exchange old shares for new ones	обменивать старые акции на новые
A 571	émettre des actions	to issue shares	выпускать [эмитировать] акции
A 572	encaisser des actions	to collect shares	получать платежи по акциям
A 573	investir en actions	to invest in stock	инвестировать [вкладывать средства] в акции
A 574	libérer des actions	to pay up shares	оплачивать акции
A 575	négocier des actions	to trade [to sell] shares	проводить операции с акциями
A 576	nourrir des actions	to pay up shares	оплачивать акции

A

A 577	placer des actions	to issue shares	размещать акции
A 578	placer des actions dans le public	to place shares with the public	размещать акции среди широкой публики
A 579	racheter des actions	to pay off shares	выкупать акции
A 580	répartir des actions	to allot shares	распределять акции
A 581	retirer des actions	to pay off shares	изымать акции
A 582	souscrire des actions	to subscribe [to apply for] shares	подписываться на акции
A 583	traiter des actions	to trade [to sell] shares	проводить операции с акциями
A 584	transférer [vendre] des actions	to transfer shares	уступать [продавать] акции
A 585	actions à bon rendement	high-yield shares	высокодоходные акции
A 586	actions de capital	capital stock	основные акции; акционерный капитал
A 587	actions championnes	champion yield shares	высокодоходные акции
A 588	actions du comptant	spot market shares	акции на рынке «спот»
A 589	actions estampillées	stamped [registered] stock	нумерованные акции
A 590	actions étrangères	foreign shares	иностранные акции
A 591	actions indivises	joint shares	неделимые акции
A 592	actions jumelées	twin shares	спаренные акции
A 593	actions négociables	negotiable shares	обращающиеся акции
A 594	actions productrices de dividendes	dividend generating stock	акции, приносящие дивиденды
A 595	actions propres détenues	treasury stock	собственные акции в портфеле компании
A 596	activation f des droits de tirage spéciaux	activation of IMF special drawing rights	использование специальных прав заимствования МВФ
A 597	activité f	activity	деятельность; активность
A 598	exercer une activité	to engage in an activity	осуществлять деятельность
A 599	favoriser une activité	to encourage an activity	поощрять [стимулировать] деятельность
A 600	maintenir une activité	to maintain [to support] an activity	поддерживать деятельность
A 601	parrainer une activité	to sponsor an activity	финансировать деятельность
A 602	activité de l'assurance	insurance	страховая деятельность, страхование
A 603	activité bancaire	banking	банковская деятельность
A 604	activité bourse-titres	trading in shares at the stock exchange	торговля ценными бумагами на бирже
A 605	activité boursière	trading	дилинг, биржевая торговая деятельность
A 606	activité de cambiste	foreign exchange [currency] dealing	валютный дилинг, операции с валютой
A 607	activité de courtage	brokerage	брокерская деятельность
A 608	activité de crédit	loan activity, lending	кредитная деятельность, кредитование
A 609	activité emprunteuse	borrowing	заёмная деятельность
A 610	activité financière	financial activity	финансовая деятельность
A 611	activité financière internationale	international financial activity	международная финансовая деятельность
A 612	activité de gestion	management (activity)	административно-управленческая деятельность

A

A 613	activité imposable	taxable activity	налогооблагаемая деятельность
A 614	activité marginale	side activity	побочная сфера деятельности
A 615	activité de négoce sur titres	trading in securities	торговля ценными бумагами
A 616	activité d'octroi de prêt	lending	ссудная деятельность
A 617	activité offshore	offshore activity	офшорная деятельность
A 618	activité d'opérateur de marché	trading	дилинг, биржевая торговая деятельность
A 619	activité de prise ferme	underwriting	андеррайтинг
A 620	activité de teneur de marché	market maker's activity	деятельность активных участников [формирователей] рынка, деятельность маркет-мейкеров
A 621	activité traditionnelle	traditional activity	традиционная деятельность
A 622	activités $f\,pl$	transactions, activities	операции; деятельность
A 623	activités d'audit	auditing	аудиторские операции
A 624	activités bancaires	banking	банковские операции
A 625	activités bancaires "grand public"	retail banking	розничные банковские операции
A 626	activités de bilan	balance sheet activities	балансовые операции
A 627	activités hors bilan	off-balance sheet activities	забалансовые операции
A 628	activités boursières	stock exchange activities	биржевые операции
A 629	activités de couverture	hedging	хеджирование
A 630	activités en eurodevises	Eurocurrency activities	операции с евровалютами
A 631	activités extra-bancaires	non-bank activities	внебанковские операции
A 632	activités fiduciaires	trust operations	трастовые операции
A 633	activités financières et monétaires	financial and monetary activities	финансово-кредитные операции
A 634	activités en fonds propres	proprietary trading	(биржевые) операции за свой счёт
A 635	activités de haut de bilan	long-term financing operations	долгосрочное финансирование
A 636	activités d'ingénierie financière	financial engineering	финансовый инжиниринг
A 637	activités sur instruments à terme	futures transactions	операции с фьючерсами
A 638	activités interbacaires	interbank activities	межбанковские операции
A 639	activités d'intermédiation traditionnelle	traditional intermediation activities	традиционные посреднические операции
A 640	activités de négociation	trading, dealing	дилинг, биржевая торговая деятельность
A 641	activités de portefeuille	portfolio transactions	портфельные операции
A 642	activités de prestataire de services génératrices de commissions	fee-generating (bank) services	банковские операции, являющиеся источником комиссионных
A 643	activités de prêts et d'emprunts	lending and borrowing	заёмно-ссудные операции
A 644	activités de swaps	swap transactions	операции своп
A 645	activités sur titres négociables	negotiable securities transactions	операции с обращающимися ценными бумагами
A 646	activités de trading	trading	дилинг, биржевая торговая деятельность
A 647	actuaire m	actuary	актуарий *(специалист по актуарным расчётам)*

A

A 648	actualisation *f*	1. updating 2. present value method, current value accounting, discounted cash flow method	1. корректировка 2. дисконтирование *(приведение сумм разных периодов к сопоставимому по времени виду)*
A 649	actualisation d'un contrat	contract updating	корректировка контракта с учётом современных условий
A 650	actualisation d'un coût	cost discounting	дисконтирование издержек
A 651	actualisation de l'écart de taux d'intérêt	interest rate spread discounting	дисконтирование процентного спреда
A 652	actualisation des investissements	discounting of investments	дисконтирование инвестиций
A 653	actualisation de la rentabilité	discounting of profitability	дисконтирование доходности
A 654	actualiser	1. to update 2. to convert to present [current] value	1. корректировать 2. дисконтировать *(приводить суммы разных периодов к сопоставимому по времени виду)*
A 655	actuariat *m*	1. functions [profession] of an actuary 2. actuarial calculations	1. профессия актуария 2. актуарные вычисления [расчёты]
A 656	addition *f*	addition, adding	сложение, суммирование; добавление
A 657	addition des capitaux propres et des dettes à long terme	total equity and long-term liabilities	сумма собственного капитала и долгосрочных долговых обязательств
A 658	additionnalité *f* des financements	additional financing	дополнительное финансирование
A 659	additionnel	additional	дополнительный, добавочный
A 660	additionner	to add up, to tot up	складывать, суммировать; добавлять
A 661	adhérent *m*	1. member *(e.g. of a clearing house)* 2. cardholder	1. участник *(напр. клиринга)* 2. владелец кредитной карточки
A 662	adhérent correspondant de groupe	group clearer	участник клиринга от имени группы
A 663	adhérent au système interbancaire de compensation	direct clearer, direct clearing member	непосредственный участник клиринга
A 664	adhérents *m pl*	members of MATIF	участники МАТИФ
A 665	adhérents candidats	candidate members	кандидаты в члены МАТИФ
A 666	adhérents mainteneurs de marché, AMM	market makers	активные участники [формирователи] рынка, маркет-мейкеры
A 667	adhérents de [du] MATIF	members of MATIF	участники МАТИФ
A 668	adhérents ordinaires, AO	ordinary members of MATIF	обычные участники МАТИФ
A 669	adjudicataire *m*	successful [highest] bidder	приобретатель с торгов *(участник торгов, чья заявка была удовлетворена)*
A 670	adjudicateur *m*	auctioneer	аукционист
A 671	adjudication *f*	sale by auction	продажа с публичных торгов, торги
A 672	avant l'adjudication	before [prior to] the auction	до аукциона
A 673	faire l'objet d'adjudication	to be put out to tender	выставляться на торги
A 674	mettre en adjudication	to put out to tender	выставлять на торги

A

A 675	soumissionner à l'adjudication	to tender for contract	подавать заявку на торги
A 676	vendre par adjudication	to put up for sale by auction	продавать с торгов
A 677	par (voie d') adjudication	by auction, by tender	с торгов
A 678	adjudication de bons du Trésor	treasury bond auction	аукционная продажа казначейских бон
A 679	adjudication de contrats d'échange de devises	foreign exchange contract auction	аукционная продажа контрактов на иностранную валюту
A 680	adjudication d'effets	bill auction	аукционная продажа векселей
A 681	adjudication sous forme d'offres non compétitives	noncompetitive tender [bid] auction	торги с неконкурирующими предложениями *(способ продажи облигаций казначейства, при котором не применяется обычное требование минимальной суммы заявки)*
A 682	adjudication "à la française"	French auction, allocation to the highest bidder	аукцион по французскому методу
A 683	adjudication au mieux-disant [au moins-disant]	allocation to the lowest tenderer	присуждение контракта участнику с наиболее выгодной заявкой
A 684	adjudication d'obligations assimilables au Trésor	fungible treasury bond auction	аукционная продажа ассимилированных облигаций казначейства
A 685	adjudication ouverte	open bid	открытые торги
A 686	adjudication au plus bas soumissionnaire [au rabais]	allocation to the lowest tenderer	присуждение контракта участнику с наиболее выгодной заявкой
A 687	adjudication restreinte	sealed bid, restricted [limited] allocation	закрытые торги *(торги с ограниченным числом участников)*
A 688	adjudication à la surenchère	allocation to the highest bidder	присуждение контракта участнику с наиболее высокой заявкой
A 689	adjudication de valeurs du Trésor	treasury bill auction	аукционная продажа казначейских векселей
A 690	adjuger	to sell by auction	продавать [отдавать] с торгов
A 691	administrateur *m*	1. administrator 2. director, board member	1. администратор 2. член правления
A 692	administrateur délégué	managing director	директор-распорядитель
A 693	administrateur de faillite [judiciaire, séquestre]	official receiver, judicial factor, referee in bankruptcy	управляющий имуществом банкрота
A 694	administrateur sortant	outgoing [retiring] director	директор, полномочия которого истекли
A 695	administrateurs *m pl* de société anonyme à responsabilité limitée	directors of a limited liability company	члены правления акционерного общества с ограниченной ответственностью
A 696	administration *f*	administration, management	1. управление, администрирование 2. администрация, орган управления, ведомство; управление
A 697	administration centrale	1. headquarters 2. central government	1. главное управление 2. центральные органы власти

A

A 698	administration des contributions	tax authorities	налоговое управление
A 699	administration des finances [financière]	financial administration	финансовое управление
A 700	administration fiscale	tax authorities	налоговое управление
A 701	administration du patrimoine	asset management	управление имуществом
A 702	administration des taux d'intérêt	interest rate management	регулирование процентными ставками
A 703	administration des titres	securities administration	управление ценными бумагами
A 704	administrer	to manage; to administer	управлять
A 705	admissible	admissible	допустимый, приемлемый
A 706	admission f	admission	принятие; допуск
A 707	admission à la bourse	listing	допуск ценных бумаг на биржу
A 708	admission à la cote	admission to quotation, listing	принятие ценных бумаг к котировке
A 709	admission de nouvelles valeurs (à la cote)	listing of new securities, admission of new securities to quotation	принятие новых ценных бумаг к котировке
A 710	admission de titres sur le marché des capitaux	admission of securities to the capital market	допуск ценных бумаг на рынок капиталов
A 711	admission des valeurs mobilières aux négociations	admission of securities to trading	допуск ценных бумаг к обращению на бирже
A 712	adoption f	adoption, adopting; admission	принятие; введение
A 713	adoption de la convertibilité monétaire	adoption of currency convertibility	введение обратимости валют
A 714	adoption du système des changes flottants	adoption of the floating rate system	введение системы плавающих курсов
A 715	adultération f	counterfeiting (of money)	подделка (денег, валюты)
A 716	affacturage m, affacturation f	factoring	факторинг
A 717	affaiblissement m	weakening	ослабление; снижение
A 718	affaiblissement du dollar	weakening of the dollar	снижение курса доллара
A 719	affaiblissement du taux de change	weakening of a currency	снижение валютного курса
A 720	affaire f	1. deal, transaction, operation 2. business	1. сделка, операция 2. дело
A 721	affaire en consortium	syndicated loan	консорциальный [синдицированный] кредит
A 722	affaire de garantie	hedging	хеджирование
A 723	affaire d'intermédiaire	broker deal	посредническая операция
A 724	affaires f pl	deals, transactions, operations	сделки, операции
A 725	traiter des affaires	to transact business, to make deals	заключать сделки
A 726	affaires d'arbitrage	arbitrage transactions	арбитражные сделки
A 727	affaires bancaires	bank business	банковские операции
A 728	affaires de bourse	exchange business	биржевые сделки
A 729	affaires en commission	noncredit business	забалансовые операции
A 730	affaires de compensation	clearing transactions	компенсационные сделки
A 731	affaires au comptant	cash transactions	сделки за наличный расчёт, кассовые сделки
A 732	affaires courantes	current transactions	текущие сделки
A 733	affaires d'encaissement	collection transactions	инкассовые операции
A 734	affaires financières	financial transactions	финансовые операции

A

A 735	affaires immobilières	real estate transactions	операции с недвижимым имуществом
A 736	affaires neutres	noncredit business	забалансовые операции
A 737	affaires à prime	option dealings	сделки с премией
A 738	affaires de recouvrement	collection transactions	инкассовые операции
A 739	affaires à terme	time bargains	срочные сделки
A 740	affaissement *m*	sagging, slump	снижение, спад
A 741	affaissement des cours	sagging of prices	снижение курсов
A 742	affaissement sur le marché boursier	slump in the stock market	биржевой спад
A 743	affaisser, s'	to sag	снижаться *(о курсе)*
A 744	affectation *f*	allocation, allotment, appropriation; assignment; earmarking	выделение средств; ассигнование
A 745	affectation des bénéfices	allocation [appropriation] of profits	распределение прибыли
A 746	affectation d'un emprunt	allocation [appropriation] of a loan	предоставление займа [ссуды]
A 747	affectation en garantie	pledging as collateral *(for stock-exchange dealings)*	выделение денежных средств или ценных бумаг в качестве гарантии *(при биржевых операциях)*
A 748	affectation hypothécaire	mortgage charge	ипотечная гарантия *(процент по ипотеке плюс выплата основного долга)*
A 749	affectation aux réserves	allocation to reserves	отчисление средств в резерв
A 750	affectation des ressources	allocation [appropriation] of funds	выделение ресурсов; ассигнование средств
A 751	affectation d'une somme	allocation of a sum of money	выделение суммы
A 752	affecter	to allocate, to allot, to appropriate; to earmark	выделять средства; ассигновывать
A 753	affermir, s'	to strengthen, to firm up; to rally *(e.g. of a price)*	укрепляться, стабилизироваться *(о курсе)*
A 754	affermissement *m* des cours	strengthening of exchange rates	стабилизация курсов
A 755	affichage *m*	1. billing, placarding 2. read-out; display	1. публикация *(в виде объявлений)* 2. отображение, вывод *(информации)* на экран дисплея
A 756	affidavit *m*	affidavit	аффидавит *(юридически заверенный документ, подтверждающий факты, относящиеся к финансовой сделке)*
A 757	affidavit de titre	affidavit of a security	аффидавит ценной бумаги *(юридически заверенный документ относительно происхождения или принадлежности ценной бумаги)*
A 758	affiliation *f*	affiliation	присоединение *(напр. к компании)*; вступление в *(ассоциацию)*
A 759	affiliation au régime	affiliation to the monetary system	присоединение к режиму *(напр. валютных курсов)*
A 760	affilier	to affiliate	присоединять
A 761	affilier, s'	to become affiliated	присоединяться

A 762	affinement *m* des techniques d'emprunt	refining of loan techniques	улучшение техники займа
A 763	affluer	to flow in, to pour in	притекать, приливать; поступать
A 764	afflux *m*	inflow, influx	приток, прилив; поступление
A 765	afflux de capitaux	capital inflow	приток капитала
A 766	afflux de devises	inflow of foreign currency	приток иностранной валюты
A 767	afflux de fonds	inflow of funds	приток денежных средств
A 768	afflux de liquidités	inflow of liquid assets	приток ликвидных средств
A 769	afflux d'or	inflow of gold	приток золота
A 770	afflux d'ordres	inflow of orders *(to a stock-exchange broker)*	поступление поручений *(к брокеру на бирже)*
A 771	agence *f*	1. agency 2. branch	1. агентство, представительство 2. отделение *(банка)*
A 772	agence bancaire	bank branch	отделение банка
A 773	agence de classement [de cotation]	rating agency	рейтинговое агентство
A 774	agence de cotation internationale	international rating agency	международное рейтинговое агентство по ценным бумагам
A 775	agence d'évaluation du crédit	rating agency	рейтинговое кредитное агентство
A 776	agence immobilière	real estate agency	агентство по продаже недвижимости
A 777	agence de notation financière [de rating]	rating agency	рейтинговое агентство
A 778	agence de recouvrement	debt collecting agency	агентство по взысканию долгов
A 779	Agence *f*	Agency	Агентство
A 780	Agence d'évaluation économique et financière, ADEF	Economic and Financial Evaluation Agency	Агентство экономических и финансовых оценок *(французское рейтинговое агентство)*
A 781	Agence multilatérale de garantie des investissements	Multilateral Investment Guarantee Agency	Многостороннее инвестиционно-гарантийное агентство
A 782	agent *m*	1. agent, representative 2. officer, official	1. агент, представитель, посредник 2. служащий государственных органов
A 783	agent agréé	authorized [appointed] agent	уполномоченный агент
A 784	agent d'assurances	insurance agent [broker]	страховой агент
A 785	agent autorisé	authorized [appointed] agent	уполномоченный агент
A 786	agent de banque	bank officer	банковский служащий
A 787	agent de change	stockbroker	биржевой маклер *(устаревший термин)*
A 788	agent de compensation	clearing agent	клиринговый агент
A 789	agent comptable	accountant	бухгалтер
A 790	agent comptable des registres	registrar	бухгалтер-регистратор
A 791	agent coteur	quoting agent	служащий Общества французских бирж
A 792	agent de crédit	credit officer	«кредитник» *(банковский служащий, занимающийся выдачей кредитов)*
A 793	agent d'encaissement	collecting agent	инкассатор

A

A 794	**agent fiduciaire**	fiduciary agent	управляющий имуществом по доверенности
A 795	**agent du fisc**	tax official	налоговый агент
A 796	**agent hypothécaire**	mortgage officer	банковский служащий, занимающийся ипотечным кредитованием
A 797	**agent immobilier**	estate agent, real estate agent, realtor	агент по продаже недвижимости
A 798	**agent de parquet**	floor trader; stock transfer agent	биржевой дилер *(проводящий операции непосредственно в зале биржи)*
A 799	**agent payeur des dividendes**	dividend disbursing agent	агент по выплате дивидендов
A 800	**agent prêteur [de prêts]**	credit [lending, loan(s)] officer	«кредитник» *(банковский служащий, занимающийся выдачей кредитов)*
A 801	**agent de recouvrement**	debt collector; collecting agent	агент по взысканию долгов
A 802	**agent technique**	technician	технический агент *(в системе СВИФТ)*
A 803	**agents** *m pl*	1. agents, representatives 2. officers, officials 3. operators	1. агенты, представители, посредники 2. служащие государственных органов *(напр. налоговых органов)* 3. участники *(рынка)*, операторы
A 804	**agents économiques**	economic agents	субъекты экономических отношений, экономические агенты
A 805	**agents émetteurs**	issuers	эмитенты
A 806	**agents des marchés interbancaires, AMI**	interbank market brokers	брокеры на межбанковском рынке
A 807	**agents non bancaires**	nonbank operators	небанковские участники рынка
A 808	**agents non financiers, ANF**	nonfinancial operators	нефинансовые участники рынка
A 809	**agents non financiers résidents**	resident nonfinancial operators	нефинансовые участники рынка, являющиеся резидентами
A 810	**agents placeurs**	dealers	дилеры
A 811	**agents de sociétés de bourse**	brokerage firm dealers	дилеры брокерских фирм *(на фондовой бирже)*
A 812	**agents souscripteurs**	subscribers	подписчики *(на ценные бумаги)*
A 813	**aggravation** *f*	aggravation, worsening	ухудшение, обострение
A 814	**aggravation de la concurrence**	aggravation of competition	обострение конкуренции
A 815	**aggravation de la situation financière**	aggravation of the financial situation	ухудшение финансового положения
A 816	**aggraver, s'**	to get worse	ухудшаться, обостряться
A 817	**agio** *m*	agio, premium	ажио, лаж *(превышение рыночных курсов денежных знаков, вексельных или ценных бумаг по сравнению с их нарицательной стоимостью)*
A 818	**agio sur l'or**	gold premium	надбавка к цене золота
A 819	**agios** *m pl*	1. exchange premium 2. bank charge, bank commission	1. валютная премия 2. комиссионные, взимаемые банком за осуществляемые операции

A

A 820	prélever des agios	to charge a commission	брать комиссионные
A 821	agios de concours en trésorerie	cash advance commission	комиссионные за кредиты на пополнение оборотного капитала
A 822	agios débiteurs	debit interest	дебетовые проценты
A 823	agios des emprunts	loan fees	комиссионные за предоставление займов
A 824	agios précomptés	commission deducted in advance	заранее удержанные комиссионные
A 825	agiotage m	speculation, stock gambling	спекуляция, биржевая игра
A 826	agioter	to speculate, to gamble at the stock exchange	спекулировать, играть на бирже
A 827	agioteur m	speculator, gambler	биржевой игрок
A 828	agitation f des devises	turmoil on the currency market	беспорядочные колебания валютных курсов
A 829	agrégation f	aggregation	агрегирование
A 830	agrégats m pl	aggregates	агрегаты, агрегированные показатели
A 831	agrégats comptables	accounting aggregates	агрегированные показатели бухгалтерского учёта
A 832	agrégats financiers	financial aggregates	финансовые агрегаты (показатели квазикредитных денег)
A 833	agrégats de masse monétaire [monétaires]	monetary aggregates	денежные агрегаты, агрегаты денежной массы
A 834	agrégats de placement	aggregate investments	агрегированные показатели инвестиций
A 835	agrégats, principaux	principal aggregates	основные агрегаты, основные агрегированные показатели
A 836	agrément m	consent, approval, agreement	согласие, одобрение, разрешение
A 837	donner son agrément	to give one's consent	давать согласие
A 838	obtenir [recevoir] l'agrément	to get the approval	получать разрешение
A 839	refuser l'agrément	to reject	не давать разрешения
A 840	retirer l'agrément	to withdraw the authorization	отзывать разрешение
A 841	agrément de banque	bank's approval	согласие банка
A 842	agrément de la COB	Stock Exchange Commission approval	разрешение Комиссии по биржевым операциям
A 843	AIBOR m	AIBOR, Amsterdam Interbank Offered Rate	АИБОР (ставка предложения межбанковского депозитного рынка в Амстердаме)
A 844	aide f	1. help, assistance, aid 2. subsidy; grant	1. помощь, поддержка, содействие 2. субсидия
A 845	aide financière	financial aid [support, backing]	финансовая помощь
A 846	aide financière à moyen terme	medium-term financial assistance	среднесрочный кредит
A 847	aide fiscale à l'investissement	investment tax credit	налоговое стимулирование инвестиций
A 848	aide à fonds perdus	grant	безвозмездная помощь
A 849	aide inconditionnelle automatique	unconditional financial assistance	безусловная финансовая помощь
A 850	aide pécuniaire	financial aid	денежная помощь
A 851	aide personnalisée au logement, A.P.L.	housing grant	(государственная) жилищная субсидия

A

A 852	aide de trésorerie	cash advance	ссуда на пополнение оборотных средств
A 853	aide-caissier *m*	assistant teller	младший кассир
A 854	aide-comptable *m*	accountant's assistant, bookkeeper	младший бухгалтер, счетовод
A 855	aide-réviseur *m*, aide-vérificateur *m*	audit clerk [assistant]	младший аудитор
A 856	aisance *f*	availability	обеспеченность
A 857	aisance financière	availability of financial resources	обеспеченность финансовыми ресурсами
A 858	aisance sur le marché monétaire	strong money market	высокая конъюнктура денежного рынка
A 859	aisance de trésorerie	availability of cash	обеспеченность денежными средствами
A 860	ajournement *m*	adjournment; deferment	отсрочка; перенос *(напр. платежа)*
A 861	ajourner	to adjourn; to defer	откладывать; переносить *(напр. платёж)*
A 862	ajustable	adjustable	корректируемый; регулируемый
A 863	ajustement *m*	adjustment	корректировка, пересмотр, выравнивание; регулирование
A 864	ajustement à la baisse	downward adjustment	корректировка в сторону понижения
A 865	ajustement du change	exchange rate adjustment	корректировка валютного курса
A 866	ajustement d'un compte	adjustment of an account	исправление счёта
A 867	ajustement d'un dépôt en devises	adjustment of a currency deposit	корректировка депозитной позиции в иностранной валюте
A 868	ajustement à la hausse	upward adjustment	корректировка в сторону повышения
A 869	ajustement monétaire [des monnaies]	currency adjustment	пересмотр [выравнивание] курсовых соотношений валют
A 870	ajustement des parités	parity adjustment	пересмотр [выравнивание] паритетов
A 871	ajustement des portefeuilles	portfolio adjustment	регулирование структуры портфеля ценных бумаг
A 872	ajustement des prix	price adjustment	пересмотр цен
A 873	ajustement de taux pivots	central rate adjustment	корректировка центральных курсов *(валют)*
A 874	ajustement de valeur	value adjustment	пересчёт суммы с учётом курсовой разницы
A 875	ajuster	to adjust	корректировать, пересматривать, выравнивать; регулировать
A 876	aliénation *f*	alienation	отчуждение; уступка
A 877	aliénation de biens immobiliers	disposal of real estate	отчуждение недвижимости
A 878	aliénation d'obligations	disposal of bonds, bond disposal	уступка облигаций
A 879	aliénation de titres de participation	disposal of equity securities	уступка ценных бумаг участия
A 880	alignement *m*	alignment, adjustment	выравнивание; регулирование
A 881	alignement monétaire	monetary alignment	выравнивание валютных курсов

A

A 882	alignement des prix	adjustment of prices	выравнивание цен
A 883	aligner	to bring into alignment, to adjust	регулировать, выравнивать
A 884	alimentation f du marché en monnaie	supplying of the market with money	пополнение рынка деньгами
A 885	alimenter	1. to support, to supply, to maintain 2. to credit (an account)	1. снабжать, пополнять 2. кредитовать (счёт)
A 886	allégement m	1. reduction 2. lightening	1. снижение, уменьшение 2. ослабление, смягчение
A 887	allégement du coût du crédit	reduction of credit charges	снижение стоимости кредита
A 888	allégement de la dette	debt reduction	уменьшение долга
A 889	allégement fiscal	tax remission [reduction, relief, break]	снижение налоговой ставки
A 890	allégement des restrictions	easing of restriction	ослабление ограничений
A 891	allégements m pl fiscaux	tax exemptions [privileges]	налоговые льготы
A 892	alléger	1. to reduce (tax, charges) 2. to lighten	1. снижать, уменьшать (налоги, расходы) 2. ослаблять, смягчать
A 893	aller m (et) retour	round trip [turn, transaction], in and out	покупка и продажа позиции в течение одного дня (биржевая операция по покупке с последующей продажей ценной бумаги для получения выигрыша от изменения её курса)
A 894	faire un aller et retour sur un titre	to make a round trip on a security	осуществлять покупку и продажу ценной бумаги в течение короткого времени
A 895	aller et retour dans la journée	scalping	покупка и продажа (ценной бумаги) в течение одного дня
A 896	allié m	partner	партнёр
A 897	allié financier	financial partner	финансовый партнёр
A 898	allié privilégié	privileged partner	привилегированный партнёр
A 899	allier, s'	to become partners, to enter into partnership	вступать в товарищество
A 900	allocation f	1. allocation, appropriation 2. allotment, attribution 3. allowance, benefit, granting; subsidy	1. выделение (средств); ассигнование 2. распределение (напр. акций) 3. (денежное) пособие; субсидия
A 901	allocation budgétaire	budgetary appropriation	бюджетное финансирование
A 902	allocation de capital	capital allocation	выделение средств
A 903	allocation de crédits	credit allocation	предоставление кредитов
A 904	allocation de devises	foreign exchange allocation	выделение иностранной валюты
A 905	allocation des DTS	SDR allocation	распределение СДР
A 906	allocation de fonds	appropriation of funds	ассигнование
A 907	allocation des investissements	investment allocation	выделение инвестиций
A 908	allocation des ressources	allocation of funds	выделение ресурсов; распределение средств
A 909	allocation supplémentaire	additional allocation	дополнительное ассигнование
A 910	allonge f	allonge, rider	аллонж (дополнительный лист к векселю)
A 911	allongement m	lengthening	продление, увеличение (срока)

A

A 912	allongement des crédits	lengthening of loans	продление срока действия кредитов
A 913	allongement des délais de paiement	lengthening of payment time	увеличение сроков платежа
A 914	allongement des échéances	lengthening of maturities	продление сроков исполнения долговых обязательств
A 915	allouer	to allocate, to allot; to appropriate	выделять средства; ассигновывать; предоставлять (кредиты)
A 916	alourdir	to increase (tax, charges)	увеличивать (налоги, расходы)
A 917	alourdir, s'	1. to increase, to get heavier (of taxes, charges) 2. to become dull (of a market)	1. увеличиваться, расти (о налогах, расходах) 2. ухудшаться; становиться вялым (о рынке)
A 918	alourdissement m	1. increase 2. worsening	1. рост, увеличение 2. ухудшение
A 919	alourdissement des charges d'intérêt	interest burden increase	рост обязательств по проценту
A 920	alourdissement du climat financier international	worsening of the international financial climate	ухудшение международной финансовой обстановки
A 921	alourdissement de la fiscalité	tax increase	увеличение [рост] налогообложения
A 922	alourdissement des taux d'intérêt	interest rate increase	рост [повышение] процентных ставок
A 923	altération f	1. alteration 2. debasement	1. изменение 2. порча
A 924	altération des cours	price alteration	изменение цен
A 925	altération de la monnaie	debasement of coinage	порча монеты
A 926	amaigrissement m des marges	shrinking of the profit margin	уменьшение прибыли
A 927	amalgamation f des fonds	commingling of funds	слияние [амальгамация] банков; слияние средств
A 928	amélioration f	1. improvement, amelioration 2. rise, increase	1. улучшение, совершенствование 2. повышение, рост
A 929	amélioration de la conjoncture	(economic) uptrend, upturn, upswing	улучшение конъюнктуры
A 930	amélioration des méthodes de compensation	improvement in interbank clearing methods	совершенствование методов межбанковского клиринга
A 931	amélioration du taux d'autofinancement	improvement in the cash flow ratio	улучшение показателя самофинансирования (предприятий)
A 932	aménagement m	1. adjustment 2. rearrangement, restructuring	1. корректировка; выравнивание; регулирование 2. перестройка, реорганизация
A 933	aménagement du cours de change	exchange rate adjustment	корректировка валютного курса
A 934	aménagement du crédit	credit adjustment	регулирование кредита
A 935	aménagement monétaire	currency [monetary] adjustment	пересмотр [выравнивание] курсовых соотношений
A 936	aménagement des parités	parity adjustment	пересмотр [выравнивание] паритетов
A 937	aménagement du système monétaire international	restructuring of the international monetary system	перестройка международной валютной системы
A 938	aménagements m pl	1. amendments 2. benefits, facilities	1. поправки 2. льготы
A 939	aménagements fiscaux	tax benefits	налоговые льготы

A

A 940	aménagements aux statuts de la Banque centrale	amendments to the Central Bank bylaw	поправки к уставу Центрального банка
A 941	amende *f*	fine	штраф
A 942	encourir une amende	to fine	налагать штраф
A 943	payer une amende	to pay a fine	платить штраф
A 944	recouvrer une amende	to collect a fine	взыскивать штраф
A 945	amende fiscale	tax penalty	налоговый штраф
A 946	amendement *m*	amendment	поправка, исправление
A 947	amenuisement *m*	dwindling, narrowing, shrinking, decrease	уменьшение, сокращение
A 948	amenuisement des avoirs extérieurs	shrinking of external holdings	уменьшение внешних авуаров
A 949	amenuisement des encaisses métalliques	shrinking of gold and silver reserves	уменьшение резервов драгоценных металлов
A 950	amenuisement des marges	shrinking of the profit margin	сокращение прибыли
A 951	amenuisement des réserves de change	shrinking of foreign exchange reserves	сокращение валютных резервов
A 952	amenuiser, s'	to dwindle, to narrow, to shrink	уменьшаться, сокращаться
A 953	amortir	1. to pay off, to amortize *(a debt)*; to redeem *(a loan, a bond)* 2. to depreciate, to amortize *(equipment)* 3. to write off	1. погашать *(долг, облигацию)* 2. амортизировать *(оборудование)* 3. списывать *(со счетов)*
A 954	amortissable	paid-off; redeemable	погашаемый *(напр. об облигации)*; выкупаемый *(напр. об акции)*
A 955	amortissement *m*	1. paying off; redemption 2. amortization, depreciation 3. writing off	1. погашение *(долга, облигации)*; выкуп *(ценных бумаг)* 2. амортизация, амортизационное списание 3. списание *(со счетов)*
A 956	amortissement des actions	redemption of shares	выкуп акций
A 957	amortissement par anticipation	redemption before due date	досрочное погашение
A 958	amortissement du capital social	share capital redemption	выкуп акций
A 959	amortissement comptable	depreciation expense; booked depreciation	амортизационные отчисления
A 960	amortissement cumulé	accumulated depreciation	накопленная амортизация
A 961	amortissement dégressif	depreciation on reducing balance, reducing balance method of depreciation	ускоренная амортизация
A 962	amortissement d'une dette	debt redemption	погашение долга
A 963	amortissement de dettes extérieures	paying off an external debt	погашение внешней задолженности
A 964	amortissement différé	1. deferred redemption 2. deferred depreciation	1. отсроченное погашение 2. отсроченная амортизация
A 965	amortissement d'un emprunt	paying off a loan	погашение займа
A 966	amortissement des immobilisations	accumulated depreciation	амортизация основного капитала
A 967	amortissement des investissements	amortization of investments	амортизация капиталовложений
A 968	amortissement des obligations	bond redemption	погашение облигаций
A 969	amortissement d'un prêt	paying off a loan	погашение ссуды
A 970	amortissement progressif	progressive depreciation	прогрессивная амортизация

A

A 971	amortissement de titres [de valeurs mobilières]	redemption of securities	выкуп ценных бумаг
A 972	amortissements *m pl*	depreciation charges	амортизационные отчисления
A 973	ampliation *f*	certified copy	заверенная копия официального документа
A 974	pour ampliation	certified true copy	«с подлинным верно»
A 975	amplitude *f* de variations	range of fluctuations	амплитуда колебаний *(курсов)*
A 976	amputation *f*	cut, reduction, amputation	сокращение
A 977	amputation des bénéfices	profit reduction	сокращение прибыли
A 978	amputation des disponibilités	reduction in liquid assets	сокращение наличных средств
A 979	amputer	to cut back, to reduce	сокращать
A 980	analysable	analyzable	анализируемый
A 981	analyse *f*	analysis	1. анализ, изучение, исследование 2. метод расчёта
A 982	affiner une analyse	to refine an analysis	совершенствовать технику анализа
A 983	effectuer une analyse	to analyze, to carry out an analysis	анализировать, проводить анализ
A 984	analyse de [du] bilan	balance sheet analysis	анализ баланса
A 985	analyse boursière	securities analysis	биржевой анализ
A 986	analyse chartiste	chartism, chart analysis	чартизм, графический анализ
A 987	analyse comparée des avoirs et des engagements	comparative analysis of assets and liabilities	сравнительный анализ состояния активов и пассивов
A 988	analyse d'un compte	account analysis	анализ счёта
A 989	analyse de la conjoncture [conjoncturelle]	market analysis	изучение [анализ] конъюнктуры
A 990	analyse des coûts	cost analysis	анализ издержек
A 991	analyse des coûts et marges	analysis of costs and margins	анализ издержек и прибыли
A 992	analyse «coûts-avantages»	cost-benefit analysis	анализ затрат и результатов
A 993	analyse de [du] crédit	credit analysis	кредитный анализ
A 994	analyse des écarts	variance (on gap) analysis	вариационный анализ
A 995	analyse factorielle	factor [factorial] analysis	факторный анализ
A 996	analyse financière	1. financial analysis 2. investment analysis	1. анализ финансового положения 2. инвестиционное исследование
A 997	analyse des flux financiers	funds flow analysis	анализ финансовых потоков
A 998	analyse fonctionnelle des bilans bancaires	functional analysis of bank balance sheets	функциональный анализ банковских балансов
A 999	analyse fondamentale	fundamental analysis	фундаментальный анализ
A 1000	analyse de la gestion bancaire	bank management analysis	анализ управления банком
A 1001	analyse de la gestion de portefeuille	portfolio management analysis	анализ управления портфелем
A 1002	analyse graphique	chartism, graphic [chart] analysis	чартизм, графический анализ
A 1003	analyse de [du] marché	market analysis	изучение рынка
A 1004	analyse numérique	statistical analysis	статистический анализ
A 1005	analyse des opérations hors bilan	analysis of off-balance sheet transactions	анализ забалансовых операций
A 1006	analyse des opérations financières	analysis of financial transactions	анализ финансовых операций
A 1007	analyse de portefeuille	portfolio analysis	портфельный анализ
A 1008	analyse préliminaire	preliminary analysis	предварительный анализ
A 1009	analyse de rendement	cost-benefit analysis	анализ затрат и результатов

A

A 1010	**analyse de rentabilité**	break-even analysis	анализ рентабельности
A 1011	**analyse du risque**	risk analysis	анализ риска
A 1012	**analyse statistique**	statistical analysis	статистический анализ
A 1013	**analyse technique**	technical analysis	технический анализ
A 1014	**analyse de valeur**	value analysis	стоимостный анализ
A 1015	**analyse de variance**	variance (on gap) analysis	вариационный анализ
A 1016	**analyser**	to analyze	анализировать, изучать
A 1017	**analyste** *m*	analyst	аналитик; эксперт
A 1018	**analyste de crédit**	credit analyst	кредитный аналитик [эксперт]
A 1019	**analyste financier**	financial [security] analyst	финансовый эксперт
A 1020	**analyste fonctionnel**	systems analyst	системный аналитик
A 1021	**analyste de gestion**	management analyst	эксперт по управлению
A 1022	**analyste de marché**	market analyst	эксперт по рынку
A 1023	**analyste en placements**	investment analyst	инвестиционный аналитик
A 1024	**analyste de système**	systems analyst	системный аналитик
A 1025	**analyste technique**	technical analyst	специалист по техническому анализу
A 1026	**analyste en valeurs mobilières**	securities analyst	аналитик по ценным бумагам
A 1027	**analyste-programmeur** *m*	program analyst	программный аналитик
A 1028	**anatocisme** *m*	compound interest, anatocism	капитализация процентов, начисление сложных процентов
A 1029	**animation** *f* **du marché**	buoyancy of the market	оживление рынка
A 1030	**année** *f*	year	год
A 1031	**achever l'année**	to end the year	заканчивать год
A 1032	**commencer [démarrer] l'année**	to begin the year	начинать год
A 1033	**terminer l'année**	to end the year	заканчивать год
A 1034	**année de base**	base year	базисный год
A 1035	**année budgétaire**	financial year	бюджетный год
A 1036	**année civile**	calendar year	календарный год
A 1037	**année comptable**	accounting year	балансовый год
A 1038	**année courante**	current year	текущий год
A 1039	**année financière**	financial year	финансовый год
A 1040	**année fiscale**	tax [fiscal] year	налоговый год
A 1041	**année de référence**	base year	базисный год
A 1042	**annexe**	supplementary, additional, complementary	дополнительный
A 1043	**annexes** *fpl* **aux états financiers**	notes to the accounts	приложение к финансовым отчётам
A 1044	**annonce** *f*	announcement; statement; notification	объявление; сообщение; извещение
A 1045	**annonce du cours coté**	announcement of the quoted price	объявление котируемого курса
A 1046	**annonce financière**	financial advertisement	финансовое объявление
A 1047	**annonce légale**	legal announcement [note]	официальное уведомление
A 1048	**annonce verbale**	verbal announcement	устное объявление
A 1049	**annuité** *f*	annuity; yearly [annual] payment, yearly [annual] installment ; annual repayment *(of a debt)*	ежегодный взнос, аннуитет

A

A 1050	percevoir une annuité	to receive an annuity [annual installment]	получать ежегодный платёж
A 1051	annuité d'amortissement	annual depreciation charge	годовые амортизационные отчисления
A 1052	annuité de capitalisation	capitalization annuity	капитализированный аннуитет
A 1053	annuité contingente	contingent annuity	условный аннуитет
A 1054	annuité différée	deferred annuity	отсроченный аннуитет
A 1055	annuité de principal	annual principal repayment	ежегодная выплата основной суммы долга
A 1056	annuité de remboursement	annual repayment	ежегодный взнос, аннуитет
A 1057	annuités *f pl*	installments	ежегодные поступления, ежегодные периодические платежи
A 1058	annuités constantes	regular installments	регулярные платежи
A 1059	annuités des prêts	annual loan repayments	периодические выплаты ссуд
A 1060	annuités variables	variable installments	переменные платежи
A 1061	annulation *f*	1. cancellation, annulment 2. nullification, voidance (*e.g. of a contract*)	1. аннулирование, отмена 2. аннулирование, признание недействительным (*напр. контракта*)
A 1062	annulation d'une autorisation	authorization reversal	отмена разрешения
A 1063	annulation des billets	cancellation of banknotes	изъятие бумажных денег
A 1064	annulation des certificats	cancellation of certificates	аннулирование сертификатов
A 1065	annulation d'un chèque	cancellation of a check	аннулирование чека
A 1066	annulation d'un contrat	cancellation of a contract	аннулирование контракта
A 1067	annulation d'une créance	annulment of a debt	аннулирование долгового требования
A 1068	annulation de crédit	lapse of appropriation	аннулирование кредита
A 1069	annulation d'une dette	annulment of a debt	ликвидация долга
A 1070	annulation de parts sociales	nullification [voidance] of shares	аннулирование акций
A 1071	annulation des signes monétaires	withdrawal [redemption] of money	изъятие денежных знаков
A 1072	annulation de titres	cancellation of securities	аннулирование ценных бумаг
A 1073	annuler	1. to cancel, to annul 2. to nullify, to void	1. аннулировать, отменять 2. аннулировать, считать [признавать] недействительным (*напр. контракт*)
A 1074	anonymat *m*	anonymity	анонимный характер, анонимность
A 1075	sous le couvert de l'anonymat	anonymously	анонимно
A 1076	garder l'anonymat	to remain anonymous, to retain [to preserve] one's anonymity	сохранять анонимность
A 1077	lever l'anonymat	to lift anonymity	отменять анонимность
A 1078	anonymat d'un déposant	depositor anonymity	анонимность вкладчика
A 1079	anonyme	anonymous	анонимный
A 1080	antécédents *m pl* en matière de crédit	credit history	кредитная история (*личная кредитная справка*)
A 1081	antenne *f* de banque étrangère	branch of a foreign bank	отделение иностранного банка
A 1082	antichrèse *f*	antichresis, living pledge (*of real estate*)	залог недвижимой вещи с вводом во владение ею кредитора

A

A 1083	anticipation *f*	expectation, anticipation	опережение, предвосхищение, ожидание; прогнозирование
A 1084	par anticipation	in advance	досрочно, до срока
A 1085	anticipation de crédit différé	intermediary loan in anticipation of a deferred loan	промежуточный кредит в ожидании отсроченного кредита
A 1086	anticipation de paiement	advance payment	досрочная оплата
A 1087	anticipation du profit	anticipated profit	ожидаемая прибыль
A 1088	anticipations *f pl*	expectations	ожидания; прогнозы
A 1089	anticipations des agents économiques	expectations of economic agents	ожидания субъектов экономической деятельности [экономических агентов]
A 1090	anticipations de baisse des taux d'intérêt	expectations of a fall in interest rates	ожидания понижения процентных ставок
A 1091	anticipations de baisse à la volatilité	expectations of a drop in volatility	ожидания понижения волатильности [неустойчивости]
A 1092	anticipations de change	exchange (rate) expectations	прогнозы валютного курса
A 1093	anticipations conjoncturelles	short-term expectations, short-term economic forecasting	краткосрочные прогнозы
A 1094	anticipations sur les cours	rate expectations	курсовые ожидания
A 1095	anticipations sur l'évolution des taux	interest rates expectations	ожидания относительно процентных ставок
A 1096	anticipations défavorables	unfavorable expectations	неблагоприятные ожидания
A 1097	anticipations de dépréciation	expectations of depreciation	ожидания понижения курса
A 1098	anticipations de hausse des taux d'intérêt	expectations of a rise in interest rates	ожидания повышения процентных ставок
A 1099	anticipations de hausse à la volatilité	expectations of a rise in volatility	ожидания повышения волатильности [неустойчивости]
A 1100	anticipations inflationnistes	inflationary expectations	инфляционные ожидания
A 1101	anticipations des investisseurs	investors' expectations	ожидания инвесторов
A 1102	anticipations des opérateurs	operators' expectations	ожидания участников рынка
A 1103	anticipations de stabilité du cours	stable rate expectations	ожидания устойчивости курса
A 1104	anticipations des taux de change	exchange (rate) expectations	ожидания относительно валютных курсов
A 1105	anticipations sur la volatilité	volatility expectations	ожидания относительно волатильности [неустойчивости]
A 1106	anticipé	1. advanced, early 2. anticipated	1. досрочный; предварительный 2. ожидаемый, прогнозируемый
A 1107	anticiper	1. to redeem before due date (e.g. a bond) 2. to anticipate	1. выплачивать [погашать] досрочно (*напр. облигацию*) 2. ожидать, прогнозировать
A 1108	antidate *f*	antedating	датирование прошедшим числом
A 1109	marquer d'une antidate	to backdate, to antedate, to predate	датировать прошедшим числом
A 1110	antidater	to backdate, to antedate, to predate	датировать прошедшим числом
A 1111	anti-inflationniste	anti-inflationary	антиинфляционный
A 1112	antitrust	antitrust	антитрестовский

A

A 1113	antiope *f* bourse	on-line stock exchange information magazine	тележурнал биржевой информации *(журнал Общества французских бирж, распространяемый по компьютерной сети)*
A 1114	apaisement *m*	calming down	затишье; ослабление, смягчение
A 1115	apaisement à la bourse	relaxation [lull] on the stock exchange	период затишья на бирже
A 1116	apaisement sur le marché des changes	lull in the foreign exchange market	период затишья на валютном рынке
A 1117	apaisement passager	temporary lull	период временного затишья
A 1118	apaiser	to ease, to relax	ослаблять, смягчать
A 1119	apathie *f* du marché	apathy of a market	спад активности на рынке
A 1120	apathique	apathetic, sluggish *(e.g. a market)*	вялый *(напр. о рынке)*
A 1121	aplatissement *m*	flattening	выравнивание, сглаживание
A 1122	aplatissement d'une courbe	flattening of a curve	выравнивание кривой
A 1123	aplatissement d'une tendance	flattening of a trend	выравнивание тенденции
A 1124	appareil *m*	machinery	аппарат
A 1125	appareil administratif	administrative machinery	административный [управленческий] аппарат
A 1126	appareil bancaire	bank machinery	банковский аппарат
A 1127	appareil financier	financial machinery	финансовый аппарат
A 1128	apparition *f*	appearance, emergence	появление, возникновение
A 1129	apparition de formules hybrides	emergence of hybrid (financial) instruments	появление смешанных [гибридных] финансовых инструментов
A 1130	apparition de services nouveaux	emergence of new services	появление новых видов услуг
A 1131	appât *m* d'un gain éventuel	prospect of possible profit	возможность получения прибыли
A 1132	appel *m*	1. appeal, call, invitation 2. request	1. привлечение; обращение 2. запрос; заявка
A 1133	sur appel	on call, on demand, on request	по требованию
A 1134	faire appel à...	to appeal to...	обращаться к...
A 1135	appel de capitaux	call for capital, call for funds	привлечение капитала
A 1136	appel de [en] couverture	request for cover	требование внесения гарантийного депозита
A 1137	appel à l'épargne	call for capital	привлечение сбережений
A 1138	appel de fonds	call for capital, call for funds	привлечение дополнительных средств
A 1139	faire un appel de fonds	to call up capital, to make a call for funds	привлекать дополнительный капитал
A 1140	verser un appel de fonds	to inject extra capital	сделать новый взнос в капитал *(фирмы)*
A 1141	appel de fonds en devises	call for capital in foreign currency	привлечение дополнительного капитала в иностранной валюте
A 1142	appel au marché des capitaux	recourse to the capital market	привлечение *(средств)* на рынке капиталов
A 1143	appel de marge	margin call, request for additional cover in forward deals	требование внесения дополнительного гарантийного депозита *(брокеру на бирже)*

A

A 1144	appel de marge quotidien	daily margin call	ежедневное внесение дополнительных гарантийных депозитов *(брокеру на бирже)*
A 1145	appel d'offres	1. invitation to [for] tender, call for tender 2. competitive bidding	1. объявление торгов, приглашение на торги 2. конкурентные торги
A 1146	faire un appel d'offres	to invite tenders, to put *smth* out to tender	объявлять торги
A 1147	répondre à un appel d'offres	to bid, to make a tender, to put in a tender for	делать заявку на торгах
A 1148	appel d'offres ouvert	open tendering	объявление открытых торгов
A 1149	appel d'offres restreint	restricted invitation for tenders	объявление закрытых торгов *(с ограниченным числом участников)*
A 1150	appel public à l'épargne	public issue *(of stock)*	публичный выпуск *(ценных бумаг)*
A 1151	faire un appel public à l'épargne	to launch a public issue *(of stock)*	осуществлять публичный выпуск *(новых акций)*
A 1152	appel aux ressources	call for funds	привлечение (дополнительных) средств
A 1153	appeler	to call *(for capital, funds)*	привлекать *(капитал, средства)*
A 1154	applicable	applicable	применяемый; используемый
A 1155	application *f*	1. implementation, application 2. appropriation 3. crossing	1. применение; использование 2. предназначение, выделение *(средств)* 3. кроссирование *(купля-продажа ценных бумаг на внебиржевом рынке)*
A 1156	en application de	in pursuance of	в применение
A 1157	application d'une loi	law enforcement	применение закона
A 1158	application des règlements	administration of regulations	применение правил
A 1159	application d'une somme	appropriation of a sum of money	ассигнование
A 1160	application de titres	crossed trading, crossed selling, crossing	кроссированная сделка с ценными бумагами *(одновременная купля и продажа одних и тех же ценных бумаг на одинаковую сумму за счёт разных клиентов)*
A 1161	appoint *m*	additional amount, additional fee	дополнительная сумма, дополнительный взнос
A 1162	apport *m*	contribution, donation	взнос; вклад; доля
A 1163	faire [verser] un apport	to contribute, to bring in capital, to donate	делать взнос
A 1164	apport d'un actionnaire	shareholder's contribution	взнос акционера
A 1165	apport d'argent frais	injection [infusion, contribution] of new money	новые капиталовложения
A 1166	apport d'un associé	contribution of a partner	взнос участника *(товарищества)*
A 1167	apport de capital	capital subscription	подписной капитал
A 1168	apport en capital social	contribution to stock [share] capital	взнос в акционерный капитал
A 1169	apport de capitaux étrangers	inflow of foreign capital	приток иностранного капитала

A

A 1170	apport d'un commanditaire	limited partner's capital contribution	взнос вкладчика коммандитного товарищества
A 1171	apport de devises indispensables	contribution of the necessary foreign exchange	внесение необходимых валютных средств
A 1172	apport en espèces	cash contribution	денежный взнос
A 1173	apport des financements extérieurs	external financing	внешнее финансирование
A 1174	apport de fonds	contribution of funds, financing	взнос денежных средств
A 1175	apport en fonds propres	equity contribution	взнос в акционерный капитал
A 1176	apport initial	initial contribution	первоначальный взнос
A 1177	apport en nature	contribution in kind	взнос материальными ценностями
A 1178	apport de nouveaux crédits	contribution of new money	новые капиталовложения
A 1179	apport en numéraire	cash contribution	денежный взнос
A 1180	apport d'or	contribution of gold	взнос в золоте
A 1181	apport en société	contribution to the firm's capital	вклад в капитал компании; доля в капитале компании
A 1182	apporteur *m*	contributor	лицо, сделавшее взнос; акционер; участник товарищества
A 1183	apporteur de capitaux [de fonds propres]	provider of capital, equity holder	акционер
A 1184	apports *m pl* nets	net contributions	нетто-взносы *(разница между привлечёнными и выплаченными взносами)*
A 1185	appréciable	1. assessable, estimatable 2. considerable, substantial	1. оцениваемый 2. существенный, значительный
A 1186	appréciation *f*	1. valuation, assessment, estimation 2. appreciation, rise *(in value)*	1. оценка, определение *(цены, стоимости)* 2. повышение *(цены, стоимости)*
A 1187	appréciation des bénéfices	profit assessment	оценка прибылей
A 1188	appréciation des besoins	evaluation of needs	оценка потребностей
A 1189	appréciation du dollar par rapport au franc	the dollar's rise against the franc	повышение курса доллара по отношению к франку
A 1190	appréciation d'un élément d'actif	asset valuation	оценка актива
A 1191	appréciation erratique d'une monnaie	erratic appreciation of a currency	стихийное повышение курса валюты
A 1192	appréciation fonctionnelle	functional assessment	функциональная оценка
A 1193	appréciation d'une monnaie	appreciation of a currency	повышение курса валюты
A 1194	appréciation ordonnée des devises	well-regulated currency appreciation	упорядоченное повышение курса иностранной валюты
A 1195	appréciation de la parité dollar/franc	rise in the dollar-franc parity	повышение паритетного соотношения между долларом и франком
A 1196	appréciation des risques	estimation of risks, risk assessment	оценка рисков
A 1197	appréciation des signatures	assessment of signatures	оценка гарантий, оценка надёжности
A 1198	appréciation de la solvabilité	solvency assessment	оценка платёжеспособности
A 1199	appréciation souveraine [en toute liberté]	independent estimation	независимая оценка
A 1200	appréciation du volume des provisions	assessment of the amount of provisions	оценка объёма резервов

A

A 1201	apprécier	to estimate, to assess, to evaluate, to value	оценивать, определять (стоимость)
A 1202	apprécier s'	to appreciate, to rise	повышаться (о курсе валюты)
A 1203	approbation f	approval	одобрение; разрешение
A 1204	approbation des comptes	certifying [approval, passing] of the accounts	признание правильности счетов
A 1205	approbation des prêts	loan approval	разрешение займов
A 1206	approche f	approach	подход (к рассмотрению чего-л.)
A 1207	approche boursière	stock exchange approach	биржевой подход
A 1208	approche comptable	accounting approach	бухгалтерский подход
A 1209	approche financière	financial approach	финансовый подход
A 1210	approche qualitative	qualitative approach	метод качественной оценки
A 1211	approche statistique	statistic approach	статистический подход
A 1212	approche stratégique	strategic approach	стратегический подход
A 1213	appropriation f illicite de fonds	embezzlement, defalcation	присвоение денег незаконным путём
A 1214	approuvé m de comptes	reconcilement of accounts	сверка счетов
A 1215	approvisionnement m	1. supplying, procurement 2. paying money (into an account)	1. обеспечение 2. перечисление (денег на счёт)
A 1216	approvisionnement en moyens de paiement internationaux	supply of international means of payment	обеспечение международными платёжными средствами
A 1217	approvisionner	1. to supply 2. to pay funds [money] (into a bank account)	1. обеспечивать 2. перечислять (деньги на счёт)
A 1218	approximatif	approximate (e.g. figure), rough (e.g. estimate)	приблизительный
A 1219	approximation f	approximation, (rough) estimate	приблизительная оценка
A 1220	approximativement	approximately, roughly	приблизительно
A 1221	appui m financier	financial support [assistance, backing]	финансовая помощь [поддержка]
A 1222	après-bourse f	street [curb] market	внебиржевой рынок (торговля ценными бумагами вне фондовой биржи)
A 1223	aptitudes f pl professionnelles	professional skills, proficiency	профессиональная пригодность
A 1224	apurement m	1. auditing, audit (of an account) 2. discharge, wiping off (a debt)	1. выверка, очистка (счёта) 2. ликвидация, погашение (долга)
A 1225	apurement d'un compte	auditing of an account	выверка [очистка] счёта
A 1226	apurement d'une dette	wiping off a debt	погашение долга
A 1227	apurement du passif	improvement of the liabilities side of the balance sheet	оздоровление пассивов
A 1228	apurement de la situation financière	stabilization of the financial situation	оздоровление финансового положения
A 1229	apurement d'un solde déficitaire	wiping off a debt balance	списание отрицательного сальдо
A 1230	apurer	1. to audit, to agree (an account) 2. to discharge, to wipe off (a debt)	1. выверять, очищать (счёт) 2. ликвидировать, погашать (долг)
A 1231	arbitrage m	1. arbitrage, arbitraging 2. arbitration	1. арбитраж (игра на разнице курсов валют или ценных бумаг) 2. арбитраж (как орган и как порядок рассмотрения споров)

A

A 1232	déterminer l'arbitrage	to determine the possibility of arbitrage	устанавливать возможность арбитража
A 1233	exercer [faire] l'arbitrage	to make arbitrage transactions	заниматься арбитражными сделками
A 1234	arbitrage d' [sur] actions	stock arbitrage	арбитраж с акциями
A 1235	arbitrage sur bons du Trésor	treasury bond arbitrage	арбитраж с бонами казначейства
A 1236	arbitrage de la bourse [boursier]	stock exchange arbitrage	фондовый арбитраж
A 1237	arbitrage des cambistes [de change]	arbitrage of exchange, currency arbitrage	валютный арбитраж
A 1238	arbitrage classique	hedging (against) exchange risk	арбитраж с целью страхования (валютных) рисков
A 1239	arbitrage composé	compound arbitrage	сложный валютный арбитраж (с тремя и более валютами)
A 1240	arbitrage comptant-terme	cash and carry	арбитраж на разнице курса спот и форвард
A 1241	arbitrage de conversion	conversion arbitrage	конверсионный арбитраж (обмен несколькими валютами)
A 1242	arbitrage en couverture d'effectif	hedging	хеджирование
A 1243	arbitrage cyclique de portefeuille	cyclical switch [switching]	циклический арбитраж
A 1244	arbitrage sur devises	arbitrage in foreign currencies	валютно-депозитный арбитраж
A 1245	arbitrage direct	simple arbitrage	простой валютный арбитраж (с двумя валютами)
A 1246	arbitrage dans l'espace	space arbitrage, shunting	пространственный арбитраж (на разнице в курсах валют на разных валютных рынках)
A 1247	arbitrage imparfait	imperfect arbitrage	несовершенный арбитраж (не исключающий риска)
A 1248	arbitrage indirect	compound arbitrage	сложный валютный арбитраж (с тремя валютами)
A 1249	arbitrage d'intérêt	interest arbitrage	процентный арбитраж
A 1250	arbitrage d'obligations	bond switch	арбитраж с облигациями
A 1251	arbitrage parfait	perfect [riskless] arbitrage	совершенный [безрисковый] арбитраж
A 1252	arbitrage de place à place	space arbitrage, shunting	пространственный арбитраж (на разнице в курсах валют на разных валютных рынках)
A 1253	arbitrage de portefeuille	portfolio switch	изменение состава портфеля ценных бумаг
A 1254	arbitrage en reports	contango arbitrage	репортный арбитраж
A 1255	arbitrage de risque	risk arbitrage	спекулятивный арбитраж
A 1256	arbitrage sans risque	perfect [riskless] arbitrage	совершенный [безрисковый] арбитраж
A 1257	arbitrage simple	simple arbitrage	простой валютный арбитраж (с двумя валютами)
A 1258	arbitrage spatial	space arbitrage, shunting	пространственный арбитраж (на разнице в курсах валют на разных валютных рынках)
A 1259	arbitrage sur les taux de change	arbitrage of exchange, currency arbitrage	валютный арбитраж

A

A 1260	arbitrage technique	space arbitrage, shunting	пространственный арбитраж *(на разнице в курсах валют на разных валютных рынках)*
A 1261	arbitrage dans le temps	time arbitrage	временно́й арбитраж
A 1262	arbitrage sur titres	stock arbitrage, arbitrage in securities	арбитраж с ценными бумагами
A 1263	arbitrages *m pl*	arbitrage transactions	арбитражные сделки
A 1264	effectuer [réaliser] des arbitrages	to make arbitrage transactions	осуществлять арбитражные сделки
A 1265	procéder à des arbitrages dans son portefeuille	to make change of investments, to conduct a portfolio switch	изменять состав своего портфеля *(для использования арбитражных возможностей)*
A 1266	arbitrageur *m*, arbitragiste *m*	arbitrageur, arbitrager, arbitragist	арбитражёр *(лицо, занимающееся арбитражными операциями)*
A 1267	arbitragiste en couverture de risque	hedger	хеджер *(лицо, проводящее арбитраж для покрытия рисков)*
A 1268	arbitre *m*	arbiter, arbitrator	арбитр
A 1269	arbitrer	1. to carry out an arbitrage operation 2. to arbitrate	1. проводить арбитражную сделку 2. решать *(дело)* в арбитраже
A 1270	argent *m*	1. money; cash; funds 2. silver 3. (short-term) loan	1. деньги; наличные; средства 2. серебро 3. (краткосрочная) ссуда
A 1271	avancer de l'argent	to advance funds	ссужать деньги в долг
A 1272	déposer de l'argent en banque	to deposit money at a bank	класть деньги в банк
A 1273	emprunter de l'argent	to borrow money	занимать деньги
A 1274	épargner de l'argent	to save money	сберегать деньги
A 1275	extorquer de l'argent	to squeeze money out of	«выкачивать» деньги
A 1276	faire de l'argent	to make money	получать прибыль
A 1277	faire fructifier de l'argent	to invest money	размещать денежные средства *(с целью извлечения прибыли)*
A 1278	gérer l'argent des clients	to manage clients' money	управлять средствами клиентов
A 1279	manier de l'argent	to handle money	осуществлять денежные операции
A 1280	mobiliser de l'argent	to mobilize funds, to raise money [funds]	мобилизовать денежные средства
A 1281	payer en argent (comptant*)*	to pay cash	оплачивать наличными
A 1282	placer de l'argent	to invest money [funds]	размещать [вкладывать] денежные средства
A 1283	prêter de l'argent	to lend money	ссужать деньги в долг
A 1284	rapporter de l'argent	to bring in [to yield] money	приносить прибыль
A 1285	retirer de l'argent	to withdraw money	изымать деньги
A 1286	trouver de l'argent	to raise money [funds]	доставать деньги; мобилизовать денежные средства
A 1287	argent en banque	money in bank	средства на банковском счёте
A 1288	argent en barre	bar silver	серебро в слитках
A 1289	argent en billets	paper money	бумажные деньги
A 1290	argent bloqué	blocked money	замороженные средства
A 1291	argent bon marché	cheap money	дешёвые деньги

A

A 1292	**argent brûlant**	hot money	«горячие» деньги, краткосрочные спекулятивные капиталы
A 1293	**argent en caisse**	cash in hand, money in the till	кассовая наличность
A 1294	**argent "chaud"**	hot money	«горячие» деньги, краткосрочные спекулятивные капиталы
A 1295	**argent comptant**	cash	наличные (деньги)
A 1296	**argent sur demande**	call money	ссуда до востребования
A 1297	**argent frais**	fresh [new] money	средства рефинансирования
A 1298	**argent improductif**	idle capital, dead money	неподвижные [неликвидные, тезаврированные] деньги
A 1299	**argent au jour le jour**	day-to-day money	однодневная ссуда, суточный кредит
A 1300	**argent liquide**	ready money, ready cash	наличные денежные средства
A 1301	**argent mis en dépôt**	bank deposit	деньги, помещённые на депозит
A 1302	**argent mort [oisif]**	idle capital, dead money	неподвижные [неликвидные, тезаврированные] деньги
A 1303	**argent en pièces**	coined [metallic] money	металлические деньги
A 1304	**argent placé en bourse**	money placed on the stock exchange	средства, размещённые на бирже
A 1305	**argent remboursable sur demande [à vue]**	call [day-to-day] money	ссуда до востребования
A 1306	**argentiers** *m pl*, **grands**	ministers of finance	министры финансов
A 1307	**argent-papier** *m*	paper money	бумажные деньги
A 1308	**arrangement** *m*	1. agreement, arrangement 2. settlement	1. соглашение, договорённость 2. разрешение, урегулирование *(споров, разногласий)*
A 1309	**parvenir à un arrangement**	to reach an agreement [a settlement], to come to an arrangement	достигать соглашения
A 1310	**arrangement à l'amiable**	out-of-court settlement	дружеское [полюбовное] урегулирование *(споров)*
A 1311	**arrangement d'un différend**	settlement of a dispute	урегулирование спора
A 1312	**arrangement avec ses créanciers**	composition with one's creditors	компромиссное соглашение *(несостоятельного должника со своими кредиторами)*
A 1313	**arrérages** *m pl*	arrears, back interest	старые долги, неуплаченные суммы по счетам; рентные *или* пенсионные платежи
A 1314	**laisser courir ses arrérages**	to let one's interest accumulate	допускать накопление неуплаченных в срок процентов
A 1315	**arrérages de loyer**	back rent	просроченные арендные платежи
A 1316	**arrêt** *m*	1. stopping; halt, pause 2. judgement, decision, order, award	1. прекращение 2. судебное постановление
A 1317	**arrêt de la baisse du marché boursier**	halt in the stock market fall	прекращение ухудшения биржевой конъюнктуры
A 1318	**arrêt des investissements**	investment halt	прекращение инвестиций
A 1319	**arrêt d'un mouvement de hausse**	halt in the upward movement	прекращение повышательной тенденции
A 1320	**arrêt des opérations**	halt in trading, trading halt	прекращение операций

A

A 1321	arrêt de paiement	suspension of payment	прекращение платежа
A 1322	arrêté m	1. order; decree 2. settlement (of account) 3. statement (of account)	1. постановление; приказ (органа исполнительной власти) 2. Заключение [закрытие] (счёта)3. выписка (из счёта)
A 1323	arrêté de compte	1. settlement of account 2. statement of account	1. заключение счёта 2. выписка из счёта
A 1324	arrêté définitif de compte	final settlement of account	окончательное заключение [закрытие] счёта, сальдирование
A 1325	arrêté en intérêts	statement of interest	выписка из счёта о накопленных процентах
A 1326	arrêté des positions quotidiennes	daily settlement of positions	ежедневное закрытие позиций
A 1327	arrêter	1. to stop 2. to settle, to balance, to close (accounts)	1. прекращать 2. сводить [заключать, закрывать] (счета)
A 1328	arrhes f pl	earnest money, deposit	задаток
A 1329	laisser des arrhes	to leave [to make, to pay] a deposit	вносить задаток
A 1330	perdre ses arrhes	to lose one's deposit	потерять задаток
A 1331	recevoir des arrhes	to receive a deposit	получать задаток
A 1332	rembourser des arrhes	to repay a deposit	возмещать задаток
A 1333	verser des arrhes	to leave [to make, to pay] a deposit	вносить задаток
A 1334	arriéré	overdue, outstanding, late (e.g. a payment); outstanding, past due (e.g. a debt)	просроченный (напр. платёж), неуплаченный (напр. долг)
A 1335	arriéré m	arrears	просроченный платёж
A 1336	régler [solder] un arriéré	to pay off arrears	погашать просроченный платёж
A 1337	arriéré d'impôts	back tax, tax in arrears	налоговая недоимка, задолженность по налогам
A 1338	arriéré de paiement	arrears of payments	просроченный платёж, задолженность по платежам
A 1339	arriérés m pl	arrears	задолженность
A 1340	faire rentrer des arriérés	to collect [to recover] outstanding debts	взимать неуплаченные долги
A 1341	arriérés accumulés	accumulated arrears	накопленная задолженность
A 1342	arriérés de dividende	arrears of dividend, back dividend	дивиденды прошлых периодов
A 1343	arriérés d'intérêts	arrears of interest, back interest	задолженность по процентам
A 1344	arriérer	to defer (e.g. a payment)	отсрочивать (напр. платёж)
A 1345	arriérer, s'	to fall into arrears, to fall behind with payments	просрочивать (платёж)
A 1346	arrivée f	arrival, coming	поступление; приток
A 1347	arrivée de capitaux	capital inflow	приток капитала
A 1348	arrivée des ordres	coming of orders	поступление поручений (на бирже)
A 1349	arrondir	to round off	округлять
A 1350	arrondir au chiffre inférieur [en moins]	to round down	округлять в меньшую сторону
A 1351	arrondir au chiffre supérieur [en plus]	to round up	округлять в большую сторону

A

A 1352	article *m*	**1.** item *(e.g. of an account)* **2.** article, clause, item *(e.g. of a contract)* **3.** entry	**1.** статья *(напр. счёта, баланса)* **2.** статья, пункт *(напр. договора)* **3.** запись, проводка
A 1353	inscrire un article	to make an entry in	делать запись [проводку]
A 1354	radier un article	to strike out an item	вычёркивать статью
A 1355	article de bilan	balance sheet item	статья баланса
A 1356	article de caisse	cash item	статья наличности
A 1357	article collectif	combined [compound] entry	консолидированная запись, сложная проводка
A 1358	article de compte	item of an account	статья счёта
A 1359	article de contre-passation	reversing entry	контрзапись, обратная запись
A 1360	article de crédit	credit item	кредитовая статья
A 1361	article de débit	debit item	дебетовая статья
A 1362	article de dépenses	item of expense	расходная статья
A 1363	article inverse	reversing entry	контрзапись, обратная запись
A 1364	article de recettes	receipts item	приходная статья
A 1365	article rectificatif [de redressement]	correcting entry	корректирующая статья
A 1366	article de virement	transfer item	переходная статья
A 1367	ascendant	rising	возрастающий, повышательный
A 1368	ascension *f* d'une monnaie	appreciation of a currency	повышение курса валюты
A 1369	assainir	to stabilize *(finance)*; to re-establish *(a currency)*	оздоровлять, санировать *(финансы)*; укреплять *(денежную единицу, валюту)*
A 1370	assainissement *m*	stabilization, stabilizing; re-establishment	оздоровление, санация *(финансов)*; укрепление *(денежной единицы, валюты)*
A 1371	assainissement des comptes	stabilizing of the accounts	оздоровление баланса
A 1372	assainissement des finances	stabilizing of finance	оздоровление финансов
A 1373	assainissement financier	financial stabilization	оздоровление финансового положения
A 1374	assainissement d'un marché	stabilization of market	оздоровление рынка
A 1375	assainissement monétaire	monetary stabilization	санация [оздоровление] денежного обращения
A 1376	assainissement de la monnaie	re-establishment of the currency	укрепление денежной единицы
A 1377	assèchement *m*	reduction	уменьшение
A 1378	assèchement des dépôts	drying up of deposits, fall of deposits	уменьшение объёма депозитов
A 1379	assèchement des liquidités disponibles	reduction of liquid [available] assets	уменьшение ликвидных средств
A 1380	assemblage *m* de lignes de crédit bancaires	bank credit line package	пакет банковских кредитных линий
A 1381	assemblée *f*	meeting, assembly	собрание
A 1382	assister à une assemblée	to attend a meeting	присутствовать на собрании
A 1383	convoquer une assemblée	to call [to convene] a meeting	созывать собрание
A 1384	déposer des titres en vue de l'assemblée	to deposit securities with view to attending the meeting	вносить ценные бумаги для участия в собрании
A 1385	tenir une assemblée	to hold a meeting	проводить собрание
A 1386	assemblée des actionnaires	shareholders' [stockholders'] meeting	собрание акционеров

A

A 1387	assemblée constituante [constitutive]	constituting assembly	учредительное собрание
A 1388	assemblée des créanciers	meeting of creditors	собрание кредиторов
A 1389	assemblée extraordinaire	extraordinary meeting	внеочередное собрание
A 1390	assemblée générale	general meeting	общее собрание
A 1391	assemblée des obligataires [des porteurs d'obligations]	bondholders' meeting	собрание держателей облигаций
A 1392	assiette *f*	1. basket 2. basis *(for calculation)* 3. object, entity *(e.g. for taxation)*	1. корзина 2. база, базис *(исчисления)* 3. объект *(напр. налогообложения, ипотеки)*
A 1393	déterminer l'assiette	to determine the basket	сформировать корзину
A 1394	élargir l'assiette	to expand the basket	расширять корзину
A 1395	assiette de l'encours	basis of the debt outstandings	долговая корзина, распределение долга по видам
A 1396	assiette de la garantie	basis of the guarantee	гарантийная база, основа гарантии
A 1397	assiette de l'impôt	basis of assessment, tax base	объект налогообложения, база обложения
A 1398	assiette d'une rente	property [funds] on which an annuity rests [is secured]	база ренты
A 1399	assiette des réserves obligatoires	basis of reserve requirements	база обязательных резервов
A 1400	assignation *f*	allocation, allotment	ассигнование; выделение средств
A 1401	assigner	to allocate, to allot	ассигновывать; выделять средства
A 1402	assimilation *f*	1. assimilation 2. fungibility	1. ассимиляция *(займов)* 2. взаимозаменяемость *(финансовых инструментов)*
A 1403	assimilation de bons du Trésor	assimilation of treasury bills	ассимиляция бон казначейства
A 1404	assimilation de différentes émissions	assimilation of different issues	ассимиляция различных выпусков *(ценных бумаг)*
A 1405	association *f*	association	ассоциация; объединение
A 1406	association des banques	bankers' association	объединение банков
A 1407	association à but lucratif	profit-making association	организация, преследующая цель извлечения прибыли
A 1408	association sans but lucratif [à but non lucratif]	nonprofit association	организация, не преследующая цели извлечения прибыли
A 1409	association temporaire	temporary association	временное объединение
A 1410	Association *f*	Association	Ассоциация
A 1411	Association des banquiers internationaux	Overseas Bankers Club	Ассоциация международных банков
A 1412	Association cambiste internationale, ACI	Association cambiste internationale, Forex-Club	Международная ассоциация валютных дилеров
A 1413	Association française des banques, AFB	French Bank Association	Ассоциация французских банков
A 1414	Association française des établissements de crédit, AFEC	French Association of Credit Institutions	Ассоциация французских кредитных учреждений
A 1415	Association française des sociétés de bourse, AFSB	French Association of Brokerage Firms	Французская ассоциация биржевых брокеров
A 1416	Association française des sociétés financières	French Association of Financial Companies	Ассоциация французских финансовых учреждений

A

A 1417	Association des trésoriers de banque, ATB	Association of Bank Treasurers	Ассоциация банковских казначеев
A 1418	associé *m*	partner, associate	участник [член] товарищества, партнёр
A 1419	associé apporteur	contributing partner	участник [член] товарищества, сделавший взнос
A 1420	associé commanditaire	sleeping [dormant] partner	вкладчик *(с ограниченной ответственностью)* в коммандитном товариществе
A 1421	associé commandité	active [general] partner	полный [главный] товарищ в коммандитном товариществе
A 1422	associé gérant	managing partner	участник товарищества, уполномоченный вести его дела
A 1423	associé majoritaire	senior partner	старший партнёр
A 1424	associé minoritaire	junior partner	младший партнёр
A 1425	associé en nom collectif	partner	участник [член] полного товарищества
A 1426	associé principal	senior partner	старший партнёр
A 1427	associer	to associate, to unite, to link, to join	объединять; присоединять
A 1428	associer, s'	to join together, to form an association; to enter into [to form] partnership	объединяться; вступать *(напр. в товарищество)*
A 1429	assortiment *m* en quantités fixes de monnaies	assortment of fixed quantities of currencies	набор определённого количества валют
A 1430	assouplir	to ease, to relax	смягчать, ослаблять
A 1431	assouplissement *m*	relation, easing	смягчение, ослабление
A 1432	assouplissement du contrôle des changes	relaxation of exchange control	ослабление валютного контроля
A 1433	assouplissement des procédures du crédit	easing of loan procedure	упрощение процедуры кредитования
A 1434	assouplissement du régime de la parité	easing of the parity system	ослабление паритетного режима
A 1435	assouplissement de la réglementation des changes	relaxation of exchange control	ослабление валютного контроля
A 1436	assujettissement *m* à l'impôt	tax liability	обложение налогом
A 1437	assurable	insurable	подлежащий страхованию
A 1438	assurance *f*	1. insurance 2. insurance policy	1. страхование, страховая деятельность 2. страховой полис
A 1439	contracter une assurance	to take out an insurance policy	заключать договор страхования
A 1440	couvrir une assurance	to cover an insurance	выплачивать страховку
A 1441	faire de l'assurance	to be in insurance	осуществлять страховую деятельность
A 1442	prendre [souscrire] une assurance	to take out an insurance policy	заключать договор страхования
A 1443	assurance contre les créances douteuses	bad debts insurance	страхование невозвращения долгов
A 1444	assurance (de) crédit	credit insurance	страхование кредита
A 1445	assurance hypothèque	mortgage insurance	ипотечное страхование
A 1446	assurance d'investissement à l'étranger	foreign investment insurance	страхование зарубежных инвестиций

A

A 1447	assurance mixte	endowment insurance	смешанное страхование
A 1448	assurance avec participation aux bénéfices	profit sharing insurance	страхование с правом участия в прибылях
A 1449	assurance de portefeuille	portfolio insurance	портфельное страхование
A 1450	assurance préalable au versement du prêt	loan pre-disbursement insurance	страхование перед выдачей ссуды
A 1451	assurance prêts personnels	personal plan loan insurance	страхование личных ссуд
A 1452	assurance contre les risques de crédit	credit risk insurance	страхование кредитного риска
A 1453	assurance contre les risques de remboursement au pair	insurance against risks of redemption at par	страхование выплаты по номиналу
A 1454	assurance à terme fixe	fixed-term insurance	страхование на определённый срок
A 1455	assurance-consortium *f*	consortium insurance	консорциальное страхование
A 1456	assurance-crédit *f*	credit insurance	страхование кредита
A 1457	assurance-dépôts *f*	deposit insurance	страхование вкладов
A 1458	assurances *f pl*	insurance industry	страховое дело
A 1459	assuré *m*	insured person	страхователь
A 1460	assurer	to insure	страховать
A 1461	assureur *m*	insurer	страховщик; страховое общество
A 1462	assureur-conseil *m*	insurance consultant	консультант по страхованию
A 1463	astreinte *f*	penalty	астрэнт *(постоянно возрастающая пеня)*
A 1464	asymétrie *f* de cours	price asymmetry	курсовой перекос
A 1465	atermoiement *m*	deferment of payment	отсрочка (платежа)
A 1466	atermoyer	to defer payment	отсрочивать (платёж)
A 1467	atmosphère *f* boursière	climate, tone *(of a stock exchange)*	биржевая конъюнктура
A 1468	atone	lifeless, dull, sluggish *(e.g. a market)*	вялый *(напр. о рынке)*
A 1469	atonie *f* du marché	lifelessness [dullness, sluggishness] of the market	пассивность [вялость] рынка
A 1470	attaquant *m*	raider	рейдер *(инициатор публичного предложения ценных бумаг)*
A 1471	attaque *f* sur le franc	attack [assault, run] on the franc	наступление на франк *(операции, ведущие к понижению курса франка)*
A 1472	atterrissage *m* en douceur du dollar	soft landing of the dollar	медленное понижение курса доллара
A 1473	attestation *f*	certificate	свидетельство
A 1474	attestation d'un commissaire aux comptes	auditor's certificate	аудиторское свидетельство
A 1475	attestation notariée	notarized certificate	нотариальное свидетельство
A 1476	attestation d'un preneur ferme	certificate of the underwriter	свидетельство андеррайтера
A 1477	attractif	attractive, appealing	привлекательный
A 1478	attrait *m*	attraction, appeal	привлекательность
A 1479	attrait des actifs non monétaires	appeal of nonmonetary assets	привлекательность неденежных активов
A 1480	attrait des investissements à risque	appeal of risky investments	привлекательность рисковых инвестиций
A 1481	attribuable	attributable	распределяемый

A

A 1482	attribuer	1. to grant *(a loan)* 2. to allot *(shares)*	1. предоставлять *(ссуду)* 2. распределять *(акции)*
A 1483	attribution *f*	1. granting *(of a loan)* 2. allotment *(of shares)*	1. предоставление *(ссуды)* 2. распределение *(акций)*
A 1484	attribution d'actions	allotment of shares	распределение акций
A 1485	attribution d'actions gratuites	scrip issue	бонусная эмиссия *(бесплатное распределение дополнительных акций между акционерами)*
A 1486	attribution de devises	foreign exchange allocation	распределение валюты
A 1487	attribution partielle	partial allotment	частичное [неполное] распределение
A 1488	attribution d'un prêt	granting of a loan	предоставление ссуды
A 1489	audit *m*	1. audit, auditing 2. auditor	1. аудит, аудиторская деятельность; аудиторская проверка [ревизия] 2. аудитор
A 1490	faire l'audit	to audit	осуществлять аудиторское обслуживание, проводить аудит
A 1491	audit des comptes	audit of the accounts	аудит, проверка счетов *(компании)*
A 1492	faire un audit des comptes	to audit the accounts	проводить проверку счетов *(компании)*
A 1493	audit externe	external audit	внешний аудит
A 1494	audit de gestion	financial audit	финансовый аудит
A 1495	audit interne	internal audit	внутренний аудит
A 1496	auditeur *m*	auditor	аудитор
A 1497	auditeur bancaire	bank auditor	банковский аудитор
A 1498	auditeur externe	external auditor	внешний аудитор
A 1499	auditeur interne	internal auditor	внутренний аудитор
A 1500	augmentation *f*	increase, rise, growth	рост, увеличение, повышение; приращение
A 1501	être en augmentation	to be increasing, to be on the increase	расти, увеличиваться, повышаться
A 1502	augmentation de capital	increase in stock capital *(by new equity issue)*	увеличение акционерного капитала *(путём выпуска новых акций)*
A 1503	augmentation de capital par absorption d'une société	increase of capital by acquisition	увеличение капитала за счёт поглощения компании
A 1504	augmentation de capiatal par incorporation de réserves	capital increase out of reserves, increase of capital by incorporation of reserves	увеличение капитала за счёт резервов
A 1505	augmentation de capital social	increase in stock capital	увеличение акционерного капитала
A 1506	augmentation des disponibilités monétaires	increase in money supply	рост объёма денег в обращении
A 1507	augmentation des paiements d'intérêts	increase in interest payments	рост процентных платежей
A 1508	augmentation de rendement	rise in profitability	увеличение [рост] доходности
A 1509	augmentation de valeur	increase in value	повышение стоимости
A 1510	augmentation de la valeur nominale des actions	increase in the nominal value of stock	повышение номинальной стоимости акций
A 1511	austérité *f* monétaire	monetary stringency [restraint], tight monetary policy	жёсткая денежная политика
A 1512	authenticité *f*	authenticity	подлинность, аутентичность

A

A 1513	authenticité des documents	authenticity of the documents	подлинность документов
A 1514	authenticité de la signature	authenticity of the signature	подлинность подписи
A 1515	authentifier	to authenticate (e.g. a signature), to validate, to certify	устанавливать подлинность (напр. подписи), удостоверять
A 1516	authentique	authentic	подлинный, аутентичный
A 1517	autofinancement m	self-financing, internal financing, plowing back	самофинансирование
A 1518	autofinancement brut	(gross) cash flow	брутто-кэш флоу (бухгалтерский показатель)
A 1519	autofinancement global	overall cash flow	полный кэш флоу (бухгалтерский показатель)
A 1520	autofinancement net	net cash flow	нетто-кэш флоу (бухгалтерский показатель)
A 1521	automatisation f des traitements	automation of processing	автоматизация обработки
A 1522	autonomie f	autonomy	автономия; самостоятельность
A 1523	autonomie financière	financial autonomy	финансовая самостоятельность
A 1524	autonomie monétaire	monetary autonomy	валютная автономия
A 1525	autorisation f	authorization, permit	разрешение
A 1526	délivrer une autorisation	to issue a permit	выдавать разрешение
A 1527	autorisation de change	exchange permit	лицензия на валюту
A 1528	autorisation de crédit	credit line, line of credit	кредитная линия
A 1529	autorisation de découvert	overdraft protection	разрешение на овердрафт
A 1530	autorisation de position de change	exchange position authorization	разрешение на открытие валютной позиции
A 1531	autorisation de prélèvements	payment authorization	разрешение на прямое списание денег со счёта
A 1532	autorisation de prêt	loan authorization	разрешение на выдачу ссуды
A 1533	autorisation de transfert	transfer permit	разрешение на перевод денежных средств (за границу)
A 1534	autorités f pl	authorities	органы власти; ответственные должностные лица
A 1535	autorités administratives	administration	администрация
A 1536	autorités bancaires	bank authorities	органы банковского регулирования
A 1537	autorités émettrices	issuing authorities	эмиссионные органы
A 1538	autorités financières	financial authorities	органы финансового регулирования
A 1539	autorités fiscales	tax authorities	органы налогового регулирования
A 1540	autorités monétaires	monetary authorities	органы денежно-кредитного регулирования
A 1541	autorités de surveillance des banques	bank supervisory authorities	органы по надзору за деятельностью банков
A 1542	autorités de tutelle	regulatory agencies	контрольные органы
A 1543	autosuffisance f monétaire	monetary independence	валютная независимость
A 1544	aval m	endorsement, bill guarantee	аваль, вексельное поручительство
A 1545	revêtir d'un aval	to endorse, to guarantee; to stand surety for (e.g. a bill)	авалировать, делать поручительскую надпись (на векселе)

A

A 1546	signé pour aval	guaranteed by	подписанный авалистом (поручителем по векселю)
A 1547	aval de banque	bank guarantee	банковский аваль
A 1548	aval conditionnel	conditional endorsement	условный аваль
A 1549	aval inconditionnel	unconditional endorsement	безусловный аваль
A 1550	aval en pension	repurchase agreement	рефинансирование под залог векселей (на межбанковском рынке)
A 1551	avaliser	to endorse, to guarantee (a bill)	авалировать, делать поручительскую надпись (на векселе)
A 1552	avaliseur m, avaliste m	endorser, guarantor, security, surety	авалист (поручитель по векселю)
A 1553	à-valoir m	installment, sum (paid) on account	частичный платёж; авансовый платёж
A 1554	à-valoir sur une créance	payment on account	частичный платёж по долговому требованию
A 1555	avance f	advance	1. аванс, авансовый платёж 2. ссуда
A 1556	accorder [consentir, faire] une avance	to make an advance	1. авансировать 2. выдавать ссуду
A 1557	payer à l' [d'] avance	to pay in advance	платить вперёд [авансом]
A 1558	avance d'argent	advance	денежный аванс
A 1559	avance bancaire	bank advance	банковская ссуда
A 1560	avance de la Banque de France	advance of the Bank of France (to the Treasury)	ссуда Банка Франции (казначейству)
A 1561	avance de caisse	short-term loan	краткосрочная ссуда
A 1562	avance en compte courant	overdraft, current account credit	овердрафт, кредит по текущему счёту
A 1563	avance sur créances	advance against receivables	ссуда под залог требований
A 1564	avance à découvert	unsecured advance	ссуда без обеспечения
A 1565	avance en devises	advance in foreign exchange	ссуда в иностранной валюте
A 1566	avance documentaire	documentary advance	документарная ссуда
A 1567	avance sur effets publics	advance against treasury bills	ссуда под государственные векселя
A 1568	avance extraordinaire	extraordinary advance	чрезвычайная ссуда
A 1569	avance de fonds	advance	ссуда
A 1570	avance (sur) garantie	secured advance	ссуда против гарантии, обеспеченная ссуда
A 1571	avance sur marchandises	advance against [on] goods	ссуда под обеспечение товарами
A 1572	avance sur marché	advance on contract	ссуда под заключённый контракт
A 1573	avance sur nantissement	advance against security	ссуда под залог
A 1574	avance non garantie	clean advance	необеспеченная ссуда
A 1575	avance non productive d'intérêt	interest-free loan	беспроцентная ссуда
A 1576	avance en numéraire	short-term loan	краткосрочная ссуда
A 1577	avance ordinaire	ordinary advance	обычная ссуда
A 1578	avance permanente	permanent advance	постоянная ссуда
A 1579	avance de préémission	bond anticipation note, bridge loan	промежуточная ссуда (до выпуска облигационного займа)
A 1580	avance sur règlement	advance payment	аванс, авансовый платёж

A

A 1581	avance remboursable	short-term loan	краткосрочная ссуда
A 1582	avance à terme fixe	fixed loan	ссуда с твёрдо обусловленным сроком
A 1583	avance sur titres	advance on securities	ссуда под ценные бумаги
A 1584	avance au Trésor	advance to the Treasury (of the Bank of France)	ссуда казначейству (Банка Франции)
A 1585	avance de trésorerie	short-term loan	краткосрочная ссуда
A 1586	avance sur warrant	advance against warrant	ссуда под складское свидетельство
A 1587	avancer	to advance; to lend, to loan	1. авансировать 2. выдавать ссуду
A 1588	avances *f pl*	advances	1. авансы 2. ссуды
A 1589	avances accordées	loans granted	выданные ссуды, объём выданных ссуд
A 1590	avances d'actionnaires	shareholders' advances	ссуды акционеров компании (статья баланса)
A 1591	avances sur avoirs financiers	financial asset-backed loans	ссуды под финансовые активы
A 1592	avances en clearing	clearing advances	кредитование по клирингу
A 1593	avances sur comptes à terme	loans against time deposits	кредиты против срочных депозитов
A 1594	avances aux filiales	advances to subsidiaries	авансы дочерним компаниям (статья баланса)
A 1595	avances provisoires	deficiency bills [advances]	временные ссуды
A 1596	avantages *m pl*	advantages, preferences, privileges	льготы
A 1597	bénéficier des avantages	to enjoy privileges	пользоваться льготами
A 1598	consentir [offrir] des avantages	to grant advantages	предоставлять льготы
A 1599	avantages financiers	financial benefits	финансовые льготы
A 1600	avantages fiscaux	tax break [reduction, benefit]	налоговые льготы
A 1601	avantages fiscaux pour investissements	investment tax credit	инвестиционный налоговый кредит
A 1602	avantageux	profitable, advantageous, favorable	выгодный; благоприятный
A 1603	avenant *m*	supplementary agreement; additional clause	дополнительное соглашение
A 1604	avers *m*	face side, obverse	аверс (лицевая сторона монеты)
A 1605	avertissement *m* fiscal	tax notice	налоговое извещение
A 1606	avilir, s'	to depreciate, to fall in value	обесцениваться (о валюте)
A 1607	avilissement *m* d'une monnaie	depreciation of a currency	обесценение валюты
A 1608	avis *m*	notice, advice	уведомление, извещение, авизование, авизо
A 1609	sans avis	without notice	без извещения
A 1610	sauf avis contraire	unless advised to the contrary	если не будет иных указаний
A 1611	sous avis	at notice	по уведомлении
A 1612	avis d'acceptation	acceptance advice	извещение об акцепте
A 1613	avis d'arriéré	delinquency note	уведомление о просрочке платежа
A 1614	avis d'assignation de levée	assignment (of the option) notice	уведомление об уступке (опциона)
A 1615	avis d'attribution d'actions	letter of allotment	уведомление о распределении акций

A

A 1616	avis bancaire	bank advice	банковское уведомление
A 1617	avis de comptes inactifs	dormant account notice	уведомление о неиспользуемых счетах
A 1618	avis de crédit	credit advice [note]	кредитовое авизо, кредит-нота
A 1619	avis de débit	debit advice [note]	дебетовое авизо, дебет-нота
A 1620	avis d'échéance	order to pay	извещение о наступлении срока платежа
A 1621	avis d'encaissement	advice of collection	инкассовое извещение
A 1622	avis d'exécution	contract note, confirmation notice	извещение о совершении сделки
A 1623	avis de franchissement de seuil	advice of overdraft	уведомление о превышении суммы кредитования (остатка на счёте)
A 1624	avis d'imposition	tax notice	налоговое извещение
A 1625	avis d'introduction en Bourse	notice of listing	уведомление о допуске ценных бумаг на биржу
A 1626	avis de non-paiement [de non-recouvrement]	advice of nonpayment	извещение о неплатеже
A 1627	avis d'opération	advice of deal	извещение о проведении операции
A 1628	avis d'opéré	contract note, confirmation notice	извещение о совершении сделки
A 1629	avis préalable	prior notice	предварительное уведомление
A 1630	avis de prélèvement	debit advice	уведомление о списании денег со счёта [о дебетовании счёта]
A 1631	avis de rachat	call notice	уведомление о досрочном погашении ценных бумаг
A 1632	avis de recouvrement	advice of payment	извещение о платеже
A 1633	avis de renouvellement	notice of renewal (e.g. of a bank licence)	уведомление о возобновлении (напр. банковской лицензии)
A 1634	avis de retenue	deduction advice	уведомление о вычете
A 1635	avis de retour de souscription	letter of regret	извещение о возврате подписки
A 1636	avis de versement	advice of payment	извещение о платеже
A 1637	avis de virement	transfer advice [notice]	извещение о переводе
A 1638	aviser	to advise, to inform	уведомлять, извещать
A 1639	avoir m	1. assets 2. credit side (of an account)	1. авуары, актив(ы) 2. кредит, приходная сторона (счёта)
A 1640	inscrire une somme à l'avoir d'un compte	to enter a sum to the credit of an account	кредитовать счёт суммой, записать сумму в кредит счёта
A 1641	avoir en compte nostro	credit balance of a nostro account	кредит по счёту «ностро»
A 1642	avoir financier en dépôt	monetary asset on deposit	финансовый актив на депозите
A 1643	avoir fiscal	tax credit	налоговая скидка
A 1644	avoirs m pl	assets, holdings	авуары, активы
A 1645	détenir les avoirs	to hold the assets	держать авуары
A 1646	reconstituer [récupérer] les avoirs	to recover the assets	восстанавливать авуары
A 1647	recycler les avoirs en dollars	to recycle dollar holdings	рециклировать долларовые авуары
A 1648	avoirs en actions	equity holdings	активы в форме акций
A 1649	avoirs en banque	assets lodged with a bank	банковские активы

B

A 1650	avoirs auprès de la Banque centrale	reserves with the Central bank	резервы в Центральном банке
A 1651	avoirs bloqués	blocked assets	блокированные [замороженные] авуары
A 1652	avoirs en caisse	cash holdings	кассовые активы
A 1653	avoirs de change	currency holdings	валютные авуары
A 1654	avoirs de clearing	clearing credit	положительное сальдо по клирингу
A 1655	avoirs en compte courant	assets on a current account	сумма на текущем счёте
A 1656	avoirs en compte à terme	assets on a time account	сумма на срочном счёте
A 1657	avoirs en dépôt	deposits	сумма на депозите
A 1658	avoirs en devises	currency holdings	валютные авуары
A 1659	avoirs disponibles	liquid assets	ликвидные активы
A 1660	avoirs en dollars	dollar holdings	долларовые авуары
A 1661	avoirs en DTS	SDR holdings	авуары в СДР
A 1662	avoirs en espèces	cash holdings	кассовые активы
A 1663	avoirs extérieurs [à l'étranger]	foreign assets [holdings], external assets [holdings]	внешние авуары
A 1664	constituer les avoirs extérieurs	to create external holdings	образовывать внешние авуары
A 1665	diversifier les avoirs extérieurs	to diversify external holdings	диверсифицировать внешние авуары
A 1666	épuiser les avoirs extérieurs	to exhaust external holdings	израсходовать внешние авуары
A 1667	préserver les avoirs extérieurs	to preserve external holdings	сохранять внешние авуары
A 1668	avoirs extérieurs liquides	liquid foreign assets	внешние ликвидные авуары
A 1669	avoirs financiers	financial assets	финансовые активы
A 1670	avoirs gelés	blocked assets	блокированные [замороженные] авуары
A 1671	avoirs intérieurs	internal assets	внутренние авуары
A 1672	avoirs liquides	liquid assets	ликвидные авуары
A 1673	avoirs monétaires	monetary assets	денежные сбережения
A 1674	avoirs nets	net holdings	нетто-авуары
A 1675	avoirs non productifs	nonproductive assets	активы, не приносящие дохода
A 1676	avoirs officiels de change	official currency holdings	официальные валютные авуары
A 1677	avoirs en or	gold holdings	золотые резервы, авуары в золоте
A 1678	avoirs propres	(one's) own holdings	собственные авуары
A 1679	avoirs de réserve	reserve assets	резервные активы
A 1680	avoirs à terme fixe	fixed-term assets	срочные авуары

B

B 1	back office *m*	back office	«бэк-офис», отдел оформления операций *(в банке)*
B 2	bail *m*	lease	арендный договор; аренда
B 3	céder [donner] à bail	to let on lease, to lease out	сдавать в аренду

B

B 4	faire un bail	to enter into [to draw up] a lease	заключать арендный договор
B 5	louer à bail	1. to let on lease, to lease out 2. to lease, to take a lease	1. сдавать в аренду 2. брать в аренду
B 6	passer un bail	to enter into [to draw up] a lease	заключать арендный договор
B 7	prendre à bail	to lease, to take a lease	брать в аренду, арендовать
B 8	prolonger un bail	to extend a lease	продлевать аренду
B 9	renouveler un bail	to renew a lease	возобновлять аренду
B 10	résilier un bail	to cancel a lease	аннулировать аренду
B 11	tenir à bail	to hold on lease, to lease	арендовать
B 12	bail à court terme	short-term lease	рентинг, краткосрочная аренда
B 13	bail emphytéotique	ninety-nine-year lease	аренда на 99 лет
B 14	bail à long terme	long-term lease	лизинг, долгосрочная аренда
B 15	bailleur *m*	lessor	арендодатель
B 16	bailleur de fonds	1. financial backer 2. sleeping partner	1. кредитор; спонсор 2. неактивный товарищ *(не участвующий в управлении товариществом)*
B 17	bailleur de gage	pledgee	залогодержатель
B 18	bailleur de garantie	guarantor	гарант
B 19	baisse *f*	fall, drop, decline	понижение, снижение, падение; уменьшение
B 20	acheter à la [en] baisse	to buy on a bear market [on a fall]	покупать на понижение
B 21	corriger à la [en] baisse	to revise downwards	пересматривать в сторону понижения
B 22	jouer à la baisse	to bear	играть на понижение
B 23	s'inscrire en baisse	to be marked down, to be quoted down	котироваться на понижение
B 24	spéculer à la baisse	to bear	играть на понижение
B 25	baisse de confiance vis-à-vis du dollar	decline of confidence in the dollar	ослабление доверия к доллару
B 26	baisse coordonnée du dollar	coordinated decline of the dollar	постепенное понижение курса доллара
B 27	baisse des cours des actions	stock price decline	падение курсов акций
B 28	baisse, forte	sharp fall, plunge	резкое падение
B 29	baisse généralisée des cours	general price fall	всеобщее снижение цен
B 30	baisse incontrôlée du dollar	uncontrolled fall of the dollar	стихийное снижение курса доллара
B 31	baisse intercalaire	fall between two (price) rises	понижение (курса ценных бумаг) между периодами резкого повышения
B 32	baisse des investissements	decrease of investments	снижение капиталовложений
B 33	baisse, légère	slight decline [decrease]	небольшое [незначительное] снижение
B 34	baisse du marché	sick market	ухудшение конъюнктуры рынка
B 35	baisse marquée	significant fall	значительное снижение
B 36	baisse de la rentabilité	decline in profitability	снижение рентабельности
B 37	baisse des résultats	decline in profits	уменьшение прибылей
B 38	baisse des taux d'inflation	decrease in inflation rate	снижение темпов инфляции

B

B 39	baisse du taux d'intérêt	easing [lowering] of the interest rate	снижение процентной ставки
B 40	baisse du taux de profit	decline of the profit margin	снижение нормы прибыли
B 41	baissier	downward, bearish	понижательный *(напр. о тенденции)*
B 42	baissier *m*	bear	«медведь», спекулянт, играющий на понижение, понижатель
B 43	balance *f*	balance	1. баланс 2. остаток
B 44	balance de l'actif et du passif	balance of assets and liabilities	баланс активов и пассивов
B 45	balance de caisse	cash balance	кассовый остаток
B 46	balance d'un compte	account balance	остаток на счёте
B 47	balance consolidée	consolidated balance	консолидированный баланс
B 48	balance cumulée	cumulative balance	совокупный остаток
B 49	balance défavorable [déficitaire]	passive [adverse] balance	отрицательное сальдо
B 50	balance excédentaire [favorable]	active [favorable] balance	положительное сальдо
B 51	balance d'intérêts	balance method, daily balance interest calculation	гамбургский метод *(метод начисления процентов по текущему счёту)*
B 52	balance reportée	brought forward balance	перенесённое сальдо
B 53	balance de vérification	trial balance	предварительный баланс
B 54	balancer	to balance	сводить баланс, балансировать
B 55	banalisation *f*	standardization	стандартизация; упрощение
B 56	banalisation des produits financiers	standardization of financial instruments	стандартизация финансовых инструментов
B 57	bancable	bankable, discountable *(a bill)*	приемлемый для переучёта *(о векселе)*
B 58	bancaire	bank, banking	банковский
B 59	bancarisation *f*	extension of banking services	банкаризация *(расширение банковских услуг)*
B 60	bancassurance *f*	insurance through banks	услуги по страхованию, предоставляемые банком
B 61	bancatique *f*	electronic [computerized] banking	компьютеризованные банковские операции
B 62	bancomat *m*	automated teller machine, ATM	банкомат, банковский автомат
B 63	banque *f*	1. bank 2. banking industry, the banks 3. banking, banking profession	1. банк 2. банковская сфера 3. банковское дело; банковские услуги
B 64	hors banque	1. private *(e.g. discount rate)* 2. prime *(e.g. trade bill)*	1. внебанковский *(напр. об учётной ставке)* 2. первоклассный *(напр. о векселе)*
B 65	déposer à la banque	to deposit at the bank	вкладывать [помещать] средства в банк
B 66	banque acceptante	accepting [acceptance] bank	банк-акцептант
B 67	banque adjudicataire	successful bidder	банк, купивший ценные бумаги на торгах
B 68	banque AFB	bank affiliated with the French Bankers' Association	банк-член Ассоциации французских банков
B 69	banque d'affaires	investment bank	инвестиционный банк

B

B 70	banque d'affaires en participation	joint venture investment bank	совместный инвестиционный банк
B 71	banque affiliée	affiliated bank	дочерний банк *(с долей участия 5 — 50%)*
B 72	banque sans agences	bank without branches	бесфилиальный банк
B 73	banque apéritrice	credit-issuing bank	банк, открывший аккредитив
B 74	banque associée	agent bank	банк-агент
B 75	banque bénéficiaire	beneficiary (bank)	банк-получатель, банк-бенефициар
B 76	banque à caractère mutualiste	mutual bank	банк взаимного кредита
B 77	banque centrale	central bank	центральный банк
B 78	banque chargée de l'encaissement	collecting bank	инкассирующий банк
B 79	banque chargée du paiement [du règlement]	paying bank	банк-плательщик
B 80	banque chef de file	lead bank	головной банк, банк-(ведущий) менеджер
B 81	banque chef de file-arrangeurs	lead underwriter	банк-менеджер в синдикате по размещению ценных бумаг
B 82	banque classique	classic [ordinary] bank	классический банк
B 83	banque de clearing	clearing house [bank]	клиринговый банк
B 84	banque à clientèle diversifiée	bank with a diversified customer base	банк с диверсифицированной клиентурой
B 85	banque collectrice de dépôts	deposit bank	депозитный банк
B 86	banque de commerce	commercial [business] bank	коммерческий банк
B 87	banque pour le commerce extérieur	bank for foreign trade, foreign trade bank	внешнеторговый банк
B 88	banque commerciale	commercial [business] bank	коммерческий банк
B 89	banque de compensation	clearing bank	клиринговый банк
B 90	banque concurrente	competing bank	банк-конкурент
B 91	banque confirmatrice	confirming bank	банк, подтверждающий аккредитив
B 92	banque consortiale	consortium bank	банк-член консорциума
B 93	banque sous contrôle étranger	foreign-controlled bank	банк под контролем иностранного капитала
B 94	banque coopérative	cooperative bank	кооперативный банк
B 95	banque correspondante	correspondent bank	банк-корреспондент
B 96	banque cotée en bourse	quoted [listed] bank	банк, котирующийся на бирже
B 97	banque créancière	creditor bank	банк-кредитор
B 98	banque de crédit	credit bank	кредитный банк
B 99	banque de crédit hypothécaire	mortgage bank	ипотечно-кредитный банк
B 100	banque de crédit à long et moyen terme	long and medium-term credit bank	банк средне- и долгосрочного кредитования
B 101	banque de crédit mutuel	mutual bank	банк взаимного кредита
B 102	banque créditrice	creditor's bank	банк продавца
B 103	banque débitrice	debtor's bank	банк получателя
B 104	banque déposante	depositing bank	банк-вкладчик, банк-депозитарий
B 105	banque dépositaire [de dépôts]	deposit bank	депозитный банк

B

B 106	**banque de détail**	retail bank	розничный банк
B 107	**banque de deuxième rang**	second-tier (commercial) bank	коммерческий банк *(в противоположность центральному)*
B 108	**banque de développement**	development bank	банк развития
B 109	**banque à distance**	remote banking	компьютеризованные банковские услуги, *(предоставляемые через дистанционный терминал)*
B 110	**banque domestique**	local bank	местный банк
B 111	**banque à domicile**	home banking	компьютеризованные банковские услуги на дому
B 112	**banque domiciliataire [de domiciliation]**	domiciliating bank, bank of domiciliation	банк-исполнитель, домицилирующий банк
B 113	**banque de données**	data bank	банк данных
B 114	**banque émettrice**	issuing bank	банк-эмитент
B 115	**banque d'émission**	bank of issue	эмиссионный банк
B 116	**banque emprunteuse**	borrower (bank)	банк-заёмщик
B 117	**banque encaissante**	collecting bank	инкассирующий банк
B 118	**banque d'entreprise**	1. corporate bank 2. corporate banking	1. коммерческий банк 2. коммерческие банковские услуги
B 119	**banque d'épargne**	savings bank	сберегательный банк
B 120	**banque d'escompte [escompteuse]**	discount bank	учётный банк
B 121	**banque étrangère**	foreign bank	иностранный банк
B 122	**banque extraterritoriale**	offshore bank	офшорный банк
B 123	**banque familiale**	family [family-owned] bank	семейный банк
B 124	**banque de financement spécialisée**	special financing bank	специализированный банк финансирования
B 125	**banque foncière**	land bank	земельный банк
B 126	**banque garante**	guarantor (bank)	банк-гарант
B 127	**banque de gros**	wholesale bank	оптовый банк
B 128	**banque hypothécaire**	mortgage bank	ипотечный банк
B 129	**banque à implantation multinationale**	multinational bank	многонациональный банк
B 130	**banque inscrite**	registered bank	зарегистрированный банк
B 131	**banque insolvable**	insolvent bank	неплатёжеспособный банк
B 132	**banque introductrice**	introducing bank	банк, отвечающий за регистрацию ценных бумаг компании на бирже
B 133	**banque d'investissement**	investment bank	инвестиционный банк
B 134	**banque d'investissement en participation**	joint venture investment bank	совместный инвестиционный банк
B 135	**banque issue de fusion**	amalgamated bank	банк, возникший в результате слияния
B 136	**banque libre service**	self-service bank	банк самообслуживания
B 137	**banque locale**	local bank	местный банк
B 138	**banque mandatée**	authorized bank	уполномоченный банк
B 139	**banque des ménages**	household bank, retail bank	розничный банк
B 140	**banque mixte**	mixed bank	смешанный банк
B 141	**banque mutualiste [mutuelle]**	mutual bank	банк взаимного кредита

B

B 142	banque négociatrice	negotiating bank	банк, негоцирующий [учитывающий] тратту
B 143	banque non inscrite	nonregistered bank	незарегистрированный банк
B 144	banque notificatrice	advising [notifying] bank	авизующий банк
B 145	banque offshore	offshore bank	офшорный банк
B 146	banque ordinaire	ordinary bank	обычный банк
B 147	banque participante	participating bank	банк-участник (напр. консорциума)
B 148	banque de placement [placeuse]	issuing bank	банк-эмитент
B 149	banque populaire	popular credit bank	народный банк (вид кооперативного банка во Франции)
B 150	banque du porteur de la carte	cardholder's bank	банк держателя кредитной карточки
B 151	banque de premier ordre	first-class [prime] bank	первоклассный банк
B 152	banque présentatrice	presenting bank	банк, представляющий платёжный документ к оплате
B 153	banque prêteuse [de prêts]	lending bank	ссудный банк, банк, предоставляющий кредит
B 154	banque privée	private bank	частный банк
B 155	banque de province [provinciale]	provincial bank	провинциальный банк
B 156	banque qui avise	advising [notifying] bank	авизующий банк
B 157	banque qui confirme le crédit	confirming bank	банк, подтверждающий аккредитив
B 158	banque qui ouvre le crédit	opening [originating] bank	банк, открывающий аккредитив
B 159	banque de recouvrement	collecting bank	инкассирующий банк
B 160	banque de refinancement	refunding bank	банк рефинансирования
B 161	banque de renom	renowned bank	солидный [известный] банк, банк со сложившейся репутацией
B 162	banque à [de] réseau	branch banking, branching	банк с обширной сетью отделений
B 163	banque résidante	resident bank	банк-резидент
B 164	banque de second rang	second-tier (commercial) bank	коммерческий банк (в противоположность центральному)
B 165	banque sous-participante	participating bank	банк-участник (напр. консорциума)
B 166	banque swappeuse	swapping bank	«своп»-банк, банк, осуществляющий операции «своп»
B 167	banque tirée	payer's [paying] bank	банк-плательщик по чеку
B 168	banque transformée	transformed bank	преобразованный банк
B 169	banque transnationale	transnational bank	транснациональный банк
B 170	banque universelle	universal bank	универсальный банк
B 171	banque de virements	transfer bank	расчётный банк
B 172	Banque f	Bank	Банк
B 173	Banque d'Angleterre	Bank of England	Центральный банк Англии, Банк Англии
B 174	Banque des banques	Central Bank, bankers' bank	Центральный банк

B

B 175	Banque européenne d'investissement, BEI	European Investment Bank, EIB	Европейский инвестиционный банк, ЕИБ
B 176	Banque européenne de [pour la] reconstruction et de développement, BERD	European Bank for Reconstruction and Development, EBRD	Европейский банк реконструкции и развития, ЕБРР
B 177	Banque fédérale de réserve	Federal Reserve Bank	Федеральный резервный банк
B 178	Banque française du commerce extérieur	French Bank of Foreign Commerce	Банк для внешней торговли Франции
B 179	Banque de France, BDF	Bank of France	Банк Франции
B 180	Banque hypothécaire européenne	European Mortgage Bank	Европейский ипотечный банк
B 181	Banque internationale de coopération économique	International Bank of Economic Cooperation	Международный банк экономического сотрудничества
B 182	Banque internationale d'investissements	International Investment Bank, IIB	Международный инвестиционный банк
B 183	Banque internationale de reconstruction et de développement, BIRD	International Bank for Reconstruction and Development, IBRD	Международный банк реконструкции и развития, МБРР
B 184	Banque mondiale	World Bank	Всемирный [Мировой] банк
B 185	Banque nationale pour le commerce et l'industrie	National Bank for Trade and Industry	Национальный банк торговли и промышленности
B 186	Banque des règlements internationaux, BRI	Bank for International Settlements, BIS	Банк международных расчётов
B 187	banque-conseil *f*	advisory banking services	консультационные банковские услуги
B 188	banque-remettante *f*	remitting bank	банк-ремитент
B 189	banqueroute *f*	bankruptcy	банкротство, несостоятельность
B 190	faire banqueroute	to fail, to go bankrupt	обанкротиться
B 191	banqueroute frauduleuse	fraudulent bankruptcy	злостное банкротство
B 192	banqueroute simple	simple bankruptcy, nonfraudulent bankruptcy	простое банкротство
B 193	banqueroutier *m*	bankrupt	банкрот, несостоятельный должник
B 194	banques *f pl*	1. banks; banking 2. (credit balance of) bank accounts	1. банки; банковское дело 2. кредитовое сальдо по счетам в банках
B 195	banques du syndicat de soumission	tender panel	банки-участники синдиката размещения *(на торгах еврооблигаций)*
B 196	banquier *m*	1. bank, banker 2. banker 3. banker	1. банк *(как сторона в кредитно-расчётных отношениях)* 2. банкир 3. работник кредитного учреждения
B 197	banquier acceptant	acceptance [accepting] bank	банк-акцептант
B 198	banquier accrédité	accredited banker	аккредитованный банк
B 199	banquier d'affaires	investment banker	инвестиционный банк
B 200	banquier avaliste	endorsing banker	банк-авалист
B 201	banquier avisé	notified bank	уведомлённый банк
B 202	banquier central	central bank	центральный банк
B 203	banquier domiciliataire	domiciliating banker	банк-исполнитель, домицилирующий банк

B

B 204	**banquier donneur d'ordre**	principal (bank)	банк-принципал, банк, дающий поручение
B 205	**banquier émetteur**	issuing banker	банк-эмитент
B 206	**banquier mandataire**	agent bank	банк-представитель, банк-агент
B 207	**banquier payeur**	paying banker	банк-плательщик
B 208	**banquier présentateur**	presenting banker	банк, представляющий платёжный документ к оплате
B 209	**banquier prêteur**	lending banker	ссудный банк, банк, предоставляющий кредит
B 210	**barème** *m*	scale, schedule, table	шкала; график; таблица
B 211	**barème des impôts**	tax scale, tax schedule	шкала налоговых ставок
B 212	**barème de répartition des titres**	securities allocation table	таблица распределения ценных бумаг
B 213	**baromètre** *m* **de la conjoncture**	leading indicator	показатель конъюнктуры
B 214	**barons** *m pl* **de la finance**	financial moguls	финансовые магнаты
B 215	**barre** *f* **d'or**	gold bar	золотой слиток
B 216	**barrement** *m*	crossing	кроссирование *(перечёркивание чека)*
B 217	**barrement d'un chèque**	crossing of a check	кроссирование чека
B 218	**barrement général d'un chèque**	general crossing of a check	общее кроссирование чека *(без указания банка)*
B 219	**barrement spécial d'un chèque**	special crossing of a check	специальное кроссирование чека *(с указанием банка)*
B 220	**barrer**	to cross	кроссировать *(перечёркивать чек)*
B 221	**barrières** *f pl* **monétaires**	monetary barriers	валютные барьеры [ограничения]
B 222	**bas** *m* **du bilan**	lower part of the balance sheet	нижняя («подвижная») часть баланса *(средства, имеющие характер краткосрочных, ликвидных вложений и источников)*
B 223	**base** *f*	1. base, basis 2. base *(of an index)* 3. basis *(difference between forward and spot prices)*	1. база, основа 2. база *(индекса)* 3. базис *(разница между курсами форвард и спот)*
B 224	**sur la base d'une année de 360 jours**	on the basis of a 360-day year	на основе года, состоящего из 360 дней
B 225	**base de données**	database	база данных
B 226	**base d'établissement de prix**	pricing base	база цены
B 227	**base d'évaluation**	valuation base	база оценки
B 228	**base imposable**	taxable amount	сумма, облагаемая налогом
B 229	**base d'imposition**	tax base	база налогообложения
B 230	**base métallique**	metallic base	металлическая основа *(денежного обращения)*
B 231	**base monétaire**	monetary base	денежная база, денежная масса в обращении
B 232	**base négative**	negative basis	отрицательный базис *(цена спот меньше цены форвард)*
B 233	**base notionnelle**	notional base	ноционная [условная] основа *(деривативов)*

B

B 234	base positive	positive basis	положительный базис *(цена спот выше цены форвард)*
B 235	base de référence	reference basis, base of reference	базис; базисный период
B 236	base de valorisation	valuation base	база оценки
B 237	bénéfice *m*	1. benefit, advantage 2. profit; income, earnings	1. преимущество; льгота 2. прибыль; доход
B 238	au bénéfice de	to the order of	в пользу *кого-л.*
B 239	distribuer le bénéfice	to distribute [to allot] a profit	распределять прибыль
B 240	faire du bénéfice	to make [to earn] a profit	получать прибыль
B 241	occulter le bénéfice	to conceal the profit	укрывать прибыль
B 242	partager le bénéfice	to distribute [to allot] a profit	распределять прибыль
B 243	rapporter un bénéfice	to yield a profit	приносить прибыль
B 244	réaliser un bénéfice	to make [to earn] a profit	получать прибыль
B 245	vendre à bénéfice	to sell at a profit	продавать с прибылью
B 246	bénéfice par action	earnings per share	прибыль (в расчёте) на акцию
B 247	bénéfice de l'année [annuel]	annual profit	годовой доход
B 248	bénéfice brut	gross profit	валовая прибыль
B 249	bénéfice sur le change	exchange profit	курсовая прибыль
B 250	bénéfice complémentaire par action	additional earnings per share	дополнительная прибыль (в расчёте) на акцию
B 251	bénéfice de cours	exchange profit	курсовая прибыль
B 252	bénéfice déclaré	declared profit	объявленная прибыль
B 253	bénéfice dégagé	earned profit	полученная прибыль
B 254	bénéfice dilué par action	fully diluted earnings per share	прибыль (в расчёте) на акцию с учётом всех акций, которые могут быть выпущены
B 255	bénéfice distribuable	distributable profit	распределяемая прибыль
B 256	bénéfice distribué	distributed profit	распределённая прибыль
B 257	bénéfice escompté [espéré]	anticipated [expected] profit	предполагаемый [ожидаемый] доход
B 258	bénéfice exceptionnel	windfall profit	сверхприбыль
B 259	bénéfice d'exploitation	operating profit [income]	прибыль от основной деятельности
B 260	bénéfice après impôt	after tax profit	балансовая прибыль за вычетом налога
B 261	bénéfice avant impôt	before tax profit	прибыль до вычета налогов
B 262	bénéfice intermédiaire	intermediate profit	промежуточная прибыль
B 263	bénéfice net	net profit	чистая прибыль
B 264	bénéfice net imposable	taxable net profit	чистая прибыль, подлежащая налогообложению
B 265	bénéfice sur placements	gains on investment	прибыль от инвестиций
B 266	bénéfice du portefeuille	profit on portfolio investments	прибыль от инвестиций в ценные бумаги
B 267	bénéfice pro forma par action	pro forma earnings per share	расчётная прибыль на акцию
B 268	bénéfice réel	actual profit [income]	фактическая прибыль
B 269	bénéfices *m pl*	1. benefits, advantages 2. profit; earnings, income	1. преимущества, льготы 2. прибыль; поступления, доходы
B 270	bénéfices comptables	book profit	отчётная [балансовая] прибыль
B 271	bénéfices consolidés	consolidated profit	консолидированная прибыль

B

B 272	bénéfices financiers	earned interest	прибыль от финансовых операций
B 273	bénéfices, gros	large profits	крупные доходы
B 274	bénéfices imposables	taxable profits	прибыль, подлежащая налогообложению
B 275	bénéfices non distribués	retained earnings, undistributed profit	нераспределённая прибыль
B 276	bénéfices non rapatriés	unremitted earnings	нерепатриированная прибыль
B 277	bénéfices non répartis	retained earnings, undistributed profit	нераспределённая прибыль
B 278	bénéfices rapatriés	remitted earnings	репатриированная прибыль
B 279	bénéfices à répartir	distributable profit	прибыль к распределению
B 280	bénéfices après répartition	income after taxes and dividend	прибыль после выплаты налогов и дивидендов
B 281	bénéfices reportés	profits carried forward	прибыль, перенесённая на следующий период
B 282	bénéficiaire	1. showing a profit, in the black; profitable, profit-making 2. beneficiary	1. прибыльный; доходный 2. получающий выгоду
B 283	bénéficiaire *m*	1. beneficiary 2. payee, endorsee	1. выгодоприобретатель, лицо, пользующееся *каким-л.* правом 2. ремитент, бенефициар
B 284	bénéficiaire d'une adjudication	purchaser, successful bidder	приобретатель с торгов
B 285	bénéficiaire d'une caution	beneficiary of a guarantee	получатель поручительства
B 286	bénéficiaire d'un chèque	payee of a check	чекодержатель
B 287	bénéficiaire d'un dividende	dividend beneficiary	получатель дивиденда
B 288	bénéficiaire d'un effet de commerce	payee, endorsee	ремитент, бенефициар
B 289	bénéficiaire d'une lettre de change	payee of a bill of exchange	получатель по векселю
B 290	bénéficiaire d'une lettre de crédit	beneficiary of a letter of credit	получатель по аккредитиву
B 291	bénéficiaire d'un ordre de virement	beneficiary of a payment order	получатель средств по платёжному поручению
B 292	bénéficiaire d'un paiement	payee	получатель платежа
B 293	bénéficiaire, premier	first beneficiary	первый бенефициар
B 294	bénéficiaire de prêts d'investissement	investment loan beneficiary	получатель льготных инвестиционных кредитов
B 295	bénéficiaire du recours	recourse beneficiary	бенефициар при регрессе
B 296	bénéficiaire de refinancement	refunding beneficiary	бенефициар при рефинансировании
B 297	bénéficiaire, second	second beneficiary	второй бенефициар
B 298	bénéficier	to benefit	пользоваться, извлекать пользу [выгоду]
B 299	besoin *m*	need	потребность
B 300	besoin de [en] capitaux	capital requirements	потребность в денежных средствах [в капитале]
B 301	besoin de [en] disponibilités	cash [liquidity] requirements	потребность в ликвидных средствах
B 302	besoin de financement	borrowing requirements	потребность в заёмных средствах

B

B 303	besoin en fonds de roulement	working capital requirement	потребность в оборотном капитале
B 304	besoin de liquidités	cash [liquidity] requirements	потребность в ликвидных средствах
B 305	besoin en monnaie centrale	need for central bank money	потребность в кредитах центрального банка
B 306	besoin en outils de couverture	need for hedging instruments	потребность в инструментах хеджирования
B 307	besoin de refinancement	refunding needs	потребность в рефинансировании
B 308	besoin de trésorerie	cash [liquidity] requirements	потребность в ликвидных средствах
B 309	bien-fondé *m* des paiements	validity of payments	правильность платежей
B 310	biens *m pl*	assets; property	ценности; активы, имущество
B 311	biens constitutifs de l'actif	company assets	активы компании
B 312	biens corporels	tangible property	материальные ценности
B 313	biens donnés en gage	pledged assets	залог; имущество, переданное в залог
B 314	biens donnés en location	leased goods	имущество, сданное в аренду
B 315	biens gagés [en garantie]	pledged assets	залог; имущество, переданное в залог
B 316	biens hypothéqués	mortgaged property	имущество, заложенное под ипотеку
B 317	biens immeubles [immobiliers]	real estate, property	недвижимость, недвижимое имущество
B 318	biens incorporels	intangible goods, intangibles	нематериальные ценности
B 319	biens insaisissables	nondistrainable [nonimpoundable] property	имущество, на которое не может быть наложен арест
B 320	biens meubles [mobiliers]	movable property, movables	движимое имущество
B 321	biens en nature	tangible goods, tangibles	материальные ценности
B 322	biens-fonds *m pl*	real estate, property	недвижимость, недвижимое имущество
B 323	biffage *m*	crossing out, deletion	перечёркивание, вычёркивание
B 324	biffer	to cross out, to strike out, to delete	перечёркивать, вычёркивать
B 325	**Big Bang**	Big Bang	реорганизация Лондонской фондовой биржи *(1986 г.)*
B 326	**Big Board**	Big Board, New York Stock Exchange	Нью-Йоркская фондовая биржа
B 327	bilan *m*	1. balance sheet, statement of accounts 2. results, consequences	1. бухгалтерский баланс 2. итог, результат
B 328	approuver le bilan	to adopt [to approve] the balance sheet	утверждать баланс
B 329	déposer son bilan	to file one's petition in bankruptcy	объявлять себя несостоятельным
B 330	dresser [établir, faire] le bilan	1. to draw up the balance sheet 2. to assess	1. составлять бухгалтерский баланс 2. подводить итог
B 331	habiller [maquiller] le bilan	to cook up [to window-dress] the balance sheet	приукрашивать баланс
B 332	porter au bilan	to put into the balance	включать в баланс
B 333	truquer le bilan	to cook up [to window-dress] the balance sheet	приукрашивать баланс

B

B 334	bilan actif [bénéficiaire]	1. positive balance 2. balance sheet showing a profit	1. положительное сальдо 2. активный баланс
B 335	bilan consolidé	consolidated balance sheet	консолидированный баланс
B 336	bilan déficitaire	1. negative balance 2. balance sheet showing a loss	1. отрицательное сальдо 2. пассивный баланс
B 337	bilan de fin d'année	year-end balance sheet	баланс на конец года
B 338	bilan flatté	cooked-up [window-dressed] balance sheet	приукрашенный баланс
B 339	bilan de groupe	consolidated balance sheet	консолидированный баланс
B 340	bilan initial	opening balance sheet	баланс на начало периода
B 341	bilan intérimaire [intermédiaire]	interim balance sheet	промежуточный баланс
B 342	bilan passif	1. negative balance 2. balance sheet showing a loss	1. отрицательное сальдо 2. пассивный баланс
B 343	bilan périodique des chèques	cut-off	периодическое подведение баланса по чекам
B 344	bilan prévisionnel	trial balance	предварительный баланс
B 345	bilan provisoire	interim balance sheet	промежуточный баланс
B 346	bilan d'ouverture	opening balance sheet	баланс на начало периода
B 347	bilan résumé	condensed [summarized] balance sheet	свёрнутый баланс
B 348	bilan truqué	cooked-up [window-dressed] balance sheet	приукрашенный баланс
B 349	bilan véridique	balance sheet adjusted for exchange rate fluctuations	баланс с поправками на колебания валютного курса
B 350	bilan de vérification	trial balance	предварительный баланс
B 351	billet *m*	1. (bank)note, bill 2. (promissory) note, bill	1. банкнота 2. долговая расписка; простой вексель
B 352	céder un billet par voie d'endossement	to endorse over a bill	передавать вексель по индоссаменту
B 353	escompter [négocier] un billet	to discount a bill	учитывать вексель
B 354	protester un billet	to protest a bill	опротестовывать вексель
B 355	rembourser un billet	to pay [to meet, to discharge] a bill	погашать вексель
B 356	souscrire un billet	to issue a bill	выписывать вексель
B 357	transférer un billet par voie d'endossement	to endorse over a bill	передавать вексель по индоссаменту
B 358	billet de banque	(bank)note, bill	банковский билет, банкнота
B 359	billet de change	bill of exchange	(переводной) вексель
B 360	billet de commerce [commercial]	promissory note, commercial [trade] bill	коммерческий вексель
B 361	billet de complaisance	accommodation bill	«дружеский» вексель
B 362	billet en cours de compensation	note in transit	вексель на клиринге
B 363	billet à court terme	short-term note	краткосрочный вексель
B 364	billet de crédit circulaire	circular note	циркулярный аккредитив
B 365	billet croisé	crossed promissory note	кроссированный вексель
B 366	billet à demande	sight [demand] bill, bill payable at sight [on demand]	вексель, оплачиваемый по предъявлении
B 367	billet de dépôt	deposit note	(банковский) депозитный сертификат
B 368	billet, faux	forged [dud] banknote	фальшивая банкнота

B

B 369	billet garanti de premier rang	senior secured note	обеспеченный вексель с преимущественным правом требования
B 370	billet hypothécaire	mortgage deed	закладная
B 371	billet impropre à la circulation	unissuable note	необращающийся вексель
B 372	billet inescomptable	undiscountable bill	вексель, не подлежащий учёту
B 373	billet de mobilisation	finance bill	финансовый вексель
B 374	billet mutilé	mutilated note	повреждённый вексель
B 375	billet à ordre	(promissory) note, bill to order	простой вексель
B 376	billet à ordre de la banque	note to bank's order	простой вексель приказу банка
B 377	billet à ordre relevé, BOR	computerized promissory note	компьютерный простой вексель *(вексель с информационным обеспечением)*
B 378	billet payable à vue	sight bill, bill payable at sight [on demand]	вексель, подлежащий оплате по предъявлении
B 379	billet périmé	out-of-date [expired] banknote	старая [недействительная] банкнота
B 380	billet portant privilège	lien note	вексель с преимущественным правом удовлетворения из определённого имущества должника
B 381	billet au porteur	bearer bill	вексель на предъявителя, предъявительский вексель
B 382	billet à présentation	sight bill, bill payable at sight [on demand]	вексель, подлежащий оплате по предъявлении
B 383	billet protesté	protested bill	опротестованный вексель
B 384	billet simple	promissory note	простой вексель
B 385	billet à terme	time note [bill]	срочный вексель
B 386	billet à terme fixe négociable	negotiable fixed term note	обращающийся срочный вексель
B 387	billet à terme garanti	secured term note	обеспеченный срочный вексель
B 388	billet à terme au porteur	bearer term note	срочный вексель на предъявителя
B 389	billet de trésorerie, BT	commercial paper	коммерческая бумага
B 390	billet à vue	sight [demand] bill, bill payable at sight [on demand]	вексель, подлежащий оплате по предъявлении
B 391	billets *m pl*	1. (bank)notes, bills 2. (promissory) notes	1. банкноты 2. долговые расписки; простые векселя
B 392	émettre des billets	to issue banknotes	выпускать банкноты *(в обращение)*
B 393	retirer des billets	to withdraw banknotes	изымать банкноты *(из обращения)*
B 394	billets en circulation	banknotes in circulation	банкноты в обращении
B 395	billets convertibles	banknotes convertible into gold	банкноты, обратимые в золото
B 396	billets échangeables	exchangeable notes	банкноты, подлежащие обмену
B 397	billets émis avec lignes de substitution	note issuance facility, NIF	евроноты, выпущенные с поддержкой коммерческого банка
B 398	billets marqués	decoy cash	меченые банкноты

B

B 399	billetterie *f*	cash dispenser, automatic teller machine, ATM	банкомат, банковский автомат
B 400	billon *m*	low-value coin	мелкая разменная монета
B 401	bimétallisme *m*	bimetallism	биметаллизм
B 402	**Black et Scholes**	Black and Scholes (option pricing model)	метод оценки опционов Блэка и Шоулза
B 403	blanchiment *m*, blanchissement *m*	laundering (of money)	«отмывание» (денег)
B 404	blanc-seing *m*	1. blank signature; paper [document] signed in blank 2. blank liability	1. подпись на документе до его составления; незаполненный бланк с подписью 2. бланковое обязательство
B 405	bloc *m*	1. block *(e.g. of shares)* 2. bloc	1. пакет *(напр. акций)* 2. блок
B 406	acheter des actions en bloc	to buy blocks of shares	покупать пакеты акций
B 407	bloc d'actionnaires stables	hard core of stable shareholders	стабильное ядро акционеров
B 408	bloc d'actions	block of shares	пакет акций
B 409	bloc de contrôle	controlling block [interest]	контрольный пакет акций
B 410	bloc monétaire	monetary [currency] bloc	валютный блок
B 411	bloc de l'or	gold bloc	золотой блок
B 412	bloc de projections	block of projections	совокупность прогнозов
B 413	bloc de sterling	sterling bloc	стерлинговый блок
B 414	bloc de titres	block of securities	пакет ценных бумаг
B 415	blocage *m*	freeze, freezing	замораживание, блокирование
B 416	blocage de capital	capital freeze	замораживание капитала
B 417	blocage de comptes	blocking of accounts	блокирование счетов *(официальное запрещение свободно распоряжаться счетами в банках)*
B 418	blocage des dépôts en banque	freezing of bank deposits	блокирование банковских депозитов
B 419	blocage des dividendes	dividend freeze	замораживание дивидендов
B 420	blocage de la provision	freezing of funds *(e.g. to cover a check)*	блокирование суммы на счёте *(напр. в обеспечение чека)*
B 421	blocage de titres	escrow	блокирование ценных бумаг *(до выполнения определённых условий)*
B 422	bloc-or *m*	gold bloc	золотой блок
B 423	blocs *m pl*	blocks *(of securities)*	пакеты *(ценных бумаг)*
B 424	négocier des blocs	to trade in blocks *(of securities)*	осуществлять операции с пакетами *(ценных бумаг)*
B 425	traiter par gros blocs	to trade in large blocks *(of securities)*	торговать большими пакетами *(ценных бумаг)*
B 426	bloqué	locked in	замороженный, блокированный
B 427	bloquer	to freeze	замораживать, блокировать
B 428	bon *m*	1. order 2. bond 3. bill, note 4. ticket, voucher, warrant	1. приказ *(об уплате денег)* 2. *(краткосрочная)* облигация 3. чек; вексель 4. свидетельство; сертификат; варрант
B 429	amortir un bon	to redeem a bond	погашать *(краткосрочную)* облигацию
B 430	bon de caisse	short-term note	краткосрочный вексель

B

B 431	bon de capitalisation	investment growth bond	капитализационная облигация (облигация, процент по которой не выплачивается, но прибавляется к основному капиталу)
B 432	bon détachable [à détacher]	tear-off coupon	отрывной купон
B 433	bon d'épargne	savings certificate [bond]	сберегательный сертификат
B 434	bon indexé	indexed bond	индексированная облигация
B 435	bon à intérêts précomptés	prepaid interest bond, noninterest-bearing bond	беспроцентная облигация, облигация с заранее удержанным процентом
B 436	bon de jouissance	dividend right certificate	дивидендное свидетельство
B 437	bon à lots	lottery [prize] bond	облигация выигрышного займа
B 438	bon nominatif	registered bond	именная облигация
B 439	bon de participation	participation certificate	сертификат участия (в акционерном капитале)
B 440	bon au porteur	bearer [coupon] bond	облигация на предъявителя
B 441	bon à prime	premium bond	облигация с премией
B 442	bon de récupération	debtor warrant	дебиторский варрант (вид дивидендного свидетельства)
B 443	bon sorti au tirage	drawn bond	облигация, вышедшая в тираж
B 444	bon de souscription	warrant	варрант, подписное свидетельство
B 445	bon de souscription d'actions	equity warrant	варрант на акции
B 446	bon de souscription coté en bourse	listed warrant	варрант, котирующийся на бирже
B 447	bon de souscription détachable	detachable warrant	отделяемый варрант
B 448	bon de souscription détaché	ex-warrant	без варранта, без права на варрант (условие продажи ценной бумаги)
B 449	bon de souscription initial	primary warrant	первоначальный варрант
B 450	bon de souscription non coté en bourse	unlisted warrant	варрант, не котирующийся на бирже
B 451	bon de souscription non détachable	nondetachable warrant	неотделяемый варрант
B 452	bon de souscription d'obligations	bond warrant	варрант на облигации
B 453	bon de souscription perpétuel	perpetual warrant	бессрочный варрант
B 454	bon à vue	sight draft	вексель с оплатой по предъявлении
B 455	boni *m*	1. profit, surplus 2. bonus (payment)	1. прибыль 2. бонус, премия
B 456	boni de liquidation	liquidating dividend	ликвидационный дивиденд (остаточная сумма, распределяемая между акционерами при ликвидации компании)
B 457	bonification *f*	1. advantage 2. rebate, discount	1. льгота 2. скидка
B 458	accorder une bonification d'intérêt	to grant an interest rebate	предоставлять скидку с установленного процента
B 459	bonification (de taux) d'intérêt	interest rate subsidy, preferential interest rate	льготная процентная ставка

B

B 460	bons *m pl*	bonds, bills	боны *(вид краткосрочных обязательств)*; векселя
B 461	émettre des bons	to issue [to float] bonds	выпускать боны
B 462	bons en compte courant	bonds on current accounts *(of credit institutions)*	боны на текущих счетах *(кредитных учреждений)*
B 463	bons sur formule	paper bonds	боны на бланках *(в материальной форме)*
B 464	bons des institutions financières spécialisées	bonds of specialized financial institutions	боны специализированных финансовых учреждений
B 465	bons des institutions et sociétés financières, BISF	bonds of financial institutions	боны финансовых учреждений
B 466	bons investis en SICAV	bonds invested into an open-end investment company	боны, помещённые в СИКАВ *(инвестиционную компанию открытого типа)*
B 467	bons mis à l'adjudication	auctioned bonds	облигации, продаваемые с торгов
B 468	bons à moyen terme	medium-term bonds	среднесрочные боны
B 469	bons réescomptables	bankable bills	боны, подлежащие переучёту *(центральным банком)*
B 470	bons à taux fixe, BTF	fixed-rate bonds	боны с фиксированной ставкой
B 471	bons du Trésor	treasury bills [bonds]	боны казначейства, казначейские векселя, (краткосрочные) государственные облигации
B 472	bons du Trésor émis par voie d'adjudication	treasury bills issued by auction	казначейские векселя, выпущенные путём торгов
B 473	bons du Trésor négociables	negotiable treasury bills	обращающиеся казначейские векселя
B 474	bons du Trésor non négociables	nonnegotiable treasury bills	необращающиеся казначейские векселя
B 475	bonus *m* (financier)	financial bonus	бонус, премия
B 476	boom *m*	boom	бум, быстрый подъём
B 477	boom des émissions de valeurs mobilières	securities issuing boom	бум выпуска ценных бумаг
B 478	boom d'investissements	investment boom	инвестиционный бум
B 479	boom de l'or	gold boom	золотой бум
B 480	bordereau *m*	1. list, note 2. slip 3. statement 4. broker's note	1. ведомость; опись; реестр 2. расписка 3. выписка из бухгалтерских документов 4. бордеро *(брокерская расчётная запись)*
B 481	bordereau d'achat	contract note	бордеро о покупке ценных бумаг *(посылаемое брокером клиенту)*
B 482	bordereau de caisse	cash statement	опись кассовой наличности
B 483	bordereau de cession	transfer slip	расписка об уступке *(ценных бумаг)*
B 484	bordereau de cession de créances financières	debt transfer slip	расписка об уступке долговых требований
B 485	bordereau de chèques	check list, list of checks	реестр чеков
B 486	bordereau de collocation	creditor ranking list	документ об очерёдности удовлетворения требований кредиторов

B

B 487	bordereau de compte	account statement, statement of account	выписка из счёта
B 488	bordereau de coupons	coupon list	купонный реестр
B 489	bordereau de courtage [de courtier]	broker's (contract) note	бордеро (уведомление о проведённых операциях, посылаемое брокером клиенту)
B 490	bordereau de crédit	credit note	кредитовая запись, кредитовое авизо
B 491	bordereau de débit	debit note	дебетовая запись, дебетовое авизо
B 492	bordereau de décompte	account note	детализированная выписка из счёта
B 493	bordereau désignant les effets mis en pension	list of bills placed in pawn	опись заложенных векселей
B 494	bordereau d'encaissement	list of bills for collection	перечень векселей, переданных на инкассо
B 495	bordereau d'envoi	list of securities forwarded	опись пересылаемых ценных бумаг
B 496	bordereau d'escompte	list of bills for discount	опись векселей, предъявляемых к учёту
B 497	bordereau d'exécution	order execution slip	расписка об исполнении поручения (на операции с ценными бумагами)
B 498	bordereau financier	debt transfer slip	расписка об уступке долговых требований
B 499	bordereau de remise	transfer cover sheet	список векселей и чеков (передаваемых клиентом в банк)
B 500	bordereau de retrait	withdrawal slip	расходный ордер
B 501	bordereau de vente	sold [contract] note	бордеро о продаже ценных бумаг (посылаемое брокером клиенту)
B 502	bordereau de versement	deposit slip	приходный ордер
B 503	bouclement *m* d'un compte	closing of an account	закрытие счёта
B 504	boucler	to close (e.g. an account)	закрывать (напр. счёт)
B 505	bourse *f*	1. exchange 2. stock exchange, stock market 3. stock exchange session	1. биржа 2. фондовая биржа, рынок ценных бумаг 3. биржевой сеанс
B 506	à la [en, sur la] bourse	at the stock exchange	на бирже
B 507	après bourse	after hours	после закрытия биржи
B 508	avant bourse	before hours	перед открытием биржи
B 509	hors bourse	over-the-counter	внебиржевой
B 510	être coté en bourse	to be listed, to be quoted	котироваться на бирже
B 511	intervenir en bourse	to operate at the stock exchange	выступать [вести операции] на бирже
B 512	introduire une société à la [en] bourse	to float (a company)	выпускать (акции компании) на фондовый рынок
B 513	investir en bourse	to invest at the stock exchange	инвестировать на бирже
B 514	jouer à la bourse	to gamble [to speculate] at the stock exchange	играть на бирже
B 515	opérer en bourse	to operate at the stock exchange	выступать [вести операции] на бирже
B 516	s'introduire en bourse	to go public	выпускать свои акции на фондовый рынок

B

B 517	bourse d'affrètement	freight market, shipping exchange	фрахтовая биржа
B 518	bourse des céréales	corn [grain] exchange	хлебная биржа
B 519	bourse de change	(foreign) currency exchange, exchange market	валютная биржа
B 520	bourse de commerce	commodity exchange	товарная биржа
B 521	bourse d'effets publics	government bill exchange	биржа государственных векселей
B 522	bourse d'émission	market of issue	биржа выпуска
B 523	bourse des frets	freight market, shipping exchange	фрахтовая биржа
B 524	bourse des grains	corn [grain] exchange	хлебная биржа
B 525	bourse immobilière	real estate exchange	биржа недвижимости
B 526	bourse des marchandises	commodity [mercantile] exchange	товарная биржа
B 527	bourse maritime	freight market, shipping exchange	фрахтовая биржа
B 528	bourse des métaux précieux	precious metal exchange	биржа драгоценных металлов
B 529	bourse d'options	option market	рынок [биржа] опционов
B 530	bourse précédente	previous session	предыдущий биржевой сеанс
B 531	bourse, première	first session	первый биржевой сеанс
B 532	bourse des produits alimentaires	food exchange	биржа продовольственных товаров
B 533	bourse de produits naturels	commodity exchange	товарная биржа
B 534	bourse de province	provincial stock exchange	провинциальная биржа
B 535	bourse régionale	regional stock exchange	региональная биржа
B 536	bourse de sucre	sugar exchange	сахарная биржа
B 537	bourse des valeurs (mobilières)	stock exchange, stock market	фондовая биржа
B 538	Bourse *f*	Exchange	биржа
B 539	Bourse de commerce de Chicago	Chicago Mercantile Exchange	Чикагская товарная биржа
B 540	Bourse londonienne	The London Stock Exchange	Лондонская фондовая биржа
B 541	Bourse de Londres	International Stock Exchange	Международная фондовая биржа
B 542	Bourse de New York [new-yorkaise]	The New York Stock Exchange, NYSE	Нью-Йоркская фондовая биржа
B 543	Bourse de Paris	The Paris Stock Exchange, The Paris Bourse	Парижская биржа
B 544	Bourse de Tokyo	The Tokyo Stock Exchange, Kabuto-Cho	Токийская фондовая биржа
B 545	boursicotage *m*	dabbling at the stock exchange	осуществление мелких биржевых операций
B 546	boursicoter	to dabble in the stock market, to speculate in stocks, to scalp	осуществлять мелкие биржевые операции
B 547	boursicoteur *m*, boursicotier *m*	dabbler in stocks, scalper	мелкий биржевой спекулянт
B 548	boursier	exchange; stock-exchange, stock-market	биржевой
B 549	boursier *m*	1. stockbroker 2. stock exchange operator	1. биржевой брокер 2. участник фондового рынка
B 550	broker *m*	broker	брокер, биржевой посредник

C

B 551	brokerage *m*	brokerage	куртаж, брокерская комиссия *(за совершение сделки)*
B 552	budget *m*	budget	1. бюджет 2. финансовая смета
B 553	dépasser son budget	to overrun [to go over] one's budget	перерасходовать свой бюджет
B 554	dresser [établir] un budget	to draft [to draw up] a budget	составлять бюджет
B 555	inscrire [porter] au budget	to include in the budget, to budget for	включать в бюджет
B 556	rester dans les limites du budget	to keep to the budget	не выходить за рамки бюджета
B 557	budget des charges	cost budget [estimate]	смета расходов
B 558	budget d'une entreprise	corporate [company] budget	бюджет компании
B 559	budget d'exploitation	working [operating] budget	текущий бюджет
B 560	budget financier	financial budget	бюджет предприятия
B 561	budget d'investissement	capital budget	смета капиталовложений
B 562	budget de trésorerie	cash budget	бюджет расхода наличности
B 563	budgétaire	budget, budgetary	бюджетный
B 564	budgétisation *f* des investissements	capital budgeting	составление сметы капиталовложений
B 565	bulletin *m*	1. bulletin; list 2. form	1. бюллетень 2. бланк
B 566	bulletin de la cote [des cours]	official list, stock exchange list	курсовой бюллетень
B 567	bulletin officiel	official bulletin	официальный бюллетень
B 568	bulletin des oppositions	list of lost and stolen securities	список потерянных и украденных ценных бумаг
B 569	bulletin de souscription	subscription form	бланк подписки
B 570	bulletin de versement	deposit [pay-in] slip	бланк о взносе депозита *(содержащий перечень денег, депозитов)*
B 571	bulletin de vote	ballot paper	бюллетень для голосования
B 572	Bulletin *m* des annonces légales obligatoires, BAZO	Official Bulletin	Официальный биржевой бюллетень
B 573	bureau *m*	office, department	контора; бюро; отдел
B 574	bureau de change	exchange office	пункт по обмену иностранной валюты, обменный пункт (валюты)
B 575	bureau de comptabilité	accounting office	бухгалтерия, расчётная часть
B 576	bureau du contentieux	legal department	юридический отдел
B 577	bureau de courtiers	brokerage office	брокерская контора
B 578	bureau de crédit-bail	leasing company	лизинговая компания
B 579	bureau des hypothèques	mortgage registry	бюро регистрации ипотек
B 580	bureau du percepteur	tax collector's office	налоговая инспекция
B 581	bureau de représentation	representative office	представительство фирмы
B 582	bureautique *f*	office automation	оргтехника, средства автоматизации офиса, офисное оборудование

C

C 1	cabinet *m*	firm; agency; office	фирма, агентство, контора; бюро, офис
C 2	cabinet d'affaires	business consultancy (firm)	консалтинговая фирма

C

C 3	cabinet associé	affiliated agency	дочерняя фирма
C 4	cabinet d'audit	auditing firm	аудиторская фирма
C 5	cabinet d'avocats	law firm	юридическая фирма
C 6	cabinet comptable	accounting firm	бухгалтерская фирма
C 7	cabinet de conseil [de consultants]	consulting [consultancy] firm, consulting agency	консалтинговая фирма
C 8	cabinet d'expertise comptable	accounting firm	бухгалтерская фирма
C 9	cabinet immobilier	estate agency, realtor	агентство по недвижимости
C 10	cabinet juridique	law firm	юридическая фирма
C 11	câble *m*	1. cable, telegram, wire 2. telegraphic transfer	1. телеграмма 2. телеграфный перевод
C 12	CAC *m* 40	CAC 40 (index)	индекс КАК 40 *(Парижской фондовой биржи)*
C 13	cadastre *m*	land register, cadastre	кадастр
C 14	cadre *m*	executive, manager, officer	менеджер, управленец
C 15	cadre débutant	junior manager [executive]	менеджер нижнего звена
C 16	cadre dirigeant	senior manager [executive]	менеджер высшего звена
C 17	cadre fonctionnel	staff executive	менеджер, работающий в головном офисе
C 18	cadre hiérarchique	line manager [officer]	оперативный менеджер
C 19	cadre intermédiaire [moyen]	middle manager [executive]	менеджер среднего звена
C 20	cadre opérationnel	line manager [officer]	оперативный менеджер
C 21	cadre subalterne	junior manager [executive]	менеджер нижнего звена
C 22	cadre supérieur	senior manager [executive]	менеджер высшего звена
C 23	caduc	1. lapsed, null; null and void 2. outmoded, obsolete	1. утративший (юридическую) силу, недействительный 2. устаревший
C 24	devenir caduc	to lapse	утрачивать силу
C 25	rendre caduc	to void, to render [to make] null and void	делать недействительным
C 26	caducité *f*	nullity	утрата (юридической) силы, недействительность *(документа)*
C 27	caisse *f*	1. cash 2. fund 3. cash box 4. cash register, till	1. касса, кассовая наличность, деньги 2. фонд 3. сейф 4. касса, кассовый аппарат
C 28	alimenter une caisse	to supply a fund	пополнять фонд
C 29	faire sa caisse	to balance one's cash	проверять кассу
C 30	tenir la caisse	to keep the cash	вести кассу
C 31	vérifier la caisse	to check the cash	проверять наличность
C 32	caisse d'amortissement	sinking [redemption] fund	фонд погашения
C 33	caisse d'assurance	insurance fund	страховая касса
C 34	caisse automatique	automatic teller machine, ATM	банкомат, банковский автомат
C 35	caisse et banque	cash in hand and in banks	кассовая и банковская наличности
C 36	caisse centrale	central teller	центральная касса *(в банке)*
C 37	caisse de compensation	clearing house	расчётная [клиринговая] палата
C 38	caisse de consignation	safe deposit box	депозитный сейф
C 39	caisse de crédit	credit bank, lending institution	кредитная касса
C 40	caisse de crédit hypothécaire	mortgage bank	ипотечный банк

C

C 41	caisse d'emprunt	loan funds	ссудная касса
C 42	caisse enregistreuse	cash register	кассовый аппарат
C 43	caisse d'épargne	savings bank	сберегательная касса, сберегательный банк
C 44	caisse d'épargne postale	postal savings bank	почтовая сберегательная касса, почтовый сберегательный банк
C 45	caisse de garantie	guarantee fund	гарантийный фонд
C 46	caisse hypothécaire	mortgage bank	ипотечный банк
C 47	caisse mutuelle agricole	agricultural [farmers'] mutual bank	банк взаимного сельскохозяйственного кредита
C 48	caisse noire	slush fund	чёрная касса
C 49	caisse de pension	retirement [pension, superannuation] fund	пенсионный фонд
C 50	caisse, petite	petty cash	мелкие деньги
C 51	caisse de prêts	loan funds	ссудная касса
C 52	caisse de retraite	retirement [pension, superannuation] fund	пенсионный фонд
C 53	caisse secrète	slush fund	чёрная касса
C 54	Caisse *f*	Agency, Bank	Касса, Банк
C 55	**Caisse autonome de refinancement, CAR**	Refunding Agency	Автономная касса рефинансирования
C 56	**Caisse centrale des banques populaires, CCBP**	Central Agency of Popular Banks	Центральная касса народных банков
C 57	**Caisse centrale de coopération économique, CCCE**	Bank for Economic Cooperation	Центральный фонд экономического сотрудничества *(напр. сберегательный)*
C 58	**Caisse centrale de crédit coopératif, CCCC**	Central Agency of Cooperative Banks	Центральная касса кооперативного кредита
C 59	**Caisse des dépôts et consignations, CDC**	Deposit and Consignment Bank	Депозитно-сохранная касса
C 60	**Caisse interprofessionnelle de dépôts**	Security Clearing Association	Ассоциация по клирингу ценных бумаг
C 61	**Caisse nationale de crédit agricole**	National Agricultural Bank	Национальный банк сельскохозяйственного кредита
C 62	**Caisse nationale d'épargne, CNE**	National Savings Bank *(Post Office network)*	Национальный сберегательный банк *(входит в почтовую сеть)*
C 63	caisses *f pl*	banks	кассы, банки
C 64	payable à nos caisses	payable at counters	с оплатой в отделениях банка
C 65	caisses de crédit municipal	municipal credit banks	кассы муниципального кредита
C 66	caisses de crédit mutuel	mutual banks	кассы взаимного кредита
C 67	caisses d'épargne et de prévoyance	savings and provident funds	сберегательные и страховые кассы
C 68	caissier *m*	cashier, teller	кассир
C 69	caissier adjoint	assistant teller	младший кассир
C 70	caissier en chef	head [chief] teller	старший кассир
C 71	caissier contrôleur	proof teller	кассир-контролёр
C 72	caissier principal	head [chief] teller	старший кассир
C 73	caissier du Trésor	Treasury teller	кассир Казначейства

C

C 74	caissier vérificateur	proof teller	кассир-контролёр
C 75	calcul *m*	1. calculation, computation 2. budget	1. исчисление, расчёт, подсчёт, калькуляция 2. смета
C 76	effectuer [faire] un calcul	to calculate, to work out a calculation	подсчитывать, рассчитывать, осуществлять подсчёт
C 77	calcul de l'assiette	assessment basis calculation	расчёт базы налогообложения
C 78	calcul cambiste	foreign exchange calculation	валютный расчёт
C 79	calcul des commissions	commission calculation	исчисление комиссионных
C 80	calcul comptable	accounting calculation	бухгалтерский расчёт
C 81	calcul des cours	price calculation	расчёт курсов; расчёт цен
C 82	calcul des coûts	costing	расчёт издержек
C 83	calcul des échéances	calculation of payments	расчёт платежей
C 84	calcul de l'endettement à terme	calculation of term liabilities	расчёт срочной задолженности
C 85	calcul des frais bancaires	calculation of bank charges	исчисление банковских издержек
C 86	calcul de l'impôt	tax assessment	исчисление налога
C 87	calcul des indices	calculation of indices	исчисление индексов
C 88	calcul des intérêts	interest calculation	исчисление процентов
C 89	calcul de la monnaie du prix en monnaie du paiement	conversion of the currency of contract into the currency of payment	пересчёт валюты цены в валюту платежа
C 90	calcul des parités	parity calculation	расчёт паритетов
C 91	calcul de rentabilité	profitability calculation	расчёт рентабельности
C 92	calcul des retenues	calculation of deductions	подсчёт вычетов
C 93	calcul des statistiques	calculation of statistics	подсчёт статистических показателей
C 94	calcul de la valeur acquise	calculation of the final value	подсчёт конечной полученной стоимости
C 95	calcul de la valeur de DTS	calculation of the value of the SDR	расчёт курса СДР
C 96	calculable	computable, calculable	вычисляемый, исчисляемый, рассчитываемый
C 97	calculé en francs	expressed in francs	выраженный во франках, пересчитанный во франки
C 98	calculer	to calculate, to compute	исчислять, рассчитывать, подсчитывать
C 99	calendrier *m*	schedule, time chart	календарь, календарный план, график; программа
C 100	établir [fixer] un calendrier	to draw up a timetable	составлять график
C 101	publier un calendrier	to publish the schedule	публиковать график
C 102	calendrier des adjudications	auction schedule	календарь [график] проведения торгов
C 103	calendrier d'amortissement	repayment schedule	график погашения долговых платежей
C 104	calendrier des échéances	1. bill diary 2. repayment schedule	1. журнал векселей 2. график выплат
C 105	calendrier des émissions	issuing calendar	календарный план эмиссий
C 106	calendrier des emprunts	loan schedule	календарь [график] займов
C 107	calendrier des paiements	schedule of payments	график платежей
C 108	calendrier préétabli	pre-established schedule	заранее установленный график

C 109	calendrier de remboursement	repayment schedule	график погашения долговых платежей
C 110	calendrier de remboursement d'un emprunt	loan repayment schedule	график погашения займа
C 111	calendrier de remboursement par versements	installment repayment schedule	график выплаты долга в рассрочку
C 112	call *m*	call (option)	(опцион) колл, опцион покупателя
C 113	cambial	relating to exchange law	вексельный
C 114	cambiaire	1. relating to exchange law 2. (foreign) exchange (*e. g. operation*)	1. вексельный (*напр. о праве*) 2. валютный (*напр. об операции*)
C 115	cambiste	(foreign) exchange; dealer	валютный; дилерский
C 116	cambiste *m*	foreign exchange dealer [trader]	камбист, валютный дилер
C 117	cambiste de (la) banque	bank trader	банковский дилер
C 118	cambiste, bon	good trader	удачливый дилер
C 119	cambiste clientèle	foreign exchange broker	валютный брокер (*имеет дело с клиентами, в отличие от дилера*)
C 120	cambiste au comptant	spot dealer	валютный дилер на рынке спот
C 121	cambiste malchanceux	unlucky trader	неудачливый дилер
C 122	cambiste de marché	foreign exchange dealer [trader]	камбист, валютный дилер
C 123	cambiste réputé de la place	renowned dealer	дилер, имеющий хорошую репутацию на бирже
C 124	cambiste du terme	futures dealer	валютный дилер на рынке фьючерсов
C 125	camouflage *m*	1. covering up 2. window-dressing, doctoring	1. покрытие (*незаконных операций*) 2. приукрашивание (*напр. баланса*)
C 126	camouflage du bilan	window-dressing [doctoring] of the balance sheet	приукрашивание баланса
C 127	camouflage d'une complaisance	covering up of a kite	покрытие дутого векселя
C 128	camouflage des comptes	doctoring of accounts	приукрашивание счетов
C 129	camoufler	1. to cover up 2. to window-dress, to doctor	1. покрывать (*незаконные операции*) 2. приукрашивать (*напр. баланс*)
C 130	campagne *f*	campaign, drive	кампания
C 131	campagne d'essai	try-out campaign	предварительная кампания (*напр. по размещению ценных бумаг*)
C 132	campagne de financement	fund-raising campaign	кампания по финансированию
C 133	campagne de lancement	(product) launch campaign, introductory campaign	кампания по выпуску на рынок (*нового инструмента*)
C 134	campagne promotionnelle	promotional campaign [drive]	кампания по продвижению (*инструмента*) на рынок
C 135	campagne publicitaire [de publicité]	advertising campaign, publicity drive	рекламная кампания
C 136	campagne de souscription	securities sales campaign	кампания по продаже ценных бумаг
C 137	canalisation *f*	channeling, funneling	направление (*напр. средств*)
C 138	canaliser	to channel, to funnel	направлять (*напр. средства*)

C

C 139	canaux *m pl* de distribution	distribution channels	каналы распределения
C 140	candidat *m* à l'inscription	applicant for registration	кандидат на регистрацию *(напр. ценных бумаг на бирже)*
C 141	cantonnement *m*	reduction of the amount of the guarantee by the court to match the amount of the debt	снижение в судебном порядке суммы гарантии до суммы долга
C 142	cap *m*	cap	1. «кэп» *(фиксированный максимум процентной ставки)* 2. контракт «кэп» *(контракт, гарантирующий этот максимум)*
C 143	acheter un cap	to buy a cap	покупать контракт «кэп»
C 144	vendre un cap	to sell a cap	продавать контракт «кэп»
C 145	capacité *f*	capacity	1. способность, возможность 2. ёмкость
C 146	capacité d'absorption de capital	capital absorption capacity	капиталоёмкость
C 147	capacité d'achat	purchasing power	покупательная способность
C 148	capacité d'autofinancement	cash flow	кэш флоу *(показатель самофинансирования)*
C 149	capacité bénéficiaire	earning power [capacity]	прибыльность, доходность
C 150	capacité contributive	ability to pay	платёжеспособность
C 151	capacité de crédit [d'emprunt]	loan ratio, borrowing capacity [power]	кредитоспособность
C 152	capacité d'endettement	1. ability to pay 2. loan ratio	1. платёжеспособность, способность погасить долг 2. показатель задолженности
C 153	capacité de financement	financing capacity	способность к финансированию
C 154	capacité fiscale	tax capacity	налогоспособность
C 155	capacité de gain	earning power [capacity]	прибыльность, доходность
C 156	capacité d'investissement	investment capacity	инвестиционные возможности
C 157	capacité de paiement [de payer]	ability to pay	платёжеспособность
C 158	capacité de placement	investment capacity	инвестиционные возможности
C 159	capacité de prêts disponibles	(uncommitted) lending capacity	кредитные возможности *(банка)*
C 160	capacité de remboursement	1. ability to pay 2. repayment ratio	1. платёжеспособность, способность погасить долг 2. показатель платёжеспособности
C 161	capacité de rendement	earning power [capacity]	прибыльность, доходность
C 162	capacité à supporter les risques	risk capacity	способность нести риски
C 163	capital *m*	1. capital, funds 2. principal	1. капитал, средства 2. сумма основного долга
C 164	appeler le capital	to raise capital, to call for funds	привлекать капитал
C 165	augmenter le capital	to increase the capital	увеличивать капитал
C 166	avancer le capital	to advance capital	авансировать капитал
C 167	détenir le capital	to hold [to own] the capital	владеть капиталом
C 168	détenir majoritairement le capital	to have a majority shareholding	владеть контрольным пакетом акций
C 169	diluer le capital	to water (down) the capital	разводнять капитал

C

C 170	employer le capital	to use the capital	использовать капитал
C 171	entamer le capital	to break into the capital	задействовать капитал
C 172	entrer dans le capital d'une société	to buy shares of [to buy into] a company	участвовать в капитале компании, приобретать акции компании
C 173	faire rouler le capital	to put the capital into circulation	пускать капитал в оборот
C 174	faire valoir le capital	to make a profit on the capital	извлекать прибыль из капитала
C 175	former le capital social	to provide ownership capital	формировать уставный капитал
C 176	immobiliser le capital	to immobilize the capital	замораживать [омертвлять] капитал
C 177	investir le capital	to invest the capital	вкладывать [инвестировать] капитал
C 178	joindre au capital	to add to the capital, to capitalize	капитализировать
C 179	mettre en valeur le capital	to use the capital	использовать капитал
C 180	mobiliser le capital	to raise [to mobilize] capital	мобилизовывать [привлекать] капитал
C 181	ouvrir son capital	to open up one's capital	открывать свой капитал для внешнего участия
C 182	participer en capital	to participate [to take a stake] in the capital	участвовать в капитале
C 183	placer son capital	to place [to invest] one's capital	вкладывать [инвестировать] капитал
C 184	protéger son capital	to protect one's capital	сохранять свой капитал
C 185	transférer le capital	to transfer the capital	переводить капитал
C 186	capital acceptant les risques	venture [risk] capital	рисковый капитал
C 187	capital actif	productive capital	производительный капитал
C 188	capital en action(s)	share [stock] capital, joint [capital]stock, shareholder [stockholder] equity	акционерный капитал
C 189	capital amorti	paid-up capital	оплаченный капитал
C 190	capital appelé	called-up capital	востребованный капитал (выпущенный, но не оплаченный акционерный капитал)
C 191	capital d'apport	initial [contributed] capital	первоначальный [стартовый] капитал
C 192	capital associé	associated capital	ассоциированный капитал
C 193	capital assuré	insured capital	застрахованный капитал
C 194	capital autogénéré	internally generated capital	капитал, созданный самой компанией
C 195	capital autorisé	ownership [authorized, nominal, registered] capital	уставный [разрешённый к выпуску] капитал
C 196	capital avancé	advanced capital	авансированный капитал
C 197	capital bancaire [de banque]	bank capital	банковский капитал
C 198	capital circulant	current assets, circulating capital	оборотный капитал
C 199	capital consolidé	consolidated capital	консолидированный капитал
C 200	capital déclaré	registered [authorized, nominal] capital	уставный [разрешённый к выпуску] капитал

C

C 201	**capital de départ**	seed money, start-up [initial] capital	первоначальный [стартовый] капитал
C 202	**capital dépôt**	deposit capital	депозитный капитал *(объём банковских депозитов)*
C 203	**capital de développement**	development capital	капитал на развитие
C 204	**capital dilué**	watered capital	разводнённый капитал
C 205	**capital dispersé**	dispersed capital	распылённый капитал
C 206	**capital disponible**	1. available capital, available assets 2. circulating [floating] capital, current assets	1. наличный [свободный] капитал 2. оборотный капитал
C 207	**capital dormant**	unproductive [idle, dead] capital	непроизводительный [праздный] капитал
C 208	**capital échu**	principal due	сумма основного капитала, подлежащая выплате
C 209	**capital émis**	issued capital	выпущенный капитал
C 210	**capital d'emprunt**	loan capital	ссудный капитал
C 211	**capital emprunté**	borrowed capital	заёмный капитал
C 212	**capital engagé**	invested capital	вложенный [инвестированный] капитал
C 213	**capital entièrement versé**	fully paid-up capital	полностью оплаченный капитал
C 214	**capital espèces**	cash capital	денежный капитал
C 215	**capital d'exploitation**	working capital	оборотный капитал
C 216	**capital financier**	financial assets	финансовый капитал, финансовые активы
C 217	**capital fixe**	fixed capital	основной капитал
C 218	**capital flottant**	floating capital	переменный капитал
C 219	**capital fondamental**	fixed capital	основной капитал
C 220	**capital de fondation**	authorized [registered] capital	уставный [разрешённый к выпуску] капитал
C 221	**capital immobilier**	real estate	недвижимость, недвижимое имущество
C 222	**capital immobilisé**	tied-up [locked-up] capital	иммобилизованный [замороженный] капитал
C 223	**capital improductif [inactif]**	unproductive [idle, dead] capital	непроизводительный [праздный] капитал
C 224	**capital indisponible**	tied-up [locked-up] capital	иммобилизованный [замороженный] капитал
C 225	**capital initial**	initial [start-up] capital, seed money	первоначальный [стартовый] капитал
C 226	**capital et intérêts**	principal and interest	основная сумма долга и проценты
C 227	**capital investi**	invested capital	вложенный [инвестированный] капитал
C 228	**capital libéré**	paid-up capital	оплаченный акционерный капитал
C 229	**capital liquide**	liquid assets	ликвидные активы
C 230	**capital mobilier**	movable assets, movables	движимое имущество
C 231	**capital mobilisable**	available capital	наличный капитал
C 232	**capital mobilisé**	mobilized [freed, unfrozen] capital	мобилизованный [задействованный] капитал
C 233	**capital monétaire**	monetary capital	денежный капитал

C

C 234	**capital mort**	unproductive [idle, dead] capital	непроизводительный [праздный] капитал
C 235	**capital nominal**	nominal capital	номинальный капитал
C 236	**capital non amorti**	unpaid capital	неоплаченный акционерный капитал
C 237	**capital non appelé**	uncalled capital	невостребованный капитал
C 238	**capital non émis**	unissued capital (stock)	невыпущенный акционерный капитал
C 239	**capital non libéré**	unpaid capital	неоплаченный акционерный капитал
C 240	**capital non monétaire**	nonmonetary capital	неденежный капитал
C 241	**capital non payé**	unpaid capital	неоплаченный акционерный капитал
C 242	**capital notionnel**	notional capital	ноционный [условный] капитал
C 243	**capital en numéraire**	cash capital	наличные деньги
C 244	**capital obligations**	debenture capital	облигационный капитал
C 245	**capital d'origine**	start-up [initial] capital, seed money	первоначальный [стартовый] капитал
C 246	**capital de participation**	share capital	капитал участия, акционерный капитал
C 247	**capital payé**	paid-up [paid-in] capital	оплаченный акционерный капитал
C 248	**capital permanent**	permanent [long-term] capital	постоянный [долгосрочный] капитал
C 249	**capital de prêt**	loan capital	ссудный капитал
C 250	**capital primaire**	primary capital	первичный капитал
C 251	**capital primitif**	initial [start-up] capital	первоначальный [стартовый] капитал
C 252	**capital privé**	private capital	частный капитал
C 253	**capital public**	state capital	государственный капитал
C 254	**capital remboursé**	paid-out capital	выплаченный капитал
C 255	**capital rentable**	profitable capital	капитал, приносящий доход
C 256	**capital de réserve**	reserve capital	резервный капитал
C 257	**capital restant dû**	principal outstanding	непогашенная основная сумма долга
C 258	**capital (à) risque**	venture [risk] capital	рисковый [венчурный] капитал; рисковое финансирование
C 259	**capital secondaire**	secondary capital	вторичный капитал
C 260	**capital social**	share capital, capital stock	акционерный капитал
C 261	**capital souscrit**	subscribed capital	подписной капитал
C 262	**capital statutaire**	authorized [nominal, registered] capital	уставный акционерный капитал
C 263	**capital versé**	paid-up [paid-in] capital	оплаченный капитал
C 264	**capital-actions** *m*	share capital	акционерный капитал, акции
C 265	**capital-actions autorisé**	authorized capital (stock), authorized share capital	уставный акционерный капитал
C 266	**capital-actions en circulation**	outstanding capital (stock)	акции компании в обращении
C 267	**capital-actions émis**	issued share capital	выпущенные акции
C 268	**capital-actions ordinaire**	(common) equity	обычные акции
C 269	**capital-actions avec privilège de participation**	participating stock	акции участия

C

C 270	capital-actions privilégié	preferred (capital) stock, preferred share capital	привилегированные акции
C 271	capital-actions remboursable	callable [redeemable] stock	выкупаемые акции
C 272	capitalisable	capitalizable	капитализируемый
C 273	capitalisation *f*	capitalization	1. капитализация *(превращение в капитал)* 2. капитализация *(определение стоимости актива по его доходу)*
C 274	capitalisation des bénéfices	capitalization of earnings	капитализация доходов
C 275	capitalisation boursière	market capitalization	рыночная капитализация *(стоимость акций компании на бирже)*
C 276	capitalisation financière	financial capitalization	финансовая капитализация
C 277	capitalisation des intérêts	capitalization of interest	капитализация процентов
C 278	capitalisation du profit	capitalization of profit	капитализация прибыли
C 279	capitalisation d'une rente	capitalization of an annuity	капитализация ренты
C 280	capitalisation des réserves	capitalization of reserves	капитализация резервов
C 281	capitalisation du revenu	capitalization of income	капитализация дохода
C 282	capitaliser	to capitalize	капитализировать *(1. превращать в капитал 2. определять стоимость актива по его доходу)*
C 283	capital-risque *m*	venture [risk] capital	рисковый [венчурный] капитал; рисковое финансирование
C 284	capitaux *m pl*	capital	капиталы; средства; (денежные) фонды
C 285	apporter les capitaux	to bring in [to contribute] capital	вносить капиталы
C 286	attirer les capitaux	to attract [to raise] capital	привлекать капиталы
C 287	bloquer les capitaux	to freeze capital	замораживать капиталы
C 288	collecter des capitaux	to accumulate capital	аккумулировать капитал
C 289	débloquer les capitaux	to unfreeze capital	размораживать капиталы
C 290	détourner les capitaux	to embezzle funds	растрачивать средства
C 291	disposer en propre des capitaux	to have the net capital	распоряжаться собственным капиталом
C 292	drainer les capitaux	to drain capital	привлекать капиталы
C 293	engager les capitaux	to invest capital	вкладывать [инвестировать] капиталы
C 294	expatrier les capitaux	to expatriate capital	вывозить капитал за границу
C 295	faire appel aux capitaux	to raise capital	привлекать капитал
C 296	fournir les capitaux	to provide [to furnish, to supply] capital	предоставлять капиталы
C 297	fusionner les capitaux	to merge capital	сращивать капиталы
C 298	gérer les capitaux	to manage capital	управлять капиталами
C 299	injecter les capitaux	to inject capital	«впрыскивать» капиталы
C 300	laisser chômer les capitaux	to let capital idle	оставлять капитал праздным
C 301	libérer les capitaux	to pay up capital	оплачивать капитал(ы)
C 302	obtenir des capitaux	to raise capital	приобретать капитал
C 303	rembourser les capitaux	to repay capital	возмещать капитал
C 304	rémunérer [rentabiliser] les capitaux	to make profit on the capital	получать доход с капитала

C

C 305	réunir les capitaux	to mobilize capital	мобилизовать капитал
C 306	risquer les capitaux	to risk capital	вкладывать капитал с риском, делать рискованные капиталовложения
C 307	se procurer des capitaux	to raise capital	приобретать капитал
C 308	trouver les capitaux	to raise capital	привлекать капитал
C 309	verser les capitaux	to pay in capital	вносить денежные средства
C 310	capitaux d'actionnaires	capital stock	акционерный капитал
C 311	capitaux d'amorçage	initial [start-up] capital, seed money	первоначальный [стартовый] капитал
C 312	capitaux apatrides	refugee capital	капиталы за пределами страны происхождения
C 313	capitaux bon marché	cheap money	дешёвые деньги
C 314	capitaux à court terme	short-term capital	краткосрочные капиталы
C 315	capitaux erratiques	hot money	«горячие» деньги, блуждающие капиталы
C 316	capitaux exigibles	current liabilities	краткосрочная задолженность
C 317	capitaux fébriles [flottants]	hot money	«горячие» деньги, блуждающие капиталы
C 318	capitaux frais	fresh capital	новые привлекаемые капиталы
C 319	capitaux gelés	frozen assets	замороженные активы
C 320	capitaux inutilisés	idle [unproductive, unused] capital	непроизводительный [праздный] капитал
C 321	capitaux d'investissement	investment capital	вложенный [инвестированный] капитал
C 322	capitaux à lever	capital to be raised	необходимый капитал, требующаяся сумма
C 323	capitaux liquides	liquid assets	ликвидные средства
C 324	capitaux à long terme	long-term capital	долгосрочные капиталы
C 325	capitaux mobiles	floating capital	переменный капитал
C 326	capitaux mobiliers	movable assets	движимое имущество
C 327	capitaux multinationaux	multinational capital	транснациональный капитал
C 328	capitaux de placement	investment capital	вложенный [инвестированный] капитал
C 329	capitaux placés à l'étranger	capital invested abroad	инвестиции за рубежом
C 330	capitaux prêtables	loanable funds	ссужаемый капитал
C 331	capitaux propres	net worth, stockholder's equity, equity capital	собственный капитал
C 332	capitaux en quête de placement	investment-seeking capital	капитал в поисках приложения
C 333	capitaux relais	reserve capital	резервный капитал
C 334	capitaux spéculatifs [tournants, vagabonds]	hot money	«горячие» деньги, блуждающие капиталы
C 335	captation *f* de l'épargne longue	capturing of long-term savings	привлечение долгосрочных сбережений
C 336	caractère *m* de contrôle	check character	контрольный символ
C 337	carat *m*	carat	карат
C 338	carence *f*	1. insolvency 2. inefficiency 3. deficiency	1. несостоятельность, неплатёжеспособность 2. неэффективность 3. нехватка, дефицит

C

C 339	carence d'un débiteur	insolvency of a debtor	несостоятельность [неплатёжеспособность] должника
C 340	carence de paiement	nonpayment, default in payment	прекращение платежей
C 341	carence de trésorerie	cash shortage [deficit]	нехватка наличности
C 342	carnet *m*	book	книжка; журнал
C 343	carnet de banque	deposit passbook; passbook	депозитная книжка; книжка вкладчика
C 344	carnet de chèques	checkbook	чековая книжка
C 345	carnet de compte [de dépôt]	deposit passbook; passbook	депозитная книжка; книжка вкладчика
C 346	carnet d'échéances	bill book [diary, journal]	реестр сроков платежей
C 347	carnet d'épargne	savings bank book	сберегательная книжка
C 348	carnet de formules de chèques	checkbook	чековая книжка
C 349	carnet d'indication	list of correspondent banks	реестр банков-корреспондентов
C 350	carte *f*	card	карточка
C 351	accepter une carte de crédit	to accept a credit card	принимать кредитную карточку
C 352	introduire une carte dans un lecteur	to insert a card into the reader	помещать карточку в считывающее устройство
C 353	payer avec une carte de crédit	to pay with a credit card	платить кредитной карточкой
C 354	carte d'accès aux coffres-forts	vault access card	карточка доступа к сейфам
C 355	carte accréditive	charge card	платёжная карточка
C 356	carte accréditive internationale	international credit card	международная кредитная карточка
C 357	carte de l'"American Express"	American Express card	кредитная карточка «Американ Экспресс»
C 358	carte bancaire	banker's [check] card	банковская [чековая] карточка
C 359	carte bleue	Visa card	карточка «Виза»
C 360	carte bleue internationale	International Visa card	международная карточка «Виза»
C 361	carte de chèque	check card	банковская [чековая] карточка
C 362	carte de crédit	credit card	кредитная карточка
C 363	carte de crédit bancaire	bank credit card	банковская кредитная карточка
C 364	carte de crédit multiservice	multipurpose [universal] credit card	многоцелевая кредитная карточка
C 365	carte de débit	debit card	дебетовая [платёжная] карточка
C 366	carte électronique	smart [memory] card	микропроцессорная карточка, карточка с интегрированной микросхемой [с электронным чипом]
C 367	carte Eurocard	Eurocard	кредитная карточка «Еврокард»
C 368	carte de guichet automatique	automatic teller card	карточка для использования в банкомате
C 369	carte magnétique	magnetic card	магнитная карточка

C

C 370	carte à mémoire	smart [memory] card	микропроцессорная карточка, карточка с интегрированной микросхемой [с электронным чипом]
C 371	carte d'ouverture de compte	account card	учётная карточка счёта
C 372	carte de paiement	debit [charge] card	дебетовая [платёжная] карточка
C 373	carte à piste	magnetic card	магнитная карточка
C 374	carte privative	in-store (charge) card	карточка, выпускаемая только для клиентов определённой компании
C 375	carte à puce	smart [memory] card	микропроцессорная карточка, карточка с интегрированной микросхемой [с электронным чипом]
C 376	carte de retrait	cash card	дебетовая [платёжная] карточка
C 377	carte de signature [spécimen]	(specimen) signature card	карточка с образцом подписи
C 378	carte VISA	Visa card	карточка «Виза»
C 379	cartel *m*	cartel, combine	картель
C 380	cas *m*	case, event	случай
C 381	cas de défaut	event of default	случай [факт] неплатежа; невыполнение обязательства
C 382	cas de force majeure	(case of) force majeure, case of absolute necessity, Act of God	форсмажорный случай, случай непреодолимой силы, форсмажорные обстоятельства
C 383	cascade *f* de faillites	chain of bankruptcies	ряд [цепь] банкротств
C 384	case *f*	box	ящик *(почтовый)*; отделение связи
C 385	case de coffre-fort	safe-deposit box	отделение сейфа
C 386	case postale scellée	lock box	опечатанный почтовый ящик (для приёма платежей)
C 387	cash *m*	cash	наличные (деньги)
C 388	cash flow *m*	cash flow	1. выручка предприятия 2. кэш флоу *(разница между всеми наличными поступлениями и платежами компании)*
C 389	casseur *m* de prix	discount broker	дисконтный брокер
C 390	catégorie *f*	category	категория; вид
C 391	catégorie de clientèle	customer category	категория клиентов
C 392	catégorie de concours	loan category	категория ссуды
C 393	catégorie de dépenses	expense category	вид расходов
C 394	catégorie d'émetteurs	category of issuers	категория эмитентов
C 395	catégorie d'emplois	category of funds use	вид использования средств
C 396	catégorie d'établissements bancaires	category of banking institutions	категория банковских учреждений
C 397	catégorie d'intervention	type of intervention	вид интервенции
C 398	catégorie de négociateurs	category of traders	категория дилеров
C 399	catégorie d'options	class of options	категория опционов
C 400	catégorie de placement	placement type	вид размещения
C 401	catégorie de refinancement	type of refunding	вид рефинансирования
C 402	catégorie de risque	risk category	категория риска

C

C 403	catégorie de signatures	signature category	категория подписей
C 404	catégorie de titres	category of securities	категория ценных бумаг
C 405	cause *f* d'une lettre de change	consideration for a bill of exchange	основание выписки векселя
C 406	caution *f*	1. deposit; collateral, security 2. guarantee 3. guarantor, surety 4. support, backing	1. залог; денежное обеспечение 2. поручительство, гарантийное обязательство 3. поручитель, гарант 4. поддержка
C 407	sous caution	against a guarantee	под залог, под поручительство
C 408	certifier une caution	to certify a surety	свидетельствовать состоятельность поручителя
C 409	demander une caution	to ask for security	требовать обеспечения
C 410	déposer une caution	to put [to lay down] a guarantee	вносить залог
C 411	exiger une caution	to ask for security	требовать обеспечения
C 412	fournir une caution	1. to make [to furnish] a deposit 2. to furnish security, to stand surety	1. вносить залог 2. давать поручительство
C 413	libérer une caution	to discharge a surety, to discontinue a guarantee	освобождать от гарантийного обязательства
C 414	se porter [se rendre] caution	to stand surety, to give security	выступать поручителем
C 415	verser une caution	to put [to lay down] a guarantee	вносить залог
C 416	caution d'adjudication	bid bond	гарантия заявки на торгах
C 417	caution bancaire [de banque]	bank guarantee	поручительство банка, банковская гарантия
C 418	caution bonne et valable	sufficient security	достаточное обеспечение
C 419	caution en espèces	security in cash	денежное обеспечение
C 420	caution mutuelle	cross guarantee	взаимное поручительство, взаимная гарантия
C 421	caution en numéraire	security in cash	денежное обеспечение
C 422	caution personnelle	1. personal security 2. personal guarantor	1. личная гарантия 2. личный поручитель *(отвечающий за неисправного должника в полной сумме основного обязательства)*
C 423	caution réelle	collateral guarantor	вещный поручитель *(отвечающий за неисправного должника в пределах стоимости определённого имущества)*
C 424	caution de restitution d'acompte	advance payment bond	гарантия возврата задатка
C 425	caution solidaire	joint security	солидарное поручительство
C 426	caution solvable	good [solvent] guarantor	платёжеспособный поручитель
C 427	caution de soumission	bid bond	гарантия заявки на торгах
C 428	cautionné	1. secured 2. guaranteed	1. гарантированный залогом 2. гарантированный поручительством
C 429	cautionnement *m*	1. security, deposit, caution money 2. surety, guarantee, bond	1. залог; денежное обеспечение 2. поручительство; договор поручительства
C 430	déposer un cautionnement	to put [to lay down] a guarantee	вносить залог
C 431	fournir un cautionnement	to stand security	предоставлять гарантию

C

C 432	s'engager par cautionnement	to enter into a surety bond	давать гарантийное обязательство
C 433	signer un cautionnement	to sign a guarantee	подписывать договор поручительства
C 434	verser un cautionnement	to put [to lay down] a guarantee	вносить залог
C 435	cautionnement conventionnel	conventional guarantee	добровольное поручительство; договорное поручительство
C 436	cautionnement en espèces	cash security, security in cash	денежное обеспечение
C 437	cautionnement hypothécaire	mortgage security	залог недвижимости
C 438	cautionnement légal	legal guarantee	поручительство в силу закона
C 439	cautionnement multiple	multiple guarantee	множественное поручительство
C 440	cautionnement mutuel	cross guarantee	взаимное поручительство
C 441	cautionnement non solidaire	simple guarantee	несолидарное [простое] поручительство
C 442	cautionnement en numéraire	cash security, security in cash	денежное обеспечение
C 443	cautionnement personnel	personal security	личное поручительство
C 444	cautionnement de prêts	guarantee of loans	обеспечение займов
C 445	cautionnement réciproque	cross guarantee	взаимное поручительство
C 446	cautionnement réel	collateral guarantee	залоговое поручительство
C 447	cautionnement simple	simple guarantee	несолидарное [простое] поручительство
C 448	cautionnement solidaire	joint security	солидарное поручительство
C 449	cautionner	1. to guarantee 2. to stand security [surety, guarantor] for 3. to back, to support	1. гарантировать, давать поручительство 2. выступать поручителем 3. поддерживать
C 450	cautions *f pl*	1. guarantees, securities 2. guarantors, sureties	1. гарантии 2. поручители, гаранты
C 451	s'adresser aux cautions	to apply to one's sureties	обращаться к поручителям
C 452	cautions de bonne foi	bona fide guarantors	добросовестные гаранты
C 453	cautions pour compte de tiers	third-party guarantors	гаранты за счёт третьих лиц
C 454	cautions à court terme	short-term guarantees	краткосрочные гарантии
C 455	cautions délivrées par les banques	bank guarantees	банковские гарантии
C 456	cautions données au banquier	guarantees presented to the bank	гарантии, предоставленные банку
C 457	cautions sur l'étranger	foreign guarantees	гарантии иностранным компаниям
C 458	cautions et garanties données	securities and guarantees given	выданные гарантии и поручительства
C 459	cautions intérimaires	interim guarantees	временные гарантии
C 460	cautions à long terme	long-term guarantees	долгосрочные гарантии
C 461	cautions de paiement	payment guarantors	поручители по платежам
C 462	cautions solidaires	joint guarantors	сопоручители, солидарные поручители
C 463	cavalerie *f*	kite, accommodation bill	дутый вексель
C 464	faire de la cavalerie	to fly a kite	выдавать дутый вексель
C 465	cédant	granting, transfering	отчуждающий
C 466	cédant *m*	1. grantor, assignor, transferor 2. preceding party *(to bill)*, endorser	1. цедент, отчуждатель 2. индоссант

C

C 467	cédant des créances	assignor of claims	цедент по долговым требованиям
C 468	céder	to transfer; to sell	уступать *(собственность, право)*, передавать; продавать
C 469	cédule *f*	1. promissory note 2. tax bracket	1. долговая расписка 2. налоговая категория
C 470	cédule hypothécaire	mortgage bond [certificate]	закладная, закладной лист
C 471	centime *m*	centime	сантим
C 472	centimes *m pl* additionnels	additional tax, surtax	дополнительный налог
C 473	centrale *f* financière	central financing unit	орган централизованного финансирования
C 474	Centrale *f*	Unit, Surveillance	отдел; отдел надзора
C 475	Centrale des bilans de la Banque de France	Balance Sheet Surveillance Department (of the Bank of France)	Отдел надзора за финансовой деятельностью компаний (Банком Франции)
C 476	Centrale d'effets impayés [d'incidents de paiement]	Unpaid Bills Surveillance	Отдел неоплаченных векселей
C 477	Centrale de livraison de valeurs mobilières	Securities Delivery System	Электронная система расчёта по еврооблигациям *(в Люксембурге)*
C 478	Centrale des risques	Central Credit Surveillance	Отдел кредитного надзора (в Банке Франции)
C 479	centralisation *f*	centralization	централизация
C 480	centralisation automatique de trésorerie, CAT	netting	«неттинг» *(взаимная компенсация обязательств и активов между филиалами банка или несколькими банками для выявления чистой позиции под риском)*
C 481	centralisation des avoirs extérieurs	centralization of external holdings	централизация внешних авуаров
C 482	centralisation du capital	centralization of capital	централизация капитала
C 483	centralisation des écritures	centralization of accounts	централизация счетов
C 484	centralisation financière	centralization of financial institutions	централизация финансовых учреждений
C 485	centralisation des incidents de paiement sur chèques	centralization of handling of unpaid checks	централизация службы неоплаченных чеков
C 486	centralisation des liquidités	centralization of liquid assets	централизация ликвидных активов
C 487	centralisation des risques bancaires	centralization of bank risks	централизация банковских рисков
C 488	centralisation de la trésorerie court terme	cash pooling	централизация краткосрочных денежных активов
C 489	centre *m*	center	1. подразделение; отдел *(компании)* 2. центр 3. рынок
C 490	centre d'autorisation	authorization center	отдел выдачи разрешений
C 491	centre bancaire international	international banking center	международный банковский центр
C 492	centre boursier	marketplace, market, stock exchange	биржевой рынок
C 493	centre de chèques postaux	National Giro(bank)	центр обработки почтовых чеков
C 494	centre de compensation	clearing center	центр клиринга
C 495	centre financier	financial center	финансовый центр

C

C 496	centre offshore	offshore center	офшорный (финансовый) центр
C 497	centre de prêts commerciaux	commercial lending center	отдел коммерческого кредита
C 498	centre de profit	profit center	структурное подразделение компании, имеющее финансовую самостоятельность
C 499	centre de traitement de cartes de crédit	credit card processing center	центр обработки информации по кредитным карточкам
C 500	cercle *m*	circle	круг
C 501	cercle d'investissement [d'investisseurs]	investment club	круг инвесторов
C 502	cercle de souscripteurs	subscriber circle	круг подписчиков
C 503	cercles *m pl* financiers	financial circles	финансовые круги
C 504	certain *m*	fixed rate of exchange	фиксированный курс
C 505	coter [donner] le certain	to quote fixed exchange	котировать фиксированный курс
C 506	certificat *m*	certificate	свидетельство; удостоверение; сертификат
C 507	émettre un certificat	to issue a certificate	выдавать [выписывать] сертификат
C 508	certificat d'actions	stock certificate	сертификат на акции
C 509	certificat d'actions ordinaires	common stock certificate	сертификат на обычные акции
C 510	certificat d'actions au porteur	bearer share warrant	предъявительский сертификат на акции
C 511	certificat d'actions provisoire	scrip (certificate)	временный сертификат на акции *(до уплаты полной стоимости акций)*
C 512	certificat américain d'actions étrangères	American Depository Receipt, ADR	депозитарная американская расписка
C 513	certificat d'argent	silver certificate	серебряный сертификат
C 514	certificat de cautionnement	pledge certificate	закладное свидетельство
C 515	certificat de change	currency certificate	сертификат на валюту, валютный сертификат
C 516	certificat de courtier	street certificate	сертификат на акцию с бланковой подписью владельца
C 517	certificat de dégagement	certificate of release *(of securities)*	сертификат об освобождении *(ценной бумаги из залога)*
C 518	certificat de dépôt, CD	certificate of deposit, CD	депозитный сертификат
C 519	certificat de dépôt géant	jumbo certificate of deposit	депозитный сертификат на крупную сумму *(100 000 и более долларов)*
C 520	certificat de dépôt à intérêts précomptés	discount certificate of deposit	депозитный сертификат с заранее удержанными процентами
C 521	certificat de dépôt négociable, CDN	negotiable certificate of deposit	обращающийся депозитный сертификат
C 522	certificat de dépôt au porteur	bearer certificate of deposit	депозитный сертификат на предъявителя
C 523	certificat de dépôt à taux fixe	fixed rate certificate of deposit	депозитный сертификат с фиксированной ставкой
C 524	certificat de dépôt à taux révisable	rollover [roly-poly] certificate of deposit	депозитный сертификат с пересматриваемой ставкой

C

C 525	certificat de dépôt à taux variable	floating rate certificate of deposit	депозитный сертификат с плавающей ставкой
C 526	certificat de dépôt à terme	term deposit receipt	срочный депозитный сертификат
C 527	certificat de droit de vote	voting certificate	сертификат на право голоса
C 528	certificat d'entrepôt	warehouse warrant	складское свидетельство
C 529	certificat d'entrepôt négociable	negotiable warehouse warrant	обращающееся складское свидетельство
C 530	certificat d'épargne	savings certificate	сберегательный сертификат
C 531	certificat d'épargne cumulatif	growth savings certificate	кумулятивный сберегательный сертификат
C 532	certificat hypothécaire	certificate of mortgage	ипотечный сертификат
C 533	certificat d'impôts	tax certificate	налоговый сертификат
C 534	certificat interbancaire, CI	interbank certificate	сертификат межбанковского займа
C 535	certificat d'intérêts composés	compound interest certificate	сертификат с начислением сложных процентов
C 536	certificat intérimaire	interim certificate	временный сертификат *(на право владения ценными бумагами)*
C 537	certificat d'investissement	investment certificate, non-voting preference share	инвестиционный сертификат
C 538	certificat d'investissement coté en bourse	quoted investment certificate	инвестиционный сертификат, котирующийся на бирже
C 539	certificat d'investissement négociable	negotiable investment certificate	обращающийся инвестиционный сертификат
C 540	certificat d'investissement prioritaire [privilégié]	preferential investment certificate	привилегированный инвестиционный сертификат
C 541	certificat du marché monétaire	money market certificate	сертификат денежного рынка
C 542	certificat nominatif d'actions	registered share certificate	именной сертификат на акции
C 543	certificat de non-paiement	notice of dishonor, notarial protest certificate	сертификат о неплатеже *(по чеку)*
C 544	certificat d'obligation(s)	bond certificate	облигационный сертификат
C 545	certificat d'option	warrant	(подписной) варрант *(вид ценных бумаг, дающих право на покупку акций по оговорённой цене в течение определённого периода)*
C 546	certificat de participation	participation certificate	сертификат долевого участия
C 547	certificat pétrolier	oil certificate	сертификат нефтяных компаний
C 548	certificat de placement	investment certificate	инвестиционный сертификат
C 549	certificat de placement garanti	guaranteed investment certificate	гарантированный инвестиционный сертификат
C 550	certificat provisoire	scrip (certificate), provisional certificate	временный сертификат *(на ценные бумаги)*
C 551	certificat représentatif de titre au porteur	bearer security certificate	сертификат на предъявителя на ценные бумаги
C 552	certificat de solvabilité	soundness [solvency] certificate	сертификат платёжеспособности
C 553	certificat du Trésor	treasury certificate [bond]	сертификат [облигация] казначейства
C 554	certificat de vote en fidéicommis	voting trust certificate	сертификат на право голоса по доверенности

C

C 555	**certificateur** *m*	certifier, guarantor	поручитель
C 556	**certificateur de caution**	countersurety, countersecurity	поручитель за поручителя
C 557	**certification** *f*	certification, authentication	удостоверение, сертификация, засвидетельствование
C 558	**certification du chèque**	check certification	удостоверение чека *(подтверждение банком наличия средств на счету и блокирование этих средств)*
C 559	**certification de(s) comptes**	auditing of accounts	аудиторская проверка счетов
C 560	**certification de (la) signature**	attestation of the signature	удостоверение подписи
C 561	**certifier**	to certify, to attest; to authenticate	подтверждать, удостоверять, заверять, свидетельствовать
C 562	**cessation** *f*	stoppage, stopping, suspension; termination	прекращение
C 563	**cessation d'activité**	termination [discontinuance] of business	прекращение деятельности *(компании)*
C 564	**cessation de paiements**	insolvency	неплатёжеспособность
C 565	**être en cessation de paiements**	to be insolvent	быть неплатёжеспособным
C 566	**cessation des poursuites**	discontinuance of action	прекращение преследования по закону
C 567	**cessibilité** *f*	transferability, assignability	передаваемость, возможность передачи, возможность уступки
C 568	**cessibilité d'un chèque**	transferability of a check	возможность передачи чека
C 569	**cessibilité d'une dette**	transferability of a debt	возможность передачи долга
C 570	**cessible**	transferable, alienable, assignable	уступаемый, передаваемый
C 571	**cession** *f*	transfer, cession, assignment; sale	цессия, уступка, передача; продажа
C 572	**faire cession**	to transfer	уступать, переуступать, передавать
C 573	**honorer sa cession**	to honor one's transfer	соблюдать условия по сделке с передачей *(имущества)*
C 574	**cession d'actifs**	asset disposal	уступка активов
C 575	**cession d'actions**	disposal [assignment, transfer] of stock	уступка [передача, продажа] акций
C 576	**cession de bail**	lease-back, transference of lease	передача аренды
C 577	**cession de biens**	assets disposal	продажа имущества
C 578	**cession de biens immobiliers**	disposal of real estate	уступка недвижимости
C 579	**cession en blanc**	blank transfer (of a claim)	бланковая передача требования *(без указания нового кредитора)*
C 580	**cession de bloc**	transfer of a block (of shares)	уступка пакета (акций)
C 581	**cession comptant**	cash transfer	продажа за наличные
C 582	**cession d'un contrat**	sale of a contract	продажа (финансового) контракта
C 583	**cession de contrôle**	transfer of a controlling block (of shares)	уступка контрольного пакета (акций)
C 584	**cession de créances**	transfer of claims [debts], assignment of receivables	уступка долговых требований
C 585	**cession de dettes**	transfer of debts	уступка долга
C 586	**cession de devises**	sale of foreign exchange	продажа иностранной валюты

C

C 587	cession générale [globale]	blanket assignment	генеральная уступка, глобальная цессия *(передача всех требований)*
C 588	cession gratuite	transfer without compensation	безвозмездная передача
C 589	cession des guichets bancaires	sale of bank branches	продажа банковских отделений
C 590	cession immédiate	spot sale	продажа спот
C 591	cession d'obligations	disposal [assignment, transfer] of bonds	уступка [передача, продажа] облигаций
C 592	cession de participation	transfer of holdings	перевод доли участия *(в компании)*
C 593	cession de parts	disposal [assignment, transfer] of stock	уступка [передача, продажа] акций
C 594	cession de portefeuille	transfer of portfolio	уступка портфеля *(ценных бумаг)*
C 595	cession à terme	forward sale	форвардная продажа, продажа на срок
C 596	cession à titre de garantie	transfer as a security	передача в обеспечение
C 597	cession de titres [de valeurs mobilières]	disposal [assignment, transfer] of securities	уступка [передача, продажа] ценных бумаг
C 598	cession-bail *f*	lease-back, transference of lease	передача аренды
C 599	cessionnaire *m*	transferee, assignee	цессионарий *(лицо, в пользу которого совершается передача)*
C 600	cessionnaire de créances	assignee of receivables	получатель права
C 601	cessions *f pl* d'entreprises	spinoffs	поглощения компаний
C 602	chaîne *f*	chain	последовательность, ряд
C 603	chaîne d'effets	set of bills	ряд векселей *(представляющих долг на разных стадиях)*
C 604	chaîne des endossements	chain of endorsements	ряд индоссаментов
C 605	chambre *f*	1. room 2. chamber; house	1. помещение; камера 2. палата
C 606	chambre de compensation	clearing house	расчётная [клиринговая] палата
C 607	chambre de compensation automatisée	automated clearing house	автоматизированная расчётная палата, АРП
C 608	chambre, forte	strongroom	(банковское) хранилище, стальной сейф
C 609	Chambre *f*	House, Chamber	Палата
C 610	Chambre de compensation des instruments financiers de Paris, CCIFP	Paris Financial Instruments Clearing House	Парижская расчётная палата финансовых инструментов
C 611	Chambre des comptes	Chamber of Accounts	Счётная палата
C 612	Chambre nationale des conseils et experts financiers	National Board of Financial Consultants and Experts	Национальная палата финансовых консультантов и экспертов
C 613	champ *m*	field, sphere, area	поле, сфера
C 614	champ d'accumulation du capital	area of accumulation of capital	сфера накопления капитала
C 615	champ d'activité	field of operation, sphere of activity	сфера деятельности
C 616	champ d'application de l'impôt	object of taxation	объект налогообложения

C

C 617	Chancelier *m* de l'échiquier	Chancellor of the Exchequer	Министр финансов *(в Великобритании)*
C 618	change *m*	1. change, exchange 2. exchange, foreign currency 3. exchange (rate) 4. exchange (transactions) 5. exchange office	1. обмен 2. иностранная валюта; девизы 3. валютный курс 4. операции с иностранной валютой 5. бюро обмена валюты
C 619	ajuster le change	to adjust the exchange rate	корректировать валютный курс
C 620	gagner au change	to benefit from exchange	выигрывать на курсовой разнице
C 621	garantir le change	to guarantee the exchange rate	гарантировать валютный курс
C 622	négocier le change	to deal in foreign exchange	осуществлять сделки с иностранной валютой
C 623	perdre au change	to lose on exchange	терять на курсовой разнице
C 624	change billets	banknote replacement	обмен банкнот
C 625	change au comptant	1. spot exchange rate 2. spot exchange transaction	1. валютный курс спот 2. валютные операции на рынке спот
C 626	change défavorable	unfavorable exchange (rate)	невыгодный курс
C 627	change déprécié	low exchange rate	низкий валютный курс
C 628	change direct	direct exchange	прямая котировка валюты
C 629	change élevé	high exchange rate	высокий валютный курс
C 630	change étranger	1. foreign exchange [currency] 2. exchange rate	1. иностранная валюта 2. курс иностранной валюты
C 631	change extérieur	external exchange rate	валютный курс на внешнем рынке
C 632	change favorable	favorable exchange rate	выгодный валютный курс
C 633	change fixe	fixed exchange rate	твёрдый валютный курс
C 634	change flexible	flexible exchange rate	гибкий валютный курс
C 635	change flottant	floating exchange rate	плавающий валютный курс
C 636	change glissant	sliding exchange rate	скользящий валютный курс
C 637	change indirect	indirect exchange	косвенная котировка валюты
C 638	change instable	unstable exchange rate	неустойчивый валютный курс
C 639	change intérieur	domestic exchange rate	валютный курс на внутреннем рынке
C 640	change invariable	fixed exchange rate	твёрдый валютный курс
C 641	change du jour	current exchange rate	курс дня, текущий валютный курс
C 642	change maximum	highest exchange rate	максимальный валютный курс
C 643	change minimum	lowest exchange rate	минимальный валютный курс
C 644	change de monnaie	(currency) exchange	обмен валюты
C 645	change au pair	exchange at par	обмен по паритету
C 646	change de place	local (market) exchange rate	местный валютный курс
C 647	change scriptural	cashless foreign exchange transactions *(through correspondent accounts)*	безналичные валютные операции *(проводящиеся через корреспондентские счета банков)*
C 648	change à terme	forward exchange rate	валютный курс форвард
C 649	change tiré	transactions involving foreign exchange bills and checks	купля-продажа векселей и чеков в иностранной валюте
C 650	change variable	floating exchange rate	плавающий валютный курс

C

C 651	changement *m*	1. change; alteration; shift 2. substitution	1. изменение; перемена 2. замена
C 652	changement de créancier	creditor substitution	замена кредитора
C 653	changement de débiteur	debtor substitution	замена должника
C 654	changement maximum de prix	maximum price change	максимально возможное изменение цены
C 655	changement de parités de monnaies	change in the par rates of exchange	изменение паритетов валют
C 656	changement de régime monétaire	change in the monetary system	изменение валютного режима
C 657	changement de taux, léger	slight interest rate change	небольшое изменение (процентной) ставки
C 658	changement de valeur de l'actif	asset value change	изменение стоимости актива
C 659	changer	1. to change, to alter 2. to exchange	1. менять, изменять 2. менять, обменивать *(напр. валюту)*
C 660	changes *m pl*	exchange rates	валютные курсы
C 661	changes multiples	multiple exchange rates	множественные валютные курсы
C 662	changes stables mais ajustables	fixed but adjustable exchange rates	стабильные, но регулируемые валютные курсы
C 663	changeur *m*	money-changer	меняла
C 664	chapitre *m*	chapter; section, paragraph; item	глава; раздел, параграф; статья
C 665	chapitre des emplois	uses of funds	активы, статья актива (баланса)
C 666	chapitre des ressources	sources of funds	пассивы, статья пассива (баланса)
C 667	charge *f*	1. tax, duty 2. (debt) service [servicing] 3. duty, charge	1. налог, пошлина 2. обслуживание *(долга)* 3. обязанность
C 668	avoir la charge	to be responsible for, to be in charge of...	нести ответственность, выполнять функции
C 669	à la charge de	payable by...	за счёт *кого-л.*
C 670	charge de la dette	debt service [servicing]	обслуживание долга
C 671	charge fiscale	tax burden	налоговое бремя, налоговый пресс
C 672	charge flottante	floating charge	«плавающий залог» *(право кредитора на активы должника в целом — в противоположность конкретным активам)*
C 673	charge flottante de premier rang	first floating charge	«плавающий залог» первой очереди
C 674	charge de frais généraux	general expenses	общие расходы
C 675	charge hypothécaire	mortgage charge	выплата по ипотеке
C 676	charge des impayés	provision against bad debts	резерв на неуплаченные долги
C 677	charge introductrice	introducing brokerage firm	брокерская фирма, обеспечивающая эмиссию ценных бумаг
C 678	chargé *m*	manager, officer	менеджер
C 679	chargé de clientèle	account manager	менеджер, отвечающий за определённых клиентов

C

C 680	chargé de prêts	loan officer	«кредитник», работник кредитного отдела
C 681	chargé de signature	middle manager empowered to sign documents (in a bank)	менеджер среднего звена (в банке), имеющий право подписи
C 682	charges *f pl*	charges, expenses, cost	расходы, издержки, затраты
C 683	charges administratives	administrative expenses	административные расходы
C 684	charges annuelles	annual charges	годовые издержки
C 685	charges bancaires	bank charges	банковские расходы
C 686	charges du capital	capital expenses	капитальные затраты
C 687	charges comptabilisées [constatées d'avance]	deferred charges	расходы будущих периодов
C 688	charges déductibles	deductible charges	вычитаемые расходы
C 689	charges d'une dette	debt service [servicing]	расходы по обслуживанию долга
C 690	charges directes	direct costs	прямые издержки [затраты]
C 691	charges d'emprunt	cost of borrowing	стоимость кредита
C 692	charges des emprunts obligataires	bond issue charges	расходы по обслуживанию облигационного займа
C 693	charges exceptionnelles	extraordinary charges	непредвиденные расходы
C 694	charges d'exploitation	operating [working] expenses	расходы по основной деятельности
C 695	charges à financer	charges to be financed	затраты, подлежащие финансированию
C 696	charges financières	financing charges, financial expenses	финансовые расходы, расходы по финансированию
C 697	charges fiscales	tax charges	налоговые расходы
C 698	charges fixes	fixed costs	постоянные издержки [затраты]
C 699	charges générales	general expenses	общие расходы
C 700	charges de gestion	administrative expenses	административные расходы
C 701	charges incorporables	direct costs	прямые издержки [затраты]
C 702	charges indirectes	indirect costs	косвенные издержки [затраты]
C 703	charges des intérêts	interest charges	процентные выплаты
C 704	charges d'intermédiation	broker's fee [commission]	брокерские комиссионные
C 705	charges locatives [de loyers]	rent, rental charges	плата за наём [за аренду]
C 706	charges non déductibles	nondeductible charges	невычитаемые расходы
C 707	charges onéreuses	heavy charges	большие расходы
C 708	charges payées d'avance	prepaid expenses	заранее оплаченные расходы
C 709	charges à répartir	allocable charges	расходы к распределению
C 710	charges sociales	social (security) contribution, welfare costs	отчисления на социальное обеспечение
C 711	charges de trésorerie	cash expenses	кассовые расходы
C 712	chartisme *m*	chartism	чартизм *(графический анализ)*
C 713	chartiste *m*	chartist	чартист *(специалист по графическому анализу)*; *(финансовый) аналитик*
C 714	chaufferie *f*	boiler room	«котельная» *(контора по продаже по телефону)*
C 715	chécographe *m*	checkwriter	«чекограф» *(аппарат для заполнения чеков)*

C

C 716	chef *m*	head, chief, boss	начальник, руководитель, менеджер; директор
C 717	chef caissier	head cashier	старший кассир
C 718	chef cambiste	chief dealer	главный валютный дилер
C 719	chef de la comptabilité [comptable]	chief [head] accountant	главный бухгалтер
C 720	chef des crédits	credit manager	начальник кредитного отдела
C 721	chef de département	department head	начальник отдела
C 722	chef de la direction	Chief Executive Officer, CEO	генеральный директор *(компании)*
C 723	chef d'entreprise	company manager	руководитель компании
C 724	chef de file	1. lead manager; syndicate leader, principal underwriter 2. leader, dominant firm	1. менеджер консорциума; банк-менеджер синдиката, основной андеррайтер 2. головная фирма
C 725	chef de file bancaire	lead [leading] bank	ведущий банк *(в банковском консорциуме)*, банк-менеджер синдиката
C 726	chef de file financier	syndicate [lead] manager, syndicate leader	менеджер синдиката
C 727	chef de file d'une opération	transaction lead manager	менеджер синдиката при совершении сделки
C 728	chef de file d'un syndicat	syndicate [lead] manager, syndicate leader	руководитель синдиката
C 729	chef de groupe	team manager	начальник группы
C 730	chef de projet	project manager	начальник [менеджер] проекта
C 731	chef de service	department head	начальник отдела
C 732	chef des services financiers	financial director, chief financial officer	финансовый директор
C 733	cheminement *m*	movement; routing	движение; направление
C 734	cheminement back office	back office routing	осуществление расчётов через бэк-офис
C 735	cheminement des capitaux	movement of capital	движение капиталов
C 736	chèque *m*	1. check, cheque 2. voucher	1. чек 2. талон, ваучер
C 737	annuler un chèque	to cancel a check	аннулировать чек
C 738	barrer un chèque	to cross a check	кроссировать чек
C 739	bloquer un chèque	to stop a check	приостанавливать платёж по чеку
C 740	certifier un chèque	to certify a check	удостоверять чек
C 741	compenser un chèque	to clear a check	зачесть чек
C 742	détacher un chèque du carnet	to tear off a check	отрывать чек из чековой книжки
C 743	disposer un chèque sur une banque	to draw a check on a bank	выписывать чек на банк
C 744	donner un chèque à l'encaissement	to pay in a check	передавать чек на инкассо
C 745	émettre un chèque	to draw [to issue] a check	выписывать чек
C 746	encaisser un chèque	to cash a check	инкассировать чек, получать по чеку
C 747	endosser un chèque	to endorse a check	индоссировать чек
C 748	établir [faire] un chèque	to make out [to write] a check	выписывать чек

C

C 749	faire opposition à un chèque	to stop a check	приостанавливать платёж по чеку
C 750	frapper un chèque d'opposition	to stop a check	приостанавливать платёж по чеку
C 751	honorer un chèque	to honor [to pay] a check	оплачивать чек
C 752	libeller un chèque	to make out [to write] a check	выписывать чек
C 753	payer un chèque	to honor [to pay] a check	оплачивать чек
C 754	payer par chèque	to pay by check	оплачивать чеком
C 755	payer un chèque à présentation	to honor [to pay] a check on presentation	оплачивать чек по предъявлении
C 756	présenter un chèque	to present a check for payment	предъявлять чек к оплате
C 757	protester un chèque	to protest a check	опротестовывать чек
C 758	rédiger un chèque	to make out [to write] a check	выписывать чек
C 759	refuser un chèque	to stop a check	приостанавливать платёж по чеку
C 760	régler par chèque	to pay by check	оплачивать чеком
C 761	remplir un chèque	to fill in a check	заполнять чек
C 762	révoquer un chèque	to cancel a check	аннулировать чек
C 763	tirer un chèque	to draw a check	выставлять чек
C 764	toucher un chèque	to cash a check	получать по чеку, инкассировать чек
C 765	verser un chèque à son compte	to pay a check into one's account	зачислять сумму чека на свой счёт
C 766	chèque d'assignation	assignment check	чек, выписанный на третье лицо
C 767	chèque avisé	advised check	чек с уведомлением
C 768	chèque bancaire [de banque]	bank [banker's] check, bank [banker's] draft	банковский чек
C 769	chèque barré	crossed check	кроссированный чек
C 770	chèque à barrement général	generally crossed check	чек с общим кроссированием
C 771	chèque à barrement spécial	specially crossed check	чек со специальным кроссированием
C 772	chèque en blanc	blank check	бланковый чек
C 773	chèque bloqué	stopped check	чек, по которому приостановлен платёж
C 774	chèque en bois	dud [rubber, bounced] check, kite	чек без обеспечения, дутый чек
C 775	chèque de caisse	counter check	кассовый чек
C 776	chèque de cavalerie	dud [rubber, bounced] check, kite	чек без обеспечения, дутый чек
C 777	chèque certifié	certified check	удостоверенный [визированный] чек
C 778	chèque en circulation	outstanding check	чек в обращении
C 779	chèque compensé	cleared check	зачтённый чек *(чек, прошедший клиринг)*
C 780	chèque contre-passé	chargeback check	обращённый чек *(чек, по которому записи были сторнированы)*
C 781	chèque en cours de compensation	check in transit	чек на клиринге
C 782	chèque croisé	crossed check	кроссированный чек
C 783	chèque à découvert	bad check, check without cover	безвалютный [непокрытый] чек

C

C 784	chèque de dépannage	loose check	дополнительный чек *(вне чековой книжки)*
C 785	chèque dividende	dividend warrant	свидетельство на получение дивиденда
C 786	chèque égaré	lost check	утерянный чек
C 787	chèque émis	issued check	выставленный чек
C 788	chèque encaissé	cashed check	оплаченный чек
C 789	chèque à encaisser	uncashed check	чек на инкассо
C 790	chèque endossable	endorsable check	индоссируемый чек
C 791	chèque endossé	endorsed check	индоссированный чек
C 792	chèque d'espèces	withdrawal check	чек, выписанный для получения наличных со счёта
C 793	chèque falsifié	forged check	фальшивый [подделанный] чек
C 794	chèque fiscal	tax check	чек в оплату налогов
C 795	chèque frappé d'opposition	stopped check	необеспеченный чек; чек, по которому приостановлен платёж
C 796	chèque géant	jumbo check	чек на крупную сумму
C 797	chèque impayé	unpaid check	неоплаченный чек
C 798	chèque mis en recouvrement	check sent for collection	чек (, переданный) на инкассо
C 799	chèque nominatif	nonnegotiable check	именной чек *(чек без права передачи по индоссаменту)*
C 800	chèque non barré	open check	некроссированный чек
C 801	chèque non endossable	nonendorsable check	чек, который не может быть передан путём индоссамента
C 802	chèque non à ordre	nonnegotiable check	именной чек *(чек без права передачи по индоссаменту)*
C 803	chèque oblitéré	canceled check	аннулированный чек
C 804	chèque officiel	official [cashier's] check	чек кассира *(выписанный банком на себя)*
C 805	chèque à ordre	order check, check to order	ордерный чек *(выписанный в пользу определённого лица)*
C 806	chèque de paiement	payment check	чек (, выписанный) для осуществления платежа
C 807	chèque payable	payable check	оплачиваемый чек
C 808	chèque payable au porteur	bearer check, check to bearer	чек на предъявителя, предъявительский чек
C 809	chèque payé	paid check	оплаченный чек
C 810	chèque périmé	stale check	просроченный чек
C 811	chèque personnalisé	personalized check	персональный чек на специальном бланке
C 812	chèque hors place	out-of-town check; out-of-country check	неместный чек *(чек, выставленный в другом городе или стране)*
C 813	chèque sur place	town check	местный чек
C 814	chèque à porter en compte	account-only [collection-only, transfer] check	расчётный чек *(чек только для безналичных расчётов)*
C 815	chèque au porteur	bearer check, check to bearer	чек на предъявителя, предъявительский чек
C 816	chèque postal	giro postal check, giro form	почтовый чек *(чек по расчётам в почтовой системе жиросчетов)*

C

C 817	chèque postdaté	post-dated check	чек, датированный более поздним днем
C 818	chèque préautorisé [par procuration]	preauthorized check	подписанный бланковый чек
C 819	chèque protesté	protested check	опротестованный чек
C 820	chèque sans provision	bad check, check without cover	безвалютный [непокрытый] чек
C 821	chèque hors rayon	out-of-town check; out-of-country check	неместный чек *(чек, выставленный в другом городе или стране)*
C 822	chèque sur rayon	town check	местный чек
C 823	chèque refusé	returned check	возвращённый чек
C 824	chèque réservé	earmarked check	специальный чек *(для платежа на определённые счета)*
C 825	chèque retourné	returned check	возвращённый чек
C 826	chèque de retrait (d'espèces)	withdrawal check	чек (, выписанный) для получения наличных со счёта
C 827	chèque à soi-même	check to oneself	чек на самого себя
C 828	chèque spécialement compensé	specially cleared check	чек со специальным клирингом
C 829	chèque valable	valid check	действительный чек
C 830	chèque de virement	account-only [collection-only, transfer] check	расчётный чек *(чек только для безналичных расчётов)*
C 831	chèque visé	certified check	удостоверенный [визированный] чек
C 832	chèque de voyage	traveler's check	дорожный чек
C 833	chèque-dividende *m*	dividend warrant	свидетельство на получение дивиденда
C 834	chèques *m pl*	checks, cheques	чеки
C 835	chèques échangés interbancairement	interbank checks	чеки, которыми обмениваются банки *(напр. в процессе клиринга)*
C 836	chèques et effets à l'encaissement	collection items	документы на инкассо
C 837	chéquier *m*	checkbook	чековая книжка
C 838	chevalier *m*	knight	рыцарь
C 839	chevalier blanc	white knight	«белый рыцарь» *(компания, делающая предложение о покупке контрольного пакета акций другой компании по просьбе последней с целью защиты от враждебного предложения)*
C 840	chevalier d'industrie	crook, con-man, swindler	мошенник
C 841	chevalier noir	black knight	«чёрный рыцарь» *(компания, делающая предложение о покупке контрольного пакета акций другой компании без согласия руководства последней)*
C 842	**Chicago Board Option Exchange, CBOE**	Chicago Board Options Exchange, CBOE	Чикагская биржа опционов
C 843	**Chicago Mercantile Exchange, CME**	Chicago Mercantile Exchange, CME	Чикагская товарная биржа

C

C 844	chiffrable	calculable	рассчитываемый, подсчитываемый
C 845	chiffrage m	assessment; costing	подсчёт; оценка
C 846	chiffre m	1. figure; number 2. total, sum	1. цифра, число 2. итог, сумма
C 847	chiffre d'actifs	total assets	сумма [стоимость] активов
C 848	chiffre d'affaires, CA	sales, turnover	оборот (компании)
C 849	chiffre d'affaires annuel	annual sales	годовой оборот
C 850	chiffre d'affaires brut	gross sales	объём продаж брутто
C 851	chiffre d'affaires consolidé	consolidated sales	консолидированный оборот
C 852	chiffre d'affaires net	net sales	объём продаж нетто
C 853	chiffre d'affaires hors taxes	sales after taxes	оборот за вычетом налогов
C 854	chiffre d'affaires taxes comprises	sales before taxes	оборот, включающий налоги
C 855	chiffre d'affaires total	total sales	общий оборот
C 856	chiffre approximatif	approximate [ball park] figure	приблизительная цифра
C 857	chiffre global	total [overall] amount	общая сумма
C 858	chiffrer	to assess; to cost	считать, подсчитывать; оценивать
C 859	chiffrer, se	to add up to, to amount to, to come to	достигать, доходить до (о сумме)
C 860	chiffres m pl	figures, numbers	цифровые данные
C 861	en chiffres	in figures	в цифровом выражении
C 862	en chiffres absolus	in absolute figures	в абсолютном цифровом выражении
C 863	en chiffres ronds	in round figures	округлённо, приблизительно
C 864	chiffres de capitalisation	total capitalization	общая капитализация
C 865	chiffres comptables	accounting figures	данные бухгалтерской отчётности
C 866	chiffres de contrôle	control figures	контрольные цифры
C 867	chiffres déficitaires [rouges]	total deficit	общий размер убытков
C 868	chiffres de ventes	sales, turnover	объём продаж
C 869	chirographaire	unsecured, uncovered	необеспеченный, без обеспечения
C 870	choix m	choice, selection	выбор
C 871	choix des échéances de paiement des intérêts	choice of interest payment dates	выбор сроков процентных платежей
C 872	choix des investissements optimaux	optimal investment choice	инвестиционный выбор
C 873	choix des monnaies	selection of currencies	выбор валют
C 874	chronique f	column, news	хроника, обозрение
C 875	chronique boursière	stock exchange news [column]	биржевое обозрение
C 876	chronique financière	financial news [column]	финансовое обозрение
C 877	chroniqueur m financier	financial editor	финансовый обозреватель
C 878	Chronoval m	Chronoval (stock exchange information journal)	«Хроновал» (тележурнал биржевой информации)
C 879	chute f	fall, drop	падение, снижение
C 880	chute brutale	plummeting, collapse, sharp fall (e. g. prices)	резкое падение (напр. цен)
C 881	chute des cours	drop [fall] in prices	падение курсов
C 882	chute d'une maison	bankruptcy of a company	банкротство компании

C

C 883	chute de la marge d'intérêts	interest margin drop	снижение процентного спреда (разницы между процентами по привлекаемым и ссужаемым средствам)
C 884	chute d'une monnaie	fall of a currency	падение [снижение] валютного курса
C 885	chute des prix	price fall	падение цен
C 886	chute des rendements	drop in yields	снижение доходности
C 887	chute verticale	plummeting, collapse, sharp fall	резкое падение
C 888	chuter	to fall, to drop	падать, снижаться
C 889	circuit *m*	1. circulation 2. channel	1. оборот; обращение 2. канал
C 890	retirer du circuit	to withdraw from circulation	изымать из обращения
C 891	circuit des capitaux	circulation of capital	оборот капитала
C 892	circuit d'un chèque	circulation of a check	обращение чека
C 893	circuit financier	financial channel	финансовый канал
C 894	circuit interbancaire	interbank circulation	межбанковский оборот
C 895	circuit monétaire	money circulation	денежное обращение
C 896	circuits *m pl*	channels; network	каналы; сеть
C 897	circuits bancaires	bank network	банковская сеть
C 898	circuits de blanchissement des capitaux	money laundering network	каналы «отмывания» денег
C 899	circuits de financement	channels of financing	каналы финансирования
C 900	circulaire *f*	circular	циркуляр
C 901	circulaire de procuration [sollicitant des procurations]	proxies circular	циркуляр для сбора голосов
C 902	circulant	1. circulating 2. current	1. находящийся в обращении, обращающийся 2. текущий, оборотный
C 903	circulation *f*	circulation	обращение; оборот; движение, перемещение
C 904	circulation des actifs financiers	circulation of financial assets	обращение финансовых активов
C 905	circulation des billets de banque	circulation of banknotes	банкнотное обращение
C 906	circulation du capital [des capitaux]	circulation of capital	кругооборот [движение, перемещение] капитала
C 907	circulation des crédits	credit float	общий объём кредита (в банковской системе)
C 908	circulation des effets	circulation of bills	вексельное обращение
C 909	circulation fiduciaire	fiduciary circulation	бумажное обращение
C 910	circulation financière	credit circulation	кредитное обращение
C 911	circulation de l'information	circulation of information	распространение информации
C 912	circulation monétaire	money [currency] circulation	налично-денежное обращение
C 913	circulation scripturale	cashless circulation	безналичное обращение
C 914	circuler	to circulate	находиться в обращении; перемещаться
C 915	classe *f*	class, category	класс, категория
C 916	classe d'actions	class of stocks	класс акций
C 917	classe d'options	class of options	класс опционов
C 918	classe d'options négociables	class of negotiable options	класс обращающихся опционов

C

C 919	classement *m*	1. ranking, grading, rating 2. rank	1. классификация; определение рейтинга 2. рейтинг, место
C 920	classement, bon	high rating [rank]	высокий рейтинг
C 921	classement des créances	rating of debts	рейтинг долговых требований
C 922	classement chronologique	aging	классификация (обязательств) по срокам
C 923	classement chronologique des comptes clients [des débiteurs]	aging of receivables	классификация счетов к получению по срокам
C 924	classement du pays bénéficiaire	debtor country rating	рейтинг страны-получателя кредитов
C 925	classement des portefeuilles	rating of portfolios	классификация портфелей (ценных бумаг)
C 926	classer	1. to rate, to grade 2. to place (e.g. securities)	1. классифицировать; определять рейтинг 2. размещать (ценные бумаги)
C 927	classification *f*	classification; grading, ranking, rating	классификация; определение рейтинга
C 928	classification des comptes	classification of accounts	классификация счетов
C 929	classification de la dette	rating of the debt	рейтинг долга
C 930	classification par émetteur	classification by issuer	классификация в зависимости от эмитента
C 931	classification des risques	risk classification	классификация рисков
C 932	classifier	to classify	классифицировать
C 933	clause *f*	clause; article; stipulation, provision	пункт, статья, положение (договора); оговорка (в договоре); условие (контракта)
C 934	apposer une clause	to add [to insert] a clause	вносить [включать] оговорку
C 935	sauf clause contraire	"unless otherwise stated"	«если не указано иного»
C 936	insérer une clause	to add [to insert] a clause	вносить [включать] оговорку
C 937	clause abrogatoire	canceling clause	оговорка о расторжении
C 938	clause additionnelle	additional clause, rider	дополнительная оговорка
C 939	clause d'annulation	canceling clause	оговорка о расторжении
C 940	clause attrayante	sweetener	привлекательное условие
C 941	clause suivant avis	clause "as per advice"	оговорка «согласно извещению»
C 942	clause sauf bonne fin, SBF	clause "under usual reserve"	защитная оговорка (гарантия платежа по векселю)
C 943	clause de change	currency [exchange] clause	валютная оговорка
C 944	clause de défaut croisé	cross default clause	оговорка о взаимном невыполнении обязательств
C 945	clause de dénégation	disclaimer (clause)	оговорка об ограничении ответственности
C 946	clause de disponibilité	switch [availability] clause	оговорка о наличии (валюты)
C 947	clause de droits acquis	grandfather clause	оговорка о том, что договор не имеет обратной силы
C 948	clause d'échelle mobile	escalator [sliding scale, indexation] clause	эскалационная оговорка, пункт об индексации
C 949	clause de garantie de change	currency [exchange] clause	валютная оговорка
C 950	clause hypothécaire	mortgage clause	ипотечная оговорка
C 951	clause hypothécaire négative	negative mortgage security clause	негативная ипотечная оговорка

C

C 952	clause d'indexation	escalator [sliding scale, indexation] clause	эскалационная оговорка, пункт об индексации
C 953	clause du maintien de cours	price support clause	оговорка о сохранении цены
C 954	clause de majorité qualifiée	supermajority clause	оговорка о квалифицированном большинстве
C 955	clause de manquement réciproque	cross default clause	оговорка о взаимном невыполнении обязательств
C 956	clause monétaire	currency [exchange] clause	валютная оговорка
C 957	clause multidevise [multimonnaie]	multicurrency clause	многовалютная [мультивалютная] оговорка
C 958	clause de nantissement négative	negative pledge clause	негативная залоговая оговорка
C 959	clause de non-rachat	noncall(able) feature	оговорка о невозможности досрочного выкупа ценных бумаг
C 960	clause or	gold clause	золотая оговорка
C 961	clause à ordre	order clause	надпись «приказу»
C 962	clause de paiement en monnaie étrangère	foreign currency payment clause	оговорка о платеже в иностранной валюте
C 963	clause pari passu	negative pledge clause	негативная залоговая оговорка
C 964	clause de parité	fall clause	паритетная оговорка
C 965	clause de participation du prêteur	creditor participation clause	оговорка об участии кредитора *(в прибылях)*
C 966	clause de protection	coattail provision	защитная оговорка *(в случае попытки поглощения)*
C 967	clause de rachat	call feature	оговорка о досрочном выкупе ценных бумаг
C 968	clause relative au fonds de roulement	working capital clause	оговорка об оборотном капитале
C 969	clause de remboursement anticipé	1. prepayment clause 2. acceleration clause	1. оговорка о досрочном погашении 2. оговорка об ускоренном погашении долга
C 970	clause de résiliation	escape [termination] clause	отменительное условие
C 971	clause résolutoire	canceling [rescinding, avoidance] clause	оговорка о расторжении
C 972	clause de subordination de titres	securities subordination clause	оговорка об очерёдности требования по ценным бумагам
C 973	clause d'unité de compte	unit of account clause	оговорка о счётной единице
C 974	clause valeur réelle	material value clause	оговорка о сохранении реальной стоимости
C 975	clause de verrouillage	shark repellent provision	защитная оговорка *(в случае попытки поглощения)*
C 976	clause de verrouillage au taux plafond	rise lock clause	оговорка о максимальной процентной ставке *(позволяющая должнику превратить обязательство с плавающей ставкой в обязательство с фиксированной ставкой при росте ставок)*

C

C 977	clause de verrouillage au taux plancher	drop lock clause	оговорка о минимальной процентной ставке (позволяющая должнику превратить обязательство с фиксированной ставкой в обязательство с плавающей ставкой при падении ставок)
C 978	clause-or *f*	gold clause	золотая оговорка
C 979	clearing *m*	clearing	клиринг
C 980	clearing bancaire	bank clearing	банковский клиринг
C 981	clearing bilatéral	bilateral clearing	двусторонний клиринг
C 982	clearing des changes	currency clearing	валютный клиринг
C 983	clearing multilatéral	multilateral clearing	многосторонний клиринг
C 984	clearing de titres	securities clearing	клиринг ценных бумаг
C 985	clearing unilatéral	unilateral clearing	односторонний клиринг
C 986	clerc *m* aux écritures	bookkeeper	счетовод, счётный работник
C 987	client *m*	client, customer	клиент; заказчик, покупатель
C 988	client appelé en marge	client called for margin	клиент, который должен внести дополнительный гарантийный депозит брокеру
C 989	client emprunteur	borrower, loan debtor	клиент-заёмщик
C 990	client institutionnel	institutional client	институциональный клиент
C 991	client régulier	regular customer	постоянный клиент
C 992	client souscripteur	subscriber client	клиент-подписчик
C 993	client tiré	drawee customer	клиент-трассат
C 994	clientèle *f*	custom, customers, clients, clientele	клиентура
C 995	attirer la clientèle	to attract customers	привлекать клиентуру
C 996	détourner la clientèle	to take away customers	отталкивать клиентуру
C 997	développer [élargir] sa clientèle	to expand custom	расширять клиентуру
C 998	fidéliser sa clientèle	to obtain consumer loyalty	закреплять клиентуру
C 999	privilégier la clientèle institutionnelle	to favor institutional clients	оказывать предпочтение институциональным клиентам
C 1000	prospecter la clientèle	to canvass customers	изучать возможную клиентуру
C 1001	clientèle bancaire	bank's clientele [customers]	банковская клиентура
C 1002	clientèle de base	regular customers	постоянная клиентура; постоянные покупатели
C 1003	clientèle ciblée	target customers	целевая клиентура
C 1004	clientèle diversifiée	diversified customer base	диверсифицированная клиентура
C 1005	clientèle d'émetteurs	clientele of issuers	клиентура эмитентов
C 1006	clientèle, grande	large customer base	широкая клиентура
C 1007	clientèle institutionnelle	institutional clients	институциональные клиенты
C 1008	clientèle d'investisseurs étrangers	clientele of foreign investors	клиентура, состоящая из иностранных инвесторов
C 1009	clientèle nombreuse	numerous customers	многочисленная клиентура
C 1010	clientèle d'opérations de crédit-bail	leasing customers	клиенты по лизинговым операциям
C 1011	clientèle de particuliers	private clients	частные клиенты
C 1012	clientèle solide	solid clientele	надёжная клиентура

C 1013	clientèle-cible *f*	target customers	целевая клиентура
C 1014	clients *m pl*	1. customers 2. custom accounts receivable, receivables	1. клиенты 2. задолженность покупателей *(статья в активе баланса)*
C 1015	clients, bons	good customers	надёжные клиенты
C 1016	clients douteux	bad debts	сомнительная задолженность *(статья баланса)*
C 1017	clients exigeants	demanding customers	требовательные клиенты
C 1018	clients litigieux	litigating customers	клиенты, обратившиеся в суд
C 1019	clients de premier ordre	prime risk clientele	первоклассные клиенты
C 1020	clients sociétaires	institutional clients	институциональные клиенты
C 1021	climat *m*	climate	климат, атмосфера, обстановка; конъюнктура
C 1022	climat de la bourse [boursier]	stock market climate	биржевой климат; биржевая конъюнктура
C 1023	climat de concurrence	competitive environment	конкурентная обстановка
C 1024	climat de confiance	atmosphere of confidence	атмосфера доверия
C 1025	climat de la conjoncture	market situation	конъюнктура
C 1026	climat d'investissement	investment climate	инвестиционный климат
C 1027	cloisonnement *m*	compartmentalization	изолированность, обособленность, разобщённость, раздробленность
C 1028	cloisonnement des marchés	market partition, lack of communication between markets	раздробленность рынков
C 1029	cloisonnement des services	lack of communication between departments	разобщённость отделов *(компании)*
C 1030	cloisonnement traditionnel des circuits	traditional compartmentalization of flows *(e.g. of capital flows)*	традиционная разделённость потоков *(напр. капиталопотоков)*
C 1031	clore	to close	закрывать, заканчивать
C 1032	clôture *f*	closing, closure	1. закрытие *(напр. биржи)*, окончание 2. закрытие; заключение *(напр. счетов)*
C 1033	après clôture	after hours	после закрытия *(биржи)*
C 1034	en clôture	at the close	при закрытии
C 1035	clôture de la bourse	close of the stock exchange	закрытие биржи, конец биржевого дня
C 1036	clôture de compte	closing of an account	закрытие счёта
C 1037	clôture des inscriptions	registration [application] deadline	окончание регистрации *(напр. заявок на ценные бумаги)*
C 1038	clôture des livres	balancing of the books	подведение баланса
C 1039	clôture du marché	market close	закрытие биржи, конец биржевого дня
C 1040	clôturer	1. to close, to balance 2. to close *(e.g. the stock exchange)*	1. закрывать *(напр. биржу)* 2. закрывать *(счёт)*, сальдировать, выводить итог *(по счёту)*; заключать *(бухгалтерские книги)*
C 1041	clôturer en baisse [en perte]	to close at a loss	понизиться в цене по состоянию на конец биржевого дня
C 1042	club *m*	club	клуб, объединение

C

C 1043	club d'actionnaires	investment club	инвестиционный клуб, объединение вкладчиков
C 1044	club des cambistes	forex dealers' club	клуб валютных дилеров
C 1045	club de créanciers	creditors' club	клуб кредиторов
C 1046	club d'investissement [d'investisseurs, de placement]	investment club	инвестиционный клуб, объединение вкладчиков
C 1047	coacquéreur m	joint purchaser	соприобретатель
C 1048	coagulation f des relations de change	curtailment of currency relations	свёртывание валютных отношений
C 1049	coarrangeur m	co-manager	коменеджер *(при синдицированном займе)*
C 1050	coassurance f	coinsurance, mutual insurance	совместное страхование, сострахование
C 1051	cocaution f	cosurety, collateral security	сопоручительство
C 1052	co-chef m de file	co-lead manager	коменеджер *(при синдицированном займе)*
C 1053	cocktail m des monnaies comportant l'ECU	ECU basket	корзина ЭКЮ
C 1054	cocréancier m	cocreditor, joint creditor	сокредитор
C 1055	codage m d'un chèque	encoding of a check	кодирование чека
C 1056	code m	code	код
C 1057	code d'autorisation	authorization code [number]	разрешительный код, код доступа
C 1058	code de caisse	cashier code	кассовый код
C 1059	code confidentiel d'identification	personal identification number, PIN	личный код для кредитной карточки
C 1060	code d'une devise	currency code	код валюты
C 1061	code d'identification d'une transaction	transaction code	код операции
C 1062	Code m de déontologie en matière d'opérations de change	Code of Professional Standards of Foreign Exchange Operations	Кодекс профессиональных стандартов валютного дилера
C 1063	codébiteur m	joint debtor	содолжник, совместный должник
C 1064	codéposant m	codepositor	совкладчик
C 1065	codétenteur m	joint holder	совладелец, совместный держатель
C 1066	codirecteur m	co-director, joint manager	содиректор
C 1067	codirection f	co-management, joint management	совместное управление
C 1068	coefficient m	coefficient, ratio	коэффициент; соотношение, отношение; показатель
C 1069	coefficient d'ajustement	coefficient of adjustment	коэффициент пересчёта
C 1070	coefficient de capital	capital ratio	коэффициент собственного капитала банка
C 1071	coefficient de capitalisation des résultats, CCR	price-earnings ratio, P/E ratio, PER	коэффициент капитализации прибыли *(отношение цены акции к доходу на акцию)*
C 1072	coefficient de conversion	conversion rate	коэффициент пересчёта, конверсионный коэффициент
C 1073	coefficient de couverture	cover ratio	коэффициент покрытия [обеспечения] *(напр. пассивов собственным капиталом)*

C

C 1074	coefficient de dégressivité	tapering factor	коэффициент уменьшения *(напр. при расчёте амортизации)*
C 1075	coefficient de distribution des crédits	loan distribution ratio	показатель распределения ссуд
C 1076	coefficient de division des risques	single loan coverage ratio	коэффициент распределения рисков *(соотношение между собственными средствами банка и объёмом кредитов, предоставленных одному клиенту)*
C 1077	coefficient d'emploi des ressources	funds utilization ratio	коэффициент использования средств
C 1078	coefficient d'encaisse	cash ratio	коэффициент кассовой наличности
C 1079	coefficient d'endettement	debt ratio; leverage, gearing	коэффициент задолженности
C 1080	coefficient d'érosion monétaire	currency erosion ratio, inflation coefficient	показатель обесценения денег, уровень инфляции
C 1081	coefficient de fidélité	safety ratio	коэффициент надёжности
C 1082	coefficient de levier financier	(capital) leverage ratio	отношение собственного капитала к заёмным средствам
C 1083	coefficient des paiements et des recettes	payments-to-receipts ratio	соотношение поступлений и платежей
C 1084	coefficient des pertes sur prêts	loan loss ratio	коэффициент потерь по ссудам
C 1085	coefficient de rentabilité	profitability ratio	показатель прибыльности
C 1086	coefficient de réserves	reserve ratio	коэффициент резервов
C 1087	coefficient de réserves obligatoires	reserve requirement ratio	коэффициент обязательных резервов в центральном банке
C 1088	coefficient de sécurité	safety ratio	степень надёжности
C 1089	coefficient de solvabilité	solvency ratio	степень платёжеспособности
C 1090	coefficient de suffisance du capital	capital adequacy ratio	коэффициент достаточности собственного капитала (банка)
C 1091	coefficient de trésorerie	cash ratio	коэффициент кассовой наличности
C 1092	coefficients *m pl* bancaires	bank(ing) ratios	банковские коэффициенты
C 1093	co-entreprise *f*	joint venture	совместное предприятие
C 1094	coffre-fort *m*	safe, strong box, safe deposit box	сейф
C 1095	déposer en coffre-fort	to deposit in a safe	класть в сейф
C 1096	louer un coffre-fort	to rent a safe *(in bank)*	арендовать сейф *(в банке)*
C 1097	coffre-fort de nuit	night safe	ночной сейф
C 1098	cofidéjusseur *m*	cosurety	сопоручитель
C 1099	cofinancement *m*	cofinancing	совместное финансирование
C 1100	cogérance *f*	co-administration, joint management	совместное управление
C 1101	cogérant *m*	co-administrator, joint manager	соуправляющий
C 1102	cogérer	to manage jointly	управлять совместно
C 1103	cogestion *f*	co-management, joint management	совместное управление
C 1104	cohésion *f* des monnaies du SME	unity of the EMS currencies	взаимозависимость валют в ЕВС

C

C 1105	coin *m*	stock exchange section	секция биржи
C 1106	collar *m*	collar	«ошейник» *(соглашение о фиксированном коридоре процентных ставок)*
C 1107	collationnement *m*	checking, call and check	сверка, считка
C 1108	collationner	to check	сверять, считывать
C 1109	collecte *f*	1. accumulation 2. collection	1. сбор; аккумуляция (средств) 2. взыскание, взимание
C 1110	collecte de dettes	debt collection	взыскание долгов
C 1111	collecte des disponibilités intérieures	internal accumulation of liquid assets	аккумуляция внутренних наличных средств
C 1112	collecte de données	data collection	сбор данных
C 1113	collecte de fonds	accumulation of funds [of resources]	аккумуляция денежных средств
C 1114	collecte de l'impôt	tax collection	взимание налога
C 1115	collecte des ressources	accumulation of funds [of resources]	аккумуляция денежных средств
C 1116	collecter	1. to collect 2. to accumulate	1. аккумулировать (средства) 2. взыскивать, взимать
C 1117	collectivité *f*	community; administration	местные органы власти, местные административные учреждения
C 1118	collectivité émettrice	issuing commuting	муниципальное учреждение-эмитент
C 1119	collocation *f*	ranking of creditors	очерёдность кредиторов
C 1120	colocataire *m*	co-tenant	соарендатор
C 1121	colonne *f*	column	колонка; сторона *(счёта)*
C 1122	colonne créditrice	credit column	кредитовая колонка
C 1123	colonne débitrice	debit column	дебетовая колонка
C 1124	colonne du libellé	side of an account	сторона счёта
C 1125	colonne du montant	amount column	суммарная колонка
C 1126	colportage *m* de valeurs mobilières	securities peddling	купля-продажа ценных бумаг мелкими партиями
C 1127	co-manager *m*	co-manager	коменеджер *(при синдицированном займе)*
C 1128	combinaison *f*	combination	комбинация *(в опционной торговле)*
C 1129	combinaisons *f pl* du crédit	mixed loans	смешанное кредитование
C 1130	comité *m*	committee, board	комитет
C 1131	comité bancaire	bank committee	банковский комитет
C 1132	comité de la bourse	stock exchange board	биржевой комитет
C 1133	comité consultatif	advisory committee [board]	консультативный комитет
C 1134	comité de contrôle	control committee	комитет по контролю
C 1135	comité de contrôle des créanciers	committee of inspection	ревизионный комитет кредиторов
C 1136	comité de coordination	coordination committee	координационный комитет
C 1137	comité de crédit	credit committee	кредитный комитет
C 1138	comité directeur [de direction]	management committee	комитет по управлению
C 1139	comité d'étude des opérations sur obligations	bond trading committee	комитет по изучению операций с облигациями
C 1140	comité d'étude de la prise ferme	underwriting committee	комитет по изучению андеррайтинга

C

C 1141	**comité exécutif**	executive committee	исполнительный комитет
C 1142	**comité de gestion**	management board	комитет по управлению
C 1143	**comité des inscriptions**	listing committee	комитет по листингу
C 1144	**comité de liquidation**	settlement department	расчётный отдел *(биржи)*
C 1145	**comité de normalisation bancaire**	bank standardization committee	комитет по банковской стандартизации
C 1146	**comité de surveillance**	supervisory board	комитет по надзору
C 1147	**comité de vérification**	audit committee	ревизионный комитет
C 1148	**Comité** *m*	Committee	Комитет
C 1149	**Comité des bourses de valeurs**	Stock Exchange Committee	Комитет фондовых бирж
C 1150	**Comité de contrôle bancaire de Bâle**	Committee on Banking Regulation and Supervisory Practices, Basel Committee, Cooke Committee	Комитет по банковскому надзору и регулированию, Базельский комитет, Комитет Кука
C 1151	**Comité des émissions**	Issues Committee	Эмиссионный комитет
C 1152	**Comité des établissements de crédit, CEC**	Credit Institutions Committee	Комитет кредитных учреждений
C 1153	**Comité des gouverneurs**	Board of Governors	Комитет управляющих
C 1154	**Comité des marchés financiers**	Financial Markets Committee	Комитет финансовых рынков
C 1155	**Comité de parquet**	Floor (Procedure) Committee	Биржевой дисциплинарный комитет
C 1156	**Comité permanent des diligences normales**	Due Diligence Committee	Постоянный комитет по разработке общих принципов учёта и ревизии
C 1157	**Comité des prix**	Price Committee	Ценовой комитет
C 1158	**Comité de la réglementation bancaire, CRB**	Committee on Banking Regulation	Комитет по банковскому регулированию
C 1159	**Comité des règles et pratiques de contrôle des opérations bancaires**	Committee on Banking Regulation and Supervisory Practices, Basel Committee, Cooke Committee	Комитет по банковскому надзору и регулированию, Базельский комитет, Комитет Кука
C 1160	**commanditaire** *m*	1. limited [sleeping, dormant, silent] partner 2. sponsor	1. вкладчик в коммандитном товариществе 2. спонсор
C 1161	**commandite** *f*	limited partnership	коммандитное товарищество
C 1162	**commanditer**	1. to finance, to provide funds for 2. to sponsor	1. вкладывать средства в коммандитное товарищество 2. финансировать
C 1163	**commentaire** *m* **du bilan**	notes to the balance sheet	примечания к балансу
C 1164	**commentateur** *m* **boursier**	stock exchange commentator	биржевой комментатор
C 1165	**commerçant** *m* **adhérent au réseau de cartes de crédit**	credit card merchant	торговая компания, участвующая в системе кредитных карточек
C 1166	**commerce** *m*	trade, commerce, trading; business	торговля, коммерция
C 1167	**commerce de banque**	banking	банковское дело
C 1168	**commerce de banque à l'étranger**	foreign banking	зарубежные банковские операции
C 1169	**commerce hors bourse**	over-the-counter trading	внебиржевая торговля
C 1170	**commerce des devises**	exchange business	купля-продажа иностранной валюты
C 1171	**commerce des espèces**	cash trade	купля-продажа наличной валюты

C

C 1172	commerce des euro-obligations	Eurobond trading	операции с еврооблигациями
C 1173	commerce de titres	securities trading	операции с ценными бумагами
C 1174	commercer	to trade	торговать, вести торговлю, осуществлять куплю-продажу
C 1175	commercial	commercial, trade	торговый, коммерческий
C 1176	commercial-actions m	securities salesman	продавец ценных бумаг
C 1177	commercialisable	marketable, tradable	продаваемый, подлежащий продаже
C 1178	commercialisation f	1. merchandising 2. marketing	1. реализация, сбыт 2. маркетинг
C 1179	commercialisation des crédits	marketing of loans	маркетинг кредитов
C 1180	commercialisation des contrats	marketing of contracts	маркетинг (биржевых) контрактов
C 1181	commercialisation des produits de la banque	marketing of banking products	маркетинг банковских инструментов
C 1182	commercialiser	to market	сбывать
C 1183	commettant m	principal	комитент, доверитель
C 1184	commis m	clerk	клерк, конторский служащий (должность в банке, компании)
C 1185	commis d'agent de change	stockbroker's clerk	агент биржевого маклера
C 1186	commis de banque	bank clerk	банковский клерк
C 1187	commis du comptant	authorized clerk	представитель брокерской фирмы, имеющей доступ в зал биржи
C 1188	commis aux écritures	bookkeeper	счетовод
C 1189	commis négociateur	dealer, trader	дилер
C 1190	commis principal	chief [head] clerk	старший клерк
C 1191	commissaire m	commissioner	член комиссии
C 1192	commissaire aux apports	special auditor for company formation	ревизор по оценке взносов в компанию
C 1193	commissaire aux comptes	auditor	аудитор
C 1194	commissaire priseur	auctioneer	аукционист
C 1195	commissaire répartiteur	assessor of taxes	налоговый инспектор, оценивающий сумму налогов
C 1196	commissaire vérificateur	auditor	аудитор
C 1197	commissaire-priseur m	auctioneer	аукционист
C 1198	commissariat m	1. committee, commission 2. commissionership	1. комиссия, комитет 2. членство в комиссии
C 1199	commissariat aux comptes	auditorship	аудиторство
C 1200	commissariat au contrôle des banques	bank supervisory committee (within the EU)	комитет по надзору за банками (в рамках ЕС)
C 1201	commission f	1. commission, committee, board 2. commission, fee, charge	1. комиссия, комитет 2. комиссия, комиссионный сбор; комиссионное вознаграждение, комиссионные; плата
C 1202	acquitter une commission	to pay a commission	платить комиссионные
C 1203	calculer [compter] une commission	to calculate a commission	начислять комиссионные
C 1204	faire de la commission	to be a broker, to be a middleman	заниматься комиссионными операциями

C

C 1205	franc de commission	free of commission	без комиссионных
C 1206	passible d'une commission	subject to a commission	с уплатой комиссионных
C 1207	payer une commission	to pay a commission	платить комиссионные
C 1208	percevoir une commission	to charge [to draw] a commission	взимать комиссионные
C 1209	au pied de la commission	ex-commission	без учёта [за вычетом] комиссионных
C 1210	prélever une commission	to charge [to draw] a commission	взимать комиссионные
C 1211	recouvrer une commission	to collect a commission	взыскивать комиссионные
C 1212	sujet à une commission	subject to a commission	с уплатой комиссионных
C 1213	toucher une commission,	to get a commission	получать комиссионные
C 1214	travailler à la commission	to work on commission	работать за комиссионное вознаграждение
C 1215	verser une commission	to pay a commission	платить комиссионные
C 1216	commission d'acceptation	commission for acceptance	комиссия за акцепт
C 1217	commission d'achat	buying commission	комиссионное вознаграждение за покупку; комиссионный сбор при покупке
C 1218	commission d'affacturage	factoring charges	комиссия за факторинговые операции
C 1219	commission d'agence	agency fee	агентская комиссия
C 1220	commission d'arbitrage	arbitration committee	арбитражная комиссия
C 1221	commission d'attente	nonutilization fee (for a credit line)	комиссия за возможность пользоваться кредитной линией (в период её неиспользования)
C 1222	commission d'avis	notification commission	комиссия за авизование
C 1223	commission bancaire [de banque]	banking commission	банковская комиссия (орган контроля)
C 1224	commission sur le bénéfice (réalisé)	commission on the benefit	тантьема (участие в прибыли)
C 1225	commission de caisse	bank [service] charge	комиссия за банковские услуги
C 1226	commission sur caution	guarantee fee	комиссионные за гарантию
C 1227	commission de chef de file	management fee	комиссионные за организацию (напр. займа)
C 1228	commission de compte	account fee	комиссия за ведение счёта
C 1229	commission de confirmation	confirmation charge	плата за подтверждение (напр. аккредитива)
C 1230	commission consultative	advisory committee [board]	консультативный комитет
C 1231	commission de contrôle	control commission	ревизионная комиссия (акционерного общества)
C 1232	commission de contrôle des banques	bank audit board	комитет по надзору за банками
C 1233	commission sur crédit documentaire	documentary credit fee	плата за открытие документарного аккредитива
C 1234	commission de découvert	overdraft charge	комиссионные за овердрафт
C 1235	commission pour la délivrance d'une carte bancaire	bank credit card issuance fee	плата за выдачу банковской кредитной карточки
C 1236	commission directe	direct commission	прямое комиссионное вознаграждение

C

C 1237	commission de domiciliation	domiciliation commission	комиссионный сбор за домицилирование
C 1238	commission de ducroire	del credere commission	комиссионные за делькредере
C 1239	commission d'encaissement	charge for collection	комиссионные за инкассо
C 1240	commission d'endos	endorsement fee	комиссионные за индоссамент
C 1241	commission d'engagement	commitment fee	комиссионные за обязательство *(предоставить кредит)*
C 1242	commission d'entrée	admission fee	плата за вступление *(напр. в инвестиционную компанию)*
C 1243	commission d'escompte	discount	дисконт, плата за учёт векселя
C 1244	commission des finances	finance committee	финансовый комитет
C 1245	commission fixe	flat fee, fixed commission	фиксированные комиссионные
C 1246	commission forfaitaire	fixed commission, flat fee	комиссионные, определённые в твёрдом размере, твёрдая комиссия
C 1247	commission de garantie	placement commission	комиссия за размещение ценных бумаг
C 1248	commission de guichet	bank (service) charge	комиссия за банковские услуги
C 1249	commission indirecte	indirect commission	косвенное комиссионное вознаграждение
C 1250	commission de mise en place d'une ligne	credit line opening commission	комиссия за открытие кредитной линии
C 1251	commission de montage	arrangement [set-up] fee	плата за организацию операции
C 1252	commission sur le montant des factures	commission on invoice amounts	комиссия с суммы счетов
C 1253	commission de mouvement	turnover commission	комиссия, подсчитываемая с учётом движения средств по текущему счёту
C 1254	commission de négociation	trading fee	комиссия за проведение биржевой сделки
C 1255	commission de non-utilisation de crédit	credit line nonutilization fee	плата за возможность пользоваться кредитной линией *(в период её неиспользования)*
C 1256	commission de notification	advising commission	комиссия за авизование
C 1257	commission des OPA	takeover panel	комитет по слияниям и поглощениям
C 1258	commission sur opérations de change	foreign exchange transaction commission	комиссионные за операции с иностранной валютой
C 1259	commission paritaire	equal representation committee, joint committee	паритетная комиссия
C 1260	commission de participation	participation fee	плата за участие
C 1261	commission permanente	standing committee	постоянная комиссия
C 1262	commission de placement	placement commission	комиссия за размещение ценных бумаг
C 1263	commission de prise ferme	underwriting commission, underwriting fee	плата за андеррайтинг
C 1264	commission proportionnelle	pro rata commission	пропорциональные комиссионные
C 1265	commission prorata temporis	pro rata temporis commission	комиссионные, пропорциональные времени

C

C 1266	commission de reconduction	extension fee	плата за продление
C 1267	commission sur retour d'impayés	chargeback (commission)	плата за возврат неоплаченных чеков
C 1268	commission de risque	commission for risk	комиссионные за риск
C 1269	commission de service	service charge	комиссия за (банковские) услуги
C 1270	commission de signature	stamping fee	плата за гарантию
C 1271	commission de sortie	exit fee	плата за выход *(напр. из инвестиционной компании)*
C 1272	commission syndicale	underwriting commission, underwriting fee	плата за андеррайтинг
C 1273	commission de tenue de compte	account maintenance charge	комиссионные за ведение счёта
C 1274	commission de tirage	drawing commission	комиссионные за выставление векселей
C 1275	commission sur titres	securities commission	комиссионные за операции с ценными бумагами
C 1276	commission totale	total charges, total commission	(полная) сумма комиссионных
C 1277	commission de transfert	transfer fee	комиссия за трансферт
C 1278	commission d'usage	usual fee	обычные комиссионные
C 1279	commission des valeurs mobilières	securities commission	комиссионные за операции с ценными бумагами
C 1280	commission de vente [sur les ventes]	sales commission	комиссионные с продажи
C 1281	Commission *f*	Commission, Committee	Комиссия, Совет
C 1282	Commission de la concurrence	Fair Trade Commission	Комиссия по обеспечению добросовестной конкуренции
C 1283	Commission de contrôle des assurances, CCA	Insurance Supervisory Board	Комиссия по контролю за страхованием
C 1284	Commission de contrôle des instruments financiers de Paris	Paris Financial Instruments Supervisory Board	Парижская комиссия по контролю за финансовыми инструментами
C 1285	Commission des créanciers	Creditor Board	Совет кредиторов
C 1286	Commission des opérations de bourse, COB	Stock Exchange Committee, Securities and Exchange Commission, Securities and Investments Board	Комиссия по биржевым операциям *(главный орган биржевого контроля)*
C 1287	Commission de surveillance boursière	Stock Exchange Supervisory Board	Комиссия биржевого надзора
C 1288	commissionnaire *m*	agent, broker, middleman	комиссионер, агент, посредник
C 1289	commissionnaire en banque	outside broker	банковский брокер
C 1290	commissionnaire près les Bourses de commerce	commodity broker	товарный брокер
C 1291	commissionnaire ducroire	del credere agent	комиссионер делькредере *(принявший на себя ответственность за платёжеспособность покупателя)*
C 1292	commodat *m*	interest-free loan	беспроцентная ссуда
C 1293	communauté *f* bancaire internationale	World Bank group	группа Мирового банка

C

C 1294	communication *f*	communication	1. передача информации 2. информация, сообщение 3. связь, средства связи
C 1295	communication confidentielle	confidential information	конфиденциальная информация
C 1296	communication électronique	electronic communication	электронная связь
C 1297	communication financière	financial information	финансовая информация
C 1298	communication d'information privilégiée	communication of confidential information	разглашение конфиденциальной информации
C 1299	communiqué *m*	statement, bulletin, communiqué	коммюнике, официальное сообщение
C 1300	publier un communiqué	to publish a communiqué	публиковать коммюнике
C 1301	communiqué sur Reuter	Reuter's information message	сообщение в системе «Рейтер»
C 1302	communiqué Telerate	Telerate information message	сообщение в системе «Телерейт»
C 1303	compagnie *f*	company	компания, общество, товарищество
C 1304	compagnie associée	associated company	дочерняя компания
C 1305	compagnie d'assurance	insurance company	страховая компания
C 1306	compagnie bancaire	bank, banking institution	банк
C 1307	compagnie de crédit-bail financier	financial leasing company	лизинговая компания
C 1308	compagnie dispensée	exempt company	компания, освобождённая от выполнения *какого-л.* требования *(напр. уплаты налогов)*
C 1309	compagnie fiduciaire	trust company	трастовая компания, траст-компания
C 1310	compagnie intégrée	integrated company	интегрированная компания
C 1311	compagnie d'investissement	investment company	инвестиционная компания
C 1312	compagnie leasing	leasing company	лизинговая компания
C 1313	compagnie maternelle [mère]	parent company	материнская компания
C 1314	compagnie offshore	offshore company	офшорная компания
C 1315	compagnie de placements hypothécaires	mortgage investment company	компания ипотечного инвестирования
C 1316	compagnie principale	parent company	материнская компания
C 1317	compartiment *m*	compartment; section	отделение; сегмент
C 1318	compartiment de coffre-fort	safe deposit box	отделение сейфа
C 1319	compartiment à court terme du marché des capitaux	short-term compartment of the capital market	краткосрочный сегмент рынка капиталов
C 1320	compartiment à long terme du marché des capitaux	long-term compartment of the capital market	долгосрочный сегмент рынка капиталов
C 1321	compartiment des valeurs étrangères	foreign section	отделение биржи по торговле иностранными ценными бумагами
C 1322	compartimentage *m* d'un marché	market segmenting	сегментирование рынка
C 1323	compartimenter	to divide, to segment	сегментировать; разделять
C 1324	compartiments *m pl* du marché des capitaux	sections of the capital market	сегменты рынка капиталов

C

C 1325	compensable	1. subject to compensation 2. clearable	1. компенсируемый, возместимый 2. подлежащий клирингу
C 1326	compensation *f*	1. compensation 2. clearing, clearance 3. offsetting; set-off; netting (out) 4. making up; settlement	1. компенсация, возмещение; плата 2. клиринг, зачёт встречных требований 3. компенсация, взаимозачёт 4. расчёт *(на бирже)*
C 1327	compensation en argent	cash compensation	денежная компенсация
C 1328	compensation bancaire	bank clearing	банковский клиринг
C 1329	compensation comptable	netting out	взаимозачёт
C 1330	compensation des crédits	credit clearing	взаимозачёт кредитов
C 1331	compensation des dettes	settlement of debts	погашение долгов
C 1332	compensation directe	direct clearing	прямой клиринг
C 1333	compensation interfiliale	interbranch clearing	межфилиальный клиринг
C 1334	compensation journalière	daily settlement	ежедневный расчёт *(на бирже)*
C 1335	compensation monétaire de groupe, CMG	netting (out)	«неттинг», балансирование активов и пассивов группы по валютам
C 1336	compensation multilatérale	multilateral clearing	многосторонний клиринг
C 1337	compensation pécuniaire	cash compensation	денежная компенсация
C 1338	compensation de risques	risk offsetting	взаимоуничтожение рисков
C 1339	«compensé»	«cleared» *(inscription made by a bank on a check sent to a clearing house)*	«на клиринг» *(надпись, которую банк делает на чеке перед отправкой его в клиринговую палату)*
C 1340	compenser	1. to make good, to compensate 2. to clear 3. to set off 4. to make up; to settle	1. компенсировать, возмещать 2. производить клиринг 3. производить взаимозачёт 4. производить расчёт *(на бирже)*
C 1341	compétence *f*	1. competence, know-how, expertise 2. scope of activities 3. competence	1. компетентность, знания 2. сфера деятельности 3. компетенция, полномочие
C 1342	compétence bancaire	banking competence	компетентность в банковской сфере
C 1343	compétence de la Commission de la concurrence	competence of the Fair Trade Commission	полномочия Комиссии по конкуренции
C 1344	compétence financière	financial competence	компетентность в финансовой сфере
C 1345	compétiteur *m*	competitor	конкурент
C 1346	compétitif	competitive	конкурентоспособный
C 1347	compétition *f*	competition	конкуренция
C 1348	compétitivité *f*	competitiveness	конкурентоспособность
C 1349	compétitivité monétaire	monetary competitiveness	конкурентоспособность валюты
C 1350	compétitivité des places financières	competitiveness of the financial markets	конкурентоспособность финансовых рынков
C 1351	complément *m*	complement	дополнение, добавление
C 1352	complément de capitaux	additional capital	дополнительный капитал
C 1353	complément de dividende	additional dividend	дополнительный дивиденд
C 1354	complément de financement nécessaire	additional financing	дополнительное финансирование

C

C 1355	complément de gage	additional security	дополнительный залог
C 1356	complément de provisions	additional provisioning	создание дополнительных резервов
C 1357	complément de ressources	additional resources	дополнительные средства
C 1358	complément d'une somme	additional sum	дополнительная сумма
C 1359	complémentaire	supplementary, additional	дополнительный, добавочный
C 1360	complémentarité *f*	complementarity	взаимодополняемость
C 1361	complémentarité des lieux de la mise en place du capital	complementarity of investment targets	взаимодополняемость объектов инвестирования
C 1362	complémentarité des sources de fonds	complementarity of sources of funds	взаимодополняемость источников средств
C 1363	comportement *m*	behavior; performance	поведение; состояние, конъюнктура
C 1364	comportement d'une banque	bank behavior	поведение банка
C 1365	comportement de bourse [boursier]	stock market behavior	состояние [конъюнктура] биржи
C 1366	comportement de demande de monnaie	money demand behavior	тенденция денежного спроса
C 1367	comportement des emprunteurs	borrowers' behavior	поведение заёмщиков
C 1368	comportement d'une firme	behavior of firm	поведение фирмы
C 1369	comportement des investisseurs	investors' behavior	поведение инвесторов
C 1370	comportement du marché	market behavior	конъюнктура [состояние] рынка
C 1371	comportement des prêteurs	lenders' behavior	поведение кредиторов
C 1372	comportement d'un titre	performance of a security	динамика курса ценной бумаги
C 1373	composante *f*	component	составляющая, компонент
C 1374	composante du capital	capital component	составляющая капитала
C 1375	composante (au) comptant	spot component	спотовая составляющая *(финансового инструмента)*
C 1376	composante longue	long component	длинная составляющая позиция *(финансового инструмента)*
C 1377	composante optionnelle	option component	опционная составляющая *(финансового инструмента)*
C 1378	composante terme	forward component	срочная составляющая *(финансового инструмента)*
C 1379	composantes *f pl*	components	составляющие, компоненты
C 1380	composantes du marché	components of the market	компоненты рынка
C 1381	composantes monétaires	monetary components	валютные составляющие *(напр. корзины)*
C 1382	composantes d'un portefeuille	portfolio components	компоненты портфеля
C 1383	composé	compound	сложный *(о процентах)*
C 1384	composite	composite	составной
C 1385	composition *f*	composition; contents; mix, structure	состав, набор, структура
C 1386	composition de l'actif	asset mix	структура актива
C 1387	composition des avoirs extérieurs	structure of external holdings	состав внешних авуаров
C 1388	composition du capital	capital structure	структура капитала

C 1389	composition des dépôts bancaires	bank deposit mix	структура банковских депозитов
C 1390	composition en devises	currency mix	состав валютной корзины, набор валют
C 1391	composition monétaire	structure of the monetary stock	структура денежной массы
C 1392	composition des noyaux durs	structure of the hard core of shareholders	состав стабильного ядра акционеров
C 1393	composition du patrimoine	asset mix	структура актива
C 1394	composition de portefeuille	portfolio mix	состав портфеля *(ценных бумаг)*
C 1395	composition des réserves de change officielles	official monetary reserve mix	состав официальных валютных резервов
C 1396	composition d'une unité de compte	composition of the unit of account *(e. g. ECU)*	состав счётной единицы *(напр. ЭКЮ)*
C 1397	compressibilité *f*	compressibility *(e. g. of expenses)*	сокращаемость *(напр. расходов)*
C 1398	compression *f*	reduction, cutback, squeeze	сокращение
C 1399	compression des crédits	credit squeeze	сокращение кредитов, кредитные рестрикции
C 1400	compression des dépenses	spending cuts	сокращение расходов
C 1401	compression des marges bénéficiaires	profit squeeze	сокращение прибылей
C 1402	compression des marges d'intermédiation	agent fee reduction	сокращение прибылей от посредничества *(напр. банковского)*
C 1403	comprimer	to reduce, to squeeze	сокращать
C 1404	comptabilisable	recognizable	учитываемый; подлежащий учёту
C 1405	comptabilisation *f*	1. accounting; recognition, posting 2. calculation	1. учёт, проведение по счетам 2. подсчёт
C 1406	comptabilisation des agrégats de la masse monétaire	calculation of monetary aggregates	определение денежных агрегатов
C 1407	comptabilisation des coupons	coupons accounting	учёт купонов
C 1408	comptabilisation des factures	invoice posting	учёт счетов-фактур
C 1409	comptabilisation des opérations	transaction posting	проведение по счетам операций
C 1410	comptabilisation des prêts	loan accounting	учёт ссуд
C 1411	comptabilisation des provisions pour pertes sur prêts	loan loss accounting	учёт резервов на покрытие потерь по ссудам
C 1412	comptabilisation des revenus	income recognition	учёт доходов
C 1413	comptabilisation, stricte	strict accounting	строгий учёт
C 1414	comptabiliser	1. to enter into accounts, to post 2. to calculate	1. отражать в бухгалтерском учёте, проводить по счетам 2. подсчитывать
C 1415	comptabilité *f*	1. accounting, accountancy 2. accounting department 3. accounting, bookkeeping	1. (бухгалтерский) учёт, бухгалтерское дело 2. бухгалтерия, бухгалтерский отдел 3. ведение бухгалтерских книг; бухгалтерская отчётность, счетоводство
C 1416	contrôier la comptabilité d'une société	to inspect the books of a company, to audit the accounts of a company	проводить аудит [ревизовать счета] компании

C

C 1417	dresser [établir] une comptabilité	to render an accounting	составлять отчётность
C 1418	examiner la comptabilité d'une société	to inspect the books of a company, to audit the accounts of a company	проводить аудит [ревизовать счета] компании
C 1419	faire [tenir] la comptabilité	to keep the books [the accounts]	вести бухгалтерию [счета]
C 1420	comptabilité analytique	cost accounting	аналитический учёт
C 1421	comptabilité automatique	automatic accounting	автоматизированный учёт
C 1422	comptabilité de banque	bank accounting	банковский бухгалтерский учёт
C 1423	comptabilité des crédits d'escompte	discount accounting	учёт вексельных кредитов
C 1424	comptabilité en DTS	SDR accounting	ведение счетов в СДР
C 1425	comptabilité espèces	cash accounting	учёт движения денежных средств
C 1426	comptabilité fiduciaire	fiduciary accounting	учёт трастовых операций
C 1427	comptabilité financière	financial accounting	финансовый учёт
C 1428	comptabilité fiscale	tax accounting	система учёта для исчисления налогов
C 1429	comptabilité générale	financial accounting	финансовый учёт
C 1430	comptabilité des immobilisations	capital expenditure register	система учёта капиталовложений
C 1431	comptabilité informatisée [sur mémoire]	computerized bookkeeping	компьютеризованный учёт
C 1432	comptabilité officielle	official accounting	официальный бухгалтерский учёт
C 1433	comptabilité en partie double	double-entry bookkeeping	двойная бухгалтерия
C 1434	comptabilité en partie simple	single-entry bookkeeping	простая бухгалтерия
C 1435	comptabilité plurimonétaire	multiple currency accounting	учёт в нескольких валютах
C 1436	comptabilité simplifiée	simplified accounting	упрощённый порядок бухгалтерского учёта
C 1437	comptabilité titres	custody account bookkeeping	учёт ценных бумаг (депонированных в банке)
C 1438	comptabilité de trésorerie	cash accounting	учёт движения денежных средств
C 1439	comptable	accounting	бухгалтерский
C 1440	comptable *m*	accountant	бухгалтер, счетовод
C 1441	comptable agréé	certified [qualified] accountant	дипломированный бухгалтер
C 1442	comptable commissaire	treasurer	казначей; управляющий финансами *(компании)*
C 1443	comptable diplômé	certified [qualified] accountant	дипломированный бухгалтер
C 1444	comptage *m*	counting, count, calculation	подсчёт, расчёт
C 1445	faire un comptage	to count	подсчитывать, расчитывать
C 1446	comptage de caisse	cash count	подсчёт наличности
C 1447	comptant	1. cash 2. spot	1. наличный 2. спотовый, наличный
C 1448	comptant *m*	1. cash 2. spot market	1. наличные 2. рынок спот
C 1449	acheter (au) comptant	to buy for cash	покупать за наличные
C 1450	payer [régler] (au) comptant	to pay (in) cash	платить наличными
C 1451	vendre (au) comptant	to sell for cash	продавать за наличные
C 1452	comptant compté	cash	наличные
C 1453	comptant contre documents	cash against documents	платёж наличными против документов

C

C 1454	comptant avec 2% d'escompte	cash less 2% discount	платёж наличными с 2% скидкой
C 1455	comptant sans escompte	net cash	платёж наличными без скидки
C 1456	comptant contre remboursement	cash on delivery	платёж наличными при поставке
C 1457	compte *m*	account	1. счёт *(бухгалтерского учёта)* 2. (банковский) счёт 3. клиентский счёт, клиент 4. (финансовый) отчёт
C 1458	affecter au compte	to pay into an account	зачислять на счёт
C 1459	agir pour le compte de...	to act on behalf of..	действовать за счёт *кого-л.*
C 1460	ajuster un compte	to reconcile [to audit and agree] an account	выверять [очищать] счёт
C 1461	alimenter [approvisionner] un compte	to provision an account, to pay money into an account	вносить средства [зачислять сумму] на счёт
C 1462	apurer un compte	to reconcile [to audit and agree] an account	выверять [очищать] счёт
C 1463	arrêter un compte	to close an account	закрывать счёт
C 1464	assigner un compte	to charge to an account	относить на [дебетовать] счёт
C 1465	avoir un compte auprès d'une banque [en banque]	to have a bank account	иметь счёт в банке
C 1466	balancer un compte	to balance an account	подводить сальдо счёта
C 1467	bloquer un compte	to block [to stop] an account	блокировать счёт
C 1468	charger un compte	to charge to an account	относить на [дебетовать] счёт
C 1469	clore [clôturer] un compte	to close an account	закрывать счёт
C 1470	créditer un compte	to credit an account	кредитовать счёт, записывать в кредит счёта, записывать на счёт
C 1471	débiter un compte	to debit an account	относить на [дебетовать] счёт
C 1472	demander son compte	to ask for settlement	требовать расчёта
C 1473	déposer au [sur le] compte	to put (money) (in)to an account	класть (деньги) на счёт, депонировать на счёт
C 1474	faire le compte des dépenses	to calculate [to work out] the expenses	подсчитывать издержки
C 1475	fermer un compte en banque	to close a bank account	закрывать банковский счёт
C 1476	gérer un compte	to manage an account	управлять счётом *(делать инвестиции по доверенности)*
C 1477	imputer une dépense à un compte	to charge an expense to an account	относить расход на счёт
C 1478	liquider un compte en banque	to close a bank account	закрывать банковский счёт
C 1479	mettre un compte à jour	to update an account	корректировать счёт
C 1480	ouvrir un compte en banque	to open a bank account	открывать счёт в банке
C 1481	passer en compte	to pass to an account	записывать на счёт, зачислять, приходовать
C 1482	payer en compte	to pay to an account	платить зачислением на счёт
C 1483	porter en compte	to pass [to post] to an account	записывать на счёт, зачислять, приходовать
C 1484	posséder un compte auprès d'une banque	to have a bank account	иметь счёт в банке
C 1485	prélever sur le compte	to withdraw money from an account	снимать деньги со счёта
C 1486	redresser un compte	to reconcile [to audit and agree] an account	выверять [очищать] счёт

C

C 1487	en règlement de votre compte	in settlement of your account	в оплату вашего счёта
C 1488	régler un compte	to settle an account	оплачивать счёт
C 1489	relever un compte	to make out a statement of an account	делать выписку из счёта
C 1490	reporter à un compte du grand livre	to post to an account in the general ledger	переносить на счёт в главной книге
C 1491	restituer au compte	to refund to an account	восстанавливать на счёте
C 1492	se mettre [s'établir, s'installer] à son compte	to set up one's business	открывать своё дело
C 1493	solder un compte	to balance an account	подводить сальдо счёта
C 1494	pour son propre compte	on one's own account	за свой собственный счёт
C 1495	tenir le compte d'un client	to hold a client's account	вести счёт клиента
C 1496	tirer sur le compte	to withdraw from an account	снимать деньги со счёта
C 1497	vérifier un compte	to reconcile [to audit and agree] an account	выверять [очищать] счёт
C 1498	verser au compte	to pass to an account	вносить на счёт
C 1499	virer à un compte	to transfer to an account	перечислять на счёт
C 1500	compte d'acceptation	acceptance account	акцептованный счёт
C 1501	compte d'accord	correspondent account	корреспондентский [межбанковский] счёт
C 1502	compte d'achats à crédit	charge account	открытый счёт, счёт закупок в кредит
C 1503	compte de l'actif	asset account	счёт актива (баланса)
C 1504	compte administré	managed account	управляемый счёт *(средства, доверенные брокеру для инвестиций)*
C 1505	compte d'affectation	appropriation account	целевой счёт
C 1506	compte d'amortissement	depreciation account	счёт амортизационных отчислений
C 1507	compte ancien	old account	старый счёт
C 1508	compte anonyme	anonymous account	анонимный счёт
C 1509	compte d'apothicaire	inflated bill	раздутый счёт
C 1510	compte arrêté	closed account	закрытый счёт
C 1511	compte arriéré	outstanding account	неоплаченный счёт
C 1512	compte d'articles de caisse	cash items account	счёт кассовой наличности
C 1513	compte associé	associated account	ассоциированный счёт
C 1514	compte d'attente	suspense account	промежуточный счёт, счёт переходящих сумм
C 1515	compte d'avance fixe	imprest account	авансовый счёт
C 1516	compte d'avances	loan [advance] account	счёт ссуд
C 1517	compte bancaire	bank [banking] account	банковский счёт
C 1518	compte bancaire d'avance fixe	imprest bank account	банковский авансовый счёт
C 1519	compte bancaire en commun	joint bank account	общий [совместный] банковский счёт
C 1520	compte en banque	bank [banking] account	банковский счёт
C 1521	compte hors bilan	off-balance sheet account	внебалансовый счёт
C 1522	compte bloqué	blocked [frozen] account	блокированный [замороженный] счёт
C 1523	compte borgne	doubtful account	сомнительный счёт
C 1524	compte de caisse	cash account	счёт кассы
C 1525	compte de capital [de capitaux]	capital account	счёт движения капиталов *(в платёжном балансе)*

C 1526	compte capital versé	paid-in capital account	счёт оплаченного (акционерного) капитала
C 1527	compte carte blanche	discretionary account	счёт, по которому брокер может совершать операции без предварительного согласия клиента
C 1528	compte de carte de crédit	credit card plan account	счёт кредитной карточки
C 1529	compte cédé	assigned account	гарантийный счёт
C 1530	compte de change	foreign exchange account	валютный счёт
C 1531	compte de charges	expenditure [expense] account	счёт издержек [расходов]
C 1532	compte (de) chèque(s)	current account; checking account	текущий банковский счёт; чековый счёт
C 1533	compte de chèque personnel	personal checking account	личный чековый счёт
C 1534	compte chèque postal	post office account, giro account	счёт в системе почтовых жиросчетов
C 1535	compte clearing	clearing account	1. клиринговый счёт 2. распределительный счёт
C 1536	compte clos	closed account	закрытый счёт
C 1537	compte collectif	control(ling) [reconciliation] account	контрольный [итоговый] счёт
C 1538	compte commercial	business account	счёт компании
C 1539	compte de compensation	clearing account	1. клиринговый счёт 2. распределительный счёт
C 1540	compte connexe	connected account	связанный счёт
C 1541	compote consolidé	consolidated account	консолидированный счёт
C 1542	compte de contre-partie [correspondant]	contra account	контрсчёт
C 1543	compte de correspondants	correspondent account	корреспондентский [межбанковский] счёт
C 1544	compte courant, c/c	current account; checking account	текущий банковский счёт, контокоррентный счёт, контокоррент
C 1545	compte courant d'associés	partners' current account	текущий счёт участников товарищества
C 1546	compte courant d'avances	loan current account	текущий счёт ссуд
C 1547	compte courant d'avances sur garanties	secured loan current account	текущий счёт обеспеченных ссуд
C 1548	compte courant en commun	joint current account	общий [совместный] текущий счёт
C 1549	compte courant postal, CCP	post office account, giro account	счёт в системе почтовых жиросчетов
C 1550	compte créditeur	credit account	счёт с кредитовым сальдо; пассивный счёт
C 1551	compte débiteur	debit account	счёт с дебетовым сальдо; активный счёт
C 1552	compte de(s) débours	disbursements account	дисбурсментский счёт
C 1553	compte découvert	uncovered account	счёт без обеспечения
C 1554	compte à découvert	overdrawn account, account in the red	счёт, по которому допущен овердрафт
C 1555	compte à demi	joint account	общий [совместный] счёт
C 1556	compte de déposants	depositor account	личный счёт, счёт вкладчика
C 1557	compte de dépôts	deposit account	депозитный счёт
C 1558	compte de dépôts de [en] garantie	cash collateral account	гарантийный депозитный счёт

C

C 1559	compte de dépôts portant intérêt(s)	interest-bearing deposit account	процентный депозитный счёт
C 1560	compte de dépôts à préavis	deposit account at notice	депозитный счёт с предварительным уведомлением
C 1561	compte de dépôts productif d'intérêt(s)	interest-bearing deposit account	процентный депозитный счёт
C 1562	compte de dépôts à terme	time deposit account	счёт срочных вкладов
C 1563	compte de dépôts de titres	securities account	счёт ценных бумаг
C 1564	compte de dépôts à vue	demand [call] deposit account	счёт вкладов до востребования
C 1565	compte désapprovisionné	overdrawn account, account in the red	счёт, по которому допущен овердрафт
C 1566	compte détaillé	detailed [itemized] account	детализированный счёт, счёт с подробным перечислением операций
C 1567	compte en devises	currency account	валютный счёт
C 1568	compte (de) divers	sundries account	другие счета (раздел баланса)
C 1569	compte à échéance fixe	time deposit account	депозитный счёт на определённый срок
C 1570	compte en ECU	ECU account	счёт в ЭКЮ
C 1571	compte d'effets	bills account	счёт векселей
C 1572	compte d'effets à payer	bills payable account	счёт векселей к оплате
C 1573	compte d'effets à recevoir	bills receivable account	счёт векселей к получению
C 1574	compte d'épargne	savings account	сберегательный счёт
C 1575	compte d'épargne en actions, CEA, CEA	stock market investment savings account	сберегательный счёт инвестирования в акции
C 1576	compte d'épargne courant	current savings account	текущий сберегательный счёт
C 1577	compte d'épargne à intérêt quotidien	daily interest savings account	сберегательный счёт с ежедневным начислением процентов
C 1578	compte d'épargne liquide	liquid savings account	ликвидный сберегательный счёт
C 1579	compte d'épargne à long terme, CELT	long-term savings account	долгосрочный сберегательный счёт
C 1580	compte d'épargne à taux bonifié	premium [bonus] savings account	сберегательный счёт с повышенным процентом
C 1581	compte d'épargne-bons du Trésor	T-bill account	сберегательный счёт инвестирования в казначейские векселя
C 1582	compte d'épargne-logement, CEL	building society savings account	сберегательный счёт на жилищное строительство
C 1583	compte d'épargne-placement	investment savings account	инвестиционный сберегательный счёт
C 1584	compte espèces	cash account	счёт кассы
C 1585	compte (à l')étranger	foreign account	счёт за рубежом
C 1586	compte d'exploitation	operating [working, trading] account	счёт основной деятельности
C 1587	compte fictif	dummy account	фиктивный счёт
C 1588	compte en fiducie	trust account	счёт трастовых операций
C 1589	compte de financement	finance account	счёт финансирования
C 1590	compte de frais	expenditure [expense] account	счёт издержек [расходов]

C

C 1591	compte général	control(ling) [reconciliation] account	контрольный [итоговый] счёт
C 1592	compte géré [de gestion]	management [nominal] account	счёт в управлении (у брокера)
C 1593	compte inactif	inactive [dormant, dead, idle] account	неактивный счёт (в банке)
C 1594	compte indivis	joint account	общий [совместный] счёт
C 1595	compte avec insuffisance de marge	undermargined account	счёт с недостаточным гарантийным депозитом
C 1596	compte interbancaire	correspondent account	корреспондентский [межбанковский] счёт
C 1597	compte d'intérêts	interest account	счёт процентов, процентный счёт
C 1598	compte intérimaire	interim account	промежуточный счёт
C 1599	compte intersuccursale	interbranch account	межфилиальный счёт
C 1600	compte d'investissement	investment account	инвестиционный счёт
C 1601	compte joint	joint account	общий [совместный] счёт
C 1602	compte lié	connected account	связанный счёт
C 1603	compte sur livret	deposit [savings] account	сберегательный счёт; депозитный счёт
C 1604	compte sur livret exonéré	tax-exempt deposit [savings] account	срочный вклад, освобождённый от уплаты налога
C 1605	compte loro	loro account	счёт «лоро» (счёт банка-корреспондента в собственном банке)
C 1606	compte sous mandat de gestion	management [nominal] account	счёт в управлении у брокера
C 1607	compte de [sur] marge	margin account	маржинальный [маржевый] счёт (гарантийный счёт у брокера для осуществления операций в кредит)
C 1608	compte de méthode	suspense account	промежуточный счёт, счёт переходящих сумм
C 1609	compte de mise en main tierce	escrow account	счёт, находящийся в руках третьей стороны до выполнения всех условий сделки
C 1610	compte en monnaie étrangère	foreign exchange account	валютный счёт, счёт в иностранной валюте
C 1611	compte sans mouvement	inactive [dormant, dead, idle] account	неактивный счёт (в банке)
C 1612	compte de négociation	trading account	счёт операций (напр. дилера)
C 1613	compte de négociation de valeurs	securities trading account	счёт операций с ценными бумагами
C 1614	compte nominal	nominal account	лицевой счёт
C 1615	compte nominatif	personal account	личный счёт
C 1616	compte non provisionné	overdrawn account, account in the red	счёт, по которому допущен овердрафт
C 1617	compte de non-résident	external account	счёт нерезидента
C 1618	compte nostro	nostro account	счёт «ностро» (счёт собственного банка в банке-корреспонденте)
C 1619	compte numérique [à numéro, numéroté]	numbered account	номерной счёт

C

C 1620	compte d'options	options account	опционный счёт, счёт по операциям с опционами
C 1621	compte d'ordre	suspense account	промежуточный счёт, счёт переходящих сумм
C 1622	compte ouvert	open account	открытый счёт
C 1623	compte en participation	joint account	общий [совместный] счёт
C 1624	compte (de) particulier(s)	private account	счёт, открываемый вкладчику-некоммерсанту
C 1625	compte de passage	suspense account	промежуточный счёт, счёт переходящих сумм
C 1626	compte de passif	liability account	счёт пассива
C 1627	compte personnel	personal account	личный счёт
C 1628	compte de pertes	loss account	счёт убытков
C 1629	compte de pertes et profits	profit and loss account	счёт прибылей и убытков
C 1630	compte de placement	investment account	инвестиционный счёт
C 1631	compte postal	(postal) giro account	счёт в системе почтовых жиросчетов
C 1632	compte à préavis	(deposit) account at notice	счёт с предварительным уведомлением
C 1633	compte de prêt hypothécaire	mortgage account	счёт ипотечного кредитования
C 1634	compte de prêts	loan account	счёт ссуд
C 1635	compte privé	private account	счёт, открываемый вкладчику-некоммерсанту
C 1636	compte de produits	income [revenue] account	счёт прибылей
C 1637	compte de provision pour éventualités	contingency account, appropriation for contingencies	счёт резерва на непредвиденные риски и расходы
C 1638	compte de provision pour moins-value	valuation account	счёт резерва на обесценение (ценных бумаг)
C 1639	compte récapitulatif	summary account	сводный счёт
C 1640	compte rectifié	amended account	исправленный счёт
C 1641	compte de remise	remittance account	счёт перевода
C 1642	compte rendu	report	отчёт
C 1643	compte rendu de mission	auditor's comments	аудиторский отчёт
C 1644	compte de réserve	reserve account	счёт резервов
C 1645	compte de résultats	income statement, profit and loss account	счёт прибылей и убытков
C 1646	compte de retour	account of re-exchange	рекамбио *(счёт расходов в связи с выставлением ретратт)*
C 1647	compte de retraits	current [drawing] account	текущий счёт
C 1648	compte rouge	account in the red	счёт с дебетовым сальдо
C 1649	compte saisi	attached account	связанный счёт
C 1650	compte séparé	segregated account	отдельный счёт
C 1651	compte simulé	dummy account	фиктивный счёт
C 1652	compte spécial	special account	специальный счёт
C 1653	compte du suspens	suspense account	промежуточный счёт, счёт переходящих сумм
C 1654	compte à terme	time (deposit) account	срочный вклад [депозит]
C 1655	compte (de) titres	securities account	счёт ценных бумаг
C 1656	compte transférable	transferable account	переводный счёт

C

C 1657	compte de valeurs	property [real] account	1. счёт недвижимого имущества 2. счёт основного капитала
C 1658	compte de virement	transfer account	жиросчёт *(для безналичных расчётов)*
C 1659	compte vostro	vostro account	счёт «востро» *(счёт банка — корреспондента в собственном банке)*
C 1660	compte à vue	demand [call] deposit	депозит до востребования
C 1661	comptes *m pl*	accounts	счета; отчётность *(бухгалтерская)*
C 1662	comptabiliser sur les comptes	to enter into books	проводить по счетам
C 1663	contrôler les comptes	to audit the accounts	проводить аудит, ревизовать счета (компании)
C 1664	établir ses comptes	to keep accounts [books]	вести счета
C 1665	maquiller les comptes	to cook the book	приукрашивать отчётность
C 1666	présenter des comptes en bon état	to present accounts in good condition	представлять счета в хорошем состоянии
C 1667	tenir les comptes	to keep the accounts [books]	вести счета
C 1668	trier les comptes	to group the accounts	группировать счета
C 1669	comptes annuels	annual accounts	годовая бухгалтерская отчётность
C 1670	comptes d'apport	capital accounts	счета *(собственного)* капитала
C 1671	comptes approuvés	certified accounts	удостоверенные счета; бухгалтерская отчётность, проверенная аудиторами
C 1672	comptes de bilan	balance sheet accounts	балансовые счета
C 1673	comptes clients	accounts receivable, receivables	счета к получению, дебиторская задолженность
C 1674	comptes complémentaires	supplementary accounts	дополнительные счета
C 1675	comptes créanciers	creditors' accounts	счета кредиторов
C 1676	comptes développés	developed accounts	дезагрегированные счета
C 1677	comptes de l'exercice	annual accounts	годовая бухгалтерская отчётность
C 1678	comptes extérieurs	balance of payments	платёжный баланс
C 1679	comptes fournisseurs	accounts payable, payables	счета к оплате, кредиторская задолженность
C 1680	comptes impayés	unpaid accounts	неоплаченные счета
C 1681	comptes intersociétés	intercompany accounts	межфирменные счета
C 1682	comptes prévisionnels	provisional accounts	счета резервов
C 1683	comptes représentatifs de parts	share accounts	паевые счета *(в кредитных кооперативах)*
C 1684	comptes sociaux	corporate financial statements	финансовые отчёты компании
C 1685	comptes spéciaux du Trésor	special Treasury accounts	специальные счета казначейства
C 1686	comptes de synthèse	condensed financial statements	краткие финансовые отчёты компании
C 1687	comptes des virements internes	(internal) transfer accounts	счета внутренних перечислений
C 1688	comptoir *m*	1. cash desk 2. branch, agency (e.g. of a bank)	1. касса 2. отделение *(напр. банка)*
C 1689	comptoir d'une banque	branch of a bank	отделение банка

C

C 1690	concentration *f*	concentration; integration	концентрация, сосредоточение
C 1691	concentration bancaire	bank concentration	банковская концентрация
C 1692	concentration du capital	concentration of capital	концентрация капитала
C 1693	concentration des dépôts	deposit concentration	концентрация депозитов
C 1694	concentration financière	financial concentration	финансовая концентрация
C 1695	concentration monétaire	monetary concentration	концентрация денежных средств
C 1696	concertation *f* entre banques centrales	concertation between central banks	согласование действий центральных банков
C 1697	concerté	concerted	согласованный
C 1698	concession *f*	1. concession 2. concession 3. granting *(e.g. of a loan)*	1. уступка 2. концессия 3. предоставление *(напр. ссуды)*
C 1699	concession d'un crédit [d'un prêt]	credit [loan] granting	кредитование, предоставление ссуды
C 1700	concessionnaire *m*	1. concessioner 2. agent, distributor, dealer	1. концессионер 2. посредник; дилер, дистрибутор, дистрибьютор
C 1701	conclure	to make, to clinch *(e.g. a deal)*; to conclude, to end, to close	заключать *(напр. сделку)*; завершать
C 1702	conclusion *f*	conclusion	заключение *(напр. сделки)*; завершение, окончание
C 1703	conclusion d'une affaire	clinching of a deal	заключение сделки
C 1704	conclusion d'une opération de change	conclusion of a foreign exchange transaction	совершение валютной операции
C 1705	conclusion d'opérations de financement	conclusion of financial transactions	окончание операций по финансированию
C 1706	conclusion d'un swap	conclusion of a swap	завершение свопа
C 1707	conclusion d'une transaction	conclusion of a transaction	заключение сделки
C 1708	concordance *f* des échéances	matching of maturities	совпадение [соответствие] сроков активов и пассивов
C 1709	concordat *m*	1. bankrupt's certificate 2. composition, legal settlement *(with the creditors)*	1. свидетельство о банкротстве 2. компромиссное соглашение *(несостоятельного должника с кредиторами)*
C 1710	accorder un concordat	to certificate bankruptcy	выдавать свидетельство о банкротстве
C 1711	concordat amiable	amicable settlement	полюбовное соглашение *(между должником и кредиторами об изменении условий выплаты долга)*
C 1712	concordat préventif de faillite	scheme of composition	соглашение с кредиторами для предотвращения банкротства компании
C 1713	Concordat *m* de Bâle	Basel Concordat	Базельский конкордат *(документ о принципах надзора над банками)*
C 1714	concordataire *m*	certified [certificated] bankrupt	банкрот, получивший свидетельство о банкротстве
C 1715	concorder	1. to compound *(e.g. with one's creditors)* 2. to agree *(e.g. accounts)*	1. заключать соглашение *(с кредиторами)* 2. согласовывать *(напр. счета)*

C

C 1716	concours *m*	1. assistance, help 2. credit on easy terms	1. содействие, помощь, поддержка 2. льготный кредит, кредит на льготных условиях *(обычно межгосударственный)*
C 1717	accorder un concours	to grant a loan on easy terms	предоставлять льготный кредит
C 1718	obtenir un concours	to obtain a loan on easy terms	получать льготный кредит
C 1719	concours bancaire	bank loan; bank support	банковский кредит; банковская поддержка
C 1720	concours à court terme	short-term loan	краткосрочный льготный кредит
C 1721	concours en devises	foreign exchange loan on easy terms	льготный кредит в иностранной валюте
C 1722	concours financier	financial assistance	финансовая помощь
C 1723	concours à long terme	long-term loan	долгосрочный льготный кредит
C 1724	concours à moyen terme	medium-term loan	среднесрочный льготный кредит
C 1725	concours à taux fixe	fixed rate loan on easy terms	льготный кредит по фиксированной ставке
C 1726	concours à taux préférentiel	preferential rate loan	льготный кредит по преференциальной ставке
C 1727	concours à taux variable	floating rate loan on easy terms	льготный кредит по плавающей ставке
C 1728	concours de [en] trésorerie	liquidity support	краткосрочный льготный кредит *(на восполнение временной нехватки наличных средств)*
C 1729	concours *m pl*	1. (financial) support 2. (short-term) loans	1. (финансовая) помощь 2. (краткосрочное) кредитование
C 1730	distribuer des concours	to distribute loans	распределять кредиты
C 1731	requérir des concours bancaires	to ask for bank loans	обращаться за банковскими кредитами
C 1732	verser des concours	to grant loans	выдавать кредиты
C 1733	concours domestiques	domestic loans	внутренние кредиты
C 1734	concours durables	long-term loans	долгосрочные кредиты
C 1735	concours au Trésor Public	loans to the Treasury	кредитование казначейства
C 1736	concurrence *f*	competition	конкуренция, конкурентная борьба
C 1737	à concurrence de...	at the rate of	в размере..., из расчёта...
C 1738	jusqu'à concurrence de...	up to..., to the extent of..., not exceeding ...	до суммы в..., не выше..., до размера..., в пределах...
C 1739	éliminer la concurrence	to eliminate competition	устранять конкуренцию
C 1740	être en concurrence	to compete	конкурировать, вести конкурентную борьбу
C 1741	être soumis à la concurrence	to meet with competition	испытывать конкуренцию
C 1742	faire concurrence	to compete	конкурировать, вести конкурентную борьбу
C 1743	promouvoir la concurrence	to promote competition	способствовать развитию конкуренции
C 1744	se faire concurrence	to compete with each other	конкурировать между собой, составлять конкуренцию друг другу

C

C 1745	concurrence accrue sur les crédits	increased competition for loans	возросшая конкуренция за кредиты
C 1746	concurrence acharnée [active]	keen [fierce, cut-throat] competition	жестокая конкуренция
C 1747	concurrence bancaire	bank competition	банковская конкуренция
C 1748	concurrence déloyale	unfair competition	нечестная конкуренция
C 1749	concurrence féroce	keen [fierce, cut-throat] competition	жестокая конкуренция
C 1750	concurrence libre	free competition	свободная конкуренция
C 1751	concurrence loyale	fair competition	честная конкуренция
C 1752	concurrence des prix	price competition	ценовая конкуренция
C 1753	concurrence réglementée	restricted competition	ограниченная конкуренция
C 1754	concurrencer	to compete	конкурировать, вести конкурентную борьбу
C 1755	concurrent	competing	конкурирующий
C 1756	concurrent m	competitor, challenger	конкурент, конкурирующая фирма
C 1757	concurrentiel	competitive	конкурентоспособный; конкурирующий
C 1758	concussion f	bribe; bribery	взятка; взяточничество
C 1759	conditions f pl	conditions, terms	условия
C 1760	accorder des conditions	to grant terms	предоставлять условия
C 1761	à des conditions favorables	on favorable terms	на выгодных условиях
C 1762	à des conditions moins avantageuses	on less favorable terms	на менее выгодных условиях
C 1763	aux conditions suivantes	on the following terms	на следующих условиях
C 1764	consentir des conditions	to grant terms	предоставлять условия
C 1765	fixer des conditions	to determine [to fix] terms	определять условия
C 1766	imposer des conditions	to impose terms	навязывать условия
C 1767	remplir des conditions	to meet terms	выполнять условия
C 1768	stipuler des conditions	to stipulate terms	оговаривать условия
C 1769	conditions d'acceptation	terms of acceptance	условия акцепта
C 1770	conditions d'admission à la cote	listing requirements	условия допуска к котировке
C 1771	conditions d'appel aux marchés des capitaux	terms of issue	условия эмиссии на рынке капиталов
C 1772	conditions attrayantes [avantageuses]	favorable terms	выгодные условия
C 1773	conditions de concurrence	terms of competition	условия конкуренции
C 1774	conditions d'un contrat	conditions of a contract	условия контракта
C 1775	conditions de création et de fonction d'un marché boursier	terms of creation and operation of a stock exchange	условия создания и функционирования биржи
C 1776	conditions de [du] crédit	credit terms	условия кредитования
C 1777	conditions d'(une) émission	issuing terms	условия выпуска (ценных бумаг)
C 1778	conditions d'émission de la monnaie	money issuing terms	условия эмиссии денег
C 1779	conditions d'un emprunt	terms of a loan	условия займа
C 1780	conditions d'exécution matérielle des opérations	conditions of physical execution of transactions	условия физического исполнения сделок
C 1781	conditions de faveur	favorable terms	выгодные условия

C

C 1782	conditions de financement	credit terms	условия кредитования
C 1783	conditions financières	financial terms	финансовые условия
C 1784	conditions habituelles	usual terms	обычные условия
C 1785	conditions d'implantation des réseaux	network set-up terms	условия развёртывания сетей филиалов
C 1786	conditions d'inscription à la cote	listing requirements	условия допуска к котировке
C 1787	conditions d'introduction sur le marché financier	floatation terms	условия выпуска (ценных бумаг) на финансовый рынок
C 1788	conditions limitatives	restrictive covenants	ограничительные условия
C 1789	conditions de paiement	terms of payment	условия платежа
C 1790	conditions de prise de participation	terms of acquisition of an interest in a company	условия приобретения доли в компании
C 1791	conditions de prix et de délai d'exercice	price and exercise period terms (of an option)	условия относительно цены и срока исполнения (опциона)
C 1792	conditions régissant votre compte	terms of your account	условия открытия вашего счёта
C 1793	conditions de règlement	terms of payment	условия платежа
C 1794	conditions de remboursement	terms of redemption	условия погашения (займа)
C 1795	conditions de secret bancaire	bank confidentiality (clause)	условия соблюдения банковской тайны
C 1796	conditions statutaires	statutory terms	установленные уставом условия
C 1797	Conditions f pl Générales AFB	General Terms of the French Bank Association	Общие условия Ассоциации французских банков
C 1798	conditionnel	conditional	условный
C 1799	conditionnellement	conditionally	условно
C 1800	conditionner	to condition	обусловливать
C 1801	conduire	to run, to manage (e.g. a company)	управлять, руководить (напр. компанией), вести (напр. дела)
C 1802	conduite f	running, management (e.g. of a company)	управление, руководство (напр. компанией), ведение (напр. дел)
C 1803	conduite des affaires	running of business	ведение дел
C 1804	conduite du portefeuille	portfolio management	управление портфелем
C 1805	conduite de projet	project management	руководство проектом
C 1806	confection f de titres	printing of securities	печатание ценных бумаг
C 1807	Conférence f de la Haye	The Hague Conference	Гаагская конференция
C 1808	confiance f	confidence, trust	доверие
C 1809	digne de confiance	trustworthy, dependable, reliable	надёжный, достойный доверия
C 1810	faire confiance à	to trust	доверять
C 1811	confiance des actionnaires	shareholders' trust	доверие акционеров
C 1812	confiance bancaire	bank trust	доверие банка
C 1813	confiance envers les billets de banque	confidence in banknotes	доверие к бумажным деньгам
C 1814	confiance des épargnants [des investisseurs]	investor confidence	доверие инвесторов
C 1815	confiance du marché	market confidence	доверие рынка
C 1816	confiance dans [en] la monnaie	confidence in the money	доверие к валюте

C

C 1817	confidentialité *f*	confidentiality	секретность, конфиденциальность
C 1818	confidentialité, extrême	extreme confidentiality	исключительная секретность
C 1819	confidentialité des informations	confidentiality of information	секретность информации
C 1820	confidentiel	confidential	секретный, конфиденциальный
C 1821	à titre strictement confidentiel	in strict confidence	строго конфиденциально
C 1822	confidentiellement	confidentially	конфиденциально
C 1823	confirmation *f*	confirmation	подтверждение
C 1824	en confirmation de	in confirmation of, confirming	в подтверждение
C 1825	confirmation d'opération	confirmation of a transaction	подтверждение операции
C 1826	confirmation d'opération adressée	outgoing confirmation	посланное подтверждение операции (на бирже)
C 1827	confirmation d'opération reçue	incoming confirmation	полученное подтверждение операции (на бирже)
C 1828	confirmation d'ouverture d'un crédit documentaire	confirmation of the opening of a documentary letter of credit	подтверждение открытия документарного аккредитива
C 1829	confirmation de solde bancaire	bank account balance confirmation	подтверждение сальдо банковского счёта
C 1830	confirmation télégraphique	telegraphic [wire] confirmation	телеграфное подтверждение
C 1831	confirmer	to confirm	подтверждать
C 1832	confiscation *f* du cautionnement	confiscation of the security	конфискация залога
C 1833	conformité *f* des ordres	conformity of orders	соответствие биржевых поручений (установленным нормам)
C 1834	confrontation *f*	matching; confrontation	сравнение, сопоставление; столкновение
C 1835	confrontation boursière de l'offre et de la demande	confrontation of supply and demand at the stock exchange	столкновение спроса и предложения на бирже
C 1836	confrontation des créances	matching of (mutual) debts	сопоставление долговых требований
C 1837	confrontation des ordres reçus	matching of the orders received	сопоставление полученных поручений
C 1838	confrontation des payeurs et des receveurs	matching of payers and payees	согласование [приведение в соответствие] сроков платежей и поступлений
C 1839	confrontation des règlements réciproques	clearing of mutual payments	взаимозачёт платежей
C 1840	conglomérat *m* financier	financial conglomerate	финансовый конгломерат
C 1841	conjoint	joint	соединённый, совместный
C 1842	conjointement	jointly	совместно
C 1843	conjointement et solidairement	jointly and severally	совместно и порознь; солидарно
C 1844	conjoncture *f*	situation; circumstances	конъюнктура
C 1845	conjoncture, basse	slump, dullness	низкая [вялая] конъюнктура
C 1846	conjoncture, bonne	good market prospects	благоприятная конъюнктура
C 1847	conjoncture boursière	stock market situation	биржевая конъюнктура
C 1848	conjoncture boursière morose	dull stock market outlook	низкая биржевая конъюнктура
C 1849	conjoncture du crédit	credit situation	кредитная конъюнктура

C 1850	conjoncture dégradée	slow-down of the economic activity	ухудшение конъюнктуры
C 1851	conjoncture déprimée [difficile]	depressed market	низкая [вялая] конъюнктура
C 1852	conjoncture financière	financial situation	финансовое положение
C 1853	conjoncture, forte	boom	высокая конъюнктура, бум
C 1854	conjoncture incertaine	unstable market situation	неустойчивая конъюнктура
C 1855	conjoncture de l'investissement	investment situation	состояние инвестиционного процесса
C 1856	conjoncture du marché	market situation	рыночная конъюнктура
C 1857	conjoncture, mauvaise	bad market situation	неблагоприятная конъюнктура
C 1858	conjoncture molle	dull market, dullness	низкая [вялая] конъюнктура
C 1859	conjoncture monétaire internationale	international monetary situation	международная валютная конъюнктура
C 1860	conjoncture ralentie	slow-down of the economic activity	спад конъюнктуры
C 1861	conjoncturel	cyclical, relating to [pertaining to] the business cycle	конъюнктурный
C 1862	conjoncturiste m	market analyst, economic planner	исследователь конъюнктуры
C 1863	connaissement m	bill of lading, B/L	коносамент
C 1864	connexion f au réseau bancaire	connection to the banking network	доступ к банковской (компьютерной) сети
C 1865	conseil m	1. advice 2. council, board, committee 3. Consultant, adviser	1. консультация, совет 2. совет (орган управления) 3. консультант
C 1866	conseil d'administration	board of directors	правление, совет директоров
C 1867	conseil consultatif	advisory board	консультативный совет
C 1868	conseil de direction	management [executive] committee	совет управляющих
C 1869	conseil fiduciaire	board of trustees	опекунский совет
C 1870	conseil financier	financial consultant	консультант по финансовым вопросам
C 1871	conseil fiscal	tax consultant	консультант по налоговым вопросам
C 1872	conseil en gestion	management consultant	консультант по вопросам управления
C 1873	conseil juridique	legal consultant	консультант по юридическим вопросам, юрисконсульт
C 1874	conseil en matière d'investissements [en placement]	investment consultant	консультант по инвестиционным вопросам
C 1875	conseil de surveillance	supervisory board	наблюдательный совет
C 1876	Conseil m	Board	Совет
C 1877	Conseil des bourses de valeurs, CBV	Securities and Investments Board	Совет фондовых бирж (орган контроля за биржами во Франции)
C 1878	Conseil du marché à terme, CMT	Financial Futures Market Board	Совет срочного рынка
C 1879	Conseil national de la comptabilité, CNC	National Accounting Board	Национальный совет бухгалтерского учёта
C 1880	Conseil national du crédit, CNC	National Commission for Credit and Banks	Национальный кредитный совет

C

C 1881	conseiller *m*	consultant, adviser, expert	консультант
C 1882	conseiller en crédit	credit adviser [consultant]	консультант по кредиту
C 1883	conseiller financier	1. financial adviser 2. investment adviser [consultant]	1. финансовый консультант 2. инвестиционный консультант, консультант по инвестициям
C 1884	conseiller fiscal	tax consultant	консультант по налоговым вопросам
C 1885	conseiller en investissement	investment adviser [consultant]	инвестиционный консультант, консультант по инвестициям
C 1886	conseiller juridique	legal adviser	консультант по юридическим вопросам, юрисконсульт
C 1887	conseiller en matière de financement bancaire	bank financing consultant	консультант по банковскому финансированию
C 1888	conseiller en placement	investment adviser [consultant]	инвестиционный консультант, консультант по инвестициям
C 1889	conseiller en valeurs mobilières	securities adviser	консультант по ценным бумагам
C 1890	consentir	to grant *(e.g. a loan)*	предоставлять *(напр. ссуду)*
C 1891	conséquences *f pl* financières	financial consequences [repercussions]	финансовые последствия
C 1892	conséquent	sizable *(e.g. amount)*	значительный *(напр. о сумме)*
C 1893	conservateur *m* des hypothèques	registrar of mortgages	регистратор ипотек
C 1894	conservation *f*	conservation, preservation	хранение, сохранение
C 1895	conservation de monnaie	currency conservation	хранение валюты
C 1896	conservation du secret bancaire	preservation of bank secrecy	сохранение банковской тайны
C 1897	consignataire *m*	trustee, depositary	хранитель денежных средств
C 1898	consignation *f*	deposit	внесение денежной суммы на депозит
C 1899	consigner	to deposit	вносить денежную сумму на депозит
C 1900	consolidation *f*	consolidation	1. консолидация задолженности *(превращение краткосрочной задолженности в долгосрочную)* 2. консолидация [сведение] баланса 3. укрепление *(напр. курсов)*
C 1901	consolidation d'un bilan	consolidation of a balance sheet	консолидация баланса
C 1902	consolidation d'un compte	consolidation of an account	консолидация счёта
C 1903	consolidation d'un crédit	consolidation of a loan	консолидация ссуды
C 1904	consolidation d'une dette	consolidation [funding] of a debt	консолидация долга
C 1905	consolidation d'un emprunt	consolidation of a loan	консолидация займа
C 1906	consolidation financière	financial consolidation	финансовая консолидация
C 1907	consolidation des ressources bancaires	consolidation of the bank's resources	консолидация банковских средств
C 1908	consolidation des résultats	profit consolidation	консолидация прибыли
C 1909	consolidation des valeurs	consolidation of securities	превращение краткосрочных ценных бумаг в долгосрочные
C 1910	consolidé	consolidated	консолидированный

C 1911	consolider	to consolidate	**1.** консолидировать *(превращать краткосрочную задолженность в долгосрочную)* **2.** консолидировать [сводить] балансы **3.** укреплять *(напр. курсы)*
C 1912	consolidés *m pl*	consols	консоли *(консолидированные ценные бумаги)*
C 1913	consommation *f* d'or	gold consumption	потребление золота
C 1914	consortial	syndicated *(e.g. loan)*	консорциальный, синдицированный *(напр. о займе)*
C 1915	consortium *m*	consortium, syndicate	консорциум, синдикат
C 1916	consortium bancaire	banking syndicate, consortium bank	банковский консорциум
C 1917	consortium financier	financial syndicate	финансовый консорциум
C 1918	consortium de garantie	underwriting syndicate	консорциум андеррайтеров
C 1919	consortium de prêt	loan syndicate	консорциум по предоставлению ссуды
C 1920	consortiums *m pl* bancaires internationaux	international syndication business	консорциумы по предоставлению международных синдицированных займов
C 1921	constatation *f* d'une perte	recognition of a loss	признание убытков
C 1922	constituant *m* d'un gage	pledger	залогодатель
C 1923	constitutif	constitutive	учредительный
C 1924	constitution *f*	creation; institution, setting up, formation	основание, создание; образование, формирование
C 1925	constitution avec appel public à l'épargne	incorporation of a public company	учреждение открытой акционерной компании
C 1926	constitution sans appel public à l'épargne	incorporation of a private company	учреждение закрытой акционерной компании
C 1927	constitution du capital	capital formation	образование капитала
C 1928	constitution d'une caution	providing of a guarantee	заключение договора поручительства
C 1929	constitution d'une couverture	hedging	хеджирование
C 1930	constitution d'un dépôt	creation of a deposit	образование вклада
C 1931	constitution d'une épargne	building up savings	образование сбережений
C 1932	constitution d'un gage	pledging	установление залога
C 1933	constitution d'un holding	setting up a holding	учреждение холдинга
C 1934	constitution d'une hypothèque	creation of a mortgage	установление ипотеки
C 1935	constitution de noyaux durs	creation of a hard core of shareholders	создание ядра постоянных акционеров
C 1936	constitution des pools bancaires	setting up banking pools	образование банковских пулов
C 1937	constitution d'une provision	provisioning	образование резерва
C 1938	constitution de réserves d'or	stockpiling of gold	создание золотых резервов
C 1939	constitution de ressources	formation of resources	образование денежных ресурсов
C 1940	constitution d'une société	incorporation [formation] of a company, setting up a company	образование компании
C 1941	construction *f* d'une balance	drawing up a balance	составление баланса
C 1942	consultant *m*	consultant	консультант

C

C 1943	consultatif	consultative, advisory	консультативный, совещательный
C 1944	consultation *f*	consultation	консультация, получение информации
C 1945	consultation de compte	checking of the account	получение информации о состоянии счёта
C 1946	consultation d'expert	professional advice	экспертиза
C 1947	consultation de solde	checking up the balance *(of the account)*	получение информации об остатке *(на счёте)*
C 1948	consulter	to consult	консультироваться, получать информацию *или* совет
C 1949	contacter	to contact, to get in touch with	связываться, вступать в контакт, устанавливать отношения
C 1950	contacts *m pl*	contacts	контакты, связи, отношения
C 1951	nouer les contacts	to build up contacts	устанавливать контакты
C 1952	rompre les contacts	to break contacts	разрывать контакты
C 1953	contacts cambiste-courtier	broker-dealer contact	контакты между брокерами и дилерами
C 1954	contenance *f* de métal précieux	precious metal content	содержание драгоценного металла
C 1955	contenir	1. to hold, to contain 2. to control, to check *(e.g. inflation)*	1. содержать, заключать в себе 2. сдерживать, ограничивать *(напр. инфляцию)*
C 1956	contentieux	contentious	спорный, являющийся предметом спора; судебный
C 1957	contentieux *m*	1. dispute, disagreement, litigation 2. legal department	1. судебный спор 2. юридический отдел (компании)
C 1958	contenu *m* du prix	breakdown of the price	разбивка цены
C 1959	contestation *f* d'une créance	dispute over a debt	оспаривание долгового требования
C 1960	contexte *m* monétaire	monetary context	условия денежного обращения
C 1961	contingent *m*	quota	квота
C 1962	contingent de réescompte	rediscount quota	переучётная квота
C 1963	contingent de titres	securities quota	ограниченное число ценных бумаг
C 1964	contractant	contracting	договаривающийся
C 1965	contractant *m*	contracting party	договаривающаяся сторона; контрактант; контрагент
C 1966	contracter	1. to contract, to enter into a contract 2. to contract; to dismantle	1. заключать контракт, договариваться 2. сокращать; свёртывать
C 1967	contraction *f*	contraction; dismantling	сокращение; свёртывание
C 1968	contraction du crédit	credit crunch [squeeze, tightening]	кредитная рестрикция
C 1969	contraction générale des transactions	general drop [reduction] in business activity	общее снижение объёма операций
C 1970	contraction de l'investissement	contraction of investment	сокращение инвестиций
C 1971	contraction des liquidités	strain on liquidity	сокращение ликвидных средств

C

C 1972	contraction du marché	contraction [shrinking] of the market	сужение рынка
C 1973	contraction des marges bénéficiaires	shrinking of profit margins	сокращение прибылей
C 1974	contraction de la masse monétaire	contraction of money supply	сокращение денежной массы
C 1975	contraction des patrimoines boursiers	contraction of stock market assets	сокращение объёма биржевых активов
C 1976	contraction du spread des banques	narrowing of the bank spread	сокращение банковского спреда
C 1977	contraction des termes de paiement	shortening of the payment period	сокращение сроков платежа
C 1978	contraction du volume d'affaires	drop [reduction] in business activity	снижение объёма операций
C 1979	contractuel	contractual, contract	договорный
C 1980	contraignant	restraining; restricting	ограничительный
C 1981	contrainte *f*	constraint	сдерживающий фактор; ограничение
C 1982	contraintes *f pl*	constraints	ограничения; ограничительные условия; критерии
C 1983	être soumis à des contraintes	to be subject to constraints	подпадать под ограничения
C 1984	lever les contraintes	to lift constraints	снимать ограничения
C 1985	satisfaire aux contraintes chiffrées	to meet the quantitative criteria	удовлетворять количественным критериям
C 1986	contraintes budgétaires	budget(ary) constraints	бюджетные ограничения
C 1987	contraintes de changes	exchange constraints	валютные ограничения
C 1988	contraintes de fonds propres	equity [own capital] criteria	показатели собственных средств *(при оценке банка)*
C 1989	contraintes législatives	legal constraints	законодательные ограничения
C 1990	contraintes de liquidité	liquidity constraints	критерии ликвидности *(при оценке банка)*
C 1991	contraintes réglementaires	regulatory constraints	нормативные ограничения
C 1992	contrat *m*	1. contract, agreement, deed 2. (futures) contract	1. контракт, договор, соглашение 2. (срочный) контракт *(финансовый инструмент)*
C 1993	annuler un contrat	to annul a contract	расторгать контракт
C 1994	conclure un contrat	to conclude an agreement	заключать контракт
C 1995	conforme au contrat	in accordance with the contract	соответствующий контракту
C 1996	contraire au contrat	contrary to the contract	противоречащий контракту
C 1997	coter un contrat	to quote a contract	котировать контракт
C 1998	dresser un contrat	to draw up a contract	составлять контракт
C 1999	faire exécuter un contrat	to enforce a contract	добиваться исполнения контракта
C 2000	lancer un contrat	to launch a contract	выпустить на рынок (срочный) контракт
C 2001	passer un contrat	to contract, to sign a contract	заключать контракт
C 2002	rédiger un contrat	to draw up a contract	составлять контракт
C 2003	renoncer à un contrat	to contract out of an agreement, to withdraw from an agreement	отказываться от выполнения соглашения
C 2004	renouveler un contrat	to renew a contract	возобновлять договор
C 2005	résilier un contrat	to cancel a contract	расторгать контракт

C

C 2006	respecter un contrat	to fulfill a contract	соблюдать условия контракта
C 2007	rompre un contrat	to break off the contract	прекращать действие договора
C 2008	s'engager par contrat	to contract, to sign a contract	заключать контракт
C 2009	signer un contrat	to sign a contract	подписывать контракт
C 2010	solder un contrat	to settle a contract	производить расчёт за контракт
C 2011	stipuler par contrat	to stipulate by contract	обусловливать в договоре
C 2012	contrat d'achat	purchasing contract	договор купли
C 2013	contrat d'achat à terme	forward purchase contract	срочный контракт на покупку
C 2014	contrat sur actions	stock contract	(срочный) контракт на акции
C 2015	contrat d'agence	agency agreement	агентское соглашение
C 2016	contrat d'agencement	agency contract	договор поручения
C 2017	contrat anti-hausse	price-restraint agreement	соглашение о неповышении цен
C 2018	contrat d'apport	contribution agreement	соглашение о взносах в капитал компании
C 2019	contrat d'association	articles of partnership	учредительный договор товарищества
C 2020	contrat d'assurance	insurance contract [policy]	договор о страховании, страховой полис
C 2021	contrat d'assurance crédit	credit insurance contract	договор о страховании кредитов
C 2022	contrat d'atermoiement	postponement contract	соглашение об отсрочке платежа
C 2023	contrat bancaire	banking contract	банковский договор *(о кассово-расчётном обслуживании)*
C 2024	contrat (sur) bons du Trésor	treasury bill contract	(срочный) контракт на боны казначейства
C 2025	contrat Bund	Bunds contract	(срочный) контракт на облигации немецкого казначейства
C 2026	contrat cadre	skeleton agreement	рамочное соглашение
C 2027	contrat de capitalisation à 10 ans	10-year capitalization contract	капитализационный контракт на 10 лет
C 2028	contrat de cautionnement	contract of guarantee	договор поручительства
C 2029	contrat de change	foreign exchange contract	валютное соглашение
C 2030	contrat de change à terme	forward exchange contract	срочное валютное соглашение
C 2031	contrat de coffre-fort	safe deposit box agreement	договор о хранении ценностей в сейфе банка
C 2032	contrat conditionnel	conditional contract *(e.g. negotiable option)*	условный контракт *(напр. обращающийся опцион)*
C 2033	contrat constitutif	articles of incorporation	учредительный договор
C 2034	contrat en cours	outstanding contract	действующий контракт
C 2035	contrat à court terme	short-term contract	краткосрочный контракт
C 2036	contrat de crédit	credit agreement	кредитное соглашение
C 2037	contrat de crédit bancaire	bank loan agreement	договор о банковском кредите
C 2038	contrat sans délai fixe	agreement of unlimited duration	бессрочный контракт
C 2039	contrat de dépôt	bailment	депозитное соглашение
C 2040	contrat de [sur] devises	foreign exchange contract	валютное соглашение
C 2041	contrat à durée déterminée	term contract	срочный договор
C 2042	contrat d'échange	swap (contract)	своп, контракт своп

C 2043	contrat d'échange de devises	currency swap (contract)	валютный своп
C 2044	contrat d'échange de taux d'intérêt	interest rate swap (contract)	процентный своп
C 2045	contrat d'émission	issuing agreement	эмиссионное соглашение
C 2046	contrat d'emprunt	loan agreement	договор займа; кредитное соглашение
C 2047	contrat d'emprunt notionnel	notional loan contract	контракт на основе ноционного [условного] займа
C 2048	contrat d'épargne à long terme	long-term savings agreement	договор о долгосрочных сбережениях
C 2049	contrat Eurodollar (à) 3 mois	3-month Eurodollar contract	евродолларовый контракт (сроком) на 3 месяца
C 2050	contrat de factoring	factoring agreement	факторское соглашение
C 2051	contrat fiduciaire	fiduciary agreement	доверительное [трастовое] соглашение
C 2052	contrat de financement	finance contract	соглашение о финансировании
C 2053	contrat à forfait [forfaitaire]	1. forfeiting 2. fixed-price contract	1. договор форфетирования 2. контракт с фиксированной ценой
C 2054	contrat de FRA	forward rate agreement, FRA	соглашение о будущей процентной ставке
C 2055	contrat (de) future(s)	futures (contract)	фьючерс, фьючерсный контракт
C 2056	contrat future de taux	interest rate futures (contract)	процентный фьючерс
C 2057	contrat de garantie	1. guarantee agreement 2. underwriting contract	1. гарантийный договор, договор о поручительстве 2. андеррайтинговое соглашение *(о гарантии размещения ценных бумаг)*
C 2058	contrat de garantie de taux	forward rate agreement, FRA	соглашение о будущей процентной ставке
C 2059	contrat de garde de valeurs	securities safekeeping agreement	договор хранения ценных бумаг
C 2060	contrat de gestion	management contract	договор управления *(напр. средствами)*
C 2061	contrat global	blanket agreement, package deal	общее соглашение
C 2062	contrat hypothécaire [d'hypothèque]	mortgage deed	договор об установлении ипотеки
C 2063	contrat sur indice boursier [sur indice des cours]	stock index contract	(срочный) контракт на основе биржевого индекса
C 2064	contrat initial	initial contract	исходный контракт
C 2065	contrat d'intermédiaire	contract of agency	договор поручения
C 2066	contrat d'investissement	investment contract	инвестиционное соглашение
C 2067	contrat de leasing	leasing [lease] agreement	лизинговое соглашение
C 2068	contrat de liquidité	liquidity contract *(between a company and underwriters who undertake to ensure liquidity of the market for the company's securities)*	соглашение об обеспечении ликвидности *(договор между компанией и эмиссионным синдикатом, который обязуется обеспечить рынок выпускаемой ценной бумаге)*
C 2069	contrat de location	leasing [lease] agreement	лизинговое соглашение
C 2070	contrat de location de coffre-fort	safety deposit box lease agreement	договор об аренде сейфа

C

C 2071	contrat de location-acquisition	capital lease agreement	договор о капитальной аренде; договор об аренде с последующим приобретением
C 2072	contrat à long terme	long-term contract	долгосрочный контракт
C 2073	contrat long terme du MATIF	MATIF long-term contract	долгосрочный контракт МАТИФ
C 2074	contrat de longue durée	long-term contract	долгосрочный контракт
C 2075	contrat de louage d'équipements	equipment lease agreement	договор об аренде оборудования
C 2076	contrat de marchandises	commodity contract	контракт на товары *(напр. на товарной бирже)*
C 2077	contrat sur marge	margin contract	контракт на основе гарантийного депозита у брокера
C 2078	contrat MATIF	MATIF contract	контракт МАТИФ
C 2079	contrat notionnel	notional contract	ноционный [условный] контракт
C 2080	contrat sur obligations	(forward) bond contract	(срочный) контракт на облигации
C 2081	contrat d'option	option contract	опцион, опционный контракт
C 2082	contrat d'option d'achat	call option (contract)	опцион колл, опцион продавца
C 2083	contrat d'option sur devises	currency options contract	валютный опцион
C 2084	contrat d'option de vente	put option (contract)	опцион пут, опцион покупателя
C 2085	contrat optionnel	option contract, stock option	опцион, опционный контракт
C 2086	contrat d'ouverture de crédit	letter of credit agreement	соглашение об открытии аккредитива
C 2087	contrat (sur) PIBOR (3 mois)	3-month PIBOR contract	контракт на основе ставки ПИБОР на 3 месяца
C 2088	contrat de prêt	loan agreement	договор займа; кредитное соглашение
C 2089	contrat de prise ferme	underwriting agreement	андеррайтинговое соглашение *(о гарантии размещения ценных бумаг)*
C 2090	contrat en souffrance	defaulted contract	неисполненный контракт
C 2091	contrat standardisé	standardized contract	стандартный контракт
C 2092	contrat de swap	swap agreement	соглашение своп, своп
C 2093	contrat de swap de devises	currency swap (contract)	валютный своп
C 2094	contrat de swap d'intérêts [de swap de taux]	interest rate swap (contract)	процентный своп
C 2095	contrat à terme	forward contract; futures (contract)	срочный контракт; фьючерс, фьючерсный контракт
C 2096	contrat à terme d'argent	silver futures (contract)	фьючерс на серебро
C 2097	contrat à terme de bons du Trésor	treasury bill [T-bill] futures (contract)	фьючерс на боны казначейства
C 2098	contrat à terme de devises	currency futures (contract)	валютный фьючерс
C 2099	contrat à terme d'instruments financiers	financial futures (contract)	финансовый фьючерс
C 2100	contrat à terme négociable	negotiable futures (contract)	обращающийся срочный контракт [фьючерс]
C 2101	contrat à terme d'obligations	bond futures (contract)	фьючерс на облигации
C 2102	contrat à terme d'or	gold futures (contract)	фьючерс на золото

C 2103	contrat à terme de [sur] taux d'intérêt	interest rate futures (contract)	процентный фьючерс
C 2104	contrat de vente	sale contract	контракт на продажу
C 2105	contrat de vente à terme	forward sale agreement	срочный контракт на продажу
C 2106	contrats *m pl*	1. contracts, agreements, deeds 2. (futures) contracts	1. контракты, договоры, соглашения 2. (срочные) контракты *(финансовые инструменты)*
C 2107	acheter des contrats	to buy contracts	покупать контракты
C 2108	créer des contrats d'options	to write options [option contracts]	продавать опционы [опционные контракты]
C 2109	dénouer les contrats	to settle the contracts	производить расчёты по контрактам
C 2110	détenir les contrats achetés	to hold the purchased contracts	держать купленные контракты
C 2111	vendre des contrats	to sell contracts	продавать контракты
C 2112	contrats de cap et de floor	caps and floors	контракты «кэп» и «флор» *(контракты, ограничивающие процентную ставку на повышение или на понижение)*
C 2113	contrats de [sur] financial futures [financiers à terme]	financial futures	финансовые фьючерсы
C 2114	contrats d'instruments financiers	financial instruments	финансовые инструменты
C 2115	contravention *f* au contrat	violation of contract	нарушение договора
C 2116	contre-assurance *f*	reinsurance	перестрахование
C 2117	contrebalancer	to counterbalance	уравновешивать
C 2118	contre-caution *f*	countersecurity	встречный залог *(залог, предоставляемый другой стороной)*
C 2119	contre-crédit *m*	back-to-back credit	компенсационный аккредитив
C 2120	contre-écriture *f*	reversal, reversing	сторнирование
C 2121	contre-expertise *f*	cross appraisal, countervaluation, resurvey	повторная экспертиза
C 2122	contrefaçon *f*	counterfeiting, forgery, imitation	подделка
C 2123	protéger contre la contrefaçon	to protect from imitation	защищать от подделки
C 2124	contrefaçon de billets de banque	counterfeiting of banknotes	подделка банкнот
C 2125	contrefaçon d'un chèque	forgery of a check	подделка чека
C 2126	contrefaçon d'une signature	forgery of a signature	подделка подписи
C 2127	contrefacteur *m*	counterfeiter, forger	автор подделки
C 2128	contrefaire	to counterfeit, to forge	подделывать
C 2129	contrepartie *f*	1. equivalent, counter value 2. the other party, the other side; counterparty 3. market making	1. эквивалент 2. контрагент, клиент 3. маркет-мейкинг, обеспечение рынка, проведение (биржевых) операций за свой счёт
C 2130	faire la contrepartie	to deal for one's own account, to make a market	проводить (биржевые) операции за свой счёт, обеспечивать (биржевой) рынок

C

C 2131	servir de contrepartie	to serve as a market maker	обеспечивать (биржевой) рынок
C 2132	contrepartie à l'achat	buying for one's own account (e.g. securities)	покупка за свой счёт (напр. ценных бумаг)
C 2133	contrepartie sur actions	trading [jobbing, market making] in stocks	операции с акциями за свой счёт
C 2134	contrepartie d'ajustement	adjustment market making	(биржевые) операции с целью компенсации разрыва между спросом и предложением
C 2135	contrepartie bancaire	bank counterparty	банковский контрагент
C 2136	contrepartie de blocs [sur blocs de titres]	block trading	(биржевые) операции с крупными пакетами ценных бумаг
C 2137	contrepartie défaillante	failing business partner	ненадёжный контрагент
C 2138	contrepartie financière	cash equivalent	денежный эквивалент
C 2139	contrepartie en francs	equivalent in francs	эквивалент во франках
C 2140	contrepartie ordinaire	ordinary market making	обычные операции по обеспечению (биржевого) рынка
C 2141	contrepartie hors séance	market making outside hours	операции за свой счёт вне часов работы биржи (по цене предыдущего сеанса)
C 2142	contrepartie en [pendant] séance	market making during trading hours	операции за свой счёт в часы работы биржи (по рыночной цене)
C 2143	contrepartie à la vente	selling for one's own account (e.g. securities)	продажа за свой счёт (напр. ценных бумаг)
C 2144	contreparties *f pl* de la masse monétaire	components of money supply	компоненты денежной массы
C 2145	contrepartiste *m*	market maker, jobber	маркет-мейкер, «делатель рынка» (участник рынка, постоянно котирующий цены продавца и покупателя по какому-л. финансовому инструменту)
C 2146	contre-passation *f*	1. reversal, reversing 2. re-endorsement (*of a bill*)	1. сторнирование 2. принудительное списание банком средств со счёта клиента (в случае, если он не оплатил учтённый банком вексель)
C 2147	contre-passation d'une écriture	reversal of an entry	сторнирование
C 2148	contre-passation d'effets impayés	re-endorsement of unpaid bills	принудительное списание банком средств со счёта клиента, не оплатившего учтённых банком векселей
C 2149	contresignature *f*	countersignature	подпись, удостоверяющая другую подпись (на чеке)
C 2150	contre-valeur *f*	exchange value, countervalue, equivalent	эквивалентная стоимость
C 2151	contre-valeur en francs	franc countervalue	эквивалентная стоимость во франках
C 2152	contre-valeur en or	gold equivalent	эквивалентная стоимость в золоте
C 2153	contre-valeur des signes monétaires	exchange value of paper money	эквивалентная стоимость денежных знаков

C

C 2154	contribuable *m*	taxpayer	налогоплательщик
C 2155	contribuable titulaire de valeurs mobilières	security-owning taxpayer	налогоплательщик, владеющий ценными бумагами
C 2156	contributeur *m* de liquidité	contributor of liquidity	поставщик ликвидных средств
C 2157	contribution *f*	1. contribution 2. tax	1. вклад, взнос 2. налог
C 2158	lever [percevoir] une contribution	to tax	взимать налог
C 2159	contribution à la dette	recourse *(of the actual payer)* to co-debtors	компенсация *(фактическому плательщику)* суммы долга содолжниками
C 2160	contribution directe	direct tax	прямой налог
C 2161	contribution au financement de soutien	financial backing	финансовая поддержка
C 2162	contribution foncière	land [property] tax	поземельный налог
C 2163	contribution indirecte	indirect tax	косвенный налог
C 2164	contribution mobilière	tax on movables	налог на движимое имущество
C 2165	contrôlable	controllable	контролируемый, подлежащий контролю
C 2166	contrôle *m*	1. control 2. control, supervision, inspection, check 3. audit, auditing 4. hallmark *(e.g. gold)*	1. контроль; управление; регулирование 2. контроль, надзор, ревизия 3. аудиторский контроль, аудиторская проверка *(счетов)* 4. пробирное клеймо, проба *(напр. золота)*
C 2167	alléger le contrôle des changes	to loosen the exchange control	смягчать валютный контроль
C 2168	avoir le contrôle d'une entreprise	to have a majority [controlling] interest in a company	иметь контрольный пакет акций компании
C 2169	contrevenir au contrôle des changes	to infringe the exchange control	нарушать валютный контроль
C 2170	sous contrôle étranger	foreign-owned	(находящийся) под иностранным контролем
C 2171	démanteler le contrôle des changes	to dismantle the exchange control	отменять валютный контроль
C 2172	détenir le contrôle conjointement	to control jointly	совместно контролировать
C 2173	durcir le contrôle	to tighten the control	ужесточать контроль
C 2174	échapper au contrôle des changes	to evade the exchange control	обходить валютный контроль
C 2175	effectuer le contrôle	to exercise control	осуществлять контроль
C 2176	étendre son contrôle	to extend one's control	расширять сферу своего надзора
C 2177	être soumis au contrôle	to be subject to control	подлежать контролю
C 2178	exercer le contrôle	to exercise control	осуществлять контроль
C 2179	instaurer [instituer] le contrôle des changes	to introduce the exchange control	вводить валютный контроль
C 2180	maintenir le contrôle	to maintain control	сохранять контроль
C 2181	partager le contrôle	to divide control	разделять функции контроля
C 2182	passer sous contrôle des capitaux étrangers	to pass under control of foreign capital	переходить под контроль иностранного капитала
C 2183	prendre le contrôle	to take over	приобретать контрольный пакет акций *(другой компании)*

C

C 2184	renforcer le contrôle des changes	to reinforce the exchange control	ужесточать валютный контроль
C 2185	sortir du contrôle des changes	to come out of the exchange control	выходить из-под валютного контроля
C 2186	soumettre au contrôle	to submit to control	контролировать; проверять
C 2187	supprimer le contrôle des changes	to abolish the exchange control	отменять валютный контроль
C 2188	violer le contrôle des changes	to infringe the exchange control	нарушать валютный контроль
C 2189	contrôle absolu	absolute control	полный контроль
C 2190	contrôle administratif	administrative control	административный контроль
C 2191	contrôle de l'administration fiscale	tax administration control	контроль налоговой администрации
C 2192	contrôle des agences de rating	rating agencies' control	контроль со стороны рейтинговых агентств *(за качеством ценных бумаг)*
C 2193	contrôle des agrégats monétaires	control over money aggregates	контроль за денежными агрегатами
C 2194	contrôle annuel	annual audit	годовая ревизия, годовой аудиторский контроль
C 2195	contrôle des assurances	supervision of insurance	контроль за страховыми операциями
C 2196	contrôle bancaire	bank control	банковский контроль
C 2197	contrôle du bilan	balance sheet auditing	аудиторская проверка баланса
C 2198	contrôle de [d'une] caisse	cash control	проверка наличности
C 2199	contrôle centralisé du crédit	centralized credit control	централизованное регулирование кредита
C 2200	contrôle des changes	exchange control	валютный контроль, валютные ограничения
C 2201	contrôle des changes austère [serré]	strict exchange control	жёсткий валютный контроль
C 2202	contrôle de la circulation monétaire	control of money circulation	контроль за обращением денежной массы
C 2203	contrôle comptable	accounting control	1. бухгалтерский контроль 2. бухгалтерская отчётность
C 2204	contrôle des comptes	audit	аудиторский контроль, аудиторская проверка счетов
C 2205	contrôle courant	operating control	текущий контроль
C 2206	contrôle du crédit	credit control	кредитный контроль *(центрального банка)*
C 2207	contrôle des dépenses	expense control	контроль за расходами
C 2208	contrôle direct	direct control	прямой контроль
C 2209	contrôle des entrées et des sorties de devises	currency import and export control	ограничение ввоза и вывоза валюты
C 2210	contrôle de l'État [étatique]	state control	государственный контроль
C 2211	contrôle externe	external audit	внешний [независимый] аудит *(компаний)*
C 2212	contrôle financier	financial control	финансовый контроль
C 2213	contrôle fiscal	tax control	налоговый контроль
C 2214	contrôle de gestion	management control	управленческий контроль
C 2215	contrôle d'image	image control	графический контроль
C 2216	contrôle intermédiaire des comptes	interim audit of the accounts	промежуточный аудиторский контроль счетов
C 2217	contrôle interne	internal audit	внутренний аудит *(компании)*

C 2218	contrôle légal des comptes	official audit of the accounts	официальный аудиторский контроль счетов
C 2219	contrôle majoritaire	majority control	контроль со стороны мажоритарного акционера *(за руководством компании)*
C 2220	contrôle minoritaire	minority control	контроль со стороны миноритарных акционеров *(за руководством компании)*
C 2221	contrôle monétaire [de la monnaie]	monetary control	денежно-кредитное регулирование
C 2222	contrôle de l'offre de la monnaie	money supply control	регулирование кредита
C 2223	contrôle des opérations financières	control of financial transactions	контроль за финансовыми операциями
C 2224	contrôle partiel	partial control	неполный контроль
C 2225	contrôle personnel	personal control	личный контроль
C 2226	contrôle sur pièces	auditing of documents	документарная проверка [ревизия], проверка отчётности
C 2227	contrôle des procédures	procedural control	контроль за соблюдением процедур
C 2228	contrôle du rapport de vérification	auditing control, audit report review	проверка аудиторской отчётности
C 2229	contrôle restreint	limited control	ограниченный контроль
C 2230	contrôle des revenus	income control	контроль за доходами
C 2231	contrôle de la solvabilité	solvency control	проверка платёжеспособности *(напр. компании)*
C 2232	contrôle, strict	strict control	строгий контроль
C 2233	contrôle total	total control	полный контроль
C 2234	contrôle des transferts	transfer control	контроль за переводами
C 2235	contrôler	1. to control 2. to control, to supervise, to inspect, to check 3. to audit 4. to hallmark	1. контролировать; управлять; регулировать 2. контролировать, проверять, осуществлять надзор 3. проводить аудит [аудиторскую проверку] 4. ставить пробу *(на золоте)*
C 2236	contrôleur *m*	1. inspector, surveyor 2. auditor	1. контролёр, инспектор 2. аудитор
C 2237	contrôleur des contributions	tax inspector	налоговый инспектор
C 2238	contrôleur financier	financial controller, comptroller	главный финансовый контролёр, главный контролёр-ревизор
C 2239	contrôleur interne	internal auditor	бухгалтер-ревизор *(внутри компании)*
C 2240	convention *f*	agreement, contract; convention	соглашение, договор; конвенция
C 2241	passer une convention	to make an agreement	заключать соглашение
C 2242	signer une convention	to sign an agreement	подписывать соглашение
C 2243	convention d'affectation en garantie	agreement on assignment	соглашение, по которому кредитовое сальдо одного счёта является гарантией оплаты счёта
C 2244	convention bilatérale	bilateral agreement	двустороннее соглашение
C 2245	convention de compensation	compensatory agreement	компенсационное соглашение

C

C 2246	convention de compte	account agreement	соглашение об открытии банковского счёта
C 2247	convention de compte carte blanche	discretionary account agreement	соглашение о предоставлении брокеру полной свободы распоряжения средствами, внесёнными клиентом на счёт
C 2248	convention de compte sur marge	margin agreement	соглашение о внесении гарантийного депозита брокеру *(для осуществления биржевых операций)*
C 2249	convention de courtage	brokerage agreement	брокерское соглашение
C 2250	convention de crédit	loan agreement	кредитное соглашение
C 2251	convention contre la double imposition	double taxation convention	соглашение об устранении двойного налогообложения
C 2252	convention d'encaissement obligatoire par anticipation	mandatory retirement covenant	соглашение об обязательном погашении ценных бумаг
C 2253	convention écrite	written agreement	письменное соглашение
C 2254	convention de gestion	management agreement	соглашение об управлении
C 2255	convention d'inscription à la cote	listing agreement	соглашение о биржевой котировке
C 2256	convention internationale	international convention [treaty]	международная конвенция
C 2257	convention de longue durée	long-term agreement	долгосрочное соглашение
C 2258	convention de mise en commun	pooling agreement	соглашение об объединении средств
C 2259	convention monétaire	monetary agreement	валютное соглашение
C 2260	convention de nantissement et de cession	hypothecation and assignment agreement	соглашение об ипотечном залоге и цессии
C 2261	convention d'ouverture de compte	bank account opening agreement	соглашение об открытии банковского счёта
C 2262	convention d'ouverture de crédit	credit opening agreement	соглашение об открытии аккредитива
C 2263	convention de prélèvements	direct debit agreement	соглашение о прямом списании средств со счёта
C 2264	convention de prêt	loan agreement	кредитное соглашение
C 2265	convention de réassurance	reinsurance agreement	договор перестрахования
C 2266	convention tacite	tacit agreement	молчаливое [«джентльменское»] соглашение
C 2267	convention verbale	verbal agreement	устное соглашение
C 2268	convention en vigueur	agreement in force	действующее соглашение
C 2269	convention de vote fiduciaire	voting trust (agreement)	соглашение о голосовании по доверенности
C 2270	conventionné	1. subsidized, low-interest *(loan)* 2. government regulated [controlled] *(price)*	1. льготный *(о кредите)* 2. регулируемый *(о ценах)*
C 2271	conventionnel	contractual	договорный
C 2272	convenu	agreed, stipulated *(price)*	обусловленный, оговорённый *(о ценах)*
C 2273	conversion *f*	1. conversion 2. Exchange	1. конверсия; пересчёт, перевод 2. обмен, размен *(денег)*
C 2274	conversion accélérée	accelerated conversion *(of debentures)*	ускоренная конверсия *(облигаций)*
C 2275	conversion en argent liquide	conversion into cash	конверсия в ликвидные средства

C

C 2276	conversion des créances en actifs	conversion of debts into assets	конверсия долговых требований в активы
C 2277	conversion de créances en actions	debt-equity swap	обмен долговых требований на акции
C 2278	conversion des créances en investissements	conversion of debts into investments	конверсия долговых обязательств в инвестиции
C 2279	conversion de crédits à court terme	conversion of short-term loans	конверсия краткосрочных ссуд
C 2280	conversion d'une dette	debt conversion	конверсия долга
C 2281	conversion de dettes en actifs	conversion of debts into assets	конверсия обязательств в активы
C 2282	conversion (de) devise	foreign currency translation	перевод [пересчёт] иностранной валюты
C 2283	conversion des devises en or	conversion of currency into gold	обмен валюты на золото
C 2284	conversion d'un emprunt	conversion of a loan	конверсия займа
C 2285	conversion en espèces	conversion into cash	обмен на наличные
C 2286	conversion financière	financial conversion	финансовая конверсия (изменение условий займа)
C 2287	conversion forcée	forced conversion	принудительная конверсия
C 2288	conversion en francs	conversion into francs	пересчёт во франки
C 2289	conversion en moyens de paiement	conversion into means of payment	конверсия в платёжные средства
C 2290	conversion d'obligations	bond conversion	конверсия облигаций
C 2291	conversion à la parité	conversion [translation] at parity	обмен по паритету
C 2292	conversion de rentes	conversion of government bond issues	конверсия государственных займов
C 2293	conversion de titres	conversion of securities	обмен ценных бумаг
C 2294	conversion en titres nominatifs	conversion into registered securities	обмен на именные ценные бумаги
C 2295	convertibilité f	convertibility	конвертируемость, обратимость
C 2296	convertibilité des avoirs	convertibility of holdings	конвертируемость авуаров
C 2297	convertibilité des devises	convertibility of currencies	конвертируемость валют
C 2298	convertibilité entière	full convertibility	полная конвертируемость
C 2299	convertibilité externe	external convertibility	внешняя конвертируемость (обратимость для нерезидентов)
C 2300	convertibilité fiduciaire	convertibility of paper money	обратимость бумажных денег
C 2301	convertibilité générale	general convertibility	общая конвертируемость
C 2302	convertibilité idéale	full convertibility	полная конвертируемость
C 2303	convertibilité inconditionnelle	unconditional convertibility	безусловная конвертируемость
C 2304	convertibilité intégrale	full convertibility	полная конвертируемость
C 2305	convertibilité interne	internal convertibility	внутренняя конвертируемость (обратимость для резидентов)
C 2306	convertibilité, libre	free convertibility	свободная конвертируемость
C 2307	convertibilité limitée	limited [restricted] convertibility	неполная [ограниченная] конвертируемость
C 2308	convertibilité monétaire [des monnaies]	currency convertibility	конвертируемость валюты
C 2309	convertibilité obligataire	bond convertibility	обратимость облигаций
C 2310	convertibilité en or	convertibility into gold	обратимость в золото

C

C 2311	convertibilité partielle	partial convertibility	частичная обратимость (в рамках определённой валютной зоны)
C 2312	convertibilité, pleine [pure]	full convertibility	полная конвертируемость
C 2313	convertibilité restreinte	limited [restricted] convertibility	неполная [ограниченная] конвертируемость
C 2314	convertibilité totale	full convertibility	полная конвертируемость
C 2315	convertibilité-or *f*	convertibility into gold	обратимость в золото
C 2316	convertible	convertible	конвертируемый, обратимый
C 2317	convertir	to convert (*a currency*)	1. конвертировать (переводить средства из одной валюты в другую) 2. переводить, пересчитывать
C 2318	convertir en francs	to convert [to change] into francs	переводить во франки
C 2319	convertissable	convertible	конвертируемый, обратимый
C 2320	convertissement *m*	currency conversion	перевод в другую валюту
C 2321	convocation *f*	1. convening 2. notification, notice, invitation (to attend)	1. созыв 2. приглашение
C 2322	convocation des actionnaires	calling the shareholders together	созыв акционеров
C 2323	convocation d'une assemblée	convening a shareholders meeting	созыв собрания акционеров
C 2324	convoyeur *m* de fonds	collector	инкассатор
C 2325	convulsions *f pl* monétaires et financières	monetary and financial crisis	валютно-финансовые потрясения
C 2326	coobligé *m*	co-debtor	солидарный должник
C 2327	coopération *f* monétaire intergouvernementale [interétatique]	intergovernmental monetary cooperation	межгосударственное валютное сотрудничество
C 2328	coopérative *f*	cooperative society	кооператив, кооперативное товарищество
C 2329	coopérative de cautionnement	mutual guarantee cooperative	общество взаимной гарантии
C 2330	coopérative de crédit [emprunteuse]	credit cooperative	кредитное товарищество
C 2331	coopérative de placement	investment cooperative	инвестиционная компания
C 2332	coordination *f*	coordination	координация, согласование
C 2333	coordination des législations bancaires	coordination of banking laws	координация банковского законодательства
C 2334	coordination des politiques monétaires	coordination of monetary policy	согласование денежно-кредитной политики
C 2335	coparticipant *m*	copartner	компаньон
C 2336	coparticipation *f*	copartnership, joint venture	совместное предприятие
C 2337	copartage *m*	joint heirship, coparcenary	участие в разделе имущества
C 2338	copatronage *m*	cosponsoring, cosponsorship	совместное спонсорство
C 2339	copie *f*	copy	копия
C 2340	pour copie conforme	certified true	с подлинным верно
C 2341	faire une copie	to duplicate, to copy	делать копию
C 2342	suivant copie ci-jointe	as per enclosed copy	согласно приложенной копии
C 2343	copie authentique	authentic copy	подлинная копия
C 2344	copie certifiée conforme	certified true copy	заверенная копия
C 2345	copie de lettre de change	copy of a bill	копия векселя
C 2346	copie sur support papier	hard copy	бумажная копия (электронного документа)
C 2347	copossesseur *m*	joint owner	совладелец

C 2348	copossession *f*	joint ownership, co-ownership	совладение
C 2349	copreneur *m*	co-lessee, co-tenant	соарендатор
C 2350	copropriétaire *m*	co-owner, joint owner	совладелец
C 2351	copropriété *f*	joint ownership	совладение
C 2352	corbeille *f*	1. trading floor [pit, ring] 2. stock exchange 3. basket	1. биржевой ринг [круг] (место в центре биржевого зала, где проводится торг) 2. фондовая биржа 3. корзина, набор
C 2353	corbeille des actions	stock trading ring	биржевой ринг акций
C 2354	corbeille des obligations	bond trading ring	биржевой ринг облигаций
C 2355	corépondant *m*	co-surety, co-guarantor	сопоручитель
C 2356	coresponsabilité *f*	joint responsibility	солидарная ответственность
C 2357	coresponsables *m pl*	jointly liable	солидарно ответственные
C 2358	coréviseur *m*	joint auditor	соаудитор
C 2359	corps *m* d'un titre	body of a security	собственно ценная бумага (без купона)
C 2360	correctif *m*	corrective, amendment	поправка
C 2361	correction *f*	correction, adjustment	пересмотр, корректировка
C 2362	correction à la baisse [vers le bas] du taux de change	downward exchange rate adjustment	корректировка валютного курса в сторону понижения
C 2363	correction monétaire	monetary adjustment	корректировка валютного курса
C 2364	correction périodique de parité	regular parity adjustment	периодический пересмотр паритета валют
C 2365	correction du taux de change	exchange rate adjustment	корректировка валютного курса
C 2366	correction technique	technical reaction	техническая корректировка (курса)
C 2367	correction des variations de change	adjustment for exchange rate fluctuations	поправка на колебания валютного курса
C 2368	corrélation *f* entre taux d'intérêt courts et taux de change	correlation between short-term interest rates and exchange rates	корреляция между процентными ставками по краткосрочным кредитам и валютными курсами
C 2369	correspondance *f* des échéances	matching of terms	сопоставление сроков активов и пассивов
C 2370	correspondant *m*	1. correspondent bank 2. correspondent	1. банк-корреспондент 2. сторона в договоре банковского счёта; сторона в договоре контокоррента
C 2371	correspondant étranger	foreign correspondent, correspondent abroad	зарубежный банк-корреспондент
C 2372	correspondants *m pl*	correspondents	корреспонденты
C 2373	correspondants bancaires	correspondent banks	банки-корреспонденты
C 2374	correspondants financiers	financial correspondents	финансовые корреспонденты
C 2375	correspondants non financiers	nonfinancial correspondents	нефинансовые корреспонденты
C 2376	correspondants du Trésor, CVT	Treasury correspondents	корреспонденты казначейства (финансовые учреждения, хранящие средства в казначействе)
C 2377	corriger	to correct, to adjust	пересматривать; корректировать

C

C 2378	corriger en baisse	to revise downwards	пересматривать в сторону понижения
C 2379	corriger en hausse	to revise upwards	пересматривать в сторону повышения
C 2380	cosignataire *m*	cosignatory	одно из подписавших документ лиц
C 2381	cosignature *f*	joint signature	совместное подписание (документа)
C 2382	cotable	quotable, listed	котируемый, подлежащий котировке; регистрируемый (на бирже)
C 2383	cotation *f*	quotation, listing	1. котировка, курс 2. допуск ценных бумаг на фондовую биржу
C 2384	accéder directement à la cotation	to have direct access to a quotation	получать прямой доступ к котировке
C 2385	assurer une cotation	to ensure a quotation	осуществлять котировку
C 2386	sans cotation	no quotation, unlisted	без котировки
C 2387	donner son agrément à une cotation	to approve a quotation	давать согласие на котировку
C 2388	faire une cotation	to quote, to list	котировать
C 2389	interrompre une cotation	to suspend a quotation	приостанавливать котировку
C 2390	préparer une cotation	to prepare a quotation	подготавливать котировку
C 2391	procéder à une cotation	to quote, to list	котировать
C 2392	cotation des actions	stock quotation	котировка акций
C 2393	cotation assistée en continu, CAC	computer continuous quotation (system)	компьютерная система непрерывной котировки
C 2394	cotation assistée par ordinateur	computer-assisted quotation (system)	компьютерная система котировки
C 2395	cotation de la barre d'or	gold bullion quotation	цена золота в слитках
C 2396	cotation de la bourse [boursière]	stock exchange quotation	биржевая котировка
C 2397	cotation par casier(s)	pigeon-hole quotation	письменная котировка ценных бумаг за наличные (корзинный метод котировки)
C 2398	cotation au certain	certain quotation	твёрдая котировка
C 2399	cotation au comptant	spot quotation	котировка спот *(по текущим операциям)*
C 2400	cotation en continu	continuous quotation	непрерывная котировка
C 2401	cotation en continu avec assistance informatique [assistée par ordinateur, informatisée]	computer-assisted continuous quotation (system)	компьютерная система непрерывной котировки
C 2402	cotation des cours	price quotation	котировка курсов
C 2403	cotation d'un cours d'introduction	opening quotation	котировка курса открытия биржи
C 2404	cotation à la criée	open outcry quotation	устная котировка
C 2405	cotation différée	suspended [deferred] quotation	временно приостановленная котировка *(при большом скачке курса)*
C 2406	cotation directe	direct quotation	прямая котировка
C 2407	cotation «disponible»	current quotation	текущий курс, текущая цена
C 2408	cotation dollar-franc	dollar-franc quotation	курс доллара против франка
C 2409	cotation d'une entreprise	quotation of a company	котировка (акций) компании

C 2410	cotation au fil de l'eau	continuous quotation	непрерывная котировка
C 2411	cotation au fixing	quotation at fixing	котировка фиксинга
C 2412	cotation fournie	quotation provided	выставленная котировка
C 2413	cotation 24 heures sur 24	continuous quotation	непрерывная котировка
C 2414	cotation incorrecte	incorrect quotation	неправильная котировка
C 2415	cotation indirecte	indirect quotation	косвенная котировка
C 2416	cotation libre	market quotation	рыночная котировка
C 2417	cotation d'une obligation	bond quotation	котировка облигации
C 2418	cotation par opposition(s)	quotation by opposition	котировка путём сопоставления заявок
C 2419	cotation d'une option des devises étrangères	quotation of an option on foreign exchange	котировка валютного опциона
C 2420	cotation d'une option sur valeurs mobilières	quotation of an option on securities	котировка опциона на ценные бумаги
C 2421	cotation ordinaire	ordinary quotation	обычная котировка
C 2422	cotation au pied du coupon [en pour-cent, en pourcentage]	percentage quotation	котировка в процентах
C 2423	cotation, première	opening quotation	первая текущая котировка *(дня)*, первый курс
C 2424	cotation à prime	quotation at a premium	котировка с премией
C 2425	cotation des principales lignes d'OAT	quotation of principal OAT issues	котировка основных выпусков ассимилируемых облигаций казначейства
C 2426	cotation réservée	suspended quotation	временно приостановленная котировка *(при большом скачке курса)*
C 2427	cotation, seconde	final quotation	окончательная [последняя] котировка, последний курс
C 2428	cotation servant de référence	reference quotation	базисная котировка
C 2429	cotation simultanée des titres	simultaneous quotation of securities	одновременная котировка ценных бумаг
C 2430	cotation successive	consecutive quotation	последовательная котировка
C 2431	cotation de swap	swap quotation	котировка свопа
C 2432	cotation de swap d'intérêt	interest rate swap quotation	котировка процентного свопа
C 2433	cotation technique	technical trading	техническая котировка
C 2434	cotation télégraphique	tape quotation	курс (ценных бумаг), зафиксированный на ленте биржевого телеграфного аппарата
C 2435	cotation à terme	forward quotation	котировка форвард *(по сделкам с поставкой валюты на срок)*
C 2436	cotation par titre	quotation per unit	котировка отдельной ценной бумаги
C 2437	cotation unique	single quotation	единая котировка
C 2438	cotation par unité	quotation per unit	котировка отдельной ценной бумаги
C 2439	cotations *f pl*	quotations	котировки
C 2440	égaliser les cotations	to level out quotations	выравнивать котировки
C 2441	fournir les cotations	to provide quotations	выставлять котировки
C 2442	cotations affichées	displayed quotations	котировки, выведенные на экран
C 2443	cotations «aller-retour»	two-way quotations	двусторонние котировки

C

C 2444	cotations sur le gré-à-gré [sur le hors-cote]	quotations at the over-the-counter market	котировки на внебиржевом рынке
C 2445	cotations officielles	official quotations	официальные котировки
C 2446	cotations régulières	regular quotations	регулярные котировки
C 2447	cotations en report/déport	contango/backwardation quotations	котировки по репортным и депортным сделкам
C 2448	cotations de taux	interest rate quotations	процентные котировки
C 2449	cotations des titres en règlement mensuel	quotations of securities for monthly settlement	котировки ценных бумаг на рынке с поставкой в конце месяца
C 2450	cote *f*	1. quotation, rate 2. official list of quotations, stock exchange list 3. rating	1. котировка, курс 2. курсовой бюллетень; перечень ценных бумаг 3. рейтинг; оценка
C 2451	admettre à la cote	to admit to quotation	принимать к котировке
C 2452	demander l'admission à la cote	to apply for admission to the official list	запрашивать о принятии к котировке
C 2453	être admis à la cote	to be listed	быть принятым к котировке
C 2454	publier la cote des cours	to publish the stock exchange list	публиковать курсовой бюллетень
C 2455	radier (une valeur mobilière) de la cote officielle	to discontinue the listing (of a security)	снимать (ценную бумагу) с котировки
C 2456	cote en banque	unquoted list	котировка не обращающихся на бирже акций, непубликуемый курс
C 2457	cote de la bourse [boursière]	stock exchange quotation	биржевая котировка, официальный биржевой курс
C 2458	cote du change	foreign exchange quotation	котировка валюты
C 2459	cote de clôture	closing quotation	котировка при закрытии
C 2460	cote comparative	comparative quotation	сопоставительный курс
C 2461	cote de confiance	credit rating	оценка кредитоспособности, кредитовый рейтинг
C 2462	cote des cours	quotation of prices	котировка курсов
C 2463	cote de crédit	credit rating	оценка кредитоспособности, кредитовый рейтинг
C 2464	cote directe	direct quotation	прямая котировка
C 2465	cote des droits	list of quoted rights	бюллетень котировки подписных прав *(раздел курсового бюллетеня)*
C 2466	cote, faible	weak quotation	низкий курс
C 2467	cote indirecte	indirect quotation	косвенная котировка
C 2468	cote du marché	market quotation [rate]	рыночная котировка
C 2469	cote officielle	1. official quotation 2. quoted list 3. stock exchange	1. официальная котировка; официальный биржевой курс 2. перечень зарегистрированных на бирже ценных бумаг 3. официальная фондовая биржа, официальный рынок ценных бумаг
C 2470	cote officielle des devises	official foreign exchange quotation	бюллетень курсов иностранной валюты
C 2471	cote officielle quotidienne	daily quotation sheet	ежедневный бюллетень официальной котировки
C 2472	cote d'opérations courantes	list of current transactions	перечень текущих операций
C 2473	cote la plus élevée	the highest quotation	наивысший курс

C

C 2474	cote provisoire	provisional quotation	предварительная котировка
C 2475	cote de solvabilité	credit rating	оценка кредитоспособности, кредитный рейтинг
C 2476	cote sommaire	summary quotation list	котировочная сводка
C 2477	cote des valeurs mobilières	securities quotation list	котировочный бюллетень ценных бумаг
C 2478	cote variable	successive quotation	последовательная котировка курсов
C 2479	Cote *f*	price list	курсовой бюллетень
C 2480	coté en bourse	listed	котируемый на бирже
C 2481	coter	1. to quote, to list 2. to rate	1. котировать; регистрировать курс; назначать цену 2. оценивать, определять рейтинг
C 2482	coter ferme	to quote firm	котировать по твёрдо установленному курсу
C 2483	coter en monnaie nationale	to quote in local currency	котировать в национальной валюте
C 2484	coter au pair	to quote at par	котировать по паритету
C 2485	coteur *m*	quoting broker	котировщик
C 2486	cotisant *m*	(paying) member, subscriber, contributor	пайщик
C 2487	cotisation *f*	quota, contribution, share	взнос, пай
C 2488	cotitulaire *m*	joint holder	совладелец
C 2489	coulisse *f*	outside [curb, off-floor, over-the counter] market	кулиса *(неофициальная фондовая биржа)*, внебиржевой рынок
C 2490	coulissier *m*	outside [curb] broker	неофициальный брокер *(не являющийся членом фондовой биржи)*
C 2491	coup *m*		
C 2492	coup d'accordéon	reduction of capital	сокращение капитала
C 2493	coup de bélier	liquidity squeeze	сокращение ликвидных средств
C 2494	coup de bourse	speculation *(e.g. in currency options)*	спекуляция *(на бирже)*
C 2495	couple *m* de devises	currency pair *(in the stock exchange)*	пара валют *(напр. в валютных опционах)*
C 2496	coupon *m*	coupon *(of bond)*	купон *(облигации)*; свидетельство на выплату процентов
C 2497	acquitter un coupon	to pay a coupon	оплачивать купон
C 2498	avec coupon attaché	cum [with] coupon, dividend on	с купоном, с учётом купона
C 2499	sans coupon couru	without accrued dividends	без учёта накопленных дивидендов
C 2500	avec coupon détaché	ex coupon, ex dividend, dividend off	без купона, без учёта купона
C 2501	détacher un coupon	to clip a coupon	отрезать купон
C 2502	encaisser un coupon	to cash a coupon	сдавать купон на инкассо, получать наличные по купону
C 2503	payer un coupon	to pay a coupon	оплачивать купон
C 2504	au pied du coupon	ex coupon	без учёта стоимости текущего купона
C 2505	servir un coupon	to pay a coupon	оплачивать купон
C 2506	coupon annoncé	announced coupon	объявленный купон

C

C 2507	coupon arriéré	coupon in arrears	просроченный купон
C 2508	coupon attaché	cum coupon	неоторванный купон
C 2509	coupon couru	accrued dividend	накопленный (к настоящему моменту) дивиденд, на который держатель ценной бумаги имеет право
C 2510	coupon déclarable	declarable coupon	объявляемый купон
C 2511	coupon détachable	detachable coupon	отрезной купон
C 2512	coupon détaché	detached coupon	оторванный купон
C 2513	coupon de dividende	dividend coupon	купон на получение дивиденда
C 2514	coupon domicilié	domiciled coupon	домицилированный купон
C 2515	coupon dû [échu]	due [outstanding] coupon	купон, по которому наступил срок платежа
C 2516	coupon d'intérêt(s)	interest coupon	процентный купон
C 2517	coupon d'intérêt intérimaire	interim interest coupon	купон на промежуточный процент
C 2518	coupon non échu	unmatured coupon	купон, срок выплаты по которому не наступил
C 2519	coupon périmé	lapsed coupon	недействующий купон
C 2520	coupon au porteur	bearer coupon	купон на предъявителя
C 2521	coupon pris à l'encaissement	coupon accepted for collection	купон, принятый к оплате
C 2522	coupon remis à l'encaissement	coupon sent for collection	купон, переданный на инкассо
C 2523	coupon semestriel	semiannual coupon	полугодовой купон
C 2524	coupon zéro	zero coupon	нулевой купон
C 2525	couponnier m	coupon holder	владелец купона
C 2526	coupons m pl	coupons	купоны; проценты
C 2527	coupons annuels	annual coupons	годовые проценты
C 2528	coupons attrayants	attractive interest	привлекательные проценты
C 2529	coupons sur les emprunts	loan coupons	проценты по займам
C 2530	coupons extrêmement bas	extremely low coupons	чрезвычайно низкие проценты
C 2531	coupons, faibles	low coupons	низкие проценты
C 2532	coupons, hauts	high coupons	высокие проценты
C 2533	coupure f	banknote, bill	купюра, банкнота
C 2534	coupure, grosse	note [bill] of large denomination	крупная купюра
C 2535	coupure, petite	note [bill] of small denomination	мелкая купюра
C 2536	courant	1. current 2. marketable	1. текущий 2. легкореализуемый
C 2537	courant m	1. trend 2. flow	1. тенденция 2. поток
C 2538	courant acheteur	buying [bullish] trend	повышательная тенденция, тенденция к покупке (на бирже)
C 2539	courant de baisse	downward trend	понижательная тенденция, тенденция к продаже (на бирже)
C 2540	courant de capitaux	capital flow	поток капиталов
C 2541	courant de hausse	upward trend	повышательная тенденция, тенденция к покупке (на бирже)
C 2542	courant d'investissement	investment flow	инвестиционный поток

C 2543	courant vendeur	selling [bearish] trend	понижательная тенденция, тенденция к продаже (на бирже)
C 2544	courbe *f*	curve	кривая
C 2545	tracer une courbe	to plot a curve, to graph	строить кривую
C 2546	courbe ascendante [ascensionnelle]	upward curve	восходящая кривая
C 2547	courbe des bénéfices	profit curve	кривая прибыли
C 2548	courbe de(s) coût(s)	cost curve	кривая стоимости, кривая затрат
C 2549	courbe de la demande	demand curve	кривая спроса
C 2550	courbe descendante	downward curve	нисходящая кривая
C 2551	courbe des encours	outstanding amount curve	кривая изменения суммы кредитования
C 2552	courbe de l'offre	supply curve	кривая предложения
C 2553	courbe de rendement	yield curve	кривая доходности
C 2554	courbe de rentabilité	profit curve	кривая прибыльности
C 2555	courir	to run, to accrue *(e.g. interest)*	увеличиваться, накапливаться, набегать *(напр. о процентах)*
C 2556	cours *m*	rate *(of a currency)*; price *(of a stock exchange security)*	курс *(напр. валюты)*; цена *(напр. ценной бумаги)*
C 2557	augmenter le cours	to increase the price	повышать цену
C 2558	avoir cours	to be current, to have currency	быть в обращении, иметь хождение
C 2559	calculer le cours	to calculate the price	рассчитывать курс
C 2560	coter le cours	to quote the rate	котировать [устанавливать] курс
C 2561	au cours de	at the rate of	по курсу
C 2562	au cours courant	at the current rate	по текущему курсу
C 2563	au cours du jour	at the rate of the day	по курсу дня
C 2564	au cours du marché	at market price	по рыночному курсу
C 2565	dans le cours	in the money	«в деньгах» *(ситуация на бирже, при которой цена исполнения опциона выгоднее, чем цена инструмента, лежащего в его основе)*
C 2566	au-dessous du cours	below the rate	ниже курса
C 2567	au-dessus du cours	above the rate	выше курса
C 2568	décomposer le cours	to decompose the price	производить разложение цены на составляющие
C 2569	définir le cours	to fix the rate	котировать [устанавливать] курс
C 2570	donner en permanence le cours	to continuously quote the rate	постоянно котировать курс
C 2571	établir le cours	to establish the price	устанавливать цену
C 2572	faire baisser le cours	to force down the rate	понижать курс
C 2573	faire monter le cours	to force up the rate	повышать курс
C 2574	fixer le cours	to fix the rate	котировать [устанавливать] курс
C 2575	homologuer le cours	to authorize [to confirm] the price	официально допускать цену
C 2576	influencer le cours	to influence the price	воздействовать на курс
C 2577	inscrire le cours à la cote	to quote the price	вносить курс для котировки

C

C 2578	laisser flotter le cours de change	to release the exchange rate	позволять валютному курсу свободно плавать
C 2579	majorer le cours	to increase the price	повышать цену
C 2580	au meilleur cours possible	at the best price	по наилучшему возможному курсу
C 2581	retenir le cours	to check [to control] the price	сдерживать курс
C 2582	soutenir le cours	to support the price	поддерживать курс
C 2583	cours d'achat	buying price	курс покупки
C 2584	cours acheteur	bid [buying] price	курс покупателя *(валюты)*
C 2585	cours acheteur ferme	firm bid price	твёрдый курс покупки
C 2586	cours d'une action	stock price	цена [курс] акции
C 2587	cours actuel	ruling price	текущая цена *(акций)*
C 2588	cours ajusté	adjusted price	скорректированный курс
C 2589	cours anticipé	expected price	ожидаемый курс
C 2590	cours d'application	marrying price	котировка ценной бумаги на бирже *(используемая банком-членом биржи для внутрибанковского зачёта, покупок и продаж)*
C 2591	cours approximatif	approximate price	приблизительная цена
C 2592	cours d'après-bourse	street [curb] price	курс ценных бумаг после закрытия биржи
C 2593	cours avantageux	favorable price	выгодный курс
C 2594	cours hors banque	unofficial price	внебиржевой курс
C 2595	cours bas	low rate	низкий курс
C 2596	cours de bourse	market price	биржевой курс, биржевая котировка
C 2597	cours en bourse	stock exchange quotation	биржевая котировка
C 2598	cours hors bourse	over-the-counter price	внебиржевой курс
C 2599	cours de bourse au-dessous du pair	below par stock market price	биржевой курс ниже паритета
C 2600	cours de bourse au-dessus du pair	above par stock market price	биржевой курс выше паритета
C 2601	cours central	central rate *(EU)*	центральный валютный курс *(ЕС)*
C 2602	cours de [du] change	rate of exchange, exchange rate	валютный курс
C 2603	cours de change au comptant	spot exchange rate	текущий валютный курс, курс спот, курс валют по сделкам спот
C 2604	cours de change dollar-franc	dollar-franc exchange rate	соотношение доллар/французский франк
C 2605	cours de change fixe	fixed exchange rate	фиксированный валютный курс
C 2606	cours de change flottant [fluctuant]	floating rate	плавающий валютный курс
C 2607	cours de change multiple	multiple exchange rate	множественный валютный курс
C 2608	cours de change d'origine	historical exchange rate	первоначальный валютный курс
C 2609	cours de change soutenu	pegged exchange rate	поддерживаемый валютный курс
C 2610	cours de change à terme	forward exchange rate	срочный валютный курс, курс валют по срочным сделкам, курс форвард
C 2611	cours du chèque	check rate	чековый курс

C

C 2612	cours de clôture	closing price	заключительный курс, курс на момент закрытия биржи
C 2613	cours de compensation	make-up [making-up] price	курс расчётов (на бирже)
C 2614	cours de comptabilisation	book rate	учётный курс, балансовая стоимость
C 2615	cours au [du] comptant, CC	1. spot rate 2. spot price	1. курс спот 2. обменный курс по кассовым сделкам
C 2616	cours au comptant à la date de levée	spot rate at exercise	курс спот на дату исполнения (опциона)
C 2617	cours comptant, dernier	closing spot rate	заключительный курс спот
C 2618	cours contractuel	contractual price	контрактная цена
C 2619	cours de conversion	rate of conversion	обменный курс
C 2620	cours de la convertibilté d'une obligation	bond conversion rate	курс обмена облигации
C 2621	cours coté	quoted price	котируемый курс
C 2622	cours de la demande	bid price	цена, предлагаемая покупателям; цена покупателя
C 2623	cours demandé	buying price	курс покупателя (валюты)
C 2624	cours de déport	backwardation rate	1. курс операций по депорту 2. курсовая скидка
C 2625	cours, dernier	closing price	заключительный курс, курс на закрытие биржи
C 2626	cours des devises	rate of exchange	валютный курс
C 2627	cours des devises décoté à la vente	selling exchange rate quoted at a discount	заниженный при продаже валютный курс
C 2628	cours des devises surcoté à l'achat	buying exchange rate quoted at a premium	завышенный при покупке валютный курс
C 2629	cours des devises traitées au comptant	spot exchange rate	текущий валютный курс, курс валют по сделкам спот
C 2630	cours du disponible	spot price	курс спот
C 2631	cours donné	offer(ed) [selling] price	курс продавца (валюты)
C 2632	cours du dont	call price	цена опциона колл, цена опциона на покупку
C 2633	cours du droit	price of the right	цена права
C 2634	cours des droits d'attribution	price of an allotment right	курс прав акционера на безвозмездное получение дополнительных акций при увеличении первоначального капитала общества
C 2635	cours des droits de souscription	price of an application right	курс прав акционера на преимущественное приобретение дополнительных акций при увеличении первоначального капитала общества
C 2636	cours de l'échéance mars	March maturity price	цена фьючерса со сроком исполнения в марте
C 2637	cours effectif	actual price	фактическая цена
C 2638	cours d'émission	issue price, subscription rate	эмиссионная цена
C 2639	cours de l'emprunt notionnel	notional loan price	цена ноционного [условного] займа
C 2640	cours d'encaissement	collection price	курс инкассирования
C 2641	cours estimatif	valuation price	оценочная цена
C 2642	cours d'évaluation d'or	gold price	цена золота
C 2643	cours d'exercice	strike price	цена исполнения опциона

C

C 2644	cours de facturation [facturé]	invoice price	фактурная цена
C 2645	cours favorable	favorable rate	выгодный курс
C 2646	cours fictif	nominal rate	условная цена
C 2647	cours fixe	fixed rate	фиксированный (валютный) курс
C 2648	cours fixé	fixed price	зафиксированный курс *(курс, установленный в момент заключения сделки)*
C 2649	cours flottant	floating exchange rate	плавающий валютный курс
C 2650	cours forcé	forced circulation	1. принудительный курс 2. обращение бумажных денег с принудительным курсом
C 2651	cours forfaitaire	lump-sum price	паушальная цена
C 2652	cours garanti, CG	strike price	цена исполнения валютного опциона
C 2653	cours indicatif	indication [indicative] rate	справочный курс
C 2654	cours d'intervention	intervention price [point]	интервенционный курс
C 2655	cours d'introduction	introduction price	первый курс, курс на момент открытия биржи
C 2656	cours du jour	rate of the day	курс дня
C 2657	cours légal	official rate	официальный курс (банковских билетов)
C 2658	cours libre	freely floating (exchange) rate	колеблющийся валютный курс
C 2659	cours limite	limit price	лимитная [предельно высокая] цена
C 2660	cours limité	limited price	ограниченный [лимитированный] курс
C 2661	cours du lingot	(gold) ingot price	цена слитка золота
C 2662	cours de [en] liquidation, CL	settlement price [rate]	расчётный курс (на бирже)
C 2663	cours du livrable	forward price	курс срочной сделки
C 2664	cours du marché	market price	курс биржи; рыночная цена
C 2665	cours du marché libre	free market price	цена свободного рынка
C 2666	cours sur le marché secondaire en bourse	secondary market price	курс вторичного рынка на бирже
C 2667	cours du Matif	MATIF price	курс МАТИФ *(срочного рынка финансовых инструментов в Париже)*
C 2668	cours maximum	maximum price [rate]	наивысшая цена; максимальный курс
C 2669	cours au mieux	best rate	наилучший курс
C 2670	cours minimum	minimum price [rate]	наименьшая цена; наименьший курс
C 2671	cours modifié	modified price	изменённый курс
C 2672	cours des monnaies	(foreign) exchange rate	валютный курс
C 2673	cours, moyen	mean [middle] price	средняя цена
C 2674	cours observé	actual price	реальный курс
C 2675	cours offert	offer(ed) price, selling price	курс продавца (валюты)
C 2676	cours officiel	official rate	официальный валютный курс
C 2677	cours officieux d'intervention	actual intervention price [point]	фактический интервенционный курс
C 2678	cours de l'offre	asked price	запрашиваемая цена; цена продавца
C 2679	cours de l'once	(gold) ounce price	цена унции (золота)

C

C 2680	cours de l'option	option price	величина премии, цена опциона
C 2681	cours de l'or	gold quotation [price]	цена золота
C 2682	cours de l'ou	put price	цена опциона пут, цена опциона на продажу
C 2683	cours d'ouverture	opening price	первоначальный курс, курс на открытие биржи
C 2684	cours au pair	par price	цена по паритету, номинальная цена
C 2685	cours payé	buying price	курс покупателя (валюты)
C 2686	cours pivot	central rate *(EU)*	центральный валютный курс *(ЕС)*
C 2687	cours plafond	ceiling rate, upper intervention limit	предельно высокий курс
C 2688	cours plancher	floor rate, lower intervention limit	предельно низкий курс
C 2689	cours le plus bas	lowest [bottom] price	минимальный курс
C 2690	cours le plus haut	highest [top] price	максимальный курс
C 2691	cours précédent	previous price	предыдущий курс
C 2692	cours, premier	opening price	первоначальный курс, курс на открытие биржи
C 2693	cours de prime	option price	величина премии, цена опциона
C 2694	cours protégé	protected price	поддерживаемая цена
C 2695	cours quotidien	rate of the day	курс дня
C 2696	cours de rachat	buying-up price	цена выкупа акций
C 2697	cours de réponse	delivery price	цена поставки *(срочного контракта)*
C 2698	cours de report	contango [carry-over] rate	надбавка за репортные сделки
C 2699	cours retenu	cut-off price	предельная цена *(на торгах)*
C 2700	cours de souscription	subscription price	цена подписки
C 2701	cours spot	spot price	курс спот, курс ценных бумаг по кассовым сделкам
C 2702	cours stable	stable price	устойчивый курс
C 2703	cours du stellage	double option [put and call] price	цена стеллажной сделки, цена двойного опциона
C 2704	cours stop	stop price	предельный курс *(после которого позиция должна быть автоматически закрыта)*
C 2705	cours télégraphique	tape price	курс, взятый с ленты котировочного аппарата
C 2706	cours à terme	price for the account [for the settlement], forward price	срочный [форвардный] курс, курс по срочным сделкам
C 2707	cours à terme corrigé	adjusted forward price	скорректированный курс по срочным сделкам
C 2708	cours à terme initial	initial forward price	исходный курс по срочным сделкам
C 2709	cours tiré au sort	price drawn by lot	курс, устанавливаемый жеребьёвкой

C

C 2710	cours touché	price equal to the order limit	курс ценной бумаги, равный курсу, устанавливаемому клиентом при лимитированной заявке на покупку *или* продажу ценной бумаги
C 2711	cours unique	single price	единый курс
C 2712	cours vendeur(s)	offer(ed) [selling] price	курс продавца *(валюты)*
C 2713	cours vendeur [de vente] ferme	firm offer(ed) price	твёрдый курс продажи
C 2714	cours en vigueur	going price rate, prevailing rate	действующий курс
C 2715	cours à vue	demand rate	курс спроса
C 2716	cours *m pl*	rates *(e.g. of a currency)*; prices *(e.g. of a stock exchange security)*	курсы *(напр. валюты)*; котировки; цены *(напр. ценной бумаги)*
C 2717	communiquer les cours	to communicate the prices	сообщать курсы
C 2718	consulter en permanence les cours	to permanently check the prices	постоянно получать информацию о курсах
C 2719	observer les cours sur son terminal	to monitor prices on one's terminal	следить за курсами на своём терминале
C 2720	cours croisés forex	cross forex rates	валютные кросс-курсы
C 2721	cours extrêmes	highest and lowest prices, highs and lows	предельные [наивысший и наименьший] курсы
C 2722	cours faits	ruling [trading] prices	текущие цены
C 2723	cours fermes	firm prices	устойчивые курсы
C 2724	cours pratiqués	current [ruling] prices	практикуемые цены
C 2725	course *f*	race	погоня
C 2726	course aux guichets	run on banks	массовое изъятие банковских депозитов
C 2727	course au profit	profit seeking	погоня за прибылью
C 2728	court	1. short 2. insignificant	1. короткий *(напр. о позиции)* 2. недостаточный
C 2729	être à court de	to be short of *(e. g. cash)*	испытывать нехватку *(напр. наличности)*
C 2730	courtage *m*	1. brokerage 2. broker's commission, brokerage (fee)	1. посредничество, брокерская деятельность, брокерские услуги 2. куртаж, брокерские комиссионные
C 2731	exercer [faire] le courtage	to be a broker	заниматься брокерской деятельностью
C 2732	moins courtage(s)	less brokerage	за вычетом брокерских комиссионных
C 2733	en sus de courtage	in addition to the brokerage fee	сверх брокерских комиссионных
C 2734	vendre par courtage	to sell through a broker	продавать через посредника
C 2735	courtage d'achat	purchase brokerage	комиссия за покупку
C 2736	courtage en bourse	stock broking	брокерская деятельность на бирже
C 2737	courtage de change	exchange brokerage	комиссионные за операции с иностранной валютой
C 2738	courtage dégressif	tapered commission	уменьшающиеся комиссионные
C 2739	courtage officiel	official brokerage	официальные брокерские комиссионные
C 2740	courtage progressif	progressive commission	возрастающие комиссионные

C 2741	courtage proportionnel	proportional commission	пропорциональные комиссионные
C 2742	courtage réduit	discount brokerage	пониженные комиссионные
C 2743	courtage de vente	sales brokerage [commission]	комиссионные за продажу
C 2744	courtages *m pl*	brokerage (fees)	комиссионные, (брокерская) комиссия
C 2745	déduire courtages	to deduct fees	вычитать брокерские комиссионные
C 2746	courtages sur actions	fees on stocks	комиссионные по операциям с акциями
C 2747	courtages encaissés	fees collected	полученные комиссионные
C 2748	courtages sur obligations	fees on bonds	комиссионные по операциям с облигациями
C 2749	courtier *m*	broker, agent	посредник, брокер, агент
C 2750	agir en simple courtier	to act as a simple agent	действовать как простой агент
C 2751	servir de courtier	to be a broker	заниматься брокерской деятельностью
C 2752	courtier de [sur] actions	equities trader	биржевой брокер
C 2753	courtier agréé	authorized broker	уполномоченный брокер
C 2754	courtier assermenté	sworn broker	присяжный брокер
C 2755	courtier d'assurance(s)	insurance broker	страховой брокер
C 2756	courtier attitré	authorized broker	уполномоченный брокер
C 2757	courtier de banque	curb broker	внебиржевой маклер на денежном рынке
C 2758	courtier de [en] bourse	stockbroker	биржевой брокер
C 2759	courtier de change	exchange broker	валютный брокер
C 2760	courtier de détail	retail broker	биржевая розничная брокерская фирма *(специализирующаяся на торговле срочными контрактами по поручению клиентов)*
C 2761	courtier en devises	foreign exchange broker, foreign exchange dealer	валютный брокер, камбист
C 2762	courtier d'émission	issue broker	эмиссионный брокер *(обеспечивающий выпуск ценных бумаг)*
C 2763	courtier d'escompte	discount broker	вексельный брокер *(занимающийся учётными операциями)*
C 2764	courtier étranger	foreign broker	иностранный брокер
C 2765	courtier d'exercice restreint	restricted practice broker	брокер с ограниченной сферой деятельности
C 2766	courtier inscrit	registered dealer	зарегистрированный брокер
C 2767	courtier institutionnel	institutional broker	институциональный брокер *(обслуживающий институциональных инвесторов)*
C 2768	courtier interbancaire	interbank broker	межбанковский брокер
C 2769	courtier libre	outside broker	брокерская фирма, не являющаяся членом фондовой биржи
C 2770	courtier livreur	delivery broker *(e.g. securities)*	брокер-поставщик *(напр. ценных бумаг)*
C 2771	courtier de marchandises	produce broker	товарный брокер

C

C 2772	courtier marron	sharepusher, hawker	жарг. неофициальный биржевой брокер, биржевой «заяц»
C 2773	courtier en matières premières	commodity broker	товарный брокер
C 2774	courtier non-membre	outside broker	брокерская фирма, не являющаяся членом фондовой биржи
C 2775	courtier en obligations	bond broker	облигационный брокер
C 2776	courtier officiel	inside broker	официальный брокер
C 2777	courtier en options	option dealer, option specialist	опционный дилер
C 2778	courtier de placement	issue broker	эмиссионный брокер (обеспечивающий выпуск ценных бумаг)
C 2779	courtier plein d'exercice	unrestricted practice broker	брокер с неограниченной сферой деятельности
C 2780	courtier porteur d'ordres de clients	broker taking customer orders	брокер, принимающий клиентские поручения
C 2781	courtier de réassurance	reinsurance broker	брокер по перестрахованию
C 2782	courtier receveur	receiving broker *(e.g. securities)*	брокер, принимающий поставку *(напр. ценных бумаг)*
C 2783	courtier traditionnel	full-service broker	биржевой брокер *(предоставляющий полный набор услуг)*
C 2784	courtier en valeurs inscrit	registered stockbroker	зарегистрированный биржевой брокер
C 2785	courtier en valeurs mobilières	stockbroker	биржевой брокер, брокер по операциям с ценными бумагами
C 2786	coût *m*	cost	1. стоимость, цена, себестоимость 2. издержки, расходы, затраты
C 2787	abaisser le coût	to lower cost	снижать стоимость
C 2788	établir le coût	to establish cost	устанавливать цену
C 2789	évaluer le coût	to evaluate cost	исчислять стоимость
C 2790	majorer le coût	to increase cost	повышать стоимость
C 2791	réduire le coût	to reduce cost	снижать стоимость
C 2792	rémunérer le coût	to set off cost	возмещать стоимость
C 2793	coût d'acquisition	acquisition cost	стоимость приобретения, первоначальная стоимость
C 2794	coût d'affacturage	cost of factoring	стоимость факторинга
C 2795	coût des appels de marge	margin call cost	стоимость дополнительных гарантийных депозитов
C 2796	coût approché	estimated cost	приблизительная стоимость
C 2797	coût de l'argent	cost of funds, cost of credit	стоимость денежных средств, стоимость кредита
C 2798	coût de l'argent au jour le jour	overnight cost of credit	стоимость однодневной ссуды
C 2799	coût assumable	cost incurred	вменяемые издержки
C 2800	coût de base	baseline cost	базисные издержки
C 2801	coût des bonifications	discount cost	размеры скидок
C 2802	coût du capital	investment cost, cost of capital	стоимость капитала

C

C 2803	coût de cession	transfer prices	трансфертные цены *(действующие при расчётах между предприятиями одной фирмы)*
C 2804	coût complet	full cost	полная стоимость
C 2805	coût de couverture	hedge cost	стоимость покрытия
C 2806	coût du crédit	credit charges	стоимость кредита
C 2807	coût des dépôts	deposit cost	издержки по депозитам
C 2808	coût différentiel	incremental cost	дополнительные издержки
C 2809	coût d'émission	floatation cost	издержки по эмиссии (ценных бумаг)
C 2810	coût d' [de l'] emprunt	cost of borrowing	издержки по займу
C 2811	coût de facturation	invoicing cost	издержки по выписке счетов
C 2812	coût final	final cost	конечная стоимость
C 2813	coût final de crédit	final cost of credit	конечная стоимость кредита
C 2814	coût fiscal	tax burden, taxation	налоговые расходы
C 2815	coût des fonds	cost of funds	стоимость денежных средств
C 2816	coût de la garantie	guarantee cost	стоимость гарантии
C 2817	coût de la gestion d'un compte	account management cost	издержки по управлению счётом
C 2818	coût initial	prime cost	первоначальная стоимость
C 2819	coût d'intermédiation bancaire	bank intermediation cost	стоимость банковского посредничества
C 2820	coût d'intervention	intervention cost	стоимость интервенции
C 2821	coût d'investissement	investment [capital] cost	инвестиционные расходы
C 2822	coût de lancement d'un emprunt	loan floatation cost	издержки по эмиссии займа
C 2823	coût de levée des ressources	cost of funds utilization	стоимость использования средств
C 2824	coût du loyer de l'argent	interest charges	процентные издержки
C 2825	coût marginal	marginal cost	предельные издержки
C 2826	coût maximal	maximum cost	максимальные издержки
C 2827	coût moyen	average cost	средняя себестоимость
C 2828	coût d'opportunité	opportunity cost	альтернативные издержки *(стоимость с учётом альтернативных возможностей)*
C 2829	coût de portage négatif	negative cost of carry	отрицательные издержки по поддержанию позиции
C 2830	coût préalable	standard cost	нормативная стоимость
C 2831	coût d'un prêt	cost of a loan *(to the lender)*	издержки по предоставлению ссуды
C 2832	coût réel	real [actual] cost	действительные издержки
C 2833	coût de renouvellement du capital	capital renewal cost	издержки на обновление капитала
C 2834	coût des ressources	cost of resources, cost of funds	стоимость ресурсов, стоимость денежных средств
C 2835	coût de revient	cost	себестоимость
C 2836	coût salarial	labor cost	расходы на рабочую силу
C 2837	coût standard	standard cost	нормативная стоимость
C 2838	coût de substitution	opportunity cost	альтернативные издержки *(стоимость с учётом альтернативных возможностей)*

C

C 2839	coût total	total [overall] cost	общая стоимость
C 2840	coût unitare	unit cost	удельные издержки
C 2841	coûts *m pl*	cost(s), expenses	издержки, расходы, затраты
C 2842	coûts accessoires	additional [ancillary, soft] costs	дополнительные издержки
C 2843	coûts administratifs	administrative expenses	административные расходы
C 2844	coûts bancaires	banking costs	издержки по банковским операциям
C 2845	coûts budgétaires	budget costs	сметные издержки
C 2846	coûts comparatifs	comparative costs	сравнительные издержки
C 2847	coûts constants	fixed costs	постоянные издержки
C 2848	coûts contrôlés	managed costs	регулируемые издержки
C 2849	coûts directs	direct costs	прямые затраты
C 2850	coûts estimatifs	estimated costs	ориентировочная [оценочная] стоимость
C 2851	coûts d'établissement	initial outlay [initial setup] costs	первоначальные расходы
C 2852	coûts d'exploitation	operating [running] costs	расходы по основной деятельности; операционные расходы
C 2853	coûts extraordinaires	extraordinary costs	непредвиденные расходы
C 2854	coûts financiers	financial costs	финансовые издержки
C 2855	coûts fixes	fixed costs	постоянные издержки
C 2856	coûts indirects	indirect costs	косвенные затраты
C 2857	coûts informatiques	information technology costs	расходы на информационные технологии
C 2858	coûts d'introduction	listing costs	расходы по выпуску ценных бумаг на биржу
C 2859	coûts opérationnels	operating [running] costs	расходы по основной деятельности; операционные расходы
C 2860	coûts de production	production costs	производственные издержки
C 2861	coûts proportionnels	variable costs	переменные издержки
C 2862	coûts de traitement et de comptabilisation	processing and posting costs	расходы по обработке и учёту операций
C 2863	coûts de transaction	transaction costs	трансакционные издержки
C 2864	coûts variables	variable costs	переменные издержки
C 2865	coûter	to cost	стоить
C 2866	couvert	covered, guaranteed	обеспеченный, гарантированный
C 2867	vendre à couvert	to sell for delivery	продавать с поставкой
C 2868	couverture *f*	1. cover, margin, margin cover 2. hedging 3. deposit	1. покрытие, обеспечение 2. страхование, хеджирование 3. (гарантийный) депозит
C 2869	assurer une couverture à la hausse comme à la baisse	to hedge against both a rise and a fall	страховаться как от падения, так и от роста (цены)
C 2870	en couverture	as cover	в покрытие
C 2871	sans couverture	without cover, uncovered	без обеспечения
C 2872	demander une couverture de 30%	to require a cover [margin] of 30%	требовать 30-процентного покрытия
C 2873	faire appel en couverture	to make a margin call	требовать дополнительного гарантийного депозита
C 2874	faire l'objet d'une couverture	to be covered	быть покрытым
C 2875	fournir une couverture	to provide a cover	обеспечивать покрытие
C 2876	porter la couverture à 30% en espèces	to bring the margin up to 30% in cash	довести покрытие до 30% наличными

C

C 2877	prendre une couverture	to hedge	хеджировать
C 2878	verser ... F en couverture	to put down a deposit of ... F	выплатить ... франков в качестве гарантийного депозита
C 2879	couverture par l'actif	asset cover(age)	покрытие с помощью активов
C 2880	couverture bancaire	bank reserve	банковское покрытие
C 2881	couverture des billets en circulation	cover of banknotes in circulation (by reserves)	покрытие банкнот в обращении (резервами)
C 2882	couverture boursière	stock exchange cover	биржевое покрытие *(резерв для покрытия разницы в курсах)*
C 2883	couverture du capital supplémentaire	supplementary capital coverage	дополнительное покрытие капитала
C 2884	couverture de change	foreign exchange cover	валютное покрытие
C 2885	couverture des dividendes	dividend coverage	покрытие дивиденда *(показатель покрытия дивиденда прибылью)*
C 2886	couverture des dividendes par actif	asset cover(age) of dividends	покрытие дивидендов активами
C 2887	couverture des dividendes privilégiés	preferred dividend coverage	покрытие дивидендов по привилегированным акциям
C 2888	couverture exigée	required margin	требуемое покрытие
C 2889	couverture gérée	managed hedge	управляемое хеджирование
C 2890	couverture glissante	rolling hedge	хеджирование посредством возобновляемой срочной операции
C 2891	couverture globale	blanket cover(age)	общее покрытие
C 2892	couverture contre l'inflation	hedge against inflation	страхование от инфляции
C 2893	couverture de l'intérêt	interest cover(age)	процентное покрытие *(показатель способности заёмщика обслуживать долг)*
C 2894	couverture libre	free reserve	свободные резервы банков *(сверх обязательных)*
C 2895	couverture en liquidité	liquidity cover	покрытие ликвидными средствами
C 2896	couverture de maintien	maintenance margin	минимальная сумма, которую клиент должен иметь на счету у брокера *(без учёта прочих гарантийных депозитов)*
C 2897	couverture métallique	metallic cover, cover in metal	золотое обеспечение, металлическое покрытие (банкнот)
C 2898	couverture minimum obligatoire	minimum margin requirement	обязательное минимальное покрытие
C 2899	couverture en numéraire	cash cover	покрытие наличными
C 2900	couverture obligatoire	margin requirement	гарантийный депозит (на бирже)
C 2901	couverture optimale	perfect hedging	полное и надёжное хеджирование
C 2902	couverture optionnelle	option hedging	хеджирование с помощью опционов
C 2903	couverture parfaite	perfect hedging	полное и надёжное хеджирование
C 2904	couverture de placements	investment cover	хеджирование инвестиций
C 2905	couverture de position à découvert	bear [short] covering	покрытие короткой позиции

C

C 2906	couverture précipitée	urgent cover	немедленное покрытие
C 2907	couverture contre les risques	risk cover(age)	покрытие рисков
C 2908	couverture des risques «hors bilan»	off-balance sheet risk cover	покрытие рисков забалансовых счетов
C 2909	couverture contre les risques de change	foreign exchange risk hedging	страхование валютных рисков
C 2910	couverture satisfaisante	satisfactory cover	достаточное обеспечение
C 2911	couverture sélective	selective hedging	избирательное страхование
C 2912	couverture simple	simple cover	простое покрытие
C 2913	couverture systématique	systematic hedging	систематическое страхование
C 2914	couverture en taux	interest rate cover	страхование процентного риска
C 2915	couverture à terme	forward hedging	срочное страхование, форвардное покрытие *(процентная надбавка к курсу понижаемой валюты)*
C 2916	couverture titres	securities cover	страхование ценных бумаг
C 2917	couverture totale	full coverage	полное покрытие
C 2918	couvrir	1. to cover 2. to hedge	1. покрывать, осуществлять покрытие, обеспечивать 2. страховать, хеджировать
C 2919	créance *f*	1. claim 2. debt *(receivable)*	1. право требования; долговое требование 2. долговое обязательство; долг
C 2920	admettre une créance	to admit a claim	принимать требование
C 2921	amortir une créance	to write off a debt	погашать долг
C 2922	assurer une créance	1. to stand security for a claim 2. to guarantee a debt	1. обеспечивать требование 2. гарантировать долговое обязательство
C 2923	avoir une créance sur	to have a claim against	иметь требование
C 2924	céder une créance	to assign a claim	уступать требование
C 2925	conserver sa créance jusqu'à l'échéance	to keep one's debt till maturity	хранить долговое требование до наступления срока платежа
C 2926	contester une créance	to contest a claim	оспаривать право требования
C 2927	convertir sa créance	to convert one's debt	конвертировать своё долговое требование
C 2928	dénaturer une créance	to exchange one claim for another	обменять одно долговое требование на другое
C 2929	encaisser une créance	to collect a debt	инкассировать долговое требование
C 2930	éteindre une créance	to repay a debt	погашать долг
C 2931	garantir une créance	1. to stand security for a claim 2. to guarantee a debt	1. обеспечивать требование 2. гарантировать долговое обязательство
C 2932	honorer sa créance	to meet one's commitment	платить по своему обязательству
C 2933	racheter une créance	to repay a debt	погашать обязательство
C 2934	rapatrier sa créance en devises	to repatriate one's debt in foreign currency	репатриировать своё валютное обязательство
C 2935	reconnaître une créance	to acknowledge a claim	признавать требование
C 2936	recouvrer une créance	to collect a debt	взыскивать долг
C 2937	créance active	outstanding debt	требование, подлежащее оплате
C 2938	créance d'argent	monetary claim	денежное требование

C

C 2939	créance bancaire	bank debt	долг банку, задолженность банку по банковской ссуде
C 2940	créance hors bilan	off-balance sheet claim	забалансовое долговое требование
C 2941	créance, bonne	good debt	надёжный долг
C 2942	créance brûlante	due debt	долговое требование, по которому наступил срок платежа
C 2943	créance cambiaire	bill claim	вексельное требование
C 2944	créance certaine	good debt	надёжный долг
C 2945	créance cessible	transferable claim	требование, подлежащее передаче
C 2946	créance chirographaire	unsecured debt	требование, не имеющее обеспечения
C 2947	créance conditionnelle	conditional claim	условное право требования
C 2948	créance contestée	contested claim	спорное право требования
C 2949	créance contractuelle	contractual claim	договорное обязательство
C 2950	créance en contrepartie	counterclaim	встречное требование
C 2951	créance en dommages-intérêts	claim for damages	требование о возмещении суммы убытков
C 2952	créance douteuse	doubtful debt, bad debt	сомнительный долг
C 2953	créance due [échue]	due debt	долговое требование, по которому наступил срок платежа
C 2954	créance éteinte	repaid debt	погашенный долг
C 2955	créance exigible	due debt	долг, подлежащий оплате по первому требованию
C 2956	créance exigible à une échéance précisée	debt due on a fixed date	обязательство с фиксированным сроком исполнения
C 2957	créance extérieure	cross-border claim	долговое требование на заграницу
C 2958	créance financière	financial claim	финансовое требование
C 2959	créance garantie	secured debt	обеспеченное обязательство
C 2960	créance hypothécaire	mortgage [hypothecary] claim	требование по ипотеке
C 2961	créance incertaine	contested claim	спорное право требования
C 2962	créance incessible	unassignable claim	требование, не подлежащее передаче
C 2963	créance indivisible	indivisible claim	неделимое обязательство
C 2964	créance insaisissable	debt without recourse	требование без обращения взыскания
C 2965	créance inscrite au livre de la dette	registered debt claim	официально зарегистрированная задолженность
C 2966	créance à intérêt comptabilisé	nonaccrual claim	долговое требование с процентом, заранее включённым в основную сумму
C 2967	créance intérieure	local claim	местное долговое требование
C 2968	créance intrabancaire	intra-bank claim	внутрибанковское требование
C 2969	créance irrécouvrable	irrecoverable debt	невзыскиваемое требование
C 2970	créance irrévocable	irrevocable debt	безотзывное обязательство
C 2971	créance litigieuse	contested claim	спорное право требования

C

C 2972	créance non échue	debt not due	долговое требование, по которому не наступил срок платежа
C 2973	créance non exigible	accruing debt	обязательство, не подлежащее оплате
C 2974	créance non productive	nonperforming claim	долговое требование, не приносящее процентов
C 2975	créance non remboursée	unpaid debt	неоплаченное требование
C 2976	créance ordinaire	ordinary debt	обычное долговое требование
C 2977	créance outre-frontière	cross-border claim	долговое требование на заграницу
C 2978	créance passive	debt	задолженность
C 2979	créance payée	paid debt	оплаченное требование
C 2980	créance pécuniaire	monetary claim	денежное требование
C 2981	créance principale	principal debt	основное требование
C 2982	créance privilégiée	preferential [preferred] debt	привилегированное долговое требование
C 2983	créance recouvrable	outstanding debt	требование, подлежащее оплате
C 2984	créance recouvrable à taux d'intérêt faible	collectable low-interest debt	инкассируемое требование с низкой процентной ставкой
C 2985	créance à recouvrer	outstanding debt	требование, подлежащее оплате
C 2986	créance de réparation	compensation claim	требование по возмещению
C 2987	créance à risque souverain	sovereign risk claim	требование, имеющее суверенный риск *(риск страны)*
C 2988	créance solidaire	joint claim	солидарное требование
C 2989	créance de sommes d'argent	monetary claim	денежное требование
C 2990	créance véreuse	doubtful debt	сомнительный долг
C 2991	créance à vue	demand debt	требование с оплатой по предъявлении
C 2992	créances *f pl*	1. claims, debts 2. receivables	1. долговые требования 2. дебиторская задолженность
C 2993	abandonner ses créances	to abandon one's claims	отказываться от долговых требований
C 2994	assembler des créances	to block claims	группировать долговые требования
C 2995	escompter des créances	to discount debts	учитывать долговые требования
C 2996	faire le trading des créances	to trade in debts	торговать долговыми требованиями
C 2997	mobiliser des créances	to mobilize [to refund] debts	рефинансировать долговые требования
C 2998	produire des créances	to produce claims	выставлять требования
C 2999	répartir des créances	to allocate debts	распределять требования
C 3000	se débarasser [se défaire] des créances	to get rid of the debts	избавляться от долговых требований
C 3001	titriser des créances	to securitize debts	секьюритизировать долговые требования *(превращать их в ценные бумаги)*
C 3002	trier des créances	to sort claims	группировать долговые требования
C 3003	ventiler des créances	to allocate debts	распределять требования
C 3004	vérifier des créances	to verify claims	выверять требования

C

C 3005	**créances affacturées**	assigned claims	требования, переданные факторской компании; проданная дебиторская задолженность
C 3006	**créances arriérées**	debts in arrears	просроченные долговые требования
C 3007	**créances sur les banques**	dues from banks	долговые требования к банкам
C 3008	**créances bloquées**	frozen credits	замороженные кредиты
C 3009	**créances cédées en gage**	pledged debts	заложенные долговые требования
C 3010	**créances sur la clientèle [sur les clients, commerciales]**	loans and advances to customers; accounts receivable, receivables	клиентская (дебиторская) задолженность, счета к получению
C 3011	**créances compensables**	offsetting liabilities	встречные требования
C 3012	**créances au comptant**	cash debts	денежные требования
C 3013	**créances à court terme**	short-term liabilities	краткосрочные обязательства
C 3014	**créances de crédit-bail**	leasing receivables	дебиторская задолженность по аренде
C 3015	**créances sur débiteurs non résidents**	nonresidents' debts	требования к нерезидентам
C 3016	**créances directes sur le garant**	direct claims on the surety	прямые требования к гаранту
C 3017	**créances de durée moyenne**	medium-term liabilities	среднесрочные обязательства
C 3018	**créances sur les établissements de crédit**	loans (and advances) to credit institutions	ссуды кредитным учреждениям *(статья баланса банка)*
C 3019	**créances sur l'étranger**	cross-border claims	требования на заграницу
C 3020	**créances sur le FMI**	IFM's debts	право получения займа в МВФ; кредиторская позиция в МВФ
C 3021	**créances gelées**	frozen credits	замороженные кредиты
C 3022	**créances impayées**	unpaid debts	неуплаченные долги
C 3023	**créances d'indemnité**	compensation claims	компенсационные требования
C 3024	**créances interbancaires**	interbank claims	межбанковские требования
C 3025	**créances interbancaires externes**	external interbank claims	внешние межбанковские требования
C 3026	**créances liquides**	liquid debts	ликвидные долговые обязательства *(выраженные в определённой денежной сумме)*
C 3027	**créances, longues**	long-term debts	долгосрочные обязательства
C 3028	**créances matérialisées par des effets documentaires**	debts represented by documentary bills	долговые требования в виде документарных тратт
C 3029	**créances monétaires sur le Trésor**	treasury's monetary liabilities	денежные требования к казначейству
C 3030	**créances négociables**	negotiable liabilities	обращающиеся обязательства
C 3031	**créances non échangées**	unconverted debts	неконвертированные обязательства
C 3032	**créances non réalisables**	unrealizable debts	нереализуемые требования
C 3033	**créances à percevoir**	outstanding debts	требования к получению
C 3034	**créances provenant d'opérations de refinancement**	refunding debts	требования, вытекающие из операций по рефинансированию
C 3035	**créances à provisionner**	debts to be provisioned	требования, подлежащие покрытию

C

C 3036	créances publiques	public debts	государственные требования
C 3037	créances recouvrées par chèque	debts paid by check	требования, оплаченные чеком
C 3038	créances recouvrées par virement	debts paid by transfer	требования, оплаченные переводом
C 3039	créances sur le secteur privé	private sector debts	требования к частному сектору
C 3040	créances subordonnées	junior debts	«младшие» долговые требования
C 3041	créances au titre de beaux financiers	lease receivables, lease financing receivables	дебиторская задолженность по аренде
C 3042	créances en titres	debts in security form	долговые требования в виде ценных бумаг
C 3043	créances «titrisées»	securitized debts	секьюритизованные долговые требования
C 3044	créances sur le Trésor	treasury debts	долговые требования к казначейству
C 3045	créancier *m*	creditor	кредитор
C 3046	être créancier	to hold a claim	являться кредитором
C 3047	créancier autorisé	judg(e)ment creditor	уполномоченный кредитор
C 3048	créancier cambiaire	holder of a bill	кредитор по векселю
C 3049	créancier chirographaire	unsecured creditor	хирографический кредитор *(кредитор, не получивший обеспечения в виде залога или ипотеки)*
C 3050	créancier commercial	commercial creditor	кредитор по торговым сделкам
C 3051	créancier conjoint	joint creditor, cocreditor	совместный кредитор
C 3052	créancier avec droit de saisie	execution creditor	кредитор с правом обращения взыскания на собственность должника
C 3053	créancier de la faillite	bankrupt's estate creditor	кредитор банкрота
C 3054	créancier gagiste	lienor, pledgee	залогодержатель *(при залоге движимого имущества)*
C 3055	créancier garanti	secured creditor	кредитор, получивший обеспечение
C 3056	créancier hypothécaire	mortgagee	кредитор по ипотеке [по закладной]
C 3057	créancier d'une lettre de change	holder of a bill	кредитор по векселю
C 3058	créancier nanti	secured creditor	кредитор, получивший обеспечение *(в виде залога, ипотеки)*
C 3059	créancier non garanti	unsecured creditor	кредитор, не получивший обеспечение
C 3060	créancier non payé	unpaid creditor	кредитор, не получивший платежа
C 3061	créancier non prioritaire	junior creditor	кредитор, не имеющий преимущественного права требования
C 3062	créancier obligataire [par obligations]	bond creditor	кредитор по облигациям
C 3063	créancier opposant	opposing creditor	кредитор, опротестовывающий вексель
C 3064	créancier ordinaire	ordinary creditor	обычный кредитор

C

C 3065	créancier pleinement garanti	fully secured creditor	кредитор с полностью обеспеченными требованиями
C 3066	créancier prêteur	lender	кредитор по займу
C 3067	créancier principal	principal creditor	главный кредитор
C 3068	créancier privilégié	preferential creditor	преференциальный кредитор
C 3069	créancier saisissant	attaching creditor	кредитор, по требованию которого налагается арест на чьё-л. имущество
C 3070	créancier en sous-ordre	creditor's creditor	кредитор кредитора
C 3071	créancier titulaire d'une sûreté	secured creditor	кредитор, получивший обеспечение
C 3072	créanciers m pl	creditors	кредиторы
C 3073	convoquer les créanciers	to call creditors	созывать кредиторов
C 3074	désintéresser [payer] ses créanciers	to satisfy [to pay off] one's creditors	удовлетворять требования кредиторов, рассчитываться с кредиторами
C 3075	s'arranger avec ses créanciers	to compound with one's creditorss	прийти к компромиссному соглашению со своими кредиторами
C 3076	créanciers privés	private creditors	частные кредиторы
C 3077	créanciers publics	public creditors	государственные кредиторы
C 3078	créateur m	1. creator, organizer 2. issuer, maker	1. основатель, учредитель 2. эмитент
C 3079	création f	1. setting up, foundation (of a firm) 2. issuing, creation (of money); making out (a check, a bill)	1. создание, образование, учреждение (фирмы) 2. выпуск, эмиссия (денег); выписка (чека), выставление (тратты)
C 3080	création d'argent	money creation	выпуск [эмиссия] денег
C 3081	création d'une banque	setting up a bank	учреждение банка
C 3082	création des billets	banknote issuing	выпуск банкнот
C 3083	création des billets de trésorerie	commercial paper issuing	эмиссия коммерческих бумаг
C 3084	création d'une bourse des valeurs	setting up a stock exchange	учреждение фондовой биржи
C 3085	création de capital	capital creation	образование капитала
C 3086	création des certificats de dépôts	issuing of deposit certificates	выпуск депозитных сертификатов
C 3087	création d'un chèque	making out a check	выписка чека
C 3088	création d'un contrôle des changes	setting up exchange control	установление валютного контроля
C 3089	création de crédit	creation of credit	кредитование, выдача кредита
C 3090	création d'équipes de cambistes-clientèles	creation of foreign exchange broker teams	создание групп валютных брокеров (работающих с клиентами)
C 3091	création des factures	invoicing	выставление счетов
C 3092	création des instruments financiers à court terme	creation of short-term financial instruments	создание краткосрочных финансовых инструментов
C 3093	création de liquidité	liquidity creation	формирование ликвидности
C 3094	création d'un marché	market creation	создание рынка
C 3095	création de marges	profit generation	образование прибыли
C 3096	création monétaire	money creation	выпуск [эмиссия] денег
C 3097	création de monnaie interbancaire	interbank money creation	формирование межбанковских ресурсов
C 3098	création d'options sur ECU	introduction of ECU options	внедрение опционов с ЭКЮ

C

C 3099	création de produits bancaires d'épargne	creation of bank savings products	создание банковских сберегательных инструментов
C 3100	création de réserves	building up reserves	создание резервов
C 3101	création d'un second marché boursier	opening of the second stock market	создание второго биржевого рынка *(для ценных бумаг, не допущенных к котировке на бирже)*
C 3102	création de signes monétaires	paper money printing	выпуск [эмиссия] денежных знаков
C 3103	création d'une société anonyme	foundation of a stock-holding company	учреждение акционерного общества
C 3104	crédibilité *f*	credibility	доверие, надёжность
C 3105	crédibilité des autorités monétaires	credibility of monetary authorities	доверие к органам денежно-кредитного регулирования
C 3106	crédibilité du dollar	credibility of the dollar	доверие к доллару
C 3107	crédibilité financière	financial standing *(of firm)*	финансовое положение
C 3108	crédibilité du marché	credibility of a market	доверие к рынку
C 3109	crédible	credible	заслуживающий доверия, надёжный
C 3110	crédirentier *m*	annuitant, recipient of an allowance	рентный кредитор *(в договоре пожизненной ренты)*
C 3111	crédit *m*	1. credit; loan 2. credit, letter of credit 3. credit side (of an account) 4. credit rating, creditworthiness 5. credit, trust	1. кредит; ссуда 2. аккредитив 3. кредит, правая сторона счёта 4. рейтинг [оценка] кредитоспособности, кредитоспособность 5. доверие
C 3112	accéder au crédit	to obtain a credit	получать кредит
C 3113	accorder un crédit	to give [to grant, to allow] a credit	предоставлять кредит
C 3114	acheter à crédit	to buy on credit	покупать в кредит
C 3115s	affecter un crédit	to allocate a credit	выделять кредит
C 3116	agir sur le crédit	to affect the credit	воздействовать на кредит
C 3117	allouer un crédit	to give [to grant, to allow] a credit	предоставлять кредит
C 3118	annuler un crédit	to cancel a loan	аннулировать кредит
C 3119	assouplir le crédit	to decontrol [to detighten, to relax, to ease] credit	смягчать кредитную политику, уменьшать кредитные ограничения
C 3120	autofinancer le crédit	to finance a loan from one's own funds	выдавать кредит из собственных средств
C 3121	avoir recours à un crédit	to take up a loan	брать кредит
C 3122	dans le cadre du crédit	within the scope of the loan agreement	в рамках кредитного соглашения
C 3123	confirmer un crédit	to confirm a credit [a letter of credit]	подтверждать аккредитив
C 3124	consentir un crédit	to give [to grant, to allow] a credit	предоставлять кредит
C 3125	contracter un crédit	to take [to raise] up a loan	брать кредит
C 3126	couper un crédit	to stop a credit	приостанавливать кредитование
C 3127	à crédit	on credit	с отсрочкой платежа, в кредит
C 3128	débloquer [dégeler] un crédit	to unfreeze a credit	разрешать к использованию кредит

C

C 3129	demander un crédit	to apply for a loan	просить кредит, обращаться за ссудой
C 3130	dépasser un crédit	to exceed [to surpass] a credit	превышать кредит
C 3131	désencadrer [desserrer] le crédit	to decontrol [to detighten, to relax, to ease] credit	смягчать кредитную политику, уменьшать кредитные ограничения
C 3132	distribuer un crédit	to allocate a credit	выделять кредит
C 3133	encadrer le crédit	to tighten [to squeeze] credit, to put a ceiling [a cap] on credit, to clamp down on credit	ограничивать кредит, вводить кредитные ограничения, ужесточать кредитную политику
C 3134	établir un crédit	to open a credit [a letter of credit]	открывать аккредитив
C 3135	étendre un crédit	to extend a credit	пролонгировать кредит
C 3136	excéder le crédit	to exceed the credit	превышать кредит
C 3137	faire usage d'un crédit	to use a loan	пользоваться кредитом
C 3138	garantir un crédit	to guarantee a credit	гарантировать кредит
C 3139	imputer sur le crédit consenti	to charge to the granted credit line	зачислять сумму в счёт предоставленного кредита
C 3140	inscrire au crédit	to credit *(an account)*	кредитовать, заносить [зачислять] в кредит *(счёта)*
C 3141	loger un crédit	to open a credit [a letter of credit]	открывать аккредитив
C 3142	mettre en place un crédit	to arrange a loan	организовывать ссуду
C 3143	notifier un crédit	to advise a (documentary) credit	авизовать (документарный) аккредитив
C 3144	obtenir un crédit	to obtain a credit	получать кредит
C 3145	octroyer un crédit	to give [to grant, to allow] a credit	предоставлять кредит
C 3146	ouvrir un crédit	to open a credit [a letter of credit]	открывать аккредитив
C 3147	passer au crédit	to credit *(an account)*	кредитовать, заносить [зачислять] в кредит *(счёта)*
C 3148	plafonner le crédit	to tighten [to squeeze] credit, to put a ceiling [a cap] on credit, to clamp down on credit	ограничивать кредит, вводить кредитные ограничения, ужесточать кредитную политику
C 3149	porter au crédit	to credit *(an account)*	кредитовать, заносить [зачислять] в кредит *(счёта)*
C 3150	prendre à crédit	to take on credit	брать в кредит
C 3151	proroger la durée d'un crédit	to extend a credit	продлевать [пролонгировать] кредит
C 3152	rationner le crédit	to tighten [to squeeze] credit, to put a ceiling [a cap] on credit, to clamp down on credit	ограничивать кредит, вводить кредитные ограничения, ужесточать кредитную политику
C 3153	réglementer un crédit	to regulate a credit	регулировать кредит
C 3154	rembourser un crédit	to repay a loan	погашать кредит
C 3155	rembourser un crédit par anticipation	to prepay a loan	погашать кредит досрочно
C 3156	renégocier son crédit	to renegotiate one's loan	добиваться пересмотра условий кредита
C 3157	renouveler un crédit	to renew a loan	возобновлять кредит

C

C 3158	resserrer [restreindre] le crédit	to tighten [to squeeze] credit, to put a ceiling [a cap] on credit, to clamp down on credit	ограничивать кредит, вводить кредитные ограничения, ужесточать кредитную политику
C 3159	retirer [révoquer] un crédit	to withdraw a credit	отзывать аккредитив
C 3160	tirer sur son crédit	to draw from one's credit	снимать деньги с аккредитива
C 3161	titriser un crédit	to securitize a loan	секьюритизировать кредит
C 3162	vendre à crédit	to sell on credit	продавать в кредит
C 3163	verser au crédit	to credit *(an account)*	заносить [зачислять] в кредит *(счёта)*
C 3164	crédit par d'acceptation	acceptance credit	акцептный кредит
C 3165	crédit à l'achat	buying credit	кредит на покупку
C 3166	crédit pour achats à tempérament	installment credit	кредит с погашением в рассрочку
C 3167	crédit acheteur	export customer credit	кредит импортёру
C 3168	crédit affecté	granted loan	предоставленный кредит
C 3169	crédit agricole	farm credit	сельскохозяйственный кредит
C 3170	crédit alloué	granted loan	предоставленный кредит
C 3171	crédit d'anticipation	bridge loan [financing]	промежуточное финансирование *(на период до начала действия основной схемы финансирования)*
C 3172	crédit arriéré	loan overdue	просроченный кредит
C 3173	crédit auto-amortissable	self-liquidating credit	самоликвидирующийся кредит *(напр. сезонный кредит)*
C 3174	crédit automatique	preauthorized credit	автоматическое кредитование, заранее разрешённая ссуда
C 3175	crédit autorisé	authorized credit	разрешённый кредит
C 3176	crédit d' [par] aval	guaranteed loan	авальный кредит
C 3177	crédit avantageux	credit on easy terms, preferential credit	льготный кредит
C 3178	crédit back-to-back	back-to-back credit	компенсационный аккредитив
C 3179	crédit bancaire	bank credit; bank loan	банковский кредит, банковская ссуда
C 3180	crédit bancaire sur 5 ans	5-year bank loan	банковский кредит сроком на 5 лет
C 3181	crédit bancaire consortial	syndicated bank loan	консорциальный [синдицированный] банковский кредит
C 3182	crédit bancaire multidevise	multicurrency bank loan	банковский кредит, используемый в нескольких валютах
C 3183	crédit bancaire non syndiqué	nonsyndicated bank loan	несиндицированный банковский кредит
C 3184	crédit bancaire syndiqué	syndicated bank loan	консорциальный [синдицированный] банковский кредит
C 3185	crédit de banque	bank credit	банковский кредит
C 3186	crédit en blanc	blank credit	бланковый [необеспеченный] кредит, кредит без обеспечения
C 3187	credit bloqué	frozen credit	заблокированный [замороженный] кредит
C 3188	crédit à bon marché	cheap credit	дешёвый кредит

C

C 3189	crédit cadre	credit line	кредитная линия; кредитный лимит *(кредит на заранее не обусловленную сумму)*
C 3190	crédit de caisse	cash advance	краткосрочная ссуда
C 3191	crédit calendrier	short-term payment loan	краткосрочная *(до нескольких суток)* ссуда на расчёты в конце месяца
C 3192	crédit de campagne	seasonal credit	кредит на сезонные работы
C 3193	crédit cartellaire	syndicated loan	консорциальный [синдицированный] кредит
C 3194	crédit sur caution	collateral [secured] credit	кредит под залог
C 3195	crédit contre cautionnement	guaranteed credit	гарантированный кредит
C 3196	crédit contre cession	assignment credit	кредит на основе переуступки требования, кредит под ценные бумаги
C 3197	crédit de change	foreign exchange loan	валютный кредит
C 3198	crédit à clause rouge	red clause credit	аккредитив «с красным условием» *(аккредитив с авансом)*
C 3199	crédit en clearing	clearing credit	кредит по клирингу
C 3200	crédit du client	client's creditworthiness	кредитоспособность клиента
C 3201	crédit du commerce extérieur	foreign trade credit	внешнеторговый кредит
C 3202	crédit commercial	commercial credit	коммерческий [фирменный] кредит
C 3203	crédit compensatoire	back-to-back credit	компенсационный аккредитив
C 3204	crédit complémentaire	additional credit	дополнительный кредит
C 3205	crédit comptable [en compte courant]	current account credit	кредит по текущему счёту, контокоррентный кредит *(посредством выписки чека на сумму, превышающую остаток средств на счёте)*
C 3206	crédit concentré	club loan	международный банковский кредит *(предоставляемый небольшой группой учреждений)*
C 3207	crédit conditionné	tied loan	условный [связанный] кредит
C 3208	crédit de confirmation	stand-by credit	резервный [гарантийный] кредит
C 3209	crédit confirmé	confirmed credit	подтверждённый аккредитив
C 3210	crédit consenti	granted loan	предоставленный [выданный] кредит
C 3211	crédit consenti à taux bonifié	loan granted on easy terms	кредит по льготной ставке
C 3212	crédit consenti à taux du marché	loan granted on market terms	кредит по рыночной ставке
C 3213	crédit à la consommation	consumer credit	потребительский кредит
C 3214	crédit consortial	syndicated loan	консорциальный [синдицированный] кредит
C 3215	crédit à la [de] construction	building credit	кредит на строительство
C 3216	crédit coopératif	cooperative credit	кооперативный кредит
C 3217	crédit à court terme, CCT	short-term credit	краткосрочный кредит
C 3218	crédit à court terme renouvelable	renewable short-term credit	возобновляемый краткосрочный кредит
C 3219	crédit couvert	secured credit	кредит под обеспечение, покрытый кредит

C

C 3220	crédit croisé	swap agreement	соглашение своп *(соглашение между центральными банками о получении иностранной валюты на короткий срок в обмен на национальную)*
C 3221	crédit cumulatif	cumulative credit	кумулятивный аккредитив
C 3222	crédit de décaissement	disbursement loan	платёжная ссуда
C 3223	crédit à découvert	blank credit	бланковый [необеспеченный] кредит, кредит без обеспечения
C 3224	crédit de détail	retail lending	розничное кредитование
C 3225	crédit en devises	(foreign) currency credit	кредит в иностранной валюте
C 3226	crédit différé	deferred credit	отсроченный кредит *(предоставляемый банком после того, как сбережения на счёте клиента достигнут установленной суммы)*
C 3227	crédit de dividende	dividend (tax) credit	налоговая льгота, предоставляемая получателям дивидендов
C 3228	crédit divisible	divisible letter of credit	делимый аккредитив
C 3229	crédit documentaire	documentary credit	документарный аккредитив
C 3230	crédit documentaire payable à 90 jours après expédition	documentary credit payable 90 days after shipping	документарный аккредитив, подлежащий оплате через 3 месяца после отправки (товара)
C 3231	crédit à durée non limitée	unlimited loan	бессрочный кредит
C 3232	crédit échu	loan due	кредит с истекшим сроком
C 3233	crédit contre effet de commerce	loan against bills of exchange	вексельный кредит
C 3234	crédit d'un emprunteur	creditworthiness of a borrower	кредитоспособность заёмщика
C 3235	crédit par engagement	guaranteed credit	кредит в форме банковской гарантии
C 3236	crédit d'entrepreneur [d'entreprise]	contractor loan	ссуда предпринимателю, ссуда подрядчику
C 3237	crédit épuisé	exhausted [abated] credit	исчерпанный [израсходованный] кредит
C 3238	crédit d'équipement	equipment credit [financing]	кредит на приобретение оборудования
C 3239	crédit d'escompte	discount credit	дисконтный кредит, кредит в форме учёта
C 3240	crédit par espèces	money loan	денежная ссуда
C 3241	crédit de l'État	state [public] credit	государственный кредит
C 3242	crédit à l'exportation	export credit	кредит экспортёру
C 3243	crédit face à face	commercial [face-to-face] credit	межфирменный кредит *(без посредничества банков)*
C 3244	crédit financier	financial loan	банковский кредит без увязки с торговой сделкой
C 3245	crédit foncier	loan on landed property	земельный кредит, кредит под залог недвижимости
C 3246	crédit sous forme non mobilisable	loan in a nonrefundable form	кредит, не подлежащий рефинансированию
C 3247	crédit fournisseur	supplier credit	кредит поставщику
C 3248	crédit sur gage [gagé]	collateral loan	кредит под залог

C

C 3249	crédit garanti	guaranteed credit	гарантированный (банковский) кредит
C 3250	crédit sur garanties réelles	secured credit	кредит под обеспечение
C 3251	crédit gelé	frozen credit	замороженный кредит
C 3252	crédit global	club credit	международный банковский кредит *(предоставляемый небольшой группой учреждений)*
C 3253	crédit gouvernemental	government credit	правительственный кредит
C 3254	crédit à l'habitat	(house) construction loan	кредит на жилищное строительство
C 3255	crédit hypothécaire	mortgage loan	ипотечный кредит
C 3256	crédit illimité	unlimited credit	неограниченный кредит
C 3257	crédit immobilier	property loan, credit on real property	кредит под залог недвижимости
C 3258	crédit à l'importation	import credit	кредит импортёру
C 3259	crédit d'impôt	tax credit	налоговая льгота
C 3260	crédit indexé sur le taux de base	prime-based lending	кредитование, привязанное к прайм-рейт
C 3261	crédit intercalaire	bridge [bridging, stop-gap] loan, bridge financing	промежуточное финансирование, краткосрочный кредит *(на период до начала действия основной схемы или основного источника финансирования)*
C 3262	crédit interentreprise	intercompany credit	межфирменный кредит
C 3263	crédit sans intérêts	noninterest-bearing credit	беспроцентный кредит
C 3264	crédit intérimaire	bridge [bridging, stop-gap] loan, bridge financing	промежуточное финансирование, краткосрочный кредит *(на период до начала действия основной схемы или основного источника финансирования)*
C 3265	crédit interne	internal credit	внутренний кредит
C 3266	crédit d'investissement [investisseur]	capital investment loan	инвестиционный кредит
C 3267	crédit irrévocable	irrevocable (letter of) credit	безотзывный аккредитив
C 3268	crédit au jour le jour	overnight loan	однодневная ссуда
C 3269	crédit libre	open credit	открытый кредит *(возможность получения наличных по чекам в чужом банке)*
C 3270	crédit limité	limited credit	ограниченный кредит
C 3271	crédit liquide	cash credit	кредит в наличной форме
C 3272	crédit au logement	(house) construction loan	кредит на жилищное строительство
C 3273	crédit lombard	lombard credit [loan]	ломбардный кредит
C 3274	crédit à long terme, CLT	long(-term) credit	долгосрочный кредит
C 3275	crédit sur marchandises	credit on goods	подтоварный кредит
C 3276	crédit mixte	mixed credit	смешанный кредит *(сочетание экспортного кредита и бесплатной помощи на развитие)*
C 3277	crédit mobilisable	mobilizable [refundable] loan	легкорефинансируемый (банковский) кредит, мобилизуемый кредит

C

C 3278	crédit de mobilisation des créances commerciales, CMCC	assignment of receivables	краткосрочный кредит под коммерческие векселя, кредит в форме переучёта векселей
C 3279	crédit mobilisé	refunded loan	рефинансированный кредит
C 3280	crédit à moyen terme, CMT	medium-term credit	среднесрочный кредит
C 3281	crédit municipal	municipal loan	муниципальный кредит
C 3282	crédit mutuel	mutual credit	взаимный кредит
C 3283	crédit contre [sur] nantissement	collateral loan, loan against pledge	кредит под залог
C 3284	crédit non confirmé	unconfirmed (letter of) credit	неподтверждённый аккредитив
C 3285	crédit non encore arrivé à l'échéance	loan not yet due	кредит, срок которого ещё не наступил
C 3286	crédit non limitatif	unlimited credit	нелимитированный кредит
C 3287	crédit non mobilisable	nonmobilizable loan	трудно рефинансируемый (банковский) кредит
C 3288	crédit non performant	nonperforming loan	кредит с недостаточно высоким процентом *или* по которому процент не выплачивается
C 3289	crédit non productif d'intérêts	noninterest-bearing credit	беспроцентный кредит
C 3290	crédit non utilisé	unused credit	неиспользованный кредит
C 3291	crédit sur notoriété	unsecured credit	(банковский) необеспеченный кредит
C 3292	crédit obtenu des obligataires	bond loan	кредит, полученный путём выпуска облигаций, облигационный заём
C 3293	crédit on-call	on-call credit	кредит до востребования, онкольный кредит
C 3294	crédit ouvert	1. open account (on) credit 2. open letter of credit	1. кредит по открытому счёту 2. открытый аккредитив
C 3295	crédit ouvert par câble	letter of credit opened by cable	телеграфный аккредитив
C 3296	crédit à paiement différé	deferred-payment credit	аккредитив с рассрочкой платежа
C 3297	crédit en participation	participation loan	долевая ссуда *(участие банка в ссуде, выданной другим банком)*
C 3298	crédit payable à vue	1. demand loan 2. demand letter of credit	1. кредит до востребования, онкольный кредит 2. аккредитив, оплачиваемый по предъявлении
C 3299	crédit personnel	personal [unsecured] credit	(банковский) кредит без обеспечения
C 3300	crédit ponctuel	spot credit	краткосрочный кредит, условия которого определяются в момент предоставления
C 3301	crédit de pont	bridge [bridging, stop-gap] loan, bridge financing	промежуточное финансирование, краткосрочный кредит *(на период до начала действия основной схемы или основного источника финансирования)*
C 3302	crédit en pool	participation loan	долевая ссуда *(участие банка в ссуде, выданной другим банком)*

C

C 3303	crédit de préfinancement	bridge [bridging, stop-gap] loan, bridge financing	промежуточное финансирование, краткосрочный кредит *(на период до начала действия основной схемы или основного источника финансирования)*
C 3304	crédit privilégié	preferential credit	льготный кредит
C 3305	crédit provisionnel [provisoire]	bridge [bridging, stop-gap] loan, bridge financing	промежуточное финансирование, краткосрочный кредит *(на период до начала действия основной схемы или основного источника финансирования)*
C 3306	crédit avec recours	unsecured credit	необеспеченный кредит
C 3307	crédit réel	credit on mortgage [on real estate]	кредит под залог недвижимости
C 3308	crédit réescomptable	rediscountable loan	кредит в форме переучёта векселей
C 3309	crédit de refinancement	refinancing loan	кредит на рефинансирование
C 3310	crédit (de) relais	bridge [bridging, stop-gap] loan, bridge financing	промежуточное финансирование, краткосрочный кредит *(на период до начала действия основной схемы или основного источника финансирования)*
C 3311	crédit remboursable sur demande	loan at call, call loan	кредит до востребования, онкольный кредит
C 3312	crédit de remboursement (par acceptation)	reimbursement credit	акцептно-рамбурсный кредит
C 3313	crédit renouvelable	1. revolving credit 2. revolving (letter of) credit	1. револьверный [автоматически возобновляемый] кредит 2. револьверный [автоматически возобновляемый] аккредитив
C 3314	crédit de restructuration	new money	реструктуризация задолженности
C 3315	crédit révocable	revocable (letter of) credit	отзывный аккредитив
C 3316	crédit revolving	1. revolving credit 2. revolving (letter of) credit	1. револьверный [автоматически возобновляемый] кредит 2. револьверный [автоматически возобновляемый] аккредитив
C 3317	crédit revolving cumulatif	cumulative revolving credit	кумулятивный револьверный аккредитив
C 3318	crédit roll-over	rollover loan	ролл-оверный кредит *(среднесрочный или долгосрочный международный кредит, предоставляемый по плавающей процентной ставке)*
C 3319	crédit rotatif	revolving (letter of) credit	револьверный [автоматически возобновляемый] аккредитив
C 3320	crédit saisonnier	seasonal loan	кредит на сезонные работы
C 3321	crédit sec	bullet loan	кредит с единовременным погашением всей суммы

C

C 3322	crédit de soudure	bridge [bridging, stop-gap] loan, bridge financing	промежуточное финансирование, краткосрочный кредит *(на период до начала действия основной схемы или основного источника финансирования)*
C 3323	crédit de soutien [stand-by]	stand-by credit	резервный [гарантийный] кредит
C 3324	crédit subsidiaire	back-to-back credit	компенсационный аккредитив
C 3325	crédit supplémentaire	supplementary credit	дополнительный кредит
C 3326	crédit swap	swap agreement	соглашение своп *(соглашение между центральными банками о получении иностранной валюты на короткий срок в обмен на национальную)*
C 3327	crédit syndical [syndiqué]	participation [syndicated] loan	консорциальный [синдицированный] кредит
C 3328	crédit à taux révisable	rollover loan	ролл-оверный кредит
C 3329	crédit à tempérament	installment credit	кредит с погашением в рассрочку
C 3330	crédit sur titres	loan against securities	кредит под ценные бумаги
C 3331	crédit de toute échéance	loan of any maturity	кредит любой срочности
C 3332	crédit de transaction	bridge [bridging, stop-gap] loan, bridge financing	промежуточное финансирование, краткосрочный кредит *(на период до начала действия основной схемы или основного источника финансирования)*
C 3333	crédit transférable	transferable (letter of) credit	переводной [трансферабельный] аккредитив
C 3334	crédit de transfert	credit line	кредитная линия; кредитный лимит *(кредит на заранее не обусловленную сумму)*
C 3335	crédit transitoire	bridge [bridging, stop-gap] loan, bridge financing	промежуточное финансирование, краткосрочный кредит *(на период до начала действия основной схемы или основного источника финансирования)*
C 3336	crédit de trésorerie	cash advance	кредит в налично-денежной форме; денежная ссуда
C 3337	crédit à usance	credit at usance	вексельный кредит *(на срок, установленный обычаем)*
C 3338	crédit utilisable contre remise des documents	documentary (letter of) credit	документарный аккредитив
C 3339	crédit utilisable à vue	1. demand [call] loan 2. demand letter of credit	1. кредит до востребования, онкольный кредит 2. аккредитив, оплачиваемый по предъявлении
C 3340	crédit vendeur	export credit	кредит экспортёру
C 3341	crédit à vue	demand [call] loan	кредит до востребования, онкольный кредит
C 3342	Crédit *m*	Credit Bank	Кредитный банк
C 3343	Crédit Agricole	Crédit agricole, Agricultural bank	Банк сельскохозяйственного кредита

C 3344	**Crédit commercial de France, CCF**	Crédit commercial de France	Коммерческий банк Франции
C 3345	**Crédit foncier de France, CFF**	Crédit foncier de France, French Land Bank	Банк земельного кредита
C 3346	**Crédit Lyonnais**	Crédit Lyonnais	Лионский кредит *(банк)*
C 3347	**Crédit mutuel**	Crédit mutuel, Mutual Bank	Банк взаимного кредита
C 3348	**Crédit National**	Crédit National, National Bank	Национальный кредит *(банк)*
C 3349	**crédit-bail** *m*	leasing	лизинг
C 3350	**crédit-bail financier**	financial leasing	финансовый лизинг
C 3351	**crédit-bail immobilier**	real estate leasing	лизинг недвижимости
C 3352	**créditer**	to credit (an account)	кредитовать, заносить [зачислять] в кредит *(счёта)*
C 3353	**créditeur**	credit *(balance)*; creditor *(position)*	кредитовый *(о сальдо)*; кредиторский *(о позиции)*
C 3354	**créditeur** *m*	creditor	кредитор
C 3355	**se porter créditeur**	to act as [to be] a creditor	выступать в качестве кредитора
C 3356	**créditeur en compensation**	clearing creditor	кредитор по клирингу
C 3357	**créditeur institutionnel**	institutional creditor	институциональный кредитор
C 3358	**créditeur secondaire**	junior creditor	кредитор с непервоочерёдным правом требования
C 3359	**créditeurs** *m pl*	accounts payable	счета кредиторов *(в балансе)*
C 3360	**créditeurs, autres [divers]**	sundry creditors, other payables *(balance sheet account)*	прочие кредиторы *(пассив)*
C 3361	**créditeurs pour effets à l'encaissement**	creditors of bills for collection	кредиторы по векселям, принятым к инкассированию
C 3362	**crédits** *m pl*	credits; loans	1. кредиты, ссуды 2. кредитование 3. ассигнования
C 3363	**assurer des crédits**	to credit	осуществлять кредитование
C 3364	**exploiter des crédits**	to use loans	использовать кредиты
C 3365	**extraire des crédits**	to obtain loans	получать кредиты
C 3366	**financer ses crédits par des emprunts**	to finance one's loans by borrowing	финансировать кредиты с помощью займов
C 3367	**gérer des crédits**	to manage loans	управлять кредитами
C 3368	**regrouper des crédits**	to group loans	группировать кредиты
C 3369	**titriser des crédits**	to securitize loans	секьюритизировать кредиты
C 3370	**crédits budgétaires**	budget subsidies	бюджетные ассигнования
C 3371	**crédits courants**	current loans	текущие ассигнования
C 3372	**crédits de financement**	financing loans	финансовые ссуды
C 3373	**crédits de fonds de roulement**	working capital loans	кредиты на пополнение оборотного капитала
C 3374	**crédits pour imprévus**	contingency loans	ассигнования на покрытие чрезвычайных расходов
C 3375	**crédits internationaux**	international loans	международные кредиты
C 3376	**crédits non titrisés**	nonsecuritized loans	несекьюритизованные кредиты
C 3377	**crédits promoteurs**	promotional loans	кредиты на льготных условиях
C 3378	**crédits titrisés**	securitized loans	секьюритизованные кредиты
C 3379	**crédoc** *m*	documentary credit	документарный аккредитив

C

C 3380	créer	1. to set up, to start up, to establish, to form *(a firm)* 2. to issue *(money)*, to make out *(a check, a bill)*	1. создавать, образовывать, учреждать *(фирму)* 2. выпускать [эмиттировать] *(деньги)*, выписывать *(чек)*, выставлять *(тратту)*
C 3381	créneau *m*	niche, market opportunity	ниша *(рыночная)*
C 3382	créneau bancaire	banking niche	область банковской деятельности
C 3383	créneau porteur	promising market	перспективный рынок
C 3384	creusement *m* d'un écart	widening of a gap	увеличение разрыва [разницы]
C 3385	creux *m*	1. deficit 2. trough, low point	1. дефицит, нехватка 2. низшая точка (цикла)
C 3386	creux conjoncturel	trough	низшая точка цикла
C 3387	creux passager de trésorerie	temporary cash problem	временная нехватка денежных средств
C 3388	criée *f*	1. auction 2. open outcry	1. продажа с торгов, аукцион 2. свободный биржевой торг, устная котировка
C 3389	à la criée	open outcry	с торгов
C 3390	négocier [vendre] à la criée	to sell by auction	продавать с аукциона [с торгов]
C 3391	criée au «fixing»	fixing auction	аукцион для установления курса *(напр. золота)*
C 3392	criée en continu	continuous auction	непрерывная устная котировка
C 3393	crieur *m*	1. auctioneer 2. open outcry dealer	1. аукционист 2. *жарг.* крикун *(биржевой брокер, назначающий цену устно)*
C 3394	crise *f*	crisis, crash	кризис
C 3395	déclencher une crise	to spark [to trigger (off)] a crisis	вызывать кризис, приводить к кризису
C 3396	prévenir une crise	to prevent a crisis	предотвращать кризис
C 3397	sortir de la crise	to pull out from the crisis	выходить из кризиса
C 3398	traverser une crise	to pass through a crisis	переживать кризис
C 3399	crise boursière	stock market crash	биржевой кризис
C 3400	crise de confiance	crisis of confidence	кризис доверия *(к валюте)*
C 3401	crise de crédit	credit crunch [crisis]	кредитный кризис
C 3402	crise d'endettement	debt crisis	кризис задолженности
C 3403	crise financière	financial crisis	финансовый кризис
C 3404	crise générale	general crisis	всеобщий кризис
C 3405	crise de l'immobilier	real estate crisis	кризис недвижимости
C 3406	crise des investissements	investment crisis	инвестиционный кризис
C 3407	crise de liquidité	liquidity crisis	кризис ликвидности
C 3408	crise monétaire	monetary crisis	валютный кризис
C 3409	crise monétaire internationale	international monetary crisis	международный валютный кризис
C 3410	crise de paiements	payment crisis	платёжный кризис
C 3411	crise de refinancement	refinancing crisis	кризис рефинансирования
C 3412	crise de solvabilité	solvency crisis	кризис платёжеспособности
C 3413	critères *m pl*	criteria	критерии
C 3414	critères commerciaux	business criteria	деловые критерии
C 3415	critères d'estimation	evaluation criteria	критерии оценки
C 3416	critères financiers	financial criteria	финансовые критерии

D

C 3417	critères de taille	important criteria	важные критерии
C 3418	critères techniques	technical criteria	технические критерии
C 3419	croisement *m*	crossing, intertwining	переплетение; взаимопроникновение
C 3420	croisement bancaire	swapping	«своп»-сделки, «свопинг»
C 3421	croisement du crédit bancaire et commercial	intertwining of bank and commercial credit	переплетение банковского и коммерческого кредита
C 3422	croissance *f*	growth, increase	рост, увеличение
C 3423	croissance des agrégats monétaires	growth of monetary aggregates	увеличение денежных агрегатов
C 3424	croissance des bénéfices	profit growth	увеличение прибыли
C 3425	croissance de(s) dividende(s)	dividend growth	увеличение дивидендов
C 3426	croissance des échanges financiers	growth of financial transaction volumes	увеличение объёма финансовых операций
C 3427	croissance des encours	growth of outstanding loans	рост объёма выданных ссуд
C 3428	croissance de l'épargne	savings growth	рост сбережений
C 3429	croissance de l'investissement	investment growth	рост инвестиций
C 3430	croissance de la masse monétaire	money supply growth	увеличение [рост] денежной массы
C 3431	croissance monétaire excessive	excess money supply growth	разбухание [разрастание] денежной массы
C 3432	croissance spéculative du capital	speculative capital growth	спекулятивный рост капитала
C 3433	croissant	growing, increasing, rising	растущий
C 3434	croître	to grow, to increase	расти, увеличиваться
C 3435	cumul *m*	accumulated total	совокупность; итог
C 3436	cumul de l'année [annuel]	year-to-date (figure)	итог с начала года по настоящий момент
C 3437	cumul d'inscriptions	dual listing	котировка на нескольких биржах
C 3438	cumul des offres	total offers	совокупность предложений
C 3439	cumul des titres demandés	accumulated total of requests for securities	совокупность заявок на ценные бумаги
C 3440	cumulatif	cumulative	кумулятивный, совокупный
C 3441	cumulé	accrued *(e.g. interest)*, consolidated *(e.g. balance sheet)*	накопленный *(о проценте)*, консолидированный *(о балансе)*
C 3442	curseur *m* du prix	price cursor	курсор цены
C 3443	cycle *m*	cycle	цикл
C 3444	cycle bancaire court	short banking cycle	короткий банковский цикл
C 3445	cycle bancaire long	long banking cycle	длинный банковский цикл
C 3446	cycle comptable	accounting cycle	цикл учёта, цикл бухгалтерской отчётности

D

D 1	date *f*	date	дата; срок; день
D 2	date d'achèvement	completion date	дата завершения
D 3	date d'adjudication	auction date	дата продажи с торгов

D

D 4	date anniversaire du CD	anniversary date of a deposit certificate	годовщина выпуска депозитного сертификата
D 5	date (d')arrêté comptable	accounting cut-off date	дата подведения итога за период *(после которой операции считаются относящимися к следующему периоду)*
D 6	date de calcul des intérêts	interest calculation date	дата подсчёта процентов
D 7	date calendaire	calendar date	календарная дата
D 8	date de clôture des registres	date of record	дата прекращения регистрации *(предельная дата, до которой надо приобрести акцию, чтобы иметь право на дивиденд)*
D 9	date de conversion	conversion date	дата конверсии
D 10	date de délivrance	issue [issuance, delivery] date	дата выдачи *(документа)*
D 11	date de départ	departure date; starting point	дата отправления; точка отсчёта
D 12	date de détermination du taux variable	variable rate fixing date	дата установления переменной ставки
D 13	date déterminée	fixed date	определённая дата; установленный срок
D 14	date de distribution du coupon	coupon date	дата получения процента по купону
D 15	date d'échéance	maturity [due] date, maturity	дата истечения срока, срок платежа, дата погашения
D 16	date d'échéance du contrat	contract due date	срок платежа по контракту
D 17	date d'échéance finale	final maturity date	окончательный срок платежа
D 18	date d'échéance normale	normal maturity date	обычный срок платежа
D 19	date d'échéance de l'option	option maturity date	дата истечения опциона
D 20	date effective	effective date	дата вступления в силу, дата введения в действие
D 21	date d'émission	issue [issuance] date	дата эмиссии
D 22	date d'encaissement par anticipation	retraction date	возможная дата досрочного погашения *(облигации)*
D 23	date d'entrée en valeur	value date	дата валютирования
D 24	date d'entrée en vigueur	effective date	дата вступления в силу, дата введения в действие
D 25	date d'établissement de la procuration	date of drawing up of power of attorney	дата составления доверенности
D 26	date ex-dividende	ex-dividend date	дата прекращения регистрации *(предельная дата, до которой надо приобрести акцию, чтобы иметь право на дивиденд)*
D 27	date ex-droits	ex-rights date	предельная дата, до которой надо приобрести акцию, чтобы иметь преимущественное право покупки новых ценных бумаг, предоставляемое акционерам
D 28	date d'exercice	exercise date	дата реализации *(напр. права)*, дата исполнения *(опциона)*
D 29	date d'exigibilité	maturity [due] date	дата истечения срока *(обязательства)*

D

D 30	date d'expiration	expiry date	дата истечения *(контракта, сделки)*
D 31	date d'expiration de l'option	option expiry date	дата истечения опциона
D 32	date de facturation	billing date	дата выставления счетов
D 33	date de fixation du Libor	LIBOR fixing date	дата установления ставки ЛИБОР
D 34	date future connue	known future date	известная дата в будущем
D 35	date indéterminée	unspecified date	неопределённый срок
D 36	date d'initialisation	initialization [commencement] date	дата начала истечения срока
D 37	date d'initialisation du prêt/emprunt	loan initialization date	дата начала истечения срока ссуды *или* займа
D 38	date de jouissance	due date, coupon date	дата выплаты процента *(по купону)*
D 39	date du jugement déclaratif de faillite	adjudication in bankruptcy order date	дата объявления [признания] несостоятельности
D 40	date de lancement de l'emprunt	loan floatation date	дата выпуска займа
D 41	date de levée	exercise date	дата исполнения *(опциона)*
D 42	date de limite	deadline, target [final, latest] date	предельная дата; предельный [крайний] срок
D 43	date de liquidation	settlement date	расчётный [ликвидационный] день *(на бирже)*
D 44	date de liquidation du contrat	contract settlement date	расчётный [ликвидационный] день по контракту
D 45	date de mise en place du contrat	contract date	дата заключения контракта
D 46	date de mise en remboursement	redemption date	дата погашения
D 47	date de modification des taux	repricing date	дата пересмотра ставок
D 48	date d'opération	transaction date	дата сделки
D 49	date d'opération d'échange	swap date	дата свопа
D 50	date d'ouverture d'un crédit documentaire	documentary credit opening date	дата открытия документарного аккредитива
D 51	date de paiement	date of payment	дата платежа
D 52	date de paiement effectif des intérêts	actual interest payment date	реальная дата выплаты процентов
D 53	date de péremption	expiry date	конечный срок действия
D 54	date de préavis	notice date	дата уведомления
D 55	date précise	exact date	точная дата
D 56	date de référence	date of record	дата прекращения регистрации *(предельная дата, до которой надо приобрести акцию, чтобы иметь право на дивиденд)*
D 57	date de règlement	settlement date	расчётный день
D 58	date de règlement de la levée	exercise date	дата исполнения *(опциона)*
D 59	date de remboursement par anticipation	call date	дата досрочного погашения
D 60	date de remise	remittance date	дата (денежного) перевода
D 61	date ultérieure	later date	более поздняя дата
D 62	date de valeur	value date	дата валютирования
D 63	date de versement	payment [payout, distribution] date	дата уплаты

D

D 64	dealer *m*	dealer	дилер
D 65	débâcle *f*	crash	крах
D 66	débâcle boursière	stock market crash	биржевой крах
D 67	débâcle financière	financial crash	финансовый крах
D 68	débandade *f* des boursicoteurs	shakeout	массовое разорение мелких биржевых спекулянтов
D 69	débet *m*	debit balance	задолженность, дебетовое сальдо
D 70	débilantalisation *f*	off-balance sheet financing	вынесение обязательств за баланс
D 71	débit *m*	debit	дебет, дебетование
D 72	débit compensatoire	chargeback	компенсационный дебет, возврат части суммы
D 73	débit non autorisé	unauthorized charge	списание средств без разрешения
D 74	débiter	to debit	дебетовать
D 75	débiteur	debtor, debit	дебиторский
D 76	débiteur *m*	debtor	дебитор, должник
D 77	discuter un débiteur	to inquire into the assets of a debtor	производить оценку активов дебитора
D 78	se reconnaître débiteur	to recognize the debt	признавать себя должником
D 79	sommer un débiteur de payer	to demand payment from a debtor	требовать от дебитора уплаты
D 80	débiteur par acceptation	acceptance debtor	дебитор по акцепту
D 81	débiteur sans adresse	skip	дебитор с неизвестным адресом *(изменивший адрес с целью уклониться от уплаты долга)*
D 82	débiteur d'argent	money debtor	должник по денежному обязательству
D 83	débiteur bancaire	bank debtor	банковский должник
D 84	débiteur cambiaire	drawee	вексельный должник
D 85	débiteur en compte courant	current account debtor	должник по текущему счёту
D 86	débiteur concordataire	certified [certificated] debtor	должник, получивший отсрочку платежа *или* списание долга
D 87	débiteur défaillant [en défaut]	delinquent debtor	неисправный должник
D 88	débiteur en demeure	debtor given notice to pay	должник, которому предъявлено официальное требование об уплате
D 89	débiteur digne de confiance	trustworthy debtor	исправный должник
D 90	débiteur final	final debtor	конечный должник
D 91	débiteur gagiste	pledger, pledgor, pawner	должник по залоговому обязательству
D 92	débiteur hypothécaire	mortgagor, mortgager	должник по ипотеке
D 93	débiteur insolvable	insolvent debtor	неплатёжеспособный [несостоятельный] должник
D 94	débiteur négligent	negligent debtor	неисправный должник
D 95	débiteur original	original debtor	первый должник
D 96	débiteur de paiement	debtor	должник
D 97	débiteur principal	principal debtor	основной должник
D 98	débiteur de qualité	quality debtor	исправный должник
D 99	débiteur de rente	annuity debtor	рентный должник

D

D 100	débiteur en retard	delinquent debtor	должник, просрочивший исполнение обязательства
D 101	débiteur saisi	distrainee, debtor attached	должник, на имущество которого наложен арест
D 102	débiteur à terme	term debtor	должник по срочному обязательству
D 103	débiteurs *m pl*	1. accounts receivable, receivables 2. debtors	1. дебиторская задолженность, счета к получению 2. должники, дебиторы
D 104	débiteurs, autres	sundry debtors	прочие дебиторы
D 105	débiteurs conjoints	joint debtors	должники по долевому обязательству
D 106	débiteurs divers	sundry debtors	прочие дебиторы
D 107	débiteurs indivisibles	joint debtors	должники по долевому обязательству
D 108	débiteurs solidaires [solidairement responsables]	joint debtors	солидарные должники
D 109	déblocage *m*	unfreezing, release; unblocking; decontrolling	размораживание, разрешение к использованию; снятие контроля
D 110	déblocage anticipé	expected unfreezing	ожидаемое размораживание
D 111	déblocage des capitaux	unfreezing of capital	размораживание капиталов
D 112	déblocage d'un compte	unfreezing of an account	размораживание счёта
D 113	déblocage des crédits	release of credits	разрешение на использование кредитов
D 114	débloquer	to free, to release, to unfreeze; to unblock; to decontrol	размораживать, разрешать к использованию; снимать контроль
D 115	débonification *f*	cancellation of a rebate	отмена скидки
D 116	débouclage *m*	unwinding (*e.g. of a position*)	закрытие *(позиции)*
D 117	débouclement *m*	unwinding (*e.g. of a position*)	закрытие *(позиции)*
D 118	débouclement d'un swap d'intérêts	unwinding of an interest swap	завершение процентного свопа
D 119	débours *m pl*	disbursements, outlay	расходы, издержки
D 120	déboursement *m*	disbursement, outlay	расход, затрата (денег); выплата
D 121	débourser	to pay out, to lay out, to spend, to disburse	расходовать, тратить (деньги); выплачивать
D 122	déboursés *m pl*	disbursements, outlay	расходы, издержки
D 123	récupérer ses déboursés	to recover one's disbursements	возмещать свои расходы
D 124	début *m*	beginning, start	начало
D 125	en début de journée de travail	at the beginning of a working day	в начале рабочего дня
D 126	avant le début de la séance	before the opening (of the day's trading)	до начала биржевого сеанса
D 127	début de séance	opening of the stock exchange trading	начало биржевого сеанса
D 128	décaissement *m*	payment, disbursement	платёж, выплата
D 129	décaissement anticipé	advance payment	досрочный платёж
D 130	décaissement définitif	final payment	окончательный расчёт, окончательная выплата
D 131	décaissement immédiat	immediate payment	немедленная выплата
D 132	décaissement des prêts	disbursement of loans	выдача ссуд

D

D 133	décaissement d'une somme d'argent	disbursement of a sum of money	выплата денежной суммы
D 134	décaissements *m pl*	disbursements, payments	выплаты, платежи
D 135	faire face aux décaissements	to meet the payments	выплачивать деньги
D 136	décaissements effectifs	actual disbursements	реальные выплаты
D 137	décaissements de fonds opérés	disbursements made	осуществлённые выплаты
D 138	décaissements sur les prêts	loan disbursements	выплата средств в счёт займов
D 139	décaissements réels	actual disbursements	реальные выплаты
D 140	décaisser	to pay out, to disburse	выплачивать деньги
D 141	décalage *m*	1. gap, interval, difference 2. mismatch	1. разрыв, разница 2. несовпадение *(напр. обязательств и требований по срокам)*
D 142	décalage de cours	price gap	курсовая разница
D 143	décalage de durée	difference in duration *(e.g. of obligation)*	разница в длительности *(напр. обязательства)*
D 144	décalage gagnant	growing difference [gap]	растущий разрыв
D 145	décalage, gros	large gap	большой разрыв
D 146	décalage horaire	time difference	временная разница, разница во времени
D 147	décalage négatif entre les taux d'intérêt	negative difference between interest rates	отрицательная разница между процентными ставками
D 148	décalage des paiements	payment gap	(временной) сдвиг платежей
D 149	décalage perdant	decreasing difference, closing gap	уменьшающийся разрыв
D 150	décalage positif entre les taux d'intérêt	positive difference between interest rates	положительная разница между процентными ставками
D 151	décalage significatif	significant difference	значительный разрыв
D 152	décalage de trésorerie	cash flow gap	разница между денежными выплатами и поступлениями *(недостаток поступлений для покрытия выплат)*
D 153	décapitalisation *f*	stock dilution, stock watering	разводнение акционерного капитала
D 154	décapitaliser	to dilute [to water down] stock	разводнять акционерный капитал
D 155	décélération *f*	deceleration	замедление, торможение
D 156	décélération, forte	strong deceleration	сильное замедление
D 157	décélération du rythme d'expansion des liquidités	deceleration of the liquidities expansion	замедление темпов роста ликвидных средств
D 158	décélération sensible	considerable [noticeable] deceleration	значительное [существенное] замедление
D 159	décélération de la vitesse de circulation	deceleration of the circulation velocity	уменьшение скорости обращения
D 160	déchaînement *m* de la spéculation	surge of speculation	взлёт спекуляции
D 161	décharge *f*	1. discharge 2. receipt 3. (tax) exemption	1. освобождение от обязательства 2. расписка, квитанция 3. освобождение от уплаты (налога)
D 162	décharge de ses engagements	discharge of one's obligations	освобождение от своих обязательств
D 163	déchéance *f*	1. forfeiture, loss 2. expiration	1. лишение, утрата, потеря 2. истечение срока
D 164	être frappé de déchéance	to lose (the right)	утрачивать (право)

D

D 165	déchéance du droit de propriété	forfeiture of property rights	утрата права собственности
D 166	déchéance pécuniaire	loss of pecuniary rights	утрата имущественных прав
D 167	déchéance du terme	event of default	неисполнение обязательства
D 168	décision *f*	decision	решение
D 169	décision d'admission à la cote	listing decision	решение о допуске (ценных бумаг) к котировке
D 170	décision bancaire	bank decision	банковское решение
D 171	décision définitive [finale]	final decision	окончательное решение
D 172	décision d'investissement	investment decision	инвестиционное решение
D 173	décision à la majorité des 3/4	decision taken by a 3/4 majority	решение, принимаемое большинством в 3/4
D 174	décision à la majorité simple	decision taken by a simple majority	решение, принимаемое простым большинством
D 175	décision de placement	investment decision	инвестиционное решение
D 176	décision de prêt	loan decision	решение о предоставлении ссуды
D 177	déclarant *m*	informant	заявитель
D 178	déclaration *f*	statement, declaration	заявление, декларация; объявление
D 179	déclaration d'admission à la cote	listing statement	объявление о допуске (ценной бумаги) к котировке
D 180	déclaration bancaire	bank declaration	банковская декларация
D 181	déclaration de cessation des paiements	declaration [adjudication] of bankruptcy, decree in bankruptcy	заявление о банкротстве
D 182	déclaration de conformité	declaration of compliance	заявление о соответствии *(установленным нормам)*
D 183	déclaration de déchéance	forfeiture of shares	объявление о лишении прав на акции *(если покупатель вовремя не оплатил подписную цену)*
D 184	déclaration de devises	foreign currency declaration	валютная декларация
D 185	déclaration de dividende	dividend announcement [declaration]	объявление дивиденда
D 186	déclaration de faillite	declaration [adjudication] of bankruptcy, decree in bankruptcy	заявление о банкротстве
D 187	déclaration fiscale [d'impôts]	tax return [declaration], statement of income	налоговая декларация
D 188	déclaration d'inconvertibilité du dollar	declaration of inconvertibility of the dollar	объявление о неконвертируемости доллара
D 189	déclaration d'initié	insider report	отчёты инсайдеров *(отчёты, предоставляемые в Комиссию по ценным бумагам и биржам представителями компаний или лицами, которые владеют более, чем 10% акций котирующейся на бирже компании)*
D 190	déclaration d'inscription à la cote	listing statement	объявление о допуске (ценной бумаги) к котировке
D 191	déclaration d'intention	statement of intent	заявление [протокол] о намерениях

D

D 192	déclaration officielle de parité	official declaration of parity	официально объявленный паритет
D 193	déclaration de revenus	tax return [declaration]; statement of income	налоговая декларация
D 194	déclaration de versement	receipt	расписка, квитанция
D 195	Déclaration f de Principes de Bâle	Declaration of Basel Principles	Базельские принципы *(заявление банков о намерении не допускать «отмывания» денег)*
D 196	déclassement m	downgrading; derating	снижение рейтинга *(компании)*, перевод в более низшую категорию
D 197	déclassement de capital	depreciation of capital	износ основных фондов
D 198	déclassement des dettes	downgrading of debts	снижение рейтинга долгов
D 199	déclassement d'un prêt	downgrading of a loan	снижение рейтинга займа
D 200	déclassement d'une société	derating of a company	снижение рейтинга компании
D 201	déclassement d'une valeur	displacement of a security	снижение рейтинга ценной бумаги
D 202	déclin m	decline	снижение, спад
D 203	déclin des investissements	decline of investment	инвестиционный спад
D 204	déclin du marché	decline of the market	ухудшение конъюнктуры рынка
D 205	déclin des taux de profit	decline of profit margins	снижение нормы прибыли
D 206	décloisonnement m	opening up; decompartmentalization; deregulation	разрушение барьеров; размывание границ; дерегулирование
D 207	décloisonnement financier	financial deregulation	финансовое дерегулирование
D 208	décloisonnement des marchés de l'argent	decompartmentalization of money markets; deregulation of money markets	разрушение барьеров между денежными рынками; дерегулирование денежных рынков
D 209	décloisonner	to open up; to decompartmentalize; to deregulate	разрушать барьеры; дерегулировать
D 210	décomposition f	breakdown; itemization; analysis	разложение *(на составные части)*, разбивка *(на структурные составляющие)*; анализ
D 211	décomposition du bilan	structure of the balance sheet	структура баланса
D 212	décomposition de l'indice	index analysis	анализ индекса
D 213	décomposition du revenu	income breakdown	разложение дохода на составные части
D 214	décomposition du solde	breakdown of the balance	разбивка сальдо
D 215	décomposition d'une somme	breakdown of an amount	разбивка суммы
D 216	décomposition du taux d'intérêt	structure of an interest rate	структура процентной ставки
D 217	décompte m	1. detailed account, breakdown (of an account) 2. calculation 3. deduction	1. разбивка счёта, подробный счёт 2. расчёт, подсчёт 3. вычет, удержание
D 218	faire le décompte	1. to break down 2. to calculate 3. to deduct	1. производить разбивку счёта 2. исчислять, подсчитывать 3. вычитать
D 219	décompte des agios	breakdown of bank commissions; calculation of bank commissions	разбивка комиссионных банка; подсчёт комиссионных банка
D 220	décompte de coupon	coupon calculation	подсчёт размера купона

D

D 221	décompte après encaissement	settlement on receipt	вычет после получения [зачисления] суммы
D 222	décompte final	final settlement	окончательный расчёт
D 223	décompte des intérêts dus	calculation of interest due	подсчёт причитающихся процентов
D 224	décompte d'une somme	deduction of an amount	вычет суммы
D 225	décompter	1. to break down 2. to calculate 3. to deduct	1. производить разбивку счёта 2. исчислять, подсчитывать 3. вычитать
D 226	déconfiture f	1. failure, collapse, defeat 2. insolvency	1. неудача, крах, поражение 2. неплатёжеспособность, несостоятельность
D 227	tomber en déconfiture	to go bankrupt, to go under, to go bust; to default	обанкротиться
D 228	déconfiture des boursicoteurs	shakeout	массовое разорение мелких биржевых спекулянтов
D 229	décongestionner	to relieve the pressure	разрядить напряжение *(напр. на рынке)*
D 230	déconnexion f des taux d'intérêt nationaux vis à vis des taux d'intérêt internationaux	disconnection of domestic and international interest rates	отсутствие связи между национальными и мировыми процентными ставками
D 231	déconsolidation f	deconsolidation	разъединение, разделение, деконсолидация
D 232	déconsolidation du bilan des banques	deconsolidation of bank balance sheets	разделение банковских балансов
D 233	déconsolidation de la société mère	deconsolidation of the parent company	разделение материнской компании
D 234	décote f	1. below par rating, discount on the parity rate 2. tax deduction [rebate, allowance, relief, credit]	1. дисконт, скидка 2. налоговая скидка
D 235	sans décote	without discount	без скидки
D 236	décote en bourse	stock market discount	биржевая скидка
D 237	décote des créances	discount on debts	дисконт по долговым обязательствам
D 238	décote, forte [grosse]	big discount	большой дисконт
D 239	décote limitée	limited discount	ограниченная скидка
D 240	décote nette	net deduction	чистая скидка
D 241	décote substantielle	substantial deduction	значительная скидка
D 242	décote supérieure	higher discount	более высокий дисконт
D 243	décoter	to make a discount	делать скидку
D 244	découvert m	1. overdraft 2. deficit, shortage 3. short account [position]	1. овердрафт, непокрытый остаток на счёте, краткосрочный банковский кредит *(по текущему счёту)* 2. дефицит, нехватка 3. короткая позиция *(на бирже)*
D 245	acheter à découvert	1. to buy a bull, to bull the market 2. to buy on margin	1. играть на повышение 2. покупать *(ценные бумаги)* за счёт брокерского кредита
D 246	combler un découvert	to make up a deficit	покрывать дефицит
D 247	consentir un découvert	to allow an overdraft	разрешать овердрафт
D 248	couvrir un découvert	to cover a short account	закрывать короткую позицию
D 249	à découvert	without cover, unsecured	без покрытия, без обеспечения
D 250	être en découvert	to be overdrawn	иметь овердрафт по счёту

D

D 251	faire la chasse au découvert	to squeeze [to raid] the bears	«охотиться на медведей», создавать невыгодную для игры на понижение ситуацию
D 252	mettre un compte à découvert	to overdraw an account	допускать овердрафт по счёту
D 253	opérer à découvert	to take a short position, to go short	иметь короткую позицию
D 254	tirer à découvert	to overdraw *(one's account)*	допускать овердрафт по счёту
D 255	vendre à découvert	to sell short	играть на понижение; продавать на срок ценные бумаги, не имеющиеся в наличии
D 256	découvert autorisé	credit limit [ceiling]	разрешённый овердрафт, предел кредитования по овердрафту
D 257	découvert bancaire [en banque]	bank overdraft	банковский овердрафт
D 258	découvert en blanc	unsecured overdraft	непокрытый овердрафт
D 259	découvert en [de, d'une] caisse	cash deficit	кассовый дефицит, дефицит кассовой наличности
D 260	découvert d'un compte	overdraft of an account	овердрафт по счёту
D 261	découvert en compte courant	current account overdraft	овердрафт по текущему счёту
D 262	découvert de courte durée	short-term overdraft	краткосрочный овердрафт
D 263	découvert d'un jour	daylight overdraft	однодневный овердрафт
D 264	découvert mobilisé	short-term unsecured loan obtained	полученный краткосрочный кредит
D 265	découvert de réserves	deficit of reserves	дефицит резервов
D 266	découvert revolving	revolving short-term loan	возобновляемый краткосрочный кредит
D 267	découvert de trésorerie	cash deficit	кассовый дефицит, дефицит кассовой наличности
D 268	décrédibiliser	to discredit	дискредитировать
D 269	décrochage *m*	disengagement, unpegging	отделение, освобождение от привязки *(к какой-л. валюте)*, выход
D 270	décrochage du franc	disengagement of the French franc *(from the EMS)*	выход франка *(из «валютной змеи»)*
D 271	décrochage du serpent monétaire du dollar	unpegging of the currency snake from the dollar	освобождение от привязки «валютной змеи» к доллару
D 272	décrochement *m* de la monnaie	unpegging of a currency	отсоединение валюты, освобождение валюты от привязки *(напр. к паритету)*
D 273	décrocher	to unpeg, to disengage	освобождать от привязки *(к какой-л. валюте)*
D 274	décrue *f*	decline, drop	снижение, падение
D 275	décrue du dollar	dollar fall	снижение курса доллара
D 276	décrue du loyer de l'argent	decline of the interest rate	снижение процентной ставки
D 277	dédit *m*	1. forfeit 2. penalty	1. отказ от права требования по обязательству 2. неустойка, отступное
D 278	payer un dédit	to pay a penalty	платить неустойку
D 279	dédit d'un contrat	contract penalty	неустойка по контракту
D 280	dédollarisation *f*	dedollarization	дедолларизация, снижение влияния доллара

D

D 281	dédommagement *m* de la banque pour la tenue du compte	compensation of a bank for account handling	возмещение расходов банка по ведению счёта
D 282	dédoublement *m*	splitting (in two)	раздвоение
D 283	dédoublement du marché des changes	splitting of the currency market	раздвоение валютного рынка
D 284	déductibilité *f*	deductibility	вычитаемость, возможность вычета [удержания]
D 285	déductibilité de l'assiette de l'impôt	deductibility from the tax base	возможность вычета из базы налогообложения
D 286	déductibilité des dividendes	deductibility of dividends	возможность вычета дивидендов *(из суммы, облагаемой налогом)*
D 287	déductibilité fiscale	tax deductibility	возможность вычета из суммы, подлежащей обложению налогом
D 288	déductibilité des frais	deductibility of charges	возможность вычета расходов *(из суммы, облагаемой налогом)*
D 289	déductibilité des intérêts	deductibility of interest	возможность вычета процентов *(из суммы, облагаемой налогом)*
D 290	déductibilité des revenus	deductibility of income	возможность вычета доходов *(из суммы, облагаемой налогом)*
D 291	déductible	deductible	вычитаемый, подлежащий вычету
D 292	être déductible	to be deductible	подлежать вычету
D 293	déduction *f*	1. deduction 2. tax deduction [allowance]	1. вычет, удержание 2. налоговая скидка, вычет из подлежащей налогообложению суммы
D 294	sous déduction de	less, minus	минус, за вычетом
D 295	déduction pour amortissement, DPA	capital cost allowance	амортизационные отчисления, вычет на амортизацию
D 296	déduction faite de	after allowing for, after deduction of, after deducting	за вычетом, после вычета
D 297	déduction d'intérêts	deduction of interest	вычет процентов
D 298	déduction du report déficitaire	deduction of negative balance brought forward	вычет отрицательного сальдо прошлого периода
D 299	déduction de TVA	deduction of VAT	вычет НДС *(налога на добавленную стоимость)*
D 300	déduire	to deduct	вычитать, удерживать
D 301	défaillance *f*	1. default, delinquency 2. bankruptcy 3. weakness *(e.g. of a market)*	1. неисполнение обязательства, несостоятельность 2. банкротство 3. слабость, вялость *(напр. рынка)*
D 302	se prémunir contre toute défaillance	to protect oneself against any default	застраховаться от любого неплатежа
D 303	défaillance bancaire	default of a bank	банкротство банка
D 304	défaillance de la contrepartie	default of the other party	неисполнение обязательства партнёром по (биржевой) сделке
D 305	défaillance d'une filiale	bankruptcy of a subsidiary	банкротство дочерней компании

D

D 306	défaillant	defaulting	несостоятельный, неплатёжеспособный
D 307	être défaillant	to default	быть несостоятельным, неплатёжеспособным
D 308	défaillant *m*	defaulter, bankrupt	несостоятельный должник, банкрот
D 309	défaire, se	to get rid of	избавляться *(от чего-л.)*, сбрасывать *(напр. акции)*
D 310	défalcation *f*	deduction	вычет
D 311	défalcation faite de	after deduction of	за вычетом, после вычета
D 312	défalquer	to deduct, to take off	вычитать
D 313	défaut *m*	1. shortage, scarcity, lack, deficit 2. default *(e.g. of an obligation)*	1. нехватка, дефицит, недостаток 2. невыполнение *(напр. обязательства)*
D 314	défaut d'acceptation	dishonor *(of a bill)*, non-acceptance	неакцепт *(векселя)*
D 315	défaut d'accomplissement	nonfulfilment	невыполнение
D 316	défaut de caisse	cash deficit, cash shortage	кассовый дефицит, дефицит кассовой наличности
D 317	défaut croisé	cross default	взаимное невыполнение обязательств *(обеими сторонами)*
D 318	défaut de livraison	failure to deliver, failed delivery, nondelivery	непоставка
D 319	défaut de paiement	default in payment, nonpayment, failure to pay	неплатёж
D 320	défaut de provision	no effects, no funds, not sufficient funds, absence of consideration	недостаток средств на счёте для платежа по чеку
D 321	défaut de pouvoirs	lack of authority	недостаточные полномочия
D 322	défaut de surveillance	inadequate supervision	недостаточный контроль
D 323	défaut de transmission	transmission default	сбой в передаче информации
D 324	défaveur *f* du dollar	disfavor of the dollar	недоверие к доллару
D 325	défense *f* de la valeur d'une monnaie	protection of a currency value	поддержание стоимости валюты
D 326	déferlement *m* de l'inflation	inflationary tide	инфляционная волна
D 327	défiance *f* du marché	mistrust of the market	недоверие рынка
D 328	déficiences *f pl* du système	system deficiencies	недостатки системы
D 329	déficit *m*	1. deficit, gap, shortage, shortfall 2. balance, deficit	1. дефицит, нехватка, недостаток 2. отрицательное сальдо
D 330	accuser un déficit	to show [to run] a deficit	сводиться с дефицитом
D 331	apurer [boucler, combler, corriger, couvrir, éliminer, éponger] un déficit	to cover [to fill] a gap, to make up a deficit, to make good a deficit	покрывать дефицит
D 332	financer un déficit	to finance a deficit	финансировать дефицит
D 333	se solder par un déficit	to close with [to show] a deficit	сводиться с дефицитом
D 334	déficit de caisse	cash deficit	кассовый дефицит, дефицит кассовой наличности
D 335	déficit chronique	chronic deficit	хронический дефицит
D 336	déficit en compte courant	current account overdraft	овердрафт по текущему счёту
D 337	déficit continu	constant deficit	постоянный дефицит
D 338	déficit courant	current deficit	текущий дефицит
D 339	déficit croissant	growing gap	растущий дефицит

D

D 340	déficit cumulé	cumulative deficit	совокупный дефицит
D 341	déficit en devises	foreign currency deficit	валютный дефицит
D 342	déficit en dollars	dollar deficit	долларовый голод
D 343	déficit, énorme	huge deficit	огромный дефицит
D 344	déficit, fort	big gap, heavy deficit	большой дефицит
D 345	déficit gérable	manageable deficit	управляемый [поддающийся управлению] дефицит
D 346	déficit grandissant	growing gap	растущий дефицит
D 347	déficit, grave	substantial deficit	значительный дефицит
D 348	déficit immodéré	immoderate deficit	чрезмерный дефицит
D 349	déficit, large [lourd]	big gap, heavy deficit	большой дефицит
D 350	déficit persistant	persistent deficit	хронический дефицит
D 351	déficit de trésorerie	cash deficit	кассовый дефицит, дефицит кассовой наличности
D 352	déficits *m pl* et excédents *m pl* de caisse	cash deficit or surplus	недостаток и избыток кассовой наличности
D 353	définition *f*	definition, description	определение; описание; установление
D 354	définition des conditions de paiement	description of terms of payment	определение условий платежа
D 355	définition de l'emprunt	definition of loan terms	определение условий займа
D 356	définition fondée sur un panier des 5 monnaies	parity based on a 5-currency basket	паритет на основе корзины из 5 валют
D 357	définition des instruments utilisés	description of instruments used	описание используемых инструментов
D 358	définition des limites de risque de taux	definition of interest risk limits	определение пределов процентного риска
D 359	définition en or du franc suisse	gold parity of the Swiss franc	золотой паритет швейцарского франка
D 360	définition de la parité	parity definition	определение паритета
D 361	définition des stratégies à court terme	definition of short-term strategies	выработка краткосрочной стратегии
D 362	définition d'une unité de compte européenne	parity of the European Currency Unit (ECU)	установление паритета Европейской счётной единицы (ЭКЮ)
D 363	définition de l'unité monétaire	definition of the currency [monetary] unit	установление паритета валютной единицы
D 364	définition-or *f*	gold parity	золотой паритет
D 365	définition-or du DTS	gold parity of the SDR	золотой паритет СДР
D 366	définition-or d'une monnaie	gold parity of a currency	золотой паритет валюты
D 367	défiscalisation *f*	exempting from tax	освобождение от налогообложения
D 368	défiscalisation des investissements	exempting investments from tax	освобождение инвестиций от налогообложения
D 369	défiscalisé	exempted from tax	освобождённый от налогообложения
D 370	déflateur	deflationary	дефляционный
D 371	déflateur *m*	deflator	дефлятор
D 372	déflation *f*	deflation	дефляция
D 373	déflation à court terme	short-term deflation	краткосрочная дефляция
D 374	déflation de crédits	credit deflation	кредитная дефляция, сокращение кредита
D 375	déflation financière	financial deflation	финансовая дефляция
D 376	déflation, forte	strong deflation	сильная дефляция

D

D 377	déflation monétaire	currency deflation	денежно-кредитная дефляция
D 378	déflation des moyens de paiement	deflation of means of payment	уменьшение массы платёжных средств
D 379	déflation simultanée [synchronisée]	synchronized deflation	параллельная дефляция
D 380	déflationniste	deflationary	дефляционный
D 381	défrayer	to pay, to settle *(the expenses)*	оплачивать *(расходы)*
D 382	dégagement *m*	1. freeing, releasing *(from obligations)* 2. release *(of credits)* 3. selloff, selling off 4. redemption, taking out of pawn	1. освобождение *(от обязательства)* 2. выдача *(кредитов)* 3. продажа [сброс] ценных бумаг 4. выкуп *(из залога)*
D 383	dégagement de précaution	precautionary selloff	сброс ценных бумаг как мера предосторожности
D 384	dégagement des valeurs	securities selloff	сброс ценных бумаг
D 385	dégager	1. to free, to release *(from an obligation)* 2. to release *(credits)* 3. to sell off 4. to take [to get] out of pawn, to redeem	1. освобождать *(от обязательства)* 2. выдавать *(кредиты)* 3. продавать [сбрасывать] ценные бумаги 4. выкупать *(из залога)*
D 386	dégel *m* des crédits	unfreezing of loans	размораживание кредитов
D 387	dégeler	to unfreeze	размораживать
D 388	dégonflement *m*	decrease	снижение, уменьшение
D 389	dégonflement de la collecte de l'épargne liquide	fall in the inflow of liquid savings	снижение объёма привлекаемых сбережений
D 390	dégonflement du cours de l'action	fall in the share price	снижение курса акции
D 391	dégonflement des réserves	fall in reserves	уменьшение резервов
D 392	dégradation *f*	1. deterioration 2. weakening *(e.g. of a currency)*	1. ухудшение, обострение; уменьшение, снижение 2. ослабление *(напр. валюты)*
D 393	dégradation du crédit	tightening of credit	уменьшение объёма кредитных ресурсов
D 394	dégradation financière des clients	deterioration of clients' financial situation	ухудшение финансового положения клиентов
D 395	dégradation de la monnaie	depreciation [weakening] of the currency	ослабление валюты
D 396	dégradation de la productivité du capital	deterioration of the productivity of capital	снижение производительности капитала
D 397	dégradation du rating	derating	понижение рейтинга, перевод в более низшую категорию
D 398	dégradation des revenus	deterioration of income	уменьшение доходов
D 399	dégradation des taux de rendement	deterioration of yields	снижение доходности
D 400	dégrader	to damage, to cause damage	наносить ущерб
D 401	dégrader, se	1. to deteriorate 2. to weaken *(e.g. a currency)*	1. ухудшаться, обостряться; уменьшаться, снижаться 2. ослабевать *(напр. о валюте)*
D 402	degré *m*	degree	степень, уровень
D 403	degré d'attractivité	power of attraction	степень привлекательности
D 404	degré d'aversion au risque	degree of risk aversion	склонность избегать риск
D 405	degré de confiance	degree of confidence	степень доверия
D 406	degré de convertibilité	degree of convertibility	степень обратимости
D 407	degré de diffusion des titres dans le public	distribution of securities in the public	степень распылённости ценных бумаг

D

D 408	degré d'éligibilité	eligibility	степень приемлемости
D 409	degré d'emprise	degree of control	степень контроля
D 410	degré d'endettement	indebtedness	уровень задолженности
D 411	degré d'exigibilité	level of exigibility	степень срочности погашения (обязательства)
D 412	degré d'expansion du crédit	degree of credit expansion	уровень кредитной экспансии
D 413	degré d'informatisation des banques	degree of computerization of banks	уровень компьютеризации банков
D 414	degré d'intégration des banques	degree of bank integration	степень интегрированности банков
D 415	degré d'intermédiation financière	degree of financial intermediation	уровень финансового посредничества
D 416	degré de liquidité	liquidity ratio	коэффициент ликвидности (отношение ликвидных средств к сумме активов предприятия)
D 417	degré de sécurité	degree of security	степень надёжности
D 418	degré de volatilité	volatility ratio (e.g. of rates)	коэффициент волатильности (напр. курсов)
D 419	dégrevable	eligible for tax allowance	подлежащий освобождению от налога, освобождаемый от налога
D 420	dégrèvements *m pl* fiscaux [d'impôts]	tax relief [rebate, cut, allowance]	налоговые скидки, освобождение от налогов
D 421	dégringolade *f*	plunge, sharp drop, collapse	резкое сокращение [падение]
D 422	dégringolade des contrats	collapse of contracts	резкое сокращение числа контрактов
D 423	dégringolade financière	financial collapse	финансовый крах
D 424	délai *m*	1. term, time, period; deadline, time limit 2. delay 3. extension of time	1. время; срок 2. задержка, просрочка 3. пролонгация; продление; отсрочка
D 425	accorder un délai	to grant an extension (e.g. of payment)	предоставлять отсрочку (напр. платежа)
D 426	bénéficier d'un délai	to be granted an extension	получать отсрочку
D 427	délai d'acceptation	acceptance period	срок акцепта
D 428	délai d'atermoiement	length of delay	продолжительность отсрочки
D 429	délai d'attente	waiting period	срок ожидания
D 430	délai de carence	lead time before payment, waiting delay	льготный срок
D 431	délai de cession des devises	currency transfer period	срок передачи валюты
D 432	délai de confirmation des fonds	period of confirmation of funds	время подтверждения наличия средств
D 433	délai convenu à l'avance	time fixed in advance	заранее оговорённый срок
D 434	délai de date	after date	срок, считая с определённой даты
D 435	délai de dépôt	term of a deposit	срок вклада
D 436	délai d'un effet	tenor of a bill	срок действия векселя
D 437	délai d'encaissement	collection period	инкассовый период, время на инкассо
D 438	délai d'exécution	execution period	срок исполнения
D 439	délai expiré	expired period	истекший срок
D 440	délai fiscal	tax period	отсрочка уплаты налога
D 441	délai fixe	fixed period	фиксированный [твёрдо установленный] срок

D

D 442	délai de faveur [de grâce]	grace period, days of grace	льготный [грационный] период; отсрочка исполнения обязательства
D 443	délai imparti	extension granted	предоставленная отсрочка
D 444	délai d'indisponibilité	period of unavailability *(of credit)*	период неиспользования *(кредита)*
D 445	délai limite de levée	exercise cut-off time	предельный срок использования опциона
D 446	délai de livraison	delivery date [time, deadline]	срок поставки; срок договора
D 447	délai de paiement	1. term of payment, time for payment 2. payment time 3. extension of payment, respite for payment	1. время [срок] платежа 2. платёжный период 3. отсрочка платежа
D 448	délai de paiement accordé [consenti]	granted extension of payment	предоставленная отсрочка платежа
D 449	délai de paiement d'une lettre de change	due day of a bill	срок платежа по переводному векселю
D 450	délai de préavis	term [period] of notice	срок уведомления
D 451	délai de préavis de dénonciation	period of notice of termination	срок уведомления о расторжении контракта
D 452	délai de prescription	limitation period	срок давности
D 453	délai prescrit	stipulated time	указанный срок
D 454	délai de présentation à l'acceptation	date of presentation for acceptance	срок представления для акцепта
D 455	délai de réclamation	complaint period	рекламационный период, срок рекламации
D 456	délai de recouvrement, DR	collection period	инкассовый период, время на инкассо
D 457	délai de règlement	settlement period	расчётный период
D 458	délai de reprise	period of assessment reconciliation	период проверки предварительных оценок
D 459	délai supplémentaire de paiement	extension of payment, extended payment	дополнительный срок для уплаты
D 460	délai de transfert des fonds	funds transfer period	срок перевода средств
D 461	délai de validité de l'offre	offer validity period	срок действия оферты
D 462	délégant *m*	delegant, assignor	делегант *(исходный должник при переводе долга)*
D 463	délégataire *m*	assignee, obligee	делегатарий, кредитор при переводе долга
D 464	délégation *f*	delegation	делегирование, делегация, передача, перевод
D 465	délégation d'une [de] créance	delegation of a claim	перевод долгового требования
D 466	délégation d'un crédit	allowance of credit	предоставление кредита
D 467	délégation d'une dette	delegation of a debt	перевод долга
D 468	délégation imparfaite	imperfect delegation	незавершённая делегация *(обязательство прежнего должника сохраняет силу до уплаты долга новым должником)*
D 469	délégation parfaite	perfect delegation	завершённая делегация *(обязательство прежнего должника прекращается)*
D 470	délégation de pouvoirs	delegation of authority	делегирование [передача] полномочий
D 471	délégation de signature	signing authority	передача права подписи

D

D 472	délégué m	delegate	делегат *(новый должник при переводе долга)*
D 473	délimitation f des agrégats monétaires	definition of monetary aggregates	разграничение денежных агрегатов
D 474	délit m	offense	правонарушение, незаконное действие
D 475	délit de contrefaçon de chèque	check forging	подделка чека
D 476	délit d'émission de chèque sans provision	issuing a check without sufficient funds	незаконное восстановление чека без обеспечения
D 477	délit de falsification de chèque	check forging	подделка чека
D 478	délit d'initiés	insider trading	незаконные операции с ценными бумагами на основе внутренней информации о компании-эмитенте
D 479	délivrance f	issue, issuance, delivery	выдача
D 480	délivrance d'un carnet de chèques	issue of a checkbook	выдача чековой книжки
D 481	délivrance des cautions	issue of guarantees	выдача гарантий
D 482	délivrance des concours bancaires	granting bank loans	выдача банковских кредитов
D 483	délivrance de crédit	credit granting	выдача кредита
D 484	délivrance d'une facture	making out an invoice	выдача счёта-фактуры
D 485	délivrance d'informations	providing information	предоставление информации
D 486	délivrance d'un reçu	making out a receipt	выдача квитанции
D 487	délivrance d'un titre	issue of a certificate	выдача сертификата (ценной бумаги)
D 488	délocalisation f	relocation	изменение места, перемещение; экспорт *(производства, капитала)*
D 489	délocalisation des capitaux	flight of capital offshore	экспорт капиталов
D 490	délocalisation de l'épargne	outflow of savings *(e.g. offshore)*	перелив сбережений *(напр. в офшорные компании)*
D 491	délocalisation fiscale	relocation for tax purposes	перевод компании в другое место по налоговым соображениям
D 492	delta m d'une position	delta (of a position)	дельта *(влияние изменения курса лежащего в основе опциона инструмента на курс опциона)*
D 493	demande f	1. demand, request 2. inquiry 3. demand 4. application, request 5. claim 6. bid (price)	1. просьба, обращение, требование 2. запрос 3. спрос 4. заявка 5. иск, требование 6. цена покупателя (на бирже)
D 494	canaliser la demande	to channel demand	направлять спрос
D 495	comprimer la demande	to reduce demand	сокращать спрос
D 496	sur demande	on request	по просьбе, по требованию
D 497	déposer une demande	to put in a request	подавать заявку
D 498	suivre la demande	to follow demand	следить за спросом
D 499	demande d'actifs en dollars	demand for dollar assets	спрос на долларовые активы
D 500	demande d'actions	1. demand for shares 2. bid for shares	1. спрос на акции 2. заявка на акции
D 501	demande d'admission à la cote [d'autorisation à la cote officielle]	application for listing *(at the stock exchange)*, listing application, application for quotation	заявка о принятии к котировке

D

D 502	demande de billets	request of banknotes	заявка на банковские билеты
D 503	demande de capitaux prêtables	demand for loanable funds	спрос на ссудные средства
D 504	demande de concours	application for a loan	кредитная заявка
D 505	demande contentieuse	application for a tax allowance	заявка на снижение налога
D 506	demande de conversion en dollars	request for conversion into dollars	заявка на перевод в доллары
D 507	demande de crédit	1. loan demand 2. application for credit, credit application	1. спрос на кредиты 2. кредитная заявка, заявка на получение ссуды
D 508	demande de devises	application for foreign currency	заявка на иностранную валюту
D 509	demande d'emprunt	loan application, request for a loan	кредитная заявка, заявка на получение ссуды
D 510	demande d'encaisse	request for cash	заявка на наличность
D 511	demande d'endettement	loan demand	спрос на ссуды
D 512	demande d'exonération	application for exemption	заявка на освобождение от налога
D 513	demande ferme	firm bid	твёрдая заявка
D 514	demande de financement	request for financing	заявка на финансирование
D 515	demande de fonds empruntés	demand for loanable funds	спрос на ссудные средства
D 516	demande gracieuse	request for exemption	заявка на освобождение от налога
D 517	demande d'inscription à la cote	application for listing *(at the stock exchange)*, listing application, application for quotation	заявка о принятии к котировке
D 518	demande d'instruments financiers	demand for financial instruments	спрос на финансовые инструменты
D 519	demande d'introduction à la cote	application for listing *(at the stock exchange)*, listing application, application for quotation	заявка о принятии к котировке
D 520	demande d'investissements	investment demand	инвестиционный спрос
D 521	demande de ligne de crédit stand-by	application for a stand-by line of credit	заявка на резервную кредитную линию
D 522	demande de ligne d'escompte	discount line application	заявка на дисконтную линию
D 523	demande de moyens de paiement	request for means of payment	заявка на платёжные средства
D 524	demande d'ouverture de crédit	request for opening a letter of credit	заявка на открытие аккредитива
D 525	demande de prêt	loan application, request for a loan	кредитная заявка, заявка на получение ссуды
D 526	demande de prorogation	request for extension	просьба о продлении
D 527	demande réduite	reduced demand	низкий спрос
D 528	demande de rééchelonnement	request for rescheduling of a debt	заявка о пересмотре сроков погашения долга
D 529	demande de relevés d'identité bancaires	request for bank identity confirmation	требование о предоставлении документа с указанием реквизитов банка и счёта клиента
D 530	demande de remboursement anticipé	acceleration of maturity	перенесение срока платежа на более раннюю дату
D 531	demande de retrait	withdrawal slip	заявка на снятие денег со счёта

D

D 532	demande de services bancaires	request for bank services	заявка на банковское обслуживание
D 533	demande de titres [de valeurs mobilières]	1. demand for securities 2. bid for securities	1. спрос на ценные бумаги 2. заявка на ценные бумаги
D 534	demandé	in demand	пользующийся спросом
D 535	demandeur *m*	1. applicant 2. claimant, plaintiff	1. проситель, заявитель 2. истец
D 536	demandeur de capitaux	applicant for capital	заёмщик
D 537	demandeur de crédits	applicant for loans	податель кредитной заявки
D 538	demandeur de monnaie	applicant for currency	податель заявки на валюту
D 539	démantèlement *m*	dismantling, breaking up	свёртывание; отмена; распад
D 540	démantèlement du contrôle des changes	dismantling of exchange controls	отмена валютного контроля
D 541	démantèlement du régime de Bretton-Woods	dismantling of the Bretton-Woods system	распад Бреттон-Вудской валютной системы
D 542	démantèlement du système monétaire international	dismantling of international monetary system	распад международной валютной системы
D 543	démanteler	to dismantle, to break up	свёртывать; отменять; разрушать
D 544	démarchage *m*	canvassing	купля-продажа (ценных бумаг) по месту нахождения клиента
D 545	démarchage financier [de valeurs mobilières]	securities canvassing	купля-продажа ценных бумаг по месту нахождения клиента
D 546	démarcheur *m*	canvasser	лицо, осуществляющее куплю-продажу ценных бумаг по месту нахождения клиента
D 547	démarrage *m*	start, launch	начало
D 548	démarrage des investissements	take-off of investments	начало роста объёма инвестиций
D 549	démarrage du MATIF	launch of MATIF	начало работы МАТИФ
D 550	démarrage du papier commercial	launch of commercial paper	выпуск в обращение коммерческой бумаги
D 551	dématérialisation *f*	dematerialization	дематериализация
D 552	dématérialisation de l'argent [de la monnaie]	dematerialization of money	дематериализация денег
D 553	dématérialisation des titres	dematerialization of securities, paperless handling of securities	дематериализация ценных бумаг, переход к безбумажным операциям с ценными бумагами
D 554	dématérialisation des transferts de fonds	truncation	переход к электронному переводу денежных средств
D 555	dématérialisation des valeurs mobilières	dematerialization of securities, paperless handling of securities	дематериализация ценных бумаг, переход к безбумажным операциям с ценными бумагами
D 556	démembrement *m*	stripping	деление *(ценной бумаги на несколько отдельно обращающихся ценных бумаг)*
D 557	démembrement d'une action	stripping of a share	деление акции
D 558	démembrer	to strip	делить *(ценную бумагу)*
D 559	demeure *f* du créancier	creditor's residence	местонахождение кредитора, (юридический) адрес кредитора
D 560	démonétisation *f*	demonetization	демонетизация

D

D 561	démonétisation de l'or	demonetization of gold	демонетизация золота (утрата золотом денежных функций)
D 562	démonétiser	to demonetize	демонетизировать
D 563	dénaturer	to distort, to misrepresent	искажать
D 564	denier *m*	denier	денье *(старинная французская серебряная монета)*
D 565	deniers *m pl*	money, funds	деньги, средства
D 566	deniers en fiducie garantie	guaranteed trust money	гарантированные средства в трастовом управлении
D 567	deniers publics	public funds, budget funds	бюджетные [государственные денежные] средства
D 568	dénomination *f*	denomination, appellation, designation, name	название, наименование
D 569	dénomination d'une banque	name of a bank	название банка
D 570	dénomination d'une unité monétaire	denomination of a currency unit	название денежной единицы
D 571	dénouement *m*	settlement	закрытие *(позиции)*; завершение *(операции)*; расчёт *(по операции)*
D 572	dénouement du change à terme	settlement of a forward foreign exchange transaction	завершение срочной валютной сделки
D 573	dénouement d'un contrat sur le MATIF	settlement of a MATIF contract	расчёт по контракту МАТИФ
D 574	dénouement d'une opération financière	settlement of a financial transaction, liquidation	завершение финансовой операции
D 575	dénouement des opérations	settlement of transactions	завершение операций
D 576	dénouement d'un transfert international	settlement of an international transfer	завершение международного перевода (средств)
D 577	dénouement ultérieur d'une transaction	final settlement of a transaction	окончательное урегулирование операции
D 578	dépassement *m*	overrun	превышение
D 579	dépassement de crédit	credit overrun, overspending, overexpenditure	превышение кредита
D 580	dépassement du délai de paiement	late payment, delay in payment	просрочка платежа
D 581	dépassement de souscription	oversubscription	превышение *(поданными заявками)* объёма подписки
D 582	dépasser	to exceed	превышать; опережать
D 583	dépendance *f*	dependence	зависимость
D 584	dépendance financière	financial dependence	финансовая зависимость
D 585	dépendance monétaire	monetary dependence	денежная зависимость
D 586	dépendance vis-à-vis de banques	dependence on banks	зависимость от банков
D 587	dépendance vis-à-vis de créanciers	dependence on creditors	зависимость от кредиторов
D 588	dépenser	to spend	тратить, расходовать
D 589	dépenses *f pl*	expenses, expenditure, spending, outlay	расходы, затраты, издержки
D 590	ventiler les dépenses	to allocate expenses	распределять расходы
D 591	dépenses actualisées	discounted expenditure	дисконтированные расходы
D 592	dépenses afférentes au crédit	loan expenses	расходы по кредиту
D 593	dépenses d'assurance-crédit	credit insurance expenses	расходы по страхованию кредита

D

D 594	dépenses autorisées	authorized expenditure	разрешённые расходы
D 595	dépenses de caisse	cash outlay	кассовые расходы
D 596	dépenses en capital	capital expenditure	инвестиционные расходы
D 597	dépenses en devises	currency outlay	расходы в иностранной валюте
D 598	dépenses effectuées sur les fonds publics	public expenditure	государственные [бюджетные] расходы
D 599	dépenses engagées	expenses incurred	понесённые расходы
D 600	dépenses fiscales	tax deductions	налоговые скидки (предоставляемые государством)
D 601	dépenses de garantie	guarantee expenses	расходы по гарантии
D 602	dépenses d'intervention	intervention expenses	расходы на проведение интервенции
D 603	dépenses d'investissement	investment spending [expenditure], capital expenditure	инвестиционные расходы
D 604	dépenses publiques	public expenditure, government spending	государственные [бюджетные] расходы
D 605	dépenses à retenir	expenses to be deducted	расходы, подлежащие вычету
D 606	dépenses somptuaires	extravagant expenditure	чрезмерные расходы
D 607	dépenses spontanées	unexpected expenses	незапланированные расходы
D 608	dépenses virtuelles	potential expenses	потенциальные расходы
D 609	déphasage *m*	shift	смещение, сдвиг
D 610	déphasage arrière	lag	задержка оплаты
D 611	déphasage avant	lead	досрочная оплата
D 612	déphasages *m pl* de conversion	leads and lags	смещение конверсии (досрочная конверсия или задержка конверсии с целью игры на валютном курсе)
D 613	déplacé	(bill) which can be paid in another town	перемещённый (о векселе, который может быть оплачен в другом городе)
D 614	déplacement *m*	1. transfer, relocation, movement 2. shift, shifting (e.g. of prices)	1. перевод, перемещение, движение 2. динамика, изменение; движение (биржевого курса)
D 615	déplacement des capitaux	movement of capital	движение капиталов
D 616	déplacement d'intérêts	movement of interest	перевод процентов
D 617	déplacement de monnaies	movement of currencies	перемещение [движение] валют
D 618	déplacer	to transfer, to relocate, to move	переводить, перемещать
D 619	déport *m*	1. discount 2. backwardation	1. дисконт, скидка с курса 2. депорт
D 620	se mettre en déport	to carry out a backwardation transaction	осуществлять депортную операцию
D 621	déport sur une monnaie	currency backwardation	валютный депорт, депорт на валюту
D 622	déposant *m*	depositor	вкладчик
D 623	déposant, gros	major depositor	крупный вкладчик
D 624	déposer	to deposit	вкладывать, депонировать
D 625	dépósit *m*	deposit	депозит
D 626	requérir un dépósit entier	to withdraw the whole of a deposit	изымать всю сумму депозита
D 627	dépositaire *m*	depositary, trustee, bailee	хранитель, депозитарий

D

D 628	dépositaire agréé	authorized depositary	уполномоченный депозитарий
D 629	dépositaire d'or du Fonds	depositary of the IMF's gold	хранитель золота МВФ
D 630	dépositaire des ordres	depositary of orders (at the stock exchange)	депозитарий поручений, обладатель поручений (на бирже)
D 631	déposséder	to dispossess	лишать владения
D 632	dépossession f	dispossession	лишение [прекращение] владения
D 633	dépossession des actionnaires de leur pouvoir de contrôle	divesting shareholders of their authority	лишение акционеров прав контроля
D 634	dépossession de titres	dispossession of securities	прекращение владения ценными бумагами (вследствие утери, кражи)
D 635	dépôt m	1. deposit 2. depositing 3. filing, registration	1. вклад, взнос, депозит 2. отдача, помещение на хранение 3. регистрация, подача (заявки)
D 636	avoir en dépôt	to hold in trust (for)	управлять по доверенности
D 637	détenir en dépôt des titres	to hold securities in safe custody	держать ценные бумаги на депозите
D 638	lever un dépôt	to withdraw a deposit	востребовать вклад
D 639	mettre de l'argent en dépôt	to place money on deposit	вносить деньги на депозит
D 640	prélever sur un dépôt	to draw from a deposit	снимать с вклада
D 641	prendre en dépôt	to take on deposit, to take into safe custody	принимать на депозит
D 642	prêter en dépôt	to grant a loan on deposit	предоставлять ссуду в виде депозита
D 643	rembourser le dépôt	to return the deposit	выдавать вклад
D 644	restituer son dépôt	to recover one's deposit	получать свой вклад обратно
D 645	retirer un dépôt	to withdraw a deposit	востребовать вклад
D 646	verser un dépôt dans une banque	to deposit one's money with a bank	вносить деньги на банковский депозит
D 647	verser le dépôt en titres	to place securities in safe custody	вносить ценные бумаги на хранение
D 648	dépôt d'actions	placement of shares in safe custody	помещение акций на хранение
D 649	dépôt annuel automatiquement renouvelable	annual automatically extended deposit	ежегодный автоматически возобновляемый депозит
D 650	dépôt bancaire [de banque]	bank deposit, deposit of funds	банковский депозит
D 651	dépôt de bilan	filing one's petition in bankruptcy, bankruptcy	заявление о несостоятельности, банкротство
D 652	dépôt de billets	deposit of banknotes	внесение банкнот на депозит
D 653	dépôt bloqué	blocked deposit	блокированный депозит
D 654	dépôt à la caisse d'épargne	deposit in a savings bank	вклад в сберегательной кассе [в сберегательном банке]
D 655	dépôt d'une caution	deposit of a security [of a gaurantee]	предоставление гарантии
D 656	dépôt de change	deposit in foreign exchange	валютный депозит
D 657	dépôt collectif	collective custody	коллективный депозит
D 658	dépôt convertible	swap deposit	конвертируемый депозит, депозит своп

D

D 659	dépôt à court terme	deposit at short notice	депозит до востребования; депозит с кратковременным уведомлением *(об изъятии)*
D 660	dépôt de couverture	reserve deposit	резервный депозит
D 661	dépôt à découvert	overdraft	овердрафт по счёту
D 662	dépôt à échéance fixe	fixed deposit	срочный депозит, вклад на срок
D 663	dépôt d'épargne	savings deposit	сберегательный депозит
D 664	dépôt d'épargne non transférable par chèque	noncheckable savings deposit	сберегательный депозит без права выписки чеков
D 665	dépôt en espèces	money [cash] deposit	депозит *(образованный путём внесения наличных денег)*
D 666	dépôt exigible sur demande	demand deposit	вклад до востребования
D 667	dépôt fermé	sealed safe custody	опечатанное депонирование *(ценностей)*
D 668	dépôt fiduciaire	escrow	депонирование *(ценных бумаг)* на хранение у третьих лиц
D 669	dépôt forcé	forced bankruptcy	вынужденное банкротство
D 670	dépôt de garantie	deposit, initial margin	гарантийный депозит, маржа
D 671	dépôt en garde	safe custody	хранение в сейфе
D 672	dépôt global	collective custody	коллективный депозит
D 673	dépôt initialement créé	initial deposit	исходный депозит
D 674	dépôt sans intérêt	interest-free deposit	беспроцентный депозит
D 675	dépôt à intérêt non comptabilisé	nonaccrual deposit	депозит без начисления процентов
D 676	dépôt à intérêt quotidien	daily interest deposit	депозит с ежедневным начислением процентов
D 677	dépôt joint	joint custody	совместный депозит
D 678	dépôt libre	safe custody	хранение в сейфе
D 679	dépôt en main tierce	deposit in escrow	депонирование *(ценных бумаг)* на хранение у третьих лиц
D 680	dépôt de la marge initiale	initial margin	внесение первоначального гарантийного депозита
D 681	dépôt minimal de garantie sur le compte	minimum guarantee deposit in the account	минимальный гарантийный депозит на счёте
D 682	dépôt en monnaies étrangères soumis aux réserves	reservable foreign currency deposit	депозит в иностранной валюте, подпадающий под резервные требования
D 683	dépôt non assuré	uninsured deposit	необеспеченный депозит
D 684	dépôt non encaissable	nonencashable deposit	вклад, не обратимый в наличность
D 685	dépôt non productif	nonperforming deposit	депозит, не приносящий дохода
D 686	dépôt non productif d'intérêt	noninterest-bearing deposit	депозит, не приносящий процента
D 687	dépôt non réclamé	unclaimed deposit	невостребованный депозит
D 688	dépôt non transférable par chèque	noncheckable deposit	депозит без права выписки чеков
D 689	dépôt de nuit	overnight deposit	однодневный депозит
D 690	dépôt en numéraire	money [cash] deposit	депозит *(образованный путём внесения наличных денег)*
D 691	dépôt ouvert	ordinary (open) safe custody account	вклад *(ценных бумаг)* на открытый счёт

D

D 692	dépôt de particulier	personal deposit	вклад частного лица
D 693	dépôt portant intérêts	interest-bearing deposit	депозит, приносящий процент
D 694	dépôt à préavis	notice deposit	вклад с уведомлением об изъятии
D 695	dépôt sans préavis	demand deposit	вклад без уведомления об изъятии
D 696	dépôt de prospectus	(prospectus) filing	предоставление проспекта (выпуска)
D 697	dépôt de prospectus simplifié	short-form filing	упрощённая процедура предоставления проспекта (выпуска)
D 698	dépôt provoqué	forced bankruptcy	вынужденное банкротство
D 699	dépôt à régime fiscal avantageux	tax-sheltered deposit	депозит, пользующийся льготным финансовым режимом
D 700	dépôt scellé	sealed safe custody	опечатанное депонирование (ценностей)
D 701	dépôt séparé	separate deposit	отдельный депозит
D 702	dépôt d'une soumission	submission of a tender	подача тендера
D 703	dépôt swap	swap(ped) deposit	депозит своп
D 704	dépôt à terme	term deposit	срочный депозит
D 705	dépôt à terme à intérêt fixe	fixed rate term deposit	срочный депозит с фиксированным процентом
D 706	dépôt à terme à intérêt flexible	flexible rate term deposit	срочный депозит с переменным процентом
D 707	dépôt (de) titres	safe custody account	сохранный счёт (ценных бумаг)
D 708	dépôt de titres entre les mains d'un tiers	escrow	депонирование (ценных бумаг) на хранение у третьих лиц
D 709	dépôt de titres en nantissement	guarantee security deposit	гарантийное депонирование ценных бумаг
D 710	dépôt à vue	demand deposit; demand funds; sight funds	депозит до востребования
D 711	dépôts m pl	deposits; deposit base	депозиты
D 712	transférer des dépôts	to transfer deposits	переводить депозиты
D 713	dépôts anonymes	anonymous deposits	анонимные депозиты
D 714	dépôts d'argent	money deposits	денежные депозиты
D 715	dépôts de banques	interbank funds	межбанковские депозиты
D 716	dépôts et cautionnements	deposits and guarantees	депозиты и поручительства
D 717	dépôts de chèques	deposit of checks	представление чеков
D 718	dépôts de clients	clients' deposits	клиентские депозиты
D 719	dépôts de clients dénonçables avec préavis	notice deposits	клиентские депозиты с уведомлением об изъятии
D 720	dépôts de clients dénonçables en tout temps	demand deposits	клиентские депозиты с изъятием по требованию
D 721	dépôts des correspondants du Trésor	deposits of the Treasury correspondents	депозиты корреспондентов казначейства
D 722	dépôts désignés par un code	deposits indicated by a code	депозиты, обозначенные кодом
D 723	dépôts de devises	currency deposits	валютные депозиты
D 724	dépôts en eurodevises	Eurocurrency deposits	евровалютные депозиты
D 725	dépôts de fonds	money deposits	денежные депозиты

D

D 726	dépôts dont les intérêts ne sont pas imposables	deposits with nontaxable interest	депозиты, проценты по которым не облагаются налогом
D 727	dépôts sur livrets bancaires	deposits in bank accounts	депозиты на банковских счетах
D 728	dépôts en monnaie	money [cash] deposits	депозиты (образованные путём внесения наличных денег)
D 729	dépôts non bancaires	non-bank deposits	небанковские депозиты
D 730	dépôts non monétaires	bank deposits	банковские депозиты
D 731	dépôts numérotés	numbered deposits	нумерованные депозиты
D 732	dépôts recueillis	deposits collected	привлечённые депозиты
D 733	dépôts des sociétaires	shareholders' deposits	депозиты акционеров
D 734	dépôts à terme facilement transformables en moyens de paiement	time deposits easily converted into means of payment	срочные депозиты, легко конвертируемые в средства платежа
D 735	dépôts à vue mobilisables par chèques	checkable sight deposits	чековые депозиты до востребования
D 736	dépôts à vue des SICAV	mutual funds' sight deposits	депозиты до востребования СИКАВ (инвестиционных фондов открытого типа)
D 737	dépôts à vue auprès du système bancaire	sight deposits with banks	банковские депозиты до востребования
D 738	dépôts à vue au Trésor	sight deposits with the Treasury	депозиты до востребования в казначействе
D 739	dépôts-longueurs m pl	time deposits	срочные депозиты
D 740	dépouillement m	analysis; count, counting	анализ, обработка данных; счёт, подсчёт
D 741	dépouillement d'un compte	statement of account	выписка из счёта
D 742	dépouillement des données	data analysis	анализ данных
D 743	dépouillement du marché	market analysis	анализ рынка
D 744	dépouillement des offres	examination of the bids [tenders]; analysis of the bids [tenders]	вскрытие запечатанных заявок на торгах
D 745	dépouillement des ordres	examination of orders	обработка поручений
D 746	dépouillement du scrutin	counting of votes	подсчёт голосов
D 747	dépouillement des soumissions	examination of the bids [tenders]; analysis of the bids [tenders]	вскрытие запечатанных заявок на торгах
D 748	dépouillement des statistiques	statistics analysis	обработка статистических данных
D 749	dépréciation f	depreciation	обесценение
D 750	dépréciation des actifs	depreciation of assets	обесценение активов
D 751	dépréciation de l'argent	depreciation of money	обесценение денег
D 752	dépréciation des billets de banque	depreciation of banknotes	обесценение банкнот
D 753	dépréciation boursière	stock depreciation	падение курсов на бирже
D 754	dépréciation conjointe du dollar et de l'or	depreciation of both dollar and gold	одновременное обесценение доллара и золота
D 755	dépréciation cumulative de la monnaie	cumulative depreciation of the currency	кумулятивное обесценение валюты
D 756	dépréciation du cours du dollar	depreciation of the dollar	обесценение доллара
D 757	dépréciation du gage	depreciation of the security	обесценение залога
D 758	dépréciation, légère	slight depreciation	небольшое обесценение

203

D

D 759	dépréciation monétaire [de la monnaie]	currency depreciation	обесценение валюты
D 760	dépréciation sensible	significant depreciation	значительное обесценение
D 761	dépréciation du solde	depreciation of the balance	обесценение остатков *(по счёту)*
D 762	dépréciation du taux de change	depreciation of the currency	снижение валютного курса
D 763	déprécié	depreciated, devalued	обесцененный, обесценившийся
D 764	déprécier	to depreciate	обесценивать
D 765	déprécier, se	to depreciate, to lose value	обесцениваться, снижаться *(о курсе валюты)*
D 766	déprime *f* boursière	depression of the stock market	падение курсов на бирже
D 767	déprimer	to depress	понижать, ухудшать
D 768	dérapage *m*	sliding up, upward drift	(стремительный) рост
D 769	dérapage contrôlé	controlled growth	контролируемый рост
D 770	dérapage du crédit bancaire	growth of bank credit	рост банковского кредита
D 771	dérapage inflationniste	runaway inflation	стремительный рост инфляции
D 772	dérapage (de la masse) monétaire	soaring money supply	стремительный рост денежной массы
D 773	déréglementation *f*	deregulation	дерегулирование, снятие ограничений
D 774	déréglementation bancaire	banking deregulation	банковское дерегулирование
D 775	déréglementation d'une bourse	deregulation of a stock market	дерегулирование фондовой биржи
D 776	déréglementation de la Bourse de Londres	deregulation of the London Stock Exchange, Big Bang	дерегулирование Лондонской фондовой биржи, «Биг-Бэнг»
D 777	déréglementation financière	financial deregulation	финансовое дерегулирование
D 778	dérèglements *m pl* boursiers	stock exchange upheaval	биржевые потрясения
D 779	dérégulation *f*	deregulation	дерегулирование, снятие ограничений
D 780	dérégulation financière	financial deregulation	финансовое дерегулирование
D 781	dérégulation du marché financier	deregulation of the financial market	дерегулирование финансового рынка
D 782	dérégulation des taux d'intérêt	deregulation of interest rates	дерегулирование процентных ставок
D 783	dérive *f* anticipée de la devise	anticipated currency drift	ожидаемое отклонение курса валюты
D 784	dérogation *f*	departure; impairment	нарушение; отступление
D 785	dérogation au contrôle des changes	violation of exchange control	нарушение валютного контроля
D 786	dérogation à la loi	impairment of the law, departure from the law	нарушение закона
D 787	dérogation aux règles	departure from the rules	отступление от правил
D 788	dérogation au système de Bretton-Woods	departure from the Bretton-Woods system	отступление от Бреттон-Вудской системы
D 789	déroulement *m*	development, progress	развитие, развёртывание
D 790	déroulement d'une aide financière	deployment of financial aid	предоставление финансовой помощи
D 791	déroulement des opérations financières	development of financial transactions	развёртывание финансовых операций
D 792	désaffection *f*	disaffection	падение интереса, падение доверия

D

D 793	désaffection de la bourse	shying away *(from smth)* of the stock market	падение доверия на бирже
D 794	désaffection envers dollar	loss of interest in the dollar	утрата интереса к доллару
D 795	désaffection des épargnants	loss of investors' interest	падение интереса инвесторов
D 796	désaffection des particuliers pour l'or	loss of individual investors' interest in gold	утрата интереса частных лиц к золоту
D 797	désagrégation *f* du système de changes fixes	disintegration of the fixed exchange rate system	распад системы фиксированных валютных курсов
D 798	désajustement *m* entre la demande et l'offre	discrepancy between supply and demand	несоответствие спроса и предложения
D 799	désajustements *m pl* des taux de change	exchange rate discrepancies	нарушение курсовых соотношений
D 800	désalignement *m*	disalignment	отклонение; несоответствие
D 801	désalignement des monnaies	disalignment of currencies	нарушение валютных соотношений
D 802	désalignement des taux de change	disalignment of exchange rates	отклонение валютных курсов
D 803	descente *f* du loyer de l'argent	fall of interest rate	снижение процентной ставки
D 804	désegmentation *f*	desegmentation	десегментация
D 805	désencadrement *m* du crédit	detightening of credit	либерализация кредита, смягчение кредитной политики, уменьшение кредитных ограничений
D 806	désendettement *m*	debt reduction	сокращение (уровня) задолженности; погашение долгов
D 807	désendettement de fait	defeasance in substance	фактическое освобождение от долгов *(путём передачи их выплаты третьему лицу)*
D 808	désendetter, se	to pay off part of a debt, to reduce the debt load	сокращать задолженность, погашать долги
D 809	désengagement *m*	disengagement, withdrawal	освобождение от обязательств; прекращение вмешательства; отход *(от какой-л. деятельности)*
D 810	désengagement financier	financial disengagement	освобождение от финансовых обязательств
D 811	désengagement de produits traditionnels	withdrawal of traditional products	отход от использования традиционных инструментов
D 812	désengagement du Trésor	disengagement of the Treasury	прекращение вмешательства казначейства
D 813	désengager	to disengage	освобождать от обязательств
D 814	désengager, se	to disengage oneself (from obligations)	освобождаться от обязательств
D 815	désépargne *f*	dissaving	снижение уровня сбережений
D 816	déséquilibre *m*	imbalance, disequilibrium	несбалансированность, дисбаланс, нарушение равновесия, несовпадение, несоответствие
D 817	déséquilibre des comptes extérieurs	disequilibrium in the balance of payments	несбалансированность [нарушение равновесия] платёжного баланса
D 818	déséquilibre du marché	market disequilibrium	нарушение рыночного равновесия

D

D 819	déséquilibre entre le marché des actions et des obligations	disequilibrium between share and bond markets	дисбаланс между рынками акций и облигаций
D 820	déséquilibre des paiements	disequilibrium in the balance of payments	несбалансированность [нарушение равновесия] платёжного баланса
D 821	déséquilibres *m pl*	imbalances	диспропорции
D 822	déséquilibres chroniques	chronic imbalances	хронические диспропорции
D 823	déséquilibres de cotation	quotation imbalances	котировочные диспропорции
D 824	déséquilibres financiers	financial imbalances	финансовые диспропорции
D 825	déséquilibres momentanés	momentary imbalances	временные диспропорции
D 826	déséquilibres monétaires	monetary imbalances	валютные диспропорции
D 827	déséquilibres persistants	persistent imbalances	хронические диспропорции
D 828	déséquilibres transitoires	provisional imbalances	временные диспропорции
D 829	désescalade *f* des taux d'intérêt	disescalation [de-escalation] of interest rates	резкое падение процентных ставок
D 830	déshypothéquer	to disencumber, to free from mortgage	освобождать от ипотеки, выкупать из залога
D 831	désicavisation *f* de l'épargne en actions	outflow of share savings from mutual funds	уменьшение инвестиций в акции через инвестиционные компании открытого типа (СИКАВ)
D 832	désignation *f* des valeurs	description of securities	наименование ценных бумаг
D 833	désimposition *f*	remission of tax, freeing from tax	освобождение от налогообложения
D 834	désindexation *f* des revenus	deindexation of incomes	деиндексация доходов
D 835	désintéressement *m*	1. paying off 2. lack of interest	1. выплачивание долга, погашение обязательства 2. незаинтересованность, отсутствие интереса
D 836	désintéressement d'un créancier	paying off a creditor	погашение обязательств перед кредитором
D 837	désintéressement des euro-investisseurs	lack of the Euro-investors interest	незаинтересованность евроинвесторов
D 838	désintéressement du marché	lack of the market interest	незаинтересованность участников рынка
D 839	désintéresser	to pay off	выплачивать долг, погашать обязательство
D 840	désintermédiation *f*	disintermediation	дезинтермедиация *(тенденция к отказу конечных кредиторов и заёмщиков от посредничества банков на рынке ссудных капиталов)*
D 841	désintermédiation financière	(financial) disintermediation	тенденция к уменьшению роли финансовых посредников *(уменьшение роли банков в мобилизации и перераспределении денежных капиталов)*
D 842	désinvestir	to disinvest	деинвестировать, сокращать капиталовложения
D 843	désinvestissement *m*	disinvestment, divestment, divestiture	деинвестирование, сокращение капиталовложений
D 844	désinvestissement anticipé	expected disinvestment	ожидаемое деинвестирование
D 845	désinvestissement de capitaux	disinvestment of capital	деинвестирование капитала
D 846	désinvestissement des titres	disinvestment from securities	сокращение инвестиций в ценные бумаги

D

D 847	désistement m	withdrawal	отказ *(от права)*
D 848	désistement de protêt	waiver of protest	отказ от протеста
D 849	désordres m pl monétaires internationaux	turmoil of international monetary system	международные валютные потрясения
D 850	déspécialisation f	universalization	универсализация, деспециализация
D 851	déspécialisation bancaire	bank universalization	универсализация банков
D 852	déspécialisation des institutions financières	universalization of financial institutions	универсализация финансовых учреждений
D 853	dessaisissement m d'un débiteur	discharging a debtor	освобождение дебитора от обязательства
D 854	desserrement m du contrôle des changes	loosening [untightening] of exchange control	ослабление валютного контроля
D 855	destinataire m de fonds	remittee	бенефициар *(при переводе средств)*
D 856	destination f	purpose, allocation	назначение, цель
D 857	destination d'un crédit	purpose of a loan	целевое назначение кредита
D 858	destination financière de l'épargne	financial purpose of savings	финансовое назначение сбережений
D 859	destination des fonds prêtés	allocation of loaned funds	распределение ссудных средств
D 860	destruction f monétaire [de monnaie]	destruction of money	сокращение денежной массы
D 861	détachable	detachable	отделяемый *(напр. о купоне)*
D 862	détachement m	1. cutting off *(a coupon)* 2. drifting away *(from standard)*	1. отделение *(напр. купона)* 2. отход *(от стандарта)*
D 863	détachement d'un coupon	cutting off a coupon	отделение купона
D 864	détachement d'un droit de souscription	stripping of a subscription warrant	отделение права подписки
D 865	détachement de l'étalon or	drifting away from the gold standard	отход от золотого стандарта
D 866	détacher	to detach, to clip, to cut off *(e.g. coupon)*	отделять *(напр. купон)*
D 867	détails m pl d'un compte	breakdown of an account	разбивка счёта
D 868	détaxation f du revenu investi en actions	freeing from tax of income invested into shares	освобождение от налога средств, вложенных в акции
D 869	détection f des chèques volés	detection of stolen checks	обнаружение украденных чеков
D 870	détenir	to hold, to keep, to own, to possess	держать, владеть, обладать
D 871	détenir en direct 7%	to hold directly 7%	непосредственно владеть 7%
D 872	détenir majoritairement	to hold a majority stake	быть мажоритарным акционером
D 873	détente f	relaxation, easing	ослабление; снижение
D 874	détente du crédit	easing of credit terms	смягчение условий предоставления кредита
D 875	détente monétaire	easy money policy	политика «дешёвых денег» [денежно-кредитной экспансии]
D 876	détente des taux d'intérêt	lowering of interest rates	снижение процентных ставок
D 877	détenteur m	holder, possessor, keeper	держатель, владелец, обладатель
D 878	détenteur d'actions	shareholder, stockholder	акционер
D 879	détenteur d'argent à long terme	long-term money holder	владелец долгосрочного капитала

D

D 880	détenteur d'un bon de souscription d'action	warrant holder	держатель варранта
D 881	détenteur de bonne foi	bona fide holder	добросовестный держатель
D 882	détenteur du capital	capital owner	владелец капитала
D 883	détenteur de carte	cardholder	обладатель (кредитной) карточки
D 884	détenteur d'un compte	account holder	владелец счёта
D 885	détenteur de coupons	coupon holder	владелец купонов
D 886	détenteur d'effets de commerce	holder of bills	держатель векселей
D 887	détenteur d'épargne	holder of savings	владелец сбережений
D 888	détenteur de gage	pledgee	залогодержатель
D 889	détenteur inscrit à la date de clôture des registres	holder registered by the date of registration closing	держатель акций, зарегистрированный на дату закрытия регистрации
D 890	détenteur légal	legal holder	законный держатель
D 891	détenteur de mauvaise foi	mala fide holder	недобросовестный держатель
D 892	détenteur de monnaie	holder of money	владелец наличных средств
D 893	détenteur d'obligations	bondholder	держатель облигаций
D 894	détenteur d'options	option holder	держатель [владелец] опциона
D 895	détenteur régulier	holder in due course	законный держатель
D 896	détenteur d'une rente	annuity holder	владелец ренты
D 897	détenteur de siège	permit holder, seat holder	обладатель места (на бирже)
D 898	détenteur d'un siège du Matif	MATIF seat holder	обладатель места на МАТИФ
D 899	détenteur, tiers	third holder	третий держатель
D 900	détenteur de titres	scripholder	держатель ценных бумаг
D 901	détenteur de titres d'emprunt	debtholder	держатель долговых ценных бумаг
D 902	détenteur d'unités	unit holder	паевладелец (напр. в инвестиционной компании)
D 903	détenteurs m pl	holders, possessors, keepers	держатели, владельцы, обладатели
D 904	détenteurs des actifs	asset holders	держатели активов
D 905	détenteurs des disponibilités	holders of liquid assets	владельцы ликвидных средств
D 906	détenteurs d'encaisses	cash holders	владельцы кассовой наличности
D 907	détenteurs finals des titres	final securities holders	конечные держатели ценных бумаг
D 908	détenteurs de liquidités	holders of liquid assets	владельцы ликвидных средств
D 909	détenteurs de portefeuilles	portfolio holders	держатели портфелей
D 910	détenteurs provisoires des titres	interim securities holders	временные владельцы [держатели] ценных бумаг
D 911	détention f	holding, tenure	владение; обладание, хранение
D 912	détention d'actifs en devises	holding of currency assets	владение валютными активами
D 913	détention de bons	holding of a bond	владение бонами
D 914	détention commune du capital	joint capital holding	совместное владение капиталом
D 915	détention de créances	holding of debts	владение долговыми требованиями
D 916	détention de devises	holding of currency	хранение валюты
D 917	détention d'encaisse	holding of cash	владение кассовой наличностью

D 918	détention de liquidités	holding of liquid assets	владение ликвидными средствами
D 919	détention majoritaire du capital	majority holding of capital	владение контрольным пакетом акций
D 920	détention de monnaie	holding of cash	владение наличными средствами
D 921	détention d'option	holding of an option	владение опционом
D 922	détention d'or	holding of gold	хранение золота
D 923	détention de réserves de change	holding of exchange reserves	хранение валютных резервов
D 924	détention de signes monétaires	holding of paper money	хранение денежных знаков
D 925	détention de titres [de valeurs]	holding of securities	владение ценными бумагами
D 926	détention de warrant	holding of a warrant	владение варрантом
D 927	détérioration f	deterioration, worsening; fall, decline	ухудшение, обострение; уменьшение, снижение
D 928	détérioration du climat boursier	deterioration of stock market climate	ухудшение биржевой конъюнктуры
D 929	détérioration des comptes extérieurs	deterioration of the balance of payments	ухудшение состояния платёжного баланса
D 930	détérioration de la confiance dans le marché des changes	fall of confidence in the foreign exchange market	падение доверия к валютному рынку
D 931	détérioration des réserves	decline of reserves	сокращение резервов
D 932	détérioration des termes du change	deterioration of exchange terms	ухудшение условий валютного обмена
D 933	détermination f	determination, establishing, fixing	установление, определение
D 934	détermination des cours de bourse	determination of stock market prices	установление биржевых курсов
D 935	détermination de l'impôt à payer	determination of the tax payable	определение налога, подлежащего оплате
D 936	détermination de marge	determination of margin	определение размеров маржи
D 937	détermination de la matière imposable	determination of the object of taxation	определение объекта налогообложения
D 938	détermination de la valeur faciale	determination of the face value	определение номинальной стоимости
D 939	déthésaurisation f	dishoarding	детезаврация (золота)
D 940	détournement m	1. embezzlement, misappropriation, defalcation 2. abuse	1. растрата, хищение 2. злоупотребление
D 941	détournement de l'actif	hiding of assets from creditors' claims	сокрытие части имущества от преследования кредиторов
D 942	détournement de la confiance	abuse of confidence	злоупотребление доверием
D 943	détournement d'épargne	diversion of savings	отвлечение сбережений
D 944	détournement de fonds	embezzlement	растрата, хищение
D 945	détournement d'impôts	tax evasion	сокрытие от налогообложения
D 946	détournement des pouvoirs	abuse of power	злоупотребление властью
D 947	détourner	1. to embezzle, to misappropriate 2. to abuse	1. растрачивать, расхищать 2. злоупотреблять
D 948	dette f	debt	долг, задолженность; обязательство
D 949	amortir une dette	to redeem a debt	погашать долг
D 950	dégager d'une dette	to discharge from a debt	освобождать от долга
D 951	faire payer une dette	to recover [to collect] a debt	взыскивать долг
D 952	payer une dette	to pay a debt	оплачивать долг

D

D 953	recouvrer une dette	to recover [to collect] a debt	взыскивать долг
D 954	dette active	active [outstanding] debt	непогашенный долг
D 955	dette amortie	retired debt	погашенный долг
D 956	dette amortissable	redeemable debt	погашаемый долг
D 957	dette d'argent	money debt	денежный долг; денежное обязательство
D 958	dette consolidée	funded debt	консолидированный долг
D 959	dette contractée	debt incurred	долг
D 960	dette convertible	convertible debt	конвертируемый долг
D 961	dette courante	current debt	текущий долг
D 962	dette à court terme	short-term debt	краткосрочный долг
D 963	dette décaissée	debt paid	выплаченный долг
D 964	dette divisible	divisible debt	делимое обязательство
D 965	dette échue	debt due	срочный долг *(по которому наступил срок платежа)*
D 966	dette étrangère	foreign [external] debt	внешняя задолженность
D 967	dette exigible	due [outstanding, current] debt	срочный долг *(по которому наступил срок платежа)*
D 968	dette extérieure	foreign [external] debt	внешняя задолженность
D 969	dette flottante	floating debt	неконсолидированный долг, текущая задолженность
D 970	dette garantie	secured debt	обеспеченный [гарантированный] долг
D 971	dette hypothécaire	mortgage debt	ипотечная задолженность
D 972	dette inerte	dead-weight debt	невозвратимый долг
D 973	dette à intérêt non comptabilisé	nonaccrual debt	долг, по которому не начисляются сложные проценты
D 974	dette interne	internal debt	внутренний долг
D 975	dette non acquittée	undischarged [unpaid] debt	неоплаченный долг
D 976	dette non commerciale	noncommercial debt	некоммерческая задолженность
D 977	dette non consolidée	nonconsolidated debt	неконсолидированный долг
D 978	dette non exigible	debt not due, noncurrent debt	долг, по которому еще не наступил срок платежа
D 979	dette obligataire [d'obligations]	bonded [debenture] debt	облигационный долг
D 980	dette portable	debt payable at the payee's address	обязательство, подлежащее исполнению в месте нахождения кредитора
D 981	dette prescrite	statute-barred [lapsed, prescribed] debt	долг, прекращённый за давностью; истекший долг
D 982	dette prioritaire	senior debt	приоритетный долг
D 983	dette privilégiée	preferential debt	долг, погашаемый в первую очередь
D 984	dette pure et simple	simple debt	обязательство с неустановленным сроком исполнения
D 985	dette quérable	debt payable at the address of the debtor	обязательство, подлежащее исполнению в месте нахождения должника
D 986	dette recouvrable	recoverable debt	взыскиваемый долг, долг, подлежащий взысканию

D 987	dette rééchelonnée	rescheduled debt	долг с изменённым графиком погашения, отсроченный долг
D 988	dette remboursable	repayable debt	погашаемый долг, долг, подлежащий погашению
D 989	dette de second rang	subordinate(d) debt	подчинённый долг
D 990	dette solidaire	joint and several debt	солидарный долг
D 991	dette en souffrance	overdue debt	просроченный долг
D 992	dette subordonnée	subordinate(d) debt	подчинённый долг
D 993	dette à taux fixe	fixed-rate debt	долг с фиксированной процентной ставкой
D 994	dette à terme	time debt	срочное обязательство *(срок исполнения по которому наступил)*
D 995	dette véreuse	doubtful [dubious] debt	сомнительный долг
D 996	dettes *f pl*	debts; liabilities	долги, задолженность; обязательства
D 997	contracter [faire] des dettes	to contract [to make] debts	делать долги
D 998	honorer des dettes	to honor debts	погашать долги; выполнять обязательства
D 999	dettes actives	accounts receivable, debts due to us, debt owed us	дебиторская задолженность
D 1000	dettes arriérées	debts overdue	просроченная задолженность
D 1001	dettes bancaires	bank debts	банковская задолженность
D 1002	dettes commerciales	commercial debts	задолженность по коммерческим кредитам
D 1003	dettes comptables	book debts	задолженность согласно бухгалтерским книгам
D 1004	dettes à court terme	short-term debts	краткосрочная задолженность
D 1005	dettes douteuses	doubtful [dubious] debts	сомнительные долги
D 1006	dettes irrécouvrables	nonrecoverable debts	безнадёжные долги
D 1007	dettes monétaires	monetary liabilities	денежные обязательства
D 1008	dettes non honorées	dishonored debts	непогашенные долги; невыполненные обязательства
D 1009	dettes sociales	corporate debts	долги компании
D 1010	deuxième *m* de change	second of exchange	вексель секунда, второй экземпляр переводного векселя
D 1011	dévalorisation *f*	depreciation, fall in value, loss of value	обесценение, девальвация
D 1012	dévalorisation du capital	depreciation of capital	обесценение капитала
D 1013	dévalorisation des créances	impairment of debt	обесценение долговых требований
D 1014	dévalorisation du dollar	depreciation of the dollar	девальвация доллара
D 1015	dévalorisation massive	massive devaluation	общая девальвация
D 1016	dévalorisation de la monnaie	depreciation of the currency	девальвация валюты
D 1017	dévaloriser	to devalue, to devaluate	обесценивать, девальвировать
D 1018	dévaluation *f*	devaluation	девальвация
D 1019	dévaluation conjointe des monnaies	joint devaluation of currencies	одновременная девальвация валют
D 1020	dévaluation du dollar par rapport à l'or	devaluation of the dollar against gold	девальвация доллара по отношению к золоту
D 1021	dévaluation de la monnaie	devaluation of the currency	девальвация валюты
D 1022	dévaluation officielle	official devaluation	официальная девальвация
D 1023	dévaluation officieuse	devaluation de facto	фактическая девальвация

D

D 1024	dévaluation parallèle [simultanée] des monnaies	parallel [simultaneous] devaluation of currencies	одновременная девальвация валют
D 1025	dévaluer	to devalue, to devaluate	девальвировать
D 1026	développement *m*	development	развитие, расширение; рост; распространение
D 1027	développement des cartes de paiement	development of payment cards	распространение платёжных карточек
D 1028	développement de l'interbancarité	development of interbanking	расширение межбанковских связей
D 1029	développement des investissements	investment development	рост инвестиций
D 1030	développement des investissements à l'étranger	foreign investment development	рост зарубежных инвестиций
D 1031	développement des marchés de futures	futures market development	развитие рынков фьючерсов
D 1032	développement des swaps	swap development	развитие свопов
D 1033	développement des taux variables et révisables	development of variable and adjustable rates	развитие системы изменяющихся и пересматриваемых процентных ставок
D 1034	développement du venture capital	development of venture capital	развитие венчурного [рискового] капитала
D 1035	déviation *f*	deviation, departure	отклонение, расхождение
D 1036	déviation du cours	price deviation	отклонение курса [цены]
D 1037	déviation des taux de change	exchange rate deviation	расхождение валютных курсов
D 1038	devise *f*	currency, exchange	(иностранная) валюта
D 1039	acheter la devise au plus haut du marché	to buy the currency at the best market rate	покупать валюту по наиболее выгодному курсу
D 1040	rendre la devise inconvertible en or	to make the currency nonconvertible into gold	отменить конвертируемость валюты в золото
D 1041	spéculer contre sa propre devise	to speculate against one's own currency	спекулировать против собственной валюты
D 1042	vendre la devise au plus bas du marché	to sell the currency at the best market rate	продавать валюту по наиболее выгодному курсу
D 1043	devise de bilan	balance sheet currency	валюта баланса
D 1044	devise commerciale	commercial currency	валюта сделки
D 1045	devise de compte	currency of account	валюта счёта
D 1046	devise concernée	currency concerned	соответствующая валюта, валюта, о которой идёт речь
D 1047	devise de contrepartie	counterparty currency	валюта контрагента
D 1048	devise de cotation	quotation currency	валюта котировки
D 1049	devise cotée [directrice]	primary [quoted] currency	исходная [котируемая] валюта
D 1050	devise faible	soft [weak] currency	слабая [неконвертируемая] валюта
D 1051	devise forte	strong [hard] currency	сильная [твёрдая] валюта
D 1052	devise de libellé de l'emprunt	loan (denomination) currency	валюта займа
D 1053	devise de soumission	bid currency	валюта заявки
D 1054	devise sous-jacente	underlying currency	опорная валюта (валюта, лежащая в основе финансового инструмента)
D 1055	devises *f pl*	(foreign) exchange, (foreign) currency	(иностранная) валюта; девизы
D 1056	livrer les devises	to deliver currency	поставлять валюту

D

D 1057	opérer en devises	to deal in foreign exchange	проводить операции с валютой
D 1058	recevoir les devises aux conditions du marché	to get currency on the market conditions	приобретать иностранную валюту на рыночных условиях
D 1059	se procurer les devises	to obtain currency	приобретать иностранную валюту
D 1060	devises au comptant	spot exchange	валюта спот, валюта за наличные, валюта на рынке спот
D 1061	devises convertibles	convertible currency	(свободно) конвертируемая валюта
D 1062	devises dures	hard currencies	твёрдая [конвертируемая] валюта
D 1063	devises molles	soft currencies	мягкая [неконвертируемая] валюта
D 1064	devises peu liquides	illiquid currencies	неликвидная валюта
D 1065	devises les plus courantes	the most current currencies	наиболее широко используемые валюты
D 1066	devises, principales	principal currencies	основные валюты
D 1067	devises reçues en paiement	currency received in payment	валюта, полученная в уплату (за что-л.)
D 1068	devises du " serpent"	currencies of the (currency) «snake»	«валюты змеи»
D 1069	devises de substitution	substitution currency	валюта замещения
D 1070	devises à terme	forward currency	срочная валюта, валюта на срок, валюта на рынке форвард
D 1071	diagnostic *m* financier	financial analysis	финансовый анализ
D 1072	dialoguer à travers la messagerie électronique	to communicate via an electronic messaging system	осуществлять связь через электронную систему сообщений
D 1073	dichotomie *f*	dichotomy	раздвоенность, дихотомия
D 1074	dichotomie du système bancaire	dichotomy of the banking system	дихотомия банковской системы
D 1075	différé	deferred	отсроченный
D 1076	différé *m*	deferral	отсрочка
D 1077	différé d'amortissement	deferred depreciation	отсроченная амортизация
D 1078	différé de paiement	deferred payment	отсроченный платёж
D 1079	différence *f*	1. difference 2. balance, difference 3. margin, spread 4. gap, difference	1. различие, разница 2. остаток, сальдо, разница 3. маржа, спред 4. разрыв
D 1080	encaisser la différence	to collect the difference	получать разницу
D 1081	incorporer la différence	to incorporate the difference	включать [инкорпорировать] разницу
D 1082	jouer sur la différence	to play on the difference	играть на разнице
D 1083	payer la différence	to pay the difference	оплачивать разницу
D 1084	restituer la différence	to refund the difference	возмещать разницу
D 1085	solder la différence	to pay the difference	оплачивать разницу
D 1086	différence de change	exchange gain, exchange loss	курсовая разница
D 1087	différence comptable	book difference	бухгалтерская разность
D 1088	différence de cours	price gap; spread	курсовая разница; ценовой разрыв
D 1089	différence d'échelonnement	timing difference	разница в графике уплаты долга

D

D 1090	**différence en moins**	deficit	отрицательная разница, дефицит
D 1091	**différence en plus**	surplus	положительная разница, превышение, избыток
D 1092	**différence de 3% en plus ou en moins**	3% tolerance margin	допуск ±3%
D 1093	**différence de rémunération de l'emprunt**	loan redemption difference	спред при погашении ссуды
D 1094	**différence de standing**	difference of standing	разница в положении [в рейтинге]
D 1095	**différence entre le taux fixé et le taux du marché**	gap between the fixed rate and the market rate	спред между фиксированной и рыночной ставками
D 1096	**différence des taux d'inflation**	inflation rate gap	разрыв в уровнях инфляции
D 1097	**différence de valeur**	value difference	стоимостная разница
D 1098	**différences** *f pl*	differences	различия; диспропорции
D 1099	**différences de compétitivité**	competitive differences	различия в конкурентоспособности
D 1100	**différences fiscales [de fiscalité]**	tax differences	различия в налогообложении
D 1101	**différences d'intérêts**	interest spread	разница в процентных ставках
D 1102	**différences, légères**	slight differences	небольшие различия
D 1103	**différences de législation**	legislation differences	различия в законодательстве
D 1104	**différences de parité**	parity differences	паритетные различия
D 1105	**différences de taux de change**	exchange rate gaps	отклонения валютных курсов
D 1106	**différences de valeur des monnaies**	currency value gaps	различия в стоимости валют
D 1107	**différenciation** *f* **des signes monétaires**	differentiation of paper money	дифференциация денежных знаков
D 1108	**différentiel** *m*	differential, gap	разница, разрыв
D 1109	**annuler le différentiel**	to annul the differential	ликвидировать разницу
D 1110	**différentiel de change**	exchange rate gap	курсовая разница
D 1111	**différentiel fiscal**	tax differential	разница в ставках налога
D 1112	**différentiel d'inflation**	inflation gap	инфляционный дифференциал (разница в темпах инфляции на внутреннем и внешнем рынках)
D 1113	**différentiel d'intérêt**	interest rate gap	разница в процентных ставках
D 1114	**différentiel de rendement**	yield differential	разница в доходности
D 1115	**différentiel des taux d'intérêt**	interest rate gap	разница в процентных ставках
D 1116	**différer**	1. to differ, to be different from 2. to postpone, to defer, to put off	1. различаться, отличаться 2. откладывать, переносить
D 1117	**difficultés** *f pl*	difficulties	трудности
D 1118	**faire face aux difficultés**	to face difficulties	сталкиваться с трудностями
D 1119	**pallier des difficultés**	to overcome [to get round] difficulties	преодолевать трудности
D 1120	**difficultés bancaires**	banking difficulties	банковские трудности
D 1121	**difficultés de comptabilité**	accounting problems	трудности учёта
D 1122	**difficultés financières**	financial difficulties	финансовые трудности
D 1123	**difficultés de trésorerie**	cash flow difficulties	нехватка [недостаток] наличных средств

D

D 1124	diffusion *f*	1. distribution 2. dissemination	1. распространение, реализация 2. распространение, передача *(информации)*
D 1125	assurer la diffusion	to ensure the distribution	обеспечивать распространение
D 1126	diffusion des actions dans le public	distribution of shares in the public	распространение акций среди широкой публики
D 1127	diffusion du capital	dilution of capital	разводнение капитала
D 1128	diffusion de la carte à micro-processeur	circulation of micro-chip cards	распространение карточек с микропроцессором [электронным чипом]
D 1129	diffusion des cours	dissemination of price information	публикация курсов
D 1130	diffusion de l'information	dissemination of information	распространение информации
D 1131	diligences *f pl*	requests, requirements	запросы, требования
D 1132	accomplir les diligences	to fulfill requirements	выполнять требования
D 1133	diligences à accomplir	due diligence	необходимые юридические формальности
D 1134	diligences des commissaires aux comptes	auditors' requests	требования аудиторов
D 1135	dilution *f*	dilution	разводнение; рассредоточение
D 1136	dilution de l'avoir des actionnaires	dilution of equity	разводнение активов акционеров
D 1137	dilution du bénéfice par action	dilution of earnings per share	разводнение прибыли в расчёте на одну акцию
D 1138	dilution du capital	dilution of capital	разводнение капитала
D 1139	dilution du contrôle	dilution of control	рассредоточение контроля
D 1140	dilution des obligations	dilution of bonds	разводнение облигаций
D 1141	dilution du pouvoir	dilution of power	рассредоточение власти
D 1142	dilution du risque	dilution of risk	рассредоточение риска
D 1143	diminution *f*	decrease, reduction, fall, drop; decline; cut, curtailment	уменьшение, снижение, сокращение
D 1144	diminution des avoirs extérieurs	decrease in foreign assets [holdings]	сокращение иностранных авуаров
D 1145	diminution du bénéfice	decreased profit	уменьшение прибыли
D 1146	diminution du caractère opéable d'une société	decreased attractiveness of a company for a takeover	уменьшение привлекательности компании для приобретения
D 1147	diminution de la compétitivité	decreased competitiveness	снижение конкурентоспособности
D 1148	diminution du coût du crédit	decreased cost of credit	сокращение стоимости кредита
D 1149	diminution des coûts bancaires	decrease in banking costs	сокращение банковских издержек
D 1150	diminution des coûts financiers	decrease in financial costs	сокращение финансовых издержек
D 1151	diminution de la créance	reduction of debt	уменьшение размеров долгового требования
D 1152	diminution d'un demi-point	decrease by half a point	снижение на полпункта
D 1153	diminution de l'impôt sur le revenu	income tax reduction	сокращение подоходного налога
D 1154	diminution d'intérêt	interest decrease	снижение процента
D 1155	diminution des plafonds bancaires	reduction of banking ceilings	сокращение банковских лимитов

D

D 1156	diminution des réserves de change	reduction of exchange reserves	сокращение валютных резервов
D 1157	diminution du taux de base	reduction of the base rate	снижение базисной ставки
D 1158	diminution du taux d'escompte	reduction of discount rate	снижение учётной ставки
D 1159	dimunition de la valeur	drop in value	снижение стоимости
D 1160	directeur m	director, manager, head	директор, управляющий, глава, руководитель; член правления *(напр. акционерного общества)*
D 1161	faire fonction de directeur général	to serve as a managing director	исполнять обязанности генерального директора
D 1162	directeur adjoint	deputy manager, assistant manager	заместитель директора
D 1163	directeur des assurances	insurance manager	директор по страхованию
D 1164	directeur de banque	bank manager	управляющий банка
D 1165	directeur en chef	general manager, managing director, chief executive (officer)	генеральный директор
D 1166	directeur commercial	sales [business] manager	коммерческий директор, директор по сбыту
D 1167	directeur des comptes	account manager	управляющий (клиентскими) счетами
D 1168	directeur du crédit aux entreprises	corporate loan manager	менеджер по кредитованию предприятий
D 1169	directeur du département des diagnostics	analysis department manager	начальник аналитического отдела
D 1170	directeur exécutif	executive director	исполнительный директор
D 1171	directeur général	general manager, managing director, chief executive (officer)	генеральный директор
D 1172	directeur des services bancaires sur mesure	relationship manager	менеджер отдела специальных банковских услуг
D 1173	directeur de succursale	branch manager	директор филиала
D 1174	directeur du Trésor	Treasury director	управляющий казначейства
D 1175	directeur de la trésorerie	head of (corporate) treasury	начальник отдела текущих средств
D 1176	directeur trésorier	treasurer	казначей
D 1177	direction f	1. management, running, supervision 2. directorship 3. management 4. department	1. управление, руководство 2. директорство, директорская должность 3. руководство *(компании)*, директора, менеджеры 4. управление, отдел
D 1178	direction collégiale	collegial administration	коллегиальное управление
D 1179	direction de comptabilité	accounting department	бухгалтерия
D 1180	direction de contentieux	legal department	юридический отдел
D 1181	direction de créanciers	committee of creditors	комитет кредиторов *(данной компании)*
D 1182	direction du crédit	loan department	кредитный отдел
D 1183	direction financière	finance department	финансовый отдел
D 1184	direction générale du contrôle bancaire	General Bank Control Division	Главное управление банковского контроля
D 1185	direction de la monnaie	currency management	управление валютой

D 1186	direction du service du crédit	senior credit management	руководство кредитного отдела
D 1187	direction du Trésor	Treasury management	руководство казначейства
D 1188	Direction *f*	Division	Управление
D 1189	Direction des affaires monétaires et financières	Currency and Finance Division	Валютно-финансовое управление
D 1190	Direction des assurances	Insurance Division	Страховое управление
D 1191	Direction de l'audit et du contrôle de gestion	Audit and Management Control Division	Отдел аудита и управленческого контроля
D 1192	Direction de la comptabilité publique	Public Audit Division	Управление аудита
D 1193	Direction économique et financière	Economic and Financial Division	Финансово-экономическое управление
D 1194	Direction des études et statistiques	Research and Statistics Division	Исследовательско-статистическое управление
D 1195	Direction générale du crédit	General Credit Division	Главное кредитное управление
D 1196	Direction générale des études	General Research Division	Главное исследовательское управление
D 1197	Direction générale de la fabrication des billets	General Banknote Production Division	Главное управление по выпуску банкнот
D 1198	Direction générale du personnel	General Personnel Division	Главное управление по кадрам
D 1199	Direction générale des services étrangers	General Foreign Services Division	Главное управление по оказанию услуг за рубежом
D 1200	Direction générale des télécommunications	General Telecommunications Division	Главное управление по телекоммуникациям
D 1201	Direction de la prévision du Ministère de l'Économie et des Finances	Forecast Division of the Ministry of Economy and Finance	отдел прогнозов Министерства экономики и финансов
D 1202	Direction des services fiscaux	Tax Services	Налоговое управление
D 1203	Direction du Trésor	Treasury Division	Казначейство
D 1204	directive *f*	directive, order, instruction	директива, инструкция
D 1205	directive comptable	accounting instruction	бухгалтерская инструкция
D 1206	directive concernant les opérations d'initiés	directive on insider trading	инструкция относительно ведения операций инсайдерами *(сотрудниками, обладающими конфиденциальной рыночной информацией)*
D 1207	directive de coordination bancaire	banking co-ordination instruction	директива по координации банковской деятельности
D 1208	directive de ratio de solvabilité des établissements de crédit	instruction on solvency ratio of credit institutions	инструкция относительно коэффициента платёжеспособности кредитных учреждений
D 1209	directoire *m*	board of directors	совет директоров; правление
D 1210	nommer le directoire	to nominate the board of directors	назначать совет директоров
D 1211	directorat *m*	managership	директорат
D 1212	dirigeants *m pl*	directors; managers	управляющие; руководители; директора
D 1213	dirigeants associés	co-managers	коменеджеры *(при синдицированном займе)*
D 1214	dirigeants de la bourse	officers of the exchange, directors of the stock exchange	руководители биржи

D

D 1215	dirigeants de sociétés	corporate executives [managers]	руководители компаний
D 1216	disagio *m*	disagio	дизажио
D 1217	disagio de conversion	exchange discount	обменная скидка
D 1218	discipline *f*	discipline	дисциплина
D 1219	soumettre à la discipline	to submit to the discipline	подчиняться дисциплине
D 1220	discipline de change	exchange discipline	валютная дисциплина
D 1221	discipline financière et monétaire	financial and monetary discipline	валютно-финансовая дисциплина
D 1222	discipline, stricte	strict discipline	строгая дисциплина
D 1223	discrétion *f*	discretion	сохранение тайны
D 1224	discrétion assurée	discretion assured, "apply in confidence"	«сохранение тайны гарантировано» *(в объявлении)*
D 1225	discrétion professionnelle	professional discretion	сохранение профессиональной тайны
D 1226	discrimination *f* fiscale	tax discrimination	налоговая дискриминация
D 1227	dislocation *f* du système financier international	disintegration [dismantling, breaking up] of the international financial system	распад международной финансовой системы
D 1228	disparité *f*	gap, disparity	разница, разрыв
D 1229	disparité des revenus	income gap	разрыв в доходах
D 1230	disparité de taille	large gap	значительный разрыв
D 1231	disparité des taux d'intérêt bancaires	bank interest rate gap	разрыв между банковскими процентными ставками
D 1232	disparition *f*	disappearance	ликвидация, отмена
D 1233	disparition du contrôle des changes	lifting of exchange controls	отмена валютного контроля
D 1234	disparition du double courtage	disappearance of double brokerage	отмена взимания двойных брокерских комиссионных
D 1235	disparition d'espèces	disappearance of cash	исчезновение наличности
D 1236	disparition du gold standard	disappearance of the gold standard	отход от золотого стандарта
D 1237	disparition du monopole des agents de change	disappearance of the stockbrokers' monopoly	упразднение монополии биржевых маклеров
D 1238	disparition d'une personne morale	disappearance of a legal entity	прекращение деятельности юридического лица
D 1239	disparition de petits actionnaires	disappearance of small stockholders	«вымывание» мелких акционеров
D 1240	disparition de réserves	disappearance of reserves	«вымывание» резервов
D 1241	dispense *f*	1. exemption 2. certificate of exemption, special permission	1. освобождение, льгота 2. сертификат об освобождении *(напр. от уплаты налога)*
D 1242	dispense définitive	final exemption	окончательное освобождение
D 1243	dispense de protêt	waiver of protest	отказ от протеста
D 1244	dispersion *f*	1. dispersion 2. scatter	1. распылённость, распыление 2. разброс
D 1245	dispersion des actionnaires	scatter of shareholders	распылённость акционеров
D 1246	dispersion des capitaux	dispersion of capital	распыление капитала
D 1247	dispersion des revenus	scatter of incomes	дифференциация доходов
D 1248	disponibilité *f*	1. availability 2. liquidity	1. доступность, наличие, возможность использования 2. ликвидность
D 1249	affecter la disponibilité	to affect liquid assets	влиять [воздействовать] на ликвидность

D

D 1250	verser la disponibilité à la banque	to deposit cash with a bank	вносить наличность в банк
D 1251	disponibilité constante des moyens de paiement	constant availability of means of payment	постоянный доступ к платёжным средствам
D 1252	disponibilité des crédits	availability of loans	доступность кредитов
D 1253	disponibilité de la ligne de crédit	availability of the line (of credit)	возможность использования кредитной линии
D 1254	disponibilité des moyens de paiement	availability of means of payment	доступ к платёжным средствам
D 1255	disponibilité de ressources	availability of resources	наличие ресурсов
D 1256	disponibilités *f pl*	liquid [available, quick] assets, available funds	наличные средства; ликвидные средства
D 1257	avoir des disponibilités	to have liquid assets	иметь наличные средства
D 1258	collecter des disponibilités	to collect liquid assets	накапливать наличные средства
D 1259	dégager des disponibilités	to generate cash	генерировать [производить] наличные средства
D 1260	drainer des disponibilités	to drain liquid assets	выкачивать наличные средства
D 1261	éponger les disponibilités	to absorb cash	сокращать наличные средства
D 1262	placer des disponibilités	to invest liquid assets	размещать наличные средства
D 1263	prêter des disponibilités	to lend liquid assets [cash]	давать наличные средства взаймы
D 1264	répartir des disponibilités	to distribute liquid assets	распределять наличные средства
D 1265	se procurer frauduleusement des disponibilités	to fraudulently obtain liquid assets [cash]	приобретать наличные средства мошенническим путём
D 1266	transformer des disponibilités	to transform liquid assets	преобразовывать наличные средства
D 1267	disponibilités additionnelles	extra [additional] cash	дополнительные наличные средства
D 1268	disponibilités en caisse et en banque	cash on hand (and in bank)	наличные средства в кассе и в банке
D 1269	disponibilités en capitaux	available capital	наличный капитал
D 1270	disponibilités en devises	available foreign exchange	наличные валютные средства
D 1271	disponibilités en espèces	available cash	наличные средства в денежных знаках
D 1272	disponibilités financières	(financial) resources, funds, means	денежные средства; финансовые средства
D 1273	disponibilités, larges	extensive liquid assets	крупные наличные средства
D 1274	disponibilités momentanées	current liquid assets	текущие наличные средства
D 1275	disponibilités monétaires	money supply	денежная масса
D 1276	disponibilités monétaires extérieures	external money supply	валютные средства за рубежом
D 1277	disponibilités monétaires et quasi monétaires	supply of money and near money	масса денег и квазиденег *(прочих ликвидных средств)*
D 1278	disponibilités quasi monétaires	supply of near money	масса квазиденег
D 1279	disponibilités de trésorerie	liquid [available, quick] assets, available funds, cash	наличные средства; ликвидные средства
D 1280	disponibilités à vue à l'étranger	call liquid assets abroad	заграничные наличные средства до востребования
D 1281	disponible	available	доступный, наличный, имеющийся в наличии

D

D 1282	disponible *m*	1. available [liquid, quick] assets, disposable [available] funds; cash and marketable securities 2. spot, spot market	1. наличные средства; ликвидные средства 2. рынок спот, рынок наличного товара
D 1283	disposer	1. to have *smth* at one's disposal 2. to draw *(a check, a bill of exchange)*	1. располагать *чем-л.* 2. выписывать *(чек)*, выставлять *(вексель)*
D 1284	dispositif *m*	device, mechanism	механизм; система
D 1285	lever un dispositif	to dismantle a system	отменять систему
D 1286	dispositif de commande	control mechanism	контрольный механизм; орган управления
D 1287	dispositif de contrôle interne des banques	banks' internal control mechanism	внутренний контрольный механизм банков
D 1288	dispositif efficace	efficient device	эффективный механизм
D 1289	dispositif de régulation des crédits	credit control mechanism	механизм кредитного контроля
D 1290	disposition *f*	1. arrangement, order 2. clause, provision 3. drawing, making out *(of a check)* 4. tone, trend *(of the stock market)* 5. disposal	1. расположение, размещение 2. положение, условие *(контракта, договора)* 3. выписка *(чека)*, выставление *(векселя)* 4. тенденция *(рынка)* 5. распоряжение, пользование
D 1291	enfreindre une disposition	to depart from a clause	нарушать положение *(договора)*
D 1292	disposition de chèque	making out a check	выписка чека
D 1293	disposition d'encaissement par anticipation	advance collection clause	положение о досрочном инкассировании
D 1294	disposition du non-rachat	noncall feature	невозможность досрочного выкупа ценной бумаги эмитентом
D 1295	disposition d'une somme d'argent	possession of a sum of money	наличие суммы денег в распоряжении
D 1296	disposition à vue	drawing at sight	выставление (векселя) на предъявителя
D 1297	dispositions *f pl*	1. measures, steps, arrangements; instructions, directions, orders 2. provisions	1. меры; распоряжения, инструкции 2. положения
D 1298	dispositions administratives	administrative measures	административные меры
D 1299	dispositions fiscales	tax provisions	налоговые мероприятия
D 1300	dispositions législatives	provisions of a law	законодательные меры
D 1301	dispositions statutaires du FMI	IMF statutory provisions	положения устава МВФ
D 1302	dispositions de statuts	statutory provisions	положения устава
D 1303	dissimulation *f*	1. concealment 2. falsification, forging	1. сокрытие, утаивание 2. искажение; фальсификация
D 1304	dissimulation de bénéfices	profit concealment	сокрытие прибылей
D 1305	dissimulation du bilan	forging [cooking, window-dressing] the balance	фальсификация [приукрашивание] баланса
D 1306	dissimulation comptable	accounting falsification	фальсификация бухгалтерских документов
D 1307	dissimulation de la matière imposable	tax evasion, concealment of taxable objects	сокрытие от налогообложения
D 1308	dissipation *f*	dissipation	распыление; расточительство
D 1309	dissociation *f*	dissociation	разъединение; разделение; распад

D

D 1310	dissociation des activités du FMI	dissociation of the activities of the IMF		несогласованность различных видов деятельности МВФ
D 1311	dissociation du capital	dissociation of capital		разделение капитала
D 1312	dissociation du front-office et du back-office	dissociation of the front office and the back office		разделение функций отделов по работе с клиентами (франт-офис) и отдела обеспечения операций (бэк-офис)
D 1313	dissociation des risques	dissociation of risks		разделение рисков
D 1314	dissolution f d'une personne morale	winding-up of a legal entity		роспуск [ликвидация] юридического лица
D 1315	distinction f	distinction		различие, отличие; разделение
D 1316	distinction des crédits	classification of loans		классификация кредитов
D 1317	distinction entre placements courts et longs	distinction between short-term and long-term investments		различие между краткосрочными и долгосрочными вложениями
D 1318	distorsions $f pl$	imbalances, distortions		диспропорции; разрыв; нарушение соответствия
D 1319	corriger les distorsions	to correct imbalances		сглаживать диспропорции
D 1320	distorsions de concurrence	distortions of competition, unfair competition		нарушение условий конкуренции
D 1321	distorsions dues aux variations de change	distortions due to exchange fluctuations		диспропорции, возникшие из-за колебаний валютных курсов
D 1322	distorsions monétaires	monetary imbalances		валютные диспропорции
D 1323	distorsions de taux d'intérêt	interest rate imbalances		разрыв в области процентных ставок
D 1324	distributeur m	1. distributor 2. automatic teller machine		1. распределитель 2. банковский автомат, банкомат
D 1325	distributeur automatique de billets, DAB	automatic teller machine, ATM, cash dispenser		банковский автомат, банкомат
D 1326	distributeur automatique de billets hors site	off-site ATM		банкомат, расположенный вне банка
D 1327	distributeur automatique de monnaie, DAM	ATM, automatic teller machine, cash dispenser		банковский автомат, банкомат
D 1328	distributeur de liquidités internationales	distributor of international liquid assets		распределитель международных ликвидных средств
D 1329	distribution f	1. distribution 2. allotment (of shares) 3. distribution, payment (of dividend)		1. распределение; сбыт 2. распределение (акций) 3. распределение [выплата] (дивиденда)
D 1330	distribution automatisée du crédit	automated credit distribution		автоматическое распределение кредита
D 1331	distribution du bénéfice	distribution of profits		распределение прибыли
D 1332	distribution de concours à long terme	distribution of long-term loans		распределение долгосрочных ссуд
D 1333	distribution du crédit	credit distribution		распределение кредита
D 1334	distribution du dividende	distribution [payment] of dividend		распределение [выплата] дивиденда
D 1335	distribution finale	final distribution		окончательное распределение, конечная выплата
D 1336	distribution gratuite d'actions	allotment of (free) shares		бесплатное распределение (дополнительных) акций

D

D 1337	distribution occulte	hidden distribution	скрытое распределение (льгот)
D 1338	distribution préférentielle	preferential distribution	преференциальная выплата дивидендов (по привилегированным акциям)
D 1339	distribution de produits d'épargne défiscalisés	distribution of tax exempt savings plans	распределение [предоставление] сберегательных инструментов [вкладов], освобождённых от налогообложения
D 1340	distribution des revenus	distribution of income	распределение доходов
D 1341	distribution secondaire	secondary distribution	вторичное распределение, перераспределение
D 1342	distribution de subventions	distribution of subsidies	распределение субсидий
D 1343	diversification f	diversification	диверсификация
D 1344	diversification des avoirs	diversification of holdings	диверсификация активов
D 1345	diversification excessive	overdiversification	чрезмерная диверсификация
D 1346	diversification des formes de liquidités internationales	diversification of international liquid assets forms	диверсификация форм международной ликвидности
D 1347	diversification des instruments financiers	diversification of financial instruments	диверсификация финансовых инструментов
D 1348	diversification maximum	maximum diversification	максимальная диверсификация
D 1349	diversification des monnaies	currency diversification	валютная диверсификация
D 1350	diversification des moyens de paiement	diversification of payment means	диверсификация платёжных средств
D 1351	diversification des placements	diversification of investments	диверсификация инвестиций
D 1352	diversification des produits financiers	diversification of financial products	диверсификация финансовых инструментов
D 1353	diversification des risques	diversification of risks	диверсификация рисков
D 1354	diversité f	diversity	разнообразие
D 1355	diversité du capital	diversity of capital	разнообразие форм капитала
D 1356	diversité des échéances	diversity of maturities	множественность сроков выполнения обязательств
D 1357	diversité des monnaies	diversity of currencies	разнообразие валют
D 1358	diversité des produits financiers	diversity of financial products	разнообразие финансовых инструментов
D 1359	dividende m	dividend	дивиденд
D 1360	annoncer un dividende	to declare [to announce] a dividend	объявлять дивиденд, объявлять о выплате дивиденда
D 1361	approuver un dividende de 5%	to fix a dividend of 5%	устанавливать 5% дивиденда
D 1362	assurer un dividende	to ensure a dividend	приносить [обеспечивать] дивиденд
D 1363	avoir droit à un dividende	to be entitled to a dividend	иметь право на дивиденд
D 1364	déclarer un dividende	to declare [to announce] a dividend	объявлять дивиденд, объявлять о выплате дивиденда
D 1365	distribuer un dividende	to distribute a dividend	распределять дивиденд
D 1366	donner un dividende	to pay a dividend	выплачивать дивиденд
D 1367	encaisser un dividende	to draw [to collect] a dividend	получать дивиденд
D 1368	fixer un dividende	to fix a dividend	устанавливать размеры дивиденда

D

D 1369	maintenir le dividende à 18%	to maintain the dividend at 18 %	сохранять дивиденд на уровне 18%
D 1370	mettre en distribution un dividende	to distribute a dividend	распределять дивиденд
D 1371	obtenir un dividende	to get a dividend	получать дивиденд
D 1372	passer un dividende	to pass a dividend	не выплачивать дивиденд
D 1373	payer un dividende	to pay a dividend	выплачивать дивиденд
D 1374	percevoir un dividende	to draw [to collect] a dividend	получать дивиденд
D 1375	répartir un dividende	to distribute a dividend	распределять дивиденд
D 1376	toucher un dividende	to draw [to collect] a dividend	получать дивиденд
D 1377	verser un dividende	to pay a dividend	выплачивать дивиденд
D 1378	dividende accumulé [accru]	accumulated dividend	накопленный дивиденд
D 1379	dividende en actions	stock dividend, scrip issue	дивиденд в форме акций
D 1380	dividende par actions	dividend per share	дивиденд (в расчёте) на одну акцию
D 1381	dividende annuel	annual [yearly] dividend	годовой дивиденд
D 1382	dividende en argent	cash dividend	дивиденд, выплаченный наличными
D 1383	dividende arriéré	dividend in arrears	просроченный дивиденд
D 1384	dividende attaché	cum dividend	с дивидендом (условие продажи ценной бумаги)
D 1385	dividende brut	gross dividend	валовой дивиденд
D 1386	dividende en capital	capital dividend, dividend paid out of capital	дивиденд, выплачиваемый из основного капитала
D 1387	dividende correct	correct dividend	точная сумма дивиденда
D 1388	dividende cumulatif	cumulative dividend	кумулятивный [накопительный] дивиденд
D 1389	dividende déclaré	declared dividend	объявленный дивиденд
D 1390	dividende détaché	ex-dividend	без дивиденда (условие продажи ценной бумаги)
D 1391	dividende en espèces	cash dividend	дивиденд, выплаченный наличными
D 1392	dividende éventuel	possible dividend	возможный дивиденд
D 1393	dividende exceptionnel	extra dividend, bonus	дополнительный дивиденд, бонус
D 1394	dividende de l'exercice	dividend for the financial year	дивиденд за отчётный год
D 1395	dividende exonéré d'impôt	exempt dividend	дивиденд, не облагаемый налогом
D 1396	dividende extraordinaire	extra dividend, bonus	дополнительный дивиденд, бонус
D 1397	dividende fictif	unearned dividend	фиктивный дивиденд
D 1398	dividende final	final dividend	окончательный дивиденд
D 1399	dividende fixe	fixed dividend	фиксированный дивиденд
D 1400	dividende garanti	guaranteed dividend	гарантированный дивиденд
D 1401	dividende imposable	taxable dividend	дивиденд, облагаемый налогом
D 1402	dividende à imposition reportée	tax-deferred dividend	дивиденд с отсроченным налогообложением
D 1403	dividende intérimaire	interim dividend	промежуточный [предварительный] дивиденд
D 1404	dividende majoré	grossed-up dividend	увеличенный дивиденд
D 1405	dividende net	net dividend	чистый дивиденд, нетто-дивиденд
D 1406	dividende non cumulatif	noncumulative dividend	некумулятивный дивиденд

D

D 1407	dividende non déclaré	omitted [passed] dividend	необъявленный дивиденд
D 1408	dividende non distribué	unpaid dividend	невыплаченный дивиденд
D 1409	dividende non réclamé	unclaimed dividend	невостребованный дивиденд
D 1410	dividende non versé	unpaid dividend	невыплаченный дивиденд
D 1411	dividende en numéraire	cash dividend	дивиденд, выплаченный наличными
D 1412	dividende omis	omitted [passed] dividend	необъявленный дивиденд
D 1413	dividende ordinaire	ordinary dividend	обычный дивиденд
D 1414	dividende à payer	dividend payable	дивиденд к выплате
D 1415	dividende prioritaire [privilégié]	preferential [preference] dividend	дивиденд, выплачиваемый в первую очередь
D 1416	dividende proposé	proposed dividend	предложенный (к распределению) дивиденд
D 1417	dividende provisoire	interim dividend	промежуточный [предварительный] дивиденд
D 1418	dividende record	record dividend	рекордный дивиденд
D 1419	dividende récupérable	recoverable dividend	дивиденд, могущий быть полученным
D 1420	dividende récupéré	recovered dividend	полученный дивиденд
D 1421	dividende régulier	regular dividend	обычный дивиденд
D 1422	dividende semestriel	half-yearly dividend, semi-annual dividend	полугодовой дивиденд
D 1423	dividende statutaire	statutory dividend	дивиденд, определённый уставом
D 1424	dividende supplémentaire	extra dividend, bonus	дополнительный дивиденд, бонус
D 1425	dividende total	total dividend	общий размер дивиденда
D 1426	dividende trimestriel	quarterly dividend	квартальный дивиденд
D 1427	dividende versé à chaque action	dividend per share	дивиденд (в расчёте) на одну акцию
D 1428	dividendes *m pl*	dividends	дивиденды
D 1429	réaliser les dividendes	to produce dividends	приносить дивиденды
D 1430	dividendes distribués	dividends paid	выплаченные дивиденды
D 1431	dividendes encaissés par la société	dividends received by the company	дивиденды, полученные компанией
D 1432	dividendes payés	dividends paid	выплаченные дивиденды
D 1433	dividendes perçus [réalisés, reçus, touchés]	dividends collected [drawn]	полученные дивиденды
D 1434	dividendes versés	dividends paid	выплаченные дивиденды
D 1435	diviser	to divide	делить, разделять
D 1436	diviseur *m*	divisor	делитель
D 1437	diviseur fixe	1. fixed divisor 2. interest base	1. фиксированный делитель 2. база процента
D 1438	divisibilité *f*	divisibility	делимость
D 1439	divisible	divisible	делимый
D 1440	division *f*	1. division, splitting, sharing 2. (stock) split 3. division	1. деление, разделение, дробление 2. дробление [разводнение] акций *(выпуск новых акций меньшим номиналом взамен старых)* 3. подразделение, отдел
D 1441	division d'actions	stock split	дробление акций
D 1442	division en blocs monétaires	splitting into monetary blocs	разделение на валютные блоки

D

D 1443	division des lingots en pièces	division of bullions into coins	дробление слитков на монеты
D 1444	division du marché	market sharing	раздел рынка
D 1445	division du nominal des actions	stock split	дробление акций
D 1446	division des risques	sharing of risks	распределение рисков
D 1447	division de titres	stock split, capitalization issue	дробление акций
D 1448	divisionnaire	fractional *(of currency)*	разменный *(о монете)*
D 1449	divulgation *f* sur le marché	market disclosure	публикация информации *(напр. о новом выпуске ценных бумаг)*
D 1450	document *m*	document	документ, бумага
D 1451	document authentique	authentic document	подлинный документ
D 1452	document ayant force contractuelle	binding document	документ, имеющий силу контракта
D 1453	document comptable	accounting document	бухгалтерский документ
D 1454	document d'information	disclosure statement, disclosure document	документ, содержащий обязательную к публикации информацию *(напр. о новом займе)*
D 1455	document-papier *m*	paper-based document	бумажный документ *(в отличие от электронного)*
D 1456	documents *m pl*	documents, papers, documentation	документы, бумаги, документация
D 1457	présenter [produire] des documents	to present documents	представлять документы
D 1458	se dessaisir des documents	to hand over [to part with] documents	передавать документы
D 1459	documents contre acceptation, D/A	documents against acceptance	документы против акцепта
D 1460	documents d'assurance	insurance documents	страховые документы
D 1461	documents comptables	accounting records	бухгалтерская отчётность [документация]
D 1462	documents financiers	financial documents	финансовая документация
D 1463	documents contre paiement, D/P	documents against payment	документы против платежа
D 1464	documents contre signature d'un banquier	documents against the banker's signature	документы против подписи банкира
D 1465	documents statutaires	statutory documents	уставные документы
D 1466	documents de synthèse	summary documents	обобщающие документы
D 1467	doit *m*	debit, debit [debtor] side	дебет
D 1468	doit et avoir	debit and credit	дебет и кредит
D 1469	dol *m*	forgery	подлог
D 1470	dollar *m*	dollar	доллар
D 1471	dollar commercial	commercial dollar	расчётный доллар
D 1472	dollar à terme	forward dollar	срочный доллар, доллар на срок
D 1473	domaine *m*	field, domain, sphere	область, сфера
D 1474	domaine bancaire	banking sphere	банковская сфера
D 1475	domaine concurrentiel	competitive field	конкурентная область
D 1476	domaine du crédit	credit sphere	кредитная сфера
D 1477	domaine financier	financial sphere	финансовая сфера
D 1478	domicile *m* de paiement	paying agent	банк, выплачивающий по поручению компании проценты и дивиденды

D

D 1479	domiciliataire *m*	paying agent	домицилиат
D 1480	domiciliation *f*	domiciliation	домицилирование, установление места платежа
D 1481	domiciliation bancaire	bank domiciliation	платёж по местонахождению банка
D 1482	domiciliation d'une lettre de change	domiciliation of a bill of exchange	домицилирование векселя
D 1483	domiciliation de ses quittances	domiciliation of one's receipts	домицилирование своих квитанций
D 1484	domiciliation du salaire	domiciliation of salary, payment of salary by bank transfer	выплата заработной платы через банк
D 1485	domicilié	domiciled	домицилированный
D 1486	domicilier	to domicile	домицилировать, устанавливать место платежа по векселю
D 1487	dommages-intérêts *m pl*	damages	убытки, сумма возмещения убытков
D 1488	attaquer en dommages-intérêts	to sue for damages	требовать возмещения убытков по суду
D 1489	toucher des dommages-intérêts	to recover [to be awarded] damages	получать возмещение убытков
D 1490	don *m*	gift	дар
D 1491	données *f pl*	data	данные
D 1492	données de bilan	balance sheet data	данные баланса
D 1493	données chiffrées [codées]	coded data	кодированные данные
D 1494	données comptables	accounting data	данные бухгалтерского учёта, учётные данные
D 1495	données consolidées	consolidated data	консолидированные данные
D 1496	données d'ensemble	aggregate figures [data]	агрегатные показатели; обобщённые данные
D 1497	données estimatives	estimates	оценочные данные
D 1498	données financières	financial data	финансовые данные
D 1499	données globales	aggregate figures [data]	агрегатные показатели; обобщённые данные
D 1500	données statistiques	statistical data	статистические данные
D 1501	donneur *m*		
D 1502	donneur d'aval	guarantor, backer, endorser	авалист
D 1503	donneur de faculté de lever double	giver for a call of more	покупатель двойного опциона
D 1504	donneur de faculté de livrer double	giver for a put of more	продавец двойного опциона
D 1505	donneur du gage	pledger	залогодатель
D 1506	donneur d'option	giver of an option, option writer	поставщик опциона, продавец опциона
D 1507	donneur d'ordre	principal; initiator of an order	принципал; лицо, давшее биржевое поручение, приказодатель
D 1508	donneur d'ordre de la livraison	initiator of a delivery order	инициатор поручения на поставку *(ценных бумаг)*
D 1509	donneur d'ordre du paiement	initiator of a payment order	инициатор платёжного поручения *(при сделках с ценными бумагами)*
D 1510	donneur de stellage	taker for a put and call	продавец по стеллажной сделке
D 1511	dons *m pl*	donations	пожертвования

D

D 1512	dons en argent	cash donations	денежные пожертвования
D 1513	dont *m*	1. call option 2. call option premium	1. опцион колл 2. премия по опциону колл
D 1514	acheter dont à la bourse	to buy a call option at the stock exchange	покупать опцион колл на бирже
D 1515	vendre dont à la bourse	to sell a call option at the stock exchange	продавать опцион колл на бирже
D 1516	dos *m*	back	оборотная сторона
D 1517	au dos de l'effet	at the back of a bill	на оборотной стороне векселя
D 1518	dosage *m* de la liquidité	liquidity mix	процентный состав ликвидности
D 1519	dossier *m*	1. file, dossier 2. deposit	1. досье, документы 2. банковский депозит
D 1520	dossier annuel d'information d'appel d'offres	annual tender information file	досье тендерной информации за год
D 1521	dossier bancaire	banking record	банковское досье
D 1522	dossier de crédit	credit file	кредитное досье
D 1523	dossier d'information	information record	информация, досье
D 1524	dossier titres	securities file	досье на ценные бумаги
D 1525	dotations *f pl*	1. appropriations, allocations 2. grants, subsidies	1. отчисления 2. дотации, субсидии
D 1526	dotations annuelles	annual appropriations	ежегодные отчисления
D 1527	dotations en capital	capital allocations	капитальные отчисления
D 1528	dotations aux provisions	provisions	отчисления в (целевой) резерв
D 1529	dotations aux réserves	appropriations to the reserves	отчисления в (общий) резерв
D 1530	doter	to appropriate, to allocate	ассигновывать, выделять (*средства*); отчислять
D 1531	double *m*	copy, duplicate	дубликат, копия, второй экземпляр
D 1532	double de chèque	duplicate check	копия чека
D 1533	doublé *m*	double option	двойной опцион
D 1534	doublé à la baisse	put of more, seller's option to double	двойной опцион пут
D 1535	doublé à la hausse	call of more, buyer's option to double	двойной опцион колл
D 1536	doublure *f*	double option	двойной опцион
D 1537	doublure à la baisse	put of more, seller's option to double	двойной опцион пут
D 1538	doublure à la hausse	call of more, buyer's option to double	двойной опцион колл
D 1539	Dow-Jones	Dow-Jones, the Dow-Jones industrial average	индекс Доу-Джонса
D 1540	downgrading	downgrading	снижение рейтинга долгового обязательства
D 1541	drainage *m*	tapping, draining off	выкачивание
D 1542	drainage de l'épargne	draining off savings	выкачивание сбережений
D 1543	drainage des liquidités	draining off liquidities	выкачивание ликвидных средств
D 1544	drainage de profits	draining off profits	выкачивание прибылей
D 1545	drainer	to drain off, to tap, to draw	выкачивать
D 1546	droit *m*	1. right 2. law 3. fee	1. право 2. право, законодательство 3. сбор; плата (*за что-л.*)
D 1547	attribuer droit à	to grant *smb* the right to...	давать право (*кому-л.*)

D

D 1548	céder un droit	to transfer a right	уступать право
D 1549	disposer d'un droit	to have a right	располагать правом
D 1550	donner droit à	to give a right to	давать право *(кому-л.)*
D 1551	en droit bancaire	in banking law	согласно банковскому праву
D 1552	jouir d'un droit	to possess the right	пользоваться правом
D 1553	renoncer à un droit	to waive [to relinquish] a right	отказываться от права
D 1554	vendre le droit	to sell the right	продавать право
D 1555	droit d'abandon	right to renunciation	право отказа
D 1556	droit d'achat	right to purchase	право покупки
D 1557	droit acquis	right acquired	приобретённое право
D 1558	droit d'administration	processing fee	плата за обработку *(напр. документов)*
D 1559	droit d'admission	entrance fee	вступительный взнос
D 1560	droit d'admission à la cote	listing fee	регистрационный взнос за допуск к котировке на бирже
D 1561	droit attaché	cum right	с правом *(на дополнительные акции — о ценной бумаге)*
D 1562	droit d'attribution	stock right	право акционера на безвозмездное получение дополнительных акций при увеличении первоначального капитала
D 1563	droit au bail	lease right	право на аренду
D 1564	droit bancaire [de banque]	bank law	банковское право
D 1565	droit de battre monnaie	right to mint coins	право чеканить монету
D 1566	droit au bénéfice	right to profit	право на прибыль
D 1567	droit boursier	stock exchange law	биржевое право
D 1568	droit cambiaire [cambial]	exchange law	вексельное право
D 1569	droit au contrôle de gestion	management control right	право контроля за управлением
D 1570	droit de conversion	conversion right, right to conversion	право на конверсию
D 1571	droit de courtage allant de 1 à 1,5%	brokerage fee going from 1 to 1,5%	увеличение ставки брокерских комиссионных с 1 до 1,5%
D 1572	droit de créance	right to claim	право требования
D 1573	droit détaché	ex rights	без права *(на дополнительные акции — о ценной бумаге)*
D 1574	droit au dividende complémentaire	right to extra dividend	право на дополнительный дивиденд
D 1575	droit des effets de commerce	exchange law	вексельное право
D 1576	droit d'émettre des billets de banque	right to issue banknotes	право выпуска банкнот
D 1577	droit d'émission	issuing fee	плата за осуществление эмиссии
D 1578	droit à l'encaissement par anticipation	retraction right (of an investor)	право досрочного возврата ценных бумаг инвестором
D 1579	droit financier	financial law	финансовое законодательство
D 1580	droit fiscal	tax law	налоговое законодательство
D 1581	droit de gage	pledge right	залоговое право
D 1582	droit de garde	management [handling] charges	плата за хранение
D 1583	droit aux intérêts	right to interest	право на получение процента
D 1584	droit de jouissance	right of enjoyment	право пользования
D 1585	droit des obligations	contract law	договорное право

D

D 1586	droit d'option	option (privilege)	опцион, право выбора
D 1587	droit au paiement	right to payment	право на оплату
D 1588	droit pécuniaire	property right	имущественное право
D 1589	droit à la plus-value des actions	stock appreciation right	право на получение дохода от увеличения курса акций
D 1590	droit du porteur	holder's right	право держателя
D 1591	droit de préemption	preemption [preemptive] right	преимущественное право (акционеров на вновь выпускаемые акции)
D 1592	droit préférentiel	preferential right	преимущественное право
D 1593	droit préférentiel de souscription	preemption [preemptive] right	преимущественное право (акционеров на вновь выпускаемые акции)
D 1594	droit de première signature	right of first signature	право первой подписи
D 1595	droit de priorité	priority	приоритет, преимущественное право
D 1596	droit de priorité sur l'actif	preference as to assets	преимущественное право на актив
D 1597	droit de propriété sur un capital	ownership of capital	право собственности на капитал
D 1598	droit de priorité sur les dividendes	dividend preference	преимущественное право на дивиденды
D 1599	droit de rachat	repurchase right	право выкупа
D 1600	droit de recours	right of recourse	право регресса
D 1601	droit régalien	kingly right *(to mint coins)*	королевское право *(чеканить монету)*
D 1602	droit de remboursement	redemption fee	плата за погашение
D 1603	droit de retrait	withdrawal fee	плата за снятие денег со счёта
D 1604	droit de souscription	application right, subscription right	подписное право, право на подписку, подписной варрант *(преимущественное приобретение ценных бумаг нового выпуска)*
D 1605	droit de souscription cessible	transferable application right	право на подписку *(которое может быть переуступленным)*
D 1606	droit de souscription coté en bourse	listed warrant	право на подписку, котирующееся на бирже
D 1607	droit de souscription détaché	ex rights	без права на подписку
D 1608	droit de tirer des chèques	right to draw checks	право выписывать чеки
D 1609	droit de transfert	transfer duty	плата за перевод
D 1610	droit de vendre ses titres	right to sell one's securities	право продажи ценных бумаг
D 1611	droit de vote	right to vote, voting right	право голоса
D 1612	droit de vote cumulatif	cumulative voting right	кумулятивное право голоса
D 1613	droit de vote multiple	multiple voting right	множественное право голоса
D 1614	droit de vote des titres en dépôt	voting right of securities in safe custody	право голоса ценных бумаг, находящихся на хранении
D 1615	droits *m pl*	1. rights 2. duties, dues	1. права 2. пошлины, сбор
D 1616	transmettre ses droits	to transfer one's rights	передавать свои права
D 1617	droits de courtage	brokerage fee, commission	(брокерские) комиссионные, комиссия
D 1618	droits des tiers porteurs	third holders' rights	права третьей стороны — держателя (ценной бумаги)
D 1619	droits de tirage spéciaux, DTS	special drawing rights, SDR	специальные права заимствования, СДР

D

D 1620	allouer les droits de tirage spéciaux	to allocate SDR	распределять СДР
D 1621	échanger contre devises les DTS	to exchange SDR for currency	обменивать СДР на валюту
D 1622	user les DTS	to use SDR	использовать СДР
D 1623	droits de tirage supplémentaires	additional SDR	дополнительно выпущенные СДР
D 1624	dû *m*	due, dues	долг, должное; причитающееся
D 1625	dualité *f* de cotation	multiple quotation	множественность котировки
D 1626	ducroire *m*	1. del credere 2. del credere agent	1. делькредере *(договор комиссии, включающий ответственность комиссионера за платёжеспособность покупателя)* 2. агент делькредере
D 1627	sans se porter ducroire	without acting as a surety	не выступая гарантом
D 1628	ducroire de banque	del credere bank	банк —гарант платёжеспособности
D 1629	dumping *m*	dumping	демпинг *(продажа по бросовым ценам)*
D 1630	dumping de change	currency dumping	валютный демпинг
D 1631	dumping fiscal	tax dumping	налоговый демпинг
D 1632	dumping monétaire	currency dumping	валютный демпинг
D 1633	duplicata *m*	duplicate	дубликат, копия
D 1634	duration *f*	duration, average life	дюрация, продолжительность действия ценных бумаг
D 1635	duration, courte	short duration	кратковременная продолжительность
D 1636	duration, longue	long duration	долговременная продолжительность
D 1637	duration moyenne	medium duration	средний срок дюрации
D 1638	durcissement *m*	hardening	ужесточение, усиление
D 1639	durcissement financier et monétaire	tightening of financial and monetary policy	ужесточение финансово-кредитной политики
D 1640	durcissement des règles de solvabilité	tightening of solvency requirements	ужесточение требований к платёжеспособности
D 1641	durée *f*	duration, length, term, period	срок, продолжительность, длительность; срок действия
D 1642	durée des avances	term of loans	срок (краткосрочных) ссуд
D 1643	durée de couverture	length of cover	срок действия покрытия
D 1644	durée d'un crédit	term of a loan	срок кредита
D 1645	durée de financement	term of financing	срок финансирования
D 1646	durée fiscale d'amortissement	depreciation period for tax purposes	срок налоговой амортизации
D 1647	durée des garanties	length of guarantee period	срок действия гарантий
D 1648	durée identique	identical duration	сходный срок
D 1649	durée inférieure à six mois	period of less than 6 months	срок менее 6 месяцев
D 1650	durée de l'investissement [du placement]	term of investment	срок инвестиций
D 1651	durée d'un prêt	term of a loan	срок ссуды
D 1652	durée restant à courir	time left to run	время до истечения срока *(займа, ценной бумаги)*
D 1653	durée d'un swap	life of a swap	срок действия свопа

E

D 1654	durée de validité	validity period	срок действия
D 1655	durée de vie d'une option	life of an option	срок действия опциона
D 1656	durée de vie d'un swap	life of a swap	срок действия свопа
D 1657	dynamique *f*	dynamics	динамика
D 1658	dynamique des marchés de capitaux	dynamics of the capital markets	динамика рынков капитала
D 1659	dynamique des taux d'intérêt	dynamics of interest rates	динамика процентных ставок
D 1660	dysfonctionnement *m*	failure	кризис, потрясения
D 1661	dysfonctionnement des Bourses des valeurs	stock market upheaval	биржевые потрясения
D 1662	dysfonctionnement du système monétaire	failure of the monetary system	кризис валютной системы

E

E 1	écart *m*	1. difference, differential 2. gap, spread	1. отклонение, разница, различие 2. разрыв; спред
E 2	creuser un écart	to widen a gap	увеличивать разрыв
E 3	enregistrer l'écart	to register the gap	отмечать разницу
E 4	fixer l'écart	to set the spread	устанавливать спред
E 5	réaliser un écart à la baisse	to carry out a bear spread	осуществлять «медвежий» спред
E 6	réduire [rétrécir] l'écart	to narrow [to close] the gap	уменьшать [сокращать] разрыв
E 7	écart d'acquisition	purchase discrepancy	разрыв в цене (*при приобретении компании*)
E 8	écart à la baisse	bear spread	«медвежий» спред (*опционная стратегия при игре на понижение*)
E 9	écart à la baisse sur call	bear call spread	«медвежий» спред колл
E 10	écart de caisse négatif	cash shortage	недостаток кассовой наличности
E 11	écart de caisse positif	cash overage	избыток кассовой наличности
E 12	écart calendaire	calendar [time] spread	временной спред (*опционная стратегия*)
E 13	écart de change	exchange adjustment	курсовая разница
E 14	écart composite	composite spread	составное отклонение
E 15	écart de cotations [de cours]	quotation spread	разрыв котировок покупателя и продавца
E 16	écart entre (le cours) acheteur et vendeur	turn of the market, bid-ask spread	разница между ценами продавца и покупателя
E 17	écart entre les cours du comptant	spot rate spread	разница между курсами на рынке спот
E 18	écart entre les cours du terme	forward rate spread	разница между курсами на срочном рынке
E 19	écart déflationniste	deflationary gap	дефляционный разрыв
E 20	écart des fluctuations	range of fluctuations	амплитуда колебаний
E 21	écart à la hausse	bull spread	спред «быков»
E 22	écart à la hausse sur call	bull call spread	спред «быков» колл

E

E 23	écart horizontal	horizontal spread	горизонтальный спред *(опционная стратегия)*
E 24	écart avant et après impôt	spread before and after tax	разница до и после вычета налогов
E 25	écart d'inflation [inflationniste]	inflationary gap	инфляционный разрыв
E 26	écart d'intérêt	interest spread	процентный спред
E 27	écart maximal de cours	maximum price spread	максимальный курсовой разрыв
E 28	écart minimum du cours	tick	минимально допустимое изменение биржевой цены
E 29	écart net	net gap	чистая разница
E 30	écart de la parité	deviation from par	отклонение от паритета
E 31	écart du pouvoir d'achat entre deux monnaies	purchasing power gap between two currencies	разница в покупательной способности валют
E 32	écart des primes	spread between the price for firm and option stock	разница курсов ценных бумаг между рынками фиксированных цен и опционов
E 33	écart de réévaluation	revaluation differential	курсовой разрыв при ревальвации
E 34	écart de rendement	yield spread	разница в доходности *(различных ценных бумагах)*
E 35	écart de revenus	income spread	различие в доходах
E 36	écart en statistique	sampling deviation	среднестатистическое отклонение
E 37	écart des taux de change	exchange rate differential	разница в валютных курсах
E 38	écart entre taux courts et longs	spread between short-term and long-term rate	разница между краткосрочными и долгосрочными ставками
E 39	écart de [entre les] taux d'intérêt	interest rate differential	разница в процентных ставках
E 40	écart type	standard deviation	стандартное отклонение
E 41	écart vertical	vertical [price] spread	вертикальный спред *(опционная стратегия)*
E 42	échange *m*	1. exchange 2. swap	1. обмен, мена 2. своп
E 43	en échange de	in exchange for	в обмен на
E 44	opérer un échange	to exchange	совершать обмен
E 45	échange d'actions	exchange of shares	обмен акций
E 46	échange de bloc	block exchange	обмен пакетами (акций)
E 47	échange cambiste	treasury swap	обмен краткосрочными обязательствами в различной валюте
E 48	échange de créances	(sovereign) debt swap	долговой своп *(обмен долговыми обязательствами стран, испытывающих финансовые трудности)*
E 49	échange de créances contre actifs	debt-equity swap	обмен долговых обязательств на акции *(в порядке погашения задолженности страны)*
E 50	échange de devises dues	currency swap	валютный своп
E 51	échange financier	swap	своп, обмен активами *или* обязательствами
E 52	échange d'une monnaie contre une autre	exchange of currencies	обмен валют

E

E 53	échange d'obligations contre des actions	conversion of bonds into shares	обмен облигаций на акции
E 54	échange de participations	exchange of participation	обмен участиями
E 55	échange du principal	swap of principal	своп основной суммы
E 56	échange de taux d'intérêt	interest (rate) swap	процентный своп
E 57	échange titre pour titre	share swap	обмен акциями
E 58	échange de titres	exchange of securities	обмен ценными бумагами
E 59	échangeabilité f	exchangeability	обмениваемость
E 60	échangeable	exchangeable	обмениваемый
E 61	échanger	to exchange, to swap	1. обменивать 2. разменивать (деньги)
E 62	échanger, s'	trade, trading	обмениваться
E 63	échanges m pl	flows, movements	торговля; движение, потоки
E 64	échanges de capitaux	capital movements	движение капиталов
E 65	échanges commerciaux	trade	торговля
E 66	échanges financiers internationaux	international capital movements	международное движение капиталов
E 67	échanges interbancaires	interbank flows	межбанковский оборот
E 68	échanges de services	service trade	торговля услугами
E 69	échanges de titres	securities trading	торговля ценными бумагами
E 70	échéance f	1. expiry date, deadline, termination date 2. maturity (of a debt), maturity date (of a bond), redemption date (of a loan), date (of a bill), value date (of a check) 3. settling day [date] (at the stock exchange)	1. дата истечения, дата окончания, срок исполнения обязательства 2. дата погашения (долга, облигации, займа); дата [срок] платежа (векселя, чека) 3. расчётный [ликвидационный] день (на бирже)
E 71	arriver à l'échéance	to fall due; to come to maturity, to mature	наступать (о сроке)
E 72	à cette échéance uniquement	at this settlement date only	только в этот расчётный день
E 73	à courte échéance	short-term	краткосрочный
E 74	à l'échéance de	at maturity, when due	по наступлении срока (платежа)
E 75	après l'échéance	after date (of payment)	после наступления срока (платежа)
E 76	avant l'échéance	before term, prior to maturity, before maturity	до истечения срока
E 77	faire face à une échéance	to meet a bill	оплачивать вексель
E 78	payer à l'échéance	to pay at maturity	платить в срок [по наступлении срока]
E 79	prêter à courte/longue échéance	to lend short/long	предоставлять краткосрочную/долгосрочную ссуду
E 80	venir à l'échéance	to fall due; to come to maturity, to mature	наступать (о сроке)
E 81	échéance arriérée	overdue payment	просроченный платёж
E 82	échéance, brève	short term	короткий срок
E 83	échéance contractuelle	expiry date of a contract	срок исполнения контрактного обязательства
E 84	échéance d'un crédit	redemption date of a loan	срок выплаты кредита
E 85	échéance du débouclement (de la position)	(position) unwinding date	дата закрытия (позиции)
E 86	échéance déterminée	fixed maturity	определённый срок исполнения обязательства

E

E 87	échéance d'une dette	maturity of a debt	срок погашения долга
E 88	échéance de fin de mois	end-of-month settlement	расчёт в конце месяца
E 89	échéance finale	final deadline; last maturity	окончательный срок исполнения обязательства; срок последнего платежа
E 90	échéance fixe	fixed maturity	определённый [фиксированный] срок исполнения обязательства
E 91	échéance fixée d'avance	maturity fixed in advance	заранее обусловленный срок платежа
E 92	échéance identique	identical maturity	идентичный срок платежа
E 93	échéance indéterminée	unspecified maturity	неопределённый срок исполнения обязательства
E 94	échéance initiale	initial term	первоначальный срок исполнения обязательства
E 95	échéance d'intérêts	due date for interest payment	срок уплаты процентов
E 96	échéance d'une lettre de change	date of a bill of exchange	срок векселя
E 97	échéance livrable	settlement date	расчётный [ликвидационный] день
E 98	échéance lointaine	remote settlement day	отдалённый расчётный день
E 99	échéance moyenne pondérée	weighted average maturity	средневзвешенный срок исполнения обязательств
E 100	échéance d'une option	expiry date of an option	срок истечения действия опциона
E 101	échéance d'un ordre	expiry date of an order	срок истечения действия (биржевого) приказа
E 102	échéance précisée	fixed settlement date	определённый расчётный день
E 103	échéance proche	nearest settlement day	ближайший расчётный день
E 104	échéance du terme	maturity	наступление срока платежа
E 105	échéance ultérieure	later settlement day	более поздний расчётный день
E 106	échéance à vue	bill at sight, sight bill	вексель с оплатой по предъявлении
E 107	échéances *f pl*	1. financial commitments, debts 2. payments due	1. финансовые обязательства, долги 2. обязательства с наступившим сроком погашения
E 108	avoir de lourdes échéances	to have heavy financial commitments	иметь обременительные финансовые обязательства
E 109	différer les échéances	to defer payments	отсрочивать платёж
E 110	faire face aux [honorer les, respecter les] échéances	to meet one's financial commitments, to meet the deadlines	платить долги, выполнять финансовые обязательства
E 111	suspendre les échéances	to suspend debt payments	приостанавливать выплату по обязательствам
E 112	échéances annuelles	end-of-year payments	годовые платежи
E 113	échéances du coupon	coupon payments	купонные платежи
E 114	échéances des emprunts	loan maturities	выплаты займов
E 115	échéances de l'endettement	financial commitments	финансовые обязательства
E 116	échéances extérieures	external debts	внешние обязательства
E 117	échéances financières	financial commitments	финансовые обязательства
E 118	échéances mensuelles	end-of-month payments	месячные платежи
E 119	échéances non couvertes	uncovered debts	неоплаченные долги

E

E 120	échéances non standardisées	nonstandard maturities	нестандартные сроки долговых обязательств
E 121	échéances normalisées	standardized maturities	стандартные сроки долговых обязательств
E 122	échéances de remboursement	redemption dates	даты погашения (займов)
E 123	échéances standards	standard maturities	стандартные сроки долговых обязательств
E 124	échéances supérieures à trois mois	maturities of over 3 months	обязательства сроком более 3 месяцев
E 125	échéances trimestrielles	end-of-quarter payments	квартальные платежи
E 126	échéances des transactions	transaction value dates	сроки исполнения обязательств по сделкам
E 127	échéancier *m*	1. repayment schedule, refunding program 2. bill book [diary], maturity tickler	1. график платежей 2. книга срочных платежей *(список векселей с указанием сроков платежа)*
E 128	tenir un échéancier	to keep the bill book	вести книгу срочных платежей
E 129	échéancier en capital et en intérêts des emprunts extérieurs	repayment schedule of the principal and the interest of external loans	график выплаты основной суммы и процентов по внешним займам
E 130	échéancier de la dette	debt repayment schedule	график выплаты долга
E 131	échéancier des devises livrables à terme	schedule of forward exchange	реестр срочных валютных сделок
E 132	échéancier d'un portefeuille-effets	bill book	книга вексельных платежей
E 133	échéancier des remboursements	repayment schedule	график погашения долгов
E 134	échéant	falling due	наступающий, истекающий *(о сроке платежа)*
E 135	échelle *f*	scale	шкала; таблица
E 136	échelle de crédits	credit scale	кредитная шкала
E 137	échelle d'intérêts	interest table	таблица процентов
E 138	échelle de primes	combination of options	система опционов
E 139	échelle de taux	interest rate scale	таблица процентных ставок
E 140	échelon *m*	level, step, grade, echelon	уровень; ранг; ступень
E 141	échelon (minimum) de cotation	tick	минимально допустимое изменение биржевой цены
E 142	échelonné	spread, staggered, by installments	последовательный, рассроченный *(о платежах)*
E 143	échelonnement *m*	spreading out, staggering, phasing; payment by installments	распределение во времени; рассрочка
E 144	échelonnement de la dette	payment of debt by installments	рассрочка платежа долга
E 145	échelonnement des paiements	payment by installments	рассрочка платежей
E 146	échelonner	to spread out, to stagger, to phase	распределять во времени; рассрочивать
E 147	échiquier *m*	exchequer	казначейство *(Великобритании)*
E 148	échoir	to fall due, to come to maturity, to mature, to become payable, to expire	истекать, наступать *(о сроке)*
E 149	échu	due, outstanding, matured	наступивший, истекший *(о сроке)*; просроченный *(о платеже)*

E

E 150	éclosion f	emergence, birth	возникновение
E 151	éclosion des innovations financières	emergence of financial innovations	возникновение финансовых новаций
E 152	éclosion d'un marché secondaire	birth of a secondary market	возникновение вторичного рынка
E 153	éclosion de nouveaux instruments financiers	emergence of new financial instruments	возникновение новых финансовых инструментов
E 154	école f monétariste	monetarist school	монетаристская школа
E 155	économie f	1. economics 2. economy 3. saving; thrift	1. экономическая наука, экономикс, политическая экономия 2. экономика, народное хозяйство 3. экономия, сбережение
E 156	économies f pl	savings	сбережения, накопления
E 157	faire des économies	to save *(money)*	экономить
E 158	placer ses économies	to invest one's savings	размещать свои сбережения
E 159	puiser dans les économies	to tap one's savings	пользоваться сбережениями
E 160	réaliser des économies	to save up, to save money, to lay money aside	экономить
E 161	économies budgétaires	budget savings	бюджетная экономия, сэкономленные средства бюджета
E 162	économies forfaitaires	overall savings	общий объём сбережений
E 163	économies d'impôts	tax savings	налоговые сбережения
E 164	économiser	to save (up), to put money aside	экономить
E 165	économiste m	economist	экономист
E 166	économiste de renom [de grande valeur]	outstanding economist	выдающийся экономист
E 167	écot m	share	доля; пай; взнос
E 168	écran m	screen	экран
E 169	apparaître sur un écran	to appear on a screen	появляться на экране
E 170	visualiser sur écran	to display [to view] on a screen	выводить на экран
E 171	écran des consoles	console screen	экран консолей
E 172	écran de cotation	quotation screen	котировочный экран
E 173	écran graphique	graphical screen	графический экран
E 174	écran "public"	public screen	общедоступный экран
E 175	écran de transmission	transmission screen	передающий экран
E 176	écrans m pl	screens	экраны
E 177	consulter des écrans	to check the screens	считывать информацию с экранов
E 178	écrans du marché en continu	continuous market screens	экраны непрерывного рынка *(24 часа в сутки)*
E 179	écrans Reuter ou Telerate	Reuter's or Telerate screens	экраны «Рейтер» или «Телерейт»
E 180	écrans terminaux électroniques	electronic terminals	электронные терминалы
E 181	écrasement m des marges	plunge of margins	резкое снижение прибылей
E 182	écrémeur m	free rider	спекулянт, покупающий и тут же продающий ценные бумаги, не вовлекая своих средств в операции *(запрещённая практика)*
E 183	écriture f	1. (accounting) entry 2. write, writing *(to a file)*	1. (бухгалтерская) запись, проводка (по счетам) 2. запись *(на диск, в файл)*

E

E 184	apporter une écriture	to make [to post] an entry	делать проводку по счетам
E 185	contre-passer une écriture	to contra [to reverse] an entry	сторнировать запись
E 186	passer [porter] une écriture	to make [to post] an entry	делать проводку по счетам
E 187	rectifier [redresser] une écriture	to adjust an entry	корректировать запись
E 188	écriture de banque	banking record	банковская проводка
E 189	écriture de clôture	closing entry	итоговая запись
E 190	écriture de compensation	clearing entry	клиринговая проводка
E 191	écriture comptable	accounting entry	бухгалтерская запись, проводка (по счетам)
E 192	écriture de contrepartie	contra entry	соответствующая запись по другому счёту (на основе принципа двойной записи)
E 193	écriture de contre-passation [de contre-passement]	transfer [reverse] entry	обратная запись, сторно
E 194	écriture de crédit	credit entry, entry to the credit side	запись в кредит счёта, кредитовая проводка
E 195	écriture de débit	debit entry, entry to the debit side	запись в дебет счёта, дебетовая проводка
E 196	écriture de fermeture	closing entry	итоговая запись
E 197	écriture fictive [frauduleuse]	fraudulent [fictitious] entry	ложная [поддельная] запись
E 198	écriture d'inventaire	closing entry	итоговая запись
E 199	écriture inverse	reverse entry	обратная запись, сторно
E 200	écriture passée au crédit	credit entry, entry to the credit side	запись в кредит счёта, кредитовая проводка
E 201	écriture passée au débit	debit entry, entry to the debit side	запись в дебет счёта, дебетовая проводка
E 202	écriture postérieure	post entry	последующая запись
E 203	écriture rectificative [de redressement]	correcting entry	корректирующая запись
E 204	écriture de réévaluation	revaluation entry	проводка по переоценке
E 205	écriture transitoire	suspense entry	промежуточная запись
E 206	écriture de virement	transfer entry	запись о переводе (денег)
E 207	écritures f pl	books, accounts	счета, бухгалтерские книги
E 208	arrêter [boucler] les écritures	to close [to balance] the books	закрывать счета
E 209	tenir les écritures	to keep the books	вести счета
E 210	écritures au bilan	balance sheet accounts	балансовые счета
E 211	écritures hors bilan	off-balance accounts	внебалансовые счета
E 212	écritures des comptes	account entries	записи по счетам
E 213	écritures en devises	accounts in a foreign currency	счета, ведущиеся в иностранной валюте
E 214	écritures en monnaie nationale	accounts in national currency	счета в национальной валюте
E 215	écritures en suspens	outstanding accounts	временно замороженные [приостановленные] счета
E 216	écritures du Trésor	Treasury accounts	счета казначейства
E 217	ECU m	ECU, European Currency Unit	ЭКЮ, Европейская валютная единица
E 218	ECU officiel	official ECU	официальное ЭКЮ
E 219	ECU privé	private ECU	частное ЭКЮ
E 220	ECU-panier m	ECU basket	корзина ЭКЮ
E 221	édition f d'un billet	issuing of a banknote	выпуск банкноты
E 222	effacement m	wiping away; erosion	стирание; размывание

E

E 223	effacement d'une dette	repayment of a debt	выплата долга
E 224	effacement des frontières entre marchés du crédit bancaire et marchés financiers	erosion of barriers between bank and financial credit markets	размывание границ между рынком банковского кредита и финансовыми рынками
E 225	effectifs *m pl*	strength, workforce, manpower, staff	кадры, штат служащих
E 226	effectifs comptables	accounting staff	бухгалтерские кадры
E 227	effectifs financiers	financial staff	финансовые кадры
E 228	effet *m*	1. bill, draft 2. security 3. effect	1. вексель 2. ценная бумага 3. эффект, результат, последствие
E 229	accepter un effet	to accept a bill	акцептовать вексель
E 230	acquitter un effet	to pay [to settle] a bill	оплачивать вексель, платить по векселю
E 231	avaliser un effet	to guarantee [to back] a bill	гарантировать вексель, снабжать вексель поручительством
E 232	aviser un effet	to advise a bill	авизовать вексель
E 233	cautionner un effet	to guarantee [to back] a bill	гарантировать вексель, снабжать вексель поручительством
E 234	céder un effet	to transfer a bill	продавать вексель
E 235	contre-passer un effet	to endorse back a bill	делать обратную передаточную надпись на векселе *(векселедателю)*
E 236	disposer un effet	to draw a bill	выставлять вексель
E 237	domicilier un effet	to domicile a bill	домицилировать вексель
E 238	émettre un effet	to draw a bill	выставлять вексель
E 239	encaisser un effet	to collect [to encash] a bill	инкассировать вексель, получать по векселю
E 240	endosser un effet	to endorse a bill	индоссировать вексель, снабжать передаточной надписью
E 241	escompter un effet	to discount a bill	учитывать вексель
E 242	faire bon accueil à un effet	to take up [to honor] a bill	акцептовать вексель, принимать вексель к оплате
E 243	faire protester un effet	to have a bill noted [protested]	опротестовывать вексель
E 244	honorer un effet	to take up [to honor] a bill	акцептовать вексель, принимать вексель к оплате
E 245	ne pas honorer un effet	to dishonor a bill	отклонять вексель
E 246	négocier un effet	to negotiate a bill, to give currency to a bill	продавать [передавать, негоциировать] вексель, пускать вексель в обращение
E 247	payer un effet	to pay [to settle] a bill	оплачивать вексель, платить по векселю
E 248	présenter un effet à l'acceptation	to present a bill for acceptance	предъявлять вексель к акцепту
E 249	réaliser un effet	to sell a bill	продавать вексель
E 250	recouvrer un effet	to collect [to encash] a bill	инкассировать вексель, получать по векселю
E 251	réendosser un effet à son ordre	to re-endorse the bill to one's order	реиндоссировать вексель собственному приказу
E 252	rembourser un effet	to pay [to settle] a bill	оплачивать вексель, платить по векселю

E

E 253	renouveler un effet	to renew a bill	пролонгировать вексель
E 254	retirer un effet	to withdraw a bill	отзывать вексель
E 255	retourner un effet	to return a bill	возвращать вексель векселедателю
E 256	viser un effet	to certify a bill	удостоверять [подписывать] вексель
E 257	effet accepté	accepted bill	акцептованный вексель
E 258	effet avalisé	guaranteed [backed] bill	авалированный вексель
E 259	effet avisé	advised bill	авизованный вексель
E 260	effet bancable	bankable bill	вексель, приемлемый для переучёта
E 261	effet bancaire	bank bill	банковский вексель
E 262	effet en blanc	blank bill	бланковый вексель, бланко-вексель
E 263	effet brûlant	hot bill	вексель с истекшим сроком погашения
E 264	effet de cautionnement	security [collateral] bill	гарантийный вексель
E 265	effet de cavalerie	accommodation bill	«дружеский» вексель
E 266	effet de change	bill of exchange	тратта, переводной вексель
E 267	effet de change en blanc	blank bill of exchange	бланковая тратта
E 268	effet de change de cautionnement	security [collateral] bill	гарантийный вексель
E 269	effet en circulation	bill in circulation	вексель в обращении
E 270	effet de complaisance	accommodation bill	«дружеский» вексель
E 271	effet contre-passé	returned bill	возвращённый (векселедателю) вексель
E 272	effet à court terme [à courte échéance]	short(-term) bill, short dated bill	краткосрочный вексель
E 273	effet créé	drawn bill	выставленный вексель
E 274	effet à date fixe	date bill	вексель, выставленный на определённую дату
E 275	effet à délai de date	after date bill, bill after date	вексель с платежом через определённый срок после выставления
E 276	effet à délai de vue	after sight bill, bill after sight	вексель с платежом через определённый срок после предъявления
E 277	effet déplacé	out-of-town bill	иногородний вексель
E 278	effet déposé en nantissement	bill deposited as a guarantee	вексель, депонированный в качестве гарантии, залоговый вексель
E 279	effet détourné	out-of-town bill	иногородний вексель
E 280	effet de deuxième catégorie	second category bill	вексель второй категории (требования по которому удовлетворяются во вторую очередь)
E 281	effet en devises	currency bill	вексель, выписанный в иностранной валюте
E 282	effet documentaire	documentary bill	документарная тратта
E 283	effet domicilié	domiciled [addressed] bill	домицилированный вексель (с указанием места платежа)
E 284	effet à échéance fixe	date bill	вексель, выставленный на определённую дату
E 285	effet échu	due bill	вексель с наступившим сроком оплаты

E

E 286	effet électronique	electronic item	вексель в электронной форме, электронный вексель
E 287	effet éligible	eligible bill (for rediscount)	вексель, приемлемый для переучёта
E 288	effet à l'encaissement [à encaisser]	bill for collection	вексель на инкассо, вексель, подлежащий оплате
E 289	effet endossé	endorsed bill	индоссированный вексель
E 290	effet d'entonnoir	funnel effect	эффект «воронки» (при превышении спроса над предложением ценных бумаг)
E 291	effet escomptable	discountable bill	вексель, приемлемый для учёта
E 292	effet à l'escompte	bill for discount	вексель к учёту
E 293	effet escompté	discounted bill	учтённый вексель
E 294	effet (sur l')étranger	foreign bill	иностранный вексель
E 295	effet exigible à vue	bill payable at sight	вексель на предъявителя, предъявительский вексель, вексель с оплатой по предъявлении
E 296	effet fictif	fictitious bill	фиктивный вексель
E 297	effet de finance [financier]	finance bill	финансовый вексель
E 298	effet sans frais	bill without protest [without charges]	вексель без протеста [без издержек]
E 299	effet de garantie	security [collateral] bill	гарантийный вексель
E 300	effet global	global bill	вексель, представляющий несколько банковских кредитов
E 301	effet honoré	honored bill	оплаченный вексель
E 302	effet impayé	dishonored bill	неоплаченный вексель
E 303	effet innégociable	unnegotiable bill	безоборотный вексель, вексель без индоссамента
E 304	effet sur l'intérieur	inland [home] bill	внутренний вексель (в пределах одной страны)
E 305	effet de levier	leverage effect	эффект рычага (при использовании заёмного капитала)
E 306	effet de levier des futures	futures leverage	эффект рычага фьючерсов
E 307	effet libellé en monnaie étrangère	foreign exchange [currency] bill	вексель, выписанный в иностранной валюте
E 308	effet libre	clean bill	вексель, свободный от ограничений, чистый вексель
E 309	effet à long terme [à longue échéance]	long(-dated) bill, long (-term) bill	долгосрочный вексель
E 310	effet du marché monétaire	money market bill	вексель, обращающийся на денежном рынке
E 311	effet mis en pension	bill in pawn, bill on deposit	заложенный вексель
E 312	effet de mobilisation	refunding bill	мобилизационный вексель (представляющий банковский кредит)
E 313	effet négociable	negotiable bill	обращающийся вексель
E 314	effet nominatif	unnegotiable bill	именной вексель
E 315	effet non accepté	dishonored bill, nonaccepted bill	неакцептованный вексель
E 316	effet non admis à la compensation	nonclearing item	вексель, не допущенный к клирингу

E

E 317	effet non bancable	ineligible bill	непереучитываемый вексель
E 318	effet non échu	unmatured bill	вексель, срок оплаты которого не наступил
E 319	effet non négociable	nonnegotiable bill	безоборотный вексель, вексель без индоссамента
E 320	effet non protesté	unprotested bill	неопротестованный вексель
E 321	effet en nourrice	bill held to maturity	вексель, хранящийся в портфеле до наступления срока платежа
E 322	effet de paiement	payment item, payment instrument	платёжный инструмент
E 323	effet payable à vue	sight bill	вексель, подлежащий оплате по предъявлении
E 324	effet payé	paid bill	оплаченный вексель
E 325	effet en pension	bill in pawn, bill on deposit	заложенный вексель
E 326	effet périmé	expired bill	просроченный вексель
E 327	effet sur place	local bill	местный вексель
E 328	effet au porteur	bearer bill, bill payable to bearer	вексель на предъявителя, предъявительский вексель, вексель с оплатой по предъявлении
E 329	effet de premier ordre [de première catégorie]	first-rate [fine] bill	первоклассный вексель
E 330	effet prorogé	renewal bill	пролонгированный вексель
E 331	effet protesté [avec protêt]	protested bill	опротестованный вексель
E 332	effet sans protêt	bill without protest	вексель без протеста
E 333	effet en recouvrement	collection item, item for collection	вексель, подлежащий оплате, вексель на инкассо
E 334	effet réescomptable	rediscountable bill	переучитываемый вексель
E 335	effet réescompté	rediscounted bill	переучтённый вексель
E 336	effet refusé	dishonored [returned] bill	неоплаченный [возвращённый] вексель
E 337	effet de règlement	payment item, payment instrument	платёжный инструмент
E 338	effet rejeté [rendu]	dishonored [returned] bill	неоплаченный [возвращённый] вексель
E 339	effet renouvelé [de renouvellement]	renewal bill	пролонгированный вексель
E 340	effet renvoyé [de retour, retourné]	dishonored [returned] bill	неоплаченный [возвращённый] вексель
E 341	effet de seuil	threshold effect	пороговый эффект
E 342	effet en souffrance	overdue [past due] bill	просроченный вексель, вексель, не оплаченный в срок
E 343	effet subordonné	subordinated note	субординированный [подчинённый] вексель
E 344	effet subordonné de premier rang	senior subordinated note	субординированный вексель с преимущественным правом требования
E 345	effet à taux variable	floating-rate note, FRN	вексель с плавающей ставкой
E 346	effet à terme	time bill	срочный вексель
E 347	effet à terme au porteur	bearer term bill	срочный вексель на предъявителя
E 348	effet tiré hors place	out-of-town bill	иногородний вексель
E 349	effet du Trésor	treasury bill	казначейский вексель

E

E 350	effet à trois mois	three-month bill	трёхмесячный вексель
E 351	effet à usance	bill at usance	вексель, оплачиваемый в устанавливаемые торговым обычаем сроки
E 352	effet à vue	sight bill	вексель, подлежащий оплате по предъявлении
E 353	effets m pl	1. bills, notes 2. effects	1. векселя; ценные бумаги 2. последствия
E 354	escompter des effets de commerce	to discount bills of exchange	учитывать торговые тратты
E 355	mettre les effets en pension	to pledge the bills	отдавать ценные бумаги в залог
E 356	effets classiques	classical bills	классические векселя
E 357	effets de commerce	bills of exchange, trade bills; commercial paper	торговые тратты; коммерческие бумаги
E 358	donner en gage des effets de commerce	to pledge commercial paper	отдавать коммерческие бумаги в залог
E 359	prendre en nantissement des effets de commerce	to take in pawn commercial paper	брать коммерческие бумаги в залог
E 360	effets de commerce payables à l'étranger	bills of exchange payable abroad	торговые тратты, подлежащие погашению за границей
E 361	effets documentaires [avec documents attachés]	documentary bills, bills with attached documents	документарные векселя
E 362	effets immobiliers	real estate, (real) property	недвижимость, недвижимое имущество
E 363	effets mis hors cours	securities put out of circulation	ценные бумаги, выведенные из обращения
E 364	effets mobiliers	movables, movable [personal] property	движимое имущество
E 365	effets de mobilisation de crédits à court terme	short-term funding bills	векселя для привлечения краткосрочных кредитов
E 366	effets nocifs	harmful effects	отрицательные последствия
E 367	effets à ordre	order bills	ордерные векселя
E 368	effets à payer	payable bills	векселя к оплате
E 369	effets en portefeuille	bills held in a portfolio	портфельные векселя
E 370	effets privés	private bills	частные векселя
E 371	effets publics	treasury [government] bills	государственные векселя
E 372	effets à recevoir	bills receivable	векселя к получению
E 373	effets représentatifs des crédits à court terme	bills representing short-term loans	векселя, представляющие краткосрочные займы
E 374	effets venus à l'échéance	due bills	векселя, по которым наступил срок платежа
E 375	efficacité f	efficiency	эффективность
E 376	efficacité du contrôle des changes	efficiency of exchange control	эффективность валютного контроля
E 377	efficacité des investissements	efficiency of an investment	эффективность инвестиций
E 378	efficacité marginale de capital	marginal efficiency of capital	предельная эффективность капитала
E 379	efficience f des marchés	market efficiency	эффективность рынков
E 380	effondrement m	collapse	крах; резкое падение
E 381	effondrement boursier	stock market collapse	биржевой крах
E 382	effondrement de la confiance	drop in confidence	падение доверия
E 383	effondrement des cours	collapse of prices	резкое падение цен
E 384	effondrement financier	financial collapse	финансовый крах

E

E 385	effondrement du marché	(stock) market collapse	крах (биржевого) рынка
E 386	effondrement des marges	plummeting of margins	резкое падение прибылей
E 387	effondrement d'une monnaie	collapse [plummeting] of a currency	резкое падение курса валюты
E 388	effondrement des prix des actions	collapse of share prices	резкое падение курсов акций
E 389	effondrement du système bancaire international	collapse of the international banking system	крах международной банковской системы
E 390	effondrement du système des parités fixes	collapse of the fixed parities system	крах системы фиксированных паритетов
E 391	effondrer, s'	to collapse, to plummet, to slump	резко падать
E 392	effort *m* d'investissement	investment	объём инвестиций
E 393	effritement *m*	erosion	постепенное падение
E 394	effritement du change du dollar	erosion of the dollar	постепенное падение курса доллара
E 395	effritement des cours	erosion of prices	постепенное падение курсов
E 396	effritement des valeurs	erosion of securities prices	постепенное падение курсов ценных бумаг
E 397	égalisation *f*	equalization, leveling	выравнивание
E 398	égalisation des prix	equalization of prices	выравнивание цен
E 399	égalisation des taux de profit	leveling of profit margins	выравнивание нормы прибыли
E 400	égalité *f*	equality	равенство; одинаковость
E 401	égalité des droits des membres à la gestion	equality of member's management rights	равные права членов в отношении управления
E 402	égalité fiscale	tax equality	налоговое равенство
E 403	égalité offre-demande	equilibrium of supply and demand	соответствие спроса и предложения
E 404	égalité des opérations	equality of transactions	равный объём операций
E 405	égalité, stricte	strict equality	полное равенство
E 406	égalité des taux de TVA	equality of VAT rates	одинаковые ставки НДС
E 407	égalité de traitement des actionnaires	equal treatment of shareholders	одинаковое обращение с акционерами
E 408	égalité de traitement des ordres	equal treatment of orders	одинаковый подход к исполнению поручений *(на бирже)*
E 409	élaboration *f* du bilan	drawing up a balance sheet	составление баланса
E 410	élargissement *m*	widening, broadening, enlargement, extension, growth	расширение; увеличение; рост
E 411	élargissement de l'assiette	broadening of the tax base	расширение базы налогообложения
E 412	élargissement de la liquidité bancaire	broadening of the bank liquidity	увеличение банковской ликвидности
E 413	élargissement des marges de fluctuation des monnaies	broadening of currency fluctuation margins	расширение пределов колебаний валют
E 414	élasticité *f*	elasticity	эластичность
E 415	élasticité du crédit	elasticity of credit	эластичность кредита
E 416	élasticité de l'investissement	elasticity of investment	эластичность инвестиций
E 417	élasticité monétaire [de la monnaie]	elasticity of money	эластичность денег
E 418	élection *f*	1. election 2. choice	1. избрание, выборы 2. выбор
E 419	élection à la majorité simple	majority rule voting	выборы простым большинством

E

E 420	élection d'une monnaie au niveau mondial	choice of currency at the global level	выбор валюты на мировом уровне
E 421	électronique f bancaire	bank electronic systems	банковские электронные системы
E 422	élément m	1. element; component 2. item	1. элемент, компонент, составляющая 2. статья (баланса)
E 423	élément d'actif	asset	актив, статья актива
E 424	élément d'actif admissible	eligible asset	статья актива, удовлетворяющая определённым условиям
E 425	élément d'actif compensatoire	offsetting asset	балансирующая статья актива
E 426	élément d'actif couvert	hedged asset	покрытый [застрахованный] актив
E 427	élément d'actif incorporel	intangible asset	неосязаемый актив
E 428	élément hors bilan	off-balance sheet item	забалансовая статья
E 429	élément de bonne gestion	component of good management	составляющая эффективного руководства
E 430	élément du capital	capital instrument	составляющая капитала
E 431	élément constitutif d'une obligation	component of an obligation	элемент обязательства
E 432	élément exceptionnel	extraordinary item	прибыль/убыток, не связанные с основной деятельностью компании
E 433	élément imposable	taxable item	облагаемая налогом статья баланса
E 434	élément de passif	liability	пассив, статья пассива
E 435	élément de passif couvert	hedged liability	покрытый [застрахованный] пассив
E 436	élément du passif-dépôts	deposit liability	депозитная статья пассива
E 437	élément principal d'une dette	principal of a debt	основная сумма долга
E 438	élément du revenu	income item	статья дохода
E 439	éléments m pl	1. elements; components 2. items	1. элементы, компоненты 2. статьи (баланса)
E 440	éléments d'actifs corporels	material assets	материальные активы
E 441	éléments d'assiette	components of the tax base	элементы базы налогообложения
E 442	éléments déclarés	declared elements	объявленные активы
E 443	éléments déductibles	deductions allowed	вычеты из базы налогообложения
E 444	éléments inscrits au débit	assets	активы
E 445	éléments d'une lettre	elements of a letter	реквизиты письма
E 446	éléments moteurs du placement	motives of a placement	критерии размещения (средств)
E 447	éléments de réserve	reserve items	статьи резерва
E 448	éléments servant de base au calcul des impôts	elements for tax calculations	элементы, служащие основой для налогообложения
E 449	éléments taxables	taxable items	облагаемые налогом элементы
E 450	élévation f du taux d'escompte	rise in discount rate	рост учётной ставки
E 451	éligibilité f	eligibility	приемлемость
E 452	éligibilité des effets	eligibility of bills (for rediscount)	приемлемость векселей для переучёта
E 453	éligible	eligible	приемлемый
E 454	élimination f	elimination	устранение, отмена

E

E 455	élimination des frontières fiscales	elimination of tax borders	устранение налоговых границ
E 456	élimination des gains sans position	elimination of riskless gain opportunities	устранение возможности получения безрисковой прибыли
E 457	élimination des marges de fluctuations	elimination of margins of fluctuation	устранение пределов колебаний
E 458	élimination de la retenue à la source	elimination of withholding at source	отмена налогообложения у источника
E 459	émargement *m*	1. signing; signature 2. marginal note	1. подписание; подпись 2. отметка на полях *(напр. счёта)*
E 460	émarger	to sign, to initial	расписываться на полях *(напр. счёта)*
E 461	emballement *m*	boom	бум, резкое увеличение
E 462	emballement des cours	soaring prices	резкий взлёт курсов
E 463	emballement du crédit	credit boom	кредитный бум
E 464	emballement inflationniste	inflationary boom	инфляционная вспышка
E 465	embarras *m*	difficulties	затруднения
E 466	être dans l'embarras	to be in financial straits, to be strapped for cash	находиться в затруднительном финансовом положении
E 467	embarras d'argent [pécuniaire]	financial difficulties, financial straits	денежные затруднения
E 468	embarras de trésorerie	cash flow difficulties	недостаток наличности
E 469	émergence *f*	emergence	возникновение, появление
E 470	émergence des banques multinationales	emergence of multinational banks	возникновение многонациональных банков
E 471	émergence du marché secondaire	emergence of secondary market	появление вторичного рынка
E 472	émergence d'une société	emergence of a company	образование компании
E 473	émetteur	issuing	выпускающий, эмитирующий
E 474	émetteur *m*	issuer, drawer	эмитент
E 475	émetteur assujetti	reporting issuer	эмитент, обязанный выполнять требования о предоставлении отчётности
E 476	émetteur d'un billet à ordre	issuer of a promissory note	эмитент простого векселя
E 477	émetteur d'une carte	issuer of a card	эмитент карточки
E 478	émetteur d'une carte de crédit	issuer of a credit card	эмитент кредитной карточки
E 479	émetteur d'un chèque	drawer of a check	чекодатель
E 480	émetteur de créance à vue	issuer of a sight bill	эмитент долгового требования на предъявителя
E 481	émetteur d'un effet	issuer of a bill	трассант, эмитент векселя
E 482	émetteur d'une ligne de substitution	issuer of a back-up line	эмитент кредитной линии поддержки *(при выпуске ценных бумаг)*
E 483	émetteur de moindre standing	issuer with a worse rating	эмитент с более низким рейтингом
E 484	émetteur de monnaie	issuer of money	эмитент денег
E 485	émetteur non assujetti	nonreporting issuer	эмитент, не обязанный выполнять требования о предоставлении отчётности
E 486	émetteur d'obligations	bond issuer	эмитент облигаций
E 487	émetteur occasionnel	occasional issuer	непостоянный эмитент
E 488	émetteur régulier	regular issuer	постоянный эмитент

E

E 489	émetteur de rente	issuer of an annuity	эмитент рентной ценной бумаги
E 490	émetteur des titres	securities issuer	эмитент ценных бумаг
E 491	émetteur d'une traite	issuer of a draft	трассант, эмитент переводного векселя
E 492	émetteur-placeur *m*	issuer-distributor	эмитент, размещающий свои ценные бумаги самостоятельно
E 493	émettre	to issue; to float; to draw	эмиттировать *(ценные бумаги)*, выпускать *(заём)*, выписывать *(чек)*, выставлять *(тратту)*
E 494	émission *f*	issuing, issue *(of shares)*; flo(a)tation *(of a loan)*; drawing, making out *(of a check)*	эмиссия *(ценных бумаг)*, выпуск *(займа)*, выписка *(чека)*, выставление *(тратты)*
E 495	garantir [prendre ferme] une émission	to underwrite an issue	гарантировать размещение выпуска
E 496	émission d'actions	stock [equity] issue	выпуск акций
E 497	émission d'actions gratuites	free stock issue	выпуск бесплатных акций
E 498	émission d'actions nouvelles	new equity issue	выпуск новых акций
E 499	émission d'actions en numéraire	stock issue for cash	выпуск акций за наличные
E 500	émission d'actions privilégiées	preferred stock issue	выпуск привилегированных акций
E 501	émission d'actions rénumérant un apport en nature	stock issue in exchange for a contribution in kind	выпуск акций в обмен на вложение активов
E 502	émission de billets de banque	issue of banknotes	выпуск банкнот
E 503	réglementer l'émission de billets de banque	to control issuing of banknotes	регламентировать выпуск банкнот
E 504	émission de bons à court terme	issue of short-term bonds	эмиссия краткосрочных облигаций
E 505	émission de certificats d'investissement	issue of investment certificates	эмиссия инвестиционных сертификатов
E 506	émission d'un chèque	drawing of a check	выписка чека
E 507	émission sans coupon	issuing without coupon	безкупонная эмиссия
E 508	émission en cours	outstanding issue	непогашенный заём
E 509	émission de créances	issue of debt	выпуск долговых обязательств
E 510	émission à diffusion restreinte	private issue	закрытая эмиссия
E 511	émission de documents bancaires	issuing of bank documents	выписка банковских документов
E 512	émission de droits	rights issue	выпуск прав
E 513	émission de droits de tirage spéciaux	SDR issue	выпуск СДР
E 514	émission en ECU à taux fixe	fixed-rate ECU floatation	эмиссия в ЭКЮ с фиксированной ставкой
E 515	émission d'effets de commerce	issuing of drafts	выставление векселей
E 516	émission d'un emprunt	floatation of a loan	выпуск займа
E 517	émission d'euro-obligations	Eurobond issue	еврооблигационный выпуск
E 518	émission excédentaire	overissue	чрезмерный выпуск, чрезмерная эмиссия
E 519	émission excessive de titres	overissue of securities	чрезмерный выпуск ценных бумаг

E

E 520	émission fiduciaire	fiduciary issue	фидуциарная эмиссия (бумажная эмиссия, не обеспеченная металлическим запасом центрального банка)
E 521	émission garantie	guaranteed issue	гарантированный выпуск, андеррайтинг
E 522	émission illimitée	unlimited issue	неограниченный выпуск
E 523	émission initiale	primary issue	первоначальный выпуск (ценных бумаг)
E 524	émission d'une lettre de crédit	issuing of a letter of credit	выставление аккредитива
E 525	émission limitée	limited issue	ограниченная эмиссия
E 526	émission d'un mandat	issuing of a (postal) order	выписка (почтового) денежного перевода
E 527	émission sur le marché monétaire	money market issue	эмиссия на денежном рынке
E 528	émission monétaire	issue of money, money supply	денежная эмиссия, выпуск денег в обращение
E 529	émission monétaire supplémentaire	issue of additional money	дополнительная эмиссия денег
E 530	émission des monnaies contrefaites	issue of counterfeit money	выпуск фальшивых денег
E 531	émission des monnaies métalliques	minting of coins	выпуск металлических денег
E 532	émission en numéraire	cash issue	эмиссия за наличные
E 533	émission d'obligations	bond issue	эмиссия облигаций
E 534	émission d'obligations étrangères	foreign bond issue	эмиссия иностранных облигаций
E 535	émission d'obligations de premier rang	senior bond issue	выпуск «старших» облигаций (с преимущественными правами требования)
E 536	émission d'obligations renouvelables du Trésor	renewable treasury bond issue	выпуск возобновляемых облигаций казначейства
E 537	émission d'obligations de second rang	junior bond issue	выпуск «младших» облигаций
E 538	émission au pair	issue at par	выпуск по номиналу
E 539	émission au-dessous du pair	issue below par	выпуск (по курсу) ниже номинала
E 540	émission au-dessus du pair	issue above par	выпуск (по курсу) выше номинала
E 541	émission prise ferme	underwritten offering	гарантированный выпуск, андеррайтинг
E 542	émission des rentes et valeurs du Trésor	issuance of government bonds and treasury securities	выпуск государственных облигаций и ценных бумаг казначейства
E 543	émission des signes monétaires	issuance of banknotes	выпуск денежных знаков
E 544	émission en souscription publique	public issue	публичный [открытый] выпуск
E 545	émission de titres	issue of securities	выпуск [эмиссия] ценных бумаг
E 546	émission de titres étrangers	issue of foreign securities	эмиссия иностранных ценных бумаг
E 547	émission de titres négociables	issue of negotiable securities	эмиссия обращающихся ценных бумаг
E 548	émission de titres participants	issue of equity shares	выпуск ценных бумаг участия
E 549	émission d'une traite	drawing	выставление тратты

E

E 550	émission à la valeur nominale	issue at par	выпуск по номиналу
E 551	émission de valeurs mobilières	issue of securities	выпуск [эмиссия] ценных бумаг
E 552	émission à versements échelonnés	installment issue	выпуск с постепенным погашением
E 553	émissions *f pl*	issues	выпуски, эмиссии
E 554	émissions par adjudication	issues via auction	реализация выпусков на торгах
E 555	émissions par appel public à l'épargne	public issues	публичные [открытые] выпуски
E 556	émissions à court terme	short-term issues	краткосрочные эмиссии
E 557	émissions d'euronotes	Euronote issues	выпуски евронот
E 558	émissions d'euro-obligations	Eurobond issues	выпуски еврооблигаций
E 559	émissions d'europapiers commerciaux	Eurocommercial paper issues	выпуски еврокоммерческих ценных бумаг
E 560	émissions faites sans appel public à l'épargne	private issues	закрытые выпуски
E 561	émissions à long terme	long-term issues	долгосрочные эмиссии
E 562	émissions en monnaie composite	issues in a composite currency	выпуски в составной валюте
E 563	émissions nettes d'obligations	net bond issues	нетто-объём облигационных эмиссий
E 564	émissions de notes à taux flottant	floating rate note issues	эмиссия нот с плавающими ставками
E 565	émissions, nouvelles	new issues	новые выпуски
E 566	émissions à paiement différé	partly paid issues	выпуски с постепенным погашением
E 567	émissions primaires	primary issues	первичные выпуски, выпуски на первичном рынке
E 568	émissions à taux variable	floating rate issues	выпуски с плавающими ставками
E 569	émissions à warrants	issues with warrants	эмиссии ценных бумаг с варрантами
E 570	emploi *m*	1. use 2. job, employment, position	1. использование 2. должность
E 571	emploi des capitaux	use of capital	использование капитала
E 572	emploi du crédit par fractions	use of a loan by installments	использование кредита частями
E 573	emploi des crédits	use of credits	использование кредитов
E 574	emploi des dépôts	use of deposits	использование депозитов
E 575	emploi de direction	management position	руководящая должность
E 576	emploi, double	duplication, overlapping	двойной счёт, двойная запись
E 577	emploi de l'épargne	use of savings	использование сбережений
E 578	emploi de fonds	use of funds	использование средств
E 579	emploi des ressources	use of resources	использование ресурсов
E 580	emploi d'une somme	use of a sum of money	использование денег
E 581	emploi de spécialistes	employment of specialists	использование специалистов
E 582	emplois *m pl*	assets, use (of funds)	использование средств, активы (баланса)
E 583	emplois d'argent à long terme	use of long-term money	использование долгосрочных капиталов
E 584	emplois durables	stable jobs	стабильные рабочие места
E 585	emplois sous forme de crédit	use of funds in the form of loans	использование средств для предоставления кредитов

E 586	emplois en immobilisations	fixed investments, capital assets, invested capital	капитальные вложения
E 587	emplois intermédiaires	interim use of funds	промежуточное использование средств
E 588	emplois obligataires	bond investments	инвестиции в облигации
E 589	emplois risqués	risky use of funds	рискованное помещение средств
E 590	emplois rémunérateurs	profitable [remunerative] investments	выгодное помещение средств
E 591	employé m	employee	служащий, работник
E 592	employé administratif	administrative worker	административный служащий
E 593	employé de banque	bank employee	банковский служащий
E 594	employé du bureau	office worker [clerk]	клерк, конторский служащий
E 595	employé au comptoir	teller, counter clerk	служащий банка (обслуживающий клиентов в кассе)
E 596	employé aux écritures	ledger keeper	счетовод
E 597	employé du guichet	teller, counter clerk	служащий банка (обслуживающий клиентов в кассе)
E 598	empoignade f financière	financial fight	финансовая схватка
E 599	emportement m inflationniste	inflationary surge	скачок инфляции
E 600	emprise f	hold, grip, control	контроль
E 601	exercer une emprise sur	to have control over	иметь контроль над
E 602	emprise sur l'investissement	control over investment	контроль над инвестициями
E 603	emprise sur le marché des changes	control over the foreign exchange market	контроль над валютным рынком
E 604	emprise sur les titres	control over securities	контроль над ценными бумагами
E 605	emprunt m	1. borrowing 2. loan	1. заимствование 2. заём; ссуда
E 606	accorder un emprunt	to grant a loan	предоставлять ссуду
E 607	amortir un emprunt	to redeem [to repay, to sink] a loan	погашать заём
E 608	contracter un emprunt	to take up [to raise, to contract] a loan	получать ссуду
E 609	convertir un emprunt	to convert a loan	конвертировать заём
E 610	couvrir un emprunt	to cover a loan	обеспечивать заём
E 611	dénoncer un emprunt	to cancel a loan	аннулировать заём
E 612	émettre un emprunt	to float [to launch] a loan	выпускать [эмитировать] заём
E 613	faire un emprunt	to take up [to raise, to contract] a loan	получать ссуду
E 614	financer par l'emprunt	to finance by borrowing	финансировать с помощью заимствования
E 615	gager un emprunt	to guarantee [to secure] a loan	гарантировать ссуду
E 616	lancer un emprunt	to float [to launch] a loan	выпускать [эмитировать] заём
E 617	lever un emprunt	to take up [to raise, to contract] a loan	получать ссуду
E 618	négocier un emprunt	to negotiate a loan	оговаривать условия займа
E 619	octroyer un emprunt	to grant a loan	предоставлять ссуду
E 620	placer un emprunt	to place a loan	размещать заём
E 621	recourir à l'emprunt	to resort to borrowing	прибегать к заёмным средствам

E

E 622	rembourser un emprunt	to redeem [to repay, to sink] a loan	погашать заём
E 623	se couvrir sur un emprunt	to hedge a loan	страховать заём
E 624	se libérer progressivement d'un emprunt	to gradually repay a loan	постепенно погашать заём
E 625	souscrire à un emprunt	to subscribe to a loan	подписываться на заём
E 626	emprunt amortissable [d'amortissement]	redeemable [amortization] loan	погашаемый заём
E 627	emprunt à annuité constante	loan with a constant annual payment	ссуда с фиксированной годовой выплатой
E 628	emprunt assorti d'un versement forfaitaire	balloon loan	ссуда с погашением основной суммы в конце срока
E 629	emprunt bancaire	bank loan	банковская ссуда
E 630	emprunt bonifié	low-interest loan, reduced-rate loan, subsidized loan	ссуда по льготной процентной ставке, субсидированная ссуда
E 631	emprunt de capital	capital loan	долгосрочная ссуда
E 632	emprunt communal	municipal loan	коммунальный заём, заём, выпускаемый местными органами власти
E 633	emprunt consolidé [de consolidation]	consolidated [consolidation, funded] loan	консолидированный заём (заём, позволяющий объединить несколько более мелких займов)
E 634	emprunt contracté	contracted loan	полученная ссуда
E 635	emprunt de conversion [convertible]	convertible loan	конвертируемый заём
E 636	emprunt coté sur une bourse	bond listed on a stock exchange	заём, котирующийся на бирже
E 637	emprunt à coupon zéro	zero coupon loan	заём с нулевым купоном
E 638	emprunt à court terme	short-term loan	краткосрочная ссуда
E 639	emprunt à découvert	unsecured loan	необеспеченная ссуда
E 640	emprunt dénoncé	canceled loan	аннулированный заём
E 641	emprunt domestique	domestic loan	внутренний заём
E 642	emprunt double	double borrowing	двойное заимствование
E 643	emprunt échu	overdue loan	просроченная ссуда
E 644	emprunt d'État	government [public] loan	государственный заём
E 645	emprunt étranger	external loan	иностранный заём
E 646	emprunt eurodevises	Eurocurrency loan	заём в евровалюте
E 647	emprunt euro-obligations	Eurobond loan	еврооблигационный заём
E 648	emprunt extérieur	external loan	иностранный заём
E 649	emprunt à faible taux d'intérêt	low-interest loan	ссуда под низкий процент
E 650	emprunt forcé	forced loan	принудительный заём
E 651	emprunt gagé [garanti]	secured loan	гарантированная [обеспеченная] ссуда
E 652	emprunt du gisement	underlying loan	заём, лежащий в основе производных финансовых инструментов
E 653	emprunt gouvernemental	government [public] loan	государственный заём
E 654	emprunt hypothécaire	mortgage(d) loan	ипотечный заём
E 655	emprunt indexé	indexed loan	индексированный заём
E 656	emprunt indivis	joint loan	неделимая ссуда
E 657	emprunt à intérêt(s)	interest-bearing loan	ссуда под процент
E 658	emprunt sans intérêt(s)	interest-free loan	беспроцентная ссуда

E

E 659	emprunt intérieur	internal loan	внутренний заём
E 660	emprunt international	international loan	международный заём
E 661	emprunt au jour le jour	overnight loan	однодневная ссуда
E 662	emprunt lancé	floated [launched] loan	выпущенный заём
E 663	emprunt libellé en monnaie étrangère	loan denominated in a foreign currency	заём, деноминированный в иностранной валюте
E 664	emprunt libéré	repaid loan	выплаченная [погашенная] ссуда
E 665	emprunt lié	tied loan	связанный заём
E 666	emprunt livrable	underlying loan	заём, лежащий в основе производного финансового инструмента
E 667	emprunt lombard	lombard loan	ломбардная ссуда
E 668	emprunt à long terme	long-term loan	долгосрочный займ
E 669	emprunt à lots	lottery loan	выигрышный заём
E 670	emprunt à un mois	1 month loan	ссуда на 1 месяц
E 671	emprunt à moyen terme	medium-term loan	среднесрочный заём
E 672	emprunt non amorti	nonrepaid loan	непогашенный заём
E 673	emprunt non dénonçable	noncancelable loan	заём, не подлежащий аннулированию
E 674	emprunt non gagé	unsecured loan	необеспеченная ссуда
E 675	emprunt non obligataire	non-bond loan	необлигационный заём
E 676	emprunt non remboursable	irredeemable loan	непогашаемый заём
E 677	emprunt notionnel	notional loan	ноционный [условный] заём
E 678	emprunt obligataire	debenture [bond] loan	облигационный заём
E 679	emprunt obligataire d'État	government bond loan	государственный облигационный заём
E 680	emprunt obligataire à taux fixe	fixed-rate bond loan	облигационный заём с фиксированной ставкой
E 681	emprunt à option	option loan	заём с опционом (напр. с возможностью выбора валюты погашения)
E 682	emprunt avec option de change	loan redeemable in optional currency	заём с выбором валюты погашения
E 683	emprunt participatif	participation loan	заём участия
E 684	emprunt perpétuel	perpetual loan	бессрочный заём
E 685	emprunt privé	private loan	частная ссуда
E 686	emprunt productif d'intérêts	interest-bearing loan	процентный заём
E 687	emprunt public	public [government] loan	государственный заём
E 688	emprunt de rang postérieur	subordinate(d) loan	субординационный заём
E 689	emprunt remboursable	redeemable loan	погашаемый заём, заём, подлежащий погашению
E 690	emprunt remboursable par tirage au sort	loan redeemable by drawings	заём, погашаемый выигрышными тиражами
E 691	emprunt revalorisé	revalued loan	переоценённая ссуда
E 692	emprunt en rollover	rollover loan	ролл-оверная ссуда
E 693	emprunt en souffrance	overdue loan	просроченная ссуда
E 694	emprunt de stabilisation	stabilization loan	стабилизационный заём
E 695	emprunt syndiqué	syndicated loan	синдицированный заём
E 696	emprunt à taux bas	low-interest [reduced-rate] loan	заём с низкой процентной ставкой
E 697	emprunt à taux fixe	fixed-rate loan	заём с фиксированной процентной ставкой

E

E 698	emprunt à taux flottant	floating-rate loan	заём с плавающей процентной ставкой
E 699	emprunt à taux nul	interest-free loan	беспроцентный заём
E 700	emprunt à taux variable	floating-rate loan	заём с плавающей процентной ставкой
E 701	emprunt à terme	loan at notice	срочная ссуда
E 702	emprunt sur titres	loan on stocks	ссуда под ценные бумаги
E 703	emprunt à trois %	loan at 3%	заём под 3%
E 704	emprunt volontaire	voluntary loan	добровольный заём
E 705	Emprunt *m* phare	benchmark loan	заём-ориентир
E 706	empruntable	loanable	ссужаемый
E 707	emprunteur *m*	borrower	заёмщик, ссудополучатель
E 708	emprunteur bien coté [de bon standing]	creditworthy borrower	надёжный заёмщик, заёмщик с хорошей репутацией
E 709	emprunteur défaillant	defaulter	несостоятельный должник, заёмщик, не выплативший ссуду в срок
E 710	emprunteur de la devise en déport	backwardation currency borrower	заёмщик валюты в депортной сделке
E 711	emprunteur de la devise en report	contango currency borrower	заёмщик валюты в репортной сделке
E 712	emprunteur endetté	heavily indebted borrower	заёмщик, обременённый долгами
E 713	emprunteur étranger	foreign borrower	иностранный заёмщик
E 714	emprunteur final	final borrower	конечный заёмщик
E 715	emprunteur sur gage	mortgagor, mortgager	должник по закладной [по ипотеке]
E 716	emprunteur hautement estimé	creditworthy borrower	надёжный заёмщик, заёмщик с хорошей репутацией
E 717	emprunteur individuel	individual borrower	индивидуальный заёмщик
E 718	emprunteur institutionnel	institutional borrower	институциональный заёмщик
E 719	emprunteur des liquidités	borrower of liquidities	заёмщик ликвидных средств
E 720	emprunteur de premier ordre [de première qualité, très solvable]	prime [premier] borrower	первоклассный заёмщик
E 721	emprunteur unique	the only borrower	единственный заёмщик
E 722	emprunteurs *m pl*	borrowers	заёмщики
E 723	emprunteurs initiaux	primary borrowers	первоначальные заёмщики
E 724	emprunteurs liés	connected borrowers	связанные заёмщики
E 725	emprunteurs parapublics	parapublic (partly state-owned) borrowers	организации-заёмщики, частично принадлежащие государству
E 726	emprunteurs publics	public [government] borrowers	государственные заёмщики
E 727	emprunteurs structuraux	structural borrowers	структурные заёмщики
E 728	emprunt-or *m*	gold loan	золотой заём
E 729	emprunts *m pl*	loans	ссуды, займы
E 730	placer des emprunts dans le public	to place loans with the public	размещать займы среди широкой публики
E 731	emprunts à bons de souscription	loans with warrants	займы сваррантами
E 732	emprunts à double monnaie	mixed loans, double currency loans	смешанные займы, займы в двух валютах

E

E 733	emprunts à fenêtres	window loans	займы с правом досрочной выплаты в заранее установленные сроки
E 734	emprunts à gain assuré	guaranteed profit loans	займы с гарантированной прибылью
E 735	emprunts mixtes	mixed loans, double currency loans	смешанные займы, займы в двух валютах
E 736	emprunts non remboursés	nonrepaid loans	непогашенные ссуды
E 737	emprunts avec possibilité d'échange ou prorogation	loans with an option to exchange or prolong	займы с возможностью обмена *или* продления
E 738	emprunts de ressources supplémentaires	borrowing of extra funds	заимствование дополнительных средств
E 739	emprunts à sortie optionnelle [avec sorties optionnnelles]	window loans	займы с правом досрочной выплаты в определённые [заранее установленные] сроки
E 740	encadrement *m* du crédit	credit tightening [control, squeeze, restrictions]	ограничение кредита, жёсткая кредитная политика
E 741	encaissable	1. encashable, cashable 2. collectable	1. подлежащий внесению в кассу 2. подлежащий инкассированию, инкассируемый
E 742	encaissable par anticipation	retractable	возвращаемый досрочно *(о деньгах инвесторов)*
E 743	encaissage *m*	encashment	внесение денег в кассу
E 744	encaisse *f*	cash, cash in hand, cash balance, cash resources	кассовая наличность, наличные (ресурсы)
E 745	avoir la garde de l'encaisse métallique de l'État	to keep state gold and silver reserves	хранить резервы драгоценных металлов государства
E 746	encaisse active	operating cash	используемая наличность
E 747	encaisse en billets de banque	cash in the form of banknotes	наличность в форме банкнот
E 748	encaisse désirée	desired level of cash resources	желаемое количество наличных средств
E 749	encaisse disponible	available cash	имеющаяся наличность
E 750	encaisse fractionnaire	fractional (cash) reserve	частичные резервы наличности
E 751	encaisse inactive	idle cash	неиспользуемая наличность
E 752	encaisse liquide	cash in hand	кассовая наличность
E 753	encaisse métallique	gold and silver reserves	запасы драгоценных металлов, золотой запас
E 754	encaisse monétaire	cash in hand	денежная наличность
E 755	encaisse nulle	no funds	отсутствие наличных
E 756	encaisse oisive	idle cash	неиспользуемая наличность
E 757	encaisse or	gold reserves	золотой запас
E 758	encaisse précaution	cash reserves	страховые резервы наличности
E 759	encaisse réelle	actual cash in hand	действительные размеры наличных средств
E 760	encaisse thésaurisée	hoarded cash	тезаврированные деньги
E 761	encaisse de trésorerie	cash in hand	наличность
E 762	encaissé	cashed, encashed	инкассированный, обналиченный
E 763	encaissement *m*	collection, encashment	инкассо; инкассация; инкассирование

E

E 764	donner à l'encaissement	to hand in [to remit] for collection	передавать на инкассо
E 765	effectuer l'encaissement	to collect, to encash	осуществлять инкассирование, инкассировать
E 766	à [pour] l'encaissement	for collection	на инкассо, для получения
E 767	envoyer à l'encaissement	to send for collection	посылать на инкассо
E 768	faire [opérer] l'encaissement	to collect, to encash	осуществлять инкассирование, инкассировать
E 769	présenter à l'encaissement	to present for collection	предъявлять к оплате
E 770	procéder à l'encaissement	to collect, to encash	осуществлять инкассирование, инкассировать
E 771	recevoir à l'encaissement	to receive for collection	принимать на инкассо
E 772	remettre à l'encaissement	to hand in [to remit] for collection	передавать на инкассо
E 773	encaissement avec acceptation préalable	collection with preliminary acceptance	инкассо с предварительным акцептом
E 774	encaissement d'acceptations	collection of accepted bills	инкассо акцептованных векселей
E 775	encaissement par anticipation	advance collection; retraction (by investors)	досрочное инкассирование, досрочное изъятие денег (инвесторами)
E 776	encaissement de l'argent	collection of money	инкассация денег
E 777	encaissement bancaire	bank collection	банковское инкассо
E 778	encaissement d'un chèque	cashing of check	инкассирование чека, получение денег по чеку
E 779	encaissement des coupons	collection of coupons	инкассо купонов
E 780	encaissement des créances	collection of debts	инкассация долговых обязательств
E 781	encaissement de dépôt	withdrawing money from a deposit	получение денег с депозита
E 782	encaissement des dividendes	collection of dividends	инкассация дивидендов
E 783	encaissement documentaire	documentary credit collection	документарное инкассо
E 784	encaissement d'un effet	collection of a bill	инкассирование векселя, взыскание денег по векселю
E 785	encaissement d'impôts	collection of taxes	взимание налогов
E 786	encaissement des intérêts	collection of interest	взимание процентов
E 787	encaissement du paiement	collection of a payment	инкассо
E 788	encaissement avec paiement immédiat	collection with immediate payment	инкассо с немедленным платежом
E 789	encaissement de primes d'option	collection of option premiums	получение опционных премий
E 790	encaissement et recouvrement d'effets par la Banque Centrale	collection of bills by the Central Bank	получение Центральным банком денег по векселям
E 791	encaissement des revenus	collection of revenues	инкассирование доходов
E 792	encaissement des titres	collection of securities	инкассация ценных бумаг
E 793	encaissement d'une traite	collection of a draft	инкассирование тратты
E 794	encaissement d'une tranche de prêt	collection of a part of a loan	возврат части займа
E 795	encaissements *m pl* et décaissements *m pl*	receipts and disbursements	поступления и расходы

E

E 796	encaisser	to collect, to encash	осуществлять инкассирование, инкассировать
E 797	encaisseur *m*	1. collector 2. payee (of a check)	1. инкассатор 2. получатель денег (по чеку)
E 798	encan *m*	auction (sale)	аукцион, публичные торги
E 799	acheter à l'encan	to buy at an auction	покупать на аукционе [на публичных торгах]
E 800	mettre à l'encan	to put up for auction	выставлять на аукцион [на публичные торги]
E 801	vendre à l'encan	to sell by auction, to sell at an auction	продавать с аукциона [с публичных торгов]
E 802	enceinte *f*	pit	ринг
E 803	enceinte de la Bourse	stock exchange pit	ринг фондовой биржи
E 804	enceinte de cotation	quotation pit	место котировки
E 805	enchère *f*	bid	1. предложение цены 2. надбавка к цене *(на аукционе, на торгах)*
E 806	couvrir une enchère	to bid up, to raise the bid	набавлять цену, делать надбавку к цене
E 807	faire une enchère	to bid for, to make a bid	предлагать цену
E 808	mettre une enchère	to bid up, to raise the bid	набавлять цену, делать надбавку к цене
E 809	enchère, dernière	closing bid	окончательная цена
E 810	enchère, folle	irresponsible bid	предложение цены, не подтверждённое позднее аукционером
E 811	enchère, la plus forte	highest bid	наивысшая предложенная цена
E 812	enchère, première	opening bid	первоначальная цена
E 813	enchères *f pl*	auction *(sale)*	аукцион, публичные торги
E 814	acheter aux enchères	to buy at an auction	покупать на аукционе [на публичных торгах]
E 815	faire monter les enchères	to raise the bidding	делать надбавку к цене
E 816	mettre aux enchères	to put up for auction	выставлять на аукцион [на публичные торги]
E 817	pousser les enchères	to raise the bidding	набавлять цену, делать надбавку к цене
E 818	vendre aux enchères	to sell by auction, to sell at an auction	продавать с аукциона [с публичных торгов]
E 819	enchères à la criée	auction sale (by open outcry)	«аукцион выкриков»
E 820	enchères forcées	compulsory auction sale	принудительная продажа с аукциона
E 821	enchères publiques	public auction, vendue	аукцион, публичные торги
E 822	enchères au rabais	Dutch auction	«голландский» аукцион *(во время которого происходит постепенное снижение цены)*
E 823	enchères volontaires	voluntary auction sale	добровольная продажа с аукциона
E 824	enchérir	to make a higher bid, to outbid	набавлять цену, делать надбавку к цене
E 825	enchérissement *m* du coût du crédit	higher cost of credit	удорожание кредита

E

E 826	enchérisseur *m*	bidder	аукционер, лицо, предлагающее цену *(на аукционе, торгах)*
E 827	enchérisseur, dernier [le mieux disant, le plus offrant]	highest bidder	аукционер, предлагающий самую высокую цену
E 828	encouragement *m* matériel	money incentives [stimuli]	материальное стимулирование
E 829	encours *m*	1. liabilities 2. total, volume (e.g. debts)	1. пассивы, задолженность 2. общий объём, общая сумма *(напр. обязательств)*
E 830	encours des banques	bank liabilities	банковские пассивы
E 831	encours de base	basic volume	базисный объём
E 832	encours des bons du Trésor	outstanding treasury bills	объём бон казначейства в обращении
E 833	encours de carte de crédit	total credit card amount	общая задолженность по кредитной карточке
E 834	encours cédant	liability as maker of bills	объём обязательств трассанта по векселям
E 835	encours de contrepartie	volume of proprietary trading	объём операций за свой счёт
E 836	encours de créances	outstanding debt [receivables]	общая сумма долговых требований
E 837	encours du crédit	loan amount	общий объём кредита
E 838	encours des crédits bonifiés	outstanding low-interest loans	общий объём льготных кредитов
E 839	encours des crédits aux ménages	outstanding household loans	общий объём кредитования населения
E 840	encours de la dette	outstanding debt	общая сумма долговых обязательств, объём непогашенной задолженности
E 841	encours d'émissions hypothécaires	mortgage loans outstanding	объём непогашенных ипотечных ссуд
E 842	encours des emplois	total assets	сумма активов
E 843	encours des emprunts	outstanding loans	объём (выпущенных) займов
E 844	encours envisagé	planned amount outstanding	планируемый объём *(займа)*
E 845	encours d'escompte	total amount discounted	сумма учтённых векселей
E 846	encours global	total amount	общий объём *(напр. ценных бумаг, обращающихся на бирже)*
E 847	encours des interventions de la Banque	total amount of the Central Bank interventions	объём интервенций Центрального банка
E 848	encours maximum	maximum debt outstanding	максимальная сумма (задолженности)
E 849	encours moyen	average amount outstanding	средний объём *(напр. займа)*
E 850	encours des obligations	bonds outstanding	общая сумма выпущенных облигаций
E 851	encours de prêts	outstanding loans	объём (выданных) ссуд
E 852	encours des refinancements	total refunding	общий объём рефинансирования
E 853	encours de risque	full exposure	полный риск
E 854	encours de risque par signature	full exposure to signature risks	полный риск подписи
E 855	encours tiré	liability as drawee	объём обязательств трассата по векселям
E 856	encours de titres publics	outstanding government securities	объём государственных ценных бумаг в обращении

E

E 857	encours total	total amount	общий объём
E 858	encours des valeurs mobilières	outstanding securities	объём ценных бумаг в обращении
E 859	endettement *m*	debt, indebtedness	задолженность, сумма долга
E 860	endettement bancaire [envers la banque]	bank debt	банковская задолженность
E 861	endettement consolidé	consolidated debt	консолидированная задолженность
E 862	endettement courant	routine indebtedness	текущая задолженность
E 863	endettement à court terme	short-term debt	краткосрочная задолженность
E 864	endettement cumulatif	cumulative debt	общая [кумулятивная] задолженность
E 865	endettement par emprunt obligataire	bond issue debts	сумма облигационного долга
E 866	endettement excessif de débiteurs	overindebtedness of debtors	чрезмерная задолженность дебиторов
E 867	endettement auprès du Fonds	debt to the IMF	задолженность перед МВФ
E 868	endettement généralisé	general indebtedness	общая задолженность
E 869	endettement à long terme	long-term debt	долгосрочная задолженность
E 870	endettement lourd	heavy debt burden	большой долг
E 871	endettement monétaire	monetary debt	денежная задолженность
E 872	endettement à moyen terme	medium-term debt	среднесрочная задолженность
E 873	endettement net bancaire à court terme	net short-term bank debt	чистая краткосрочная банковская задолженность
E 874	endettement vis-à-vis de l'étranger	foreign [external] debt	сумма внешней задолженности
E 875	endos *m*	endorsement	индоссамент, передаточная надпись *(на обороте векселя, чека)*
E 876	munir de son endos	to endorse	индоссировать, делать передаточную надпись
E 877	endossable	endorsable	передаваемый по индоссаменту, индоссируемый
E 878	endossataire *m*, endossé *m*	endorsee	индоссат, жират *(лицо, в пользу которого сделана передаточная надпись)*
E 879	endossement *m*	endorsement	индоссамент, передаточная надпись *(на обороте векселя, чека)*
E 880	mettre [revêtir de] l'endossement	to endorse	индоссировать
E 881	transférer [transmettre] par voie d'endossement	to transfer by endorsement, to endorse over	передавать по индоссаменту
E 882	par voie d'endossement	by endorsement	по индоссаменту
E 883	endossement bancaire	bank endorsement	банковский индоссамент
E 884	endossement en blanc	blank endorsement	бланковый индоссамент
E 885	endossement de complaisance	accommodation endorsement	«дружеский» индоссамент *(сделанный для гарантии платежа по векселю)*
E 886	endossement complet	regular endorsement, endorsement in full	полный индоссамент *(с переходом всех прав)*
E 887	endossement conditionnel	conditional endorsement	обусловленный индоссамент

E

E 888	endossement à forfait [sans garantie]	qualified endorsement, endorsement without recourse	безоборотный индоссамент, индоссамент с оговоркой «без оборота»
E 889	endossement irrégulier	restrictive [irregular] endorsement	ограниченный индоссамент
E 890	endossement d'une lettre de change	endorsement of a bill	вексельный индоссамент
E 891	endossement mandataire	endorsement by proxy	препоручительный индоссамент
E 892	endossement nominatif	endorsement to a specified person	именной индоссамент
E 893	endossement non à ordre	restrictive [irregular] endorsement	ограниченный индоссамент
E 894	endossement à ordre	endorsement to order	ордерный индоссамент
E 895	endossement partiel	partial endorsement	частичный индоссамент
E 896	endossement pignoratif	endorsement for pledge	залоговый индоссамент
E 897	endossement de [par] procuration	endorsement by proxy	препоручительный индоссамент
E 898	endossement pur et simple [régulier]	regular endorsement, endorsement in full	полный индоссамент (с переходом всех прав по ценной бумаге)
E 899	endossement sous réserve	conditional endorsement	обусловленный индоссамент
E 900	endossement restrictif	restrictive [irregular] endorsement	ограниченный индоссамент
E 901	endossement spécial	special endorsement	специальный индоссамент
E 902	endossement translatif	regular endorsement, endorsement in full	полный индоссамент (с переходом всех прав по ценной бумаге)
E 903	endosser	to endorse	индоссировать, делать передаточную надпись
E 904	endosseur m	endorser	индоссант
E 905	endosseur antérieur	previous endorser	предыдущий индоссант
E 906	endosseur postérieur	subsequent endorser	последующий индоссант
E 907	endosseur précédent	previous endorser	предыдущий индоссант
E 908	endosseur subséquent [suivant]	subsequent endorser	последующий индоссант
E 909	enfer m bancaire	situation when banks have used up their rediscount quotas and have to refinance at penalty rates	«банковский ад» (ситуация, когда банки использовали свой лимит рефинансирования и вынуждены переучитывать векселя по штрафной ставке)
E 910	enflure f boursière	inflation of the stock market	разбухание обращающихся на бирже ценных бумаг
E 911	engagement m	1. obligation, commitment; promise; agreement 2. investing (capital), commitment (of a loan) 3. pawning, mortgaging	1. обязательство 2. вложение (средств), предоставление (кредита) 3. заклад, отдача в залог
E 912	contracter un engagement	to enter into a contract [an agreement]	заключать соглашение; брать на себя обязательство
E 913	sans engagement	without obligation, without engagement	без обязательства
E 914	honorer un engagement	to meet a commitment	выполнять обязательство
E 915	manquer à un engagement	to fail to honor a commitment	не выполнять обязательства, нарушать обязательство

E

E 916	prendre un engagement	to make a commitment, to enter into a contract	брать на себя обязательство
E 917	satisfaire un engagement	to meet a commitment	выполнять обязательство
E 918	signer un engagement	to sign an agreement	подписывать соглашение
E 919	engagement d'acceptation	acceptance liability	акцептное обязательство
E 920	engagement bancaire	bank liability	банковское обязательство
E 921	engagement hors bilan	off-balance sheet commitment	забалансовое обязательство
E 922	engagement cambiaire	liability on bills of exchange	вексельное обязательство
E 923	engagement des capitaux	capital investment, capital commitment	инвестирование, вложение средств
E 924	engagement de change	liability on bills of exchange	вексельное обязательство
E 925	engagement conditionnel	contingent liability	условное обязательство
E 926	engagement contractuel	contractual obligation	обязательство по контракту
E 927	engagement de crédits	loan commitment	кредитование, предоставление кредита
E 928	engagement écrit	written agreement	письменное обязательство [соглашение]
E 929	engagement d'endos	endorsement liability	обязательство по индоссаменту
E 930	engagement ferme	firm commitment	твёрдое обязательство
E 931	engagement final	final commitment	конечное обязательство
E 932	engagement financier	financial commitment	финансовое обязательство
E 933	engagement de fonds	investment	инвестирование, вложение средств
E 934	engagement de garantie	surety bond	гарантийное обязательство
E 935	engagement intérieur	local liability	местное обязательство
E 936	engagement intersociété	intercompany commitment	межфирменное обязательство
E 937	engagement de payer à l'échéance	obligation to pay at maturity	обязательство уплатить по истечении срока
E 938	engagement de prêt	loan commitment	кредитование, предоставление ссуды
E 939	engagement réciproque	mutual obligation	взаимное обязательство
E 940	engagement revolving	revolving facility	возобновляемая (кредитная) линия
E 941	engagement stand-by	stand-by commitment	резервное обязательство
E 942	engagement tacite	tacit agreement	молчаливое согласие
E 943	engagement à terme	time commitment, term liability	срочное обязательство
E 944	engagements *m pl*	commitments, liabilities	обязательства
E 945	acquitter ses engagements	to meet one's commitments	выполнять свои обязательства
E 946	couvrir les engagements	to cover the liabilities	обеспечивать обязательства
E 947	faire face à [faire honneur à remplir, respecter] ses engagements	to meet one's commitments	выполнять свои обязательства
E 948	se délier de ses engagements	to free oneself from one's liabilities, to meet one's commitments	освобождать себя от обязательств
E 949	tenir ses engagements	to meet one's commitments	выполнять свои обязательства
E 950	ventiler les engagements	to break down liabilities	разбивать пассивы по статьям
E 951	violer ses engagements	to break one's commitments	не выполнять свои обязательства
E 952	engagements à la baisse	bear commitments	обязательства понижателей [спекулянтов, играющих на понижение]
E 953	engagements en banques	bank loans	банковские обязательства

E

E 954	engagements en banques à terme	time bank loans	срочные банковские обязательства
E 955	engagements en banques à vue	sight bank loans	банковские обязательства по требованию
E 956	engagements à la bourse	stock market commitments	биржевые обязательства
E 957	engagements à court terme	short-term commitments	краткосрочные обязательства
E 958	engagements de [en] crédit-bail	leasing commitments	обязательства по лизингу
E 959	engagements de crédits bancaires	bank loan commitments	обязательства по банковским кредитам
E 960	engagements de dépenses	current commitments	текущие обязательства
E 961	engagements en devises	foreign exchange commitments	обязательства в валюте
E 962	engagements donnés et reçus	loans granted and received	выданные и полученные ссуды
E 963	engagements par endossement	commitments by endorsement	обязательства, вытекающие из индоссамента
E 964	engagements d'épargne	investment of savings	инвестирование сбережений
E 965	engagements envers l'étranger	foreign commitments	обязательства по отношению к загранице, иностранные [зарубежные] обязательства
E 966	engagements à la hausse	bull commitments	обязательства повышателей [спекулянтов, играющих на повышение]
E 967	engagements (inscrits dans le) hors bilan	off-balance sheet items	забалансовые обязательства
E 968	engagements d'investissements	capital commitments	инвестиции, капиталовложения
E 969	engagements liquides	liquid liabilities	ликвидные обязательства
E 970	engagements à long terme	long-term commitments	долгосрочные обязательства
E 971	engagements de mobilisation	refunding commitments	обязательства по рефинансированию
E 972	engagements à un mois d'échéance	one month commitments	обязательства сроком 1 месяц
E 973	engagements de paiement	payment commitments	платёжные обязательства
E 974	engagements par signature	commitments by signature	обязательства по подписи
E 975	engagements à vue	sight liabilities	обязательства с выполнением по требованию
E 976	engager	1. to bind 2. to invest *(capital)*, to tie up, to lock up; to commit, to lay out *(expenses)* 3. to pledge, to pawn	1. обязывать 2. вкладывать *(средства)*; нести расходы 3. закладывать, отдавать в залог
E 977	engrenage *m* déflationniste	deflationary mechanism	дефляционный механизм
E 978	enjeux *m pl* financiers	financial stakes	финансовые задачи
E 979	enquête *f*	survey; inquiry	обзор; анализ; сбор информации
E 980	enquête de conjoncture	business survey	конъюнктурный обзор
E 981	enquête sur le coût de crédit	survey of the cost of credit	анализ стоимости кредита
E 982	enquête de marché	market survey	анализ рынка
E 983	enquête de solvabilité	status inquiry	сбор информации о платёжеспособности (клиента)
E 984	enregistrement *m*	1. registration; recording 2. entry, record	1. регистрация, запись 2. проводка, запись (по счетам)
E 985	valider l'enregistrement	to validate the entry	проверять правильность записи

E

E 986	enregistrement comptable	accounting record	бухгалтерская запись
E 987	enregistrement, double	double entry	двойная запись
E 988	enregistrement fiscal	tax registration	налоговая регистрация
E 989	enregistrement des négociations [des opérations]	registration [recording] of transactions (at stock exchange)	регистрация операций (на бирже)
E 990	enregistrement de la parité d'une monnaie	registration of the par value of a currency	регистрация паритета валюты
E 991	enregistrement d'une société	incorporation of a company	регистрация компании
E 992	enregistrement des transferts émis ou reçus	registration of transfers made and received	регистрация произведённых и полученных переводов
E 993	ensemble *m*	1. whole, bulk 2. set, series, package, complex	1. совокупность; комплекс; система 2. набор, комплект; пакет
E 994	ensemble bancaire	banking system	банковская система
E 995	ensemble des comptes	set of accounts, chart of accounts	план [совокупность] счетов
E 996	ensemble des cours cotés	quoted (stock) prices	система котируемых курсов
E 997	ensemble des éléments inscrits au débit	debit entries	совокупность элементов пассива
E 998	ensemble fongible	fungible bulk	совокупность ассимилируемых облигаций
E 999	ensemble des liquidités internationales	international liquidities	совокупность международных ликвидных средств
E 1000	ensemble du marché	the whole of the market	рынок в целом
E 1001	ensemble des prêts non encore remboursés	full exposure	объём непогашенных ссуд (банка)
E 1002	ensemble des produits financiers	financial package	финансовый пакет, пакет финансовых инструментов
E 1003	ensemble des services financiers	financial services package	пакет финансовых услуг
E 1004	ensemble du système bancaire	the whole of banking system	банковская система в целом
E 1005	ensemble des titres	securities package	пакет ценных бумаг
E 1006	entente *f*	1. agreement, arrangement, understanding 2. combine, cartel	1. соглашение, договорённость 2. картель
E 1007	entente de crédit	credit arrangement	кредитное соглашение
E 1008	entente de rachat	buyback agreement	соглашение об обратной покупке
E 1009	entente de réseau	network arrangement	«сетевое» соглашение *(соглашение о предоставлении банковских услуг через каналы другого банка)*
E 1010	entités *f pl*	entities; corporations	единицы; подразделения *(компании)*; компании, корпорации
E 1011	entités comptables	accounting entities	отчётные единицы компании, имеющие отдельный баланс
E 1012	entités juridiques	legal entities	юридические лица
E 1013	entités non bancaires	non-bank entities	небанковские компании
E 1014	entités privées	private entities	частные корпорации
E 1015	entités publiques	public entities	государственные компании
E 1016	entités du service de dette	debt servicing entities	подразделения по обслуживанию долга

E

E 1017	entités supranationales	supernational entities	наднациональные организации
E 1018	entraide *f* judiciaire internationale	mutual international legal aid	международная правовая взаимопомощь
E 1019	entraves *f pl* à l'activité bancaire	restrictions of the banking activities	препятствия [ограничения] банковской деятельности
E 1020	entrée *f*	1. entry; admission 2. receipt	1. доступ, вступление 2. приходная операция, денежное поступление
E 1021	faire son entrée en Bourse	to be admitted to the stock exchange	выйти на биржу, быть допущенным к котировке на бирже
E 1022	entrée en activité d'une banque	beginning of banking business	начало функционирования банка
E 1023	entrée en bourse	admission to the stock exchange	выход на биржу, допуск к котировке на бирже
E 1024	entrée de capitaux	inflow of capital	прилив [приток] капиталов
E 1025	entrée en compte	account receipt	поступление на счёт
E 1026	entrée de dollars	inflow of dollars	поступление долларов
E 1027	entrée de fonds	receipt of funds	поступление средств
E 1028	entrée du franc dans le SME	entry of the franc into the EMS	вступление франка в ЕВС (Европейскую валютную систему)
E 1029	entrée du sterling dans le serpent monétaire	entry of the pound into the currency snake	вхождение фунта стерлингов в «валютную змею»
E 1030	entrées *f pl*	receipts	денежные поступления
E 1031	entrées de caisse	cash receipts	кассовые поступления
E 1032	entrées de devises	inflow of foreign currencies	валютные поступления
E 1033	entrées de fonds prévues	planned receipts	запланированные поступления средств
E 1034	entrées en monnaie nationale	entries in national currency	поступления в национальной валюте
E 1035	entremise *f*	mediation	посредничество
E 1036	agir par l'entremise de	to act through	действовать через (кого-л.)
E 1037	par l'entremise de	through the agency of	при посредстве..., с помощью...
E 1038	par l'entremise de courtier	through a broker	через брокера
E 1039	par l'entremise de remboursement anticipé	by way of advance redemption	посредством досрочного погашения
E 1040	entremise des organismes financiers	mediation of financial institutions	посредничество финансовых учреждений
E 1041	entrepreneur *m*	entrepreneur	предприниматель
E 1042	entreprise *f*	1. undertaking, venture, enterprise 2. company, firm, business, corporation, enterprise	1. предприятие, предпринимательство 2. компания, фирма; предприятие
E 1043	introduire une entreprise en bourse	to float a company	выпускать акции компании на биржу
E 1044	monter une entreprise	to mount [to stage, to set up, to found] a company	основывать компанию
E 1045	entreprise acquéreuse	acquiring company	приобретающая компания (напр. при поглощении), компания-поглотитель
E 1046	entreprise d'affacturage	factoring company	факторинговая компания

E

E 1047	entreprise bénéficiaire d'un crédit bancaire	corporate borrower	компания, получившая банковский кредит
E 1048	entreprise candidate à l'entrée sur le marché boursier	candidate for floatation	компания — кандидат для выпуска акций на биржу
E 1049	entreprise cliente	corporate client	компания-клиент
E 1050	entreprise commerciale	business concern	торговая фирма
E 1051	entreprise compétitive	competitive company	конкурентоспособная компания
E 1052	entreprise conjointe	joint venture	совместное предприятие
E 1053	entreprise de crédit-bail	leasing company	лизинговая компания
E 1054	entreprise défaillante	defaulting company	несостоятельная компания
E 1055	entreprise en déficit [déficitaire]	loss-making company	убыточное [нерентабельное] предприятие
E 1056	entreprise demanderesse	company applicant (for a loan)	компания-заявитель (о предоставлении ссуды)
E 1057	entreprise exportatrice de capitaux	company exporting capital	компания — экспортёр капитала
E 1058	entreprise en faillite	bankrupt company	компания-банкрот, обанкротившаяся компания
E 1059	entreprise fiduciaire	trust company	трастовая компания
E 1060	entreprise filiale	subsidiary	дочерняя компания
E 1061	entreprise financée	financed company	финансируемая компания
E 1062	entreprise financière	financial company	финансовая корпорация
E 1063	entreprise hasardeuse	daring venture	высокорисковое предприятие
E 1064	entreprise individuelle	sole proprietorship, one-man business	индивидуальное предприятие
E 1065	entreprise internationale	international [transnational] company	международная компания
E 1066	entreprise d'investissement	investment company	инвестиционная компания
E 1067	entreprise jointe	joint venture	совместное предприятие
E 1068	entreprise liée	associated company	ассоциированная компания
E 1069	entreprise locale	local company	местная компания
E 1070	entreprise multinationale	multinational company	многонациональная компания
E 1071	entreprise non financière	nonfinancial company	нефинансовая компания
E 1072	entreprise en participation	joint venture	совместное предприятие
E 1073	entreprise performante	profitable [successful] company	рентабельное предприятие
E 1074	entreprise personnelle	sole proprietorship, one-man business	индивидуальное предприятие
E 1075	entreprise (prestataire) de services	service company	компания по оказанию услуг, сервисная компания
E 1076	entreprise privée	private enterprise	частная компания
E 1077	entreprise publique	public enterprise	государственная компания
E 1078	entreprise requérante	company applicant (for a loan)	компания-заявитель (о предоставлении ссуды)
E 1079	entreprise de services informatiques	information services company	компания по оказанию информационных услуг
E 1080	entreprise sociétaire	member company	акционерное общество
E 1081	entreprise unipersonnelle	sole proprietorship, one-man business	индивидуальное предприятие
E 1082	entreprise-leader f	leading company	ведущее предприятие, компания-лидер
E 1083	entreprises fpl	companies, firms, corporations	компании, фирмы, корпорации; предприятия
E 1084	entreprises associées	associated companies	ассоциированные компании

E

E 1085	entreprises d'assurance	insurance companies	страховые компании
E 1086	entreprises de bon standing	creditworthy companies	предприятия с хорошей репутацией
E 1087	entreprises aux cash flow réguliers	companies with a regular cash flow	компании с регулярным поступлением наличности
E 1088	entreprises communautaires	European Union companies	компании стран Европейского Союза
E 1089	entreprises sous contrat	contractors	компании-подрядчики
E 1090	entreprises coquilles	bogus companies	фиктивные компании
E 1091	entreprises cotées	listed companies	компании, котирующиеся на бирже
E 1092	entreprises à croissance rapide	fast-growing companies	быстрорастущие компании
E 1093	entreprises excédentaires en trésorerie	companies with a cash surplus	компании, имеющие избыток наличных средств
E 1094	entreprises fortement intégrées au commerce international	companies strongly integrated into the international trade	компании, в высокой степени интегрированные в международную торговлю
E 1095	entreprises, grandes et moyennes	large and medium size companies	крупные и средние предприятия
E 1096	entreprises, grosses et petites	large and small size companies	крупные и малые предприятия
E 1097	entreprises du groupe	companies belonging to the group	предприятия — члены группы
E 1098	entreprises hors groupe	companies outside the group	предприятия — нечлены группы
E 1099	entreprises non bancaires	non-bank companies	небанковские предприятия
E 1100	entreprises non communautaires	companies outside the European Union	компании стран, не являющихся членами Европейского Союза
E 1101	entreprises passibles de l'impôt sur les sociétés	companies liable for corporate tax	компании, подлежащие обложению корпоративным налогом
E 1102	entreprises, petites et moyennes	small and medium size firms	малые и средние предприятия
E 1103	entreprises les plus solides financièrement	the most financially stable companies	наиболее устойчивые в финансовом отношении компании
E 1104	entreprises de première catégorie	first-rate companies	первоклассные компании
E 1105	entreprises rivales étrangères	foreign competitors	иностранные конкуренты
E 1106	entreprises de second choix	second-rate companies	второстепенные компании
E 1107	entreprises sous-capitalisées	undercapitalized companies	компании с недостаточной степенью капитализации
E 1108	entreprises utilisatrices	users	компании-пользователи
E 1109	entreprises à vocation internationale	international companies	международные компании
E 1110	énumération f	enumeration, listing	перечисление, перечень; исчисление
E 1111	enveloppe f	1. sum of money 2. budget	1. сумма денег 2. бюджетные ассигнования
E 1112	enveloppe financière	1. financial aid 2. subsidies	1. финансовая помощь 2. субсидии
E 1113	enveloppe fiscale	tax bill	сумма взимаемых *или* выплачиваемых налогов

E

E 1114	enveloppes *f pl* de crédit à conditions avantageuses	credit packages on favorable terms	предоставление кредитов на льготных условиях
E 1115	environnement *m*	environment	среда, обстановка; условия
E 1116	environnement bancaire	banking environment	банковская среда
E 1117	environnement financier	financial environment	финансовая среда
E 1118	environnement fiscal	tax environment	налоговые условия
E 1119	environnement monétaire	monetary environment	денежно-кредитная обстановка
E 1120	environnement monétaire et financier international	international monetary and financial environment	международная денежно-финансовая обстановка
E 1121	envoi *m*	sending, shipping; remitting, remittance	отправка; перевод
E 1122	envoi d'argent	remittance of money	перевод денег, денежный перевод
E 1123	envoi des effets	sending of bills	отправка векселей
E 1124	envoi de fonds	remittance of money	перевод средств
E 1125	envol *m* du marché de l'europapier commercial	soaring of the commercial Europaper market	бум на еврорынке коммерческих ценных бумаг
E 1126	envolée *f*	soaring	взлёт, резкий рост
E 1127	envolée des cours	soaring of prices	резкий рост цен
E 1128	envolée des opéables	soaring of the number of raidable companies	резкий рост количества компаний — объектов для поглощения
E 1129	envolée des taux d'intérêt	soaring of interest rates	резкий рост процентных ставок
E 1130	épargnant *m*	saver, investor	вкладчик, инвестор
E 1131	épargnant débutant	novice [new] investor	начинающий инвестор
E 1132	épargnant individuel	individual investor	отдельный вкладчик
E 1133	épargnant, petit	small saver	мелкий вкладчик
E 1134	épargne *f*	savings	сбережения, накопления
E 1135	collecter l'épargne	to collect [to attract] savings	привлекать сбережения
E 1136	débrancher l'épargne des marchés financiers	to detract savings from financial markets	отвлекать сбережения от финансовых рынков
E 1137	dégager une épargne	to generate savings	генерировать сбережения
E 1138	dégonfler l'épargne	to deflate savings	уменьшать сбережения
E 1139	drainer l'épargne	to tap [to drain] savings	привлекать сбережения
E 1140	encourager l'épargne	to encourage savings	стимулировать формирование сбережений
E 1141	faire publiquement appel à l'épargne	to launch a public issue *(of stock)*	осуществлять публичный выпуск *(новых акций)*
E 1142	investir l'épargne	to invest savings	вкладывать сбережения, инвестировать
E 1143	mettre toute son épargne sur un seul titre	to invest all one's savings in one security	вкладывать все свои сбережения в один вид ценных бумаг
E 1144	orienter l'épargne vers les entreprises	to direct savings to companies	направлять сбережения компаниям
E 1145	récolter l'épargne	to collect [to attract] savings	привлекать сбережения
E 1146	épargne active	active savings *(used for investment)*	активные сбережения *(используемые для инвестирования)*
E 1147	épargne des administrations	government bodies' savings	сбережения государственных учреждений

E

E 1148	épargne brute	gross savings	брутто-сбережения, валовые сбережения
E 1149	épargne collective	national savings	национальные сбережения
E 1150	épargne contractuelle	contractual plan	контрактная система сбережений *(целевые сберегательные счета)*
E 1151	épargne dépôt	deposited savings	сбережения на депозитах
E 1152	épargne disponible	available savings	наличные сбережения
E 1153	épargne domestique	domestic savings	внутренние [национальные] сбережения
E 1154	épargne excédentaire	oversaving	избыточные сбережения
E 1155	épargne externe	external savings	внешние сбережения
E 1156	épargne, faible	small savings	небольшие сбережения
E 1157	épargne financière	financial investment	финансовые инвестиции
E 1158	épargne fiscale	tax savings	налоговые сбережения
E 1159	épargne forcée	compulsory savings	принудительные сбережения
E 1160	épargne forcée monétaire	compulsory money saving	принудительные сбережения в денежной форме
E 1161	épargne forcée, réalisée par voie fiscale	saving forced by tax methods	принудительные сбережения, образованные с помощью налоговых мер
E 1162	épargne globale	overall savings	общий объём сбережений
E 1163	épargne hypothèque	saving through investment in real estate, mortgage savings	сбережения в форме вложений в недвижимость
E 1164	épargne individuelle	individual savings, private investors [investments]	личные сбережения
E 1165	épargne institutionnelle	institutional savings, institutional investors [investments]	институциональные сбережения, сбережения компаний и организаций
E 1166	épargne investie	investments	инвестиции, инвестированные сбережения
E 1167	épargne liquide	liquid savings	сбережения в ликвидной форме
E 1168	épargne, longue	long-term savings	долгосрочные сбережения
E 1169	épargne, longue défiscalisée	long-term tax-free investments	долгосрочные сбережения, освобождённые от налогов
E 1170	épargne des ménages	savings of households	личные сбережения, сбережения частных лиц
E 1171	épargne mobilière	saving through investment in securities	сбережения в форме ценных бумаг
E 1172	épargne mobilisée	attracted savings	привлечённые сбережения
E 1173	épargne monétaire	money savings	денежные сбережения
E 1174	épargne nationale	national savings	национальные сбережения
E 1175	épargne négative	negative savings	отрицательные сбережения *(отрицательная разница между совокупными частными сбережениями и кредитами)*
E 1176	épargne nette	net savings	чистые сбережения
E 1177	épargne obligataire	bond savings, saving through investment in bonds	сбережения в форме облигаций
E 1178	épargne oisive	idle savings	праздные [неинвестированные] сбережения

E 1179	épargne des particuliers	personal savings	личные сбережения, сбережения частных лиц
E 1180	épargne performante	performing investments, productive savings	сбережения, приносящие доход
E 1181	épargne, petite	small savings	мелкие сбережения
E 1182	épargne placée	investments	инвестиции, инвестированные сбережения
E 1183	épargne positive	positive savings	положительные сбережения *(положительная разница между совокупными частными сбережениями и кредитами)*
E 1184	épargne primaire	primary savings	первичные сбережения
E 1185	épargne privée	private savings, private investors [investments]	личные сбережения, сбережения частных лиц
E 1186	épargne productive	productive savings	активные сбережения *(используемые для инвестирования)*
E 1187	épargne publique	public savings	государственные сбережения
E 1188	épargne réserve	reserves	резервы, резервные сбережения
E 1189	épargne stérile	idle savings	праздные [неинвестированные] сбережения
E 1190	épargne en valeurs	savings invested into securities	сбережения в форме ценных бумаг
E 1191	épargne volontaire	voluntary saving	добровольные сбережения
E 1192	épargne-logement m	building society savings plan	система кредитования индивидуального жилищного строительства *(путём открытия целевого сберегательного счёта)*
E 1193	épargner	to save	копить, сберегать
E 1194	éparpillement m des titres	dispersal of securities	распыление ценных бумаг
E 1195	épongement m de liquidités	sterilization of liquidities	сокращение ликвидных средств
E 1196	éponger	to absorb, to mop off, to drain off	сокращать; поглощать
E 1197	époque f	time; epoch; age; period	срок; время; период
E 1198	époque du document	document validity period	срок действия документа
E 1199	époque de liquidation	liquidation period	ликвидационный [расчётный] период, срок исполнения срочных контрактов на бирже
E 1200	époque du paiement	payment period	срок платежа
E 1201	épuisement m	depletion, exhaustion	истощение, израсходование, исчерпание
E 1202	épuisement des disponibilités	depletion of cash assets	израсходование наличных средств
E 1203	épuisement des réserves de change	exhaustion of foreign exchange reserves	истощение валютных резервов
E 1204	équilibrage m	balancing	уравновешивание, балансирование, установление равновесия
E 1205	équilibrage bancaire	bank balancing	балансирование банковских счетов

E

E 1206	équilibrage des taux de change et d'intérêt	balancing of exchange and interest rates	уравновешивание валютных и процентных ставок
E 1207	équilibre *m*	equilibrium, balance	равновесие, уравновешенность, сбалансированность
E 1208	arriver à l'équilibre	to strike a balance	достигать равновесия
E 1209	garder l'équilibre	to keep the balance	сохранять равновесие
E 1210	parvenir à l'équilibre	to strike a balance	достигать равновесия
E 1211	rétablir l'équilibre	to restore [to redress] the balance	восстанавливать равновесие
E 1212	équilibre comptable	balanced accounts	балансовое равновесие
E 1213	équilibre financier	financial equilibrium	финансовое равновесие
E 1214	équilibre financier externe	external financial equilibrium	равновесие внешних расчётов
E 1215	équilibre monétaire	monetary equilibrium	денежное равновесие
E 1216	équilibre entre l'offre et la demande	equilibrium of supply and demand	равновесие спроса и предложения
E 1217	équilibre des règlements	equilibrium of payments	равновесие расчётов
E 1218	équilibre ressources-dépenses	equilibrium of receipts and expenditures	равновесие доходов и расходов
E 1219	équilibre du système	equilibrium of a system	равновесие системы
E 1220	équilibre du système monétaire international	equilibrium of the international monetary system	сбалансированность международной валютной системы
E 1221	équilibrer	to balance	уравновешивать, балансировать
E 1222	équilibres *m pl*	proportions	пропорции
E 1223	équilibres de bilan	balance sheet proportions	пропорции баланса
E 1224	équilibres internes et externes	internal and external proportions	внутренние и внешние пропорции
E 1225	équipe *f*	team	группа, команда
E 1226	travailler en [par] équipes	to work in teams	работать группами, работать в команде
E 1227	équipe d'analystes	team of analysts	группа аналитиков
E 1228	équipe en autonomie financière	financially autonomous team	автономная в финансовом отношении группа
E 1229	équipe de cambistes-clientèle	team of foreign exchange dealers	группа валютных дилеров, работающих с клиентами
E 1230	équipe de direction [de gestionnaires]	management team	группа руководителей
E 1231	équipe pluridisciplinaire	multidisciplinary team	группа, состоящая из представителей различных профессий
E 1232	équipe de professionnels de valeurs du Trésor	team of treasury securities specialists	группа специалистов по ценным бумагам казначейства
E 1233	équipe de spécialistes des marchés financiers	team of financial market specialists	группа специалистов по финансовым рынкам
E 1234	équipements *m pl*	equipment	оборудование
E 1235	financer des équipements	to finance equipment	финансировать оборудование
E 1236	équipements informatiques	information technology [IT] equipment, hardware	оборудование для информационных технологий, компьютерное оборудование
E 1237	équipements de pointe	leading edge equipment	новейшее оборудование
E 1238	équivalent	equivalent	эквивалентный, равноценный, равнозначный
E 1239	équivalent *m*	equivalent	эквивалент

E

E 1240	payer l'équivalent	to pay the equivalent	платить эквивалент
E 1241	équivalent du capital de base	base capital equivalent	эквивалент базисного капитала
E 1242	équivalent en dollars	dollar equivalent	долларовый эквивалент
E 1243	ère *f* dollar	dollar era	эпоха господства доллара
E 1244	érosion *f*	1. erosion, depreciation 2. decline, fall	1. эрозия, обесценение 2. снижение, уменьшение
E 1245	érosion de la compétitivité	erosion of competitiveness	снижение конкурентоспособности
E 1246	érosion des fonds propres	erosion of equity	обесценение собственных средств
E 1247	érosion des marges bénéficiaires	erosion of profit margins, decline of profit margins	снижение прибыли
E 1248	érosion monétaire [de la monnaie]	erosion of money	обесценение денег, валютная эрозия
E 1249	érosion de la valeur du franc par rapport au dollar	decline of the franc against the dollar	снижение курса франка против доллара, обесценение франка по отношению к доллару
E 1250	érosion des valeurs mobilières	decline in securities prices	падение курсов ценных бумаг
E 1251	errance *f* des capitaux	erratic movements of capital	блуждание капиталов
E 1252	erratique	erratic	блуждающий
E 1253	erratisme *m*	fluctuation	колебания, изменения
E 1254	erratisme incessant des soldes	incessant fluctuation of balances	непрерывное изменение остатков по счетам
E 1255	erratisme des règlements internationaux	instability of international payments	нестабильность международных расчётов
E 1256	erreur *f*	mistake, error	ошибка
E 1257	déceler une erreur	to find an error	обнаружить ошибку
E 1258	sauf erreur ou omission	errors and omissions excepted	исключая ошибки и пропуски
E 1259	faire une erreur	to make a mistake	делать ошибку
E 1260	réparer une erreur	to correct [to rectify] an error	исправлять ошибку
E 1261	erreur de caisse	cash error	ошибка в подсчёте наличности
E 1262	erreur de calcul	miscalculation	ошибка в расчёте [в исчислении]
E 1263	erreur de comptabilisation	accounting error	ошибка при учёте
E 1264	erreur comptable	bookkeeping error	ошибка в отчётности
E 1265	erreur de cotation	quotation error	ошибка при котировке
E 1266	erreur de date	misdating	ошибка в датировке
E 1267	erreur d'écriture	clerical error	ошибка при переписке
E 1268	erreur de gestion	mismanagement	управленческая ошибка
E 1269	erreur d'imposition	taxation error	ошибка в исчислении налога
E 1270	erreur de paiement	payment error	ошибка при платеже
E 1271	erreur de report	posting error	ошибка при переносе
E 1272	erreurs *f pl*	errors, mistakes	ошибки
E 1273	erreurs d'anticipation	erroneous expectations	ошибки в ожиданиях, неверные ожидания
E 1274	erreurs et omissions	errors and omissions	статья «ошибки и пропуски»
E 1275	erreurs de prévision	forecasting errors	ошибки в прогнозе
E 1276	erroné	erroneous	ошибочный, неверный
E 1277	escalade *f*	escalation, increase	эскалация, рост; усиление, обострение
E 1278	escalade de l'inflation	escalation of inflation	эскалация [рост] инфляции

E

E 1279	escalade des taux d'intérêt	escalation of interest rates	повышение [рост, эскалация] процентных ставок
E 1280	escomptable	discountable (a bill)	учитываемый, подлежащий учёту, приемлемый для учёта (о векселе)
E 1281	escompte m	1. discounting, discount 2. discount 3. discount, rebate, cut 4. calling for delivery before settlement	1. учёт (векселей), дисконтирование 2. учётная ставка, дисконт 3. скидка (за платёж наличными) 4. требование поставки до наступления расчётного дня
E 1282	accorder [consentir] un escompte	to allow [to grant] a discount	делать скидку
E 1283	être admis à l'escompte de la Banque de France	to have access to discounting in the Bank of France	иметь возможность переучитывать векселя в Банке Франции
E 1284	faire de l'escompte	to discount (bills)	дисконтировать; учитывать (векселя)
E 1285	faire un escompte	to allow [to grant] a discount	делать скидку
E 1286	prendre à l'escompte	to take on a bill	принимать вексель к учёту
E 1287	présenter à l'escompte	to tender [to remit] for discount, to have a bill discounted	предъявлять вексель к учёту
E 1288	refuser l'escompte	to refuse to discount a bill	отказываться учитывать вексель
E 1289	remettre à l'escompte	to tender [to remit] for discount, to have a bill discounted	предъявлять вексель к учёту
E 1290	escompte accordé aux actionnaires minoritaires	minority discount	скидка миноритарным акционерам
E 1291	escompte hors banque	private [market] rate	рыночная учётная ставка
E 1292	escompte de caisse	cash [settlement] discount	скидка при расчёте
E 1293	escompte commercial	bank discount	учёт (векселей) в банке, коммерческий дисконт
E 1294	escompte au comptant	cash discount	скидка при платеже наличными
E 1295	escompte en compte	bank advance against commercial papers	краткосрочная банковская ссуда под залог коммерческих бумаг
E 1296	escompte des coupons	discounting of coupons	дисконтирование купонов
E 1297	escompte des créances	discounting of bills	учёт долговых требований
E 1298	escompte en dedans	true discount	расчётный дисконт
E 1299	escompte en dehors	bank discount	учёт (векселей) в банке, коммерческий дисконт
E 1300	escompte direct	direct discount	прямой учёт
E 1301	escompte documentaire	documentary discount	учёт документарной тратты
E 1302	escompte d'effets	discounting of bills	учёт векселей
E 1303	escompte à l'émission d'obligations	bond discount	дисконт при эмиссии облигаций
E 1304	escompte à forfait	forfeiting	форфейтирование (финансирование путём учёта векселей без права регресса)
E 1305	escompte indirect	indirect discount	непрямой учёт
E 1306	escompte irrationnel	bank discount	учёт (векселей) в банке, коммерческий дисконт
E 1307	escompte d'obligations	bond discount	дисконт по облигациям
E 1308	escompte officiel	official discounting	официальный учёт

E

E 1309	**escompte de papier financier**	discounting of financial papers	учёт финансовых векселей
E 1310	**escompte privé**	discounting of private bills	учёт частных векселей
E 1311	**escompte rationnel**	true discount	расчётный дисконт
E 1312	**escompte sans recours**	discount without recourse	ставка по операциям форфетирования
E 1313	**escompte de règlement**	cash [settlement] discount	скидка при расчёте
E 1314	**escompte traditionnel**	traditional discount	традиционный учёт
E 1315	**escompte des traites**	discounting of bills of exchange	учёт переводных векселей [тратт]
E 1316	**escompte de warrants**	discounting of warrants	дисконтирование варрантов
E 1317	**escompté**	discounted	учтённый, дисконтированный
E 1318	**escompter**	to discount	учитывать векселя, дисконтировать
E 1319	**escompte-réescompte** *m* **d'effets**	discounting and rediscounting of bills	учёт и перечёт векселей
E 1320	**escompteur** *m*	discounter, discount broker	дисконтёр
E 1321	**espèces** *f pl*	cash	наличные (деньги); кассовая наличность
E 1322	**convertir en espèces**	to turn into cash, to convert into cash	обращать в наличные
E 1323	**déposer les espèces en caisse**	to pay cash in	пополнять кассу наличностью
E 1324	**échanger des billets contre espèces**	to convert bills into coins	обменивать банкноты на монеты
E 1325	**payer en espèces**	to pay in cash	платить наличными
E 1326	**espèces en banque**	cash in bank	банковская наличность
E 1327	**espèces en caisse**	cash in hand	кассовая наличность
E 1328	**espèces en circulation**	money in circulation	наличные деньги в обращении
E 1329	**espèces déposées**	deposited money	депонированная наличность
E 1330	**espèces étrangères**	foreign cash	иностранные банкноты и монеты
E 1331	**espèces monnayées**	coins	монеты
E 1332	**espèces sonnantes**	hard cash	звонкая монета
E 1333	**essor** *m* **des formules de produits négociables**	rapid growth of negotiable financial products	быстрый рост различных видов обращающихся инструментов
E 1334	**estampillage** *m* **des titres**	stamping of securities	нумерация ценных бумаг
E 1335	**estimable**	assessable, calculable	поддающийся оценке, оцениваемый
E 1336	**estimateur** *m*	assessor	оценщик
E 1337	**estimation** *f*	1. assessment, valuation, estimate 2. rating	1. оценка; определение стоимости; (предварительный) подсчёт 2. рейтинг
E 1338	**estimation approximative**	rough estimate	приблизительная оценка
E 1339	**estimation boursière**	market rating	рейтинг компании на бирже
E 1340	**estimation du cours**	price estimate	оценка курса
E 1341	**estimation du cours comptant futur**	estimate of the future spot price	оценка будущего курса спот
E 1342	**estimation du gage**	valuation of pledge	оценка залога
E 1343	**estimation globale**	global estimate	общая оценка
E 1344	**estimation, meilleure**	best estimate	более точная оценка
E 1345	**estimation, première**	first [flash] estimate	оценка в первом приближении

E

E 1346	estimation prévisionnelle	forecast	прогнозная оценка
E 1347	estimation des risques	risk assessment	оценка рисков
E 1348	estimer	to value, to estimate	оценивать; определять стоимость; подсчитывать
E 1349	établir	1. to establish, to found 2. to fix *(a price, a rate)* 3. to draw up *(a balance)*; to make out *(an invoice, a check, a bill)*	1. основывать, учреждать, создавать 2. устанавливать *(цену, курс)* 3. выписывать, выставлять *(счёт, чек, тратту)*
E 1350	établissement *m*	1. institution, establishment; company, firm 2. establishment, setting up 3. fixing *(a price, a rate)* 4. drawing up *(a balance)*; making out *(an invoice, a check, a bill)*	1. учреждение, институт; компания, фирма 2. учреждение, основание, создание 3. установление *(цены, курса)* 4. составление *(баланса)*; выставление, выписка *(счёта, чека, тратты)*
E 1351	établissement affilié	affiliate	дочерняя компания
E 1352	établissement bancaire [de banque]	banking institution	банковское учреждение, банк
E 1353	établissement d'un barème de prix	working out a price list	составление прейскуранта
E 1354	établissement du bilan	drawing up a balance	составление баланса
E 1355	établissement central de compensation	central clearing house	центральное клиринговое учреждение
E 1356	établissement chargé du service financier	financial services company	учреждение, оказывающее финансовые услуги
E 1357	établissement co-chef de file	co-manager *(of a syndicated loan)*	компания-коменеджер *(при синдицированном займе)*
E 1358	établissement compensateur	clearing institution	клиринговое учреждение
E 1359	établissement d'un compte	opening of an account	открытие счёта
E 1360	établissement d'une concordance	matching	установление соответствия *(по времени между активами и пассивами)*
E 1361	établissement des cours	fixing of prices	установление курсов
E 1362	établissement d'un cours de change	fixing of an exchange rate	установление обменного курса
E 1363	établissement de courtage	fixing of brokerage fees	установление размеров брокерских комиссионных
E 1364	établissement de crédit, EC	credit [lending] institution	кредитное учреждение
E 1365	établissement de crédit immobilier	mortgage institution	учреждение, выдающее кредиты под залог недвижимости
E 1366	établissement de crédit-bail	leasing company	лизинговая компания
E 1367	établissement de crédit-bail mobilier	renting company	компания, предоставляющая в аренду движимое имущество
E 1368	établissement dépositaire [de dépôts]	depository institution	депозитное учреждение
E 1369	établissement dispensateur du crédit	lending institution	кредитное учреждение
E 1370	établissement domiciliataire	paying bank	домицилиат *(банк, производящий выплату)*
E 1371	établissement émetteur	issuing bank	банк-эмитент
E 1372	établissement émetteur de monnaie	bank of issue [of circulation]	эмиссионный банк

E

E 1373	établissement de feuilles d'impôt	making out tax declarations	составление налоговых документов
E 1374	établissement de finance [financier]	financial institution	финансовое учреждение
E 1375	établissement financier chef de file	financial institution managing a syndicated loan	финансовое учреждение-менеджер *(синдицированного займа)*
E 1376	établissement financier à vocation limitée	limited range financial institution	специализированное финансовое учреждение
E 1377	établissement de fixing	fixing of gold prices	установление цен на золото
E 1378	établissement non bancaire	non-bank institution	небанковское учреждение
E 1379	établissement parabancaire	near bank	специализированное банковское учреждение
E 1380	établissement des parités	fixing of parities	установление паритетов
E 1381	établissement principal	main office	головное учреждение
E 1382	établissement des prix	fixing of prices	установление цен
E 1383	établissement public	public corporation	государственное учреждение
E 1384	établissement en quête de liquidité	company needing liquidities	компания, нуждающаяся в ликвидных средствах
E 1385	établissement du régime de convertibilité	establishment of convertibility	установление режима конвертируемости
E 1386	établissement des relations monétaires	establishment of monetary relations	установление валютных отношений
E 1387	établissement du rôle	drawing up of the tax assessment register	составление налогового реестра
E 1388	établissement d'une société	setting up a company	учреждение компании
E 1389	établissement soumis à la loi bancaire	institution subject to the Bank Act	учреждение, подпадающее под Закон о банках
E 1390	établissement de taux de change stables, mais ajustables	establishment of stable but adjustable exchange rates	установление стабильных, но регулируемых валютных курсов
E 1391	établissement de "zones cibles"	setting of target zones	установление «целевых зон»
E 1392	établissements *m pl*	institutions; companies	учреждения; компании
E 1393	céder les établissements	to sell off companies	продавать *(дочерние)* компании
E 1394	fusionner les établissements	to merge companies	производить слияние компаний
E 1395	liquider les établissements	to scrap [to liquidate] companies	ликвидировать компании
E 1396	établissements d'acceptations bancaires	acceptance houses	акцептные дома
E 1397	établissements adhérents à [de] l'Association française des banques	members of the French Bank Association	учреждения — члены Ассоциации французских банков
E 1398	établissements de crédits bancaires	lending banking institutions	кредитно-банковские учреждения
E 1399	établissements à fort trafic	high-volume institutions	учреждения с высоким объёмом операций
E 1400	établissements nationaux de crédit	national credit institutions	национальные кредитные учреждения
E 1401	établissements non fiscalisés	nontaxable institutions	учреждения, не облагаемые налогом
E 1402	établissements offshore	offshore companies	офшорные компании
E 1403	établissements placeurs	corporate investors	компании-инвесторы

E

E 1404	établissements de prêts	lending institutions	кредитные учреждения
E 1405	établissements recouvreurs de chèques	check collection institutions	учреждения, производящие инкассо чеков
E 1406	établissements sous-capitalisés	undercapitalized institutions	учреждения с недостаточной степенью капитализации
E 1407	établissements teneurs de comptes	corporate account holders	учреждения, имеющие счета (напр. в банке)
E 1408	établissements tirés	drawees	учреждения-трассаты
E 1409	établissements de vente à crédit	credit sale institutions	учреждения, производящие продажу в кредит
E 1410	étalement *m*	spreading, staggering	рассрочивание (платежей), рассрочка
E 1411	étalement de l'imposition	spreading of tax payments	рассрочивание налоговых платежей
E 1412	étalement d'un ordre mixte	legging a spread (options)	проведение операции спред
E 1413	étalement des remboursements	spreading of repayment	погашение займа рассроченными платежами
E 1414	étalon *m*	standard	эталон; стандарт
E 1415	abandonner l'étalon	to abandon a standard	отказываться от стандарта
E 1416	jouer le rôle d'étalon	to serve as a standard	играть роль эталона
E 1417	servir d'étalon monétaire international	to serve as an international monetary standard	служить международным денежным стандартом
E 1418	étalon de change composite	composite exchange standard	многовалютный стандарт
E 1419	étalon de change-or	gold exchange standard	золотовалютный стандарт
E 1420	étalon devise-or	gold exchange standard	золотодевизный стандарт
E 1421	étalon dollar	dollar standard	долларовый стандарт
E 1422	étalon dollar de change	dollar exchange standard	долларово-девизный стандарт
E 1423	étalon, double	double standard	двойной стандарт
E 1424	étalon instable	unstable standard	нестабильный эталон
E 1425	étalon de lingot-or	gold bullion standard	золотослитковый стандарт
E 1426	étalon monétaire	monetary standard	денежный стандарт
E 1427	étalon monétare international	international monetary standard	международный денежный стандарт
E 1428	étalon de numéraire-or	gold coin standard	золотомонетный стандарт
E 1429	étalon or	gold standard	золотой стандарт
E 1430	étalon stable	stable standard	стабильный эталон
E 1431	étalon de(s) valeur(s)	standard of value	мера стоимости
E 1432	étalon de valeur de la monnaie	money value standard	мера стоимости денег
E 1433	étalon-argent *m*	silver standard	серебряный стандарт
E 1434	étalon-or *m*	gold standard	золотой стандарт
E 1435	étalon-or de change	gold exchange standard	золотовалютный стандарт
E 1436	étalon-or-devises *m*	gold exchange standard	золотодевизный стандарт
E 1437	étalon-or-lingot *m*	gold bullion standard	золотослитковый стандарт
E 1438	étalon-papier *m*	paper standard	бумажно-денежный стандарт
E 1439	état *m*	1. state, condition 2. statement 3. inventory; roll, report	1. состояние, положение 2. отчёт 3. список, (инвентарная) опись, смета, ведомость
E 1440	dresser un état	to draw an account	составлять опись
E 1441	établir un état détaillé	to make up a detailed account	составлять подробную опись
E 1442	état de l'actif immobilisé	statement of fixed assets	отчёт об основном капитале
E 1443	état appréciatif	evaluation, estimation	оценка

E

E 1444	état de banque	bank statement	выписка с банковских счетов, банковский отчёт о состоянии счетов клиента
E 1445	état des bénéfices non répartis	statement of retained earnings	отчёт о нераспределённой прибыли
E 1446	état de caisse	cash statement	кассовый отчёт, отчёт о кассовой наличности
E 1447	état de cessation de paiements	state of insolvency	состояние неплатёжеспособности
E 1448	état de collation	creditor ranking	ранжирование долговых обязательств
E 1449	état comparatif	comparative statement	сравнительная таблица
E 1450	état comptable	accounting statement	бухгалтерский отчёт
E 1451	état de compte	statement of account	выписка из счёта
E 1452	état de compte bancaire	bank statement	выписка из банковского счёта
E 1453	état consolidé	consolidated statement	консолидированный отчёт
E 1454	état des créances	ranking of debts	ранжирование долговых требований
E 1455	état des dépenses	statement [return] of expenses	смета расходов
E 1456	état des dettes actives et passives	account of liabilities and assets	перечень пассивов и активов
E 1457	état des finances	financial status	финансовое положение
E 1458	état financier	financial statement	финансовый отчёт
E 1459	état financier récapitulatif	financial summary	финансовая сводка
E 1460	état des frais	statement[return] of expenses	смета расходов
E 1461	état des liquidités	statement of liquid assets	отчёт о ликвидных средствах
E 1462	état du marché	market situation	конъюнктура рынка
E 1463	état d'origine et d'emploi de fonds	statement of sources and uses of funds	отчёт об источниках средств и их использовании
E 1464	état de paiement	payroll	платёжная ведомость
E 1465	état des provisions	statement of appropriations	отчёт о резервах
E 1466	état de quasi-cessation de paiements	near-insolvency	состояние, близкое к неплатёжеспособности
E 1467	état de rapprochement bancaire	bank reconciliation (statement)	выверка [сведение] банковских счетов
E 1468	état récapitulatif	summary [recapitulative] statement	сводка
E 1469	état de répartition	dividend statement	отчёт о дивидендах
E 1470	état des réserves monétaires	state of monetary reserves	состояние валютных резервов
E 1471	état des résultats [des revenus]	income statement	счёт прибылей и убытков
E 1472	état de situation	cash position	финансовое положение (компании)
E 1473	état de solvabilité	solvency	платёжеспособность
E 1474	états *m pl*	statements, accounts, returns	отчёты
E 1475	états de gestion de trésorerie périodiques	regular cash management reports	регулярная отчётность об управлении кассовой наличностью
E 1476	états de reporting	reports	отчёты, отчётность
E 1477	étatisme *m* financier	financial control by the state	финансовый контроль со стороны государства
E 1478	éteindre	to extinguish, to pay off	погашать (задолженность)
E 1479	étroitesse *f* des marges de fluctuations	narrow range of fluctuations	узкие пределы колебаний

E

E 1480	étude f	1. study, survey; research; analysis 2. office	1. обзор; изучение, исследование, анализ 2. контора
E 1481	étude approfondie	thorough [in-depth] study	глубокое исследование
E 1482	étude de faisabilité	feasibility study	технико-экономическое обоснование
E 1483	étude de notaire	(local) notary office	(местная) нотариальная контора
E 1484	étude de préinvestissement	pre-investment research	прединвестиционное исследование
E 1485	étude de rentabilité	profitability study [analysis]	анализ прибыльности
E 1486	euphorie f	euphoria	эйфория
E 1487	euphorie boursière	stock market euphoria	эйфория на бирже
E 1488	euphorie financière	financial euphoria	финансовая эйфория
E 1489	euphorie de la hausse	(price) rise euphoria	эйфория роста (курсов)
E 1490	euphorie des marchés financiers	euphoria on financial markets	эйфория на финансовых рынках
E 1491	euro	Euro	евро
E 1492	euro-activité f	Euro-activity	деятельность на еврорынках
E 1493	eurobanque f	Eurobank	евробанк
E 1494	eurobanquier m	Eurobanker	евробанкир
E 1495	eurobillet m	Euronote	евронота, еровексель
E 1496	eurocapitaux m pl	Eurocapital	еврокапиталы
E 1497	eurocartel m bancaire	Eurobank cartel	картель евробанков
E 1498	eurochèque m	Eurocheque	еврочек
E 1499	euroclear m	Euroclear	система евроклиринга
E 1500	eurocoupon m	Eurocoupon	еврокупон
E 1501	eurocrédit m	Eurocredit	еврокредит
E 1502	eurocrédits m pl en monnaie composite, DTS et ECU	Eurocredits in composite currencies, SDR and ECU	еврокредиты в составных валютах, СДР, ЭКЮ
E 1503	eurodébenture f en dollars US	Eurodollar debenture	евродолларовые облигации
E 1504	eurodevises f pl	Eurocurrency	евродевизы
E 1505	eurodollars m pl	Eurodollars	евродоллары
E 1506	euro-effets m pl	Euronotes	евровекселя
E 1507	euro-émission f	Euro-issue	евроэмиссия
E 1508	euro-émission obligataire	Eurobond issue	эмиссия еврооблигаций
E 1509	euro-émission à taux fixe	fixed rate Euro-issue	евроэмиссия по фиксированной ставке
E 1510	euro-émission à taux flottant [à taux variable]	floating rate Euro-issue	евроэмиссия по плавающей ставке
E 1511	euro-émission à taux variable pur	pure floating rate Euro-issue	евроэмиссия с полностью изменяющейся ставкой
E 1512	euro-emprunts m pl	Euroloans	еврозаймы, еврокредиты
E 1513	euro-emprunts à taux variable	floating rate Euroloans	еврокредиты по плавающей ставке
E 1514	eurofacilités f pl	NIF [note issuance facilities] and RUF [revolving underwriting facilities]	программы выпуска евронот с банковской поддержкой
E 1515	eurofiliale f	Eurosubsidiary	евроотделение
E 1516	eurofrancs m pl	Eurofrancs	еврофранки
E 1517	euromanagers m pl	Euromanagers	евроменеджеры
E 1518	euromarché m	Euromarket	еврорынок
E 1519	euromarché de l'argent	Euromoney market	рынок евроденег

E

E 1520	euromarché des capitaux	Eurocapital market	рынок еврокапиталов
E 1521	euromarché de crédit	Eurocredit market	рынок еврокредитов
E 1522	euromonnaies *f pl*	Eurocurrency	евровалюты
E 1523	euronotes *f pl*	Euronotes	евроноты, евровекселя
E 1524	euro-obligations *f pl*	Eurobonds	еврооблигации
E 1525	euro-obligations à taux variable	floating rate notes, FRN	еврооблигации с плавающей ставкой
E 1526	europapiers *m pl* commerciaux	Eurocommercial papers	еврокоммерческие ценные бумаги
E 1527	europlacements *m pl* privés	private Euroinvestments	частныеевроинвестиции
E 1528	europrêt *m*	Euroloan	еврозаём
E 1529	eurosecteur *m*	Eurosector	евросектор
E 1530	eurospécialistes *m pl*	Eurospecialists	евроспециалисты
E 1531	eurosterling *m*	Eurosterling	еврофунт
E 1532	eurotaux *m*	Eurorate	евроставка
E 1533	eurotechniques *f pl*	Eurotechniques	методы ведения операций на еврорынках
E 1534	eurotransactions *f pl*	Eurotransactions	еврооперации
E 1535	évaluable	assessable	оцениваемый; исчислимый
E 1536	évaluateur *m* de solvabilité	credit review officer	банковский работник, оценивающий кредитоспособность компаний
E 1537	évaluation *f*	1. evaluation, assessment, valuation 2. rating	1. оценка; определение стоимости; *(предварительный)* подсчёт 2. рейтинг
E 1538	fournir la meilleure évaluation	to provide the best assessment	предоставлять наилучшую оценку
E 1539	évaluation des actifs	valuation of assets	оценка активов
E 1540	évaluation approximative	approximate valuation	приблизительная оценка
E 1541	évaluation des bases imposables	estimated assessment	определение базы налогообложения
E 1542	évaluation boursière	market valuation	биржевая оценка (стоимости компании)
E 1543	évaluation comptable	accounting valuation	бухгалтерский подсчёт
E 1544	évaluation concertée	common evaluation	согласованная оценка
E 1545	évaluation au cours du jour	evaluation at the price of the day, mark-to-market	оценка по курсу дня
E 1546	évaluation de créance	debt assessment	оценка суммы долгового требования
E 1547	évaluation du crédit	credit assessment	оценка кредита
E 1548	évaluation forfaitaire des réserves	overall valuation of reserves	общая оценка резервов
E 1549	évaluation indicative	indicative assessment	ориентировочная оценка
E 1550	évaluation quotidienne	daily evaluation	ежедневная оценка
E 1551	évaluation de portefeuille	portfolio evaluation	оценка портфеля
E 1552	évaluation au prix du marché	market valuation	оценка по рыночной цене
E 1553	évaluation du profit	profit assessment	оценка размеров прибыли
E 1554	évaluation prudente	conservative evaluation	взвешенная оценка
E 1555	évaluation des ressources	evaluation of resources	оценка ресурсов
E 1556	évaluation du revenu annuel	assessment of annual income	оценка годового дохода
E 1557	évaluation du risque	risk assessment	оценка риска
E 1558	évaluation de risques de crédit	credit risk assessment	оценка кредитных рисков

E

E 1559	évaluation par score	scoring	скоринг, балльная система, оценка по определённым критериям *(напр. платёжеспособности должника)*
E 1560	évaluation des titres	valuation of securities	оценка стоимости ценных бумаг
E 1561	évaluation tous les quinze jours	fortnightly evaluation	переоценка 2 раза в месяц
E 1562	évaluer	to evaluate, to assess, to estimate	оценивать; определять (стоимость); подсчитывать
E 1563	évasion *f*	1. evasion 2. flight, outflow	1. уклонение, обход закона 2. бегство, утечка
E 1564	freiner l'évasion des capitaux	to slow down flight of capital	препятствовать утечке капиталов
E 1565	évasion d'argent	outflow of money	утечка денежных средств
E 1566	évasion des capitaux	flight of capital	утечка капиталов
E 1567	évasion fiscale	tax evasion [avoidance]	уклонение от уплаты налогов
E 1568	éventail *m*	range	набор; диапазон
E 1569	éventail de devises, large	large range of currencies	широкий набор валют
E 1570	éventail d'options	set of options	набор опционов
E 1571	éventail de taux	range of interest rates	диапазон процентных ставок
E 1572	éviction *f* de l'investissement privé	eviction of private investment	вытеснение частных инвестиций
E 1573	évolution *f*	development, evolution; trend	развитие, движение; изменение; динамика
E 1574	évolution du bilan	changes in the balance	изменение баланса
E 1575	évolution boursière	stock market move	динамика биржевого рынка
E 1576	évolution du change	exchange rate fluctuations	динамика валютного курса
E 1577	évolution des cours	price fluctuations	динамика курсов
E 1578	évolution favorable	favorable developments	благоприятная динамика
E 1579	évolution globale	overall trend	общая тенденция
E 1580	évolution de l'indice	fluctuations of the index	изменения индекса
E 1581	évolution du marché	market move	динамика рынка
E 1582	évolution des produits boursiers	evolution of stock market products	эволюция биржевых инструментов
E 1583	évolution des taux d'intérêt	interest rate fluctuations	динамика процентных ставок
E 1584	exact	accurate, correct, exact	точный, правильный; пунктуальный
E 1585	être exact à payer	to be accurate in payments	своевременно погашать долг
E 1586	exaction *f*	1. exaction 2. extortion	1. взыскание (денег, налогов) 2. вымогательство
E 1587	exactitude *f*	correctness, accuracy; punctuality	правильность, точность; пунктуальность
E 1588	attester l'exactitude des factures	to certify the correctness of invoices	удостоверять правильность счетов
E 1589	vérifier l'exactitude	to check the accuracy	проверять правильность
E 1590	exactitude des écritures	correctness of books	правильность бухгалтерской отчётности
E 1591	exactitude des factures	correctness of invoices	правильность счетов
E 1592	exactitude de prévision	correctness of a forecast	точность прогноза
E 1593	examen *m*	examination, inspection; survey; consideration, investigation	изучение; проверка; обзор; рассмотрение

E

E 1594	examen juridique, économique et financier d'entrée en Bourse	legal, economic and financial stock market entry examination	изучение выхода на биржевой рынок с юридической, экономической и финансовой точек зрения
E 1595	examen des techniques de cotation	examination of quotation techniques	изучение методов котировки
E 1596	examinateur *m*	examiner *(e.g. of bank)*	инспектор *(напр. в банке)*
E 1597	ex-bon *m* de souscription	ex-warrant	экс-варрант, без варранта, без права на приобретение дополнительных ценных бумаг *(условие продажи ценной бумаги)*
E 1598	excédent *m*	1. surplus, excess 2. surplus, favorable balance	1. излишек, избыток; остаток; превышение 2. активное сальдо
E 1599	excédent d'acquisition	purchase discrepancy	разница между бухгалтерской стоимостью компании и ценой, уплаченной при её приобретении
E 1600	excédent de l'actif mobilisable sur les dettes à court terme	surplus of current assets over short-term debt	превышение текущих активов над краткосрочными обязательствами
E 1601	excédent de l'actif sur le passif	surplus of assets over liabilities	превышение активов над обязательствами
E 1602	excédent de caisse	cash surplus, cash overs, over in the cash	излишек кассовой наличности
E 1603	excédent de capital	capital surplus	избыток капитала
E 1604	excédent du crédit	credit surplus	избыток кредита
E 1605	excédent créditeur	credit balance	кредитовое сальдо
E 1606	excédent distribuable	distributable surplus	прибыль, подлежащая распределению
E 1607	excédent de dollars	dollar surplus	избыток долларов, перенасыщение долларами
E 1608	excédent dans l'encaisse	cash surplus, cash overs, over in the cash	излишек кассовой наличности
E 1609	excédent financier	financial surplus	прибыль от финансовых операций
E 1610	excédent d'investissement	excess investment	инвестиционный перегрев, избыточное инвестирование
E 1611	excédent de liquidités	excess liquidities	излишек ликвидных средств
E 1612	excédent monétaire	money surplus	избыток денег, излишек денежной массы
E 1613	excédent net	net profit	чистая прибыль
E 1614	excédent net d'exploitation	operating surplus	чистая прибыль от основной деятельности
E 1615	excédent net des recettes sur les dépenses	net surplus of receipts over expenditure	чистый размер превышения доходов над расходами
E 1616	excédent de pertes	stop-loss	стоп-лосс, стоп на убытки
E 1617	excédent des réserves	excess reserves	избыток резервов
E 1618	excédents *m pl* temporaires de trésorerie	temporary cash surplus	временные излишки текущих средств
E 1619	excédents de trésorerie	cash surplus, excess cash	излишки кассовой наличности, излишки текущих средств
E 1620	disposer d'excédents de trésorerie	to have excess cash	располагать излишками текущих средств

E

E 1621	gérer les excédents de trésorerie	to manage excess cash	управлять излишками текущих средств
E 1622	excès *m*	excess, surplus	излишек, избыток; превышение
E 1623	excès de capitaux	capital surplus	излишек капиталов
E 1624	excès d'épargne interne	internal savings surplus	избыток внутренних сбережений
E 1625	excès de liquidités	excess liquidities	избыток ликвидных средств
E 1626	excès de pouvoir	exceeding the limits of authority, ultra vires	превышение полномочий [власти]
E 1627	excès de pression fiscale	excess tax burden	чрезмерное налоговое бремя
E 1628	exclusion *f*	exclusion	исключение; изъятие, устранение
E 1629	exclusion par achat d'actions	buying out	выкуп акций *(у мажоритарного акционера)*
E 1630	ex-coupon *m*	ex-coupon	экс-купон, без купона *(условие продажи ценной бумаги)*
E 1631	ex-dividende *m*	ex-dividend	экс-дивиденд, без дивиденда *(условие продажи акции)*
E 1632	ex-droit *m*	ex rights	без прав на приобретение дополнительных ценных бумаг *(условие продажи ценной бумаги)*
E 1633	exécutable	executable	подлежащий выполнению, выполняемый
E 1634	exécuter	to execute, to carry out, to perform	выполнять, исполнять, осуществлять
E 1635	exécution *f*	1. execution, fulfillment, performance 2. execution	1. выполнение, исполнение, осуществление 2. приведение в исполнение *(судебного решения)*
E 1636	exécution automatisée de petits ordres	automated fulfillment of small orders	автоматическое исполнение мелких заявок
E 1637	exécution, bonne	accurate execution	надлежащее [добросовестное] исполнение
E 1638	exécution d'un contrat	performance of a contract	исполнение контракта
E 1639	exécution des décisions	implementation of decisions	выполнение решений
E 1640	exécution d'un défaillant	hammering of a defaulter	преследование неисправного должника через суд
E 1641	exécution défectueuse	nonperformance, default	ненадлежащее исполнение
E 1642	exécution forcée	execution of a writ	принудительное исполнение *(решения суда)*
E 1643	exécution d'un marché, bonne	complete performance of a contract	надлежащее исполнение контракта
E 1644	exécution matérielle des transactions	physical execution of transactions	физическое исполнение сделки
E 1645	exécution, mauvaise	nonperformance, default	ненадлежащее исполнение
E 1646	exécution d'une obligation	execution [discharge] of an obligation	исполнение обязательства
E 1647	exécution des opérations financières	carrying out financial transactions	осуществление финансовых операций
E 1648	exécution des ordres de bourse	fulfillment of stock market orders	исполнение биржевых поручений
E 1649	exécution d'une promesse unilatérale de vente	fulfillment of a unilateral promise to sell	исполнение одностороннего обещания о продаже

E

E 1650	**exécution soignée**	thorough [adequate] execution	надлежащее [добросовестное] исполнение
E 1651	**exécution d'une transaction de contrat Matif**	carrying out a transaction on a MATIF contract	исполнение сделки с контрактом МАТИФ
E 1652	**exécution de la vente**	sale	продажа
E 1653	**exécution de virements**	execution of transfers	осуществление перевода
E 1654	**exemplaire** *m*	copy	экземпляр, копия
E 1655	**exemplaire, double**	two copies, duplicate	два экземпляра
E 1656	**exemplaire original**	original copy	оригинал
E 1657	**exerçable**	exercisable	подлежащий исполнению
E 1658	**exercer**	to exercise	выполнять, исполнять, осуществлять
E 1659	**exercice** *m*	1. exercising *(of a right)* 2. exercise *(of an option)* 3. financial year	1. осуществление *(права)* 2. исполнение *(опциона)* 3. финансовый год
E 1660	**exercice de ses attributions**	exercise of one's powers	осуществление своих полномочий
E 1661	**exercice d'un bon**	exercise of a warrant	использование своего варранта *(льготного права подписки на дополнительные ценные бумаги)*
E 1662	**exercice comptable**	financial year	финансовый год
E 1663	**exercice courant**	current financial year	текущий финансовый год
E 1664	**exercice d'un droit de souscription**	exercise of a warrant	использование своего варранта *(льготного права подписки на дополнительные ценные бумаги)*
E 1665	**exercice écoulé**	previous financial year	истекший финансовый год
E 1666	**exercice financier**	financial year	финансовый год
E 1667	**exercice d'une option**	exercise of an option	исполнение опциона
E 1668	**exercice social**	accounting period	учётный период
E 1669	**exercice d'un warrant**	exercise of a warrant	использование своего варранта *(льготного права подписки на дополнительные ценные бумаги)*
E 1670	**ex-exercice** *m*	ex-dividend *(for the past financial year)*	экс-дивиденд *(за прошлый финансовый год)*
E 1671	**exigence** *f*	demand, requirement	требование; (необходимое) условие
E 1672	**exigence de couverture**	margin requirement	требование покрытия *(при операциях с ценными бумагами)*
E 1673	**exigence de couverture des bénéfices**	earnings coverage test	требование относительно доходности *(банковских операций)*
E 1674	**exigence de liquidité**	liquidity requirement	требование в отношении ликвидности
E 1675	**exigence minimale des actions privilégiées**	minimum preferred share test	требование в отношении минимального количества привилегированных акций
E 1676	**exigences** *f pl*	demands, requirements	требования
E 1677	**exigences de comptabilité internationale**	international accounting requirements	требования международного бухгалтерского учёта
E 1678	**exigences de rentabilité**	profitability requirements	требования в отношении прибыльности
E 1679	**exigibilité** *f*	payability	право (ис)требования

E

E 1680	exigibilité des créances	repayability of debts	право требования по долговым обязательствам
E 1681	exigibilité d'une dette	repayability of a debt	право истребования долга
E 1682	exigibilité d'un impôt	liability for a tax	право требования уплаты налога
E 1683	exigibilité de paiement	liability for a payment	право истребования платежа
E 1684	exigibilités *f pl*	current liabilities	текущие пассивы, текущие обязательства
E 1685	faire face aux exigibilités	to meet current liabilities	выполнять текущие обязательства
E 1686	exigibilités à court terme	short-term liabilities	краткосрочные обязательства
E 1687	exigibilités à long terme	long-term liabilities	долгосрочные обязательства
E 1688	exigibilités représentées par les comptes de banque	liabilities in the form of bank accounts	текущие пассивы в форме банковских счетов
E 1689	exigibilités à vue	liabilities at sight	обязательства, подлежащие исполнению по требованию
E 1690	exigible	payable, due for payment	подлежащий оплате
E 1691	exigible *m*	current liabilities	текущие пассивы, текущие обязательства
E 1692	existence *f*	existence	существование, наличие
E 1693	existence de barèmes fiscaux différents	existence of different tax brackets	наличие различных налоговых шкал
E 1694	existence de modèles de couverture	existence of coverage models	существование различных методов покрытия
E 1695	existence de monnaies fluctuantes	existence of floating currencies	наличие плавающих валют
E 1696	existence de sommes distribuables	existence of distributable sums	наличие сумм, подлежащих распределению
E 1697	exode *m* de capitaux	flight [outflow] of capital	бегство [утечка] капиталов
E 1698	exonération *f*	exemption	освобождение *(от исполнения обязательства)*
E 1699	exonération des charges fiscales	exemption from tax payments	освобождение от уплаты налогов
E 1700	exonération définitive	final exemption	окончательное освобождение *(от исполнения обязательства)*
E 1701	exonération de l'impôt	tax exemption [relief]	освобождение от уплаты налога
E 1702	exonération partielle	part exemption	частичное освобождение *(от исполнения обязательства)*
E 1703	exonération provisoire	temporary exemption	временное освобождение *(от исполнения обязательства)*
E 1704	exonération totale	full exemption	полное освобождение *(от исполнения обязательства)*
E 1705	exonérer	to exempt	освобождать *(от исполнения обязательства)*
E 1706	expansion *f*	1. expansion 2. growth	1. экспансия, расширение 2. рост, увеличение
E 1707	expansion des activités bancaires internationales	expansion of international banking activities	расширение международных банковских операций
E 1708	expansion des agrégats monétaires	growth of money aggregates	рост денежных агрегатов
E 1709	expansion bancaire	bank expansion	банковская экспансия
E 1710	expansion des créances	growth of debts	рост объёма долговых требований

E

E 1711	expansion du crédit	credit expansion	кредитная экспансия, расширение кредита
E 1712	expansion financière	financial expansion	финансовая экспансия
E 1713	expansion des investissements	investment growth	рост объёма инвестиций
E 1714	expansion des lignes de crédit	expansion of lines of credit	расширение кредитных линий
E 1715	expansion des liquidités	growth of liquidities	рост объёма ликвидных средств
E 1716	expansion monétaire	monetary expansion	денежная экспансия
E 1717	expansion des réserves	expansion of reserves	увеличение резервов
E 1718	expérience *f*	experience	опыт
E 1719	expérience de la gestion	management experience	управленческий опыт
E 1720	expérience malheureuse	negative experience	неудачный опыт
E 1721	expert *m*	expert	эксперт
E 1722	nommer un expert	to appoint an expert	назначать эксперта
E 1723	expert assermenté	officially designated expert	присяжный эксперт
E 1724	expert diplômé	qualified expert	квалифицированный эксперт
E 1725	expert extérieur à la société	expert from outside the company, external expert	независимый эксперт
E 1726	expert financier	financial expert	финансовый эксперт, эксперт по финансовым вопросам
E 1727	expert financier agréé	appointed [authorized] financial expert	назначенный финансовый эксперт
E 1728	expert fiscal	tax expert	налоговый эксперт
E 1729	expert en gestion	management consultant	консультант по управлению
E 1730	expert-comptable *m*	independent auditor	независимый аудитор
E 1731	expert-conseil *m*	management consultant	консультант по управлению
E 1732	expertise *f*	expert valuation [appraisal]	экспертиза
E 1733	faire [procéder à] une expertise	to make a valuation	проводить экспертизу
E 1734	expertise comptable	audit	аудит
E 1735	expertise économique et statistique	economic and statistical expert assessment	экономико-статистическая экспертиза
E 1736	expertiser	to value, to assess, to appraise, to evaluate; to make a valuation	оценивать; проводить экспертизу
E 1737	expiration *f*	expiration, expiry, termination	истечение, окончание *(срока)*
E 1738	à l'expiration de	at the end (of a term)	по истечении (срока)
E 1739	expiration d'un bail	expiration [expiry] of a lease	истечение срока аренды
E 1740	expiration du délai [du terme]	expiration [expiry] of a period, lapse of time, expiration of a term	истечение срока
E 1741	expirer	to expire, to terminate	истекать, оканчиваться *(о сроке)*
E 1742	exploiter	to exploit, to use	использовать
E 1743	explosion *f*	explosion	бурный рост; бурное развитие; взрыв
E 1744	explosion boursière	stock market explosion	бурный рост биржевых операций
E 1745	explosion de nouveaux instruments d'épargne	explosion of new saving instruments	бурное развитие новых сберегательных инструментов
E 1746	exportateur *m* de capitaux	exporter of capital	экспортёр капиталов
E 1747	exportation *f*	export	экспорт, вывоз
E 1748	exportation de capitaux	export of capital	экспорт капиталов
E 1749	exportation de l'or	export of gold	вывоз золота

F

E 1750	exportations *f pl* de billets de Banque de France	exports of notes of the Bank of France	объём вывоза банкнот Банка Франции
E 1751	exposition *f*	exposure	подверженность
E 1752	exposition au risque de change	exposure to the exchange risk	подверженность валютному риску
E 1753	exposition au risque de taux d'intérêt	exposure to the interest risk	подверженность процентному риску
E 1754	exposition à taux variable	variable rate exposure	открытая позиция по плавающей ставке
E 1755	passer d'une exposition à taux fixe à une exposition à taux variable	to move from a fixed rate exposure to a variable rate exposure	переходить от открытой позиции по фиксированной ставке к позиции по плавающей ставке
E 1756	ex-souscription *f*	ex-warrant	экс-варрант, без варранта, без права на приобретение дополнительных ценных бумаг *(условие продажи ценных бумаг)*
E 1757	extension *f*	expansion, extension; growth	расширение, развитие; рост
E 1758	extension de l'acceptabilité de l'ECU	growth of acceptability of the ECU	рост использования ЭКЮ
E 1759	extension du délai de remboursement	extension of the repayment period	продление срока погашения
E 1760	extension de participation	expansion of participation	рост участия
E 1761	extension du régime de garantie	extended coverage	расширенное покрытие
E 1762	extension de réseaux micro-informatiques	expansion of microcomputer networks	расширение сетей микрокомпьютеров
E 1763	extinction *f*	repayment; extinction, termination	погашение *(долга, обязательства)*; прекращение действия
E 1764	extinction d'une dette	repayment of a debt	погашение долга
E 1765	extinction d'un emprunt	repayment of a loan	погашение займа
E 1766	extinction graduelle	gradual repayment	постепенное погашение
E 1767	extinction d'une hypothèque	discharge of a mortgage	прекращение действия ипотеки
E 1768	extorsion *f*	extortion	вымогательство
E 1769	extourne *f*	reversal [cancellation] of an entry	сторнирование, аннулирование записи
E 1770	extourner	to reverse an entry	сторнировать, аннулировать запись
E 1771	extrait *m*	extract	выписка
E 1772	extrait de [du] bilan	summarized balance sheet	выписка из баланса
E 1773	extrait de compte	abstract [statement] of account	выписка из счёта
E 1774	extrait de compte-titres	statement of a securities account	выписка из счёта ценных бумаг
E 1775	extrait de dépôt	statement of deposit	выписка из депозитного счёта
E 1776	extraterritorial	off-shore	офшорный
E 1777	extrinsèque	extrinsic	внешний; наружный

F

F 1	fabrication *f*	1. production, manufacturing 2. counterfeiting, forging	1. производство 2. фальсификация, подделка

F

F 2	fabrication de cours croisés	working out cross-rates	расчёт кросс-курсов
F 3	fabrication de la fausse monnaie	counterfeiting, forging	подделка денег
F 4	fabrication d'un faux document	forging a document	подделка документа
F 5	face *f*	obverse, head side	аверс *(лицевая сторона монеты)*
F 6	face à face *m*	direct loan	прямая ссуда
F 7	facilitation *f* des transferts de banque à banque	facilitation of interbank transfers	упрощение процедуры межбанковских переводов
F 8	facilité *f*	1. ease, facility 2. (loan) facility	1. доступность, благоприятные условия 2. кредит, кредитная программа, кредитный инструмент
F 9	facilité d'accès au marché	easy access to the market	благоприятные условия для доступа на рынок
F 10	facilité d'ajustement structurel, FAS	Structural Adjustment Facility, SAF	кредитная программа структурной перестройки
F 11	facilité élargie	extended facility	расширенный доступ к кредиту
F 12	facilité d'émission	issuance facility	программа выпуска векселей *(форма банковского кредитования)*
F 13	facilité d'émission d'effets	note issuance facility, NIF	программа выпуска евронот, НИФ
F 14	facilité d'émission d'effets à court terme	short-term note issuance facility, SNIF	программа выпуска краткосрочных евронот, СНИФ
F 15	facilité d'émission garantie	issuance facility	программа выпуска векселей *(форма банковского кредитования)*
F 16	facilité de financement compensatoire	Compensatory and Contingency Financing Facility	программа компенсационного кредитования
F 17	facilité à options multiples	multioption facility, MOF	кредитная программа, дающая заёмщику возможность выбора средств
F 18	facilité renouvelable à prise ferme	revolving underwriting facility, RUF	среднесрочная кредитная программа на основе евронот с банковской поддержкой, РУФ
F 19	facilité renouvelable à prise ferme comportant un élément de cession	transferable revolving underwriting facility, transferable RUF	обратимый РУФ *(обязательство банка купить нереализованные бумаги может свободно переводиться)*
F 20	facilité de trésorerie	cash facility	краткосрочное кредитование
F 21	facilité Witteven	Witteven facility	фонд Виттевена
F 22	facilités *f pl*	1. facilities 2. benefits, favorable terms	1. (кредитные) инструменты; кредитование 2. льготы
F 23	accorder des facilités	to grant favorable terms	предоставлять льготы
F 24	bénéficier des facilités	to be granted favorable terms	пользоваться льготами
F 25	consentir [fournir] des facilités	to grant favorable terms	предоставлять льготы
F 26	jouir des facilités	to be granted favorable terms	пользоваться льготами
F 27	octroyer des facilités	to grant favorable terms	предоставлять льготы
F 28	facilités additionnelles	additional facilities	дополнительные льготы

F

F 29	facilités bancaires de soutien	standby bank facilities	резервные банковские кредиты
F 30	facilités hors bilan	off-balance sheet facilities	забалансовое кредитование
F 31	facilités de caisse	overdraft facilities	овердрафт
F 32	facilités à composantes multiples	multicomponent facilities	многокомпонентная программа кредитования
F 33	facilités de crédit	credit facilities [terms], easy terms	кредитование на льготных условиях
F 34	facilités de crédits en euronotes	credit facilities in Euronotes	программа кредитования на основе евронот
F 35	facilités de crédit internationales	international credit facilities	международная программа кредитования
F 36	facilités de crédit réciproques	mutual credit facilities	программа взаимного кредитования
F 37	facilités en eurocrédits	Eurocredit facilities	еврокредитная программа
F 38	facilités d'euro-effets	Euronote facilities	программа кредитования на основе евронот
F 39	facilités de financement renouvelables	revolving underwriting facility, RUF	среднесрочная кредитная программа на основе евронот с банковской поддержкой, РУФ
F 40	facilités non cautionnées	nonunderwritten facilities	негарантированное кредитование
F 41	facilités de paiement	easy repayment terms	платёжные льготы
F 42	facilités de remboursement	credit facilities, easy credit terms	кредитование на льготных условиях
F 43	facilités de soutien d'émission	standby facilities	программа эмиссионной поддержки
F 44	facilités de tirage	drawing facilities	программа выпуска векселей
F 45	facteur *m* de conversion	conversion factor	переводной коэффициент
F 46	facteurs *m pl*	factors; ratios	факторы; показатели
F 47	facteurs financiers	financial ratios	финансовые показатели
F 48	facteurs haussiers	bullish factors	повышательные факторы
F 49	facteurs de la liquidité bancaire	bank liquidity ratios	показатели банковской ликвидности
F 50	facteurs monétaires	monetary factors	денежно-кредитные факторы
F 51	factor *m*	factor	фактор-компания, факторская компания
F 52	factoring *m*, facturage *m*	factoring	факторинг
F 53	facturation *f*	1. invoicing, billing 2. factoring	1. выписывание счёта, фактурирование 2. факторинг
F 54	facturation automatique	automated billing	автоматическое фактурирование
F 55	facture *f*	bill, invoice	счёт, счёт-фактура
F 56	facturer	to bill, to invoice	выписывать счёт-фактуру
F 57	facturier *m*	1. invoice clerk 2. invoice register	1. служащий, выписывающий счета 2. фактурная книга
F 58	faculté *f*	1. possibility; right 2. double option	1. возможность; право 2. Двойной опцион
F 59	faculté à la baisse	put of more, seller's option to double	двойной опцион продавца
F 60	faculté à la hausse [de lever double]	call of more, buyer's option to double	двойной опцион покупателя
F 61	faculté de livraison	delivery option	право на (физическую) поставку (ценных бумаг)

F

F 62	faculté de livrer, double	put of more, seller's option to double	двойной опцион продавца
F 63	faculté de rachat	option of repurchase	право выкупа
F 64	faculté de réescompte	rediscount option	право на переучёт
F 65	faculté de réméré	option of repurchase	право выкупа
F 66	faculté de renonciation au prêt	option not to take a loan	право отказаться от займа
F 67	faible	weak, low; small	слабый; низкий; незначительный
F 68	faiblesse *f*	weakness	незначительность, недостаточность, низкий уровень; понижение
F 69	faiblesse des bénéfices	low profits	низкий уровень прибыли
F 70	faiblesse du change	low exchange rate	понижение валютного курса
F 71	faiblesse des cours	low prices	снижение цен
F 72	faiblesse du franc	weak franc, weakening of franc	понижение курса франка
F 73	faiblesse des investissements	low level of investment	низкий уровень инвестиций, низкая инвестиционная активность
F 74	faiblesse des marges commerciales	low trading margins	низкий уровень прибыли
F 75	faiblesse des réserves métalliques	low metallic [bullion] reserves	низкий уровень золотых запасов
F 76	failles *f pl*	failures	несовершенство, недостатки
F 77	exploiter les failles du marché	to exploit market failures	использовать несовершенство рынка
F 78	failli	bankrupt	обанкротившийся, несостоятельный, неплатёжеспособный
F 79	failli *m*	bankrupt	банкрот, несостоятельный должник
F 80	réhabiliter un failli	to discharge a bankrupt	восстанавливать в правах банкрота
F 81	se montrer failli	to go bankrupt	оказаться банкротом
F 82	failli concordataire	certificated bankrupt	банкрот, заключивший соглашение с кредиторами
F 83	failli frauduleux	fraudulent bankrupt	злостный банкрот
F 84	failli non réhabilité	undischarged bankrupt	банкрот, не восстановленный в правах [не освобождённый от долга]
F 85	failli réhabilité	discharged bankrupt	банкрот, восстановленный в правах [освобождённый от долга]
F 86	faillite *f*	bankruptcy	банкротство, несостоятельность
F 87	déclarer en faillite	to adjudicate [to adjudge, to declare] *smb* bankrupt	объявлять банкротом, признавать несостоятельным
F 88	être au bord de la faillite	to be on the brink [on the verge] of bankruptcy, to be about to go bust	быть на грани банкротства
F 89	être en faillite	to be bankrupt [insolvent], to be in the state of bankruptcy [insolvency], to go bust	быть банкротом [несостоятельным должником]
F 90	être mis en faillite	to be adjudicated [adjudged, declared] bankrupt	быть признанным банкротом [несостоятельным должником]

F

F 91	faire faillite	to go into liquidation, to go bankrupt	обанкротиться, становиться банкротом
F 92	mettre en [prononcer la] faillite	to adjudicate [to adjudge, to declare] smb bankrupt	объявлять банкротом, признавать несостоятельным
F 93	se déclarer en faillite	to file (one's petition) for bankruptcy	объявлять себя банкротом
F 94	tomber en faillite	to go into liquidation, to go bankrupt	обанкротиться, становиться банкротом
F 95	faillite bancaire	bank failure	банкротство банка
F 96	faillite d'un contrepartiste	failure of a market maker [a jobber]	банкротство маркер-мейкера
F 97	faillite déclarée	declared bankruptcy	объявленное банкротство
F 98	faillite frauduleuse	fraudulent bankruptcy	злостное банкротство
F 99	faillite personnelle	personal bankruptcy	личное банкротство (физического лица)
F 100	faillite retentissante	complete bankruptcy	полное банкротство
F 101	faillites f pl en chaîne	chain bankruptcy	цепь банкротств
F 102	faisabilité f	feasibility	выполнимость, реализуемость; осуществимость
F 103	faisabilité de projets d'investissement	feasibility of investment projects	экономическое обоснование инвестиционных проектов
F 104	faisabilité d'un retour à des taux de change fixes	feasibility of return to fixed exchange rates	возможность возврата к системе фиксированных валютных курсов
F 105	faiseurs m pl	quoters	котировщики
F 106	faiseurs de prix	price makers	котировщики цен
F 107	faiseurs de marché	market makers	маркет-мейкеры, «делатели рынка» (дилеры, постоянно котирующие курсы по какому-л. финансовому инструменту и производящие операции за свой счёт)
F 108	fait m	event	событие, явление, действие
F 109	fait comptable	accounting event	учётное действие, учётное событие
F 110	fait générateur de l'impôt	taxable event	действие, ведущее к необходимости уплаты налога
F 111	falsification f	falsification; forgery, forging (of a signature)	фальсификация, подделка
F 112	falsification d'un bilan	falsification [doctoring, window-dressing] of a balance sheet	приукрашивание баланса
F 113	falsification d'un [de] chèque	forgery [forging] of a check	подделка чека
F 114	falsification d'une monnaie	counterfeiting money	подделка денег
F 115	falsification d'une signature	forgery [forging] of a signature	подделка подписи
F 116	falsification de traites	forging of bills	подделка переводных векселей
F 117	falsifier	to falsify; to forge, to counterfeit	фальсифицировать, подделывать
F 118	famille f fondatrice	founding family	семья основателей (компании)
F 119	fardeau m fiscal	tax burden	налоговое бремя
F 120	faussaire m	forger	фальсификатор, подделыватель

F

F 121	fausser	1. to distort 2. to falsify, to window-dress (e.g. a balance sheet)	1. искажать (напр. данные) 2. приукрашивать (напр. баланс)
F 122	faux *m*	fake, forgery	подделка, подлог (документа)
F 123	faire un faux	to commit forgery	подделывать документ
F 124	faux en écriture	false entry, falsification of account	подделка записи (по счёту)
F 125	faux fiduciaire	forged security	поддельная ценная бумага
F 126	faux en signature	forgery	поддельная подпись
F 127	faux-monnayage *m*	counterfeiting	фальшивомонетничество
F 128	faux-monnayeur *m*	forger, counterfeiter	фальшивомонетчик
F 129	Fédération *f*	federation	федерация
F 130	Fédération bancaire de la UE	Banking Federation of the European Union	Банковская федерация Европейского Союза
F 131	Fédération centrale du crédit mutuel agricole et rural	Central Federation of Mutual Agricultural Banks	Центральная федерация банков взаимного сельскохозяйственного кредита
F 132	Fédération nationale du crédit agricole, FNCA	National Federation of Agricultural Banks	Национальная федерация сельскохозяйственных банков
F 133	féodalités *f pl*	groups	группировки
F 134	féodalités financières	financial groups	финансовые группировки
F 135	féodalités, grandes	large groups	крупные группировки
F 136	ferme	firm	1. твёрдый, устойчивый (о ценах) 2. повышающийся (о тенденции на бирже)
F 137	prendre ferme	to underwrite (securities)	гарантировать размещение (ценных бумаг), заниматься андеррайтингом
F 138	ferme *f*	farm lease	аренда (земли)
F 139	ferme *m*	securities on the market for the settlement	совокупность ценных бумаг на срочном рынке с твёрдой поставкой
F 140	fermeté *f*	firmness, steadiness	устойчивость, стабильность
F 141	fermeté du cours	price stability	устойчивость курса
F 142	fermeté du franc	stability of the franc	устойчивость франка
F 143	fermeté, passagère	temporary stability	временная устойчивость
F 144	fermeté des valeurs	stable securities prices	стабильность курсов ценных бумаг
F 145	fermeture *f*	closing, closure	закрытие
F 146	fermeture des bureaux	close of business, closing of the office	конец рабочего дня, закрытие контор
F 147	fermeture d'un compte	closing of an account	закрытие счёта
F 148	fermeture d'un établissement	closing down of an institution	ликвидация [прекращение деятельности] предприятия
F 149	fermeture des guichets	closing of (bank) counters [branches]	закрытие касс; закрытие отделений банка
F 150	fermeture des marchés des changes	close of foreign exchange markets	закрытие валютных рынков
F 151	feuille *f*	sheet, slip; form	лист, бланк; ведомость
F 152	feuille attachée au talon d'un titre	slip attached to the stub of a security	лист, прикреплённый к корешку ценной бумаги
F 153	feuille de compte	account sheet	расчётная ведомость
F 154	feuille de coupons	coupon sheet	купонный лист

F

F 155	feuille d'impôt	tax form [slip, return], notice of tax assessment	налоговая декларация
F 156	feuille jointe au titre	slip attached to the security	лист, прилагаемый к ценной бумаге
F 157	feuille de liquidation	clearing sheet	расчётный лист
F 158	feuille de paie	pay sheet [slip]	платёжная ведомость
F 159	feuille de position	position sheet	позиционный лист (отражающий операции по каждому счёту)
F 160	feuille de présence	attendance sheet [list, record]	список присутствующих (на собрании)
F 161	feuille de transfert	transfer slip	бланк перевода
F 162	feuille de versement	payings lip	платёжная расписка
F 163	fiabilité f	reliability	надёжность
F 164	fiable	reliable	надёжный
F 165	FIBOR m, Fibor m	FIBOR (Frankfurt interbank offered rate)	ФИБОР (Франкфуртская межбанковская ставка предложения)
F 166	fiche f	1. card 2. sheet, slip; form	1. карточка 2. вкладной лист, бланк
F 167	porter sur une fiche	to put on an (index) card	заносить на карточку
F 168	remplir une fiche	to fill in [out] a form	заполнять бланк
F 169	fiche de change	forex card	карточка учёта валютных операций
F 170	fiche de compensation	settlement card	бланк учёта расчётных операций
F 171	fiche de compte	account card	вкладной лист (в счёт)
F 172	fiche confidentielle	character card	карточка с конфиденциальными сведениями (о клиенте)
F 173	fiche d'escompte	discount form	бланк переучёта
F 174	fiche établie	standard form	стандартный бланк
F 175	fiche de livraison	delivery ticket	бланк учёта поставки (ценных бумаг)
F 176	fiche d'opération	floor ticket	бланк учёта биржевой операции
F 177	fiche d'ordre	order [trade] ticket	бланк биржевого заказа [поручения]
F 178	fiche d'ordre d'achat	buy ticket	бланк заказа [поручения] на покупку (ценных бумаг)
F 179	fiche d'ordre de vente	sell ticket	бланк заказа [поручения] на продажу (ценных бумаг)
F 180	fiche prénumérotée	prenumbered card	пронумерованная карточка
F 181	fiche de spécimen de signature	(specimen) signature card	карточка с образцом подписи
F 182	fiche de transaction	floor ticket	бланк учёта биржевой операции
F 183	fiche de virement	transfer slip	бланк перевода
F 184	fichier m	file	картотека
F 185	fichier automatique	computer file	электронная картотека
F 186	fichier central des emprunteurs	borrowers central file	центральная картотека заёмщиков
F 187	fichier central organisé	organized central file	упорядоченная центральная картотека

F

F 188	fichier confidentiel	character file	картотека конфиденциальных сведений *(о клиентах)*
F 189	fichier de contrôle positif	positive file	«позитивная» картотека *(список счетов, владельцам которых можно предоставлять кредиты и прочие привилегии)*
F 190	fichier des données élémentaires	basic data file	картотека с базисными сведениями *(о клиентах)*
F 191	fichier immobilier	real estate file	картотека недвижимости
F 192	fichier des oppositions	negative file	«негативная» картотека *(список счетов, владельцам которых нельзя предоставлять кредиты и прочие привилегии)*
F 193	fichier des porteurs de cartes	cardholder file	картотека владельцев банковских карточек
F 194	Fichier *m*	file	картотека
F 195	Fichier bancaire des entreprises	bank corporate file	Банковская картотека предприятий
F 196	Fichier central des chèques	central file of unpaid checks	Центральная картотека неплательщиков по чекам
F 197	Fichier des retraits de cartes bancaires	file of withdrawn cards	картотека аннулированных карточек
F 198	fidéicommis *m*	trust	траст, доверительный фонд; опека
F 199	fidéicommissaire *m*	trustee	доверительное лицо, фидуциарий
F 200	fidéjusseur *m*	guarantor, surety	поручитель, гарант
F 201	fidéjussion *f*	guarantee, surety	поручительство, гарантия
F 202	fiduciaire	fiduciary	доверительный, фидуциарный
F 203	fiduciaire *m*	trustee	доверительное лицо, фидуциарий
F 204	fiduciant *m*	principal	доверитель
F 205	fiducie *f*	trust	траст *(инвестиционная компания)*
F 206	fiducie de fonds commun de placement	mutual fund trust	инвестиционный траст
F 207	fiducie d'investissement immobilier	real estate investment trust	траст по инвестированию в недвижимость
F 208	fiducie d'investissement à participation unitaire	unit trust	паевой инвестиционный траст
F 209	fiducie d'investissement à revenu fixe	income investment trust	инвестиционный траст с фиксированным доходом
F 210	fiducie de placement immobilier	real estate investment trust	траст по инвестированию в недвижимость
F 211	fiducie de placement dans les petites entreprises	small business investment trust	траст по инвестированию в малые предприятия
F 212	fièvre *f*	fever, excitement, frenzy	лихорадка *(на рынке)*
F 213	fièvre en bourse [boursière]	stock market fever	биржевая лихорадка
F 214	fièvre jaune	gold fever	золотая лихорадка
F 215	fièvre monétaire	monetary fever	валютная лихорадка
F 216	fièvre de l'or	gold fever	золотая лихорадка
F 217	fièvre spéculative	speculative fever	спекулятивная лихорадка

F

F 218	figure *f*	1. chart 2. figure	1. график 2. «фигура» *(при котировке вторая цифра после запятой)*
F 219	au fil de l'eau	continuous *(quotation)*	непрерывный *(о котировке)*
F 220	filiale *f*	subsidiary	дочерняя компания
F 221	filiale d'affacturage	factoring subsidiary	факторская дочерняя компания
F 222	filiale d'assurances	insurance subsidiary	страховая дочерняя компания
F 223	filiale autorisée	authorized subsidiary	зарегистрированная дочерняя компания
F 224	filiale bancaire	subsidiary of bank	филиал банка
F 225	filiale d'une banque étrangère	subsidiary of foreign bank	филиал иностранного банка
F 226	filiale à cent pour cent [à 100%]	wholly-owned subsidiary	дочерняя компания, полностью принадлежащая данной фирме
F 227	filiale commune	joint venture	совместное предприятие
F 228	filiale cotée	listed subsidiary	дочерняя компания, зарегистрированная на бирже
F 229	filiale de crédit-bail	leasing subsidiary	лизинговая дочерняя компания
F 230	filiale débitrice	debtor subsidiary	дочерняя компания-должник
F 231	filiale financière	financial subsidiary	финансовая дочерняя компания
F 232	filiale hypothécaire	subsidiary of mortgage bank	филиал ипотечного банка
F 233	filiale immobilière	real estate subsidiary	дочерняя компания, занимающаяся недвижимостью
F 234	filiale intégralement contrôlée	wholly-owned subsidiary	дочерняя компания, полностью принадлежащая данной фирме
F 235	filiale offshore	offshore subsidiary	офшорная дочерняя компания
F 236	filiale à parité	joint venture on a parity basis	совместное предприятие, принадлежащее нескольким компаниям на паритетных началах
F 237	filiale de placement	investment subsidiary	инвестиционная дочерняя компания
F 238	filialisation *f* des activités	spin-off	передача некоторых видов деятельности дочерним компаниям
F 239	filialiser	to spin off	1. создавать дочерние предприятия 2. передавать некоторые виды деятельности дочерним компаниям
F 240	filière *f*	1. connected contract 2. trace	1. связанный контракт 2. отражение биржевых операций в документах
F 241	fin *f*	end; close	конец; завершение
F 242	assurer la bonne fin	to ensure the successful completion (of a transaction)	обеспечивать успешное завершение (операции)
F 243	à la fin de l'année	end-of-year	в конце года
F 244	fin courant	end of the current month	конец текущего месяца
F 245	fin du crédit, bonne	timely repayment of a loan	своевременный возврат ссуды
F 246	fin d'exercice	end of the financial year	конец отчётного года

F

F 247	fin de mois	end-of-month *(e.g. settlement)*	в конце месяца *(напр. расчёт на бирже)*
F 248	fin de non-recevoir	refusal	отказ *(принять жалобу)*, непринятие *(жалобы)*
F 249	finançable	financeable	финансируемый, подлежащий финансированию
F 250	finance *f*	1. finance 2. financiers	1. финансовое дело, финансы 2. финансисты, финансовые работники
F 251	finance boursière	stock market participants	участники биржи
F 252	finance fragilisée	unstable finance	неустойчивые финансы
F 253	finance globale	global finance	общие финансы
F 254	finance, haute	1. high finance 2. top financiers	1. крупный финансовый капитал 2. ведущие финансисты
F 255	finance internationale	international finance	международные финансы
F 256	finance pure	pure finance	чисто финансовая деятельность
F 257	financement *m*	financing, funding	финансирование, кредитование
F 258	diversifier le financement	to diversify funding	диверсифицировать источники финансирования
F 259	swapper son financement	to swap one's financing	производить своп
F 260	financement par actions privilégiées	preferred share [stock] financing	финансирование за счёт выпуска привилегированных акций
F 261	financement bancaire	bank financing	банковское финансирование
F 262	financement de baux financiers	lease financing	лизинговое финансирование
F 263	financement conjoint	co-financing	совместное финансирование
F 264	financement consortial	syndicated financing	синдицированное финансирование
F 265	financement (à) court terme	short-term financing	краткосрочное финансирование
F 266	financement court terme renouvelable [revolving]	revolving short-term financing	возобновляемое краткосрочное финансирование
F 267	financement des créances	financing of receivables	кредитование под залог счетов к получению
F 268	financement par création monétaire	financing by money creation	финансирование за счёт выпуска новых денег
F 269	financement par crédits	credit financing	кредитование, финансирование за счёт кредитов
F 270	financement des crédits export	financing of export credits	финансирование экспортных кредитов
F 271	financement dans une devise tierce	financing in a third currency	финансирование в третьей валюте
F 272	financement durable	long-term financing	долгосрочное финансирование
F 273	financement par émission de titres	financing by issuing of securities	финансирование за счёт выпуска ценных бумаг
F 274	financement par l'emprunt	debt financing	финансирование путём получения займа
F 275	financement par l'épargne personnelle	financing by personal savings	финансирование за счёт личных сбережений

F

F 276	financement en euro-obligations	Eurobond financing	еврооблигационное финансирование
F 277	financement extérieur [externe]	external financing	внешнее финансирование
F 278	financement externe en capitaux à long terme	long-term external financing	долгосрочное внешнее финансирование
F 279	financement extrabancaire	non-bank financing	внебанковское финансирование
F 280	financement par des fonds propres	internal financing	финансирование за счёт собственных средств, самофинансирование
F 281	financement à forfait	nonrecourse financing	форфейтирование (финансирование путём учёта векселей без права регресса)
F 282	financement immédiat	immediate financing	немедленное финансирование
F 283	financement d'immobilisations	capital financing	финансирование капитальных вложений
F 284	financement interbancaire	interbank financing	межбанковское финансирование
F 285	financement intérieur	internal financing	финансирование за счёт собственных средств, самофинансирование
F 286	financement intérimaire	interim financing	промежуточное финансирование
F 287	financement interne	internal financing	финансирование за счёт собственных средств, самофинансирование
F 288	financement des investissements	investment financing	финансирование инвестиций
F 289	financement lié à une acquisition	acquisition financing	финансирование поглощения компании
F 290	financement mixte	mixed financing	смешанное финансирование
F 291	financement monétaire	monetary financing	финансирование за счёт выпуска денег
F 292	financement au moyen des capitaux étrangers	financing by foreign capital	финансирование за счёт иностранных капиталов
F 293	financement non inflationniste	noninflationary financing	метод финансирования, не ведущий к росту инфляции
F 294	financement non monétaire	nonmonetary financing	финансирование не за счёт выпуска денег
F 295	financement d'opérations d'investissement	investment financing	финансирование инвестиций
F 296	financement prioritaire	priority financing	приоритетное финансирование
F 297	financement des programmes de recherche	financing of research programs	финансирование научно-исследовательских программ
F 298	financement de [sur] projet	project financing	проектное финансирование
F 299	financement provisoire	bridge [interim] financing	промежуточное финансирование
F 300	financement d'un rachat de dette	refinancing of debt	рефинансирование долга
F 301	financement sans recours	nonrecourse financing	форфейтирование (финансирование путём учёта векселей без права регресса)

F

F 302	financement à recours limité	limited recourse financing	финансирование с ограниченным правом регресса
F 303	financement reposant sur l'actif	asset-based financing	кредитование под обеспечение активами компании
F 304	financement sur ressources d'épargne	savings-based financing	финансирование за счёт сбережений
F 305	financement sollicité	required financing	запрашиваемое финансирование
F 306	financement par souscription conditionnelle	best efforts financing	финансирование на лучших условиях *(андеррайтер не обязуется выкупить все ценные бумаги компании)*
F 307	financement spontané	spontaneous financing	стихийное финансирование
F 308	financement par un syndicat financier	syndicated financing	синдицированное финансирование
F 309	financement à taux fixe	fixed rate financing	финансирование по фиксированной ставке
F 310	financement à taux fixe et privilégié	financing at a fixed preferred rate	финансирование по фиксированной льготной ставке
F 311	financement par titres de premier rang	senior financing	финансирование за счёт «старших» ценных бумаг *(владельцы которых имеют преимущественное право на удовлетворение своих требований из активов компании при её ликвидации)*
F 312	financement par titres de second rang	junior financing	финансирование за счёт «младших» ценных бумаг *(владельцы которых имеют меньшее право на удовлетворение своих требований из активов компании при её ликвидации по сравнению с владельцами прочих обязательств компании)*
F 313	financement-relais *m*	bridge [interim] financing	промежуточное финансирование
F 314	financements *m pl*	financing	финансирование, кредитование
F 315	fournir des financements	to finance, to provide financing	финансировать, кредитовать
F 316	inhiber les financements	to slow down financing	сдерживать финансирование
F 317	privilégier les financements intermédiés	to favor intermediate financing	отдавать предпочтение финансированию через посредников
F 318	financements accordés hors encadrement	financing granted in addition to set limits	финансирование сверх установленных лимитов
F 319	financements désintermédiés	disintermediated financing	финансирование без обращения к посредникам
F 320	financements par émission de valeurs mobilières	financing by securities issue	финансирование за счёт выпуска ценных бумаг
F 321	financements externes	external financing	внешнее финансирование
F 322	financements de haut bilan	long-term financing	долгосрочное финансирование

F

F 323	financements par intermédiation [intermédiés]	intermediated financing	финансирование с помощью посредников
F 324	financements intragroupe	intra-group financing	финансирование внутри группы
F 325	financements de marché	market financing	рыночное финансирование
F 326	financements nets bancaires	net bank lending	чистый объём банковского кредитования
F 327	financements obligataires	bond financing	финансирование за счёт выпуска облигаций
F 328	financements privés courts	short-term private financing	краткосрочное частное финансирование
F 329	financements privés longs	long-term private financing	долгосрочное частное финансирование
F 330	financer	to finance, to fund	финансировать, кредитовать
F 331	financer, se	to finance oneself	самофинансироваться
F 332	financeur *m*	backer, sponsor	спонсор
F 333	financier	financial	финансовый
F 334	financier *m*	financier	финансист
F 335	financièrement	financially	в финансовом отношении, с финансовой точки зрения
F 336	firme *f*	firm, company	фирма, компания
F 337	firme de courtage [de courtiers]	brokerage firm	брокерская фирма
F 338	firme membre	member firm	фирма-участница
F 339	firme multinationale	multinational (firm)	многонациональная компания, МНК
F 340	firme spécialisée	specialized firm	специализированная фирма
F 341	fisc *m*	tax department, tax authority	налоговая администрация, налоговые органы
F 342	échapper au fisc	to evade [to dodge] taxation	уклоняться от уплаты налогов, обходить налоговое законодательство
F 343	fiscal	tax, fiscal	налоговый, фискальный
F 344	fiscalement	fiscally	в налоговом отношении, с точки зрения налогообложения
F 345	fiscalisation *f*	1. making subject to tax, taxing 2. funding by taxation	1. обложение налогом, налогообложение 2. финансирование за счёт налогов
F 346	fiscalisation des SICAV	making investment funds subject to tax	обложение налогом инвестиционных фондов
F 347	fiscaliser	1. to submit to taxation 2. to fund by taxation	1. облагать налогом 2. финансировать за счёт налогов
F 348	fiscaliser sévèrement	to submit to high taxation, to tax heavily	облагать высоким налогом
F 349	fiscaliste *m*	tax consultant [advisor, expert]	налоговый эксперт
F 350	fiscalité *f*	1. tax system, taxation system 2. taxation	1. налоговая система, система налогообложения 2. обложение налогом, налогообложение
F 351	alléger la fiscalité	to reduce [to lighten] taxation	снижать налогообложение

F

F 352	**harmoniser la fiscalité**	to harmonize taxation	гармонизировать [выравнивать] систему налогообложения
F 353	**fiscalité bourse**	stock market tax system	система налогообложения биржевых операций
F 354	**fiscalité sur le capital**	taxation of capital	налогообложение капитала
F 355	**fiscalité sur dépôts à terme**	taxation of time deposits	налогообложение срочных депозитов
F 356	**fiscalité directe**	direct taxation	прямое налогообложение
F 357	**fiscalité discriminatoire**	discriminatory taxation	дискриминационное налогообложение
F 358	**fiscalité écrasante**	crushing taxation	чрезмерное налогообложение
F 359	**fiscalité de l'épargne**	taxation of savings	налогообложение сбережений
F 360	**fiscalité d'État**	state tax system	государственная налоговая система
F 361	**fiscalité excessive**	excessive taxation	чрезмерное налогообложение
F 362	**fiscalité foncière**	taxation of property	налогообложение недвижимости
F 363	**fiscalité indirecte**	indirect taxation	косвенное налогообложение
F 364	**fiscalité locale**	local tax system	система местного налогообложения
F 365	**fiscalité modérée**	moderate taxation	умеренное налогообложение
F 366	**fiscalité nationale**	national tax system	национальная налоговая система
F 367	**fiscalité des obligations**	taxation of bonds	налогообложение облигаций
F 368	**fiscalité particulière [personnelle]**	taxation of individuals	налогообложение частных лиц
F 369	**fiscalité sur les produits d'épargne**	taxation of savings deposits	система налогообложения сберегательных вкладов
F 370	**fiscalité sur les revenus financiers**	taxation of financial income	налогообложение доходов от финансовых операций
F 371	**fiscalité spécifique**	specific taxation	особое налогообложение
F 372	**fiscalité des titres de créances négociables**	taxation of negotiable debt securities	налогообложение обращающихся долговых обязательств
F 373	**fiscalité sur les transactions**	taxation of transactions	налогообложение сделок
F 374	**fission** *f*	creation of subsidiaries	дробление компании, образование дочерних компаний
F 375	**Fitch** *m*	Fitch Investor Services *(rating agency)*	Фитч *(рейтинговое агентство)*
F 376	**fixage** *m*	fixing	фиксинг, установление [фиксация] валютного курса *или* цены золота
F 377	**fixage du taux d'intervention sur le marché monétaire**	fixing of money market intervention rate	установление интервенционного курса на денежном рынке
F 378	**fixation** *f*	determination, fixing, setting	определение, установление, фиксация
F 379	**fixation de la charge financière**	setting of financial expenses	установление финансовых расходов
F 380	**fixation des cours**	fixing of prices	фиксация курсов
F 381	**fixation du cours du change**	fixing of exchange rates	установление валютного курса

F

F 382	**fixation du dividende**	setting of dividend	установление размеров дивиденда
F 383	**fixation de l'impôt**	determination of tax rates	определение суммы налога
F 384	**fixation de marges de fluctuations**	setting of fluctuation bands	установление пределов колебаний
F 385	**fixation de plafonds**	setting of upper limits	установление верхних пределов
F 386	**fixation du prix**	setting of the price	установление цены
F 387	**fixation des quotas**	setting of quotas	определение квот
F 388	**fixation des rapports de parité**	setting of par values	установление паритетов
F 389	**fixation du taux de base bancaire**	setting of the base [prime] rate	установление базовой банковской процентной ставки
F 390	**fixation du taux d'escompte**	setting of the discount rate	установление ставки переучёта
F 391	**fixation du taux d'intérêt**	setting of interest rate	установление процентной ставки
F 392	**fixe** *m*	basic [fixed] salary	базовая заработная плата, оклад
F 393	**fixeur** *m* **de prix**	price maker	котировщик цены
F 394	**fixing** *m*	fixing	фиксинг, установление [фиксация] валютного курса или цены золота
F 395	**au fixing de Paris**	at the Paris fixing	в ходе фиксинга на Парижской бирже
F 396	**fixing, premier**	first fixing	первый фиксинг *(цены золота)*
F 397	**fixing, second**	second fixing	второй фиксинг *(цены золота)*
F 398	**fixité** *f*	constancy, steadiness, stability	фиксированность; устойчивость, стабильность
F 399	**maintenir la fixité des taux de change**	to maintain fixed exchange rates	поддерживать фиксированные валютные курсы
F 400	**fixité absolue**	absolute stability	абсолютная стабильность
F 401	**fixité des changes**	fixed exchange rates	фиксированные валютные курсы
F 402	**fixité des parités**	fixed parities	фиксированные паритеты
F 403	**fixité du tarif des commissions**	fixed commission rate	фиксированные размеры комиссионных
F 404	**fixité des taux de change**	fixed exchange rates	фиксированные валютные курсы
F 405	**flat**	flat	без подсчёта процентов
F 406	**fléchissement** *m*	sag, drop, fall; weakening *(of a currency)*	снижение, уменьшение, падение; ослабление *(напр. валюты)*
F 407	**fléchissement des cours**	price decline, decline in prices	падение курсов
F 408	**fléchissement des dépôts en caisses d'épargne**	drop in saving banks deposits	уменьшение вкладов в сберегательные кассы
F 409	**fléchissement, léger**	slight dip	незначительное снижение
F 410	**fléchissement des rendements en bourse**	drop in stock market yields	падение доходности биржевых операций
F 411	**fléchissement du taux d'inflation**	drop in inflation rate	уменьшение темпов инфляции
F 412	**fléchissement des taux d'intérêt**	drop in interest rates	снижение процентных ставок

F

F 413	fleuron *m* du groupe	flagship of the group (of companies)	основное предприятие группы
F 414	flexibilité *f*	flexibility, elasticity	гибкость, эластичность; подвижность
F 415	flexibilité à la baisse des taux d'intérêt	downward elasticity of interest rates	эластичность процентных ставок в сторону понижения
F 416	flexibilité des changes	flexible exchange rates	плавающие валютные курсы
F 417	flexibilité fiscale proportionnelle	proportional tax flexibility	пропорциональное изменение размеров налогообложения
F 418	flexibilité à la hausse des taux d'intérêt	upward elasticity of interest rates	эластичность процентных ставок в сторону повышения
F 419	flexibilité du marché	elasticity of the market	подвижность рынка
F 420	flexibilité des taux de change	flexible exchange rates	плавающие валютные курсы
F 421	flexibilité dans les versements	flexible payments	гибкость при проведении платежей
F 422	flexible	flexible, elastic	гибкий, эластичный; подвижный
F 423	floor *m*	floor	1. торговый зал биржи 2. «флор», соглашение о предоставлении гарантированной минимальной процентной ставки
F 424	acheter un floor	to buy a floor	покупать «флор»
F 425	couvrir partiellement un floor par un swap d'intérêt	to partially cover a floor by an interest swap	частично покрывать «флор» за счёт процентного свопа
F 426	recevoir au titre du floor 1 ou 2%	to receive 1 or 2% as floor	гарантировать минимальную ставку 1 *или* 2%
F 427	vendre un floor	to sell a floor	продавать «флор»
F 428	floraison *f* de nouveaux produits financiers	new financial product boom	бум новых финансовых инструментов
F 429	flot *m*	flow *(e.g. of capital)*	поток *(напр. капитала)*
F 430	flottaison *f* du dollar	floating of the dollar	плавание доллара
F 431	flottant	1. floating *(e.g. rate of exchange)* 2. trading *(e.g. portfolio)*	1. плавающий, колеблющийся *(о валютном курсе)* 2. спекулятивный *(о портфеле ценных бумаг)*
F 432	flottant *m*	1. float 2. floating stock, floating supply 3. funds in transfer	1. объём акций компании, которые могут свободно поступать на рынок 2. количество акций на открытой позиции 3. объём средств, находящихся в процессе клиринга
F 433	flottement *m*	floating	1. плавание, *(свободное)* колебание *(валюты)* 2. движение
F 434	flottement en baisse du franc	downward floating of the franc	понижательное движение курса франка
F 435	flottement des capitaux	movement of capital	движение капиталов
F 436	flottement des changes	floating exchange rates	плавающие валютные курсы
F 437	flottement concerté	joint float	совместное плавание (валют)
F 438	flottement contrôlé	dirty floating	«грязное» [контролируемое] плавание (валют)
F 439	flottement d'un coupon	floating of a coupon	плавание купона

F

F 440	flottement des cours de change	floating exchange rates	плавающие валютные курсы
F 441	flottement généralisé des monnaies	general floating of currencies	всеобщее плавание валют
F 442	flottement en hausse du franc	upward floating of the franc	повышательное движение курса франка
F 443	flottement impur	dirty floating	«грязное» [контролируемое] плавание (валют)
F 444	flottement isolé	isolated floating	индивидуальное плавание (валют)
F 445	flottement libre	free floating	свободное плавание [колебание] (валют)
F 446	flottement des monnaies	floating of currencies	плавание валют
F 447	flottement pur	free floating	свободное плавание [колебание] (валют)
F 448	flottement sale	dirty floating	«грязное» [контролируемое] плавание (валют)
F 449	flotter	to float	плавать, свободно колебаться (о валюте)
F 450	flotteur *m*	floating rate note	обязательство с плавающей ставкой
F 451	fluctuations *f pl*	fluctuations	колебания, изменения
F 452	fluctuations en baisse des valeurs	downward fluctuations of securities	понижательные колебания курса ценных бумаг
F 453	fluctuations brutales	sharp fluctuations	резкие колебания
F 454	fluctuations des changes	exchange rate fluctuations	колебания валютных курсов
F 455	fluctuations des changes aberrantes	irregular [random] exchange rate fluctuations	беспорядочные [хаотичные] колебания валютных курсов
F 456	fluctuations des changes perturbatrices	disruptive exchange rate fluctuations	дестабилизирующие колебания валютных курсов
F 457	fluctuations des cours	price fluctuations, swings and roundabouts	колебания курсов
F 458	fluctuations des cours, libres	free price fluctuations	свободные колебания курсов
F 459	fluctuations désordonnées [erratiques]	irregular [random] fluctuations	беспорядочные [хаотичные] колебания
F 460	fluctuations, étroites	narrow margins of fluctuations	колебания в узких пределах
F 461	fluctuations excessives	excessive fluctuations	чрезмерные колебания
F 462	fluctuations de grande ampleur	major fluctuations	колебания в широких пределах
F 463	fluctuations en hausse des valeurs	upward fluctuations of securities	повышательные колебания курса ценных бумаг
F 464	fluctuations, importantes	significant fluctuations	значительные колебания
F 465	fluctuations irrégulières	irregular [random] fluctuations	беспорядочные [хаотичные] колебания
F 466	fluctuations, larges	major fluctuations	колебания в широких пределах
F 467	fluctuations maximales autorisées	maximum authorized fluctuations	максимально допустимые пределы колебаний
F 468	fluctuations monétaires	monetary fluctuations	валютные колебания
F 469	fluctuations du taux de change	exchange rate fluctuations	колебания валютного курса
F 470	fluctuations du taux dollar	dollar rate fluctuations	колебания курса доллара
F 471	fluctuations des taux d'intérêt	interest rate fluctuations	колебания процентных ставок

F

F 472	fluctuations du taux du marché monétaire au jour le jour	overnight money market rate fluctuations	колебания однодневной ставки денежного рынка
F 473	fluctuations du terme dollar/FRF	dollar/French franc forward rate fluctuations	колебания срочного курса доллара к французскому франку
F 474	fluctuations de valeur boursière	fluctuations of stock market value	колебания биржевой стоимости (ценных бумаг)
F 475	fluctuations du volume de l'émission	fluctuations of volumes of issue	колебания объёмов эмиссии
F 476	fluctuer	to fluctuate	колебаться
F 477	fluctuer librement	to fluctuate freely	свободно колебаться
F 478	fluctuer de plus ou moins 10% autour de la parité	to fluctuate within 10% of the parity	колебаться в пределах 10% вокруг паритета
F 479	fluidité *f*	fluidity, flexibility, mobility	подвижность, гибкость
F 480	fluidité des cotations	fluidity of quotations	подвижность котировок
F 481	fluidité des marchés	fluidity of markets	размытость границ рынков
F 482	flux *m pl*	flows	потоки; движение
F 483	flux d'argent liquide	cash flows	движение наличности
F 484	flux bancaires	bank flows	потоки банковских капиталов
F 485	flux de blanchiment	money laundering flows	потоки «отмываемых» денег
F 486	flux de capitaux	flows of capital	капиталопотоки
F 487	flux de capitaux flottants	flows of hot money	потоки «горячих денег»
F 488	flux de crédits	flows of credits	движение кредитов
F 489	flux de dépôts	flows of deposits	движение депозитов
F 490	flux d'épargne	flows of savings	движение сбережений
F 491	flux extérieurs	external flows	внешние потоки
F 492	flux financiers	financial flows	финансовые потоки
F 493	flux de fonds	flows of money	движение средств
F 494	flux futurs	future flows	будущие выплаты *(по обязательствам)*
F 495	flux immédiatement comptabilisables	flows that can be immediately entered into accounts	движение средств, которое может быть немедленно учтено в счетах
F 496	flux d'intérêts fixes	fixed interest flows	выплаты процентов по фиксированной ставке
F 497	flux d'intérêts futurs	future interest stream, interest flows	будущие процентные выплаты
F 498	flux d'intérêts intermédiaires	intermediate interest flows	промежуточные процентные выплаты
F 499	flux d'intérêts variables	variable interest flows	выплаты процентов по плавающей ставке
F 500	flux monétaires [de monnaie]	money flows	денежные потоки
F 501	flux de paiements	payments, payment flows	потоки платежей
F 502	flux de placements	investments	инвестиционные потоки
F 503	flux présents	present flows	текущие выплаты *(по обязательствам)*
F 504	flux de règlements	payments, payment flows	потоки платежей
F 505	flux de revenus	income flows	потоки доходов
F 506	flux de trésorerie	cash flows	движение наличности
F 507	foisonnement *m* des formules à taux variables	profusion of variable-rate instruments	изобилие инструментов с плавающей процентной ставкой

F

F 508	fonction f	1. office, post 2. function, activity	1. должность, пост 2. функция; деятельность
F 509	assumer [exercer] une fonction	to hold a post	занимать должность
F 510	fonction administrative	administrative function	административная функция
F 511	fonction de banquier du Trésor	treasury banker's function	функция банкира казначейства
F 512	fonction de compensation	clearing functions	клиринговые функции
F 513	fonction comptable	1. accounting post 2. accounting function	1. должность бухгалтера 2. функция учёта
F 514	fonction de conseil	counseling [advisory] function	консалтинговая деятельность
F 515	fonction de création monétaire	money creation function	функция денежной эмиссии
F 516	fonction de direction	managerial function	1. руководящая должность 2. управленческая функция
F 517	fonction financière	financial function	финансовая деятельность
F 518	fonction d'intermédiaire financier	financial intermediary function	функция финансового посредника
F 519	fonction monétaire [de monnaie]	monetary function (of gold)	монетарная функция (золота)
F 520	fonction de règlement-livraison	settlement and delivery function	функция расчёта и поставки *(по биржевым операциям)*
F 521	fonction de teneur de marché	market maker function	деятельность маркет-мейкера [«делателя рынка»] *(функция обеспечения рынка)*
F 522	fonction trésorerie	cash management function	функция управления наличностью
F 523	fonctionnaire m	government official, employee; civil servant, administration official	служащий *(государственного учреждения)*, государственный чиновник
F 524	fonctionnaire des finances	financial official	служащий финансового ведомства
F 525	fonctionnaire des impôts	tax official	служащий налогового ведомства
F 526	fonctionnalités fpl du système informatique	functionality of an information system	функциональное назначение информационной системы
F 527	fonctionnement m	running, operation, functioning	функционирование, деятельность, работа
F 528	assurer le fonctionnement	to ensure the running	обеспечивать функционирование
F 529	entraver le fonctionnement	to impede the running	мешать функционированию
F 530	fonctionnement de l'appareil bancaire	operation of the bank's mechanism	функционирование банковского механизма
F 531	fonctionnement de la bourse	functioning of the stock market	функционирование биржи
F 532	fonctionnement du capital privé	operation of private capital	функционирование частного капитала
F 533	fonctionnement des chèques	check circulation mechanism	механизм чекового обращения
F 534	fonctionnement des circuits financiers	operation of financial channels	функционирование финансовых каналов
F 535	fonctionnement en continu des bourses mondiales par-delà les fuseaux horaires	continuous operation of world stock markets irrespective of time zones	непрерывное функционирование бирж во всём мире вне зависимости от часового пояса
F 536	fonctionnement correct du marché	regular operation of the market	бесперебойное функционирование рынка

F

F 537	fonctionnement du marché des changes	operation of the foreign exchange market	функционирование валютного рынка
F 538	fonctionnement du matériel informatique et du logiciel	running of hardware and software	функционирование аппаратного и программного обеспечения
F 539	fonctionnement des ordres de paiement	functioning of payment orders	механизм функционирования платёжных поручений
F 540	fonctionnement organisé du marché	organized operation of the market	организованное функционирование рынка
F 541	fonctionnement régulier du marché	regular operation of the market	бесперебойное функционирование рынка
F 542	fonctionnement du système bancaire et financier	functioning of the banking and financial system	функционирование банковско-кредитной системы
F 543	fonctionnement du système monétaire international	functioning of the international monetary system	функционирование международной валютной системы
F 544	fonctionner	to work, to function, to operate, to run	функционировать, действовать, работать
F 545	fonctionner en autonomie	to operate autonomously	функционировать в режиме автономии
F 546	fonctionner régulièrement	to run regularly	функционировать бесперебойно
F 547	fonctions *f pl*	duties, functions	функции, должностные обязанности
F 548	avoir les fonctions de banque centrale	to function as a Central Bank	выполнять функции центрального банка
F 549	cesser ses fonctions	to leave one's job	подавать в отставку, увольняться
F 550	entrer en fonctions	to take up one's post, to take office	вступать в должность
F 551	occuper les fonctions	to occupy a post	занимать должность
F 552	remplir les fonctions	to carry out the functions	выполнять функции
F 553	résigner ses fonctions	to resign (from) one's duties	подавать в отставку, увольняться
F 554	fonctions bancaires et financières complémentaires	additional banking and financial functions	дополнительные банковские и финансовые функции
F 555	fonctions de conseil	counseling [advisory] functions	консультативные функции
F 556	fonctions d'émission de la monnaie	money issuing functions	функции эмиссионного института
F 557	fonctions d'instrument des échanges	functions of a medium of exchange	функции средства обмена
F 558	fonctions de monnaie de réserve	functions of a reserve currency	функции резервной валюты
F 559	fonctions paie-comptabilité	payroll accounting functions	функции учёта заработной платы
F 560	fonctions de président de la société anonyme	corporate president functions	обязанности президента акционерного общества
F 561	fonctions traditionnelles de la monnaie	traditional functions of money	традиционные функции денег
F 562	fond *m* de portefeuille	portfolio base	основа портфеля
F 563	fondamentalistes *m pl*	fundamentalists	«фундаменталисты» *(специалисты по фундаментальному экономическому анализу)*
F 564	fondateur *m*	founder, promoter	основатель, учредитель

F

F 565	fondation *f*	1. foundation, setting up 2. fund, foundation	1. создание, основание, учреждение 2. фонд, учреждение
F 566	fondé *m* de pouvoir	authorized representative, agent with power of attorney	уполномоченный, уполномоченное лицо
F 567	fondement *m*	foundation	основа
F 568	fondement du double marché	foundation of the double market	основа двойного рынка
F 569	fondement du swap d'intérêts	foundation of an interest swap	основа процентного свопа
F 570	fonds *m*	1. funds, capital; cash 2. fund; trust; business	1. фонд, капитал; средства 2. фонд; траст; компания
F 571	fonds d'actions ordinaires	common stock fund	фонд обычных акций
F 572	fonds d'actions privilégiées	preferred stock fund	фонд привилегированных акций
F 573	fonds d'alignement	currency equalization fund	фонд стабилизации валюты
F 574	fonds d'amortissement	sinking fund	1. амортизационный фонд 2. фонд погашения задолженности
F 575	fonds d'assurance	insurance fund	страховой фонд
F 576	fonds aurifère	gold fund	золотой фонд
F 577	fonds d'avances remboursables	short-term loan fund	фонд краткосрочного кредитования
F 578	fonds bon marché à court terme	short-term cash on easy terms	краткосрочные кредиты на льготных условиях
F 579	fonds de [en] caisse	cash in hand	кассовая наличность
F 580	fonds à capital fixe	closed-end investment trust	инвестиционная компания закрытого типа *(выпускающая ограниченное число акций)*
F 581	fonds à capital variable	open-end investment trust	инвестиционная компания открытого типа *(не имеющая ограничений на выпуск акций)*
F 582	fonds circulant	working capital	оборотный капитал
F 583	fonds de commerce	goodwill	нематериальные активы
F 584	fonds commun de créance, FCC	mutual fund	паевой фонд
F 585	fonds commun de garantie	mutual guarantee fund	взаимный гарантийный фонд
F 586	fonds commun de placement, FCP	investment [mutual] fund	паевой инвестиционный фонд
F 587	fonds commun de placement classique	traditional mutual fund	классический паевой фонд
F 588	fonds commun de placement à court terme [de placement monétaire]	money market mutual [short term investment] fund	инвестиционный фонд открытого типа, вкладывающий средства в краткосрочные обязательства денежного рынка
F 589	fonds commun de placement à risques, FCP à risques	risk mutual fund	паевой фонд рискового инвестирования
F 590	fonds commun de placement de trésorerie	money market mutual [short term investment] fund	инвестиционный фонд открытого типа, вкладывающий средства в краткосрочные обязательства денежного рынка
F 591	fonds de compensation	clearing fund	клиринговый фонд
F 592	fonds de confiance	trust fund	трастовый фонд
F 593	fonds de dividendes	dividend fund	фонд выплаты дивидендов
F 594	fonds d'épargne	savings fund	сберегательный фонд

F

F 595	fonds d'épargne disponible	available savings	наличные сбережения
F 596	fonds fermé	closed-end investment trust	инвестиционная компания закрытого типа *(выпускающая ограниченное число акций)*
F 597	fonds fiduciaire	trust fund	трастовый фонд
F 598	fonds fixe	fixed capital	основной капитал
F 599	fonds avec frais d'acquisition	load fund	взаимный инвестиционный фонд, акции которого продаются с уплатой специальной надбавки
F 600	fonds de garantie	guarantee fund	гарантийный фонд
F 601	fonds général	general fund	общий фонд
F 602	fonds hautement spéculatif	go-go fund	фонд, активно занимающийся спекулятивными операциями
F 603	fonds pour imprévus	contingency fund	фонд чрезвычайных расходов
F 604	fonds indiciel	index fund	индексированный фонд
F 605	fonds d'investissement	investment fund	инвестиционный фонд
F 606	fonds d'investissement géré	managed investment fund	управляемый инвестиционный фонд
F 607	fonds de modernisation de la bourse	stock exchange modernization fund	фонд модернизации биржи
F 608	fonds non réversible	nonredeemable funds	безвозвратный вклад
F 609	fonds d'obligations	bond fund	облигационный фонд
F 610	fonds ouvert	open-end investment trust	инвестиционная компания открытого типа *(не имеющая ограничений на выпуск акций)*
F 611	fonds de pension	pension fund	пенсионный фонд
F 612	fonds de placement	investment fund	инвестиционный фонд
F 613	fonds de placement en actions	common stock fund	инвестиционный фонд обычных акций
F 614	fonds de placement à capital fixe	closed-end investment trust	инвестиционная компания закрытого типа *(выпускающая ограниченное число акций)*
F 615	fonds de placement à capital variable	open-end investment trust	инвестиционная компания открытого типа *(не имеющая ограничений на выпуск акций)*
F 616	fonds de placement équilibré	balanced investment fund	сбалансированный инвестиционный фонд
F 617	fonds de placement à l'étranger	offshore investment fund	офшорный инвестиционный фонд
F 618	fonds de placement fermé	closed-end investment trust	инвестиционная компания закрытого типа *(выпускающая ограниченное число акций)*
F 619	fonds de placement géré	managed investment fund	управляемый инвестиционный фонд
F 620	fonds de placement immobilier	real estate investment trust	фонд вложений в недвижимость
F 621	fonds de placement mixte	mixed investment fund	смешанный инвестиционный фонд
F 622	fonds de placement en obligations	bond investment fund	инвестиционный облигационный фонд
F 623	fonds de placement ouvert	open-end investment trust	инвестиционная компания открытого типа *(не имеющая ограничений на выпуск акций)*

F

F 624	fonds de placement en valeurs mobilières	securities investment trust	инвестиционный фонд ценных бумаг
F 625	fonds de rachat	purchase fund	выкупной фонд, фонд выкупа (привилегированных акций или облигаций)
F 626	fonds de régularisation des changes	currency equalization fund	стабилизационный валютный фонд
F 627	fonds de roulement	working [operating] capital, net current assets	оборотный капитал
F 628	fonds social	corporate property	имущество компании, акционерный капитал
F 629	fonds spécialisé	specialty fund	специализированный фонд
F 630	fonds spéculatif	performance [speculative] fund	спекулятивный инвестиционный фонд
F 631	fonds de stabilisation des changes	exchange equalization fund	стабилизационный валютный фонд
F 632	fonds statutaire	statutory fund	уставный фонд, уставный капитал
F 633	Fonds *m*	Fund	Фонд
F 634	Fonds d'aide et de coopération, FAC	Assistance and Cooperation Fund	Фонд помощи и сотрудничества
F 635	Fonds d'assurances-dépôts	Deposit Insurance Fund	Фонд страхования вкладов
F 636	Fonds de développement pour les pays et territoires d'outre-mer	Overseas Territories Development Fund	Фонд развития заморских территорий
F 637	Fonds européen de coopération monétaire, FECOM	European Monetary Cooperation Fund	Европейский фонд валютного сотрудничества
F 638	Fonds d'investissement et de développement économique et social	Economic and Social Development Investment Fund	Инвестиционный фонд социально-экономического развития
F 639	Fonds monétaire européen	European Monetary Fund	Европейский валютный фонд
F 640	Fonds monétaire international, FMI	International Monetary Fund, IMF	Международный валютный фонд, МВФ
F 641	Fonds social européen	European Social Fund	Европейский социальный фонд
F 642	Fonds de soutien des rentes	Government Bond Redemption Fund	Государственный фонд погашения облигаций
F 643	fonds *m pl*	1. funds, assets, capital; money, cash 2. funds, institutions	1. фонды, активы, капитал; деньги, средства 2. фонды; компании
F 644	affecter les fonds	to allocate [to appropriate, to earmark] funds	выделять [направлять] средства
F 645	alimenter les fonds	to replenish funds	пополнять фонды
F 646	bloquer les fonds pour un chèque	to hold funds for a check	зарезервировать средства для платежа по чеку
F 647	déposer les fonds auprès d'une banque	to deposit money with a bank	депонировать средства
F 648	envoyer les fonds	to send money	переводить средства
F 649	faire les fonds	to raise capital, to attract [to obtain] funds	привлекать средства
F 650	fournir les fonds	to provide [to supply] capital, to put up funds	финансировать, кредитовать
F 651	investir des fonds	to invest money	инвестировать [вкладывать] средства

F

F 652	lever des fonds sur le marché interbancaire	to raise capital [to attract funds] in the interbank market	привлекать средства на межбанковском рынке
F 653	mettre des fonds dans une entreprise	to invest money in the business	инвестировать средства в компанию
F 654	mobiliser des fonds	to raise capital, to attract funds	привлекать средства
F 655	rapatrier les fonds	to repatriate capital	репатриировать капитал
F 656	rassembler les fonds nécessaires	to raise the necessary funds [capital]	привлекать необходимые средства
F 657	récupérer ses fonds avant l'échéance fixée	to recover one's money before a fixed due date	получать обратно свои средства до установленного срока выплаты
F 658	rentrer dans ses fonds	to recover one's outlay, to get one's money back	получать обратно свой капитал, окупать свои вложения
F 659	réunir les fonds nécessaires	to raise the necessary funds [capital]	привлекать необходимые средства
F 660	se procurer des fonds	to raise capital, to attract funds	привлекать средства
F 661	transférer des fonds	to transfer funds	переводить средства
F 662	utiliser des fonds	to use funds	использовать средства
F 663	vendre ses fonds	to sell one's assets	продавать свои активы
F 664	virer des fonds	to transfer funds	переводить средства
F 665	fonds accumulés	accumulated funds, accrued capital	накопленные средства
F 666	fonds affectés à l'opération	funds earmarked for the operation	средства, выделенные для данной операции
F 667	fonds bancaires	bank funds	банковские средства
F 668	fonds en banque	cash in bank	средства (на счетах) в банке
F 669	fonds bloqués	frozen assets	замороженные [блокированные] средства
F 670	fonds de capital-risque(s)	venture capital funds	рисковый [венчурный] капитал
F 671	fonds consolidés	funded [consolidated] debt	консолидированный долг
F 672	fonds débloqués	unfrozen assets	разблокированные средства
F 673	fonds déposés aux chèques postaux	money deposited on a post office [on a giro] account	средства на жиросчетах [почтовых счетах]
F 674	fonds déposés au Trésor	money deposited with the Treasury	средства на депозите в казначействе
F 675	fonds de devises étrangères	international currencies funds	фонды иностранной валюты
F 676	fonds disponibles	liquid assets, disposable [available] funds	ликвидные активы, наличные денежные средства
F 677	fonds empruntés	borrowed funds	заёмные средства
F 678	fonds d'emprunts	loan funds	фонды кредитования *(вид трастовых фондов)*
F 679	fonds d'État	government securities	государственные ценные бумаги
F 680	fonds étrangers	foreign funds	иностранные фонды
F 681	fonds de gros	wholesale funds	оптовые фонды
F 682	fonds indiciels sur mesure	tailored index funds	специализированные индексированные фонды
F 683	fonds à meilleur marché	cheaper funds	более дешёвые средства
F 684	fonds mixtes	mixed funds	смешанные фонды
F 685	fonds nécessaires	necessary funds [capital]	необходимые средства
F 686	fonds occultes	slush fund, secret accounts	неучтённые фонды
F 687	fonds particuliers	personal funds	средства частных лиц

F

F 688	fonds placés en consignation [en dépôt]	funds on deposit	средства на депозите
F 689	fonds prêtables	lendable [loanable] funds	ссужаемые средства
F 690	fonds propres, FP	equity, equity capital, owners' equity, (bank) capital	собственные средства, собственный [акционерный] капитал
F 691	fonds propres minimaux	minimum equity	минимально допустимый объём собственных средств
F 692	fonds propres d'origine externe	external equity	внешний акционерный капитал
F 693	fonds publics	1. government stock [securities] 2. public funds [money]	1. государственные ценные бумаги 2. государственные фонды
F 694	fonds reçus	borrowed funds	заимствованные [привлечённые] средства; привлечённый капитал
F 695	fonds de réserve	legal reserves	резервные фонды
F 696	fonds spécialisés	specialty funds	целевые фонды
F 697	fonds en souffrance	overdue payments	просроченные долги
F 698	fonds sous-jacents	underlying assets	исходные [опорные] активы (активы, лежащие в основе производных финансовых инструментов)
F 699	fonds de tiers	borrowed funds	заимствованные [привлечённые] средства, привлечённый капитал
F 700	fonds de trésorerie	cash	наличность
F 701	fongibilité f	fungibility	взаимозаменяемость, ассимилируемость
F 702	fongibilité des produits	fungibility of (financial) products	взаимозаменяемость [ассимилируемость] (финансовых) инструментов
F 703	fongible	fungible	взаимозаменяемый, ассимилируемый
F 704	force f	force	сила
F 705	acquérir la force de loi	to obtain legal force, to become enforceable [operative]	приобретать силу закона
F 706	avoir force libératoire	to be legal tender	выступать законным платёжным средством
F 707	avoir force de loi	to be enforceable [operative]	иметь силу закона
F 708	force de placement suffisante	sufficient investment potential	достаточный инвестиционный потенциал
F 709	forfait m	1. fixed [set] price; fixed rate 2. lump sum 3. lump sum contract	1. твёрдая цена; твёрдая ставка 2. твёрдая сумма 3. контракт с твёрдой ценой
F 710	payer un forfait	to pay a fixed sum	платить фиксированную сумму
F 711	vendre à forfait	to sell at a fixed price	продавать по фиксированной цене
F 712	verser un forfait	to pay a fixed sum	платить твёрдую сумму
F 713	forfait fiscal	flat-rate tax	аккордный налог
F 714	forfaitage m	forfeiting	форфейтирование (финансирование путём учёта векселей без права регресса)

F

F 715	forfaitaire	fixed, lump-sum, flat, contractual, inclusive	заранее определённый в твёрдой сумме
F 716	forfaitairement	inclusively, on an inclusive basis	по заранее установленной твёрдой цене
F 717	forfaitement *m*	forfeiting	форфейтирование (финансированиее путём учёта векселей без права регресса)
F 718	forfaiter	to evaluate on an inclusive basis	оценивать в твёрдой сумме
F 719	formalités *f pl*	formalities	формальности, процедура
F 720	sans formalités supplémentaires	without extra formalities	без лишних формальностей
F 721	formalités d'admission en bourse	listing formalities	процедура допуска к котировке
F 722	formalités de l'autorisation	authorization formalities	процедура получения разрешения
F 723	formalités de classement de la dette	debt ranking formalities	процедура классификации долга
F 724	formalités de l'enregistrement	registration formalities	процедура регистрации
F 725	formalités d'extinction de la dette	debt discharge [extinction] formalities	процедура погашения долга
F 726	formalités d'introduction	listing formalities	процедура допуска к котировке
F 727	formalités requises	required formalities	необходимые формальности
F 728	formation *f*	1. forming, formation, development 2. graph	1. формирование, образование, создание 2. график, фигура
F 729	formation du bilan	making up a balance	составление баланса
F 730	formation brute de capital fixe, FBCF	gross capital formation, gross investment	валовое накопление основного капитала, валовые капиталовложения
F 731	formation de capital	capital formation	накопление капитала, капитализация
F 732	formation de comptable	accounts training	бухгалтерская подготовка
F 733	formation du cours de terme	forward rate formation	формирование срочного курса
F 734	formation de l'épargne	savings formation	создание сбережений
F 735	formation du marché des capitaux	capital market creation	формирование рынка капиталов
F 736	formation de la monnaie	money creation	создание денежной массы
F 737	formation nette de capital fixe, FNCF	net investment	чистые капиталовложения
F 738	formation de l'offre de monnaie	money supply	предложение денег
F 739	formation de réserves	formation of reserves	формирование резервов
F 740	formation du revenu	income formation	образование дохода
F 741	formation d'une société	company incorporation	учреждение компании
F 742	formation du taux d'intérêt	interest rate formation	формирование процентной ставки
F 743	formation de tête et d'épaule	head and shoulder formation *(technical analysis)*	график вида «голова с плечом» *(в техническом анализе)*
F 744	formation de triangle	triangle (formation) *(technical analysis)*	график вида «треугольник» *(в техническом анализе)*
F 745	forme *f*	1. type; kind 2. form	1. вид; тип 2. форма

F

F 746	en bonne et due forme	in order, in due form	по форме, в должном виде, в правильной и надлежащей форме
F 747	sous forme physique ou monétaire	in a material or monetary form	в материальной *или* денежной форме
F 748	prendre la forme de billets	to take the form of banknotes	принимать форму банкнот
F 749	revêtir la forme	to take the form	приобретать форму
F 750	forme de billets	type of note	вид бумажных денег
F 751	forme d'une bonification	type of discount	тип скидки
F 752	forme de crédit	type of credit	вид кредита
F 753	forme dématérialisée	dematerialized form	нематериальная форма
F 754	forme d'épargne fiscalement privilégiée	type of savings subject to preferential tax treatment	вид сбережений, пользующийся налоговыми скидками
F 755	forme de financement	type of financing	вид финансирования
F 756	forme d'imposition	type of tax	вид налогообложения
F 757	forme d'investissements	type of investments	вид инвестиций
F 758	forme matérielle	material form	материальная форма
F 759	forme de placements	type of investments	вид инвестиций
F 760	forme des signes monétaires	type of paper money	вид бумажных денег
F 761	forme de souscription	type of subscription	вид подписки
F 762	forme de subventions	type of subsidies	вид субсидий
F 763	formes *f pl*	1. types 2. forms	1. виды; типы 2. формы
F 764	formes complexes de couverture contre risques	complex forms of risk hedging	сложные формы покрытия рисков
F 765	formes de consolidation de tendance	types of trend consolidation	виды проявления тенденции
F 766	formes d'implantation bancaire	forms of banking establishments	виды банковский учреждений
F 767	formes de retournement de tendance	types of trend turnaround	виды изменения тенденции
F 768	formulaire *m*	form	бланк, формуляр
F 769	remplir un formulaire	to fill in [out] a form	заполнять бланк
F 770	formulaire d'ouverture de compte	account opening form	бланк для открытия счёта
F 771	formulaire de procuration	proxy form	бланк доверенности
F 772	formule *f*	1. way, method; type 2. form 3. formula	1. способ, метод; вид, тип 2. бланк 3. формула
F 773	remplir une formule	to fill in [out] a form	заполнять бланк
F 774	formule en blanc	blank form	бланк
F 775	formule de calculs	calculation formula	формула расчёта
F 776	formule de chèques	check form, blank check	формуляр [бланк] чека
F 777	formule de contrats portant sur les titres négociables	standard contract for negotiable stock	бланк контракта на обращающиеся ценные бумаги
F 778	formule de couverture de risques	method of hedging the risk	метод покрытия рисков
F 779	formule de crédit	method of lending	способ кредитования
F 780	formule de crédit bancaire	method of bank lending	способ банковского кредитования
F 781	formule du crédit-bail	type of leasing	вид аренды
F 782	formule d'épargne	savings type	вид сберегательного инструмента

F

F 783	formule de gestion	management method	способ управления
F 784	formule de giro	giro form	жиробланк
F 785	formule imprimée	(pre)printed form	печатный бланк
F 786	formule d'indexation	indexation system	способ индексации
F 787	formule de paiement	way [method] of payment	способ платежа
F 788	formule de paiement progressif	method of progressive payment	способ постепенной оплаты
F 789	formule de placement	formula investing	способ инвестирования
F 790	formule de placement à court terme	short-term formula investing	способ краткосрочного инвестирования
F 791	formule de procuration	proxy form	бланк доверенности
F 792	formule de titres négociables	type of negotiable debt instruments	вид обращающегося долгового обязательства
F 793	formules *f pl*	1. ways, methods 2. (financial) instruments	1. способы, методы 2. (финансовые) инструменты
F 794	formules de financement	financing methods	способы финансирования
F 795	formules de placement collectif	collective investment instruments	инструменты коллективного инвестирования
F 796	formules à taux variable	variable-rate instruments, methods using variable rates	инструменты с плавающими ставками
F 797	forward-forward *m*	forward-forward	сделка форвард — форвард (срочный контракт в будущем, напр. привлечение межбанковского депозита на 6 месяцев с одновременным его размещением на 3 месяца)
F 798	fourchette *f*	bracket, band, range	диапазон, вилка, разрыв
F 799	fourchette de cotation	trading range	вилка котировки
F 800	fourchette de cours	price range	вилка цен
F 801	fourchette déterminée	specific range	определённый диапазон
F 802	fourchette de fluctuations du dollar	range of fluctuations of the dollar	диапазон колебаний курса доллара
F 803	fourchette d'imposition	tax bracket [band]	налоговая категория
F 804	fourchette des taux	range of (interest) rates	разрыв (процентных) ставок
F 805	fourchette de taux de rendement actuariel	range of interest yield	диапазон ставок доходности
F 806	fourchettes-objectifs *f pl*	target ranges	целевые диапазоны
F 807	fournissement *m*	contribution, share	вклад; доля; пай; взнос
F 808	fournisseur *m*	supplier	поставщик
F 809	fournisseur agréé [attitré]	regular supplier	постоянный поставщик
F 810	fournisseur de crédit	provider of credit	поставщик кредитных ресурсов
F 811	fournisseur de services financiers	provider of financial services	поставщик финансовых услуг
F 812	fourniture *f*	1. supply 2. provision	1. поставка 2. предоставление
F 813	fourniture de cautions bancaires	provision of bank guarantees	предоставление банковских гарантий
F 814	fourniture de crédits internationaux	provision of international credits	предоставление международных кредитов
F 815	fourniture électronique de renseignements bancaires	electronic provision of bank data	электронное предоставление банковских сведений
F 816	fourniture de liquidités	supply of liquidities	предоставление ликвидных средств
F 817	fourniture de services	provision of services	предоставление услуг

F

F 818	FRA *m*	Forward Rate Agreement, Future Rate Agreement, FRA	соглашение о будущей процентной ставке
F 819	fraction *f*	1. fraction, part, proportion; installment 2. segment	1. доля, часть 2. сегмент
F 820	payer par fractions	to pay by installments	оплачивать в рассрочку
F 821	fraction d'actions	fraction of shares	часть акций
F 822	fraction des bénéfices	share [part] of profits	доля прибыли
F 823	fraction du capital	fraction of capital	доля капитала
F 824	fraction courue du coupon non comprise	nonincluding accrued fraction of coupon	без учёта подлежащей выплате части купона
F 825	fraction des exigibilités	part of current liabilities	часть текущих пассивов
F 826	fraction imposable	taxable part	облагаемая налогом часть (дохода)
F 827	fraction du marché	segment of the market	сегмент рынка
F 828	fractionnement *m*	splitting, split, split-up	дробление
F 829	fractionnement d'actions	(stock) splitting, split, split-up	дробление акций
F 830	fractionnement du cours de bourse	splitting of stock market price	дробление биржевого курса
F 831	fractionner	to split (up), to divide (up)	дробить (акции)
F 832	fragilisation *f* des systèmes financiers	weakening of financial systems	ослабление финансовых систем
F 833	fragiliser	to weaken	ослаблять
F 834	fragilité *f*	fragility, weakness, unsteadiness	неустойчивость, уязвимость
F 835	fragilité des cours de change	unsteadiness of exchange rates	неустойчивость валютных курсов
F 836	fragilité financière	financial weakness	финансовая неустойчивость
F 837	fragilité des positions	weak positions	слабые позиции
F 838	fragmentation *f*	fragmentation	фрагментация, разделение
F 839	frais *m pl*	expenses, costs, charges	расходы, затраты, издержки
F 840	couvrir [faire] ses frais	to recover one's expenses, to get one's money back	возмещать свои расходы
F 841	faire face aux frais	to pay the expenses	оплачивать расходы
F 842	sans frais	1. without charges 2. without protest *(of a bill)*	1. бесплатно, без затрат 2. без протеста *(о векселе)*
F 843	prélever les frais	to charge a fee	взимать плату
F 844	rentrer dans ses frais	to recover one's expenses, to get one's money back	возмещать свои расходы
F 845	répartir les frais	to allocate expenses	распределять расходы
F 846	supporter les frais	to bear the charges	нести расходы
F 847	tous frais payés	all expenses paid	с оплатой всех расходов, оплатив расходы
F 848	frais accumulés	accrued charges	накопленные издержки
F 849	frais d'acquisition	1. acquisition fee 2. (sales) load, sales charge	1. расходы на приобретение *(напр. компании)* 2. накладные расходы по покупке
F 850	frais d'administration	1. service charge 2. administration fee	1. расходы по управлению счётом 2. административные расходы
F 851	frais d'agios	bank charges, bank commission	банковская комиссия
F 852	frais d'assiette et de dégrèvement	tax assessment and relief fees	расходы по определению налоговой базы и налоговых скидок

F

F 853	**frais d'augmentation de capital**	capital raising costs	расходы по привлечению капитала
F 854	**frais bancaires [de banque]**	bank charges	банковские издержки, банковские комиссионные
F 855	**frais bourse**	stock market charges	биржевые издержки
F 856	**frais hors caisse**	non-cash expenses	некассовые расходы
F 857	**frais de comptabilisation**	accounting expenses	расходы по бухгалтерскому учёту
F 858	**frais de constitution de société**	incorporation expense	расходы по учреждению (компании), учредительские расходы
F 859	**frais de cotation**	admission fee (to a stock exchange)	плата за допуск на биржу
F 860	**frais de courtage**	commission, brokerage, brokerage fee [charges, costs]	(брокерские) комиссионные, расходы по брокерским операциям
F 861	**frais de couverture**	carrying charges	плата, взимаемая брокерами за управление маржинальными счетами
F 862	**frais de création et de gestion des coupures**	banknote issuing and management expenses	издержки по производству и поддержанию купюр
F 863	**frais de crédit**	finance [loan] charges	расходы по погашению кредита
F 864	**frais de démarrage**	start-up [set-up] costs	расходы по организации компании
F 865	**frais de dépôt**	deposit expenses	расходы по управлению депозитами *(напр. ценных бумаг)*
F 866	**frais directs**	direct costs	прямые издержки
F 867	**frais divers de gestion**	sundry [miscellaneous] management expenses	общеадминистративные расходы
F 868	**frais de dossier**	application fee	плата за рассмотрение заявления (на ссуду)
F 869	**frais d'émission**	floatation [issuing] cost	расходы по выпуску [по эмиссии] (ценных бумаг)
F 870	**frais d'émission d'actions**	share issue expenses	расходы по выпуску акций
F 871	**frais d'émission d'obligations**	bond floatation costs, bond issue expenses	расходы по выпуску облигаций
F 872	**frais d'emprunt**	cost of borrowing	стоимость заимствования, расходы по обслуживанию займа
F 873	**frais d'encaissement**	collection charges	расходы по инкассированию
F 874	**frais d'escompte**	discount charges	расходы по дисконтированию
F 875	**frais d'établissement**	initial expenses, set-up costs	учредительские расходы
F 876	**frais d'établissement de syndicat**	syndication fee	расходы по образованию (банковского) синдиката
F 877	**frais d'expertise**	expert fees	расходы на экспертизу
F 878	**frais de factoring**	factoring charges	плата за факторские операции
F 879	**frais financiers**	finance [financial] expenses	финансовые расходы
F 880	**frais de fonderie de pièces d'or**	gold coin minting costs	расходы по чеканке золотых монет
F 881	**frais de gestion**	management [administration] expenses, management fees, management charges	управленческие расходы

F

F 882	frais de gestion de compte	service charge	расходы по управлению счётом
F 883	frais imputables sur un compte	expenses chargeable to an account	расходы, подлежащие уплате со счёта
F 884	frais initiaux	initial expenses, set-up costs	учредительские расходы
F 885	frais d'inscription	registration fee	расходы по регистрации
F 886	frais d'insuffisance de solde	deficiency fees	плата за неподдержание достаточного сальдо счёта
F 887	frais d'intérêt(s)	interest charges [expenses], debit interest	процентные платежи
F 888	frais d'intérêts communs	ordinary interest charges	обычные процентные платежи
F 889	frais d'introduction des titres en bourse	listing fees	плата за допуск ценных бумаг к котировке на бирже
F 890	frais d'investissement	capital costs	инвестиционные расходы
F 891	frais de justice	legal costs [expenses]	судебные издержки
F 892	frais de lancement	start-up [set-up] costs	расходы по организации компании
F 893	frais de montage	1. management fee 2. arrangement [set-up, origination, loan] fee	1. расходы по управлению (напр. инвестиционной схемой) 2. плата за организацию (напр. эмиссии, займа)
F 894	frais de mouvement de compte	(account) activity charge, account operation charge	плата за проведение операций по счёту
F 895	frais de négociation	trading charges	плата за проведение операций (напр. через биржевого брокера)
F 896	frais d'opposition	stop payment charge	плата за приостановку платежа по чеку
F 897	frais de paiement	settlement charges	расходы по проведению расчётов
F 898	frais de personnel	personnel expenses	расходы на персонал
F 899	frais prédéterminés	fixed charges, flat fee	расходы в заранее определённом размере
F 900	frais de protêt	protest charges [expenses]	плата за оформление протеста
F 901	frais de rachat	redemption fee	расходы по выкупу (напр. облигаций)
F 902	frais réalisés	incurred expenses	понесённые расходы
F 903	frais de rechange	redraft [reexchange] fees	расходы по ретратте
F 904	frais de recouvrement	collection fees [charges]	расходы по инкассированию
F 905	frais de report	contango fees	расходы по репорту
F 906	frais de service	service charge	расходы по управлению счётом
F 907	frais spéciaux	special charges	специальные расходы
F 908	frais de tenue de compte	account maintenance fee	расходы по управлению счётом
F 909	frais de transaction	transaction charges	трансакционные издержки
F 910	frais de transfert	transfer fee	плата за осуществление перевода
F 911	franc *m*	franc	франк
F 912	convertir en francs	to convert into francs	обращать [переводить, конвертировать] во франки
F 913	franc, ancien	old franc	старый франк
F 914	franc belge	Belgian franc	бельгийский франк

F

F 915	franc CFA	CFA franc *(currency used in certain African states)*	франк КФА
F 916	franc CFP	CFP franc *(currency used in certain African states)*	франк КФП
F 917	franc constant	constant franc	постоянный франк
F 918	franc convertible	convertible franc	конвертируемый франк
F 919	franc courant	current franc	текущий франк
F 920	franc flottant	floating franc	плавающий франк
F 921	franc français	French franc	французский франк
F 922	franc helvétique	Swiss franc	швейцарский франк
F 923	franc lourd	revalued franc	«тяжёлый» [ревальвированный] франк
F 924	franc, nouveau	new franc	новый франк
F 925	franc papier	paper franc	бумажный франк
F 926	franc suisse	Swiss franc	швейцарский франк
F 927	franchise *f* fiscale	tax exemption	освобождение от уплаты налога
F 928	franchissement *m*	overstepping	преодоление (порога), превышение
F 929	franchissement du cours	crossing of a price limit	преодоление курсового порога
F 930	franchissement d'échéance	arrival of a due date	наступление срока (платежа)
F 931	franchissement de limite	overstepping of a limit	преодоление порога
F 932	franchissement du seuil limite de perte autorisée	crossing of an authorized loss limit	превышение допустимого лимита потерь
F 933	franc-or *m*	gold franc	золотой франк
F 934	frappage *m*, frappe *f*	minting, coining	чеканка (монеты)
F 935	frappe de l'argent	minting of coins	чеканка денег
F 936	frappe libre de l'or	free gold minting	свободная чеканка золота
F 937	frappe des pièces	minting of coins	чеканка монет
F 938	frapper	to mint, to coin	чеканить (монеты)
F 939	fraude *f*	fraud	обман, мошенничество
F 940	fraude comptable	accounting fraud, cooking [doctoring] of accounts	фальсификация учёта
F 941	fraude fiscale	tax evasion [dodging]	уклонение от уплаты налогов
F 942	fraude à la loi	fraud	обман, мошенничество
F 943	frauder	to defraud, to cheat, to swindle	мошенничать, обманывать
F 944	fraudeurs *m pl* fiscaux	tax dodgers [evaders]	налоговые мошенники, лица, уклоняющиеся от уплаты налогов
F 945	frauduleux	fraudulent	мошеннический, обманный, злостный
F 946	freinage *m* des investissements	slowdown of investment	замедление инвестирования
F 947	frénésie *f* sur le marché monétaire	money market frenzy	ажиотаж на денежном рынке
F 948	FRIBOR	FRIBOR *(Frankfurt Interbank Offered Rate)*	ФРИБОР *(Франкфуртская межбанковская ставка предложения)*
F 949	FRN *m pl*	FRNs, floating rate notes	облигации с плавающей ставкой
F 950	frontières *f pl* monétaires	monetary borders	валютные границы
F 951	front office *m*	front office	«франт офис» *(отдел банка или брокерской фирмы по операциям с клиентурой)*

G

F 952	fruits *m pl*	return	доходы
F 953	fruits du capital	return on capital	доходы на капитал
F 954	fuite *f*	outflow, flight	утечка, бегство
F 955	fuite en billets	outflow of banknotes	утечка банкнот
F 956	fuite des capitaux	flight [outflow] of capital	утечка капиталов
F 957	maîtriser la fuite des capitaux	to curb the flight of capital	сдерживать утечку капиталов
F 958	provoquer une fuite des capitaux vers l'eurodollar	to trigger a shift of capital into Eurodollars	вызывать утечку капиталов на рынок евродолларов
F 959	fuite des dépôts	outflow of deposits	утечка депозитов
F 960	compenser la fuite de ses dépôts	to compensate for the outflow of one's deposits	компенсировать утечку своих депозитов
F 961	fuite devant le franc	flight from francs	сброс [бегство от] франка
F 962	fuite devant l'impôt	tax evasion [dodging]	уклонение от уплаты налогов
F 963	fuite des liquidités	outflow of liquid assets	утечка ликвидных средств
F 964	fuite de la monnaie	outflow of currency	утечка валюты
F 965	fuite devant la monnaie	flight from currency	сброс [бегство от] валюты
F 966	fuite de l'or	outflow of gold	утечка золота
F 967	fuite des prêteurs étrangers	flight of foreign lenders	бегство иностранных кредиторов
F 968	fuite hors du système bancaire	outflow outside the banking system	утечка [бегство] за пределы банковской системы
F 969	fuseaux *m pl* horaires distincts	distinct time zones	чёткие временные пояса
F 970	fusion *f*	merger, amalgamation	слияние
F 971	fusion bancaire	bank merger	слияние банков
F 972	fusion de capitaux individuels	merger of individual capitals	слияние отдельных капиталов
F 973	fusion de sociétés	merger of companies	слияние компаний
F 974	fusion-absorption *f*	acquisition	поглощение
F 975	fusionnement *m*	merger, amalgamation	слияние (компаний)
F 976	fusionner	to merge	сливаться *(о компаниях)*; производить слияние
F 977	fusion-scission *f*	demerger	дробление компаний
F 978	futures *m pl*	futures	фьючерсы
F 979	futures sur indices	index futures	фьючерсы на основе индексов

G

G 1	GAB *m*	ATM, automated teller machine	банкомат, банковский автомат
G 2	gâchis *m*	waste	растрачивание, разбазаривание
G 3	gâchis de capitaux	waste of capital	разбазаривание капиталов
G 4	gâchis financier	financial waste	финансовый беспорядок
G 5	gâchis des fonds publics	waste of public funds	расхищение государственных средств
G 6	gadgets *m pl* de la finance	financial gadgets	сложные финансовые инструменты
G 7	gage *m*	1. security, pledge, surety, gage, caution money 2. guarantee; security *(of a loan)*	1. залог, заклад; предмет залога 2. залог, гарантия; обеспечение *(по ссуде)*

G

G 8	déposer en gage	to leave as security	оставлять в качестве залога
G 9	détenir en gage	to hold in pledge	хранить в качестве залога
G 10	donner en gage	to pledge, to pawn	отдавать в залог
G 11	emprunter sur gage	to borrow on pledge, to borrow on security	занимать деньги под залог
G 12	laisser en gage	to leave as security, to leave on deposit	оставлять в качестве залога
G 13	mettre en gage	to pledge, to pawn	отдавать в залог
G 14	prêter sur gage	to lend on pledge, to lend on security	выдавать ссуду под залог
G 15	réaliser un gage	to execute, to foreclose on a collateral	реализовывать залог
G 16	restituer le gage	to return the security	возвращать предмет залога
G 17	retirer le gage	to redeem the pledge	выкупать из залога
G 18	gage général	general pledge	общий залог
G 19	gage hypothécaire	mortgage	ипотечный залог
G 20	gage immobilier	pledge of real property	залог недвижимого имущества
G 21	gage mobilier	pledge of movables	залог движимого имущества
G 22	gage de la monnaie	pledge of (foreign) exchange	залог (иностранной) валюты
G 23	gage non retiré	unredeemed pledge	невыкупленный залог
G 24	gage supplémentaire	extra collateral	дополнительный залог
G 25	gagé	1. pledged, mortgaged 2. guaranteed, secured (e.g. loan)	1. заложенный 2. обеспеченный (о ссуде)
G 26	gageable	pledgeable, mortgageable	приемлемый для залога
G 27	gager	1. to pledge, to pawn 2. to guarantee, to secure (e.g. a loan)	1. отдавать в залог 2. обеспечивать (напр. ссуду)
G 28	gageur m	pledger, pawner, lienee	залогодатель
G 29	gagiste m	pledgee, pawnee, tied creditor	залогодержатель
G 30	gain m	1. gain(s), earning(s), profit(s) 2. gain, increase	1. доход, прибыль 2. увеличение, прирост, выигрыш
G 31	gain d'argent	gain of money	прибыль
G 32	gain en capital	capital gain	прирост капитала
G 33	gain en capital après impôt	after-tax [net] capital gain	прирост капитала за вычетом налогов
G 34	gain comptable	accounting gains	бухгалтерская прибыль
G 35	gain financier direct	direct capital gain	непосредственный прирост капитала
G 36	gain manqué	unrealized [lost] profit	упущенная выгода
G 37	gain marginal	marginal profit	низкий доход
G 38	gain monétaire	monetary gain	денежный доход
G 39	gain nul	zero profit	нулевой доход
G 40	gain réalisé	profits made	полученный доход
G 41	gain sans risque	risk-free gain	безрисковый доход
G 42	gain de trésorerie	cash gain	доход в денежном выражении
G 43	gains m pl	gains, profits, earnings	доходы, прибыли
G 44	gains des banques sur leurs prêts	bank profits from their loans	доходы банков от ссуд
G 45	gains au [de] change	foreign exchange gains	валютные прибыли
G 46	gains spéculatifs	speculative profits	спекулятивные доходы
G 47	galerie f de coffres-forts	safe vault	блок сейфов

G

G 48	gamme *f* des échéances	range of maturities	набор вексельных обязательств с различным сроком исполнения
G 49	garant *m*	guarantor, surety	гарант, поручитель
G 50	se porter [se rendre, servir de] garant	to stand surety, to stand [act] as a guarantor (for)	выступать гарантом
G 51	garant d'une dette	surety for a debt	гарант по долгу
G 52	garant en faillite	bankrupt surety	гарант при банкротстве
G 53	garant d'une lettre de change	endorser [guarantor] of a bill	гарант по векселю, авалист
G 54	garant solidaire	joint guarantor	сопоручитель, солидарный гарант
G 55	garanti	1. guaranteed, secured 2. covered, insured 3. underwritten (issue)	1. гарантированный, обеспеченный (о ссуде) 2. покрытый, застрахованный 3. с гарантированным распространением (о выпуске ценных бумаг)
G 56	garanti *m*	guarantee	кредитор по договору поручительства, лицо, которому выдаётся гарантия
G 57	garantie *f*	1. guarantee, security, surety 2. (insurance) guaranty, coverage, cover 3. cover (in the stock market) 4. underwriting	1. гарантия, поручительство; обеспечение 2. страховое покрытие 3. (биржевое) покрытие 4. андеррайтинг, гарантированное размещение (ценных бумаг)
G 58	accorder une garantie	to grant [to give, to furnish] a guarantee	предоставлять гарантию
G 59	affecter en garantie	to earmark as surety	предоставлять в качестве обеспечения
G 60	apporter une garantie	to grant [to give, to furnish] a guarantee	предоставлять гарантию
G 61	assumer une garantie	to stand surety (for), to be guarantor (for)	выступать гарантом, обеспечивать гарантию
G 62	bénéficier d'une garantie	to have in a guarantee	пользоваться гарантией
G 63	détenir en garantie	to hold in security	хранить в качестве обеспечения
G 64	donner une garantie	to grant [to give, to furnish] a guarantee	предоставлять гарантию
G 65	exiger une garantie	to ask for a guarantee	требовать гарантию
G 66	fournir une garantie	to grant [to give, to furnish] a guarantee	предоставлять гарантию
G 67	sans garantie	unwarranted; unsecured	без гарантии, негарантированный; необеспеченный
G 68	sous garantie	under guarantee	с гарантией, гарантированный; обеспеченный
G 69	nantir d'une garantie	to provide a guarantee	предоставить обеспечение
G 70	obtenir une garantie	to obtain a security	получать гарантию
G 71	octroyer une garantie	to grant [to give, to furnish] a guarantee	предоставлять гарантию
G 72	prêter sur garantie	to lend money against security	предоставлять ссуду под обеспечение
G 73	se munir d'une garantie	to obtain a security	получать гарантию
G 74	garantie de l'acceptation	acceptance guarantee	гарантия акцепта
G 75	garantie accessoire	collateral security	обеспечение (напр. кредита)

G

G 76	garantie d'achat des instruments financiers	financial instrument purchase guarantee	гарантия покупки финансовых инструментов
G 77	garantie bancaire [de banque]	bank guarantee	банковская гарантия
G 78	garantie cambiaire	aval, guarantee of a bill	аваль, вексельная гарантия
G 79	garantie de change	1. exchange guarantee 2. forward exchange covering	1. гарантия валютного риска 2. срочное валютное покрытие
G 80	garantie consortiale	consortium guarantee	консорциальная гарантия
G 81	garantie de convertibilité extérieure	guarantee of external convertibility	гарантия внешней конвертируемости
G 82	garantie courante	current cover	текущее покрытие
G 83	garantie de cours	hedging	хеджирование, страхование
G 84	garantie de crédit	credit guarantee	кредитное поручительство
G 85	garantie documentaire	documentary guarantee	гарантия, подтверждённая документами
G 86	garantie d'émissions obligataires	underwriting of bond issues	гарантированное размещение облигационного выпуска
G 87	garantie d'emprunt	loan guarantee	гарантия займа
G 88	garantie d'escompte d'euro-obligations	Eurobond discount guarantee	гарантия учёта еврооблигаций
G 89	garantie de l'État	state guarantee	государственная гарантия
G 90	garantie contre les fluctuations de taux d'intérêt	guarantee against interest rate fluctuations	гарантия против колебания процентных ставок
G 91	garantie du franc français [française]	guarantee of the French franc	гарантия французского франка
G 92	garantie illimitée	unlimited guarantee	неограниченная [полная] гарантия
G 93	garantie de l'interconvertibilité des monnaies	guarantee of mutual convertibility of currencies	гарантия взаимообратимости валют
G 94	garantie d'intérêts	interest guarantee	гарантия получения процентов
G 95	garantie irrécouvrable	dead surety	твёрдая гарантия
G 96	garantie juridique de l'escompte	legal guarantee of discount	правовая гарантия учёта
G 97	garantie de liquidité	guarantee of liquidity	гарантия ликвидности
G 98	garantie mobilière	personal property mortgage	обеспечение движимым имуществом
G 99	garantie non courante	noncurrent cover	истекшее покрытие
G 100	garantie sur les offres de financement	guarantee of financing offers	гарантия предложений о финансировании
G 101	garantie du paiement	payment guarantee	гарантия платежа
G 102	s'exonérer d'une garantie de paiement	to obtain an exemption from a payment guarantee	получать освобождение от гарантии платежа
G 103	garantie partielle	partial guarantee	частичная гарантия
G 104	garantie pécuniaire	financial guarantee, surety in cash	денежная гарантия
G 105	garantie personnelle	personal security	личная гарантия; денежное обеспечение; обеспечение личным имуществом
G 106	garantie de prêts délivrés	guarantee of loans granted	гарантия выданных ссуд
G 107	garantie de réassurance	reinsurance cover	перестраховочное покрытие
G 108	garantie réelle	collateral security	вещная гарантия
G 109	garantie de remboursement	repayment guarantee	гарантия возмещения

G

G 110	garantie contre une remontée des taux	guarantee against rising rates	гарантия против повышения ставок
G 111	garantie de risque de change	exchange risk guarantee	гарантия валютного риска
G 112	garantie du solde créditeur	guarantee of credit balance	гарантия кредитового сальдо
G 113	garantie solidaire	joint guarantee	солидарное поручительство
G 114	garantie de solvabilité	guarantee of solvency	гарантия платёжеспособности
G 115	garantie de soumission	bid security, tender guarantee	тендерное поручительство
G 116	garantie de stabilité du dividende	dividend stability guarantee	гарантия стабильности дивиденда
G 117	garantie subsidiaire	collateral guarantee	обеспечение *(напр. кредита)*
G 118	garantie supplémentaire donnée par un tiers	extra guarantee provided by a third party	дополнительная гарантия, предоставленная третьим лицом
G 119	garantie d'un taux d'emprunt maximum [de taux plafond]	ceiling [cap] guarantee	гарантия максимальной процентной ставки по займу, «кэп»
G 120	garantie d'un taux d'emprunt minimum [de taux plancher]	floor guarantee	гарантия минимальной процентной ставки по займу, «флор»
G 121	garantir	1. to guarantee; to secure; to cover 2. to underwrite	1. гарантировать; обеспечивать; покрывать 2. обеспечивать размещение *(ценных бумаг)*
G 122	garçon *m*	clerk	клерк, конторский служащий
G 123	garçon de bureau	office clerk	клерк, конторский служащий
G 124	garçon de recettes	collector, collections clerk	клерк, принимающий векселя на инкассо (в банке)
G 125	garde *f*	keeping, custody, custodianship	хранение
G 126	déposer en garde	to place in custody	помещать на хранение
G 127	prendre en garde	to receive [to accept] in custody	принимать на хранение
G 128	garde conjointe	joint custody	совместное хранение
G 129	garde des titres [des valeurs]	safe custody of securities	хранение ценных бумаг в сейфе
G 130	garder	to keep	хранить
G 131	gaspillage *m*	waste, squandering	растрачивание, разбазаривание
G 132	gaspiller	to waste, to squander	растрачивать, разбазаривать
G 133	gel *m*	freezing, freeze	замораживание
G 134	gel des crédits	credit freeze	замораживание кредита
G 135	gel des revenus	income freeze	замораживание доходов
G 136	gel des seuils fiscaux	freezing of tax thresholds	замораживание налоговых порогов
G 137	gelé	frozen *(e.g. account)*	замороженный *(напр. счёт)*
G 138	gêne *f*	(financial) straits [difficulties, embarrassment]	стеснённые (финансовые) обстоятельства
G 139	gêne du débiteur	debtor financial straits	стеснённые финансовые обстоятельства должника
G 140	gêne pécuniaire	(financial) straits [difficulties, embarrassment]	стеснённые (финансовые) обстоятельства, денежные затруднения
G 141	gêne de trésorerie	shortage [lack] of cash	недостаток наличности
G 142	généralisation *f*	generalization	распространение
G 143	généralisation du mouvement de déréglementation	generalization of trend towards deregulation	распространение тенденции к дерегулированию

G

G 144	généralisation du recours à l'informatique et à la télématique	generalization of use of information technology	распространение использования информационных технологий
G 145	généralisation des systèmes d'épargne collective	generalization of saving schemes	распространение схем сбережений
G 146	généralisation des taux de change fluctuants	generalization of floating exchange rates	распространение плавающих валютных курсов
G 147	généraliste *m*	generalist	специалист широкого профиля
G 148	génération *f* de managers, nouvelle	new generation of managers	новое поколение менеджеров
G 149	gérance *f*	management	управление
G 150	gérance de portefeuille	portfolio management	управление портфелем (ценных бумаг)
G 151	gérant *m*	manager	менеджер, управляющий
G 152	gérant domestique	domestic portfolio manager	менеджер портфеля национальных ценных бумаг
G 153	gérant de fonds	fund [money] manager	управляющий фондом
G 154	gérant majoritaire	majority director	член правления, представляющий большинство голосов
G 155	gérant minoritaire	minority director	член правления, представляющий меньшинство голосов
G 156	gérant de portefeuille	portfolio manager	менеджер портфеля, управляющий портфелем *(ценных бумаг, активов)*
G 157	gérant de portefeuilles internationaux	international portfolio manager	менеджер портфеля иностранных ценных бумаг
G 158	gérant de SICAV	mutual fund [unit trust, open-end investment company] manager	менеджер взаимного фонда [инвестиционной компании открытого типа]
G 159	gérant de société	corporate manager, manager of a company	менеджер [управляющий] компании
G 160	gérant statutaire	statutory manager	менеджер, управляющий компанией согласно учредительному акту
G 161	gérant de succursale	branch manager	управляющий филиалом
G 162	gérant-associé *m*	active partner	участник товарищества, уполномоченный вести его дела
G 163	géré	managed	управляемый, руководимый
G 164	gérer	to manage, to run, to operate; to handle; to administer	управлять
G 165	gérer collectivement	to manage collectively	управлять совместно
G 166	gérer électroniquement	to manage electronically	управлять по электронным каналам
G 167	gérer individuellement	to manage individually	управлять единолично
G 168	gestion *f*	management, running	управление, руководство, администрирование
G 169	assurer la gestion	to ensure the management	обеспечивать управление
G 170	exercer conjointement la gestion	to manage jointly	осуществлять совместное руководство
G 171	intervenir dans la gestion	to participate in the management	участвовать в управлении
G 172	gestion de l'actif	assets management	управление активами

G

G 173	gestion administrative	administration, administrative management	административное управление
G 174	gestion assistée [automatisée]	computer-aided [computerized] management	управление с помощью компьютера
G 175	gestion bancaire	bank management	управление банком
G 176	gestion boursière	stock market management	управление биржей
G 177	gestion de caisse	cash management	управление кассовой наличностью
G 178	gestion des changes	foreign exchange management	управление операциями с иностранной валютой
G 179	gestion collective des placements	collective investment management	коллективное управление инвестициями
G 180	gestion des comptes	account management	управление (клиентскими) счетами
G 181	gestion concertée des taux de change	coordinated management of exchange rates	совместное управление валютными курсами
G 182	gestion courante	current management	оперативное управление, текущее руководство
G 183	gestion des créances hypothécaires	mortgage loan management	управление ипотечной задолженностью
G 184	gestion des dépôts	deposit management	управление вкладами
G 185	gestion électronique de la trésorerie	electronic cash management	электронное управление наличными средствами
G 186	gestion de l'émission monétaire	money creation management	регулирование денежной эмиссией
G 187	gestion des emplois	use of funds management	контроль за использованием средств
G 188	gestion d'encaisse	cash management	управление кассовой наличностью
G 189	gestion des excédents de trésorerie	cash surplus management	управление кассовыми излишками
G 190	gestion du fichier des bénéficiaires	beneficiary file management	управление картотекой выгодоприобретателей
G 191	gestion du fichier central	central file management	управление центральной картотекой
G 192	gestion financière	financial management	управление финансовой деятельностью
G 193	gestion fiscale	tax planning	налоговое планирование
G 194	gestion des fonds	fund management	управление фондами
G 195	gestion de fonds de placement	investment fund management	управление инвестиционными фондами
G 196	gestion hyperperformante de la trésorerie	highly successful cash management	высокоэффективное управление наличными средствами
G 197	gestion informatisée	computerized management	управление с помощью компьютера
G 198	gestion d'investissements	investment management	управление инвестициями
G 199	gestion journalière	daily management	повседневное руководство
G 200	gestion des liquidités	liquidity management	управление ликвидными средствами, контроль за ликвидностью
G 201	gestion sur mesure	tailored management	специализированное управление
G 202	gestion monétaire	money management	контроль и регулирование денежного обращения

G

G 203	gestion de moyens de paiement	means of payment management	контроль за платёжными средствами
G 204	gestion obligataire	bond management	управление облигациями
G 205	gestion par ordinateur	computerized management	управление с помощью компьютера
G 206	gestion participation	equal participation management	управление на основе принципа равного участия
G 207	gestion de participations	holdings management	управление участиями (в капитале)
G 208	gestion du passif	liability management	управление пассивами
G 209	gestion de patrimoine	assets management	управление активами
G 210	gestion de portefeuille	portfolio management	управление портфелем (ценных бумаг)
G 211	gestion d'un portefeuille d'actions	share portfolio management	управление портфелем акций
G 212	gestion prévisionnelle d'une trésorerie	forward cash planning	планирование будущих потребностей в наличных средствах
G 213	gestion professionnelle	professional management	компетентное управление
G 214	gestion professionnelle des placements	professional investment management	компетентное управление инвестициями
G 215	gestion de positions	position management	управление позициями
G 216	gestion des réserves de change	foreign exchange reserve management	управление валютными резервами
G 217	gestion du risque de change	exchange risk management	управление валютным риском
G 218	gestion du risque de taux	interest rate risk management	управление процентным риском
G 219	gestion, saine	sound management	разумное управление
G 220	gestion des services bancaires	bank service management	контроль за оказанием банковских услуг
G 221	gestion du stock de DTS	SDR holdings management	управление запасами СДР
G 222	gestion du temps	time management	контроль за временем
G 223	gestion de trésorerie	cash management	управление наличными средствами
G 224	gestionnaire m	administrator, manager	менеджер, управляющий
G 225	gestionnaire assureur	insurance manager	страховой менеджер
G 226	gestionnaire de compte	account officer	менеджер, отвечающий за определённых клиентов
G 227	gestionnaire des créances	debt manager	менеджер по долговым требованиям
G 228	gestionnaire financier	financial manager	менеджер по финансам, финансовый директор
G 229	gestionnaire de fonds	fund manager	управляющий фондом
G 230	gestionnaire de fonds commun de placement	investment [mutual] fund manager	управляющий взаимного фонда
G 231	gestionnaire des liquidités	liquidity manager	менеджер по управлению ликвидными средствами
G 232	gestionnaire de marchés de «futures»	futures market manager	менеджер по рынкам фьючерсов
G 233	gestionnaire de patrimoine	assets manager	управляющий активами
G 234	gestionnaire de portefeuilles	portfolio manager	управляющий портфелями
G 235	gestionnaire professionnel	professional manager	профессиональный менеджер
G 236	gestionnaire professionnel des placements	professional investment manager	профессиональный менеджер по инвестициям

G

G 237	giro *m* bancaire	bank giro	банковский клиринг, безналичные расчёты между банками
G 238	gisement *m* des titres livrables	(list of) deliverable bonds *(in the futures market)*	список облигаций, принимаемых к поставке *(на рынке фьючерсов)*
G 239	glissade *f* du dollar	slide [drop] in the dollar exchange rate	снижение курса доллара
G 240	glissement *m*	slide, drop	снижение, понижение
G 241	glissement (vers le bas) du dollar	slide [drop] in the dollar exchange rate	снижение курса доллара
G 242	glissement d'une fin d'année à l'autre	drop *(e.g. in profit)* from one year end to the next	понижение *(напр. прибыли)* в конце одного года по сравнению с предыдущим
G 243	glissement important	substantial drop	значительное снижение
G 244	glisser	to skid, to slide, to drop	снижаться, понижаться
G 245	global	global; overall; aggregate	глобальный, общий, итоговый; совокупный
G 246	globalisation *f*	globalization	глобализация
G 247	globalisation des cotes	globalization of quotations	глобализация котировок
G 248	globalisation de la finance [financière]	globalization of finance, financial globalization	глобализация финансов, финансовая глобализация
G 249	globalisation du marché financier	globalization of the financial market	глобализация финансового рынка
G 250	globalisation des marchés des capitaux	globalization of capital markets	глобализация рынков капитала
G 251	globalité *f* du bilan	global balance sheet	общий баланс
G 252	gold-point *m*	gold point	золотая точка
G 253	gold-point d'entrée	import gold point	точка притока золота
G 254	gold-point de sortie	export gold point	точка оттока золота
G 255	gonflement *m*	inflation, swelling; increase, expansion	разбухание; чрезмерное увеличение
G 256	gonflement des agrégats monétaires	inflation of monetary aggregates	чрезмерный рост денежных агрегатов
G 257	gonflement des avoirs monétaires	increase in monetary holdings	разбухание валютных авуаров
G 258	gonflement exagéré de la masse monétaire	excessive inflation of the money supply	разбухание денежной массы
G 259	gonflement excessif de liquidités	excessive swelling of liquid assets	разбухание ликвидных средств
G 260	gonflement monétaire des recettes	increase in receipts in monetary terms	разбухание доходов в денежном выражении
G 261	gonflement du portefeuille d'escompte	increase in discount portfolio	увеличение учётного портфеля
G 262	gonflement des provisions	increase in reserves	разбухание резервов
G 263	gonflement des taux d'intérêt	increase in interest rates	резкий рост процентных ставок
G 264	gonflement du volume du crédit	increase in credit volumes	разбухание объёма кредита
G 265	gourous *m pl*	gurus	ведущие специалисты
G 266	gourous du marché	market gurus	ведущие специалисты рынка
G 267	gourous de Wall Street	Wall Street gurus	ведущие специалисты Нью-Йоркской фондовой биржи
G 268	gouverneur *m* d'une banque	bank manager	управляющий банком
G 269	graphe *m*	graph; chart	график

G

G 270	graphe des cours de clôture	close only chart	график курсов [цен] на закрытие биржи
G 271	graphe d'évolution des cours	price fluctuation chart	график изменения курсов
G 272	graphe en ligne	line chart	линейный график
G 273	graphe «points et figures» [«croix et rond»]	point and figure chart	график биржевых цен в виде «крестиков и ноликов» (показывает движение курса за определённое время: «крестик» означает повышение курса, «нолик» - понижение)
G 274	graphique m	graph; chart	график; диаграмма
G 275	graphique à bande	bar chart	столбиковая диаграмма
G 276	graphique chiffré	point and figure chart	график биржевых цен в виде «крестиков и ноликов» (показывает движение курса за определённое время: «крестик» означает повышение курса, «нолик» - понижение)
G 277	graphique en colonnes [à tuyaux d'orgue]	bar chart	столбиковая диаграмма
G 278	graphiste m	chartist	чартист, специалист по графическому анализу
G 279	gratuit	free	бесплатный, безвозмездный
G 280	gré à gré m	over the counter market, OTC market	внебиржевой рынок
G 281	grève f de l'impôt	tax strike, tax boycott	отказ от уплаты налогов
G 282	grever	1. to burden, to put a strain on 2. to encumber (estate)	1. обременять, отягощать 2. закладывать (имущество)
G 283	grille f	scale; grid	сетка, шкала; таблица
G 284	grille des changes	exchange rate scale	таблица валютных курсов
G 285	grille de cotation	scale of point values	котировочная таблица
G 286	grille de cours pivots	exchange rate grid	таблица центральных курсов
G 287	grille de frais variables	scale of variable expenses	шкала переменных расходов
G 288	grille de parités	parity grid	таблица [сетка] взаимных паритетов валют (в ЕВС)
G 289	grille de rémunération	salary [wage] scale, wage structure	шкала заработной платы
G 290	grille des taux de change	exchange rate scale	таблица валютных курсов
G 291	grille des taux d'intérêt	interest rate scale	сетка процентных ставок
G 292	grimper	to soar, to rocket	быстро расти, взлетать (о курсах)
G 293	grossistes m pl en valeurs mobilières	market makers	оптовые торговцы ценными бумагами, маркет-мейкеры
G 294	groupe m	group	группа; трест; синдикат
G 295	groupe chef de file	lead group	ведущая группа
G 296	groupe commercial	commercial group	торговая группа
G 297	groupe de contact	contact group	контактная группа
G 298	groupe de coordination	coordination group	координационная группа
G 299	groupe de cotation	pit	котировочная группа, дилеры на котировке
G 300	groupe dollar	dollar group	группа (дилеров), специализирующаяся на операциях с долларом

G

G 301	groupe d'entreprises	group of companies, trust	группа компаний, трест
G 302	groupe d'épargnants	group of investors	группа инвесторов
G 303	groupe d'experts	group of experts	группа экспертов
G 304	groupe financier	financial group	финансовая группа
G 305	groupe de firmes	group of companies	синдикат
G 306	groupe industriel	industrial group	промышленная группа
G 307	groupe initiateur de l'offre	bidding group (in a takeover)	группа, сделавшая предложение (о покупке компании)
G 308	groupe majoritaire	majority group	мажоритарная группа
G 309	groupe mark	mark group	группа (дилеров), специализирующаяся на операциях с маркой
G 310	groupe minoritaire	minority group	миноритарная группа
G 311	groupe de monnaies	group of currencies	набор валют
G 312	groupe de projet	project team, task force	проектная группа, специальная группа для проведения *какого-л.* мероприятия
G 313	groupe de sociétés d'assurances	group of insurance companies	группа страховых компаний
G 314	groupe de spécialistes en valeurs du Trésor	group of appointed treasury bond dealers	группа уполномоченных дилеров по ценным бумагам казначейства
G 315	groupe de travail	work group	рабочая группа
G 316	groupe à vocation multinationale	multinational (group)	многонациональная компания
G 317	groupement *m*	1. group, association 2. grouping; pooling (e.g. of shares)	1. группа; трест; ассоциация; объединение 2. группировка, объединение *(напр. акций)*
G 318	groupement d'actions	pooling of shares	объединение акций
G 319	groupement bancaire [de banques]	association of banks	банковская ассоциация
G 320	groupement de banques internationales	association of international banks	международная банковская ассоциация
G 321	groupement d'emprunts	pooling of loans	объединение займов
G 322	groupement d'entreprises	trust	трест
G 323	groupement financier	financial group [pool]	финансовая группа
G 324	groupement monétaire	monetary group	валютная группа
G 325	groupement non institutionnel de banques	noninstitutional bank association	неформальное банковское объединение
G 326	groupement professionnel	professional association	профессиональное объединение
G 327	groupement de sociétés	trust	трест
G 328	Groupement *m* des utilisateurs de SWIFT	SWIFT Users' Association	Ассоциация пользователей системы СВИФТ
G 329	groupes *m pl*	groups	группы
G 330	se structurer en groupes	to organize into groups	объединяться в группы
G 331	s'imposer comme groupes	to establish as groups	утверждаться в качестве групп
G 332	groupes autonomes	autonomous groups	независимые группы
G 333	groupes bancaires	bank groups	банковские группы
G 334	groupes de financement des entreprises	corporate finance groups	группы по финансированию компаний

H

G 335	groupes investisseurs	investment groups	группы-инвесторы
G 336	groupes multinationaux	multinational groups	многонациональные группы
G 337	guerre *f*	war	война
G 338	guerre des coupons	coupon war	война купонов
G 339	guerre des courtages	brokerage war	война комиссионных
G 340	guerre monétaire	monetary war	валютная война
G 341	guerre des prix sans merci	merciless price war	безжалостная ценовая война
G 342	guerre des taux de change	exchange rate war	война валютных курсов
G 343	guerre des taux d'intérêt	interest rate war	война процентных ставок
G 344	guichet *m*	1. counter, window 2. (bank) branch	1. касса, кассовое окно 2. отделение (банка)
G 345	à guichet ouvert	top *(e.g. issues)*	ведущие *(о выпусках ценных бумаг)*
G 346	payer au guichet	to pay over the counter	платить в кассу
G 347	présenter [remettre] au guichet	to hand in over the counter	передавать в кассу
G 348	se présenter au guichet de la banque	to come to the bank counter	подходить к кассовому окну банка
G 349	guichet automatique de banque, GAB	automatic teller machine, ATM, cash dispenser	банкомат, банковский автомат
G 350	guichet bancaire	1. bank counter 2. bank branch	1. окно банка 2. отделение банка
G 351	guichet d'escompte	discount counter	окно учёта *(векселей)*
G 352	guichet payeur	cashier's window	окно кассы
G 353	guichet permanent	(permanent) branch *(of a bank)*	постоянное отделение *(банка)*
G 354	guichet de réescompte	rediscount counter	окно переучёта (векселей)
G 355	guichet-auto *m*	drive-in bank	автомобильный филиал, отделение банка, приспособленное для обслуживания клиентов в автомобилях
G 356	guichets *m pl*	1. counters, windows 2. (bank) branch	1. кассы 2. отделение (банка)
G 357	céder des guichets	to sell (bank) branches	продавать банковские отделения
G 358	fermer des guichets	to close a (bank) branch	закрывать отделение банка
G 359	ouvrir des guichets	to open a (bank) branch	открывать отделение банка
G 360	payable à nos guichets	payable over the counter	подлежащий оплате в нашем отделении
G 361	transférer des guichets	to transfer a branch (of a bank)	переводить отделение банка
G 362	transformer des guichets	to transform a (bank) branch	преобразовывать отделение банка
G 363	guichetier *m*	counter clerk, teller	банковский клерк, кассир
G 364	Guide *m* bancaire	banking guide	банковский справочник

H

H 1	habillage *m* d'un bilan	window-dressing [cooking, doctoring] of a balance sheet	приукрашивание [«причёсывание»] баланса
H 2	habit *m* du banquier	bank customs	банковские обычаи

H

H 3	handicap *m*	disadvantage	неблагоприятное обстоятельство, препятствие
H 4	handicap de change	exchange rate disadvantage	потери на валютном курсе
H 5	handicap dollar, cruel	difficulties of the dollar	тяжёлое положение доллара
H 6	handicap de taille	big disadvantage	значительное [крупное] препятствие
H 7	harmonisation *f*	harmonization	гармонизация, выравнивание, согласование
H 8	harmonisation des conditions d'émissions des titres	harmonization of terms of securities issues	гармонизация условий выпуска ценных бумаг
H 9	harmonisation des cotations	harmonization of quotations	выравнивание котировок
H 10	harmonisation fiscale sur le capital	capital tax harmonization	гармонизация налогов на капитал
H 11	harmonisation des instruments de la politique monétaire	harmonization of monetary policy instruments	гармонизация инструментов денежно-кредитной политики
H 12	harmonisation de la politique de change	harmonization of foreign exchange policy	согласование валютной политики
H 13	harmonisation des politiques monétaires et économiques	harmonization of monetary and economic policies	согласование денежно-кредитной и экономической политики
H 14	harmonisation des pratiques fiscales	harmonization of tax practices	гармонизация налоговой практики
H 15	harmonisation des procédures de déclaration des revenus	harmonization of tax return procedures	гармонизация процедуры заполнения налоговой декларации
H 16	harmonisation des procédures de règlement-livraison	harmonization of settlement and delivery procedures	гармонизация процедуры расчётов и поставки (ценных бумаг)
H 17	harmonisation des ratios de capital	harmonization of capital ratios	выравнивание коэффициентов капитала
H 18	harmonisation du régime fiscal	harmonization of tax system	гармонизация налогового режима
H 19	harmonisation des réglementations de change	harmonization of currency regulations	гармонизация валютного законодательства
H 20	harmonisation des taux européens de TVA	harmonization of European VAT rates	выравнивание европейских ставок НДС
H 21	harmoniser	to harmonize	гармонизировать; выравнивать, согласовывать
H 22	hausse *f*	rise, increase	повышение, рост, увеличение
H 23	accuser une hausse	to show a rise	повышаться, расти, увеличиваться
H 24	acheter à la hausse	to buy long, to buy for a rise	покупать с расчётом на повышение
H 25	escompter la hausse	to expect a rise, to count on a rise	рассчитывать на повышение
H 26	être en hausse	to be going up, to show a rise	повышаться, расти, увеличиваться
H 27	flotter en hausse	to float upwards	медленно повышаться
H 28	jouer [miser] à la hausse	to play for a rise, to go a bull, to bull the market	играть на повышение
H 29	se garantir contre la hausse des taux	to cover [to hedge] oneself against a rise in rates	застраховываться от повышения процентных ставок
H 30	spéculer à la hausse	to play for a rise, to go a bull, to bull the market	играть на повышение

H

H 31	subir une forte hausse	to shoot up, to soar, to rocket	резко повышаться, взлетать
H 32	hausse des actions	rise in stock prices	повышение курса акций
H 33	hausse boursière	rising (stock) market	повышение биржевых курсов
H 34	hausse continue	continuous rise	постоянный рост
H 35	hausse des cours	rise in prices	повышение курсов
H 36	hausse de la devise	rise of the currency, rise in the exchange rate of the currency	повышение курса валюты
H 37	hausse excessive	excessive rise	чрезмерный рост
H 38	hausse, faible	slight increase	незначительное повышение
H 39	hausse, forte	sharp rise	значительное повышение
H 40	hausse foudroyante des prix	staggering rise in prices	стремительный рост цен
H 41	hausse générale	general rise	общий рост
H 42	hausse incontrôlée du billet vert	uncontrolled dollar rise	неконтролируемое повышение курса доллара
H 43	hausse inflationniste des prix	inflationary price increase	инфляционный рост цен
H 44	hausse maximum	maximum increase	максимальное повышение
H 45	hausse moyenne	average increase	средний рост
H 46	hausse du PER	rise in the PER *(price/earnings ratio)*	рост отношения цены акции к доходам по ней
H 47	hausse de 45 points de l'indice Dow-Jones	45 point rise in the Dow-Jones index	повышение индекса Доу-Джонса на 45 пунктов
H 48	hausse régulière des cours	regular rise in prices	постоянное повышение курсов
H 49	hausse subite	sudden rise	внезапное повышение
H 50	hausse du taux d'escompte	rise in the discount rate	повышение учётной ставки
H 51	hausse des taux d'intérêt	rise in interest rates	повышение процентных ставок
H 52	hausse de la valeur	rise in the value	повышение стоимости
H 53	hausse de la valeur des actions	rise in the value of stock	повышение стоимости акций
H 54	hausser	to rise	повышать, увеличивать; повышаться, увеличиваться
H 55	hausses *f pl* intercalaires	rises between two falls	временное повышение курса ценных бумаг между периодами его падения
H 56	haussier	bullish; upward	повышательный
H 57	haussier *m*	bull	«бык», спекулянт, играющий на повышение, повышатель
H 58	haussier sur le dollar	bullish operator for the dollar	«бык» по долларам, участник рынка, играющий на повышение курса доллара
H 59	haut *m* de bilan	upper part of the balance sheet	верхняя («неподвижная») часть баланса *(средства, имеющие характер долгосрочных, неликвидных вложений и источников)*
H 60	hauts *m pl*	highs, peaks	высшие точки, пики
H 61	hedger *m*	hedger	хеджер *(лицо, проводящее операцию по страхованию ценового риска)*
H 62	hedging *m*	hedging	хеджирование, страхование от потерь
H 63	faire du hedging	to hedge	хеджировать, страховать от потерь
H 64	hedging systématique	systematic hedging	постоянное хеджирование
H 65	hégémonie *f*	hegemony	гегемония

H

H 66	hégémonie du dollar	hegemony of the dollar	гегемония доллара
H 67	hégémonie économique et financière	economic and financial hegemony	экономическая и финансовая гегемония
H 68	hégémonie de l'euromarché	hegemony of the Euromarket	гегемония еврорынка
H 69	hémorragie f	drain	отток, утечка, бегство
H 70	hémorragie de(s) capitaux	massive outflow [drain] of capital	бегство [утечка] капиталов
H 71	hémorragie de devises	drain on foreign exchange	натиск на иностранную валюту
H 72	hémorragie financière	outflow of financial resources	отток финансовых средств
H 73	hémorragie des réserves de change	massive drain of foreign exchange reserves	утечка валютных резервов
H 74	hésitant	unsteady, unsettled	неустойчивый
H 75	heure f	time, hour	время, час
H 76	heure du jour de liquidation	hour of the account day	время расчётного дня
H 77	heure de la journée	hour of the day	время суток
H 78	heures f pl	time, hours	время, часы
H 79	en dehors des heures normales de travail	outside normal working hours (of branches)	вне часов работы (банковских отделений)
H 80	heures de bourse	market [stock exchange, trading] hours	часы работы биржи, часы биржевых операций
H 81	heures de fermeture des guichets	bank closing time	время закрытия банковских отделений
H 82	heures de grande affluence	rush [peak] hours	часы притока [наплыва], часы пик
H 83	heures normales de négociation	normal trading hours	обычные часы проведения биржевых операций
H 84	heures d'ouverture des guichets	bank business hours	время открытия банковских отделений
H 85	heures ouvrables	business [office] hours	часы работы
H 86	heures de séance	market [stock exchange, trading] hours	часы работы биржи, часы биржевых операций
H 87	heures de travail des marchés des changes	business hours of foreign exchange markets	часы работы валютных рынков
H 88	hiérarchie f	hierarchy	иерархия
H 89	hiérarchie des centres financiers	hierarchy of financial centers	иерархия финансовых центров
H 90	hiérarchie par instrument	hierarchy by instrument	иерархия по каждому финансовому инструменту
H 91	hiérarchie des signatures, réelle	real hierarchy of signatures	реальная иерархия [очерёдность] подписей
H 92	hiérarchie des taux d'intérêt	interest rate structure, yield curve	структура процентных ставок, кривая доходности
H 93	hiérarchisation f	hierarchical organization	установление иерархии
H 94	hiérarchisation des monnaies	hierarchical organization of currencies	установление иерархии валют
H 95	hiérarchisation des taux	differentiation of rates	установление иерархии процентных ставок
H 96	hisser, se	to rise (e. g. rates, prices)	повышаться (напр. о ставках, ценах)
H 97	holding m	holding (company)	холдинг, холдинговая компания
H 98	holding à l'étranger	holding company abroad	зарубежный холдинг
H 99	holding filial	subsidiary holding	дочерний холдинг

H

H 100	holdings *m pl*	holdings, holding companies	холдинги, холдинговые компании
H 101	holdings financiers	financial holdings	финансовые холдинги
H 102	holdings purs	pure holdings	чистые холдинги
H 103	holdings purs complémentaires	pure complimentary holdings	взаимодополняющие чистые холдинги
H 104	holdings spécialisés	specialist holdings	специализированные холдинги
H 105	hommes *m pl*	people, officials	деятели
H 106	hommes de finance	financiers	финансисты
H 107	hommes de la haute banque	major bankers	крупные банкиры
H 108	hommes de marché	traders	участники рынка
H 109	homogénéisation *f* des contraintes	homogenization of constraints	унификация ограничений
H 110	homogénéité *f* du système de Breton-Woods	homogeneity of the Bretton-Woods System	целостность Бреттон-Вудской системы
H 111	honorabilité *f* d'un débiteur	worthiness of a debtor	добросовестность должника
H 112	honoraires *m pl*	fee, fees	плата (, получаемая) за услуги
H 113	honorer	to honor, to meet *(commitments)*	выполнять *(обязательства)*
H 114	horaires *m pl*	timetables, schedules; working hours	расписание; часы работы
H 115	en dehors des horaires du marché boursier	outside the working hours of the stock market	вне часов работы биржи
H 116	horizon *m*	1. horizon 2. level	1. горизонт, перспектива 2. уровень
H 117	donner un horizon de long terme	to provide a long-term perspective	описывать долгосрочную перспективу
H 118	horizon prévisionnel	forecasting range	период прогнозирования
H 119	horizon de risque	risk level	уровень риска
H 120	horizon temporel des cambistes	time horizon of forex dealers	временной горизонт валютных дилеров
H 121	horodatage *m*	time stamping	проставление времени
H 122	faire l'objet d'un horodatage	to be subject to time stamping	подвергаться проставлению времени *(напр. о заявке на проведение операции)*
H 123	horodatage des ordres de bourse	time stamping of stock exchange orders	проставление времени на биржевых поручениях
H 124	hors du cours, hors jeu	out-of-the-money *(of an option)*	не имеющий «внутренней» стоимости *(об опционе)*
H 125	hors lieu	offshore *(e. g. bank)*	офшорный *(напр. о банке)*
H 126	hors place, hors rayon	out-of-town, out-of-country *(of a check)*	неместный *(о чеке)*
H 127	hors séance	after hours	вне часов работы биржи
H 128	hors-bilan *m*	off-balance sheet items	забалансовые операции
H 129	contrôler le poids fiscal du hors-bilan	to control the tax liability on off-balance sheet items	контролировать налогообложение забалансовых операций
H 130	hors-bourse	unlisted *(e.g. share)*, after-hours *(e.g. quotation)*	не котирующийся на бирже *(напр. о ценной бумаге)*, предоставленный вне рабочих часов биржи *(напр. о котировке)*
H 131	hors-bourse *m*	over-the-counter [curb, off-board, unofficial] market	внебиржевой рынок

H

H 132	hors-cote *m*	over-the-counter [curb, off-board, unofficial] market	внебиржевой рынок
H 133	hors-cote automatisé	automated over-the-counter market	автоматизированный внебиржевой рынок
H 134	hypercotation *f* des titres	active quotation of securities	активная котировка ценных бумаг
H 135	hyperexpansion *f*	hyperexpansion	сверхбыстрая экспансия
H 136	hyperinflation *f*	hyperinflation	гиперинфляция
H 137	hyperspécialisation *f*	hyperspecialization	гиперспециализация, высокая степень специализации
H 138	hypothécable	mortgageable	приемлемый для залога
H 139	hypothèque *f*	mortgage	ипотека, закладная
H 140	amortir une hypothèque	to pay off [to redeem] a mortgage	погашать задолженность по ипотеке, выкупать закладную
H 141	constituer une hypothèque	to create a mortgage	устанавливать ипотеку
H 142	emprunter sur hypothèque	to borrow on mortgage	получать ссуду под ипотеку
H 143	frapper d'hypothèque une immobilisation	to encumber real property by a mortgage	устанавливать ипотеку на недвижимое имущество
H 144	inscrire une hypothèque	to register a mortgage	регистрировать ипотеку
H 145	payer une hypothèque	to pay off [to redeem] a mortgage	погашать задолженность по ипотеке, выкупать закладную
H 146	prendre hypothèque pour un crédit	to back a loan by a mortgage	обеспечивать ссуду ипотекой
H 147	purger une hypothèque	to pay off [to redeem] a mortgage	погашать задолженность по ипотеке, выкупать закладную
H 148	hypothèque de deuxième rang	second mortgage	вторая закладная
H 149	hypothèque fiduciaire	trust mortgage	траст-закладная
H 150	hypothèque générale	general [blanket] mortgage	общая ипотека, генеральная закладная
H 151	hypothèque immobilière	property mortgage	закладная на недвижимость
H 152	hypothèque mobilière	chattel mortgage	закладная на движимое имущество
H 153	hypothèque de premier rang	first mortgage	первая закладная
H 154	hypothèque de priorité	senior mortgage	первоочередная закладная
H 155	hypothèque purgée	closed mortgage	выкупленная закладная
H 156	hypothèque de rang postérieur	junior mortgage	закладная низкой очерёдности
H 157	hypothéquer	to mortgage; to secure by mortgage	закладывать, устанавливать ипотеку; обеспечивать ипотекой
H 158	hypothèques *f pl* du Trésor	treasury mortgage-backed securities	ценные бумаги казначейства, обеспеченные ипотекой

I

I 1	identité *f*	identity	личность
I 2	identité des contreparties	identity of contracting parties	личность контрагентов
I 3	identité juridique	legal status	юридический статус
I 4	identité d'un postulant	applicant's identity	личность заявителя

I 5	illégal	illegal	незаконный, противозаконный
I 6	illégalement	illegally	незаконно, противозаконно
I 7	illégalité f des opérations de change	unlawfulness [illegality] of foreign exchange transactions	незаконность валютных операций
I 8	illimité	unlimited	1. неограниченный, беспредельный 2. бессрочный; неопределённый (о сроке)
I 9	illiquide	illiquid	неликвидный
I 10	illiquidité f	illiquidity	неликвидность
I 11	illusion f monétaire	monetary illusion	денежная иллюзия (видимость роста доходов при инфляции)
I 12	image f	image	имидж
I 13	image de la bourse	image of the stock exchange	имидж биржи
I 14	image de l'entreprise	corporate image	имидж компании
I 15	images-chèques f pl	check images	изображения чеков (хранение информации о чеках в виде компьютерных изображений)
I 16	imbrication f financière	financial interrelation (of companies)	финансовая взаимозависимость (компаний)
I 17	immédiat	immediate	немедленный, безотлагательный
I 18	immeubles m pl à l'usage professionnel	office building	здания, используемые под офисы
I 19	immixtion f de l'État dans l'économie privée	intervention of the state into private business	вмешательство государства в дела частного бизнеса
I 20	immobilier m	property; real estate, real assets, realty	недвижимость, недвижимое имущество
I 21	immobilisation f	immobilization, tying up, locking up	иммобилизация, замораживание
I 22	immobilisation du bilan	drawing the balance	подведение баланса (на определённую дату)
I 23	immobilisation de capitaux	tying up of capital	замораживание капиталов
I 24	immobilisation de moyens monétaires	locking up of monetary assets	иммобилизация денежных средств
I 25	immobilisations f pl	fixed assets	внеоборотные активы
I 26	immobilisations, autres	other noncurrent assets	прочие долгосрочные активы (статья баланса)
I 27	immobilisations corporelles	tangible fixed assets	основные средства, материальные активы
I 28	immobilisations financières	long-term investments	долгосрочные инвестиции, долгосрочные финансовые вложения
I 29	immobilisations immatérielles [incorporelles]	intangible assets	нематериальные активы
I 30	immobilisations matérielles	tangible fixed assets	материальные активы
I 31	immobilisé	immobilized, tied up, locked up (capital); illiquid	замороженный (о капитале); неликвидный
I 32	immobiliser	to immobilize	замораживать (средства)
I 33	immobilisme m du taux d'escompte	immobility of the discount rate	неизменность учётной ставки
I 34	immunisation f	immunization	иммунизация, придание иммунитета

I

I 35	immunité *f* de la Banque centrale	immunity of the Central Bank	иммунитет [независимость] Центрального банка
I 36	impact *m*	impact	воздействие, влияние
I 37	impact sur le contrôle financier	impact on financial control	воздействие на финансовый контроль
I 38	impact sur le contrôle monétaire	impact on monetary control	воздействие на контроль за денежной массой
I 39	impact d'investissements	investment impact	воздействие инвестиций
I 40	impact des taux flottants sur l'inflation	impact of floating rates on inflation	воздействие на инфляцию плавающих ставок
I 41	impasse *f* de trésorerie	treasury deadlock	нехватка наличности
I 42	impayé	unpaid, dishonored *(e.g. bill)*	неоплаченный *(напр. счёт)*
I 43	impayé *m*	outstanding payment, outstanding account, outstanding bill	невзысканный платёж; неоплаченный счёт; неоплаченный вексель
I 44	impayé rendu [retourné]	bill returned unpaid [dishonored]	возвращённый неоплаченный вексель
I 45	impayés *m pl* sur crédit à la consommation	outstanding consumer credit payments	невыплаты по потребительскому кредиту
I 46	imperfections *f pl* du marché	imperfections of the market	несовершенство рынка
I 47	combler [corriger] les imperfections du marché	to make up imperfections of the market	компенсировать несовершенство рынка
I 48	implantation *f*	1. setting up, establishment *(of a company)* 2. installation	1. внедрение, проникновение 2. установка, размещение *(компании)*
I 49	implantation bancaire	establishment of a subsidiary of bank	создание филиала банка
I 50	implantation des DAB	installation of ATMs [automatic teller machines]	установка банковских автоматов
I 51	implantation des groupes	establishment of (financial) groups	проникновение (финансовых) групп
I 52	implanter	to set up, to establish	внедрять, вводить
I 53	implanter, s'	to set up	внедряться *(напр. на рынок)*
I 54	implication *f* pécuniaire	monetary involvement	финансовое участие
I 55	importance *f*	1. importance 2. size, amount	1. важность 2. размер(ы), объём, величина
I 56	importance des apports	size of contributions	размеры взносов
I 57	importance de l'assise	size of the (tax) base	величина базы налогообложения
I 58	importance des capitaux propres	amount of equity [shareholders' capital]	размеры акционерного капитала
I 59	importance du crédit	loan size	размеры ссуды
I 60	importance de l'engagement	amount of a liability	объём обязательства
I 61	importance d'une entreprise	company size	размер компании
I 62	importance de l'épargne	amount of savings	объём сбережений
I 63	importance d'un impôt	tax amount	величина налога
I 64	importance de l'investissement	investment amount	объём инвестиций
I 65	importance du patrimoine	assets size; estate size	размеры активов
I 66	importance des quotes-parts	quota size	размер квот
I 67	importance d'une réduction	discount amount	размер скидки
I 68	importance des réserves	amount of the reserves	величина резервов
I 69	importance du risque encouru	risk incurred	величина понесённого риска

I

I 70	importance des sommes en cause	sums involved	величина задействованных сумм
I 71	importance des transactions	transaction size	объём операций
I 72	importateurs *m pl* nets de capital	net capital importers	страны-нетто — импортёры капитала
I 73	importations *f pl* de capitaux	capital inflow	приток капитала
I 74	imposable	taxable, liable to tax	облагаемый налогом, подлежащий налогообложению
I 75	imposer	to tax	облагать налогом
I 76	imposés *m pl*	taxpayers	налогоплательщики
I 77	imposition *f*	taxation	налогообложение; налог
I 78	échapper à l'imposition	to dodge [to evade] taxation	уклоняться от уплаты налогов
I 79	instituer une imposition	to introduce a tax	вводить налог
I 80	imposition des bénéfices	taxation of benefits	налогообложение прибылей
I 81	imposition du [sur le] capital	capital tax	налог на капитал
I 82	imposition, double	double taxation	двойное налогообложение
I 83	imposition au forfait [forfaitaire]	flat-rate taxation, notional [presumptive] assessment	налогообложение в заранее установленном размере; налогообложение по твёрдой ставке
I 84	imposition de la fortune	wealth tax	налог на состояние
I 85	imposition des intérêts	interest tax	налогообложение процентов
I 86	imposition des investissements	investment taxation	налогообложение инвестиций
I 87	imposition, lourde	heavy taxation	высокий размер налогов
I 88	imposition minimale	minimum taxation	минимальное налогообложение
I 89	imposition multiple	multiple taxation	многократное налогообложение
I 90	imposition des plus-values	capital gains tax	налог на доходы от капитала
I 91	imposition des plus-values de fusion	tax on gains from mergers	налог на доход от слияний
I 92	imposition réduite	reduced taxation	пониженное налогообложение
I 93	imposition des revenus de capitaux mobiliers	capital gains tax	налог на доходы от капитала
I 94	impossibilité *f* de cotation	impossibility of quotation	невозможность котировки
I 95	impôt *m*	tax	налог
I 96	abattre un impôt	to abate [to cut down] a tax	снижать налог
I 97	abolir un impôt	to abolish a tax	отменять налог
I 98	alléger un impôt	to abate [to cut down] a tax	снижать налог
I 99	alourdir un impôt	to increase a tax [a burden]	увеличивать налог
I 100	asseoir à un impôt	to levy a tax on, to tax	облагать налогом
I 101	assujetti à l'impôt	taxable, liable to tax	облагаемый налогом, подлежащий налогообложению
I 102	assujettir à un impôt	to levy a tax on, to tax	облагать налогом
I 103	éluder un impôt	to dodge [to evade] a tax	уклоняться от уплаты налога
I 104	être justiciable de l'impôt	to be subject to tax	подлежать обложению налогом
I 105	exempt d'impôt	tax-free	свободный от уплаты налога
I 106	instituer un impôt	to introduce a tax	вводить налог
I 107	libre d'impôt	tax-free	свободный от уплаты налога
I 108	net d'impôt	tax paid, after tax	после уплаты налога

I

I 109	passible d'impôt	taxable, liable to tax	облагаемый налогом, подлежащий налогообложению
I 110	percevoir un impôt	to collect a tax	взимать налог
I 111	personnaliser un impôt	to personalize a tax	индивидуализировать налогообложение
I 112	réclamer contre l'impôt mis à sa charge	to complain about the tax levied (on someone)	возражать против суммы налогообложения
I 113	soumis à l'impôt	taxable, liable to tax	облагаемый налогом, подлежащий налогообложению
I 114	impôt anticipé	anticipated (amount of) tax	предполагаемая сумма налога
I 115	impôt assis sur le revenu	tax based on income, income tax	подоходный налог
I 116	impôt sur les bénéfices des sociétés	corporate [corporation] tax	налог на прибыль корпораций, корпоративный налог
I 117	impôt sur les bénéfices des transactions	tax on earnings from transactions	налог на доход от операций
I 118	impôt de bourse	stock exchange tax, tax on stock exchange transactions	биржевой налог, налог на биржевые операции
I 119	impôt sur le capital	capital tax	налог на капитал
I 120	impôt sur le chiffre d'affaires	turnover tax	налог с оборота
I 121	impôt sur le chiffre de services rendus	tax on amount of services provided	налог на оборот по оказанным услугам
I 122	impôt sur les coupons	coupon tax	налог на купоны (доходы от облигаций)
I 123	impôt déduit	deducted tax	вычтенный налог
I 124	impôt sur la dépense	expense tax	налог на расход (статья расходов)
I 125	impôt déterminé	fixed tax	налог в установленном размере
I 126	impôt sur les émissions	issuance tax	налог на эмиссии (ценные бумаги)
I 127	impôt finalement dû	final amount of tax due	конечная сумма налога, подлежащая уплате
I 128	impôt foncier	land [property] tax	земельный налог
I 129	impôt forfaitaire	flat-rate tax	вменённый налог
I 130	impôt sur la fortune	wealth tax	налог на крупные состояния
I 131	impôt général sur le revenu	flat-rate income tax	подоходный налог в твёрдой сумме
I 132	impôt sur les grandes fortunes, IGF	wealth tax	налог на крупные состояния
I 133	impôt négatif	negative tax	отрицательная сумма налога
I 134	impôt net dû	net amount of tax due	сумма-нетто подлежащего уплате налога
I 135	impôt sur les opérations de bourse	stock exchange tax, tax on stock exchange transactions	биржевой налог, налог на биржевые операции
I 136	impôt payé	tax paid	уплаченный налог
I 137	impôt à payer	tax payable	налог, подлежащий уплате
I 138	impôt perçu	tax collected	полученный налог
I 139	impôt personnel	personal tax	личный налог
I 140	impôt sur les plus-values (de capitaux)	capital gains tax, betterment tax	налог на прирост капитала
I 141	impôt positif	positive tax	положительная сумма налога

I

I 142	impôt prélevé à l'étranger	tax collected abroad	налог, полученный за границей
I 143	impôt sur le revenu	income tax	подоходный налог
I 144	impôt sur le revenu des intérêts	interest tax	налог на процентный доход
I 145	impôt sur le revenu des valeurs mobilières	securities tax, capital gains tax	налог на доход от ценных бумаг
I 146	impôt sur les sociétés, IS	corporation [corporate] tax	налог на прибыль корпораций, корпоративный налог
I 147	impôt de solidarité sur la fortune, ISF	wealth tax	налог на крупные состояния
I 148	impôt à la source	withholding tax	налог у источника
I 149	impôt sur les superbénéfices	excess profits tax	налог на сверхприбыль
I 150	impôt total à payer	total payable tax	полная сумма налога к выплате
I 151	impôt sur le transfert des capitaux	capital transfer tax	налог на перевод капитала
I 152	impraticabilité *f* de l'action par les taux	impracticability of interest rate action	нереальность воздействия через процентные ставки
I 153	imprécision *f* des termes	inaccuracy [imprecision] of terms *(e.g. of contract)*	неточность условий *(напр. контракта)*
I 154	imprévisibilité *f* des taux de change	unpredictability of exchange rates	непредсказуемость динамики валютных курсов
I 155	imprimante *f*	printer	принтер, печатающее устройство
I 156	imprimés *m pl* de déclaration	declaration forms	бланки декларации
I 157	imputable	chargeable	начисляемый; подлежащий уплате
I 158	imputation *f*	allocation, application, charging	зачисление; зачёт (суммы)
I 159	imputation des charges	cost allocation	зачисление издержек
I 160	imputation sur les comptes financiers	allocation to financial accounts	зачисление на финансовые счета
I 161	imputation sur une dette	allocation to a debt	зачёт в счёт долга
I 162	imputation sur le montant du prêt	charging against the amount of the loan	зачёт в счёт суммы ссуды
I 163	imputation d'un paiement	payment transaction	проведение платежа
I 164	imputation de la perte liée à la réévaluation des devises	allocation of the loss due to the revaluation of currencies	зачисление убытков, связанных с изменением курсов валют
I 165	imputation d'une somme au crédit d'un compte	charging of an amount to the credit of an account, crediting of an account	зачисление суммы в кредит счёта
I 166	imputation d'une somme au débit d'un compte	charging of an amount to the debit of an account, debiting of an account	зачисление суммы в дебет счёта
I 167	imputer	to charge to; to charge against	начислять на, относить (на счёт)
I 168	inacquittable	nonpayable	не подлежащий уплате
I 169	inacquitté	unpaid	неоплаченный
I 170	inactif	1. idle *(e.g. capital)* 2. slack, dull *(e.g. market)*	1. праздный, бездействующий *(напр. о капитале)* 2. вялый *(напр. о рынке)*
I 171	inadmissibilité *f*	inadmissibility	недопустимость

I

I 172	inaltérabilité f	stability, permanence; unchanging nature	неизменность, стабильность, постоянство
I 173	inanimé	sluggish, dull *(market)*	вялый *(напр. рынок)*
I 174	incalculable	incalculable	неисчислимый
I 175	incapacité f des experts	incompetence of experts	некомпетентность экспертов
I 176	incertain m	1. price quoted in foreign currency 2. movable [variable] exchange	1. цена в иностранной валюте 2. неустойчивая котировка
I 177	incertitudes f pl des taux flottants	fluctuations of floating rates	колебания плавающих ставок
I 178	incessibilité f	nontransferability	непередаваемость, невозможность переуступки
I 179	incessible	nontransferable	непередаваемый, не подлежащий переуступке
I 180	incidence f	incidence, effect, impact	воздействие, эффект
I 181	incidence comptable	accounting effect	воздействие на бухгалтерский учёт
I 182	incidence d'un double courtage	effect of double brokerage	эффект взимания двойных комиссионных
I 183	incidence sur la liquidité	effect on liquidity	воздействие на ликвидность
I 184	incidence financière	financial effect	финансовое воздействие
I 185	incidence fiscale	tax effect	воздействие фискальных [налоговых] мер
I 186	incidence inflationniste	inflationary incidence	инфляционное воздействие
I 187	incidence monétaire des opérations sur titres	monetary impact of securities transactions	воздействие операций с ценными бумагами на денежно-кредитную систему
I 188	incidence du renouvellement d'un swap	effect of a swap renewal	воздействие продления свопа
I 189	incidence restrictive sur la liquidité	restrictive effect on liquidity	рестриктивное воздействие на ликвидность
I 190	incidence de trésorerie	impact on cash	воздействие на наличность
I 191	incidence des variations des taux de change sur la masse monétaire	impact of exchange rate fluctuations on money supply	воздействие колебаний валютных курсов на денежную массу
I 192	incitation f	incentive, inducement	стимулирование
I 193	incitation à l'épargne	saving incentive	стимулирование сбережений
I 194	incitation fiscale	tax incentive	налоговое стимулирование
I 195	incitation à l'investissement	investment incentive	стимулирование инвестиций
I 196	inclusion f	inclusion	включение
I 197	inclusion de la livre sterling dans le panier de monnaies	inclusion of the pound sterling in the basket of currencies	включение фунта стерлингов в валютную корзину
I 198	inclusion de toutes les monnaies dans le SME	inclusion of all currencies in the EMS	включение всех валют в ЕВС
I 199	inconfiance f en l'avenir	lack of confidence in the future	неуверенность в будущем
I 200	inconsolidé	unconsolidated *(e.g. balance sheet)*	неконсолидированный *(напр. баланс)*
I 201	incontrôlable	uncontrollable; unverifiable	неконтролируемый; не поддающийся проверке
I 202	incontrôlé	uncontrolled; unverified	неподконтрольный; непроверенный
I 203	inconvertibilité f	inconvertibility	неконвертируемость, необратимость

I

I 204	**inconvertibilité des billets**	inconvertibility of notes	необратимость банкнот
I 205	**inconvertibilité des monnaies**	inconvertibility of currencies	неконвертируемость валют
I 206	**inconvertible**	inconvertible	неконвертируемый, необратимый
I 207	**incorporation** *f*	incorporation	включение; присоединение
I 208	**incorporation au capital d'une dette**	capitalization of a debt	капитализация долга, включение долга в состав капитала
I 209	**incorporation de(s) réserves (au capital)**	capitalization [incorporation] of reserves	капитализация резервов
I 210	**incorporel**	intangible	нематериальный
I 211	**incorporer**	to capitalize	капитализировать, включать в капитал
I 212	**incotable**	unquotable	некотируемый
I 213	**incoté**	unquoted *(e.g. rate, price)*	неустановленный *(напр. курс, цена)*
I 214	**incrimination** *f* **de blanchissement de capitaux**	incrimination of money laundering	вменение в вину «отмывания» денег
I 215	**indécis**	unsettled *(e.g. market)*	неустойчивый *(напр. о рынке)*
I 216	**indemnisable**	indemnifiable	подлежащий возмещению
I 217	**indemnisation** *f*	indemnification, compensation	возмещение убытков, компенсация
I 218	**indemnisation des associés**	indemnification of partners	возмещение ущерба членам товарищества
I 219	**indemnisation des dommages**	compensation for damages, reparation of losses	возмещение убытков
I 220	**indemnisation obligatoire**	obligatory indemnification	обязательное возмещение (убытков)
I 221	**indemniser**	to indemnify, to compensate	возмещать убытки, компенсировать
I 222	**indemnité** *f*	1. compensation, indemnity 2. allowance	1. компенсация, сумма компенсации 2. денежное пособие
I 223	**accorder [allouer] une indemnité**	to award an indemnity	выдавать компенсацию
I 224	**percevoir une indemnité**	to draw an allowance, to receive compensation	получать компенсацию
I 225	**recevoir une indemnité de résolution**	to get a cancellation indemnity	получать компенсацию за расторжение контракта
I 226	**à titre d'indemnité**	by way of indemnification	в качестве компенсации
I 227	**toucher une indemnité**	to draw an allowance, to receive compensation	получать компенсацию
I 228	**indemnité en argent**	cash indemnity, money compensation	денежная компенсация
I 229	**indemnité d'assurance**	insurance benefit	страховое возмещение
I 230	**indemnité compensatrice**	compensation	компенсация
I 231	**indemnité en espèces**	cash indemnity, money compensation	денежная компенсация
I 232	**indemnité forfaitaire**	lump indemnity	компенсация в твёрдой сумме
I 233	**indemnité de résolution [résolutoire]**	severance [separation] pay	компенсация за расторжение договора

I

I 234	indemnité de retard	late delivery compensation	компенсация за невыполнение обязательств в срок
I 235	indemnité de rupture de contrat	severance [separation] pay	компенсация за расторжение договора
I 236	indemnité supplémentaire	additional compensation	дополнительная компенсация
I 237	indépendance *f* monétaire	monetary independence	валютная независимость
I 238	index *m*	index	индекс
I 239	index monétaire	money index	валютный индекс
I 240	index obligataire	bond index	облигационный индекс
I 241	indexation *f*	indexation, indexing, index-linking	индексация
I 242	indexation d'un emprunt	indexation of a loan	индексация займа
I 243	indexation de l'épargne	indexation of savings	индексация сбережений
I 244	indexation des obligations de l'emprunt d'État	indexation of government bonds	индексация облигаций государственного займа
I 245	indexation des salaires	wage indexation	индексация заработной платы
I 246	indexation des taux d'intérêt	indexation of interest rates	индексация процентных ставок
I 247	indexation des titres	indexation of securities	индексация ценных бумаг
I 248	indexation des tranches du barème	indexation of (income) bands	индексация (доходов) в зависимости от категории
I 249	indexation de la valeur de remboursement d'une rente	indexation of the redemption price of a (government) bond	индексация цены погашения (государственных) облигаций
I 250	indexer	to index, to peg	индексировать
I 251	indicateur *m*	indicator	показатель, индикатор
I 252	indicateur financier	financial indicator	финансовый показатель
I 253	indicateur instantané	immediate indicator	показатель текущего состояния *(рынка)*
I 254	indicateur de liquidité	liquidity indicator	показатель ликвидности
I 255	indicateur de marché	market indicator	рыночный индикатор
I 256	indicateur monétaire [pécuniaire]	monetary indicator	денежный показатель
I 257	indicateur de rendement	yield indicator	показатель доходности
I 258	indicateur des taux d'intérêt	interest rates indicator	показатель процентных ставок
I 259	indicateurs *m pl*	indicators	показатели, индикаторы
I 260	indicateurs avancés	leading indicators	опережающие [ведущие] индикаторы
I 261	indicateurs de masse monétaire	monetary aggregates	показатели денежной массы, денежные агрегаты
I 262	indicateurs précurseurs	leading indicators	опережающие [ведущие] индикаторы
I 263	indicateurs retardataires	lagging indicators	отстающие [запаздывающие] индикаторы
I 264	indicateurs de tendance	leading indicators	опережающие [ведущие] индикаторы
I 265	indication *f*	1. indication 2. instruction, direction	1. указание 2. указание, инструкция
I 266	sans indication de date	with no indication of the date	без указания даты
I 267	sauf indication contraire	unless otherwise indicated	если не указано иное
I 268	à titre d'indication	for your information [guidance]	для сведения
I 269	indication de cours	price indication	назначение цены

I

I 270	**indication de date**	indication of the date	указание даты
I 271	**indication de l'émetteur**	information about the issuer, indication of the issuer	указание эмитента
I 272	**indice** *m*	index	индекс; показатель
I 273	**indice des actions**	stock index	индекс акций
I 274	**indice des bons du Trésor**	treasury bill index, T-bill index	индекс бон [векселей] казначейства
I 275	**indice boursier**	stock market index	биржевой индекс
I 276	**indice CAC**	CAC index *(French stock market index)*	индекс КАК *(индекс французской фондовой биржи)*
I 277	**indice CAC 40**	CAC 40 index *(40 most traded stocks)*	индекс КАК 40 *(индекс курсов сорока наиболее активно обращающихся ценных бумаг)*
I 278	**indice composite**	compound index	сложный индекс
I 279	**indice des cours des actoins**	stock price index	индекс курсов акций
I 280	**indice Dow-Jones**	Dow-Jones index	индекс Доу-Джонса
I 281	**indice économique**	economic index	экономический показатель
I 282	**indice Financial Times, FT**	Financial Times index	индекс «Файнэншл Таймс»
I 283	**indice général**	all-items index, broadly-based index	общий индекс *(курсов всех ценных бумаг)*
I 284	**indice général CAC**	all-items CAC index *(French stock market index)*	общий индекс КАК *(индекс французской фондовой биржи)*
I 285	**indice Hang Seng**	Hang Seng index	индекс Ханг Сенг *(курсов на фондовой бирже Гонконга)*
I 286	**indice de la hausse des prix**	price index	индекс цен
I 287	**indice de l'inflation**	inflation index	темпы инфляции
I 288	**indice de lots irréguliers**	odd lot index	индекс курсов по нестандартным лотам
I 289	**indice mondial**	world index	мировой индекс
I 290	**indice Nikkeï**	Nikkei index	индекс Никкей *(Токийской фондовой биржи)*
I 291	**indice non pondéré**	unweighted index	простой [невзвешенный] индекс
I 292	**indice des obligations**	bond index	облигационный индекс
I 293	**indice de pondération par capitalisation**	capitalization-weighted index	индекс, взвешенный на основе капитализации
I 294	**indice pondéré**	weighted index	взвешенный индекс
I 295	**indice du pouvoir d'achat**	purchasing power index	индекс покупательной способности
I 296	**indice prévisionnel**	leading indicator	опережающий [ведущий] индикатор
I 297	**indice de référence**	reference index	базисный индекс
I 298	**indice simple**	simple [unweighted] index	простой [невзвешенный] индекс
I 299	**indice synthétique du cours du dollar**	dollar effective exchange rate index	эффективный валютный курс доллара *(на основе корзины валют основных торговых партнёров и их доли в товарообороте)*
I 300	**indice de technologie de pointe**	high-tech index	индекс ценных бумаг высокотехнологичных отраслей

I

I 301	indice des valeurs mobilières	securities index	индекс ценных бумаг
I 302	indice de volatilité	volatility index	индекс неустойчивости [волатильности]
I 303	indices *m pl*	indices	индексы; показатели
I 304	indices officiels	official indices	официальные показатели
I 305	indices partiels de l'évolution du dollar	partial indices of dollar movements	частичные индексы изменения курса доллара
I 306	indisponibilité *f*	unavailability; shortage	невозможность использования, недоступность; отсутствие, нехватка
I 307	indisponibilité des fonds [des ressources]	unavailability of funds	нехватка средств
I 308	indisponibilité des titres	unavailability of securities	отсутствие ценных бумаг
I 309	indisponible	unavailable	не имеющийся в наличии, не могущий быть использованным
I 310	individualisation *f*	individualization	индивидуализация, дифференциация
I 311	individualisation comptable	accounting individualization	индивидуальный учёт *(напр. активов)*
I 312	individualisation des créances cédées	individualization of transferred claims	индивидуализация переуступаемых долговых требований
I 313	individualisation des gages	individualization of security [surety]	конкретное указание имущества, передаваемого в залог *(данного обязательства)*
I 314	individualiser	to individualize	индивидуализировать, дифференцировать
I 315	indivis	undivided, joint	нераздельный, неделимый
I 316	indivisibilité *f* d'une obligation	indivisibility of an obligation	неделимость обязательства
I 317	induits *m pl*	induced investment	произведённые инвестиции
I 318	industrie *f*	industry	1. промышленность, индустрия 2. отрасль, сектор
I 319	industrie bancaire	banking industry	банковский сектор
I 320	industrie financière	finance, financial industry, financial markets	финансовый сектор
I 321	industrie de services	service industry	сфера услуг
I 322	industrie des valeurs mobilières	securities markets	рынки ценных бумаг
I 323	industrielles *f pl*	industrials, industrial stocks	ценные бумаги промышленных компаний
I 324	inefficacité *f* financière	financial inefficiency	нерентабельность
I 325	inégalités *f pl*	inequalities	диспропорции, различия
I 326	inégalités fiscales	tax inequalities	различия в налогообложении
I 327	inégalités du régime indemnitaire	inequalities of the compensation system	диспропорции компенсационной системы
I 328	inéluctabilité *f* de la baisse du dollar	inescapable fall of the dollar	неизбежность падения курса доллара
I 329	inemployé	unemployed, unused, idle	неиспользуемый, неиспользованный

I 330	inertie *f*	sluggishness *(of a market)*	вялость *(рынка)*
I 331	inescomptable	undiscountable *(of a bill)*	неприемлемый для учёта *(о векселе)*
I 332	inescompté	undiscounted *(of a bill)*	неучтённый *(о векселе)*
I 333	inestimable	inestimable, incalculable	неоценимый, не поддающийся оценке
I 334	inexécution *f*	nonfulfillment, nonexecution	невыполнение, неисполнение
I 335	inexécution partielle	partial nonfulfillment	частичное неисполнение
I 336	inexigibilité *f* de la dette	the fact that the debt is not due	невозможность взыскания долга *(срок которого не наступил)*
I 337	inexigible	not due *(e.g. of a debt)*	не подлежащий взысканию [истребованию] *(напр. о долге)*
I 338	inexistence *f* d'une unité de valeur	nonexistence of a unit of value	отсутствие меры стоимости
I 339	inexploité	untapped; unused *(e.g. of capital)*	неиспользованный *(напр. о капитале)*
I 340	infaillibilité *f*	infallibility, stability	устойчивость
I 341	infaillibilité des marchés des changes	stability of foreign exchange markets	устойчивость валютных рынков
I 342	infaillibilité du système bancaire	stability of the banking system	устойчивость банковской системы
I 343	inflation *f*	inflation	инфляция
I 344	alimenter l'inflation	to fuel [to feed] inflation	усиливать инфляцию
I 345	attiser l'inflation	to spur inflation	подхлёстывать инфляцию
I 346	combattre l'inflation	to fight inflation	бороться с инфляцией, противодействовать инфляции
I 347	contenir [endiguer] l'inflation	to check [to contain] inflation	сдерживать инфляцию
I 348	enrayer l'inflation	to curb [to stamp out] inflation	обуздывать инфляцию
I 349	faire face à l'inflation	to fight inflation	бороться с инфляцией, противодействовать инфляции
I 350	freiner l'inflation	to check [to contain] inflation	сдерживать инфляцию
I 351	générer l'inflation	to generate inflation	вызывать инфляцию
I 352	juguler [museler] l'inflation	to curb [to stamp out] inflation	обуздывать инфляцию
I 353	résister [s'opposer] à l'inflation	to resist inflation	противодействовать инфляции
I 354	stopper l'inflation	to stop inflation	прекращать инфляцию
I 355	inflation cachée [camouflée]	hidden inflation	скрытая инфляция
I 356	inflation chronique	chronic inflation	хроническая инфляция
I 357	inflation continue	permanent inflation	непрекращающаяся инфляция
I 358	inflation contrôlée	controlled inflation	контролируемая инфляция
I 359	inflation de crédit	credit inflation	кредитная инфляция
I 360	inflation à deux chiffres	double digit inflation	инфляция, выражаемая двузначным числом
I 361	inflation domestique	domestic inflation	инфляция внутри страны
I 362	inflation endémique	endemic inflation	локальная инфляция
I 363	inflation financière	credit inflation	кредитная инфляция
I 364	inflation galopante	galloping [runaway] inflation	галопирующая инфляция
I 365	inflation grimpante	creeping inflation	ползучая инфляция
I 366	inflation importée	imported inflation	импортируемая инфляция
I 367	inflation incontrôlée	uncontrolled inflation	неконтролируемая инфляция

I

I 368	inflation larvée	creeping inflation	ползучая инфляция
I 369	inflation latente [masquée]	latent [hidden] inflation	скрытая инфляция
I 370	inflation monétaire	monetary inflation	инфляция, вызванная увеличением денежной массы
I 371	inflation permanente [persistante]	chronic inflation	непрекращающаяся инфляция
I 372	inflation potentielle	potential inflation	потенциальная инфляция
I 373	inflation des prix	price inflation	ценовая инфляция, рост цен
I 374	inflation rampante	creeping inflation	ползучая инфляция
I 375	inflation refoulée	latent [hidden] inflation	скрытая инфляция
I 376	inflationniste	inflationary	инфляционный
I 377	infléchissement *m*	change	изменение
I 378	inflexibilité *f*	inflexibility, rigidity	неэластичность, негибкость
I 379	inflexible	inflexible, rigid	неэластичный, негибкий
I 380	inflexion *f*	change, deviation	изменение, отклонение
I 381	inflexion brusque	sharp deviation	резкое изменение
I 382	inflexion des taux	deviation of interest rates	изменение процентных ставок
I 383	inflexion du taux d'escompte	discount rate deviation	изменение учётной ставки
I 384	information *f*	information	информация, сведения, данные
I 385	acquérir l'information	to get [to obtain, to acquire] information	приобретать [получать] информацию
I 386	canaliser l'information	to channel information	передавать [направлять] информацию
I 387	coder l'information	to code information	кодировать информацию
I 388	collecter l'information	to gather information	собирать информацию
I 389	contrôler l'information	to control information	контролировать информацию
I 390	disposer d'une information complète	to have full information	быть полностью информированным, располагать всей информацией
I 391	extraire l'information	to extract information	извлекать информацию
I 392	fournir l'information	to provide information	предоставлять информацию
I 393	maîtriser l'information sur la gestion	to have [to command] management information	располагать управленческой информацией
I 394	munir d'information	to provide information	предоставлять информацию
I 395	obtenir l'information	to get [to obtain, to acquire] information	приобретать [получать] информацию
I 396	stocker l'information	to store information	хранить информацию
I 397	véhiculer l'information	to channel information	передавать информацию
I 398	information des actionnaires	stockholder [shareholder] information	информация для акционеров
I 399	information de la bourse	stock market information	биржевая информация
I 400	information chiffrée sur les chèques et dépôts	check and deposit figures	зашифрованная [(за)кодированная] информация о чеках и вкладах
I 401	information complète	full information	полная информация
I 402	information confidentielle	confidential information	конфиденциальная [секретная] информация
I 403	information constante et complète	permanent and full information	постоянное предоставление полной информации
I 404	information continue	continuous disclosure	постоянное предоставление информации

I 405	information continue sur les cours	continuous price information	постоянная информация о курсах
I 406	information sur le coût du crédit	loan cost information	информация о стоимости кредита
I 407	information de crédit	credit information	кредитная информация
I 408	information élargie	comprehensive information	обширная информация
I 409	information électronique	electronic information	электронная информация, информация в электронной форме
I 410	information, fausse	wrong [incorrect] information	ложная информация
I 411	information financière professionnelle	professional financial information	профессиональная финансовая информация
I 412	information de gestion	management information	управленческая информация
I 413	information sur les liquidités	information on liquid assets	сведения о ликвидных средствах
I 414	information obligatoire	mandatory disclosure	обязательное предоставление информации [отчётности]
I 415	information périodique	periodical disclosure	периодическое предоставление отчётности
I 416	information permanente	continuous disclosure	постоянное предоставление отчётности
I 417	information privilégiée	privileged information	информация ограниченного доступа *(напр. информация о положении дел в компании)*
I 418	information sur la situation financière	information on the financial situation (of company)	информация о финансовом положении (компании)
I 419	information sur la solvabilité	solvency information	информация о платёжеспособности
I 420	information par télétraitement	remote information	информация, получаемая по электронной сети
I 421	information trompeuse	wrong [incorrect] information	ложная информация
I 422	informations *f pl*	information, data	информация, сведения, данные
I 423	maîtriser les informations	to have [to command] data	располагать данными
I 424	regrouper les informations	to regroup data	перегруппировывать данные
I 425	synthétiser les informations	to consolidate information	обобщать информацию
I 426	traiter les informations	to process information	обрабатывать информацию
I 427	informations chiffrées	figures	цифровые данные
I 428	informations sur le compte du client	customer account information	сведения о счёте клиента
I 429	informations consolidées semestrielles	half-yearly consolidated information	полугодовая консолидированная отчётность
I 430	informations obligatoires destinées au public	mandatory disclosure of information to the public	обязательное предоставление информации широкой публике
I 431	informatisation *f*	computerization	компьютеризация
I 432	informatisation de la comptabilité	computer accounting	компьютеризация бухгалтерского учёта
I 433	informatisation de la fonction trésorerie	treasury computerization	компьютеризация операций по управлению текущими средствами
I 434	informatisation des transactions boursières	stock exchange transaction computerization	компьютеризация биржевых операций
I 435	informatiser	to computerize	компьютеризовать

I

I 436	infraction *f*	offense, violation	нарушение
I 437	infraction au contrôle des changes	exchange control violation	нарушение валютного контроля
I 438	infraction à la discipline budgétaire	violation of the budgetary discipline	нарушение бюджетной дисциплины
I 439	infraction évidente	obvious violation	явное нарушение
I 440	infraction fiscale	breach of tax code	нарушение налогового законодательства
I 441	infraction grave	serious [grave] offense	серьёзное нарушение
I 442	infraction à l'intégrité du marché	violation of the market integrity	нарушение целостности рынка
I 443	infraction à la législation [à la loi]	breach [infraction, violation] of the law	нарушение закона
I 444	infraction en matière de chèques	violation of check regulations	нарушение чекового законодательства
I 445	infraction présumée	presumed violation	подразумеваемое нарушение
I 446	infraction à la réglementation bancaire	violation of bank regulations	нарушение банковского законодательства
I 447	infraction aux réglementations de change	exchange control violation	нарушение валютного регулирования
I 448	infraction aux règles du droit financier	breach of the financial laws	нарушение финансового законодательства
I 449	inhibitions *f pl* fiscales	tax hurdles	налоговые ограничения
I 450	initial	initial	начальный, первоначальный
I 451	initialisation *f* d'un emprunt	initiation of a loan	инициирование ссуды
I 452	initiateur *m* d'une offre publique sur les titres	raider	рейдер *(лицо, скупающее акции компании с целью получения контрольного пакета)*
I 453	initiative *f*	initiative	инициатива
I 454	initiative législative	legislative initiative	законодательная инициатива
I 455	initiative monétaire d'envergure	large-scale monetary initiative	крупномасштабная валютная инициатива
I 456	initiative des opérateurs	traders' initiative	инициатива дилеров
I 457	initiaux *m pl*	underlying contracts, underlyings	исходные [опорные] контракты *(стандартные контракты, лежащие в основе производных финансовых инструментов)*
I 458	initiés *m pl*	insiders	инсайдеры *(служащие, обладающие конфиденциальной информацией)*
I 459	injecter	to infuse, to inject *(e. g. capital)*	«впрыскивать» *(напр. капиталы)*
I 460	injection *f*	injection, infusion	«впрыскивание», «инъекция»
I 461	injection de capitaux	capital injection [infusion]	«впрыскивание» капитала
I 462	injection initiale	initial (capital) outlay	первоначальное вложение (капитала)
I 463	injection de liquidités	injection of liquid assets	«впрыскивание» ликвидных средств
I 464	injection de ressources financières	injection of financial resources	«впрыскивание» финансовых ресурсов
I 465	innovations *f pl* financières	financial innovations	финансовые нововведения [инновации]

I

I 466	inobservation f des dispositions d'un contrat	nonobservance of the terms of a contract	несоблюдение условий контракта
I 467	inopérant	ineffective; inoperative	неэффективный; недействующий
I 468	rendre inopérant	to make ineffective	делать неэффективным
I 469	inorganisation f du marché financier	disorganized financial market	неорганизованность финансового рынка
I 470	inscription f	1. registration 2. entry, posting 3. listing	1. регистрация 2. занесение (на счёт), проводка, запись (по счёту) 3. листинг, допуск ценных бумаг к котировке
I 471	inscription d'une banque	registration of a bank	регистрация банка, занесение банка в реестр
I 472	inscription comptable	entry, posting	бухгалтерская запись, проводка
I 473	inscription en compte	account entry	запись по счёту
I 474	inscription de compte à compte entre deux banques correspondantes	entries to correspondent banks' accounts	проводка по счетам банков-корреспондентов
I 475	inscription à la cote	listing (of securities)	листинг, допуск к котировке
I 476	demander son inscription à la cote	to apply for admission to the list	подавать заявку на допуск к котировке
I 477	inscription à la cote officielle	listing	листинг, допуск ценных бумаг к котировке на фондовой бирже
I 478	inscription de crédits de paiement	posting of payment loans	проводка по счетам платёжных кредитов
I 479	inscription hypothécaire	mortgage registration	занесение в ипотечный реестр
I 480	inscription à plusieurs cotes	cross-listing	листинг ценных бумаг одновременно на нескольких биржах
I 481	inscription sur le registre	registration	регистрация, занесение в реестр
I 482	inscription sur le registre du débiteur	registration of a debtor	занесение дебитора в реестр
I 483	inscription au règlement mensuel	listing in monthly settlement market	листинг ценных бумаг на рынке с расчётом в конце месяца
I 484	inscription au second marché	listing in the second stock market (with less strict requirements - in France)	листинг ценных бумаг на втором рынке (во Франции — с менее жёсткими требованиями)
I 485	inscription des titres à un compte	posting of securities to an account	запись ценных бумаг на счёт
I 486	inscrit	registered; listed	зарегистрированный; пригодный для биржевых операций
I 487	inscrit à la cote	listed (on a stock exchange)	допущенный к котировке
I 488	insolvabilité f	insolvency	неплатёжеспособность
I 489	insolvabilité bancaire	bank failure	банкротство банка
I 490	insolvabilité d'un emprunteur	insolvency of a borrower	неплатёжеспособность заёмщика
I 491	insolvabilité d'un tireur	insolvency of a drawer	неплатёжеспособность трассанта
I 492	insolvable	insolvent	неплатёжеспособный
I 493	inspecteur m	inspector	инспектор

I

I 494	inspecteur des contributions directes	tax inspector	налоговый инспектор
I 495	inspecteur général des Finances	head of the Supervisory Office of Public Finance	генеральный инспектор государственных финансов
I 496	inspecteur des impôts	tax inspector	налоговый инспектор
I 497	inspection f	check, inspection, examination	проверка, контроль
I 498	inspection des livres	examination of books	проверка бухгалтерских книг
I 499	inspections par sondage	spot check	выборочная проверка
I 500	Inspection f générale des finances, IGF	Supervisory Office of Public Finance	Генеральная финансовая инспекция
I 501	instabilité f	instability	неустойчивость, нестабильность
I 502	instabilité des changes	instability of exchange rates	неустойчивость валютных курсов
I 503	instabilité de la conjoncture boursière	instability of the stock market situation	неустойчивость биржевой конъюнктуры
I 504	instabilité d'une monnaie	instability of a currency	неустойчивость валюты
I 505	instabilité des taux de change	instability of exchange rates	неустойчивость валютных курсов
I 506	instabilité des taux d'intérêt	instability of interest rates	неустойчивость процентных ставок
I 507	instable	unstable	неустойчивый, нестабильный
I 508	installation f d'automates bancaires	installation of automated teller machines [ATMs]	установка банковских автоматов
I 509	instances f pl	authorities	инстанции; руководящие органы
I 510	instances de décision	decision-making authorities	инстанции, принимающие решение
I 511	instances dirigeantes	authorities	руководящие органы
I 512	instances dirigeantes du FMI	IMF authorities	руководящие органы МВФ
I 513	instauration f	institution; introduction	установление, учреждение; введение *(чего-л.)*
I 514	instauration d'appel de marge	introduction of margin call	введение системы гарантийных депозитов *(при сделках с ценными бумагами в кредит)*
I 515	instauration du clearing	organization of clearing	организация клиринга
I 516	instauration d'un code de bonne conduite	introduction of a code of conduct	установление норм поведения
I 517	instauration d'une convertibilité entre les monnaies	introduction of convertibility of currencies	введение конвертируемости валют
I 518	instauration de délais de carence	introduction of a lead time before payment	установление льготных сроков
I 519	instauration d'un forfait minimum	introduction of a minimum set price	установление твёрдой минимальной цены
I 520	instauration d'un régime de prêts de titres	introduction of a securities lending system	введение системы заимствования ценных бумаг
I 521	instauration de la séance de Bourse du matin	introduction of the morning stock exchange trading	введение утреннего сеанса на бирже
I 522	instauration d'une société sans chèque	building a checkless society	установление «бесчекового» общества
I 523	instauration d'un système de changes flottants	introduction of floating exchange rate system	введение системы плавающих валютных курсов

I

I 524	instauration du Système monétaire européen	organization of the European Monetary System	учреждение Европейской валютной системы
I 525	instauration d'un taux de change	fixing an exchange rate	установление валютного курса
I 526	instauration des "zones cibles"	introduction of target zones	введение «целевых зон»
I 527	institut *m* d'émission	issuing house	эмиссионный институт
I 528	Institut *m* technique de Banque	Bank Technical Institute	Институт банковских технологий
I 529	institutionnalisation *f*	institutionalization	институционализация
I 530	institutionnalisation de pratiques d'affaires	institutionalization of business practices	институционализация деловой практики
I 531	institutionnalisation des relations financières internationales	institutionalization of international financial relations	институционализация международных финансовых отношений
I 532	institutionnaliser	to institutionalize	институционализировать, придавать официальный характер
I 533	institutionnel	institutional	институционный; институциональный
I 534	institutionnels *m pl*	institutional investors	институциональные инвесторы
I 535	institutions *f pl*	institutions	учреждения, институты
I 536	institutions bancaires	banking institutions	банковские учреждения
I 537	institutions boursières	stock exchange institutions	биржевые учреждения
I 538	institutions de Bretton-Woods	Bretton-Woods institutions	учреждения Бреттон-Вудской валютной системы
I 539	institutions à capital fermé	closely-held institutions	учреждения закрытого типа
I 540	institutions à caractère financier	financial institutions	финансовые учреждения
I 541	institutions collectrices de dépôts et d'épargne	deposit [depository, deposit-taking] institutions	депозитно-сберегательные учреждения
I 542	institutions coopératives de crédit	co-operative credit institutions	кооперативные кредитные учреждения
I 543	institutions de crédit, IC	credit [lending] institutions	кредитные учреждения
I 544	institutions de crédit monétaires	monetary lending institutions	учреждения краткосрочного кредитования
I 545	institutions de crédit publiques	state lending institutions	государственные кредитные учреждения
I 546	institutions de crédit spécialisées	specialized credit institutions	специализированные кредитные учреждения
I 547	institutions de dépôt	deposit [depository, deposit-taking] institutions	депозитные учреждения
I 548	institutions étatiques	state institutions	государственные учреждения
I 549	institutions financières, IF	financial institutions	финансовые учреждения
I 550	institutions financières bancaires	banking financial institutions	банковские финансовые учреждения
I 551	institutions financières et de crédit	financial and credit institutions	кредитно-финансовые учреждения
I 552	institutions financières internationales	international financial institutions	международные финансовые учреждения
I 553	institutions financières non bancaires, IFNB	nonbanking financial institutions	небанковские финансовые учреждения
I 554	institutions financières non spécialisées	nonspecialized financial institutions	неспециализированные финансовые учреждения

I

I 555	institutions financières publiques	state financial institutions	государственные финансовые учреждения
I 556	institutions financières semi-publiques	semipublic financial institutions	полугосударственные финансовые учреждения
I 557	institutions financières spécialisées, IFS	specialized financial institutions	специализированные финансовые учреждения
I 558	institutions de gestion collective d'épargne	investment companies, investment funds	инвестиционные компании, инвестиционные фонды, учреждения по управлению коллективными сбережениями
I 559	institutions du marché monétaire	money market institutions	институты денежного рынка
I 560	institutions monétaires internationales	international monetary institutions	международные валютные институты
I 561	institutions non financières	nonfinancial institutions	нефинансовые учреждения
I 562	institutions officielles internationales	official international institutions	официальные международные институты
I 563	institutions parabancaires	near banks	парабанковские учреждения, «почти банки»
I 564	institutions de prêts	lending institutions	кредитные учреждения
I 565	institutions à propriété dispersée	widely-held institutions	учреждения открытого типа
I 566	institutions subsidiaires	subsidiary institutions	вспомогательные институты
I 567	institutions supranationales	supranational institutions	наднациональные институты
I 568	instructions *f pl* de paiement	payment instructions	платёжные инструкции
I 569	instrument *m*	instrument	инструмент, средство
I 570	instrument d'arbitrage	arbitrage instrument	арбитражный инструмент
I 571	instrument de canalisation de l'épargne liquide	liquid savings channeling instrument	инструмент для привлечения ликвидных сбережений
I 572	instrument de circulation	means of circulation	средство обращения
I 573	instrument comptant titres	spot securities instrument	инструмент для сделок спот с ценными бумагами
I 574	instrument de contrôle	instrument of control	инструмент контроля
I 575	instrument de couverture	hedging instrument	инструмент хеджирования [страхования]
I 576	instrument à couvrir	instrument to hedge	инструмент, подлежащий покрытию
I 577	instrument de crédit	credit instrument	кредитный инструмент
I 578	instrument de dépôt	deposit instrument	депозитный инструмент
I 579	instrument d'échange	exchange instrument	средство обмена
I 580	instrument d'épargne et de crédit	savings and credit instrument	сберегательно-кредитный инструмент
I 581	instrument financier sous-jacent	underlying financial instrument	исходный [опорный] финансовый инструмент *(лежащий в основе производных финансовых инструментов)*
I 582	instrument fiscaliste de redistribution	tax instrument of redistribution	инструмент налогового перераспределения
I 583	instrument de garantie	guarantee instrument	гарантийный инструмент
I 584	instrument de gestion de taux	interest rate management instrument	инструмент регулирования процентными ставками
I 585	instrument d'intermédiation	intermediation instrument	инструмент посредничества

I 586	instrument de mesure des valeurs	value measurement instrument	мера стоимости
I 587	instrument notionnel	notional instrument	ноционный [условный] инструмент
I 588	instrument de paiement	means of payment	платёжное средство
I 589	instrument de placement	investment instrument	инвестиционный инструмент
I 590	instrument principal d'action sur les taux d'intérêt	principal interest rate management instrument	основное средство воздействия на процентные ставки
I 591	instrument de recouvrement des créances	debt collection instrument	инструмент взыскания по долговым обязательствам
I 592	instrument de régulation monétaire	monetary control instrument	инструмент денежно-кредитного регулирования
I 593	instrument support du contrat	contract support instrument	(финансовый) инструмент, основанный на контракте
I 594	instrument de transfert	transfer instrument	средство перевода
I 595	instrument de trésorerie négociable	negotiable commercial paper	обращающаяся коммерческая бумага
I 596	instrument à usages multiples	multiple-use instrument	многоцелевой инструмент
I 597	instruments *m pl*	instruments	инструменты
I 598	manier les instruments de politique monétaire	to use the monetary policy instruments	использовать инструменты денежно-кредитной политики
I 599	instruments de court terme	short-term instruments	краткосрочные инструменты
I 600	instruments de couverture de taux	interest rate hedging instruments	инструменты процентного хеджирования, инструменты страхования процентного риска
I 601	instruments de crédit négociables	negotiable credit instruments	обращающиеся кредитные инструменты
I 602	instruments financiers hors bilan	off-balance sheet financial instruments	забалансовые финансовые инструменты
I 603	instruments financiers défiscalisés	tax-exempted financial instruments	не облагаемые налогом финансовые инструменты
I 604	instruments financiers fiscalisés	financial instruments subject to taxation	облагаемые налогом финансовые инструменты
I 605	instruments financiers, nouveaux	new financial instruments	новые финансовые инструменты
I 606	instruments financiers représantatifs d'actifs financiers ou monétaires	financial instruments representing financial or monetary assets	финансовые инструменты, представляющие финансовые *или* денежные активы
I 607	instruments financiers sophistiqués	sophisticated financial instruments	новейшие финансовые инструменты
I 608	instruments financiers à taux variables	variable rate financial instruments	финансовые инструменты с плавающими ставками
I 609	instruments financiers traditionnels	traditional financial instruments	традиционные финансовые инструменты
I 610	instruments financiers d'utilisation complexe	complex financial instruments	сложные финансовые инструменты
I 611	instruments de gré à gré	OTC market instruments	инструменты внебиржевого рынка
I 612	instruments de long terme	long-term instruments	долгосрочные инструменты
I 613	instruments de marché	market instruments	рыночные инструменты
I 614	instruments monétaires liquides	liquid monetary instruments	ликвидные денежные инструменты

I

I 615	instruments du money market	money market instruments	инструменты денежного рынка *(рынка краткосрочных капиталов)*
I 616	instruments négociables	negotiable instruments	обращающиеся инструменты
I 617	instruments négociables du marché financier	negotiable instruments of the financial market	обращающиеся инструменты финансового рынка *(рынка долгосрочных капиталов)*
I 618	instruments opérationnels	operational instruments	операционные инструменты
I 619	instruments optionnels	option instruments	опционные инструменты
I 620	instruments de la politique monétaire	instruments of the monetary policy	инструменты денежно-кредитной политики
I 621	instruments de règlement des créances	debt settlement instruments	инструменты расчёта по долговым обязательствам
I 622	instruments de règlement internationaux	international payment instruments	международные платёжные инструменты
I 623	instruments de réserve	reserve instruments	резервные средства
I 624	instruments scripturaux	non-cash instruments	инструменты безналичных расчётов
I 625	insuccès *m* du placement	unsuccessful placement	неудачное размещение
I 626	insuffisance *f*	insufficiency; inadequacy; shortage	недостаточность; недостаток; нехватка
I 627	insuffisance d'actifs	insufficient assets	недостаточность активов
I 628	insuffisance de caisse	cash insufficiency	нехватка наличности
I 629	insuffisance de capital	impaired capital, undercapitalization	недостаточность капитала
I 630	insuffisance des contrôles	inadequate controls	недостаточность средств [инструментов] контроля
I 631	insuffisance de couverture	margin deficiency	недостаточность покрытия [маржи]
I 632	insuffisance des devises	insufficient foreign exchange	нехватка валюты
I 633	insuffisance de l'épargne	insufficient savings	недостаточность сбережений
I 634	insuffisance des fonds de roulement	insufficient working capital	недостаточность оборотного капитала
I 635	insuffisance de formation de la monnaie	insufficient money supply	недостаток денег в обращении
I 636	insuffisance des liquidités	insufficient liquid assets	нехватка ликвидных средств
I 637	insuffisance des liquidités monétaires	insufficient monetary liquidities	недостаток денежной ликвидности
I 638	insuffisance de provisions sur un compte	insufficient funds	недостаточность средств на счёте *(для покрытия чека)*
I 639	insuffisance des réserves de change	insufficient currency reserves	недостаточность валютных запасов
I 640	insuffisance de ressources	insufficient resources	нехватка ресурсов
I 641	insuffisance de la surveillance	inadequate supervision	недостаточный контроль
I 642	intangible	intangible *(assets)*	нематериальный, неосязаемый *(об активах)*
I 643	intégral	full	полный
I 644	intégralement	in full	целиком, полностью
I 645	intégralité *f*	whole	целостность, полнота
I 646	intégralité du service de la dette	the whole of debt servicing	полнота обслуживания долга
I 647	intégralité du système monétaire	the whole of the monetary system	целостность валютной системы
I 648	intégration *f*	integration	интеграция, объединение

I

I 649	intégration automatique des mouvements bancaires	automatic integration of bank flows	автоматическая интеграция движения по банковским счетам
I 650	intégration des fonctions comptables et financières	integration of accounting and financial functions	объединение бухгалтерской и финансовой функций
I 651	intégration d'informations	integration of data	синтез информации
I 652	intégration des marchés monétaire et financier	integration of monetary and financial markets	интеграция денежного и финансового рынков
I 653	intégration monétaire	monetary integration	валютная интеграция
I 654	intégration du sterling dans le SME	integration of the British pound into the EMS	вхождение фунта стерлингов в ЕВС
I 655	intégration de systèmes financiers	integration of financial systems	интеграция финансовых систем
I 656	intégrer	to integrate	интегрировать, объединять
I 657	intégrité f	integrity	целостность
I 658	intégrité du budget	integrity of the budget	целостность бюджета
I 659	intégrité financière	financial integrity	финансовая целостность
I 660	intensification f de la concurrence bancaire	intensification of bank competition	усиление межбанковской конкуренции
I 661	intentions f pl d'investir	intended investment	инвестиционное решение
I 662	interaction f de la masse monétaire et des prix	interaction of money supply and prices	взаимодействие денежной массы и цен
I 663	interbancaire	interbank	межбанковский
I 664	interbancarité f	interbanking	взаимодействие банков
I 665	interbancarité technique	technical interbanking	техническое взаимодействие банков
I 666	interbancarité totale	complete interbanking	полное взаимодействие банков
I 667	interbancarité véritable	true interbanking	действительное взаимодействие банков
I 668	intercalaire	interim	временный, промежуточный
I 669	interchangeable	interchangeable	взаимозаменяемый
I 670	intercommunication f de la masse monétaire et des prix	intercommunication of money supply and prices	взаимосвязь денежной массы и цен
I 671	interconnexion f des marchés monétaire et financier	interconnection of the money market and the financial market	взаимосвязь денежного и финансового рынков
I 672	interdépendances f pl financières	financial interdependencies	финансовая взаимозависимость
I 673	interdiction f	ban, banning, prohibition	запрещение, запрет
I 674	sauf interdiction expresse	unless expressly prohibited	при отсутствии прямого запрета
I 675	interdiction d'émettre des chèques	ban on check writing	запрет выписывать чеки
I 676	interdiction d'entrée de certaines devises	entry barrier for certain currencies	запрет на ввоз определённых валют
I 677	interdiction d'opérations	trading cease order	запрет на проведение операций
I 678	interdiction de pools	ban on pools	запрет на создание консорциумов
I 679	interdiction de sorties de capital	ban on capital export	запрет на вывоз капитала
I 680	interdiction de transport d'or	ban on transfer of gold	запрет на перевозку золота
I 681	interdit m bancaire [de chéquier]	person prohibited to make out checks	лицо, лишённое права выписки чеков
I 682	intéressé m	interested party	заинтересованная сторона

I

I 683	intéressé dans une faillite	interested party in a bankruptcy	заинтересованная сторона при банкротстве
I 684	intéressé, premier	preferential creditor	первый (по очерёдности) кредитор
I 685	intéressement *m* aux bénéfices	profit sharing scheme	участие работников в прибыли компании
I 686	intérêt *m*	interest	1. (ссудный) процент; проценты, процентный доход 2. пай, участие, доля (в капитале) 3. интерес *(объект страхования)*
I 687	avec intérêt	cum interest	с процентами, включая проценты
I 688	ex [hors] intérêt	ex interest	без процента, исключая проценты
I 689	courir l'intérêt	to accrue interest	накапливать процент *(о ценной бумаге, ссуде)*
I 690	emprunter à intérêt	to borrow at interest	занимать под процент
I 691	encaisser un intérêt	to collect interest	взимать процент
I 692	obtenir un intérêt	to acquire an interest	приобретать долю *(в компании)*
I 693	percevoir un intérêt	to charge a ...% interest	взимать процент
I 694	placer (de l'argent) à intérêt	to put out (money) at interest	ссужать под проценты
I 695	porter un intérêt	to bear [to carry, to yield] interest	приносить проценты
I 696	posséder un intérêt dans une société	to have a stake [an interest] in a company	иметь пай в компании
I 697	prêter à intérêt	to lend out at interest	ссужать под проценты
I 698	productif d'intérêt	interest-bearing, interest-yielding	приносящий проценты
I 699	produire [rapporter] un intérêt	to bear [to carry, to yield] interest	приносить процент
I 700	intérêt annuel stipulé	stipulated annual interest	установленный годовой процент
I 701	intérêt bancaire	bank interest	банковский процент
I 702	intérêt brut	gross interest	брутто-процент
I 703	intérêt de capital	interest on capital	процент на капитал
I 704	intérêt capitalisé	capitalized interest	капитализированный процент
I 705	intérêt commercial	commercial interest	торговый процент
I 706	intérêt courant	accruing interest	текущий процент
I 707	intérêt à courir	unearned interest	«незаработанный» процент, сумма процента к накоплению
I 708	intérêt en cours	open interest	объём открытых позиций *(на срочной бирже)*
I 709	intérêt de dépôt	interest on deposit	процент по депозиту
I 710	intérêt différé	deferred interest	отсроченный процент
I 711	intérêt à échoir	accruing interest	текущий процент
I 712	intérêt élevé	high interest	высокий процент
I 713	intérêt, faible	low interest	низкий процент
I 714	intérêt fixe	fixed interest	фиксированный процент
I 715	intérêt flottant	floating interest	плавающий процент
I 716	intérêt incessible	nontransferable interest	непереводимый процент
I 717	intérêt indexé	indexed interest	индексированный процент

I

I 718	intérêt intercalaire	building loan interest	процент по ссудам на капитальное строительство (выплачиваемый в течение срока строительства)
I 719	intérêt intérimaire	interim interest	промежуточный процент
I 720	intérêt négatif	negative interest	отрицательный процент
I 721	intérêt net	net [pure] interest	нетто-процент
I 722	intérêt nominal	nominal interest	номинальный процент, номинальная ставка процента
I 723	intérêt d'obligations [obligatoire]	bond [debenture] interest	процент по облигациям
I 724	intérêt payable	interest payable	процент к выплате, процент, подлежащий выплате
I 725	intérêt payable à terme échu	interest payable outstanding	просроченный процент, подлежащий выплате
I 726	intérêt payé d'avance	prepaid interest	заранее уплаченный процент
I 727	intérêt progressif	progressive interest	прогрессивный процент
I 728	intérêt réel	real interest	реальный процент
I 729	intérêt de report	contango	надбавка к цене, взимаемая продавцом за отсрочку
I 730	intérêt de retard	default [penal] interest, interest on arrears, interest of deferred payment	мораторный [штрафной] процент, процент за просрочку
I 731	intérêt servi	interest paid [served]	выплаченный процент
I 732	intérêt simple	simple interest	простые проценты
I 733	intérêt spéculatif	speculative interest	спекулятивный процент
I 734	intérêt statutaire	official [statutory] interest	официальный [установленный законом] процент
I 735	intérêt usuraire	usurious interest	ростовщический процент
I 736	intérêt variable	variable interest	переменный процент
I 737	intérêts *m pl*	1. interest 2. interests	1. проценты 2. интересы
I 738	acquitter des intérêts	to pay interest	выплачивать проценты
I 739	calculer des intérêts	to calculate interest	подсчитывать проценты
I 740	capitaliser des intérêts	to capitalize interest	капитализировать проценты
I 741	compter des intérêts	to calculate interest	подсчитывать проценты
I 742	décompter des intérêts	to deduct interest	вычитать проценты
I 743	sans intérêts	ex interest	без процента
I 744	limiter des intérêts	to limit interest (payments)	ограничивать проценты
I 745	payer des intérêts	to pay interest	выплачивать проценты
I 746	prélever des intérêts	to charge interest	взимать проценты
I 747	recevoir des intérêts	to receive interest	получать проценты
I 748	rembourser avec intérêts	to repay with interest	возмещать с процентами
I 749	servir des intérêts	to serve [to pay] interest	выплачивать проценты
I 750	servir au mieux les intérêts de ses clients	to serve one's clients' best interest	наилучшим образом служить интересам своих клиентов
I 751	verser des intérêts	to serve [to pay] interest	выплачивать проценты
I 752	intérêts accrus [accumulés]	accrued interest	накопленные проценты
I 753	intérêts actifs	credit [black] interest	кредиторские [получаемые] проценты
I 754	intérêts anticipés	anticipated [anticipatory] interest	ожидаемые проценты
I 755	intérêts arriérés	interest in arrears, back interest	невзысканные проценты
I 756	intérêts d'avance sur titres	interest on loans against securities	проценты по ссудам под залог ценных бумаг

I

I 757	intérêts bonifiés	subsidized interest	льготные проценты
I 758	intérêts composés	compound interest	сложные проценты
I 759	intérêts des comptes d'épargne	interest on savings accounts	проценты по сберегательным счетам
I 760	intérêts courus	accrued interest	набежавшие проценты; проценты, подлежащие уплате к настоящему дню
I 761	intérêts créanciers [créditeurs]	credit [black] interest	кредиторские [получаемые] проценты
I 762	intérêts cumulés	accrued interest	набежавшие проценты; проценты, подлежащие уплате к настоящему дню
I 763	intérêts débiteurs	debit [red] interest	дебиторские [выплачиваемые] проценты
I 764	intérêts dus	interest payable [due]	причитающиеся проценты
I 765	intérêts échus et non payés	overdue interest, arrears of interest	просроченные проценты
I 766	intérêts économisés sur le capital déjà remboursé	interest saved on repaid capital	проценты, сэкономленные на возвращённом капитале
I 767	intérêts exigibles	interest payable [due]	причитающиеся проценты
I 768	intérêts fiscalement déductibles	tax-deductible interest	проценты, не облагаемые налогом
I 769	intérêts sur fonds déposés à l'épargne	interest on funds deposited with savings institutions	проценты по средствам в сберегательных учреждениях
I 770	intérêts importants sur la dette	considerable interest on a debt	значительные проценты по долгу
I 771	intérêts intérimaires	interim interest	промежуточные проценты
I 772	intérêts légaux	official [statutory] interest	проценты, установленные на базе официальной банковской ставки
I 773	intérêts minoritaires	minority interest	интересы меньшинства, миноритарные интересы
I 774	intérêts monétaires	monetary interest	денежные интересы
I 775	intérêts des monopoles	monopoly's interest	интересы монополий
I 776	intérêts moratoires	interest on arrears, default [penal] interest, interest of deferred payment	моратóрные [штрафные] проценты, проценты за просрочку
I 777	intérêts mutuels des partenaires	mutual partners' interest	взаимные интересы партнёров
I 778	intérêts noirs	credit [black] interest	кредиторские [получаемые] проценты
I 779	intérêts obligataires	bond interest	проценты по облигациям
I 780	intérêts passifs	debit [red] interest	дебиторские [выплачиваемые] проценты
I 781	intérêts postcomptés, IPC	post-computed interest	проценты, уплачиваемые после предоставления кредита
I 782	intérêts précomptés	precomputed [prepaid] interest	проценты, уплачиваемые при предоставлении кредита
I 783	intérêts rouges	debit [red] interest	дебиторские [выплачиваемые] проценты
I 784	intérêts semestriels	half-yearly interest	полугодовые проценты
I 785	intérêts à servir	payable interest	выплачиваемые проценты
I 786	intérêts à verser à l'échéance	interest payable at maturity	проценты, подлежащие выплате по истечении срока ссуды

I 787	interface *m*	interface	интерфейс, связь
I 788	sans interface vers la comptabilité	without interface to accounting	без интерфейса с бухгалтерией
I 789	intérim *m* de la fonction de directeur	interim director	временно исполняющий обязанности директора
I 790	intérimaire *m*	temporary worker, temp	временный работник
I 791	interlocuteur *m*	interlocutor; (business) partner	(деловой) партнёр
I 792	interlocuteur bancaire [de la banque]	bank partner	партнёр в банковской сфере; банк-партнёр
I 793	interlocuteur crédible	trustworthy (business) partner	надёжный (деловой) партнёр
I 794	interlocuteur habituel	regular business partner	постоянный (деловой) партнёр
I 795	interlocuteur pivot crédible et sûr	key (business) partner, trustworthy and reliable	надёжный основной (деловой) партнёр
I 796	interlocuteur privilégié	privileged (business) partner	привилегированный партнёр
I 797	intermédiaire *m*	intermediary, agent; middleman	посредник; агент
I 798	disposer d'un intermédiaire	to have an agent	иметь посредника
I 799	par l'intermédiaire de	through the intermediation of	с помощью, через посредство (кого-л.)
I 800	nommer un intermédiaire	to appoint [to nominate] an intermediary	назначать посредника
I 801	radier un intermédiaire	to cancel off an agent	лишать посредника полномочий
I 802	servir d'intermédiaire	to act as an intermediary	служить посредником, выполнять роль посредника
I 803	suspendre un intermédiaire	to suspend an agent	временно отзывать полномочия посредника
I 804	intermédiaire agréé	authorized agent	уполномоченный посредник
I 805	intermédiaire bancaire	bank intermediary	банковский посредник
I 806	intermédiaire de Bourse	stockbroker	биржевой посредник
I 807	intermédiaire entre contrepartistes	intermediary between market makers	посредник между маркет-мейкерами
I 808	intermédiaire financier	financial intermediary	финансовый посредник
I 809	intermédiaire financier habilité	authorized agent *(appointed by the Ministry of Finance)*	уполномоченный финансовый посредник *(назначаемый Министерством финансов)*
I 810	intermédiaire financier non bancaire	non-bank financial intermediary	небанковский финансовый посредник
I 811	intermédiaire financier pluri-disciplinaire	multifunctional financial intermediary	многофункциональный финансовый посредник
I 812	intermédiaire introducteur	listing intermediary	посредник при выпуске акций на бирже
I 813	intermédiaire du marché monétaire	money market intermediary	посредник на денежном рынке
I 814	intermédiaire obligatoire	mandatory intermediary	обязательный посредник
I 815	intermédiaire obligé	intermediary bound by an agreement	посредник, связанный соглашением
I 816	intermédiaire officiel	official intermediary	официальный посредник
I 817	intermédiaire spécialement agréé	intermediary with a special authorization	посредник со специальными полномочиями
I 818	intermédiaire spécialisé	specialized intermediary	специализированный посредник

I

I 819	intermédiaire entre spécialistes en valeurs du Trésor	intermediary between authorized treasury securities dealers	посредник между уполномоченными дилерами-специалистами по ценным бумагам казначейства
I 820	intermédiaire traditionnel	traditional intermediary	традиционный посредник
I 821	intermédiaire de valeurs mobilières	securities intermediary	посредник по сделкам с ценными бумагами, биржевой брокер
I 822	intermédiation *f*	intermediation	посредничество
I 823	intermédiation actions	intermediation in equity transactions	посредничество при сделках с акциями
I 824	intermédiation bancaire	bank intermediation	банковское посредничество
I 825	intermédiation coûteuse	costly intermediation	дорогостоящее посредничество
I 826	intermédiation financière	financial intermediation	финансовое посредничество
I 827	intermédiation par prestation de service hors bilan	intermediation by providing off-balance-sheet services	посредничество путём предоставления забалансовых услуг
I 828	internationalisation *f*	internationalization	интернационализация
I 829	internationalisation accrue des opérations	increased internationalization of operations	рост интернационализации операций
I 830	internationalisation avancée	advanced internationalization	углубление интернационализации
I 831	internationalisation bancaire	banking internationalization	интернационализация банковского дела
I 832	internationalisation du capital	internationalization of capital	интернационализация капитала
I 833	internationalisation des flux financiers	internationalization of financial flows	интернационализация финансовых потоков
I 834	internationalisation des marchés des changes	internationalization of foreign exchange markets	интернационализация валютных рынков
I 835	internationalisation des placements étrangers	internationalization of foreign placements	интернационализация зарубежного размещения *(ценных бумаг)*
I 836	internationalisation des services	internationalization of services	интернационализация услуг
I 837	internationalisation des transactions boursières	internationalization of stock market transactions	интернационализация биржевых операций
I 838	interparité *f* des monnaies composantes	mutual parity of currency components	взаимный паритет составляющих (корзину) валют
I 839	interpénétration *f*	interpenetration	взаимопроникновение, взаимопереплетение
I 840	interpénétration du circuit du Trésor et du circuit bancaire	interpenetration of Treasury and bank channels	взаимопроникновение каналов казначейства и банков
I 841	interpénétration des fractions du capital	interpenetration of capital	взаимопереплетение капиталов
I 842	interpénétration des marchés	interpenetration of markets	взаимопроникновение рынков
I 843	interruption *f*	interruption	прерывание; приостановка, (временное) прекращение
I 844	interruption de cotation	interruption of quotations	приостановка котировки
I 845	interruption du crédit	credit interruption	прекращение кредитования
I 846	intersection *f*	intersection	пересечение
I 847	intersensibilité *f* des marchés	mutual sensitivity of markets	взаимная чувствительность рынков

I

I 848	intervenant *m*	1. (stock exchange) operator 2. acceptor for honor	1. участник, оператор *(на бирже)* 2. акцептант опротестованного векселя
I 849	intervenant sur blocs de titres	block positioner	оператор по пакетам акций
I 850	intervenant sur un contrat	operator in a contract transaction	участник в сделке по (биржевому) контракту
I 851	intervenant sur les OPA/OPE	takeover participant	участник сделок по покупке контрольного пакета акций компании
I 852	intervenants *m pl*	operators, participants	участники, операторы
I 853	intervenants actifs	active operators	активные участники
I 854	intervenants en Bourse	stock market operators	участники биржевых операций, биржевые операторы
I 855	intervenants sur le marché des changes	foreign exchange market operators	участники валютного рынка
I 856	intervenants non-banques	nonbanking operators	небанковские участники
I 857	intervenants, petits	small operators	мелкие участники
I 858	intervenir	1. to operate, to participate 2. to intervene	1. участвовать *(в операциях)* 2. проводить (валютную) интервенцию 3. выступать посредником
I 859	intervenir de concert	to intervene jointly	проводить совместную интервенцию *(о банках)*
I 860	intervenir fermement	to intervene firmly	принимать активное участие
I 861	intervenir sur le marché des changes	to intervene on the foreign exchange market	проводить интервенцию на валютном рынке
I 862	intervention *f*	intervention	1. вмешательство; участие 2. (валютная) интервенция 3. посредничество
I 863	intervention des autorités monétaires	intervention of monetary authorities	вмешательство органов денежно-кредитного регулирования
I 864	intervention de la Banque centrale sur le marché interbancaire	intervention of the Central Bank in the interbank market	интервенция Центрального банка на межбанковском рынке
I 865	intervention d'un banquier mandataire	intervention of an authorized bank	интервенция уполномоченного банка
I 866	intervention en Bourse	intervention in the stock market	посредничество на бирже
I 867	intervention des cambistes	intermediation of forex dealers	посредничество валютных дилеров
I 868	intervention des capitaux	capital intervention	приток [прилив] капиталов
I 869	intervention des courtiers	intermediation of brokers	посредничество брокеров
I 870	intervention en dollars	dollar intervention	долларовая интервенция
I 871	intervention de l'État	intervention of the state	вмешательство государства
I 872	intervention des groupes	group intervention	вмешательство групп
I 873	intervention inopinée	unexpected intervention	неожиданная интервенция
I 874	intervention marginale	marginal intervention	интервенция за пределами установленных границ *(ЕВС)*
I 875	intervention en open market	open market intervention	операции (Центрального банка) на открытом рынке
I 876	interventionnisme *m* monétaire	monetary interventionism	валютный интервенционизм
I 877	interventions *f pl*	interventions	интервенции, интервенционные операции

I

I 878	cesser les interventions	to stop interventions	прекращать интервенции
I 879	interventions concertées [coordonnées]	joint [coordinated] interventions	согласованные интервенции
I 880	interventions en cours de séance	interventions during the stock exchange working hours	интервенции во время рабочих часов биржи
I 881	interventions directes	direct interventions	прямые интервенции
I 882	interventions en ECU sur les marchés des changes	ECU interventions in the foreign exchange markets	интервенции в ЭКЮ на валютных рынках
I 883	interventions de l'État sur le taux de change	state exchange rate interventions	государственное вмешательство в области валютных курсов
I 884	interventions financières de l'État	financial interventions of the state	финансовое вмешательство государства
I 885	interventions en fonds propres	proprietary trading	операции за свой счёт
I 886	interventions intramarginales	interventions within margins (EMS)	интервенции в установленных пределах (ЕВС)
I 887	interventions sur le marché des changes	foreign exchange market interventions	интервенции на валютном рынке
I 888	interventions dans la monnaie de son lieu de résidence	interventions in the currency of the residence country	интервенции в валюте страны местонахождения
I 889	interventions ponctuelles	point interventions	единичные интервенции
I 890	interventions aux produits financiers	interventions in financial instruments	воздействие на финансовые инструменты
I 891	interventions répétées	repeated interventions	постоянные интервенции
I 892	intitulé *m* d'un compte	1. account type 2. name	1. вид (банковского) счёта 2. наименование счёта
I 893	intransférable	untransferable, nontransferable	непередаваемый, непереводимый
I 894	intransmissibilité *f*	untransferability, nontransferability	непередаваемость, невозможность передачи
I 895	intransmissible	untransferable, nontransferable	непередаваемый, непереводимый
I 896	introducteurs *m pl* en Bourse	issuer	учреждения (банки), представляющие акции компании на бирже
I 897	introduction *f*	1. introduction 2. (stock market) listing 3. input (of data)	1. введение; внедрение 2. листинг, допуск (на фондовую биржу) 3. ввод (данных)
I 898	introduction en bourse	stock market listing [floatation]	допуск ценных бумаг на биржу
I 899	envisager une introduction en bourse	to consider going public	рассматривать возможность допуска ценных бумаг на биржу
I 900	introduction à la cotation	stock market listing	листинг, допуск к котировке
I 901	introduction de données comptables et financières	input of accounting and financial data	ввод бухгалтерских и финансовых данных
I 902	introduction d'un impôt sur la société de 10%	introduction of a 10% corporate tax	введение 10-процентного корпоративного налога
I 903	introduction d'instruments financiers	introduction of financial instruments	внедрение финансовых инструментов
I 904	introduction d'une ligne nouvelle	introduction of a new line	введение новой линии
I 905	introduction sur le marché	issuing to the market (of securities)	выпуск на рынок (ценных бумаг)

I 906	introduction de nouveaux produits financiers	introduction of new financial instruments	внедрение новых финансовых инструментов
I 907	introduction d'ordinateurs aux banques	introduction of computers in banks	внедрение компьютеров в банках
I 908	introduction des ordres dans l'ordinateur	input of orders into the computer system	ввод поручений в компьютерную систему
I 909	introduction des restrictions de change	introduction of exchange controls	введение валютных ограничений
I 910	introduction de la sélectivité	introduction of selectivity	введение выборочного допуска
I 911	introduction dans le système informatique de cotation	input into the computer quotation system	ввод в систему котировки
I 912	introduction de la taxe à la valeur ajoutée	introduction of the value-added tax	введение налога на добавленную стоимость
I 913	introduction de titres	listing of securities	допуск ценных бумаг к котировке на бирже
I 914	introduction de la titrisation en bourse	introduction of securitization	распространение секьюритизации
I 915	introduction d'une valeur en bourse	listing of a security	допуск ценной бумаги к котировке на бирже
I 916	introduire	1. to introduce 2. to list *(at the stock exchange)*	1. вводить, внедрять 2. зарегистрировать ценные бумаги *(на фондовой бирже)*
I 917	introduire, s'	to go public, to go to the market	выпускать ценные бумаги на биржу
I 918	invalidation *f*	invalidation	признание недействительным, объявление незаконным
I 919	invalide	invalid, null and void	недействительный
I 920	invalider	to invalidate, to declare (a contract) null and void	признавать недействительным, лишать законной силы
I 921	invalidité *f*	invalidity, nullity	недействительность, незаконность
I 922	invariable	invariable	неизменяемый, неизменяющийся; неизменный
I 923	inventaire *m* d'obligations	bond inventory	список облигаций
I 924	inversion *f*	inversion, reversal	инверсия
I 925	inversion des capitaux	inversion of capital	инверсия капиталопотоков
I 926	inversion de la courbe des taux	inversion of the interest rate curve	инверсия кривой ставок процента
I 927	investigation *f* fiscale	tax investigation	налоговое расследование
I 928	investir	to invest	инвестировать, вкладывать (капитал)
I 929	investissement *m*	investment	1. инвестирование, помещение капитала 2. инвестиции, капиталовложения
I 930	détaxer l'investissement	to reduce tax on investment	снижать налоги на инвестиции
I 931	financer l'investissement	to finance an investment	финансировать инвестиции
I 932	relancer l'investissement	to stimulate [to give a boost to] investment	давать толчок инвестициям, стимулировать инвестиции
I 933	rentabiliser l'investissement	to make the investment profitable	делать инвестиции прибыльными

I

I 934	soutenir l'investissement	to maintain investment	поддерживать инвестирование
I 935	transférer l'investissement	to transfer investment	переводить инвестиции
I 936	investissement actif	active investment	активные инвестиции
I 937	investissement en actions	equity investment	инвестирование в акции
I 938	investissement additionnel	extra [additional] investment	дополнительные инвестиции
I 939	investissement anticipé	expected investment	ожидаемые инвестиции
I 940	investissement autonome	autonomous investment	автономные инвестиции
I 941	investissement boursier	stock market investment	биржевые инвестиции
I 942	investissement brut	gross investment	валовые инвестиции
I 943	investissement de capitaux	capital investment	инвестиции, капиталовложения
I 944	investissement de capitaux en valeurs mobilières	capital investment in securities	инвестиции в ценные бумаги
I 945	investissement collectif	collective investment	коллективное инвестирование
I 946	investissement direct	direct investment	прямые инвестиции
I 947	investissement à l'étranger	foreign investment, investment abroad	зарубежные инвестиции
I 948	investissement en europapiers	investment in Europapers	инвестиции в евробумаги
I 949	investissement extérieur net	net foreign investment	чистые зарубежные инвестиции
I 950	investissement, faible	low investment	низкий уровень инвестиций
I 951	investissement financier	financial investment	финансовые инвестиции
I 952	investissement des fonds	investment of funds	инвестирование фондов
I 953	investissement sous forme d'actions	equity investment	инвестирование в акции
I 954	investissement à forte densité de capital	capital-intensive investment	инвестирование в капиталоёмкие отрасли
I 955	investissement global	global investment	общий объём инвестиций
I 956	investissement immatériel	intangible investment	инвестиции в нематериальные активы
I 957	investissement immobilier	real estate investment	инвестирование в недвижимость
I 958	investissement indirect	indirect investment	портфельное инвестирование
I 959	investissement induit	induced investment	производные инвестиции
I 960	investissement industriel	industrial investment	промышленное инвестирование
I 961	investissement initial	primary investment, seed money	первичные [первоначальные] инвестиции
I 962	investissement intérieur net	net domestic investment	нетто-внутренние инвестиции
I 963	investissement en logements	housing investment	инвестиции в жилищное строительство
I 964	investissement matériel	real investment	инвестиции в материальные активы
I 965	investissement sur mesure	tailored investment	инвестиции, отвечающие конкретным потребностям инвесторов
I 966	investissement net	net investment	чистые инвестиции
I 967	investissement non productif	nonproductive investment	непроизводительное инвестирование
I 968	investissement en obligations	bond investment	инвестирование в облигации
I 969	investissement passif	passive investment	пассивные инвестиции
I 970	investissement de [en] portefeuille	portfolio investment	портфельное инвестирование

I

I 971	investissement privé	private investment	частное инвестирование
I 972	investissement productif	productive investment	производительное инвестирование
I 973	investissement proposé	proposed investment	предлагаемые инвестиции
I 974	investissement public	public investment	государственное инвестирование
I 975	investissement en titres étrangers	investment in foreign securities	инвестирование в иностранные ценные бумаги
I 976	investissement en valeurs mobilières	investment in securities	инвестирование в ценные бумаги
I 977	investissements *m pl*	investments	инвестиции, капиталовложения
I 978	attirer les investissements étrangers	to attract foreign investments	привлекать иностранные инвестиции
I 979	augmenter les investissements	to increase investment	увеличивать инвестиции
I 980	dégager des investissements nécessaires	to generate necessary investment	генерировать необходимые инвестиции
I 981	déterminer des investissements	to determine investments	определять уровень инвестиций
I 982	faire des investissements	to invest	инвестировать, вкладывать (капиталы)
I 983	financer ses investissements avec ses propres capitaux	to finance one's investments from one's own capital	финансировать инвестиции за счёт собственных средств
I 984	restreindre les investissements	to restrict investment	ограничивать инвестиции
I 985	investissements d'accompagnement	accompanying investment	сопутствующие инвестиции
I 986	investissements d'anticipation	envisaged investments	ожидаемые [прогнозируемые] инвестиции
I 987	investissements attrayants	attractive investments	привлекательные инвестиции
I 988	investissements distribués	distributed investments	распределённые инвестиции
I 989	investissements à entreprendre	investments to be made	планируемые инвестиции
I 990	investissements excédentaires	surplus investments	избыточные инвестиции
I 991	investissements excessifs	overinvestment, excessive investment	чрезмерные инвестиции
I 992	investissements exécutés par l'État	state investment	государственные инвестиции
I 993	investissements extensifs	extensive investment	экстенсивные капиталовложения
I 994	investissements extérieurs	foreign investment	иностранные инвестиции
I 995	investissements à faible rentabilité	low-yield investment, nonperforming investments	низкоприбыльные инвестиции
I 996	investissements importants	substantial investments	значительные инвестиции
I 997	investissements informatiques	investments in information technology	инвестиции в информационные технологии
I 998	investissements institutionnels	institutional investments	институциональные инвестиции
I 999	investissements intérieurs	domestic investments	внутренние инвестиции
I 1000	investissements lourds	heavy investments	значительные инвестиции
I 1001	investissements manufacturiers	industrial investments	промышленные инвестиции
I 1002	investissements non bancaires	non-bank investments	небанковские инвестиции
I 1003	investissements, nouveaux	new investments	новые инвестиции
I 1004	investissements offshore	offshore investments	офшорные инвестиции

I 1005	**investissements optimaux**	optimal investments	оптимальные инвестиции
I 1006	**investissements en participations**	investments in equity, equity participation	инвестиции в акции, приобретение доли участия
I 1007	**investissements physiques**	real [physical] investments	инвестиции в материальные активы
I 1008	**investissements prioritaires**	priority investments	приоритетные капиталовложения
I 1009	**investissements réalisés**	investments made	осуществлённые инвестиции
I 1010	**investissements rentables**	profitable investments	прибыльные инвестиции
I 1011	**investissements à risques [risqués]**	risky investments	рискованные инвестиции
I 1012	**investissements stratégiques**	strategic investments	стратегические инвестиции
I 1013	**investissements de structure**	structural investments	структурные инвестиции
I 1014	**investissements supplémentaires**	extra [additional] investments	дополнительные инвестиции
I 1015	**investisseurs** *m pl*	investors	инвесторы, вкладчики
I 1016	**investisseurs actifs**	active investors	активные инвесторы
I 1017	**investisseurs en actions**	equity investors	инвесторы в акции
I 1018	**investisseurs avertis**	experienced investors	опытные инвесторы
I 1019	**investisseurs en capital risque**	risk investors, venture capitalists	рисковые инвесторы, инвесторы в рискованные предприятия
I 1020	**investisseurs chevronnés**	experienced investors	опытные инвесторы
I 1021	**investisseurs débutants**	new [novice] investors	начинающие инвесторы
I 1022	**investisseurs déposants**	depositors	вкладчики
I 1023	**investisseurs domestiques**	domestic investors	внутренние инвесторы
I 1024	**investisseurs épargnants**	depositors (with savings institutions)	вкладчики (в сберегательные учреждения)
I 1025	**investisseurs étrangers [extérieurs]**	foreign investors	иностранные инвесторы
I 1026	**investisseurs fidèles**	loyal investors	постоянные инвесторы
I 1027	**investisseurs finals**	final investors	конечные инвесторы
I 1028	**investisseurs informés**	informed investors	информированные инвесторы, инвесторы, располагающие информацией
I 1029	**investisseurs institutionnels**	institutional investors	институциональные инвесторы
I 1030	**investisseurs sur le marché des options**	option(s) investors	инвесторы на рынке опционов
I 1031	**investisseurs non bancaires**	non-bank investors	небанковские инвесторы
I 1032	**investisseurs passifs**	passive investors	пассивные инвесторы
I 1033	**investisseurs primaires**	primary investors	первичные инвесторы
I 1034	**investisseurs prudents**	conservative investors	осторожные инвесторы
I 1035	**irrachetable**	nonrepurchasable	невыкупаемый, не подлежащий выкупу
I 1036	**irrécouvrable**	irrecoverable	невозместимый, невозвратный
I 1037	**irréductible**	irreducible	несокращаемый, не подлежащий сокращению
I 1038	**irrégularités** *f pl*	1. irregularities 2. (stock market) fluctuations, ups and downs	1. нарушения 2. колебания *(курсов ценных бумаг на бирже)*
I 1039	**détecter les irrégularités**	to detect irregularities	обнаруживать нарушения

J

I 1040	irremboursable	nonrepayable	непогашаемый, не подлежащий выкупу
I 1041	irresponsabilité f	irresponsibility	безответственность
I 1042	irresponsable	irresponsible	безответственный, не несущий ответственности
I 1043	irrévocable	irrevocable	безотзывный; не подлежащий отмене
I 1044	isolement m du capital	isolation of capital	изоляция капитала
I 1045	issue f	exit, outlet	окончание
I 1046	à l'issue de la période d'attente	after a waiting period	по окончании периода ожидания

J

J 1	j'ai	mine	«моё», «покупаю» *(жаргон дилеров)*
J 2	jeton m	token	жетон
J 3	jeton de présence	director's fees	вознаграждение директора
J 4	jeu m	1. speculation, gambling *(at the stock exchange)* 2. mechanism; working 3. interaction, interplay 4. set *(of documents)*	1. (спекулятивная) игра *(на бирже)* 2. механизм; действие, функционирование 3. взаимное воздействие; соотношение 4. комплект *(документов)*
J 5	au jeu	at the money	по текущей цене (опциона), близкой к цене лежащего в основе финансового инструмента
J 6	jeu des appels de marge quotidiens	working of daily margin calls	механизм ежедневных изменений требований о гарантийных депозитах
J 7	jeu des arbitrages	working of arbitrage transactions	механизм арбитражных операций
J 8	jeu à la baisse du taux de change	play on a fall of the exchange rate	игра на понижение курса валюты
J 9	jeu de bourse	stock exchange speculation	игра на бирже
J 10	jeu cambiaire	set of bills of exchange	комплект векселей
J 11	jeu du crédit documentaire	set of the letter of credit	комплект документарного аккредитива
J 12	jeu croisé d'écritures	paper transactions	документооборот
J 13	jeu sur les déports	speculating in backwardations	спекуляция с депортами
J 14	jeu d'écritures	paper transaction, book transfer	запись по счетам
J 15	jeu des flux monétaires	interplay of money flows	взаимодействие денежных потоков
J 16	jeu à la hausse du taux de change	play on a rise of the exchange rate	игра на повышение курса валюты
J 17	jeu de lettres de change	set of bills of exchange	комплект векселей
J 18	jeu du multiplicateur de crédit	mechanism of credit multiplier	механизм кредитного мультипликатора
J 19	jeu de l'offre et de la demande	confrontation of supply and demand	соотношение спроса и предложения
J 20	jeu de parités	interaction of parities	паритетное соотношение

J

J 21	jeu de participations	cross holdings	пакет участий
J 22	jeu de pièces de monnaie	coin set	набор монет
J 23	jeu des points d'or	mechanism of gold points	механизм золотых точек
J 24	jeu de transactions courantes	interaction of current transactions	соотношение текущих операций
J 25	jeu sur les variations des taux de change	speculation on exchange rate fluctuations	игра на колебаниях валютных курсов
J 26	jiji *m*, JJ	call [day-to-day, demand] money rate, overnight rate	ставка по межбанковской ссуде до востребования
J 27	jobber *m*	jobber	джоббер *(дилер Лондонской фондовой биржи)*
J 28	joint venture *f*	joint venture	совместное предприятие
J 29	jouer	to speculate, to gamble (at the stock exchange)	спекулировать, играть (на бирже)
J 30	jouer sur les actions	to speculate in shares	спекулировать акциями
J 31	jouer sur les anticipations de mouvement de taux	to speculate on interest rate expectations	играть на ожиданиях изменения процентной ставки
J 32	jouer à la baisse	to play for [to speculate on] a fall, to go a bear	играть на понижение
J 33	jouer sur la baisse des taux d'intérêt	to play for [to speculate on] a fall of interest rates	играть на понижение процентной ставки
J 34	jouer à la Bourse	to speculate, to gamble at the stock exchange	играть на бирже
J 35	jouer sur le coût du crédit	to speculate on the cost of credit	играть на стоимости кредита [на процентных ставках]
J 36	jouer sur les différences de valeur des monnaies	to speculate on the gap in currency values	играть на разнице курсов валют
J 37	jouer à la hausse	to play for a rise, to speculate on a rising market, to go a bull	играть на повышение
J 38	jouer sur la montée des cours	to gamble on a rise in prices	играть на повышение цен
J 39	jouer à terme	to speculate in futures	спекулировать фьючерсами
J 40	joueur *m*	speculator, operator	спекулянт, биржевой игрок, участник биржевых сделок
J 41	joueur à la baisse	bear, operator for a fall	«медведь», спекулянт, играющий на понижение, понижатель
J 42	joueur à la hausse	bull, operator for a rise	«бык», спекулянт, играющий на повышение, повышатель
J 43	jouissance *f*	right to interest, right to dividend	право на получение дивидендов *или* процентов
J 44	jouissance coupon	cum [with] coupon	с купоном
J 45	jouissance exercice 199...	right to dividend for financial year 199...	право на получение дивидендов в 199... году
J 46	jouissance d'intérêts	right to interest	право на получение процентов
J 47	jouissance 15 janvier	due date 15th January	с выплатой процентов 15 января
J 48	jouissance du premier mars prochain	right to interest [dividend] starting on the 1st of March	с начислением процентов начиная с 1 марта и далее
J 49	jour *m*	day; date	день; сутки; дата
J 50	7 jours sur 7	7 days a week, every day	ежедневно, каждый день
J 51	mettre à jour	to update	уточнять, приводить в соответствие
J 52	jour de banque	banking [business] day	рабочий день в банке
J 53	jour de bourse	exchange [market, trading] day	рабочий день на бирже

J

J 54	jour chômé	holiday	нерабочий день
J 55	jour de compensation	making-up day	день расчёта
J 56	jour de crise boursière	stock market crash	день биржевого краха
J 57	jour du départ	start date	день начала течения срока
J 58	jour de détachement du coupon	coupon date	день погашения купона
J 59	jour d'échéance	maturity [due] date	дата исполнения обязательства, дата платежа
J 60	jour d'évaluation	valuation day	день оценки
J 61	jour d'expiration	expiry [expiration] date	дата истечения срока
J 62	jour de faveur	day of grace	грационный день, льготная отсрочка платежа
J 63	jour férié	bank holiday	праздничный день
J 64	jour franc	clear day	полные сутки
J 65	jour de grâce	day of grace	грационный день, льготная отсрочка платежа
J 66	jour de l'introduction, jour J	floatation date	день выпуска *(акций на биржу)*
J 67	jour de liquidation	settlement [settling, account, call, pay] day	расчётный [ликвидационный] день
J 68	jour de liquidation fixé	fixed settlement [fixed pay] day	фиксированный расчётный день
J 69	jour de liquidation mensuelle à terme	futures end-of-month settlement day	ликвидационный день по срочным сделкам, последний день расчётного периода по срочным сделкам
J 70	jour de liquidation suivante	next settlement day	следующий расчётный день
J 71	jour de la livraison des titres	delivery date	день поставки ценных бумаг
J 72	jour de la négociation	transaction date	дата биржевой сделки
J 73	jour non férié	working [business] day	рабочий день
J 74	jour non ouvrable	nontrading day	нерабочий день
J 75	jour d'opéré	transaction date	дата биржевой сделки
J 76	jour ouvrable	working [business] day	рабочий день
J 77	jour ouvrable de l'année civile, dernier	last business day of a calendar year	последний рабочий день календарного года
J 78	jour ouvrable, avant-dernier	last-but-one business day	предпоследний рабочий день
J 79	jour de paie	pay day	день выдачи зарплаты
J 80	jour de paiement	payment date	день платежа
J 81	jour de place	exchange [market] day	рабочий день (на бирже)
J 82	jour plein	clear day	полные сутки
J 83	jour précédant le dénouement de la position	day before settlement	день, предшествующий расчётному
J 84	jour qui suit, premier	first day after [following] ...	первый следующий рабочий день
J 85	jour de référence	1. business day 2. declaration day	1. операционный день 2. день объявления дивидендов
J 86	jour de règlement	settlement [settling, account, call, pay] day	расчётный [ликвидационный] день
J 87	jour de règlement de la levée	option exercise day	день расчётов по сделкам с премией, день исполнения опциона
J 88	jour du remboursement	redemption date	дата погашения *или* выкупа

J

J 89	jour de la réponse des primes	option exercise day	день расчётов по сделкам с премией, день использования опциона
J 90	jour des reports	1. carry forward day 2. contango settlement day	1. первый день двухнедельного расчётного периода на бирже 2. день расчётов по репортным сделкам
J 91	jour de tirage	drawing day	дата выставления тратты
J 92	jour de valeur	value date	дата валютирования
J 93	jour le jour *m*	1. call money market 2. overnight rate	1. рынок краткосрочных межбанковских ссуд 2. однодневная процентная ставка *(по ссуде)*
J 94	au jour le jour	day-to-day, call	до востребования *(о ссуде)*
J 95	journal *m*	journal; newspaper, paper; book	журнал; газета; книга
J 96	écouter le journal boursier téléphonique	to listen to the telephone stock exchange news	слушать телефонный биржевой журнал
J 97	journal de banque	bank book	книга банковских операций
J 98	journal de la bourse	stock exchange newspaper	биржевая газета
J 99	journal de caisse	cash book	книга кассовой наличности
J 100	journal de chèques postaux	postal check book	почтовая чековая книжка
J 101	journal comptable	account journal	(бухгалтерский) журнал
J 102	journal des effets à payer	bills payable book	книга учёта векселей к оплате
J 103	journal des effets à recevoir	bills receivable book	книга учёта векселей к получению
J 104	journal financier	financial newspaper	финансовая газета
J 105	journal général [des opérations diverses]	general journal	общий (бухгалтерский) журнал
J 106	journal de titres	securities journal	журнал учёта ценных бумаг
J 107	Journal *m* d'annonces légales	Official Journal	Официальная Газета
J 108	journalier	daily	ежедневный
J 109	journalisation *f* des écritures comptables	journalization of accounting entries	ежедневное занесение бухгалтерских операций в (бухгалтерский) журнал
J 110	journée *f*	day	день
J 111	journée chômée	holiday	нерабочий день
J 112	journée de cotation	quotation day	котировочный день
J 113	jours *m pl*	days; period	дни; срок
J 114	jours courus	accrued days	истекший срок *(напр. по купону)*
J 115	jours d'intérêts	interest period	срок начисления процентов *(в днях)*
J 116	jugement *m* déclaratif de faillite	adjudication order	судебное постановление о банкротстве
J 117	jumelage *m*	1. contra account *(at the commodity exchange)* 2. straddle 3. class listing	1. контрсчёт *(на товарной бирже)* 2. стрэдл 3. биржевая регистрация класса ценных бумаг
J 118	justice *f* fiscale	fiscal legislation	налоговое законодательство
J 119	justiciable	answerable, subject to (a court)	подпадающий под юрисдикцию
J 120	justificatif *m*	voucher	подтверждающий документ; расписка, квитанция

J

J 121	produire un justificatif	to provide a voucher	предоставлять подтверждающий документ
J 122	justificatif de caisse	cash ticket, cash receipt	расписка в получении наличных
J 123	justificatif comptable	voucher, receipt, slip	расписка, квитанция, подтверждающий документ
J 124	justificatif de crédit	loan voucher	расписка в получении кредита
J 125	justificatif de guichet automatique	automated teller machine statement; advice slip	выписка из счёта, выдаваемая банковским автоматом
J 126	justifier	to justify; to prove	подтверждать, оправдывать; доказывать

K

K 1	Kabuto Cho *m*	Kabuto Cho *(Tokyo Stock Exchange)*	Кабуто Чо *(Токийская фондовая биржа)*
K 2	konzern *m*	concern	концерн
K 3	krach *m*	crash, collapse	крах, кризис
K 4	krach bancaire	collapse of a bank	банковский крах
K 5	krach boursier	stock-exchange crash	биржевой крах
K 6	krach des obligations	bond-market crash	кризис на рынке облигаций
K 7	krach profond	deep crisis	глубокий кризис

L

L 1	lacune *f* du système de Bretton-Woods	deficiency of the Bretton-Woods System	недостаток Бреттон-Вудской системы
L 2	laminage *m* des marges	erosion of (profit) margins	сокращение прибылей
L 3	laminer	to steam-roller *(e.g. profits)*	сокращать *(напр. прибыли)*
L 4	lancement *m*	1. launching, launch 2. launching, floating, floatation (of a loan); issuing (of securities)	1. введение, основание; осуществление 2. выпуск (займа); эмиссия (ценных бумаг)
L 5	lancement d'un appel d'offres	issuing of an invitation to tender	рассылка приглашения на торги
L 6	lancement direct dans le public	direct placement	прямое размещение займа *(продажа инвесторам, минуя рынок ценных бумаг)*
L 7	lancement des émissions	launching of issues, issuing	эмиссия
L 8	lancement d'un emprunt	floating [launching, floatation] of a loan	выпуск займа
L 9	lancement d'un emprunt à moyen terme libellé en écus	floatation of a medium-term ECU loan	выпуск среднесрочного займа в ЭКЮ
L 10	lancement du Matif	launch of MATIF	основание МАТИФ
L 11	lancement d'une offre	launching of a *(e.g. takeover)* bid	выдвижение предложения *(напр. о покупке компании)*

L

L 12	**lancement d'une opération financière**	launching of a financial transaction	осуществление финансовой операции
L 13	**lancement au-dessus du pair**	above par floatation	выпуск ценных бумаг по цене выше номинала
L 14	**lancer**	1. to launch 2. to launch, to introduce; to float (a loan); to issue (securities)	1. вводить, основывать 2. выпускать (заём), эмитировать *(ценные бумаги)*
L 15	**langueur** *f*	dullness, sluggishness *(of the market)*	вялость *(рынка)*
L 16	**languir**	to flag, to languish	ухудшаться *(о конъюнктуре рынка)*
L 17	**languissant**	flagging, slack, dull, languishing *(e.g. the market)*	вялый, слабый, застойный *(о рынке)*
L 18	**large**	wide, broad *(of the market)*	ёмкий *(о рынке)*
L 19	**largeur** *f* **des marges de fluctuations**	wide fluctuation range	широкие пределы колебания (курсов)
L 20	**latent**	latent	скрытый, потенциальный, невыявленный
L 21	**leasing** *m*	leasing	лизинг
L 22	**leasing à court terme**	short-term leasing	краткосрочный лизинг
L 23	**leasing financier**	financial leasing	финансовый лизинг
L 24	**leasing international**	international leasing	международный лизинг
L 25	**leasing à long terme**	long-term leasing	долгосрочный лизинг
L 26	**lecture** *f*	reading	1. слежение за курсом *(на бирже)* 2. чтение, считывание
L 27	**lecture à la bourse**	reading	слежение за курсом на бирже
L 28	**lecture, dernière**	last reading	последний курс
L 29	**lecture, première**	first reading	первый курс
L 30	**légal**	legal, lawful; statutory	законный, легальный; необходимый по закону, установленный законом
L 31	**légaliser**	1. to legalize 2. to authenticate, to attest	1. узаконивать, легализировать 2. заверять, удостоверять *(акт)*
L 32	**légalité** *f* **des écritures passées**	lawfulness of entries made	законность сделанных записей (по счетам)
L 33	**légende** *f*	legend	легенда *(надпись на монетах)*
L 34	**léger**	1. slight 2. light *(of a security)*	1. незначительный 2. недорогой *(о ценной бумаге)*
L 35	**législation** *f*	legislation	законодательство
L 36	**législation actuelle**	the laws in force, the law as it stands	действующее законодательство
L 37	**législation antitrust**	antitrust laws	антимонопольное законодательство
L 38	**législation cambiaire**	Bills of Exchange Act	вексельное законодательство
L 39	**législation sur les changes**	exchange law	валютное законодательство
L 40	**législation existante**	existing laws	существующее законодательство
L 41	**législation financière**	financial legislation	финансовое законодательство
L 42	**législation sur la lettre de change**	Bills of Exchange Act	вексельное законодательство
L 43	**législation en matière fiscale**	fiscal [tax] legislation	налоговое законодательство

L

L 44	législation des taux de change flottants	floating exchange rates laws	законодательство относительно плавающих валютных курсов
L 45	législation en vigueur	the laws in force, the law as it stands	действующее законодательство
L 46	lettre *f*	letter	письмо
L 47	lettre d'accord présumé	comfort letter	(неформальное) гарантийное письмо, письмо-поручительство
L 48	lettre d'accueil	welcome letter	письмо-уведомление банка клиенту об открытии счёта (*используется для проверки указанного клиентом адреса*)
L 49	lettre d'allocation	letter of allotment	письмо-уведомление о распределении новых акций
L 50	lettre d'antériorité de créance	letter of subrogation [of subordination]	письмо о подчинении долга
L 51	lettre d'apaisement	comfort letter	(неформальное) гарантийное письмо, письмо-поручительство
L 52	lettre d'avis	advice note	авизо, извещение, уведомление
L 53	lettre d'avis d'investissement	investment letter	уведомление о сделанных инвестициях
L 54	lettre d'avis de répartition	letter of allotment	письмо-уведомление о распределении новых акций
L 55	lettre de change	bill (of exchange), draft	переводной вексель
L 56	accepter une lettre de change	to accept a bill of exchange	акцептовать вексель
L 57	acquitter une lettre de change	to meet [to honor] a bill of exchange	платить по векселю
L 58	contrepasser une lettre de change	to endorse back a bill of exchange	делать обратную передаточную надпись на векселе
L 59	émettre une lettre de change	to draw [to issue, to make out] a bill of exchange	выставлять вексель
L 60	encaisser une lettre de change	to collect a bill of exchange	инкассировать вексель
L 61	envoyer une lettre de change à l'encaissement	to send a bill for collection	посылать вексель на инкассо
L 62	escompter une lettre de change	to discount a bill of exchange	учитывать вексель
L 63	faire protester une lettre de change	to have a bill noted [protested]	опротестовывать вексель
L 64	honorer une lettre de change	to meet [to honor] a bill of exchange	платить по векселю
L 65	passer une lettre de change à l'ordre de	to draw a bill of exchange to the order of	передавать вексель приказу
L 66	payer une lettre de change	to meet [to honor] a bill of exchange	платить по векселю
L 67	présenter une lettre de change à l'acceptation	to present a bill for acceptance	предъявлять вексель к акцепту
L 68	proroger l'échéance d'une lettre de change	to prolong a bill of exchange	продлевать вексель
L 69	tirer une lettre de change	to draw [to issue, to make out] a bill of exchange	выставлять вексель
L 70	toucher une lettre de change	to collect a bill of exchange	инкассировать вексель
L 71	lettre de change en blanc	blank bill of exchange	бланковый вексель

L

L 72	lettre de change à date fixe	time [date] bill of exchange	вексель, выставленный на определённую дату
L 73	lettre de change à délai de date	after date bill of exchange	вексель с платежом через определённый срок после выставления
L 74	lettre de change à délai de vue	after sight bill of exchange	вексель с платежом через определённый срок после предъявления
L 75	lettre de change émise en plusieurs exemplaires	set of exchange	вексель в нескольких экземплярах
L 76	lettre de change à l'extérieur	foreign [external] bill	иностранная тратта
L 77	lettre de change à 3 mois	3 months' bill	трёхмесячный вексель
L 78	lettre de change négociable	negotiable bill of exchange	обращающийся вексель
L 79	lettre de change ordinaire	bill of exchange	обычный переводной вексель
L 80	lettre de change au porteur	sight bill of exchange, demand bill	предъявительский вексель (срочный по предъявлении)
L 81	lettre de change relevé, LCR	computerized bill of exchange	компьютерный вексель
L 82	traiter une lettre de change relevé	to process a computerized bill of exchange	обрабатывать компьютерный вексель
L 83	lettre de change à usance	bill of exchange at usance	переводной вексель с узансом
L 84	lettre de change à vue	sight bill of exchange, demand bill	предъявительский вексель (срочный по предъявлении)
L 85	lettre de change-papier	paper bill of exchange	вексель на бумаге
L 86	lettre de complaisance	accommodation bill	«дружеский» вексель
L 87	lettre de confort	1. letter of intent 2. comfort letter	1. протокол о намерениях 2. (неформальное) гарантийное письмо, письмо-поручительство
L 88	lettre de consentement	letter of consent	письменное согласие
L 89	lettre de couverture	cover note, *US* binder	(страховая) ковернота
L 90	lettre de crédit	letter of credit, L/C	аккредитив
L 91	émettre une lettre de crédit	to establish [to issue, to open, to lodge] a letter of credit	выставлять [открывать] аккредитив
L 92	épuiser une lettre de crédit	to use up [to exhaust] a letter of credit	исчерпывать аккредитив
L 93	inscrire les paiements au dos de la lettre de crédit	to endorse the payments on the letter of credit	регистрировать платежи на обороте аккредитива
L 94	loger [ouvrir] une lettre de crédit	to establish [to issue, to open, to lodge] a letter of credit	выставлять [открывать] аккредитив
L 95	révoquer une lettre de crédit	to revoke a letter of credit	отзывать аккредитив
L 96	lettre de crédit en attente	stand-by letter of credit	резервный аккредитив
L 97	lettre de crédit avisée	specially advised [straight] letter of credit	авизованный аккредитив
L 98	lettre de crédit circulaire	circular [circulating] letter of credit	циркулярный [туристический] аккредитив
L 99	lettre de crédit commerciale	commercial letter of credit	товарный аккредитив
L 100	lettre de crédit complémentaire	ancillary letter of credit	вспомогательный аккредитив
L 101	lettre de crédit confirmée	confirmed letter of credit	подтверждённый аккредитив
L 102	lettre de crédit en devise	letter of credit in foreign currency	аккредитив в иностранной валюте
L 103	lettre de crédit divisible	divisible letter of credit	делимый аккредитив
L 104	lettre de crédit électronique	computerized letter of credit	компьютерный аккредитив
L 105	lettre de crédit épuisée	invalid [exhausted] letter of credit	исчерпанный аккредитив

L

L 106	lettre de crédit irrévocable	irrevocable letter of credit	безотзывный аккредитив
L 107	lettre de crédit non confirmée	unconfirmed letter of credit	неподтверждённый аккредитив
L 108	lettre de crédit révocable	revocable letter of credit	отзывный аккредитив
L 109	lettre de crédit simple	simple letter of credit	простой аккредитив
L 110	lettre d'engagement	1. engagement letter, letter of undertaking 2. letter of commitment [of guarantee]	1. письмо-предложение 2. гарантийное письмо
L 111	lettre de fusion de comptes	account merger letter	соглашение о едином счёте (об объединении всех счетов клиента в данном банке)
L 112	lettre de gage	letter of lien [of deposit, of hypothecation]	закладная, залоговое письмо
L 113	lettre de gage à taux d'intérêt variable	floating rate letter of hypothecation	закладная с плавающей ставкой
L 114	lettre de garantie	letter of indemnity [of guarantee, of commitment]	гарантийное письмо
L 115	lettre d'injonction	injunction letter	запретительное письмо-уведомление (уведомление банком клиента о недостатке денег на его счёте и запрете выписывать новые чеки)
L 116	lettre d'intention	1. letter of intent 2. comfort letter	1. протокол о намерениях 2. (неформальное) гарантийное письмо, письмо-поручительство
L 117	lettre de rappel	follow-up letter, reminder (e.g. of nonpayment)	письмо-напоминание (напр. о неплатеже)
L 118	lettre de relance pour les impayés	follow-up letter for unpaid bills	письмо-напоминание о неоплаченных счетах
L 119	lettre de remise	remittance letter	почтовый перевод
L 120	levable	exercisable (option)	подлежащий исполнению (об опционе)
L 121	levée f	1. exercise [taking up] (of an option) 2. taking up (of securities) 3. levy(ing) (of a tax) 4. raising, lifting (of restrictions) 5. closing (e.g. of a session)	1. исполнение (опциона) 2. покупка [принятие поставки] (ценных бумаг) 3. взимание (налогов) 4. снятие, отмена (ограничений) 5. закрытие, окончание (напр. биржевой сессии)
L 122	levée anticipée	early exercise	досрочное использование опциона
L 123	levée de compte	drawings from an account	снятие денег со счёта
L 124	levée d'un contrat de terme	exercise of a futures contract	исполнение срочной сделки
L 125	levée du contrôle des changes	lifting of exchange control	отмена валютного контроля
L 126	levée des documents	collection of documents	получение документов
L 127	levée du moratoire	lifting of the moratorium	отмена моратория
L 128	levée d'une option	exercise [taking up] of an option, call for the premium	исполнение опциона
L 129	levée personnelle	drawings from an account	снятие денег со счёта
L 130	levée d'une prime	exercise [taking up] of an option, call for the premium	исполнение опциона
L 131	levée de la séance	closing of the (stock exchange) session	закрытие (биржевой) сессии

L

L 132	levée des titres	taking up of securities, taking delivery of stock	покупка [принятие поставки] ценных бумаг
L 133	lever	1. to take up, to exercise *(an option)* 2. to take up *(securities)* 3. to levy *(taxes)* 4. to rise, to lift *(sanctions)* 5. to close *(e.g. a session)*	1. исполнять *(опцион)* 2. принимать поставку ценных бумаг 3. взимать *(налоги)* 4. отменять *(ограничения)* 5. закрывать *(напр. биржевую сессию)*
L 134	leverage *m*	leverage	доля заёмных средств в капитале фирмы
L 135	leveraged management buyout, LMBO	leveraged management buyout, LMBO	выкуп акций компании её руководством за счёт кредитов *или* выпуска новых акций компании
L 136	leviers *m pl* financiers et monétaires	financial and monetary levers	денежно-кредитные рычаги
L 137	liaisons *f pl*	relations, links	отношения, связи
L 138	liaisons informatiques par terminaux	information communication via terminals	электронная связь через терминалы
L 139	liaisons télématiques entre les ordinateurs de compensation	telecommunications between clearing computers	телекоммуникационная связь между клиринговыми компьютерами
L 140	liasse *f* de billets marqués	dummy bundle	пачка меченых банкнот
L 141	libéralisation *f*	liberalization, decontrol	либерализация, снятие ограничений, дерегулирование
L 142	libéralisation des commissions	liberalization of commission rates	снятие ограничений на комиссионные
L 143	libéralisation du contrôle des changes	easing of exchange controls	смягчение валютного контроля
L 144	libéralisation du cours du dollar	liberalization of dollar exchange rate, freeing of the dollar	либерализация курса доллара
L 145	libéralisation du marché monétaire	liberalization of the money market	либерализация денежного рынка
L 146	libéralisation des mouvements de capitaux	liberalization of capital movement [flow]	либерализация движения капитала
L 147	libéralisation des opérations courantes	liberalization of current operations	либерализация текущих операций
L 148	libéralisation du système financier	liberalization of the financial system	либерализация финансовой системы
L 149	libération *f*	1. easing, relaxation, freeing, decontrol(ling) 2. paying up, redemption, discharge	1. освобождение; либерализация, снятие ограничений, дерегулирование 2. выкуп, уплата, оплата, погашение
L 150	libération d'une action	paying up of a share	оплата акции
L 151	libération des apports	paying up of (shareholders') contributions	внесение вкладов (в компанию)
L 152	libération du capital	paying up of capital	оплата пая [доли] в компании
L 153	libération des changes	decontrolling of foreign exchange	либерализация валютных курсов
L 154	libération des conditions d'implantation bancaire	decontrolling of bank branch opening terms	либерализация условий открытия банковских филиалов
L 155	libération financière	financial decontrolling	финансовая либерализация
L 156	libération d'hypothèque	repayment [discharge] of mortgage	выплата ипотеки

L

L 157	libération intégrale	payment in full	полный выкуп *(акций)*
L 158	libération monétaire	monetary decontrolling	либерализация валютного законодательства
L 159	libération du mouvement des paiements internationaux	freeing of international payments	либерализация движения международных платежей
L 160	libération partielle	partial redemption	частичная выплата *(пая)*, частичный выкуп *(акций)*
L 161	libération de prêts	paying off loans	погашение займов
L 162	libération des relations monétaires	decontrolling of monetary relations	либерализация валютно-кредитных отношений
L 163	libération à la répartition	paying (for securities) at (the time of) allotment	оплата *(ценных бумаг)* при размещении
L 164	libération du risque de non-paiement	deliverance of the risk of nonpayment	освобождение от риска неплатежа
L 165	libération des services d'investissement	decontrolling of investment services	либерализация инвестиционных услуг
L 166	libération des taux d'intérêt	detightening of interest rates	либерализация процентных ставок
L 167	libératoire	in full discharge	погашающий обязательство
L 168	libéré	paid-up	погашенный, оплаченный
L 169	libéré, entièrement	fully paid-up	полностью оплаченный
L 170	libéré, partiellement	partly paid-up	частично оплаченный
L 171	libérer	1. to free, to decontrol, to deregulate; to detighten (credit) 2. to pay up, to redeem, to discharge	1. освобождать; снимать ограничения, дерегулировать 2. выкупать, выплачивать, оплачивать, погашать
L 172	liberté *f*	freedom, liberty	свобода
L 173	liberté d'achat-vente de valeurs mobilières à l'étranger	free purchase and sale of securities abroad	свободная купля-продажа ценных бумаг за границей
L 174	liberté de choix de devise	free choice of currency	свобода выбора валюты
L 175	liberté sur le choix des véhicules de placement	free choice of investment methods [instruments]	свобода выбора способов [инструментов] инвестирования
L 176	liberté de circulation des capitaux	free circulation of capital	свободное перемещение [передвижение] капитала
L 177	liberté de circulation des signes monétaires	free circulation of paper money	свободное обращение бумажных денег
L 178	liberté contrôlée	controlled freedom	ограниченная свобода
L 179	liberté de fixation des taux	freedom of rate setting	свобода установления ставок
L 180	liberté du lieu de placement	free choice of place of investment	свобода выбора места инвестирования
L 181	liberté des paiements courants	freedom of current payments	свобода осуществления текущих платежей
L 182	liberté surveillée des prix	free monitored prices	ограниченная свобода ценообразования, регулируемое ценообразование
L 183	liberté de transfert des capitaux	free capital transfer	свободный перелив капитала
L 184	**LIBID, Libid**	LIBID	ЛИБИД, Лондонская межбанковская ставка спроса
L 185	**LIBOR, Libor**	LIBOR	ЛИБОР, Лондонская межбанковская ставка предложения

L

L 186	licitation *f*	public sale of a property held in common	продажа с аукциона неделимого имущества, принадлежащего нескольким владельцам
L 187	liens *m pl* opérationnels	operational relations	оперативные связи
L 188	lieu *m*	place	место
L 189	lieu de confrontation de l'offre et de la demande de titres émis	place of confrontation of supply of and demand for securities issued	место столкновения спроса и предложения на выпущенные ценные бумаги
L 190	lieu de délivrance	place of issuing *(of a document)*	место выдачи *(документа)*
L 191	lieu d'émission	place of issue *(e.g. of a check, draft)*	место выставления *(напр. чека, тратты)*
L 192	lieu d'exécution	place of fulfillment *(of an obligation)*	место исполнения *(обязательства)*
L 193	lieu d'implantation des terminaux	place of installation of terminals	место установления терминалов
L 194	lieu d'investissement	place of investment	место инвестирования
L 195	lieu de paiement	place of payment	место платежа
L 196	LIFFE	LIFFE, London International Financial Futures Exchange	ЛИФФЕ, Лондонская международная биржа финансовых фьючерсов *(лондонская срочная биржа финансовых инструментов, аналог французской МАТИФ)*
L 197	ligne *f*	line	линия
L 198	ligne d'acceptations bancaires	bank acceptance line	банковская акцептная линия
L 199	ligne d'adossement à long terme	long-term back-up line	долгосрочная кредитная линия в поддержку эмиссии ценных бумаг
L 200	ligne avance-recul	advance-decline [A-D] line	график роста и падения курса (ценных бумаг)
L 201	ligne d'avances	credit line	кредитная линия
L 202	ligne du bilan, dernière	bottom line of a balance sheet	итог [нижняя строчка] баланса
L 203	ligne de conduite	line [course] of action policy	манера поведения
L 204	ligne de cotation	quotation line	котировочная строка
L 205	ligne de cou	neckline *(in technical analysis)*	график «шея» *(в техническом анализе)*
L 206	ligne des cours, LC	price curve	график курсов
L 207	ligne des cours ascendante	ascendant price curve	возрастающая кривая цен
L 208	ligne des cours descendante	descendant price curve	убывающая кривая цен
L 209	ligne de crédit	line of credit, credit line	кредитная линия
L 210	accorder une ligne de crédit	to grant a line of credit	предоставлять кредитную линию
L 211	débloquer une ligne de crédit	to unfreeze a line of credit	размораживать кредитную линию
L 212	demander une ligne de crédit	to ask for a line of credit	подавать заявку на открытие кредитной линии
L 213	dépasser une ligne de crédit	to exceed [to run over] the line of credit	превышать кредитную линию
L 214	obtenir une ligne de crédit	to get [to obtain] a line of credit	получать кредитную линию
L 215	tirer [utiliser] une ligne de crédit	to use [to run] a line of credit	использовать кредитную линию
L 216	ligne de crédit en attente	stand-by line of credit	кредитная линия «стэнд-бай»
L 217	ligne de crédit bancaire	bank line of credit	банковская кредитная линия

L

L 218	ligne de crédit en blanc	blank line of credit	бланковая кредитная линия	
L 219	ligne de crédit confirmée	confirmed line of credit	подтверждённая кредитная линия	
L 220	ligne de crédit garantie	guaranteed line of credit	гарантированная кредитная линия	
L 221	ligne de crédit illimitée	unlimited line of credit	неограниченная кредитная линия	
L 222	ligne de crédit multidevise	milticurrency line of credit	мультивалютная кредитная линия	
L 223	ligne de crédit non confirmée	unconfirmed line of credit	неподтверждённая кредитная линия	
L 224	ligne de crédit non tirée disponible	undrawn available line of credit	имеющаяся неиспользованная кредитная линия	
L 225	ligne de crédit non utilisée	unused line of credit	неиспользованная кредитная линия	
L 226	ligne de crédit stand-by	stand-by line of credit	кредитная линия «стэнд-бай»	
L 227	ligne de crédit de substitution	back-up line of credit	кредитная линия в поддержку эмиссии коммерческих бумаг на случай невозможности их продления	
L 228	ligne de crédit utilisable en francs domestiques et en devises	line of credit available in francs and in foreign currency	кредитная линия с возможностью получения кредитов во франках и иностранной валюте	
L 229	ligne de découvert	overdraft facility	линия овердрафта, договор о возможности овердрафта в пределах определённой суммы	
L 230	ligne d'engagement	bank line	банковская кредитная линия (обязательство предоставить кредит на определённую сумму)	
L 231	ligne d'escompte	discount credit line	учётная кредитная линия	
L 232	ligne de financement interbancaire	interbank financing line	линия межбанковского финансирования	
L 233	ligne hausse-baisse	advance-decline [A-D] line	график роста и падения курса (ценных бумаг)	
L 234	ligne d'OAT à trente ans	30-years' line of OAT	выпуск [линия] ассимилируемых облигаций казначейства сроком на 30 лет	
L 235	ligne d'obligations cautionnées	line of secured bonds	выпуск [линия] облигаций с обеспечением	
L 236	ligne de résistance	resistance line	линия сопротивления (уровень цены, при котором можно ожидать прекращения подъёма конъюнктуры)	
L 237	ligne de soutien	support line	1. линия поддержки (уровень цены, при котором можно ожидать прекращения падения конъюнктуры) 2. курс валюты, при котором центральный банк начинает проводить интервенции	
L 238	ligne de substitution	back-up line	кредитная линия в поддержку эмиссии коммерческих бумаг на случай невозможности их продления	

L

L 239	ligne de support	support line	1. линия поддержки (уровень цены, при котором можно ожидать прекращения падения конъюнктуры) 2. курс валюты, при котором центральный банк начинает проводить интервенции
L 240	ligne de tirage confirmée multidevise	confirmed multicurrency credit line	подтверждённая мультивалютная кредитная линия
L 241	ligne de tirage multidevise court terme non confirmée	unconfirmed short-term multicurrency credit line	неподтверждённая краткосрочная мультивалютная кредитная линия
L 242	limitatif	restrictive, limiting	ограничительный, рестриктивный
L 243	limitation *f*	limitation, restriction	ограничение, сокращение
L 244	limitation des crédits	credit restriction	кредитная рестрикция, ограничение кредита
L 245	limitation du dividende	dividend limitation	ограничение размера дивиденда
L 246	limitation de l'émission monétaire	restriction of money issue	ограничение денежной эмиссии
L 247	limitation des fluctuations du change	restriction of exchange rate fluctuations	ограничение колебаний валютного курса
L 248	limitation des responsabilités	limitation of liability	ограничение ответственности
L 249	limitation des risques	risk limitation	ограничение рисков
L 250	limite *f*	limit, limitation, boundary	лимит, предел, граница
L 251	atteindre la limite	to reach the limit	достигать предела
L 252	dépasser la limite	to exceed the limit	превышать лимит
L 253	déterminer la limite	to set the limit	устанавливать лимит
L 254	étendre la limite	to extend the limit	увеличивать лимит
L 255	excéder la limite	to exceed the limit	превышать лимит
L 256	fixer la limite	to set the limit	устанавливать лимит
L 257	observer la limite	to observe the limit	соблюдать лимит
L 258	limite d'autorisation de prêt	credit limit, limit of credit	кредитный лимит, предельный размер кредита
L 259	limite d'avance	lending limit (against a collateral)	лимит кредитования (под залог)
L 260	limite pour cautionnements bancaires	bank guarantee limit	лимит банковских гарантий
L 261	limite de compétence en matière de crédits	credit sanctioning authority, loan officers' limit	внутренний лимит банка по предоставлению займов
L 262	limite de crédit	credit limit, limit of credit	кредитный лимит, предельный размер кредита
L 263	limite des dépenses	expense limit	лимит расходов
L 264	limite de durée	duration limit	предел длительности
L 265	limite d'endettement	debt capacity	предельный размер задолженности
L 266	limite pour garantie à fournir	guarantee credit limit	предельная сумма гарантийного кредита
L 267	limite inférieure	lower limit, threshold (e.g. of exchange rate)	нижний предел колебания (напр. валютного курса)
L 268	limite de levée	exercise limit	точка исполнения опциона
L 269	limite de position	position limit	лимит позиции

L

L 270	limite de rentabilité	breakeven point	порог рентабельности *(точка, в которой поступления равны затратам)*
L 271	limite de responsabilités	liability limit	предел ответственности
L 272	limite supérieure	upper limit, ceiling *(e.g. of exchange rate)*	верхний предел колебания *(напр. валютного курса)*
L 273	limité	limited	ограниченный; предельный, лимитированный, урезанный
L 274	limiter	to limit, to restrict	ограничивать, лимитировать
L 275	limites *f pl*	limits	лимиты, пределы, границы
L 276	déroger aux limites	to go beyond the limits	превышать лимиты
L 277	imposer des limites	to set [to fix, to impose] limits	устанавливать лимиты
L 278	limites avantageuses	favorable limits	льготные лимиты
L 279	limites à la baisse	limit down/up	нижний предел дневного колебания цен *(на срочных биржах)*
L 280	limites de la croissance de la masse monétaire	money supply growth limits	пределы роста денежной массы
L 281	limites étroites des marges autorisées	narrow limits of authorized margins *(of exchange rate)*	узкие пределы допустимых колебаний *(валютных курсов)*
L 282	limites d'exonération de l'IR	income tax allowance	пределы освобождения от уплаты подоходного налога
L 283	limites fixées	fixed limits	установленные лимиты
L 284	limites à la hausse	limit up	верхний предел дневного колебания цен *(на срочных биржах)*
L 285	limites individuelles	individual limits	индивидуальные лимиты *(напр. кредитования)*
L 286	limites par instrument	limits by instrument	лимиты по каждому финансовому инструменту
L 287	limites d'intervention	intervention points	точки интервенции *(пределы свободного колебания курсов в системе фиксированных курсов)*
L 288	limites journalières de fluctuations des cours	daily price limits	дневной предел колебания цен *(на срочных биржах)*
L 289	limites maximales de fluctuations	maximum limits of fluctuation	максимальные пределы колебаний
L 290	limites mensuelles	monthly limits	месячные лимиты
L 291	limites par opérateur	limits by operator	лимиты на каждого брокера
L 292	limites ordinaires	ordinary limits	обычные лимиты
L 293	limites par position	limits by position	лимиты по каждой позиции
L 294	limites statutaires	statutory limits	уставные лимиты
L 295	limites trimestrielles	quarterly limits	квартальные лимиты
L 296	limites de variations	variation limits	пределы колебаний
L 297	limites en vigueur	limits in force	действующие лимиты
L 298	lingot *m*	ingot, bullion	слиток
L 299	lingot d'argent	silver bullion	слиток серебра
L 300	lingot en dépôt	bullion in deposit	слиток на депозите
L 301	lingot d'or	gold bullion [bar, ingot]	слиток золота
L 302	liquidable	1. subject to liquidation *(of a company)* 2. subject to settlement	1. подлежащий ликвидации *(о компании)* 2. подлежащий урегулированию *(об операции на бирже)*

L

L 303	liquidateur *m*	receiver, liquidator	ликвидатор *(имущества банкрота)*
L 304	liquidateur de faillite [judiciaire]	official receiver, judicial factor, referee in bankruptcy	ликвидатор имущества несостоятельного должника
L 305	liquidateur officiel	official assignee	назначенный (судом) ликвидатор
L 306	liquidateur de société	official receiver of the company	ликвидатор компании
L 307	liquidation *f*	1. liquidation, winding-up, closing-out *(of a company)* 2. settlement, account 3. settlement day [date]	1. ликвидация *(компании)* 2. ликвидация сделки, ликвидационный период, расчёт по сделке *(на срочной бирже)* 3. ликвидационный [расчётный] день *(по срочным сделкам)*
L 308	à la liquidation de février	during the February settlement	в ликвидационный день в феврале
L 309	liquidation des biens	liquidation of the estate	ликвидация имущества *(при банкротстве)*
L 310	liquidation bimensuelle	bimonthly [fortnightly] settlement [account]	расчёт раз в два месяца
L 311	liquidation en bourse	stock exchange settlement	ликвидационный период на фондовой бирже
L 312	liquidation courante	current settlement [account]	текущий ликвидационный период
L 313	liquidation des créances	paying off debts	расчёт по обязательствам
L 314	liquidation d'un crédit	paying off a loan	погашение ссуды
L 315	liquidation de fin de mois	end-of-month [monthly] settlement [account]	ультимо, расчёт в конце месяца
L 316	liquidation forcée [involontaire]	compulsory liquidation	принудительная ликвидация
L 317	liquidation du mois de mars	March settlement	ликвидационный день в марте
L 318	liquidation prochaine	next account	следующий ликвидационный период
L 319	liquidation de quinzaine	fortnightly account, mid-month settlement	медио, расчёт в середине месяца
L 320	liquidation d'une société	liquidation [winding-up, closing-out] of a company	ликвидация компании
L 321	liquidation suivante	ensuing [next] account	следующий ликвидационный период
L 322	liquidation de valeurs réalisables	liquidation of realizable assets	распродажа легкореализуемых [ликвидных] активов
L 323	liquidation volontaire	voluntary liquidation	добровольная ликвидация
L 324	liquide	liquid	1. ликвидный, легкореализуемый 2. наличный
L 325	liquide *m*	cash, ready money	наличность, наличные
L 326	payer en liquide	to pay in cash	платить наличными
L 327	liquider	1. to liquidate, to wind up, to close out *(a company)* 2. to settle a transaction 3. to pay off, to wipe out *(a debt)* 4. to clear, to settle, to balance, to liquidate *(an account)*	1. ликвидировать, производить ликвидацию *(компании)* 2. ликвидировать сделку, окончательно рассчитаться по сделке 3. погашать (долг) 4. закрывать, подводить итог, балансировать *(счёт)*

L

L 328	liquidité *f*	liquidity	ликвидность, ликвидные средства
L 329	acquérir la liquidité	to obtain liquidities	приобретать ликвидные средства
L 330	agir sur la liquidité	to affect liquidity	воздействовать на ликвидность
L 331	améliorer la liquidité du marché	to improve the liquidity of the market	повышать ликвидность рынка
L 332	assurer la liquidité	to ensure liquidity	обеспечивать ликвидность
L 333	contracter la liquidité	to reduce liquidity	сокращать ликвидность
L 334	se réapprovisionner en liquidité	to replenish cash	пополнять ликвидные средства
L 335	liquidité bancaire [de banque]	bank liquidity	банковская ликвидность
L 336	liquidité en billets de banque	liquid assets in the form of banknotes	ликвидные средства в форме банкнот
L 337	liquidité conditionnelle	conditional liquidity	условная ликвидность
L 338	liquidité excellente	excellent liquidity	высокая ликвидность
L 339	liquidité excessive	excessive liquidity	чрезмерная ликвидность
L 340	liquidité des firmes	liquidity of firms	ликвидность фирм *(способность фирм своевременно погашать свои долговые обязательства)*
L 341	liquidité, forte	good liquidity	высокая ликвидность
L 342	liquidité immédiate	immediate liquidity	краткосрочная ликвидность
L 343	liquidité insuffisante	insufficient liquidity	недостаточная ликвидность
L 344	liquidité internationale institutionnelle	international institutional liquidity	ликвидность международных институтов
L 345	liquidité du marché boursier	liquidity of the stock exchange [of the market]	ликвидность биржевого рынка
L 346	liquidité du marché financier	liquidity of the financial market	ликвидность финансового рынка
L 347	liquidité des monnaies	liquidity of currencies	валютная ликвидность
L 348	liquidité, parfaite	perfect liquidity	полная [абсолютная] ликвидность
L 349	liquidité potentielle	potential liquidity	потенциальная ликвидность
L 350	liquidité d'une société	corporate liquidity	ликвидность компании
L 351	liquidité du système bancaire	liquidity of the banking system	ликвидность банковской системы
L 352	liquidité des titres	liquidity of securities	ликвидность ценных бумаг
L 353	liquidités *f pl*	liquidities, liquid assets, available funds [assets]; cash, cash holdings	ликвидные средства, текущие [легкореализуемые] активы; наличные средства, наличность
L 354	alimenter en liquidités	to provide liquid assets	снабжать ликвидными средствами
L 355	assécher les liquidités bancaires	to exhaust bank liquidities	истощать ликвидные средства банков
L 356	augmenter les liquidités	to increase liquid assets	повышать ликвидные средства
L 357	distribuer les liquidités	to distribute liquidities	распределять ликвидные средства
L 358	employer les liquidités	to use liquid assets	использовать ликвидные средства
L 359	éponger les liquidités	to mop up liquidities	сокращать ликвидные средства

L

L 360	être à court de liquidités	to be short of [pressed for] cash	испытывать нехватку наличности
L 361	injecter les liquidités	to inject liquidities	«впрыскивать» ликвидные средства
L 362	obtenir des liquidités	to obtain liquid assets	получать ликвидные средства
L 363	pomper des liquidités	to pump out liquidities	выкачивать ликвидные средства
L 364	ponctionner les liquidités	to reduce liquidities	сокращать ликвидные средства
L 365	pourvoir en liquidités	to provide liquid assets	снабжать ликвидными средствами
L 366	prélever sur ses liquidités	to draw on one's liquidities	расходовать наличные средства; снимать деньги со своего счёта
L 367	rémunérer les liquidités	to make profit on the liquid assets	получать прибыль на ликвидные средства
L 368	se procurer des liquidités	to obtain liquid assets	обеспечивать себя ликвидными средствами
L 369	se refournir en liquidités	to replenish cash holdings	пополнять наличность
L 370	submerger de liquidités	to flood with liquidities	наводнять ликвидными средствами
L 371	transformer en liquidités	to reduce to cash, to transform into cash	обращать в наличность, обналичивать
L 372	liquidités abondantes	plentiful liquidities	избыток свободных денежных средств
L 373	liquidités d'aujourd'hui	today's cash holdings	сегодняшняя наличность
L 374	liquidités bancaires	bank liquidities	ликвидные средства банков
L 375	liquidités banque centrale	liquid assets on accounts with the Central Bank	ликвидные средства на счетах в центральном банке
L 376	liquidités à court terme renouvelables	revolving short-term cash facilities	краткосрочные возобновляемые кредиты
L 377	liquidités détenues en réserve	liquid assets held in reserve	резервы наличности
L 378	liquidités empruntables	loanable funds	средства, предоставляемые в кредит
L 379	liquidités excédentaires [excessives]	excess liquidities	избыток свободных денежных средств
L 380	liquidités futures	future liquidities	будущая ликвидность
L 381	liquidités inconditionnelles	unconditional liquidities	безусловно ликвидные средства
L 382	liquidités inemployées	unused liquidities	неиспользуемые ликвидные средства
L 383	liquidités injectées	injected liquidities	«впрыснутые» ликвидные средства
L 384	liquidités internationales	international liquidities	международные ликвидные средства
L 385	liquidités internationales à long terme	international long-term liquidities	долгосрочные международные ликвидные средства
L 386	liquidités internationales, nouvelles	new international liquidities	новые международные ликвидные средства
L 387	liquidités monétaires	monetary liquidities	денежная наличность
L 388	liquidités en mouvement	flow of liquidities	потоки ликвидных средств
L 389	liquidités nécessaires	necessary liquidities	необходимые ликвидные средства

L

L 390	liquidités placées en SICAV monétaire	liquid assets invested into a money-market fund	ликвидные средства, вложенные в СИКАВ денежного рынка (инвестиционные компании открытого типа)
L 391	liquidités de première ligne	primary liquidities	наиболее ликвидные активы
L 392	liquidités quasi monétaires [quasi-monnaies]	near-money	квазиликвидные средства
L 393	lissage *m* de la dette	debt smoothing	сглаживание долга (поддержание долга на одном и том же уровне)
L 394	liste *f*	list	список, перечень, опись
L 395	liste des actionnaires	stock-ledger, list of shareholders [stockholders]	список акционеров
L 396	liste d'attente de la cotation	quotation waiting list	список кандидатов на котировку
L 397	liste des banques	list of banks	список банков
L 398	liste des bénéficiaires	list of beneficiaries	список бенефициаров
L 399	liste des cours	price-quotation list	котировочный лист
L 400	liste des débiteurs	debtor list	список дебиторов
L 401	liste nominative	nominal list	поимённый список
L 402	liste des oppositions	hot (card) list, warning [stopping] list	перечень ценных бумаг, объявленных потерянными или украденными
L 403	liste des propriétés	real estate list	опись недвижимости
L 404	liste de répartition	dividend distribution list	перечень выплачиваемых дивидендов
L 405	liste des signatures autorisées	list of authorized signatures	список уполномоченных лиц
L 406	liste des "signatures à écarter"	list of bad signatures	список недействительных подписей
L 407	liste de souscripteurs [des souscriptions]	subscription list, list of applications	список заявителей [подписчиков]
L 408	liste de surveillance	watch list	перечень ценных бумаг, требующих особого внимания
L 409	liste des tirages	list of drawings	таблица тиражей
L 410	liste de titres cotés	list of quoted shares	перечень котируемых ценных бумаг
L 411	liste des transactions	list of transactions	перечень сделок
L 412	liste de valeurs recommandées	focus, list of recommended shares, investment list	перечень ценных бумаг, рекомендованных для покупки
L 413	listing *m*	listing	листинг, допуск ценных бумаг к котировке
L 414	livrable	1. ready for delivery, subject to delivery 2. forward	1. подлежащий поставке, поставляемый 2. срочный
L 415	livrable *m*	forward transaction	срочная сделка
L 416	livraison *f*	delivery	поставка [доставка, передача] (ценных бумаг)
L 417	faire livraison	to deliver stocks	осуществлять поставку (ценных бумаг)
L 418	prendre livraison	to take delivery of the stocks	принимать поставку (ценных бумаг)
L 419	vendre à livraison	to sell for future delivery	продавать с отсроченной поставкой

L

L 420	**livraison, bonne**	good delivery	поставка (ценных бумаг) с соблюдением установленных правил
L 421	**livraison différée**	delayed delivery	отсроченная поставка
L 422	**livraison effective**	actual delivery	фактическая поставка
L 423	**livraison en fin du mois**	end-of-month delivery	поставка в конце месяца
L 424	**livraison d'un FRA**	delivery under a FRA [Forward Rate Agreement]	поставка по соглашению о будущих процентных ставках
L 425	**livraison d'un future**	delivery of a futures contract	поставка фьючерсного контракта
L 426	**livraison garantie**	guaranteed delivery	гарантированная поставка
L 427	**livraison matérielle**	physical delivery	физическая поставка (ценных бумаг)
L 428	**livraison, mauvaise**	bad delivery	нарушение правил поставки (ценных бумаг)
L 429	**livraison des obligations**	delivery of bonds	поставка облигаций
L 430	**livraison d'or**	delivery of gold	поставка золота
L 431	**livraison par parties**	delivery by lots	поставка партиями
L 432	**livraison physique**	physical delivery	фактическая [физическая] поставка (ценных бумаг)
L 433	**livraison d'un prêt**	granting of a loan	предоставление ссуды
L 434	**livraison régulière**	regular (way) delivery	очередная поставка
L 435	**livraison satisfaisante**	satisfactory delivery	поставка (ценных бумаг) с соблюдением установленных правил
L 436	**livraison à terme**	forward delivery	срочная поставка
L 437	**livraison des titres**	delivery of securities	поставка ценных бумаг
L 438	**livre** *m*	book, journal	**1.** (бухгалтерская) книга, (бухгалтерский) журнал **2.** книга, книжка
L 439	**livre d'acceptations**	acceptance book	книга акцептов
L 440	**livre d'actionnaires**	shareholder register	реестр акционеров
L 441	**livre de caisse**	cash book	кассовая книга, журнал кассовых операций
L 442	**livre comptable**	account book	бухгалтерская книга; журнал, ведомость
L 443	**livre des comptes courants**	current account book	реестр текущих счетов
L 444	**livre à coupons**	coupon book	купонная книжка
L 445	**livre des créanciers**	creditors' ledger	книга кредиторов
L 446	**livre des débiteurs**	debtors' ledger	книга дебиторов
L 447	**livre des dépôts**	deposit ledger	книга учёта депозитов
L 448	**livre d'effets**	bill book	книга векселей
L 449	**livre d'effets à payer**	bills payable book	книга учёта векселей к оплате
L 450	**livre d'effets à recevoir**	bills receivable book	книга учёта векселей к получению
L 451	**livre général, grand**	general [impersonal] ledger	общая [главная] бухгалтерская книга
L 452	**livre, grand**	ledger	бухгалтерская книга
L 453	**livre des lettres de change**	bill book	книга векселей
L 454	**livre de rendement**	yield book	книга учёта доходности
L 455	**livre à souche**	stub [counterfoil] book	квитанционная книжка
L 456	**livre des valeurs**	securities book	книга учёта ценных бумаг
L 457	**livre** *f*	pound (sterling)	фунт стерлингов
L 458	**livre à terme**	forward pound	фунт стерлингов на срок

L

L 459	livrer	to deliver	поставлять [доставлять, передавать] (ценные бумаги)
L 460	livret *m*	book; booklet; passbook	книжка
L 461	livret de banque	bank book, passbook	банковская депозитная книжка
L 462	livret de compte	passbook	расчётная книжка
L 463	livret de dépôts	deposit book, deposit passbook	депозитная книжка
L 464	livret d'épargne	savings book, savings passbook	сберегательная книжка
L 465	livret épargne-logement	housing account passbook	сберегательная книжка целевого счёта жилищного строительства
L 466	livret épargne-placement	investment account passbook	сберегательная книжка целевого инвестиционного счёта
L 467	livrets *m pl*	passbooks; (savings) accounts	депозитные книжки; (сберегательные) счета
L 468	livrets bancaires ordinaires	ordinary passbooks	обычные банковские депозитные книжки
L 469	livrets défiscalisés	untaxed savings accounts	сберегательные счета, доходы по которым не облагаются налогом
L 470	livrets d'épargne d'entreprises	special savings accounts for creation of small businesses	целевые сберегательные счета для создания малых предприятий
L 471	livrets imposables	taxable savings accounts	сберегательные счета, доходы по которым подлежат обложению налогом
L 472	livrets non imposables, nouveaux	new nontaxable savings accounts	новые сберегательные счета, доходы по которым не облагаются налогом
L 473	livreur *m*	deliverer, seller *(at the stock exchange)*	поставщик [продавец] ценных бумаг *(на фондовой бирже)*
L 474	LME, London Metal Exchange	London Metal Exchange	Лондонская биржа металлов
L 475	localisation *f*	location; localization	месторасположение; локализация
L 476	localisation des capitaux	localization of capital	локализация капиталов *(передача капиталов местным вкладчикам)*
L 477	localisation des établissements prêteurs	localization of lending institutions	локализация кредитных учреждений
L 478	localisation des investissements	location of investments	географическое распределение инвестиций
L 479	localisation d'un placement	investment location	определение места инвестирования
L 480	localisation des risques	localization of risks	локализация [ограничение] рисков
L 481	locals *m pl*	locals	1. биржевые спекулянты, совершающие сверхкраткосрочные сделки за собственный счёт 2. дилеры-специалисты
L 482	locataire *m* d'un coffre-fort	lessee of a safe-deposit box	арендатор сейфа
L 483	location *f*	1. letting out, renting, leasing 2. renting, leasing	1. сдача внаём, аренда 2. взятие внаём, аренда
L 484	location à bail	leasing	лизинг

L

L 485	location de coffre-fort	leasing of a safe-deposit box	аренда сейфа
L 486	location avec option d'achat, LOA	lease-option agreement	лизинг с возможностью выкупа
L 487	location-financement *f*	financial leasing	финансовый лизинг
L 488	locaux *m pl* d'une banque	bank premises	банковские помещения
L 489	logiciels *m pl*	software, programs	программное обеспечение, программные продукты
L 490	logiciels boursiers	stock exchange software	программное обеспечение для проведения биржевых операций
L 491	logiciels comptables	accounting software	программы бухгалтерского учёта
L 492	logiciels de gestion des finances	financial management software	программы для управления финансами
L 493	logiciels de gestion et de suivi de positions	positions management and monitoring software	программное обеспечение для управления и отслеживания позиций
L 494	logiciels de trésorerie	cash management software	программы для управления наличными средствами
L 495	logique *f*	logic	логика, закономерность
L 496	agir selon une logique purement financière	to act basing upon purely financial logic	действовать на основании чисто финансовой логики
L 497	logique du profit	profit seeking	погоня за прибылью
L 498	loi *f*	1. law, act 2. law, legislation	1. закон 2. законодательство
L 499	contrevenir à la loi	to break [to contravene, to transgress, to violate, to infringe] the law	нарушать закон
L 500	éluder [frauder] la loi	to evade [to go beyond] the law	обходить закон
L 501	observer la loi	to abide by the law, to keep within the law	соблюдать закон
L 502	tourner la loi	to get round the law	обходить закон
L 503	loi bancaire [sur les banques]	1. Bank Act 2. banking law	1. закон о банках 2. банковское законодательство
L 504	loi sur la Bourse	stock exchange legislation	биржевое законодательство
L 505	loi sur les bourses des valeurs	stock exchange legislation	законодательство о фондовых биржах
L 506	loi sur les chèques	check legislation	чековое законодательство
L 507	loi sur la circularion monétaire	laws on money circulation	законодательство о денежном обращении
L 508	loi de comportement des cours	price behavior law	закон поведения курсов
L 509	loi sur l'épargne	savings legislation	закон о сбережениях
L 510	loi fiscale	tax legislation	налоговое законодательство
L 511	loi de Gresham	Gresham's law	закон Грешема *(о вытеснении полноценных денег обесцененными)*
L 512	loi d'impôt	tax legislation	налоговое законодательство
L 513	loi sur les plus-values	capital gains law	закон о налогообложении прироста капитала
L 514	loi sur les sociétés anonymes	Companies Act	закон об акционерных обществах
L 515	loi subséquente	subsequent law	последующее законодательство
L 516	loi sur la titrisation	securitization law	законодательство о секьюритизации *(перевода долга в ценные бумаги)*

L

L 517	loi sur les valeurs mobilières	securities act	закон о ценных бумагах
L 518	lombard *m*	lombard	1. ломбард 2. предоставление ссуды под залог ценных бумаг
L 519	lombardiser	to lend against securities	предоставлять ценные бумаги в обеспечение ссуды
L 520	London Gold Market	London Gold Market	Лондонский рынок золота
L 521	London International Financial Futures Exchange, LIFFE	London International Financial Futures Exchange, LIFFE	Лондонская международная биржа финансовых фьючерсов, ЛИФФЕ *(лондонская срочная биржа финансовых инструментов, аналог французской МАТИФ)*
L 522	London Stock Exchange	London Stock Exchange	Лондонская фондовая биржа
L 523	long	long *(of position)*	длинный *(о позиции)*
L 524	vous êtes «long»	you are long	вы имеете длинную позицию
L 525	longueur *f*	duration; period; term	продолжительность; период; срок
L 526	longueur des crédits	term of loans	срок кредитования
L 527	loro *m*	loro	«лоро», счёт «лоро» *(счёт банка-корреспондента в данном банке или счёт третьего банка в банке-корреспонденте)*
L 528	lot *m*	1. lot, batch, set 2. lot, block (of shares) *(minimum unit of trading)* 3. lottery prize	1. партия, доля, часть 2. лот *(наименьшая партия при операциях с ценными бумагами)* 3. выигрыш в лотерее
L 529	former un lot	to make up a block *(of securities)*	сформировать лот *(ценных бумаг)*
L 530	lot d'actions	block of shares	лот [пакет] акций
L 531	lot fragmentaire	odd [broken, fractional, uneven] lot	неполный лот
L 532	lot, gros	jackpot	крупный выигрыш
L 533	lot irrégulier [odd]	odd [broken, fractional, uneven] lot	неполный лот
L 534	lot régulier [round]	round [full, board] lot	полный лот
L 535	loterie *f*	lottery	лотерея
L 536	loterie nationale	National Lottery	национальная лотерея
L 537	louable	leasable	сдаваемый в аренду
L 538	louage *m*	lease	аренда, наём
L 539	louer	1. to let out, to rent, to lease 2. to rent; to lease	1. сдавать в аренду [внаём] 2. арендовать, брать в аренду [внаём]
L 540	louis *m*	louis	луидор *(французская золотая монета)*
L 541	loups *m pl*	stags, premium hunters	спекулянты, покупающие ценные бумаги на первичном рынке с целью их немедленной перепродажи на вторичном рынке
L 542	loups de la finance, jeunes	young financiers, golden boys	молодые финансисты, золотая финансовая молодёжь
L 543	lourd	1. heavy *(of a security)* 2. slack, sluggish *(of the market)*	1. высокий *(о стоимости ценной бумаги)* 2. вялый *(о рынке)*

L

L 544	lourdeur *f*	1. burden 2. heaviness, sluggishness *(of the market)*	1. тяжесть, бремя 2. понижательная тенденция (рынка)
L 545	lourdeur administrative excessive	excessive administrative constraints	чрезмерные административные ограничения
L 546	lourdeur des charges d'intérêts	heavy interest burden	бремя выплаты процентов
L 547	lourdeur des formalités	burden of formalities	многочисленные формальности
L 548	lourdeur du marché	heaviness of the market	понижательная тенденция на рынке
L 549	loyer *m*	rent	арендная плата
L 550	loyer de l'argent	cost [price] of money, interest rate	процентная ставка, стоимость кредита
L 551	loyer de l'argent au jour le jour	overnight rate of interest	процентная ставка по однодневной ссуде
L 552	loyer de l'argent à un mois	one month interest rate	процентная ставка по месячным кредитам
L 553	loyer arriéré	back rent, arrears of rent	задолженность по арендной плате
L 554	loyer d'un coffre-fort	rent for a safe-deposit box	плата за аренду сейфа
L 555	loyers *m pl*	rent (payments)	арендные платежи
L 556	loyers de crédit-bail	leasing charges	лизинговые платежи
L 557	loyers dégressifs	tapering rent	регрессивные [уменьшающиеся] арендные платежи
L 558	loyers linéaires	linear rent	линейные [постоянные] арендные платежи
L 559	loyers non échus	rent not yet due	арендные платежи, срок внесения которых ещё не наступил
L 560	loyers progressifs	progressive rent	прогрессивные [увеличивающиеся] арендные платежи
L 561	lucratif	lucrative, profitable, paying	прибыльный, доходный
L 562	lucre *m*	profit	прибыль; доход
L 563	lutte *f*	struggle	борьба
L 564	lutte anti-inflationniste	anti-inflationary measures	борьба с инфляцией
L 565	lutte contre la fraude	fraud prevention	борьба с мошенничеством
L 566	lutte internationale contre le blanchissement	international struggle against money-laundering	международные усилия, направленные на предотвращение «отмывания» денег
L 567	**LUXIBOR**	LUXIBOR, Luxembourg Interbank Offered Rate	ЛЮКСИБОР, Люксембургская межбанковская ставка предложения

M

M 1	**M1**	M1 (monetary aggregate)	M1 (денежный агрегат)
M 2	**M2**	M2 (monetary aggregate)	M2 (денежный агрегат)

M

M 3	**M3**	M3 (monetary aggregate)	M3 (денежный агрегат)
M 4	machine *f*	machine	машина; механизм; аппарат
M 5	machine de bureau	office machine	конторское машинное оборудование, оборудование для офиса
M 6	machine à calculer	calculator	калькулятор
M 7	machine à chèques	check writer	аппарат для заполнения чеков, чековый принтер
M 8	machine imprimante	printer	принтер
M 9	machine à imprimer les factures	billing machine	аппарат для заполнения фактур
M 10	machine trieuse	sorting machine, sorter	машина для сортировки
M 11	magnétolecteur *m*	magnetic ink character reader, MICR reader	устройство для считывания символов, нанесённых магнитной краской
M 12	main *f*		
M 13	payer de la main à la main	to pay from hand to hand, to pay cash without receipt	платить наличными *(без квитанций и бухгалтерских записей во избежание налогообложения)*
M 14	main courante	rough book, day-book, wastebook	черновая конторская книга
M 15	mainlevée *f* d'une hypothèque [d'une inscription hypothécaire]	release of mortgage	освобождение от ипотеки
M 16	mains *f pl*, faibles	speculators on margin	мелкие биржевые спекулянты, играющие на разнице в курсах ценных бумаг
M 17	mainteneurs *m pl* de marché	market makers	маркет-мейкеры, «делатели рынка» *(участники рынка, постоянно котирующие курсы по какому-л. финансовому инструменту)*
M 18	maintien *m*	maintenance	сохранение; поддержание *(цены)*
M 19	maintien d'avoirs en compte	keeping of funds on an account	хранение средств [держание авуаров] на счёте
M 20	maintien d'un contrôle des changes	maintenance of exchange controls	сохранение валютного контроля
M 21	maintien de cours	price support	поддержание курса
M 22	maintien des flux de capitaux	maintenance of capital flows	сохранение капиталопотоков
M 23	maintien des lignes de crédit	maintenance of lines of credit	сохранение кредитных линий
M 24	maintien de marges	maintenance of margins	поддержание размеров маржи
M 25	maintien des restrictions de change	maintenance of exchange restrictions	сохранение валютных ограничений
M 26	maintien du secret professionnel	keeping professional secrets	сохранение профессиональной тайны
M 27	maintien de la stabilité des changes	maintenance of stability of exchange rates	поддержание стабильности валютных курсов
M 28	maintien d'un stock de billets	banknote supply maintenance	поддержание запаса банкнот
M 29	maintien de la valeur de la monnaie	currency value maintenance	поддержание стоимости валюты
M 30	maison *f*	business, firm, company	фирма, компания, дом
M 31	maison d'acceptation	accepting [acceptance] house [bank]	акцептный дом
M 32	maison de banque	bank	банк, банкирский дом

M

M 33	maison de courtage	broker, brokerage firm [house]	брокерская компания
M 34	maison d'escompte	discount house	учётный дом, вексельная контора
M 35	maisons *f pl*	firms, companies	фирмы, компании, дома
M 36	maisons de contrepartie	specialists	фирмы-специалисты *(обеспечивающие рынок той или иной ценной бумаги)*
M 37	maisons d'investissement	investment companies	инвестиционные компании
M 38	maisons de réescompte	discount houses	переучётные дома
M 39	maisons de titres	securities firms [houses]	инвестиционные банки; инвестиционные компании
M 40	maîtrise *f*	control, management	управление, регулирование; контроль
M 41	maîtrise de la base monétaire	money supply control	управление денежной массой
M 42	maîtrise de la liquidité	cash management	управление наличностью
M 43	maîtrise des taux d'intérêt	interest rate control	управление процентными ставками
M 44	maîtriser	to control, to check	управлять, регулировать; контролировать
M 45	majoration *f*	1. rise, increase 2. additional charge, surcharge 3. tender for more securities than necessary when partial allotment is expected	1. повышение, увеличение 2. надбавка (к цене) 3. подача заявки на большее число акций, чем требуется, в ожидании частичного удовлетворения заявок
M 46	majoration par catégorie [catégorielle]	increase by category	повышение по категории
M 47	majoration du cours	price mark-up	надбавка к курсу
M 48	majoration des dividendes	dividend gross-up	увеличение размера дивиденда
M 49	majoration d'encours	increase in outstanding liabilities	увеличение общего объёма обязательств
M 50	majoration des ristournes de courtage	increase in brokerage fee refunds	увеличение возврата уплаченных брокерских комиссионных
M 51	majorer	1. to increase, to raise 2. to put a surcharge on	1. повышать, увеличивать 2. вводить дополнительную надбавку (к цене)
M 52	majoritairement	by a majority (of votes)	большинством (голосов)
M 53	majorité *f*	majority	большинство
M 54	détenir la majorité	to be in a majority, to control the majority	иметь большинство (голосов)
M 55	à la majorité	by a majority (of votes)	большинством (голосов)
M 56	voter à la grande majorité des voix	to vote by a large majority	голосовать значительным большинством голосов
M 57	voter à la majorité des deux tiers des voix	to vote by a two-thirds majority	голосовать большинством в две трети голосов
M 58	voter à la majorité des voix	to vote by a majority	голосовать большинством голосов
M 59	majorité absolue	absolute majority	абсолютное большинство
M 60	majorité du capital	majority of capital	бо́льшая часть капитала
M 61	majorité des deux tiers des voix	two-thirds majority	большинство в две трети голосов
M 62	majorité écrasante	crushing [overwhelming] majority	подавляющее большинство

M

M 63	majorité, faible	narrow majority	незначительное большинство
M 64	majorité, grande [grosse]	large majority	значительное большинство
M 65	majorité relative	relative majority	относительное большинство
M 66	majorité simple	simple majority	простое большинство
M 67	majorité des voix	majority of votes	большинство голосов
M 68	majorité des voix à l'assemblée générale des actionnaires	majority of votes at the general meeting of shareholders	большинство голосов на общем собрании акционеров
M 69	majors *m pl*	«majors», the two major US rating agencies *(Standard & Poor's and Moody's)*	два крупнейших американских рейтинговых агентства *(«Стэндэрд энд Пурз» и «Мудиз»)*
M 70	makler *m*	broker, middleman	брокер, посредник, маклер
M 71	malversations *f pl*	embezzlement, misappropriation [misuse] of funds, defalcation	растрата, хищение
M 72	commettre des malversations	to embezzle [to misappropriate, to misuse] funds	совершать растрату
M 73	malversations spectaculaires commises	spectacular misappropriations of funds	огромные хищения
M 74	management *m*	management	управление; менеджмент; руководство
M 75	management de l'argent	money management	управление денежными средствами
M 76	management des institutionnels	management of institutional investors	руководство институциональных инвесторов
M 77	management intelligent	intelligent management	разумное управление
M 78	management d'une société	corporate management	руководство компанией
M 79	management des taux de change	exchange rate management	управление валютными курсами
M 80	manager *m*	manager	управляющий; менеджер; руководитель; директор
M 81	manager d'un groupe	group manager	руководитель группы (компаний)
M 82	mandant *m*	principal	доверитель
M 83	mandat *m*	1. money order, postal order 2. instructions, mandate 3. proxy, power of attorney 4. tenure, period in office, term of office	1. (почтовый) перевод 2. приказ, распоряжение, поручение 3. доверенность 4. полномочия, срок полномочий
M 84	émettre un mandat	to issue a money order	выписывать почтовый перевод
M 85	encaisser [toucher] un mandat	to cash a money order	получать деньги по почтовому переводу
M 86	utiliser un mandat	to use a money order	использовать почтовый перевод
M 87	mandat d'administrateur	administrative power	административные полномочия
M 88	mandat bancaire [de banque]	bank money order	банковский перевод
M 89	mandat d'effectuer la présentation	instructions to effect the presentation *(of a bill, a check)*	поручение осуществить предъявление *(векселя, чека)*
M 90	mandat d'encaissement	collection order	инкассовое поручение
M 91	mandat sur l'étranger	international money order	международное платёжное поручение

M

M 92	mandat général donné par l'émetteur	general proxy given by the issuer	генеральная доверенность, выданная эмитентом
M 93	mandat de gestion	management authority	полномочия на управление
M 94	mandat international	international money order	международное платёжное поручение
M 95	mandat en monnaie étrangère	money order made out in foreign exchange	перевод в иностранной валюте
M 96	mandat de paiement [de payer]	payment [remittance] order, order to pay	платёжное поручение
M 97	mandat postal [poste]	postal [post office] money order	почтовый (денежный) перевод
M 98	mandat de recouvrement	collection order	инкассовое поручение
M 99	mandat télégraphique	cable [telegraphic] transfer, telegraphic money order	телеграфный денежный перевод
M 100	mandat de virement	transfer order	денежный перевод
M 101	mandat de virement postal	postal money order [transfer]	почтовый (денежный) перевод
M 102	mandataire *m*	1. commission [authorized] agent 2. proxy, representative	1. представитель, агент 2. уполномоченный; доверенный, поверенный
M 103	mandataire en justice	attorney at low	представитель в суде
M 104	mandataire d'une société	company's agent, representative of a company	представитель компании
M 105	mandat-carte *m*	money order in postcard form	бланк для почтового перевода
M 106	mandat-contributions *m*	tax form	бланк для оплаты налогов
M 107	mandatement *m*	1. payment by money order 2. provision of mandate	1. платёж (почтовым) переводом 2. предоставление полномочий
M 108	mandater	1. to pay by money order 2. to commission, to empower, to give a mandate	1. оплачивать (почтовым) переводом 2. поручать, уполномочивать
M 109	mandat-lettre *m*	money order	денежный перевод
M 110	mandat-poste *m*	postal [post office] order	почтовый перевод
M 111	maniabilité *f* de la monnaie électronique	possibility of electronic money handling	возможность использования электронных денег
M 112	maniement *m*	handling; management	управление; распоряжение
M 113	maniement d'argent	money handling	распоряжение деньгами
M 114	maniement des comptes	bookkeeping	ведение счетов
M 115	maniement de grosses sommes d'argent	handling of large sums of money	распоряжение крупными суммами денег
M 116	maniement des réserves obligatoires	management of legal reserves	управление обязательными резервами
M 117	maniement des taux d'escompte	discount rate management	управление учётными ставками
M 118	maniement des taux d'intérêt	interest rate management	управление процентными ставками
M 119	maniement du taux d'intervention	intervention rate management	управление интервенционной ставкой
M 120	manier	to handle; to manage	управлять; распоряжаться
M 121	manipulateur *m*	teller	кассир
M 122	manipulation *f*	1. handling; processing *(e. g. of data)* 2. manipulation	1. обработка *(напр. информации)* 2. манипулирование
M 123	manipulation des actions	handling of shares	манипулирование акциями
M 124	manipulation en baisse du taux d'escompte	manipulations aimed at lowering the discount rate	игра на понижение учётной ставки

M

M 125	manipulation du capital social	handling of issued [authorized] capital	манипулирование размерами уставного капитала
M 126	manipulation de cours	manipulation of the market	манипуляция курсами
M 127	manipulation en hausse du taux d'escompte	manipulations aimed at raising the discount rate	игра на повышение учётной ставки
M 128	manipulation monétaire non autorisée	unauthorized money manipulations	недозволенные денежные операции
M 129	manipulation des taux de change	exchange rate manipulation	манипуляция валютными курсами
M 130	manipulation du taux d'escompte	discount rate manipulation	манипуляция учётной ставкой
M 131	manipulation des taux d'intérêt	interest rate manipulation	манипуляция процентными ставками
M 132	manipulations *f pl*	manipulations	манипуляции, махинации
M 133	manipulations abusives	illegal [unfair] manipulations	незаконные махинации
M 134	manipulations financières	financial manipulations	финансовые махинации
M 135	manipulations monétaires	currency manipulations	манипуляции с валютой
M 136	manipulations spéculatives	speculative manipulations	спекуляция, спекулятивные махинации
M 137	manipuler	1. to handle; to process *(e. g. data)* 2. to manipulate	1. обрабатывать *(напр. информацию)* 2. манипулировать
M 138	manne *f* financière	financial windfall	благоприятные финансовые условия
M 139	manœuvres *f pl*	manipulations, man(o)euvers	манипуляции, махинации
M 140	manœuvres de bourse	stock market manipulation	биржевые махинации
M 141	manœuvres frauduleuses	fraudulent maneuvers	злостные махинации
M 142	manquant *m*	shortage, deficiency	нехватка, недостаток
M 143	manquant dans les fonds	shortage of funds	недостаток средств
M 144	manque *m*	shortage, scarcity, want, lack	нехватка, недостаток, дефицит
M 145	compenser le manque	to fill the gap	компенсировать нехватку
M 146	manque d'argent	money shortage, lack [want] of money	недостаток денежных средств
M 147	manque de capital	lack of capital	нехватка капитала
M 148	manque de contrepartie et de liquidité	insufficient liquidity (of a market)	недостаточная ликвидность (рынка)
M 149	manque de crédit	lack of credit	нехватка кредитов
M 150	manque d'encaisse	cash shortage	недостаток наличности
M 151	manque de fonds	shortage of funds	недостаток средств
M 152	manque à gagner sur le dollar cédé	loss of profit on the dollars sold	неполучение прибыли при продаже доллара
M 153	manque de liquidités	lack of liquid assets	недостаток ликвидных средств
M 154	manque en monnaies convertibles	lack of convertible currencies	нехватка конвертируемой валюты
M 155	manque de moyens financiers	insufficient financial means	нехватка финансовых средств
M 156	manquement *m*	default	нарушение, невыполнение *(обязательства)*
M 157	manquement aux obligations	default on obligations, failure to meet obligations	невыполнение обязательств
M 158	manquement aux règlements financiers	breach [violation, infringement] of financial regulations	нарушение финансового законодательства

M

M 159	manteau *m*	share certificate, bond certificate *(without coupon sheet and talon)*	сертификат на акцию *или* облигацию, собственно ценная бумага *(без купонов)*
M 160	manteau d'actions	bare shell	«общество-вывеска», акционерное общество, существующее лишь юридически
M 161	maquillage *m* du bilan	window-dressing [cooking] of a balance sheet	приукрашивание [«причёсывание»] баланса
M 162	marasme *m* du marché	stagnation [sluggishness] of the market	застой на рынке
M 163	marchand *m*	trader, merchant	торговец, коммерсант; торговый посредник
M 164	marchand d'effets	bill merchant	вексельный брокер
M 165	marchand de titres sans obligation de contrepartie	broker-dealer	брокер-дилер
M 166	marché *m*	1. market 2. deal, transaction 3. contract	1. рынок 2. сделка, операция, трансакция 3. контракт
M 167	accaparer le marché	to corner the market	монополизировать рынок
M 168	annuler un marché	to cancel a transaction	аннулировать сделку
M 169	conclure un marché	to close [to make, to clinch] a deal, to strike a bargain, to enter into contract	заключать сделку, совершать операцию
M 170	défaire un marché	to cancel a transaction	аннулировать сделку
M 171	déprimer le marché	to depress the market	приводить к понижению конъюнктуры рынка
M 172	être présent en permanence sur le marché	to be permanently present on the market	быть постоянным участником рынка
M 173	inonder le marché	to glut the market	насыщать рынок
M 174	opérer sur le marché	to operate in the market	действовать [совершать операции] на рынке
M 175	se financer efficacement sur le marché	to raise capital efficiently in the market	получать средства на рынке на выгодных условиях
M 176	se traiter sur le marché	to be dealt in the market, to sell in the market	продаваться на рынке
M 177	traiter un marché	to close [to make, to clinch] a deal, to strike a bargain, to enter into contract	заключать сделку, совершать операцию
M 178	marché des acceptations	acceptance market	рынок банковских акцептов
M 179	marché acheteur	buyers' market	рынок покупателя
M 180	marché actif	active market	активный [оживлённый] рынок *(с большим объёмом сделок)*
M 181	marché des actions	equity [share, stock] market	рынок акций
M 182	marché agité	excited market	неспокойный рынок
M 183	marché animé	active market	активный [оживлённый] рынок *(с большим объёмом сделок)*
M 184	marché de l'argent	money market	денежный рынок
M 185	marché de l'argent au jour le jour	call money market	рынок краткосрочных ссуд до востребования
M 186	marché aurifère	gold market	рынок золота
M 187	marché à la baisse [baissier]	bear [bearish] market	рынок «медведей», понижательная рыночная тенденция

M

M 188	marché bancaire à court terme	short-term bank market	краткосрочный банковский рынок
M 189	marché bancaire mondial	world bank market	мировой банковский рынок
M 190	marché en banque	street [outside, curb] market	неофициальный рынок ценных бумаг
M 191	marché hors banque	non-bank market	рынок с участием небанковских учреждений
M 192	marché des billets à ordre négociables	negotiable bills market	рынок простых векселей
M 193	marché des billets à taux flottant	floating rate notes market	рынок обязательств с плавающей ставкой
M 194	marché des billets de trésorerie	commercial paper market	рынок коммерческих бумаг
M 195	marché des blocs	over-the-counter [OTC] market	внебиржевой рынок
M 196	marché des bons du Trésor	treasury bonds market	рынок бон казначейства [казначейских векселей]
M 197	marché après bourse	street [outside, curb] market	неофициальный рынок ценных бумаг
M 198	marché en bourse	official market	официальная биржа
M 199	marché hors bourse	over-the-counter [OTC] market	внебиржевой рынок
M 200	marché boursier	stock market	биржевой рынок
M 201	marché boursier continu	continuous stock market	непрерывно действующий биржевой рынок
M 202	marché boursier hors cote	unlisted securities market [USM], off-board market	рынок не принятых к официальной котировке ценных бумаг
M 203	marché boursier étranger	foreign stock market	зарубежный биржевой рынок
M 204	marché boursier, second	second stock market	второй биржевой рынок *(для ценных бумаг с менее высоким рейтингом, чем на официальном)*
M 205	marché boursier secondaire	junior stock market	вторичный биржевой рынок
M 206	marché des BTAN	treasury notes market	рынок среднесрочных облигаций казначейства
M 207	marché calme	calm [quiet] market	спокойный [устойчивый] рынок
M 208	marché des capitaux	capital [financial] market	рынок капиталов
M 209	marché des capitaux à court terme	money market	рынок краткосрочных ссудных капиталов
M 210	marché des capitaux domestique	domestic [home, internal] capital market	национальный рынок капиталов
M 211	marché des capitaux hypersophistiqué	oversophisticated capital market	высокоразвитый рынок капиталов
M 212	marché des capitaux international	international capital market, global financial market	международный рынок капиталов
M 213	marché des capitaux à long terme	long-term capital market	рынок долгосрочных ссудных капиталов
M 214	marché des cessions et transmissions d'entreprises	mergers and acquisitions market	рынок слияний и поглощений компаний
M 215	marché des changes	foreign exchange market, (foreign) currency market	валютный рынок
M 216	marché des changes au comptant	spot foreign exchange market	валютный рынок спот
M 217	marché des changes au comptant interbancaire	spot interbank foreign exchange market	межбанковский валютный рынок спот

M

M 218	marché des changes, double	dual foreign exchange market	валютный рынок с двойным режимом *(фиксированного и свободного валютного курса)*
M 219	marché des changes libre	free [open] foreign exchange market	свободный валютный рынок
M 220	marché des changes manuel	foreign banknotes market	рынок иностранных банкнот
M 221	marché des changes officiel	official foreign exchange market	официальный валютный рынок
M 222	marché des changes scriptural	interbank foreign exchange market	межбанковский валютный рынок
M 223	marché des changes à terme	forward exchange market	срочный валютный рынок
M 224	marché clandestin	black [illegal] market	чёрный [неофициальный, параллельный] рынок
M 225	marché du commercial paper américain	American commercial paper market	рынок американских коммерческих бумаг
M 226	marché compartimenté	segmented market	раздробленный [сегментированный] рынок
M 227	marché au comptant	1. cash [spot] transaction 2. cash [spot] market	1. рынок спот, рынок наличных сделок 2. наличная сделка, сделка за наличный расчёт, кассовая сделка
M 228	marché comptant du dollar-Paris	Paris dollar spot market *(against the French franc)*	парижский рынок доллара спот *(против французского франка)*
M 229	marché conditionnel	conditional forward market	условный срочный рынок
M 230	marché (en) continu	continuous market	непрерывно действующий рынок
M 231	marché du contrat PIBOR	PIBOR contract market	рынок контрактов на основе ПИБОР
M 232	marché des contrats (normalisés) à terme	futures market	1. рынок с длительным сроком поставок 2. рынок по сделкам на срок, фьючерсный рынок
M 233	marché de contrepartie	over-the-counter [OTC] market	внебиржевой рынок
M 234	marché contrôlé	regulated market	организованный [регулируемый] рынок
M 235	marché hors cote	unlisted securities market [USM], off-board market, unofficial market	рынок не принятых к официальной котировке ценных бумаг
M 236	marché de la cote officielle	market of listed securities	официальный рынок ценных бумаг, фондовый рынок
M 237	marché en coulisse [entre courtiers]	curb [outside, off-floor market	внебиржевой рынок
M 238	marché des créances hypothécaires	mortgage bond market	рынок ипотечных обязательств
M 239	marché des créances titrisées	securitized debt market	рынок обязательств в форме ценных бумаг
M 240	marché du crédit	credit [loan, lending] market	рынок кредитов, кредитный рынок
M 241	marché à découvert	sale in blank, short sale *(e.g. of securities)*	короткая продажа *(напр. ценных бумаг)*
M 242	marché des dépôts	deposit market	рынок депозитов, депозитный рынок
M 243	marché déprimé	depressed market	вялый рынок
M 244	marché en déséquilibre	market in disequilibrium	рынок в состоянии неравновесия

M

M 245	marché des devises	foreign exchange market	валютный рынок
M 246	marché directeur pour les Bourses mondiales	leading market for world stock exchanges	ведущий рынок [рынок-ориентир] для мировых бирж
M 247	marché du disponible	spot market	рынок спот, рынок наличных сделок
M 248	marché domestique	domestic [internal, home] market	внутренний рынок
M 249	marché des droits de souscription	rights market	рынок прав на приобретение акций
M 250	marché d'échange de créances	asset swaps market	рынок обмена долговыми требованиями
M 251	marché de l'ECU	ECU market	рынок ЭКЮ
M 252	marché des effets à court terme	short-term paper market	рынок краткосрочных векселей
M 253	marché des émissions	issuing market	рынок эмиссий (ценных бумаг)
M 254	marché des émissions fraîches	new issues market	рынок новых выпусков
M 255	marché d'emprunts d'État	government [public] loan market	рынок государственных займов [обязательств]
M 256	marché aux enchères	auction market	аукционный рынок
M 257	marché de l'escompte	discount market	учётный рынок
M 258	marché étroit	narrow market	узкий рынок *(с небольшим объёмом сделок)*
M 259	marché des euro-actions	Euroequity market	рынок евроакций
M 260	marché des eurocapitaux	Eurocapital market	рынок еврокапиталов
M 261	marché des eurocrédits	Eurocredit market	рынок еврокредитов
M 262	marché des eurodevises	Euromoney [Eurocurrency] market	рынок евровалют
M 263	marché des eurodollars	Eurodollar market	рынок евродолларов
M 264	marché des euro-émissions	Eurobond market	рынок евроэмиссий
M 265	marché de l'eurofranc	Eurofranc market	рынок еврофранков
M 266	marché de l'euromark	Euromark market	рынок евромарок
M 267	marché euromonétaire [des euromonnaies]	Euromoney [Eurocurrency] market	рынок евровалют
M 268	marché euro-obligataire [des euro-obligations]	Eurobond market	рынок еврооблигаций
M 269	marché des eurosterlings	Eurosterling market	рынок еврофунтов
M 270	marché face à face	direct loan market	рынок кредитов без посредников
M 271	marché des facilités	facilities market	рынок кредитных ресурсов
M 272	marché des facilités d'émission	issuance facilities market	рынок эмиссионных гарантий
M 273	marché à facultés	option to double	стеллажная сделка
M 274	marché, faible	dull [inactive, sluggish] market	вялый [неактивный] рынок
M 275	marché ferme	1. firm market 2. firm deal	1. устойчивый рынок 2. твёрдая сделка
M 276	marché fermé	closed market	закрытый рынок
M 277	marché figé	locked market	малоподвижный рынок
M 278	marché financier	financial [capital] market	финансовый рынок, рынок долгосрочных ссудных капиталов
M 279	marché des floating rate notes	floating rate notes [FRN] market	рынок облигаций с плавающими ставками
M 280	marché fluide	liquid market	ликвидный рынок

M

M 281	marché des fonds prêtables	loanable funds market	рынок ссудного капитала
M 282	marché à forfait	1. fixed price contract 2. forfaiting market	1. паушальный контракт 2. рынок форфейтинга
M 283	marché du FRA	FRA market	рынок соглашений о будущей процентной ставке
M 284	marché fractionné	segmented market	раздробленный [сегментированный] рынок
M 285	marché fragile	fragile [unsteady] market	нестабильный рынок
M 286	marché fragmenté	segmented market	раздробленный [сегментированный] рынок
M 287	marché du franc, double	double franc market	двойной рынок франка
M 288	marché des fusions-acquisitions	mergers and acquisitions [M&A] market	рынок слияний и поглощений (компаний)
M 289	marché de futures	futures market	фьючерсный рынок
M 290	marché de garantie de taux d'intérêt à court terme	short-term interest rate guarantee market	рынок краткосрочных гарантий процентных ставок
M 291	marché de gré à gré	over-the-counter [OTC] market	внебиржевой рынок
M 292	marché gris	gray market	«серый» [полуофициальный] рынок
M 293	marché à la hausse [haussier]	bull [bullish] market	рынок «быков», повышательная рыночная тенденция
M 294	marché hésitant	unsteady market	неустойчивый рынок *(без выявившейся тенденции)*
M 295	marché hyperorganisé	overregulated market	чрезмерно регулированный рынок
M 296	marché hypothécaire	mortgage market	ипотечный рынок
M 297	marché inactif	dull [inactive, sluggish] market	вялый [неактивный] рынок
M 298	marché indécis	unsteady market	неустойчивый рынок *(без выявившейся тенденции)*
M 299	marché informel	unofficial market	неофициальный рынок
M 300	marché interbancaire	interbank market	межбанковский рынок
M 301	marché interbancaire en devises	interbank foreign exchange market	межбанковский валютный рынок
M 302	marché interbancaire de la trésorerie	interbank money market	межбанковский рынок краткосрочных кредитов
M 303	marché de l'intermédiation bancaire	bank intermediation market	рынок банковских посреднических услуг
M 304	marché international des capitaux	international capital market, global financial market	международный рынок капиталов
M 305	marché irrégulier	unsteady market	неустойчивый рынок *(без выявившейся тенденции)*
M 306	marché au jour le jour	day loan market	рынок однодневных ссуд
M 307	marché des junk bonds	junk bonds market	рынок «бросовых» облигаций *(облигаций с высоким доходом и высоким риском)*
M 308	marché large	broad market	активный [оживлённый] рынок *(с большим объёмом сделок)*
M 309	marché leader	leading market	ведущий рынок
M 310	marché libre	free [open] market	свободный рынок
M 311	marché libre des devises	free foreign exchange market	свободный валютный рынок
M 312	marché libre de l'or	free gold market	свободный рынок золота

M

M 313	marché des liquidités	money market	денежный рынок, рынок краткосрочных ссудных капиталов
M 314	marché des liquidités banque centrale	central bank short-term loan market	рынок краткосрочных ссуд центрального банка
M 315	marché à livrer	settlement transaction, transaction for forward delivery, forward transaction	сделка «форвард»
M 316	marché du métal jaune	gold market	рынок золота
M 317	marché des mises en filière	market *(of gold, foreign exchange)* for delivery	рынок сделок с поставкой *(валюты, золота)*
M 318	marché monétaire	money market	денежный рынок, рынок краткосрочных ссудных капиталов
M 319	marché monétaire international	international money market	международный денежный рынок
M 320	marché mou	dull [inactive, sluggish] market	вялый [неактивный] рынок
M 321	marché nerveux	nervous [fidgety, jumpy, unsteady] market	неустойчивый рынок
M 322	marché du neuf	primary market	первичный рынок
M 323	marché noir	black market	чёрный [неофициальный, параллельный] рынок
M 324	marché non organisé de transactions bilatérales	over-the-counter [OTC] market	внебиржевой рынок
M 325	marché non réglementé	unregulated market	нерегулируемый рынок
M 326	marché de nouvelles émissions	new issues market	рынок новых выпусков
M 327	marché obligataire	bond market	облигационный рынок, рынок облигаций
M 328	marché obligataire au comptant	cash bond market	рынок облигаций за наличный расчёт
M 329	marché obligataire à long terme	long-term bond market	рынок долгосрочных облигаций
M 330	marché des obligations	bond market	облигационный рынок, рынок облигаций
M 331	marché de l'occasion	secondary [resale] market	вторичный рынок
M 332	marché officiel	official market	официальный [организованный] рынок, биржа
M 333	marché offshore	offshore market	офшорный рынок
M 334	marché des opérations fermes	firm trade market	рынок твёрдых сделок
M 335	marché optionnel [à options, d'options]	options market, options exchange	рынок опционов
M 336	marché d'options d'achat	call options market	рынок опционов покупателя
M 337	marché d'options de change [sur devises]	currency [foreign exchange] options market	рынок валютных опционов
M 338	marché d'options sur emprunt notionnel	notional loan options market	рынок опционов на условный заём
M 339	marché d'options sur indice	index options market	рынок индексных опционов
M 340	marché d'options négociables	traded options market	рынок обращающихся опционов
M 341	marché d'options négociables sur actions	traded stock options market	рынок обращающихся опционов на акции
M 342	marché d'options négociables sur indice boursier	traded stock exchange index options market	рынок обращающихся валютных опционов на акции

M

M 343	marché d'options sur obligations	traded bond options market	рынок обращающихся опционов на облигации
M 344	marché d'options sur l'or	gold options market	рынок опционов на золото
M 345	marché d'options OTC	over-the-counter [OTC] options market	внебиржевой рынок опционов
M 346	marché d'options sur valeurs mobilières	securities options market	рынок опционов на ценные бумаги
M 347	marché d'options de vente	put options market	рынок опционов продавца
M 348	marché de l'or	gold market	рынок золота
M 349	marché de l'or, double	double gold market	двойной рынок золота
M 350	marché organisé	listed [organized] market, stock exchange	официальный [организованный] рынок, фондовая биржа
M 351	marché organisé de futures de devises	foreign exchange futures organized market	официальный валютный фьючерсный рынок
M 352	marché ouvert	open market	открытый рынок
M 353	marché du papier commercial	commercial paper market	рынок коммерческих бумаг
M 354	marché du "papier neuf"	new issues market, primary market	рынок новых выпусков, первичный рынок
M 355	marché parallèle	parallel [black, shadow] market	чёрный [неофициальный, параллельный] рынок
M 356	marché paresseux	dull [inactive, sluggish] market	вялый [неактивный] рынок
M 357	marché perturbé	insteady market	неустойчивый рынок
M 358	marché hors place	offshore market	офшорный рынок
M 359	marché des prêts au jour le jour	day loan market	рынок однодневных ссуд
M 360	marché primaire	primary market	первичный рынок
M 361	marché primaire des actions	primary stock market	первичный рынок акций
M 362	marché primaire obligataire	primary bond market	первичный рынок облигаций
M 363	marché à prime pour lever	call option	опцион колл
M 364	marché à prime pour livrer	put option	опцион пут
M 365	marché à primes	1. options market, conditional forwards market 2. option (transaction)	1. рынок опционов 2. опционная сделка
M 366	marché de professionnels	professional market	профессиональный фондовый рынок
M 367	marché public organisé	organized market, stock exchange	официальный [организованный] рынок, фондовая биржа
M 368	marché en réaction	reacting market	вялый [неактивный] рынок
M 369	marché de reclassement [du reclassement de titres]	gray market (for new treasury bond issues after auction)	рынок государственных облигаций до начала официальной котировки
M 370	marché à règlement mensuel, RM	forward market, monthly settlement market	срочный рынок (с расчётом в конце месяца)
M 371	marché réglementé	regulated [organized] market	официальный [организованный] рынок, биржа
M 372	marché des rentes	government bond market	рынок государственных процентных бумаг
M 373	marché en reprise	recovering market	оживлённый рынок
M 374	marché résistant	steady [strong] market	устойчивый рынок
M 375	marché, second	second market	второй рынок *(ценных бумаг с менее высоким рейтингом)*
M 376	marché secondaire	secondary [resale] market	вторичный рынок

M

M 377	marché secondaire des actions	secondary stock market	вторичный рынок акций
M 378	marché secondaire des créances	secondary debt market	вторичный рынок обязательств
M 379	marché secondaire des emprunts à taux variable	secondary floating rate loan market	вторичный рынок займов с плавающей ставкой
M 380	marché secondaire des obligations	secondary bond market	вторичный рынок облигаций
M 381	marché secondaire OTC	secondary over-the-counter [OTC] market	вторичный внебиржевой рынок
M 382	marché secondaire structuré	structured secondary market	организованный вторичный рынок
M 383	marché sensible	sensitive market	чувствительный [эластичный] рынок
M 384	marché (des) SICAV	SICAV [open-end investment company securities] market	рынок акций СИКАВ (инвестиционных компаний открытого типа)
M 385	marché soutenu	buoyant market	устойчивый рынок
M 386	marché spéculatif	speculative market	спекулятивный рынок
M 387	marché spot	spot market	рынок спот
M 388	marché stagnant	stagnant [dull, sluggish] market	вялый [неактивный] рынок
M 389	marché du swap $/DM	dollar/deutsche mark swap market	рынок свопов доллар/марка
M 390	marché du swap $/FRF	dollar/French franc swap market	рынок свопов доллар/французский франк
M 391	marché des swaps	swaps market	рынок свопов
M 392	marché des swaps d'actifs	asset swaps market	рынок обмена активами
M 393	marché des swaps de devises	foreign exchange swaps market	рынок валютных свопов
M 394	marché des swaps d'intérêts	interest swaps market	рынок процентных свопов
M 395	marché à terme	1. forward market, monthly settlement market, futures market 2. forward transaction	1. срочный [форвардный] рынок 2. срочная сделка
M 396	marché à terme sur les actions	monthly settlement market	срочный рынок акций (с поставкой в конце месяца)
M 397	marché à terme conditionnel	conditional forward market	условный срочный рынок
M 398	marché à terme des devises	currency futures market	срочный валютный рынок
M 399	marché à terme sur effets publics	government securities futures market	срочный рынок государственных (краткосрочных) ценных бумаг
M 400	marché à terme ferme	1. firm forward market 2. firm forward deal	1. срочный рынок твёрдых сделок 2. срочная твёрдая сделка
M 401	marché à terme sur l'indice boursier OMF	OMF index futures contract	срочный контракт на основе биржевого индекса ОМФ
M 402	marché à terme des instruments financiers	financial futures market	рынок финансовых фьючерсов, срочный рынок финансовых инструментов, МАТИФ
M 403	marché à terme obligataire	bond futures market	срочный рынок облигаций
M 404	marché à terme de l'or	gold futures market	срочный рынок золота
M 405	marché à terme des taux d'intérêt	interest rate futures market	рынок фьючерсов на процентные ставки
M 406	marché à terme de titres financiers	financial futures market	рынок финансовых фьючерсов, срочный рынок финансовых инструментов, МАТИФ

M

M 407	marché de(s) titres	securities market	рынок ценных бумаг, фондовый рынок
M 408	marché de titres à court terme négociables	short-term negotiable securities market	рынок обращающихся краткосрочных ценных бумаг, фондовый рынок
M 409	marché de titres courts	short-term securities market	рынок краткосрочных ценных бумаг
M 410	marché des titres de créances négociables	TCN [negotiable securities] market	рынок обращающихся долговых обязательств
M 411	marché des titres du marché monétaire	money market securities market	рынок ценных бумаг денежного рынка
M 412	marché de titres négociables	negotiable securities market	рынок обращающихся ценных бумаг
M 413	marché des trésoreries bancaires	interbank short-term market	рынок краткосрочных межбанковских кредитов
M 414	marché des valeurs mobilières	securities market	рынок ценных бумаг, фондовый рынок
M 415	marché des valeurs de premier ordre	gilt-edged market	рынок первоклассных ценных бумаг, фондовый рынок
M 416	marché des valeurs à revenu fixe	fixed income securities market	рынок ценных бумаг с фиксированным доходом
M 417	marché des valeurs à revenu variable	variable income securities market	рынок ценных бумаг с переменным доходом
M 418	marché ultra-sophistiqué	oversophisticated market	высокоразвитый рынок, рынок сверхсложных финансовых инструментов
M 419	marché unifié de l'argent	unified money market	единый денежный рынок
M 420	marché unique	single market	единый рынок
M 421	marché usuraire	usurious transaction	ростовщическая сделка
M 422	marché des Yankee Bonds	Yankee Bonds market	рынок облигаций «янки» *(выпущенных в долларах на американском рынке иностранными компаниями)*
M 423	Marché *m*	Market	рынок, биржа
M 424	Marché européen des options d'Amsterdam	Amsterdam European Options Market	Европейский рынок опционов (в Амстердаме)
M 425	Marché de Londres des contrats à terme d'instruments financiers	London International Financial Futures Market, LIFFE	Лондонская международная биржа финансовых фьючерсов, ЛИФФЕ *(лондонская срочная биржа финансовых инструментов, аналог французского МАТИФ)*
M 426	Marché monétaire international	International Monetary Market (Chicago)	Международный валютный рынок *(Чикагский рынок финансовых фьючерсов)*
M 427	Marché des options de Chicago, CBOE	Chicago Board Options Exchange, CBOE	Чикагская опционная биржа
M 428	Marché des options négociables de Paris, MONEP	Options Exchange of Paris, MONEP	Парижская опционная биржа, МОНЕП
M 429	Marché à terme des instruments financiers, MATIF	French International Financial Futures Market, MATIF	Французский международный срочный рынок, МАТИФ
M 430	marchéisation *f*	securitization	секьюритизация *(увеличение доли ценных бумаг в общем объёме кредитования)*
M 431	marchéisation des créances	securitization of debts	секьюритизация обязательств

M

M 432	marchéisation des financements	securitization of financing	секьюритизация финансирования
M 433	marchéisation des placements	securitization of investments	секьюритизация инвестиций
M 434	marchés *m pl*	1. markets 2. deals, transactions	1. рынки 2. сделки, операции
M 435	marchés concurrents	competitive markets	конкурентные рынки
M 436	marchés conditionnels	conditional transactions	условные сделки
M 437	marchés dérivés	derivative markets	рынки деривативов, рынки производных финансовых инструментов
M 438	marchés étrangers	foreign [external] markets	зарубежные рынки
M 439	marchés financiers et des changes mondiaux	world financial and foreign exchange markets	мировые валютно-финансовые рынки
M 440	marchés globalisés	global markets	глобальные рынки
M 441	marchés d'instruments financiers à court terme	short-term financial instrument markets	краткосрочные рынки финансовых инструментов
M 442	marchés interconnectés	interconnected markets	взаимосвязанные рынки
M 443	marchés internes de capitaux	domestic [internal] capital markets	национальные рынки капиталов
M 444	marchés liés	related markets	взаимосвязанные рынки
M 445	marchés liquides	liquid markets	ликвидные рынки
M 446	marchés monétaires et financiers	money and financial markets	валютно-финансовые рынки
M 447	marchés monétaires et obligataires	money and bond markets	рынки кратко- и долгосрочных ссудных капиталов
M 448	marchés risqués	high-risk transactions	рисковые сделки
M 449	marchés standardisés	listed markets	официальные [организованные] рынки, биржи
M 450	marchés standardisés de négociations des contrats à terme d'instruments financiers	financial futures markets	срочные финансовые биржи
M 451	marge *f*	1. margin, tolerance 2. profit margin 3. trade margin, price margin 4. margin 5. spread	1. допуск, предел 2. прибыль 3. (торговая) наценка, надбавка (к цене) 4. маржа, гарантийный взнос *(хранящийся у брокера)* 5. спред
M 452	acheter sur marge	to buy on margin	покупать в кредит *(обеспеченный гарантийным взносом)*
M 453	ajuster une marge	to adjust a margin	корректировать маржу
M 454	constituer une marge	to provide a margin	делать гарантийный взнос
M 455	contrôler une marge	to control a margin	управлять чьей-л. маржей
M 456	déposer une marge	to deposit a margin	вносить гарантийный взнос
M 457	laisser une marge	to leave with à margin (of)	оставлять прибыль (в размере)
M 458	mettre en péril une marge de solvabilité	to endanger a solvency margin	ставить под угрозу чью-л. платёжеспособность
M 459	présenter une marge de solvabilité	to provide a solvency margin	обеспечивать платёжеспособность

M

M 460	spéculer sur marge	to speculate on margin	проводить спекулятивные сделки в кредит (обеспеченный гарантийным взносом у брокера)
M 461	marge d'autorisation	authorization limit	кредитный лимит (предельная сумма кредита, которую может выдать данный банковский служащий)
M 462	marge de baisse des taux d'intérêt	interest rate fall limit	предел понижения процентных ставок
M 463	marge de banque	bank spread	банковская маржа
M 464	marge de bénéfice [bénéficiaire]	1. profit 2. margin of profit	1. прибыль 2. норма прибыли, коэффициент прибыльности
M 465	marge bénéficiaire nette	net profit margin	чистая прибыль
M 466	marge brute	gross margin	валовая прибыль
M 467	marge brute d'autofinancement, MBA	cash flow	брутто-кэш флоу, средства самофинансирования (бухгалтерский показатель)
M 468	marge brute d'autofinancement par action	cash flow per share	брутто-кэш флоу в расчёте на акцию
M 469	marge brute d'autofinancement actualisée	discounted cash flow, net present value of cash flow	дисконтированный брутто-кэш флоу
M 470	marge de capital	profit on capital	прибыль на капитал
M 471	marge correspondante	appropriate margin	соответствующая маржа
M 472	marge de crédit	1. credit margin, swing 2. credit line	1. маржа по кредиту 2. кредитная линия
M 473	marge de crédit consentie	committed credit line	предоставленная [зарезервированная] кредитная линия
M 474	marge de crédit non encore utilisée	undrawn credit margin	неиспользованная кредитная линия
M 475	marge de découvert réciproque	mutual overdraft limit	лимит по взаимному овердрафту
M 476	marge élargie	extended margin	расширенный предел колебаний
M 477	marge en espèces	cash margin	разница в наличных
M 478	marge fixée préalablement	margin fixed in advance	заранее установленная маржа
M 479	marge de garantie	margin	маржа, гарантийный взнос (хранящийся у брокера)
M 480	marge de hausse des taux d'intérêt	interest rate rise limit	предел повышения процентных ставок
M 481	marge, haute	high margin	высокая маржа
M 482	marge d'intérêts	(interest) margin, spread	процентная маржа (разница процентных ставок по предоставляемым и получаемым кредитам)
M 483	marge latente des taux d'intérêt	hidden interest rate margin	скрытая надбавка к процентной ставке
M 484	marge de négociation de créanciers	creditors' negotiation limit	степень сговорчивости кредиторов
M 485	marge nette	net [clear] margin	чистая прибыль
M 486	marge nette d'autofinancement	net cash flow	чистый кэш флоу, нетто-кэш флоу (бухгалтерский показатель)

M

M 487	marge nette sur les intérêts	net interest margin	чистая процентная маржа (чистая прибыль на разнице процентных ставок по предоставляемым и получаемым кредитам)
M 488	marge participante	participation margin	степень участия
M 489	marge prescrite	prescribed margin [limit]	установленная маржа
M 490	marge de profit	profit margin	норма прибыли
M 491	marge de risque	risk margin	размер риска
M 492	marge de sécurité	safety margin (e.g. of a loan)	степень обеспеченности (напр. ссуды)
M 493	marge de solvabilité	solvency margin	степень платёжеспособности
M 494	marge de solvabilité prescrite	prescribed solvency margin	установленная норма платёжеспособности
M 495	marge supplémentaire	extra margin	дополнительный гарантийный взнос
M 496	marge de taux de dépôt	deposit rate margin	надбавка к ставке по вкладам
M 497	marges *f pl*	1. margins, limits, range 2. profit 3. (price) margins 4. margins	1. пределы 2. прибыли, доходы 3. надбавки 4. гарантийные взносы
M 498	établir des marges	to fix the margins	устанавливать пределы
M 499	réduire des marges	to reduce profit	сокращать доходы
M 500	marges actuarielles	actuarial margins	прибыли страховых компаний
M 501	marges bancaires	bank profit	банковские прибыли
M 502	marges commerciales	trade margins	торговые надбавки
M 503	marges compensées	cleared margins	зачтённые остатки
M 504	marges de cours	price margins	надбавки к курсам
M 505	marges de fluctuations	margins of fluctuation	пределы колебаний
M 506	marges de fluctuations de ±2,25%	margins of fluctuation of ± 2.25%	пределы колебаний ± 2,25%
M 507	marges de fluctuations élargies à 2,25%	margins of fluctuation extended to 2.25%	пределы колебаний, расширенные до 2,25%
M 508	marges de fluctuations d'une monnaie	margins of fluctuation of a currency	пределы колебаний валюты
M 509	marges de fluctuations du taux de change	margins of fluctuation of exchange rate	пределы колебаний валютного курса
M 510	marges initiales	initial margins	первоначальные (гарантийные) взносы
M 511	marges d'intermédiation	intermediation margins	уровень посредничества
M 512	marges maximales de fluctuations	maximum margins of fluctuation	максимальные пределы колебаний
M 513	marginal	marginal	предельный, маржинальный
M 514	marianne *f*	«Marianne» (20 franc French gold coin)	«Марианна» (французская монета в 20 франков)
M 515	mark *m*	mark	марка
M 516	market makers	market makers	маркет-мейкеры, «делатели рынка» (участники рынка, постоянно котирующие цены продавца и покупателя по какому-л. финансовому инструменту)
M 517	être market makers	to be [to act as] market makers	выполнять роль маркет-мейкеров
M 518	marketing *m*	marketing	маркетинг
M 519	marketing boursier	stock exchange marketing	биржевой маркетинг

M

M 520	masse *f*	1. mass 2. total	1. масса, объём 2. итог, совокупность
M 521	masse active	assets; total assets	активы (баланса); сумма активов
M 522	masse du bilan	total assets	итог баланса
M 523	masse des capitaux	total capital	общий объём капиталов
M 524	masse des créanciers	body of creditors	совокупность кредиторов *(одного и того же несостоятельного должника)*
M 525	masse énorme des capitaux à placer	enormous amounts of capital to be placed	огромный объём капитала, подлежащего размещению
M 526	masse d'épargne collective	total collective savings	сумма коллективных сбережений
M 527	masse de la faillite	bankruptcy estate	имущество несостоятельного должника
M 528	masse de fonds	total funds	объём средств
M 529	masse globale	total (assets)	общая сумма (активов)
M 530	masse hypothécaire	amount of mortgage	сумма ипотеки
M 531	masse des investissements	total investments	объём инвестиций
M 532	masse monétaire	money supply	денежная масса
M 533	gonfler la masse monétaire	to inflate money supply	раздувать денежную массу
M 534	maîtriser la masse monétaire	to control money supply	контролировать денежную массу
M 535	neutraliser la masse monétaire	to neutralize money supply	сдерживать увеличение денежной массы
M 536	réduire [restreindre] la masse monétaire en circulation	to reduce money in circulation	сокращать денежную массу в обращении
M 537	masse monétaire en circulation	money in circulation	денежная масса в обращении
M 538	masse monétaire étroite, M1	narrow money, M1 monetary aggregate	денежная масса по агрегату M1 *(денежный агрегат M1)*
M 539	masse monétaire excédentaire	excess money supply	излишняя денежная масса
M 540	masse monétaire large, M3	broad money, M3 monetary aggregate	денежная масса по агрегату M3 *(денежный агрегат M3)*
M 541	masse des obligations	1. total bonds 2. total liabilities	1. объём облигаций 2. объём обязательств
M 542	masse passive	liabilities; total liabilities	пассивы (баланса); сумма пассивов
M 543	masse des porteurs de parts	shareholders	совокупность держателей учредительских акций
M 544	masse quasi monétaire	near-monies	квазиденьги
M 545	masse des recettes	total receipts	объём поступлений
M 546	masse des titres	total securities	объём ценных бумаг
M 547	matériel *m* de capitaux	capital goods	инвестиционные товары
M 548	matière *f* imposable	object of taxation	база налогообложения
M 549	matières *f pl* d'or et d'argent	gold and silver bullions	золотые и серебряные слитки
M 550	MATIF *m*, Matif *m*	MATIF, French International Financial Futures Exchange	МАТИФ, Французский международный срочный рынок
M 551	Matif notionnel Mars	March notional MATIF contract	ноционный [условный] контракт МАТИФ на март
M 552	Matifiées *f pl*	MATIF options	опционы МАТИФ
M 553	maturité *f*	maturity	срок (обязательства)
M 554	maximisation *f* du profit	profit maximization	максимизация прибыли

M

M 555	maximiser	to maximize	максимизировать
M 556	maximum *m* d'ordres	maximum number of orders	максимальное число поручений
M 557	satisfaire [servir] le maximum d'ordres	to fulfill the maximum number of orders	удовлетворять максимальное число поручений
M 558	mécanique *f* des changes flottants	floating exchange rate system	механизм плавающих валютных курсов
M 559	mécanisme *m*	mechanism	механизм
M 560	mécanisme d'ajustement des taux de change	exchange rate adjustment system	механизм корректировки валютных курсов
M 561	mécanisme de change	exchange mechanism	валютный механизм
M 562	mécanisme de change du SME	EMS exchange mechanism	валютный механизм ЕВС
M 563	adhérer au mécanisme de change du SME	to enter the EMS, to belong to the EMS	присоединяться к ЕВС
M 564	entrer dans le mécanisme de change du SME	to enter the EMS exchange mechanism	вступать в ЕВС
M 565	faire partie du mécanisme de change du SME	to belong to the EMS exchange mechanism	принадлежать к ЕВС
M 566	participer au mécanisme de change du SME	to participate in the EMS exchange mechanism	участвовать в ЕВС
M 567	mécanisme de compensation inter-États	interstate clearing system	механизм межгосударственного клиринга
M 568	mécanisme de cotation	quotation mechanism	механизм котировки
M 569	mécanisme de crédit	credit mechanism	кредитный механизм, механизм кредитования
M 570	mécanisme des emprunts communautaires	EC loan mechanism	механизм предоставления займов в ЕС
M 571	mécanisme de l'escompte de papier financier	financial paper discount mechanism	механизм учёта финансовых векселей
M 572	mécanisme de financement	mechanism of financing	механизм финансирования
M 573	mécanisme financier	financial mechanism	финансовый механизм
M 574	mécanisme financier et de change	financial and exchange mechanism	валютно-финансовый механизм
M 575	mécanisme financier et de crédit	finance and credit mechanism	кредитно-финансовый механизм
M 576	mécanisme d'impôt	tax mechanism	налоговый механизм
M 577	mécanisme de mobilisation des positions créditrices	mechanism of realization of credit positions	механизм мобилизации кредитных позиций
M 578	mécanisme de soutien du crédit	credit support mechanism	механизм поддержания кредита
M 579	mécanisme de stabilisation des changes du SME	mechanism of stabilization of EMS currencies	механизм стабилизации валют ЕВС
M 580	mécanisme des swaps	swap mechanism	механизм свопов
M 581	mécanisme du système de change	exchange mechanism	валютный механизм
M 582	mécanisme de la transformation de l'épargne en investissement	mechanism of transformation of savings into investments	механизм превращения сбережений в инвестиции
M 583	mécanismes *m pl*	mechanisms	механизмы
M 584	mécanismes d'arbitrage	arbitrage mechanisms	способы арбитража
M 585	mécanismes d'assurance collective	collective insurance mechanisms	механизмы коллективного страхования
M 586	mécanismes d'assurance des dépôts	deposit insurance mechanisms	механизмы страхования вкладов

M

M 587	mécanismes de coopération monétaire	mechanisms of monetary cooperation	механизмы валютного сотрудничества
M 588	mécanismes de création monétaire	money creation mechanisms	механизмы образования денежной массы
M 589	mécanismes de destruction monétaire	money destruction mechanisms	механизмы сжатия денежной массы
M 590	mécanismes de marché	market mechanisms	рыночные механизмы
M 591	mécanismes rééquilibrants automatiques	automatic equilibrating mechanisms	механизмы автоматического поддержания (рыночного) равновесия
M 592	mécanismes de régulation des parités	parity regulation mechanisms	механизмы регулирования паритетов
M 593	mécompte *m*	miscount, miscalculation	просчёт, ошибка в подсчёте
M 594	mécompter	to miscount, to miscalculate	делать ошибку в подсчёте
M 595	méconnaissance *f* des besoins financiers	ignorance of financial needs	незнание финансовых потребностей
M 596	médiane *f* de la masse de fluctuations	median of fluctuations	медиана колебаний
M 597	médio	medio	медио, расчёт в середине месяца *(на бирже)*
M 598	méfiance *f*	distrust, mistrust	недоверие
M 599	méfiance à l'égard de la monnaie américaine	distrust of the American dollar	недоверие к американскому доллару
M 600	méfiance envers le marché	mistrust of the market	недоверие к рынку
M 601	méfiance vis-à-vis du papier-monnaie	mistrust of paper money	недоверие к бумажным деньгам
M 602	mégabanques *f pl* universelles	universal megabanks	универсальные сверхбанки
M 603	mégapôle *m* financier	financial supercenter	крупный финансовый центр
M 604	membre *m*	member	член
M 605	membre actif [adhérent]	active member	действительный член
M 606	membre associé	associate(d) member	ассоциированный член
M 607	membre d'une banque	member of a bank	член банка
M 608	membre d'une bourse	stock exchange member	член биржи
M 609	membre d'une chambre de compensation	member of a clearing house	член клиринговой палаты
M 610	membre d'un comité	committee member	член комитета
M 611	membre d'un conseil d'administration	board member	член административного совета [совета директоров]
M 612	membre d'un consortium	consortium member	член консорциума
M 613	membre fondateur du FMI	founder member of the IMF	страна — учредитель МВФ
M 614	membre non permanent	nonpermanent member	непостоянный член
M 615	membre ordinaire	ordinary member	рядовой член
M 616	membre à part entière	full member	полноправный член
M 617	membre permanent	permanent member	постоянный член
M 618	membre présent	present member	присутствующий член
M 619	membre représenté	represented member	представленный член
M 620	membre suppléant	deputy member	кандидат в члены
M 621	membre d'un syndicat	member of a syndicate	член синдиката
M 622	mémorandum *m*	memorandum, memo	меморандум
M 623	mémorandum de financement [de placement]	placement [placing, information] memorandum	информационный меморандум *(при выпуске ценных бумаг)*
M 624	menace *f*	threat	угроза

M

M 625	menace d'absorption	threat of takeover	угроза поглощения (компании)
M 626	menace d'inflation	inflationary threat	инфляционная угроза
M 627	menace de sanctions	threat of sanctions	угроза санкций
M 628	mensualisation *f* de l'impôt	monthly tax payment system	ежемесячная уплата налога
M 629	mensualités *f pl*	monthly installments	ежемесячные платежи
M 630	par mensualités	in monthly installments	ежемесячными платежами
M 631	mensualités d'un prêt	monthly loan payments	ежемесячные платежи по погашению ссуды
M 632	mensualités de remboursement	monthly debt payments	ежемесячные платежи в счёт погашения (долга)
M 633	mention *f* «compensé»	"cleared" stamp	пометка «зачтено» (при клиринге чеков)
M 634	mentions *f pl*	attributes	реквизиты
M 635	stipuler les mentions	to stipulate the attributes	указывать реквизиты
M 636	mentions d'une carte	card attributes	реквизиты (кредитной) карточки
M 637	mentions obligatoires	mandatory attributes	обязательные реквизиты
M 638	mercantilisme *m*	mercantilism	меркантилизм
M 639	mercatique *f*	marketing	маркетинг
M 640	message *m*	message	сообщение, подтверждение
M 641	transmettre un message	to transmit a message	передать сообщение
M 642	message de confirmation détaillée	detailed confirmation message	подробное подтверждение
M 643	message de confirmation globale	global confirmation message	общее подтверждение
M 644	message télex normalisé	standard telex message	стандартное телексное сообщение
M 645	messagerie *f*	message system	система передачи информации [сообщений]
M 646	messagerie bancaire	banker's dispatch	банковская система передачи информации
M 647	messagerie électronique	electronic message system, electronic mail, E-mail	электронная почта
M 648	mesure *f*	measure	1. мера, измерение; размер 2. мера, мероприятие
M 649	mesure déflationniste	deflationary measure	антиинфляционная мера
M 650	mesure de valeur	measure of value	мера стоимости
M 651	mesures *f pl*	measures	меры, мероприятия
M 652	mesures financières	financial measures	финансовые меры
M 653	mesures fiscales	tax measures	налоговые меры
M 654	mesures monétaires successives	successive monetary measures	последовательные денежно-кредитные меры
M 655	mesures de plafonnement des paiements en espèces	measures to limit cash payments	меры по ограничению наличных платежей
M 656	mesures réglementaires	regulatory measures	регламентирующие меры
M 657	mesures restrictives	restrictive measures	ограничительные меры
M 658	métal *m*	metal	металл
M 659	métal argent [blanc]	silver	серебро
M 660	métal d'encaisse	gold and silver reserves	золотые и серебряные резервы, резервы драгоценных металлов
M 661	métallisme *m*	metallism	металлизм (*теория денег*)
M 662	métaux *m pl* précieux	precious metals	драгоценные металлы

M

M 663	méthode *f*	method	метод, способ
M 664	méthode de l'amortissement constant	straight line method of depreciation	метод амортизации равными долями
M 665	méthode des canaux	channel method	метод «каналов» *(метод оценки тенденций курсов ценных бумаг)*
M 666	méthode chartiste	chartist method	чартистский метод
M 667	méthode de cofinancement	method of co-financing	метод совместного финансирования
M 668	méthode de compensation interbancaire	interbank clearing method	метод межбанковского клиринга
M 669	méthode de comptabilité	accounting method	метод бухгалтерского учёта
M 670	méthode de cotations	quotation method	способ котировки
M 671	méthode de couverture des risques	risk cover(age) method	метод покрытия [страхования] рисков
M 672	méthode de diagnostic	corporate financial analysis method	метод анализа положения дел (компании)
M 673	méthode directe	forward method	прямой метод котировки
M 674	méthode de distribution	distribution method	метод распространения *(ценных бумаг)*
M 675	méthode d'évaluation	estimation method	способ оценки
M 676	méthode de fabrication du change à terme	method of calculation of forward exchange rate	метод расчёта курса валюты на срок
M 677	méthode de financement	method of financing	способ финансирования
M 678	méthode de gestion prudente du portefeuille	cautious portfolio management method	метод осторожного управления портфелем (ценных бумаг)
M 679	méthode hambourgeoise	balance method, daily balance interest calculation	гамбургский метод *(метод начисления процентов по текущему счёту)*
M 680	méthode indirecte	backward method	обратный метод котировки
M 681	méthode d'intégration globale	global consolidation method	метод глобальной консолидации
M 682	méthode d'introduction	method of introduction, method of floatation	метод выпуска ценных бумаг на биржу
M 683	méthode de la ligne	line chart	графический метод анализа курсов *(линейные графики)*
M 684	méthode de la mise en équivalence	balancing method	метод уравновешивания
M 685	méthode de la moyenne d'achat	purchase average method	метод средней при покупке
M 686	méthode de placement des titres	securities placement method	метод размещения ценных бумаг
M 687	méthode des points	point chart	графический метод анализа курсов *(точечные графики)*
M 688	méthode de réglementation	method of regulation	способ регламентации
M 689	méthode des tranches	pie chart	графический метод анализа курсов *(круговые диаграммы)*
M 690	méthodologie *f* d'audit	audit methodology	методология аудита
M 691	métier *m*	profession, job, occupation	профессия
M 692	métier d'arbitragiste	arbitrager's job	работа арбитражиста
M 693	métier bancaire	banking profession	банковская профессия
M 694	métier d'intermédiaire [d'intermédiation]	intermediary's job	профессия посредника

M

M 695	middle-office *m*	middle office	«мидл-офис» *(банковские операции между «фронт - офис» и «бэк -офис»)*
M 696	mieux	better	лучше
M 697	au mieux	at best	по наилучшему курсу *(условие приказа брокеру)*
M 698	sauf mieux	or better	«или лучше» *(условие приказа брокеру)*
M 699	migration *f*	migration	перелив, миграция, перемещение
M 700	migration des capitaux vers l'ECU	shift of capitals towards ECU	перелив капиталов в ЭКЮ
M 701	migration des dépôts bancaires	migration of bank deposits	перелив банковских депозитов
M 702	milieux *m pl*	circles; community	круги
M 703	milieux administratifs	administrative circles	руководящие круги
M 704	milieux autorisés	official circles	авторитетные круги
M 705	milieux bancaires	banking community	банковские круги
M 706	milieux boursiers	stock exchange circles	биржевые круги
M 707	milieux cambistes	foreign exchange dealer circles	круги валютных дилеров
M 708	milieux commerciaux	commercial community	торговые круги
M 709	milieux financiers	financial community	финансовые круги
M 710	mini-dévaluation *f*	mini-devaluation	мини-девальвация
M 711	minimisation *f* des taux	minimization of rates	минимизация ставок
M 712	minimiser	to minimize	минимизировать
M 713	minimum *m*	minimum	минимум
M 714	minimum de cotation	quotation minimum	котировочный минимум
M 715	minimum non imposable	tax allowance	необлагаемый минимум (доходов)
M 716	mini-réévaluation *f*	mini-revaluation	незначительная переоценка
M 717	mini-serpent *m*	mini(-currency) snake	«мини-змея» (валютная)
M 718	mini-système *m* monétaire	mini-monetary system	мини-валютная система
M 719	Minitel *m*	Minitel *(French viewdata system)*	«Минитель» *(французская информационная система)*
M 720	avoir accès par Minitel	to have access by Minitel	иметь доступ через «Минитель»
M 721	se renseigner par Minitel	to inquire via Minitel	получать сведения по «Минителю»
M 722	minoration *f*	1. cut, reduction 2. undervaluation	1. понижение, уменьшение 2. недооценка, преуменьшение
M 723	minorer	1. to cut, to reduce 2. to undervalue	1. понижать, уменьшать 2. недооценивать, преуменьшать
M 724	minoritaires *m pl*	minority shareholders	миноритарные акционеры
M 725	exclure les minoritaires du bénéfice	to exclude minority shareholders from profit distribution	исключать миноритарных акционеров из распределения прибыли
M 726	minorité *f*	minority	меньшинство
M 727	minorité de blocage	blocking minority	«блокирующее меньшинство», меньшинство с возможностью вето
M 728	détenir une minorité de blocage	to have a blocking minority	иметь меньшинство с возможностью вето
M 729	minorité, infime	tiny minority	незначительное меньшинство

M

M 730	mise *f*	1. stake 2. bid 3. outlay	1. ставка 2. надбавка на аукционе 3. взнос, вклад *(средств)*
M 731	mise en adjudication	putting out for auction	выставление на торги
M 732	mise en circulation	putting into circulation	выпуск в оборот [в обращение]
M 733	mise en commun	pooling	объединение
M 734	mise en commun d'intérêts	pooling of interest	объединение [слияние] компаний путём обмена акциями
M 735	mise en commun de listes de clientèle	pooling of client lists	объединение списков покупателей
M 736	mise en commun des réserves de change	pooling of exchange reserves	объединение валютных резервов
M 737	mise en commun des ressources	pooling of resources	объединение ресурсов
M 738	mise en communication	connecting, communication establishing	установление связей
M 739	mise en compte	charging to an account	проведение по счетам
M 740	mise en conformité avec les législations et réglementations nationales	compliance with national laws and regulations	приведение в соответствии с национальным законодательством
M 741	mise en conformité avec les normes	compliance with standards	приведение в соответствии со стандартами
M 742	mise en débet	debiting (of an account)	проведение по дебету (счёта)
M 743	mise en demeure	injunction, formal demand, summons	официальное предъявление требования об исполнении обязательства
M 744	mise en dépôt	placing (securities) in safe custody	помещение (ценных бумаг) на хранение
M 745	mise en disponibilité d'un bien donné en gage	placing pledged goods at the creditor's disposal	предоставление заложенного имущества в распоряжение кредитора
M 746	mise à disposition de crédit	granting of credit	предоставление кредита
M 747	mise à disposition de fonds	granting of funds, placing funds at someone's disposal	предоставление средств
M 748	mise à l'écart des personnes physiques	keeping out individuals	недопущение (к участию) физических лиц
M 749	mise aux enchères	auctioning	продажа с аукциона
M 750	mise en faillite	making [declaring] bankrupt	объявление банкротом
M 751	mise en flottement des devises	transition to floating exchange rates	введение режима свободного плавания валют
M 752	mise de fonds	investment, outlay of capital	инвестирование, вложение денежных средств
M 753	mise de fonds à court et moyen terme	short and medium-term investment	средне- и краткосрочные инвестиции
M 754	mise en gage	pledging, pawning, hypothecation	передача в залог
M 755	mise en gage des créances	pledging of debts	залог долгового требования
M 756	mise en garde	warning, caution	предупреждение
M 757	mise à jour	updating	корректировка; обновление
M 758	mise à jour annuelle	annual updates	ежегодная корректировка, ежегодное обновление
M 759	mise à jour des informations	data updates	обновление информации

M

M 760	mise en main tierce	escrow	депонирование денежной суммы у третьего лица *(для передачи бенефициару при выполнении определённых условий)*
M 761	mise à niveau	leveling	выравнивание
M 762	mise au nominatif	conversion into registered shares	конверсия в именные акции
M 763	mise en paiement	payment	платёж, выплата
M 764	mise en pension	pledging, borrowing against security	залог ценной бумаги в обеспечение ссуды
M 765	mise en pension d'effet	borrow against bill pledged	залог векселя (в обеспечение)
M 766	mise en place	setting, placing	установление, введение, создание
M 767	mise en place d'appels de marge	setting of margin calls	введение системы поддержания гарантийного депозита на должном уровне
M 768	mise en place des crédits	granting of credits	предоставление кредитов
M 769	mise en place d'emprunts	granting of loans	предоставление ссуд
M 770	mise en place du marché continu	setting up of a continuous market	организация непрерывного рынка
M 771	mise en place de placements futurs	laying the basis for future investments	создание основ для будущих инвестиций
M 772	mise en place d'un swap	swap transaction	осуществление свопа
M 773	mise en possession du créancier gagiste	vesting of pledgee	введение во владение залогодержателя
M 774	mise à prix	reserve price, *US* upset price	стартовая [минимальная] цена продавца на аукционе
M 775	mise en recouvrement	collection	предъявление на инкассо
M 776	mise en report des devises	inward swap	репортная сделка с валютой
M 777	mise au secret	making secret [confidential], information restricting	засекречивание
M 778	mise sociale	contribution to the capital, share in the common stock	акционерный взнос
M 779	mise en souscription	announcement of subscription	объявление подписки
M 780	mise en valeur	making profit	извлечение прибыли
M 781	mise en valeur du capital	making profit on capital	приложение капитала, получение прибыли на капитал
M 782	mise en vente	selling, putting up for sale	выставление на продажу
M 783	mise en vente dans le public des actions	public share sale	продажа акций широкой публике
M 784	mise en vente des titres	sale of securities	выставление ценных бумаг на продажу
M 785	miser	1. to stake, to bet 2. to bid	1. делать ставку, рассчитывать на 2. надбавлять *(на аукционе)*
M 786	mismatch *m*	mismatch	несовпадение *(напр. сроков уплаты процентов по активам и пассивам)*
M 787	mission *f* de représentation professionnelle	mission of professional representation	функция профессионального представительного органа
M 788	missions *f pl* de vérifications	audit engagements	аудиторские задания [проверки]
M 789	mixage *m* des concours	assistance mix	сочетание различных видов кредитования

M

M 790	mobiles *m pl* financiers	financial motives	финансовые мотивы [побуждения]
M 791	mobiliérisation *f*	securitization	секьюритизация *(увеличение доли ценных бумаг в общем объёме кредитования)*
M 792	mobiliérisation de la dette	securitization of debt	секьюритизация долга
M 793	mobiliérisation de l'épargne	securitization of savings	секьюритизация сбережений
M 794	mobiliérisation des financements	securitization of financing	секьюритизация финансирования
M 795	mobiliérisation des placements	securitization of investments	секьюритизация инвестиций
M 796	mobilisable	1. mobilizable, readily available 2. refundable	1. мобилизуемый, превращаемый в наличные средства 2. рефинансируемый
M 797	rendre mobilisable	to make mobilizable	перевести в легкореализуемую форму
M 798	mobilisateur *m*	refunding company	организация, обеспечивающая рефинансирование долгового обязательства
M 799	mobilisation *f*	1. mobilization, raising, realization 2. refunding, refinancing	1. мобилизация (средств), превращение в наличные средства 2. рефинансирование
M 800	mobilisation d'actifs financiers	mobilization of financial assets	мобилизация финансовых активов
M 801	mobilisation du capital	raising [mobilization] of capital	мобилизация капитала
M 802	mobilisation de créances	assignment [realization] of debts	рефинансирование долговых обязательств
M 803	mobilisation des créances nées sur l'étranger	assignment of foreign debts	рефинансирование внешней задолженности
M 804	mobilisation des crédits bancaires	refinancing of bank loans	рефинансирование банковских кредитов
M 805	mobilisation de l'épargne	mobilization of savings	мобилизация сбережений
M 806	mobilisation de fonds	raising of funds	мобилизация денежных средств
M 807	mobilisation de monnaies étrangères	mobilization of foreign exchange	мобилизация иностранной валюты
M 808	mobilisation des ressources inemployées	mobilization of unused resources	мобилизация неиспользованных ресурсов
M 809	mobilisation des traites	mobilization [discount] of drafts	учёт векселей
M 810	mobilisé	1. mobilized 2. refunded	1. мобилизованный 2. рефинансированный
M 811	mobiliser	1. to mobilize, to make available, to raise, to call up 2. to refund, to refinance	1. мобилизовывать (средства), превращать в наличные средства 2. рефинансировать
M 812	mobilité *f*	mobility	мобильность, подвижность
M 813	mobilité des capitaux	mobility of capital	мобильность капиталов
M 814	mobilité des capitaux, imparfaite	imperfect mobility of capital	неполная мобильность капиталов
M 815	mobilité des capitaux, parfaite	perfect mobility of capital	полная мобильность капиталов
M 816	mobilité des ressources	mobility of resources	мобильность ресурсов
M 817	modalités *f pl*	terms; mode, methods	условия; способы; правила, порядок

M

M 818	selon les modalités en vigueur	according to the regulations in force	согласно действующим правилам, в установленном порядке
M 819	modalités d'adjudication	terms of tender	условия торгов
M 820	modalités d'amortissement fiscal	terms of allowable depreciation expense	правила учёта амортизационных отчислений, не облагаемых налогом
M 821	modalités de calcul de la prime	methods of premium calculation	методы подсчёта премии
M 822	modalités de la cession de créance	terms of transfer of a claim	условия переуступки требования
M 823	modalités de constitution des réserves obligatoires	rules for formation of required reserves, reserve requirements	правила образования обязательных резервов
M 824	modalités du contrôle	methods of control	способы контроля
M 825	modalités de cotation	quotation methods	способы котировки
M 826	modalités de crédit	terms of credit	условия кредитования
M 827	modalités d'une émission	terms and conditions of an issue	условия выпуска
M 828	modalités d'emprunt	loan terms	условия займа
M 829	modalités d'enregistrement comptable	accounting methods	правила бухгалтерского учёта
M 830	modalités d'exécution d'un ordre	terms of order execution	условия исполнения поручения *(на бирже)*
M 831	modalités d'exercice d'une option	terms of an option exercise	условия исполнения опциона
M 832	modalités de financement	financing terms	условия финансирования
M 833	modalités financières et juridiques	financial and legal terms	финансовые и юридические условия
M 834	modalités de fixation des plafonds	ceiling fixing terms	правила установления лимитов
M 835	modalités de garantie	terms of guarantee	условия гарантии
M 836	modalités d'octroi de crédit	credit granting terms	условия предоставления кредита
M 837	modalités des offres publiques-achat, vente, échange	takeover bid [tender offer] terms; terms of public offers of purchase, sale and exchange	правила слияний и поглощений, правила для публичных предложений о покупке, продаже *или* обмене акций компании
M 838	modalités de paiement	terms of payment, payment terms	условия платежа
M 839	modalités de paiement de la prime	terms of premium payment	условия выплаты премии
M 840	modalités de partage de la valeur ajoutée	terms of distribution of added value	правила распределения добавленной стоимости
M 841	modalités de réescompte des crédits à moyen terme	medium-term credit rediscount terms	правила переучёта среднесрочных кредитов
M 842	modalités de règlement	terms of payment, payment terms	условия платежа
M 843	modalités de régulation	regulation methods	методы регулирования
M 844	modalités de remboursement d'un emprunt	loan repayment terms	условия погашения займа
M 845	modalités de rémunération des titres	terms of remuneration of securities	правила выплаты доходов по ценным бумагам
M 846	modalités de report des excédents	terms of carry-over of retained earnings	правила переноса остатков

M

M 847	modalités de taux d'intérêt	interest rate terms	условия (соглашения) относительно процентных ставок
M 848	modalités techniques	technical terms	технические условия
M 849	modalités d'utilisation de l'ECU	methods of use of ECU	правила использования ЭКЮ
M 850	modalités d'utilisation des ressources du FMI	terms of use of IMF resources	правила использования ресурсов МВФ
M 851	modalités de versement de la prime	methods of premium payment	правила уплаты премии
M 852	mode *m*	method, mode; form	способ, метод; форма
M 853	mode d'accumulation	accumulation method	способ накопления
M 854	mode d'acquisition des titres	method of purchase of securities	способ приобретения ценных бумаг
M 855	mode d'alimentation du fonds de garantie	guarantee fund replenishing method	способ пополнения гарантийного фонда
M 856	mode de comptabilisation	accounting method	метод учёта
M 857	mode de contrôle adopté	adopted control method	принятый метод контроля
M 858	mode de contrôle du crédit	credit control method	способ кредитного контроля
M 859	mode conversationnel	interactive mode	интерактивный режим
M 860	mode de couverture	cover(age) method	способ страхования [хеджирования]
M 861	mode de création de la monnaie	money creation method	способ образования денежной массы
M 862	mode de crédit	form of credit	форма кредитования
M 863	mode d'émission	issuing method	способ выпуска
M 864	mode d'extinction des dettes	method of paying off debts	способ погашения обязательств
M 865	mode de filiation financière	financial affiliation method	способ финансового контроля дочерних компаний
M 866	mode de financement	financing method	способ финансирования
M 867	mode de gestion	management method	метод управления
M 868	mode de gestion du fonds de garantie	guarantee fund management method	метод управления гарантийным фондом
M 869	mode d'imposition	taxation method	метод налогообложения
M 870	mode d'intégration de l'information par les opérateurs	method of data consolidation by the operators	способ обобщения информации операторами
M 871	mode de paiement	means [method] of payment	способ платежа
M 872	mode de perception	tax collection method	метод взимания налога
M 873	mode de placement des banques	banks' investment method	банковский инвестиционный метод
M 874	mode de propriété	form of ownership	форма собственности
M 875	mode de règlement différé	method of deferred payment	способ отсроченного платежа
M 876	mode de régulation monétaire	money supply regulation method	способ регулирования денежной массы
M 877	mode de remboursement	method of repayment	способ погашения
M 878	mode de rémunération des administrateurs de sociétés	method of remuneration of company's directors (*directors' fees*)	способ выплаты вознаграждения руководству компании
M 879	mode de scrutin	ballot method	способ голосования
M 880	mode de tenue de compte	account keeping method	режим ведения счёта
M 881	mode de transmission des droits	method of assignment of rights	метод [основание] перехода прав

M

M 882	mode de transmission du patrimoine	method of assignment of assets	способ перехода собственности
M 883	mode de votation	ballot method	способ голосования
M 884	modèle *m*	model	модель, образец
M 885	modèle de chèque	check specimen	образец чека
M 886	modèle de distribution	distribution chart pattern	модель с использованием графика распределения
M 887	modèle de prévisions	forecast model	прогнозная модель
M 888	modernisation *f*	modernization	модернизация, обновление
M 889	modernisation des services des finances	financial services modernization	модернизация финансовых услуг
M 890	modernisation tous azimuts du marché boursier	overall stock market modernization	глобальное обновление биржевого рынка
M 891	modes *m pl*	methods; modes; forms	методы; способы; формы
M 892	modes de communication publique	public relation methods	формы связей с общественностью
M 893	modes de cotation des instruments de marché	methods of quotation of market instruments	способы котировки рыночных инструментов
M 894	modes de direction des sociétés anonymes	corporate management methods	способы управления акционерными обществами
M 895	modes de fonctionnement de marché	market operation methods	методы работы рынка
M 896	modes d'intervention	intervention methods	способы интервенции
M 897	modes d'organisation classiques du marché des changes	traditional forms of foreign exchange market organization	традиционные формы организации валютного рынка
M 898	modicité *f*	lowness, low level	умеренность; незначительность; низкий уровень
M 899	modicité du capital	low capital level	низкий уровень обеспеченности капиталом
M 900	modicité des dépôts	low deposit level	низкий уровень депозитов
M 901	modicité des prix	reasonable [low] prices	умеренные цены
M 902	modification *f*	alteration, modification	изменение
M 903	modification du capital social	modification of authorized [issued, share] capital	изменение уставного [акционерного] капитала
M 904	modification du change	exchange rate modifications	изменение валютного курса
M 905	modification de la composition d'un portefeuille	modification of the portfolio structure	изменение состава портфеля
M 906	modification d'un crédit documentaire	modification of the documentary letter of credit	изменение условий документарного аккредитива
M 907	modification de l'échéancier	retiming	изменение сроков выплат
M 908	modification du mode de scrutin	modification of the ballot method	изменение способа голосования
M 909	modification de la monnaie d'un prêt	currency redenomination	изменение валюты займа
M 910	modification des parités	modification of parities	изменение паритетов
M 911	modification du régime des primes de remboursement	alterations in the mechanism of redemption premiums	изменение режима премий при погашении
M 912	modification des statuts	alterations in the articles of association	изменение устава
M 913	modification du taux de change	exchange rate modifications	изменение валютного курса
M 914	modification de la valeur d'une monnaie	modification of the value of a currency	изменение стоимости валюты

M

M 915	modifications *f pl*	modifications, alterations	изменения
M 916	modifications d'actionnariat	modifications of stock ownership	изменения в составе акционеров
M 917	modifications de cours pivot	modifications of the central rate	изменения центрального курса
M 918	modifications à court terme	short-term modifications	краткосрочные изменения
M 919	modifications de crédits demandés	modifications of loans requested	изменения условий запрашиваемых кредитов
M 920	modifications monétaires	monetary modifications	изменения в денежно-кредитной сфере
M 921	modifications de réglementations	alterations in regulations	изменения в нормативных актах
M 922	module *m*	module, unit	модуль, элемент, блок
M 923	**MOF(F)** *f (faculté à option multiple)*	Multiple Option Facility, Multi-option Financing Facility	кредитная программа, дающая заёмщику возможность выбора форм получения средств
M 924	moins-perçu *m*	short payment, amount not drawn	недополученная сумма
M 925	moins-value *f*	1. depreciation, drop in value 2. loss	1. уменьшение ценности, обесценение 2. убыток, потеря
M 926	moins-value des actions	depreciation of shares	обесценение акций
M 927	moins-value comptable	accounting loss	убытки согласно бухгалтерскому учёту
M 928	moins-value fiscale	tax arrears	налоговые недоимки
M 929	moins-value du portefeuille	depreciation of the portfolio	обесценение портфеля (ценных бумаг)
M 930	mois *m*	month	месяц
M 931	mois «boursier»	stock exchange month	«биржевой» месяц
M 932	mois calendaire [civil]	calendar month	календарный месяц
M 933	mois de date	month after the date	месяц, считая с определённой даты *(напр. предъявления векселя)*
M 934	mois d'échéance [d'expiration]	maturity month	месяц истечения срока
M 935	mois de livraison	delivery month	месяц поставки
M 936	moitié-moitié *m*	"half by half", transactions made half at the buyer's price and half at the seller's price	операции, проведённые наполовину по курсу продавца и наполовину по курсу покупателя
M 937	monde *m*	world; circles, community	мир; круги
M 938	monde de l'assurance	insurance circles	страховые круги
M 939	monde de la banque	banking community	банковские круги
M 940	monde de la bourse [boursier]	stock exchange circles	биржевые круги
M 941	monde des cambistes	foreign exchange dealers' circles	круги валютных дилеров
M 942	monde de la finance [financier]	financial circles	финансовые круги
M 943	monde des gadgets de la finance	world of financial gadgets	мир финансовых изобретений
M 944	monde monétaire international	international monetary circles	международные валютные круги
M 945	mondialisation *f*	globalization	глобализация
M 946	mondialisation de la finance	globalization of finance	глобализация финансов
M 947	mondialisation des marchés	globalization of markets	глобализация рынков
M 948	mondialisation des paiements	globalization of payments	глобализация платежей

M 949	mondialisation des places bancaires et financières	globalization of banking and financial markets	глобализация банковского и финансового рынков
M 950	MONEP *m*, Монеп *m*	MONEP, Paris negotiable options market	Парижская опционная биржа, МОНЕП
M 951	monétaire	monetary	1. монетарный, денежно-кредитный 2. валютный
M 952	monétaire *m*	money market	денежный рынок
M 953	monétarisme *m*	monetarism	монетаризм
M 954	monétique *f*	electronic banking, use of credit cards	система расчёта кредитными карточками
M 955	monétisation *f*	monetization	1. отливка в монету 2. превращение в деньги
M 956	monnaie *f*	1. money 2. currency 3. change, coin(s)	1. деньги 2. валюта 3. монета, разменная монета
M 957	accrocher une monnaie	to peg a currency	прикреплять [привязывать] валюту
M 958	battre (la) monnaie	to mint [to coin] money	чеканить монету
M 959	créer la monnaie	to create money	выпускать деньги
M 960	dévaluer une monnaie	to devalue a currency	девальвировать валюту
M 961	échanger sa monnaie contre une devise étrangère	to exchange one's currency for a foreign currency	обменивать свою валюту на иностранную
M 962	éponger la monnaie	to mop up the money	абсорбировать деньги
M 963	faire de la monnaie	to get some change	разменивать деньги
M 964	frapper la monnaie	to mint [to coin] money	чеканить монету
M 965	glisser une monnaie	to depreciate a currency	снижать курс валюты
M 966	injecter de la monnaie	to inject money	«впрыскивать» деньги
M 967	maintenir une monnaie	to support a currency	поддерживать валюту
M 968	racheter sa monnaie	to buy back one's currency	выкупать свою валюту
M 969	rappeler de la monnaie	to withdraw notes	изымать деньги из обращения
M 970	rattacher une monnaie au dollar	to peg a currency to the dollar	прикреплять [привязывать] валюту к доллару
M 971	réévaluer unilatéralement sa monnaie	to revalue one's currency unilaterally	ревальвировать свою валюту в одностороннем порядке
M 972	rendre la monnaie	to give the change	возвращать сдачу
M 973	retirer de la monnaie	to withdraw money *(from an account)*	снимать деньги *(со счёта)*
M 974	se dessaisir d'une monnaie	to part with a currency, to get rid of a currency	расстаться с валютой, избавляться от валюты
M 975	soutenir une monnaie	to support a currency	завышать курс валюты
M 976	surévaluer une monnaie	to overvalue a currency	переоценить валюту
M 977	veiller sur la monnaie et le crédit	to oversee money and credit	осуществлять контроль за денежно-кредитной сферой
M 978	monnaie active	active money	активные деньги, деньги в обращении, часть денежной массы, служащая средством платежа
M 979	monnaie d'appoint	(small) change, odd money	(мелкая) разменная монета
M 980	monnaie d'argent	silver coin	серебряная монета
M 981	monnaie ayant cours	legal tender, lawful currency	деньги, имеющие хождение, законное платёжное средство
M 982	monnaie de banque	bank [representative] money	безналичные [банковские] деньги, средства безналичных расчётов

M

M 983	monnaie de billon	(small) change	билонная монета (неполноценная разменная металлическая монета)
M 984	monnaie blanche	silver, silver coin	серебро, серебряная монета
M 985	monnaie bloquée	blocked currency	блокированная валюта
M 986	monnaie boursière	securities *(as an element of money supply)*	ценные бумаги *(как элемент денежной массы)*
M 987	monnaie centrale	bank's cash and money at the current account with the Central Bank	наличность и средства банка на текущем счету в Центральном банке
M 988	monnaie circulante	active money	активные деньги, деньги в обращении, часть денежной массы, служащая средством платежа
M 989	monnaie clé	key currency	ключевая валюта
M 990	monnaie de collection	collection coin	коллекционная монета
M 991	monnaie compétitive	competitive currency	конкурентоспособная валюта
M 992	monnaie composite artificielle	artificial composite currency *(e.g. ECU)*	искусственная составная валюта *(напр. ЭКЮ)*
M 993	monnaie de compte	money of account	счётная единица
M 994	monnaie de compte-panier	basket currency of account	расчётная валюта на основе корзины
M 995	monnaie conservée en coffre-fort	money held in safe deposit boxes	валюта на хранении в сейфах
M 996	monnaie contestée	vulnerable currency	уязвимая валюта
M 997	monnaie contractuelle [du contrat]	currency of a contract	валюта контракта
M 998	monnaie convertible	freely [fully] convertible currency	(свободно) конвертируемая [обратимая] валюта
M 999	monnaie courante [en cours]	active money	активные деньги, деньги в обращении, часть денежной массы, служащая средством платежа
M 1000	monnaie à [de] cours légal	legal tender, lawful currency	деньги, имеющие хождение, законное платёжное средство
M 1001	monnaie de créance	currency of a debt	валюта (долгового) требования
M 1002	monnaie de crédit	currency of a loan	валюта кредита
M 1003	monnaie de crédit documentaire	currency of letter of credit	валюта аккредитива
M 1004	monnaie décrétée	devalued money	девальвированная валюта
M 1005	monnaie dématérialisée	dematerialized [bank] money	деньги на счетах
M 1006	monnaie dépréciée	depreciated currency	обесцененная валюта
M 1007	monnaie dévaluée	devalued currency	девальвированная валюта
M 1008	monnaie dirigeante	leading currency	ведущая валюта
M 1009	monnaie divisionnaire	fractional [divisional] currency, small change	(мелкая) разменная монета
M 1010	monnaie dominante	leading currency	ведущая валюта
M 1011	monnaie droite	standard money	монета-эталон *(стоимость соответствует номиналу)*
M 1012	monnaie dure	hard currency	твёрдая валюта
M 1013	monnaie «écrite»	money on bank accounts	деньги на счетах

M

M 1014	monnaie électronique	plastic money, electronic funds transfer	пластиковые карточки, «электронные» деньги *(система электронного перевода платежей)*
M 1015	faire usage de la monnaie électronique	to use plastic money	использовать пластиковые карточки
M 1016	monnaie d'émission	currency of issue	валюта выпуска
M 1017	monnaie d'emprunt	currency of a loan	валюта займа
M 1018	monnaie enrôlée	engaged money	привлечённые деньги
M 1019	monnaie étalon	standard money	монета-эталон *(стоимость соответствует номиналу)*
M 1020	monnaie étrangère	foreign currency	иностранная валюта
M 1021	monnaie de facturation	billing currency	валюта контракта, валюта цены
M 1022	monnaie, faible	weak [soft] currency	слабая валюта
M 1023	monnaie, fausse	counterfeit money	фальшивые деньги
M 1024	monnaie fictive	token money	счётные символические деньги
M 1025	monnaie fiduciaire	fiduciary currency, paper [folding, fiat, credit] money	бумажные деньги, банкноты, кредитные деньги *(деньги, не обеспеченные металлическим резервом)*
M 1026	monnaie fiduciaire scripturale	bank [representative] money	безналичные [банковские] деньги, средства безналичных расчётов
M 1027	monnaie de financement	credit currency, currency of a loan	валюта кредита
M 1028	monnaie flottante	floating currency	плавающая валюта
M 1029	monnaie du FMI	IMF currency, SDR	валюта МВФ, СДР
M 1030	monnaie, forte	strong [hard] currency	сильная [твёрдая] валюта
M 1031	monnaie fragile	unsteady currency	неустойчивая валюта
M 1032	monnaie imaginaire	imaginary money	идеальные деньги
M 1033	monnaie incertaine	unsteady currency	неустойчивая валюта
M 1034	monnaie inconvertible	nonconvertible currency	необратимая [неконвертируемая, замкнутая] валюта
M 1035	monnaie inflationniste	inflationary currency	инфляционная валюта
M 1036	monnaie instable	unsteady currency	неустойчивая валюта
M 1037	monnaie interbancaire	interbank money	межбанковские деньги
M 1038	monnaie internationale	international money	международные деньги
M 1039	monnaie d'intervention	currency of intervention	валюта интервенции
M 1040	monnaie intrinsèque	standard money	монета-эталон *(стоимость соответствует номиналу)*
M 1041	monnaie légale	legal tender, lawful currency	законное платёжное средство
M 1042	monnaie d'une lettre de change	currency of a bill of exchange	валюта переводного векселя
M 1043	monnaie locale	local money	местная валюта
M 1044	monnaie malade [malsaine]	unsteady currency	неустойчивая валюта
M 1045	monnaie manuelle	cash	наличные деньги
M 1046	monnaie menue	(small) change	(мелкая) разменная монета
M 1047	monnaie métallique	coins, hard cash	металлические деньги
M 1048	monnaie nationale	national currency	национальная валюта

M

M 1049	**monnaie non convertible**	nonconvertible currency	необратимая [неконвертируемая, замкнутая] валюта
M 1050	**monnaie, nouvelle**	new money	новые [вновь эмитированные] деньги
M 1051	**monnaie oisive**	idle money	неиспользуемые деньги
M 1052	**monnaie d'or**	gold coin	золотая монета
M 1053	**monnaie de [du] paiement**	currency of payment	валюта платежа
M 1054	**monnaie de paiement international**	international settlement currency	валюта международных расчётов
M 1055	**monnaie (de) papier**	paper money, banknotes	бумажные деньги, банкноты, кредитные деньги *(деньги, не обеспеченные металлическим резервом)*
M 1056	**monnaie parallèle européenne**	parallel European currency	параллельная европейская валюта
M 1057	**monnaie à part entière**	full-fledged currency	полноценная валюта
M 1058	**monnaie, petite**	(small) change	(мелкая) разменная монета
M 1059	**monnaie pivot**	key currency	ключевая валюта
M 1060	**monnaie de placement**	investment currency	валюта инвестиций
M 1061	**monnaie plastique**	plastic money, electronic funds transfer	пластиковые карточки, «электронные» деньги *(система электронного перевода платежей)*
M 1062	**monnaie pliante**	fiduciary currency, paper [folding, token, fiat, credit] money	бумажные деньги, банкноты, кредитные деньги *(деньги, не обеспеченные металлическим резервом)*
M 1063	**monnaie postale**	postal money	деньги в системе почтовых счетов, почтовые вклады
M 1064	**monnaie précaire**	unsteady currency	неустойчивая валюта
M 1065	**monnaie du prix**	currency of price	валюта цены
M 1066	**monnaie rare**	1. rare currency 2. rare coin	1. редкая валюта 2. редкая монета
M 1067	**monnaie réelle**	effective money	реальные деньги *(с учётом инфляции и изменения покупательной способности)*
M 1068	**monnaie de référence**	reserve currency	резервная валюта
M 1069	**monnaie refuge**	refuge currency	валюта-«убежище» *(в которую переводятся средства в нестабильной валюте)*
M 1070	**monnaie de règlement**	currency of payment, currency of settlement	валюта платежа
M 1071	**monnaie de remboursement**	currency of repayment, currency of redemption	валюта погашения займа
M 1072	**monnaie de remplacement**	substitute currency	валюта-субститут
M 1073	**monnaie de réserve**	reserve currency	резервная валюта
M 1074	**monnaie saine**	stable currency	стабильная валюта
M 1075	**monnaie scripturale**	bank [representative] money	безналичные [банковские] деньги, средства безналичных расчётов
M 1076	**monnaie solide**	hard [strong] currency	твёрдая валюта
M 1077	**monnaie sous-évaluée**	undervalued currency	валюта с заниженным курсом
M 1078	**monnaie stable**	stable currency	стабильная валюта

M

M 1079	monnaie sûre	safe currency	устойчивая валюта
M 1080	monnaie surévaluée	overvalued currency	валюта с завышенным курсом
M 1081	monnaie thésaurisée	hoarded money	тезаврированные деньги
M 1082	monnaie, tierce	third currency	третья валюта
M 1083	monnaie de (la) transaction	currency of a transaction	валюта сделки
M 1084	monnaie universelle	world money	мировые деньги
M 1085	monnaie véhiculaire	vehicle [key] currency	ключевая валюта
M 1086	monnaie verte	green currency	«зелёная валюта» (расчётная валюта стран ЕС по сельскохозяйственным операциям)
M 1087	monnaie de virement	bank [representative] money	безналичные [банковские] деньги, средства безналичных расчётов
M 1088	monnaie vulnérable	vulnerable currency	уязвимая валюта
M 1089	Monnaie f	Mint	Монетный двор
M 1090	monnaie-banque f centrale	bank's cash and money at the current account with the Central Bank	наличность и средства банка на текущем счету в Центральном банке
M 1091	monnaie-clé f	key currency	ключевая валюта
M 1092	monnaie-corbeille f	currency basket	составная [композитная] валюта, корзина валют
M 1093	monnaie-finances f	money and finance	денежно-финансовая сфера
M 1094	monnaie-papier f	paper money, banknotes	бумажные деньги, банкноты, кредитные деньги (деньги, не обеспеченные металлическим резервом)
M 1095	monnaies $f pl$	currencies	валюты
M 1096	monnaies composites utilisées	composite currencies used (SDR, ECU)	используемые составные валюты (СДР, ЭКЮ)
M 1097	monnaies constitutives de l'ECU	ECU components	валюты, составляющие ЭКЮ
M 1098	monnaies domestiques	domestic currencies	внутренние валюты
M 1099	monnaies émises	money issued	выпущенные деньги
M 1100	monnaies à fort taux d'intérêt	currencies with high interest rates	валюты с высокими процентными ставками
M 1101	monnaies participant au mécanisme de change européen	currencies participating in the European Monetary System	валюты, входящие в Европейскую Валютную Систему
M 1102	monnaies participantes	participating currencies	участвующие валюты
M 1103	monnaies à taux flottants	floating rate currencies	валюты с плавающими курсами
M 1104	monnaies vassales	dependent currencies	зависимые валюты
M 1105	monnayable	1. coinable 2. convertible into cash	1. годный для чеканки 2. обратимый в наличность
M 1106	monnayage m	minting of coins	чеканка монеты
M 1107	monnayage, faux	counterfeiting, forging	подделка денег
M 1108	monnayer	1. to coin [to mint] money 2. to convert into cash	1. чеканить монету 2. обращать в наличные
M 1109	monnayeur m	coiner, minter	монетчик
M 1110	monnayeur, faux	counterfeiter, forger	фальшивомонетчик
M 1111	monométallisme m	monometallism	монометаллизм
M 1112	monométallisme argent	silver monometallism	серебряный монометаллизм

M

M 1113	monométallisme or	gold monometallism	золотой монометаллизм
M 1114	monopole *m*	monopoly	монополия
M 1115	avoir le monopole des opérations	to have the monopoly of transactions	иметь монополию на проведение сделок
M 1116	détenir le monopole de	to have the monopoly of	иметь монополию на
M 1117	monopole à base française	French-based monopoly	монополия французского происхождения
M 1118	monopole à base traditionnelle	traditional monopoly	традиционная монополия
M 1119	monopole de courtage	broker's monopoly	монопольное право на брокерские операции
M 1120	monopole d'émission	issuing monopoly	монополия на эмиссию
M 1121	monopole d'émission de billets	banknote issuing monopoly	монополия на эмиссию банкнот
M 1122	monopole d'émission du papier monnaie	paper money issuing monopoly	монополия на эмиссию бумажных денег
M 1123	monopole de fait	actual monopoly, de facto monopoly	фактическая монополия
M 1124	monopole fiscal	tax monopoly	налоговая монополия
M 1125	monopole de négociation des valeurs mobilières	securities trading monopoly	монополия на торговлю ценными бумагами
M 1126	monopoles *m pl*	monopolies	монополии, группы
M 1127	monopoles anticoncurrentiels	monopolies preventing competition	монополии, ограничивающие конкуренцию
M 1128	monopoles d'assurances	insurance monopolies	страховые монополии
M 1129	monopoles bancaires	bank monopolies	банковские монополии
M 1130	monopoles commerciaux	commercial monopolies	торговые монополии
M 1131	monopoles financiers	financial monopolies	финансовые монополии
M 1132	monopoles industriels	industrial monopolies	промышленные монополии
M 1133	monopoles internationaux	international monopolies	международные монополии
M 1134	monopoles internationaux à capital français	international monopolies with French capital	международные монополии с французским капиталом
M 1135	monopoles multinationaux	multinational monopolies	международные монополии
M 1136	monopoles nationaux	national monopolies	национальные монополии
M 1137	monopoles privés	private monopolies	частные монополии
M 1138	monopoles transnationaux	transnational monopolies	международные монополии
M 1139	monopolisation *f* du marché des changes	monopolization of the foreign exchange market	монополизация валютного рынка
M 1140	montage *m*	arrangement	организация, подготовка
M 1141	montage d'un emprunt	arrangement of a loan	организация займа
M 1142	montage d'une opération	arrangement of a transaction	подготовка *(финансовой)* операции
M 1143	assurer le montage d'une opération	to ensure the arrangement of a transaction	обеспечивать проведение *(финансовой)* операции
M 1144	montages *m pl* financiers	financial packages	(сложные) финансовые инструменты
M 1145	montant *m*	amount, sum	итог, (общая) сумма; размер
M 1146	déterminer un montant	to determine the total amount	определять общую сумму
M 1147	disposer d'un montant	to have an amount	располагать суммой
M 1148	établir [fixer] un montant	to fix an amount	назначать сумму
M 1149	d'un montant de	to the amount of	в размере
M 1150	passer un montant	to pass [to place] an amount (to an account)	зачислять сумму (на счёт)
M 1151	payer un montant	to pay an amount	платить сумму

M 1152	retenir un montant	to withhold [to retain] an amount	удерживать сумму
M 1153	souscrire pour un montant de	to subscribe to a total of	производить подписку на сумму в
M 1154	montant annuel de (la) TVA	annual amount of VAT	годовая сумма НДС
M 1155	montant autorisé	authorized amount	разрешённая сумма
M 1156	montant des avances directes	amount of direct loans	размер прямых кредитов
M 1157	montant des bénéfices distribués	amount of distributed profits	размер распределённой прибыли
M 1158	montant des besoins de financement	amount of (short-term) borrowing requirements	размер потребности в оборотных средствах
M 1159	montant brut	gross amount	валовая [общая] сумма, сумма-брутто
M 1160	montant du capital notionnel	notional amount of principal	условный размер основной суммы *(при сделке с деривативами)*
M 1161	montant du capital remboursé	amount of paid-in capital	размер выплаченного капитала
M 1162	montant d'une caution	amount of a guarantee	сумма гарантии
M 1163	montant d'une commission de placement	amount of placement commission	размер комиссионных за размещение
M 1164	montant d'un coupon	coupon amount	размер купона
M 1165	montant des créances	amount of claims	общая сумма требований
M 1166	montant des crédits	loan amount	объём кредитов
M 1167	montant cumulé	accrued amount	совокупный размер
M 1168	montant à découvert	uncovered amount	непокрытая сумма
M 1169	montant définitif	final amount	окончательная сумма
M 1170	montant déposé	deposited amount	сумма депозита
M 1171	montant déterminé	specific amount	определённый размер
M 1172	montant d'une dette	amount of a debt	размер долга
M 1173	montant des dettes de la société	total corporate debts	общая сумма долгов компании
M 1174	montant disponible à répartir	amount available for distribution	сумма, могущая быть выплаченной в качестве дивиденда, чистая прибыль компании после налоговых и прочих отчислений
M 1175	montant d'un dividende	dividend amount	размер дивиденда
M 1176	montant dû, MD	amount due	причитающаяся сумма
M 1177	montant des échéances impayées de remboursement du crédit	amount of overdue loan reimbursement payments	размер непогашенной в срок задолженности по кредиту
M 1178	montant effectif constant	actual constant amount	постоянная фактическая сумма
M 1179	montant d'un effet	amount of a bill	сумма векселя
M 1180	montant des émissions	amount of issues	размер выпусков
M 1181	montant d'un emprunt	loan amount	сумма займа
M 1182	montant encaissé	collected amount, amount received	инкассированная [полученная] сумма
M 1183	montant des engagements donnés	amount of guarantees given	выданные поручительства
M 1184	montant des engagements reçus	amount of guarantees received	полученные поручительства
M 1185	montant en espèces	cash amount	сумма наличными

M

M 1186	**montant exact**	exact amount	точная сумма
M 1187	**montant exonéré**	exempted amount	вычтенная сумма
M 1188	**montant facial**	nominal [face] value	номинал, номинальная стоимость
M 1189	**montant de garantie**	amount of guarantee	размер [сумма] гарантии
M 1190	**montant global**	total, total [overall] amount, sum	общая сумма
M 1191	**montant global distribué aux actionnaires**	total amount distributed to shareholders	общая сумма распределённых дивидендов
M 1192	**montant illimité**	unlimited amount	неограниченный размер
M 1193	**montant impayé**	unpaid amount, amount outstanding	неуплаченная сумма
M 1194	**montant inscrit**	amount registered	зарегистрированная сумма
M 1195	**montant insignifiant**	insignificant amount	незначительная сумма
M 1196	**montant de l'intérêt**	interest amount	размер процента
M 1197	**montant des intérêts payés**	amount of interest paid	размер выплаченных процентов
M 1198	**montant journalier moyen**	average daily turnover	средний дневной оборот
M 1199	**montant en lettres**	amount in words	сумма прописью
M 1200	**montant en lettres et en chiffres**	amount in words and numbers	сумма цифрами и прописью
M 1201	**montant net**	net amount	сумма-нетто
M 1202	**montant net des emprunts**	net borrowing	сумма-нетто займов
M 1203	**montant net escompté**	discounted net amount	дисконтированная сумма-нетто
M 1204	**montant net des placements**	net investment position	сумма-нетто инвестиций
M 1205	**montant net des prêts**	net lending	сумма-нетто выданных займов
M 1206	**montant nominal**	nominal amount, par value	номинал, номинальная стоимость
M 1207	**montant nominal d'une action**	par value of a share	номинальная стоимость акции
M 1208	**montant notionnel**	notional amount	условная сумма контракта (*лежащего в основе деривативa*)
M 1209	**montant notionnel traité**	notional amount traded	условная сумма сделок
M 1210	**montant d'une opération**	amount of a transaction	размер сделки
M 1211	**montant d'une prime**	premium amount	размер премии
M 1212	**montant progressif**	progressive amount	прогрессивная сумма
M 1213	**montant des quotes-parts**	amount of quotas	размер квот
M 1214	**montant de rémunération**	remuneration amount	размер вознаграждения
M 1215	**montant des répartitions de bénéfices**	dividend amounts, profits distributed	сумма распределённой прибыли
M 1216	**montant requis d'actions**	required number of shares	требуемое количество акций
M 1217	**montant des réserves officielles**	amount of official reserves	размер официальных резервов
M 1218	**montant du solde débiteur**	debit balance	размер дебетового сальдо
M 1219	**montant des sommes à payer**	amounts to be paid	размер сумм, подлежащих выплате
M 1220	**montant d'une soumission**	tender amount	размер заявки (на торгах)
M 1221	**montant standard des transactions**	standard transaction amount	стандартная сумма сделки
M 1222	**montant des titres**	securities amount	сумма ценных бумаг
M 1223	**montant total**	total (amount), sum	общая сумма
M 1224	**montant à transférer**	amount to be transferred	сумма к переводу

M

M 1225	montant unitaire	unit price, face [nominal] value	номинал, номинальная стоимость
M 1226	montant unitaire élevé	high nominal value	высокая номинальная стоимость
M 1227	montant unitaire minimum	minimum nominal value	минимальный номинал
M 1228	montant unitaire des titres	nominal value of securities	номинал ценных бумаг
M 1229	montant variable	variable amount	переменная сумма
M 1230	montants *m pl*	amounts	суммы; размеры
M 1231	débiter les montants du compte bancaire du client	to debit the amounts to the client's bank account	дебетовать банковский счёт клиента на суммы (платежей)
M 1232	montants demandés	amounts requested (by auction)	запрашиваемые суммы, суммы заявок (на торгах)
M 1233	montants demandés au taux de soumission	amounts requested at bid prices	суммы, запрашиваемые по курсу заявки
M 1234	montants identiques	identical amounts	одинаковые суммы
M 1235	montants en jeu	amounts involved	задействованные суммы
M 1236	montants à libérer	amounts payable	суммы, подлежащие оплате
M 1237	montants maximaux	maximum amounts	максимальные размеры
M 1238	montants maximaux des taux de rétribution des intermédiaires	maximum amounts of intermediaries' remuneration rates	максимальные размеры вознаграждения посредников
M 1239	montants minimaux	minimum lots	минимальные размеры *(заявок, лотов)*
M 1240	traiter sur des montants minimaux	to trade in minimum lots	заключать сделки по заявкам минимальных размеров
M 1241	montants offerts	amounts offered (by auction)	предложение (на торгах)
M 1242	montants rééchelonnés	rescheduled payments	размеры перенесённых платежей
M 1243	montants unitaires traités	unit amounts traded	размеры единичных сделок
M 1244	mont-de-piété *m*	pawnshop	ломбард
M 1245	montée *f*	rise, increase	рост, повышение
M 1246	montée du cours des actions	share price rise	рост курса акций
M 1247	montée du dollar	rise of the dollar	рост курса доллара
M 1248	montée excessive	excessive rise	чрезмерный рост
M 1249	moratoire	moratory	мораторный, связанный с отсрочкой *или* просрочкой обязательства
M 1250	moratoire *m*	moratorium, standstill agreement	мораторий, отсрочка платежей
M 1251	demander un moratoire	to demand a moratorium	просить мораторий
M 1252	obtenir un moratoire	to obtain a moratorium	получить мораторий
M 1253	moratoire d'intérêt	interest moratorium	мораторий на выплату процентов
M 1254	moratoire sans limite	unlimited moratorium	неограниченный мораторий
M 1255	moratoire sur le remboursement de la dette extérieure	moratorium on repayment of external debts	мораторий на выплату внешнего долга
M 1256	moratoire sur le service de la dette	moratorium on debt servicing	мораторий на обслуживание долга
M 1257	morcellement *m* des marchés	divided markets	раздробленность рынков
M 1258	morose	dull, glum *(e.g. of a market)*	вялый *(напр. о рынке)*
M 1259	morosité *f* du marché	dullness [sluggishness] of the market	вялость рынка

M

M 1260	mou	dull, languid, sluggish, slack (e.g. of a market)	вялый *(напр. о рынке)*
M 1261	mouvement *m*	1. movement, move; circulation; turnover 2. movement, fluctuations; tendency, trend	1. движение, процесс, обращение; оборот 2. изменение, динамика, колебания; тенденция
M 1262	mouvement des acceptations bancaires	circulation of bank acceptances	движение банковских акцептов
M 1263	mouvement d'appréciation du dollar	dollar appreciation trend	повышательная тенденция курса доллара
M 1264	mouvement ascensionnel	rise, upward trend	повышательная тенденция
M 1265	mouvement à la [de] baisse [baissier]	fall, downward trend	понижательная тенденция
M 1266	mouvement boursier	stock exchange fluctuations	колебания [динамика] биржевых курсов
M 1267	mouvement de caisse	cash transaction	кассовые операции
M 1268	mouvement des capitaux	movement [flow] of capital	движение капиталов
M 1269	mouvement de compte	account turnover	оборот средств по счёту
M 1270	mouvement des cours	price swings	изменение [динамика] курсов
M 1271	mouvement de déréglementation	deregulation process	процесс дерегулирования
M 1272	mouvement des devises	currency movements	операции с иностранной валютой
M 1273	mouvement de diversification des actifs financiers	process of diversification of financial assets	процесс диверсификации финансовых активов
M 1274	mouvement de l'épargne	savings flows [movement]	движение сбережений
M 1275	mouvement d'espèces	cash transactions	кассовые операции
M 1276	mouvement de filialisation	creation of subsidiaries	процесс создания дочерних предприятий
M 1277	mouvement de fonds	movement of funds	движение средств, денежный оборот
M 1278	mouvement à la [de] hausse [haussier]	rise, upward movement, upward trend	повышательная тенденция
M 1279	mouvement intercompte	interaccount movement	движение средств со счёта на счёт
M 1280	mouvement de l'or	gold movement	движение золота
M 1281	mouvement des paiements internationaux	flow of international payments	движение международных платежей
M 1282	mouvement de rachat des sociétés de Bourse	takeover of authorized stock brokers	процесс покупки брокерских мест
M 1283	mouvement des valeurs	circulation of securities	обращение ценных бумаг
M 1284	mouvement de virement direct	direct deposit transaction	операция непосредственного перевода средств на счёт
M 1285	mouvements *m pl*	1. movements, moves, circulation, turnover 2. movements, fluctuations	1. движение, процесс; обращение, оборот 2. изменения, динамика, колебания
M 1286	mouvements d'actifs et de passifs	movements of assets and liabilities	движение активов и пассивов
M 1287	mouvements de billets	circulation of banknotes	обращение банкнот
M 1288	mouvements des capitaux flottants	movements of floating capitals	движение спекулятивных капиталов [«горячих денег»]
M 1289	mouvements créditeurs	receipts, collections	поступления, инкассированные средства
M 1290	mouvements débiteurs	disbursements, payments	платежи

M

M 1291	mouvements de dépôt et retrait de fonds	depositing and withdrawal of funds	депонирование и снятие средств
M 1292	mouvements désordonnés	chaotic movements	хаотические [беспорядочные] колебания
M 1293	mouvements d'écritures entre banques	interbank account activity	безналичный межбанковский оборот
M 1294	mouvements erratiques du dollar	erratic fluctuations of the dollar	хаотические [беспорядочные] колебания курса доллара
M 1295	mouvements monétaires	monetary movements	движение денежной массы
M 1296	mouvements monétaires de compensation	clearing settlements	расчёты по клирингу
M 1297	mouvements spéculatifs sur les devises	speculation in foreign exchange	спекулятивные операции с валютой
M 1298	mouvements de spot	spot movements	движение курса спот
M 1299	mouvements des taux d'intérêt	interest rate movements	изменения процентных ставок
M 1300	mouvements des titres en bourse	circulation of securities at the stock exchange	обращение ценных бумаг на бирже
M 1301	moyen m	means, method	средство, инструмент
M 1302	moyen d'accumulation	accrual method	инструмент накопления
M 1303	moyen d'arbitrage	arbitrage method	инструмент арбитража
M 1304	moyen de couverture	cover [hedging] method	инструмент страхования [хеджирования]
M 1305	moyen de crédit	credit means	средство кредитования
M 1306	moyen d'échange	means of exchange	средство обмена
M 1307	moyen de financement	financing method	средство финансирования
M 1308	moyen fiscalement avantageux	advantageous method from the point of view of tax	инструмент, выгодный с налоговой точки зрения
M 1309	moyen de paiement [de règlement]	means of payment	средство платежа
M 1310	moyen de réserve	reserve means	резервное средство
M 1311	moyenne f	average	среднее, средняя величина
M 1312	faire une moyenne	to average up	выводить среднее
M 1313	moyenne d'achat	currency averaging	средний курс покупки (валюты)
M 1314	moyenne mensuelle	monthly average	месячное среднее
M 1315	moyenne pondérée	weighted average	среднее взвешенное
M 1316	moyenne entre les taux demandés et offerts	average of bid and offer rates	среднее между ставками спроса и предложения
M 1317	moyens $m\ pl$	1. means, funds 2. means, methods	1. (денежные) средства 2. средства, инструменты
M 1318	moyens consortiaux	syndicate means	средства консорциума
M 1319	moyens disponibles	available means	наличные средства
M 1320	moyens étrangers	funds in foreign exchange	средства в иностранной валюте
M 1321	moyens, faibles	insignificant means	незначительные средства
M 1322	moyens de fidélisation	means of development of customer loyalty	средства удержания клиентов
M 1323	moyens financiers	financial means	финансовые средства
M 1324	moyens financiers supplémentaires	supplementary financial means	дополнительные финансовые средства
M 1325	moyens fiscaux	fiscal means	налоговые средства
M 1326	moyens d'intervention	means of intervention	инструменты вмешательства
M 1327	moyens de liaison informatiques et télématiques	telecommunications	средства телекоммуникации

M

M 1328	moyens limités	limited funds	ограниченные средства
M 1329	moyens liquides	liquid means	ликвидные средства
M 1330	moyens de mobilisation	means of refinancing	способы рефинансирования
M 1331	moyens monétaires	money, funds	денежные средства
M 1332	moyens de paiement	means of payment	средства платежа
M 1333	moyens de paiement électronique, nouveaux	new electronic means of payment	новые средства электронных платежей
M 1334	moyens de paiement sur l'étranger	means of payments abroad	средства платежей за границу
M 1335	moyens, propres	own funds	собственные (денежные) средства
M 1336	moyens de règlement	means of settlement	средства платежа
M 1337	multibancarisation f	increase in the number of banks	увеличение количества банков
M 1338	multidevise	multicurrency	многовалютный
M 1339	multilatéralisation f des paiements	multilateralization of payments	увеличение числа участников в системе многосторонних расчётов
M 1340	multilocalisation f des investissements	multiple investments locations	рассредоточение инвестиций
M 1341	multinationales f pl	multinationals, multinational corporations	транснациональные корпорации
M 1342	multinationales étrangères	foreign multinationals	иностранные транснациональные корпорации
M 1343	multinationales financières	financial multinationals	финансовые транснациональные корпорации
M 1344	multinationales, grandes	big multinationals	крупные транснациональные корпорации
M 1345	multinationales non financières	nonfinancial multinationals	нефинансовые транснациональные корпорации
M 1346	multinationalisation f de grandes banques	multinationalization of major banks	интернационализация крупных банков
M 1347	multiplicateur m	multiplier	мультипликатор
M 1348	multiplicateur bancaire [de crédit]	credit [money creation] multiplier	кредитный мультипликатор
M 1349	multiplicateur financier	financial multiplier	финансовый мультипликатор
M 1350	multiplicateur de l'indice	index multiplier	индексный мультипликатор (для опциона на основе индекса)
M 1351	multiplicateur d'investissement	investment multiplier	инвестиционный мультипликатор
M 1352	multiplication f	multiplication	мультипликация, увеличение числа
M 1353	multiplication des cours	multiplication of exchange rates	увеличение числа курсов
M 1354	multiplication des opérations	multiplication of transactions	рост числа операций (по счёту)
M 1355	multiplication des opérations de règlement	multiplication of payment transactions	рост числа платёжных операций
M 1356	multiplication des options	multiplication of options	многообразие видов опционов
M 1357	multiplication des produits financiers	multiplication of financial instruments	многообразие видов финансовых инструментов

M

M 1358	multipolarisation *f* du système monétaire international	multipolarization of the international monetary system	мультиполяризация мировой валютной системы *(образование валютных группировок и союзов)*
M 1359	multirisques *m pl*	multiple-risk	смешанное страхование
M 1360	mutation *f*	1. change 2. transfer	1. изменения, перемена 2. переход (права)
M 1361	mutation bancaire	change in banking	изменения в банковском секторе
M 1362	mutation de propriété	conveyance [transfer] of property	переход права собственности
M 1363	mutations *f pl* monétaires	currency fluctuations	изменения курсов валют
M 1364	mutualisation *f*	mutualization	переход к системе взаимного страхования
M 1365	mutualisation du risque	mutualization of risk	переход к системе взаимного страхования рисков
M 1366	mutualité *f*	mutuality, mutual insurance system	система взаимного страхования
M 1367	mutuelle *f*	mutual benefit society, mutual [contributory] insurance company, friendly society	общество взаимного страхования

N

N 1	naissance *f*	formation, creation	возникновение
N 2	naissance d'un contrat	creation of a contract	возникновение контракта
N 3	naissance d'un marché	formation of a market	возникновение рынка
N 4	nanti	secured	обеспеченный, имеющий обеспечение *(напр. кредитор)*
N 5	nantir	1. to secure 2. to secure, to pledge	1. обеспечивать залогом 2. закладывать, отдавать в качестве залога
N 6	nantir, se	to secure oneself	обеспечивать себя залогом, принимать в качестве залога
N 7	nantissement *m*	1. pledging 2. pledge, cover, collateral, security	1. обеспечение залогом 2. залог, заклад
N 8	sur nantissement de	on security of	под залог, под обеспечение
N 9	déposer en nantissement	to pledge *(as e.g. a collateral)*	закладывать, отдавать в качестве залога
N 10	détenir en nantissement	to hold in pledge	держать в качестве залога
N 11	donner en nantissement	to pledge *(as e.g. a collateral)*	закладывать, отдавать в качестве залога
N 12	emprunter sur nantissement	to borrow on security	получать кредит под залог
N 13	fournir en nantissement	to pledge *(as e.g. a collateral)*	закладывать, отдавать в качестве залога
N 14	garantir un emprunt par nantissement	to collateralize a loan	предоставлять залог в обеспечение кредита
N 15	prêter sur nantissement	to lend on collateral	предоставлять ссуду под обеспечение
N 16	remettre en nantissement	to pledge *(as e.g. a collateral)*	закладывать, отдавать в качестве залога
N 17	tenir en nantissement	to hold in pledge	держать в качестве залога

N

N 18	nantissement d'actifs	pledging of assets	залог активов, использование активов в качестве обеспечения
N 19	nantissement de créance	perfected security	зарегистрированный залог, имущество, залог которого зарегистрирован
N 20	nantissement sur créances	pledging of accounts receivable	получение ссуды под залог долговых требований
N 21	nantissement d'obligation	pledging of a bond	залог облигации, использование облигации в качестве обеспечения
N 22	nantissement d'or	pledging of gold	залог золота, использование золота в качестве обеспечения
N 23	nantissement subsidiaire	collateral security	обеспечение; имущество, переданное в обеспечение
N 24	nantissement de [sur] titres	pledging of securities	залог ценных бумаг, использование ценных бумаг в качестве обеспечения
N 25	napoléon m d'or	napoleon d'or, gold napoleon	наполеондор *(французская золотая монета)*
N 26	NASDAQ	NASDAQ, National Association of Securities Dealers Automated Quotations	НАСДАК *(автоматизированная система котировок Национальной ассоциации дилеров по ценным бумагам)*, система внебиржевой котировки акций в США
N 27	nation f	nation	страна
N 28	nation créancière [créditrice]	creditor nation	страна-кредитор
N 29	nation débitrice	debtor nation	страна-дебитор
N 30	nature f	nature, type, kind	сущность, природа, характер; свойство, вид, разновидность
N 31	nature des comptes	type of accounts	вид счетов
N 32	nature des créances titrisées	type of securitized debts	вид секьюритизованного долга
N 33	nature de crédit	type of credit	вид кредитования
N 34	nature des dépenses d'investissement	type of investment expense	вид инвестиционных расходов
N 35	nature économique	economic nature	экономическая сущность [природа]
N 36	nature de l'impôt	type of tax	вид налога
N 37	nature des informations	kind of information	тип информации
N 38	nature de la monnaie	nature of money	сущность денег
N 39	nature des placements financiers	type of investment	вид инвестиций
N 40	nature des risques	nature of risks	вид рисков
N 41	nature d'un titre	type of security	вид ценной бумаги
N 42	nécessités f pl de trésorerie	cash needs, borrowing requirements	потребности в ликвидных средствах
N 43	négoce m à terme	forward transactions, dealings [transactions] for the account	срочные сделки
N 44	négociabilité f	negotiability	реализуемость, возможность продажи [реализации]; обращаемость *(ценной бумаги)*; возможность учёта *(векселя)*

N

N 45	introduire une négociabilité des titres	to introduce negotiability of securities	вводить обращаемость ценных бумаг
N 46	ôter une négociabilité avant l'échéance	to withdraw negotiability (of an option) before maturity	запрещать обращение (опциона) до наступления срока
N 47	négociabilité des actifs des banques	negotiability of bank assets	ликвидность банковских активов
N 48	négociabilité à l'américaine	American-type negotiability (of an option)	обращаемость (опциона) по американскому образцу (опцион может быть использован в любой момент со дня заключения контракта и до его истечения)
N 49	négociabilité bancaire d'une lettre de change	bank negotiability of a bill of exchange	возможность учёта переводного векселя в банке, обращаемость переводного векселя
N 50	négociabilité des certificats de dépôt	negotiability of certificates of deposit	обращаемость депозитных сертификатов
N 51	négociabilité en continu	continuous quotation	непрерывная котировка
N 52	négociabilité en cours de vie	negotiability over the lifespan (of security)	обращаемость в течение срока существования (ценной бумаги)
N 53	négociabilité des courtages	negotiability of brokerage fees	возможность обсуждения размера комиссионных
N 54	négociabilité de l'ECU	negotiability of ECU	обращаемость ЭКЮ
N 55	négociabilité des instruments financiers	negotiability of financial instruments	обращаемость финансовых инструментов
N 56	négociabilité, large	broad negotiability	широкая обращаемость
N 57	négociabilité, libre	free negotiability	свободная обращаемость
N 58	négociabilité limitée des titres	limited negotiability of securities	ограниченная обращаемость ценных бумаг
N 59	négociabilité d'un produit	negotiability of a product	обращаемость инструмента
N 60	négociabilité d'un titre	negotiability of a security	обращаемость ценной бумаги
N 61	négociable	negotiable	реализуемый, обращающийся (о ценной бумаге); приемлемый для учёта (о векселе)
N 62	négociable en banque	bankable	приемлемый для учёта в банке (о векселе)
N 63	négociant m	1. merchant 2. trader, dealer	1. торговец 2. дилер
N 64	négociant en contrats à terme	futures trader	дилер по фьючерсам
N 65	négociant de métaux précieux	precious metals trader	дилер по ценным металлам
N 66	négociant non professionnel	nonprofessional trader	дилер — нечлен биржи
N 67	négociant en obligations	bond trader	дилер по облигациям
N 68	négociant d'or	gold dealer	дилер по золоту
N 69	négociant professionnel	professional trader	дилер — член биржи
N 70	négociant en titres	securities trader	дилер по ценным бумагам
N 71	négociateur m	trader, dealer	дилер
N 72	négociateur d'actions	equity trader	дилер по акциям
N 73	négociateur de blocs d'actions	block stock trader	дилер по пакетам акций
N 74	négociateur en lots irréguliers	odd-lot trader	дилер по сделкам с нестандартным количеством ценных бумаг

N

N 75	négociateur sur le marché hors cote	trader in the over-the-counter market	дилер на внебиржевом рынке
N 76	négociateur d'obligations	bond trader	дилер по облигациям
N 77	négociateur d'options	option trader	дилер по опционам
N 78	négociateur spécialiste	specialist dealer	дилер-специалист *(по какому-л. виду ценной бумаги)*
N 79	négociateur-courtier *m*, NEC	floor broker	брокер-член биржи *(непосредственно находящийся в торговом зале)*
N 80	négociateurs *m pl* individuels de parquet, NIP	locals	1. биржевые спекулянты, совершающие сверхкраткосрочные сделки за собственный счёт 2. дилеры-специалисты
N 81	négociation *f*	1. negotiation 2. transaction 3. trading, dealing 4. negotiation	1. обсуждение *(сделки)* 2. сделка, операция 3. (биржевая) торговля 4. негоциация
N 82	lors de la négociation	during the trading	во время торговли на бирже
N 83	négociation d'actions	equity trading	(биржевая) торговля акциями
N 84	négociation assistée par ordinateur	computer [program] trading	торговля при помощи компьютера
N 85	négociation de blocs d'actions	block trading, volume trading	торговля пакетами [крупными партиями] акций
N 86	négociation hors bourse	curbstone dealing	внебиржевая торговля
N 87	négociation de change	exchange transaction	валютная операция
N 88	négociation de chèques bancaires	negotiation of bank checks	покупка банковских чеков
N 89	négociation des commissions de garantie et de placement	negotiation of guarantee and placement fees	согласование размера комиссионных за гарантию и размещение *(ценных бумаг)*
N 90	négociation au comptant	cash transaction	биржевая кассовая сделка
N 91	négociation d'un contrat	1. contract negociation 2. trading of a contract	1. обсуждение условий контракта 2. торговля (стандартным) контрактом
N 92	négociation à un cours inférieur	down tick, minus tick	сделка с ценной бумагой по цене более низкой, чем предыдущая *(отражается на экране монитора с минусом)*
N 93	négociation à un cours supérieur	up tick, plus tick	сделка с ценной бумагой по цене более высокой, чем предыдущая *(отражается на экране монитора с плюсом)*
N 94	négociation entre courtiers	inter-broker trading	торговля (ценными бумагами) между брокерами
N 95	négociation d'un effet	negotiation of a bill	негоциация векселя
N 96	négociation d'un emprunt	negotiation of a loan	согласование условий займа
N 97	négociation par les institutions	institutional trading	торговля (ценными бумагами) между институциональными участниками биржи
N 98	négociation d'une lettre de change	negotiation of a bill	негоциация тратты
N 99	négociation d'obligations	bond trading	(биржевая) торговля облигациями

N

N 100	négociation officielle d'un titre	listing of a security	допуск ценной бумаги к официальной продаже на бирже, официальная котировка ценной бумаги
N 101	négociation des opérations de change	exchange transactions	ведение операций с иностранной валютой
N 102	négociation d'options	options trading	опционная торговля
N 103	négociation d'options sur devises	currency options trading	торговля валютными опционами
N 104	négociation d'options sur l'or	gold options trading	торговля опционами на золото
N 105	négociation de papiers-valeurs	securities trading	торговля ценными бумагами
N 106	négociation de portefeuilles	portfolio trading	торговля портфелями ценных бумаг
N 107	négociation à prime	option deal	опционная сделка
N 108	négociation à règlement immédiat	spot trading	сделка спот
N 109	négociation à règlement mensuel	monthly settlement trading	срочная сделка с урегулированием в конце месяца
N 110	négociation à terme	dealing for the account [for the settlement]	сделка на срок, срочная сделка
N 111	négociation de titres	securities trading	(биржевая) торговля ценными бумагами
N 112	négociations *f pl*	1. negotiations, talks 2. trading, transactions	1. переговоры 2.торговля, операции (на бирже)
N 113	admettre des titres aux négociations boursières	to list securities	допускать ценные бумаги к котировке на бирже
N 114	négociations d'aménagement de dette	debt rescheduling negotiations	переговоры о пересмотре условий погашения долга
N 115	négociations boursières	stock exchange transactions	биржевые операции
N 116	négociations en cours	negotiations in progress	ведущиеся переговоры
N 117	négociations d'effets de commerce	negotiation of bills of exchange	негоциация коммерческих векселей
N 118	négociations en «moitié-moitié»	«half by half», transactions made half at the buyer's price and half at the seller's price	операции, проведённые наполовину по курсу продавца и наполовину по курсу покупателя
N 119	négociations monétaires et financières	monetary and financial negotiations	переговоры по валютно-финансовым вопросам
N 120	négociations de rééchelonnement de la dette	debt rescheduling negotiations	переговоры о пересмотре условий погашения долга, переговоры о реструктуризации долга
N 121	négocier	1. to negotiate 2. to negotiate (a contract) 3. to trade (in) 4. to negotiate *(a bill)*	1. вести переговоры 2. оговаривать условия (контракта) 3. торговать, вести торговлю 4. учитывать *(вексель)*
N 122	négocier au comptant	to effect cash transactions	осуществлять кассовые сделки
N 123	négocier, se	to trade, to be negotiated	продаваться, обращаться *(о ценных бумагах)*
N 124	nervosité *f* sur le marché des changes	nervousness [agitation] in the currency market	ажиотаж на валютном рынке
N 125	net	net	чистый, нетто

N

N 126	net de	net of, free of	освобождённый от, за вычетом
N 127	net d'impôt	tax-free, duty-free	освобождённый от налога, за вычетом налога
N 128	netting *m*	netting	«неттинг», взаимная компенсация сальдо банковских филиалов для выявления чистой позиции *(напр. валютной)*
N 129	New-York Stock Exchange *m*, NYSE	New York Stock Exchange, NYSE	Нью-Йоркская фондовая биржа
N 130	NIBOR *m*	NIBOR, New York Interbank Offered Rate	НИБОР, Нью-Йоркская межбанковская ставка предложения
N 131	niveau *m*	level	уровень; степень; размер(ы)
N 132	au niveau institutionnel	at the institutional level	на институциональном уровне
N 133	niveau acceptable de perte	maximum acceptable loss	допустимый уровень убытков [потерь]
N 134	niveau d'autofinancement	cash flow	кэш флоу *(разница между всеми наличными поступлениями и платежами компании)*
N 135	niveau des concours	loan size [amount]	размер кредитов
N 136	niveau des cotations	quotation level	уровень котировок
N 137	niveau des cours	price level	уровень курсов
N 138	niveau de distribution	distribution level	уровень распределения
N 139	niveau des dividendes	dividend level	размер дивидендов
N 140	niveau élevé de qualification	high ability level	высокая степень [квалификация]
N 141	niveau d'endettement	level of indebtedness	уровень задолженности
N 142	niveau d'épargne	savings level	уровень сбережений
N 143	niveau de la fiscalité	taxation level	уровень налогообложения
N 144	niveau de fonds propres	equity level, level of own capital	степень обеспеченности собственными средствами
N 145	niveau général des taux d'intérêt	general level of interest rates	общий уровень процентных ставок
N 146	niveau de l'indice	index level	уровень индекса
N 147	niveau d'investissement	investment level	уровень инвестиций
N 148	niveau de la parafiscalité	level of special duties	уровень специального налогообложения
N 149	niveau de la parité des monnaies	currency par level	уровень валютного паритета
N 150	niveau des profits	level of profits	уровень прибыли, размеры прибылей
N 151	niveau record	record level	рекордный уровень
N 152	niveau des réserves	reserve level	уровень резервов
N 153	niveau de résistance	resistance level	уровень «сопротивления» *(в техническом анализе: точка, по достижении которой можно ожидать приостановления подъёма конъюнктуры, обычно предыдущий пик)*
N 154	niveau des ressources	resource level	уровень обеспеченности ресурсами
N 155	niveau de revenu	income level	уровень дохода

N

N 156	**niveau de soutien**	support level	уровень «поддержки» *(курс валюты, при котором центральный банк начинает валютные интервенции)*
N 157	**niveau de spread**	spread level	размеры спреда
N 158	**niveau de support**	support level	уровень «поддержки» *(курс валюты, при котором центральный банк начинает валютные интервенции)*
N 159	**niveau des taux d'intérêt**	level of interest rates	уровень процентных ставок
N 160	**niveau de volatilité**	volatility level	показатель неустойчивости конъюнктуры
N 161	**niveler**	to level out	выравнивать, нивелировать
N 162	**nivellement** *m* **du compte**	account balancing	балансирование счёта
N 163	**nom** *m*	name	имя
N 164	**agir en nom de**	to act on someone's behalf	действовать от *чьего-л.* имени
N 165	**dévoiler le nom de la personne**	to disclose the person's name	предать огласке имя человека
N 166	**au nom de**	in the name of	на имя *кого-л.*, от имени *кого-л.*
N 167	**nom social**	name of a company, registered name	юридическое наименование фирмы
N 168	**nom de la valeur**	name of the security	название ценной бумаги
N 169	**nombre** *m*	number, amount	число, количество
N 170	**nombre d'actionnaires**	number of shareholders	число акционеров
N 171	**nombre d'actions détenues**	number of shares held	число акций во владении
N 172	**nombre d'actions inscrites à la cote**	number of listed shares	число акций, допущенных к котировке
N 173	**nombre d'actions minimal**	minimum number of shares	минимальное число акций
N 174	**nombre de contrats échangés**	number of contracts traded	число проданных контрактов
N 175	**nombre de contrats négociés par jour**	daily number of contracts traded	число ежедневно заключаемых контрактов
N 176	**nombre exact de jours**	exact number of days	точное количество дней
N 177	**nombre de fusions-absorptions**	number of mergers and acquisitions	количество слияний и поглощений
N 178	**nombre journalier de transactions**	daily number of transactions	количество ежедневно осуществляемых операций
N 179	**nombre de jours décomptés**	number of days deducted	количество вычтенных дней
N 180	**nombre de jours restants**	number of days left	количество оставшихся дней
N 181	**nombre de lignes de cotation**	number of quotation lines	число котировочных строк
N 182	**nombre limité**	limited number	ограниченное количество
N 183	**nombre d'obligations convertibles**	number of convertible bonds	количество конвертируемых облигаций
N 184	**nombre d'OPA/OPE**	number of takeover bids	количество публичных предложений о покупке *или* обмене акций
N 185	**nombre de titres**	number of securities	количество ценных бумаг
N 186	**nombre de titres à acheter**	number of securities to be bought	количество покупаемых ценных бумаг
N 187	**nombre de titres achetés**	number of securities bought	количество купленных ценных бумаг
N 188	**nombre de titres détenus**	number of securities held	количество ценных бумаг во владении
N 189	**nombre de titres à reporter**	number of securities to be carried forward	количество ценных бумаг к переносу *(на новый период)*

N

N 190	**nombre de titres reportés**	number of securities brought forward	количество перенесённых *(на новый период)* ценных бумаг
N 191	**nombre de titres à vendre**	number of securities to be sold	количество продаваемых ценных бумаг
N 192	**nombre de titres vendus**	number of securities sold	количество проданных ценных бумаг
N 193	**nombre de voix**	number of votes	число голосов
N 194	**nomenclature** *f*	list, classification	номенклатура, перечень, список
N 195	**nomenclature d'agents**	list of agents	номенклатура агентов
N 196	**nomenclature d'opérations**	list of transactions	номенклатура операций
N 197	**nominal**	nominal	1. номинальный, нарицательный 2. именной, поимённый
N 198	**nominal** *m* **des actions**	face [nominal] value of shares	номинал акций
N 199	**nominalisme** *m* **monétaire**	nominalism	номинализм, номиналистическая теория денег
N 200	**nominatif**	1. nominal 2. registered	1. именной, поимённый 2. зарегистрированный
N 201	**nomination** *f*	appointment	назначение
N 202	**nomination des dirigeants**	appointment of managers, managerial appointments	назначение руководителей [руководящих кадров]
N 203	**nomination des gouverneurs**	appointment of governors	назначение управляющих
N 204	**non acceptable**	unacceptable	неприемлемый
N 205	**non-acceptation** *f*	nonacceptance, dishonor *(of a bill)*	непринятие, отказ от акцепта
N 206	**non accepté**	nonaccepted	непринятый, неакцептованный
N 207	**non-accomplissement** *m*	nonfulfillment, noncompletion	невыполнение, неисполнение
N 208	**non acquitté**	unpaid	неоплаченный
N 209	**non-actionnaire** *m*	nonshareholder	неакционер
N 210	**non admis**	unlisted *(share)*	не допущенный *(к котировке)*
N 211	**non-admission** *f*	nonadmission	отказ в допуске *(к котировке)*
N 212	**non-affectation** *f* **des recettes aux dépenses**	nonmatching of revenues to expenses	принцип автономности бюджетных доходов и расходов
N 213	**non affecté**	retained, unallotted	нераспределённый
N 214	**non amorti**	outstanding	непогашенный
N 215	**non amortissable**	unredeemable, irredeemable	невыкупаемый, непогашаемый, не подлежащий выкупу [погашению]
N 216	**non-appartenance** *f*	nonmembership	нечленство, непринадлежность
N 217	**non appelé**	uncalled *(e.g. capital)*	невостребованный *(напр. акционерный капитал)*
N 218	**non-assujettis** *m pl*	the untaxed	лица, не облагаемые налогом
N 219	**non assuré**	uninsured	незастрахованный
N 220	**non avenu**	void	не имеющий силы, недействительный
N 221	**non-balance** *f*	imbalance, disequilibrium	дисбаланс, несбалансированность, неравновесие, отсутствие равновесия

N

N 222	non bancable	unbankable *(bill)*	неприемлемый для переучёта *(о векселе)*
N 223	non bancaire	non-bank	небанковский
N 224	non-banques *f pl*	non-bank institutions	небанковские учреждения
N 225	non cessible	nontransferable	неуступаемый, непередаваемый
N 226	non-circulation *f* de chèques	check truncation	электронный перевод средств при чековом клиринге
N 227	non-clients *m pl*	nonclients	неклиенты
N 228	non-coïncidence *f* de la monnaie de paiement et de la monnaie de prix	noncoincidence of the currency of payment and the currency of price	несовпадение валюты цены и валюты платежа
N 229	non comptabilisable	unpostable	не подлежащий учёту
N 230	non-concordance *f*	mismatch	несовпадение, мисмэтч *(несовпадение срока уплаты процентов по активам и пассивам)*
N 231	non confirmé	unconfirmed	неподтверждённый
N 232	non-conformité *f*	nonconformity	несоответствие
N 233	non-constitution *f*	zero reserve balance with the Central Bank	нулевое сальдо резервов в Центральном банке
N 234	non-convertibilité *f* en or du dollar	nonconvertibility of the dollar into gold	необратимость доллара в золото
N 235	non convertible	nonconvertible	неконвертируемый, необратимый
N 236	non coté	unquoted	некотируемый
N 237	non courant	illiquid	труднореализуемый
N 238	non-couverture *f*	noncoverage, lack of cover	незастрахованность, неполное покрытие
N 239	non cumulatif	noncumulative	ненакапливаемый
N 240	non daté	undated	недатированный
N 241	non déductible	nondeductible	невычитаемый, не подлежащий вычету *(из базы налогообложения)*
N 242	non-délivrance *f*	nonissuance *(e.g. of a document)*	невыдача *(напр. документа)*
N 243	non-dénonciation *f*	nontermination	нерасторжение
N 244	non-détenteur *m* d'un compte courant	nonholder of a current account	лицо, не имеющее текущего счёта
N 245	non-disponibilité *f*	unavailability	отсутствие; невозможность использования
N 246	non disponible	unavailable	не имеющийся в наличии [в распоряжении]
N 247	non distribué	undistributed, retained	нераспределённый
N 248	non-distribution *f* de dividende	nondistribution of dividend	нераспределение дивиденда
N 249	non-divulgation *f* de la grille de parités	nondisclosure of the parity grid	сохранение в тайне таблицы паритетов
N 250	non-échange *m* de chèques	check truncation	электронный перевод средств при чековом клиринге
N 251	non échu	unmatured	не наступивший, не истекший *(о сроке)*; не просроченный *(о платеже)*
N 252	non-exécution *f* d'un contrat	nonfulfillment [breach] of a contract	невыполнение [нарушение] контракта

N

N 253	non-exercice *m* d'une option	nonexercise of an option	неиспользование [неисполнение] опциона
N 254	non garanti	unsecured	необеспеченный, негарантированный
N 255	non honoré	1. infulfilled *(an obligation)* 2. dishonored *(a bill)*	1. невыполненный *(об обязательстве)* 2. неоплаченный *(о векселе)*
N 256	non imposable	nontaxable	не облагаемый налогом
N 257	non-imposition *f* d'un revenu	nonassessment of income	необложение дохода налогом
N 258	non-initiés *m pl*	outsiders	аутсайдеры *(лица, не работающие в компании)*
N 259	non inscrit à la cote officielle	unlisted, unquoted	не зарегистрированный на бирже, некотирующийся
N 260	non-intervention *f*	noninterference, nonintervention	невмешательство, отсутствие интервенций
N 261	non-jouissance *f* d'un revenu	absence of right to an income	отсутствие права на доход
N 262	non libéré	unpaid *(capital)*	неоплаченный *(о капитале)*
N 263	non liquide	illiquid	неликвидный
N 264	non-liquidité *f*	illiquidity	неликвидность, недостаточная ликвидность
N 265	non-livraison *f*	nondelivery	непоставка
N 266	non-membre *m* du conseil d'administration	nonmember of the Board	нечлен административного совета
N 267	non mobilisable	nonrealizable	нереализуемый
N 268	non-négociabilité *f* des options	nonnegotiability of options	необращаемость опционов
N 269	non négociable	nonnegotiable	необращающийся *(о ценной бумаге)*; неприемлемый для учёта *(о векселе)*
N 270	non-observation *f* des obligations	nonobservance of obligations	несоблюдение обязательств
N 271	non-obtention *f*	nonobtaining	неполучение
N 272	non-paiement *m*	nonpayment, default	неуплата, неплатёж
N 273	non-paiement d'un chèque	nonpaymentof a check	неуплата по чеку
N 274	non-paiement des créances	nonpayment of debts	неуплата по обязательствам
N 275	non-paiement à l'échéance	nonpayment at maturity	неуплата [неплатёж] в срок
N 276	non-paiement des intérêts	nonpayment of interest	неуплата процентов
N 277	non payé	unpaid	неоплаченный
N 278	non périmé	unexpired; valid, nonobsolete	непросроченный; действительный, неустаревший
N 279	non productif d'intérêts	noninterest-bearing	не приносящий процентов
N 280	non-rapatriement *m* des règlements extérieurs	nonrepatriation of payments from abroad	отказ от репатриации платежей из-за границы
N 281	non réclamé	unclaimed *(e.g. a dividend)*	невостребованный *(напр. дивиденд)*
N 282	non-reconnaissance *f* d'une dette	nonacknowledgement of a debt	непризнание долга, отказ от долга
N 283	non récupérable	expendable	невозмещаемый
N 284	non-rééchelonnement *m* d'une dette	nonrescheduling of a debts *(e.g. a loan)*	отказ от отсрочки платежей по задолженности
N 285	non remboursable	nonrefundable	безвозвратный, непогашаемый *(напр. заём)*
N 286	non-remplacement *m*	nonreplacement	невозможность замены

N

N 287	non-rémunération f des dépôts à vue	nonpayment of interest on sight deposits	невыплата процента по вкладам до востребования
N 288	non-renouvellement m	nonrenewal	невозобновление, непродление срока действия
N 289	non rentable	unprofitable	нерентабельный
N 290	non-reproductivité f	nonreproducibility	невоспроизводимость
N 291	non résident	nonresident	нерезидентный, нерезидентский
N 292	non-résident m	nonresident	нерезидент
N 293	non-respect m	nonobservance, nonfulfillment (of a contract)	несоблюдение; невыполнение (напр. контракта)
N 294	non-réversibilité f	irreversibility	необратимость
N 295	non signé	unsigned	неподписанный
N 296	non-sollicitation f des lignes	nonrequest of the (credit) lines	неиспользование (кредитных) линий
N 297	non-spécialiste m	nonspecialist	неспециалист
N 298	non-stabilisation f des taux de change	unsteadiness of exchange rates	неустойчивость валютных курсов
N 299	non-système m	absence of a system	отсутствие системы
N 300	non-taxation f	nontaxation	освобождение от налогов
N 301	non-transfert m	nontransfer	неперевод
N 302	non-valeur f	1. bad debt 2. worthless security	1. безнадёжный долг 2. обесценившаяся ценная бумага
N 303	non versé	unpaid	неуплаченный
N 304	non-versé m	unpaid amount	неуплаченная сумма
N 305	normalisation f	standardization	стандартизация, упорядочение
N 306	normalisation des conditions de règlement	standardization of terms of payment	упорядочение условий расчёта
N 307	normalisation des procédures	standardization of procedures	стандартизация процедур
N 308	normalisation des supports d'informations interbancaires	interbank standardization of storage media	межбанковская стандартизация средств хранения информации
N 309	norme f	1. standard, norm 2. rate	1. норма, стандарт 2. норма, ставка
N 310	norme de chèque	standard check	стандартная форма чека
N 311	norme de dividendes	dividend test	норма дивиденда, отношение дивиденда к прибыли
N 312	normes f pl	1. norms, standards 2. rates	1. нормы, стандарты 2. нормы, ставки
N 313	édicter des normes	to set standards	устанавливать нормы
N 314	élaborer des normes	to develop standards	разрабатывать нормы
N 315	respecter les normes	to meet the standards	соблюдать нормы
N 316	normes appliquées à des agrégats monétaires	standards applied to money aggregates	нормы денежных агрегатов
N 317	normes comptables	accounting standards	нормы бухгалтерского учёта
N 318	normes de croissance d'agrégats monétaires	money aggregate increase rates	нормы роста денежных агрегатов
N 319	normes de déontologie	professional code of ethics, business ethics	кодекс профессиональной этики, нормы деловой этики
N 320	normes d'éligibilité	eligibility standards	критерии отбора
N 321	normes fixées	set standards	установленные нормы
N 322	normes de gestion	management standards	управленческие нормы

N

N 323	normes ISO	ISO codes (currency abbreviations)	(валютные) коды Международной организации по стандартам
N 324	normes en matière bancaire	banking standards	банковские стандарты
N 325	normes des messages SWIFT	SWIFT message standards	стандарты сообщений в системе СВИФТ
N 326	normes minimales	minimum rates	минимальные нормы
N 327	normes de présentation	disclosure standards	нормы представления (информации)
N 328	normes de révision [de vérification]	auditing standards	аудиторские стандарты
N 329	nostro	nostro (account)	(счёт) «ностро»
N 330	notable	noticeable, significant, marked	заметный, значительный
N 331	notation f	rating, assessment, evaluation	рейтинг, оценка (качества компании или ценной бумаги)
N 332	notation AAA	AAA rating, triple A rating	рейтинг AAA
N 333	notation par une agence de rating	evaluation of a rating agency	оценка рейтингового агентства
N 334	notation des billets de trésorerie	rating of treasury bills	рейтинг коммерческих бумаг
N 335	notation de l'émetteur — T1, T2, T3, T4	issuer rating — T1, T2, T3, T4	рейтинг эмитента (ценных бумаг) — T1, T2, T3, T4
N 336	note f	1. note 2. note, advice, memo, memorandum 3. rating	1. запись 2. уведомление, извещение, авизо 3. рейтинг, рейтинговая оценка
N 337	attribuer la note Aaa	to rate the note Aaa	приписать ценной бумаге рейтинг Aaa
N 338	note d'avoir	credit note, credit [refund] slip, credit voucher	кредит-нота, кредитовое авизо
N 339	note du courtier	broker's note	брокерская записка
N 340	note de couverture	cover note	ковернота, временное свидетельство о страховании
N 341	note de crédit	credit note, credit [refund] slip, credit voucher	кредит-нота, кредитовое авизо
N 342	note de débit	debit note, charge ticket	дебет-нота, дебетовое авизо
N 343	note de débours	disbursement account	счёт расходов
N 344	note d'information	1. memo 2. prospectus (for securities issues)	1. служебная записка, меморандум 2. проспект (выпуска ценных бумаг)
N 345	note d'information visée par la COB	prospectus approved by the Securities and Exchange Commission [UK Securities and Investment Board]	проспект выпуска ценных бумаг, одобренный Комиссией по биржевым операциям
N 346	noter	1. to note 2. to rate (e.g. companies, banks)	1. отмечать; делать записи 2. присваивать рейтинг (напр. компаниям, банкам)
N 347	notes f pl	bills, notes	краткосрочные ценные бумаги, (краткосрочные) облигации, ноты, билеты
N 348	notes à taux flottant [à taux variable]	floating rate notes, FRN	(краткосрочные) облигации с плавающей ставкой
N 349	notes à taux variable avec droit de conversion	convertible floating rate notes	конвертируемые облигации с плавающей ставкой

N

N 350	notice *f* d'émission	prospectus	уведомление о новом выпуске ценных бумаг *(на бирже)*, проспект выпуска ценных бумаг
N 351	notification *f*	notification, notice	нотификация, уведомление
N 352	notion *f* de liquidité du marché	notion of market liquidity	понятие ликвидности рынка
N 353	notionnel	notional	ноционный, условный
N 354	notionnel *m*	notional contract	ноционный [условный] контракт *(контракт срочной биржи на ценную бумагу, не существующую в реальности, однако имеющую чётко определённые характеристики)*
N 355	notoriété *f* d'une banque	notoriety of a bank	известность банка
N 356	nourrir	to hold *(securities)* to maturity	держать *(ценные бумаги)* до наступления срока их погашения
N 357	novation *f* d'une créance	substitution of debt	замена требования
N 358	noyau *m*	core, nucleus	ядро
N 359	noyau du capital	core capital	ядро [основная часть] капитала
N 360	noyau dur	hard core (of stable shareholders), core shareholders [investors]	ядро постоянных акционеров
N 361	noyau financier	financial core	финансовое ядро
N 362	nue-propriété *f* d'un titre	bare ownership of a security, ownership of a security without usufruct	владение ценной бумагой без права получения доходов по ней
N 363	nul	null, invalid	недействительный
N 364	nullité *f*	nullity, invalidity	недействительность
N 365	numéraire *m*	cash	наличные (деньги)
N 366	indemniser en numéraire	to compensate in cash	компенсировать наличными
N 367	payer en numéraire	to pay in cash	платить наличными
N 368	numérateur *m*	numerator	числитель
N 369	numérateur du coefficient	numerator of the ratio	числитель коэффициента [индекса]
N 370	numérateur du ratio Cooke	numerator of the Cooke ratio	числитель индекса Кука
N 371	numéro *m*	number	номер
N 372	composer son numéro de compte bancaire	to dial one's bank account number	набирать номер своего банковского счёта
N 373	numéro d'autorisation	authorization number	номер разрешения
N 374	numéro de compte bancaire	bank account number	номер банковского счёта
N 375	numéro de contrôle	control number	контрольный номер
N 376	numéro du coupon	coupon number	номер купона
N 377	numéro de dépôt titres	securities deposit number	номер депозитного счёта ценных бумаг
N 378	numéro d'identification de l'émission	issue identification number	идентификационный номер эмиссии (ценных бумаг)
N 379	numéro d'identification personnel, NIP	personal identification number, PIN	личный [конфиденциальный] идентификационный номер *(для пользования пластиковыми карточками)*

O

N 380	numéro de nomenclature	inventory number	номер по номенклатуре, инвентарный номер
N 381	numéro d'une obligation	bond number	номер облигации
N 382	numéro d'ordre	serial number	порядковый номер
N 383	numéro personnel confidentiel d'identification	confidential personal identification number	личный [конфиденциальный] идентификационный номер *(для пользования пластиковыми карточками)*
N 384	numéro d'une valeur	security number	номер ценной бумаги
N 385	numéro de visa COB	SEC [*UK* SIB] approval number	номер разрешения Комиссии по биржевым операциям *(на выпуск ценных бумаг)*
N 386	numérotation *f* des billets	numbering of banknotes	нумерация банкнот
N 387	numéroter	to number	нумеровать
N 388	numéroteur *m*	numbering machine	нумератор, счётчик
N 389	NYSE	NYSE, New-York Stock Exchange	Нью-Йоркская фондовая биржа

O

O 1	objectif *m*	objective, purpose, target, goal, aim	цель; плановый показатель
O 2	fixer un objechf	to set [to fix] a target	поставить цель
O 3	objectif de croissance monétaire	money supply growth target	целевой размер роста денежной массы
O 4	objectif intermédiaire	intermediate goal	промежуточная цель
O 5	objectif de masse monétaire	money supply target	целевой размер денежной массы
O 6	objectif monétaire très restrictif	tight monetary target	чрезвычайно жёсткий [ограничительный] плановый показатель денежной массы
O 7	objectif de placement	investment goal, investment objective	цель инвестирования
O 8	objectif de profit	profit goal	цель получения прибыли
O 9	objections *f pl*	objections	возражения
O 10	faire [formuler] des objections	to raise [to make] objections, to object	выдвигать возражения, возражать
O 11	objections des banques relatives au risque	banks' risk objections	возражения банков относительно риска
O 12	objet *m*	subject, object	объект, предмет *(деятельности)*
O 13	objet de cotation	subject of quotation	предмет котировки
O 14	objet d'une créance	subject of a claim	предмет долгового требования
O 15	objet de dépenses	expense item, article of expenditure	статья расходов
O 16	objet engagé	subject of pledge	предмет залога
O 17	objet du financement	object of financing	объект финансирования [кредитования]
O 18	objet fiscal [de l'impôt]	object of taxation	объект налогообложения

O

O 19	objet mobilier	personal property	движимость, движимое имущество
O 20	objet d'une obligation	subject of an obligation	предмет обязательства
O 21	objet d'une offre	subject of an offer	предмет предложения
O 22	objet social	aim of a company	предмет деятельности компании *(согласно уставу)*
O 23	objets *m pl* de valeur	valuables	ценности
O 24	obligataire	bond, debenture	облигационный
O 25	obligataire *m*	1. bondholder, debenture holder 2. bond market	1. облигационер, держатель облигаций 2. облигационный рынок
O 26	obligation *f*	1. obligation, commitment, liability 2. bond, debenture 3. obligation, duty	1. обязательство 2. облигация 3. обязанность, долг
O 27	accomplir une obligation	to fulfill an obligation	выполнять обязательство
O 28	cautionner une obligation	to secure an obligation	обеспечивать обязательство
O 29	contracter une obligation	to contract an obligation	брать на себя обязательство
O 30	décharger [dispenser, libérer] d'une obligation	to release [to relieve] from an obligation	освобождать от обязательства
O 31	rembourser une obligation	to redeem a bond	погашать облигацию
O 32	souscrire une obligation	to take up a bond	подписываться на облигацию
O 33	obligation accessoire	additional [ancillary] obligation	дополнительное обязательство
O 34	obligation amortie	redeemed bond	погашенная облигация
O 35	obligation amortissable	redeemable bond	облигация, подлежащая выкупу
O 36	obligation assimilable du Trésor, OAT	fungible treasury bond	ассимилируемая облигация казначейства *(каждый новый выпуск сливается с уже существующими, благодаря одинаковым ставкам и сроку погашения)*
O 37	obligation au-dessous du pair	discount(ed) bond	облигация по курсу ниже номинала
O 38	obligation au-dessus du pair	premium bond	облигация по курсу выше номинала
O 39	obligation bancaire	bank bond	банковская облигация
O 40	obligation à bon de souscription d'actions, OBSA	bond with share option, bond with subscription warrant	облигация с боном подписки на акции
O 41	obligation «bulldog»	Bulldog bond	облигация «Бульдог» *(выпущенная в фунтах стерлингов на лондонском рынке нерезидентами)*
O 42	obligation cambiaire	liability under a bill of exchange	вексельное обязательство
O 43	obligation de la caution [cautionnée]	guaranteed [secured] bond	обеспеченное обязательство, обеспеченная облигация
O 44	obligation changeable contre une action	convertible bond, bond convertible into equity	облигация с правом обмена на акцию
O 45	obligation chirographaire	simple [naked] debenture	необеспеченная облигация
O 46	obligation «chocolate»	Chocolate bond	облигация «Шоколад» *(выпущенная в швейцарских франках на швейцарском рынке нерезидентами)*
O 47	obligation en circulation	bond in circulation	облигация в обращении
O 48	obligation communale	municipal bond	муниципальная облигация

O

O 49	obligation conditionnelle	conditional liability	условное обязательство
O 50	obligation conjointe	joint liability	совместное обязательство
O 51	obligation consolidée	consolidated obligation	консолидированное обязательство
O 52	obligation de conversion	redemption bond	облигация, в которую конвертируются облигации старого займа
O 53	obligation convertible	convertible bond	конвертируемая облигация
O 54	obligation convertible en action, OCA	bond [debenture] convertible into equity	облигация, конвертируемая в акцию
O 55	obligation convertible en action avec option de change	bond [debenture] convertible into equity with a currency option	облигация, конвертируемая в акцию с валютным опционом
O 56	obligation cotée AAA	AAA bond	первоклассная облигация, облигация с рейтингом AAA
O 57	obligation de coter	obligation to quote	обязательство предоставлять котировку
O 58	obligation à court terme	short-term liability	краткосрочное обязательство
O 59	obligation cumulative	accumulation bond	кумулятивная облигация
O 60	obligation sans date d'échéance	undated bond	бессрочная облигация
O 61	obligation à la dette	debenture, liability	долговое обязательство
O 62	obligation de deuxième catégorie	corporate bond	облигация, выпущенная организацией частного сектора
O 63	obligation de deuxième hypothèque	second [general] mortgage bond	обязательство по второй ипотеке
O 64	obligation de deuxième rang	junior bond	«младшая» облигация
O 65	obligation échangeable	convertible bond	конвертируемая облигация
O 66	obligation échangeable contre action	convertible bond, bond convertible into equity	облигация с правом обмена на акцию
O 67	obligation à échéance fixée	fixed maturity bond	облигация с фиксированным сроком погашения
O 68	obligation à échéance prorogeable [à échéance reportable]	deferrable [extendable] bond	облигация с возможностью продления срока погашения
O 69	obligation échue	matured bond	облигация, срок погашения которой наступил
O 70	obligation émise au pair	parity bond	облигация, выпущенная по номиналу
O 71	obligation encaissable par anticipation	retractable bond	облигация с правом досрочного погашения
O 72	obligation d'encaissement par anticipation	retraction obligation	обязательство выкупить досрочно
O 73	obligation endossée	assumed bond	принятое обязательство
O 74	obligation à escompte	discount(ed) bond	облигация по курсу ниже номинала
O 75	obligation à escompte important	deep discount bond	облигация с высоким дисконтом
O 76	obligation étrangère	foreign bond	иностранная облигация
O 77	obligation exempte d'impôt	tax-exempt bond	облигация, не облагаемая налогом
O 78	obligation exigible	matured bond	облигация, срок погашения которой наступил

O

O 79	obligation de faible importance	baby-bond	облигация мелкого номинала, облигация с номиналом меньше стандартного
O 80	obligation foncière	debenture secured on landed property	ипотечная облигация
O 81	obligation fondamentale	underlying obligation	основное обязательство *(в отличие от вексельного)*
O 82	obligation à fonds d'amortissement	sinking fund bond	облигация, выпускаемая при условии регулярного внесения эмитентом определённых сумм в фонд погашения займа
O 83	obligation fractionnée	split bond	раздробленная облигация
O 84	obligation (de) garantie	guarantee [guaranteed, secured] bond	облигация с обеспечением, обеспеченная облигация
O 85	obligation garantie par nantissement de titres	collateral trust bond	облигация, обеспеченная ценными бумагами
O 86	obligation hypothécaire	mortgage bond	ипотечная облигация
O 87	obligation indexée	indexed [index-linked] bond	индексированная облигация
O 88	obligation individualisée	specific bond	определённая облигация
O 89	obligation à intérêt	interest-bearing bond	процентная облигация
O 90	obligation sans intérêt	noninterest-bearing bond	беспроцентная облигация
O 91	obligation à intérêt conditionnel	income bond	доходная облигация *(облигация с переменным процентом, зависящим от прибыли компании)*
O 92	obligation à intérêt consolidée	consolidated interest-bearing bond	консолидированная процентная облигация
O 93	obligation à intérêt croissant	growing interest rate bond	облигация с растущей процентной ставкой
O 94	obligation à intérêt variable	income bond	доходная облигация *(облигация с переменным процентом, зависящим от прибыли компании)*
O 95	obligation à intérêts composés	compound interest bond	облигация со сложными процентами
O 96	obligation légale	legal obligation	правовое обязательство
O 97	obligation à libération échelonnée	bond paid up by installments	постепенно погашаемая облигация
O 98	obligation livrable la moins chère, OLLMC	the cheapest bond to deliver	наименее дорогая облигация к поставке *(подлежащая поставке по срочному контракту)*
O 99	obligation à long terme	long-term bond	долгосрочная облигация
O 100	obligation à lots	lottery [premium, prize] bond	выигрышная облигация
O 101	obligation à moyen terme	medium-term bond	среднесрочная облигация
O 102	obligation à nominal décroissant	bond paid up by installments	постепенно погашаемая облигация
O 103	obligation nominative	registered bond	именная облигация
O 104	obligation non amortissable	unredeemable [irredeemable] bond	невыкупаемая [непогашаемая] облигация
O 105	obligation non convertible	nonconvertible bond	неконвертируемая облигация
O 106	obligation non émise	unissued bond	невыпущенная облигация
O 107	obligation non garantie	simple [naked] debenture, unsecured [unguaranteed] bond	необеспеченная облигация
O 108	obligation non négociable	nonnegotiable bond	необращающаяся облигация

O

O 109	obligation non rachetable [non remboursable]	noncallable bond	облигация без права досрочного погашения
O 110	obligation non souscrite	unissued bond	невыпущенная облигация
O 111	obligation à option	option bond	облигация с опционом
O 112	obligation à option de change	currency option bond	облигация с валютным опционом
O 113	obligation or	gold-backed bond	облигация, обеспеченная золотом
O 114	obligation ordinaire	simple bond	обычная облигация
O 115	obligation de pacotille	junk bond	«бросовая» облигация (высокодоходная облигация с высоким риском и низким кредитным рейтингом)
O 116	obligation participante	profit-sharing [participating, income] bond	облигация, дающая право на участие в прибылях компании
O 117	obligation à particularités fiscales	bond with a peculiar tax treatment	облигация с особым налоговым режимом
O 118	obligation pécuniaire	pecuniary obligation	денежное обязательство
O 119	obligation perpétuelle	annuity [perpetual] bond	рентная облигация (не имеющая срока погашения и приносящая владельцу процент)
O 120	obligation portant un intérêt	interest-bearing bond	процентная облигация
O 121	obligation au porteur	bearer debenture, coupon bond	облигация на предъявителя
O 122	obligation de premier ordre	AAA bond	первоклассная облигация, облигация с рейтингом AAA
O 123	obligation de premier rang	senior bond, prior-lien debenture	первоочередное обязательство
O 124	obligation de première catégorie	public sector bond	облигация, выпущенная организацией государственного сектора
O 125	obligation de première hypothèque	first mortgage bond	обязательства по первой ипотеке
O 126	obligation à prime(s)	bond with redemption premium above par, premium bond	облигация с премией при погашении
O 127	obligation principale	principal obligation	основное обязательство
O 128	obligation privilégiée	priority bond	привилегированная облигация (напр. процент по ней выплачивается до выплаты процента прочим кредиторам или с преимущественными правами на получение компенсации при ликвидации компании)
O 129	obligation prolongeable [prorogeable]	deferrable [extendable] bond	облигация с возможностью продления срока погашения
O 130	obligation pure et simple	simple obligation	простое обязательство (с неустановленным сроком исполнения)
O 131	obligation de rachat	obligation of redemption (shares)	обязательство по выкупу (акций)
O 132	obligation rachetable	redeemable [callable] bond	облигация с правом досрочного погашения
O 133	obligation réciproque de cotation	mutual obligation to provide quotations	взаимное обязательство давать котировку

O

O 134	obligation remboursable	redeemable [callable] bond	облигация с правом досрочного погашения
O 135	obligation remboursée	redeemed bond	погашенная облигация
O 136	obligation de remboursement	obligation of redemption *(of bonds)*	обязательство по погашению *(облигаций)*
O 137	obligation à revenu fixe	fixed-yield debenture [bond]	облигация с фиксированным доходом
O 138	obligation à revenu variable	income bond	доходная облигация *(облигация с переменным процентом, зависящим от прибыли компании)*
O 139	obligation à risque élevé	junk bond	«бросовая» облигация *(высокодоходная облигация с высоким риском и низким кредитным рейтингом)*
O 140	obligation «samouraï»	Samurai bond	облигация «Самурай» *(выпущенная в иенах на японском рынке нерезидентами)*
O 141	obligation du secteur privé	corporate bond	облигация частного сектора
O 142	obligation solidaire	joint and several liability	солидарное обязательство
O 143	obligation sortie au tirage	drawn bond	облигация, вышедшая в тираж
O 144	obligation à la souche	unissued bond	невыпущенная облигация
O 145	obligation de soumission	tender bond	гарантия подачи заявки на торгах
O 146	obligation spéculative	junk bond	«бросовая» облигация *(высокодоходная облигация с высоким риском и низким кредитным рейтингом)*
O 147	obligation à taux fixe	fixed-rate bond	облигация с фиксированной ставкой
O 148	obligation à taux flottant	floating-rate bond	облигация с плавающей ставкой
O 149	obligation à taux glissant	rolling-rate bond	облигация со скользящей ставкой
O 150	obligation à taux progressif	deferred bond, graduate-interest debenture	облигация с прогрессивной ставкой
O 151	obligation à taux révisable	index-linked bond	облигация с пересматриваемой ставкой
O 152	obligation à taux variable	floating-rate bond	облигация с плавающей ставкой
O 153	obligation à terme	fixed-term liability	срочное обязательство
O 154	obligation à warrant [warrantée]	warrant bond	облигация с варрантом
O 155	obligation «yankee»	Yankee bond	облигация «Янки» *(выпущенная в долларах на американском рынке нерезидентами)*
O 156	obligation-phare *f*	benchmark bond	облигация-ориентир
O 157	obligations *f pl*	1. obligations, commitments, liabilities 2. bonds, debentures 3. duties	1. обязательства 2. облигации 3. обязанности
O 158	acheter des obligations	to buy bonds	покупать облигации
O 159	amortir des obligations	to redeem bonds	погашать [выкупать] облигации

O

O 160	appeler des obligations au remboursement	to call bonds for repayment	объявлять о погашении облигаций
O 161	convertir des obligations	to convert bonds	конвертировать облигации
O 162	émettre (dans le public) des obligations	to issue [to float] bonds	выпускать облигации
O 163	exécuter ses obligations	to meet [to fulfill] one's obligations	выполнять свои обязательства
O 164	racheter [rembourser] des obligations	to redeem bonds	погашать [выкупать] облигации
O 165	rembourser des obligations par anticipation	to call bonds before maturity	производить досрочное погашение облигаций
O 166	rembourser des obligations en totalité	to redeem all the bonds	погашать все облигации
O 167	rembourser des obligations par tranches régulières	to redeem bonds by installments	погашать облигационный заём равными частями
O 168	rembourser au pair des obligations	to redeem bonds at par	погашать облигации по номиналу
O 169	s'acquitter des obligations	to meet [to fulfill] obligations	выполнять обязательства
O 170	se soustraire aux obligations	to withdraw from obligations	уклоняться от выполнения обязательств
O 171	ventiler des obligations	to allocate bonds	распределять облигации
O 172	obligations achetées à réméré	bonds bought under a repurchase agreement	облигации, купленные в рамках соглашения о покупке с последующем выкупом
O 173	obligations admises à la cotation officielle	listed bonds	облигации, допущенные к официальной котировке
O 174	obligations anciennes	old bonds	старые облигации
O 175	obligations associées à des actions	bonds with share option, bonds with subscription warrant	облигации, конвертируемые в акции
O 176	obligations assorties d'une garantie de l'État	state-guaranteed bonds	облигации, гарантированные государством
O 177	obligations de caisse	medium-term bank bonds	среднесрочные банковские облигации
O 178	obligations à caractère d'action	sharelike bonds	облигации, имеющие некоторые черты акций
O 179	obligations classiques à taux fixe	classic fixed-rate bonds	классические облигации с фиксированной ставкой
O 180	obligations cotées en bourse	listed bonds	облигации, допущенные к котировке
O 181	obligations cotées en pourcentage	bonds quoted in percentage points	дисконтируемые облигации (котирующиеся в процентах к номиналу)
O 182	obligations à coupon détaché	ex coupon bonds	облигации с погашенным купоном
O 183	obligations à coupon différé	deferred coupon bonds	облигации с отсрочкой выплаты по купону
O 184	obligations à coupon unique	single-coupon bonds	облигации с единственным купоном
O 185	obligations à coupon zéro	zero coupon bonds	облигации с нулевым купоном
O 186	obligations à coupons	coupon bonds	облигации с купонами
O 187	obligations sans coupons	bonds without coupons	облигации без купонов
O 188	obligations démembrées	stripped bonds	«расчленённые» облигации (купоны и основная сумма могут обращаться отдельно)

O

O 189	obligations échues à rembourser	matured bonds to be redeemed	облигации, вышедшие в тираж
O 190	obligations d'emprunt	bonds	облигации
O 191	obligations d'État	government [state] bonds, tap stock	государственные облигации
O 192	obligations à faible taux d'intérêt	low-interest bonds	облигации с низкой процентной ставкой
O 193	obligations financières	financial obligations	финансовые обязательства
O 194	obligations à haut risque	junk bonds	«бросовые» облигации (высокодоходные облигации с высоким риском и низким кредитным рейтингом)
O 195	obligations hautement rentables	high-yield bonds	высокодоходные облигации
O 196	obligations indexées sur le taux moyen des Emprunts d'État, TME	TME-linked bonds, bonds indexed on the average government loan rate	облигации, индексированные на среднюю ставку по государственным займам
O 197	obligations munies de certificats d'option	option bonds	облигации с опционом
O 198	obligations en portefeuille	portfolio bonds	облигации в портфеле, портфельные облигации
O 199	obligations privées	corporate bonds	облигации, выпущенные организацией частного сектора
O 200	obligations professionnelles des comptables	professional duties of accountants	профессиональные обязанности бухгалтеров
O 201	obligations publiques	government [state] bonds, tap stock	государственные облигации
O 202	obligations renouvelables du Trésor, ORT	renewable treasury bonds	возобновляемые облигации казначейства
O 203	obligations, strictes	strict obligations	строгие обязательства
O 204	obligations subordonnées	subordinated bonds	субординированные облигации (облигации с более низким статусом по сравнению с другими обязательствами эмитента)
O 205	obligations «taureaux et ours»	Bull and Bear bonds	облигации «быки и медведи» (выпускаемые двумя траншами, индексированными относительно фондового рынка, один из которых выгоден при падении курса, другой - при его росте, что даёт защиту от колебания курса)
O 206	obligations à taux révisables indexeés sur les bons du Trésor, TRB	bonds indexed on the treasury bill index	облигации с пересматриваемой ставкой, индексированные на индекс бон казначейства
O 207	obligations à taux révisables indexées sur le Pibor	PIBOR-linked bonds	облигации с пересматриваемой ставкой, индексированные на ПИБОР
O 208	obligations envers les tiers	obligations to third parties	обязательства в отношении третьих лиц
O 209	obligations à tranches de maturités différentes	bonds with tranches of different maturity	облигации, выпущенные траншами с разным сроком погашения

O

O 210	obligations du Trésor	treasury bonds	облигации казначейства
O 211	obligations zéro coupon	zero-coupon bonds	облигации с нулевым купоном
O 212	obligé m	oblig(at)or, debtor	должник, дебитор
O 213	observation f des règles de comptabilité	observance of accounting rules	соблюдение правил учёта и отчётности
O 214	obstacles m pl	obstacles, hurdles, impediments	препятствия, ограничения
O 215	écarter des obstacles	to overcome obstacles	преодолевать препятствия
O 216	lever des obstacles	to remove [to eliminate] obstacles	устранять препятствия
O 217	mettre des obstacles	to hinder, to hamper, to create obstacles	чинить препятствия, препятствовать
O 218	obstacles financiers	financial barriers	финансовые ограничения
O 219	obstacles aux mouvements de capitaux	obstacles to circulation of capital	ограничения для движения капиталов
O 220	obtention f	obtaining, gaining, getting, securing	получение, приобретение
O 221	obtention d'une carte professionnelle	getting of a (broker's) certificate	получение (брокерского) сертификата
O 222	obtention du contrôle d'une société	gaining of control over the company; takeover	получение контроля над компанией, приобретение контрольного пакета акций компании
O 223	obtention de cotations directes	obtaining of direct quotes	получение прямых котировок
O 224	obtention de crédits	obtaining of loans	получение кредитов
O 225	obtention de gains maximaux	obtaining of maximum gains	извлечение максимальной прибыли
O 226	obtention de prêts	obtaining of loans	получение ссуд
O 227	obtention de résultats	getting results	получение результатов
O 228	obtention de tirages	obtaining of drafts	получение векселей
O 229	obtention du visa de la COB	obtaining of the COB [Securities and Exchange Commission] visa	получение разрешения Комиссии по биржевым операциям
O 230	occasion f	1. opportunity 2. secondary [resale] market	1. возможность 2. вторичный рынок ценных бумаг
O 231	occasion d'investir	investment opportunity	инвестиционная возможность
O 232	octroi m	granting, grant, awarding	предоставление, выдача
O 233	octroi d'argent frais	granting of fresh money	предоставление новых кредитов
O 234	octroi d'une assurance	issue of an insurance (policy)	выдача страхового полиса
O 235	octroi d'une autorisation d'escompte	granting of a discount authorization	выдача разрешения на проведение учётных операций
O 236	octroi d'autorisations	granting of authorizations	выдача разрешений
O 237	octroi d'avances	granting of loans	предоставление ссуд
O 238	octroi de bonifications d'intérêt	granting of preferential interest rates	предоставление кредитов по льготным ставкам
O 239	octroi des concours bancaires	granting of bank loans	предоставление банковских кредитов
O 240	octroi de [d'un] crédit	granting of credit	предоставление кредита
O 241	octroi de crédits à taux variables	granting of loans with variable interest rates	предоставление кредитов с плавающими ставками
O 242	octroi d'un délai de paiement	(granting of a) postponement of payment	предоставление отсрочки платежа
O 243	octroi de devises	granting of foreign exchange	выдача валюты

O

O 244	octroi de facilités de crédit	granting of credit facilities	предоставление льготных условий кредитования
O 245	octroi de moyens de financement	granting of funds	предоставление средств, финансирование
O 246	octroi d'un prêt	granting of a loan	предоставление ссуды
O 247	octroi de prêts d'investissement	granting of investment loans	предоставление инвестиционных кредитов
O 248	octroi de rallonges	granting of additional funds	предоставление дополнительных средств
O 249	octroi de subventions	granting of subsidies	предоставление субсидий, субсидирование
O 250	octroyer	to grant, to award	предоставлять
O 251	offert	offered	предложенный
O 252	office *m*	agency, office	ведомство, управление; бюро, контора; агенство
O 253	office de change	bureau de change, exchange office	обменная [менялыная] контора, пункт по обмену валюты
O 254	office clearing [de compensation]	clearing office	клиринговая контора
O 255	office de courtiers	broker, broker firm, brokerage house	брокерская [посредническая] контора
O 256	office de dépôt	depository	депозитарий
O 257	office des devises	bureau de change, exchange office	обменная [менялыная] контора, пункт по обмену валюты
O 258	office d'intermédiaire	broker, broker firm	брокерская [посредническая] контора
O 259	office de souscription	subscription office	агенство по подписке *(на ценные бумаги)*
O 260	office de surveillance	supervisory agency	контрольный орган
O 261	Office *m* des changes	Foreign Exchange Office	Валютное управление *(орган по надзору за операциями с валютой)*
O 262	offrant *m*	bidder	оферент, лицо, делающее предложение *или* подающее заявку на торгах
O 263	au plus offrant	to the highest bidder	по наивысшей предложенной цене
O 264	offre *f*	1. offer 2. tender 3. bid 4. supply	1. предложение, оферта 2. предложение, заявка *(на торгах)* 3. предложение цены *(покупателем)* 4. предложение
O 265	offre abondante de titres	abundant supply of securities	избыточное предложение ценных бумаг
O 266	offre acceptable	acceptable offer	приемлемое предложение; оферта, подлежащая акцепту
O 267	offre d'achat	offer to buy	предложение о покупке *(ценных бумаг)*
O 268	offre d'actifs immobiliers et fonciers	supply of property	предложение недвижимости
O 269	offre d'actions nouvelles	initial public offering, IPO, initial offer for sale	предложение новых акций
O 270	offre de capitaux	supply of capital	предложение капитала
O 271	offre au comptant	cash bid	предложение за наличные

O

O 272	offre de crédits au logement	supply of mortgages	предложение ипотечных кредитов
O 273	offre et demande	supply and demand	спрос и предложение
O 274	offre et demande de monnaies	supply of and demand for currencies	спрос и предложение на валюту
O 275	offre, dernière	closing [last] bid	последнее предложение, предложение при закрытии
O 276	offre de fonds prêtables	supply of loanable funds	предложение кредитных ресурсов
O 277	offre de monnaie	money supply	денежная масса
O 278	offre, première	opening [original] bid	первое [первоначальное] предложение, предложение при открытии
O 279	offre de prise en pension de titres	offer to take securities in pawn	предложение о принятии ценных бумаг в залог
O 280	offre publique d'achat, OPA	takeover bid	публичное предложение о покупке *(контрольного пакета акций компании)*, поглощение
O 281	déclencher [lancer] une OPA	to launch a takeover bid	сделать публичное предложение о покупке
O 282	offre publique d'achat amicale	friendly takeover bid	дружественное поглощение *(по соглашению с руководством компании или её главными акционерами)*
O 283	offre publique d'achat hostile [inamicale]	hostile takeover bid	враждебное поглощение *(против воли руководства компании или её главных акционеров)*
O 284	offre publique d'échange, OPE	public offer of exchange	публичное предложение об обмене *(акций предлагающей компании на акции поглощаемой)*
O 285	offre publique de rachat	issuer bid	публичное предложение о выкупе акций *(руководством компании или ведущими акционерами)*
O 286	offre publique de vente, OPV	public offer of sale	публичное предложение о продаже *(контрольного пакета акций компании)*
O 287	offre de rouverture du capital de société	offer to open up the capital of a company	предложение об открытии капитала компании для широкой публики
O 288	offre de services bancaires	supply of banking services	предложение банковских услуг
O 289	offre de souscription	subscription offer	предложение о подписке *(на ценные бумаги)*
O 290	offre supplémentaire de titres	additional issue of securities	дополнительный выпуск ценных бумаг
O 291	offre de titres	supply of securities	предложение ценных бумаг
O 292	offre de vente	offer of sale	предложение о продаже *(ценных бумаг)*
O 293	offre de vente avec prime	offer of sale at a premium	предложение о продаже с премией
O 294	offreurs *m pl*	sellers, providers	продавцы, поставщики
O 295	offreurs de capitaux	providers of capital	поставщики капиталов
O 296	offreurs de titres	securities sellers	продавцы ценных бумаг

O

O 297	offshore	offshore	офшорный
O 298	offshore *f* de complaisance	offshore company, offshore bank	офшорная компания, офшорный банк *(в стране с низким налогообложением)*
O 299	oisif	idle *(capital)*	праздный *(о капитале)*
O 300	oligarchie *f* financière	financial oligarchy	финансовая олигархия
O 301	once *f*	ounce	унция
O 302	once d'or	ounce of gold	унция золота
O 303	once troy	troy ounce	тройская унция
O 304	once troy d'or pur	troy ounce of pure gold	тройская унция чистого золота
O 305	**OPCVM** *m pl*, **Organismes de placement collectif en valeurs mobilières**	undertakings for collective investment in transferable securities, open-end investment companies and mutual funds	организации [институты] коллективного инвестирования в ценные бумаги, инвестиционные компании открытого типа и паевые инвестиционные фонды
O 306	**OPCVM court terme**	short-term open-end investment companies and mutual funds	инвестиционные компании открытого типа и паевые инвестиционные фонды, ориентированные на краткосрочные ценные бумаги
O 307	**OPCVM à gestion discrétionnaire**	open-end investment companies and mutual funds with a discretionary management	инвестиционные компании открытого типа и паевые инвестиционные фонды, не подверженные строгому контролю
O 308	**OPCVM à gestion dite sous contrainte**	tightly supervised open-end investment companies and mutual funds	инвестиционные компании открытого типа и паевые инвестиционные фонды, строго контролируемые органами надзора
O 309	**OPCVM obligataires**	bond open-end investment companies and mutual funds	инвестиционные компании открытого типа и паевые инвестиционные фонды, ориентированные на облигации
O 310	**OPCVM spécialisés**	specialized open-end investment companies and mutual funds	специализированные инвестиционные компании открытого типа и паевые инвестиционные фонды
O 311	opéable	raidable, which can be object of the takeover	поглощаемый *(о компании)*
O 312	opérateur *m*	trader, operator, dealer	участник рынка, оператор, дилер
O 313	opérateur anonyme	anonymous operator	анонимный участник рынка
O 314	opérateur à la baisse	bear	«медведь» *(спекулянт, играющий на понижение)*, понижатель
O 315	opérateur en bourse [boursier]	stock exchange trader [dealer, operator]	биржевой дилер
O 316	opérateur sur les changes	foreign exchange dealer	валютный дилер, камбист
O 317	opérateur de compensation	countertrader	партнёр, противная сторона в биржевой операции
O 318	opérateur à court terme	short-term operator	дилер по краткосрочным операциям

O

O 319	**opérateur de couverture**	hedger	дилер, осуществляющий хеджирование
O 320	**opérateur étranger**	foreign operator	иностранный участник рынка
O 321	**opérateur à la hausse**	bull	«бык» *(спекулянт, играющий на повышение)*, повышатель
O 322	**opérateur à long terme**	long-term operator	дилер по долгосрочным операциям
O 323	**opérateur sur le marché monétaire**	money market trader	участник денежного рынка *(рынка краткосрочных капиталов)*
O 324	**opérateur au Matif**	MATIF trader	участник МАТИФ
O 325	**opérateur monétaire**	money market trader	участник денежного рынка *(рынка краткосрочных капиталов)*
O 326	**opérateur public**	public auditor	внешний аудитор
O 327	**opérateur réalisant une couverture**	hedger	дилер, осуществляющий хеджирование
O 328	**opérateur scalpant les cours en permanence**	scalper	«скальпер» *(дилер, открывающий и закрывающий позицию в течение дня)*
O 329	**opérateur spéculant à la hausse**	bull	«бык» *(спекулянт, играющий на повышение)*, повышатель
O 330	**opérateurs** *m pl*	traders, operators, dealers	участники рынка, операторы, дилеры
O 331	**opérateurs des banques**	bank traders	банковские дилеры
O 332	**opérateurs du contrat sur emprunt notionnel**	dealers in the notional contracts	дилеры, специализирующиеся на ноционном контракте
O 333	**opérateurs à découvert**	position taking dealers	дилеры, открывающие позиции за свой счёт
O 334	**opérateurs extérieurs**	external operators	внешние участники рынка
O 335	**opérateurs financiers**	financial operators	финансовые учреждения — участники рынка
O 336	**opérateurs du front-office**	front-office operators, traders, dealers	работники «фронт-офиса» *(дилеры, непосредственно заключающие сделки)*
O 337	**opérateurs sur graphiques**	chartists	чартисты
O 338	**opérateurs habituels**	usual traders	обычные [традиционные] участники рынка
O 339	**opérateurs industriels**	industrial operators	промышленные компании — участницы рынка
O 340	**opérateurs internationaux**	international operators	международные участники рынка
O 341	**opérateurs de marché**	traders, market operators, market participants	участники рынка, операторы, дилеры
O 342	**opérateurs occasionnels**	occasional operators	случайные участники рынка
O 343	**opérateurs principaux du marché, OPM**	Principal Market Operators *(financial institutions officially appointed and used by Bank of France for certain interventions)*	главные участники рынка *(финансовые учреждения, официально назначенные Банком Франции и использующиеся им для проведения некоторых видов интервенций)*
O 344	**opérateurs professionnels**	professional traders	участники рынка, операторы, дилеры
O 345	**opération** *f*	transaction, deal, operation	операция, сделка, трансакция

O

O 346	dénouer l'opération le jour de l'échéance	to settle the transaction on the due date	урегулировать операцию по наступлении срока исполнения
O 347	effectuer une opération	to make [to carry out, to close, to conclude] a transaction	осуществлять [проводить] сделку, проводить операцию
O 348	réaliser une opération directement sur le marché	to carry out a transaction directly in the market	проводить операцию непосредственно на бирже
O 349	opération d'achat	purchase	покупка
O 350	opération aller-retour	round trip (trade), round turn (trade)	покупка ценной бумаги или финансового инструмента со скорой перепродажей
O 351	opération d'appel public à l'épargne	public issue	операция по выпуску ценных бумаг на рынок
O 352	opération d'arbitrage	arbitrage transaction	арбитражная операция
O 353	opération à la baisse	bear transaction	игра на понижение
O 354	opération bancaire [de banque]	bank operation [transaction]	банковская операция
O 355	opération blanche	breakeven transaction	бесприбыльная операция
O 356	opération de bourse [boursière]	stock market transaction [deal, operation]	биржевая операция
O 357	opération de [par] caisse	cash transaction	кассовая операция, сделка за наличные [за наличный расчёт]
O 358	opération cambiste	exchange transaction	валютная операция
O 359	opération sur carte de crédit	credit card transaction	операция с использованием кредитной карточки
O 360	opération de change	exchange transaction	валютная операция
O 361	opération de change au comptant	spot exchange transaction, exchange for spot delivery	наличная валютная операция, валютная сделка спот [с немедленной поставкой]
O 362	opération de change de devises	exchange transaction	валютная операция
O 363	opération de change sur la monnaie rare	exotic currency transaction	операция с редкой валютой
O 364	opération de change non autorisée	unauthorized exchange transaction	незаконная валютная операция
O 365	opération de change scripturale	cashless exchange transaction	безналичная валютная операция
O 366	opération de change simultanée	currency swap	валютный своп
O 367	opération de change «spot»	spot exchange transaction, exchange for spot delivery	наличная валютная операция, валютная сделка спот [с немедленной поставкой]
O 368	opération de change à terme	forward exchange transaction	срочная валютная сделка
O 369	opération à cheval	straddle	двойной опцион (покупателя), стрэдл
O 370	opération avec le client	client transaction	клиентская операция, сделка с клиентом
O 371	opération de compensation	compensation [offsetting] transaction, clearing transaction	зачётная [клиринговая] операция
O 372	opération de compensation entre banques	inter-bank clearing transaction	межбанковский клиринг
O 373	opération compensatrice	compensation [offsetting] transaction, clearing transaction	зачётная [клиринговая] операция
O 374	opération comptable	accounting transaction	бухгалтерская операция; проводка

O

O 375	**opération au comptant**	1. spot transaction 2. cash transaction	1. сделка спот 2. кассовая операция, сделка за наличные [за наличный расчёт]
O 376	**opération par compte**	accounting transaction	бухгалтерская операция; проводка
O 377	**opération sur compte de dépôt**	deposit account transaction	операция с депозитным счётом
O 378	**opération confirmée**	confirmed transaction	подтверждённая операция
O 379	**opération de contraction monétaire**	credit squeeze	мера, направленная на ужесточение кредитной политики
O 380	**opération de contrepartie**	buyback transaction	обратная сделка
O 381	**opération courante de banque**	current bank transaction	текущая банковская операция
O 382	**opération à court terme**	short-term operation	краткосрочная операция
O 383	**opération de couverture**	hedging	хеджирование, страхование
O 384	**opération de couverture des risques de change**	hedging of exchange risks	страхование от валютных рисков
O 385	**opération de couverture à terme**	forward covering	хеджирование срочных рисков
O 386	**opération croisée sur les dépôts à terme**	term deposit swap transaction	операция своп по срочным депозитам
O 387	**opération à découvert**	bear transaction	игра на понижение
O 388	**opération de déport**	backwardation transaction	депортная операция
O 389	**opération de dépôt**	deposit (transaction)	депозитная операция
O 390	**opération de désinvestissement**	disinvestment operation	операция по деинвестированию
O 391	**opération documentaire**	documentary transaction	кредитно-расчётная операция
O 392	**opération en dollars**	dollar transaction	долларовая операция
O 393	**opération à [sur] double option**	option to double, straddle	двойной опцион (покупателя), стрэдл
O 394	**opération de ducroire**	del credere operation	операция делькредере
O 395	**opération d'emprunt**	loan transaction	заём
O 396	**opération d'encaissement**	collection operation	инкассовая операция
O 397	**opération d'escompte**	discount operation	учётная операция
O 398	**opération sur l'étranger**	foreign operation	заграничная операция
O 399	**opération à faculté double**	option to double, call or put of more	операция с двойным опционом
O 400	**opération fictive**	fictitious operation	фиктивная операция
O 401	**opération fiduciaire**	trust operation	трастовая [фидуциарная] операция
O 402	**opération de financement**	financing deal; funding activity	операция по финансированию; деятельность по привлечению средств (в банке)
O 403	**opération de futures sur devises**	currency futures transaction	операция с валютными фьючерсами
O 404	**opération gagnante**	winning transaction	выигрышная сделка, прибыльная операция
O 405	**opération de garantie de taux**	rate guarantee operation *(cap or floor)*	гарантия процентной ставки («кэп» или «флор»)
O 406	**opération à la hausse**	bull transaction	игра на повышение
O 407	**opération hedging**	hedging	хеджирование
O 408	**opération immobilière**	property [real estate] transaction	операция с недвижимостью
O 409	**opération initiale**	initial transaction	первоначальная операция

O 410	opération d'intervention	intervention operation	интервенция (на рынке)
O 411	opération inverse	reverse trade	обратная операция, обратная сделка
O 412	opération de liquidation	deal for the settlement	операция ликвидационного [расчётного] периода, ликвидация *(на бирже)*
O 413	opération sur le marché libre	open market transaction	операция на открытом рынке
O 414	opération sur marge	margin transaction	операция по покупке ценных бумаг в кредит по маржинальному счёту у брокера
O 415	opération mixte	spread	спред
O 416	opération mixte à la baisse [mixte baissière]	bear(ish) spread	«медвежий» спред *(опционная стратегия использования падения конъюнктуры)*
O 417	opération mixte diagonale	diagonal spread	диагональный спред *(опционная стратегия, заключающаяся в одновременной покупке и продаже одинакового числа опционов одного класса по разным ценам и с разными сроками)*
O 418	opération mixte diagonale à la baisse	diagonal bear spread	диагональный «медвежий» спред
O 419	opération mixte diagonale à la hausse	diagonal bull spread	диагональный спред «быков»
O 420	opération mixte diagonale sur options d'achat	diagonal call spread	диагональный спред колл
O 421	opération mixte à la hausse [haussière]	bull spread, bullish spread	спред «быков» *(опционная стратегия использования подъёма конъюнктуры)*
O 422	opération mixte horizontale	horizontal spread	горизонтальный спред *(опционная стратегия, заключающаяся в одновременной покупке и продаже одинакового числа опционов одного класса по одинаковым ценам, но с разными сроками)*
O 423	opération mixte sur options d'achat	call spread	спред колл *(на опцион покупки)*
O 424	opération mixte sur options de vente	put spread	спред пут *(на опцион продажи)*
O 425	opération mixte du papillon	butterfly spread	спред «бабочка» *(опционная стратегия при постоянной или уменьшающейся неустойчивости цен)*
O 426	opération mixte symétrique	box spread	спред «коробка» *(комбинация двух вертикальных спредов)*
O 427	opération mixte verticale à la hausse	vertical bullish spread	вертикальный спред «быков»
O 428	opération mixte verticale sur options d'achat	vertical call spread	вертикальный спред колл
O 429	opération mixte verticale sur options de vente	vertical put spread	вертикальный спред пут
O 430	opération de paiement	payment operation	платёжная операция

O

O 431	opération de paiement électronique	electronic payment transaction	электронная платёжная операция
O 432	opération de portefeuille	portfolio operation	портфельная операция
O 433	opération à prime	option dealing [trading]	сделка с премией, опционная сделка
O 434	opération réalisable	feasible [realizable] operation	выполнимая операция
O 435	opération réalisée	realized operation	выполненная операция, осуществлённая сделка
O 436	opération de recouvrement	collection operation	инкассовая операция
O 437	opération de règlement	settlement operation	расчётная операция
O 438	opération à règlement mensuel	deal for the settlement	срочная сделка с расчётом в конце месяца
O 439	opération de remise en ordre des cours	price adjustment operation	операция по корректировке курсов
O 440	opération de report	contango transaction	репортная операция
O 441	opération de stellage	options trading	стеллажная операция
O 442	opération syndicataire	syndicated transaction	синдицированная сделка
O 443	opération sur taux d'intérêt	interest rate transaction	операция с процентными ставками
O 444	opération temporaire	temporary transaction	временная операция
O 445	opération à terme	forward transaction, dealing for the account	срочная операция [сделка]
O 446	opération à terme sur actions	share forward transaction	срочная сделка с акциями
O 447	opération à terme conditionnel	conditional forward transaction	условная срочная сделка
O 448	opération à terme en devises	currency forward transaction	срочная валютная сделка
O 449	opération à terme ferme	firm forward transaction	твёрдая срочная сделка
O 450	opération à terme pour la fin du mois courant	transaction for the monthly settlement	срочная сделка с расчётом в конце текущего месяца
O 451	opération à terme sec	firm forward transaction	твёрдая срочная сделка
O 452	opération terme/terme [de terme contre terme]	forward forward transaction	сделка форвард/форвард
O 453	opération de trésorerie	cash operation [transaction]	кассовая операция
O 454	opération de versement	placing [passing, entering] to an account	приходная операция, зачисление денег (на счёт)
O 455	opérations f pl	operations, transactions	операции, сделки
O 456	opérations d'achat et de vente de devises	purchase and sale of currency	купля-продажа валюты
O 457	opérations d'acquisition et de fusion	mergers and acquisitions	слияния и поглощения
O 458	opérations sur actions	share transactions	операции с акциями
O 459	opérations actives	active operations	активные операции
O 460	opérations avec les agents non bancaires	transactions with non-bank operators	операции с небанковскими агентами
O 461	opérations d'arbitrage	arbitrage transactions	арбитражные операции
O 462	opérations assignables	assignable transactions	уступаемые операции
O 463	opérations d'assurance-crédit	credit insurance transactions	операции по страхованию кредитов
O 464	opérations d'audit externe d'entreprise	external audit	внешний аудит
O 465	opérations d'avances	credit transactions	кредитные операции
O 466	opérations bancaires	bank operations	банковские операции
O 467	opérations bancaires étrangères	foreign bank transactions	заграничные банковские операции

O 468	opérations bancaires en eurodevises	Eurocurrency bank transactions	банковские операции в евровалютах
O 469	opérations bancaires financières et commerciales internationales	international finance and trade bank operations	международные торгово-финансовые операции
O 470	opérations bancaires internationales	international bank operations	международные банковские операции
O 471	opérations d'une banque de standing indiscuté	operations of a first rate bank	операции первоклассного банка
O 472	opérations hors bilan	off-balance sheet transactions	забалансовые операции
O 473	opérations en blanc	blank transactions	бланковые операции
O 474	opérations sur blocs d'actions	volume trading	операции с пакетами акций
O 475	opérations hors bourse	off-board operations	внебиржевые операции
O 476	opérations budgétaires	budget transactions	бюджетные операции
O 477	opérations de capital-risque	venture capital operations	операции с венчурным капиталом
O 478	opérations de cession de titres hors marché	over-the-counter trading	внебиржевая продажа ценных бумаг
O 479	opérations par chèques	check transactions	чековые операции
O 480	opérations de clearing	clearing operations	клиринговые операции
O 481	opérations en commission	commission transactions [operations]	комиссионные сделки
O 482	opérations conditionnelles	conditional transactions	условные операции
O 483	opérations consortiales en pool bancaire	bank pool transactions	синдицированные операции банковского пула
O 484	opérations de constitution de «noyaux durs»	creation of hard core of stable shareholders	операции по созданию стабильного ядра постоянных акционеров
O 485	opérations de contreparties	market making	операции по обеспечению рынка, маркет-мейкинг
O 486	opérations de conversion de créances	debt conversion operations	операции по конверсии долговых требований
O 487	opérations courantes	current transactions	текущие операции
O 488	opérations de courtage	broker's operations	брокерские операции
O 489	opérations de crédit	credit operations	кредитные операции
O 490	opérations de crédit à court terme	short-term credit transactions	краткосрочные кредитные операции
O 491	opérations de crédit-bail	leasing operations	лизинговые операции
O 492	opérations croisées	switch order	условное поручение *(поручение брокеру продать ценные бумаги и использовать деньги на покупку других)*
O 493	opérations de dépôts et d'avances	deposit and loan operations	депозитно-ссудные операции
O 494	opérations en [sur] devises	currency [foreign exchange] transactions	валютные операции, операции в (иностранной) валюте
O 495	opérations sur effets publics	public securities transactions	операции с государственными краткосрочными ценными бумагами
O 496	opérations d'émission	issuing operations	эмиссионные операции
O 497	opérations d'emplois	uses of funds	операции по использованию средств
O 498	opérations en espèces	cash transactions	кассовые операции

O

O 499	opérations d'euromonnaies	Eurocurrency transactions	операции с евровалютами
O 500	opérations exécutables	executable transactions	сделки, подлежащие исполнению
O 501	opérations de factoring	factoring transactions	факторинговые операции
O 502	opérations fermes	firm trade	твёрдые сделки
O 503	opérations de financement internationales	international financing transactions	международные операции по финансированию
O 504	opérations financières	financial transactions	финансовые операции
O 505	opérations floor	floors	операции «флор» *(серия опционов, защищающих покупателя от снижения процентной ставки)*
O 506	opérations de FRA	FRA [Forward Rate Agreement] transactions	операции на основе соглашений о будущей процентной ставке
O 507	opérations de fusion et de rachat	mergers and acquisitions	слияния и поглощения
O 508	opérations d'import-export	import and export transactions	импортно-экспортные операции
O 509	opérations d'initiés	insider dealings [trading]	незаконные операции с ценными бумагами на основе конфиденциальной внутренней информации о компании-эмитенте
O 510	opérations interbancaires	interbank transactions	межбанковские операции
O 511	opérations d'introduction au second marché	listing of securities at the second [parallel] market	операции по допуску ценных бумаг на второй рынок
O 512	opérations de joint venture	joint ventures	совместные операции
O 513	opérations de leverage	leverage transactions	операции по привлечению заёмного капитала
O 514	opérations liées	combined deals	комбинированные сделки
O 515	opérations à livrer	transactions for forward delivery, futures	срочные сделки, фьючерсы
O 516	opérations de location avec option d'achat	lease-option agreements	лизинговые операции с правом последующего выкупа арендуемого оборудования
O 517	opérations manuelles	manual transactions	неавтоматизированные операции
O 518	opérations sur le marché hors cote [de marché négociées de gré à gré]	over-the-counter transactions	внебиржевые операции
O 519	opérations sur le marché à règlement mensuel	monthly settlement market transactions	операции на рынке с расчётом в конце месяца
O 520	opérations mobilières	securities dealing	сделки с ценными бумагами
O 521	opérations de mobilisation de créances	assignment [realization] of receivables	операции по рефинансированию долговых обязательств
O 522	opérations non bancaires	non-bank operations	небанковские операции
O 523	opérations non comptabilisées	nonposted transactions	неучтённые операции
O 524	opérations non encore journalisées	transactions not yet journalized	операции, ещё не занесённые в бухгалтерский журнал
O 525	opérations non exemptes de risques	non-risk-free transactions	сделки, не свободные от риска
O 526	opérations en numéraire	cash transactions	кассовые сделки
O 527	opérations sur obligations	bond trading	(биржевые) сделки с облигациями

O

O 528	opérations d'open market	open market operations	операции на открытом рынке
O 529	opérations à [sur] option	options trading	опционные сделки
O 530	opérations à option sur devises	exchange option transactions	опционные валютные сделки
O 531	opérations à option sur taux d'intérêt	interest rate option transactions	операции с процентным опционом
O 532	opérations sur or	gold operations	сделки с золотом
O 533	opérations passives	liability operations	пассивные операции
O 534	opérations de pension	securities pawning	операции по предоставлению ценных бумаг в залог
O 535	opérations peu lucratives	low-profit transactions	низкодоходные операции
O 536	opérations de préinvestissement	pre-investment operations	предварительное инвестирование
O 537	opérations de prêt	loan operations, lending business	ссудные операции
O 538	opérations de pur arbitrage	pure arbitrage operations	чистые арбитражные операции
O 539	opérations réalisées sur Matif	operations carried out in the Paris financial futures market [MATIF]	операции, проводимые на МАТИФ
O 540	opérations de rééchelonnement	rescheduling operations	операции по пересмотру условий погашения займа
O 541	opérations de réescompte	rediscount operations	переучётные операции
O 542	opérations de refinancement	refinancing [refunding] operations	операции по рефинансированию
O 543	opérations de réméré	repurchase agreements	соглашения о продаже и последующем выкупе ценных бумаг
O 544	opérations de remploi à moyen et long terme	medium and long term reinvestment transactions	операции по средне- и краткосрочному реинвестированию
O 545	opérations de répartition	allocation	операции по распределению (дивиденда)
O 546	opérations de RES	management buyouts	выкуп контрольного пакета акций компании её руководством и служащими
O 547	opérations réversibles	reversible transactions	обратимые сделки
O 548	opérations de sécuritisation	securitization	операции по секьюритизации *(переводу долга в форму ценных бумаг)*
O 549	opérations de spéculation	speculation, speculative trading	спекулятивные операции
O 550	opérations de swap	swap transactions	операции своп
O 551	opérations de swap(s) sur taux d'intérêt	interest rate swaps	процентные свопы
O 552	opérations synthétiques	synthetic [mixed] transactions	синтетические [комбинированные] сделки
O 553	opérations à terme sur le marché des changes	forward exchange transactions	срочные операции на валютном рынке
O 554	opérations de tirage	issuing operations	операции по выпуску ценных бумаг
O 555	opérations sur titres	securities transactions	операции с ценными бумагами
O 556	opérations de trading	securities	торговля ценными бумагами и финансовыми инструментами
O 557	opérations traitées par les ordinateurs de compensation	transactions processed by the clearing computer	компьютеризированные клиринговые операции

O

O 558	opérations de transfert	transfer payments	трансфертные платежи
O 559	opérations de transit	transit operations	транзитные [промежуточные] операции
O 560	opérations de trésorerie	cash management operations	операции по управлению наличностью
O 561	opérations unibancaires	operations inside a bank syndicate	операции между банками — членами синдиката
O 562	opérations vingt-quatre heures sur vingt-quatre	24-hour a day operations	круглосуточные операции
O 563	opérations-surveillance f pl des risques	risk monitoring	операции по управлению рисками
O 564	opérer	to operate	осуществлять, проводить (операции, сделки)
O 565	opérer à découvert	to take a short position	открывать короткую позицию
O 566	opérer pour son propre compte	to operate for one's own account	проводить операции за свой счёт
O 567	OPM m pl	Principal Market Operators (financial institutions officially appointed and used by Bank of France for certain interventions)	главные участники рынка (финансовые учреждения, официально назначенные Банком Франции и использующиеся им для проведения некоторых видов интервенций)
O 568	opportunités f pl	opportunities	возможности
O 569	déceler les opportunités	to reveal the opportunities	выявлять возможности
O 570	offrir des opportunités	to provide opportunities	предоставлять возможности
O 571	profiter des opportunités	to use the opportunities	пользоваться возможностями
O 572	opportunités d'achat des titres	opportunities to buy securities	возможности купить ценные бумаги
O 573	opportunités de l'ajustement des taux de change	exchange rate adjustment opportunities	возможности корректировки валютных курсов
O 574	opportunités d'arbitrage	arbitrage opportunities	возможности для арбитража
O 575	opportunités, bonnes	good opportunities	хорошие [благоприятные] возможности
O 576	opportunités de change	exchange opportunities	возможности для валютных сделок
O 577	opportunités d'une couverture conditionnelle	conditional cover opportunities	возможности для условного покрытия
O 578	opportunités de gains sans risque	risk-free gain opportunities	возможности получения прибыли без риска
O 579	opportunités d'investissement	investment opportunities	инвестиционные возможности
O 580	opportunités de liquidité	liquidity opportunities	возможности для улучшения ликвидности
O 581	opportunités de marché	market opportunities	рыночные возможности
O 582	opportunités de placement	placement opportunities	возможности размещения средств
O 583	opportunités de profit	profit opportunities	возможности для получения прибыли
O 584	opportunités de swaps de dettes	debt swap opportunities	возможности обмена долговыми обязательствами
O 585	opportunités de taux d'intérêt	interest rate opportunities	возможности для сделок, связанных с процентными ставками
O 586	opportunités sur toute sorte de «supports»	opportunities related to various instruments	возможности, связанные с различными финансовыми инструментами

O

O 587	opportunités de vente des titres	securities sale opportunities	возможности продажи ценных бумаг
O 588	opposition *f*	1. opposition, objection 2. stoppage, stop payment order	1. возражение, протест 2. приостановка [воспрещение] (платежей)
O 589	faire [mettre] opposition à chèque	to stop (payment of) a check	приостанавливать платёж по чеку
O 590	opposition à chèque	stoppage of a check	приостановка платежа по чеку
O 591	opposition du débiteur	stoppage of payment by a debtor, payment stopped by a debtor	воспрещение платежа дебитором
O 592	opposition à [au] paiement	stoppage of payment, payment stopped	прекращение платежа
O 593	opposition sur titres	stoppage of securities	воспрещение платежей по ценным бумагам
O 594	optant *m*	taker of an option	покупатель опциона
O 595	option *f*	option	1. опцион *(как вид ценной бумаги)*; опционная сделка 2. выбор, право выбора
O 596	abandonner son option	to relinquish one's option	отказаться от исполнения опциона
O 597	acheter une option	to buy an option	покупать опцион
O 598	avoir l'option	to have an option	иметь право выбора
O 599	écrire une option	to write [to sell] an option	выписывать [продавать] опцион
O 600	exercer [faire jouer, lever] une option	to exercise [to take up] one's option	исполнять [использовать] опцион
O 601	exercer immédiatement son option	to exercise one's option immediately	немедленно исполнять опцион
O 602	exercer l'option à échéance juin	to exercise an option expiring in June	исполнять опцион, истекающий в июне
O 603	prendre une option sur	to take an option on	брать опцион на
O 604	racheter son option	to buy back one's option	выкупать собственный опцион
O 605	revendre ultérieurement son option	to later resell one's option	продавать в дальнейшем собственный опцион
O 606	se couvrir par option	to hedge by an option	страховать путём покупки опциона
O 607	se porter acquéreur d'une option	to act as a buyer of an option	выступать покупателем опциона
O 608	tirer [vendre] une option	to write [to sell] an option	выписывать [продавать] опцион
O 609	option d'achat	call (option), option to buy	опцион колл, опцион покупателя
O 610	option d'achat d'actions	stock option	опцион на акции
O 611	option d'achat couverte	covered call (option)	покрытый опцион покупателя
O 612	option d'achat à découvert [découverte]	naked call (option)	непокрытый опцион покупателя
O 613	option d'achat en dedans	in-the-money call (option)	опцион, цена исполнения которого более выгодна покупателю, чем текущая цена финансового инструмента, лежащего в его основе *(«внутренняя» стоимость положительна)*

O

O 614	option d'achat en dehors	out-of-the-money call (option)	опцион, цена исполнения которого менее выгодна покупателю, чем текущая цена финансового инструмента, лежащего в его основе («внутренняя» стоимость отрицательна)
O 615	option d'achat sur devises	currency call (option)	валютный опцион покупателя
O 616	option d'achat en jeu	in-the-money call (option)	опцион, цена исполнения которого более выгодна покупателю, чем текущая цена финансового инструмента, лежащего в его основе («внутренняя» стоимость положительна)
O 617	option d'achat hors jeu	out-of-the-money call (option)	опцион, цена исполнения которого менее выгодна покупателю, чем текущая цена финансового инструмента, лежащего в его основе («внутренняя» стоимость отрицательна)
O 618	option d'achat sur monnaies étrangères	foreign currency call (option)	валютный опцион покупателя
O 619	option d'achat sur obligations	bond call (option)	опцион покупателя на облигации
O 620	option d'achat se négociant en bourse	negotiable call (option)	обращающийся опцион покупателя
O 621	option d'achat sur valeurs mobilières	securities call (option)	опцион покупателя на ценные бумаги
O 622	option d'achat vendue	sold call option	проданный опцион колл
O 623	option achetée	bought option	купленный опцион
O 624	option sur actif physique	option for physicals	опцион на материальные активы
O 625	option sur actions	stock option	опцион на акции
O 626	option américaine	American (style) option	американский опцион (с возможностью исполнения в любой момент в течение всего срока действия)
O 627	option «à l'argent»	at-the-money option	опцион, цена исполнения которого совпадает с ценой финансового инструмента, лежащего в его основе («внутренняя» стоимость равна нулю)
O 628	option «dans l'argent»	in-the-money option	опцион, цена исполнения которого более выгодна покупателю, чем текущая цена финансового инструмента, лежащего в его основе («внутренняя» стоимость положительна)
O 629	option «en dehors de l'argent»	out-of-the-money option	опцион, цена исполнения которого менее выгодна покупателю, чем текущая цена финансового инструмента, лежащего в его основе («внутренняя» стоимость отрицательна)

O

O 630	option ayant 0 de chance d'exercice	option with no chance to be exercised	опцион с нулевой вероятностью исполнения
O 631	option sur bons du Trésor	option for treasury [T-]bills	опцион на боны [векселя] казначейства
O 632	option à 100% de chance d'être exercée	option with 100% chance to be exercised	опцион со стопроцентной вероятностью исполнения
O 633	option de change	currency [foreign exchange] option	валютный опцион
O 634	option sur contrat à terme	futures option	опцион на фьючерс
O 635	option de conversion	conversion option	возможность [оговорка о] конверсии
O 636	option cotée en bourse	quoted option	опцион, котирующийся на бирже
O 637	option découverte	naked option	непокрытый опцион
O 638	option sur devise	currency option	валютный опцион
O 639	option sur devise à terme	forward currency option	срочный валютный опцион
O 640	option, double	double option, put and call, PAC	двойной опцион *(покупателя или продавца)*, стеллажная сделка
O 641	option du double	call of more, buyer's option to double	двойной опцион *(покупателя)*
O 642	option du double à la vente	put of more, seller's option to double	двойной опцион *(продавца)*
O 643	option d'échange non détachable	nondetachable exchange option	неотделимый обменный опцион *(свидетельство о праве на обмен одной ценной бумаги на другую)*
O 644	option d'une échéance courte	short-term option	краткосрочный опцион
O 645	option à échéance juin	option expiring in June	опцион, истекающий в июне
O 646	option d'une échéance longue	long-term option	долгосрочный опцион
O 647	option européenne	European (style) option	европейский опцион *(с возможностью исполнения на определённую дату раз в месяц)*
O 648	option exerçable immédiatement	option exercisable immediately	опцион, который может быть немедленно исполнен
O 649	option inscrite à la cote	listed option	опцион, допущенный к котировке, котируемый опцион
O 650	option à long terme sur taux d'intérêt	long-term interest rate option	долгосрочный процентный опцион
O 651	option «à la monnaie»	at-the-money option	опцион, цена исполнения которого совпадает с ценой финансового инструмента, лежащего в его основе *(«внутренняя» стоимость равна нулю)*
O 652	option «dans la monnaie»	in-the-money option	опцион, цена исполнения которого более выгодна покупателю, чем текущая цена финансового инструмента, лежащего в его основе *(«внутренняя» стоимость положительна)*

O

O 653	option «en dehors de la monnaie»	out-of-the-money option	опцион, цена исполнения которого менее выгодна покупателю, чем текущая цена финансового инструмента, лежащего в его основе («внутренняя» стоимость отрицательна)
O 654	option de monnaies	foreign exchange option [clause] (choice of bond redemption currency)	валютная оговорка в условиях эмиссии облигаций (позволяющая кредитору выбирать валюту погашения)
O 655	option négociée hors bourse	over-the-counter [OTC] option	опцион, обращающийся на внебиржевом рынке
O 656	option du [sur] notionnel	option for the notional contract	опцион на ноционный контракт
O 657	option nue	naked option	непокрытый опцион
O 658	option OTC	over-the-counter [OTC] option	опцион, обращающийся на внебиржевом рынке
O 659	option de place	place option [clause] (choice of bond redemption place)	оговорка о возможности для кредитора выбрать место погашения облигационного займа
O 660	option à prime nulle [prime zéro]	zero cost option, zero-premium option	опцион с нулевой премией (стратегия, заключающаяся в одновременной покупке и продаже опционов на один и тот же срок, но на разных условиях)
O 661	option sous-cotée	undervalued option	заниженный опцион
O 662	option de souscription d'action	equity warrant, stock option	варрант на акцию; ценная бумага, дающая право подписки на акцию
O 663	option sur-cotée	overvalued option	завышенный опцион
O 664	option sur swap	swaption	«свопцион», опцион на операцию своп
O 665	option sur swap de taux d'intérêt	interest rate swaption	процентный «свопцион»
O 666	option de taux	interest rate option	процентный опцион
O 667	option de taux emprunteur	put interest rate option	процентный опцион заёмщика
O 668	option de taux d'intérêt	interest rate option	процентный опцион
O 669	option de taux prêteur	call interest rate option	процентный опцион кредитора
O 670	option de vente	put (option), option to sell	опцион пут, опцион продавца
O 671	option de vente couverte	covered put (option)	покрытый опцион продавца
O 672	option de vente découverte	naked put (option)	непокрытый опцион продавца
O 673	option de vente en dedans	in-the-money put (option)	опцион пут, цена исполнения которого более выгодна покупателю, чем текущая цена финансового инструмента, лежащего в его основе («внутренняя» стоимость положительна)

O

O 674	option de vente en dehors	out-of-the-money put (option)	опцион пут, цена исполнения которого менее выгодна покупателю, чем текущая цена финансового инструмента, лежащего в его основе («внутренняя» стоимость отрицательна)
O 675	option de vente sur devises	currency put (option)	валютный опцион пут
O 676	option de vente en jeu	in-the-money put (option)	опцион пут, цена исполнения которого более выгодна покупателю, чем текущая цена финансового инструмента, лежащего в его основе («внутренняя» стоимость положительна)
O 677	option de vente hors jeu	out-of-the-money put (option)	опцион пут, цена исполнения которого менее выгодна покупателю, чем текущая цена финансового инструмента, лежащего в его основе («внутренняя» стоимость отрицательна)
O 678	option de vente sur obligations	bond put (option)	опцион продавца на облигации
O 679	option de vente sur l'or	gold put (option)	опцион продавца на золото
O 680	option de vente de protection	seller's hedging	опцион пут, покупаемый для хеджирования
O 681	option de vente se négociant en bourse	negotiable put (option)	обращающийся опцион продавца
O 682	option de vente de valeurs mobilières	securities put (option)	опцион продавца на ценные бумаги
O 683	option de vente vendue	put option sold	проданный опцион пут
O 684	optionnaire *m*	giver of an option, option writer	продавец опциона
O 685	optionnel	1. optional 2. option	1. дополнительный, необязательный 2. опционный
O 686	options *f pl*	options	1. опционы 2. возможности выбора
O 687	options asiatiques	average options, Asian (style) options	азиатские опционы, опционы на средний курс
O 688	options barrières	options with limits	опционы с лимитами, условные опционы
O 689	options BTAN	BTAN options, options for medium-term government bonds	опционы на среднесрочные государственные облигации
O 690	options sur cash	cash options	наличные опционы (в основе — финансовый инструмент, а не фьючерсный контракт)
O 691	options cessibles	transferable options	опционы, могущие быть проданными
O 692	options sur contrat Pibor	PIBOR contracts options	опционы на контракты ПИБОР (денежного рынка)
O 693	options sur contrat Pibor 3 mois	three-month PIBOR contracts options	опционы на трёхмесячные контракты ПИБОР
O 694	options sur contrats futures [à terme]	futures options	опцион на фьючерсные контракты
O 695	options sur différence de taux	interest rate difference options	опционы на разницу в процентных ставках

O

O 696	options directes	direct options	прямые опционы *(позволяют требовать от продавца физической поставки ценных бумаг или предоставления займа на оговоренных в опционном контракте условиях)*
O 697	options d'emprunt	loan options	опционы займа *(напр. возможность выбора валюты погашения)*
O 698	options sur FRA'	options for FRA	опционы на соглашения о будущей процентной ставке
O 699	options sur future eurodollar 3 mois	three-month future Eurodollar options	опционы на трёхмесячные евродолларовые обязательства
O 700	options sur future T-Bills	future T-bill options	опционы на срочные контракты с краткосрочными обязательствами казначейства
O 701	options sur future T-Bonds	future T-bond options	опционы на срочные контракты с долгосрочными обязательствами казначейства
O 702	options sur future T-Notes	future T-note options	опционы на срочные контракты со среднесрочными обязательствами казначейства
O 703	options sur indices boursiers	(stock) index options	индексные опционы (на базе биржевых индексов)
O 704	options levables à l'échéance	European (style) options, options exercisable on the due date	европейские опционы (, исполняемые в конце опционного периода)
O 705	options levables à tout moment	American (style) options, options exercisable at any time	американские опционы (, исполняемые в любой момент)
O 706	options, lookback	lookback options	опционы прошлого периода *(опционы, позволяющие держателю купить или продать ценные бумаги по наилучшей цене, зарегистрированной за время их действия)*
O 707	options Matif	MATIF options	опционы на контракты МАТИФ
O 708	options sur moyenne	average options, Asian (style) options	азиатские опционы, опционы на средний курс
O 709	options négociables	traded options	обращающиеся опционы
O 710	options négociables sur actions	traded stock options	обращающиеся опционы на акции
O 711	options négociables sur valeurs mobilières	traded securities options	обращающиеся опционы на ценные бумаги
O 712	options négociées	exercised options	исполненные [реализованные] опционы
O 713	options non exercées	nonexercised options	неисполненные [нереализованные] опционы
O 714	options sur options	options for options	опционы на опционы
O 715	options sur le physique	options for physicals	опционы на материальные активы
O 716	options Pibor	PIBOR contracts options	опционы на контракты ПИБОР *(денежного рынка)*

O

O 717	options sur prêt en eurodevises	Eurocurrency loan options	опционы на займы в евровалютах
O 718	options de seconde génération	second generation options	опционы второго поколения
O 719	options simples	single options	одиночные [простые] опционы *(либо колл, либо пут)*
O 720	options sur des titres	securities options	опционы на ценные бумаги
O 721	or *m*	gold	золото
O 722	d'or, en or	gold, golden	золотой
O 723	thésauriser l'or	to hoard gold	тезаврировать золото
O 724	or en barres	gold bullion	золото в слитках
O 725	or bas	low-standard gold	низкопробное золото
O 726	or fin	fine gold	чистое золото
O 727	or en lingots	ingot gold	слитковое золото
O 728	or monnayé	gold coins	золотые монеты
O 729	or pur	pure gold	чистое золото
O 730	or au titre	standard gold	золото с пробой
O 731	or sans titre	nonstandard gold	золото без пробы
O 732	ordinateur *m*	computer	компьютер
O 733	ordinateur de bureau	desk-top [office] computer	настольный [офисный] компьютер
O 734	ordinateur central	central computer, mainframe	центральный компьютер, мейнфрейм
O 735	ordinateur de gestion	business computer	рабочий компьютер
O 736	ordinateur individuel	personal computer	персональный компьютер
O 737	ordinateur, jumbo	jumbo [large mainframe] computer	сверхмощный компьютер
O 738	ordinateur personnel	personal computer	персональный компьютер
O 739	ordinateur portable	portable [laptop] computer	переносной компьютер, лэптоп
O 740	ordonnance *f*	1. edict, decree 2. order, instruction	1. ордонанс *(акт правительства, имеющий силу закона)* 2. инструкция, распоряжение
O 741	ordonnance de blocage	freeze order	распоряжение о замораживании *(средств, счетов)*
O 742	ordonnance de saisie-arrêt	garnishee order	судебное решение о наложении ареста на имущество
O 743	ordonnancement *m*	1. order to pay 2. scheduling, planning	1. предписание о выдаче денег, приказ о производстве платежа 2. календарное планирование
O 744	ordonnancer	1. to pass for payment 2. to schedule, to plan	1. делать предписание о выдаче денег 2. планировать, упорядочивать
O 745	ordonnateur *m*	official entitled to order or authorize payment	распорядитель кредитов
O 746	ordre *m*	order	1. приказ, поручение *(брокеру на бирже)* 2. порядок; очерёдность
O 747	à ordre	to order *(e. g. a check)*	ордерный *(напр. чек)*
O 748	à l'ordre de	payable to, to the order of	(уплачиваемый) приказу
O 749	de l'ordre de	of the order of, in the region of	порядка, в размере

O

O 750	d'ordre et pour compte de	by order and for account of	по приказу [по поручению] и за счёт
O 751	payable à ordre	payable to, to the order of	(уплачиваемый) приказу
O 752	ordre «d'abord et ensuite»	switch [contingent] order	условное поручение (приказ продать ценные бумаги с условием использовать выручку для покупки других ценных бумаг)
O 753	ordre d'achat	buy(ing) order	поручение о покупке
O 754	ordre d'achat stop	buy stop, stop order to buy	поручение о покупке по цене не выше определённой
O 755	ordre d'annulation	cancel order	отменительный приказ
O 756	ordre à appréciation	discretionary order	поручение, дающее брокеру право осуществлять операции с ценными бумагами по своему усмотрению
O 757	ordre approximatif	near order, approximate-limit order	ограниченное поручение с приблизительным указанием желаемой цены
O 758	ordre à arrêt de limite	stop limit order	поручение «стоп-лимит» (биржевое поручение, которое должно быть исполнено по указанной или лучшей цене, но только после достижения ею определённого уровня)
O 759	ordre de banque	bank order	платёжное поручение банка
O 760	ordre de bourse	stock exchange [stock market] order	биржевое поручение, биржевой приказ (брокеру о проведении операций)
O 761	ordre de bourse non limité	market order	нелимитированное поручение, рыночный приказ (приказ брокеру о немедленном проведении операции по наилучшей текущей цене)
O 762	ordre de change	order to buy foreign currency	поручение на покупку иностранной валюты
O 763	ordre de conversion	conversion order	конверсионное поручение
O 764	ordre au cours	market order	нелимитированное поручение, рыночный приказ (приказ брокеру о немедленном проведении операции по наилучшей текущей цене)
O 765	ordre au cours exact	market-if-touched order, MIT	поручение о совершении операции при достижении ценой определённого уровня
O 766	ordre à cours limité	limit(ed) order	лимит-заказ, ограничительное [лимитное] поручение (приказ брокеру, ограниченный условиями, напр. максимальной ценой)
O 767	ordre à cours limité assorti de la mention « stop»	stop limit order	поручение «стоп-лимит» (биржевое поручение, которое должно быть исполнено по указанной или лучшей цене, но только после достижения ею определённого уровня)

O

O 768	ordre au cours limité d'ouverture	at-the-opening stop limit order	поручение «стоп-лимит» для курса при открытии биржи
O 769	ordre à cours limité valable jour	day-limited order	поручение «стоп-лимит», действительное в течение дня
O 770	ordre au cours du marché	market order	нелимитированное поручение, рыночный приказ *(приказ брокеру о немедленном проведении операции по наилучшей цене)*
O 771	ordre entre les créanciers	order of priority among creditors	очерёдность кредиторов
O 772	ordre au dernier cours	at-the-close order	поручение совершить операцию по наилучшему курсу при закрытии биржи
O 773	ordre de la distribution	distribution order, order of repayment of debts at liquidation	очерёдность распределения между кредиторами сумм, полученных в результате реализации имущества ликвидируемой компании
O 774	ordre d'encaissement	collection order	инкассовое поручение
O 775	ordre environ	order given at an about price, near order, approximate-limit order	ограниченное поручение с приблизительным указанием желаемой цены
O 776	ordre «exécuter sinon annuler»	fill or kill order, FOK	поручение, которое должно быть исполнено немедленно или аннулируется
O 777	ordre «sans forcer»	order at best *(with an option for the broker not to execute it if the price is unfavorable)*	поручение совершить операцию по наилучшей текущей цене *(но с условием, что брокер может воздержаться от сделки, если курс неблагоприятен)*
O 778	ordre fractionnaire	odd-lot order	поручение о покупке нестандартной партии ценных бумаг
O 779	ordre illimité	unlimited order	нелимитированное поручение *(приказ брокеру, не ограниченный условиями)*
O 780	ordre «jour»	day order, order valid today	поручение, действительное в течение одного дня
O 781	ordre libellé au mieux	order at best	рыночное поручение *(приказ брокеру о немедленном проведении операции по наилучшей текущей цене)*
O 782	ordre lié	matched [contingent, switch] order	условное поручение *(приказ продать ценные бумаги с условием использовать выручку для покупки других ценных бумаг)*
O 783	ordre limité	limit(ed) order	лимит-заказ, ограничительное [лимитное] поручение *(приказ брокеру, ограниченный условиями)*
O 784	ordre de lots irréguliers	odd-lot order	поручение о покупке нестандартной партии ценных бумаг

O

O 785	ordre de lots réguliers	board-lot order	поручение о покупке стандартной партии ценных бумаг
O 786	ordre au marché	market order	нелимитированное поручение, рыночный приказ *(приказ брокеру о немедленном проведении операции по наилучшей текущей цене)*
O 787	ordre avec mention supplémentaire	market not held order, not held order, NH	поручение, которое брокер может изменить по своему усмотрению без принятия какой-л. ответственности *(напр. брокер может попытаться улучшить цену, немного задержав заключение сделки)*
O 788	ordre au mieux	order at best	рыночное поручение *(приказ брокеру о немедленном проведении операции по наилучшей текущей цене)*
O 789	ordre mixte	spread order	поручение спред *(о заключении одновременно двух противоположных сделок на равную сумму, но с разными сроками)*
O 790	ordre monétaire	monetary order	валютный порядок
O 791	ordre monétaire international	international monetary order	международный валютный порядок
O 792	ordre de mouvement sur certificat de dépôt, OMCD	certificate of deposit transfer order	поручение о переводе депозитного сертификата *(со счёта на счёт)*
O 793	ordre à option	option order	опционное поручение, приказ о совершении операции на опционном рынке
O 794	ordre ouvert	standing order	«постоянное поручение» *(приказ клиента банка о проведении регулярных платежей с его текущего счета)*
O 795	ordre d'ouvrir un crédit	order to open a letter of credit	распоряжение об открытии аккредитива
O 796	ordre de paiement	payment order	платёжное поручение
O 797	ordre de paiement par courrier	mail payment order	почтовое платёжное поручение
O 798	ordre de paiement par télex	telex payment order	платёжное поручение, отправляемое по телексу
O 799	ordre de paiement par le truchement du réseau SWIFT	payment order transmitted via SWIFT	платёжное поручение, переданное через систему СВИФТ
O 800	ordre passé au prix limité	limit(ed) order	лимит-заказ, ограничительное [лимитное] поручение *(приказ брокеру, ограниченный условиями, напр. максимальной ценой)*
O 801	ordre permanent	standing order	«постоянное поручение» *(приказ клиента банку о проведении регулярных платежей с его текущего счёта)*

O

O 802	ordre de préférence	order of priority, preferential order, order of precedence	очерёдность
O 803	ordre au premier cours	at-the-opening order	поручение совершить операцию по наилучшему курсу при открытии биржи
O 804	ordre à prime	option order	опционное поручение, приказ о совершении операции на опционном рынке
O 805	ordre au prix du marché	market order	нелимитированное поручение, рыночный приказ *(приказ брокеру о немедленном проведении операции по наилучшей текущей цене)*
O 806	ordre pur et simple	simple order	простое поручение *(не обусловленное никакими оговорками)*
O 807	ordre de recette	collection order	инкассовое поручение
O 808	ordre Règlement Immédiat	order for immediate settlement	поручение о проведении операции на рынке спот
O 809	ordre «révocation» [à révocation]	open order, good-till-canceled order, GTC	открытое поручение, приказ, действительный до отмены
O 810	ordre (en) soignant [à soigner]	discretionary order	поручение, дающее брокеру свободу выбора времени и места сделки
O 811	ordre stop	stop order	поручение о покупке по наилучшей цене после того, как она упадёт ниже определённого предела, *или* о продаже после того, как цена поднимется выше определённого предела
O 812	ordre stop loss	stop loss order	поручение о продаже по наилучшей цене *(но не ниже цены, указанной клиентом)*
O 813	ordre de suspendre les paiements	stoppage of payments	приказ о приостановлении платежей
O 814	ordre à terme	forward order, order for the account [for the settlement]	поручение о проведении срочной сделки
O 815	ordre «terme ferme»	firm forward order	твёрдое поручение о проведении срочной сделки
O 816	ordre «tout ou partie»	any part order	поручение о проведении сделки с указанным количеством ценных бумаг *или* с тем, с которым возможно
O 817	ordre «tout ou rien»	all or none order, AON	поручение о проведении сделки с указанным количеством ценных бумаг *или*, при невозможности, непроведении сделки вообще
O 818	ordre de transfert	transfer order	поручение о перечислении (средств)
O 819	ordre unique	single order	единичный приказ
O 820	ordre valable pour une durée limitée	good through order	поручение, действительное до определённой даты
O 821	ordre valable jour	day order, order valid today	поручение, действительное в течение одного дня

O

O 822	ordre valable jusqu'à inclus	good through order	поручение, действительное до определённой даты
O 823	ordre valable jusqu'à révocation	open order, good-till-canceled order, GTC	открытое поручение, приказ, действительный до отмены
O 824	ordre de vente	sell(ing) order	приказ о продаже, поручение на продажу
O 825	ordre de vente limité	limit sell order	лимит-заказ на продажу
O 826	ordre de vente au mieux	at best sell order	рыночное поручение на продажу
O 827	ordre de virement	transfer order	поручение о перечислении (средств)
O 828	ordre de virement de compte à compte	account to account transfer order	поручение о перечислении (средств) со счёта на счёт
O 829	ordre «X titres par Bourse»	X securities per session order (order to sell or buy X securities per session)	поручение о покупке или продаже количества X ценных бумаг каждый биржевой сеанс
O 830	ordre «X titres en X Bourses»	X securities in X sessions order (order to spread the sale or purchase of X securities over X sessions)	поручение о покупке или продаже количества X ценных бумаг в течение X биржевых сеансов
O 831	Ordre m national des experts comptables et comptables agréés	National Association of Auditors	Национальная ассоциация аудиторов
O 832	ordres m pl	orders	приказы, поручения (брокеру на бирже)
O 833	acheminer des ordres par télématique	to route orders via telecommunication channels	направлять поручения через электронные средства связи
O 834	assortir des ordres de mentions	to accompany orders with additional clauses	сопровождать поручения оговорками
O 835	assurer la contrepartie instantanée des ordres importants	to ensure immediate execution for large orders	обеспечивать немедленное исполнение крупных поручений
O 836	avoir en main les ordres	to hold orders	иметь в наличии поручения
O 837	centraliser tous les ordres d'achat et de vente	to centralize all the buy and sell orders	централизовывать все поручения о продаже и покупке
O 838	collecter des ordres de bourse	to collect stock exchange orders	аккумулировать биржевые поручения
O 839	différer des ordres	to defer orders	отсрочивать исполнение поручений
O 840	exécuter des ordres totalement (partiellement ou pas du tout)	to execute orders in full (in part or not at all)	исполнять поручения полностью (частично, не исполнять совсем)
O 841	introduire des ordres dans le système	to input orders into the system	вводить поручения в компьютерную систему
O 842	réaliser des ordres	to execute [to fulfill] orders	выполнять поручения
O 843	recevoir des ordres	to receive orders	получать поручения
O 844	recueillir des ordres	to accumulate orders	аккумулировать биржевые поручения
O 845	ordres envoyés par réseau informatique	orders sent via the computer network	поручения, посланные через компьютерную сеть
O 846	ordres de livraison d'actions	share delivery orders	поручения на поставку акций
O 847	ordres reçus	orders received	полученные поручения
O 848	ordres reçus pour la bourse du jour	orders received for the stock exchange session	имеющиеся поручения для дневного сеанса биржи

O

O 849	ordres en titres	securities orders	поручения на ценные бумаги
O 850	organe *m*	organ, body	орган
O 851	organe administratif	administrative organ	административный орган
O 852	organe boursier	stock exchange organ	биржевой орган
O 853	organe de contrôle	control body	орган надзора
O 854	organe de coordination et de conciliation	co-ordination and conciliation organ	орган координации и разрешения споров
O 855	organe de décision compétent	competent decision-making organ	компетентный орган принятия решений
O 856	organe de direction	managerial body [organ]	орган управления, руководящий орган
O 857	organe d'exécution	executive agency [body]	исполнительный орган
O 858	organe financier	financial agency	финансовый орган
O 859	organe législatif	legislative authority	законодательный орган
O 860	organe représentatif et consultatif	representative and consultative body	представительный и консультативный орган
O 861	organe de tutelle	supervisory organ	курирующий орган
O 862	organisation *f*	1. organization, organizing, arranging 2. organization, body, institution 3. organization, structure	1. организация, устройство, формирование 2. организация, учреждение 3. организационная структура
O 863	organisation bancaire	bank organization	банковская организация
O 864	organisation comptable	accounting organization	учётная организация
O 865	organisation de crédit et financière	finance and credit organization	кредитно-финансовая организация
O 866	organisation professionnelle interbancaire	interbank professional organization	профессиональная межбанковская организация
O 867	Organisation *f* internationale des commissions de valeurs mobilières, OICV	International Organization of Securities Boards	Международная ассоциация комиссий по ценным бумагам
O 868	organisé *m*	organized [official] market, stock exchange	организованный [официальный] рынок, биржа
O 869	organisme *m*	body, organization, institution	орган; учреждение; организация
O 870	organisme d'assurance des dépôts bancaires	bank deposit insurance organization	организация по страхованию банковских вкладов
O 871	organisme bancaire	bank, banking institution	банк, банковское учреждение
O 872	organisme de collecte de l'épargne et de placement à capital fixe	closed-end investment company	инвестиционная компания закрытого типа
O 873	organisme collecteur d'épargne	savings collecting institution	учреждение, привлекающее сбережения
O 874	organisme de cotation des risques	rating agency, risk assessment agency	рейтинговое агентство, агентство по оценке рисков
O 875	organisme de crédit	credit institution	кредитное учреждение
O 876	organisme de crédit à moyen et long terme	medium and long-term credit institution	организация, занимающаяся средне- и долгосрочным кредитованием
O 877	organisme émetteur	issuer, issuing institution	эмитент, организация-эмитент
O 878	organisme émetteur de carte de crédit	credit card issuer	организация-эмитент кредитных карточек
O 879	organisme de financement	financing body	финансирующее учреждение
O 880	organisme financier et de crédit	financial and credit institution	кредитно-финансовое учреждение

O

O 881	organisme financier public	public financial institution	государственное финансовое учреждение
O 882	organisme financier semi-public	semi-public financial institution	полугосударственное финансовое учреждение
O 883	organisme gestionnaire	managing agency	агентство по управлению
O 884	organisme gestionnaire du risque	risk management agency	агентство по управлению риском
O 885	organisme de liquidation des transactions	transaction settlement organization	орган по урегулированию сделок
O 886	organisme non bancaire	nonbank organization, non-bank bank	небанковское финансовое учреждение
O 887	organisme non financier	nonfinancial institution	нефинансовое учреждение
O 888	organisme officiel	official body	официальный орган
O 889	organisme parabancaire	special banking institution	специальное банковское учреждение *(имеющее специфические функции и не принимающее депозитов)*
O 890	organisme de placement collectif	investment company, mutual fund	организация [институт] коллективного инвестирования, инвестиционная компания открытого типа, паевой фонд
O 891	organisme prêteur	loan agency	кредитное учреждение
O 892	organisme public de crédit	public credit agency	государственное кредитное учреждение
O 893	organisme réescompteur	rediscount agency	агентство по переучёту
O 894	organisme de règlement multilatéral	multilateral settlement body	многостороннее клиринговое агентство
O 895	organisme de réglementation	regulatory agency, regulator	орган регулирования
O 896	organisme à statut spécial légal	institution with a special legal status	учреждение с особым юридическим статусом
O 897	organisme de surveillance	control body	орган надзора
O 898	organisme teneur de comptes	account holding institution	банковское учреждение
O 899	organismes *m pl* de placement collectif en valeurs mobilières, OPCVM	undertakings for collective investment in transferable, securities open-end investment companies and mutual funds	организации [институты] коллективного инвестирования в ценные бумаги, инвестиционные компании открытого типа и паевые инвестиционные фонды
O 900	orientation *f*	1. trend, tendency 2. orientation, direction	1. тенденция 2. ориентация, направление
O 901	orientation à la baisse [baissière]	downward trend, downtrend, downturn	понижательная тенденция
O 902	orientation de la bourse	stock market trend	биржевая конъюнктура
O 903	orientation de l'épargne vers les marchés financiers	orientation of savings towards the financial markets	направление сбережений на финансовые рынки
O 904	orientation des flux de capitaux	orientation of capital flow	направление капиталопотоков [движения капиталов]
O 905	orientation à la hausse [haussière]	upward trend, uptrend, upturn	повышательная тенденция
O 906	orientation initiale	initial trend	первоначальная тенденция
O 907	orientation des investissements	investment orientation	направление инвестирования
O 908	orientation du loyer de l'argent	interest rate trend	тенденция изменения процентной ставки

O

O 909	orientation du marché	market trend	рыночная тенденция, тенденция рынка
O 910	orientation de la politique monétaire et du crédit	orientation of monetary and credit policy	направление денежно-кредитной политики
O 911	orientation prioritaire de l'octroi de crédits	credit granting priority	приоритетное направление кредитования
O 912	orientation des prix	price trend	ценовая тенденция
O 913	origines *f pl*	origin(s), sources; causes	происхождение, источники; причины
O 914	origines de la création monétaire	origins of money creation	источники образования денежной массы
O 915	origines financières du krach	financial causes of the crash	финансовые причины краха
O 916	origines des ressources	origins of resources	источники ресурсов
O 917	oscillations *f pl*	fluctuations, swings, variations, ups and downs	колебания
O 918	oscillations brutales	sharp fluctuations	резкие колебания
O 919	oscillations des cours	price fluctuations, swings	колебания курсов
O 920	oscillations incessantes	ceaseless fluctuations	непрерывные колебания
O 921	osciller	to fluctuate	колебаться
O 922	ou *m*	put, put option	опцион пут, опцион продавца
O 923	ours *m*	bear	«медведь», спекулянт, играющий на понижение, понижатель
O 924	outil *m*	tool, instrument	инструмент, средство
O 925	outil d'analyse	analysis tool	инструмент анализа
O 926	outil électronique	electronic tool	электронное средство (связи)
O 927	outil de financement	financial instrument	финансовый инструмент
O 928	outil de gestion et de contrôle	management and control tool	инструмент управления и контроля
O 929	outil de gestion des disponibilités [de gestion de trésorerie]	cash management tool	инструмент управления наличностью
O 930	outils *m pl*	tools, instruments	инструменты, средства
O 931	outils de couverture du marché	hedging tools [instruments]	инструменты для хеджирования
O 932	outils de couverture de taux	interest rate hedging tools [instruments]	инструменты для хеджирования процентных ставок
O 933	outils modernes de télécommunications	modern telecommunication tools	современные средства телекоммуникации
O 934	outils purement spéculatifs	purely speculative instruments	чисто спекулятивные инструменты
O 935	ouverture *f*	opening (up), beginning	открытие, начало
O 936	ouverture d'une bourse du matin	morning session opening	открытие утреннего сеанса биржи
O 937	ouverture du capital	opening up of capital	открытие капитала (компании) *(напр. путём выпуска акций на бирже)*
O 938	ouverture d'un compte	opening of an account	открытие счёта
O 939	ouverture de crédit	opening of a credit line	открытие кредитной линии
O 940	ouverture de crédit documentaire	opening of a documentary letter of credit	открытие документарного аккредитива
O 941	ouverture de la faillite	opening of bankruptcy procedures	открытие процедуры установления банкротства

P

O 942	ouverture d'une ligne de crédit	opening of a credit line	открытие кредитной линии
O 943	ouverture officielle d'un marché	official market opening	официальное открытие рынка
O 944	ouverture de la période de souscription	opening of the subscription period	начало подписного периода (на ценные бумаги)
O 945	ouverture de séance	opening of a session	открытие (биржевого) сеанса
O 946	ouvrable	business, working *(of a day)*	рабочий *(о дне)*
O 947	ouvrir	to open, to start, to begin	открывать, начинать

P

P 1	pacte *m*	treaty, agreement	договор, соглашение
P 2	pacte commissoire	lien agreement	договор о закладе *(позволяющий кредитору обратить предмет заклада в свою собственность при неполучении платежа в установленный срок)*
P 3	pacte de paiement	payment agreement	платёжное соглашение
P 4	pacte de réméré	sale and repurchase agreement, repurchase agreement, repo	соглашение об обратном выкупе, репо *(продажа ценных бумаг на условиях их обратного выкупа через определённый срок по фиксированной цене — способ рефинансирования под залог ценных бумаг)*
P 5	pactole *m* à haute rentabilité	gold mine	высокорентабельное дело, «золотое дно»
P 6	paie-comptabilité *f*	payroll accounting	учёт заработной платы
P 7	paiement *m*	payment, settlement	платёж, расчёт, оплата, уплата, выплата, погашение (долга)
P 8	accepter en paiement	to accept in payment	принимать в счёт платежа
P 9	accepter le paiement via une banque	to accept a payment via a bank	принимать платёж через банк
P 10	ajourner un paiement	to defer [to postpone] a payment	отсрочивать [переносить] платёж
P 11	anticiper le paiement	to pay in advance	платить досрочно
P 12	arrêter le paiement	to stop payment	прекращать платёж
P 13	avancer le paiement	to advance payment	ускорять платёж
P 14	différer un paiement	to defer [to postpone] payment	отсрочивать [переносить] платёж
P 15	effectuer un paiement	to effect [to make] payment, to pay	осуществлять [производить] платёж
P 16	faciliter le paiement	to facilitate payment	облегчать платёж
P 17	faire un paiement	to effect [to make] payment, to pay	осуществлять [производить] платёж
P 18	faute de paiement	in case of default [of nonpayment]	в случае неплатежа

P

P 19	financer le paiement	to finance the payment	финансировать оплату *(за счёт)*
P 20	imputer un paiement sur	to charge payment against	зачислять платёж в счёт
P 21	moyennant paiement	by payment	посредством платежа
P 22	obtenir un paiement	to obtain payment, to get paid	получать платёж
P 23	omettre le paiement	to miss payment	пропускать платёж
P 24	avec paiement	with payment	с оплатой
P 25	comme paiement	as a payment	в качестве платежа
P 26	contre paiement	on [against] payment	против платежа
P 27	en paiement de	in payment of, in settlement of, in discharge of	в оплату, в покрытие
P 28	sans paiement	without payment	без оплаты
P 29	présenter au paiement	to present for payment	предъявлять к оплате
P 30	procéder au paiement	to effect [to make] a payment, to pay	осуществлять [производить] платёж
P 31	refuser le paiement	to refuse to pay	отказываться от платежа
P 32	remettre un paiement	to defer [to postpone] payment	отсрочивать [переносить] платёж
P 33	suspendre le paiement	to stop [to suspend] payment	приостанавливать платёж
P 34	paiement contre acceptation	payment against acceptance	платёж против акцепта
P 35	paiement d'un acompte	payment of a deposit	уплата задатка
P 36	paiement en acompte	payment on account	платёж в счёт причитающейся суммы
P 37	paiement par acomptes	payment by installments	платёж в рассрочку [частями]
P 38	paiement ajourné	deferred [postponed] payment	отсроченный платёж
P 39	paiement par anticipation [anticipé]	advance payment, prepayment	досрочный платёж
P 40	paiement des appels de marge	payment of margin calls *(additional cover in forward deals)*	уплата дополнительных гарантийных депозитов *(при срочных сделках с ценными бумагами)*
P 41	paiement arriéré	late [overdue] payment, payment in arrears	просроченный платёж
P 42	paiement d'arriérés d'impôts	payment of tax in arrears	погашение задолженности по налогам
P 43	paiement d'avance	advance payment, prepayment	досрочный платёж
P 44	paiement d'une avance	payment of an advance	уплата аванса
P 45	paiement par avis de prélèvement	preauthorized payment	платёж дебетованием [списанием денег со] счёта
P 46	paiement de bénéfices garantis	payment of guaranteed profits	выплата гарантированных прибылей
P 47	paiement par carte	payment by card	оплата (пластиковой) карточкой
P 48	paiement par chèque	payment by check	оплата чеком
P 49	paiement d'une commission	payment of a commission	уплата комиссионных
P 50	paiement (au) comptant	cash payment	платёж наличными
P 51	paiement en compte courant	payment on open account	платёж по открытому счёту
P 52	paiement des coupons	payment of coupons	выплата по купонам
P 53	paiement des créances	payment of debts	погашение обязательств
P 54	paiement à crédit	credit payment	оплата в кредит
P 55	paiement à la date d'échéance	payment at maturity	платёж в срок
P 56	paiement d'une dette	payment of a debt	погашение задолженности
P 57	paiement en devises	payment in foreign exchange	оплата в валюте

P

P 58	paiement différé	deferred payment	отсроченный платёж
P 59	paiement différentiel	deficiency payment	остаточный платёж
P 60	paiement à distance	telepayment	телеплатёж
P 61	paiement d'un dividende	payment of a dividend	выплата дивиденда
P 62	paiement contre documents	payment against documents	платёж против документов
P 63	paiement de dommages-intérêts	payment of damages	выплата суммы возмещения убытков
P 64	paiement à l'échéance	payment at maturity	платёж в срок
P 65	paiement échelonné	payment by [in] installments	платёж в рассрочку [частями]
P 66	paiement effectif	actual payment	фактический платёж
P 67	paiement électronique	electronic payment	электронный платёж
P 68	paiement par endossement	endorsement	платёж путём индоссирования
P 69	paiement erroné	incorrect payment	ошибочный платёж
P 70	paiement en espèces	cash payment	платёж наличными
P 71	paiement par espèces métalliques	payment in specie, payment in coins	платёж монетами
P 72	paiement en une fois	single payment	единовременный [разовый] платёж
P 73	paiement forcé	recovery by enforcement	принудительное взыскание платежа
P 74	paiement forfaitaire	lump-sum payment	платёж в твёрдой сумме
P 75	paiement fractionné	payment by [in] installments	платёж в рассрочку [частями]
P 76	paiement immédiat	immediate [prompt] payment	немедленный платёж
P 77	paiement d'un impôt	tax payment	уплата налога
P 78	paiement d'une indemnité de résiliation équitable	payment of a fair contract termination indemnity	уплата справедливой компенсации за расторжение (контракта)
P 79	paiement de l'indu	payment of undue sums	уплата недолжного
P 80	paiement intégral	payment in full, full payment	уплата полностью [сполна]
P 81	paiement des intérêts	interest payment	выплата процентов
P 82	paiement par intervention	payment on behalf of a third party	оплата, произведённая гарантом; платёж за третье лицо
P 83	paiement d'une lettre de change	payment of a bill of exchange	платёж по переводному векселю
P 84	paiement par lettre de crédit	payment by a letter of credit	платёж с аккредитива
P 85	paiement libératoire	(payment in) full discharge	окончательный расчёт
P 86	paiement en liquide [en liquidité]	payment in cash, cash payment	оплата наличными
P 87	paiement de loyer	rental payment	арендная плата
P 88	paiement par mandat d'encaissement	payment by collection order	оплата инкассовым поручением
P 89	paiement mensuel	monthly payment	ежемесячный платёж
P 90	paiement en numéraire	cash payment	оплата наличными
P 91	paiement sans numéraire	cashless payment	безналичный расчёт
P 92	paiement par ouverture d'un crédit documentaire	payment by opening of a documentary credit	платёж с помощью документарного аккредитива
P 93	paiement partiel	part [partial] payment	частичный платёж
P 94	paiement ponctuel	timely payment	своевременный платёж
P 95	paiement postérieur	subsequent payment	последующий платёж
P 96	paiement d'une prime	payment of a premium	уплата премии
P 97	paiement d'un prix	payment of a price	уплата цены

P

P 98	**paiement réciproque d'intérêts**	mutual interest payment	взаимная уплата процентов
P 99	**paiement des redevances**	payment of dues	уплата периодических платежей
P 100	**paiement d'un reliquat**	payment of a balance	выплата остатка
P 101	**paiement reporté**	deferred payment	отсроченный платёж
P 102	**paiement sous réserve**	payment under reserve	платёж с оговоркой
P 103	**paiement sauté**	skipped payment	пропущенный платёж
P 104	**paiement d'un solde**	payment of a balance	выплата остатка
P 105	**paiement en souffrance**	payment overdue	просроченный платёж
P 106	**paiement supplémentaire**	extra [additional] payment	дополнительный платёж
P 107	**paiement télégraphique**	telegraphic payment	телеграфный платёж
P 108	**paiement à tempérament**	payment by [in] installments	платёж в рассрочку [частями]
P 109	**paiement à terme**	forward payment	платёж через определённый срок
P 110	**paiement par termes**	payment by [in] installments	платёж в рассрочку [частями]
P 111	**paiement trimestriel**	quarterly payment	квартальный платёж
P 112	**paiement unique**	single payment	единовременный [разовый] платёж
P 113	**paiement par virement**	payment by transfer	платёж путём перевода
P 114	**paiement à vue d'une traite**	sight payment of a draft	оплата тратты по предъявлении
P 115	**paiements** *m pl*	payments	платежи, расчёты
P 116	**cesser les paiements**	to stop payments	прекращать выплаты
P 117	**échelonner [étaler] les paiements**	to spread payments, to arrange payment on an installment plan	платить в рассрочку
P 118	**faire des paiements à l'étranger**	to make payments abroad	производить платежи за границу
P 119	**pointer les paiements**	to check off [to mark off, to tick off] payments	отмечать [регистрировать] произведённые платежи
P 120	**réaliser les paiements**	to make payments	осуществлять, производить платежи
P 121	**rembourser ses paiements**	to reimburse one's payments	возмещать свои расходы
P 122	**reprendre les paiements**	to resume payments	возобновлять платежи
P 123	**s'acquitter des paiements d'intérêts**	to make interest payments	выплачивать проценты
P 124	**paiements afférents aux transactions non commerciales**	noncommercial payments	платежи по неторговым операциям
P 125	**paiements bilatéraux**	bilateral payments	двусторонние расчёты
P 126	**paiements commerciaux**	commercial payments	платежи по торговым операциям
P 127	**paiements par compensation**	clearing payments	расчёты по клирингу
P 128	**paiements courants**	current payments	текущие платежи
P 129	**paiements par écritures**	cashless payments	безналичные расчёты
P 130	**paiements extérieurs**	external payments	внешние расчёты
P 131	**paiements de faible montant**	small payments	мелкие платежи
P 132	**paiements imputés**	payments charged	начисленные [зачтённые] платежи
P 133	**paiements internationaux**	international payments	международные расчёты
P 134	**paiements le jour même du traitement de l'opération**	payments on the day of transaction	платежи непосредственно в день проведения операции
P 135	**paiements en lingots**	payments in (gold) ingots	платежи (золотыми) слитками

P

P 136	paiements sans mouvement d'espèces	cashless payments	безналичные расчёты
P 137	paiements multilatéraux	multilateral payments	многосторонние расчёты
P 138	paiements par ordinateur	computer payments	расчёты с помощью компьютера
P 139	paiements périodiques	regular payments	регулярные платежи
P 140	paiements en principal	payments of the principal	платежи в счёт погашения основного долга
P 141	paiements relatifs à des mouvements de capitaux	payments relative to capital movements	платежи, связанные с движением капиталов
P 142	paiements scripturaux	cashless payments	безналичные расчёты
P 143	paiements de transfert	transfer payments	трансфертные платежи
P 144	paiements et transferts	payments and transfers	платежи и переводы
P 145	paierie *f*	treasury office	касса
P 146	pair *m*	1. par, par value 2. parity	1. паритет, номинал, номинальная стоимость 2. паритет *(валют)*
P 147	abandonner le pair	to deviate from par value	отклоняться от паритета
P 148	émettre au pair	to issue at par	выпускать по номиналу
P 149	être au pair	to be at par	соответствовать паритету
P 150	au pair	at par	по паритету
P 151	au-dessous du pair	below par	ниже паритета
P 152	au-dessus du pair	above par	выше паритета
P 153	s'échanger au pair	to be exchangeable at par	обмениваться по паритету
P 154	s'éloigner du pair	to deviate from par value	отклоняться от паритета
P 155	pair au change	mint par	металлический паритет *(на основе содержания драгоценного металла)*
P 156	pair du change	par of exchange	валютный паритет
P 157	pair intrinsèque [métallique]	mint par	металлический паритет *(на основе содержания драгоценного металла)*
P 158	pair d'une monnaie	par of a currency	валютный паритет
P 159	pair réciproque	reciprocal par	взаимный паритет *(при соответствии курсов валют двух стран паритету в обеих странах)*
P 160	palais *m* Brongniart	Brongniart Palace *(Paris Stock Exchange)*	Парижская фондовая биржа
P 161	palette *f*	palette, range	набор; разновидности
P 162	palette de concours	range of loans	разновидности ссуд
P 163	palette d'instruments financiers	range of financial instruments	набор финансовых инструментов
P 164	palette, large	broad range	широкий набор
P 165	palier *m*	level, stage	уровень
P 166	palier d'impôt	tax level	уровень налогообложения
P 167	palier de résistance	resistance barrier [level]	уровень [точка] сопротивления *(уровень цены, при котором можно ожидать приостановления подъёма конъюнктуры)*
P 168	panier *m*	basket	корзина, набор
P 169	composer un panier	to make up a basket	составлять корзину
P 170	entrer dans un panier	to be included in a basket	входить в корзину

P

P 171	panier d'actifs financiers	basket of financial instruments	корзина финансовых активов
P 172	panier de devises	basket of currencies	корзина валют
P 173	panier du DTS	SDR basket	корзина СДР
P 174	panier de l'ECU	ECU basket	корзина ЭКЮ
P 175	panier gelé	frozen basket	неизменная корзина
P 176	panier de monnaies	basket of currencies	корзина валют
P 177	panier de titres standardisés	basket of standardized securities	набор стандартизованных ценных бумаг
P 178	panier de valeurs	unbundled stock units, USU	ценные бумаги, выпускаемые взамен акции *(облигация, привилегированная акция и сертификат увеличения стоимости капитала компании)*
P 179	panier variable	variable basket	изменяющаяся корзина
P 180	panique *f*	panic	паника
P 181	causer une panique	to cause panic	вызывать панику
P 182	endiguer une panique	to stop panic	прекращать [останавливать] панику
P 183	produire une panique	to cause panic	вызывать панику
P 184	panique en bourse [boursière]	stock exchange panic	паника на бирже
P 185	panique sur les marchés des changes	panic on the currency markets	паника на валютных рынках
P 186	panoplie *f*	range	набор
P 187	panoplie des instruments financiers	range of financial instruments	набор финансовых инструментов
P 188	panoplie des obligations	range of bonds	набор облигаций
P 189	papier *m*	1. paper, document 2. security; paper, bill	1. бумага, документ 2. (краткосрочная) ценная бумага; (краткосрочное) обязательство, вексель
P 190	papier assorti de coupons fixes	security with fixed coupons	ценная бумага с фиксированными купонами
P 191	papier bancable	bankable paper	вексель, приемлемый для переучёта (в банке)
P 192	papier de banque	1. bank bill 2. first-class [fine, prime] paper	1. банковский вексель 2. первоклассный вексель
P 193	papier hors banque	unbankable paper	вексель, не приемлемый для переучёта
P 194	papier, beau	first-class [fine, prime] paper	первоклассный вексель
P 195	papier de bon rendement	high-yield paper	высокодоходная ценная бумага
P 196	papier de cavalerie	accommodation bill, kite	«дружеский» вексель
P 197	papier commerciable	negotiable paper	обращающийся вексель
P 198	papier de complaisance	accommodation bill, kite	«дружеский» вексель
P 199	papier court [à courte échéance]	short(-dated) bill [paper]	краткосрочный вексель
P 200	papier de crédit	promissory note	простое долговое обязательство
P 201	papier creux	kite	«дружеский» вексель
P 202	papier sur le dehors [déplacé]	bill payable outside the local area	иногородний вексель
P 203	papier à échéance	dated bill [paper]	срочный вексель
P 204	papier éligible du réescompte	rediscountable paper	вексель, приемлемый для переучёта (в банке)

P

P 205	**papier à en-tête**	letterhead	фирменный бланк
P 206	**papier escomptable**	discountable bill	учитываемый вексель
P 207	**papier fait**	guaranteed bill [paper], backed bill	гарантированный вексель
P 208	**papier de famille**	bill on a subsidiary	вексель, выставленный на дочернюю компанию
P 209	**papier de financement [financier]**	discountable credit note, financial paper	финансовый вексель
P 210	**papier libre**	plain unheaded paper	обычная бумага
P 211	**papier long [à longue échéance]**	long(-dated) bill [paper]	долгосрочный вексель
P 212	**papier de mobilisation**	discountable credit note, financial paper	финансовый вексель
P 213	**papier monnaie**	paper money [currency]	бумажные деньги
P 214	**papier négociable**	negotiable paper	обращающийся вексель
P 215	**papier nominatif**	paper to a named person, nontransferable [registered] paper	именной вексель, именная ценная бумага
P 216	**papier non acceptable**	nondiscountable bill	вексель, не приемлемый для переучёта
P 217	**papier non bancable**	unbankable paper	вексель, не приемлемый для учёта (в банке)
P 218	**papier à ordre**	bill to order	ордерный вексель
P 219	**papier sur place**	local bill [paper]	местный вексель
P 220	**papier au porteur**	bill to bearer, bearer bill	вексель на предъявителя, предъявительский вексель
P 221	**papier de premier ordre**	first-class [fine, prime] paper	первоклассный вексель
P 222	**papier à taux d'intérêt variable**	floating-rate paper	ценная бумага с плавающей ставкой
P 223	**papier timbré**	stamped paper	гербовая бумага
P 224	**papier à trois mois**	three months' bill	трёхмесячный вексель
P 225	**papier à vue**	sight bill	вексель с оплатой по предъявлении
P 226	**papier-monnaie** *m*	paper money	бумажные деньги
P 227	**papiers** *m pl*	1. papers, documents 2. securities; papers, bills	1. бумаги, документы 2. (краткосрочные) ценные бумаги; векселя
P 228	**papiers brûlants**	hot bills	«горячие» векселя
P 229	**papiers commerciaux**	commercial papers	коммерческие бумаги *(обращающиеся на рынке обязательства компаний, не имеющие специального обеспечения)*
P 230	**papiers du gisement**	underlying securities	ценные бумаги исходного [лежащего в основе] обязательства
P 231	**papiers longs du marché**	long(-dated) bills [papers] traded at the market	долгосрочные векселя, обращающиеся на рынке
P 232	**papiers monétaires**	bills, notes	краткосрочные ценные бумаги
P 233	**papiers produisant des intérêts**	interest-bearing papers	ценные бумаги, приносящие процент
P 234	**papiers-valeurs** *m pl*	securities	ценные бумаги
P 235	**paquet** *m*	block; package	пакет *(акций, документов)*

P

P 236	négocier un paquet de 30% du capital	to trade a 30% block of shares	совершать операции с пакетом акций, составляющим 30% капитала
P 237	paquet d'actions	block of shares	пакет акций
P 238	paquet de contrôle d'actions	controlling block of shares	контрольный пакет акций
P 239	paquet de créances	package of debts	пакет долговых требований
P 240	paquet, gros	large block	крупный пакет
P 241	paquet de titres	block of securities	пакет ценных бумаг
P 242	paradis *m*		
P 243	paradis bancaire	tax shelter for banks	«налоговый рай» для банков
P 244	paradis fiscal	tax shelter [heaven]	«налоговый рай», налоговое убежище
P 245	paradis réglementaire	regulatory paradise	«законодательный рай», страна с благоприятным законодательством
P 246	pari *m*	bet	спор
P 247	prendre un pari sur prix	to take a bet on the price	делать ставку на благоприятное изменение цены
P 248	pari passu	pari passu	эквивалентный, равный во всех отношениях
P 249	Paris	Paris	Париж, французский франк *(на валютном рынке)*
P 250	Parisienne *f* de réescompte	Parisienne de réescompte *(Paris Rediscount Company)*	Парижская переучётная компания
P 251	paritaire	joint, equal, with equal representation of both sides	паритетный, равный
P 252	parité *f*	parity, par value, par rate of exchange	паритет *(валюты)*, равенство *(курса)*
P 253	abaisser la parité de la monnaie	to lower the parity of exchange	снижать паритет валюты
P 254	défendre la parité	to defend the parity	защищать паритет
P 255	établir une parité	to fix a parity	устанавливать паритет
P 256	maintenir la parité	to maintain the parity	поддерживать паритет
P 257	modifier la parité	to modify the parity	изменять паритет
P 258	à parité	at parity	по паритету
P 259	s'écarter de la parité	to deviate from the parity	отклоняться от паритета
P 260	tenir la parité fixe	to maintain the fixed parity	поддерживать твёрдый паритет
P 261	parité actuelle dollar-franc français	present dollar-French franc parity	текущий паритет доллара к французскому франку
P 262	parité, ancienne	previous parity	прежний паритет
P 263	parité artificielle	artificial parity	искусственный паритет
P 264	parité centrale	central exchange rate	центральный курс
P 265	parité du change	exchange parity, parity [par rate] of exchange	валютный курс
P 266	parité de conversion	conversion price	обменный паритет
P 267	parité à crémaillère	sliding parity, crawling peg	скользящий паритет *(гибкая система курса валюты с периодической фиксацией)*
P 268	parité directe	direct parity	прямой паритет
P 269	parité fixe	fixed parity, fixed exchange rate	твёрдый паритет
P 270	parité flexible [flottante, fluctuante]	floating parity, floating exchange rate	плавающий курс

P

P 271	parité F/$ [franc français/dollar]	French franc / dollar parity	паритет французского франка к доллару
P 272	parité glissante	sliding parity, crawling peg	скользящий паритет *(гибкая система курса валюты с периодической фиксацией)*
P 273	parité inchangeable	unchangeable parity	неизменный паритет
P 274	parité inférieure	lower parity	низший паритет
P 275	parité initiale	initial parity	базовый паритет
P 276	parité monétaire [d'une monnaie]	1. exchange parity, parity [par rate] of exchange 2. gold content of a currency	1. паритет валюты 2. золотое содержание валюты
P 277	parité officielle	official parity	официальный паритет
P 278	parité or	1. gold parity 2. gold content *(of a currency)*	1. золотой паритет 2. золотое содержание*(валюты)*
P 279	parité du pouvoir d'achat, PPA	purchasing power parity	паритет покупательной способности
P 280	parité prévisible	forecast parity	прогнозируемый курс
P 281	parité rampante	sliding parity, crawling peg	скользящий паритет *(гибкая система курса валюты с периодической фиксацией)*
P 282	parité de référence	reference parity	справочный паритет
P 283	parité souhaitable de deux monnaies	desirable exchange rate of two currencies	желаемый паритет двух валют
P 284	parité de taux d'intérêt	interest parity	паритет процентных ставок
P 285	parité-or *f*	1. gold parity 2. gold content *(of a currency)*	1. золотой паритет 2. золотое содержание *(валюты)*
P 286	parités *f pl*	exchange rates, parities	паритеты, валютные курсы
P 287	réexaminer les parités	to review exchange rates	пересматривать паритеты
P 288	respecter les parités déclarées	to observe the fixed parities	придерживаться фиксированных паритетов
P 289	réviser les parités	to review exchange rates	пересматривать паритеты
P 290	parités ajustables	adjustable exchange rates	регулируемые паритеты
P 291	parités croisées	cross rates of exchange	валютные кросс-курсы
P 292	parités déclarées	fixed parities	фиксированные паритеты
P 293	parités intra-européennes	EMS exchange rates	паритеты между валютами ЕВС
P 294	parités réalistes	real exchange rates	реальные паритеты
P 295	parités réciproques	mutual exchange rates	взаимные паритеты
P 296	parités réelles des monnaies	real exchange rates	реальные паритеты валют
P 297	parités au sein du SME	EMS exchange rates	паритеты между валютами ЕВС
P 298	parités stables	stable exchange rates	стабильные паритеты
P 299	parquet *m*	1. floor (trading, dealing) 2. stock exchange, market; stockbrokers	1. торговый зал биржи 2. биржа; участники биржи
P 300	part *f*	1. part 2. share, part	1. часть, доля 2. долевое участие, пай, доля
P 301	avoir part aux bénéfices	to share in profits	участвовать в прибылях
P 302	part dans les affaires	stake in a business	доля в деле
P 303	part d'apport	founder's share	первоначальный взнос в компанию
P 304	part d'un associé	partner's share	пай участника [члена] товарищества
P 305	part de bénéfice	part of profits	доля прибыли

P

P 306	part aux bénéfices	share in profits	участие [доля] в прибылях
P 307	part bénéficiaire	founder's share	учредительская акция
P 308	part bénéficiaire nominative et amortissable	registered and redeemable founder's share	именная погашаемая учредительская акция
P 309	part du capital social	share of authorized capital	доля в уставном капитале
P 310	part des capitaux propres	part of equity	часть собственного капитала
P 311	part croissante	increasing share	возрастающая доля
P 312	part équivalente	equivalent share	эквивалентная доля
P 313	part de fiducie	trust unit	пай трастового фонда
P 314	part de fondateur	founder's share	учредительская акция
P 315	part de fonds commun de placement [de FCP]	share of a mutual fund	сертификат инвестиционного фонда
P 316	part d'intérêt	(partner's) share	доля участия в капитале (товарищества), пай
P 317	part d'intérêt dû sur la dette	part of interest due	часть процентов по долгу, подлежащих уплате
P 318	part d'intérêt incessible	nontransferable share	доля участия, не подлежащая переуступке
P 319	part librement négociable	negotiable share	свободно обращающаяся акция
P 320	part de marché	market share	доля рынка
P 321	part non appelée du capital	uncalled part of capital	часть невостребованного (при выпуске) капитала компании
P 322	part non libérée du capital	unpaid part of capital	неоплаченная часть капитала компании
P 323	part de patrimoine	part of assets	часть активов
P 324	part de principal	part of principal	часть основной суммы (долга)
P 325	part de remboursement de la dette	part of debt repayment	часть возмещаемого долга
P 326	part des réserves	part of reserves	часть резервов
P 327	part sociale	(partner's) share	доля участия в капитале (товарищества), пай
P 328	partage *m*	division, distribution	распределение, раздел; разделение
P 329	partage des bénéfices	distribution of profits	распределение прибылей
P 330	partage des commissions	distribution of brokerage	распределение комиссионных
P 331	partage des gains	distribution of profits	распределение прибылей
P 332	partage de responsabilité	division of responsibilities	разделение ответственности
P 333	partage des risques	distribution of risks	распределение рисков
P 334	partage de société	partition of company's assets	раздел имущества компании
P 335	partage de la valeur ajoutée	distribution of value added	распределение добавленной стоимости
P 336	partage de voix	distribution of votes	распределение голосов
P 337	partenaires *m pl*	partners	партнёры
P 338	partenaires d'une entreprise	partners of a company	партнёры предприятия
P 339	partenaires étrangers	foreign partners	иностранные партнёры
P 340	partenaires financiers	financial partners	финансовые партнёры
P 341	partenaires de toute première importance	the most important partners	наиболее важные партнёры
P 342	partenariat *m*	partnership, cooperation	партнёрство, сотрудничество
P 343	participant *m*	participant	участник
P 344	participant aux bénéfices	person having a share in the profit	лицо, участвующее в прибылях

P

P 345	participants *m pl*	participants	участники
P 346	participants des appels d'offres	participants of tenders	участники торгов
P 347	participants au marché financier	players [participants] of the financial market	участники финансового рынка
P 348	participants au SME	participants of the EMS	страны-участницы ЕВС
P 349	participation *f*	1. participation 2. participation, contribution, share, stake, interest	1. участие 2. долевое участие, пай, доля
P 350	acquérir une participation	to acquire an interest (in a company)	приобретать долю (в компании)
P 351	convertir une participation en obligations	to convert a stake (in a company) into bonds	обменивать долевое участие в капитале (компании) на облигации
P 352	en participation	with participation	с участием
P 353	sans participation	without participation	без участия
P 354	porter sa participation à 7%	to bring one's participation to 7%	довести долевое участие до 7%
P 355	posséder une participation de 28% environ	to have a stake of approximately 28%	располагать долевым участием приблизительно 28%
P 356	racheter une participation	to buy out a stake (in a company)	выкупать долю участия
P 357	revendre sa participation	to resell one's stake	перепродавать свою долю участия
P 358	participation bancaire [d'une banque]	bank participation, acquisition of an interest by a bank	участие банка
P 359	participation aux bénéfices	profit sharing	участие в прибылях
P 360	participation en [dans le] capital	stake [interest] in capital	долевое участие в капитале
P 361	participation conjointe	1. joint participation 2. syndicated loan	1. совместное участие 2. консорциальный кредит
P 362	participation déterminante	controlling interest	решающее участие
P 363	participation directe	direct participation	прямое участие
P 364	participation dominante	majority interest [holding], controlling interest [stake]	мажоритарное участие
P 365	participation effective	beneficial ownership interest	фактическое участие (в капитале компании)
P 366	participation financière	financial participation	финансовое участие
P 367	participation indirecte	indirect participation	непрямое [косвенное] участие
P 368	participation majoritaire	majority interest [holding], controlling interest [stake]	мажоритарное участие
P 369	participation minimum de 40% à 50%	minimum stake of 40 to 50%	минимальное долевое участие 40-50%
P 370	participation minoritaire	minority interest [holding]	миноритарное участие
P 371	participation en nom	participation with unlimited liability	именное участие, неограниченная ответственность
P 372	participation non majoritaire	nonmajority holding	немажоритарное участие
P 373	participation dans un patrimoine mobilier	stake in the movables	участие в движимом имуществе
P 374	participation permanente	permanent participation	постоянное участие
P 375	participation aux plus-values	employee profit-sharing scheme	участие работников компании в прибылях

P

P 376	participation prépondérante	majority interest [holding], controlling interest [stake]	мажоритарное участие
P 377	participation proportionnelle	proportional participation	пропорциональное участие
P 378	participation du public	public shareholding	участие широкой публики в капитале компании
P 379	participation substantielle	substantial interest	значительное участие
P 380	participation dans un syndicat	participation in a syndicate	участие в синдикате
P 381	participation versée	contribution paid	уплаченный взнос
P 382	participations *f pl*	stakes, interest, holdings	участия, доля участия
P 383	céder ses participations dans une société	to dispose of [to sell off] one's holdings in a company	продавать долю участия в капитале компании
P 384	commercialiser librement ses participations	to freely sell one's holdings	свободно продавать свою долю участия
P 385	détenir des participations	to hold interests, to have holdings	иметь долю участия
P 386	libeller les participations de SICAV en devises	to denominate investment company holdings in foreign currencies	деноминировать СИКАВ (*вложения инвестиционной компании открытого типа*) в валюте
P 387	prendre des participations au capital	to acquire holdings in capital	приобретать долю участия в капитале
P 388	vendre des participations	to dispose of [to sell off] one's holdings in a company	продавать долю участия в капитале компании
P 389	participations amorties	paid-up holdings	оплаченные участия
P 390	participations dans le capital d'une banque	stake in a bank's capital	доля участия в капитале банка
P 391	participations communes	joint holdings	совместные участия [вложения]
P 392	participations consolidées	consolidated holdings	консолидированные участия
P 393	participations croisées	cross holdings, reciprocal shareholding	взаимные участия
P 394	participations multiples	multiple holdings	множественные участия
P 395	participations négociables	marketable holdings	легкореализуемые участия
P 396	participations d'OPCVM	holdings of OPCVMs (*investment funds*)	участия инвестиционных фондов
P 397	participations réciproques	cross holdings, reciprocal shareholding	взаимные участия
P 398	participer	1. to participate, to be involved 2. to share, to have a stake	1. участвовать, принимать участие 2. иметь долевое участие (в капитале)
P 399	particularités *f pl* fiscales et institutionnelles	institutional and fiscal features of countries	институциональные и налоговые особенности
P 400	particulier *m* non commerçant	nontrader (individual)	некоммерсант
P 401	partie *f*	1. part 2. party	1. часть 2. сторона, участник
P 402	introduire une partie de capital en bourse	to float a part of capital on the stock market	размещать часть капитала на бирже
P 403	posséder une partie de capital	to hold a stake [an interest] in the capital	участвовать в капитале, иметь долевое участие (компании)
P 404	partie de capital	part [share] of capital	часть капитала
P 405	partie de complaisance	accommodation party	лицо, выписывающее «дружеский» вексель
P 406	partie défaillante	defaulter	неплательщик
P 407	partie de disponibilités	part of liquidities	часть ликвидных активов
P 408	partie intervenant d'un effet	acceptor for honor of a bill	авалист, гарант векселя

P

P 409	partie non encore utilisée	undrawn portion (of a loan)	неиспользованная часть (займа)
P 410	partie, notable	substantial part	значительная часть
P 411	partie prenante	creditor, payee, recipient	кредитор; бенефициар
P 412	partie du revenu	part of income	часть дохода
P 413	partie versante	payer	плательщик
P 414	parution *f*	publication	публикация
P 415	parution des informations légales	publication of legal information	публикация требуемой по закону информации
P 416	parution des quotients financiers	publication of financial ratios	публикация финансовых показателей
P 417	passage *m* de bloc de contrôle	transfer of a controlling interest	переход контрольного пакета акций
P 418	passation *f*	1. placing *(of an order)* 2. handover 3. entry; posting, passing to an account	1. размещение *(заказа)*, передача *(поручения)* 2. передача *(полномочий)* 3. *(бухгалтерская)* проводка, зачисление *(на счёт)*
P 419	passation en compte	passing [posting] to an account	зачисление на счёт, проводка по счёту
P 420	passation d'un dividende	declaration of dividend	определение размеров дивиденда
P 421	passation d'écritures en compte	posting of entries (to an account)	зачисление на счёт, проводка по счёту
P 422	passation d'ordres de bourse	placing of stock exchange orders	передача биржевых поручений
P 423	passation de pouvoir	handover	передача полномочий
P 424	passible de	liable to	подлежащий *(оплате, налогообложению)*
P 425	passif	passive; unfavorable, adverse *(e.g. a balance)*	пассивный; отрицательный *(напр. сальдо, баланс)*
P 426	passif *m*	1. liabilities side of the balance sheet 2. liabilities, debt	1. пассив(ы) *(баланса)* 2. обязательства
P 427	inscrire [mettre, porter] au passif	to enter on the liabilities side	записывать в пассив
P 428	passif du bilan d'une banque	liabilities side of a bank's balance sheet	пассив баланса банка
P 429	passif circulant	short-term debt, current liabilities	текущие [краткосрочные] обязательства
P 430	passif comptable	book liabilities	балансовые пассивы
P 431	passif contracté auprès des banques internationales	liabilities towards international banks	обязательства перед международными банками
P 432	passif à court terme	short-term debt, current liabilities	текущие [краткосрочные] обязательства
P 433	passif éventuel	contingent liabilities	условные обязательства
P 434	passif exigible	liabilities due	обязательства, срок которых наступил
P 435	passif externe	external liabilities	внешние обязательства
P 436	passif interne	equity	внутренние обязательства, обязательства перед владельцами компании
P 437	passif à long terme	long-term debt	долгосрочные обязательства
P 438	passif monétaire	monetary liabilities	денежные обязательства
P 439	passif non exigible	noncurrent liabilities	обязательства, срок которых не наступил

P 440	passif permanent	permanent liabilities	постоянная задолженность
P 441	passif reporté	deferred liabilities	отсроченные обязательства, обязательства будущих периодов
P 442	passif social	company's liabilities	обязательства компании
P 443	passif envers tiers	liabilities towards third parties	обязательства в отношении третьих лиц
P 444	passif-dépôts *m*	deposit liabilities	обязательства (банка) по депозитам
P 445	passivité *f*	passivity, passiveness	пассивность
P 446	passivité de la clientèle	passivity of clients	пассивность клиентуры
P 447	passivité dans l'évolution des taux de change	slight movements of the exchange rates	незначительные изменения валютных курсов
P 448	patrimoine *m*	1. assets; estate, property 2. fortune	1. активы, имущество 2. состояние
P 449	diversifier son patrimoine	to diversify one's assets	диверсифицировать свои активы
P 450	patrimoine boursier	market capitalization	биржевая стоимость акций компании
P 451	patrimoine fiduciaire	trust estate	имущество в трастовом управлении
P 452	patrimoine financier	financial assets	финансовые активы
P 453	patrimoine immobilier	real estate assets	недвижимое имущество, активы в виде недвижимого имущества
P 454	patrimoine net	net assets, equity, own capital	собственный капитал, нетто-стоимость имущества за вычетом обязательств
P 455	patrimoine personnel	personal property [fortune]	личное состояние
P 456	patrimoine social	assets of a corporation	активы компании
P 457	patrimoine susceptible de rapporter un revenu	income-bearing property	активы, способные приносить доход
P 458	patrimoine de valeurs mobilières	securities, financial assets	активы в виде ценных бумаг
P 459	payable	payable	подлежащий оплате, оплачиваемый
P 460	payable d'avance	payable in advance	подлежащий оплате досрочно
P 461	payable par chèque	payable by check	оплачиваемый чеком
P 462	payable (au) comptant	payable in cash	подлежащий оплате наличными
P 463	payable sans délai	payable immediately	подлежащий немедленной оплате
P 464	payable à un délai de vue	payable after sight	подлежащий оплате по истечении определённого срока после предъявления
P 465	payable à [sur] demande	payable at sight, payable on presentation, payable on demand	подлежащий оплате по предъявлении
P 466	payable à l'échéance	payable at maturity [when due]	подлежащий оплате в срок
P 467	payable intégralement	payable in full	полностью оплачиваемый
P 468	payable à 30 jours	payable at 30 days	подлежащий оплате через месяц *(о тратте)*
P 469	payable en liquide	payable in cash	подлежащий оплате наличными

P

P 470	payable mensuellement à terme échu	payable monthly in arrears	выплачиваемый ежемесячно (в счёт прошедшего месяца)
P 471	payable en numéraire	payable in cash	подлежащий оплате наличными
P 472	payable au porteur	payable to bearer	предъявительский, на предъявителя
P 473	payable à préavis	payable after notice	подлежащий оплате через определённый срок после уведомления
P 474	payable sur présentation	payable at sight, payable on presentation, payable on demand	подлежащий оплате по предъявлении
P 475	payable dès la réception	payable on delivery	подлежащий оплате по получении
P 476	payable à tempérament [par versements échelonnés, par versements périodiques]	payable in installments	оплачиваемый в рассрочку
P 477	payable à vue	payable at sight, payable on presentation, payable on demand	подлежащий оплате по предъявлении
P 478	payant	1. paying 2. payable 3. profitable	1. платящий 2. платный 3. доходный, выгодный
P 479	payant *m*	person who pays	плательщик
P 480	payant tiers	third party payer	плательщик - третье лицо
P 481	payé d'avance	prepaid	предоплаченный, оплаченный заранее
P 482	payer	to pay	платить, оплачивать, выплачивать
P 483	payer en argent comptant	to pay in cash	платить наличными
P 484	payer d'avance	to pay in advance	оплачивать досрочно
P 485	payer à l'échéance	to pay at maturity [when due]	платить по наступлении срока
P 486	payer à échéance de 30 jours	to pay at 30 days	оплачивать через месяц
P 487	payer par ordinateur	to pay via computer	платить через компьютер
P 488	payer à l'ordre de	to pay to the order of	платить приказу
P 489	payer à présentation	to pay at sight [on demand]	платить по предъявлении
P 490	payer à tempérament	to pay by installments	платить в рассрочку
P 491	payer à vue	to pay at sight [on demand]	платить по предъявлении
P 492	payeur *m*	1. payer 2. paymaster; teller	1. плательщик 2. кассир; казначей
P 493	payeur général du Trésor	treasury head paymaster	главный кассир казначейства
P 494	payeur d'une lettre de change	drawee, acceptor	плательщик по переводному векселю
P 495	payeur, mauvais	bad debtor, defaulter	неисправный плательщик
P 496	payeur du montant fixe	payer of the fixed amount	плательщик фиксированной суммы
P 497	payeur du montant variable	payer of the variable amount	плательщик изменяющейся суммы
P 498	payeur ponctuel	punctual payer	аккуратный плательщик
P 499	payeur de la prime	payer of the premium	плательщик премии
P 500	payeur de taux fixe	payer of the fixed rate	плательщик фиксированной ставки
P 501	payeur de taux variable	payer of the variable rate	плательщик изменяющейся ставки
P 502	pays *m*	country	страна

P

P 503	pays bénéficiare	beneficiary country	страна-получатель *(помощи, кредита)*
P 504	pays à change élevé	country with a strong currency	страна с сильной валютой
P 505	pays à change faible	country with a week currency	страна со слабой валютой
P 506	pays à contrôle des changes sévère	country with strict exchange control	страна с жёстким валютным контролем
P 507	pays créancier [créditeur]	creditor country	страна-кредитор
P 508	pays débiteur	debtor country	страна-дебитор
P 509	pays emprunteur	borrower country	страна-заёмщик
P 510	pays endetté	indebted country	страна-должник
P 511	pays à fiscalité exagérée	country with excessive taxation	страна с чрезмерным налогообложением
P 512	pays à fiscalité faible	country with light taxation	страна с низким уровнем налогообложения
P 513	pays à fiscalité plus lourde	country with heavier taxation	страна с более высоким уровнем налогообложения
P 514	pays à faible taux d'inflation	country with low inflation	страна с низким уровнем инфляции
P 515	pays à fort taux d'inflation	country with high inflation	страна с высоким уровнем инфляции
P 516	pays à fort taux de TVA	country with high VAT rates	страна с высокой ставкой налога на добавленную стоимость
P 517	pays à monnaie autonome	country with an autonomous currency	страна с автономной валютой
P 518	pays à monnaie convertible	country with a convertible currency	страна с конвертируемой валютой
P 519	pays à monnaie dévaluée	country with a devaluated currency	страна с девальвированной валютой
P 520	pays à monnaie faible	country with a week currency	страна со слабой валютой
P 521	pays à monnaie forte	country with a strong currency	страна с сильной валютой
P 522	pays à secret bancaire	bank secret country	страна с банковской тайной
P 523	pays signataire	signatory country	страна-участница (организации)
P 524	pays-payant *m*	paying country	страна-плательщик
P 525	pays *m pl*	countries	страны
P 526	pays adhérents	member countries	страны-участницы (организации)
P 527	pays du bloc-or	gold bloc countries	страны золотого блока
P 528	pays aux monnaies contestées	countries with a challenged currency	страны с уязвимыми валютами
P 529	pays non membres	non-member countries	страны-нечлены (организации)
P 530	pays non solvables	insolvent countries	неплатёжеспособные страны
P 531	pays partenaires	member countries	страны-партнёры
P 532	pays pleinement membres du SME	full members of the EMS	страны-полноправные члены ЕВС
P 533	paysage *m*	situation	обстановка, ситуация, положение
P 534	paysage bancaire	banking situation	банковская ситуация
P 535	pécule *m*	savings	небольшие сбережения
P 536	pécuniaire	pecuniary	денежный
P 537	pécuniairement	financially	в денежном отношении
P 538	peine *f*	penalty	наказание, штраф

P

P 539	peine encourue	penalty incurred	понесённое наказание
P 540	peine pécuniaire	fine	денежный штраф, пеня
P 541	peloton *m* de tête	leaders	лидеры
P 542	pénalisation *f*	penalization; restraint	создание неблагоприятных условий; ограничение; сдерживание
P 543	pénalisation fiscale de l'épargne	tax penalization of savings	ограничение сбережений с помощью налоговых мер
P 544	pénalisation, forte	high restraint	жёсткое ограничение
P 545	pénalisation de l'investissement	penalization of investments restraint upon the rate of investment	создание неблагоприятных условий для инвестиций, ограничение роста инвестиций
P 546	pénaliser	to penalize; to restrict	создавать неблагоприятные условия; ограничивать; сдерживать
P 547	pénalité *f*	penalty, fine	штраф, неустойка
P 548	encourir une pénalité	to be fined	подвергаться штрафу
P 549	fixer une pénalité	to fix a penalty	устанавливать штраф
P 550	pénalité d'annulation	cancellation fine	штраф за расторжение (контракта)
P 551	pénalité éventuelle	possible fine	возможный штраф
P 552	pénalité d'intérêt	interest penalty	штрафной процент
P 553	pénalité pécuniaire	fine, pecuniary penalty	денежный штраф, пеня
P 554	pénalité pour remboursement anticipé	prepayment penalty	штраф за досрочное погашение
P 555	pénalités *f pl*	penalties, fines	штрафы, санкции
P 556	appliquer des pénalités	to apply penalties	применять штрафы
P 557	éviter des pénalités	to avoid penalties	избегать штрафов
P 558	subir des pénalités	to incur penalties	подвергаться штрафам
P 559	supprimer des pénalités	to abolish penalties	отменять штрафы
P 560	pénalités fiscales	tax penalties	налоговые санкции
P 561	pénalités de retard	penalties for late fulfillment of an obligation	неустойка
P 562	pénétration *f*	penetration	проникновение
P 563	pénétration de l'argent brûlant	penetration of hot money	проникновение «горячих денег»
P 564	pénétration sur les marchés internationaux	penetration to the international markets	проникновение на международные рынки
P 565	pension *f*	1. repurchase agreement 2. pension, annuity	1. рефинансирование под залог векселей *(на межбанковском рынке)* 2. пенсия, содержание
P 566	mettre en pension des effets	to place bills in pawn	отдавать в залог векселя
P 567	prendre en pension des effets	to take bills in pawn	брать в залог векселя
P 568	pensions *f pl*	repurchase agreements, repos	соглашения об обратном выкупе, репо *(продажа ценных бумаг на условиях их обратного выкупа через определённый срок по фиксированной цене — способ рефинансирования под залог ценных бумаг)*
P 569	pensions consenties	repos granted	предоставленные ссуды под залог векселей

P

P 570	pensions d'effets privés	placing of private bills in pawn	получение ссуды под залог векселей компаний
P 571	pensions au jour le jour	overnight repurchase agreements	однодневные соглашения репо
P 572	pensions à sept jours	7-day repurchase agreements	соглашения репо сроком на одну неделю *(типичный вид краткосрочного кредитования банков Банком Франции)*
P 573	pensions à terme	forward repurchase agreements	срочные ссуды под залог векселей
P 574	pensions à trois jours sur bons du Trésor	3-day repurchase agreements against treasury bills	соглашения репо сроком на три дня под залог казначейских бон [векселей] казначейства
P 575	pente *f* d'inflation	inflation curve	кривая инфляции
P 576	pénurie *f*	shortage, scarcity	недостаток, нехватка; дефицит
P 577	pénurie d'argent	shortage of money	нехватка денег
P 578	pénurie de capitaux	shortage of capital	недостаток капиталов
P 579	pénurie de crédits	credit shortage, credit squeeze	кредитный голод
P 580	pénurie de devises	shortage of foreign currency	валютный голод
P 581	pénurie de dollars	shortage of dollars	долларовый голод
P 582	pénurie de liquidités	shortage of liquid assets	нехватка ликвидных средств
P 583	pénurie momentanée de ressources en devises	temporary shortage of foreign currency	временная нехватка валютных средств
P 584	pénurie de moyens financiers	shortage of financial resources	нехватка финансовых средств
P 585	pénurie perceptible	perceptible shortage	ощутимая нехватка
P 586	pénurie de réserves	shortage of reserves	недостаток резервов
P 587	pénurie de sièges de négociateurs	shortage of dealer places	недостаток дилерских мест
P 588	PER *m*	PER, price-earnings ratio	отношение рыночной цены акции компании к её чистой прибыли в расчёте на акцию
P 589	PER moyen du marché	average market PER	среднерыночное отношение цены акции к чистой прибыли компании в расчёте на акцию
P 590	percepteur *m*	tax collector	сборщик налогов, налоговый инспектор
P 591	perceptible	collectable, payable *(a tax)*	взимаемый *(о налоге)*
P 592	perception *f*	1. (tax) collection, levy 2. tax collector's office, internal revenue office	1. получение; взимание, сбор, *(напр. налогов)* 2. налоговая инспекция
P 593	perception des agios	collection of bank commissions	взимание банковских комиссионных
P 594	perception des annuités	collection of annual payments	взимание ежегодных платежей
P 595	perception d'arriérés d'intérêts	collection of arrears of interest	взимание процентной задолженности
P 596	perception de commissions	collection of commissions	взимание комиссионных
P 597	perception fiscale [des impôts]	tax collection	взимание налогов
P 598	perception d'une rémunération	collection of remuneration	получение вознаграждения
P 599	perception des revenus	collection of revenues	получение доходов

P

P 600	perception d'un supplément d'agios	collection of extra bank commissions	взимание дополнительных банковских комиссионных
P 601	percevable	collectable *(of a tax)*	взимаемый *(о налоге)*
P 602	percevoir	to receive; to collect *(taxes)*	получать; взимать *(напр. налоги)*
P 603	perçu	collected, received	полученный
P 604	péréquation *f*	1. equalization, evening out 2. redistribution	1. выравнивание 2. перераспределение
P 605	péréquation financière	financial redistribution	финансовое перераспределение
P 606	péréquation des impôts	equalization of taxes	пропорциональное выравнивание налогообложения
P 607	péréquation des soldes bancaires de filiales à l'intérieur d'un groupe	netting	взаимная компенсация обязательств и активов между филиалами банка *или* несколькими банками для выявления чистой позиции под риском
P 608	perfection *f* des mécanismes bancaires	perfection of banking mechanisms	совершенство банковских механизмов
P 609	performance *f* d'un placement	compound yield of an investment	показатель полной доходности инвестиций
P 610	performances *f pl*	results, performance; indicators	результаты; показатели
P 611	apprécier ses performances	to evaluate one's results	оценивать результаты своей деятельности
P 612	performances boursières	market indicators	биржевые показатели
P 613	performances calculées	calculated indicators	расчётные показатели
P 614	performances des emprunts d'État	government bond performance indicators	показатели доходности государственных займов
P 615	performances des euro-obligations	performance of Eurobonds	показатели доходности еврооблигаций
P 616	performances financières	financial indicators	финансовые показатели
P 617	performances opérationnelles	operational indicators	операционные показатели
P 618	performances d'un portefeuille	performance of a portfolio	показатели доходности портфеля
P 619	performant	1. efficient 2. profitable, successful	1. эффективный 2. доходный
P 620	périgée *m* des valeurs mobilières	low of securities prices	самый низший курс ценных бумаг
P 621	périmé	out-of-date, expired; obsolete	просроченный; недействительный
P 622	période *f*	period	период, срок
P 623	période d'amortissement	depreciation period	амортизационный период
P 624	période d'analyse [analysée]	analyzed period	анализируемый период
P 625	période d'attente de garantie	guarantee waiting period	период ожидания гарантии
P 626	période de base	base period	базисный период
P 627	période de blocage des fonds	period of freeze of funds	период замораживания средств
P 628	période de changes flottants	period of floating exchange rates	период плавающих валютных курсов
P 629	période de chevauchement	overlapping period	перекрывающийся период
P 630	période comptable	accounting period	отчётный период
P 631	période considérée	period under consideration	рассматриваемый период

P

P 632	période de consolidation	consolidation period	период консолидации (баланса)
P 633	période de constitution de réserves	period of formation of reserves	период образования резервов
P 634	période de conversion	conversion period	период конверсии
P 635	période de cotation	quotation period	котировочный период
P 636	période, courte	short period	краткий период
P 637	période de création monétaire excessive	period of excessive money creation	период создания излишней денежной массы
P 638	période de crédit	credit period [phase]	срок кредитования
P 639	période de dépréciation d'une monnaie	money depreciation period	период обесценения валюты
P 640	période déterminée	fixed period	установленный срок
P 641	période donnée	given period	данный период
P 642	période avec droits	cum rights period	период использования прав *(на покупку новых акций, предназначенных для продажи существующим акционерам)*
P 643	période d'épargne	savings period	срок сберегательных вкладов
P 644	période d'érosion monétaire	money erosion period	период валютной эрозии
P 645	période de l'étalon-or	gold standard period	период золотого стандарта
P 646	période ex-droits	ex-rights period	период без использования прав *(на покупку новых акций, предназначенных для продажи существующим акционерам)*
P 647	période d'exécution	execution period	срок исполнения
P 648	période d'exercice	financial year	финансовый год
P 649	période fixe	fixed period	установленный срок
P 650	période de fixité des taux de change	period of fixed exchange rates	период фиксированных валютных курсов
P 651	période de garantie	period of guarantee	гарантийный период
P 652	période de grâce	grace period	льготный [грационный] период
P 653	période d'imposition	taxation [fiscal] period	период налогообложения
P 654	période d'indexation	indexation period	период индексации
P 655	période inflationniste	inflationary period	период инфляции
P 656	période d'instabilité des changes	period of unstable exchange rates	период нестабильности валютных курсов
P 657	période de larges fluctuations	period of wide fluctuations	период широких колебаний
P 658	période de liquidation	settlement period	ликвидационный [расчётный] период
P 659	période, longue	long period	длительный период
P 660	période maximale de 6 mois	6-month maximum period	максимальный шестимесячный срок
P 661	période de négociation des contrats	contract trading period	период торговли контрактами
P 662	période non couverte	uncovered period	непокрытый [незастрахованный] период
P 663	période optionnelle	option period	опционный период
P 664	période de plus de 6 mois	period of more than 6 months	срок более 6 месяцев
P 665	période probatoire	trial [probationary] period	испытательный срок

P

P 666	période de procédure officielle	official procedure period	срок официальной процедуры
P 667	période de reconduction	renewal period	продлённый срок
P 668	période de recouvrement	collection period	срок инкассирования
P 669	période de récupération	payback [payout] period	срок окупаемости
P 670	période de référence	reference period	базисный период
P 671	période de remboursement	repayment period	срок выплаты долга
P 672	période restant à courir	time left	оставшийся срок
P 673	période de souscription	subscription period	период подписки (на выпускаемые ценных бумаги)
P 674	période de stabilité monétaire	period of money stability	период стабильности валют
P 675	période de validité	validity period	срок действия
P 676	période à venir	future period	будущий период
P 677	période de volatilité des taux	period of unstable interest rates	период нестабильности процентных ставок
P 678	périodes *f pl* normalisées	standard periods	стандартные периоды на бирже (1, 2 недели, 1, 3, 6, 12 месяцев)
P 679	périodicité *f*	periodicity	периодичность
P 680	périodicité de communication des informations	periodicity of communication of information	периодичность предоставления информации
P 681	périodicité du paiement	periodicity of payment	периодичность выплат
P 682	permanence *f*	permanence	постоянство
P 683	permanence des concours monétaires	permanent monetary assistance	постоянная денежная помощь
P 684	permanence des déséquilibres des marchés monétaires et financiers	permanent disequilibrium of monetary and financial markets	постоянная несбалансированность денежных и финансовых рынков
P 685	permis *m*	permit, license	(письменное) разрешение, свидетельство; лицензия
P 686	permis d'une banque	license of a bank	банковская лицензия, лицензия на проведение банковских операций
P 687	permis de change	license for exchange operations	валютная лицензия
P 688	persistance *f*	persistence	длительность; стойкость; устойчивость
P 689	persistance d'un deficit	permanent deficit	устойчивый [хронический] дефицит
P 690	persistance de la masse monétaire	constant money supply	постоянный уровень денежной массы
P 691	persistance de mouvements de capitaux	persistent capital flows	устойчивые капиталопотоки
P 692	persistance de taux élevés	constantly high rates	постоянно высокие ставки
P 693	persister	to persist	длиться, продолжаться; сохраняться
P 694	personnalité *f*	1. (legal) status 2. official, officer	1. правосубъектность, правовой статус 2. официальное лицо
P 695	personnalité civile	legal [artificial, fictitious] person, legal entity	юридическое лицо
P 696	personnalité comptable	accounting entity	учётная единица, отдельная компания с точки зрения бухгалтерского учёта

P 697	personnalité fiscale	tax entity	субъект налогообложения, налоговая единица, отдельная компания с точки зрения налогообложения
P 698	ne pas posséder de personnalité fiscale	not to be a fiscal entity	не являться субъектом налогообложения
P 699	personnalité morale	legal [artificial, fictitious] person, legal entity	юридическое лицо
P 700	acquérir la personnalité morale	to become a legal entity	становиться юридическим лицом
P 701	attribuer la personnalité morale	to grant the status of a legal entity	предоставлять статус юридического лица
P 702	personne *f*	person	лицо
P 703	personne civile	legal [artificial, fictitious] person, legal entity	юридическое лицо
P 704	personne interposée	intermediary	посредник
P 705	personne morale	legal [artificial, fictitious] person, legal entity	юридическое лицо
P 706	personne morale de droit français	legal entity under the French law	юридическое лицо по французскому законодательству
P 707	personne morale fusionnante	amalgamating corporate body	юридическое лицо, участвующее в слиянии
P 708	personne morale issue de la fusion	amalgamated corporate body	юридическое лицо, образовавшееся в результате слияния
P 709	personne physique	natural person	физическое лицо
P 710	personnel *m*	staff, personnel, employees, workforce	персонал, штат; сотрудники
P 711	personnel de banque	bank staff	банковский персонал
P 712	personnel de bourse	exchange staff	работники биржи
P 713	personnel de bureau	office [clerical] staff	сотрудники офиса
P 714	personnel de la haute direction	executive officers	высшее руководство (компании)
P 715	personnel hautement qualifié	highly skilled workers	высококвалифицированный персонал
P 716	personnes *f pl*	persons, people	лица
P 717	personnes autorisées à signer	authorized signatures, people authorized to sign	лица, имеющие право подписи
P 718	personnes fortement imposées	highly taxed persons	лица, подвергающиеся высокому налогообложению
P 719	personnes inculpées de délit d'initiés	people accused of insider trading	лица, обвинённые в проведении операций с ценными бумагами с использованием внутренней информации о компании
P 720	perspectives *f pl*	prospects	перспективы
P 721	perspectives de baisse	prospects of fall	перспективы понижения
P 722	perspectives de hausse	prospects of rise	перспективы повышения
P 723	perspectives de rentabilité	profitability prospects	перспективы рентабельности [прибыльности]
P 724	perte *f*	1. loss 2. discount	1. потеря, убыток 2. дисконт
P 725	compenser une perte	to make good a loss	возмещать убыток
P 726	être en perte	to stand at a discount	котироваться с дисконтом
P 727	se négocier à perte	to be dealt at a discount	продаваться с дисконтом

P

P 728	perte d'argent	financial [pecuniary] loss	денежный убыток
P 729	perte de bénéfice	loss of profit	потеря прибыли, неполученная прибыль
P 730	perte de [en] capital	capital loss	потеря (части) основной суммы капитала
P 731	perte de change	exchange loss	курсовая потеря
P 732	perte comptable	accounting loss	убытки в результате переоценки *или* неправильной оценки активов
P 733	perte de confiance dans une monnaie	loss of confidence in a currency	утрата доверия к валюте
P 734	perte de la cotation à terme	forward discount	дисконт при срочной котировке
P 735	perte de cours	exchange loss	курсовая потеря
P 736	perte sur créances	bad debt loss, credit loss	убыток от неуплаты по обязательствам
P 737	perte de dépôts	deposit drain, loss of deposits	потеря депозитов (банком)
P 738	perte de détention	holding loss	нереализованный убыток от обесценения имеющихся активов
P 739	perte sur émission d'obligations	bond issue loss	убыток от эмиссии облигаций
P 740	perte d'encaisse	cash loss	денежный убыток
P 741	perte d'épargne	loss of savings	потеря сбережений
P 742	perte d'exploitation	operating loss	убытки от основной деятельности
P 743	perte sur les futures	loss on futures	убыток от фьючерсных операций
P 744	perte, grosse	big loss	крупные потери [убытки]
P 745	perte d'intérêts	interest loss	потеря процентов
P 746	perte nette	net loss	чистый убыток
P 747	perte pécuniaire	pecuniary loss	денежный убыток
P 748	perte sur prêts	loan loss	убыток по ссудам
P 749	perte de réinvestissement	reinvestment loss	потери при реинвестировании
P 750	perte sensible	substantial loss	значительный убыток
P 751	perte totale	total loss	общая сумма убытков
P 752	perte de valeur	loss in value	обесценение
P 753	pertes *f pl*	losses	потери, убытки
P 754	encaisser [essuyer, subir] des pertes	to sustain [to suffer] losses	терпеть убытки
P 755	pertes boursières	stock exchange losses	биржевые убытки
P 756	pertes sur débiteurs	bad debt losses	убытки по дебиторской задолженности
P 757	pertes éventuelles	possible losses	возможные убытки
P 758	pertes exceptionnelles	extraordinary losses	исключительные убытки
P 759	pertes financières	financial losses	финансовые потери
P 760	pertes fiscales	fiscal losses	налоговые убытки
P 761	pertes indemnisables	indemnifiable losses	компенсируемые убытки, убытки, подлежащие компенсации
P 762	pertes latentes	latent losses	скрытые убытки
P 763	pertes sur les placements en devises	losses on currency investments	убытки от инвестиций в иностранной валюте
P 764	pertes probables	probable losses	возможные убытки

P

P 765	pertes de réserves de change	losses of currency reserves	уменьшение валютных резервов
P 766	pertes sévères	heavy losses	огромные убытки
P 767	pertes subies	losses suffered	понесённые убытки
P 768	perturbations *f pl*	perturbations, disturbances	потрясения
P 769	perturbations déstabilisatrices	destabilizing disturbances	дестабилизирующие потрясения
P 770	perturbations financières	financial perturbations	финансовые потрясения
P 771	perturbations monétaires	monetary perturbations	валютные потрясения
P 772	perturbations, profondes	deep perturbations	глубокие потрясения
P 773	pétrodollars *m pl*	petrodollars	нефтедоллары
P 774	phase *f*	phase, stage	фаза, период, стадия
P 775	phase d'accumulation	accumulation phase	фаза накопления
P 776	phase ascendante [d'ascension]	ascent phase	период подъёма
P 777	phase de «dédollarisation»	dedollarization phase	период дедолларизации
P 778	phase de désinflation	disinflation phase	период снижения темпов инфляции
P 779	phase d'épargne	savings phase	период сбережения
P 780	phase d'hyperinflation	hyperinflation phase	период гиперинфляции
P 781	phénomène *m*	phenomenon	явление, феномен
P 782	phénomène monétaire	monetary phenomenon	валютный феномен
P 783	phénomène monétaire et de crédit	monetary and credit phenomenon	денежно-кредитный феномен
P 784	phénomène monétaire et financier	monetary and financial phenomenon	валютно-финансовый феномен
P 785	phénomène de sécuritisation	securitization phenomenon	феномен секьюритизации
P 786	phénomène de «surajustement»	overshooting	эффект маятника (прохождение валютным курсом реального уровня и отклонение в противоположную от исходной сторону)
P 787	Pibor *m*, PIBOR *m*	PIBOR, Paris Interbank Offered Rate	ПИБОР (Парижская межбанковская ставка предложения)
P 788	Pibor trois mois	3-months' PIBOR contract	срочный контракт на основе ставки ПИБОР на 3 месяца
P 789	pièce *f*	1. document, paper 2. coin	1. документ, бумага 2. монета
P 790	pièce à l'appui	proof, relevant document	подтверждающий документ
P 791	pièce de caisse	cash voucher	кассовая расписка, расписка в получении денег
P 792	pièce comptable	accounting document	бухгалтерский документ
P 793	pièce contrefaite	forged document	поддельный документ
P 794	pièce courante [de faible valeur]	divisional [fractional] coin	разменная монета
P 795	pièce, fausse	false coin	фальшивая монета
P 796	pièce justificative	proof, relevant document	подтверждающий документ
P 797	pièce métallique	coin, hard cash	металлическая монета
P 798	pièce de monnaie	coin	монета
P 799	pièce d'or	gold coin	золотая монета
P 800	pieds *m pl* humides	dabblers in stock, scalpers	мелкие биржевые спекулянты
P 801	pierres *f pl* précieuses	precious stones	драгоценные камни

P

P 802	pillage *m*	1. pillaging, looting 2. raiding, corporate raiding	1. грабёж, разграбление 2. скупка акций компании с целью завладеть контрольным пакетом
P 803	pillage financier	financial pillaging	финансовый грабёж
P 804	pincement *m* des marges	contraction of profit margins	сокращение прибылей
P 805	place *f*	1. business [banking] center 2. market, stock market	1. деловой [финансовый] центр 2. биржа, рынок
P 806	place bancable	town in which there is a branch of the Banque de France	город, в котором есть постоянное отделение Банка Франции
P 807	place bancaire	banking center, bank(ing) place	банковский центр
P 808	place boursière	stock market	фондовая биржа, рынок ценных бумаг
P 809	place cambiste	foreign exchange market	валютный рынок
P 810	place de cotation	market of quotation	место [рынок] котировки (ценной бумаги)
P 811	place écart	town in which there is no branch of the Banque de France	город, в котором нет постоянного отделения Банка Франции
P 812	place financière	financial center	финансовый центр
P 813	place non bancable	town in which there is no branch of the Banque de France	город, в котором нет постоянного отделения Банка Франции
P 814	place de Paris	Paris market	Парижский финансовый центр
P 815	placé	1. invested 2. placed	1. инвестированный, вложенный 2. размещённый
P 816	placement *m*	1. investment 2. placing, placement *(of securities)*	1. вложение, помещение *(средств)*, инвестиции 2. размещение *(ценных бумаг)*
P 817	assurer un meilleur placement	to ensure a better placement	обеспечивать лучшее размещение
P 818	effectuer un placement	to invest	вкладывать, помещать (средства)
P 819	faire un placement d'argent	to invest money	вкладывать деньги
P 820	placement actif	active investment	активные инвестиции
P 821	placement en actions	equity investment, investment in shares [stock]	вложение (средств) в акции
P 822	placement d'actions dans le public	public placement of shares	размещение акций среди широкой публики
P 823	placement par adjudication	placement by auction	размещение через торги
P 824	placement admissible	legal investment	допустимые [разрешённые, законные] инвестиции
P 825	placement d'argent	investment of money	вложение денежных средств
P 826	placement avantageux	profitable investment	выгодное вложение (средств)
P 827	placement d'un bloc de contrôle	placement of a controlling block	размещение контрольного пакета
P 828	placement de bloc de titres	secondary offering, secondary distribution	вторичное размещение ценных бумаг *(покупателями крупных партий при первичном размещении)*
P 829	placement, bon	good [sound] investment	удачное вложение (средств)
P 830	placement de bons à court terme	placement of short-term bonds	размещение краткосрочных облигаций [бон]

P

P 831	placement en bons du Trésor	investment in treasury bills	вложение средств в казначейские боны
P 832	placement de capitaux	investment of capital [funds]	вложение капиталов [средств]
P 833	placement à caractère privé	private placement	частное размещение (договорённость эмитента напрямую с инвесторами о покупке всего выпуска ценных бумаг)
P 834	placement collectif	collective investment	коллективное вложение (средств)
P 835	placement pour compte	best efforts underwriting, underwriting on the best effort basis	организация (банками) выпуска ценных бумаг без гарантии размещения «на основе добросовестных усилий»
P 836	placement à court terme	short-term investment	краткосрочное инвестирование
P 837	placement direct	1. direct investment 2. private placement	1. прямые инвестиции 2. частное размещение (договорённость эмитента напрямую с инвесторами о покупке всего выпуска ценных бумаг)
P 838	placement de disponibilités	cash investment, investment of available funds	вложение наличных средств
P 839	placement domestique	internal investment	размещение на национальном рынке
P 840	placement à échéance	fixed-term investment	инвестирование на определённый срок
P 841	placement d'émissions de titres	placement of securities issues	размещение выпусков ценных бумаг
P 842	placement d'un emprunt	placement of a loan	размещение займа
P 843	placement étendu	wide distribution	широкое размещение
P 844	placement étranger [à l'étranger]	foreign investment	иностранные инвестиции
P 845	placement fiduciaire	trust investment	трастовое помещение средств, передача средств в трастовое управление
P 846	placement de fonds	investment of funds [of capital]	вложение средств [капиталов]
P 847	placement de fonds en fiducie	trust investment	трастовое вложение средств, передача средств в трастовое управление
P 848	placement garanti	guaranteed [secured] investment	гарантированное вложение (средств)
P 849	placement immobilier	investment in property, real estate investment	инвестиции в недвижимость
P 850	placement improductif de capitaux	unproductive investment of capital	непроизводительное вложение капитала
P 851	placement indirect	indirect investment	непрямые инвестиции
P 852	placement initial de titres	primary distribution of stock	первичное размещение ценных бумаг
P 853	placement institutionnel	institutional investment	институциональные инвестиции
P 854	placement intégral	sell-down	синдикация кредита (частичная уступка менеджерами синдиката своей доли в кредите)

P

P 855	placement intéressant	attractive investment	привлекательное вложение средств
P 856	placement liquide	liquid investment	ликвидные инвестиции
P 857	placement à long terme	long-term investment	долгосрочное инвестирование
P 858	placement sur le marché ouvert	open market distribution	размещение на открытом рынке
P 859	placement mobilier	investment in movables	инвестиции в движимое имущество
P 860	placement non liquide	illiquid investment	неликвидные инвестиции
P 861	placement, nouveau	reinvestment	реинвестирование
P 862	placement obligataire	bond investment	инвестиции в облигации
P 863	placement d'obligations dans le public	public bond placement	размещение облигаций среди широкой публики
P 864	placement de père de famille	sleep-at-night investment	сверхнадёжные [безрисковые] инвестиции
P 865	placement permanent	continuous distribution	постоянное [непрерывное] размещение
P 866	placement de portefeuille	portfolio investment	портфельные инвестиции
P 867	placement de premier ordre	blue-chip [choice] investment	первоклассные инвестиции
P 868	placement de prêts	placement of loans	размещение ссуд
P 869	placement primaire de titres	primary distribution of stock	первичное размещение ценных бумаг
P 870	placement privé	private placement	частное размещение (договорённость эмитента напрямую с инвесторами о покупке всего выпуска ценных бумаг)
P 871	placement productif	productive investment	производительное вложение (средств)
P 872	placement productif de capitaux	productive investment of capital	производительное вложение капитала
P 873	placement pupillaire	sleep-at-night investment	сверхнадёжные [безрисковые] инвестиции
P 874	placement à réméré	placement with a repurchase clause	размещение ценных бумаг с возможностью обратного выкупа
P 875	placement à [en] report	contango placement	размещение ценных бумаг с репортом
P 876	placement à revenu fixe	fixed yield investment	вложение (средств) с фиксированной доходностью
P 877	placement à revenu variable	variable yield investment	вложение (средств) с переменной доходностью
P 878	placement sûr	safe investment	надёжное вложение (средств)
P 879	placement en titres d'État	investment in government securities	инвестиции в государственные ценные бумаги
P 880	placement de tout repos	sleep-at-night investment	сверхнадёжные [безрисковые] инвестиции
P 881	placement très spéculatif et volatil	very volatile speculative investment	крайне нестабильное спекулятивное вложение (средств)
P 882	placement de valeurs mobilières	placement of securities	размещение ценных бумаг
P 883	placement en valeurs mobilières	investment in securities	инвестиции в ценные бумаги
P 884	placement-cible *m*	target investment	целевое вложение (средств)

P

P 885	placements *m pl*	investments; investments in securities	инвестиции; инвестиции в ценные бумаги
P 886	opérer des placements	to invest, to make investments	осуществлять инвестиции
P 887	protéger des placements	to protect investments	защищать инвестиции
P 888	réaliser des placements boursiers	to make investments at the stock market	осуществлять биржевые инвестиции
P 889	rendre des placements attirants	to make investments attractive	делать инвестиции привлекательными
P 890	placements en actions	investments in shares	инвестиции в акции
P 891	placements anonymes	anonymous investments	анонимные инвестиции
P 892	placements attirants [attrayants]	attractive investments	привлекательные инвестиции
P 893	placements bancaires	banking investments	банковские инвестиции
P 894	placements bancaires à taux négociables	negotiable rate banking investments	банковские инвестиции по договорным ставкам
P 895	placements bancaires traditionnnels	traditional banking investments	традиционные банковские инвестиции
P 896	placements boursiers	stock market investments	биржевые инвестиции
P 897	placements durables	long-term investments	долгосрочные инвестиции
P 898	placements à échéance non négociables	fixed-term nonnegotiable investments	инвестиции с фиксированным сроком в необращающиеся ценные бумаги
P 899	placements d'épargne liquide	investment of liquid savings	инвестирование ликвидных сбережений
P 900	placements en euro-obligations	investment in Eurobonds	инвестиции в еврооблигации
P 901	placements extérieurs	external investments	иностранные инвестиции
P 902	placements financiers	financial investments	финансовые инвестиции, инвестиции в финансовые активы
P 903	placements financiers longs	long-term financial investments	долгосрочные финансовые инвестиции
P 904	placements hors frontières	foreign investments	инвестиции за рубежом
P 905	placements hypothécaires	mortgage loans	ссуды под залог недвижимости, ипотечные ссуды
P 906	placements liquides	liquid investments	ликвидные инвестиции
P 907	placements à long terme	long-term investments	долгосрочные инвестиции
P 908	placements en métaux précieux	investments in precious metals	инвестиции в драгоценные металлы
P 909	placements dans une monnaie stable	investments in a stable currency	инвестиции в стабильной валюте
P 910	placements à moyen terme	medium-term investments	среднесрочные инвестиции
P 911	placements négociables	investments in negotiable securities	инвестиции в обращающиеся ценные бумаги
P 912	placements nominatifs	investments in registered securities	инвестиции в именные ценные бумаги
P 913	placements non négociables	investments in nonnegotiable securities	инвестиции в необращающиеся ценные бумаги
P 914	placements nouveaux en titres	new investments in securities	новые инвестиции в ценные бумаги
P 915	placements offerts	offered investments	предлагаемые инвестиции
P 916	placements des opérateurs	traders' investments	инвестиции дилеров

P

P 917	placements privés non cotés en bourse	unlisted private investments	частное размещение ценных бумаг без котировки на бирже
P 918	placements publics	public placements	публичное размещение ценных бумаг
P 919	placements rémunérateurs	productive investments	производительные инвестиции
P 920	placements à risques	high-risk investments	рисковые инвестиции
P 921	placements en SICAV	investments in open-end investment companies	инвестиции в акции СИКАВ (инвестиционные компании открытого типа)
P 922	placements à terme	(fixed-)term investments	срочные вложения
P 923	placements en titres courts	investments in short-term securities	инвестиции в краткосрочные ценные бумаги
P 924	placements en titres négociables	investments in negotiable securities	инвестиции в обращающиеся ценные бумаги
P 925	placements traditionnels	traditional investments	традиционные виды инвестиций
P 926	placements de trésorerie	investment of cash	вложение наличных средств
P 927	placer	1. to invest 2. to place (securities) 3. to deposit	1. вкладывать (средства), инвестировать 2. размещать (ценные бумаги) 3. депонировать
P 928	placer à intérêt	to put out at interest	вкладывать под процент
P 929	places *f pl*	markets	рынки
P 930	être présent sur les places	to be present in the markets	присутствовать на рынках
P 931	places bancaires extraterritoriales	offshore banking centers	офшорные банковские центры
P 932	places d'échange	trading places	места торговли (ценными бумагами)
P 933	places étrangères, grandes	major foreign markets	крупные зарубежные рынки
P 934	places extraterritoriales [offshore]	offshore markets	офшорные центры
P 935	placeur *m*	placer, underwriter	андеррайтер
P 936	placeur pour compte	best efforts underwriter	андеррайтер без гарантии размещения
P 937	placeur de liquidités	investor of money	инвестор
P 938	placeurs *m pl* institutionnels	institutional investors	институциональные инвесторы
P 939	plafond *m*	ceiling, upper limit	потолок, верхний предел, лимит
P 940	fixer un plafond	to set an upper limit	устанавливать верхний предел
P 941	hors plafond	beyond the upper limit	за верхним пределом, вне лимита
P 942	plafond de l'abattement de 10%	10% reduction limit	предельная скидка 10%
P 943	plafond d'application du taux	rate application limit	предел применения ставки
P 944	plafond des avances	credit ceiling [limit]	кредитный лимит, предельный размер кредита
P 945	plafond bancaire	bank ceiling	предел банковского кредитования
P 946	plafond de crédit	credit ceiling [limit]	кредитный лимит, предельный размер кредита
P 947	plafond de la déduction de 10%	10% deduction limit	10-процентный предел вычетов

P

P 948	plafond de demande d'autorisation	authorization request limit	предел кредитования, не требующего одобрения руководства
P 949	plafond des dépenses	expense ceiling	лимит расходов
P 950	plafond de dépôt	deposit limit	предельный размер вклада
P 951	plafond d'émission	issue ceiling	предельные размеры эмиссии
P 952	plafond à l'émission des billets	note issuing limit	лимит эмиссии банкнот
P 953	plafond d'emprunt	loan size limit	предел суммы займа
P 954	plafond des encours	debt ceiling	предельный размер общей задолженности
P 955	plafond d'engagement	liability [commitment] ceiling	предельный размер обязательства
P 956	plafond d'escompte	discount limit [ceiling]	лимит учёта (верхний лимит по объёму учитываемых векселей, устанавливаемый Центральным банком)
P 957	plafond préétabli	ceiling fixed in advance	заранее установленный лимит
P 958	plafond de réescompte	rediscount limit	лимит переучёта (верхний лимит по объёму переучитываемых векселей, устанавливаемый Центральным банком)
P 959	plafond de refinancement	refunding limit [ceiling]	лимит рефинансирования
P 960	plafond de remboursement des dettes	debt repayment limit	предел выплаты долгов
P 961	plafond sur les taux d'intérêt	interest rate limit	потолок процентных ставок
P 962	plafond des versements sur un plan d'épargne	limit of payments under a savings plan	верхний предел выплат по сберегательному целевому счёту
P 963	plafonné	limited	ограниченный (верхним пределом)
P 964	plafonnement m	1. fixing of a ceiling, setting of an upper limit 2. hitting a ceiling	1. установление потолка [верхнего предела], ограничение 2. достижение потолка [верхнего предела]
P 965	plafonnement des avances	setting of a credit ceiling	установление кредитного лимита
P 966	plafonnement des bénéfices	setting of a profit ceiling	ограничение прибыли
P 967	plafonnement du crédit	limiting of credit	ограничение кредита
P 968	plafonnement des encours	setting of a ceiling on total debt	установление предельного размера задолженности
P 969	plafonner	1. to set a ceiling on, to put an upper limit on, to put a cap on 2. to hit [to reach] a ceiling	1. устанавливать потолок [верхний предел], ограничивать 2. достигать потолка [верхнего предела]
P 970	plage f	range, bracket	диапазон; пределы
P 971	plage de cotation	quotation range	пределы котировки
P 972	plage de fluctuations larges	wide range of fluctuation	широкие пределы колебаний
P 973	plage horaire	time slot	временной промежуток
P 974	plage horaire annoncée	announced time slot	объявленный временной промежуток
P 975	plage horaire fixe	fixed time slot	установленный временной промежуток
P 976	plage de niveaux d'emprunt	loan size range	диапазон размеров займа
P 977	plage de parités	range of exchange rates	шкала паритетов

P

P 978	plage de signature	signature panel	лимит подписи *(пределы кредитов, которые разрешено предоставлять при данной должности)*
P 979	plage de taux	range of rates	диапазон процентных ставок
P 980	plage de variation fixée	fixed variation level	фиксированные диапазоны колебаний
P 981	plan *m*	1. plan, program 2. schedule, time-table	1. план, программа 2. план, график, календарь, расписание
P 982	plan d'achat ou de souscription d'actions	share purchase or subscription plan	план покупки акций *или* подписки на акции
P 983	plan d'amortissement	1. depreciation schedule 2. redemption schedule, amortization table, sinking fund	1. график амортизации 2. план [график] погашения (займа)
P 984	plan anti-OPA	anti-takeover plan	план защиты компании от поглощения
P 985	plan d'austérité	austerity package	программа жёстких (экономических) мер
P 986	plan de circulation monétaire	money circulation plan	план денежного обращения
P 987	plan comptable	chart of accounts, official accounting plan	план счетов
P 988	plan comptable général, PCG	French accounting standards	французские стандарты бухгалтерского учёта
P 989	plan d'épargne	savings plan	план [программа] сбережений, целевые сберегательные счёта
P 990	plan d'épargne en actions, PEA	stock investment savings plan	сберегательные счета инвестирования в акции
P 991	plan d'épargne logement, PEL	building society savings plan	сберегательные счета жилищного строительства
P 992	plan d'épargne populaire, PEP	individual savings plan	индивидуальные сберегательные счета
P 993	plan d'épargne retraite, PER	retirement savings plan, individual retirement plan, savings-related retirement scheme	пенсионные сберегательные счёта
P 994	plan d'épargne à versements fixes	contractual plan	сберегательные счета с фиксированными взносами
P 995	plan de financement	financing plan	программа финансирования
P 996	plan financier	financial plan	финансовый план
P 997	plan d'intéressement	incentive scheme	программа материального стимулирования *(схема, направленная на достижение заинтересованности работников)*
P 998	plan d'investissement	investment plan	инвестиционный план
P 999	plan marketing	marketing plan	план маркетинга
P 1000	plan d'option sur actions	stock option plan	схема распределения акций среди сотрудников компании *(в качестве поощрения)*
P 1001	plan d'option sur titres	securities option plan	схема распределения ценных бумаг среди сотрудников компании *(в качестве поощрения)*
P 1002	plan de réinvestissement de dividendes	dividend reinvestment plan	программа реинвестирования дивидендов

P

P 1003	plan de remboursement	redemption [repayment] schedule, amortization plan	план [график] погашения (займа)
P 1004	plan de retrait à délai fixe	fixed period withdrawal plan	схема получения дохода в определённый срок *(в инвестиционных компаниях открытого типа)*
P 1005	plan de retrait à pourcentage fixe	ratio withdrawal plan	схема получения фиксированного процента дохода *(в инвестиционных компаниях открытого типа)*
P 1006	plan de retrait systématique	systematic withdrawal plan	схема регулярного получения дохода *(в инвестиционных компаниях открытого типа)*
P 1007	plan de retraite	retirement scheme	схема пенсионного обеспечения
P 1008	plan de trésorerie	cash flow forecast	планирование состояния наличности
P 1009	plan d'urgence	contingency plan	план действий при непредвиденных [чрезвычайных] обстоятельствах
P 1010	planche *f* à billets	banknote plate	станок для печатания бумажных денег
P 1011	faire marcher la planche à billets	to print money	печатать деньги, запускать печатный станок
P 1012	plancher *m*	floor, lower limit	нижний предел, лимит
P 1013	plancher de bons du Trésor	required minimum of treasury bills	обязательный минимум покупки банком казначейских бон [векселей]
P 1014	plancher d'effets publics	required minimum of government bonds	обязательный минимум покупки банком государственных векселей
P 1015	planification *f*	planning	планирование
P 1016	planification à court terme [à courte échéance]	short-term planning	краткосрочное планирование
P 1017	planification financière	financial planning	финансовое планирование
P 1018	planification à long terme [à longue échéance]	long-term planning	долгосрочное планирование
P 1019	planification rigide	rigid planning	жёсткое планирование
P 1020	pléthore *f* de capitaux	overabundance of capital	избыток капитала
P 1021	plomb *m*	dead [sticky] assets	труднореализуемые активы
P 1022	pluralité *f*	multiplicity, plurality	множественность
P 1023	pluralité des cours	multiplicity of exchange rates	множественность курсов
P 1024	pluralité des taux d'intérêt	multiplicity of interest rates	множественность процентных ставок
P 1025	plus-value *f*	1. appreciation, increase in value 2. capital gain	1. повышение стоимости 2. прирост капитала
P 1026	encaisser la plus-value	to make a profit	получать прибыль
P 1027	plus-value d'acquisition	acquisition gain	превышение балансовой стоимости компании над суммой, уплаченной за неё при поглощении
P 1028	plus-value d'actif [des actifs]	appreciation of assets	повышение стоимости активов
P 1029	plus-value en capital	capital gain	прирост капитала
P 1030	plus-value de change	exchange profit	курсовая прибыль

P

P 1031	plus-value à court terme	short-term appreciation	краткосрочное повышение (стоимости)
P 1032	plus-value de fusion	merger gain	превышение балансовой стоимости компании над суммой, уплаченной за неё при слиянии
P 1033	plus-value limite	limit gain	предельная прибыль
P 1034	plus-values *f pl*	profits, gain(s)	доходы, прибыль
P 1035	comptabiliser les plus-values	to enter profits into accounts	учитывать доходы
P 1036	dégrever les plus-values	to exempt profit from tax	освобождать прибыль от налога
P 1037	réaliser les plus-values	to make a gain	получать прибыль
P 1038	retrancher de ses plus-values	to deduct from one's profits	вычитывать из своих доходов
P 1039	plus-values boursières	stock market profit	биржевые прибыли
P 1040	plus-values de cession	capital gain *(on asset disposals)*	доходы от продажи *(собственности, ценных бумаг)*
P 1041	plus-values sur cessions d'actifs	capital gain on asset disposals	доходы от продажи активов
P 1042	plus-values de cessions de titres	capital gain on sales of securities	доходы от продажи ценных бумаг
P 1043	plus-values constatées par expertise	appraisal increment, appraisal increase credit	повышение стоимости (активов) в результате переоценки
P 1044	plus-values enregistrées	realized gain	реализованная прибыль
P 1045	plus-values éventuelles	potential gains	потенциальные доходы
P 1046	plus-values financières	financial gains	финансовые доходы, доходы от финансовых операций
P 1047	plus-values fiscales	tax surplus	доходы от налогов сверх предусмотренной суммы
P 1048	plus-values foncières [immobilières]	real estate profits	доходы от недвижимости
P 1049	plus-values matérialisées	realized gain	реализованная прибыль
P 1050	plus-values mobilières	gain on sale of movables	доходы от продажи движимого имущества
P 1051	plus-values non réalisées	unrealized gain	нереализованная прибыль
P 1052	plus-values réalisées	realized gain	реализованная прибыль
P 1053	plus-values de réévaluation	appraisal increment, appraisal increase credit	повышение стоимости (активов) в результате переоценки
P 1054	plus-values réinvesties	retained earnings, earned surplus	реинвестированные доходы
P 1055	plus-values résultant d'opérations sur titres [sur titres, sur valeurs mobilières]	capital gain on sales of securities, paper profit	доходы от продажи ценных бумаг
P 1056	plus-value de vente des emprunts d'État	gains on sales of government bonds	доходы от продажи облигаций государственного займа
P 1057	poids *m*	1. weight 2. burden, load 3. importance	1. вес; удельный вес, доля 2. бремя, тяжесть 3. значимость, важность
P 1058	poids des DTS	weight of SDR	удельный вес СДР
P 1059	poids du financement	burden of financing	бремя финансирования
P 1060	poids de la fiscalité [des impôts]	tax burden	налоговое бремя

P

P 1061	poids des intérêts	interest burden	бремя выплаты процентов, процентные платежи
P 1062	poids des monnaies dans l'ECU	weight of currencies in the ECU	удельный вес валют в ЭКЮ
P 1063	poids des monnaies du panier	weight of the currencies in the basket	удельный вес валют в корзине
P 1064	poids des négociations au comptant	share of spot trading	доля операций спот
P 1065	poids d'or	share of gold	удельный вес золота
P 1066	poids spécifique	specific gravity	удельный вес
P 1067	poinçon *m* de signature bancaire	bank stamp	печать банка, банковский штемпель
P 1068	point *m*	1. point, limit 2. point, percentage point 3. point, place 4. point, question	1. точка, предел 2. пункт *(единица измерения при котировке ценных бумаг),* процентный пункт 3. пункт, место 4. вопрос, проблема
P 1069	baisser d'un point	to fall a point, to decrease by a point	понижать(ся) на один пункт
P 1070	céder un point	to yield a point	понизиться на один пункт
P 1071	hausser [monter] d'un point	to rise a point, to raise by a point	повышать(ся) на один пункт
P 1072	perdre un point de pourcentage	to fall a percentage point	понижаться на один процентный пункт
P 1073	point bas	low, low point	низшая точка
P 1074	point de base	basis point	базисный пункт
P 1075	point de contrôle	checkpoint	контрольный пункт
P 1076	point de départ	1. starting point 2. departure point, point [place] of departure	1. исходная точка, точка отсчёта 2. место отправления
P 1077	point désigné	indicated place	указанное место
P 1078	point d'entrée de l'or	import gold point	высшая золотая точка
P 1079	point d'indice	index point	индексный пункт
P 1080	point d'intervention	intervention point	интервенционный курс
P 1081	point mort	breakeven point	мёртвая точка, курс, при котором выплаты покрываются поступлениями
P 1082	point mort de la couverture	hedging break-even point	мёртвая точка при хеджировании
P 1083	point (d')or	gold point	золотая точка
P 1084	point de parité	parity point	точка паритета
P 1085	point de référence [de repère]	benchmark	эталон, образец; ориентир
P 1086	point de résistance	resistant point [line]	точка сопротивления
P 1087	point de rupture	breaking [breakout] point	точка перелома
P 1088	point de rupture à la baisse	downside breakout	точка перелома на понижение
P 1089	point de seuil	breakeven point	мёртвая точка, курс, при котором выплаты покрываются поступлениями
P 1090	point de sortie de l'or	export gold point	низшая золотая точка
P 1091	point de vue financier	financial point of view	финансовая точка зрения
P 1092	pointage *m*	1. checking *(of accounts)* 2. preliminary count of votes	1. проверка *(счетов)* 2. предварительный подсчёт голосов
P 1093	pointage des comptes	checking of accounts	проверка счетов
P 1094	pointage de l'endettement	checking of liabilities	проверка состояния задолженности

P

P 1095	pointe *f*	peak	высшая точка, пик
P 1096	pointe supplémentaire	extra peak	дополнительный пик *(на графике)*
P 1097	pointe de trésorerie	cash peak	пик наличности, период наличия большого количества ликвидных средств
P 1098	pointer	to check	проверять *(счета)*
P 1099	points *m pl*	points	пункты
P 1100	avec 30 points de large	with a 30 point spread	со спредом 30 пунктов
P 1101	points de swap	points forward, difference between spot and forward prices	разница между курсом спот и форвард
P 1102	points de swap cotés	quoted difference between spot and forward prices	котируемая разница между курсом спот и форвард
P 1103	points de terme	points forward, difference between spot and forward prices	разница между курсом спот и форвард
P 1104	points de terme contractuels	contractual forward price *(in points between spot and forward price)*	курс срочной сделки *(выраженный в пунктах между курсами спот и форвард)*
P 1105	points de terme de référence	reference forward price *(in points between spot and forward price)*	справочный курс форвард *(выраженный в пунктах между курсами спот и форвард)*
P 1106	pôles *m pl*	poles, centers, points	центры
P 1107	pôles d'attraction des capitaux mondiaux	attraction poles for world capital	центры притяжения мировых капиталов
P 1108	pôles d'attraction de l'épargne	savings attraction poles	центры притяжения сбережений
P 1109	pôles monétaires	monetary poles	валютные центры
P 1110	police *f*	policy	(страховой) полис
P 1111	police d'assurance	insurance policy	страховой полис
P 1112	police évaluée	valued policy	валютированный [таксированный] страховой полис
P 1113	police expirée	expired policy	полис с истекшим сроком действия
P 1114	police flottante [à forfait, générale]	floating [open, running] policy	генеральный полис
P 1115	police globale	blanket bond	полис страхования *(финансовых учреждений)* от широкого спектра рисков
P 1116	police libérée	paid-up policy	оплаченный полис
P 1117	police mixte	mixed policy	смешанный полис
P 1118	police à montant déterminé	valued policy	валютированный [таксированный] полис
P 1119	police nominative	policy to named person	именной полис
P 1120	police non évaluée	open [unvalued] policy	невалютированный [нетаксированный] полис
P 1121	police à ordre	policy to order	ордерный полис
P 1122	police ouverte	floating [open, running] policy	генеральный полис
P 1123	police avec participation au bénéfice	participating policy	полис с участием в прибылях *(страховой компании)*
P 1124	police au porteur	policy to bearer	предъявительский полис
P 1125	police à terme	time [term] policy	страховой полис на срок
P 1126	politique *f*	policy; politics	политика; стратегия

P

P 1127	adopter une politique	to adopt a policy	принимать политику
P 1128	durcir une politique	to tighten the policy	ужесточать политику
P 1129	élaborer [formuler] une politique	to develop a policy	разрабатывать политику
P 1130	guider une politique	to guide a policy	направлять политику
P 1131	mettre en œuvre une politique	to carry out a policy	проводить политику
P 1132	politique d'achat et de vente sur le marché des valeurs	policy of buying and selling on the securities market	стратегия проведения операций на рынке ценных бумаг
P 1133	politique d'actionnariat soignée	careful shareholders' policy	тщательно продуманная политика в отношении акционеров
P 1134	politique active de crédit	active credit policy	активная кредитная политика
P 1135	politique d'ajustement du prix d'exercice	strike price adjustment policy	стратегия корректировки цены исполнения (опциона)
P 1136	politique d'alliances	policy of alliances	политика альянсов
P 1137	politique anti-inflationniste	anti-inflationary policy	антиинфляционная политика
P 1138	politique de l'argent bon marché	cheap money policy	политика «дешёвых денег», политика кредитной экспансии
P 1139	politique de l'argent cher	tight monetary policy	политика «дорогих денег», политика кредитной рестрикции
P 1140	politique de banalisation des circuits de financement	policy of simplification of financing channels	политика упрощения каналов финансирования
P 1141	politique de bas taux d'escompte	low discount rate policy	политика низкой учётной ставки
P 1142	politique cambiaire	policy pertaining to bills of exchange	вексельная политика
P 1143	politique de change	foreign exchange policy	валютная политика
P 1144	politique commerciale	commercial policy	торговая политика
P 1145	politique de communication	communication policy	коммуникационная политика
P 1146	politique de communication boursière de qualité	quality stock exchange communication policy	эффективная коммуникационная политика биржи
P 1147	politique de contrôle sélectif	selective control policy	политика селективного [выборочного] контроля
P 1148	politique de couverture active	dynamic hedge policy	стратегия активного хеджирования
P 1149	politique de [du] crédit	credit policy	кредитная политика
P 1150	politique de crédit et de change	credit and exchange policy	валютно-кредитная политика
P 1151	politique du crédit en vigueur	effective credit policy	действующая кредитная политика
P 1152	politique de crédits internationaux	international loan policy	политика в отношении международных кредитов
P 1153	politique de décélération des taux	interest rate deceleration policy	политика снижения темпов роста процентных ставок
P 1154	politique de défiscalisation	defiscalization policy	политика, направленная на снижение налогов
P 1155	politique de déflation [déflationniste]	deflationary policy	дефляционная политика
P 1156	politique de déréglementation	deregulation policy	политика дерегулирования
P 1157	politique de devise	(foreign) exchange policy	девизная политика
P 1158	politique de distribution	distribution policy	политика распределения

P

P 1159	politique de distribution des résultats	profit distribution policy	политика распределения прибылей
P 1160	politique de dividende	dividend policy	дивидендная политика
P 1161	politique d'émission des billets	banknote issuing policy	эмиссионная политика
P 1162	politique d'encouragement à l'investissement	investment incentives, policy encouraging investment	политика стимулирования инвестиций
P 1163	politique de l'épargne	savings policy	политика регулирования сбережений
P 1164	politique de l'épargne longue	long-term savings policy	политика в отношении долгосрочных сбережений
P 1165	politique d'escompte	discount policy	дисконтная политика
P 1166	politique d'étranglement par les taux	prohibitive interest rate policy	жёсткая политика процентных ставок
P 1167	politique expansive par les taux	expansion interest rate policy	экспансионистская политика процентных ставок
P 1168	politique financière	financial policy	финансовая политика
P 1169	politique financière et monétaire	financial and monetary policy	финансовая и денежно-кредитная политика
P 1170	politique fiscale	fiscal policy	налоговая [фискальная] политика
P 1171	politique fiscale et monétaire	fiscal and monetary policy	налоговая и денежно-кредитная политика
P 1172	politique de garantie des crédits	loan guarantee policy	политика в отношении гарантий по кредитам
P 1173	politique de hauts taux d'intérêt	high interest rate policy	политика высоких процентных ставок
P 1174	politique d'incitation à l'épargne	savings incentives, policy encouraging savings	политика стимулирования сбережений
P 1175	politique inflationniste	inflationary policy	инфляционная политика
P 1176	politique d'internationalisation bancaire	bank internationalization policy	политика интернационализации банков
P 1177	politique d'investissement	investment policy	инвестиционная политика
P 1178	politique de liquidité bancaire	bank liquidity policy	политика в отношении банковской ликвидности
P 1179	politique monétaire	monetary policy	денежно-кредитная политика
P 1180	politique monétaire d'ajustement actif	active adjustment monetary policy	денежно-кредитная политика активного вмешательства
P 1181	politique monétaire anti-inflationniste	anti-inflationary monetary policy	антиинфляционная денежно-кредитная политика
P 1182	politique monétaire autonome	independent monetary policy	самостоятельная денежно-кредитная политика
P 1183	politique monétaire et budgétaire	monetary and budgetary policy	денежно-кредитная и бюджетная политика
P 1184	politique monétaire coordonnée	coordinated monetary policy	согласованная денежно-кредитная политика
P 1185	politique monétaire déflationniste	deflationary monetary policy	дефляционная денежно-кредитная политика
P 1186	politique monétaire expansive	easy credit policy	экспансионистская денежно-кредитная политика
P 1187	politique monétaire et fiscale	monetary and fiscal policy	денежно-кредитная и налоговая политика
P 1188	politique monétaire intérieure	domestic [home] monetary policy	внутренняя денежно-кредитная политика

P

P 1189	politique monétaire internationale	international monetary policy	международная денежно-кредитная политика
P 1190	politique monétaire interne	domestic [home] monetary policy	внутренняя денежно-кредитная политика
P 1191	politique monétaire plus stricte	tighter monetary policy	более жёсткая денежно-кредитная политика
P 1192	politique monétaire restrictive	restrictive monetary policy	рестриктивная денежно-кредитная политика
P 1193	politique monétaire rigoureuse	tight monetary policy	жёсткая денежно-кредитная политика
P 1194	politique monétariste	monetarist policy	монетаристская политика
P 1195	politique de monnaie facile	easy money policy	политика «дешёвых денег»
P 1196	politique d'open market	open market policy	стратегия проведения операций на открытом рынке
P 1197	politique payante	rewarding [successful] policy	успешная [эффективная] политика
P 1198	politique de placement	investment policy	инвестиционная политика
P 1199	politique des prix	pricing policy	ценовая политика
P 1200	politique de provisionnement	funding policy	(банковская) политика привлечения средств
P 1201	politique prudente	cautious policy	осторожная политика
P 1202	politique prudente de distribution du crédit	cautious loan granting policy	осторожная политика выдачи ссуд
P 1203	politique de redistribution et de péréquation	redistribution and equalization policy	политика перераспределения и выравнивания
P 1204	politique de redistribution des revenus	income redistribution policy	политика перераспределения доходов
P 1205	politique de réduction du déficit	deficit reduction policy	политика сокращения дефицита
P 1206	politique de rééquilibrage	readjustment policy	политика, направленная на восстановление равновесия
P 1207	politique du réescompte	rediscount policy	переучётная политика
P 1208	politique de refinancement	refinancing policy	политика рефинансирования
P 1209	politique de réflation	reflation policy	политика рефляции
P 1210	politique de régulation monétaire	monetary regulation policy	политика денежно-кредитного регулирования
P 1211	politique régulière de versement des dividendes	normal dividend policy	обычная дивидендная политика
P 1212	politique de réserves de change	exchange reserves policy	политика валютных резервов
P 1213	politique de réserves obligatoires	reserve requirements policy	политика обязательных резервов
P 1214	politique de resserrement monétaire [de restriction des crédits]	tight credit policy	политика кредитной рестрикции
P 1215	politique restrictive	restrictive [tight] policy	рестриктивная политика
P 1216	politique des revenus	income redistribution policy	политика перераспределения доходов
P 1217	politique sélective	selective policy	селективная политика
P 1218	politique des taux élevés	high interest rate policy	политика высоких процентных ставок
P 1219	politique du taux d'escompte	discount rate policy	политика учётного процента, дисконтная политика
P 1220	politique des taux d'intérêt	interest rate policy	политика процентных ставок

P

P 1221	politique de trésorerie	liquid assets policy	политика в отношении ликвидных средств
P 1222	pompage *m*	pumping, siphoning off	выкачивание
P 1223	pompage de capitaux	siphoning off capital	выкачивание капиталов
P 1224	pompage de liquidités	siphoning off liquidities	выкачивание ликвидных средств
P 1225	pompage de profits	siphoning off profits	выкачивание прибылей
P 1226	pompage de ressources	siphoning off resources	выкачивание средств
P 1227	ponction *f*	reduction, draining	сокращение, урезывание (*средств*)
P 1228	ponction des dividendes	draining of dividends	уменьшение дивидендов
P 1229	ponction sur l'épargne	draining of savings	сокращение сбережений
P 1230	ponction financière	financial draining	урезывание финансовых средств
P 1231	ponction fiscale	tax drain [load, bite, burden]	налоговые отчисления, налоговое бремя
P 1232	ponction importante	substantial draining	значительное сокращение
P 1233	ponction des impôts	tax drain [load, bite, burden]	налоговое бремя
P 1234	ponction des intérêts	reduction of interests	уменьшение процентов
P 1235	ponction sur la liquidité des banques	tapping of bank liquid assets	сокращение ликвидных средств банков, ухудшение банковской ликвидности
P 1236	ponction monétaire	monetary draining	сокращение денежных средств
P 1237	ponction sur les réserves en devises	draining of foreign exchange reserves	сокращение валютных резервов
P 1238	ponction sur la trésorerie	draining of liquid assets	сокращение ликвидных средств
P 1239	ponctionner	to reduce; to tap, to drain	сокращать, урезывать (*средства*)
P 1240	pondération *f* des risques	weighting of risks	анализ [взвешивание] рисков (*определение размера и вероятности*)
P 1241	pool *m*	pool	пул, консорциум; объединение
P 1242	pool d'actionnaires	shareholders' pool	объединение акционеров
P 1243	pool bancaire	banking pool	банковский пул, консорциум
P 1244	pool bancaire de placement	banking investment pool	банковский консорциум по размещению (займа)
P 1245	pool de banquiers	banking pool	банковский пул, консорциум
P 1246	pool commun de ressources	common resource pool	общие ресурсы, объединение ресурсов
P 1247	pool de dollars	dollar pool	долларовый пул
P 1248	pool d'établissements bancaires	pool of banking institutions	пул банковских учреждений
P 1249	pool d'eurodevises	Eurocurrency pool	пул евровалют
P 1250	pool formalisé	formalized pool	формальный [организационно оформленный] пул
P 1251	pool d'or	gold pool	золотой пул
P 1252	pool de prêts hypothécaires	mortgage pool	пул ипотек
P 1253	pooling *m* des trésoreries	cash pooling	объединение наличных ресурсов
P 1254	pools *m pl* traditionnels	traditional pools	традиционные пулы

P

P 1255	portable	portable	1. переносной 2. подлежащий исполнению по месту нахождения кредитора
P 1256	portage *m*	carry; cost of carry	стоимость финансирования портфеля ценных бумаг
P 1257	portage des risques	transfer of risks	перевод рисков
P 1258	portage de valeurs mobilières	1. carry; cost of carry 2. repurchase agreement, repo	1. стоимость финансирования портфеля ценных бумаг 2. соглашение об обратном выкупе, репо *(продажа ценных бумаг на условиях их обратного выкупа через определённый срок по фиксированной цене — способ рефинансирования под залог ценных бумаг)*
P 1259	portages *m pl* couverts	cash and carry	операция «кэш энд кэри» *(покупка ценных бумаг за наличные с одновременной продажей на срок)*
P 1260	portefeuille *m*	portfolio	портфель (ценных бумаг)
P 1261	avoir titres en portefeuille	to hold a securities portfolio	держать портфель ценных бумаг
P 1262	composer un portefeuille	to make up a (securities) portfolio	формировать портфель (ценных бумаг)
P 1263	détenir un portefeuille	to hold a (securities) portfolio	держать портфель (ценных бумаг)
P 1264	gérer un portefeuille de valeurs	to manage a securities portfolio	управлять портфелем ценных бумаг
P 1265	nourrir un portefeuille	to hold a portfolio to maturity	держать портфель до наступления срока активов
P 1266	posséder un portefeuille de 64000 francs	to hold a (securities) portfolio worth 64,000 francs	обладать портфелем (ценных бумаг) стоимостью 64000 франка
P 1267	valoriser son portefeuille	to value one's portfolio	оценивать стоимость своего портфеля
P 1268	portefeuille d'actions	stock portfolio, equity holdings	портфель акций
P 1269	portefeuille d'appels d'offres	portfolio of invitations to tender	портфель приглашений на торги
P 1270	portefeuille d'assurances	insurance portfolio	страховой портфель
P 1271	portefeuille d'avoirs internationaux	portfolio of international holdings	портфель международных авуаров
P 1272	portefeuille des banques	bank portfolio	банковский портфель
P 1273	portefeuille de bons en compte courant	portfolio of bonds on a current account	портфель бон на текущем счету
P 1274	portefeuille de bons du Trésor	treasury bond portfolio	портфель бон [векселей] казначейства
P 1275	portefeuille boursier	stock market portfolio	портфель ценных бумаг, котирующихся на бирже
P 1276	portefeuille de la Caisse des dépôts et consignations	portfolio of the Deposit and Consignment Bank	портфель Депозитно-сохранной кассы
P 1277	portefeuille chèques	check portfolio	чековый портфель
P 1278	portefeuille à court terme	short-term portfolio	портфель краткосрочных ценных бумаг
P 1279	portefeuille de créances	debt portfolio	портфель долговых требований

P

P 1280	**portefeuille de créances clients entreprises**	corporate debt portfolio	портфель долговых требований к компаниям-клиентам (банка)
P 1281	**portefeuille de devises**	foreign exchange portfolio	валютный портфель
P 1282	**portefeuille diversifié**	diversified portfolio	диверсифицированный портфель
P 1283	**portefeuille documentaire**	set of documents	набор документов
P 1284	**portefeuille effets**	bills in portfolio, portfolio [holdings] of bills	вексельный портфель
P 1285	**portefeuille effets à moyen terme**	portfolio of medium-term bills	портфель среднесрочных векселей
P 1286	**portefeuille d'escompte**	discount portfolio	дисконтный портфель
P 1287	**portefeuille financier diversifié**	diversified financial portfolio	диверсифицированный портфель финансовых активов
P 1288	**portefeuille individuel de valeurs mobilières**	individual securities portfolio	персональный портфель ценных бумаг
P 1289	**portefeuille d'investissement**	investment portfolio, investment holdings	инвестиционный портфель
P 1290	**portefeuille avec mandat**	discretionary portfolio	портфель, которым брокер уполномочен управлять от имени клиента
P 1291	**portefeuille d'obligations**	bond portfolio	портфель облигаций
P 1292	**portefeuille de placement**	investment portfolio, investment holdings	инвестиционный портфель
P 1293	**portefeuille de placement équilibré**	balanced investment portfolio	сбалансированный инвестиционный портфель
P 1294	**portefeuille de prêts**	loan portfolio	портфель ссуд
P 1295	**portefeuille de prêts hypothécaires**	mortgage portfolio	портфель ипотечных ссуд
P 1296	**portefeuille de prêts à taux fixe**	fixed-rate loan portfolio	портфель ссуд с фиксированной ставкой
P 1297	**portefeuille propre du Trésor**	Treasury own portfolio	собственный портфель казначейства
P 1298	**portefeuille réescomptable**	rediscountable portfolio	портфель подлежащих переучёту векселей
P 1299	**portefeuille de SICAV court terme**	short-term investment company portfolio	портфель краткосрочных СИКАВ (ценных бумаг инвестиционной компании открытого типа)
P 1300	**portefeuille de titres**	securities (in) portfolio, stock holdings	портфель ценных бумаг
P 1301	**portefeuille de transactions**	transaction portfolio	совокупность операций
P 1302	**portefeuille de trésorerie**	portfolio of liquid assets	портфель ликвидных активов
P 1303	**portefeuille de valeurs mobilières**	securities (in) portfolio, stock holdings	портфель ценных бумаг
P 1304	**portefeuilliste** *m*	portfolio manager	управляющий портфелем (ценных бумаг), менеджер портфеля (ценных бумаг)
P 1305	**porte-fort** *m*	1. guarantee 2. proxy	1. гарантия исполнения обязательства третьим лицом 2. лицо, заключающее договор за другого
P 1306	**porteur** *m*	holder; bearer	держатель, владелец; предъявитель
P 1307	**être porteur d'intérêt**	to bear interest	приносить процент

P

P 1308	au porteur	(made out) to bearer	на предъявителя
P 1309	porteur d'actions	shareholder, stockholder, equity holder	акционер, держатель акций
P 1310	porteur d'actions nominatives	holder of registered shares, registered shareholder	держатель именных акций
P 1311	porteur d'un billet hypothécaire	mortgage holder	держатель закладной [ипотеки]
P 1312	porteur de bonne foi	bona fide holder, holder in good faith	добросовестный держатель
P 1313	porteur d'une carte	cardholder	владелец (кредитной) карточки
P 1314	porteur d'un chèque	check bearer, bearer of a check	предъявитель чека
P 1315	porteur d'une créance	debtholder	держатель долгового требования
P 1316	porteur de débentures	debenture holder	держатель необеспеченных облигаций
P 1317	porteur diligent	diligent holder	держатель (векселя), выполнивший все необходимые формальности
P 1318	porteur des documents	bearer of documents	предъявитель документов
P 1319	porteur de droits de souscription	(subscription) rights holder	держатель прав на подписку *(на дополнительные ценные бумаги)*
P 1320	porteur d'un effet	bearer of a bill	векселедержатель
P 1321	porteur d'un emprunt	holder of a loan, debtholder	кредитор, займодержатель
P 1322	porteur de fonds	holder of securities	держатель ценных бумаг
P 1323	porteur inscrit	holder of registered shares, registered shareholder	держатель именных акций
P 1324	porteur d'intérêt	interest-bearing	приносящий процент *(о ценных бумагах)*
P 1325	porteur légitime	holder in due course	добросовестный держатель (векселя)
P 1326	porteur d'une lettre de change	holder of a bill of exchange	держатель переводного векселя, векселедержатель
P 1327	porteur d'une lettre de crédit	bearer of a letter of credit	предъявитель аккредитива
P 1328	porteur négligent	negligent holder	держатель (векселя), не выполнивший все необходимые формальности
P 1329	porteur d'obligations	bondholder	облигационер, держатель облигаций
P 1330	porteur de parts	shareholder, stockholder	держатель паёв
P 1331	porteur de titres [de valeurs mobilières]	holder of securities, security holder	держатель ценных бумаг
P 1332	porteurs *m pl*	holders; bearers	держатели; предъявители
P 1333	porteurs associés	joint holders of stock	совместные держатели акций
P 1334	porteurs de capitaux	holders of capital	держатели капитала
P 1335	porteurs de parts négociables	holders of negotiable shares	держатели обращающихся акций
P 1336	porteurs, gros	big shareholders [investors]	крупные акционеры
P 1337	porteurs, petits	small shareholders [investors]	мелкие акционеры
P 1338	porteurs, petits et moyens	small and medium shareholders [investors]	мелкие и средние акционеры
P 1339	porteurs, tiers	holders in due course	добросовестные держатели (ценных бумаг)

P

P 1340	porteuse *f*	bearer security	ценная бумага на предъявителя
P 1341	position *f*	position	1. положение, ситуация; позиция 2. сальдо, остаток (по счёту) 3. позиция (на бирже)
P 1342	clôturer une position	to close a position	закрывать позицию
P 1343	consolider la position	to consolidate the position	консолидировать позицию
P 1344	couvrir une position	to hedge a position	хеджировать позицию
P 1345	déboucler sa position	to unwind one's position	совершать контрсделку
P 1346	demander la position d'un compte	to ask for the position of an account	запрашивать информацию об остатке на счёте
P 1347	déterminer la position	to determine the position	определять позицию
P 1348	durcir sa position	to take a tougher stand	ужесточать свою позицию
P 1349	faire reporter sa position d'acheteur à la liquidation suivante	to carry over one's long position to the next accounting period	переносить свою длинную позицию на следующий расчётный период
P 1350	fermer sa position	to close one's position	закрывать свою позицию
P 1351	garder une position	to keep a position	сохранять позицию
P 1352	liquider sa position	to close out one's position	закрывать свою позицию
P 1353	occuper une position clé	to have a key position	занимать ключевую позицию
P 1354	ouvrir [prendre] une position	to open [to take] a position	открывать позицию
P 1355	prendre une position en couverture de risque de taux	to take a hedging position	открывать позицию для страхования риска
P 1356	proroger une position	to extend a position	продлевать позицию
P 1357	reporter sa position	to carry over a position	переносить свою позицию
P 1358	rester en position	to keep a position	сохранять открытую позицию
P 1359	solder une position	to close [to wind up] a position	закрывать позицию
P 1360	position acheteur	bull [long] position	длинная позиция, позиция «быка», позиция при игре на повышение
P 1361	position acheteur sur contrats à terme	long futures contract position	длинная позиция по срочным контрактам
P 1362	position acheteur initiale	open long position	открытая длинная позиция
P 1363	position acheteur sur option d'achat	long call (position)	длинная позиция по опционам на покупку
P 1364	position acheteur sur option de vente	long put (position)	длинная позиция по опционам на продажу
P 1365	position à la baisse [baissière]	bear [short] position	короткая позиция, позиция «медведя», позиция при игре на понижение
P 1366	position bouclée	closed position	закрытая позиция
P 1367	position de change	foreign exchange position, exchange exposure	валютная позиция
P 1368	avoir une position de change	to have a foreign exchange position	иметь валютную позицию
P 1369	conserver une position de change	to keep a foreign exchange position	сохранять валютную позицию
P 1370	couvrir une position de change	to hedge a foreign exchange position	хеджировать валютную позицию
P 1371	dénouer une position de change	to settle a foreign exchange position	закрывать валютную позицию
P 1372	être en position de change	to have a foreign exchange position	иметь валютную позицию

P

P 1373	ne pas être en position de change	not to have a foreign exchange position	не иметь валютной позиции
P 1374	prendre une position de change	to take a foreign exchange position	открывать валютную позицию
P 1375	qualifier sa position de change	to evaluate one's foreign exchange position	оценивать свою валютную позицию
P 1376	rendre une position de change totalement ingérable	to make a foreign exchange position completely unmanageable	делать валютную позицию совершенно неуправляемой
P 1377	position de change d'une banque	bank's foreign exchange position	валютная позиция банка
P 1378	position de change au comptant	spot foreign exchange position	валютная позиция спот
P 1379	position de change conditionnelle	conditional foreign exchange position	условная валютная позиция
P 1380	position à cheval	straddle position	операция стрэдл (позиция, позволяющая играть на понижение и повышение одновременно)
P 1381	position de compensation	clearing [offsetting, valued] position	клиринговая позиция
P 1382	position au comptant	spot position	позиция по наличным сделкам, позиция спот
P 1383	position d'un compte	balance [position] of an account	остаток на счёте
P 1384	position en compte	bull [long] position	длинная позиция, позиция «быка», позиция при игре на повышение
P 1385	position concurrentielle	competitive position, competitiveness	конкурентоспособность
P 1386	position de conversion	conversion position	конверсионная операция (с опционами)
P 1387	position courte	bear [short] position	короткая позиция, позиция «медведя», позиция при игре на понижение
P 1388	position à couvert	bull [long] position	длинная позиция, позиция «быка», позиция при игре на повышение
P 1389	position en couverture de risque de taux	hedging against interest rate risk	позиция в покрытие процентного риска
P 1390	position créditrice	creditor [long] position	кредитовая позиция
P 1391	position débitrice	debtor [short] position	дебетовая позиция
P 1392	position débitrice de la banque dans cette devise	short position of the bank in this currency	короткая позиция банка по данной валюте
P 1393	position à découvert	bear [short] position	короткая позиция, позиция «медведя», позиция при игре на понижение
P 1394	position en dedans	in-the-money position	позиция, при которой опцион имеет «внутреннюю» стоимость
P 1395	position en dehors	out-of-the-money position	позиция, при которой опцион не имеет «внутренней» стоимости
P 1396	position de dépôts	depository [free] position	депозитная позиция
P 1397	position détenue	position held	имеющаяся позиция
P 1398	position en devises	foreign exchange position	валютная позиция
P 1399	position en ECU	ECU position	позиция в ЭКЮ

523

P

P 1400	position face au dollar	position with respect to the dollar	позиция по отношению к доллару
P 1401	position fermée	closed position	закрытая позиция
P 1402	position générée	acquired position	приобретённая позиция
P 1403	position générée par un achat de contrat Matif	position generated by a purchase of a MATIF contract	позиция, приобретённая в результате покупки контракта МАТИФ
P 1404	position globale de l'intervenant sur le marché	operator's global position on the market	общая позиция участника рынка
P 1405	position à la hausse [haussière]	bull [long] position	длинная позиция, позиция «быка», позиция при игре на повышение
P 1406	position initiale	opening position	начальная [исходная] позиция
P 1407	position liquide	liquid position	ликвидная позиция
P 1408	position longue	bull [long] position	длинная позиция, позиция «быка», позиция при игре на повышение
P 1409	position sur le marché à terme	futures position	позиция на срочном рынке
P 1410	position mixte	spread position	позиция по сделкам спред
P 1411	position monétaire	foreign exchange position	валютная позиция
P 1412	position monétaire et financière du secteur bancaire	monetary and financial position of the banking sector	денежно-кредитное и финансовое положение банковского сектора
P 1413	position nette	net position	чистая позиция, нетто-позиция
P 1414	position nette en devises	net foreign exchange position	валютная нетто-позиция
P 1415	position nette de prêt	net loan position	нетто-позиция по ссуде
P 1416	position nette à terme	net forward position	срочная нетто-позиция
P 1417	position officielle	official position	официальная позиция
P 1418	position sur options	option position	позиция по опционам
P 1419	position ouverte	open position; open interest	открытая позиция
P 1420	position ouverte à terme	open futures position	открытая срочная позиция
P 1421	position Pibor	PIBOR position	позиция по контрактам на основе ПИБОР
P 1422	position de place	market position	срочная биржевая позиция (данные о подлежащих исполнению срочных сделках на конец периода)
P 1423	calculer la position de place	to calculate the market position	рассчитывать срочную биржевую позицию
P 1424	position reportée	position carried over	позиция, перенесённая на следующий период
P 1425	position à reporter	position to be carried over	позиция к переносу
P 1426	position de réserve au FMI	IMF reserve position	резервная позиция в МВФ
P 1427	position «en spread»	spread position	позиция по сделкам спред
P 1428	position à terme	futures position	срочная позиция
P 1429	position à terme sans contrepartie équivalente	unmatched forward position	срочная позиция без соответствующей контрпозиции
P 1430	position tranche or	gold tranche position	«золотая» позиция (специальная кредитная позиция в МВФ)
P 1431	position de trésorerie	cash position	кассовая позиция
P 1432	position de trésorerie des banques	banks' cash position	кассовая позиция банков

P

P 1433	position vendeur	bear [short] position	короткая позиция, позиция «медведя», позиция при игре на понижение
P 1434	position vendeur couverte	covered short position	покрытая короткая позиция
P 1435	position vendeur découverte	uncovered short position	непокрытая короткая позиция
P 1436	position vendeur initiale	open short position	открытая короткая позиция
P 1437	position vendeur sur option d'achat	short call (position)	короткая позиция по опциону на покупку
P 1438	position vendeur sur option de vente	short put (position)	короткая позиция по опциону на продажу
P 1439	positionnement *m*	establishing the position [balance]	определение позиции [сальдо]
P 1440	positionner	to establish the position [balance]	определять позицию [сальдо]
P 1441	positions *f pl*	positions	позиции
P 1442	mettre face à face des positions opposées	to match opposite positions	сводить противоположные позиции
P 1443	positions dénouées	closed positions	закрытые позиции
P 1444	positions globales	global positions	общие [глобальные] позиции (всей финансовой группы)
P 1445	positions par instrument	positions by instrument	позиции по каждому инструменту
P 1446	positions interbancaires	interbank positions	межбанковские позиции
P 1447	positions de marchés	market positions	позиции на рынках
P 1448	positions marginales	marginal positions	второстепенные позиции
P 1449	positions négociables en continu	continuously negotiable positions	позиции с возможностью непрерывного проведения операций
P 1450	positions non couvertes	uncovered positions	непокрытые позиции
P 1451	positions d'un opérateur	operator's positions	позиции участника рынка
P 1452	positions spéculatives	speculative positions	спекулятивные позиции
P 1453	positions en taux d'intérêt	interest rate positions	позиции по процентным ставкам
P 1454	positions temporaires	temporary positions	временные позиции
P 1455	possesseur *m*	possessor, owner	владелец, держатель
P 1456	possesseur de métal	owner of the metal	владелец (драгоценного) металла
P 1457	possession *f*	possession, ownership	владение, обладание
P 1458	avoir en possession	to possess, to own, to be in possession	владеть, обладать
P 1459	entrer en possession	to take possession of	вступать во владение
P 1460	prendre possession physiquement	to take physical possession of	физически вступать во владение
P 1461	possession d'actions	shareholding	владение акциями
P 1462	possession de comptes libellés en devises	possession of foreign exchange accounts	владение валютными счетами
P 1463	possession illégitime	illegitimate [unlawful, illegal] possession	незаконное владение
P 1464	possession légitime	legitimate [lawful, legal] possession	законное владение
P 1465	possibilité *f*	possibility, opportunity	возможность
P 1466	possibilité d'accès aux ressources du Fonds	possibility of access to the IMF resources	возможность доступа к ресурсам МВФ

P

P 1467	possibilité de délais dans le règlement des transactions	possibility of delays in the settlement of transactions	возможность задержки при урегулировании сделок
P 1468	possibilité de profit	profit opportunity	возможность получения прибыли
P 1469	possibilité de prorogation du délai d'exécution	possibility of prolongation of the execution period	возможность продления срока исполнения
P 1470	possibilité de recouvrer	possibility of collection	возможность взыскания
P 1471	possibilités *f pl*	possibilities, opportunities	возможности
P 1472	possibilités d'arbitrage	arbitrage possibilities	арбитражные возможности
P 1473	possibilités de blanchissement	money laundering possibilities	возможности для «отмывания» денег
P 1474	possibilités de drainage de l'épargne	possibilities of savings drain	возможности для выкачивания сбережений
P 1475	possibilités financières	financial means [situation]	финансовые возможности
P 1476	possibilités de fraude	possibilities of fraud	возможности для мошенничества
P 1477	possibilités d'interventions ouvertes	possibilities of open intervention	возможности для открытых интервенций
P 1478	possibilités d'investissement [de placement]	investment opportunities	инвестиционные возможности
P 1479	possibilités de récupération à terme	payback possibilities	окупаемость
P 1480	possibilités de remboursement anticipé	possibility of redemption before due date	возможность досрочного погашения
P 1481	postdater	to postdate, to date forward	помечать прошедшим [задним] числом
P 1482	poste *m*	1. job, post, position 2. entry, item 3. item	1. пост, должность 2. запись, проводка 3. статья (баланса)
P 1483	poste d'actif	asset item	статья актива
P 1484	poste actions	stock item	статья баланса «акции»
P 1485	poste d'administrateur	administrative post	административная должность
P 1486	poste de bilan	balance sheet item	статья баланса
P 1487	poste hors caisse	non-cash item	некассовая статья
P 1488	poste comptable	accounting entry	бухгалтерская проводка
P 1489	poste de cotation	post, trading post [desk]	(физическое) место торговли ценными бумагами
P 1490	poste créditeur	credit item	кредитовая проводка [запись]
P 1491	poste débiteur	debit item	дебетовая проводка [запись]
P 1492	poste de dépenses	expense item	статья расходов
P 1493	poste développé	detailed item	развёрнутая статья
P 1494	poste de négociation	post, trading post [desk]	(физическое) место торговли ценными бумагами
P 1495	poste de passif	liability item	статья пассива
P 1496	poste hors trésorerie	non-cash item	некассовая статья
P 1497	poste valeurs étrangères	foreign securities item	статья «иностранные ценные бумаги»
P 1498	postes *m pl*	items	статьи (баланса)
P 1499	postes de l'actif et du passif	asset and liability items	статьи актива и пассива
P 1500	postes de bas de bilan	current assets items and current liabilities items	нижние статьи (бухгалтерского) баланса (*краткосрочные активы и краткосрочные обязательства*)
P 1501	postes correctifs	correction items	корректировочные статьи

P

P 1502	postes de haut de bilan	fixed assets items and long-term liabilities items	верхние статьи (бухгалтерского) баланса *(труднореализуемые активы и долгосрочные обязательства)*
P 1503	postes monétaires	monetary items	денежные статьи баланса
P 1504	postes non monétaires	nonmonetary items	неденежные статьи баланса
P 1505	postes de recettes et de dépenses	receipts and expenditures	статьи поступлений и расходов
P 1506	post-marché *m*	back office	«бэк-офис», отдел оформления операций (в банке), операционный отдел
P 1507	potentialités *f pl*	potential	потенциал; возможности
P 1508	potentialités de bénéfice	profit potential	возможности получения прибыли
P 1509	potentialités du marché	market potential	потенциал рынка
P 1510	potentialités d'un titre	potential of a security	потенциал ценной бумаги
P 1511	potentiel *m*	potential	потенциал
P 1512	potentiel de croissance	growth potential	потенциал роста
P 1513	potentiel fiscal	tax potential	налоговый потенциал
P 1514	potentiel de placement	investment potential	инвестиционный потенциал
P 1515	avoir le plus fort potentiel de placement	to have the biggest investment potential	иметь наивысший инвестиционный потенциал
P 1516	pour-cent *m*	percent	процент
P 1517	pourcentage *m*	percentage	1. процент, процентное отношение 2. комиссионные
P 1518	calculer le pourcentage	to calculate the percentage	подсчитывать процент
P 1519	détenir un pourcentage d'actions	to hold a percentage of stock	держать определённый процент акций
P 1520	verser un pourcentage	to pay a percentage	платить определённый процент
P 1521	pourcentage d'actions	percentage of stock [of shares]	процент акций
P 1522	pourcentage des billets en circulation	percentage of notes in circulation	процент банкнот в обращении
P 1523	pourcentage du chiffre d'affaires	percentage of the turnover	процент от оборота
P 1524	pourcentage consenti en avance [en prêt]	margining rate	процент (средств банка), выданный в качестве ссуды
P 1525	pourcentage de couverture	percentage of cover	процент покрытия
P 1526	pourcentage du crédit	credit percentage	процент кредита
P 1527	pourcentage effectif de couverture	actual percentage of cover	реальный процент покрытия
P 1528	pourcentage élevé	high percentage	высокий процент
P 1529	pourcentage de participation	participating percentage	процент участия
P 1530	pourcentage de prélèvement confiscatoire	prohibitive tax rate	запретительная ставка налогов
P 1531	pourcentage de réduction	percentage discount	процент скидки
P 1532	pourcentage des renouvellements de dépôts	redeposit percentage	процент возобновляемых депозитов
P 1533	pourcentage de retenue	deduction percentage	процент вычетов
P 1534	pourcentage des revenus	percentage of income	процент от доходов
P 1535	poursuite *f*	1. continuation 2. (legal) proceedings, (legal) action, prosecution, suit	1. продолжение 2. судебное преследование; предъявление иска

P

P 1536	poursuite de la baisse du dollar	continuation of the fall of the dollar	продолжение падения курса доллара
P 1537	poursuite de la baisse des taux	continuation of the fall of rates	продолжение падения процентных ставок
P 1538	poursuite pour dettes	legal action for debt, execution for debt	судебное преследование за долги
P 1539	poursuite pénale pour émission de fausse monnaie	penal action for issuing of counterfeit money	уголовное преследование за выпуск фальшивых денег
P 1540	poursuite en réalisation de gage	execution	обращение взыскания на залог
P 1541	poursuite par voie de faillite	forcing into bankruptcy	взыскание задолженности путём объявления должника несостоятельным
P 1542	poursuite par voie de saisie	seizure, attachment (by court order)	взыскание задолженности путём наложения ареста на имущество должника
P 1543	poursuivre	1. to continue 2. to sue, to take legal action against, to bring smb to court	1. продолжать 2. преследовать по суду; предъявлять иск
P 1544	pourvoyeur m	supplier	поставщик
P 1545	pourvoyeur de capitaux	supplier of capital	поставщик капиталов
P 1546	pourvoyeur de liquidités	supplier of liquidities	поставщик ликвидных средств
P 1547	poussée f	surge, upsurge, rise	скачок, стремительный рост
P 1548	poussée des cours de bourse	upsurge of stock exchange prices	стремительный рост биржевых курсов
P 1549	poussée du crédit	surge of credit	разбухание кредита
P 1550	poussée inflationniste	upsurge of inflation	скачок инфляции
P 1551	poussée des investissements	rise of investment	стремительный рост инвестиций
P 1552	pouvoir m	power	1. возможность, способность 2. полномочия 3. власть 4. орган власти
P 1553	déléguer le pouvoir	to delegate the power	делегировать полномочия
P 1554	posséder le pouvoir	to hold the power	обладать властью
P 1555	se dessaisir de son pouvoir	to relinquish one's power	снимать с себя полномочия
P 1556	pouvoir d'achat	purchasing power	покупательная способность
P 1557	pouvoir d'achat excédentaire	excess purchasing power	избыточная покупательная способность
P 1558	pouvoir d'achat liquide	liquid purchasing power	ликвидная покупательная способность
P 1559	pouvoir d'achat d'une monnaie	purchasing power of a currency	покупательная способность валюты
P 1560	pouvoir d'achat du revenu disponible	purchasing power of disposable income	покупательная способность располагаемого дохода
P 1561	pouvoir d'agrément des sociétés de bourse	power to give the status of a stockbroker [brokerage firm, broking firm]	полномочия определять статус брокерской компании
P 1562	pouvoir pour assemblée générale	proxy for the general (shareholders') meeting	полномочия на участие в общем собрании (акционеров)
P 1563	pouvoir de contrôle et de sanction étendu	extended control and sanction power	расширенные полномочия по контролю и применению санкций
P 1564	pouvoir de création monétaire	money creation power	право на выпуск денежной массы
P 1565	pouvoir de crédit	lending power	кредитные полномочия

P

P 1566	**pouvoir de décision**	decision-making power	полномочия на принятие решений
P 1567	**pouvoir disciplinaire sur sociétés de bourse**	disciplinary authority for stockbrokers	дисциплинарный орган брокерских компаний
P 1568	**pouvoir d'émission**	issuing power	эмиссионные полномочия
P 1569	**pouvoir de fait**	de facto power	фактические полномочия
P 1570	**pouvoir fiscal**	tax power	налоговые полномочия
P 1571	**pouvoir libératoire**	ability to serve as legal tender	способность выполнять функцию законного платёжного средства
P 1572	**avoir pouvoir libératoire**	to be legal tender	являться законным платёжным средством
P 1573	**pouvoir libératoire limité**	limited role legal tender	ограниченная способность выполнять функцию законного платёжного средства
P 1574	**pouvoir libératoire de la monnaie**	ability of money to serve as legal tender	способность денег быть законным платёжным средством
P 1575	**pouvoir, plein**	full power	неограниченные полномочия
P 1576	**pouvoir de prêter [de prêts]**	lending power	кредитные полномочия
P 1577	**pouvoir de règlement**	settlement power	платёжная способность
P 1578	**pouvoir de réglementation**	regulation power	полномочия по регулированию
P 1579	**pouvoir de signature [de signer]**	signing authority	право подписи
P 1580	**pouvoir de surveillance**	supervisory authority	полномочия по надзору
P 1581	**pouvoir de vote**	voting right	право голоса
P 1582	**praticiens** *m pl* **chartistes**	chartists	чартисты
P 1583	**pratique** *f*	practice	практика; применение
P 1584	**dans la pratique**	in practice	на практике
P 1585	**pratique bancaire**	banking practice	банковская практика
P 1586	**pratique du crédit à bon marché**	cheap credit practice	практика предоставления дешёвых кредитов
P 1587	**pratique d'escompte**	discount practice	дисконтная практика
P 1588	**pratique financière**	financial practice	финансовая практика
P 1589	**pratique d'investissement**	investment practice	инвестиционная практика
P 1590	**pratique des swaps**	swap procedure	практика проведения свопов
P 1591	**pratiques** *f pl*	practices	способы, методы; приёмы; меры
P 1592	**corriger ses pratiques**	to amend one's practices	исправлять свои методы
P 1593	**uniformiser les pratiques de cotation**	to standardize quoting procedures	стандартизировать методы котировки
P 1594	**pratiques cambiaires**	exchange practices	вексельная практика
P 1595	**pratiques comptables**	accounting practices [procedures]	методы бухгалтерского учёта
P 1596	**pratiques de cotation**	quotation procedures	методы котировки
P 1597	**pratiques discriminatoires**	discriminatory practices	дискриминационные меры
P 1598	**pratiques d'émission**	issuing practices	способы эмиссии
P 1599	**pratiques financières internationales**	international financial practices	способы международного финансирования
P 1600	**pratiques restrictives**	restrictive practices	рестриктивные меры
P 1601	**pratiques de taux de change multiples**	multiple exchange rate practices	применение множественных курсов валют

P

P 1602	préachat m	prepayment	предоплата, предварительная оплата
P 1603	préallocation f de ressources	advance allocation of resources	предварительное распределение ресурсов
P 1604	préavis m	notice	уведомление, предварительное извещение
P 1605	donner un préavis de 3 jours	to give 3 days' notice	уведомлять за 3 дня
P 1606	à 3 jours de préavis	with a 3 days' notice	с уведомлением за 3 дня
P 1607	sans préavis	without notice	без предварительного извещения
P 1608	préavis de retrait	withdrawal notice	извещение о снятии средств со счёта
P 1609	prébilan m	trial balance	предварительный баланс
P 1610	précarité f de l'investissement	insecure investment, insecurity of investment	ненадёжность инвестиций
P 1611	préciput m	praecipium, praecipuum	право на получение части имущества до его раздела
P 1612	prélever un préciput	to retain a praecipium	получать часть имущества до его раздела
P 1613	précompte m	1. estimate 2. deduction	1. оценка 2. вычет
P 1614	précompte fiscal	tax withholding, tax deduction at source	удержание налога у источника
P 1615	précompter	1. to estimate 2. to withhold, to deduct	1. оценивать 2. удерживать, вычитать
P 1616	précrédit m	advance payment	аванс
P 1617	prédateur m	(corporate) raider	рейдер *(лицо, скупающее акции компании с целью получения контрольного пакета)*
P 1618	prédominance f	predominance	преобладание, господство
P 1619	prédominance du capital étranger	predominance of foreign capital	господство иностранного капитала
P 1620	prédominance du dollar	predominance of the dollar	господство доллара
P 1621	prédominance des effets publics	predominance of government securities	преобладание государственных ценных бумаг
P 1622	préférence f	preference	1. предпочтение 2. преимущество 3. привилегия
P 1623	par ordre de préférence	in order of preference	в порядке предпочтения
P 1624	préférence d'un créancier	priority [prior ranking] of a creditor	приоритет требования одного из кредиторов
P 1625	préférence de [pour la] liquidité	liquidity preference	предпочтение ликвидности
P 1626	préférences f pl	preferences	предпочтения, преференции
P 1627	préférences des emprunteurs	borrowers' preferences	предпочтения заёмщиков
P 1628	préférences des prêteurs	lenders' preferences	предпочтения кредиторов
P 1629	préfinancement m	prefinancing, interim [advance, bridge] financing	предварительное финансирование
P 1630	préfinancement classique	traditional prefinancing	классическая схема предварительного финансирования
P 1631	préfinancement des investissements	prefinancing of investments	предварительное финансирование инвестиций

P

P 1632	**préfinancement «revolving»**	revolving prefinancing	возобновляемое предварительное финансирование
P 1633	**préfinancement spécialisé**	specialized prefinancing	целевое предварительное финансирование
P 1634	**préfinancement à taux stabilisé**	prefinancing at a stabilized rate	предварительное финансирование по стабильной ставке
P 1635	**préinvestissement** *m*	pre-investment	предынвестирование *(мероприятия по подготовке инвестирования)*
P 1636	**préjudice** *m*	loss	ущерб
P 1637	**préjudice financier**	financial loss	финансовый ущерб
P 1638	**préjudice matériel**	material loss	материальный ущерб
P 1639	**préjudiciable**	prejudicial, detrimental	убыточный, наносящий ущерб
P 1640	**prélèvement** *m*	1. withholding, deduction, levying 2. withdrawal 3. levy	1. взимание, удержание; изъятие 2. снятие *(денег со счёта)* 3. налог
P 1641	**effectuer un prélèvement**	1. to levy; to deduct 2. to withdraw	1. взимать, удерживать; изымать 2. снимать *(деньги со счёта)*
P 1642	**payer par prélèvement automatique sur son compte**	to pay by automatic deductions from one's account	платить путём автоматического списания суммы с банковского счёта
P 1643	**prélèvement sur le capital**	capital levy	налог на капитал
P 1644	**prélèvement des dépôts**	withdrawal of deposits	изъятие депозитов
P 1645	**prélèvement du dividende sur le capital**	payment of dividend out of capital	выплата дивиденда из основной суммы капитала
P 1646	**prélèvement sur emprunt**	drawing (on a loan)	получение денег в счёт займа
P 1647	**prélèvement en espèces**	cash levy	удержание наличными
P 1648	**prélèvement exceptionnel**	exceptional levy	чрезвычайный налог
P 1649	**prélèvement fiscal**	tax levy, tax bite [take]; taxation; tax collection	взимание налогов
P 1650	**prélèvement forfaitaire**	flat-rate withholding, standard deduction at source	фиксированный [заранее твёрдо установленный] налог
P 1651	**prélèvement sur la fortune immobilière**	real estate tax	налог на недвижимое имущество
P 1652	**prélèvement d'impôts**	tax levy, tax bite [take], taxation, tax collection	взимание налогов
P 1653	**prélèvement d'intérêts sur le capital**	withholding of interest on capital	удержание процентов с капитала
P 1654	**prélèvement libératoire**	flat-rate withholding, standard deduction at source	фиксированный [заранее твёрдо установленный] налог
P 1655	**prélèvement sur les réserves**	withdrawal from reserves	изъятие из резервов
P 1656	**prélèvement et restitution**	discount and premium	дисконт и премия *(к курсу по наличным сделкам)*
P 1657	**prélèvements** *m pl*	levies, taxes	налоги; отчисления; вычеты
P 1658	**percevoir des prélèvements**	to collect [to levy] taxes	взимать налоги
P 1659	**prélèvements automatiques**	standing order, direct debit (order), automatic deduction order	прямой дебет *(банковского счёта клиента)*, автоматическое списание сумм с банковского счёта
P 1660	**prélèvements automatiques sur un compte de dépôt**	direct debit of the deposit account	прямой дебет депозитного счёта

P

P 1661	prélèvements de billets	withdrawal of banknotes (from circulation)	изъятие банкнот (из обращения)
P 1662	prélèvements sur le compte courant	drawing from the current account	снятие денег с текущего счёта
P 1663	prélèvements sur les courtages	levy on brokerage (fees)	налоги на комиссионные
P 1664	prélèvements sur les disponibilités des banques	levy on the banks' available funds	вычеты из наличных средств банков
P 1665	prélèvements exceptionnels sur les banques	exceptional levies on banks	чрезвычайные налоги на банки
P 1666	prélèvements fiscaux	taxes, levies	налоги
P 1667	prélèvements obligatoires	tax and social security contributions	обязательные отчисления
P 1668	prélèvements sur les revenus	income taxes	налоги на доход
P 1669	prélever	1. to levy, to charge, to retain 2. to withdraw	1. взимать, удерживать; изымать 2. снимать *(деньги со счёта)*
P 1670	première *f* de change	first of exchange	первый экземпляр переводного векселя, вексель прима
P 1671	prémium *m*	(option) premium	(опционная) премия, цена опциона
P 1672	preneur *m*	taker, buyer; payee	покупатель; ремитент
P 1673	preneur d'assurance	taker of an insurance policy	страхователь
P 1674	preneur de crédit	borrower	заёмщик
P 1675	preneur d'un effet	payee of a bill	ремитент
P 1676	preneur de faculté de lever double	taker for a call of more	покупатель опциона колл
P 1677	preneur de faculté de livrer double	taker for a put of more	покупатель опциона пут
P 1678	preneur ferme	underwriter	андеррайтер, гарант размещения ценных бумаг
P 1679	preneur d'une lettre de change	payee of a bill of exchange	бенефициар по тратте
P 1680	preneur d'option	taker of an option	покупатель опциона
P 1681	preneur de papier	payee of a bill	ремитент
P 1682	preneur de position en risque	taker of an uncovered position	лицо, приобретающее непокрытую позицию
P 1683	preneur de stellage	taker of double option	покупатель по стеллажной сделке
P 1684	prépaiement *m*	prepayment	предоплата, предварительная оплата
P 1685	préparation *f*	preparation	подготовка, приготовление
P 1686	préparation matérielle d'un emprunt	material preparations for a loan	материальная подготовка займа
P 1687	prépayé	prepaid	предоплаченный, предварительно оплаченный
P 1688	prépondérant	preponderant	преобладающий
P 1689	préposé *m*	employee, clerk, officer	служащий, клерк
P 1690	être préposé à	to be in charge of	отвечать за *что-л.*
P 1691	préposé à la clientèle	customer service officer	служащий отдела по работе с клиентами (банка)
P 1692	préposé au guichet	counter clerk	кассир
P 1693	préposé aux prêts	loan [lending] officer	служащий кредитного отдела (банка)

P

P 1694	préposé aux prêts personnels	personal loan officer	служащий отдела кредитования физических лиц
P 1695	préposé au registre	board broker, order book official	брокер, следящий за выполнением заказов клиентов, которые не могут быть выполнены немедленно *(в торговле опционами)*
P 1696	prescripteurs *m pl*	recommenders, advocates; consultants	консультанты, советники
P 1697	prescripteurs financiers	financial consultants	финансовые консультанты
P 1698	prescripteurs informés	well-informed consultants	хорошо информированные консультанты
P 1699	prescriptible	prescriptible	погашаемый исковой давностью
P 1700	prescriptions *f pl*	instructions, orders, directions; regulations	предписания, распоряжения; правила
P 1701	prescriptions de change	foreign exchange instructions	валютные предписания
P 1702	prescriptions de présentation	presentation instructions	инструкции по предъявлению *(к платежу)*
P 1703	prescriptions statutaires	statutory regulations	предписания устава
P 1704	présence *f*	presence	присутствие, наличие
P 1705	avoir une présence sur le marché	to be present in the market	присутствовать на рынке
P 1706	développer sa présence à l'étranger	to develop one's presence abroad	расширять своё присутствие за границей
P 1707	mettre en présence prêteurs et emprunteurs	to bring together lenders and borrowers	выступать посредником между кредиторами и заёмщиками
P 1708	présence continuelle sur le marché	continuous presence in the market	постоянное присутствие на рынке
P 1709	présence physique des opérateurs	physical presence of operators	физическое присутствие участников рынка
P 1710	présence régulière des banques centrales	regular presence of central banks	постоянное участие центральных банков
P 1711	présence des réserves	presence of reserves	наличие резервов
P 1712	présentable à l'encaissement	encashable	предъявляемый на инкассо
P 1713	présentateur *m*	presenter	предъявитель *(напр. векселя)*
P 1714	présentation *f*	presentation	предъявление; представление
P 1715	avant présentation des documents	before the presentation of documents	до предъявления документов
P 1716	payer à présentation	to pay on presentation, to pay at sight, to pay on demand	платить по предъявлении (документов)
P 1717	sur présentation des documents	on presentation of documents	по предъявлении документов
P 1718	présentation à l'acceptation	presentation for acceptance	предъявление (векселя) к акцепту
P 1719	présentation de bilans mensuels	presentation of monthly balances	представление месячных балансов
P 1720	présentation d'une carte de crédit	presentation of a credit card	предъявление кредитной карточки
P 1721	présentation d'un chèque	presentation of a check	предъявление чека
P 1722	présentation des comptes	presentation of accounts	представление счетов
P 1723	présentation d'un coupon	presentation of a coupon	предъявление купона
P 1724	présentation des déclarations de revenus	presentation of income statements [tax returns]	представление налоговых деклараций

533

P

P 1725	présentation des documents	presentation of documents	предъявление документов
P 1726	présentation d'un effet à l'acceptation	presentation of a bill for acceptance	предъявление векселя к акцепту
P 1727	présentation à l'encaissement	presentation for collection	предъявление на инкассо
P 1728	présentation à l'escompte	presentation for discount	предъявление к учёту
P 1729	présentation d'une lettre de change	presentation of a bill of exchange	предъявление векселя (к оплате)
P 1730	présentation officielle des bilans	official presentation of balance sheets	официальное представление балансов
P 1731	présentation au [pour] paiement	presentation for payment	предъявление к оплате
P 1732	présentation des règles en vigueur	presentation of effective rules	представление действующих правил
P 1733	préservation *f*	preservation, protection	сохранение, поддержание
P 1734	préservation de l'anonymat	preservation of anonymity	сохранение анонимности
P 1735	préservation du renom de la place	preservation of the reputation of the market	поддержание репутации рынка
P 1736	présidence *f*	presidency, chairmanship, directorship	президентство; председательство
P 1737	être nommé à la présidence	to be appointed president	быть назначенным президентом [председателем]
P 1738	prendre la présidence d'une société	to become the president of a company	возглавлять компанию
P 1739	sous la présidence	under the presidency	под председательством
P 1740	président *m*	president	президент; председатель
P 1741	président de la bourse	president of the stock exchange	президент биржи
P 1742	président du conseil d'administration	Chairman of the Board	председатель Административного совета *(совета директоров)*
P 1743	président en exercice	serving [current] chairman	действующий президент
P 1744	président d'honneur	honorary president [chairman]	почётный президент
P 1745	président nommé	appointed president	назначенный президент
P 1746	président de séance	chairman	председатель собрания
P 1747	président-directeur *m* général, PDG	(Chairman) and Chief Executive Officer, (Chairman and) Managing Director	президент и генеральный директор *(акционерного общества)*
P 1748	président-élu *m*	president-elect	избранный, но ещё не вступивший в должность президент
P 1749	presse *f*	press	пресса
P 1750	presse financière et économique	financial and economic press	финансово-экономическая пресса
P 1751	presse professionnelle	trade press	профессиональные публикации
P 1752	pression *f*	pressure	давление; воздействие
P 1753	pression à la baisse [baissière]	downward pressure	давление в сторону понижения
P 1754	pression de la demande	demand pressure	давление со стороны спроса
P 1755	pression excessive de la demande	excessive demand pressure	чрезмерное давление со стороны спроса
P 1756	pression fiscale	tax pressure, tax burden	налоговое бремя, налоговый пресс
P 1757	pression à la hausse [haussière]	upward pressure	давление в сторону повышения
P 1758	pression inflationniste	inflationary pressure	инфляционное давление

P

P 1759	pression sur la monnaie	pressure on the currency	давление на курс валюты
P 1760	pression spéculative	speculative pressure	спекулятивное давление [воздействие]
P 1761	prestataire *m*	provider, supplier	поставщик
P 1762	prestataire de conseils	provider of advice, consultant	консультант
P 1763	prestataire de services	service provider	производитель услуг; лицо, оказывающее услуги
P 1764	prestataire de services générateurs de commissions	provider of fee-generating services	лицо, оказывающее услуги на комиссионных началах
P 1765	prestation *f*	1. benefit, allowance 2. provision of a service	1. пособие 2. предоставление, оказание (услуг)
P 1766	prestation en argent	cash payment	пособие в денежной форме
P 1767	prestation de capitaux	provision of capital	предоставление капиталов
P 1768	prestation en espèces	cash payment	пособие в денежной форме
P 1769	prestation de services	provision [performance] of services	оказание [предоставление] услуг
P 1770	prestation des services bancaires	provision of bank services	предоставление банковских услуг
P 1771	prestations *f pl*	1. allowance, benefits 2. services	1. пособия 2. услуги
P 1772	facturer des prestations	to invoice services	фактурировать услуги, выписывать счета за услуги
P 1773	fournir des prestations	to provide services	предоставлять услуги
P 1774	prestations bancaires	bank services	банковские услуги
P 1775	prestations difficilement quantifiables	services difficult to quantify	услуги, с трудом поддающиеся количественному выражению, услуги, не поддающиеся оценке
P 1776	prestations externes	external services	внешние услуги
P 1777	prestations fournies	services provided	предоставленные услуги
P 1778	prestations internes	internal services	внутренние услуги *(другим подразделениям компании)*
P 1779	prestations sociales	social security benefits	пособия по социальному обеспечению
P 1780	prêt *m*	1. loan 2. lending	1. ссуда; кредит пособия 2. кредитование, предоставление ссуд
P 1781	accorder un prêt	to grant a loan	предоставлять [выдавать] ссуду
P 1782	conclure un prêt	to take up a loan	заключать соглашение о предоставлении ссуды
P 1783	consentir un prêt	to grant a loan	предоставлять [выдавать] ссуду
P 1784	consortialiser un prêt	to syndicate a loan	синдицировать кредит
P 1785	contracter un prêt	to take up a loan	заключать соглашение о предоставлении ссуды
P 1786	demander un prêt	to apply for a loan	обращаться за ссудой
P 1787	faire un prêt	to grant a loan	предоставлять [выдавать] ссуду
P 1788	garantir un prêt	to guarantee a loan	обеспечивать ссуду
P 1789	obtenir un prêt	to take up [to obtain, to be granted] a loan	получать ссуду
P 1790	octroyer un prêt	to grant a loan	предоставлять [выдавать] ссуду
P 1791	de prêt	loan, lending	ссудный

P

P 1792	recevoir un prêt	to take up [to obtain, to be granted] a loan	получать ссуду
P 1793	rembourser un prêt	to repay [to pay off] a loan	возмещать ссуду, погашать кредит
P 1794	solliciter un prêt	to apply for a loan	обращаться за ссудой
P 1795	prêt d'argent	money loan	денежная ссуда
P 1796	prêt assorti d'une affectation en gage des effets	loan secured by bills	ссуда под залог векселей
P 1797	prêt assorti d'un versement forfaitaire	balloon loan	ссуда с погашением возрастающими платежами и выплатой большей части по истечении срока
P 1798	prêt en blanc	unsecured loan	бланковая ссуда, ссуда без обеспечения
P 1799	prêt bonifié	subsidized [preferential] loan	ссуда под низкий процент, льготная ссуда
P 1800	prêt de capital	loan	ссуда
P 1801	prêt capitalisé à l'échéance	interest-only loan	ссуда, по которой выплачиваются только проценты, а основная сумма погашается в конце срока
P 1802	prêt classé	(adversely) classified loan	сомнительная ссуда; ссуда, признанная рисковой
P 1803	prêt cofinancé	co-loan, co-financed loan	совместно финансируемый заём
P 1804	prêt conditionné [conditionnel]	tied loan	связанная ссуда, обусловленный кредит
P 1805	prêt conjoint	joint loan	совместная ссуда
P 1806	prêt de consolidation	consolidation loan	консолидирующий кредит (кредит, объединяющий или рефинансирующий несколько других, меньших, кредитов)
P 1807	prêt consolidé	consolidated loan	консолидированный кредит
P 1808	prêt conventionné	subsidized [preferential] loan, regulated mortgage loan	ссуда под низкий процент, льготная ссуда
P 1809	prêt conventionné à annuités progressives	balloon loan	ссуда с погашением возрастающими платежами и выплатой большей части по истечении срока
P 1810	prêt à court terme	short-term loan	краткосрочная ссуда
P 1811	prêt croisé en devises	currency swap	валютный своп
P 1812	prêt à décaissement rapide	quick-disbursing loan	быстро выплачиваемая ссуда
P 1813	prêt à découvert	unsecured loan	бланковая ссуда, ссуда без обеспечения
P 1814	prêt par découverts	overdraft lending	кредитование по овердрафту
P 1815	prêt à demande	demand [call] loan	онкольная ссуда, ссуда, возмещаемая по требованию
P 1816	prêt en difficulté	distressed loan	ссуда, по которой прекращены выплаты
P 1817	prêt douteux	doubtful loan	сомнительная ссуда
P 1818	prêt à durée fixe	fixed-term loan	срочная ссуда, ссуда на определённый срок
P 1819	prêt contre effets privés	loan secured by commercial paper	ссуда под залог частных векселей
P 1820	prêt à l'entreprise	business loan	ссуда компании
P 1821	prêt escompté	discounted loan	учтённая ссуда

P

P 1822	prêt extérieur	external loan, foreign loan	иностранная ссуда
P 1823	prêt à un faible taux d'intérêt	low-interest loan	ссуда под низкий процент
P 1824	prêt financé conjointement	co-loan, co-financed loan	совместно финансируемый заём
P 1825	prêt à fonds perdu	nonrepayable subsidy, grant	безвозвратная ссуда
P 1826	prêt à forfait	nonrecourse loan	ссуда без права обращения взыскания на имущество членов ограниченного товарищества *(при схеме прямого участия)*
P 1827	prêt à forte conditionnalité	loan on rigid terms	ссуда на жёстких условиях
P 1828	prêt sur gage [gagé]	loan on collateral, collateral loan	ссуда под залог
P 1829	prêt garanti [sur garantie]	secured [guaranteed] loan	обеспеченная ссуда
P 1830	prêt avec garantie hypothécaire	collateral mortgage (loan)	ипотечная ссуда
P 1831	prêt gratuit	interest-free loan, loan bearing no interest	беспроцентная ссуда
P 1832	prêt à l'habitation	housing loan	ссуда на жилищное строительство
P 1833	prêt d'honneur	loan on trust	ссуда на доверии, необеспеченная ссуда
P 1834	prêt hypothécaire [sur hypothèque, immobilier]	real estate [mortgage] loan, mortgage (loan) receivable	ипотечная ссуда
P 1835	prêt pour immobilisations	capital loan	инвестиционный кредит, кредит на увеличение основного капитала
P 1836	prêt impayé	outstanding loan	непогашенная ссуда
P 1837	prêt inconditionnel	unconditional loan	ссуда без дополнительных условий
P 1838	prêt indexé	indexed [index-tied] loan	индексированный кредит
P 1839	prêt interclients sous la caution de la banque	inter-customer loan guaranteed by the bank	ссуда одного клиента банка другому, гарантированная банком
P 1840	prêt interentreprises	intercompany [commercial] loan	коммерческий кредит
P 1841	prêt à intérêt	interest-bearing loan	процентная ссуда
P 1842	prêt sans intérêt	interest-free loan, loan bearing no interest	беспроцентная ссуда
P 1843	prêt à intérêt élevé	high-interest loan	ссуда под высокий процент
P 1844	prêt à intérêt non comptabilisé	doubtful loan	сомнительная ссуда
P 1845	prêt intragroupe	cross-lending	ссуда внутри финансовой группы
P 1846	prêt irrécouvrable	bad loan	сомнительная ссуда
P 1847	prêt irrévocable	uncallable loan	ссуда без права досрочного требования
P 1848	prêt au jour le jour	day [daily, day-to-day, call] loan	однодневная ссуда
P 1849	prêt lancé	floated loan	выданная ссуда
P 1850	prêt lié	tied loan	связанная ссуда, обусловленный кредит
P 1851	prêt lombard	lombard loan	ломбардная ссуда, ссуда, обеспеченная ценными бумагами
P 1852	prêt à long terme	long-term loan	долгосрочная ссуда

P

P 1853	**prêt monétaire**	cash [money] loan	денежная ссуда
P 1854	**prêt en monnaie étrangère**	foreign currency loan	ссуда в иностранной валюте
P 1855	**prêt à moyen terme**	medium-term loan	среднесрочная ссуда
P 1856	**prêt multidevise**	multicurrency loan	мультивалютная ссуда
P 1857	**prêt sur nantissement**	loan on collateral, collateral loan, pledge loan	обеспеченная ссуда
P 1858	**prêt non garanti**	unsecured loan	бланковая ссуда, ссуда без обеспечения
P 1859	**prêt non indéxé**	nonindexed loan	неиндексированный кредит
P 1860	**prêt non productif**	nonperforming loan	ссуда, не приносящая указанный в договоре процент *(просроченная, с пересмотренной ставкой)*
P 1861	**prêt non remboursable**	nonrepayable subsidy, grant	безвозвратная ссуда
P 1862	**prêt non remboursé**	outstanding loan	непогашенная ссуда
P 1863	**prêt sans objet précis**	all-purpose loan	нецелевая ссуда
P 1864	**prêt ordinaire**	conventional loan	обычная ссуда
P 1865	**prêt outre-frontière**	foreign loan	иностранная ссуда
P 1866	**prêt participant**	participation loan	консорциальный [индуцированный] кредит
P 1867	**prêt participatif**	participating capital loan	субординационный заём *(процент частично привязан к прибыли компании-заёмщика)*
P 1868	**prêt personnel**	personal loan	личная ссуда, ссуда физическому [частному] лицу
P 1869	**prêt portant intérêt**	interest-bearing loan	процентная ссуда
P 1870	**prêt à prime variable**	variable-rate loan	ссуда с изменяющейся ставкой
P 1871	**prêt privé**	private loan	частная ссуда
P 1872	**prêt privilégié**	preferential loan	льготный кредит
P 1873	**prêt progressif**	step-up loan	прогрессивная ссуда *(выдаётся возрастающими частями)*
P 1874	**prêt de qualité**	quality loan	надёжная ссуда
P 1875	**prêt réalisé**	disbursed loan	выданная ссуда
P 1876	**prêt recouvré**	recovered loan, loan recovery	возвращённая ссуда
P 1877	**prêt remboursable**	redeemable loan	возвращаемая ссуда, ссуда, подлежащая возврату
P 1878	**prêt remboursable sur demande**	demand [call] loan	онкольная ссуда, ссуда, возмещаемая по требованию
P 1879	**prêt remboursable par versements**	installment loan	ссуда с выплатой в рассрочку, ссуда с погашением периодическими платежами
P 1880	**prêt remboursé**	repaid loan	погашенная ссуда
P 1881	**prêt rémunéré**	interest-bearing loan	процентная ссуда
P 1882	**prêt renégocié à taux réduit**	renegotiated reduced rate loan	кредит по пересмотренной в сторону понижения ставке
P 1883	**prêt restructuré**	restructured loan	реструктурированный кредит
P 1884	**prêt révocable**	callable loan	ссуда с правом досрочного погашения
P 1885	**prêt sans risque de capital**	loan free of capital risk	ссуда без риска непогашения основной суммы
P 1886	**prêt secondaire**	subloan, subsidiary loan	вторичная [подчинённая] ссуда

P

P 1887	prêt de [sur] signature	signature [good faith, character] loan	ссуда под подпись *(без обеспечения)*
P 1888	prêt à une société	corporate loan	ссуда компании
P 1889	prêt en souffrance	overdue loan	просроченная ссуда
P 1890	prêt de soumission	tender loan	тендерная ссуда
P 1891	prêt subordonné	subordinated [junior] loan	субординированный заём *(с более низкой очерёдностью удовлетворения требования из имущества должника в случае его банкротства)*
P 1892	prêt subsidiaire	subloan, subsidiary loan	вторичная [подчинённая] ссуда
P 1893	prêt sous surveillance spéciale	special surveillance loan	ссуда на особом контроле
P 1894	prêt à taux de base	prime-rate loan	ссуда по базовой ставке [по прайм-рейт]
P 1895	prêt à taux bonifié	subsidized [preferential] loan	ссуда под низкий процент, льготная ссуда
P 1896	prêt à taux fixe	fixed-rate loan	ссуда с фиксированной ставкой
P 1897	prêt à taux flottant	floating-rate loan	ссуда с плавающей ставкой
P 1898	prêt à taux nul	interest-free loan, loan bearing no interest	беспроцентная ссуда
P 1899	prêt à taux révisable	rollover credit (facility), rollover loan	ролл-оверный кредит, кредит с пересматриваемой ставкой
P 1900	prêt à taux variable	variable-rate loan	ссуда с плавающей ставкой
P 1901	prêt à tempérament	installment loan	ссуда с выплатой в рассрочку, ссуда с погашением периодическими платежами
P 1902	prêt à terme	term loan	срочная ссуда
P 1903	prêt à terme fixe	fixed-term loan	срочная ссуда на определённый срок
P 1904	prêt aux termes mal définis	fuzzy loan	ссуда на нечётко определённых условиях
P 1905	prêt de [sur] titres	advance on securities	ссуда под ценные бумаги
P 1906	prêt du Trésor	treasury loan	кредит казначейства
P 1907	prêt usuraire	usurious loan	ростовщическая ссуда
P 1908	prêt à vue	call loan	онкольная ссуда, ссуда, возмещаемая по требованию
P 1909	prêtable	loanable	ссужаемый, отдаваемый в долг *(о средствах)*
P 1910	prêt-bail *m*	leasing	лизинг
P 1911	prête-nom *m*	figurehead, dummy, man of straw	подставное лицо
P 1912	prêter	to lend	ссужать, давать взаймы [в долг]
P 1913	prêter à 10%	to lend at 10%	ссужать под 10%
P 1914	prêter à intérêt	to lend at interest	ссужать под процент
P 1915	prêteur *m*	lender	кредитор; ссудодатель
P 1916	prêteur d'argent au jour le jour	lender of day-to-day money	кредитор по однодневной ссуде
P 1917	prêteur de capitaux	lender of capital	кредитор
P 1918	prêteur de dernier ressort	lender of last resort	кредитор последней инстанции
P 1919	prêteur de devises	lender of foreign exchange	кредитор, предоставляющий ссуду в валюте

P

P 1920	prêteur extérieur	external lender	внешний [иностранный] кредитор
P 1921	prêteur sur gage	pawnbroker	кредитор под залог
P 1922	prêteur sur hypothèque	mortgagee	кредитор по ипотеке
P 1923	prêteur sur nantissement	pawnbroker	кредитор под залог
P 1924	prêteur privé	private lender	частный кредитор
P 1925	prêteur à taux fixe	fixed-rate money lender	кредитор, предоставляющий ссуду с фиксированной ставкой
P 1926	prêteur à taux variable	floating-rate money lender	кредитор, предоставляющий ссуду с плавающей ставкой
P 1927	prêt-maison *m*	residence loan	ссуда на жилищное строительство
P 1928	prêt-relais *m*	bridge [bridging, interim] loan	промежуточная ссуда, краткосрочная ссуда до получения долгосрочного кредита из другого источника
P 1929	prêts *m pl*	1. loans 2. lending	1. ссуды; кредиты 2. кредитование
P 1930	effectuer [faire] des prêts	to make [to grant] loans	предоставлять ссуды; осуществлять кредитование
P 1931	financer des prêts	to finance loans	финансировать займы
P 1932	réglementer des prêts	to regulate lending	регулировать кредитование
P 1933	prêts agricoles	agricultural loans	сельскохозяйственные кредиты
P 1934	prêts aidés pour l'accession à la propriété, PAP	homeowner loans	кредиты на жилищное строительство
P 1935	prêts automobiles	car loans	ссуды на покупку автомобилей, автомобильные ссуды
P 1936	prêts et avances consentis	loans and advances granted	предоставленные кредиты и ссуды *(статья баланса)*
P 1937	prêts et avances de l'État	loans and advances of the State	государственные кредиты и ссуды
P 1938	prêts bancaires	1. bank loans 2. bank lending	1. банковские ссуды 2. банковское кредитование
P 1939	prêts bancaires aux entreprises, PBE	banks' corporate lending	банковские ссуды предприятиям
P 1940	prêts bancaires syndiqués	syndicated bank loans	консорциальные [синдицированные] банковские кредиты
P 1941	prêts aux collectivités locales	loans to local communities	ссуды местным органам власти
P 1942	prêts commerciaux	commercial loans	коммерческие кредиты
P 1943	prêts sur comptes d'affectation spéciale	loans on special appropriation accounts	ссуды на специальных целевых счетах
P 1944	prêts à des conditions attrayantes	loans on favorable terms	ссуды на привлекательных условиях
P 1945	prêts à des conditions libérales	lending on favorable terms, soft loans	кредитование на льготных условиях
P 1946	prêts aux conditions du marché	market-related lending, hard loans	кредитование на рыночных условиях
P 1947	prêts à des conditions privilégiées	lending on favorable terms	кредитование на льготных условиях
P 1948	prêts consentis	loans granted	предоставленные ссуды
P 1949	prêts à la consommation	consumer lending	потребительские ссуды

P

P 1950	prêts consortiaux	syndicated loans	консорциальные [синдицированные] кредиты
P 1951	prêts à la construction	building loans	ссуды на строительство
P 1952	prêts en cours	outstanding loans	объём выданных кредитов
P 1953	prêts en devises	foreign currency loans	кредиты в иностранной валюте
P 1954	prêts directs	direct lending	прямое кредитование
P 1955	prêts en ECU, calés sur le Pibor	loans in ECU pegged to PIBOR	кредиты в ЭКЮ, привязанные к ставке ПИБОР
P 1956	prêts d'épargne-logement	mortgage lending	ссуды на жилищное строительство (предоставляемые лицам, имеющим сбережения на специальном счёте)
P 1957	prêts étrangers	foreign lending	иностранные кредиты
P 1958	prêts externes des banques	banks' foreign lending	иностранные ссуды банков
P 1959	prêts à l'habitat	mortgage lending	ссуды на жилищное строительство
P 1960	prêts immobiliers conventionnés, PIC	subsidized [preferential] loans, regulated mortgage loans	ссуды под низкий процент, льготные ссуды (на жилищное строительство)
P 1961	prêts internationaux	international lending	международные кредиты
P 1962	prêts d'investissement	investment lending	инвестиционные кредиты
P 1963	prêts en jeu	bank exposure	общий объём банковского кредитования
P 1964	prêts de maisons mères à filiales	loans of parent companies to subsidiaries	кредитование дочерних компаний материнскими
P 1965	prêts à marge participante	participating capital loans	субординационные кредиты (процент частично привязан к прибыли компании-заёмщика)
P 1966	prêts à options	loans with options	ссуды с правом выбора (напр. ссуды с возможностью конверсии, досрочного погашения)
P 1967	prêts à partage de plus-value, PPP	shared appreciation mortgage, SAM	ссуды под ипотеку с правом на дополнительный доход в случае повышения рыночной стоимости данного жилья
P 1968	prêts réescomptables	rediscountable loans	кредиты в форме переучёта векселей
P 1969	prêts de refinancement	refunding loans	кредиты на рефинансирование
P 1970	prêts spéciaux à l'investissement	special investment loans	целевые инвестиционные кредиты
P 1971	prêts spéciaux de refinancement	special refunding loans	целевые кредиты на рефинансирование
P 1972	prêts spontanés	extraordinary loans	чрезвычайные кредиты
P 1973	prêts syndiqués	syndicated loans	консорциальные [синдицированные] кредиты
P 1974	prêts de trésorerie	short-term loans	краткосрочные ссуды
P 1975	prêts sur valeurs mobilières	advances on securities	ссуды под ценные бумаги
P 1976	prévention f	prevention	предотвращение; предохранительные меры
P 1977	prévention des crises monétaires internationales	prevention of international monetary crises	предотвращение международных валютных кризисов

P

P 1978	prévention des infractions en matière de chèques	prevention of check fraud	предохранительные меры против подделки чеков
P 1979	prévision *f*	forecasting; forecast, projection, estimate	прогноз; прогнозирование; предварительная оценка
P 1980	en prévision d'une évolution favorable	in anticipation of a favorable trend	в ожидании благоприятной тенденции
P 1981	prévision autoréaliste	self-fulfilling prophecy	ожидания, само наличие которых способствует их осуществлению
P 1982	prévision boursière	stock market forecast	биржевой прогноз
P 1983	prévision à brève échéance	short-term forecasting	краткосрочное прогнозирование
P 1984	prévision de caisse	cash flow forecast	прогнозирование движения наличных средств
P 1985	prévision à court terme	short-term forecasting	краткосрочное прогнозирование
P 1986	prévision de dépenses	estimated expenditure, cost estimate	смета [оценка] расходов
P 1987	prévision d'émissions d'obligations	schedule of bond issues	график выпуска облигаций
P 1988	prévision d'une évolution défavorable	anticipation of an unfavorable trend	ожидание неблагоприятного движения конъюнктуры
P 1989	prévision fiable	feasible forecast	надёжный прогноз, прогноз, заслуживающий доверия
P 1990	prévision financière	financial forecasting	финансовое прогнозирование
P 1991	prévision à long terme [à longue échéance]	long-term forecasting	долгосрочное прогнозирование
P 1992	prévision préalable	preliminary estimate	предварительная оценка
P 1993	prévision de trésorerie	cash flow forecast	прогнозирование движения наличных средств
P 1994	prévisionnistes *m pl*	forecasters	прогнозисты
P 1995	prévisionnistes officiels	official forecasters	официальные прогнозисты
P 1996	prévisions *f pl*	forecasts, estimates, projections; forecasting	прогнозы
P 1997	corriger des prévisions	to adjust forecasts	корректировать прогнозы
P 1998	établir des prévisions	to forecast	делать прогнозы
P 1999	prévisions antérieures	previous forecasts	прошлые прогнозы
P 2000	prévisions chiffrées sur l'économie	forecast economic figures	прогнозы экономических показателей
P 2001	prévisions des cours des changes	exchange rate forecasting	прогнозы относительно валютных курсов
P 2002	prévisions de dividendes	dividend forecasts	прогнозы относительно дивидендов
P 2003	prévisions initiales	initial forecasts	первоначальные прогнозы
P 2004	prévisions de rentabilité	profitability forecasting	прогнозы относительно рентабельности
P 2005	prévisions de réserves	reserve forecasts	прогнозы относительно резервов
P 2006	prévisions des taux d'intérêt	interest rate forecasting	прогнозы относительно процентных ставок
P 2007	prévisions tendancielles	tendency forecasting	прогнозы тенденций
P 2008	primaire	primary *(e.g. of a market)*	первичный *(напр. о рынке)*
P 2009	primauté *f*	primacy, preeminence	приоритет, главенство; превосходство
P 2010	primauté du dollar	preeminence of the dollar	приоритет доллара

P

P 2011	**primauté de l'occasion sur le neuf**	preeminence of secondary market over the primary market	превосходство вторичного рынка (ценных бумаг) над первичным
P 2012	**primauté quasi absolue du crédit bancaire**	almost absolute preeminence of bank credit	почти абсолютный приоритет банковского кредита
P 2013	**prime** *f*	1. premium, bonus, free gift 2. premium, price markup 3. premium; discount (in the stock market) 4. option 5. (insurance) premium	1. премия, бонус, вознаграждение 2. премия, надбавка к цене 3. премия по срочным сделкам 4. цена опциона, опцион 5. страховая премия
P 2014	**abandonner la prime**	to surrender the option	отказываться от опциона, не использовать опцион
P 2015	**coter à prime**	to quote at a premium	котировать с премией
P 2016	**faire prime**	to appreciate	повышаться, расти *(о курсе валюты)*
P 2017	**lever la prime**	to take up [to exercise] the option	исполнять опцион
P 2018	**majorer la prime**	to raise the premium	повышать премию
P 2019	**payer une prime**	to pay a premium	платить премию
P 2020	**percevoir une prime**	to charge a premium	взимать премию
P 2021	**au pied de la prime**	ex-premium	без учёта опционной премии
P 2022	**à prime**	at a premium	с премией
P 2023	**recevoir une prime**	to get a premium	получать премию
P 2024	**répondre à une prime**	to take up [to exercise] an option	исполнять опцион
P 2025	**toucher une prime**	to get a premium	получать премию
P 2026	**vendre à prime**	to sell at a premium	продавать с премией
P 2027	**prime pour l'acheteur**	call [buyer's] option	опцион покупателя [колл], сделка с предварительной премией
P 2028	**prime sur les actions**	premium on shares	премия по акциям
P 2029	**prime d'apport**	share premium	премия при выпуске акций на рынок
P 2030	**prime d'assurance**	insurance premium	страховая премия
P 2031	**prime à la baisse**	put [seller's] option	опцион продавца [пут], сделка с обратной премией
P 2032	**prime de bon de souscription**	warrant premium	премия по варранту
P 2033	**prime boursière**	stock market premium	биржевая премия
P 2034	**prime du change**	exchange premium	валютная премия
P 2035	**prime de conversion**	conversion premium, redeployment compensation	конверсионная премия
P 2036	**prime sur le cours officiel**	premium over the official price	надбавка к официальному курсу
P 2037	**prime en dedans**	bond premium	премия по облигации
P 2038	**prime en dehors**	bond discount	дисконт по облигации
P 2039	**prime directe [dont]**	call [buyer's] option	опцион покупателя [колл], сделка с предварительной премией
P 2040	**prime, double**	put and call option	стеллажная сделка
P 2041	**prime d'émission**	(bond issue) premium; discount	эмиссионная премия; эмиссионный дисконт
P 2042	**prime d'émission au-dessous du pair**	(bond issue) discount	эмиссионный дисконт

P

P 2043	prime d'émission au-dessus du pair	(bond issue) premium	эмиссионная премия
P 2044	prime d'émission d'obligations	bond premium	премия при выпуске облигаций на рынок
P 2045	prime encaissée	collected premium	полученная премия
P 2046	prime d'encouragement	incentive bonus	поощрительная выплата [премия]
P 2047	prime d'épargne	savings premium	премия по сберегательным вкладам
P 2048	prime fiscale	tax premium	налоговая премия
P 2049	prime forfaitaire	standard [flat] premium	твёрдая премия
P 2050	prime, forte	big premium	большая премия, большая надбавка
P 2051	prime de fusion	merger surplus	добавочная стоимость, образовавшаяся при слиянии компаний
P 2052	prime à la hausse	call [buyer's] option	опцион покупателя [колл], сделка с предварительной премией
P 2053	prime indirecte [inverse]	put [seller's] option	опцион продавца [пут], сделка с обратной премией
P 2054	prime à l'investissement	investment premium [subsidy]	субсидия на капиталовложения
P 2055	prime pour lever	call [buyer's] option	опцион покупателя [колл], сделка с предварительной премией
P 2056	prime sur les lingots d'or	premium on gold ingots	премия [лаж] на золотые слитки
P 2057	prime de liquidité	liquidity premium	плата за ликвидность
P 2058	prime pour livrer	put [seller's] option	опцион продавца [пут], сделка с обратной премией
P 2059	prime monétaire	exchange premium	валютная премия
P 2060	prime nette	net premium	чистая премия
P 2061	prime sur obligations	bond premium	премия при выпуске облигаций на рынок
P 2062	prime de l'option de vente	put [seller's] option premium	премия по опциону продавца, премия по опциону пут
P 2063	prime sur l'or	premium on gold	премия [лаж] на золото
P 2064	prime «ou»	put [seller's] option	опцион продавца [пут], сделка с обратной премией
P 2065	prime payée au titre du cap	cap premium	премия по операции «кэп»
P 2066	prime de rachat	call premium	премия при досрочном погашении облигаций
P 2067	prime de réassurance	reinsurance premium	премия при перестраховании
P 2068	prime reçue au titre du floor	floor premium	премия по операции «флор»
P 2069	prime de remboursement	redemption premium	премия при погашении (облигации)
P 2070	prime renversée	put [seller's] option	опцион продавца [пут], сделка с обратной премией
P 2071	prime de risque	risk premium, danger money, bonus for occupational hazards	надбавка (к зарплате) за риск
P 2072	prime ristournée	returned premium	возвращённая (страховая) премия
P 2073	prime pour le vendeur	put [seller's] option	опцион продавца [пут], сделка с обратной премией

P

P 2074	prime zéro classique	traditional zero premium	традиционная нулевая премия
P 2075	prime rate *m*	prime rate	прайм-рейт, базовая ставка по кредитам лучшим нефинансовым заёмщикам
P 2076	primer	1. to subsidize 2. to rank before (*e.g. a mortgage*)	1. субсидировать 2. устанавливать приоритет (*напр. ипотеки*)
P 2077	primes *f pl*	premiums	премии
P 2078	primes sur les calls vendus	premiums on call options sold	премии по проданным опционам колл
P 2079	primes d'émission d'actions	additional paid-in capital	премии при выпуске акций, эмиссионный доход
P 2080	primes d'émission et de remboursement	issue and redemption premiums	премии при выпуске и выкупе ценных бумаг
P 2081	primes versées	premiums paid	уплаченные премии
P 2082	principal *m*	principal	1. основная сумма; основная сумма долга 2. принципал
P 2083	principal d'une dette	principal of a debt	основная сумма долга
P 2084	principal d'un effet	principal of a bill	сумма векселя
P 2085	principal et intérêts	principal and interest	капитал и проценты
P 2086	principal only *m*, PO	principal only	«только основная сумма», ценные бумаги, представляющие собой только основную сумму долга
P 2087	principe *m*	principle	принцип
P 2088	principe de banque	banking principle	банковский принцип
P 2089	principe comptable	accounting principle	бухгалтерский принцип
P 2090	principe de couverture	cover principle	принцип хеджирования [страхования]
P 2091	principe de division des risques	risk division principle	принцип разделения рисков
P 2092	principe de la fixité du capital	principle of constant equity	принцип неизменности (акционерного) капитала
P 2093	principe de gestion prudente du portefeuille	principle of careful portfolio management	принцип осторожного управления портфелем
P 2094	principe de l'investissement	investment principle	инвестиционный принцип
P 2095	principe d'octroi de crédits	lending principle	принцип кредитования
P 2096	principe de répartition des dividendes	dividend distribution principle	принцип распределения дивидендов
P 2097	principe d'une responsabilité conjointe	principle of joint responsibility	принцип солидарной ответственности
P 2098	principe de la syndication	syndication principle	принцип синдицирования
P 2099	principe de la valeur minimale	principle of minimum value	метод минимальной оценки
P 2100	priorité *f*	priority	приоритет, (перво)очерёдность
P 2101	priorité dans l'affectation des crédits	loan granting priority	приоритет в предоставлении кредитов
P 2102	priorité d'hypothèque	seniority of mortgage	приоритет ипотеки, очерёдность ипотеки
P 2103	prise *f*	1. taking, receipt 2. underwriting	1. принятие, получение, приобретение 2. подписка
P 2104	prise de bénéfices	profit taking	получение прибыли
P 2105	prise en charge	coverage, payment (of expenses)	оплата (расходов)

P

P 2106	**prise en charge du passif**	acceptance of liabilities	принятие обязательств
P 2107	**prise à commission**	taking on a commission basis	принятие на комиссионной основе
P 2108	**prise de contrôle**	takeover	установление контроля над компанией, поглощение
P 2109	**prise de contrôle adossée**	leveraged buyout, LBO	покупка контрольного пакета акций компании, финансируемая выпуском новых акций *или* с помощью кредитов
P 2110	**prise de contrôle amicale**	friendly takeover	поглощение компании по просьбе *или* с согласия её руководства
P 2111	**prise de contrôle à 100%**	takeover of 100%	приобретение 100% акций компании
P 2112	**prise de contrôle par voie boursière**	takeover via the stock market	поглощение путём покупки акций компании на бирже
P 2113	**prise de décisions financières**	financial decision making	принятие финансовых решений
P 2114	**prise en dépôt**	taking on deposit	принятие на депозит
P 2115	**prise de données**	gathering of data	сбор данных
P 2116	**prise d'un emprunt**	underwriting of a loan	подписка на заём
P 2117	**prise ferme**	underwriting	андеррайтинг, гарантия размещения ценных бумаг
P 2118	**prise ferme des obligations**	underwriting of bonds	гарантия размещения облигаций
P 2119	**prise ferme renouvelable**	renewable underwriting commitment	возобновляемое обязательство принимать ценные бумаги с гарантией размещения
P 2120	**prise d'information**	gathering of information	сбор информации
P 2121	**prise d'intérêt [de participation]**	acquisition of a stake (in a company)	приобретение доли (в капитале компании)
P 2122	**prise de participation en capital**	acquisition of a share in capital	приобретение доли в капитале
P 2123	**prise de participation dans la filiale**	acquisition of a stake in the subsidiary	приобретение доли в капитале дочерней компании
P 2124	**prise de participation majoritaire**	acquisition of a majority [controlling] interest	приобретение мажоритарного участия
P 2125	**prise de participation minoritaire**	acquisition of a minority interest	приобретение миноритарного участия в компании
P 2126	**prise de participation provisoire**	temporary acquisition	временное приобретение
P 2127	**prise de participation significative**	substantial acquisition	приобретение значительной доли (в капитале компании)
P 2128	**prise de participation dans une société**	acquisition of a stake in a company	приобретение доли в капитале компании
P 2129	**prise de participation temporaire**	temporary acquisition	временное приобретение
P 2130	**prise de participations**	acquisitions, holdings	участия
P 2131	**prise de participations croisées**	cross-holdings	взаимные приобретения доли участия, взаимные участия
P 2132	**prise de participations à l'étranger**	acquisitions [holdings] abroad	участия в иностранных компаниях

P

P 2133	prise en pension	sale and repurchase agreement, repurchase agreement, repo	соглашение об обратном выкупе, репо *(продажа ценных бумаг на условиях их обратного выкупа через определённый срок по фиксированной цене — способ рефинансирования под залог ценных бумаг)*
P 2134	prise en pension à 7 jours	7-day repurchase agreement	соглашение репо сроком на одну неделю *(типичный вид краткосрочного кредитования банков Банком Франции)*
P 2135	prise de position	gapping	принятие позиции
P 2136	prise de position acheteuse	taking of a long position	принятие длинной позиции
P 2137	prise de position vendeuse	taking of a short position	принятие короткой позиции
P 2138	prise en possession d'une valeur mobilière	taking possession of a security	вступление во владение ценной бумагой
P 2139	prise de profit	profit taking	получение прибыли
P 2140	prise de profit immédiat	immediate profit taking	немедленное получение прибыли
P 2141	prise de risque à court terme	short-term risk taking	принятие краткосрочного риска
P 2142	prise d'un spécimen de signature	taking of a signature specimen	взятие образца подписи
P 2143	prise de valeurs	taking delivery of securities	принятие ценных бумаг
P 2144	prisée *f*	valuation	оценка
P 2145	priser	to value	оценивать
P 2146	privatisation *f* du secteur bancaire	privatization of the banking sector	приватизация банковского сектора
P 2147	privilège *m*	1. privilege 2. (exclusive) right 3. preferential rank(ing), priority ranking	1. привилегия; льгота 2. привилегия, исключительное право 3. преимущественное право удовлетворения требования
P 2148	avoir un privilège	to hold a privilege	пользоваться привилегией
P 2149	concéder un privilège	to grant a privilege	предоставлять привилегию
P 2150	détenir le privilège d'émettre des billets de banque	to have the exclusive issuing right	иметь исключительное право на выпуск банкнот
P 2151	jouir d'un privilège	to enjoy a privilege	пользоваться привилегией
P 2152	avec privilège de chèques	checkable	чековый, позволяющий выписывать чеки *(о счёте)*
P 2153	privilège en cas de faillite	preferential ranking (of claim) in case of bankruptcy	преимущественное право удовлетворения требования в случае банкротства
P 2154	privilège de chèques	check-writing [checking] privilege	право выписывать чеки
P 2155	privilège de conversion	conversion privilege	привилегии при конверсии
P 2156	privilège d'une créance [d'un créancier]	creditor's preferential claim	преимущественное право удовлетворения требования кредитора
P 2157	privilège d'émission	exclusive issuing right	исключительное право на эмиссию (банкнот)
P 2158	privilège d'encaissement par anticipation	retraction feature [privilege]	право досрочной продажи ценной бумаги эмитенту
P 2159	privilège fiscal	tax privilege	налоговая льгота

P

P 2160	**privilège de négociation**	trading privilege	право проведения (биржевых) операций
P 2161	**privilège de souscription**	priority subscription right	преимущественное право подписки *(на новые ценные бумаги компании)*
P 2162	**privilégié**	privileged; preferred, preferential	привилегированный; льготный
P 2163	**privilégier**	to privilege, to favor	отдавать предпочтение; предоставлять привилегии
P 2164	**prix** *m*	1. price, cost, value 2. price *(of securities)* 3. prize	1. цена, стоимость 2. курс *(ценных бумаг)* 3. премия, приз
P 2165	**au-dessous du prix**	below the price	ниже цены
P 2166	**au-dessus du prix**	above the price	выше цены
P 2167	**augmenter un prix**	to raise [to increase] a price	повышать цену
P 2168	**baisser un prix**	to lower a price	понижать цену
P 2169	**coter un prix**	to quote [to establish] a price	устанавливать [котировать, назначать] цену
P 2170	**enregistrer le prix**	to record the price	зарегистрировать цену
P 2171	**être d'accord sur ce prix**	to agree about this price	сойтись на этой цене
P 2172	**fixer un prix**	to set a price	устанавливать цену
P 2173	**au plus bas prix**	at the lowest price	по самой низкой цене
P 2174	**au prix de**	at the price of	по цене
P 2175	**à un prix dérivé du marché**	at the market price	по рыночной цене
P 2176	**prix abusif**	exorbitant [excessive, prohibitive, outrageous] price	чрезмерно высокая цена
P 2177	**prix d'achat**	purchase price, acquisition price	цена покупки [приобретения]
P 2178	**prix acheteur**	bid price	цена покупателя [предложения]
P 2179	**prix d'acquisition**	acquisition price	цена покупки [приобретения]
P 2180	**prix d'actions**	share price, stock price	курс акций
P 2181	**prix actuel**	going price	текущая цена
P 2182	**prix d'adjudication**	price awarded by auction	окончательная цена на торгах
P 2183	**prix affiché**	displayed [posted] price	официально объявленная цена
P 2184	**prix d'appel**	reduced price, loss-leader price	сниженная [привлекательная] цена
P 2185	**prix de l'argent**	cost of money, interest rate	стоимость денег, процентная ставка
P 2186	**prix de cession**	transfer price	трансфертная цена
P 2187	**prix de change**	exchange premium	курсовая премия
P 2188	**prix de clôture**	closing price	курс на момент закрытия биржи, заключительный курс
P 2189	**prix (au) comptant**	cash [spot] price	1. цена при продаже за наличные 2. курс по кассовым сделкам, курс (по сделкам) спот
P 2190	**prix de contrat [convenu]**	contract [agreed, negotiated] price	договорная [контрактная] цена
P 2191	**prix de conversion**	conversion price	курс конверсии, курс акций при конверсии облигаций в акции
P 2192	**prix coté en bourse**	stock exchange price	биржевой курс
P 2193	**prix courant du marché**	current market price	текущая рыночная цена

P

P 2194	prix de crédit	credit price, cost of credit	стоимость кредита
P 2195	prix à débattre	price subject to negotiation	цена, подлежащая обсуждению
P 2196	prix en dedans	in-the-money price	курс ценной бумаги, который делает выгодным исполнение опциона
P 2197	prix défini à l'avance	price fixed in advance	заранее установленная цена
P 2198	prix définitivement arrêté	strike [exercise] price	цена исполнения опциона
P 2199	prix en dehors	out-of-the-money price	курс ценной бумаги, который делает невыгодным исполнение опциона
P 2200	prix demandé	asking price	запрашиваемая цена; цена продавца
P 2201	prix déterminé	strike [exercise] price	цена исполнения опциона
P 2202	prix de dollar-Paris	Paris dollar exchange rate	курс доллара к франку в Париже
P 2203	prix du droit de vote	price of the voting right	цена права голоса
P 2204	prix d'émission	issue price	эмиссионная цена, курс (ценной бумаги) при эмиссии
P 2205	prix d'exercice	strike [exercise] price	цена исполнения опциона
P 2206	prix d'exercice du bon de souscription	warrant exercise price	цена, по которой владелец варранта может осуществить покупку ценной бумаги
P 2207	prix d'exercice en dedans	in-the-money strike price	цена исполнения, при которой «внутренняя» стоимость опциона отрицательна
P 2208	prix d'exercice en dehors	out-of-the-money strike price	цена исполнения, при которой «внутренняя» стоимость опциона положительна
P 2209	prix d'exercice fixé	fixed strike price	фиксированная цена исполнения
P 2210	au prix d'exercice fixé	at a fixed strike price	по заранее фиксированной цене исполнения
P 2211	prix d'exercice de l'option	option exercise price	цена исполнения опциона
P 2212	prix d'exercice à parité	at-the-money strike price	цена исполнения, при которой «внутренняя» стоимость опциона равна нулю
P 2213	prix ferme	firm price	твёрдая цена
P 2214	prix de fermeture	closing price	курс на момент закрытия биржи, заключительный курс
P 2215	prix du financement	price of financing	цена финансирования
P 2216	prix fixe	fixed price	фиксированная цена
P 2217	prix flottant	floating price	плавающая цена
P 2218	prix forfaitaire	price fixed in advance	заранее согласованная [обусловленная] цена
P 2219	prix du future	futures price	цена фьючерса
P 2220	prix garanti	guaranteed price	гарантированная цена
P 2221	prix global fixé à l'avance	overall price fixed in advance	заранее установленная общая цена
P 2222	prix initial	initial [starting] price	первоначальная [отправная] цена
P 2223	prix intéressant	attractive price	выгодная цена
P 2224	prix d'introduction	floatation price	курс выпуска ценных бумаг на биржу

P

P 2225	prix du jour	current [day's, ruling] price	цена дня, текущая [существующая] цена
P 2226	prix de levée	strike [exercise] price	цена исполнения опциона
P 2227	prix de levée en dedans	in-the-money strike price	цена исполнения, при которой «внутренняя» стоимость опциона отрицательна
P 2228	prix de levée en dehors	out-of-the-money strike price	цена исполнения, при которой «внутренняя» стоимость опциона положительна
P 2229	prix de levée global	aggregate exercise price	общая [полная] цена исполнения
P 2230	prix de levée hors jeu	out-of-the-money strike price	цена исполнения, при которой «внутренняя» стоимость опциона положительна
P 2231	prix de levée neutre	at-the-money strike price	цена исполнения, при которой «внутренняя» стоимость опциона равна нулю
P 2232	prix de levée de l'option d'achat	call (option) exercise price, call strike price	цена исполнения опциона колл
P 2233	prix de levée de l'option achetée	long exercise [strike] price	цена исполнения покупаемого опциона
P 2234	prix de levée de l'option vendue	short exercise [strike] price	цена исполнения продаваемого опциона
P 2235	prix de levée de l'option de vente	put (option) exercise price, put strike price	цена исполнения опциона пут
P 2236	prix de levée total	aggregate exercise price	общая [полная] цена исполнения
P 2237	prix librement débattu	price subject to negotiation	свободно обсуждаемая цена
P 2238	prix limite	limit price	предельная [лимитная] цена
P 2239	prix maximum	maximum price	максимальная цена
P 2240	prix minimum	minimum price	минимальная цена
P 2241	prix net	net price	цена-нетто, цена после всех вычетов
P 2242	prix nominal de souscription	nominal subscription price	номинальная цена подписки (на ценные бумаги)
P 2243	prix des obligations	bond price	цена облигаций
P 2244	prix offert	offered [bid] price; buying price	предложенная цена; цена покупателя [предложения]
P 2245	prix officiel de l'or	official gold price	официальная цена золота
P 2246	prix d'offre	offering price	окончательная цена на торгах (ценных бумаг)
P 2247	prix de l'offre et de la demande	bid-ask prices	цена спроса и предложения
P 2248	prix de l'once	(gold) ounce price	цена унции (золота)
P 2249	prix de l'option	option premium	цена опциона, размер опционной премии
P 2250	prix de l'option de change	currency option premium	цена валютного опциона
P 2251	prix de l'or	gold price	цена золота
P 2252	prix d'ouverture	opening price	курс на момент открытия биржи, начальный курс
P 2253	prix au pair	price at par	цена по номиналу
P 2254	prix de parité	par value	паритетная стоимость
P 2255	prix de placement	distribution price	цена размещения
P 2256	prix plus faible	lower price	более низкая цена

P 2257	prix de la prime	(option) premium	цена опциона, размер опционной премии
P 2258	prix de rachat	repurchase [redemption] price	цена выкупа *(по которой инвестиционный фонд выкупает свои акции)*
P 2259	prix de référence	reference [base] price	справочная [базисная] цена
P 2260	prix réglementé	controlled [regulated] price	регулируемая цена
P 2261	prix de remboursement	redemption price	цена погашения
P 2262	prix rémunérateur	lucrative price	выгодная цена
P 2263	prix du report	contango price	цена репорта
P 2264	prix révisable	price subject to alteration	пересматриваемая цена
P 2265	prix de soumission	bid	цена, указанная в заявке на торгах, цена заявки
P 2266	prix de souscription	subscription price	цена подписки
P 2267	prix spot	spot price	цена спот
P 2268	prix de swap	swap price	цена свопа
P 2269	prix de terme	forward price	цена по форвардной сделке
P 2270	prix à titre indicatif [à titre d'information]	indicative price	ориентировочная цена
P 2271	prix vendeur	asking [selling] price	цена продажи, цена продавца
P 2272	prix *m pl*	prices	цены
P 2273	faire les prix dans les deux sens	to quote both the bid and ask prices	котировать как курс продавца, так и курс покупателя
P 2274	prix compétitifs	competitive prices	конкурентоспособные цены
P 2275	prix exprimés en dollars	dollar prices	долларовые цены
P 2276	prix de transfert	transfer prices	трансфертные [внутрифирменные] цены
P 2277	probabilité *f*	probability	вероятность
P 2278	probabilité d'acceptation	probability of acceptance	вероятность акцепта
P 2279	probabilité de remboursement	probability of repayment	вероятность возмещения [возвращения кредита]
P 2280	problèmes *m pl*	problems	проблемы
P 2281	problèmes bancaires	bank problems	банковские проблемы
P 2282	problèmes chroniques	chronic problems	хронические проблемы
P 2283	problèmes de comptabilité	accounting problems	проблемы бухгалтерского учёта
P 2284	problèmes de contentieux	legal problems	юридические проблемы
P 2285	problèmes de dilution	dilution problems	проблемы разводнения капитала
P 2286	problèmes fiscaux	tax problems	налоговые проблемы
P 2287	problèmes monétaires	monetary problems	валютные проблемы
P 2288	problèmes de paiement	payment problems	платёжные проблемы
P 2289	problèmes de recouvrement	collection problems	проблемы с взысканием денег
P 2290	problèmes de taux réglés	controlled exchange rates problems	проблемы с регулированием курсов
P 2291	problèmes de trésorerie	cash flow problems	проблемы с поступлением наличности, проблемы с кэш флоу
P 2292	procédé *m*	process, technique, method	метод, способ, приём
P 2293	procédé comptable	accounting procedure	процедура бухгалтерского учёта
P 2294	procédé de couverture	hedging technique	способ хеджирования

P

P 2295	procédé d'établissement de la base fiscale	method of calculation of the taxable amount	способ расчёта базы налогообложения
P 2296	procédé de recouverment	collection technique	способ взимания денег
P 2297	procédés *m pl*	processes, techniques, methods	методы, способы, приёмы
P 2298	procédés de transmission téléphonique	methods of telephone transmission	методы передачи информации по телефону
P 2299	procédés usuels	usual methods	обычные [традиционные] методы
P 2300	procédure *f*	procedure; (legal) proceedings	процедура, порядок производства, порядок проведения
P 2301	procédure d'adjudication à la hollandaise	Dutch auction procedure	процедура голландских торгов
P 2302	procédure d'appel de fonds	procedure of a call for capital	процедура привлечения капитала
P 2303	procédure d'appel d'offres	invitation to tender, call for tenders	процедура объявления торгов
P 2304	procédure d'arbitrage	arbitration proceedings	арбитражная процедура
P 2305	procédure de bureau	office procedure	порядок работы офиса [конторы]
P 2306	procédure comptable	accounting procedure	бухгалтерская процедура
P 2307	procédure concordataire	composition proceedings	порядок достижения соглашения между должниками и кредиторами о списании долга
P 2308	procédure de cotation	quotation procedures	процедура котировки
P 2309	procédure d'endossement	endorsement procedure	процедура индоссамента
P 2310	procédure de l'escompte	discounting procedure	порядок учёта (векселей)
P 2311	procédure d'évaluation	evaluation procedure	процедура оценки
P 2312	procédure de faillite	bankruptcy proceedings	процедура установления банкротства
P 2313	procédure de financement	financing procedure	процедура финансирования
P 2314	procédure de fixation des cours	price fixing procedures	порядок установления цен
P 2315	procédure d'indexation	indexation [indexing] procedure	порядок индексации
P 2316	procédure d'inscription sur les listes	registration procedure	порядок регистрации
P 2317	procédure de maintien de cours	price support procedure	процедура поддержания курса
P 2318	procédure de mise en vente	selling procedure	процедура выставления на продажу
P 2319	procédure de mobilisation	mobilization procedure	процедура мобилизации (средств)
P 2320	procédure d'offre publique de vente	procedure of a public offer for sale	порядок объявления публичного предложения о продаже (акций)
P 2321	procédure de l'open market	open market procedure	порядок проведения операций на открытом рынке
P 2322	procédure ordinaire d'introduction	ordinary stock market floatation procedure	обычная процедура выпуска ценных бумаг на бирже
P 2323	procédure de recouvrement des chèques	check collection procedure	процедура получения денег по чекам
P 2324	procédure de rééchelonnement de la dette	debt rescheduling procedure	процедура реструктуризации [получения отсрочки погашения] долга

P 2325	procédure de réescompte	rediscount procedure	порядок переучёта
P 2326	procédure de réescompte automatique	automatic rediscount procedure	порядок автоматического переучёта
P 2327	procédure du refinancement	refunding procedure	процедура рефинансирования
P 2328	procédure de règlement judiciaire	receivership procedure	процедура ликвидации неплатёжеспособной компании
P 2329	procédure de routage télématique des ordres	procedure of electronic routing of orders	процедура направления поручений через компьютер
P 2330	procédure de saisie	seizure [impoundment] proceedings	процедура наложения ареста на имущество
P 2331	procédure de saisie sur protêt	proceedings of seizure under protest	процедура наложения ареста на имущество при протесте
P 2332	procédure de séparation des exercices	cut-off procedure	процедура разделения отчётных периодов
P 2333	procédure de «stop loss«	stop loss procedure	процедура ограничения убытков *(путём закрытия позиции при достижении курсом определённого уровня)*
P 2334	procédure de transmission des opérations	transaction transmission procedure	процедура передачи операций
P 2335	procédures *f pl*	procedures, proceedings	процедуры, порядок
P 2336	procédures de concordat	composition proceedings	порядок достижения соглашения между должниками и кредиторами о списании долга
P 2337	procédures contractuelles	contract procedures	порядок обсуждения и заключения контракта [договора]
P 2338	procédures d'enchères	auction procedures	порядок проведения аукциона
P 2339	procédures de «face à face»	back-to-back loan procedures	порядок предоставления компенсационного кредита
P 2340	procédures de «reporting»	reporting procedures	порядок предоставления отчётности
P 2341	processus *m*	process	процесс
P 2342	processus d'aller-retour des fonds	round-tripping	получение кредита с помещением его в депозит для получения разницы в процентных ставках
P 2343	processus d'autorisation	approval process	процесс одобрения *(ссуды)*
P 2344	processus de compensation	clearing process	процесс клиринга
P 2345	processus de démantèlement des investissements	disinvestment process	процесс свёртывания инвестиций
P 2346	processus de démonétisation du métal	demonetization of metal	процесс демонетизации металла (золота)
P 2347	processus de détermination de la position nette	netting process	процесс расчёта чистой позиции
P 2348	processus haussier du dollar	rise of the dollar	повышение курса доллара
P 2349	processus de sécuritisation [de titrisation]	securitization process	процесс секьюритизации *(увеличение роли ценных бумаг как метода привлечения средств по сравнению с банковскими кредитами)*
P 2350	procès-verbal *m* de faillite	report of bankruptcy	отчёт о банкротстве
P 2351	procuration *f*	proxy, power of attorney	доверенность; полномочие

P

P 2352	agir par procuration	to act by proxy	действовать по доверенности
P 2353	avoir la procuration	to have power of attorney	иметь доверенность; быть уполномоченным
P 2354	avoir la procuration sur un compte	to have power of attorney over an account	иметь доверенность на управление счётом
P 2355	conférer [donner, investir d'] une procuration	to give power of attorney	уполномочивать, наделять полномочиями
P 2356	par procuration	by proxy	по доверенности
P 2357	signer par procuration	to sign by proxy	подписывать по доверенности
P 2358	voter par procuration	to vote by proxy	голосовать по доверенности
P 2359	procuration bancaire	preauthorized payment [check] plan	разрешение банку осуществлять регулярные платежи со своего счёта
P 2360	procuration en blanc	bearer proxy	бланковая доверенность
P 2361	procuration écrite	proxy in writing	письменная доверенность
P 2362	procuration générale	omnibus proxy; full power of attorney	общая доверенность
P 2363	procuration de signature	signing authority	право подписи
P 2364	procuration spéciale	particular [special] power of attorney	специальная доверенность
P 2365	producteur m d'or	gold producer	производитель золота
P 2366	productif	productive	производительный; продуктивный; доходный
P 2367	productif d'intérêts	interest-bearing	приносящий проценты
P 2368	production f	1. production, manufacturing 2. production, products 3. production, presentation (of documents)	1. производство, изготовление 2. продукция, изделие 3. предъявление (документов)
P 2369	sur production de	on production of	по предъявлении
P 2370	production des créances	production of claims	выставление долговых требований
P 2371	production d'une déclaration	production [presentation] of a declaration	предъявление декларации
P 2372	production de factures	production of invoices	выставление счетов
P 2373	production d'or	gold production	добыча золота
P 2374	production de pièces	production [presentation of documents	предъявление документов
P 2375	productivité f	productivity	производительность; доходность
P 2376	productivité bancaire	bank productivity	доходность банковской деятельности
P 2377	productivité des capitaux	capital productivity (ratio)	производительность использования капитала (показатель — отношение кэш флоу к постоянному капиталу)
P 2378	productivité du chiffre d'affaires	turnover productivity (ratio)	доходность в расчёте на оборот (показатель — отношение чистой прибыли к обороту)
P 2379	produire	1. to produce, to make 2. to produce, to show, to present 3. to yield, to return, to bear (e.g. interest)	1. производить 2. предъявлять 3. приносить (напр. проценты)

P

P 2380	produit *m*	1. product 2. income, revenue, profit, proceeds 3. yield, return	1. продукт, изделие 2. доход, прибыль 3. доходность (*ценных бумаг*)
P 2381	produit brut d'émission	gross issue proceeds	брутто-эмиссионный доход
P 2382	produit des emplois hors trésorerie	return on long-term investments	прибыль на долгосрочные вложения
P 2383	produit d'escompte	discount revenue	поступления от учёта (*векселя*)
P 2384	produit d'exploitation	operating income [revenue]	доход от основной деятельности
P 2385	produit faisant l'objet de l'option	underlying interest	финансовый инструмент, лежащий в основе опциона
P 2386	produit financier annuel de l'investissement	annual financial return on investment	годовой финансовый доход от вложения
P 2387	produit imposable	taxable income	облагаемый доход
P 2388	produit de la liquidation d'une société	proceeds of liquidation of a company	поступления от ликвидации компании
P 2389	produit net	net income	чистый доход
P 2390	produit net bancaire	net profit of a bank	чистая прибыль банка
P 2391	produit net d'une émission	net profit of an issue	чистая прибыль от эмиссии
P 2392	produit net d'intérêts	income net of interest	доход за вычетом процентов
P 2393	produits *m pl*	1. products, instruments 2. income, revenues, proceeds	1. (финансовые) инструменты 2. доходы, прибыль
P 2394	commercialiser les produits financiers	to market the financial products	продавать финансовые инструменты
P 2395	produits accessoires	accessory revenues	прочие доходы
P 2396	produits d'assurances	insurance instruments	инструменты страхования
P 2397	produits bancaires	banking products	банковские продукты [инструменты]
P 2398	produits boursiers	products traded on the stock exchange	(финансовые) инструменты, обращающиеся на бирже
P 2399	produits capitalisés	capitalized income	капитализированные доходы
P 2400	produits et charges d'exploitation	operational revenues and expenses	доходы и расходы на основную деятельность
P 2401	produits codifiés	codified instruments	кодифицированные инструменты
P 2402	produits «composés»	composite products	составные (финансовые) инструменты
P 2403	produits comptabilisés d'avance	deferred income, unearned revenues	доходы будущих периодов
P 2404	produits cotés	quoted products	котируемые инструменты
P 2405	produits court terme	short-term products	краткосрочные инструменты
P 2406	produits des crédits distribués	proceeds from distributed credits	доходы от выданных кредитов
P 2407	produits «dérivés»	derivatives, derivative instruments	производные (финансовые) инструменты
P 2408	produits dérivés des options	option derivatives	(финансовые) инструменты, производные от опционов
P 2409	produits destinés à couvrir le risque de taux	products designed to cover the interest rate risk	(финансовые) инструменты, предназначенные для покрытия процентного риска
P 2410	produits encaissés par les Sicav	revenues collected by investment companies, SICAV	доходы СИКАВ (*инвестиционных компаний открытого типа*)

P

P 2411	produits d'épargne	savings deposits	сберегательные инструменты, сберегательные вклады
P 2412	produits d'épargne défiscalisés	tax-exempt savings deposits	сберегательные вклады, освобождённые от налога
P 2413	produits financiers	1. financial products [instruments] 2. financial revenues	1. финансовые инструменты 2. поступления от финансовых операций
P 2414	produits financiers banalisés	standardized financial products	стандартизованные финансовые инструменты
P 2415	produits financiers cotés	quoted [listed] financial products	котируемые финансовые инструменты
P 2416	produits financiers disponibles	available financial products	доступные [имеющиеся в наличии] финансовые инструменты
P 2417	produits financiers personnalisés	customized financial products	финансовые инструменты, приспособленные к нуждам конкретного потребителя
P 2418	produits financiers standardisés	standardized financial products	стандартизованные финансовые инструменты
P 2419	produits financiers à terme	financial futures	срочные финансовые инструменты, финансовые фьючерсы
P 2420	produits «mixtes»	mixed products	смешанные инструменты
P 2421	produits monétaires	money market products	инструменты рынка краткосрочных капиталов
P 2422	produits négociés en Bourse	products traded on the stock exchange	(финансовые) инструменты, обращающиеся на бирже
P 2423	produits des opérations de crédit-bail	leasing revenues	доходы от лизинговых операций
P 2424	produits des opérations d'intervention	intervention revenues	поступления от интервенций
P 2425	produits de placement	1. investment instruments [products] 2. investment income	1. финансовые инструменты 2. доходы от инвестиций
P 2426	produits de placement à revenu fixe	fixed-income investment products	финансовые инструменты с фиксированным доходом
P 2427	produits de placement à revenu variable	variable-income investment products	финансовые инструменты с переменным доходом
P 2428	produits du portefeuille titres	securities portfolio income	доходы от портфеля ценных бумаг
P 2429	produits réalisés	earned revenues, realized income	полученные доходы
P 2430	produits à recevoir	accrued revenues [receivables]	доходы к получению
P 2431	produits spéculatifs	speculative products	спекулятивные финансовые инструменты
P 2432	profession *f*	profession	профессия
P 2433	faire profession de banque	to be a professional banker	быть профессиональным банкиром
P 2434	profession bancaire [de banque, de banquier]	banking profession, banking	профессия банкира, банковская профессия
P 2435	profession de courtier	broking profession	профессия брокера
P 2436	profession financière	financial profession	финансовая профессия, профессия финансиста
P 2437	profession à part entière	profession in its own right	самостоятельная [отдельная] профессия
P 2438	professionnalisation *f*	professionalization, professionalism	профессионализация, рост профессионализма

P

P 2439	professionnalisation croissante des intervenants	growing professionalism of operators	рост профессионализма участников рынка
P 2440	professionnalisation d'un marché	professionalization of a market	профессионализация рынка
P 2441	professionnalisme *m*	professionalism	профессионализм
P 2442	professionnalisme des cambistes	professionalism of foreign exchange [forex] dealers	профессионализм валютных дилеров [камбистов]
P 2443	professionnalisme des opérateurs	professionalism of operators	профессионализм участников рынка
P 2444	professionnels *m pl*	professionals	профессионалы, специалисты
P 2445	professionnels de l'arbitrage transformés en spéculateurs	arbitrators transformed into speculators	арбитражисты, занимающиеся спекулятивными сделками
P 2446	professionnels de la bourse	stock exchange operators	биржевые специалисты
P 2447	professionnels dûment mandatés	professionals with appropriate qualifications	профессионалы с соответствующей квалификацией
P 2448	professionnels de la finance	financial professionals	профессиональные финансисты
P 2449	professionnels des futures	futures dealers	профессиональные дилеры в области финансовых фьючерсов, специалисты по финансовым фьючерсам
P 2450	professionnels du placement	investment specialists	специалисты по инвестициям
P 2451	professions *f pl*	professions	профессии
P 2452	professions du secteur bancaire	banking professions	банковские профессии
P 2453	professions du secteur boursier	stock exchange professions	биржевые профессии
P 2454	profil *m*	profile	профиль, характер
P 2455	profil financier	financial profile	финансовое состояние (компании)
P 2456	profil des risques	risk profile	характер рисков
P 2457	profit *m*	profit	1. прибыль, доход 2. выгода
P 2458	capter un profit net	to generate a net profit	получать чистую прибыль
P 2459	faire du profit	to make a profit	получать прибыль
P 2460	produire du profit	to generate a profit	приносить прибыль
P 2461	réaliser un profit	to make a profit	получать прибыль
P 2462	tirer profit de	to benefit *(from smth)*	извлекать прибыль *(из чего-л.)*
P 2463	profit par action	earnings per share	прибыль в расчёте на акцию *(показатель)*
P 2464	profit additionnel	extra profit	дополнительная прибыль
P 2465	profit bancaire	bank profit	банковская прибыль
P 2466	profit de change	foreign exchange profit	валютная прибыль
P 2467	profit comptable	book profit	балансовая прибыль
P 2468	profit à court terme	short-term profit	краткосрочная прибыль
P 2469	profit dégagé	profit made	полученная прибыль
P 2470	profit espéré	expected profit	ожидаемая прибыль
P 2471	profit fictif	paper [fictitious] profit	фиктивная прибыль
P 2472	profit immédiat	immediate profit	немедленная прибыль
P 2473	profit imposable	taxable profit	облагаемая прибыль, прибыль, подлежащая обложению налогом
P 2474	profit net	net profit	чистая прибыль

P

P 2475	profit non matérialisé	paper profit	нереализованная прибыль
P 2476	profit sur placements	profit on investments	прибыль от инвестиций
P 2477	profit pur	net profit	чистая прибыль
P 2478	profitabilité *f* des investissements directs	profitability of direct investments	прибыльность прямых инвестиций
P 2479	profitable	profitable	прибыльный; выгодный, полезный
P 2480	profiter	1. to take advantage of, to profit by 2. to be profitable to *smb*, to be of benefit to *smb*, to benefit *smb*	1. пользоваться, извлекать пользу 2. приносить пользу, быть полезным
P 2481	profits *m pl*	profits	прибыль, доходы
P 2482	amputer les profits	to reduce [to depress] profits	сокращать прибыль
P 2483	dégager des profits de change	to generate foreign exchange profits	получать валютную прибыль
P 2484	distribuer les profits aux actionnaires	to distribute profits to shareholders	выплачивать прибыль акционерам
P 2485	prélever des profits	to retain profits	отчислять полученную прибыль
P 2486	rapatrier des profits	to repatriate profits	репатриировать прибыль
P 2487	recueillir des profits	to make a profit	получать прибыль
P 2488	profits commerciaux	trade profits	прибыль от торговых операций
P 2489	profits d'exploitation	operating profits	доходы от основной деятельности
P 2490	profits illicites	illicit profits	незаконные доходы
P 2491	profits latents	latent profits	скрытая прибыль
P 2492	profits non distribués	retained earnings, undistributed profits	нераспределённая прибыль
P 2493	profits et pertes	profit and loss	прибыли и убытки
P 2494	profits purement financiers	purely financial profits	доходы от финансовых операций
P 2495	profits spéculatifs	speculative profits	спекулятивная прибыль
P 2496	profits taxables	taxable profits	облагаемая прибыль, прибыль, подлежащая налогообложению
P 2497	profusion *f* d'innovations financières	profusion [abundance] of financial innovations	изобилие финансовых нововведений
P 2498	progiciels *m pl* de gestion de trésorerie	cash flow management software	программное обеспечение для управления оборотными средствами
P 2499	programme *m*	program, schedule	программа
P 2500	programme d'ajustement	adjustment program	программа корректировки [выравнивания]
P 2501	programme d'allégement des impôts	tax reduction program	программа уменьшения налогообложения
P 2502	programme d'allocation des ressources	resource allocation program	программа по распределению ресурсов
P 2503	programme anti-inflationniste	anti-inflation program	антиинфляционная программа
P 2504	programme de billets de trésorerie	commercial paper program	программа выпуска коммерческих бумаг
P 2505	programme de calcul	calculation program	вычислительная программа
P 2506	programme financier	financial program	финансовая программа
P 2507	programme d'investissement	investment program	инвестиционная программа

P

P 2508	programme multiservice	packaged service plan	программа комплексного (банковского) обслуживания
P 2509	programme de placement	investment program	инвестиционная программа
P 2510	programme de stimulation fiscale et monétaire	tax and monetary stimulation program	программа налогового и кредитного стимулирования
P 2511	programmes *m pl* informatiques de ventes automatiques et des logiciels de trésorerie	automatic trading and cash flow management software	программное обеспечение для автоматизации дилинга и управления оборотным капиталом
P 2512	progressif	1. progressive *(e.g. a tax)* 2. gradual *(e.g. improvement)*	1. прогрессивный, возрастающий *(напр. налог)* 2. постепенный, поступательный *(напр. улучшение)*
P 2513	progression *f*	1. increase, rise 2. progress	1. рост, увеличение 2. продвижение
P 2514	progression autorisée des crédits bancaires	authorized rise in bank credit	увеличение банковского кредита в разрешённых пределах
P 2515	progression des intérêts	interest rise	рост процентов
P 2516	progression des investissements	investment rise	рост капиталовложений
P 2517	progression de la masse monétaire	money supply rise	рост денежной массы
P 2518	progression de la valeur ajoutée	increase in value added	увеличение добавленной стоимости
P 2519	prohibition *f*	prohibition, ban	запрет, запрещение
P 2520	prohibition d'exportations de devises	ban on currency export	запрет на вывоз валюты
P 2521	prohibition de sorties d'or	ban on gold export	запрет на вывоз золота
P 2522	projections *f pl* monétaires	monetary forecasts	денежно-кредитные прогнозы
P 2523	projet *m*	project, plan; draft	проект, план
P 2524	projet d'amendements aux Statuts du FMI	draft amendments to the IMF Charter	проект поправок к уставу МВФ
P 2525	projet de concordat	project of composition	проект соглашения между кредиторами и должниками
P 2526	projet finançable	feasible project; project to be financed	перспективный проект
P 2527	projet de financement	financing plan [project]	проект финансирования
P 2528	projet d'investissement	investment project	инвестиционный проект
P 2529	projet de loi réglementant les OPA	draft bill on corporate takeovers	проект закона о поглощениях
P 2530	projet d'ordonnance	draft order, draft edict	проект постановления, проект декрета
P 2531	projet pilote	pilot project	экспериментальный проект
P 2532	projet de prospectus	draft prospectus	проект проспекта *(выпуска ценных бумаг)*
P 2533	projet de réforme monétaire	monetary reform plan	проект денежной реформы
P 2534	projet significatif	significant project	значительный проект
P 2535	projet de statuts	draft charter	проект устава
P 2536	prolifération *f*	proliferation	рост, распространение
P 2537	prolifération de banques multinationales	proliferation of multinational banks	рост многонациональных банков
P 2538	prolifération des concurrents sur le marché bancaire mondial	proliferation of competitors on the world banking market	рост числа конкурентов на мировом банковском рынке

P

P 2539	prolifération des instruments financiers	proliferation of financial instruments	рост числа финансовых инструментов
P 2540	prolifération des procédés de couverture du risque	proliferation of hedging methods	рост числа методов страхования риска
P 2541	prolongation *f*	extension, renewal	продление, пролонгация
P 2542	prolongation des avances	extension of loans	пролонгация ссуд
P 2543	prolongation d'une créance cambiaire	renewal of a bill of exchange	продление срока [пролонгация] векселя
P 2544	prolongation d'un crédit	extension of a loan	пролонгация кредита
P 2545	prolongation d'un délai [d'échéance]	extension of a time limit [of a deadline], extended terms	продление срока
P 2546	prolongation d'un effet [d'une lettre de change]	renewal of a bill of exchange	продление [пролонгация] векселя
P 2547	prolongation multiple	multiple renewal	многократное продление
P 2548	prolongation des prêts à court terme	renewal of short-term loans	пролонгация краткосрочных ссуд
P 2549	prolongation de validité	extension of validity	продление срока годности
P 2550	prolongement *m*	extension, continuation	продолжение
P 2551	prolongement des tendances	continuation of trends	продолжение тенденций
P 2552	prolongement des traitements automatisés	continuation of automatic processing	продолжение автоматизированной обработки
P 2553	prolonger	to extend, to renew	продлевать, пролонгировать
P 2554	promesse *f*	promise, commitment, undertaking	обещание, обязательство
P 2555	promesse d'achat	promise to buy	обязательство о покупке
P 2556	promesse d'actions	share promise	обязательство по акциям
P 2557	promesse de crédit	loan promise	кредитное обязательство
P 2558	promesse d'escompte	discount promise	учётное обязательство, обязательство учесть вексель
P 2559	promesse de financement bancaire à moyen ou long terme	medium or long term bank financing promise	обещание средне- или долгосрочного банковского финансирования
P 2560	promesse d'indemnisation	promise to indemnify	обещание компенсации
P 2561	promesse de paiement	promise to pay	платёжное обязательство
P 2562	promesse de remboursement	promise to repay	обещание погашения [уплаты]
P 2563	promesse de somme d'argent	promissory note	денежное обязательство
P 2564	promesse de vente	promise to sell	обязательство о продаже
P 2565	promoteur *m*	1. promoter; sponsor 2. originator 3. developer *(of a real estate)*	1. основатель, учредитель 2. инициатор 3. подрядчик *(на строительство)*
P 2566	promoteur financier	financial sponsor	финансовый учредитель *(компании)*
P 2567	promoteur de l'OPA	raider	инициатор поглощения
P 2568	promoteur de projet	project sponsor	спонсор проекта
P 2569	promoteur de titres [de valeurs mobilières]	stock promoter	распространитель ценных бумаг
P 2570	promotion *f*	promotion	1. стимулирование, поддержка, поощрение 2. продвижение на рынок *(напр. товаров)*; распространение
P 2571	promotion de l'épargne	promotion of savings	стимулирование сбережений
P 2572	promotion des investissements à l'étranger	promotion of foreign investments	стимулирование зарубежных инвестиций

P

P 2573	promotion de titres [de valeurs mobilières]	stock promotion	распространение ценных бумаг
P 2574	propagation f de l'inflation	spreading of inflation	распространение инфляции
P 2575	propension f	propensity	склонность
P 2576	propension à la convertibilité des monnaies	propensity to convertibility of currencies	склонность к обратимости валют
P 2577	propension à l'épargne [à épargner]	propensity to save	склонность к сбережению
P 2578	propension à investir [à l'investissement]	propensity to invest	склонность к инвестированию
P 2579	propension marginale à épargner	marginal propensity to save	предельная склонность к сбережению
P 2580	proportion f	proportion	пропорция; доля
P 2581	proportion des capitaux engagés	proportion of capital invested	доля задействованного капитала
P 2582	proportion de comptes en souffrance	delinquency ratio	доля [процент] сомнительных счетов
P 2583	proportion d'un revenu	proportion of an income	доля дохода
P 2584	proposition f	proposal, offer, suggestion	предложение
P 2585	proposition d'assurance	insurance proposal	страховое предложение, предложение о страховании
P 2586	proposition de concordat	composition offer	предложение долгового компромисса (конкордата)
P 2587	proposition de dividende	dividend proposal [recommendation]	рекомендованный размер дивиденда
P 2588	proposition d'indemnisation	compensation offer	предложение о возмещении (расходов, убытков)
P 2589	proposition de rachat des titres	buy-out offer	предложение о выкупе ценных бумаг
P 2590	propriétaire m	owner, proprietor	собственник, владелец
P 2591	se rendre propriétaire	to become a proprietor	становиться собственником
P 2592	propriétaire de compte	account holder	владелец счёта
P 2593	propriétaire de fonds déposés	deposit owner	владелец депонированных средств
P 2594	propriétaire immatriculé	registered owner (of a bond)	зарегистрированный владелец (облигации)
P 2595	propriétaire légitime	legitimate owner	законный владелец
P 2596	propriétaire d'obligations	bond owner	владелец облигаций
P 2597	propriétaire, seul	sole proprietor	единственный владелец, единоличный собственник
P 2598	propriétaire de titres	securities holder, owner of securities	владелец [держатель] ценных бумаг
P 2599	propriété f	1. property, ownership 2. property, estate, possessions	1. право собственности, владение 2. собственность, имущество
P 2600	accéder à la propriété	to become a property owner	становиться владельцем недвижимости
P 2601	acquérir la pleine propriété d'une créance	to acquire the full ownership of a debt	приобретать все права по долговому требованию
P 2602	déshypothéquer une propriété	to disencumber a property, to free a property from mortgage	освобождать собственность от ипотеки [от закладной]
P 2603	propriété conjointe	joint ownership	совместная собственность
P 2604	propriété d'une créance	ownership of a debt	право требования по долговому требованию

P

P 2605	propriété étrangère	foreign [nonresident] ownership	иностранная собственность, собственность нерезидентов
P 2606	propriété fiduciaire	trust ownership	трастовое [фидуциарное] владение, трастовое управление собственностью
P 2607	propriété foncière	property ownership	владение недвижимостью
P 2608	propriété grevée	encumbered property	собственность, обременённая обязательствами
P 2609	propriété immobilière	real estate, realty, landed [real, immovable] property	недвижимость
P 2610	propriété mobilière	movable [personal] property	движимое имущество
P 2611	propriété, pleine	unrestricted ownership; freehold	неограниченное право собственности (на недвижимость)
P 2612	prorata m	proportional share, proportion	пропорциональная [соответствующая] часть
P 2613	au prorata de	pro rata, in proportion to	пропорционально, соразмерно
P 2614	prorata temporis	proportional to time, pro rata temporis	пропорционально времени
P 2615	prorogatif	extending, deferring	дополнительный (о сроке)
P 2616	prorogation f	extension; deferment; renewal	продление срока; продление действия
P 2617	prorogation de délai de paiement	extension of a date of payment	продление срока платежа
P 2618	prorogation d'échéance	deferment of a deadline [of a due date, of a payment date], extended terms	продление срока (исполнения обязательства)
P 2619	prorogation de l'escompte	extension of discount	продление срока учёта
P 2620	proroger	to extend; to defer; to renew	продлевать; отсрочивать
P 2621	prospection f	prospecting, survey(ing), exploration	исследование, изучение (рынка)
P 2622	prospection conjointe du marché	joint market surveying	совместное изучение рынка
P 2623	prospection du [sur le] marché	market surveying	исследование рынка
P 2624	prospection permanente du marché	permanent market exploration	постоянное изучение рынка
P 2625	prospectus m	prospectus; brochure, leaflet, handout	проспект; каталог
P 2626	prospectus abrégé	abridged prospectus	краткий проспект
P 2627	prospectus d'admission en bourse	stock market listing prospectus	проспект выпуска ценных бумаг на бирже
P 2628	prospectus définitif	final prospectus	окончательный вариант проспекта
P 2629	prospectus d'émission	prospectus of an issue	проспект эмиссии
P 2630	prospectus d'information pour l'offre de titres au public	public floatation information prospectus	проспект публичного выпуска ценных бумаг
P 2631	prospectus d'information des sociétés cotées	information prospectus of listed companies	информационный проспект котирующихся на бирже фирм
P 2632	prospectus d'introduction	stock market listing prospectus	проспект выпуска ценных бумаг на бирже
P 2633	prospectus modifié	amended prospectus	изменённый проспект
P 2634	prospectus d'offre publique	takeover prospectus	проспект поглощения (компании)

P

P 2635	prospectus préalable [préliminaire]	preliminary [pathfinder] prospectus	предварительный проспект *(выпуска ценных бумаг)*
P 2636	prospectus provisoire	red herring prospectus	предварительный вариант проспекта *(выпуска акций или займа)*
P 2637	prospectus simplifié	simplified prospectus	упрощённый вариант проспекта
P 2638	protection *f*	1. protection 2. protectionism	1. защита, охрана 2. протекционизм
P 2639	protection à la baisse	hedging of a fall	страхование от понижения (курса)
P 2640	protection de découvert [contre des découverts]	overdraft protection	разрешение [возможность] иметь овердрафт по счёту
P 2641	protection de l'épargne	savings protection	защита сбережений
P 2642	protection fiscale	tax protection	налоговая защита
P 2643	protection contre les fluctuations des taux	protection against interest rate fluctuations	защита от колебания ставок
P 2644	protection à la hausse	hedging of a rise	страхование от повышения (курса)
P 2645	protection des investissements à l'étranger	protection of investments abroad	защита зарубежных инвестиций
P 2646	protection des parités fixes	protection of fixed exchange rates	защита фиксированных паритетов
P 2647	protection du profit	profit protection	защита прибыли
P 2648	protection contre un rachat anticipé	call protection	защита от досрочного выкупа
P 2649	protection des réserves de change	protection of foreign currency reserves	защита валютных резервов
P 2650	protection contre les risques de crédit	protection against credit risks	защита от кредитных рисков
P 2651	protectionnisme *m* monétaire	monetary protectionism	валютный протекционизм
P 2652	protestable	protestable	опротестуемый, подлежащий опротестованию *(вексель)*
P 2653	protestation *f* d'une lettre de change	protest of a bill of exchange	опротестование векселя
P 2654	protesté	protested	опротестованный *(о векселе)*
P 2655	protester	to protest	опротестовывать *(вексель)*
P 2656	protêt *m*	protest	протест, опротестование *(векселя, чека)*
P 2657	dresser un protêt	to draw up a protest	составлять протест *(по векселю)*
P 2658	faire dresser protêt	to have *(a bill)* protested	совершать протест *(векселя)*
P 2659	faire [lever] protêt	to protest *(a bill)*	опротестовывать *(вексель)*
P 2660	notifier un protêt	to give notice of a protest	уведомлять о протесте
P 2661	sans protêt	without protest	без протеста
P 2662	signifier un protêt	to give notice of a protest	уведомлять о протесте
P 2663	protêt d'un chèque	protest of a check	протест чека
P 2664	protêt faute d'acceptation	protest for nonacceptance	протест из-за неакцепта
P 2665	protêt faute de paiement	protest for nonpayment	протест из-за неплатежа
P 2666	protêt d'une lettre de change	protest of a bill	протест векселя
P 2667	protêt simplifié	simplified protest	упрощённая процедура протеста
P 2668	protocole *m*	agreement; protocol, record	соглашение; протокол

P

P 2669	protocole de crédit	credit agreement [memorandum]	кредитное соглашение, кредитный меморандум
P 2670	protocole financier gouvernemental	government financial protocol	финансовый протокол правительства
P 2671	protocole de télécommunication	telecommunications protocol	телекоммуникационный протокол
P 2672	provision *f*	1. stock, supply 2. reserve, allowance, provision 3. funding, funds *(for a check)*, consideration *(for a bill of exchange)* 4. deposit 5. margin, margin cover	1. запас 2. резерв(ы); резервный фонд 3. покрытие *(чека, векселя)* 4. задаток 5. страховой депозит *(у брокера)*
P 2673	bloquer la provision d'un compte	to freeze an account	блокировать средства на счёте
P 2674	faire [fournir] provision	to provide funding *(for a check)*, to provide consideration *(for a bill of exchange)*	вносить средства в обеспечение *(чека или векселя)*
P 2675	par provision	in advance	заранее
P 2676	sans provision	without sufficient funds, bad, bounced, rubber *(a check)*	без покрытия
P 2677	reprendre une provision	to reverse [to reinstate] a write-off	сторнировать проводку по созданию резерва
P 2678	verser une provision	to pay a deposit	вносить задаток
P 2679	provision au compte	funds in an account	наличие средств на счёте
P 2680	provision pour créances douteuses	allowance [provision, reserve] for bad debts	резерв на покрытие сомнительных долгов
P 2681	provision déductible	tax-deductible provision	резервы, не облагаемые налогом
P 2682	provision pour dépréciation financière des titres de participation	provision for financial depreciation of equity interests	резерв на покрытие убытков от снижения курсов ценных бумаг
P 2683	provision pour dettes	provision for debts, liability reserves	резерв на покрытие долгов
P 2684	provision pour fluctuations de taux de change	provision for exchange rate fluctuations	резерв на покрытие колебаний валютного курса
P 2685	provision forfaitaire	lumpsum provision	резерв в твёрдой сумме
P 2686	provision pour frais d'augmentation de capital	provision for new equity issue costs	резерв на покрытие расходов по выпуску новых ценных бумаг
P 2687	provision insuffisante	absence of consideration *(for a bill of exchange)*, not sufficient funds, NSF *(for a check)*	недостаточное покрытие [обеспечение] *(векселя или чека)*
P 2688	provision pour investissement	investment provision	резерв на инвестиции
P 2689	provision d'une lettre de change	bill cover, consideration for a bill of exchange	покрытие [обеспечение] векселя
P 2690	provision pour moins-value de portefeuille	provision for depreciation of investments	резерв на обесценение инвестиций
P 2691	provision pour pertes	provision for losses	резерв на покрытие убытков
P 2692	provision pour pertes de change	exchange loss provision	резерв на покрытие курсовых потерь
P 2693	provision pour pertes sur prêts	provision for loan losses, loan loss provision	резерв на покрытие невозвращённых кредитов
P 2694	provision suffisante	sufficient [adequate] cover	достаточное покрытие
P 2695	provisionnel	provisional	временный, промежуточный
P 2696	provisionnement *m* des créances	provisioning for receivables	предоставление покрытия по долговым требованиям

P

P 2697	provisionner	to fund	обеспечивать, покрывать
P 2698	provisions f pl	provisions, reserves	резервы
P 2699	constituer des provisions	to set up reserves	создавать резервы
P 2700	provisions et ajustements de valeurs d'actif	provisions and adjustments of asset value	резервы и поправки в стоимости активов
P 2701	provisions pour amortissement	depreciation allowance, provision for depreciation	резервы на амортизацию, амортизационные резервы
P 2702	provisions pour charges	provisions for liabilities and charges	резервы на покрытие расходов
P 2703	provisions pour charges futures	provisions for future liabilities and charges	резервы на будущие расходы
P 2704	provisions pour charges imprévisibles [imprévues]	contingencies	резерв на покрытие непредвиденных расходов
P 2705	provisions de [pour] dépréciation	depreciation allowance, provisions for depreciation	резервы на амортизацию, амортизационные резервы
P 2706	provisions pour éventualités	appropriation for contingencies	резервы на непредвиденные расходы
P 2707	provisions générales	general provisions, generals	общие резервы
P 2708	provisions pour impôts	tax provisions	резервы для уплаты налогов
P 2709	provisions, nouvelles	new provisions	новые резервы
P 2710	provisions pour pertes et charges	provisions for liabilities and charges, reserve for contingencies	резервы на покрытие потерь и издержек
P 2711	provisions réglementées	required reserves, reserves required by law	обязательные резервы, резервы, установленные законом
P 2712	provisions pour risques	provisions for risks	резервы на покрытие рисков
P 2713	provisions pour risques et charges	provisions for liabilities and charges, reserve for contingencies	резервы на покрытие потерь и издержек
P 2714	provisions spéciales constituées en franchise d'impôts	special tax-free reserves	специальные резервы, не облагаемые налогом
P 2715	provisions spécifiques	specific provisions, specifics	специальные резервы
P 2716	provisions pour titres	provisions for securities	резервы на обесценение ценных бумаг
P 2717	provisoire	provisional	временный; предварительный
P 2718	public	public	1. государственный 2. общественный 3. публичный, открытый, гласный
P 2719	public m	public	публика
P 2720	s'ouvrir au public	to go public	становиться открытой (о компании), обращаться за средствами к широкой публике
P 2721	public, grand	the general public, the public at large	широкая публика
P 2722	public investisseur	investors	инвесторы
P 2723	public de non spécialistes	nonspecialists	неспециалисты
P 2724	publication f	publication, publishing; reporting	публикация, опубликование
P 2725	publication annuelle du bilan	annual publication of the balance sheet	ежегодная публикация баланса
P 2726	publication des cotations	publication of quotations	публикация котировок

P

P 2727	publication de la cote officielle	publication of listing	публикация официальных биржевых котировок
P 2728	publication obligatoire	mandatory publication	обязательная публикация
P 2729	publication périodique d'états financiers	interim financial reporting	публикация промежуточных финансовых отчётов компаний
P 2730	publication d'un prix «offert» ou «demandé»	publication of an offer or bid price	публикация цены продавца или покупателя
P 2731	publication des résultats	publication of results	публикация результатов
P 2732	publicité f	1. publicity 2. advertising	1. гласность, публичность 2. реклама
P 2733	publicité de l'émission	issue publicity	объявление эмиссии
P 2734	publicité légale	compulsory publicity	обязательное (по законодательству) объявление
P 2735	publicité des négociations	publicity of trading	гласность сделок
P 2736	publicité dans la presse financière	advertising in the financial press, financial press advertising	реклама в финансовой прессе
P 2737	puissance f	power	1. могущество, мощь 2. государство, страна, держава
P 2738	puissance créancière mondiale	world creditor	страна-мировой кредитор
P 2739	puissance financière et technique	financial and technical power	финансовая и техническая мощь
P 2740	puissance, grande	great power	крупная держава
P 2741	puissance des «zinzins»	power of institutional investors	могущество институциональных инвесторов
P 2742	pupitre m de négociation	trading desk	дилерское место (стол)
P 2743	purge f des hypothèques	redemption of a mortgage	погашение ипотеки
P 2744	purger	to redeem, to repay	погашать, выплачивать
P 2745	put m	put (option)	опцион пут
P 2746	vendre des puts	to sell put options	продавать опционы пут
P 2747	put in the money	put in the money	опцион пут, «внутренняя» стоимость которого положительна
P 2748	put out of the money	put out of the money	опцион пут, «внутренняя» стоимость которого отрицательна

Q

Q 1	qualification f	qualification	1. оценка, определение качества 2. квалификация, компетентность
Q 2	qualification des monnaies convertibles	qualification of convertible currencies	классификация конвертируемых валют
Q 3	qualification professionnelle	professional qualification, skills	профессиональная пригодность
Q 4	qualifié	qualified	квалифицированный

Q

Q 5	qualité f	1. quality 2. quality, characteristic 3. position, authority	1. качество 2. свойство, качество 3. положение, полномочия
Q 6	de deuxième qualité	second-rate	второсортный
Q 7	de première qualité	of top [superior, prime, first-rate] quality	первоклассный, высшего качества
Q 8	qualité d'agent emprunteur	quality of the borrower	качество заёмщика
Q 9	qualité d'agent prêteur	quality of the lender	качество кредитора
Q 10	qualité des créances	debt quality	качество долговых требований
Q 11	qualité de crédits à court terme	short-term loan quality	качество краткосрочных кредитов
Q 12	qualité de la dette	debt quality	качество долга
Q 13	qualité des éléments d'actif	asset quality	качество активов
Q 14	qualité de l'emprunteur	quality of the borrower	качество заёмщика
Q 15	qualité des encours	liabilities quality	качество пассивов
Q 16	qualité de la gestion financière	financial management quality	качество финансового управления
Q 17	qualité des informations	quality of information	качество информации
Q 18	qualité d'intermédiaire	position of intermediary, intermediation	посредничество, выполнение роли посредника
Q 19	qualité de liquidité	quality of liquid assets	качество ликвидных активов
Q 20	qualité des logiciels	software quality	качество программного обеспечения
Q 21	qualité de membre	membership	членство
Q 22	qualité de non résident	nonresidence	статус нерезидента
Q 23	qualité d'une obligation	bond quality	качество облигации
Q 24	qualité de postulant	quality of the applicant	качество подателя заявки
Q 25	qualité de prestation	service quality	качество услуги
Q 26	qualité des prêts	loan quality	качество ссуд
Q 27	qualité du rating d'un établissement	institution's rating	рейтинг учреждения
Q 28	qualité de résident	residence	статус резидента
Q 29	qualité de la signature	quality of the signature	качество подписи
Q 30	qualité des signes monétaires	quality of (paper) money	качество денежных знаков
Q 31	qualité des titres	quality of securities	качество ценных бумаг
Q 32	quantifiable	quantifiable	количественно определимый
Q 33	quantification f des liquidités	quantification of liquid assets	количественное выражение ликвидных активов
Q 34	quantifier	to quantify	определять количественно
Q 35	quantité f	quantity, number, amount	количество, число; величина; размер
Q 36	quantité de capital	amount of capital	размер капитала
Q 37	quantité convenue	agreed quantity	согласованное количество
Q 38	quantité définie de titres	fixed quantity of securities	определённое количество ценных бумаг
Q 39	quantité déterminée d'onces d'or fin	fixed quantity of ounces of fine gold	определённое количество унций чистого золота
Q 40	quantité de lot	lot amount	размер партии
Q 41	quantité maximale	maximum quantity	максимальное количество
Q 42	quantité minimale	minimum quantity	минимальное количестао
Q 43	quantité de monnaie en circulation	amount of money in circulation	количество денег в обращении

Q

Q 44	quantité négligeable	negligible quantity	незначительное количество
Q 45	quantité négociée	traded amount	объём сделки
Q 46	quantité d'offre et de demande de titres	quantity of securities supplied and demanded	спрос и предложение на ценные бумаги
Q 47	quantité possédée	quantity held	имеющееся количество
Q 48	quantité standardisée de produits financiers	standardized amount of financial instruments	стандартное количество финансовых инструментов
Q 49	quantité de titres convenue	stipulated quantity of securities	оговоренное количество ценных бумаг
Q 50	quantum *m* des bénéfices	part of profits	часть прибыли
Q 51	quart *m*	quarter	четверть
Q 52	quart du capital	quarter of capital	четверть капитала
Q 53	quart en monnaie convertible	quarter in convertible currency	четверть (, внесённая) в конвертируемой валюте
Q 54	quart en or	quarter in gold	четверть (, внесённая) в золоте
Q 55	quart de point	quarter point	0,25 пункта
Q 56	quasi-absence *f* d'inflation	near absence of inflation	почти полное отсутствие инфляции
Q 57	quasi-actions *f pl*	quasi-shares	ценные бумаги, близкие к акциям, «почти акции»
Q 58	quasi-anonymat *m*	quasi-anonymity	почти полная анонимность
Q 59	quasi-banque *f*	near bank	учреждение, близкое к банку, «почти банк»
Q 60	quasi-contrat *m*	quasi-contract, implied contract	квазиконтракт, подразумеваемый контракт
Q 61	quasi-démantèlement *m* du contrôle des changes	quasi-dismantling of the exchange controls	почти полная отмена валютных ограничений
Q 62	quasi-dévaluation *f*	quasi-devaluation	почти девальвация
Q 63	quasi-espèces *f pl*	cash equivalents	квазиналичность
Q 64	quasi-fixité *f* des parités	quasi-fixed parities	почти полная фиксированность паритетов
Q 65	quasi-fonds *m pl* propres	quasi-equity	средства, почти эквивалентные собственным
Q 66	quasi-généralisation *f* des monnaies flottantes	quasi-generalization of floating currencies	почти всеобщее плавание валют
Q 67	quasi monétaire	quasi-monetary	относящийся к квазиденьгам
Q 68	quasi-monnaie *f*	near money, quasi-money	квазиденьги, денежные субституты
Q 69	quasi-monopole *m*	near monopoly, quasi-monopoly	почти монополия, квазимонополия
Q 70	quasi-réévaluation *f*	quasi-revaluation	почти ревальвация
Q 71	quasi-rente *f*	quasi-rent	квазирента
Q 72	quasi-stabilité *f*	near stability	почти полная стабильность
Q 73	quasi-usufruit *m*	quasi-usufruct	квазиузуфрукт
Q 74	quête *f*	quest, pursuit	поиски
Q 75	en quête d'emploi	hot *(capital)*	в поисках приложения *(о капитале)*
Q 76	en quête de placement	investment seeking *(of capital)*	в поисках размещения *(о капитале)*
Q 77	quittance *f*	receipt	расписка, квитанция
Q 78	donner quittance	to acquit	давать расписку
Q 79	établir une quittance	to issue a receipt	выписывать квитанцию
Q 80	exiger une quittance	to ask for a receipt	требовать расписку

Q

Q 81	contre quittance	against receipt	под расписку
Q 82	suivant quittance	as per receipt	согласно расписке
Q 83	quittance comptable	accountable receipt	бухгалтерская квитанция (квитанция, признаваемая бухгалтерией)
Q 84	quittance de paiement	receipt for payment	расписка в получении платежа
Q 85	quittance de prime	receipt for premium	квитанция на премию
Q 86	quittance pour solde de tout compte	receipt in full, receipt for the balance	квитанция на остаток счёта, расписка в полной уплате
Q 87	quittance valable	valid receipt	действительная расписка
Q 88	quittance à valoir	receipt on account	квитанция в оплату
Q 89	quittancer	to receipt	выдавать расписку
Q 90	quitte	cleared, discharged *(from an obligation)*	рассчитавшийся, расплатившийся, освободившийся *(от обязательства)*
Q 91	être quitte de	to be rid, to be clear *(e.g. from an obligation)*	быть свободным *(напр. от обязательства)*
Q 92	donner quitte à	to discharge smb *(e.g. from an obligation)*	освобождать *(напр. от обязательства)*
Q 93	quitte et libre	cleared, discharged *(from an obligation)*	расплатившийся и свободный *(от обязательства)*
Q 94	quitus *m*	full discharge, quietus, quittance, acquittance, release	полный расчёт, освобождение от обязательства
Q 95	donner quitus à	to give full discharge to *smb*	освобождать *кого-л.* от обязательства
Q 96	quorum *m*	quorum	кворум
Q 97	atteindre le quorum	to reach the quorum	добиваться кворума
Q 98	constituer le quorum	to constitute the quorum	составлять кворум
Q 99	quota *m*	quota	квота; доля, часть
Q 100	attribuer un quota	to allocate a quota	выделять квоту
Q 101	épuiser un quota	to use up a quota	исчерпывать квоту
Q 102	fixer un quota	to set a quota	устанавливать квоту
Q 103	réviser un quota	to review a quota	пересматривать квоту
Q 104	quota aux enchères	auction quota	квота на аукционе *(ценных бумаг)*
Q 105	quota d'escompte	discount quota	дисконтная квота
Q 106	quote-part *f*	share, portion, quota	доля, часть
Q 107	quote-part des bénéfices distribués	share of distributed profits	часть распределённой прибыли
Q 108	quote-part du capital détenu	share of capital held	доля в акционерном капитале
Q 109	quote-part du capital souscrit	share of capital subscribed	доля [часть] подписанного капитала
Q 110	quote-part des dépenses	share of expenses	часть расходов
Q 111	quotité *f*	1. quota 2. minimum number of shares *(for a trade)*, lot	1. квота; часть, доля 2. минимальный размер сделки по ценным бумагам, лот
Q 112	quotité d'amortissement	amortization amount	часть погашения (долга)
Q 113	quotité complète	round lot	полный лот
Q 114	quotité du contrat	contract size	сумма контракта
Q 115	quotité financée	financed quota	финансируемая часть
Q 116	quotité fixée	fixed quota	фиксированная квота
Q 117	quotité garantie	guaranteed quota	гарантированная квота

R

Q 118	quotité imposable	taxable (portion of) income	облагаемая часть дохода
Q 119	quotité de souscription réduite	reduced subscription quota	сокращённая квота подписки *(на ценные бумаги)*
Q 120	quotités *f pl*	1. shares, quotas 2. lots	1. квоты; части, доли 2. лоты
Q 121	échanger par quotités	to exchange by lots	обмениваться лотами
Q 122	fixer les quotités	to set the lot sizes	устанавливать размеры лотов
Q 123	quotités habituelles	usual lots	обычные размеры лота
Q 124	quotités minimales de titres	minimum numbers of shares, lots of shares	минимальные размеры лота ценных бумаг
Q 125	quotités de négociation	trading lots	стандартные размеры лотов, по которым заключаются сделки

R

R 1	rabattre	1. to reduce 2. to deduct, to take off	1. понижать, снижать 2. вычитать; удерживать
R 2	rabescompteur *m*	discount house	учётный дом
R 3	raccourcissement *m*	shortening	сокращение
R 4	raccourcissement des échéances	shortening of maturities	сокращение сроков исполнения обязательств
R 5	raccourcissement de la période de révision des quotes-parts	shortening of quota review period	сокращение периода пересмотра квот
R 6	rachat *m*	1. repurchase, buying back 2. takeover, buyout 3. redemption, retirement *(e.g. of a debt)*	1. выкуп, обратная покупка 2. поглощение [покупка] компании 3. погашение, выплата *(напр. долга)*
R 7	rachat d'actions	stock repurchase, buyback	выкуп акций
R 8	rachat adossé	leveraged management buyout, LMBO	выкуп контрольного пакета акций компании её руководством за счёт кредитов
R 9	rachat anticipé	early redemption	досрочное погашение
R 10	rachat des baissiers	buying in against bears	покупка ценных бумаг у спекулянтов, играющих на понижение
R 11	rachat en bourse	repurchase at the stock market	выкуп собственных ценных бумаг на бирже
R 12	rachat du capital	retirement of capital	оплата капитала
R 13	rachat de créances	retirement of a debt	погашение долговых требований
R 14	rachat du découvert	repayment of a loan	выплата краткосрочной ссуды
R 15	rachat d'une dette	retirement of a debt	погашение долга
R 16	rachat d'une entreprise avec effet de levier	leveraged management buyout, LMBO	выкуп контрольного пакета акций компании её руководством за счёт кредитов
R 17	rachat d'entreprise par les salariés, RES	management buyout, MBO	выкуп контрольного пакета акций компании её менеджерами и служащими

R

R 18	rachat de la monnaie nationale détenue par le Fonds	repurchase of the national currency held by the IMF	выкуп национальной валюты, внесённой в ВМФ
R 19	rachat d'obligations	retirement of bonds	погашение облигаций
R 20	rachat des parts	repurchase of shares	выкуп паёв
R 21	rachat d'une police	surrender of a policy	выкуп полиса
R 22	rachat d'une rente	redemption of a (government) security	погашение (государственной) облигации
R 23	rachat de sa propre monnaie	repurchase of one's own currency	выкуп своей собственной валюты
R 24	rachat des titres sur le marché	repurchase of securities in the market	выкуп собственных ценных бумаг на рынке
R 25	rachetable	redeemable, callable	выкупаемый
R 26	rachetable par anticipation	redeemable before maturity, redeemable in advance	выкупаемый до наступления срока погашения
R 27	rachetable au gré du porteur	retractable	подлежащий выкупу по желанию держателя
R 28	racheter	1. to repurchase, to buy back 2. to take over, to buy out 3. to redeem, to retire (e.g. a debt)	1. выкупать 2. поглощать [покупать] компанию 3. погашать, выплачивать (напр. долг)
R 29	racheteur m	subpurchaser	перекупщик
R 30	radiation f	1. striking out [off], crossing out [off] 2. writing [charging] off, write-off	1. вычёркивание; исключение 2. списание
R 31	radiation d'un article de compte	crossing out an account item	вычёркивание строки из счёта
R 32	radiation de la cote	delisting	снятие с котировки
R 33	radiation directe des créances irrécouvrables	writing [charging] off bad debts	прямое списание сомнительных долгов
R 34	radiation d'inscription	deregistration	отмена регистрации
R 35	radiation d'une inscription hypothécaire	entry of satisfaction of mortgage	погашение ипотечной записи
R 36	radiation d'une liste	crossing off a list	вычёркивание из списка
R 37	radiation partielle	partial write-off	частичное списание
R 38	radiation de prêt	loan write-off	списание ссуды
R 39	radiation des titres de la cote	delisting of securities	снятие ценных бумаг с котировки
R 40	radier	1. to strike out [off], to cross out [off] 2. to write off, to charge off	1. вычёркивать; исключать 2. списывать
R 41	raffermir, se	to strengthen, to firm up, to harden	укрепляться (о курсе)
R 42	raffermissement m	strengthening	укрепление
R 43	raffermissement du franc	strengthening of the franc	укрепление франка
R 44	raffermissement des valeurs	strengthening of stocks	рост курса ценных бумаг
R 45	raiders m pl	raiders	рейдеры, скупщики акций (с целью установления контроля над компанией)
R 46	raids m pl boursiers	stock market raids	скупка акций рейдерами (с целью установления контроля над компанией)
R 47	raison f sociale	corporate [business] name	название фирмы (как юридического лица)

R

R 48	raisons *f pl*	1. reasons 2. ratios	1. причины, основания 2. коэффициенты, соотношения
R 49	raisons de compétitivité	competitive reasons	причины, связанные с конкурентоспособностью
R 50	raisons financières	financial ratios	финансовые коэффициенты
R 51	raisons fiscales	tax reasons	налоговые основания
R 52	rajustement *m*	adjustment, revision	корректировка, выравнивание, пересмотр
R 53	rajustement vers le bas	downward revision	корректировка в сторону понижения
R 54	rajustement vers le haut	upward revision	корректировка в сторону повышения
R 55	rajustement monétaire	monetary adjustment	валютная корректировка
R 56	rajustement de la parité	parity adjustment	выравнивание паритета
R 57	rajustement de taux d'intérêt	interest rate adjustment	корректировка процентной ставки
R 58	rajuster	to adjust, to revise	корректировать, выравнивать, пересматривать
R 59	ralentissement *m*	slowing down, fall-off	замедление
R 60	ralentissement de l'inflation	slowdown of inflation	замедление инфляции
R 61	ralentissement de la vitesse de circulation monétaire	slowdown of monetary circulation	замедление скорости денежного обращения
R 62	rallonge *f*	extra money	добавочная сумма денег
R 63	ramassage *m*	buy-up, gathering	постепенная скупка акций
R 64	ramassage d'actions [boursier]	share gathering, buy-up	постепенная скупка акций *(с целью установления контроля над компанией)*
R 65	ramasser	to buy up, to gather (stock)	постепенно скупать (акции)
R 66	rang *m*	1. rank 2. order of priority	1. место, позиция (в рейтинге) 2. очерёдность, порядок очерёдности
R 67	rang d'une créance	seniority of a debt	очерёдность долгового требования
R 68	rang d'une hypothèque	seniority of a mortgage	очерёдность ипотеки
R 69	range *f*	range	пределы (колебаний), диапазон
R 70	élargir la range	to extend the range	расширять пределы
R 71	range de prix	price range	диапазон цен
R 72	rapatriement *m*	repatriation	репатриация
R 73	rapatriement des bénéfices	repatriation of profits	репатриация прибылей
R 74	rapatriement des capitaux	repatriation of capital	репатриация капиталов
R 75	rapatriement des devises	repatriation of currencies	репатриация валют
R 76	rapatriement des fonds	repatriation of funds	репатриация средств
R 77	rapatriement des fonds acquis à l'étranger	repatriation of funds acquired abroad	репатриация средств, приобретённых за границей
R 78	rapatriement des fonds placés à l'étranger	repatriation of foreign investments	репатриация зарубежных инвестиций
R 79	rapatriement des profits	repatriation of profits	репатриация прибылей
R 80	rapatrier	to repatriate	репатриировать
R 81	rapidité *f*	speed, velocity, rapidity	скорость, быстрота; оперативность
R 82	rapidité de circulation	velocity of circulation	скорость обращения
R 83	rapidité de l'intermédiation bancaire	speed of banking intermediation	оперативность банковского посредничества

R

R 84	rapidité des opérations	transaction speed	скорость проведения операций
R 85	rapidité des services	service speed	оперативность обслуживания
R 86	rapidité des transferts de fonds	funds transfer speed	скорость перевода средств
R 87	rappel *m*	1. reminder 2. quote	1. напоминание *(напр. о платеже)* 2. котировка *(на экране)*
R 88	rappel de compte	reminder of account due	напоминание о задолженности по счёту
R 89	rappel de fonds	calling in of funds	привлечение средств
R 90	rappel d'impôts	additional tax assessment	дополнительное налогообложение
R 91	rappel de prime	premium adjustment	корректировка страховой премии
R 92	rappels *m pl* des cours	errors and omissions in yesterday's prices	ошибки и упущения в предыдущих (биржевых) курсах *(раздел котировочного бюллетеня)*
R 93	rapport *m*	1. report 2. yield, return 3. ratio	1. доклад, отчёт 2. доходность, доход 3. соотношение, отношение, коэффициент
R 94	rapport annuel d'activité	annual report	годовой отчёт
R 95	rapport de banque	bank report	банковский отчёт
R 96	rapport d'un capital	return on capital	доход на капитал
R 97	rapport du capital à l'actif	capital to asset ratio	отношение собственного капитала к активам
R 98	rapport de change dollar/ franc français	dollar/franc exchange rate	курс доллара к франку
R 99	rapport des commissionnaires aux comptes	auditors' report	аудиторский отчёт
R 100	rapport du conseil d'administration	report of the Directors Board	отчёт совета директоров
R 101	rapport des contrôleurs	auditors' report	аудиторский отчёт
R 102	rapport cours/bénéfices	price-earnings ratio, P/E ratio, PER	отношение курса к доходу *(по ценной бумаге)*
R 103	rapport cours /cash flow	price-cash flow ratio	отношение курса к кэш флоу *(объёму генерируемой наличности)*
R 104	rapport de couverture des risques	risk coverage ratio	степень покрытия рисков
R 105	rapport détaillé	detailed report	подробный отчёт
R 106	rapport de l'exercice	annual report	годовой отчёт
R 107	rapport d'expertise	expert survey	акт экспертизы
R 108	rapport financier	financial report [statement]	финансовый отчёт
R 109	rapport de gestion	annual report	годовой отчёт
R 110	rapport d'un investissement	return on investment	доходность инвестиций
R 111	rapport du marché	market survey	обзор состояния рынка
R 112	rapport mensuel	monthly report	месячный отчёт
R 113	rapport prêt/garantie	loan value	коэффициент ценности ссуды
R 114	rapport profit/valeur ajoutée	profit to value added ratio	соотношение прибыли и добавленной стоимости
R 115	rapport de solvabilité	credit report	отчёт о платёжеспособности *(напр. должника)*

R

R 116	**rapporter**	to yield, to bring in	приносить (доход)
R 117	**rapporteur** *m*	rapporteur, reporter	(официальный) представитель комиссии
R 118	**rapporteur de la Commission des lois**	Law Commission reporter	представитель Комиссии по законодательству
R 119	**rapporteur spécial de la Commission des finances**	Finance Commission special reporter	специальный представитель Финансового комитета
R 120	**rapports** *m pl*	1. ratios 2. relations, relationship	1. соотношения, взаимоотношения; связи 2. отношения
R 121	**rapports de change entre les monnaies de réserve clés**	exchange rates between key reserve currencies	валютные соотношения ключевых резервных валют
R 122	**rapports de confiance**	trust relationship	доверительные отношения
R 123	**rapports mondiaux monétaires et financiers**	world monetary and financial relations	мировые денежно-финансовые отношения
R 124	**rapprochement** *m*	1. coming closer [together]; bringing closer [together], convergence 2. reconciliation	1. сближение 2. сверка, выверка, сопоставление (*напр. счетов*)
R 125	**rapprochement bancaire**	bank reconciliation	сверка банковских счетов
R 126	**rapprochement bancaire de contrôle**	bank reconciliation statement	контрольная выверка банковского счёта
R 127	**rapprochement de banque**	bank reconciliation	выверка банковских счетов
R 128	**rapprochement des circuits de l'ECU officiel et de l'ECU privé**	convergence of official and private ECU channels	сближение потоков официальных и частных ЭКЮ
R 129	**rapprochement des comptes**	reconciliation of accounts	выверка счетов
R 130	**rapprochement des fonctions comptables et financières**	convergence of accounting and financial functions	сближение бухгалтерской и финансовой функций
R 131	**rapprochement institutionnel des monnaies**	institutional convergence of currencies	институциональное сближение валют
R 132	**rapprochement des relevés comptables**	reconciliation of financial statements	сверка финансовых отчётов
R 133	**rapprochement des taux d'intérêt**	coming closer of interest rates	сближение процентных ставок
R 134	**raréfaction** *f*	scarcity, short supply	разрежение, недостаток, нехватка; дефицитность
R 135	**raréfaction des capitaux**	increasing scarcity of capital	недостаток капиталов
R 136	**raréfaction de l'épargne hypothèque**	short supply of mortgage savings	дефицитность сбережений в форме ипотек
R 137	**raréfaction par fusion**	scarcity resulting from mergers	разрежение вследствие слияний
R 138	**raréfaction des liquidités**	short supply of liquid assets	недостаток ликвидных средств
R 139	**raréfaction des ressources**	scarcity of resources	недостаток ресурсов
R 140	**rareté** *f*	scarcity	недостаток, нехватка; дефицитность
R 141	**rareté de l'argent**	scarcity of money	недостаток денежных средств
R 142	**rareté d'une monnaie**	scarcity of a currency	недостаток валюты
R 143	**ratification** *f* **des comptes**	approval of the accounts	утверждение баланса
R 144	**rating** *m*	rating	рейтинг, рейтинговая оценка
R 145	**en l'absence de rating**	in the absence of a rating	в отсутствие рейтинга
R 146	**conserver le meilleur rating**	to keep the best rating	сохранять наивысший рейтинг (*обозначаемый тремя А*)
R 147	**réviser le rating**	to review the rating	пересматривать рейтинг

R

R 148	tenir lieu de rating	to take the place of a rating	заменять рейтинг
R 149	rating sur les banques	bank rating	банковский рейтинг
R 150	rating du crédit	credit rating	кредитный рейтинг
R 151	rating égal	equal rating	равный рейтинг
R 152	rating d'un établissement	rating of an institution	рейтинг учреждения
R 153	rating médiocre	poor rating	низкий рейтинг
R 154	rating, meilleur	better rating	высокий рейтинг
R 155	rating des titres	securities rating	рейтинг ценных бумаг (оценка надёжности и риска)
R 156	ratio *m*	ratio	отношение, соотношение, коэффициент, показатель
R 157	ratio d'autonomie financière	debt ratio	показатель финансовой автономии, соотношение собственных и заёмных средств
R 158	ratio de capital	capital ratio	коэффициент капитала
R 159	ratio du capital de base	base capital (leverage) ratio	показатель базисного капитала
R 160	ratio du capital consolidé	consolidated capital ratio	консолидированный коэффициент капитала
R 161	ratio du capital primaire	primary capital ratio	показатель первичного капитала
R 162	ratio du capital redressé	adjusted capital ratio	исправленный коэффициент капитала
R 163	ratio de capitalisation des résultats	profit capitalization ratio	коэффициент капитализации прибыли
R 164	ratio des capitaux propres	debt-equity ratio	соотношение собственного капитала и заёмных средств
R 165	ratio comptable	accounting ratio	бухгалтерский показатель, бухгалтерский коэффициент
R 166	ratio de conversion	conversion ratio	коэффициент пересчёта; конверсионное соотношение
R 167	ratio Cooke	Cooke ratio	коэффициент Кука
R 168	ratio cours/bénéfice	price/earnings ratio [multiple], P/E ratio	отношение курса к доходу (по ценной бумаге)
R 169	ratio de couverture des risques	risk coverage ratio	коэффициент покрытия рисков
R 170	ratio de distribution	dividend payout ratio	коэффициент выплаты дивидендов
R 171	ratio de division des risques	risk sharing ratio	показатель распределения рисков
R 172	ratio d'emploi des ressources stables	fixed assets turnover ratio	показатель использования основных средств
R 173	ratio d'emprunt	borrowing ratio	показатель заёмных средств
R 174	ratio de financement	capital to fixed assets ratio	соотношение собственного капитала к основным активам
R 175	ratio financier	return on assets, return on equity	показатель прибыльности
R 176	ratio des immobilisations	ratio of fixed assets to fixed liabilities	отношение долгосрочных активов к долгосрочным пассивам
R 177	ratio d'indépendance	ratio of owned to borrowed capital	показатель независимости (отношение собственного капитала к заимствованному)

R

R 178	ratio de levier [du levier financier]	financial leverage [gearing] ratio	отношение капитала компании к заёмным средствам
R 179	ratio de liquidité	cash ratio	показатель [коэффициент] ликвидности
R 180	ratio de liquidité générale	current ratio	коэффициент текущих средств *(отношение краткосрочных активов к краткосрочным обязательствам)*
R 181	ratio de liquidité immédiate	quick [acid test, liquid, cash] ratio	отношение наличных средств к краткосрочным обязательствам
R 182	ratio de liquidité réduite	restricted cash ratio	суженный показатель ликвидности *(соотношение легкореализуемых и наличных средств к краткосрочным обязательствам)*
R 183	ratio des prêts non remboursés	default ratio	показатель невозвращённых ссуд
R 184	ratio de rentabilité	return on assets, return on equity, profitability ratio	показатель прибыльности
R 185	ratio de solvabilité	solvency ratio; debt ratio	показатель платёжеспособности
R 186	ratio de solvabilité à court terme	short-term solvency ratio	показатель краткосрочной платёжеспособности
R 187	ratio spécial «risque de taux»	interest risk ratio	показатель процентного риска
R 188	ratio de suffisance du capital	capital adequacy ratio	коэффициент капиталодостаточности
R 189	ratio de trésorerie	quick [acid test, cash, liquid] ratio	отношение наличных средств к краткосрочным обязательствам
R 190	rationnement *m* des crédits	credit rationing	рационирование кредита
R 191	ratios *m pl*	ratios	показатели
R 192	ratios d'emplois	turnover ratios	показатели использования активов, показатели оборачиваемости
R 193	ratios d'endettement	leverage [gearing] ratios	показатели задолженности
R 194	ratios de fonctionnement	operation ratios	оперативные показатели
R 195	ratios de fonds propres	equity ratios	показатели собственных средств
R 196	ratios de gestion financière	financial management ratios	показатели финансового управления
R 197	ratios de structure financière	capital structure ratios	показатели структуры капитала
R 198	rattachement *m*	attaching, pegging	привязка
R 199	rattachement au dollar	pegging to the dollar	привязка к доллару
R 200	rattachement de droit	de jure pegging	привязка де-факто
R 201	rattachement de fait	de facto pegging	привязка де-юре
R 202	rattachement des monnaies à l'or	pegging of currencies to gold	привязка валют к золоту
R 203	raz *m* de marée d'investissements	investment boom	инвестиционный бум

R

R 204	réactions *f pl* intercalaires	interim price movements	краткосрочные движения курсов в направлении, противоположном основной тенденции
R 205	réaffectation *f* des réserves officielles	reallocation [redeployment] of official reserves	перераспределение официальных резервов
R 206	réajustement *m*	adjustment, revision	корректировка, пересмотр
R 207	réajustement des apports	revision of (IMF) quotas	пересмотр квот (МВФ)
R 208	réajustement concerté	coordinated adjustment	согласованная корректировка
R 209	réajustement monétaire	monetary adjustment	корректировка валютных курсов
R 210	réajustement des parités des monnaies	adjustment of currency parities	корректировка валютных паритетов
R 211	réajustement de valeur	revision of value	стоимостная корректировка
R 212	réajuster	to adjust, to revise	корректировать, пересматривать
R 213	réalignement *m*	realignment	корректировка, пересмотр
R 214	réalignement du franc au sein du SME	realignment of the franc within the EMS	пересмотр курса франка в ЕВС
R 215	réalignement global des monnaies	global realignment of currencies	общий пересмотр валютных курсов
R 216	réalignement monétaire	monetary realignment	корректировка валютных курсов
R 217	réalignement des parités	realignment of parities	корректировка паритетов
R 218	réalignement des taux de change	realignment of exchange rates	корректировка валютных курсов
R 219	réaligner	to realign *(e.g. exchange rates)*	корректировать, пересматривать *(напр. валютные курсы)*
R 220	réalisable	realizable	реализуемый, выполнимый
R 221	réalisables *m pl*	realizable assets	реализуемые активы
R 222	réalisation *f*	1. realization, liquidation, selling out 2. achievement, attainment	1. реализация, продажа 2. реализация, выполнение, осуществление
R 223	réalisation par acceptation du donneur d'ordre	realization by acceptance of the principal	реализация с согласия принципала
R 224	réalisation d'appels au marché financier	(carrying out) floatations	выход на финансовые рынки
R 225	réalisation d'arbitrages	arbitration	проведение арбитражных сделок
R 226	réalisation d'un bénéfice	making of a profit	получение прибыли
R 227	réalisation d'un crédit	obtaining money from a letter of credit	получение средств с аккредитива
R 228	réalisation d'un crédit documentaire	realization of a documentary credit	получение денег по документарному аккредитиву
R 229	réalisation d'un droit	realization of a right	реализация права
R 230	réalisation de l'équilibre entre emplois et ressources	achievement of equilibrium between uses and sources of funds	достижение равновесия между затратами и поступлениями
R 231	réalisation de financement à court terme	short-term financing	краткосрочное финансирование
R 232	réalisation d'un gage	realization of a pledge	реализация залога
R 233	réalisation des investissements	investing	инвестирование
R 234	réalisation d'opérations de banque	carrying out bank operations	ведение банковских операций

R

R 235	réalisation d'un risque	realization of a risk	наступление риска
R 236	réalisation de transactions de retrait en espèces	(carrying out) cash withdrawals	снятие наличных
R 237	réalisation d'une union monétaire	creation of a monetary union	создание валютного союза
R 238	réaliser	1. to realize, to sell 2. to realize, to carry out	1. реализовывать, продавать 2. реализовывать, выполнять, осуществлять
R 239	réallocable	reallocable	перераспределяемый
R 240	réallocation *f* d'actifs	reallocation of assets	перераспределение активов
R 241	réaménagement *m*	restructuring; adjustment	пересмотр; корректировка
R 242	réaménagement de la dette	debt restructuring	пересмотр задолженности
R 243	réaménagement de la grille des cours pivots	restructuring of the central rate schedule	пересмотр сетки центральных курсов
R 244	réaménagement monétaire	monetary adjustment	корректировка валютных курсов
R 245	réaménagement des parités au sein du SME	adjustment of parities within the EMS	пересмотр паритетов ЕВС
R 246	réaménagement de prêt	loan restructuring	пересмотр условий кредита
R 247	réaménagement des taux d'intérêt	interest rate adjustment	корректировка процентных ставок
R 248	réaménager	to restructure; to adjust	пересматривать; корректировать
R 249	réassurance *f*	reinsurance	перестрахование
R 250	réassuré *m*	reinsured	перестрахователь
R 251	réassurer	to reinsure	перестраховывать
R 252	réassureur *m*	reinsurer	перестраховщик
R 253	rebancarisation *f*	new extension of banking services	ребанкаризация *(новое расширение диапазона банковских услуг)*
R 254	rebudgétisation *f* des créances douteuses	rebudgeting of doubtful debts	пересмотр резервов на сомнительные долги
R 255	récapitalisation *f* des banques	recapitalization of banks	изменение структуры банковского капитала
R 256	récapitulatif *m*	summary	сводная таблица, сводка
R 257	récépissé *m*	receipt, acknowledgment of receipt	расписка; свидетельство
R 258	récépissé de compensation	receipt from clearing (report)	клиринговая расписка, выписка из клирингового отчёта
R 259	récépissé de dépôt	deposit receipt	свидетельство о взносе депозита, депозитная расписка
R 260	récépissé de dépôt de titres entre les mains d'un tiers	escrow receipt	расписка о помещении ценных бумаг на ответственное хранение у третьих лиц
R 261	récépissé de souscription	application receipt	подписное свидетельство
R 262	récépissé de versement	installment receipt	свидетельство о внесении платежа
R 263	récépissé-warrant *m*	warrant	варрант
R 264	réception *f*	receipt	принятие, получение
R 265	dès réception	upon receipt	по получении
R 266	à (la) réception	upon receipt	по получении

R

R 267	trois jours après la réception	three days after receipt	через три дня после получения
R 268	réception de dépôts	acceptance [taking in] of deposits	принятие депозитов
R 269	réception de dépôts à vue	acceptance of sight deposits	принятие депозитов до востребования
R 270	réception de fonds	acceptance of funds	принятие средств
R 271	réceptivité *f* des investisseurs	investor acceptance	восприимчивость инвесторов
R 272	recette *f*	1. receipts, revenue(s) 2. collection (of taxes)	1. выручка, доход, (денежные) поступления 2. сбор (налогов)
R 273	mettre [porter] en recette	to record as a gain	записывать в поступления, заносить в приход
R 274	recette annuelle	annual revenues	годовая выручка
R 275	recette brute	gross receipts	валовой доход
R 276	recette de caisse	cash receipts	кассовая выручка
R 277	recette effective	actual receipts	фактическая выручка
R 278	recette de l'impôt	collection of tax	сбор налога
R 279	recette journalière	daily receipts	дневная выручка
R 280	recette marginale	marginal revenue	предельный доход
R 281	recette, moyenne	average revenue	средний доход
R 282	recette nette	net receipts	чистые поступления, нетто-выручка
R 283	recette particulière	particular receipts	конкретные поступления
R 284	recette prévue	planned receipts	оценка будущих поступлений
R 285	recette réalisée	actual receipts	полученный доход
R 286	recette-perception *f*	tax office	налоговое управление
R 287	recettes *f pl*	receipts, revenue(s)	доходы, (денежные) поступления
R 288	recettes actualisées	discounted receipts	дисконтированные поступления
R 289	recettes affectées	allocated revenues	распределённые доходы
R 290	recettes courantes	current receipts	текущие поступления
R 291	recettes définitives	final receipts	окончательные размеры поступлений
R 292	recettes et dépenses	receipts and expenses	доходы и расходы
R 293	recettes en devises	foreign exchange revenues [earnings]	поступления в иностранной валюте
R 294	recettes échues	overdue receipts	причитающиеся доходы
R 295	recettes en espèces	cash receipts	наличные денежные поступления
R 296	recettes de l'exercice	annual revenues	денежные поступления за финансовый год
R 297	recettes fiscales	tax revenues	налоговые поступления (*в бюджет*)
R 298	recettes d'intérêt	interest revenues	процентные доходы
R 299	recettes non fiscales	nontax revenues	неналоговые поступления (*в бюджет*)
R 300	recettes normales et permanentes	normal and permanent revenues	обычные и постоянные доходы
R 301	recettes ordinaires	regular receipts	регулярные доходы
R 302	recettes à percevoir	collectable revenues	доходы, подлежащие получению
R 303	recettes publiques	public receipts	государственные доходы

R

R 304	recevabilité *f* d'un membre	admissibility of a member	возможность приёма нового члена
R 305	recevable	admissible, allowable, receivable	принимаемый к судопроизводству
R 306	receveur *m*	1. collector *(of tax)* 2. receiver	1. сборщик *(налогов, платежей)* 2. получатель
R 307	receveur des contributions	tax collector	сборщик налогов, налоговый инспектор
R 308	receveur des Finances	district collector of taxes	начальник регионального налогового управления
R 309	receveur des impôts	tax collector	сборщик налогов, налоговый инспектор
R 310	receveur municipal	municipal tax collector	муниципальный налоговый инспектор
R 311	receveur d'une prime	receiver of a premium	получатель премии
R 312	receveur de taux fixe	fixed rate receiver	получатель фиксированной ставки *(при процентном свопе)*
R 313	receveur de taux variable	variable rate receiver	получатель плавающей ставки *(при процентном свопе)*
R 314	rechange *m*	redraft, re-exchange	ретратта, встречная тратта
R 315	recherche *f*	1. search 2. research	1. поиск 2. исследование, изучение
R 316	recherche de capitaux	search for capital	поиск капиталов
R 317	recherche de notoriété	search of awareness [recognition]	стремление к признанию
R 318	recherche de plus-values	search for profits	стремление к получению прибыли
R 319	recherche de solutions de substitution	search for substitution solutions	поиск альтернативных решений
R 320	rechute *f* des taux d'intérêt	new fall of interest rates	новое падение процентных ставок
R 321	réciprocité *f* bancaire	banking reciprocity	взаимное предоставление банками услуг друг другу
R 322	réclamation *f* contentieuse	appeal against tax assessment	апелляция о пересмотре величины налога
R 323	reclassement *m*	reclassification upgrading	перегруппировка
R 324	reclassement des actifs	reclassification of assets	перегруппировка активов
R 325	reclassement des actions	secondary offering of stock	предложение акций на вторичном рынке
R 326	reclassement d'un prêt	upgrading of a loan	реклассификация ссуды
R 327	reclassement des titres	secondary offering (of securities)	предложение (ценных бумаг) на вторичном рынке
R 328	recommandataire *m*	guarantor of a bill of exchange	гарант по коммерческому векселю
R 329	récompense *f* en argent [pécuniaire]	cash reward	денежное вознаграждение
R 330	récompenser	to reward	вознаграждать
R 331	recomposition *f* du portefeuille	portfolio switching	изменение состава портфеля
R 332	reconduction *f*	renewal	возобновление, продление срока (действия)
R 333	reconduction du dispositif d'incitation à l'investissement	renewal of the investment incentive mechanism	возобновление действия механизма стимулирования инвестиций

R

R 334	reconduire	to renew	возобновлять, продлевать срок (действия)
R 335	reconnaissance *f*	recognition, acknowledgment	признание
R 336	reconnaissance de dette	acknowledgment of a debt, IOU	признание долга, долговое свидетельство
R 337	reconnaissance du statut de devise de l'ECU	recognition of ECU's currency status	признание статуса ЭКЮ как валюты
R 338	reconstitution *f*	rebuilding; reconstitution	восстановление
R 339	reconstitution des dépôts de garantie	rebuilding of margins	восстановление гарантийных депозитов *(у брокера)*
R 340	reconstitution des encaisses liquides	rebuilding of cash holdings	восстановление запасов ликвидных средств
R 341	reconstitution des marges bénéficiaires [des profits]	strengthening of profit	увеличение прибыли
R 342	reconstitution des réserves	rebuilding of reserves	восстановление резервов
R 343	reconstitution de la trésorerie	rebuilding of cash holdings	восстановление запасов ликвидных средств
R 344	reconstruction *f* du système monétaire	reconstruction of the monetary system	перестройка валютной системы
R 345	recouponnement *m*	renewal of coupons	возобновление купонов *(по облигациям)*
R 346	recouponner	to renew coupons	возобновлять купоны *(по облигациям)*
R 347	recours *m*	1. resort, appeal, recourse 2. recourse	1. обращение *(к чему-л.)* 2. регресс, регрессное [обратное] требование
R 348	sans recours	without recourse	без оборота *(напр. надпись на векселе)*
R 349	soumis au recours	subject to recourse	подлежащий обороту, с оборотом
R 350	surdimensionner son recours à des crédits bancaires	to overuse bank loans	злоупотреблять банковскими ссудами
R 351	recours cambiaire	recourse on a bill	регресс вексельного обязательства
R 352	recours au crédit bancaire	resorting to bank loans	обращение за кредитами в банк
R 353	recours contre un endosseur	recourse against an endorser	обращение к индоссанту *(по поводу оплаты векселя)*
R 354	recours faute d'acceptation	recourse for nonacceptance	меры защиты при отказе от акцепта
R 355	recours faute de paiement	recourse in default of payment	меры защиты в случае неплатежа
R 356	recours irrégulier	recourse against previous endorser	оборот на предшествующего индоссанта
R 357	recours au marché financier	recourse to financial market	обращение к финансовому рынку
R 358	recours régulier	normal order of recourse	оборот в обычном порядке
R 359	recours contre des tiers	recourse against third parties	оборот на третьи лица
R 360	recours contre le tireur	recourse against the drawer	оборот на векселедателя
R 361	recouvrable	collectable; recoverable	инкассируемый; взимаемый; подлежащий взысканию
R 362	recouvrement *m*	collection; recovery	инкассирование, инкассо; взимание *(налогов)*; взыскание *(долга)*
R 363	assurer le recouvrement pour son propre compte	to ensure collection for one's own account	обеспечивать взыскание за собственный счёт

R

R 364	effectuer le recouvrement	to collect; to recover	инкассировать; взимать (налоги); взыскивать (долги)
R 365	envoyer au recouvrement	to send for collection	передавать на инкассо
R 366	faire le recouvrement	to collect; to recover	инкассировать; взимать (налоги); взыскивать (долги)
R 367	pratiquer un recouvrement	to carry out collection	обращать взыскание
R 368	remettre en recouvrement	to remit for collection	передавать на инкассо
R 369	recouvrement de banque	bank collection	банковское инкассо
R 370	recouvrement des chèques	collection of checks	инкассирование чеков
R 371	recouvrement des créances	collection of receivables	взыскание по счетам к получению
R 372	recouvrement des créances non commerciales	collection of non-trade receivables	взыскание по неторговым счетам к получению
R 373	recouvrement des créances et règlement des dettes	collection of receivables and settlement of debts	взыскание по счетам к получению и урегулирование долгов
R 374	recouvrement des créances du Trésor	collection of treasury's receivables	взыскание долговых требований казначейства
R 375	recouvrement d'une dette	collection of a debt	взыскание долга
R 376	recouvrement direct	direct collection	прямое взыскание
R 377	recouvrement des effets	collection of bills	инкассирование векселей
R 378	recouvrement des effets de commerce	collection of commercial papers	инкассирование коммерческих бумаг
R 379	recouvrement d'une facture	collection of an invoice	взыскание платежа по счёту
R 380	recouvrement des frais	recovery of expenses	возмещение расходов
R 381	recouvrement des impôts	collection of taxes	взимание налогов
R 382	recouvrement des prêts	loan recovery	взыскание по ссудам
R 383	recouvrements *m pl*	collections; receipts	поступления
R 384	recouvrer	to collect; to recover	инкассировать; взимать (налоги); взыскивать (долги)
R 385	recouvreur *m*	collecting bank	банк-корреспондент, уполномоченный инкассировать вексель
R 386	recruteur *m*	recruiter	наниматель, агент по найму
R 387	rectification *f*	rectification, correction, adjustment	внесение исправлений, исправление, поправка; корректировка
R 388	rectification de bilan	balance sheet adjustment	внесение исправлений в баланс
R 389	rectification d'un compte	correction of an account	исправление счёта
R 390	rectification des cours	adjustment of (exchange) rates	корректировка (валютных) курсов
R 391	rectification de la parité	adjustment of the par value	корректировка паритета
R 392	rectification de valeur	adjustment of the value	стоимостная корректировка
R 393	recto *m*	front *(of a page)*	лицевая сторона *(документа)*
R 394	au recto d'un effet	at the front of a bill	на лицевой стороне векселя
R 395	reçu *m*	receipt	квитанция, расписка в получении
R 396	au reçu de	on receipt of	по получении
R 397	avec reçu	with a receipt	с квитанцией
R 398	contre reçu	against receipt	против расписки в получении
R 399	reçu de dépôt	deposit receipt	свидетельство о взносе депозита, депозитная расписка

R

R 400	reçu électronique	electronic receipt	электронная квитанция
R 401	reçu d'investissement croissant à terme	Term Investment Growth Receipt, TIGR	квитанция увеличивающихся срочных инвестиций *(вид ценной бумаги)*
R 402	reçu libératoire	receipt in full discharge	квитанция о полной оплате
R 403	reçu de paiement	payment receipt	платёжная квитанция
R 404	reçu de souscription	application receipt	квитанция о подписке *(на ценные бумаги)*
R 405	reçu à valoir	receipt on account	квитанция в зачёт
R 406	reçu de versement	installment receipt	свидетельство о внесении платежа
R 407	recueil *m* de modifications financières	collection of financial modifications	сборник изменений в финансовом законодательстве
R 408	recul *m*	drop, fall, decline	падение, снижение, понижение, спад
R 409	recul des bancaires	bank shares on the decline	снижение курса акций банков
R 410	recul boursier	decline of stock prices	снижение биржевых курсов
R 411	recul du contrôle des changes	weakening of exchange control	ослабление валютного контроля
R 412	recul du dollar	drop in the dollar	снижение курса доллара
R 413	recul du loyer de l'argent	decline in interest rates	снижение процентной ставки
R 414	reculer	to fall, to decline, to drop	падать, снижаться, понижаться
R 415	récupérable	recoverable; refundable *(e.g. a tax)*	возмещаемый; подлежащий возврату *(напр. налог)*
R 416	récupération *f*	recovery; refunding	возмещение; возвращение, получение обратно
R 417	récupération d'arriérés	recovery of arrears	возврат задолженности
R 418	récupération des sommes en jeu	recovery of the stake	возврат вложенных средств
R 419	récupérer	to recover	возмещать; возвращать, получать обратно
R 420	recyclage *m*	recycling	рециклирование
R 421	recyclage des capitaux	recycling of capital	рециклирование капиталов
R 422	recyclage des excédents financiers	recycling of financial surplus	рециклирование избыточных финансовых средств
R 423	recyclage des pétrodollars	recycling of petrodollars	рециклирование нефтедолларов
R 424	recyclage de la recette	recycling of receipts	рециклирование доходов
R 425	recyclage des ressources	recycling of resources	рециклирование ресурсов
R 426	rédaction *f*	drafting, drawing up	написание, составление
R 427	rédaction de la convention de prêt	drafting of the loan agreement	составление кредитного соглашения
R 428	rédaction d'une facture	drafting of an invoice	выписка счёта-фактуры
R 429	rédaction précise	exact wording	точная редакция
R 430	rédaction des statuts	drafting of the articles of incorporation	составление устава
R 431	rédaction des textes officiels	drafting of official documents	составление официальных документов
R 432	reddition *f* des comptes	rendering of accounts	предъявление счетов
R 433	redémarrage *m*	recovery, rally	оживление
R 434	redémarrage de l'inflation	new rise in inflation	усиление инфляции
R 435	redémarrage des investissements	investment recovery, pick-up in investments	оживление инвестиций

R

R 436	redéploiement *m*	redeployment	переориентация, реорганизация
R 437	redéploiement des capitaux	redeployment of capital	изменение системы использования капитала
R 438	redéploiement des finances publiques	redeployment of public funds	изменение системы использования государственных средств
R 439	redéploiement financier	financial redeployment	перестройка финансовых структур
R 440	redéploiement des fonds	redeployment of funds	переориентация в использовании фондов
R 441	redescendre	to decline, to fall, to drop again	падать, снижаться *(о курсах, ценах)*
R 442	redevable *m*	liable person, debtor	должник; плательщик
R 443	redevable solvable	solvent debtor	платёжеспособный должник
R 444	redevance *f*	1. dues, fees 2. royalty 3. rent	1. периодический платёж 2. роялти 3. рента
R 445	redevance annuelle	annual fee	годовой платёж
R 446	redevance en argent [en espèces]	cash fee	платёж наличными
R 447	redevance foncière	ground rent	рента за пользование землёй, арендная плата
R 448	redevance forfaitaire	lumpsum fee	паушальный платёж
R 449	redevance en nature	rent in kind	рента натурой
R 450	redevances *f pl* perçues, produites des sociétés en participation	equity in income of affiliates	поступления от дочерних и ассоциированных компаний
R 451	redistribution *f*	redistribution	перераспределение
R 452	redistribution des capitaux	redistribution of capital	перераспределение капиталов
R 453	redistribution des dotations	redistribution of subsidies	перераспределение дотаций
R 454	redistribution de l'épargne	redistribution of savings	перераспределение сбережений
R 455	redistribution des ressources	redeployment [reallocation] of resources	перераспределение ресурсов
R 456	redistribution des revenus	redistribution of revenues	перераспределение доходов
R 457	redistribution des risques	redistribution of risks	перераспределение рисков
R 458	redistribution de la valeur ajoutée	redistribution of the value added	перераспределение добавленной стоимости
R 459	redressement *m*	1. adjustment, correction, rectification *(of an account)* 2. recovery 3. turnaround, recovery, upturn	1. исправление *(счёта)* 2. оздоровление *(финансов)*; оживление *(на рынке)* 3. повышение *(курсов, цен)*
R 460	redressement affecté aux exercices antérieurs	correction applied to previous periods	исправление, относящееся к прошлым периодам
R 461	redressement d'un compte erroné	correction of an account in error	исправление счёта
R 462	redressement des cours	upturn in prices	повышение курсов
R 463	redressement financier	financing adjustment	финансовое оздоровление
R 464	redressement fiscal	additional tax assessment, tax adjustment [reappraisal]	исправление в налоговой декларации
R 465	redressement du marché	recovery of the market	оживление на рынке
R 466	redressement monétaire	monetary recovery	оздоровление денежно-кредитной системы

R

R 467	redresser	1. to adjust, to correct *(an account)* 2. to rehabilitate *(finance)*	1. исправлять *(счёт)* 2. оздоровлять *(финансы)*
R 468	redresser, se	to recover *(of prices)*	повышаться *(о курсах, ценах)*
R 469	redû *m*	balance (of an account)	остаток (на счету)
R 470	réductible	reducible	сокращаемый, уменьшаемый, понижаемый
R 471	réduction *f*	1. reduction, cut, drop 2. reduction, rebate, discount	1. сокращение, уменьшение, понижение 2. скидка
R 472	réduction des allocations	reduction in subsidies	уменьшение субсидий
R 473	réduction des avances à long terme	drop in long-term loans	уменьшение долгосрочных кредитов
R 474	réduction du bénéfice imposable	reduction of taxable profits	снижение налогооблагаемой прибыли
R 475	réduction de capital	capital reduction	уменьшение капитала
R 476	réduction du capital social	reduction in shareholders' equity	уменьшение акционерного капитала
R 477	réduction des crédits	loan reduction	сокращение кредитов
R 478	réduction des dépenses	reduction in expenses	сокращение расходов
R 479	réduction de dettes	debt reduction	сокращение задолженности
R 480	réduction du dividende	dividend cut	сокращение размера дивидендов
R 481	réduction drastique	drastic reduction	резкое сокращение
R 482	réduction effective d'impôt	actual tax cut	реальное снижение налога
R 483	réduction d'impôt	tax cut	снижение налога
R 484	réduction des inégalités de revenus	reduction in income inequality	выравнивание доходов
R 485	réduction d'intérêt	interest cut	снижение процента
R 486	réduction des marges	margin reduction	снижение прибылей
R 487	réduction des marges de fluctuations	reduction of fluctuation margins	сужение пределов колебаний
R 488	réduction de la masse monétaire	reduction of money supply	сокращение денежной массы
R 489	réduction par palier	reduction in stages	поэтапное сокращение
R 490	réduction des plafonds d'avances	lowering of the credit ceiling	снижение потолка кредитования
R 491	réduction des plafonds de réescompte	lowering of the rediscount ceiling	снижение потолка переучёта
R 492	réduction de prise ferme	underwriting discount	дисконт при андеррайтинге
R 493	réduction au prorata	pro rata reduction	пропорциональное сокращение
R 494	réduction du taux d'escompte	lowering of the discount rate	снижение учётной ставки
R 495	réduction des taux d'intérêt	interest rate cut, reduction in interest rates	снижение процентных ставок
R 496	réduction de TVA	reduction in the VAT	снижение НДС
R 497	réduction de valeur	value reduction	уменьшение стоимости
R 498	réduire	to reduce	сокращать, уменьшать, понижать
R 499	réduire, se	to decrease, to fall	сокращаться, уменьшаться, понижаться
R 500	réduit	reduced	сокращённый, сниженный; небольшой
R 501	rééchelonnement *m*	rescheduling	отсрочка (долга), перенос срока уплаты

R

R 502	demander un nouveau rééchelonnement	to ask for a new deferral of a debt	просить о новой отсрочке долга
R 503	obtenir un rééchelonnement	to get the debt rescheduled	получать отсрочку уплаты долга
R 504	rééchelonnement automatique	automatic rescheduling	автоматическая отсрочка
R 505	rééchelonnement à 100% du capital	100% debt rescheduling	отсрочка выплаты 100% основной части долга
R 506	rééchelonnement à court terme renouvelé	renewable short-term rescheduling	возобновляемый краткосрочный перенос срока уплаты
R 507	rééchelonnement des créances sur l'étranger	foreign debt rescheduling	отсрочка уплаты по иностранным долговым требованиям
R 508	rééchelonnement de crédits publics	rescheduling of public loans	изменение графика выплат по государственным ссудам
R 509	rééchelonnement de la dette	rescheduling of debt	отсрочка долга
R 510	rééchelonnement des échéances	rescheduling of maturities	перенос срочных платежей
R 511	rééchelonnement des emprunts	loan rescheduling	перенос срока погашения займов
R 512	rééchelonner	to reschedule	отсрочивать (долг), переносить срок (уплаты)
R 513	réemploi *m*	reinvestment	реинвестирование
R 514	réemployer	to reinvest	реинвестировать
R 515	rééquilibrage *m* des comptes courants	bringing of the current balance into equilibrium	восстановление равновесия баланса по текущим операциям
R 516	réescomptable	rediscountable	приемлемый для переучёта
R 517	réescompte *m*	rediscount	переучёт (векселей)
R 518	accepter des effets au réescompte	to accept bills for rediscount	принимать векселя к переучёту
R 519	porter des effets au réescompte	to present bills for rediscount	предъявлять векселя к переучёту
R 520	réescompte de crédits à moyen terme	rediscount of medium-term loans	переучёт среднесрочных кредитов
R 521	réescompte fixé [à taux fixe]	fixed-rate rediscount	переучёт векселей по фиксированной ставке
R 522	réescompte temporaire	temporary rediscount	временный переучёт
R 523	réescompter	to rediscount	переучитывать
R 524	réescompteur *m*	rediscounter	учреждение, занимающееся переучётом (векселей)
R 525	réescompteur en dernier ressort	rediscounter of the last resort	переучитывающее учреждение последней инстанции (*Центральный банк*)
R 526	réestimation *f* de la valeur des réserves de change	reassessment of foreign exchange reserves	переоценка стоимости валютных резервов
R 527	réévaluation *f*	1. revaluation 2. revaluation, reassessment, reappraisal	1. ревальвация (валюты) 2. переоценка (*напр. активов*)
R 528	réévaluation des avoirs	revaluation of holdings	переоценка авуаров
R 529	réévaluation en baisse du cours	drop in an exchange rate	понижение курса
R 530	réévaluation d'un bilan	revaluation of the balance sheet, reappraisal of assets	переоценка баланса [активов]
R 531	réévaluation de l'encaisse	revaluation of cash holdings	переоценка наличности

R

R 532	réévaluation globale	global revaluation	общая ревальвация
R 533	réévaluation individuelle	individual revaluation	ревальвация одной валюты
R 534	réévaluation d'une monnaie	revaluation of a currency	ревальвация валюты
R 535	réévaluation périodique	regular revaluation	периодическая переоценка
R 536	réévaluation périodique des avoirs publics en or	regular revaluation of public gold holdings	периодическая переоценка государственных золотых запасов
R 537	réévaluation unilatérale	unilateral revaluation	односторонняя ревальвация
R 538	réévaluer	1. to revalue 2. to revalue, to reappraise, to reassess	1. ревальвировать (валюту) 2. переоценивать (напр. активы)
R 539	refacturation f des opérations	recharging of transactions	перераспределение издержек и доходов между отделами компании
R 540	références f pl	references	1. рекомендации, отзывы, референции 2. (регистрационный) номер (напр. документа)
R 541	références bancaires [de banque]	banker's reference	банковские референции
R 542	références d'un document	references of a document	номер документа
R 543	refinancement m	refinancing; refunding	рефинансирование
R 544	refinancement des crédits	refunding of loans	рефинансирование кредитов
R 545	refinancement d'un emprunt d'État	refunding of a state loan	рефинансирование государственного займа
R 546	refinancement de l'endettement	refunding of debt	рефинансирование задолженности
R 547	refinancement des intérêts en cours	refunding of current interest	рефинансирование текущих процентов
R 548	refinancement des intérêts de la dette	refunding of interest on the debt	рефинансирование процентов по долгу
R 549	refinancement, long	long-term refunding	долгосрочное рефинансирование
R 550	refinancement marginal	margin refunding	рефинансирование гарантийного депозита
R 551	refinancement en monnaie centrale	refunding by central bank money	рефинансирование с помощью средств центрального банка
R 552	refinancement pour un montant égal	even roll	рефинансирование на прежнюю сумму
R 553	refinancement mutuellement consenti	mutually approved refunding	взаимно одобренное рефинансирование
R 554	refinancement des obligations	bond refunding	рефинансирование облигаций
R 555	refinancement octroyé	granted refunding	предоставленное рефинансирование
R 556	refinancement par voie de pensions à sept jours	refunding by 7-day repurchase contracts	рефинансирование путём залога коммерческих векселей сроком на 7 дней
R 557	refinancer	to refinance; to refund	рефинансировать
R 558	réflation f	reflation	рефляция
R 559	réflation monétaire	monetary reflation	денежная рефляция
R 560	refluer	to fall, to drop	сокращаться
R 561	reflux m	outflow (of capital); fall, drop	отток (капиталов); спад; сокращение
R 562	reflux des capitaux	outflow of capital	отток капиталов

587

R

R 563	reflux du dollar sur les marchés des changes	outflow of dollars in the foreign exchange markets	отток долларов на валютных рынках
R 564	reflux de l'inflation	decreased inflation	спад инфляции
R 565	reflux de l'or	outflow of gold	отток золота
R 566	reflux des ressources financières	outflow of financial resources	отток финансовых ресурсов
R 567	reflux de la spéculation vers le yen	turning of speculation towards the yen	спекулятивный набег на иену
R 568	refonte *f*	1. restructuring 2. remelting *(of coins)*	1. перестройка, преобразование; изменение 2. переплавка *(монет)*
R 569	refonte de capital	recapitalization	рекапитализация
R 570	refonte de la fiscalité	restructuring of the tax system	перестройка налоговой системы
R 571	refonte des méthodes de gestion	reshaping of the management methods	изменение методов управления
R 572	refonte des monnaies	remelting of coins	переплавка монет
R 573	refonte des statuts	restructuring of the charter	изменение устава
R 574	refonte du système fiscal	restructuring of the tax system	перестройка налоговой системы
R 575	réforme *f*	reform	реформа
R 576	réforme bancaire	banking reform	банковская реформа
R 577	réforme du contrôle des changes	reform of the exchange control system	реформа механизма валютного контроля
R 578	réforme du crédit	credit reform	кредитная реформа
R 579	réforme fiscale [de la fiscalité]	tax reform	налоговая реформа
R 580	réforme générale de l'impôt	general tax reform	общая реформа налогообложения
R 581	réforme du marché monétaire	reform of the money market	реформа денежного рынка
R 582	réforme monétaire	monetary reform	денежная реформа
R 583	réforme du régime des augmentations de capital	reform of the new equity issue rules	изменение порядка увеличения акционерного капитала
R 584	refuge *m*	shelter, refuge	убежище
R 585	refuge fiscal	tax shelter [heaven]	налоговая гавань
R 586	refuge contre l'inflation	hedge against inflation	средство защиты от инфляции
R 587	refus *m*	refusal	отказ
R 588	refus d'acceptation	nonacceptance, dishonor, refusal to accept	отказ от акцепта
R 589	refus de crédit	refusal of a loan	отказ в кредитовании
R 590	refus de paiement	refusal to pay, nonpayment	отказ от платежа
R 591	régale *f* des monnaies	right to mint	право на чеканку монет
R 592	régime *m*	system, scheme; regulations; conditions	режим, система; порядок; условия
R 593	accorder un régime	to grant a status	предоставлять режим
R 594	régime actuel du contrôle des changes	present exchange control system	современный режим валютного контроля
R 595	régime d'amortissement fiscal	depreciation system for tax purposes	налоговый режим амортизации
R 596	régime d'assurance	insurance plan	условия страхования
R 597	régime bancaire	banking system	банковская система
R 598	régime de changes actuel	present exchange rate system	существующая валютная система

R

R 599	régime de changes fixes	fixed exchange rate system	система фиксированных валютных курсов
R 600	régime de changes flottants	floating exchange rate system	система плавающих валютных курсов
R 601	régime de changes mixte	mixed exchange rate system	смешанная система валютных курсов
R 602	régime de changes multiples	multiple exchange rate system	система множественных валютных курсов
R 603	régime comptable	accounting system	система бухгалтерского учёта
R 604	régime d'un compte	account regulations	порядок ведения счёта
R 605	régime de contrôle quantitatif du crédit	quantitative credit control system	система количественного контроля кредита
R 606	régime de convertibilité étendue	extended convertibility system	режим расширенной обратимости
R 607	régime de convertibilité du franc français	French franc convertibility system	режим обратимости французского франка
R 608	régime de convertibilité limitée	limited convertibility system	режим ограниченной обратимости
R 609	régime de convertibilité-or	system of convertibility into gold	режим обратимости в золото
R 610	régime de la devise-titre	regulations for foreign currency securities	режим ценных бумаг в иностранной валюте
R 611	régime d'encadrement de crédit et de réglementation de l'épargne	credit restriction and savings regulation system	система ограничения кредита и регулирования сбережений
R 612	régime d'épargne	savings plan	план [программа] сбережений
R 613	régime d'épargne-actions	stock investment savings plan	программа вложения сбережений в акции
R 614	régime d'épargne-logement	home ownership savings plan	программа сбережений на жилищное строительство
R 615	régime d'étalon-or	gold standard system	система золотого стандарта
R 616	régime de financement avantageux	system of financing on easy terms	система льготного финансирования
R 617	régime fiscal	tax system [regulations, regime]	налоговый режим
R 618	régime fiscal à caractère facultatif [optionnel]	optional tax scheme	факультативная *(не обязательная к применению)* налоговая схема
R 619	régime fiscal de faveur	preferential tax treatment	льготный налоговый режим
R 620	régime fiscal incitatif	tax incentive system	стимулирующий налоговый режим
R 621	régime de flottement généralisé des monnaies	generalized system of floating currencies	система всеобщего плавания валют
R 622	régime de flottement des monnaies	floating currency system	система плавания валют
R 623	régime général des paiements	general payment system	общая система платежей
R 624	régime hypothécaire	mortgage system	ипотечная система
R 625	régime d'imposition des valeurs mobilières	securities taxation system	система налогообложения ценных бумаг
R 626	régime indemnitaire	benefit plan	система предоставления льгот
R 627	régime juridique	legal system	правовой режим *(компании)*
R 628	régime légal de répartition de la charge financière	legal system of distribution of financial charges	правовой порядок распределения финансовых издержек
R 629	régime monétaire	monetary system	валютный режим, валютная система

R

R 630	régime du monométallisme-or	gold monometallism	система золотого монометаллизма
R 631	régime de paiements multilatéraux	multilateral payment system	система многосторонних платежей
R 632	régime des parités fixes	fixed parity system	система фиксированных паритетов
R 633	régime de participation financière des salariés	employee financial participation scheme	схема финансового участия служащих (в компании)
R 634	régime de placements en titres indexés	indexed security investment plan	система инвестирования в индексированные ценные бумаги
R 635	régime de prélèvement automatique	preauthorized payment [check] plan	система прямого списания (средств со счёта)
R 636	régime de prospectus simplifié	prompt offering qualification system	упрощённая система выпуска ценных бумаг
R 637	régime des réserves obligatoires	reserve requirement system	система обязательных резервов
R 638	régime simplifié	simplified system	упрощённая система
R 639	régime simplifié d'imposition	simplified tax system	упрощённая система налогообложения
R 640	régime de souscription à des actions	stock option plan	схема подписки на акции *(для служащих компании)*
R 641	régime de souscription forcée	mandatory application system	система обязательной подписки *(на ценные бумаги)*
R 642	régime de souscription libre	free application system	система свободной подписки *(на ценные бумаги)*
R 643	régime de stabilité monétaire	stable monetary system	режим валютной стабильности
R 644	régime de taux de change	exchange rate system	система валютных курсов
R 645	régime de taux de change fixes mais ajustables	system of fixed but adjustable exchange rates	система стабильных, но регулируемых валютных курсов
R 646	régime de taux de change flexibles	floating exchange rate system	система плавающих валютных курсов
R 647	régime des taux flottants	floating interest rate system	система плавающих процентных ставок
R 648	régime transitoire	transitional [provisional] system	переходный режим
R 649	régime de transparence fiscale	transparent tax system	режим налоговой проницаемости [прозрачности]
R 650	registre *m*	register	реестр, список; (бухгалтерская) книга; ведомость
R 651	inscrire [porter] au [sur le] registre	to register, to record, to enter in the register	записывать [вносить] в реестр
R 652	registre des actionnaires	register of stockholders, share ledger	реестр акционеров
R 653	registre des actions	share ledger	реестр держателей именных акций
R 654	registre central des valeurs mobilières	central securities register	центральный реестр ценных бумаг
R 655	registre des chèques	check register	книга регистрации чеков
R 656	registre de comptabilité	ledger, account book	бухгалтерская книга
R 657	registre comptable d'un client	client's ledger	бухгалтерская книга клиента
R 658	registre de comptes particuliers	individual account ledger	реестр отдельных счетов

R

R 659	registre des créanciers	accounts payable ledger	книга регистрации счетов к оплате
R 660	registre des hypothèques	mortgage register	реестр ипотек, ипотечный реестр
R 661	registre des lettres de change	bill ledger	книга регистрации векселей
R 662	registre des obligations	bond register	реестр облигационеров
R 663	registre des ordres	offering book	реестр поручений
R 664	registre des sociétés	company register	реестр компаний
R 665	registre des succursales	register of branches	реестр филиалов
R 666	registre des transferts	transfer register [book]	книга регистрации переводов (акций)
R 667	registre des valeurs mobilières	securities register	реестр ценных бумаг
R 668	Registre *m* du commerce et des sociétés	Trade and Company Register	Реестр коммерсантов и компаний
R 669	réglable	payable	оплачиваемый, подлежащий оплате
R 670	réglage *m*	adjustment, regulation	регулирование
R 671	réglage fin de la monnaie	fine-tuning of money	регулирование денежно-кредитного механизма
R 672	réglage monétaire	monetary adjustment	валютное регулирование
R 673	réglage du volume des émissions	adjustment of the issue volume	регулирование объёма эмиссий
R 674	règle *f*	rule, regulation	правило; норма, установленный порядок
R 675	abroger la règle	to abrogate [to repeal] a regulation	отменять правило
R 676	être en règle	to be in order	выполнять все требования (закона)
R 677	respecter la règle	to observe a rule	соблюдать правило
R 678	règle du bon père de famille	prudent man rule	правило для осторожных инвесторов
R 679	règle de continuité du cours du change	exchange rate continuity rule	правило непрерывности валютного курса
R 680	règle du coupon couru non échu	rule for accrued interest not due	правило относительно текущего купона, по которому не наступил срок платежа
R 681	règle du coupon échu	rule for interest due	правило относительно купонов, по которым наступил срок платежа
R 682	règle du coupon non échu	rule for interest not due	правило относительно купонов, по которым не наступил срок платежа
R 683	règle d'endossement	endorsement rule	правило оформления индоссамента
R 684	règle de l'évaluation forfaitaire	lumpsum assessment rule	правило предварительной оценки (суммы налога)
R 685	règle fiscale du coupon couru	tax regulation for accrued interest	налоговое правило относительно текущего купона
R 686	règle fiscale de non-déduction	nondeduction tax regulation	налоговое правило о суммах, не подлежащих вычету из налогооблагаемой суммы
R 687	règle de fixité du taux de change	fixed exchange rate regulation	нормы относительно фиксированности валютного курса

R

R 688	règle du mark-to-market	mark-to-market rule	правило учёта ценных бумаг по текущему рыночному курсу
R 689	règle d'or des banques	golden rule of banking	золотое правило для банков
R 690	règle d'or de la liquidité bancaire	golden rule of bank liquidity	золотое правило банковской ликвидности
R 691	règle de réciprocité	reciprocity rule	правило взаимности
R 692	règle de retournement de tendance	trend reversal rule	правило изменения тенденции
R 693	réglé	regular, set	регулярный, определённый, установленный
R 694	règlement *m*	1. regulation(s), rules 2. payment, settlement 3. settlement *(e.g. of a conflict)*	1. регламент; устав, положение, правила 2. расчёт, платёж, оплата 3. урегулирование *(напр. споров)*
R 695	enfreindre un règlement	to break a regulation	нарушать правила
R 696	opérer un règlement	to conduct settlement	производить расчёт
R 697	en règlement	in settlement of, in payment of	в оплату, в покрытие
R 698	règlement d'achats hors place	settlement of curb purchases	расчёт по внебиржевым покупкам
R 699	règlement par acomptes	payment by installments	платёж в рассрочку
R 700	règlement (à l') amiable	out-of-court [amicable] settlement	полюбовное урегулирование
R 701	règlement anticipé	advance settlement	досрочная оплата
R 702	règlement des appels de marge	margin call payments	оплата гарантийных депозитов *(на срочной бирже)*
R 703	règlement par avis de prélèvement	preauthorized payment	платёж прямым дебетованием счёта
R 704	règlement de la bourse	(stock market) regulations	регламент биржи
R 705	règlement par carte	payment by (credit) card	оплата (кредитной) карточкой
R 706	règlement par la chambre de compensation	clearing house settlement	расчёт через клиринговую палату
R 707	règlement par chèque	payment by check	оплата чеком
R 708	règlement par compensation	clearing	клиринг, безналичный расчёт
R 709	règlement au comptant	cash settlement [payment]	расчёт наличными
R 710	règlement sur le contrôle des concentrations	antitrust regulation	антитрестовские правила
R 711	règlement des coupons	coupon payment	выплата по купонам
R 712	règlement des créances	debt payment	расчёт по долговым обязательствам
R 713	règlement d'une dette	settlement [discharge] of a debt	погашение долга
R 714	règlement différé	deferred payment	отсроченный платёж
R 715	règlement par différence	settlement of the balance	взаимозачёт *(встречных требований)*
R 716	règlement de la différence d'intérêt	payment of the interest gap	выплата процентной разницы
R 717	règlement des échéances	payment of bills of exchange	оплата векселей
R 718	règlement des échéances arrivées à maturité	payment of bills due	оплата векселей, по которым наступил срок платежа
R 719	règlement en espèces	cash settlement [payment]	расчёт наличными
R 720	règlement d'une facture	settlement [payment] of an invoice	оплата счёта-фактуры
R 721	règlement final	final settlement	окончательный расчёт

R

R 722	règlement financier	financial regulations	финансовые правила
R 723	règlement forfaitaire	lumpsum payment [settlement]	уплата твёрдой суммы
R 724	règlement général des sociétés de bourse	general regulations of stockbrokers	общие положения о брокерских компаниях
R 725	règlement immédiat, RI	1. immediate settlement 2. spot market	1. немедленный расчёт 2. рынок спот
R 726	règlement instantané	instantaneous settlement	немедленный расчёт
R 727	règlement intégral	final settlement	окончательный расчёт
R 728	règlement judiciaire	receivership procedure	ликвидация несостоятельной компании под надзором суда
R 729	règlement mensuel, RM	1. monthly settlement 2. monthly settlement market	1. расчёт в конце месяца 2. рынок с расчётом в конце месяца
R 730	règlement en nature	payment in kind	оплата натурой
R 731	règlement des opérations monétaires	settlement of foreign exchange transactions	расчёт по валютным операциям
R 732	règlement du prix de l'option	premium settlement	оплата опционной премии
R 733	règlement scriptural	cashless settlement	безналичный расчёт
R 734	règlement scriptural d'une dette en devise	cashless settlement of a debt in a foreign currency	безналичный расчёт по долгу в иностранной валюте
R 735	règlement scriptural d'une dette en monnaie nationale	cashless settlement of a debt in the national currency	безналичный расчёт по долгу в национальной валюте
R 736	règlement scriptural des transactions	cashless settlement of transactions	безналичный расчёт по операциям
R 737	règlement des titres	settlement of securities transactions	расчёт по сделкам с ценными бумагами
R 738	règlement uniforme pour l'encaissement des effets de commerce	uniform regulation for collection of commercial papers	унифицированные правила инкассирования коммерческих бумаг
R 739	réglementaire	statutory; regulatory	нормативный, регламентарный, уставный, предписанный уставом
R 740	réglementation f	1. regulation, control 2. rules, regulations	1. регулирование, контроль 2. правила, нормативные акты; нормы, регламентация
R 741	contourner la réglementation	to get round [to circumvent] regulations	обходить нормативные акты
R 742	démanteler la réglementation	to dismantle regulations	отменять нормативные акты
R 743	enfreindre la réglementation	to break regulations	нарушать нормативные акты
R 744	réglementation de l'accès des entreprises à la cote officielle	regulations for listing companies at the stock exchange	нормативные акты относительно допуска компаний к котировке на официальной бирже
R 745	réglementation axée sur la protection de l'épargne	merit regulation	нормативные акты, имеющие целью защиту сбережений
R 746	réglementation bancaire	banking regulations	регламентация банковской деятельности
R 747	réglementation cambiaire	bill regulations	регламентация вексельных операций
R 748	réglementation de [du] change	exchange regulations	правила валютных операций
R 749	réglementation des changes	exchange control	валютный контроль, валютное регулирование
R 750	réglementation des comptes d'épargne	savings account regulations	нормативные акты относительно сберегательных счетов

R

R 751	réglementation de la contrepartie	market making regulations	правила обеспечения рынка [маркет-мейкинга]
R 752	réglementation du crédit immobilier	mortgage regulations	правила кредитования под залог недвижимости
R 753	réglementation des devises	exchange control	валютный контроль, валютное регулирование
R 754	réglementation étatique	state control	государственный контроль
R 755	réglementation fiscale	tax regulations	налоговые правила
R 756	réglementation fiscale et monétaire	tax and monetary regulations	налоговые и денежно-кредитные правила
R 757	réglementation des guichets	bank branch control	регламентация деятельности банковских отделений
R 758	réglementation internationale des taux de change	international exchange rate regulation	международное регулирование валютных курсов
R 759	réglementation juridique	legal rules	правовое регулирование
R 760	réglementation du marché	market regulation	регулирование рынка
R 761	réglementation sur les mouvements de capitaux	capital movement regulations	регулирование движения капиталов
R 762	réglementation des OPA	takeover regulations	регламентация публичных предложений о покупке компаний
R 763	réglementation des opérations sur valeurs mobilières	securities transaction regulation	регулирование сделок с ценными бумагами
R 764	réglementation des prix	price control	регулирование цен
R 765	réglementation prudentielle	prudential regulation	меры предосторожности *(напр. в управлении банковскими активами)*
R 766	réglementation de solvabilité	solvency regulation	регулирование платёжеспособности
R 767	réglementation des sorties de capitaux	capital transfer control	регулирование вывоза капитала
R 768	réglementation stricte	strict regulations	жёсткие нормы
R 769	réglementation supranationale	supranational regulations	наднациональные нормы
R 770	réglementation des taux d'intérêt	interest rate regulation	регулирование процентных ставок
R 771	réglementation sur les transferts de capitaux	capital transfer regulations	правила перевода капитала
R 772	réglementation en vigueur	regulations in force	действующие нормы
R 773	réglementations *f pl* officielles	official regulations	официальные нормативные акты
R 774	réglementer administrativement	to control administratively	осуществлять административное регулирование
R 775	règlements *m pl*	1. regulations, rules 2. payments, settlements	1. правила 2. расчёты, платежи
R 776	échelonner les règlements	to spread out payments	рассрочивать платежи
R 777	règlements avancés	advance payments	досрочные платежи
R 778	règlements par cartes de paiement	payments by cards	расчёты с помощью (платёжных) карточек
R 779	règlements commerciaux multilatéraux	multilateral business payments	многосторонние торговые расчёты
R 780	règlements par compensation entre les banques	interbank clearing	межбанковские расчёты по клирингу

R

R 781	règlements de dividendes	dividend payments	выплаты дивидендов
R 782	règlements par écritures	cashless payments	безналичные расчёты
R 783	règlements électroniques	electronic payments	электронные платежи
R 784	règlements extérieurs	external payments	внешние расчёты
R 785	règlements financiers internationaux	international financial payments	международные финансовые платежи
R 786	règlements d'intérêts	interest payments	процентные выплаты
R 787	règlements internationaux	international payments	международные расчёты
R 788	règlements des marges	margin payments	внесение гарантийных депозитов
R 789	règlements hors place	payments outside the market	межбиржевые расчёты
R 790	règlements retardés	late payments	просроченные платежи
R 791	règlements par technique des virements de compte à compte	payments by transfer from one account to another	расчёты путём перевода средств со счёта на счёт
R 792	règlements à terme	credit settlements	срочные платежи
R 793	régler	to settle	1. платить, рассчитываться 2. урегулировать, разрешать (споры)
R 794	règles f pl	rules, regulations	правила, нормы
R 795	appliquer les règles	to apply the rules	применять правила
R 796	contrevenir aux règles	to break the rules	нарушать правила
R 797	imposer des règles	to impose [to lay down] rules	устанавливать правила
R 798	observer les règles	to observe the rules	соблюдать правила
R 799	respecter les règles	to observe the rules	соблюдать правила
R 800	suivant les règles précises	according to clear rules	в соответствии с чёткими правилами
R 801	violer les règles	to break the rules	нарушать правила
R 802	règles adéquates aux risques pris	adequate rules for risks taken	правила, соответствующие принятым рискам
R 803	règles adoptées	adopted rules	принятые правила
R 804	règles d'appel à l'épargne publique	public issue rules	правила публичного выпуска (ценных бумаг)
R 805	règles d'assiette	assessment rules	правила определения базы налогообложения
R 806	règles de base	basic rules	основные правила
R 807	règles de bonne conduite de la profession	professional code of behavior	профессиональный кодекс поведения
R 808	règles de calcul	calculation rules	правила подсчёта
R 809	règles de cautionnement	guarantee rules	правила поручительства
R 810	règles de comptabilité [comptables]	accounting rules	бухгалтерские правила, правила ведения бухгалтерского учёта
R 811	règles de conduite professionnnelle	professional code of behavior	профессиональный кодекс поведения
R 812	règles de division des risques	risk spreading rules	правила распределения рисков
R 813	règles de fixation de date	date setting rules	правила установления даты
R 814	règles de fonctionnement du marché	market operation rules	правила функционирования рынка
R 815	règles de gestion financière	financial management rules	правила финансового управления
R 816	règles d'imposition	tax rules	порядок налогообложения
R 817	règles du jeu	rules of the game	правила игры

R

R 818	règles de limitation des dividendes	dividend limitation rules	правила относительно ограничения размеров дивиденда
R 819	règles monétaires	monetary regulations	нормы валютного законодательства
R 820	règles de recouvrement	collection rules	правила инкассирования
R 821	règles uniformes relatives aux encaissements	uniform collection rules	унифицированные правила инкассирования
R 822	Règles *f pl* et usances *f pl* uniformes relatives au crédit documentaire	Uniform Customs and Practices for Documentary Credits	Правила и обычаи документарного аккредитива
R 823	régresser	to decline, to fall, to drop	сокращаться, уменьшаться, снижаться
R 824	regroupement *m*	1. grouping, consolidation *(e. g. of shares)* 2. consolidation *(e. g. of accounts)*	1. группировка, слияние *(напр. акций)* 2. консолидация *(напр. счетов)*
R 825	regroupement d'actions	consolidation of shares, reverse (stock) split	слияние акций
R 826	regroupement des chiffres d'affaires	turnover consolidation	консолидация оборота
R 827	regroupement de filiales	consolidation of affiliates	консолидация счетов дочерних компаний
R 828	regroupement d'obligations	consolidation of bonds	слияние облигаций
R 829	regroupement de postes de l'actif	asset grouping	группировка статей актива
R 830	regroupement du portefeuille-titres	consolidation of the securities portfolio	консолидация портфеля ценных бумаг
R 831	regroupement de valeurs mobilières	consolidation of securities	слияние ценных бумаг *(обмен ценных бумаг на новые, более крупного номинала, на ту же сумму)*
R 832	régularisation *f*	1. regularization 2. adjustment *(of accounts)* 3. equalization	1. упорядочение 2. корректировка, исправление *(счетов)* 3. выравнивание *(напр. валют)*
R 833	régularisation des changes	currency equalization	выравнивание валютных курсов
R 834	régularisation comptable	accounting adjustment	внесение бухгалтерских исправлений
R 835	régularisation d'un cours	price support	выравнивание [поддержка] курса *(напр. акции)*
R 836	régularisation de fin de période	end-of-period adjustment	внесение необходимых бухгалтерских исправлений в конце отчётного периода
R 837	régularisation structurelle	structural regularization	структурное упорядочение
R 838	régularisation d'un titre	regularization of a security	замена старой ценной бумаги новой
R 839	régulariser	1. to regularize 2. to adjust 3. to equalize	1. упорядочивать 2. корректировать, вносить исправления 3. выравнивать
R 840	régularité *f*	1. lawfulness, legality 2. regularity	1. правомерность, законность, правильность 2. регулярность
R 841	garantir la régularité	to ensure the lawfulness	гарантировать правомерность
R 842	régularité des cotations	quotation regularity	регулярность котировок
R 843	régularité de l'information	information regularity	регулярное поступление информации

R

R 844	régularité des recettes et des dépenses	regularity of revenues and expenditures	регулярность доходов и расходов
R 845	régulateur *m*	regulator	регулятор
R 846	jouer le rôle de régulateur	to act as a regulator	выполнять регулирующую функцию
R 847	régulateur des changes	exchange rate regulator	регулятор валютных курсов
R 848	régulation *f*	regulation; management	регулирование; управление
R 849	régulation courante de la trésorerie	current management of liquid assets	текущее управление ликвидными средствами
R 850	régulation à court terme	short-term management	краткосрочное регулирование
R 851	régulation du crédit	credit regulation	регулирование кредита
R 852	régulation des emplois	regulation of uses of funds	регулирование активов
R 853	régulation globale	global regulation	всеобщее регулирование
R 854	régulation indirecte	indirect regulation	непрямое регулирование
R 855	régulation des liquidités	liquidity management	управление ликвидными средствами
R 856	régulation du marché monétaire	regulation of the money market	регулирование денежного рынка
R 857	régulation officielle des taux de change	official regulation of exchange rates	официальное регулирование валютных курсов
R 858	régulation de la quantité de monnaie en circulation	regulation of the amount of money in circulation	регулирование денежной массы в обращении
R 859	régulier	1. regular, scheduled 2. good (*e.g. payer*)	1. регулярный, постоянный 2. исправный, аккуратный (*напр. должник*)
R 860	réhabilitation *f* d'un failli	discharge of a bankrupt	реабилитация банкрота (*по завершении формальной процедуры*)
R 861	rehaussement *m*	raising	повышение
R 862	rehaussement du niveau des réserves de change	raising of foreign exchange reserves	повышение уровня валютных резервов
R 863	rehaussement du plafond défiscalisé	raising of nontaxable income threshold	повышение необлагаемого минимума (доходов)
R 864	rehausser	to heighten, to raise	повышать
R 865	réintégrable	reintegratable; reinstatable	реинтегрируемый; подлежащий восстановлению
R 866	réintégration *f*	reintegration; reinstatement	реинтеграция; восстановление
R 867	réintégration de la livre dans le serpent	reintegration of the pound sterling into the (currency) snake	возвращение фунта стерлингов в «валютную змею»
R 868	réintégration des monnaies	reintegration of currencies	реинтеграция валют
R 869	réintermédiation *f*	reintermediation	реинтермедиация, повышение роли (финансовых) посредников (*процесс, обратный дезинтермедиации*)
R 870	réintroduction *f*	reintroduction	новое введение, возврат
R 871	réinvestir	to reinvest, to plow back	реинвестировать
R 872	réinvestissement *m*	reinvestment, reinvesting, plowing back	реинвестирование
R 873	réinvestissement des bénéfices	reinvestment of profits	реинвестирование прибылей
R 874	réinvestissement des coupons	reinvestment of coupons	реинвестирование купонов
R 875	réinvestissement des dividendes	reinvestment of dividends	реинвестирование дивидендов

R

R 876	réinvestissement des fonds disponibles	reinvestment of liquid assets	реинвестирование ликвидных средств
R 877	réinvestissement des intérêts	reinvestment of interest	реинвестирование процентов
R 878	réinvestissement des profits	reinvestment of profits	реинвестирование прибылей
R 879	rejet *m*	rejection *(to pay)*	отказ *(от оплаты)*
R 880	rejet de chèque	bouncing of a check	отказ от платежа по чеку
R 881	rejet d'effet	dishonoring of a bill	отказ от платежа по векселю
R 882	rejeter	to reject *(payment)*	отказываться *(от оплаты)*
R 883	relâchement *m*	relaxation, loosening	ослабление, уменьшение напряжения
R 884	relâchement des disciplines monétaires	relaxation of monetary discipline	ослабление валютной дисциплины
R 885	relâchement du dispositif monétaire	loosening of the exchange mechanism	ослабление денежно-кредитного механизма
R 886	relation *f*	1. relation, relationship 2. ratio	1. отношение, связь; зависимость, взаимосвязь 2. соотношение, коэффициент
R 887	relation balance extérieure-cours de change	relationship between external balance and exchange rate	взаимосвязь между платёжным балансом и валютным курсом
R 888	relation banque-client	banking relationship	отношения между банком и клиентом
R 889	relation dollar-franc	dollar-franc rate	соотношение между долларом и франком
R 890	relation multidimensionnelle	multidimensional relation	многомерная зависимость
R 891	relation prêteur-emprunteur	lender-borrower relationship	отношения между кредитором и заёмщиком
R 892	relation entre taux de change et écarts des taux d'intérêt réels	relationship between exchange rates and real interest rates	взаимосвязь между валютными курсами и реальными процентными ставками
R 893	relations *f pl*	relations	отношения, связи
R 894	relations d'affaires suivies	stable business relations	постоянные деловые отношения
R 895	relations bancaires et financières	banking and financial relations	банковские и финансовые отношения
R 896	relations de banques à clients	bank's customer relations	связи между банками и клиентами
R 897	relations banque(s)-entreprises	bank-company relations	связи между банками и предприятиями
R 898	relations boursières internationales	international stock exchange relations	международные биржевые связи
R 899	relations de change	exchange relations	валютные отношения
R 900	relations commerciales et financières	commercial and financial relations	торгово-финансовые отношения
R 901	relations confidentielles	confidential relations	конфиденциальные отношения
R 902	relations de court terme	short-term relations	краткосрочные отношения
R 903	relations économiques et financières internationales	international economic and financial relations	международные финансово-экономические отношения
R 904	relations financières	financial relations	финансовые отношения
R 905	relations interbancaires	interbank relations	межбанковские отношения
R 906	relations intergroupes	intergroup relations	связи между (финансовыми) группами
R 907	relations monétaires	monetary relations	валютные отношения

R

R 908	relations monétaires internationales	international monetary relations	международные валютные отношения
R 909	relations suivies	steady relations	постоянные отношения
R 910	relations en termes de prêts	borrowing relations	заёмно-ссудные отношения
R 911	relevé *m*	statement; list	выписка; список; перечень; отчёт
R 912	établir [faire] un relevé de compte	to draw up [to make out] a statemeut of account	сделать выписку из банковского лицевого счёта (клиента)
R 913	relevé bancaire [de banque]	bank statement, statement of account	выписка из банковского лицевого счёта (клиента)
R 914	relevé de caisse	cash statement	кассовый отчёт
R 915	relevé des clients	client list	список клиентов
R 916	relevé de compensation	clearing report	отчёт о клиринге
R 917	relevé comptable	financial statement	финансовый отчёт
R 918	relevé de compte	bank statement, statement of account	выписка из банковского лицевого счёта (клиента)
R 919	relevé de compte sous forme de disquette	bank statement on a diskette	выписка из банковского лицевого счёта на дискете
R 920	relevé compte journalier	daily statement of account	ежедневная выписка из банковского лицевого счёта
R 921	relevé de coupons	coupon statement	перечень купонов
R 922	relevé de découverts de 30 jours	thirty day short report	отчёт о кредитах сроком на 30 и менее дней
R 923	relevé des dettes actives et passives	list of outstanding debts and accounts payable	отчёт о долгах и счетах к оплате
R 924	relevé des dividendes versés	dividend report	отчёт о выплате дивидендов
R 925	relevé de factures	invoice list	список фактур
R 926	relevé de fin de mois	monthly statement (of account)	месячная выписка из лицевого банковского счёта
R 927	relevé d'identité bancaire, RIB	bank identification form, bank account details	документ с указанием реквизитов банка и счёта клиента
R 928	relevé des opérations avec solde	summary of transactions with the final balance	выписка об операциях и сальдо по счёту
R 929	relevé des ordres	list of orders	перечень поручений *(на бирже)*
R 930	relevé de la position nette	net position report	отчёт о нетто-позиции
R 931	relevé prescrit	statutory return	отчёт, требуемый по закону
R 932	relevé quotidien des opérations	daily activity report	ежедневный отчёт о проведённых операциях
R 933	relevé quotidien des positions	daily position statement	ежедневный отчёт о позициях
R 934	relevé des règlements	settlement report	отчёт о проведённых платежах
R 935	relevé des règlements en espèces	money settlement report	отчёт о платежах наличными
R 936	relevé sommaire	summary report	краткий отчёт
R 937	relevé des sommes inscrites au débit et au crédit	summary of debit and credit entries	список дебетовых и кредитовых проводок
R 938	relevé de titres	portfolio status report	отчёт о составе и стоимости портфеля ценных бумаг
R 939	relèvement *m*	raising, increase	повышение, увеличение
R 940	relèvement du contingent de réescompte	raising of the rediscount quota	повышение лимита переучёта (векселей)
R 941	relèvement du cours	price increase	повышение курса

R

R 942	relèvement de la fiscalité	tax increase	увеличение налогообложения
R 943	relèvement du loyer de l'argent	interest rate increase	повышение процентной ставки
R 944	relèvement de marges opérées sur futures	raising of margins on futures	повышение маржи для фьючерсных сделок
R 945	relèvement de la parité	par value increase	повышение паритета
R 946	relèvement des réserves obligatoires	raising of the reserve requirement	увеличение нормы обязательных резервов
R 947	relèvement du seuil d'émission	raising of the issue threshold	повышение предела эмиссии
R 948	relèvement des taux de base	raising of the base rate; rise in base rate	повышение базовой ставки
R 949	relèvement des taux de réserves	raising of the reserve requirement	увеличение нормы обязательных резервов
R 950	relever	1. to raise, to increase 2. to make out a statement (of account)	1. повышать, увеличивать 2. делать выписку (из счёта)
R 951	reliquat *m*	remainder, balance	остаток по счёту; остаток долга
R 952	apurer le reliquat	to wipe off the balance (of a debt)	погашать остаток (долга)
R 953	régler le reliquat	to settle [to pay] the balance	выплачивать остаток
R 954	verser le reliquat	to pay [to transfer] the balance	переводить остаток
R 955	reliquat d'actions	tag end	остаток акций
R 956	reliquat d'un compte	balance of an account	остаток по счёту
R 957	reliquat de devises	foreign exchange balance	остаток валютных средств
R 958	RELIT *m*, Relit *m* (Règlements et livraisons des titres)	RELIT (Paris stock exchange settlement and delivery system)	РЕЛИТ (система расчёта и доставки ценных бумаг на Парижской фондовой бирже)
R 959	relocalisation *f* de capitaux	relocation of capital	перемещение капиталов
R 960	remaniement *m*	reorganization; revision	реорганизация; пересмотр
R 961	remaniement de capital	recapitalization	рекапитализация
R 962	remaniement des parités au sein du SME	EMS parity adjustment	пересмотр паритетов в рамках ЕВС
R 963	remboursable	repayable, redeemable; refundable	оплачиваемый, погашаемый; возмещаемый
R 964	être remboursable	to be repayable [redeemable, refundable]	подлежать уплате [погашению]; подлежать возмещению
R 965	remboursable à l'échéance finale	redeemable at maturity	погашаемый по истечении срока
R 966	remboursable par fractions	repayable in installments	погашаемый в рассрочку
R 967	remboursable au pair	redeemable at par	погашаемый по номиналу
R 968	remboursable à terme	redeemable at maturity	погашаемый по истечении срока
R 969	remboursable par tranches	redeemable in installments	погашаемый в рассрочку
R 970	remboursable par versements échelonnés	repayable in installments	подлежащий уплате в рассрочку
R 971	remboursement *m*	1. repayment, settlement; redemption 2. refund, reimbursement	1. выплата, уплата; погашение 2. возмещение
R 972	appeler au remboursement	to call *(bonds)* for redemption	объявлять о погашении *(облигаций)*
R 973	exiger le remboursement	to require repayment *(of a debt)*	требовать погашения *(долга)*
R 974	contre remboursement	(cash) on delivery	против платежа
R 975	en remboursement	as a reimbursement	в возмещение

R

R 976	se couvrir par remboursement	to hedge oneself by repayment	страховать свои риски путём выплаты
R 977	remboursement d'actions	payment for stock	оплата акций
R 978	remboursement par anticipation [anticipé]	redemption before due date, prepayment	досрочное погашение
R 979	remboursement au-dessous du pair	redemption below par	погашение (облигаций) ниже номинала
R 980	remboursement au-dessus du pair	redemption above par	погашение (облигаций) выше номинала
R 981	remboursement de bons anonymes	redemption of bearer bonds	погашение краткосрочных облигаций на предъявителя
R 982	remboursement du [en] capital	capital repayment	погашение основной суммы долга
R 983	remboursement à capital constant	blended payment	погашение долга частями, включающими равные доли основной суммы
R 984	remboursement, complet	complete repayment	полное погашение (долга)
R 985	remboursement d'un crédit	repayment of a loan	погашение кредита
R 986	remboursement d'un crédit en une seule fois	repayment of a loan in one payment	единовременное погашение кредита
R 987	remboursement d'une dette	repayment of a debt	погашение долга
R 988	remboursement de dettes envers le système bancaire	repayment of debts to the banking institutions	погашение долгов перед банковской системой
R 989	remboursement échelonné des crédits	repayment of loans in installments	погашение кредитов в рассрочку
R 990	remboursement à effectuer	redemption to be carried out	предстоящее погашение
R 991	remboursement d'un emprunt	repayment of a loan	погашение займа
R 992	remboursement final	final settlement, payout	окончательное погашение
R 993	remboursement in fine	bullet payment	единовременное погашение (в конце срока)
R 994	remboursement d'impôts	tax refund	возврат налогов
R 995	remboursement d'obligations	bond redemption	погашение облигаций
R 996	remboursement au pair	redemption at par	погашение (облигаций) по номиналу
R 997	remboursement partiel	partial repayment	частичное погашение
R 998	remboursement d'un prêt	repayment of a loan	погашение ссуды
R 999	remboursement en principal	repayment of the principal	погашение основной суммы долга
R 1000	remboursement du principal d'un emprunt	repayment of the principal of a loan	погашение основной суммы займа
R 1001	remboursement du principal et des intérêts	principal and interest repayment	выплата основной суммы и процентов
R 1002	remboursement en un seul versement [en une seule fois]	bullet repayment	единовременное погашение (долга)
R 1003	remboursement d'une somme	repayment of an amount; refund of an amount	выплата суммы; возврат суммы
R 1004	remboursement total de sa dette	payout, complete discharge of one's debt	полное погашение своего долга
R 1005	remboursement en totalité	complete repayment	полное погашение (займа)
R 1006	remboursement en tranches égales	level repayment	погашение равными взносами
R 1007	remboursement des valeurs du Trésor	redemption of treasury bonds	погашение облигаций казначейства
R 1008	remboursements m pl	1. payments 2. buyback of national currency from the IMF	1. платежи 2. выкуп национальной валюты у МВФ

R

R 1009	rembourser	1. to pay back, to pay off, to settle, to repay; to redeem 2. to refund, to reimburse	1. выплачивать, платить; погашать 2. возмещать
R 1010	réméré *m*	repurchase agreement, repo	соглашение об обратном выкупе, репо *(продажа ценных бумаг на условиях их обратного выкупа через определённый срок по фиксированной цене — способ рефинансирования под залог ценных бумаг)*
R 1011	réméré sur valeurs mobilières	repurchase agreement on securities	соглашение об обратном выкупе ценных бумаг
R 1012	remettant *m*	1. remitter 2. drawee	1. отправитель (денежного перевода) 2. ремитент, (первый) векселедержатель
R 1013	remettre	1. to remit 2. to deliver; to hand over 3. to put off, to postpone	1. переводить (деньги) 2. передавать; вручать 3. отсрочивать, откладывать
R 1014	remise *f*	1. remittance 2. delivery; presentation 3. postponement, putting off 4. remission 5. discount, rebate 6. draft, bill of exchange	1. (денежный) перевод 2. передача; вручение 3. отсрочка *(платежа)* 4. освобождение *(от уплаты)* 5. скидка 6. вексель, ордерная ценная бумага
R 1015	accorder [consentir] une remise	to grant a discount	предоставлять скидку
R 1016	encaisser une remise	to collect a bill	инкассировать вексель
R 1017	envoyer une remise	to send a remittance	посылать (денежный) перевод
R 1018	faire une remise	1. to send a remittance, to remit 2. to allow a discount	1. посылать (денежный) перевод, переводить 2. предоставлять скидку
R 1019	faire remise d'une dette	to remit a debt	освобождать от уплаты долга
R 1020	contre remise des documents	against (presentation of) documents	против передачи документов
R 1021	dès la remise des documents	after presentation of the documents	после передачи документов
R 1022	remise d'actions	delivery of stocks	передача акций
R 1023	remise d'argent	remittance of cash	денежный перевод, перевод денег
R 1024	remise du bordereau de cession	remittance of the transfer slip	передача квитанции о продаже *(ценных бумаг)*
R 1025	remise de capital	remittance of capital	перевод капитала
R 1026	remise d'un chèque (à l'encaissement)	remittance of a check (for collection)	передача чека (на инкассо)
R 1027	remise en compensation	onward clearing	передача на клиринг
R 1028	remise en compte	transfer to an account	зачисление на счёт
R 1029	remise d'un coupon	remittance of a coupon	передача купона (на инкассо)
R 1030	remise d'une dette	remission [release, forgiveness] of a debt	освобождение от уплаты по долговому обязательству
R 1031	remise directe aux services fiscaux	direct remittance to tax authorities	прямой перевод (средств) налоговой службе
R 1032	remise documentaire	documentary collection	документарное инкассо
R 1033	remise de documents	handing over of documents	передача документов
R 1034	remise d'effets à l'encaissement	remittance of bills for collection	передача векселей на инкассо

R

R 1035	remise d'effets à l'escompte	remittance of bills for discount	передача векселей на учёт, предъявление векселей к учёту
R 1036	remise à l'encaissement	remittance for collection	передача на инкассо
R 1037	remise à l'escompte	remittance for discount	передача на учёт, предъявление к учёту
R 1038	remise d'escomptes	remittance of bills	инкассирование векселей
R 1039	remise escomptée	discount deducted	удержанная скидка
R 1040	remise en espèces	cash transfer	денежный перевод
R 1041	remise de fonds	remittance of funds, funds transfer	перевод средств
R 1042	remise en gage	pledging	залог, передача в залог
R 1043	remise immédiate	immediate remittance	немедленный перевод
R 1044	remise d'un impôt	remission of a tax	освобождение от уплаты налога
R 1045	remise de monnaie à la banque	remittance of money to the bank	перевод денег в банк
R 1046	remise nette	net discount	нетто-скидка
R 1047	remise à neuf	reconditioning, restoring	восстановление, обновление
R 1048	remise de paiement	deferment [adjournment] of payment	задержка платежа
R 1049	remise à plat des dépenses	bringing expenses under control	взятие под контроль расходов
R 1050	remise préalable de fonds	prior funds transfer	предварительный перевод средств
R 1051	remise en recouvrement	remittance for collection	передача на инкассо
R 1052	remise de rémunération	remittance of remuneration	перевод вознаграждения
R 1053	remise simple	bill	простой вексель
R 1054	remise à titre gracieux [non onéreux]	gift, transfer for free	безвозмездная передача
R 1055	remise à titre onéreux	transfer for a consideration	передача за вознаграждение
R 1056	remise de titres	delivery of stocks	передача [поставка] ценных бумаг
R 1057	remise à vue	sight remittance [bill]	вексель на предъявителя
R 1058	remises *f pl* et tirage *m*	debiting and crediting (of an account)	зачисления и списания (по счёту)
R 1059	remisier *m*	intermediate broker, half-commission man, customer's man, remisier	ремизье, промежуточный брокер, биржевой брокер — представитель клиента
R 1060	remodelage *m* du statut des intermédiaires financiers	revision of financial intermediaries' status	пересмотр статуса финансовых посредников
R 1061	remontée *f*	rise	повышение, подъём
R 1062	remontée des cours	price rise	повышение курсов
R 1063	remontée rapide	quick rise	быстрый подъём
R 1064	remontée de taux de l'argent au jour le jour	rise in overnight interest rate	повышение однодневной процентной ставки
R 1065	remontée des taux d'intérêt	interest rate rise	повышение процентных ставок
R 1066	remontée vigoureuse	strong rise	сильное повышение
R 1067	remonter	to rise, to rally	повышаться, увеличиваться *(напр. о биржевых курсах, процентных ставках)*
R 1068	remous *m pl* monétaires	monetary perturbations	валютные потрясения
R 1069	remplacement *m*	replacement	замена, замещение

R

R 1070	**remplacement du contrôle strict et rigide**	shift from strict and rigid control	отход от строгого и жёсткого контроля
R 1071	**remplacement de l'or par DTS**	replacement of gold by SDR	замена золота СДР
R 1072	**remplacement des ressources**	resource replacement	замещение ресурсов
R 1073	**remploi** m **de moyens financiers**	reinvestment of financial resources	реинвестирование финансовых средств
R 1074	**remployer**	to reinvest	реинвестировать
R 1075	**remprunter**	to borrow more money	вновь брать взаймы
R 1076	**rémunérateur**	profitable, lucrative, remunerative	выгодный, прибыльный
R 1077	**rémunération** f	1. remuneration, payment 2. return	1. вознаграждение; оплата 2. доход, доходность
R 1078	**abaisser une rémunération**	to lower remuneration	понижать оплату
R 1079	**bénéficier d'une rémunération**	1. to get a remuneration 2. to have a return (of...)	1. получать вознаграждение 2. приносить доход (в размере...)
R 1080	**fixer une rémunération**	to fix a remuneration	устанавливать вознаграждение
R 1081	**obtenir une rémunération**	to obtain a remuneration	получать вознаграждение
R 1082	**prélever une rémunération**	to charge a fee	взимать плату
R 1083	**verser une rémunération**	to pay a remuneration	выплачивать вознаграждение
R 1084	**rémunération d'une action**	stock remuneration	доход от акции
R 1085	**rémunération annuelle**	annual remuneration	годовой доход
R 1086	**rémunération en argent**	cash remuneration	денежное вознаграждение
R 1087	**rémunération bancaire**	bank interest	банковский процент
R 1088	**rémunération du capital**	return on capital	доход на капитал
R 1089	**rémunération des dépôts**	interest on deposits	процент по вкладам
R 1090	**rémunération des dépôts à terme**	interest of time deposits	процент по срочным вкладам
R 1091	**rémunération de différence de cours**	capital gain yield	доход от изменения курса (ценных бумаг)
R 1092	**rémunération élevée**	1. high remuneration 2. high return	1. высокое вознаграждение 2. высокий доход
R 1093	**rémunération des épargnants**	remuneration of investors	вознаграждение инвесторов
R 1094	**rémunération de l'épargne**	interest on savings	процентный доход от сбережений, выплата процентов по вкладам
R 1095	**rémunération en espèces**	cash remuneration	денежное вознаграждение
R 1096	**rémunération forfaitaire**	lumpsum remuneration	вознаграждение в заранее твёрдо установленной сумме
R 1097	**rémunération sous forme de courtage**	remuneration in the form of commission	вознаграждение в форме комиссионных
R 1098	**rémunération immédiate d'une action**	immediate gain on a stock	немедленный доход от акции
R 1099	**rémunération inadéquate**	inadequate remuneration	неадекватное вознаграждение
R 1100	**rémunération des livrets d'épargne**	interest on saving bank accounts	процент по счетам в сберегательном банке
R 1101	**rémunération en nature**	remuneration in kind	оплата в натуральной форме
R 1102	**rémunération nominale**	1. nominal remuneration 2. nominal return	1. номинальное вознаграждение 2. номинальный доход
R 1103	**rémunération pécuniaire**	monetary remuneration	денежное вознаграждение
R 1104	**rémunération des placements monétaires**	return on investments	доход от инвестиций

R

R 1105	rémunération des plans d'épargne	return on savings plans	доход от целевых сберегательных вкладов
R 1106	rémunération des portefeuilles	portfolio yield	доходность портфеля (ценных бумаг)
R 1107	rémunération positive de l'épargne	positive interest on savings	положительный доход от сбережений
R 1108	rémunération réelle	real yield	реальная доходность
R 1109	rémunération régulière	regular remuneration	постоянный доход
R 1110	rémunération au rendement	incentive payment	поощрительная выплата
R 1111	rémunération des rendements financiers	return on financial investments	доход от финансовых инвестиций
R 1112	rémunération satisfaisante	1. satisfactory remuneration 2. satisfactory yield	1. приемлемое вознаграждение 2. удовлетворительный уровень доходности
R 1113	rémunéré	1. paid 2. interest-bearing *(an account)*	1. оплачиваемый 2. приносящий процент *(о счёте)*
R 1114	rémunérer	to remunerate; to pay	вознаграждать; платить, оплачивать
R 1115	rémunérés *m pl*	brokers on commission	брокеры на комиссии
R 1116	rencaisser	to receive back, to recover	получать обратно
R 1117	renchérissement *m*	price rise [increase]	повышение; удорожание
R 1118	renchérissement des actions	stock price rise	рост курса акций
R 1119	renchérissement du coût de l'argent	interest rate rise	повышение процентной ставки
R 1120	renchérissement du coût de la dette flottante	floating bond rate rise	повышение процентной ставки по облигациям с плавающей процентной ставкой
R 1121	renchérissement du coût d'obtention de fonds	rise in cost of financing	повышение платы за финансовые ресурсы
R 1122	renchérissement des escomptes	discount rate increase	повышение учётной ставки
R 1123	renchérissement du loyer de l'argent	interest rate increase	повышение процентной ставки
R 1124	renchérissement de la monnaie	interest rate rise	повышение процентной ставки
R 1125	renchérissement des taux sur l'eurofranc	Eurofranc interest rate rise	повышение процентных ставок по еврофранкам
R 1126	rencontre *f*	meeting, confrontation	столкновение
R 1127	rencontre des demandes d'achat et des offres de vente	meeting of purchase demand and sale supply	столкновение заявок на покупку и на продажу
R 1128	rencontre de l'offre et de la demande	meeting of demand and supply	столкновение спроса и предложения
R 1129	rendement *m*, R	1. efficiency, performance, profitability 2. yield, return	1. эффективность, прибыльность, рентабельность 2. доходность, доход
R 1130	rendement d'un actif	return on an asset	доходность актива
R 1131	rendement des actions	dividend [stock] yield	доходность акций, доход на акции
R 1132	rendement actuel	current return [yield]	текущая доходность
R 1133	rendement de l'avoir des actionnaires ordinaires	return on common stockholders' equity	доход на акционерный капитал, доходность акционерного капитала

R

R 1134	**rendement, bon**	1. high efficiency 2. high yield [return]	1. высокая прибыльность 2. высокая доходность
R 1135	**rendement boursier**	capital gain yield	доход (от акции) вследствие изменения курса
R 1136	**rendement brut**	gross [pretax] yield	валовой доход *(до обложения налогом)*
R 1137	**rendement du capital**	return on capital	доходность капитала
R 1138	**rendement du capital investi**	return on invested capital, ROIC	показатель доходности вложенного капитала
R 1139	**rendement composite**	composite yield	составной доход
R 1140	**rendement comptable**	accounting rate of return	бухгалтерский показатель доходности
R 1141	**rendement des comptes à terme**	deposit account yield	доходность средств на срочных счетах
R 1142	**rendement courant**	current return [yield]	текущая доходность
R 1143	**rendement de la dette exigible immédiatement**	return on the debt due	доходность долга, по которому наступил срок требования
R 1144	**rendement à l'échéance**	yield to maturity	доход к погашению (ценной бумаги)
R 1145	**rendement effectif**	effective yield	реальная доходность
R 1146	**rendement élevé**	high return [yield]	высокая доходность
R 1147	**rendement des émissions**	issue yield	доходность выпуска (ценных бумаг), эмиссионный доход
R 1148	**rendement équitable**	fair (rate of) return	«справедливая» ставка дохода *(доходность, которую можно ожидать с учётом риска)*
R 1149	**rendement escompté d'un titre**	discounted yield of a security	дисконтированный доход по ценной бумаге
R 1150	**rendement, faible**	low return [yield]	низкая доходность
R 1151	**rendement final**	final yield	конечная доходность
R 1152	**rendement final d'un placement**	final return on an investment	конечная доходность инвестиций
R 1153	**rendement après impôt**	after-tax [net] yield	нетто-доходность *(с учётом налогов)*
R 1154	**rendement des impôts**	tax yield	доход от налогов
R 1155	**rendement intéressant**	attractive return	привлекательный доход
R 1156	**rendement d'un investissement**	return on investment	доходность инвестиций
R 1157	**rendement sur l'investissement en argent**	return on investment	прибыль на инвестированный капитал
R 1158	**rendement marginal du capital**	marginal return on capital	предельная доходность капитала
R 1159	**rendement maximum**	maximum return [yield]	максимальная доходность
R 1160	**rendement, meilleur**	better return [yield]	лучшая доходность
R 1161	**rendement moyen**	average return [yield]	средняя доходность
R 1162	**rendement moyen des actions**	average stock yield	средняя доходность акций
R 1163	**rendement net**	after-tax [net] yield	нетто-доходность *(с учётом налогов)*
R 1164	**rendement net des intérêts**	return after interest charges	доходность после вычета процентов
R 1165	**rendement nominal**	accounting rate of return	бухгалтерский показатель доходности
R 1166	**rendement des obligations**	bond yield	доходность облигаций

R

R 1167	rendement d'un placement	return on investment	доходность инвестиций
R 1168	rendement des prêts hypothécaires	mortgage yield	доходность кредитов под недвижимость
R 1169	rendement raisonnable	fair (rate of) return	«справедливая» ставка дохода (доходность, которую можно ожидать с учётом риска)
R 1170	rendement réel	real interest yield	реальная доходность (с учётом инфляции)
R 1171	rendement réel positif	positive yield	положительная ставка реального дохода
R 1172	rendre	1. to give back (e.g. money) 2. to yield, to return	1. возвращать (напр. деньги) 2. приносить доход
R 1173	renégociation f	renegotiation	пересмотр условий
R 1174	renégociation d'accords bilatéraux de rééchelonnement	renegotiation of bilateral rescheduling agreements	пересмотр условий двусторонних соглашений о продлении срока выплаты долга
R 1175	renégociation des créances	renegotiation of debt terms	пересмотр условий долговых требований
R 1176	renégociation de la dette	debt renegotiation	пересмотр условий понижения долга
R 1177	renégocier	to renegotiate	пересматривать (условия)
R 1178	renflouer	to bail out (a company)	оказывать финансовую поддержку (предприятию, испытывающему финансовые затруднения)
R 1179	renforcement m	reinforcement, strengthening	укрепление, усиление
R 1180	renforcement du contrôle	tightening of control	ужесточение контроля
R 1181	renforcement de l'information des emprunteurs	improvement of borrower information	улучшение информированности заёмщиков
R 1182	renforcement des pouvoirs judiciaires du FMI	extending the legal power of the IMF	расширение правовых полномочий МВФ
R 1183	renforcement des réserves de change	building up of currency reserves	увеличение валютных резервов
R 1184	rengagement m	reinvestment	реинвестирование
R 1185	rengager	to reinvest	реинвестировать
R 1186	renonciation f	remission	отказ
R 1187	renonciation à une créance	remission [forgiveness, release, remittal] of a debt	отказ от истребования долга
R 1188	renonciation à l'intérêt	forgiveness of interest	отказ от процентов
R 1189	renonciation à protêt	waiver of protest	отказ от протеста (векселя)
R 1190	renouvelable	renewable; revolving	продлеваемый; возобновляемый
R 1191	renouveler	to extend, to roll over; to renew	продлевать, пролонгировать; возобновлять
R 1192	renouvellement m	extension, rolling over; renewal	продление, пролонгация; возобновление
R 1193	renouvellement automatique	automatic renewal	автоматическое возобновление
R 1194	renouvellement de bail	lease renewal	возобновление аренды
R 1195	renouvellement d'un crédit	renewal [rolling over] of a loan	возобновление кредита
R 1196	renouvellement d'un effet	reissue of a bill	пролонгация векселя

R

R 1197	renouvellement des feuilles de coupons	renewal of coupon sheets	замена купонных листов
R 1198	renouvellement d'hypothèque	mortgage renewal	продление ипотеки
R 1199	renouvellement des investissements	investment renewal	возобновление капиталовложений
R 1200	renouvellement d'une lettre de change	reissue of a bill of exchange	пролонгация тратты
R 1201	renouvellement massif des investissements	massive reinvestment	массовое реинвестирование
R 1202	renouvellement d'un prêt	extension of a loan	возобновление ссуды
R 1203	renouvellement d'une traite	reissue of a bill of exchange	пролонгация тратты
R 1204	renovation *f*	renovation, modernization; reform	реновация, модернизация; реформа
R 1205	renover	to renovate, to modernize; to reform	обновлять, модернизировать; реформировать
R 1206	renseignements *m pl*	information, data	информация, сведения
R 1207	renseignements administratifs	management information	управленческая информация
R 1208	renseignements de crédit	credit information	кредитная информация
R 1209	renseignements documentaires	documentary information	документальные сведения
R 1210	renseignements exacts	exact data	точные сведения
R 1211	renseignements inexacts	inexact data	неточные сведения
R 1212	renseignements sur le solde de compte	information on the balance of the account	информация о сальдо по счёту
R 1213	renseignements strictement confidentiels	strictly confidential information	строго конфиденциальная информация, совершенно секретные сведения
R 1214	rentabilisation *f*	making profitable, making pay	достижение рентабельности
R 1215	rentabiliser	to make profitable, to make pay	добиваться рентабельности
R 1216	rentabilité *f*	1. profitability, performance, earning capacity 2. return, yield	1. прибыльность, рентабельность 2. доходность
R 1217	améliorer la rentabilité	to improve the performance	повышать рентабельность
R 1218	mesurer la rentabilité	to measure performance	измерять рентабельность
R 1219	nuire à la rentabilité	to (negatively) affect the performance	оказывать негативное воздействие на рентабельность
R 1220	rentabilité des actions	stock yield	доходность акций
R 1221	rentabilité attendue	expected return	ожидаемая доходность
R 1222	rentabilité brute	gross return	брутто-доходность, валовой доход
R 1223	rentabilité des capitaux	return on capital	доходность капитала
R 1224	rentabilité élevée	high profitability	высокая рентабельность
R 1225	rentabilité d'épargne performante	high return on savings	высокая доходность сбережений
R 1226	rentabilité, faible	low return	низкая доходность
R 1227	rentabilité financière	financial performance	финансовые показатели, финансовая рентабельность
R 1228	rentabilité immédiate des actions	immediately realizable stock yield	доходность акций при немедленной реализации
R 1229	rentabilité intrinsèque des actions	intrinsic stock yield	«внутренняя» доходность акций
R 1230	rentabilité des investissements	return on investments	доходность инвестиций
R 1231	rentabilité, mauvaise	low return	низкая доходность
R 1232	rentabilité d'un placement	return on investment	доходность инвестиций

R

R 1233	rentabilité prévisionnelle	forecast performance	прогнозируемая рентабельность
R 1234	rentable	profitable	прибыльный, рентабельный; доходный
R 1235	rente *f*	1. annuity, pension 2. government bond [loan] 3. rent	1. рента, аннуитет 2. государственная ценная бумага 3. (экономическая) рента
R 1236	capitaliser une rente	to capitalize an annuity	капитализировать ренту
R 1237	constituer une rente	to set up an annuity	устанавливать ренту
R 1238	faire une rente	to pay an annuity	выплачивать ренту
R 1239	racheter une rente	to redeem an annuity	погашать ренту
R 1240	servir une rente	to pay an annuity	выплачивать ренту
R 1241	rente amortissable	redeemable annuity	выкупаемая рента, погашаемый аннуитет
R 1242	rente annuelle	annuity, yearly income	ежегодная рента
R 1243	rente capitalisée	capitalized annuity	капитализированная рента
R 1244	rente consolidée	consolidated government stock, consols	консолидированная государственная ценная бумага, консоль
R 1245	rente convertible	convertible government bond	конвертируемая государственная ценная бумага
R 1246	rente différée	deferred annuity	отсроченная рента
R 1247	rente différée à intérêt quotidien	daily interest deferred annuity	отсроченная рента с ежедневно начисляемым процентом
R 1248	rente différentielle	differential rent	дифференциальная рента
R 1249	rente d' [sur l'] État	government bond [loan]	государственная ценная бумага
R 1250	rente foncière	ground rent; rent of land	земельная рента
R 1251	rente à paiement différé	deferred annuity	рента с отсроченной выплатой
R 1252	rente perpétuelle	perpetual loan, perpetuity, irredeemable security	бессрочный заём, перпетуитет
R 1253	rente rachetable [remboursable]	redeemable annuity	выкупаемая рента, погашаемый аннуитет
R 1254	rente à versements invariables	income-averaging annuity	рента с неизменным размером выплат
R 1255	rente viagère	life annuity	пожизненная рента
R 1256	rentes *f pl*	government securities	государственные ценные бумаги [ренты]
R 1257	rentes émises	outstanding government securities	выпущенные государственные ценные бумаги [ренты]
R 1258	rentes françaises	French government securities	французские государственные ценные бумаги [ренты]
R 1259	rentier *m*	person of independent [private] means	рантье
R 1260	rentier, petit	small investor	мелкий инвестор
R 1261	rentier viager	life annuitant	лицо, получающее пожизненную ренту
R 1262	renting *m*	renting	рентинг
R 1263	rentrée *f*	1. cash inflow 2. collection	1. поступление, взнос 2. инкассо, инкассирование

R

R 1264	opérer une rentrée	to collect a debt	взимать долг
R 1265	rentrée de fonds	inflow of funds	поступление средств
R 1266	rentrée de trésorerie	cash receipt [inflow]	денежные поступления
R 1267	rentrées *f pl*	1. receipts, returns, inflow 2. paid bills and checks	1. поступления, доходы 2. оплаченные векселя и чеки
R 1268	rentrées d'argent	(cash) receipts	денежные поступления, выручка
R 1269	rentrées sur créance passée en charges	recovery of a bad debt	поступления по списанному долговому требованию
R 1270	rentrées sur créances	collection of debts	поступления по долговым требованиям
R 1271	rentrées de devises	inflow of foreign exchange, currency receipts	валютные поступления, валютная выручка
R 1272	rentrées fiscales [des impôts]	tax revenues [receipts]	налоговые поступления
R 1273	rentrées journalières	daily receipts [returns]	дневные поступления, дневная выручка
R 1274	rentrées et sorties de caisse	receipts and disbursements, cash receipts and payments	кассовый оборот
R 1275	rentrer	to come in *(of cash)*	поступать *(о деньгах)*
R 1276	renversement *m* de tendance	trend reversal	коренное изменение тенденции
R 1277	renvoi *m* d'un avis	reference number of an advice	исходящий номер авизо
R 1278	réorganisation *f*	reorganization	реорганизация
R 1279	réorganisation des banques	bank reorganization	реорганизация банков
R 1280	réorganisation financière	financial reorganization	финансовая реорганизация
R 1281	réorganisation du système de crédit	credit system reorganization	реорганизация кредитной системы
R 1282	réorientation *f* de l'épargne vers la bourse	redirection of savings to the stock market	направление сбережений на биржу
R 1283	repaiement *m*	repayment	выплата
R 1284	repaiement des intérêts	repayment of interest	выплата процента
R 1285	repaiement du principal	repayment of principal	выплата основной суммы долга
R 1286	réparation *f*	1. correction *(of an error)* 2. compensation *(of a loss, a damage)*	1. исправление *(ошибки)* 2. возмещение *(убытков, ущерба)*
R 1287	réparation en espèces	cash compensation	денежная компенсация
R 1288	réparation du préjudice causé	compensation for the damage	возмещение нанесённого ущерба
R 1289	réparer	1. to correct, to put right *(an error)* 2. to make good, to make up for *(a loss, a damage)*	1. исправлять *(ошибку)* 2. возмещать *(убытки, ущерб)*
R 1290	répartir	1. to allocate, to apportion 2. to spread *(payments)*	1. распределять 2. рассрочивать *(платежи)*
R 1291	répartiteur *m*	tax assessor	налоговый инспектор
R 1292	répartiteur *m* de fonds	allocator of funds	лицо, ответственное за распределение фондов
R 1293	répartition *f*	1. allocation, apportionment 2. allotment *(of shares)* 3. distribution *(of dividends)* 4. spreading	1. распределение *(средств)* 2. распределение *(новых акций)* 3. выплата *(дивидендов)* 4. рассрочивание
R 1294	répartition de 10%	10% dividend	дивиденд в 10%
R 1295	répartition d'actions	allotment of shares	распределение (новых) акций
R 1296	répartition de banques	bank directory	справочник по банкам
R 1297	répartition de bénéfice	profit distribution	распределение прибыли

R

R 1298	répartition du bénéfice net	net profit distribution	распределение чистой прибыли
R 1299	répartition du capital	allocation of capital	распределение капитала
R 1300	répartition des changes	distribution of currencies	распределение валют
R 1301	répartition des charges d'ajustement	allocation of adjustment costs	распределение расходов по корректировке
R 1302	répartition des charges de financement	allocation of financing charges	распределение стоимости финансирования
R 1303	répartition des charges d'intervention	allocation of intervention costs	распределение расходов по интервенции
R 1304	répartition des compétences	division of authority	разделение полномочий
R 1305	répartition des crédits	allocation of loans	распределение кредитов
R 1306	répartition, dernière	last (dividend) distribution	последняя выплата (дивиденда)
R 1307	répartition du dividende	dividend distribution	выплата дивиденда
R 1308	répartition des dotations	allocation of subsidies	распределение дотаций
R 1309	répartition des encours de crédits	loan amount distribution	распределение кредитов согласно сумме
R 1310	répartition des flux fiscaux	allocation of tax flows	распределение налоговых потоков
R 1311	répartition des frais	cost allocation	распределение расходов
R 1312	répartition géographique des financements	geographical distribution of financing	географическое распределение капиталовложений
R 1313	répartition géographique des prêts	geographical distribution of loans	географическое распределение кредитов
R 1314	répartition des impôts	tax assessment	оценка размеров налогообложения
R 1315	répartition par lieu de résidence	split by residency	распределение согласно месту проживания [местонахождению]
R 1316	répartition par monnaie	split by currency	распределение по валютам
R 1317	répartition des moyens de paiement internationaux	distribution of international means of payment	распределение средств международных расчётов
R 1318	répartition, première et unique	first and only distribution (of dividends)	первая и единственная выплата (дивидендов)
R 1319	répartition des profits	profit distribution	распределение прибыли
R 1320	répartition des responsabilités	division of responsibilities	разделение ответственности
R 1321	répartition du résultat	profit distribution	распределение прибыли
R 1322	répartition des ressources	resource allocation	распределение ресурсов
R 1323	répartition des risques	risk distribution	распределение рисков
R 1324	repayer	to pay again	вновь платить
R 1325	répercussions *f pl*	repercussions	последствия
R 1326	répercussions du boom de l'investissement	repercussion of the investment boom	последствия инвестиционного бума
R 1327	répercussions inflationnistes	inflationary repercussions	последствия инфляции
R 1328	répercussions monétaires	monetary repercussions	последствия для денежно-кредитной системы
R 1329	repère *m* boursier	stock market indicator	биржевой показатель
R 1330	répertoire *m*	index, directory	перечень, список, опись, реестр
R 1331	répertoire-bourse *m*	stock exchange directory	биржевой реестр
R 1332	repli *m*	fall, drop, decline, downturn	спад, снижение, падение
R 1333	repli appréciable	substantial drop	существенное снижение

R

R 1334	repli des cours	price decline	падение курсов
R 1335	repli du dollar	fall of the dollar	падение курса доллара
R 1336	repli des taux d'intérêt	interest rate decline	снижение процентных ставок
R 1337	repli technique	technical decline	техническое понижение курса *(за счёт факторов, связанных с работой самой биржи, а не экономическими изменениями)*
R 1338	repli des valeurs en clôture	stock on the decline at the close of the day's trading	падение курсов к концу биржевого дня
R 1339	replier, se	to fall back, to decline	понижаться, снижаться *(о курсе)*
R 1340	replonger	to plunge again	вновь резко понизиться
R 1341	repo *m*	repo, repurchase agreement	соглашение об обратном выкупе, репо *(продажа ценных бумаг на условиях их обратного выкупа через определённый срок по фиксированной цене — способ рефинансирования под залог ценных бумаг)*
R 1342	répondant *m*	guarantor, surety	поручитель, гарант
R 1343	répondre de	to stand surety for	гарантировать, являться гарантом
R 1344	répondre à une prime	to declare an option	объявлять о намерении исполнить опцион *или* отказаться от него
R 1345	réponse *f*	reply, answer, response	ответ, реакция
R 1346	apporter une réponse rapide	to provide a quick response	быстро отреагировать
R 1347	réponse aux appels d'offres	reply to invitations to tender	ответ на приглашение к участию в торгах
R 1348	réponse des primes	option declaration	объявление о намерении исполнить опцион *или* отказаться от него
R 1349	réponse rapide	quick response	быстрая реакция
R 1350	réponse tardive	late response	запоздалая реакция
R 1351	report *m*	1. postponement, deferment 2. posting 3. carrying [bringing] forward; balance carried forward 4. carrying over, continuation; contango, premium	1. перенесение, перенос, отсрочка 2. занесение (на счёт), проведение (по счёту) 3. перенос сальдо; сальдо к переносу 4. репорт; надбавка к цене, премия
R 1352	donner en report	to give on *(stock)*	предоставлять *(ценные бумаги)* с отсрочкой платежа *(по репорту)*
R 1353	encaisser un report	to collect a premium	инкассировать премию
R 1354	être en report	to carry over, to continue	осуществлять репорт
R 1355	prendre en report	to take in, to continue *(stock)*	покупать *(ценные бумаги)* с отсрочкой платежа *(по репорту)*
R 1356	se mettre en report	to carry over, to continue	осуществлять репорт
R 1357	report antérieur	amount brought forward	сальдо прошлого периода
R 1358	report en arrière de déficit	loss carry-back	перенесение убытков на предыдущий период

R

R 1359	report de crédits	carryover funds	перенос неиспользованных (бюджетных) средств на следующий период
R 1360	report du délai d'exécution	postponement of execution	отсрочка исполнения
R 1361	report et déport	continuation and backwardation	репорт и депорт
R 1362	report d'échéance	extension of the due date	перенос срока платежа
R 1363	report de l'exercice précédent	balance brought forward	сальдо, перенесённое с прошлого периода
R 1364	report à l'exercice suivant	balance carried forward	сальдо к переносу
R 1365	report au grand livre	posting to the ledger	занесение в главную книгу
R 1366	report d'impôts	tax deferral	отсрочка налоговых платежей
R 1367	report joué	continuation executed	проведённая репортная сделка
R 1368	report à nouveau	balance carried [brought] forward	сальдо к переносу
R 1369	report de solde	balance carry-forward	перенос сальдо
R 1370	reporté m	giver	лицо, покупающее ценные бумаги в репортной сделке *(и переносящее платёж на будущий период)*
R 1371	reporter	1. to postpone, to defer, to put off 2. to post 3. to carry [to bring] forward 4. to carry over, to continue	1. откладывать, переносить 2. проводить (по счёту) 3. переносить сальдо *(на следующий период)* 4. проводить репортные операции
R 1372	reporteur m	taker (of stock)	лицо, продающее ценные бумаги в репортной сделке *(и предоставляющее покупателю отсрочку платежа)*
R 1373	reporting m	reporting	отчётность, предоставление отчётов
R 1374	reporting fréquent	frequent reporting	частое предоставление отчётов
R 1375	reporting hebdomadaire	weekly reporting	еженедельное предоставление отчётов
R 1376	reporting des informations financières	reporting of financial information	предоставление финансовых отчётов
R 1377	reporting mensuel	monthly reporting	ежемесячное предоставление отчётов
R 1378	reporting quotidien	daily reporting	ежедневное предоставление отчётов
R 1379	reporting périodique	regular reporting	периодическая отчётность
R 1380	reports m pl et avances f pl sur titres	premiums and advances on securities	премии и авансы по ценным бумагам
R 1381	repositionnement m à la baisse des cours d'intervention	lowering of intervention price	понижение курсов интервенции
R 1382	reprendre	to rally, to pick up	активизироваться, вновь оживляться *(о деловой активности)*
R 1383	repreneur m	rescuer	покупатель компании *(находящейся в затруднительном положении)*

R

R 1384	repreneur amical	friendly bidder (for a company), rescuer	дружественный покупатель *(пытающийся купить компанию с согласия её руководства)*
R 1385	repreneur inamical	raider	рейдер, скупщик акций *(с целью приобретения контроля над компанией)*
R 1386	représentant *m*	representative	представитель, уполномоченный
R 1387	représentant à une assemblée	representative at the (stockholders') meeting	уполномоченный представитель на собрании акционеров
R 1388	représentant exclusif	sole agent	исключительный [эксклюзивный] представитель
R 1389	représentant de la haute banque	representative of high finance	представитель влиятельных банковских кругов
R 1390	représentant permanent	permanent representative	постоянный представитель
R 1391	représentatif	representative	представительный
R 1392	représentation *f*	representation	представительство
R 1393	en représentation	in representation	в подтверждение
R 1394	représentation des actionnaires	representation of stockholders	представительство акционеров
R 1395	représentation bancaire	bank representation	банковское представительство
R 1396	représentation à l'étranger	representation abroad	представительство за границей
R 1397	représentation des obligataires	representation of bondholders	представительство облигационеров
R 1398	répression *f*	suppression	наказание
R 1399	répression de la falsification des signes monétaires	suppression of counterfeiting of money	наказание за подделку денежных знаков
R 1400	répression des fraudes	suppression of fraud	наказание за мошенничество
R 1401	répression des infractions en matière de chèques	suppression of check fraud	наказание за нарушение чекового законодательства
R 1402	reprêter	to on-lend	предоставлять новый кредит
R 1403	reprise *f*	1. recovery, revival 2. recovery, rally (of stock prices) 3. bringing forward; carrying forward 4. takeover	1. оживление, возобновление 2. повышение курса *(после снижения)* 3. перенос сальдо 4. приобретение контроля над компанией, поглощение
R 1404	reprise boursière	stock market recovery	оживление на бирже
R 1405	reprise de cotation	resumption of quotation	возобновление котировки *(напр. на следующий день)*
R 1406	reprise des cours	recovery of (stock) prices	повышение биржевых курсов
R 1407	reprise d'une entreprise par ses salariés, RES	management buy-out, MBO	выкуп контрольного пакета акций компании её служащими
R 1408	reprise des investissements	investment recovery	оживление инвестиций
R 1409	reprise des paiements	resumption of payments	возобновление платежей
R 1410	reprise des soldes des comptes du bilan	balance sheet carry-forward	перенос сальдо статей баланса
R 1411	reprise des transactions	resumption of dealings	возобновление операций
R 1412	reprises *f pl*	1. takeovers 2. reassessment	1. поглощения 2. переоценка
R 1413	reprises boursières	stock exchange takeovers	биржевые поглощения (компаний)

R

R 1414	reprises de liquidités	reassessment of liquidity requirements *(by the Central bank)*	переоценка на увеличение ликвидности *(Центральным банком)*
R 1415	reprises sur provisions antérieures	recoveries on previous reserves	переоценка резервов за прошедший период
R 1416	répudiation *f*	repudiation, renouncement	отказ
R 1417	répudiation d'une dette	repudiation of a debt	отказ от уплаты долга
R 1418	répudiation partielle	partial repudiation (of a debt)	частичный отказ (от уплаты долга)
R 1419	répudiation pure et simple d'une dette	unequivocal repudiation of a debt	безоговорочный отказ от уплаты долга
R 1420	répudiation totale	complete repudiation (of a debt)	полный отказ (от уплаты долга)
R 1421	réputation *f*	reputation	репутация
R 1422	réputation, bonne	good reputation	хорошая репутация
R 1423	réputation établie	established reputation	установившаяся репутация
R 1424	réputation excellente	excellent reputation	прекрасная репутация
R 1425	réputation mauvaise	bad reputation	плохая репутация
R 1426	réputation de solvabilité	credit record	репутация кредитоспособности
R 1427	requis	required	требуемый, надлежащий
R 1428	RES *m* (rachat d'entreprise par les salariés)	MBO, management buy-out	выкуп контрольного пакета акций компании её служащими
R 1429	rescriptions *f pl*	rescriptions	рескрипции *(краткосрочные государственные ценные бумаги в Швейцарии)*
R 1430	escompter les rescriptions	to discount rescriptions	учитывать рескрипции
R 1431	réseau *m*	network	сеть
R 1432	installer un réseau de GAB	to install a network of ATMs	устанавливать сеть банкоматов
R 1433	réseau d'agences	branch network	сеть отделений
R 1434	réseau bancaire international SWIFT	international banking network SWIFT	международная банковская сеть СВИФТ
R 1435	réseau de bureaux de représentation	network of representative offices	сеть представительств
R 1436	réseau entre les cambistes des banques	interbank forex dealer network	межбанковская сеть валютных дилеров
R 1437	réseau collecteur	(deposit) collecting network	сеть по привлечению (депозитов)
R 1438	réseau de DAB-GAB	ATM network	сеть банкоматов
R 1439	réseau de démarcheurs à domicile	network of door-to-door sellers	сеть продавцов (ценных бумаг) по месту нахождения клиента
R 1440	réseau de filiales	subsidiary network	сеть дочерних компаний
R 1441	réseau Globex	Globex network	сеть Глобэкс
R 1442	réseau de guichets	branch network	сеть банковских отделений
R 1443	réseaux micro-informatiques	microcomputer network	сеть микрокомпьютеров
R 1444	réseau mutualiste à statut légal spécial	mutual bank network with a special legal status	сеть банков взаимного кредита, имеющих специальный юридический статус
R 1445	réseau de participations	participation network	система участий
R 1446	réseau public des télécommunications	public telecommunications network	государственная телекоммуникационная сеть

R

R 1447	réseau de succursales	branch network	сеть филиалов
R 1448	réseau de succursales bancaires	branch banking (system)	сеть банковских филиалов
R 1449	réseau de télécommunications	telecommunication network	телекоммуникационная сеть
R 1450	réseau télématique	information network	информационная сеть
R 1451	réseau de teneurs de comptes de dépôt	deposit account holder networks	сеть владельцев депозитных счетов
R 1452	réseau de transmission de données	data transmission network	сеть передачи данных
R 1453	réseau du Trésor	Treasury network	сеть (отделений) казначейства
R 1454	réserve *f*	1. reserve, stock, store 2. reserve 3. provision, reservation, reserve	1. резерв, запас 2. резерв, резервный фонд 3. условие, оговорка
R 1455	sans réserve	without reservations	без оговорок, без ограничений, безоговорочно, безусловно
R 1456	sous réserve	with reservations	с оговорками, при условии, с условием
R 1457	réserve pour amortissement	depreciation allowance	амортизационный резерв
R 1458	réserve de banque	bank reserve	банковский резерв
R 1459	réserve de caisse	cash reserve	кассовый резерв
R 1460	réserve de capital	capital reserve	резерв капитала
R 1461	réserve pour créances douteuses	bad debt reserve, reserve for bad debts	резерв на покрытие безнадёжных долгов
R 1462	réserve pour différences de cours	allowance for currency adjustments	резерв на покрытие валютных потерь
R 1463	réserve disponible	available reserve	свободный резерв; резерв, имеющийся в наличии
R 1464	réserve de dividende	dividend reserve	резерв на выплату дивиденда
R 1465	réserve excédentaire	excess [supplementary] reserve	дополнительный резерв
R 1466	réserve extraordinaire	extraordinary reserve	резерв на покрытие чрезвычайных расходов
R 1467	réserve fiscale	reserve for tax liability	резерв для уплаты налогов
R 1468	réserve de fonds	cushion of funds	страховой резерв
R 1469	réserve pour fonds d'amortissement	sinking fund reserve	амортизационный резерв
R 1470	réserve fractionnaire	fractional cash reserve	частичный резерв (покрывающий только часть банковских депозитов)
R 1471	réserve de garantie	contingency reserve	гарантийный резерв, резерв на покрытие чрезвычайных потерь
R 1472	réserve générale	general reserve, surplus	общий резерв
R 1473	réserve pour impôts	reserve for tax liability	резерв для уплаты налогов
R 1474	réserve pour imprévus	contingency reserve	гарантийный резерв, резерв на покрытие чрезвычайных потерь
R 1475	réserve légale	legal reserve	резерв, установленный законом
R 1476	réserve liquide	liquid reserve	ликвидный резерв
R 1477	réserve de liquidité	reserve of liquid assets	резерв ликвидных средств
R 1478	réserve métallique	metallic [bullion] reserve	резерв драгоценных металлов, золотой резерв

R

R 1479	réserve obligatoire	reserve requirement	обязательный резерв (определённый процент банковских депозитов)
R 1480	réserve pour pertes non spécifiques	nonspecific loss reserve	нецелевой резерв на покрытие убытков
R 1481	réserve pour pertes sur prêts	loan loss reserve	резерв на покрытие убытков от невозвращённых ссуд
R 1482	réserve de pévoyance	contingency reserve	гарантийный резерв, резерв на покрытие чрезвычайных потерь
R 1483	réserve primaire	primary reserve	первичный резерв
R 1484	réserve pour prime d'émission	share premium reserve [account]	счёт эмиссионной премии
R 1485	réserve pour primes éventuelles	unearned premium reserve	резерв на покрытие неуплаченных премий
R 1486	réserve de réévalution	revaluation reserve	резерв на переоценку, резерв на покрытие изменения стоимости
R 1487	réserve de réévalution des avoirs publics en or	public gold holding revaluation reserve	резерв на покрытие изменения стоимости государственных золотых авуаров
R 1488	réserve pour réévaluation du portefeuille-titres	securities portfolio revaluation reserve	резерв на покрытие изменения стоимости портфеля ценных бумаг
R 1489	réserve pour régularisation des dividendes	dividend equalization reserve	резерв на выравнивание дивиденда
R 1490	réserve résultant de dispositions fiscales	tax-driven reserve	налоговый резерв
R 1491	réserve statutaire	statutory reserve	установленный законом резерв
R 1492	réserve visible	visible reserve	видимый резерв
R 1493	Réserve f fédérale	Federal Reserve, the Fed	Федеральная резервная система (Центральный банк США)
R 1494	réserve-encaisse f	cash reserve	резерв наличности
R 1495	réserve-or f	gold reserve	золотой резерв
R 1496	réserver	to earmark; to reserve	предназначать, выделять (средства)
R 1497	réserves f pl	reserves	резервы
R 1498	accumuler des réserves	to accumulate reserves	накапливать резервы
R 1499	amputer des réserves	to cut reserves	сокращать резервы
R 1500	constituer des réserves	to build up reserves	создавать резервы
R 1501	gérer des réserves	to manage reserves	управлять резервами
R 1502	loger les réserves en report	to give in reserves (for continuation)	проводить репортные операции с использованием резервов
R 1503	puiser dans les réserves	to draw on reserves	использовать резервы
R 1504	reconstituer les réserves	to rebuild reserves	восстанавливать резервы
R 1505	tirer sur ses réserves	to draw on one's reserves	использовать свои резервы
R 1506	réserves accumulées	accumulated reserves	накопленные резервы
R 1507	réserves accusées au bilan	reserves showed in the balance sheet	балансовые резервы
R 1508	réserves apparentes	declared reserves	объявленные резервы
R 1509	réserves, autres	other reserves	прочие резервы

R

R 1510	réserves bancaires	bank reserves	банковские резервы
R 1511	réserves cachées	hidden reserves	скрытые резервы
R 1512	réserves de change	monetary reserves	валютные резервы
R 1513	réserves en comptabilité	accounting reserves	бухгалтерские резервы
R 1514	réserves sur les concours	loan reserves	резервы против выданных кредитов
R 1515	réserves conditionnelles	conditional reserves	условные резервы
R 1516	réserves consolidées	consolidated reserves	консолидированные резервы
R 1517	réserves constituées en francs français	French franc reserves	резервы во французских франках
R 1518	réserves à constituer	reserves to be built up	создаваемые резервы
R 1519	réserves contractuelles	contractual reserves	контрактные резервы (создаваемые по решению общего собрания акционеров)
R 1520	réserves pour débiteurs douteux	bad debt reserves	резервы на покрытие безнадёжных долгов
R 1521	réserves en devises	foreign exchange reserves, reserves for bad debts	резервы в иностранной валюте
R 1522	réserves empruntées nettes	net borrowed reserves	нетто-заёмные резервы
R 1523	réserves en espèces	cash reserves	кассовые резервы
R 1524	réserves sur les exigibilités	current liability reserves	резервы против текущих обязательств
R 1525	réserves facultatives	voluntary reserves	дополнительные [необязательные] резервы
R 1526	réserves financières	financial reserves	финансовые резервы
R 1527	réserves, fortes	large reserves	значительные резервы
R 1528	réserves inconditionnelles	unconditional reserves	безусловные [обязательные] резервы
R 1529	réserves indisponibles	indistributable [capital] reserves	нераспределяемые резервы (резервы, не подлежащие выплате в виде дивиденда)
R 1530	réserves d'interventions	intervention reserves	резервы для проведения интервенций
R 1531	réserves latentes	inner reserves	скрытые резервы
R 1532	réserves libres	free reserves	свободные резервы
R 1533	réserves liquides	liquid reserves	ликвидные резервы
R 1534	réserves, maigres	low reserves	низкий уровень резервов
R 1535	réserves minimales	minimum reserves	минимальные резервы
R 1536	réserves monétaires	monetary reserves	валютные резервы
R 1537	réserves monétaires internationales	international monetary reserves	международные валютные резервы
R 1538	réserves monétaires métalliques	gold reserves	золотые резервы
R 1539	réserves obligatoires proportionnelles sur les emplois et sur les dépôts	proportional reserve requirement for uses of funds and deposits	пропорциональные (обязательные) резервы против активов и депозитов
R 1540	réserves occultes	hidden reserves	скрытые резервы
R 1541	réserves officielles de change	official foreign exchange reserves	официальные валютные резервы
R 1542	réserves d'or de l'État	State gold reserves	государственные золотые резервы
R 1543	réserves d'or privées	private gold reserves	частные золотые резервы
R 1544	réserves or-devises	gold and foreign exchange reserves	золотовалютные резервы

R

R 1545	réserves ouvertes	disclosed reserves	официально заявленные резервы
R 1546	réserves de première ligne	standby reserves	резервы первой очереди
R 1547	réserves privées	private reserves	частные резервы
R 1548	réserves progressives sur emplois	progressive reserve requirement for uses of funds	прогрессивные обязательные резервы против активов
R 1549	réserves publiques de change	public foreign exchange reserves	государственные валютные резервы
R 1550	réserves secondaires	secondary reserves	вторичные резервы
R 1551	réserves stériles	unproductive reserves	непроизводительные резервы
R 1552	réserves supplémentaires	excess [supplementary] reserves	дополнительные резервы
R 1553	réserves de trésorerie	cash reserves	кассовые резервы
R 1554	résident *m*	resident	резидент
R 1555	résidu *m*	remainder	остаток *(напр. по счёту)*
R 1556	résiliable	cancelable, voidable	расторжимый, аннулируемый
R 1557	résiliation *f*	cancellation, termination	расторжение, аннулирование
R 1558	résilier	to cancel, to void, to rescind, to terminate	расторгать, аннулировать
R 1559	résistant	firm	твёрдый; устойчивый *(о курсе)*
R 1560	résolution *f*	cancellation, rescission	расторжение, аннулирование
R 1561	résolution d'un réméré	cancellation of a repurchase agreement	аннулирование соглашения об обратном выкупе *(ценных бумаг)*
R 1562	résorption *f* des excédents	reduction of surpluses	сокращение излишков
R 1563	respect *m*	respect, observance, compliance	соблюдение, выполнение
R 1564	respect des conditions	compliance with the terms	выполнение условий
R 1565	respect du délai d'exécution	meeting of the execution deadline	соблюдение срока выполнения
R 1566	respect des dispositions législatives et réglementaires	compliance with legal and regulatory requirements	соблюдение законодательных и нормативных актов
R 1567	respect des échéances	respect of deadlines	соблюдение сроков
R 1568	respect des engagements financiers	respect of financial commitments	выполнение финансовых обязательств
R 1569	respect des instructions	compliance with the instructions	соблюдение инструкций
R 1570	respect des obligations monétaires	respect of monetary commitments	выполнение денежных обязательств
R 1571	respect de la parole	keeping one's word	выполнение обещания
R 1572	respect de la réglementation	compliance with the regulation	соблюдение нормативных актов
R 1573	respect du secret bancaire	keeping the bank's secrecy	соблюдение банковской тайны
R 1574	respect strict d'une bonne conduite	strict observance of proper behavior norms	строгое соблюдение норм поведения
R 1575	respecter	to respect, to observe, to comply with	соблюдать, выполнять
R 1576	responsabilité *f*	responsibility; liability	ответственность
R 1577	assumer la responsabilité	to take on [to bear] responsibility	нести ответственность
R 1578	décharger de la responsabilité	to free [to release] from a responsibility	освобождать от ответственности
R 1579	décliner toute responsabilité	to disclaim all responsibility	снимать с себя всякую ответственность

R

R 1580	dégager de la responsabilité	to free [to release] from responsibility	освобождать от ответственности
R 1581	déléguer sa responsabilité	to delegate one's responsibility	делегировать [передавать] свои полномочия
R 1582	encourir une double responsabilité	to bear double responsibility	нести двойную ответственность
R 1583	fuire sa responsabilité	to evade one's responsibility	уклоняться от ответственности
R 1584	rejeter la responsabilité	to decline the responsibility	перекладывать ответственность
R 1585	se dessaisir [se libérer] de la responsabilité	to free oneself from responsibility	снимать с себя ответственность
R 1586	supporter la responsabilité	to bear responsibility	нести ответственность
R 1587	responsabilité administrative	administrative responsibility	административная ответственность
R 1588	responsabilité au-delà de ses apports	liability beyond one's contribution	ответственность сверх своего взноса (в корпорацию)
R 1589	responsabilité civile	civil [legal] liability	гражданская ответственность
R 1590	responsabilité collective	collective liability	коллективная ответственность
R 1591	responsabilité conjointe et solidaire	joint and several responsibility	солидарная ответственность
R 1592	responsabilité de direction	management responsibility	ответственность руководства
R 1593	responsabilité, double	double responsibility	двойная ответственность
R 1594	responsabilité entière	total responsibility	полная ответственность
R 1595	responsabilité étendue	extended responsibility	расширенная ответственность
R 1596	responsabilité financière	financial responsibility	финансовая ответственность
R 1597	responsabilité illimitée	unlimited liability	неограниченная ответственность
R 1598	responsabilité individuelle	individual responsibility	личная ответственность
R 1599	responsabilité limitée	limited liability	ограниченная ответственность
R 1600	responsabilité pécuniaire personnelle	personal monetary liability	личная материальная ответственность
R 1601	responsabilité pénale	criminal responsibility	уголовная ответственность
R 1602	responsabilité personnelle	personal liability	личная ответственность
R 1603	responsabilité restreinte	restricted liability	ограниченная ответственность
R 1604	responsabilité solidaire	joint liability	солидарная ответственность
R 1605	responsabilité solidaire des signataires	joint liability of the signatories	солидарная ответственность подписавших
R 1606	responsabilité subsidiaire	subsidiary liability	подчинённая ответственность
R 1607	responsable	responsible; liable	ответственный
R 1608	responsable m	manager, executive; official	должностное лицо, менеджер; руководитель
R 1609	responsable bancaire	bank official	менеджер банка
R 1610	responsable des contrats d'option, RCO	registered option principal	менеджер опционных контрактов
R 1611	responsable de la cotation	quotation manager	ответственный за котировку
R 1612	responsables m pl	managers, executives; officials	должностные лица, менеджеры; руководители
R 1613	responsables des finances extérieures	international finance managers	ответственные за международные финансовые операции

R

R 1614	responsables de l'introduction	listing managers	ответственные за эмиссию ценных бумаг на биржу
R 1615	ressaisir, se	to rally, to pick up, to firm up	укрепляться *(о курсе)*
R 1616	resserrement *m*	tightening	ограничение; сокращение; уменьшение
R 1617	resserrement du contrôle des changes	exchange control tightening	ужесточение валютного контроля
R 1618	resserrement du crédit	credit squeeze [tightening]	ограничение кредита
R 1619	resserrement des disparités	closing the gaps	уменьшение диспропорций
R 1620	resserrement des écarts sur les échéances courtes	closing the gaps in short maturities	сокращение разрыва по краткосрочным векселям
R 1621	resserrement de la liquidité	credit squeeze [tightening]	сокращение ликвидности
R 1622	resserrement monétaire	monetary squeeze	рестриктивная денежно-кредитная политика
R 1623	resserrer	to tighten, to restrict	ограничивать *(кредит)*
R 1624	ressort *m*	responsibility	компетенция, ведение; инстанция
R 1625	ressort, dernier	last resort	последняя инстанция
R 1626	ressort, premier	first resort	первая инстанция
R 1627	ressources *f pl*	resources; means, funds	ресурсы; денежные средства
R 1628	affecter les ressources	to allocate resources	ассигновывать [выделять] средства
R 1629	dégager des ressources fraîches	to generate fresh funds	генерировать новые средства
R 1630	dépenser les ressources	to spend resources	тратить [расходовать] средства
R 1631	distribuer les ressources	to distribute resources	распределять средства
R 1632	économiser les ressources	to save resources	экономить ресурсы
R 1633	faire appel aux ressources extérieures	to resort to external resources	прибегать к внешним источникам финансирования
R 1634	gaspiller les ressources	to waste resources	растрачивать средства
R 1635	lever les ressources	to raise funds	привлекать средства
R 1636	mettre en valeur les ressources	to exploit [to use, to utilize] resources	использовать ресурсы
R 1637	octroyer les ressources	to grant resources	предоставлять ресурсы
R 1638	orienter les ressources	to channel resources	направлять средства
R 1639	prêter sur les ressources obtenues	to lend the funds raised	ссужать привлечённые средства
R 1640	répartir les ressources	to allocate resources	ассигновывать [выделять] средства
R 1641	se financer sur les ressources externes	to be financed by external resources	финансироваться из внешних источников
R 1642	se procurer des ressources	to obtain funds	обеспечивать себя средствами
R 1643	tirer sur les ressources	to draw on the resources	использовать ресурсы
R 1644	ressources abondantes	plentiful resources	огромные средства
R 1645	ressources acquises	purchase funds	привлечённые средства
R 1646	ressources bancaires à terme	time bank deposits	срочные банковские средства
R 1647	ressources d'une banque	bank resources, sources of bank funds	банковские ресурсы
R 1648	ressources budgétaires	budgetary funds	бюджетные средства
R 1649	ressources en capitaux de longue durée	long-term capital resources	средства в виде долгосрочных капиталов
R 1650	ressources de caractère monétaire	monetary resources	денежные ресурсы

R

R 1651	ressources de change	foreign exchange resources	валютные ресурсы
R 1652	ressources collectées	funds raised	привлечённые средства
R 1653	ressources à court terme [courtes]	short-term resources	краткосрочные средства
R 1654	ressources de crédit	credit resources	кредитные средства
R 1655	ressources disponibles	available resources	наличные денежные ресурсы
R 1656	ressources d'emprunt [empruntées]	borrowed resources	заёмные [заимствованные] средства
R 1657	ressources d'épargne	saving resources	сбережения
R 1658	ressources d'épargne directe	direct saving resources	первичные сбережения
R 1659	ressources d'épargne à long terme	long-term savings [resources]	долгосрочные сбережения
R 1660	ressources épuisées	exhausted resources	исчерпанные ресурсы
R 1661	ressources extérieures [externes]	external resources	1. внешние ресурсы 2. внешние источники финансирования
R 1662	ressources financières	financial resources	финансовые ресурсы
R 1663	ressources fiscales	tax funds	налоговые поступления
R 1664	ressources sous forme de créances négociables	funds in the form of negotiable bills	средства в форме обращающихся долговых требований
R 1665	ressources fraîches	new resources	новые ресурсы [средства]
R 1666	ressources illimitées et renouvelables	unlimited renewable resources	неограниченные возобновляемые ресурсы
R 1667	ressources inemployées	unused resources	неиспользованные ресурсы [средства]
R 1668	ressources internes	internal resources	внутренние ресурсы
R 1669	ressources d'investissement	investment resources	инвестиционные ресурсы
R 1670	ressources liquides	liquid funds	ликвидные средства
R 1671	ressources à long terme [longues]	long-term funds	долгосрочные средства
R 1672	ressources du marché monétaire interbancaire	interbank money market resources	средства межбанковского денежного рынка
R 1673	ressources mobilisables	mobilizable resources	мобилизуемые ресурсы
R 1674	ressources mobilisées	mobilized resources	мобилизованные ресурсы
R 1675	ressources monétaires	monetary resources	денежные ресурсы
R 1676	ressources à moyen terme	medium-term funds	среднесрочные средства
R 1677	ressources non fiscales	nontax funds	неналоговые поступления
R 1678	ressources non mobilisées	nonmobilized resources	иммобилизованные ресурсы
R 1679	ressources non monétaires	nonmonetary resources	средства не в денежной форме
R 1680	ressources obtenues sur sa propre signature	funds obtained against one's own signature	средства, полученные под собственную подпись
R 1681	ressources partagées	shared funds	распределённые ресурсы
R 1682	ressources personnelles	personal means	личные средства
R 1683	ressources principales	principal resources	основные средства
R 1684	ressources, propres	own resources	собственные средства
R 1685	ressources stables d'une banque	stable bank funds	стабильные ресурсы банка (напр. собственные средства, облигационные займы)
R 1686	ressources du Trésor	treasury funds	ресурсы казначейства
R 1687	ressources de trésorerie	cash resources	денежные средства
R 1688	restant *m*	balance	остаток, сальдо
R 1689	restant en caisse	cash balance	кассовый остаток

R

R 1690	restant de compte	account balance	остаток на счёте, сальдо счёта
R 1691	restauration f de la convertibilité	restoring of convertibility	возврат к обратимости
R 1692	reste m en caisse	cash balance	кассовый остаток
R 1693	restituable	refundable	подлежащий возврату, возвратимый *(напр. о налоге)*
R 1694	restituer	to refund	возвращать; возмещать
R 1695	restitution f	restitution, restoration; refund; return	возврат; возмещение
R 1696	opérer une restitution	to refund	возвращать; возмещать
R 1697	restitution des dépôts de garantie	return of margins	возврат гарантийного депозита *(биржевым брокером)*
R 1698	restitution des fonds avancés	return of loaned funds	возврат выданных ссуд
R 1699	restitution des frais	expense reimbursement	возмещение расходов
R 1700	restitution des impôts	tax refund	возврат налогов
R 1701	restitution des sommes	cash refund	возврат денежных сумм
R 1702	restreint	restricted	ограниченный
R 1703	restrictif	restrictive	ограничительный, рестриктивный
R 1704	restriction f	restriction; limitation	ограничение
R 1705	sans restriction	without restriction	неограниченный, без ограничений
R 1706	restriction des moyens de financement	limitation of means of financing	ограничение средств финансирования
R 1707	restriction passagère de trésorerie	temporary cash problem	временная нехватка наличности
R 1708	restriction du risque de non-paiement	limitation of the default risk	ограничение риска неплатежа
R 1709	restrictions f pl	restrictions, restraints	ограничения
R 1710	démanteler des restrictions	to abolish restrictions	отменять ограничения
R 1711	être soumis à des restrictions	to be subject to restrictions	подвергаться ограничениям
R 1712	imposer des restrictions	to impose restrictions	вводить ограничения
R 1713	lever des restrictions	to lift restrictions	снимать ограничения
R 1714	restrictions de change	exchange restrictions	валютные ограничения
R 1715	restrictions de crédit	credit restrictions [squeeze, tightening]	кредитные ограничения
R 1716	restrictions de devises	exchange restrictions	валютные ограничения
R 1717	restrictions directes de crédit	direct credit restrictions	непосредственные кредитные ограничения
R 1718	restrictions aux importations de capitaux	capital import restrictions	ограничения на импорт капитала
R 1719	restrictions indirectes de crédit	indirect credit restrictions	косвенные кредитные ограничения
R 1720	restrictions législatives	legal restrictions	законодательные ограничения
R 1721	restrictions limitant les entrées de capitaux	capital import restrictions	ограничения на импорт капитала
R 1722	restrictions en matière de change	exchange restrictions	валютные ограничения
R 1723	restrictions monétaires	monetary restrictions	денежно-кредитные ограничения
R 1724	restrictions aux mouvements de capitaux	capital circulation restrictions	ограничения на движение капитала
R 1725	restrictions de paiements	payment restrictions	платёжные ограничения

R

R 1726	restrictions des paiements courants	current payment restrictions	ограничения на текущие платежи
R 1727	restrictions aux paiements et transferts	payment and transfer restrictions	ограничения на платежи и переводы
R 1728	restrictions aux sorties de capitaux	capital export restrictions	ограничения на экспорт капитала
R 1729	restrictions temporaires	temporary restrictions	временные ограничения
R 1730	restrictions de transfert	transfer restrictions	ограничения на перевод
R 1731	restructuration *f*	restructuring	реструктуризация, перестройка
R 1732	restructuration du capital	recapitalization	рекапитализация
R 1733	restructuration des dettes	debt restructuring	реструктуризация долга (*пересмотр условий*)
R 1734	restructuration légale et réglementaire du système financier	legal and regulatory restructuring of the financial system	законодательная и нормативная перестройка финансовой системы
R 1735	résultat *m*	1. result 2. (trading) result, figures (profit *or* loss) 3. balance (of an account)	1. результат, итог 2. финансовый результат (прибыль *или* убыток) 3. остаток по счёту
R 1736	dégager un résultat	to generate a profit	приносить прибыль
R 1737	résultat par action	profit per share	прибыль в расчёте на акцию
R 1738	résultat appréciable	substantial profit	значительная прибыль
R 1739	résultat bénéficiaire	positive result [figures]	прибыль
R 1740	résultat brut	gross profit *or* loss	валовая прибыль; валовой убыток
R 1741	résultat comptable	accounting profit	балансовая прибыль
R 1742	résultat déficitaire	negative result [figures]	убыток
R 1743	résultat dégagé par les opérations à terme	profit from forward transactions	прибыль от срочных операций
R 1744	résultat d'exploitation	operating [trading] profit *or* loss	(финансовый) результат от основной деятельности
R 1745	résultat favorable	positive result [figures]	прибыль
R 1746	résultat final	final result	конечный результат, итог
R 1747	résultat financier	nonoperating revenues *or* expenses	прибыль *или* убыток от финансовых операций
R 1748	résultat négatif	negative result [figures]	убыток
R 1749	résultat négligeable	negligible result	незначительный результат
R 1750	résultat net	net profit *or* loss	чистая прибыль; чистый убыток
R 1751	résultat partiel	partial result	частичный эффект
R 1752	résultat positif	positive result [figures]	прибыль
R 1753	résultat à répartir	income summary account	прибыль к распределению
R 1754	résultat tangible	tangible result	ощутимый [значительный] результат
R 1755	résultat total	total profit *or* loss	валовая прибыль; валовой убыток
R 1756	résultats *m pl*	1. results 2. profits; income; earnings	1. результаты, итоги 2. прибыль; доходы
R 1757	résultats boursiers	stock market income	биржевая прибыль
R 1758	résultats consolidés	consolidated income	консолидированная прибыль
R 1759	résultats détaillés	profit details	разбивка прибыли
R 1760	résultats de l'exercice	results of a financial year	результаты отчётного года
R 1761	résultats globaux	global results	общие итоги
R 1762	résultats non consolidés	unconsolidated income	неконсолидированная прибыль

R

R 1763	résultats opérationnels	operating [trading] profit, operating income	доходы от основной деятельности
R 1764	résultats performants	high performance	высокие результаты
R 1765	résultats prévisionnels	credible earnings forecast	прогнозируемая прибыль
R 1766	résultats records	record profits	рекордная прибыль
R 1767	résultats d'une société	corporate income	прибыль компании
R 1768	résurgence f de l'inflation	inflation resurgence	возобновление инфляции
R 1769	rétablissement m	restoring	восстановление; возврат
R 1770	rétablissement de la convertibilité	restoring of convertibility	возврат к конвертируемости
R 1771	rétablissement de crédits	restoring of lending	возобновление кредитования
R 1772	rétablissement de la libre convertibilité	restoring of free convertibility	возврат к свободной конвертируемости
R 1773	retard m	lateness; delay	задержка; отсрочка
R 1774	être en retard dans ses paiements	to be behind with one's payments, to be in arrears	задерживать платежи
R 1775	en retard	late	просроченный
R 1776	retard effectif	actual delay	реальная задержка
R 1777	retard envisagé	expected delay	ожидаемая просрочка
R 1778	retard d'exécution	late execution	задержка исполнения
R 1779	retard de livraison	late delivery	задержка в поставке
R 1780	retard de paiement	late payment	задержка платежа
R 1781	retarder	to postpone, to defer; to delay	задерживать; отсрочивать
R 1782	retenir	to deduct, to withhold	удерживать, вычитать
R 1783	rétention f	1. retention 2. retaining, keeping	1. право удержания (отказ кредитора вернуть залог должнику) 2. удержание
R 1784	rétention des bénéfices	retaining of profits	удержание прибылей
R 1785	retenue f	deduction, withholding	удержание, вычет
R 1786	faire [opérer, prélever] une retenue	to deduct, to withhold	удерживать, вычитать
R 1787	retenue fiscale à la source	deduction [withholding] of tax at source	удержание налогов у источника
R 1788	retenue de garantie	guarantee deposit	гарантийный депозит
R 1789	retenue de garantie d'escompte	discount guarantee deduction	удержание гарантийной суммы при учёте (векселя)
R 1790	retenue d'un montant	deduction of an amount	удержание суммы
R 1791	retenue à la source, RAS	deduction [withholding] at source	удержание налогов у источника
R 1792	retirer	1. to recall; to revoke 2. to withdraw (money from an account) 3. to redeem (from pawn)	1. изымать; отзывать; отменять 2. снимать (средства со счёта) 3. выкупать (из залога)
R 1793	retombées f pl financières	financial consequences	финансовые последствия
R 1794	retour m	1. return 2. dishonored [returned] bill 3. return (e.g. on investment)	1. возврат; возвращение 2. вексель, по которому должник отказался платить, возвращённый вексель 3. доходность (напр. инвестиций)
R 1795	retour des capitaux dans le pays	return of capital into the country	возвращение капитала в страну
R 1796	retour à la confiance dans la monnaie	return of confidence in the currency	восстановление доверия к валюте

R

R 1797	retour à l'équilibre des paiements courants	return to the equilibrium of current payments	восстановление равновесия баланса по текущим операциям
R 1798	retour à l'étalon-or	return to the gold standard	возврат к золотому стандарту
R 1799	retour sans frais	protest waived in case of dishonor *(no expenses incurred)*	надпись на векселе об отсутствии необходимости прибегать к протесту *(в случае неплатежа по тратте во избежание судебных издержек)*
R 1800	retour sur investissements	return on investment	доходность инвестиций
R 1801	retour aux parités stables et ajustables	return to stable adjustable parities	возврат к системе стабильных и регулируемых паритетов
R 1802	retour à un système de changes fixes	return to fixed exchange rate system	возврат к системе фиксированных валютных курсов
R 1803	retournement *m*	reversal, turnaround	коренное изменение
R 1804	retournement du marché	market turnaround	коренное изменение рыночной тенденции
R 1805	retournement de la situation financière	turnaround in the financial situation	коренное изменение финансового положения (компании)
R 1806	retournement de tendance des cours	reversal of the price tendency	коренное изменение ценовой тенденции
R 1807	retournement de la tendance initiale	reversal of the initial trend	коренное изменение исходной тенденции
R 1808	retourner	to return	возвращать
R 1809	retours *m pl* d'impayés	returned bills	возвращённые векселя
R 1810	rétractable	retractable	изымаемый, сокращаемый *(о займе)*
R 1811	rétraction *f* de l'investissement	disinvestment	сокращение инвестиций
R 1812	retrait *m*	1. recall, revocation 2. withdrawal 3. redemption *(from pawn)*	1. изъятие; отмена 2. снятие со счёта (денег) 3. выкуп *(из залога)*
R 1813	effectuer un retrait	1. to recall, to revoke 2. to withdraw *(money)*	1. изымать; отменять 2. снимать со счёта (деньги)
R 1814	retrait anticipé de l'emprunt	early loan repayment	досрочный возврат займа
R 1815	retrait d'argent	cash withdrawal *(from an account)*	снятие денег *(со счёта)*
R 1816	retrait de l'argent d'un compte	withdrawal of cash from an account	снятие денег со счёта
R 1817	retrait des billets	withdrawal of banknotes	изъятие бумажных денег
R 1818	retrait de capitaux	withdrawal of capital	изъятие капиталов
R 1819	retrait de la circulation	withdrawal from circulation	изъятие из обращения
R 1820	retrait de la cote	delisting	снятие с котировки
R 1821	retrait d'un crédit	repayment of a loan	возврат кредита
R 1822	retrait de dépôts	withdrawal of deposits	изъятие вкладов [депозитивов]
R 1823	retrait d' [en] espèces	cash withdrawal (from an account)	снятие денег (со счёта)
R 1824	retrait de fonds	1. withdrawal of cash (from an account) 2. withdrawal of capital	1. снятие денег (со счёта) 2. изъятие капиталов (из предприятия)
R 1825	retrait de fonds de distributeurs automatiques de billets	cash withdrawal from automatic teller machines	получение денег из банкомата

R 1826	retrait d'un gage	redemption of a pledge	выкуп залога
R 1827	retrait massif des dépôts en banque	run on banks	массовое изъятие банковских вкладов
R 1828	retrait partiel	partial withdrawal	частичное изъятие вклада
R 1829	retrait d'un prêt	repayment of a loan	возврат ссуды
R 1830	retrait des signes monétaires	withdrawal of paper money	изъятие денежных знаков
R 1831	retrait total	complete withdrawal	полное изъятие вклада
R 1832	retrait à vue	withdrawal on demand	снятие денег по требованию
R 1833	retraite *f*	cross-bill	ретратта
R 1834	retrancher	to deduct, to take off	вычитать
R 1835	rétrécir, se	to shrink	сужаться, уменьшаться, сокращаться
R 1836	rétrécissement *m*	shrinking	сужение, уменьшение, сокращение
R 1837	rétrécissement des écarts entre les taux	closing of gaps between interest rates	сужение разрыва между процентными ставками
R 1838	rétrécissement des interventions publiques	shrinking of public interventions	уменьшение государственного вмешательства
R 1839	rétrécissement des marges bancaires	shrinking of bank margins	сокращение банковских прибылей
R 1840	rétrécissement des marges sur les crédits	shrinking of margins on loans	сокращение прибылей по выданным ссудам
R 1841	rétrécissement des marges de fluctuations	shrinking of fluctuation margins	сужение пределов колебаний
R 1842	rétribution *f* du capital	remuneration of capital	доход на капитал
R 1843	rétroaction *f*	retrospective effect	обратная сила
R 1844	rétrocédant *m*	assignor, retroceder	переуступающая компания
R 1845	rétrocéder	to retrocede, to reconvey	переуступать, ретроцедировать
R 1846	rétrocession *f*	retrocession, retrocedence, reconveyance	переуступка
R 1847	rétrocession d'agios	retrocession of bank commission	переуступка банковских комиссионных
R 1848	rétrocession d'une créance	assignment of a claim	переуступка требования
R 1849	rétrocession d'un prêt	on-lending	переуступка ссуды
R 1850	rétrocessionnaire *m*	retrocessionnaire	ретроцессионер
R 1851	réunion *f*	1. meeting 2. merger	1. собрание, заседание 2. объединение, слияние
R 1852	réunion d'actionnaires	shareholder meeting	собрание акционеров
R 1853	réunion d'actions	reverse stock split	слияние акций
R 1854	réunion d'apporteurs de capitaux	meeting of capital contributors	собрание пайщиков
R 1855	réunion de créanciers	creditor meeting	собрание кредиторов
R 1856	réunion d'experts	expert meeting	собрание экспертов
R 1857	réunion extraordinaire	extraordinary meeting	чрезвычайное собрание
R 1858	réunion plénière des gouverneurs	plenary meeting of governors	пленарное заседание управляющих
R 1859	réunion urgente	urgent meeting	срочное заседание
R 1860	réunir	1. to convene 2. to merge 3. to raise *(e.g. funds)*	1. собирать; созывать 2. объединять; поглощать 3. привлекать *(напр. средства)*
R 1861	revalorisation *f*	revaluation	1. ревальвация, повышение курса *(валюты)* 2. переоценка *(напр. активов)*

R

R 1862	revalorisation des emprunts	loan revaluation	переоценка ссуд
R 1863	revalorisation des engagements nets	revaluation of net liabilities	переоценка нетто-обязательств
R 1864	revalorisation du franc	revaluation of the franc	ревальвация франка
R 1865	revalorisation du pouvoir d'achat	revaluation of the purchasing power	повышение покупательной способности
R 1866	revaloriser	to revalue	1. ревальвировать, повышать курс *(валюты)* 2. переоценивать *(напр. активы)*
R 1867	revente *f*	resale	перепродажа
R 1868	revente d'un acheteur	sell-out against a buyer	продажа брокером ценных бумаг, не оплаченных клиентом-покупателем
R 1869	revente avec bénéfice	resale at a profit	перепродажа с прибылью
R 1870	revente d'une option	resale of an option	перепродажа опциона
R 1871	revente à terme des dollars	forward resale of the dollars	срочная перепродажа долларов
R 1872	revente des titres	resale of securities	перепродажа ценных бумаг
R 1873	revente ultérieure des titres	subsequent resale of securities	последующая перепродажа ценных бумаг
R 1874	revenu *m*	1. income, earnings, revenue 2. yield, return	1. доход 2. доходность
R 1875	percevoir un revenu	to draw [to receive] income	получать доход
R 1876	ponctionner un revenu	to reduce income	сокращать доход
R 1877	tirer un revenu	to draw [to receive] income	получать доход
R 1878	revenu de l'action	share income	доход от акций
R 1879	revenu annuel	annual income	годовой доход
R 1880	revenu en argent	cash income	денежный доход
R 1881	revenu brut	gross income	валовой доход
R 1882	revenu du capital [de capitaux]	return on capital, capital yield	доход с капитала *(показатель доходности)*
R 1883	revenu de dividendes	dividend income	дивидендный доход
R 1884	revenu disponible	disposable income	располагаемый доход
R 1885	revenu d'exploitation	operating income	доход от основной деятельности
R 1886	revenu, faible	low income	низкий доход
R 1887	revenu fiscal	tax revenue	декларированный доход
R 1888	revenu fixe	fixed income	фиксированный доход
R 1889	revenu foncier	income from land	земельный доход
R 1890	revenu global	total revenue	совокупный доход
R 1891	revenu imposable	taxable income	облагаемый доход
R 1892	revenu d'investissement	return on investment	доход от инвестиций
R 1893	revenu maximum	maximum income	максимальный доход
R 1894	revenu minimum	minimum income	минимальный доход
R 1895	revenu net	net income	чистый доход
R 1896	revenu net dilué par action	fully diluted net income per share	полностью разводнённый доход в расчёте на акцию *(с учётом всех возможных источников акций — конвертируемых облигаций)*
R 1897	revenu net d'impôts	net income after taxes	доход после уплаты налогов
R 1898	revenu net d'intérêts	net income after interest	чистый доход после уплаты процентов
R 1899	revenu monétaire	cash income	денежный доход

R

R 1900	revenu nominal	nominal income	номинальный доход
R 1901	revenu personnel	personal income	личный доход
R 1902	revenu de société	corporate income	доход компании
R 1903	revenus *m pl*	income, revenues	доходы, поступления
R 1904	déclarer ses revenus	to declare one's income	декларировать свои доходы
R 1905	grossir ses revenus	to increase one's income	увеличивать свои доходы
R 1906	ne pas faire état de revenus	to fail to declare the income	не декларировать доходы
R 1907	revenus accessoires [annexes]	side [supplementary] income	дополнительные доходы
R 1908	revenus, bas	low income	низкие доходы
R 1909	revenus de base	basic income	основные доходы
R 1910	revenus de coupons	coupon yield	доходы от купонов
R 1911	revenus à déclarer	taxable income	доходы, подлежащие декларированию
R 1912	revenus distribués	distributed income	распределённые доходы
R 1913	revenus d'épargne	income from savings	доходы от сбережений
R 1914	revenus en espèces	cash income	поступления наличных денег
R 1915	revenus, hauts	high income	высокие доходы
R 1916	revenus d'intérêts	interest income	процентные доходы
R 1917	revenus investis en actions	income invested in shares	доходы, инвестированные в акции
R 1918	revenus, maigres	low income	низкие доходы
R 1919	revenus mobiliers	investment income	доходы от инвестиций
R 1920	revenus obligataires	bond income	доходы от облигаций
R 1921	revenus de placement	investment income	доходы от инвестиций
R 1922	revenus de portefeuille	portfolio income	доходы от портфеля (активов)
R 1923	revenus primaires	primary income	первичные доходы
R 1924	revenus de la propriété	property income	доходы от собственности
R 1925	revenus réinvestis	reinvested income	реинвестированные доходы
R 1926	revenus des titres de participation et de placement	income from debt and equity securities	доходы от ценных бумаг участия и долговых ценных бумаг
R 1927	revenus des valeurs mobilières	securities income	доходы от ценных бумаг
R 1928	revers *m*	reverse (of a coin)	реверс, оборотная сторона (монеты)
R 1929	reversement *m*	1. transfer 2. repayment	1. перечисление 2. выплата
R 1930	reverser	1. to transfer 2. to pay back	1. перечислять 2. выплачивать
R 1931	réversibilité *f*	revertibility	обратимость
R 1932	réversible	revertible	обратимый
R 1933	réviser	1. to audit, to check 2. to review	1. проводить аудит, ревизовать 2. пересматривать
R 1934	réviseur *m*	auditor	аудитор, ревизор; инспектор
R 1935	réviseur comptable	(financial) auditor	аудитор
R 1936	réviseur externe	external auditor	внешний аудитор
R 1937	réviseur interne	internal auditor	внутренний аудитор
R 1938	révision *f*	1. auditing, checking; audit, check 2. review; revision; adjustment	1. аудит, бухгалтерская проверка 2. пересмотр
R 1939	révision des accords de crédit	revision of credit agreements	пересмотр кредитных соглашений
R 1940	révision des agrégats statistiques	revision of statistical aggregates	пересмотр статистических агрегатов
R 1941	révision en baisse	lowering	пересмотр в сторону понижения

R

R 1942	révision des bases d'imposition	revision of tax base	пересмотр базы налогообложения
R 1943	révision comptable [des comptes]	(financial) audit	аудит, бухгалтерская проверка
R 1944	révision du cours central	revision of the central exchange rate	пересмотр центрального курса
R 1945	révision externe	external audit	внешний аудит
R 1946	révision de fin d'exercice	year-end audit	годовой аудит
R 1947	révision générale des quotes-parts	general revision of the quotas	общий пересмотр квот
R 1948	révision de la grille des intérêts	revision of the interest scale	пересмотр шкалы процентов (по ссудам)
R 1949	révision interne	internal audit	внутренний аудит
R 1950	révision du panier du DTS	revision of the SDR basket	пересмотр корзины СДР
R 1951	révision des parités	revision of parities	пересмотр паритетов
R 1952	révision périodique	interim audit	промежуточный аудит
R 1953	révision des quotas	revision of the quotas	пересмотр квот
R 1954	révision du rating	revision of the rating	пересмотр рейтинга
R 1955	révision du ratio cours-bénéfice	revision of the price-earnings ration	пересмотр отношения курса ценной бумаги к доходам по ней
R 1956	révision des taux d'intérêt	revision of the interest rates	пересмотр процентных ставок
R 1957	révocable	1. revocable *(a letter of credit)* 2. cancelable, rescindable	1. отзывный *(об аккредитиве)* 2. подлежащий отмене, отменяемый, аннулируемый
R 1958	révocation *f*	1. revocation *(of a letter of credit)* 2. cancellation, rescission	1. отзыв *(аккредитива)* 2. отмена, аннулирование
R 1959	valable jusqu'à révocation	valid until revocation	действителен до отзыва
R 1960	révocation d'un chèque	stoppage of a check	приостановка платежа по чеку
R 1961	révocation d'un crédit	revocation of a letter of credit	отзыв аккредитива
R 1962	révoquer	1. to revoke *(a letter of credit)* 2. to cancel, to rescind	1. отзывать *(аккредитив)* 2. отменять, аннулировать
R 1963	richesses *f pl* sous forme de métaux précieux	precious metal resources	ресурсы драгоценных металлов
R 1964	rigidité *f*	rigidity, inelasticity	негибкость, жёсткость
R 1965	rigidité des canaux de financement	rigidity of the financing channels	негибкость каналов финансирования
R 1966	rigidité réglementaire	rigidity of the regulation	негибкость регулирования
R 1967	rigueur *f*	austerity	жёсткие меры, жёсткая политика
R 1968	rigueur financière	financial austerity	жёсткая финансовая политика
R 1969	rigueur monétaire	monetary austerity	рестрактивная денежно-кредитная политика
R 1970	ring *m*	ring, pit	биржевой «ринг», корзина
R 1971	risque *m*	risk	риск
R 1972	assumer un risque	to assume [to accept] a risk	нести риск
R 1973	courir un risque	to run a risk	подвергаться риску
R 1974	couvrir un risque	to cover a risk	покрывать риск
R 1975	être en risque de taux	to bear an interest rate risk	подвергаться процентному риску
R 1976	prendre un risque à sa charge	to assume [to accept] a risk	нести риск
R 1977	répartir un risque	to split a risk	распределять риск

R

R 1978	se prémunir contre le risque immédiat	to cover an immediate risk	страховать себя от непосредственного риска
R 1979	souscrire un risque	to underwrite a risk	брать на себя риск
R 1980	risque des à-coups de trésorerie	risk of cash shortages	риск нехватки наличных денежных средств
R 1981	risque d'appréciation	appreciation risk	риск повышения курса
R 1982	risque assurable	insurable risk	страхуемый риск
R 1983	risque assuré	insured risk	страховой риск
R 1984	risque de back office	back office risk	риск, связанный с работой «бэк-офиса»
R 1985	risque de baisse du taux	interest rate fall risk	риск падения процентной ставки
R 1986	risque bancaire	bank risk	банковский риск
R 1987	risque de base	basis risk	базисный риск
R 1988	risque calculé	calculated risk	рассчитанный риск
R 1989	risque en capital	capital risk	риск потери основной суммы
R 1990	risque de change	exchange risk [exposure]	валютный риск
R 1991	créer un risque de change	to create an exchange risk	создавать валютный риск
R 1992	partager le risque de change	to divide the exchange risk	распределять валютный риск
R 1993	protéger contre le risque de change	to protect against the exchange risk	защищать от валютного риска
R 1994	supporter le risque de change	to bear the exchange risk	нести валютный риск
R 1995	risque de change commercial	business exchange exposure	валютный риск, связанный с основной деятельностью
R 1996	risque de change comptable	accounting exchange exposure	балансовый валютный риск
R 1997	risque de change financier	financial exchange risk	валютный риск, связанный с финансовыми операциями
R 1998	risque de change futur	future exchange risk	будущий валютный риск
R 1999	se couvrir d'un risque de change futur	to cover a future exchange risk	страховать себя от будущего валютного риска
R 2000	risque client	customer risk	клиентский риск
R 2001	risque de compétitivité	competitive risk	конкурентный риск
R 2002	risque de contrepartie	counterparty risk	партнёрский риск (риск, связанный со способностью другой стороны по сделке выполнить свои обязательства)
R 2003	risque de conversion	translation risk [exposure]	конверсионный риск
R 2004	risque couvert	covered risk	покрытый [застрахованный] риск
R 2005	risque de crédit	credit risk	кредитный риск, риск неплатежа по ссуде
R 2006	risque des crédits à la clientèle	customer loan risk	риск по клиентским ссудам
R 2007	risque de défaillance	default risk	риск невыполнения обязательства
R 2008	risque de défaut de paiement	default risk	риск неплатежа
R 2009	risque déflationniste	deflation risk	риск дефляции
R 2010	risque de dépréciation	depreciation risk	риск обесценения валюты
R 2011	risque dû au décalage	lag risk	риск, связанный со временным разрывом (напр. при платеже в валюте через определённый срок)
R 2012	risque d'érosion monétaire	inflation risk	риск обесценения денег
R 2013	risque de financement	funding risk	риск финансирования

R

R 2014	risque financier	financial risk	финансовый риск
R 2015	risque global	global risk	глобальный риск
R 2016	risque de hausse des taux	interest rate increase risk	риск повышения процентных ставок
R 2017	risque hypothécaire	mortgage risk	ипотечный риск
R 2018	risque d'illiquidité	illiquidity risk	риск неликвидности
R 2019	risque immédiat	immediate risk	непосредственный риск
R 2020	risque indépendant du marché	nonmarket risk	нерыночный риск
R 2021	risque inflationniste	inflation risk	риск инфляции
R 2022	risque inhérant au swap	risk inherent in swap transactions	риск, присущий операциям своп
R 2023	risque d'insolvabilité	insolvency risk	риск неплатёжеспособности
R 2024	risque d'intérêt	interest risk	процентный риск
R 2025	risque d'investissement	investment risk	инвестиционный риск
R 2026	risque lié à la marge	spread risk	риск, связанный с банковским спредом
R 2027	risque lié aux taux d'intérêt	interest rate risk	процентный риск
R 2028	risque limité	limited risk	ограниченный риск
R 2029	risque de liquidité	liquidity risk	риск, связанный с ликвидностью
R 2030	risque de livraison	delivery risk	риск, связанный с поставкой
R 2031	risque du marché	market risk	рыночный риск
R 2032	risque de moins-value	loss risk	риск обесценения (активов)
R 2033	risque monétaire	monetary risk	денежный риск
R 2034	risque non garanti	uncovered risk	непокрытый риск
R 2035	risque de non-paiement [de non-règlement]	default risk, risk of nonpayment	риск неплатежа
R 2036	risque de non-règlement d'une créance	risk of nonpayment of a debt	риск неуплаты долга
R 2037	risque de non-remboursement	risk of nonrepayment	риск невозврата *(ссуды)*
R 2038	risque de non-remboursement de l'épargnant	investor's risk of nonrepayment	риск невозвращения денег вкладчику
R 2039	risque de non-transfert	transfer risk	риск неперевода
R 2040	risque de perte en cas de baisse	risk of loss in case of a fall *(of a rate)*	риск убытков в случае падения *(курса)*
R 2041	risque du recours de tiers	third party risk	риск ответственности перед третьим лицом
R 2042	risque de remboursement anticipé	advance redemption risk	риск досрочного погашения
R 2043	risque sérieux	serious risk	значительный риск
R 2044	risque de syndication	syndication risk	риск при синдицировании
R 2045	risque de taux	interest rate risk	процентный риск
R 2046	risque de taux de change	exchange rate risk	валютный риск
R 2047	risque de taux d'intérêt	interest rate risk	процентный риск
R 2048	risque de transfert	transfer risk	риск перевода
R 2049	risque de transformation	translation risk	конверсионный риск
R 2050	risque de variation des cours	price fluctuation risk	риск колебания курсов
R 2051	risque de variation de taux d'intérêt	interest rate fluctuation risk	риск колебания процентных ставок
R 2052	risque de volatilité disproportionnée	disproportional volatility risk	риск сильной неустойчивости *(курса)*
R 2053	risqué	risky, high-risk	рискованный

R

R 2054	risques *m pl*	risks	риски
R 2055	accentuer les risques	to increase risks	увеличивать риски
R 2056	cantonner les risques	to split risks	дробить риски
R 2057	comporter des risques	to involve risks	содержать риски
R 2058	encourir les risques	to run risks	нести риски
R 2059	faire courir des risques	to expose to risks	подвергать рискам
R 2060	gérer les risques	to manage risks	управлять рисками
R 2061	limiter les risques	to limit risks	ограничивать риски
R 2062	minimiser les risques	to minimize risks	минимизировать риски
R 2063	prendre une couverture contre les risques de change	to hedge against exchange risks	страховать валютные риски
R 2064	provisionner les risques	to cover risks	покрывать [обеспечивать] риски
R 2065	s'exposer à des risques	to expose oneself to risks	подвергать себя рискам
R 2066	supprimer les risques	to eliminate risks	устранять риски
R 2067	risques additionnels	additional risks	дополнительные риски
R 2068	risques bancaires hors bilan	off-balance-sheet bank risks	забалансовые риски банка
R 2069	risques de conflits d'intérêts	risks of conflicts of interests	риски, связанные с расхождением интересов
R 2070	risques du crédit documentaire	documentary credit risks	риски, связанные с документарными аккредитивами
R 2071	risques de défaut des emprunteurs	borrower default risks	риски неуплаты долга заёмщиками
R 2072	risques documentaires	documentary credit risks	риски, связанные с документарными аккредитивами
R 2073	risques encourus	risks borne	понесённые риски
R 2074	risques d'évasion et de fraude fiscale	tax evasion and fraud risks	риски уклонения от налогов и налогового мошенничества
R 2075	risques de faillite	bankruptcy risks	риски, связанные с банкротством
R 2076	risques de fraude	risks of fraud	риски, связанные с мошенничеством
R 2077	risques indirects	indirect risks	непрямые риски
R 2078	risques inhérents aux placements boursiers	risks inherent in stock exchange issues	риски, присущие эмиссии ценных бумаг на бирже
R 2079	risques multiples	multiple risks	множественные риски
R 2080	risques de pertes en capitaux	capital loss risks	риск потери основного капитала
R 2081	risques pondérés	weighted risks	взвешенные риски
R 2082	risques spéculatifs	speculative risks	спекулятивные риски
R 2083	risques de la surcotation	overvaluation risks	риски переоценки
R 2084	ristourne *f*	1. rebate, discount 2. refund, retourn of an amount overpaid	1. скидка 2. возврат части уплаченной суммы
R 2085	faire une ristourne	1. to give a rebate 2. to refund	1. делать скидку 2. возвращать часть уплаченной суммы
R 2086	ristourne en devises	currency rebate	скидка в валюте
R 2087	ristourne de prime	premium refund	возвращение части страховой премии
R 2088	ristourner	to refund, to give a rebate	возвращать часть уплаченной суммы
R 2089	rôle *m*	1. roll, register 2. role, part	1. список, реестр, перечень 2. роль, функция

633

R

R 2090	rôle cadastral	register of landowners, land register	кадастр
R 2091	rôle de correspondant avec les banques centrales étrangères	part of the correspondent of the foreign central banks	функция корреспондента иностранных центральных банков
R 2092	rôle de courtier	broker's part	функция брокера
R 2093	rôle des impôts	tax assessment register	налоговый реестр
R 2094	rôle d'intermédiaire [d'intermédiation]	role of an intermediary	функция посредника
R 2095	rôle de market makers [de teneurs de marché]	role of market makers	функция маркет-мейкеров, «делателей рынка»
R 2096	roll over *m*	rollover	ролл-овер, ролл-оверный кредит
R 2097	roll over trimestriel	quarterly rollover	ежеквартальный ролл-овер
R 2098	rompu *m*	fractional rights; fractional share	право на часть акции; часть капитала, меньшая, чем номинал одной акции
R 2099	rompus *m pl*	odd lots	неполный лот ценных бумаг
R 2100	rotation *f*	turnover, rotation	оборот, оборачиваемость
R 2101	rotation de l'actif	asset turnover	оборачиваемость активов
R 2102	rotation du capital	capital turnover	оборот капитала
R 2103	rotation des comptes clients	accounts receivable turnover	оборачиваемость счетов к получению
R 2104	rotation des créances	turnover of debts receivable [payable]	оборот долговых требований
R 2105	rotation des fonds	turnover of capital	оборот средств
R 2106	rouge *m*	red	дефицит, отрицательное сальдо
R 2107	être dans le rouge	to be in the red, to have a negative balance	сводиться с дефицитом
R 2108	faire passer le compte du rouge au noir	to get an account from the red to the black	делать сальдо счёта из отрицательного положительным
R 2109	en rouge	in the red	с отрицательным сальдо, в состоянии дефицита
R 2110	se solder en rouge	to be in the red, to have a negative balance	сводиться с дефицитом
R 2111	sortir du rouge	to get out of the red	восполнять дефицит; становиться безубыточным
R 2112	roulement *m*	1. circulation 2. rolling	1. оборот 2. замена опционной позиции
R 2113	roulement en arrière	rolling in	замена одной опционной позиции другой, с более близким сроком исполнения
R 2114	roulement en avant	rolling out [forward]	замена одной опционной позиции другой, с более далёким сроком исполнения
R 2115	roulement à la baisse	rolling down	замена одной опционной позиции другой, с более низкой ценой исполнения
R 2116	roulement des capitaux	circulation of capital	оборот капитала
R 2117	roulement à la hausse	rolling up	замена одной опционной позиции другой, с более высокой ценой исполнения
R 2118	routage *m* télématique des ordres et des réponses	electronic routing of orders and responses	электронная передача заказов и ответов

R

R 2119	royalties *f pl*	royalties	роялти
R 2120	rubrique *f* de comptabilité	accounting heading	раздел баланса
R 2121	rubriques *f pl*	sections; items	разделы; статьи
R 2122	rubriques de l'actif	asset items	статьи актива
R 2123	rubriques, grandes	major sections	основные разделы
R 2124	rubriques du passif	liability items	статьи пассива
R 2125	rubriques, principales	principal sections	основные разделы
R 2126	rubriques spéciales	special sections	специальные разделы
R 2127	ruée *f*	rush	натиск, массовое нашествие; приток
R 2128	ruée sur les banques	run on banks	массовое изъятие банковских вкладов
R 2129	ruée des étrangers sur les places françaises	rush of foreigners to the French stock exchanges	массовый приток иностранных инвесторов на французские биржи
R 2130	ruée sur [vers les] guichets d'une banque	run on a bank	массовое изъятие вкладов из отделений банка
R 2131	ruée sur les instruments financiers	financial instrument rush	огромный рост операций с финансовыми инструментами
R 2132	ruée vers l'or	gold rush	золотая лихорадка
R 2133	RUF	RUF, revolving underwriting facility	РУФ *(среднесрочная кредитная программа на базе евронот)*
R 2134	rupture *f*	1. breach, break, termination 2. severing 3. break; turning point	1. нарушение; расторжение, прекращение 2. разрыв 3. перелом
R 2135	rupture de contrat	termination of a contract	расторжение контракта
R 2136	rupture du contrat d'un prêt	termination of a loan agreement	расторжение кредитного соглашения
R 2137	rupture du crédit	suspension of lending	прекращение кредитования
R 2138	rupture d'un engagement	breach of an obligation	нарушения обязательства
R 2139	rupture de l'équilibre entre l'offre et la demande	breaking of equilibrium of supply and demand	нарушение равновесия между спросом и предложением
R 2140	rupture de paiements	stopping [cessation] of payments	прекращение платежей
R 2141	rupture des relations	severing of relations	разрыв отношений
R 2142	rupture de tendance	trend break	перелом в тенденции
R 2143	rythme *m*	1. rate 2. schedule	1. ритм, темп, скорость 2. график
R 2144	rythme de délivrance des concours bancaires	bank loan granting schedule	график предоставления банковских ссуд
R 2145	rythme des investissements	investment rate	темпы роста инвестиций
R 2146	rythme des paiements	payment schedule	график платежей
R 2147	rythme de versement des intérêts	interest payment schedule	график выплаты процентов

S

S 1	saisi *m*	distrainee	должник, на имущество которого наложен арест
S 2	saisi, tiers	garnishee	третье лицо, которому вручён приказ суда о наложении ареста на имеющееся у него имущество должника

S

S 3	saisie *f*	1. seizure, impounding; distraint; attachment; foreclosure 2. (data) entry, capture	1. наложение ареста на имущество; обращение взыскания на имущество 2. сбор, ввод (данных)
S 4	saisie automatisée des données sur support informatique	automatic data capture on an electronic storage medium	автоматическое помещение данных на электронные носители
S 5	saisie de la banque des données	data bank creation	создание банка данных
S 6	saisie d'un compte	account seizure	наложение ареста на счёт
S 7	saisie conservatoire	garnishment	арест имущества с целью помешать дебитору распорядиться им в ущерб кредитору
S 8	saisie directe des données	direct data capture [entry]	непосредственный ввод информации
S 9	saisie des documents	entry of documents	ввод документов (в компьютерную систему)
S 10	saisie à l'écran	display	выведение на экран
S 11	saisie des écritures	seizure of the books	наложение ареста на бухгалтерские книги
S 12	saisie immobilière	attachment of real estate	наложение ареста на недвижимое имущество
S 13	saisie manuelle des données	manual data entry	ввод данных вручную
S 14	saisie mobilière	attachment of movable property	наложение ареста на движимое имущество
S 15	saisie des ordres	order entry	ввод поручений (в компьютерную систему)
S 16	saisie permanente des ordres sur support informatique	permanent order entry to an electronic storage medium	постоянный ввод поручений на электронные носители
S 17	saisie sur protêt	seizure under [for] protest	наложение ареста на имущество в результате протеста
S 18	saisie-arrêt *f* d'une créance	garnishment of a debt	наложение ареста на долговое требование в пользу должника
S 19	saisie-exécution *f*	attachment for sale by court order	наложение ареста на имущество для продажи его с торгов
S 20	saisir	1. to attach, to seize 2. to enter, to capture	1. налагать арест на имущество 2. вводить в компьютер
S 21	saisissable	attachable, distrainable	подлежащий аресту
S 22	saisissant *m*	distrainer	кредитор, принудительно взыскивающий долг
S 23	salariés *m pl*	wage earners, salaried staff [personnel]	(наёмные) работники
S 24	salariés d'une banque	bank employees	банковские работники
S 25	salariés repreneurs	employees buying out a company	работники компании, выкупающие контрольный пакет её акций
S 26	salle *f*	room	зал, помещение
S 27	salle de bourse	trading floor	торговый зал (биржи)
S 28	salle de change	trading room	торговый [операционный] зал
S 29	salle des coffres-forts	safe deposit vault	хранилище депонированных ценностей *(в банке)*

S

S 30	salle des cotations	trading room	торговый [операционный] зал
S 31	salle de courtage	dealing room, board room	дилерский зал
S 32	salle aux criées	salle(s) [auction] room	аукционный зал
S 33	salle, forte	safe deposit vault	хранилище депонированных ценностей *(в банке)*
S 34	salle des marchés	dealing room	дилерский зал
S 35	salle des séances [de trading]	trading room [floor]	торговый [операционный] зал
S 36	salle des ventes	sale(s) [auction] room	аукционный зал
S 37	sanctions *f pl*	sanctions, penalties	санкции; взыскания
S 38	infliger [prendre] des sanctions	to impose sanctions	применять санкции
S 39	réclamer des sanctions	to call for sanctions	требовать применения санкций
S 40	sanctions de crédit	credit sanctions	кредитные санкции
S 41	sanctions fiscales	tax penalties	налоговые санкции
S 42	sanctions pécuniaires	financial sanctions, penalties	денежные взыскания
S 43	sanctions du refus d'acceptation	nonacceptance penalties	санкции за отказ от акцепта
S 44	santé *f* financière	financial soundness	финансовое состояние
S 45	satisfaction *f*	satisfaction	удовлетворение
S 46	donner satisfaction à des clients	to give satisfaction to the clients	удовлетворять требования клиентов
S 47	satisfaction des besoins financiers	satisfaction of financial needs	удовлетворение финансовых потребностей
S 48	satisfaction des besoins d'investissement	satisfaction of investment needs	удовлетворение инвестиционных потребностей
S 49	satisfaction, entière	complete satisfaction	полное удовлетворение
S 50	saturation *f* du marché	market saturation [glut]	насыщение рынка
S 51	saupoudrage *m*	sprinkling *(e.g. of loans)*	распыление *(напр. кредитов)*
S 52	sauvegarde *f* d'un secret	keeping of a secret	сохранение тайны
S 53	sauveteur *m* d'entreprise	company fixer, corporate turnaround specialist	специалист по выведению компаний из кризиса
S 54	savoir-faire *m*	know-how	ноу-хау
S 55	savoir-faire de la banque	bank know-how	банковское ноу-хау
S 56	savoir-faire en trésorerie	treasury know-how	ноу-хау в области управления наличностью
S 57	scalpers *m pl*	scalpers	спекулянты, открывающие и закрывающие позиции в течение дня
S 58	schéma *m*	plan	схема, план
S 59	schéma directeur	development plan	основной план
S 60	schéma de l'escompte	discount plan	схема (пере)учёта
S 61	scorage *m*	scoring	«скоринг», балльная система, система оценки *(напр. клиентов)* путём выставления баллов по определённым критериям
S 62	score *m*	score	очки, баллы; оценка
S 63	scorer	to score	выставлять баллы, давать оценку
S 64	sceau *m*	seal	печать
S 65	sceau d'une banque	corporate seal of a bank	печать банка
S 66	sceau contrefait	forged seal	подделанная печать

S

S 67	scission *f*	demerger	разделение *(компании)*
S 68	scission pure et simple	simple demerger	простое разделение *(компании)*
S 69	scrip *m*	scrip	ценные бумаги
S 70	scripophilie *f*	scripophily	скрипофилия *(коллекционирование старых облигаций и сертификатов акций)*
S 71	scriptural	on accounts; deposit *(e.g. currency)*	безналичный, проводимый по счетам
S 72	séance *f*	trading session	торговая сессия, (биржевой) сеанс
S 73	acheter et vendre dans la même séance	to buy and sell during the same trading session	продавать и покупать в течение одной торговой сессии
S 74	en début de séance	at the opening (of day's trading)	в начале торговой сессии
S 75	au fil de la séance	during the trading session	во время торговой сессии
S 76	en fin de séance	at the close (of day's trading)	в конце торговой сессии
S 77	gagner en une séance	to win in one trading session	получить прибыль за одну торговую сессию
S 78	perdre en une séance	to lose in one trading session	терпеть убытки за одну торговую сессию
S 79	à la séance	during the day (trading)	во время (биржевого) сеанса
S 80	en une séance	during one trading session	за одну торговую сессию
S 81	vendre sur plusieurs séances	to sell over several trading sessions	продавать в течение нескольких торговых сессий
S 82	séance de bourse	(stock exchange) trading session	торговая сессия
S 83	séance de bourse de change	foreign exchange trading session	торговая сессия на валютной бирже
S 84	séance boursière	(stock exchange) trading session	торговая сессия
S 85	séance de clôture	closing session	заключительная торговая сессия
S 86	séance de cotation	trading session	торговая сессия
S 87	séance de fixage [de fixing]	fixing session	фиксинг *(установление валютного курса или цены золота на заседаниях участников рынка)*
S 88	séance de [du] jour	day session	дневная торговая сессия
S 89	séance de liquidation	settlement session	расчётная [ликвидационная] сессия
S 90	séance du matin sur les blocs de titres	morning share block trading	утренняя сессия торговли пакетами акций
S 91	séance de négociation	trading session	торговая сессия
S 92	séance de nuit	evening session	ночная торговая сессия
S 93	séance, principale	principal trading session	основная торговая сессия
S 94	séance de la veille	previous day's session	торговая сессия предыдущего дня
S 95	SEC	SEC, Securities and Exchange Commission *(USA)*	Комиссия по ценным бумагам и биржам *(США)*
S 96	second	second	второй
S 97	second *m*	second market	второй рынок *(для компаний, не имеющих доступа на биржу)*
S 98	secondaire	secondary	вторичный

S

S 99	seconde *f* de change	second of exchange	второй экземпляр переводного векселя, (вексель) секунда
S 100	secours *m*	1. help, assistance 2. financial assistance, aid	1. помощь, содействие 2. финансовая помощь
S 101	secousse *f*	shock	потрясение, удар
S 102	secousse sur les banques	bank shakeout	разорение банков
S 103	secousse boursière	stock market shock	биржевые потрясения
S 104	secousse, forte	strong shock	сильное потрясение
S 105	secret *m*	secret, secrecy	тайна, секрет
S 106	conserver le secret	to keep the secret	хранить тайну
S 107	délier le secret bancaire	to abolish bank secrecy	упразднять банковскую тайну
S 108	détenir le secret	to keep the secret	хранить тайну
S 109	divulguer le secret	to divulge the secret	разглашать тайну
S 110	préserver le secret	to keep the secret	хранить тайну
S 111	tenir au secret professionnel	to observe professional secrecy	соблюдать профессиональную тайну
S 112	secret absolu	complete secrecy	полная тайна
S 113	secret d'affaires	business secret	коммерческая тайна
S 114	secret bancaire	bank secrecy	банковская тайна
S 115	secret complet	complete secrecy	полная тайна
S 116	secret quant aux comptes ouverts	secrecy in the matter of open accounts	тайна открытых счетов
S 117	secret d'épargne	savings secrecy	тайна сбережений
S 118	secret des ordres	secrecy of orders	тайна биржевых поручений
S 119	secret professionnel	professional secrecy	профессиональная тайна
S 120	secteur *m*	sector; area, industry	сектор; область, сфера
S 121	secteur d'activité	area of activity	область деятельности
S 122	secteur de l'activité bancaire	banking sector	банковский сектор
S 123	secteur de l'activité extrabancaire	non-bank sector	небанковский сектор
S 124	secteur des assurances	insurance industry	страхование
S 125	secteur bancaire	banking industry	банковский сектор
S 126	secteur banque, finance et assurance	banking, financial and insurance industries	сектор банковской, финансовой и страховой деятельности
S 127	secteur hors bilan du marché financier	off-balance sector of the financial market	сектор забалансовых операций финансового рынка
S 128	secteur du change	exchange sector	сектор валютных операций
S 129	secteur eurodollar obligataire	Eurodollar bond sector	сектор евродолларовых облигаций
S 130	secteur financier	financial sector	финансовый сектор
S 131	secteur informatique	information technology sector	информатика
S 132	secteur de l'investissement	investment sector	инвестиционный сектор
S 133	secteur non bancaire	non-bank sector	небанковский сектор
S 134	secteur parabancaire	non-bank financial institution sector	сектор небанковских финансовых учреждений
S 135	secteur privé	private sector	частный сектор
S 136	secteur privé non bancaire	private non-bank sector	частный небанковский сектор
S 137	secteur des services financiers	financial services sector	сектор финансовых услуг
S 138	secteur des valeurs mobilières	securities industry	сектор операций с ценными бумагами
S 139	section *f*	department, division	отдел; секция

S

S 140	section administrative	administrative department	административный отдел
S 141	section des finances	financial department	финансовый отдел
S 142	section interbancaire	interbank department	отдел межбанковских операций
S 143	section juridique	legal department	юридический отдел
S 144	section du parquet	trading square	секция торгового зала биржи
S 145	sécurité *f*	1. safety, security 2. security, guarantee	1. безопасность, надёжность 2. обеспечение, гарантия
S 146	sécurité cambiaire	guarantee of bills of exchange	вексельное обеспечение
S 147	sécurité du capital	guarantee of the principal	гарантия основной суммы долга
S 148	sécurité comptable	accounting safety	надёжность бухгалтерского учёта
S 149	sécurité des dépôts	safety of deposits	безопасность депозитов
S 150	sécurité de l'investissement des fonds	investment safety	надёжность инвестиций
S 151	sécurité des règlements	settlement safety	надёжность расчётов
S 152	sécurité de remboursement	repayment security	гарантия погашения (долга)
S 153	sécurité de système	safety of the system	надёжность системы
S 154	sécurité du système bancaire	safety of the banking system	надёжность банковской системы
S 155	sécurité des transactions	safety of transactions	безопасность операций
S 156	sécuritisation *f*	securitization	секьюритизация *(обращение активов в ценные бумаги)*
S 157	segment *m* du marché	market segment	сегмент рынка
S 158	segmentable	segmentable	разбиваемый на сегменты
S 159	segmentation *f*	segmentation	сегментация, раздробленность
S 160	faire une segmentation	to segment	сегментировать
S 161	segmentation du marché	market segmentation	сегментация рынка
S 162	segmentation du système financier	segmentation of the financial system	раздробленность финансовой системы
S 163	segmenter	to segment	сегментировать
S 164	sélection *f*	selection, screening	отбор, выбор
S 165	sélection des assurés	screening of the insured	отбор страхователей
S 166	sélection des créances	debt selection	отбор долговых требований
S 167	sélection des investissements	investment screening	выбор инвестиционных возможностей
S 168	sélection des risques	risk screening	отсеивание рисков
S 169	sélectivité *f*	selectivity	избирательность
S 170	sélectivité du crédit	lending selectivity	избирательность кредитования
S 171	sélectivité des investissements	investment selectivity	избирательность инвестирования
S 172	sélectivité des prêts	loan selectivity	избирательное предоставление ссуд
S 173	sélectivité des taux d'intérêt	interest rate selectivity	избирательность процентных ставок
S 174	semestrialité *f*	semi-annual installment	полугодовой взнос
S 175	semi-liquidités *f pl*	near money, quasi-money	квазиденьги
S 176	sens *m*	direction	направление
S 177	sens des affaires	business acumen	деловая хватка, предприимчивость
S 178	sens (de l')opération	direction of the transaction (buying or selling)	тип сделки *(купля или продажа)*

S

S 179	sens (de l')option	sense of the option	тип опциона *(колл или пут)*
S 180	sensibilité *f*	sensitivity	чувствительность, восприимчивость, эластичность
S 181	mesurer la sensibilité	to measure sensitivity	измерять чувствительность
S 182	sensibilité d'un portefeuille	sensitivity of the portfolio	чувствительность портфеля *(напр. к колебаниям процентной ставки)*
S 183	sensibilité aux taux d'intérêt	interest rate sensitivity	чувствительность к изменениям процентных ставок
S 184	sensibilité au taux du marché	market rate sensitivity	чувствительность к рыночной ставке
S 185	sensibilité d'un titre	sensitivity of a security	чувствительность ценной бумаги
S 186	sensibilité d'un titre à la conjoncture	beta of a security, sensitivity of a security to market movements	восприимчивость курса ценной бумаги к рыночной конъюнктуре
S 187	sensible	1. sensitive 2. considerable, significant, marked	1. чувствительный, восприимчивый 2. значительный
S 188	série *f*	series, set	ряд, серия
S 189	série de codes	series of codes	серия кодов
S 190	série des cours du comptant	spot rate series	ряд курсов спот
S 191	série en dehors	out-of-the-money (option) series	серия опционов «вне денег» *(с отрицательной «внутренней» стоимостью)*
S 192	série d'échéance	expiration series	серия *(опционов)* с истекшим сроком
S 193	série en jeu	in-the-money (option) series	серия опционов «в деньгах» *(с положительной «внутренней» стоимостью)*
S 194	série hors jeu	out-of-the-money (option) series	серия опционов «вне денег» *(с отрицательной «внутренней» стоимостью)*
S 195	série d'options	option series	серия опционов
S 196	série de swaps	swap series	серия свопов
S 197	série de titres	series of securities	серия ценных бумаг
S 198	serpent *m*	currency snake	«валютная змея» *(система совместного плавания валют)*
S 199	constituer le serpent	to form the snake	образовывать «валютную змею»
S 200	entrer dans le serpent	to enter the snake	входить в «валютную змею»
S 201	participer au serpent	to participate in the snake	участвовать в «валютной змее»
S 202	réintégrer le serpent	to enter the snake	входить в «валютную змею»
S 203	ressortir du serpent	to leave the snake	выходить из «валютной змеи»
S 204	sortir le franc du serpent	to get the franc out of the snake	выводить франк из «валютной змеи»
S 205	serpent monétaire	currency snake	«валютная змея»
S 206	serpent (monétaire) européen	European snake	Европейская «(валютная) змея»
S 207	serpent dans le tunnel	snake in the tunnel	«валютная змея» в туннеле *(плавание в установленных пределах)*
S 208	service *m*	1. service 2. department 3. service, servicing	1. услуга; обслуживание 2. отдел, отделение 3. обслуживание *(долга)*
S 209	service administratif	administrative service	административный отдел

S

S 210	service d'assurance	insurance department	отдел страхования
S 211	service de banque à domicile	home banking	оказание банковских услуг на дому *(напр. по телефону)*
S 212	service de caisse	cash department	кассовый отдел
S 213	service de centralisation des soldes	cash centralization service	отдел централизованного управления наличностью
S 214	service du change	foreign exchange department	валютный отдел
S 215	service des chèques et virements postaux	check and bank transfer department	отдел отправки чеков и почтовых переводов
S 216	service à la clientèle [clients]	customer service	обслуживание клиентов
S 217	service de commissionnaire sur effets publics ou privés	commission-based private and public securities service	комиссионные услуги по купле-продаже частных и государственных ценных бумаг
S 218	service de la comptabilité	accounting department	бухгалтерия
S 219	service «comptes nostri»	nostro account department	отдел счетов «ностро»
S 220	service de conseils de placement	investment advisory service	консалтинговый отдел по инвестициям
S 221	service du contentieux	legal department	юридический отдел
S 222	service des coupons	coupon servicing	обслуживание купонов *(оплата купонов)*
S 223	service de courtage au détail	retail brokerage service	розничные брокерские услуги
S 224	service du crédit	credit department	кредитный отдел
S 225	service des crédits documentaires	documentary credit department	отдел документарных аккредитивов
S 226	service de dépôts de titres	securities deposit department	отдел депозитов ценных бумаг
S 227	service de la dette	debt servicing	обслуживание долга
S 228	service de la dette extérieure	external debt servicing	обслуживание внешнего долга
S 229	service de la dette en intérêts	servicing of debt interest	обслуживание процентов по долгу
S 230	service des émissions	issuing department	эмиссионный отдел
S 231	service des emprunts	loan department	ссудный отдел
S 232	service d'encaissements	collection department	инкассовый отдел
S 233	service de l'escompte	discount department	учётный отдел
S 234	service de factoring	factoring department	факторский отдел
S 235	service financier	financial department	финансовый отдел
S 236	service de garde des valeurs	safekeeping department	отдел хранения ценностей
S 237	service des impôts	tax department	налоговый отдел
S 238	service d'information boursière graphique	stockcharting service	отдел чартинга *(графической биржевой информации)*
S 239	service des intérêts	interest servicing	обслуживание процентов по долгу
S 240	service des locaux de la banque	bank premises department	хозяйственный отдел банка
S 241	service du marché monétaire	money market department	отдел денежного рынка
S 242	service des monnaies étrangères	foreign exchange department	валютный отдел
S 243	service des opérations sur actions	stock trading department	отдел операций с акциями
S 244	service des opérations sur obligations	bond trading department	отдел операций с облигациями
S 245	service des ordres de bourse	stock exchange order service	услуги по выполнению биржевых поручений

S

S 246	service des paiements directs	direct payment department	отдел прямых платежей
S 247	service personnalisé	personalized [customized] service	индивидуализированное обслуживание
S 248	service des placements en valeurs mobilières	securities investment department	отдел инвестиций в ценные бумаги
S 249	service du portefeuille	investment department	отдел инвестиций
S 250	service de post-marché	back office	«бэк-офис», отдел обеспечения операций
S 251	service des prêts	loan department	ссудный отдел
S 252	service de prospection	market surveillance department	отдел изучения рынка
S 253	service des recouvrements	collection department	инкассовый отдел
S 254	service des renseignements commerciaux	business information service	отдел деловой информации
S 255	service des souscriptions	subscription department	отдел подписки
S 256	service de surveillance du marché	market surveillance department	отдел изучения рынка
S 257	service des télécommunications	telecommunication service	служба телекоммуникаций
S 258	service télématique de Reuters	Reuter's information service	информационная служба Рейтер
S 259	service télex d'une banque	bank telex department	телексный отдел банка
S 260	service des titres	securities department	отдел ценных бумаг
S 261	service des transferts	transfer department	отдел (банковских) переводов
S 262	service de trésorerie	treasury department	отдел управления наличностью
S 263	service de valeurs mobilières	security investment service	служба инвестиций в ценные бумаги
S 264	service des ventes aux institutions	institutional sales department	отдел продажи ценных бумаг институциональным инвесторам
S 265	service de vingt-quatre heures	24-hour service	круглосуточное обслуживание
S 266	Service *m*	service, department	служба, управление, отдел
S 267	Service des affaires monétaires et financières	Currency and Finance Department	Валютно-финансовое управление
S 268	Service des analyses et statistiques monétaires	Monetary Analysis and Statistics Service	Служба денежно-кредитного анализа и статистики
S 269	Service central des risques	Central Risk Department	Центральный отдел управления риском
S 270	Service des chèques postaux	Giro Check Service	Управление почтовых чеков
S 271	services *m pl*	1. services 2. department(s), service	1. услуги 2. отдел(ы), служба
S 272	services analytiques	analytical service	аналитическая служба
S 273	services bancaires commerciaux	commercial banking services	коммерческо-банковские услуги
S 274	services bancaires fiduciaires	trust banking services	трастовые банковские услуги
S 275	services bancaires d'investissement	investment banking services	инвестиционно-банковские услуги
S 276	services bancaires rendus aux entreprises	corporate banking services	банковские услуги, оказываемые компаниям
S 277	services de banques de données	data bank services	услуги по предоставлению доступа к банкам данных
S 278	services boursiers	stock market services	биржевые услуги
S 279	services à crédit	services on credit	услуги в кредит

S

S 280	services électroniques de banque	electronic banking	электронные банковские услуги
S 281	services d'encaissement	collection services	услуги по инкассированию
S 282	services de fabrication des billets	banknote printing service	органы эмиссии банкнот
S 283	services financiers	financial services	финансовые услуги
S 284	services financiers de la poste	financial services of the Post	финансовые услуги, оказываемые почтой
S 285	services fiscaux	tax services	налоговые службы
S 286	services à forfait	composite service plan	полное банковское обслуживание (оказание банком полного цикла услуг клиенту)
S 287	services générateurs de commissions	fee-based services	услуги на комиссионной основе
S 288	services de gestion de trésorerie	cash management services	услуги по управлению наличностью
S 289	services d'information	information services	информационные услуги
S 290	services informatisés	computerized services	компьютеризованные услуги
S 291	services d'intermédiaire	broker services	посреднические услуги
S 292	services d'investissement	investment services	инвестиционные услуги
S 293	services d'investissement en valeurs mobilières	securities investment services	услуги по инвестированию в ценные бумаги
S 294	services monnayables	paid services	платные услуги
S 295	services non financiers	nonfinancial services	нефинансовые услуги
S 296	services de recouvrement	collection services	услуги по инкассированию
S 297	services statistiques	statistical department	статистический отдел
S 298	services techniques	technical support department	отдел технического обеспечения
S 299	services télématiques	information retrieval services	услуги по предоставлению информации через компьютерную сеть
S 300	services traditionnels	traditional services	традиционные услуги
S 301	servir	1. to serve 2. to service, to pay	1. обслуживать 2. обслуживать, выплачивать (долг)
S 302	seuil m	threshold, point	порог, предел, уровень; точка
S 303	atteindre le seuil	to reach the threshold	достигать предела
S 304	casser le seuil	to break the threshold	«пробить» порог
S 305	franchir [passer] le seuil	to cross the threshold	превышать уровень
S 306	seuil d'alerte raisonnable	reasonable checkpoint	разумный контрольный предел
S 307	seuil des 10% dans le capital	10% capital threshold	предел в размере 10% капитала
S 308	seuil comptable	accounting threshold	бухгалтерский лимит
S 309	seuil de divergences	divergence limit	предел отклонения (напр. валют в ЕВС)
S 310	seuil d'émission	issuing threshold	предел эмиссии
S 311	seuil d'exigibilité des acomptes	threshold of deposit payability	порог требования задатка
S 312	seuil d'imposition des plus-values mobilières	threshold of taxation of capital gains from securities	предел налогообложения прироста капитала
S 313	seuil d'intérêt fixe	fixed interest threshold	предел твёрдого процента

S 314	seuil d'intervention	intervention point, support level, trigger point	интервенционная точка
S 315	seuil de rentabilité	break-even point	порог рентабельности
S 316	seuil de taxation	tax threshold	порог налогообложения
S 317	seuils *m pl*	thresholds limits, points	пороги, пределы, уровни; точки
S 318	seuils chartistes	chartist points	чартистские точки
S 319	seuils chartistes clés	key chartist points	основные чартистские точки
S 320	seuils de résistance affichés sur les graphiques	resistance levels presented on charts	уровни сопротивления, представленные на графике
S 321	seule *f* de change	straight [single name] paper	соло-вексель
S 322	SIBOR *m*, Sibor *m*	SIBOR, Singapore Interbank Offered Rate	СИБОР *(Сингапурская межбанковская ставка предложения)*
S 323	SICAF *f* (Société d'investissement à capital fixe)	closed-end investment company	СИКАФ, инвестиционная компания закрытого типа, инвестиционный фонд закрытого типа *(вид институционального инвестора во Франции, по форме является акционерным обществом)*
S 324	SICAV *f* (Société d'investissement à capital variable)	1. mutual fund, open-end investment company 2. mutual fund unit	1. СИКАВ, инвестиционная компания открытого типа, инвестиционный фонд открытого типа *(вид институционального инвестора во Франции, по форме является акционерным обществом)* 2. акции инвестиционной компании открытого типа [инвестиционного фонда открытого типа]
S 325	Sicav actions	stock market mutual fund	инвестиционный фонд открытого типа, ориентированный на акции
S 326	Sicav actions bancaires	bank stock mutual fund	инвестиционный фонд открытого типа, ориентированный на акции банков
S 327	Sicav actions françaises	French stock mutual fund	инвестиционный фонд открытого типа, ориентированный на французские акции
S 328	Sicav actions non spécialisées	nonspecialized stock mutual fund	неспециализированный инвестиционный фонд открытого типа, ориентированный на акции
S 329	Sicav actions spécialisées	specialized stock mutual fund	специализированный инвестиционный фонд открытого типа, ориентированный на акции
S 330	Sicav de capitalisation	mutual fund in which revenues are reinvested	инвестиционный фонд открытого типа, ориентированный на реинвестирование доходов

S

S 331	Sicav de capitalisation en actions	mutual fund in which revenues are reinvested in shares	инвестиционный фонд открытого типа, ориентированный на реинвестирование доходов в акции
S 332	Sicav (à) court terme	short-term mutual fund	инвестиционный фонд открытого типа, ориентированный на краткосрочные ценные бумаги
S 333	Sicav de dépôts à terme	time deposit mutual fund	инвестиционный фонд открытого типа со срочными депозитами
S 334	Sicav diversifiée française	diversified French mutual fund	диверсифицированный инвестиционный фонд открытого типа, ориентированный на французские ценные бумаги
S 335	Sicav, grosse	large mutual fund	крупный инвестиционный фонд открытого типа
S 336	Sicav immobilière	real estate mutual fund	инвестиционный фонд открытого типа, специализирующийся на инвестировании в недвижимость
S 337	Sicav internationalement diversifiée à dominante actions	internationally diversified mutual fund with investments predominantly in shares	диверсифицированный международный инвестиционный фонд открытого типа, ориентированный в основном на акции
S 338	Sicav monétaire	money market fund	инвестиционный фонд денежного рынка
S 339	Sicav obligataire	bond market fund	инвестиционный фонд рынка облигаций
S 340	Sicav obligataire de capitalisation	bond market mutual fund in which interest is reinvested	инвестиционный фонд рынка облигаций с реинвестированием процентов
S 341	Sicav de père de famille	reliable mutual fund	надёжный инвестиционный фонд
S 342	Sicav, petite	small mutual fund	мелкий инвестиционный фонд
S 343	Sicav régulière	ordinary mutual fund	обычный инвестиционный фонд
S 344	Sicav de trésorerie	short-term mutual fund	инвестиционный фонд открытого типа, ориентированный на краткосрочные ценные бумаги
S 345	SICOMI f (Société immobilière pour le commerce et l'industrie)	real estate development company, leasing company	лизинговая компания
S 346	SICOVAM f (Société interprofessionnelle de compensation des valeurs mobilières)	Depository Trust Company, securities clearing company	Межпрофессиональная клиринговая палата ценных бумаг
S 347	sidérurgiques f pl	(iron and) steel shares, steels	акции компаний чёрной металлургии

S

S 348	siège *m*	1. location; head office, headquarters 2. (stock exchange) seat	1. местонахождение; головной офис, штаб-квартира 2. место на бирже
S 349	acheter un siège	to buy a stock exchange seat	покупать место на бирже
S 350	vendre un siège	to sell a stock exchange seat	продавать место на бирже
S 351	siège administratif	headquarters	штаб-квартира; местонахождение руководства *(организации)*
S 352	siège de bourse	location of the stock exchange	местонахождение биржи
S 353	siège de compensateurs	location of the clearing house	местонахождение клиринговой палаты
S 354	siège courtier	dealer seat	дилерское место
S 355	siège d'une entreprise	head office of a company	головной офис компании
S 356	siège du marché à terme	location of the futures market	местонахождение срочного рынка
S 357	siège de négociateur	dealer seat	дилерское место
S 358	siège social	registered office	юридический адрес *(компании)*
S 359	siéger	to sit, to be located	находиться, располагаться; иметь штаб-квартиру
S 360	signal *m*	signal	признак, симптом
S 361	signal de baisse du loyer de l'argent	signal of a fall in the interest rate	признак снижения процентной ставки
S 362	signal de la chute d'une devise	signal of a currency exchange rate fall	признак падения курса валюты
S 363	signataire *m*	signatory, signer	индоссант *(лицо или сторона, подписавшие документ)*
S 364	signataire antérieur	previous signer	предыдущий индоссант
S 365	signataire autorisé	signing officer [authority], person authorized to sign	лицо, имеющее право подписи
S 366	signataire postérieur	subsequent signer	последующий индоссант
S 367	signataire d'une traite	drawer	трассант
S 368	signature *f*	1. signing 2. signature	1. подписание 2. подпись
S 369	apposer sa signature	to sign, to affix one's signature	подписывать, ставить свою подпись
S 370	attester une signature	to authenticate a signature	удостоверять подпись
S 371	contrefaire une signature	to forge a signature	подделывать подпись
S 372	engager sa signature à titre d'acceptation	to sign in the way of acceptance	подписывать в знак акцепта
S 373	honorer sa signature	to honor one's signature	выполнять свои обязательства
S 374	légaliser la signature	to authenticate the signature	удостоверять подпись
S 375	mettre sa signature	to sign, to affix one's signature	подписывать, ставить подпись
S 376	présenter à la signature	to submit for signature	представлять на подпись
S 377	prêter sa signature	to lend one's signature	предоставлять свою подпись *(напр. в качестве гарантии)*
S 378	revêtir de sa signature	to sign, to affix one's signature	подписывать, ставить подпись
S 379	s'engager par signature	to commit oneself by signature	брать на себя обязательство путём подписания документа
S 380	vérifier la signature	to check [to verify] the signature	проверять подлинность подписи
S 381	signature admise	authorized signature	подпись уполномоченного лица

647

S

S 382	signature authentique	authentic signature	подлинная подпись
S 383	signature autorisée	authorized signature	подпись уполномоченного лица
S 384	signature en blanc	blank signature	бланковая подпись
S 385	signature collective	joint signature	совместная [солидарная] подпись
S 386	signature écartée	unauthorized signature	подпись лица, не имеющего полномочий
S 387	signature, fausse	forged [fictions] signature	поддельная подпись
S 388	signature légalisée	authenticated [legalized] signature	удостоверенная [заверенная] подпись
S 389	signature de première catégorie	first-rate signature	первоклассная подпись
S 390	signature privée	one's own signature	личная подпись
S 391	signature par procuration	proxy signature	подпись по доверенности
S 392	signature, seconde	second signature	вторая подпись
S 393	signature sociale	company's signature	подпись руководителя компании
S 394	signature témoin	specimen signature	образец подписи
S 395	signature usurpée	unauthorized signature	подпись лица, не имеющего полномочий
S 396	signature valable	valid signature	действительная подпись
S 397	signe *m*	1. sign, indicator 2. sign, mark	1. знак, признак, индикатор 2. знак, обозначение
S 398	signe annonciateur	sign, indicator	знак, признак, индикатор
S 399	signe de faiblesse	sign of weakness *(e.g. of a currency)*	признак слабости *(напр. валюты)*
S 400	signe falsifié	forged trademark	поддельная торговая марка
S 401	signe de force	sign of strength *(e.g. of a currency)*	признак силы *(напр. о валюте)*
S 402	signe monétaire	paper money	денежный знак
S 403	signe monétaire international	international money	международный денежный знак
S 404	signer	to sign	подписывать, ставить подпись
S 405	signer dûment	to duly sign	подписывать должным образом
S 406	signer par procuration	to sign by proxy	подписывать по доверенности
S 407	SIMEX	SIMEX, Singapore Mercantile Exchange	Сингапурская срочная финансовая биржа
S 408	simplification *f*	simplification	упрощение
S 409	simplification de la distribution du crédit	simplification of loan distribution	упрощение выдачи кредитов
S 410	simplification des obligations comptables	simplification of accounting requirements	упрощение бухгалтерских требований
S 411	simplification du panier des DTS	simplification of the SDR basket	упрощение корзины СДР *(уменьшение числа валют в корзине)*
S 412	simplification des prêts	simplification of lending	упрощение процедуры кредитования
S 413	situation *f*	1. situation 2. job, post, position, situation 3. status, position 4. statement	1. состояние, ситуация, положение 2. пост, работа 3. позиция 4. отчёт; выписка из счёта

S

S 414	fournir la situation d'un compte	to provide a statement of account	предоставлять выписку из счёта
S 415	situation d'avancement	status [progress] report	отчёт о состоянии дел
S 416	situation d'arbitrage	arbitrage situation	арбитражная ситуация
S 417	situation d'une banque	bank position, position at the bank	положение банка
S 418	situation de caisse	cash position	кассовая позиция
S 419	situation comptable	accounting statement	бухгалтерский отчёт
S 420	situation d'un compte	1. statement of an account 2. status of an account	1. выписка из счёта *(клиента банка)* 2. состояние счёта
S 421	situation de couverture	hedging position	состояние покрытия
S 422	situation créditrice	creditor position	кредиторская позиция
S 423	situation débitrice	debtor position	дебиторская позиция
S 424	situation effective	actual position	реальная позиция
S 425	situation de faillite	bankruptcy	состояние [ситуация] банкротства
S 426	situation financière	financial position [situation, standing]	финансовое положение
S 427	situation fiscale	tax situation	налоговое положение
S 428	situation hebdomadaire	weekly (accounting) report	недельный (бухгалтерский) отчёт
S 429	situation du marché	market situation	ситуация на рынке
S 430	situation mensuelle	monthly (accounting) report	месячный (бухгалтерский) отчёт
S 431	situation de monopole	monopolistic position	монопольная позиция
S 432	situation nette (comptable) [patrimoniale]	stockholders' [shareholders', owners'] equity, net worth, net assets	нетто-активы, собственный капитал
S 433	situation périodique	regular statement	периодический (бухгалтерский) отчёт
S 434	situation précaire	precarious position	нестабильная ситуация
S 435	situation provisoire du bilan	interim balance sheet	промежуточный баланс
S 436	situation de règlement judiciaire	receivership	ликвидация неплатёжеспособной компании
S 437	situation résumée des opérations	consolidated statement	сводный баланс
S 438	situation de revenu exacte	exact income situation	точная цифра дохода
S 439	situation de sous-investissement	underinvestment	недостаточное инвестирование
S 440	situation de trésorerie	cash flow statement	отчёт о кэш флоу *(о состоянии наличности)*
S 441	situation trimestrielle de trésorerie	quarterly cash flow statement	квартальный отчёт о кэш флоу
S 442	situation du vendeur	seller's position	позиция продавца
S 443	situations *f pl* particulières	«special circumstances» *(a note in recommended stock lists, e.g. if there is a takeover bid for the company)*	«особые обстоятельства» *(пометка в списке акций: напр. в случае попытки поглощения данной компании)*
S 444	slip *m*	slip	вкладной лист к ценной бумаге
S 445	sociétaire *m*	member (of a society)	член общества [товарищества], акционер, пайщик

S

S 446	sociétariat *m*	membership (of a society)	членство в обществе [товариществе]
S 447	société *f*	1. society 2. corporation; partnership; company, firm	1. общество 2. общество; корпорация, товарищество; компания, фирма
S 448	absorber une société	to take over [to absorb, to acquire] a company	поглощать компанию
S 449	constituer une société	to set up [to create, to incorporate] a company	учреждать компанию
S 450	dissoudre une société	to dissolve [to liquidate, to wind up] a company	упразднять [ликвидировать] компанию
S 451	fonder une société	to start up [to found] a company	основывать компанию
S 452	liquider une société	to dissolve [to liquidate, to wind up] a company	упразднять [ликвидировать] компанию
S 453	se retirer d'une société	to withdraw from a partnership	выходить из состава товарищества
S 454	société absorbante	acquiring company	поглощающая компания
S 455	société absorbée	acquired company	поглощаемая компания
S 456	société d'accompagnement	satellite company	компания-спутник
S 457	société acheteuse	acquiring company	поглощающая компания
S 458	société par actions	joint-stock company	акционерное общество
S 459	société par actions à participation restreinte	constrained share company	акционерное общество закрытого типа
S 460	société d'affacturage	factoring company	факторинговая компания
S 461	société affiliée	affiliate, affiliated company	дочерняя компания
S 462	société alliée	white knight	«белый рыцарь», дружественная компания *(к которой обращается за помощью компания под угрозой враждебного поглощения)*
S 463	société anonyme, SA	limited liability company	акционерное общество
S 464	société anonyme par actions	joint-stock [incorporated] company	акционерная компания
S 465	société anonyme faisant appel à l'épargne	publicly held corporation, *UK* public limited company	акционерное общество открытого типа
S 466	société apparantée	affiliate, affiliated company	дочерняя компания
S 467	société apporteuse	capital provider	компания, участвующая в капитале
S 468	société associée	associated company	ассоциированная компания *(не полностью контролируемая материнской — 20-50% акций)*
S 469	société d'assurance	insurance company	страховая компания
S 470	société d'assurance mutuelle	mutual insurance company	общество взаимного страхования
S 471	société bancaire tête de file	lead bank	ведущий банк *(напр. банковского синдиката)*
S 472	société de banque	bank	банк, банковское акционерное общество
S 473	société bénéficiaire	beneficiary	компания-бенефициар, компания-выгодополучатель
S 474	société de bourse	brokerage [broking] firm, stockbroker	брокерская компания, биржевой брокер

S

S 475	société de bourse contrepartiste	market making stockbroker [specialist]	маркет-мейкер
S 476	société de bourse spécialiste de la valeur concernée	specialist stockbroker for a given security	брокерская компания, специализирующаяся на соответствующей ценной бумаге
S 477	société à but non lucratif [sans but lucratif]	non-profit-making [not-for-profit] company	компания, не имеющая целью получение прибыли
S 478	société à capital fermé	close(d) [closely held] corporation	акционерное общество закрытого типа
S 479	société à capital fixe	fixed capital corporation	компания с постоянным капиталом
S 480	société à capital ouvert	open-end company	акционерное общество открытого типа
S 481	société à capital privé	private company	частная компания
S 482	société à [de] capital risque	venture capital company	венчурная компания, компания рискового капитала
S 483	société à capital variable	open-end investment company [trust], unit trust	инвестиционная компания открытого типа
S 484	société de capitaux	joint-stock company	акционерное общество
S 485	société captive	captive firm	каптивная компания (дочерняя компания, выполняющая услуги для материнской)
S 486	société de caution	guarantee corporation	поручительское общество
S 487	société de caution mutuelle, SCM	mutual guarantee corporation	общество взаимного поручительства
S 488	société à cent pour cent [à 100%]	wholly owned corporation [subsidiary]	дочерняя компания, на 100% принадлежащая материнской
S 489	société sans chèque	cashless society	«бесчековое общество» (концепция всеобщих электронных платежей)
S 490	société civile immobilière [civile des placements immobiliers]	nontrading real estate investment trust	инвестиционный фонд недвижимости в форме гражданского товарищества (не совершающего торговых сделок)
S 491	société en commandite simple	limited partnership	коммандитное товарищество
S 492	société conjointe	joint venture (company)	совместное предприятие
S 493	société de conseil en trésorerie	cash management advisory company	консалтинговая компания по управлению наличностью
S 494	société de conseil(s)	consulting firm, consultancy	консалтинговая компания
S 495	société de contrôle	holding company	холдинг, холдинговая компания
S 496	société contrôlée	subsidiary	дочерняя компания
S 497	société convoitée	target [coveted] company, offeree	компания — объект (попытки) поглощения
S 498	société coopérative de banque	cooperative bank	кооперативный банк
S 499	société coopérative de crédit	cooperative credit association	кредитное кооперативное товарищество, кредитный кооператив
S 500	société cotée en bourse	publicly traded [listed] company	компания, акции которой котируются на бирже
S 501	société de crédit	credit company	кредитное общество (тип кредитного учреждения)

S

S 502	société de crédit immobilier	building society	общество по кредитованию жилищного строительства
S 503	société de crédit mutuel	friendly society	общество взаимного кредита
S 504	société de crédit-bail (immobilier)	leasing company	лизинговая компания
S 505	société débitrice	debtor (company)	компания-дебитор
S 506	société dispensée	exempt company	компания, освобождённая от *какого-л.* обязательства
S 507	société en dissolution	company in liquidation	ликвидируемая компания, компания в процессе ликвидации
S 508	société dissoute	liquidated company	ликвидированная компания
S 509	société dominante	parent company	материнская компания
S 510	société dominée	subsidiary	дочерняя компания
S 511	société écran	umbrella company	компания-«вывеска»
S 512	société émettrice	issuing company	компания-эмитент
S 513	société étrangère	foreign company	иностранная компания
S 514	société d'experts comptables	audit firm	аудиторская компания
S 515	société de factoring	factoring company	факторинговая компания
S 516	société de fait	de facto company	фактическое товарищество
S 517	société faîtière	holding (company)	холдинг, холдинговая компания
S 518	société fantôme	bogus company	фиктивная компания
S 519	société fiduciaire [de fiducie]	trust company	траст-компания, трастовая компания
S 520	société filiale [fille]	affiliate, affiliated company	дочерняя компания
S 521	société de financement	credit company	кредитное общество *(тип кредитного учреждения)*
S 522	société financière	finance company	финансовая компания
S 523	société financière d'innovation	venture capital firm	венчурная компания, компания рискового капитала
S 524	société financière offshore	offshore finance company	офшорная финансовая компания
S 525	société foncière	real estate agency, realtor	компания по торговле недвижимостью
S 526	société à fort levier financier	highly leveraged company	компания с высокой долей долга в пассивах
S 527	société à forte capitalisation boursière	high market value company	компания с высокой рыночной стоимостью акций
S 528	société fusionnante	merging company	компания, сливающаяся с другой
S 529	société de gérance	real estate management company	компания по управлению недвижимостью
S 530	société de gestion	management company	управленческая компания
S 531	société de gestion de placements	investment management company	компания по управлению инвестициями
S 532	société de gestion de titres	securities management company	компания по управлению ценными бумагами
S 533	société holding	holding (company)	холдинг, холдинговая компания
S 534	société holding contrôlant	parent holding company	материнская холдинговая компания
S 535	société holding intermédiaire	intermediate holding	промежуточный холдинг

S

S 536	société immobilière	real estate agency, realtor	компания по торговле недвижимостью
S 537	société d'informatique et de télécommunications	computer and telecommunications company	компьютерно-телекоммуникационная компания
S 538	société d'ingénierie	engineering company	инжиниринговая компания
S 539	société initiatrice	offeror	компания — инициатор поглощения
S 540	société initiatrice d'une offre publique	initiator of a public purchase offer (takeover bid)	компания, выдвинувшая публичное предложение о покупке *(акций другой компании)*
S 541	société initiatrice d'une OPE	initiator of a public exchange offer (takeover bid through exchange of shares)	компания, выдвинувшая публичное предложение об обмене *(акций другой компании на собственные)*
S 542	société inscrite à la cote	listed company	компания, акции которой котируются на бирже
S 543	société par intérêt	partnership	товарищество
S 544	société intervenante	«white knight»	«белый рыцарь», дружественная компания *(к которой обращается за помощью компания под угрозой враждебного поглощения)*
S 545	société d'investissement	investment company	инвестиционная компания
S 546	société d'investissement à capital fermé, SICAF	closed-end investment company [trust]	инвестиционная компания закрытого типа, инвестиционный фонд закрытого типа
S 547	société d'investissement à capital variable, SICAV	open-end investment company [trust], unit trust, mutual fund	инвестиционная компания открытого типа, инвестиционный фонд открытого типа
S 548	société de leasing	leasing company	лизинговая компания
S 549	société liée	affiliate, affiliated company	дочерняя компания,
S 550	société mère	parent company	материнская компания
S 551	société mère d'un groupe consolidé	parent company of a consolidated group	материнская компания консолидированной группы
S 552	société Matif SA	MATIF corporation *(French financial futures market clearing house)*	МАТИФ СА *(клиринговая палата французского срочного рынка)*
S 553	société membre	member company	компания-участница
S 554	société mixte	joint venture (company)	совместное предприятие
S 555	société multinationale	multinational corporation	многонациональная корпорация
S 556	société mutuelle	mutual trust	общество взаимопомощи
S 557	société en nom collectif	partnership	товарищество
S 558	société non cotée	unlisted company	компания, акции которой не котируются на бирже
S 559	société non dispensée	non-exempt company	компания, не имеющая освобождения от *какого-л.* обязательства
S 560	société non financière	nonfinancial corporation	нефинансовая компания
S 561	société ouverte	publicly held corporation, *UK* public limited company	акционерное общество открытого типа

S

S 562	société de participation	holding (company)	холдинг, холдинговая компания
S 563	société en participation	joint venture (company)	совместное предприятие
S 564	société à personne unique	sole proprietorship	компания с единственным участником
S 565	société de personnes	partnership	товарищество
S 566	société de placement	securities firm [dealer]	фирма по размещению ценных бумаг
S 567	société de portefeuille	holding (company)	холдинг, холдинговая компания
S 568	société préexistante	(already) existing company	уже существующая компания
S 569	société de prêt hypothécaire	mortgage company	компания ипотечного кредита
S 570	société de prêts	credit company	кредитное общество *(тип кредитного учреждения)*
S 571	société principale	parent company	материнская компания
S 572	société privée	private company	частная компания
S 573	société publique	state-owned company	государственная компания
S 574	société de réassurance	reinsurance company	компания по перестрахованию
S 575	société de recouvrement	debt collection company	компания по взысканию долгов
S 576	société de représentation	agency company	посредническая фирма
S 577	société à responsabilité limitée, SARL	limited liability company, private limited company, private corporation	общество с ограниченной ответственностью
S 578	société semi-étatique [semi-publique]	semi-public company	полугосударственная компания
S 579	société de service bancaire	banking service company	компания, предоставляющая банковские услуги
S 580	société de services	service company	компания предоставляющая услуги
S 581	société de services d'ingénierie informatique, SSII	IT [information technique] service company	компания, предоставляющая компьютерные услуги
S 582	société, simple	partnership	простое товарищество
S 583	société sœur	sister company	сестринская компания
S 584	société SWIFT	SWIFT, Society for Worldwide Interbank Financial Telecommunications	СВИФТ *(система межбанковской связи)*
S 585	société de taille secondaire	medium-size company	компания средних размеров
S 586	société tête de file	lead bank	ведущий банк *(напр. банковского синдиката)*, банк-менеджер
S 587	société transnationale	transnational corporation	транснациональная корпорация
S 588	société unipersonnelle	sole proprietorship	компания с единственным участником
S 589	société de venture capital	venture capital firm	венчурная компания, компания рискового капитала
S 590	société visée	target [coveted] company	компания — объект (попытки) поглощения
S 591	Société *f*		
S 592	Société des bourses françaises, SBF	French Stock Exchange Association	Ассоциация французских бирж

S

S 593	Société de comptabilité de France	French Accounting Association	Французская бухгалтерская ассоциация
S 594	Société de diffusion des informations boursières, SDIB	Stock Exchange Information Distribution Company	Компания по распространению биржевой информации
S 595	Société de financement des télécommunications	Telecommunications Finance Company	Компания по финансированию телекоммуникаций
S 596	Société financière européenne	European Finance Corporation	Европейская финансовая корпорация
S 597	Société financière internationale, SFI	International Finance Corporation, IFC	Международная финансовая корпорация
S 598	Société française des analystes financiers, SFAF	French Financial Analysts Association	Ассоциация финансовых аналитиков Франции
S 599	Société française d'assurance du capital-risque des PME, SOFARIS	French Small Business Venture Capital Insurance Company	Компания по страхованию рискового капитала мелких и средних предприятий
S 600	Société immobilière pour le commerce et l'industrie, SICOMI	Real Estate Development Company	Лизинговая (торгово-промышленная) компания
S 601	Société immobilière d'investissement, SII	Real Estate Investment Company	Компания по инвестициям в недвижимость
S 602	Société interprofessionnelle pour la compensation des valeurs mobilières, SICOVAM	Depository Trust Company *(securities clearing company)*	Межпрофессиональная клиринговая палата ценных бумаг
S 603	sociétés *f pl*	corporations, companies, firms	корпорации, компании, фирмы
S 604	sociétés de bourse acheteuses	buying stockbrokers	брокеры-покупатели
S 605	sociétés de bourse vendeuses	selling stockbrokers	брокеры-продавцы
S 606	sociétés candidates à la cotation	listing candidates	компании — кандидаты для котировки на бирже
S 607	sociétés commerciales	trading companies	торговые компании [фирмы]
S 608	sociétés de communications interbancaires	interbank communication companies	компании по обеспечению межбанковских средств связи
S 609	sociétés de contrepartie	jobbing firms	дилеры
S 610	sociétés de crédit mutuel	friendly societies	общества взаимного кредита
S 611	sociétés à croissance rapide	growth companies	быстрорастущие компании
S 612	sociétés détentrices d'actions	corporate stockholders	компании-акционеры
S 613	sociétés d'économie mixte	semi-public companies	полугосударственные компании
S 614	sociétés émettrices de valeurs mobilières	securities issuers	компании — эмитенты ценных бумаг
S 615	sociétés en expansion	growth companies	быстрорастущие компании
S 616	sociétés faisant publiquement appel à l'épargne	publicly held corporations, *UK* public limited companies	акционерные общества открытого типа
S 617	sociétés de financement des ventes à crédit	consumer credit companies	компании по финансированию потребительского кредита
S 618	sociétés financières captives	captive financial companies	каптивные финансовые компании *(обслуживающие данную группу)*
S 619	sociétés financières non bancaires publiques	public non-bank finance companies	государственные финансовые небанковские компании
S 620	sociétés à haut risque	high-risk companies	высокорисковые компании
S 621	sociétés holding des banques	bank holdings	банковские холдинги

S

S 622	sociétés introduites	listed companies	компании, акции которых котируются на бирже
S 623	sociétés introduites au Second marché	companies listed on the Second Market *(for companies that cannot get listed on the stock exchange)*	компании, акции которых котируются на Втором рынке *(французском рынке для компаний, не имеющих доступа к бирже)*
S 624	sociétés mixtes avec la participation de capitaux étrangers	joint ventures with participation of foreign capital	совместные предприятия с участием иностранного капитала
S 625	sociétés, moyennes	medium-size companies	средние компании
S 626	sociétés parentes	parent companies	материнские компании
S 627	sociétés partenaires	business partners	деловые партнёры
S 628	sociétés spécialisées	specialized companies	специализированные компании
S 629	solde *m*	balance	сальдо, остаток
S 630	accuser un solde	to show a balance	иметь сальдо
S 631	établir le solde	to find the balance	выводить сальдо
S 632	faire apparaître [présenter] un solde	to show a balance	иметь сальдо
S 633	régler le solde	to settle the balance	урегулировать сальдо
S 634	reporter un solde à nouveau	to carry forward a balance	переносить остаток на следующий период
S 635	en solde de	in settlement of..	в оплату, в расчёт, в покрытие
S 636	pour solde de mon compte	in settlement of my account	в оплату моего счёта
S 637	pour solde de tout compte	in full settlement	в полное покрытие, в полный расчёт
S 638	solde acheteur	buyer's balance	сальдо счёта покупателя *(на бирже)*
S 639	solde actif	positive [credit, favorable] balance	положительное [активное] сальдо
S 640	solde ancien	previous [old] balance	сальдо прошлого периода
S 641	solde en banque	balance in the bank	сальдо банковского счёта, остаток на банковском счёте
S 642	solde bénéficiaire	1. positive [credit, favorable] balance 2. profit margin	1. положительное [активное] сальдо 2. прибыль
S 643	solde bénéficiaire non réparti	undistributed profit	нераспределённая прибыль
S 644	solde de [en] caisse	cash balance, balance in hand	кассовый остаток, кассовая наличность
S 645	solde de clearing	clearing balance	сальдо расчётов по клирингу, сальдо клиринга
S 646	solde de clôture	closing balance	заключительное сальдо, заключительный остаток *(по счёту)*
S 647	solde comptable	accounting balance	бухгалтерское сальдо
S 648	solde d'un compte	balance of an account	сальдо [остаток] по счёту
S 649	solde de compte d'attente	suspense balance	сальдо по временному счёту
S 650	solde du compte créditeur	credit balance of an account	сальдо пассивного счёта
S 651	solde du compte débiteur	debit balance of an account	сальдо активного счёта
S 652	solde des comptes courants	current account balance	остаток на текущих счетах
S 653	solde des créances et dettes	balance of mutual liabilities	сальдо требований и обязательств
S 654	solde créancier [créditeur]	credit balance	кредитовое сальдо
S 655	solde créditeur en compte	credit account balance	кредитовое сальдо по счёту

S

S 656	solde cumulé	cumulative balance	совокупное сальдо
S 657	solde débiteur	debit balance	дебетовое сальдо
S 658	solde déficitaire	negative [unfavorable] balance	отрицательное сальдо
S 659	solde de dépôt	deposit balance	остаток по депозиту
S 660	solde disponible	available balance	наличный остаток
S 661	solde de dividende	final dividend	окончательный дивиденд
S 662	solde dû	balance due	сальдо задолженности
S 663	solde excédentaire	positive [favorable] balance	положительное [активное] сальдо
S 664	solde d'une facture	invoice total	сумма фактуры
S 665	solde de fermeture	closing balance	заключительное сальдо, заключительный остаток *(по счёту)*
S 666	solde final	final balance, grand total	окончательный баланс
S 667	solde impayé	outstanding balance	неоплаченный баланс
S 668	solde inactif	dormant balance	неиспользуемый баланс *(счёта)*
S 669	solde des investissements de portefeuille	portfolio investment balance	сальдо портфельных инвестиций
S 670	solde mensuel	monthly balance	месячное сальдо
S 671	solde minimal	minimum balance	минимальное сальдо
S 672	solde des mouvements de capitaux	balance of capital movements	сальдо по статье «движение капиталов»
S 673	solde des mouvements de capitaux non monétaires	balance of nonmonetary capital movements	сальдо нефинансовых капиталопотоков
S 674	solde négatif	negative [unfavorable] balance	отрицательное сальдо
S 675	solde non réclamé	unclaimed balance	невостребованное сальдо
S 676	solde non remboursé des prêts	nonrepaid loan balance	сальдо невыплаченных ссуд
S 677	solde non utilisé	open balance *(e.g. on letters of credit)*	неиспользованное сальдо *(напр. аккредитива)*
S 678	solde à nouveau	balance carried forward	сальдо к переносу
S 679	solde des opérations diverses des banques	balance of miscellaneous bank transactions	сальдо по статье «прочие банковские операции»
S 680	solde des opérations de paiement	payment balance	сальдо платёжных операций
S 681	solde d'ouverture	opening balance	начальное сальдо, начальный остаток *(по счёту)*
S 682	solde passif	negative [unfavorable] balance	отрицательное сальдо
S 683	solde positif	positive [favorable] balance	положительное [активное] сальдо
S 684	solde des prêts	loan balance	сальдо выданных ссуд
S 685	solde reporté (de l'exercice précédent)	balance brought forward	остаток, перенесённый с предыдущего финансового года
S 686	solde à reporter	balance carried forward	сальдо к переносу
S 687	solde des titres disponibles	balance of available securities	остаток наличных ценных бумаг
S 688	solde de trésorerie	cash balance	кассовый остаток, кассовая наличность
S 689	solde vendeur	seller's balance	сальдо счёта продавца *(на бирже)*
S 690	solder	1. to balance 2. to close, to wind up 3. to settle, to pay off the balance	1. сальдировать, подводить итог 2. закрывать *(счёт)* 3. выплачивать *(остаток долга)*

S

S 691	soldes *m pl*	balances	остатки *(по счетам)*
S 692	soldes bancaires	bank balances	остатки по банковским счетам
S 693	soldes entre banques	interbank balances	сальдо межбанковских расчётов
S 694	soldes de compensation	clearing balances	сальдо по клирингу
S 695	soldes créditeurs de compensation	credit clearing balances	положительные остатки по клирингу
S 696	soldes débiteurs de compensation	debit clearing balances	отрицательные остатки по клирингу
S 697	soldes détenus	balances held	наличные остатки
S 698	solidaire	jointly liable	солидарный
S 699	solidairement	jointly (and severally)	солидарно
S 700	solidairement et conjointement	jointly and severally (liable)	солидарно
S 701	être tenu solidairement	to be jointly liable	нести солидарную ответственность
S 702	solidarité *f*	1. solidarity 2. joint and several liability	1. солидарность 2. солидарная ответственность
S 703	solidarité bancaire	joint and several liability of banks	солидарная ответственность банков
S 704	solidarité entre débiteurs	joint and several liability of debtors	пассивная солидарность, солидарная ответственность должников
S 705	solidarité des établissements de crédit	joint and several liability of credit institutions	солидарная ответственность кредитных учреждений
S 706	solidarité financière des banques	joint and several financial liability of banks	солидарная финансовая ответственность банков
S 707	solidarité imparfaite	imperfect joint and several liability	неполная солидарная ответственность
S 708	solidarité passive	joint and several liability of debtors	пассивная солидарность, солидарная ответственность должников
S 709	solidité *f*	soundness	надёжность; устойчивость
S 710	solidité d'un emprunteur	creditworthiness of a borrower	надёжность заёмщика
S 711	solidité financière	financial strength	финансовая устойчивость
S 712	solidité juridique	legal soundness	юридическая обоснованность
S 713	sollicitation *f*	request, solicitation	запрос; просьба
S 714	sollicitation d'un client	customer request	запрос клиента
S 715	sollicitation de procuration	proxy solicitation	просьба (к акционерам) о предоставлении доверенности на право голосования
S 716	solution *f*	solution	решение
S 717	solution à l'amiable	out-of-court settlement	полюбовная договорённость
S 718	solution du financement	financing solution	финансовое решение, решение о способе финансирования
S 719	solution informatique	information technology solution	решение относительно компьютерной системы, способ компьютеризации
S 720	solution de remise à flot d'une banque	bank turnaround solution	способ выведения банка из кризиса
S 721	solvabilité *f*	solvency; creditworthiness	платёжеспособность; кредитоспособность
S 722	solvabilité d'une banque	creditworthiness of a bank	кредитоспособность банка
S 723	solvabilité des créances	rating of debts	рейтинг долговых требований

S

S 724	solvabilité d'un débiteur	solvency of a debtor	платёжеспособность дебитора
S 725	solvabilité d'un emprunteur	solvency of a borrower	платёжеспособность заёмщика
S 726	solvabilité des établissements de crédits	creditworthiness of credit institutions	кредитоспособность кредитных учреждений
S 727	solvabilité d'un souscripteur	creditworthiness of a subscriber	кредитоспособность подписчика *(на ценные бумаги)*
S 728	solvable	solvent; creditworthy	платёжеспособный; кредитоспособный
S 729	solvens *m*	payer	плательщик
S 730	sommation *f*	1. summons 2. summation	1. вызов в суд, предложение неисправному должнику исполнить обязательство 2. сложение, суммирование, подведение итога
S 731	sommation de cours des actions	stock price summation	суммирование курсов акций
S 732	sommation de paiement [de payer]	application for payment	требование о платеже
S 733	sommation de valeurs	summation of values	сложение стоимостей
S 734	somme *f*	sum, amount	сумма; итог
S 735	arrondir une somme	to round up an amount	округлять сумму
S 736	à concurrence d'une somme	to the amount of	на сумму
S 737	consacrer une somme	to allocate an amount	выделять сумму
S 738	consigner une somme d'argent	to deposit a sum of money	депонировать [вносить] сумму денег
S 739	créditer une somme par virement électronique	to credit an amount by electronic transfer	кредитовать счёт путём электронного перевода
S 740	décompter une somme	to deduct an amount	вычитать сумму
S 741	dégager une somme	to generate a sum of money	приносить [генерировать] сумму денег
S 742	faire la somme	to calculate [to make up] the total, to sum	подсчитывать сумму
S 743	parfaire une somme	to make up the total	суммировать
S 744	passer une somme au débit d'un compte	to debit an account with a sum (of money)	заносить сумму в дебет счёта
S 745	porter une somme sur un compte	to credit an account with a sum (of money)	заносить сумму в кредит счёта
S 746	récupérer une somme avancée	to recover the amount loaned	получать обратно одолженную сумму
S 747	remettre une somme	to transfer a sum of money	переводить сумму
S 748	reporter une somme	to carry forward an amount	переносить сумму на следующий отчётный период
S 749	verser une somme	to pay a sum of money	платить сумму денег
S 750	verser une somme au crédit d'un compte	to credit an account with a sum (of money)	заносить сумму в кредит счёта
S 751	somme accumulée	cumulative amount	накопленная сумма
S 752	somme acquise	amount received	полученная сумма
S 753	somme affectée	amount allocated	выделенная сумма; ассигнование
S 754	somme d'argent	sum of money	сумма денег
S 755	somme d'argent en liquide	amount in cash	сумма наличными
S 756	somme assurée	face amount, insured amount	страховая сумма
S 757	somme avancée	loaned amount	одолженная сумма

S

S 758	somme consignée	deposited amount	депонированная [внесённая] сумма
S 759	somme d'une créance	debt amount	сумма долгового требования
S 760	somme de départ	initial amount	исходная сумма
S 761	somme déposée sur un livret d'épargne	sum of money deposited in a savings account	сумма денег, депонированная на сберегательном счёте
S 762	somme disponible	available sum of money	наличная сумма
S 763	somme due	amount due	причитающаяся сумма
S 764	somme due par le débiteur au créancier	amount payable by the debtor to the creditor	сумма долга дебитора кредитору
S 765	somme échue	outstanding amount	просроченная сумма
S 766	somme empruntée	borrowed amount	заимствованная сумма
S 767	somme encaissable	collectable amount	инкассируемая сумма
S 768	somme épargnée	amount of savings	сумма сбережений
S 769	somme finale	grand total, final amount	окончательная сумма
S 770	somme fixée à une date et en lieu donné	fixed amount with a given date and place	фиксированная сумма с определённой датой и местом платежа
S 771	somme forfaitaire	lump sum	паушальная сумма, твёрдая сумма
S 772	somme, forte [importante]	large amount	крупная сумма
S 773	somme imputable sur un compte	amount to be debited to the account	сумма, зачисляемая на счёт
S 774	somme investie en titres	amount invested in securities	сумма, вложенная в ценные бумаги
S 775	somme en lettres et en chiffres	amount in words and figures	сумма цифрами и прописью
S 776	somme, modique	moderate amount	небольшая сумма
S 777	somme obtenue	amount received	полученная сумма
S 778	somme perçue	amount collected	уплаченная сумма
S 779	somme à placer	amount to be invested	сумма, подлежащая вложению
S 780	somme préfixée	amount fixed in advance	заранее установленная сумма
S 781	somme prêtée	loaned amount	одолженная сумма
S 782	somme restante	balance of the amount	остаток (суммы)
S 783	somme retranchée des revenus	amount deducted from the income	сумма, вычитаемая из доходов
S 784	somme ronde	round figure	круглая [округлённая] сумма
S 785	somme totale	sum total	общая сумма
S 786	somme transportée	amount carried forward	перенесённая (на следующий период) сумма
S 787	sommer	1. to summon 2. to sum	1. вызывать в суд, предлагать исполнить обязательство 2. складывать, суммировать, подводить итог
S 788	sommet m	peak; high	пик; верхнее значение; высокий уровень
S 789	sommet sans précédent	all-time high	рекордное значение, рекордно высокий уровень
S 790	sommier m	ledger	бухгалтерская книга
S 791	sophistication f	sophistication	усложнение; совершенствование
S 792	sophistication des formules d'indexation	sophistication of indexing formulae	усложнение формул индексации

S

S 793	sophistication des modèles de gestion de trésorerie	sophistication of cash management models	усложнение моделей управления наличностью
S 794	sophistication des systèmes de gestion financière et de trésorerie	sophistication of cash and financial management systems	совершенствование систем управления наличностью и финансированием
S 795	sophistiqué	sophisticated	сложный; усложнённый
S 796	sortie *f*	1. (cash) outflow; disbursement 2. outflow; export 3. exit 4. launching 5. publication	1. расходование (денежных средств) 2. отток; утечка; вывоз 3. выход; отход 4. выпуск 5. публикация
S 797	sortie d'argent	cash outflow	расход денежных средств
S 798	sortie des comptes sociaux	publication of corporate financial statements	публикация финансовых отчётов компании
S 799	sortie d'euro-émissions	launching of Euroissues	выпуск на рынок евроэмиссий
S 800	sortie de fonds	cash outflow	расход денежных средств
S 801	sortie du franc du SME	exit of the franc from the EMS	выход франка из ЕВС
S 802	sortie officielle du régime d'encadrement du crédit	official departure from a tight credit policy	официальный отход от политики ограничения кредита
S 803	sortie de l'or	gold export	утечка золота
S 804	sortie du serpent monétaire	exit from the currency snake	выход из «валютной змеи»
S 805	sorties *f pl*	1. expenses, outgoings, disbursements 2. outflow; export 3. issues	1. расходы 2. отток; утечка; экспорт 3. выпуски, эмиссии
S 806	sorties de billets	outflow of banknotes	отток банкнот
S 807	sorties boursières	new stock exchange issues	объём новых выпусков на бирже
S 808	sorties de caisse	cash payments [disbursements]	денежные расходы
S 809	sorties de capitaux	capital outflow	утечка капиталов
S 810	sorties de devises	(foreign) currency outflow	отток иностранной валюты
S 811	sorties d'immobilisations	depreciation of fixed assets	изнашивание основных фондов
S 812	sorties de monnaie nationale	outflow of national currency	утечка национальной валюты
S 813	sorties et rentrées	expenses and receipts	расходы и поступления
S 814	sou *m*	sou	су *(французская монета в 5 сантимов)*
S 815	soubresauts *m pl*	jolts	потрясения
S 816	soubresauts du marché	market jolts	рыночные потрясения
S 817	soubresauts monétaires	currency jolts	валютные потрясения
S 818	souche *f* d'un chèque	check stub	корешок чека *(в чековой книжке)*
S 819	soulte *f*	cash balance [position], balancing cash adjustment	остаток; корректировочная сумма
S 820	soulte de conversion	conversion cash adjustment	сумма разницы в стоимости ценных бумаг при конверсии
S 821	soumission *f*	bid, tender	заявка *(на торгах)*, тендерное предложение
S 822	faire une soumission	to bid, to submit a bit, to tender for	подавать заявку на участие в торгах, делать тендерное предложение
S 823	par voie de soumission	by tender	с торгов, путём торгов
S 824	soumission cachetée	sealed (bid) tender	заявка на участие в торгах в запечатанном конверте
S 825	soumissions *f pl*	bids, tenders	заявки *(на торгах)*, тендерные предложения

S

S 826	effectuer [présenter] des soumissions	to bid, to submit bids	подавать заявки на торгах
S 827	soumissions à un appel d'offres	tender bids	заявки *(на торгах)*, тендерные предложения
S 828	soumissionnaire *m*	bidder, tenderer	участник торгов
S 829	soumissionner	to bid for, to tender for	подавать заявку *(на торгах)*, делать тендерное предложение
S 830	souplesse *f*	flexibility	гибкость
S 831	souplesse du financement	flexibility of financing	гибкость финансирования
S 832	souplesse du système financier international	flexibility of the international financial system	гибкость международной финансовой системы
S 833	souplesse du système des parités	flexibility of the parity system	гибкость системы паритетов
S 834	source *f*	source	источник; основание
S 835	source d'argent	source of cash	источник денег
S 836	source de capitaux attrayante	attractive source of capital	привлекательный источник капиталов
S 837	source complémentaire de financement	complementary source of financing	дополнительный источник финансирования
S 838	source d'une créance	source of a debt	основание возникновения требования
S 839	source de financement extra-bancaire	source of non-bank financing, non-bank funding sources	источник внебанковского финансирования
S 840	source de fonds fiable et moins onéreuse	reliable and less expensive source of funds	источник надёжного и более дешёвого финансирования
S 841	source d'une obligation	source of an obligation	основание возникновения обязательства
S 842	source de profit	source of profit	источник прибыли
S 843	source de refinancement	source of refinancing	источник рефинансирования
S 844	source de refinancement meilleur marché	cheaper source of refinancing	более дешёвый источник рефинансирования
S 845	source de rentrées de devises	source of currency receipts	источник поступления валюты
S 846	source de revenus	source of income	источник доходов
S 847	sources *f pl*	sources	источники
S 848	sources de la création de monnaie	sources of money supply	источники образования денежной массы
S 849	sources extérieures de financement	external sources of financing, external funding sources	внешние источники финансирования
S 850	sources de financement officielles	official sources of financing, official funding sources	официальные источники финансирования
S 851	sources fiscales	tax sources	налоговые источники
S 852	sources intérieures de financement	internal sources of financing, internal funding sources	внутренние источники финансирования
S 853	sources de monnaie	sources of money supply	источники образования денежной массы
S 854	sources non bancaires	non-bank sources	небанковские источники
S 855	sous-adhérent *m*	indirect clearer	непрямой участник клиринга *(осуществляющий клиринг через другую организацию)*
S 856	sous-agence *f*	1. subagency 2. subbranch	1. субагентство 2. подотделение *(банка)*
S 857	sous-agent *m*	subagent	субагент
S 858	sous-assurance *f*	underinsurance	неполное страхование

S 859	sous-bail *m*	sublease	субаренда
S 860	sous-bailleur *m*	sublessor	арендодатель по договору субаренды
S 861	sous-caissier *m*	assistant teller	младший банковский клерк
S 862	sous-capitalisation *f*	undercapitalization	недостаточная капитализация
S 863	sous-capitalisation en fonds propres	undercapitalization (in terms of equity)	недостаточность собственного капитала
S 864	sous-catégorie *f*	subcategory	подкатегория
S 865	sous-commission *f*	subcommittee	подкомитет
S 866	sous-compensateur *m*	indirect clearer	непрямой участник клиринга *(осуществляющий клиринг через другую организацию)*
S 867	sous-compétitivité *f*	undercompetitiveness	недостаточная конкурентоспособность
S 868	sous-compte *m*	subsidiary account	субсчёт
S 869	souscripteur *m*	1. subscriber; applicant 2. payer, maker 3. policy holder, taker, insured	1. подписчик *(на ценные бумаги)* 2. плательщик *(по векселю, чеку)* 3. держатель страхового полиса, страхователь
S 870	souscripteur à des actions	stock subscriber	подписчик на акции
S 871	souscripteur d'un billet à ordre	payer, maker of a bill	плательщик по простому векселю
S 872	souscripteur par complaisance	accommodation party	эмитент дружеского векселя
S 873	souscripteur à un emprunt	issue subscriber	подписчик на заём
S 874	souscripteur en espèces	cash subscriber	подписчик *(на ценные бумаги)* за наличные
S 875	souscripteur à forfait	underwriter	андеррайтер, гарант *(при размещении ценных бумаг)*
S 876	souscripteur en numéraire	cash subscriber	подписчик *(на ценные бумаги)* за наличные
S 877	souscripteur privé	private subscriber	частный подписчик
S 878	souscripteur sollicité	solicited subscriber	лицо, которому предлагают подписаться на ценные бумаги
S 879	souscripteurs *m pl*	subscribers	подписчики
S 880	souscripteurs actuels	present subscribers	настоящие [существующие] подписчики
S 881	souscripteurs directs, particuliers	individual direct subscribers	прямые подписчики *(физические лица)*
S 882	souscripteurs éventuels	potential subscribers	потенциальные подписчики
S 883	souscripteurs, gros	big subscribers	крупные подписчики
S 884	souscripteurs de parts de Sicav	subscribers for mutual fund shares	подписчики на акции СИКАВ *(инвестиционных компаний открытого типа)*
S 885	souscripteurs de titres négociables	subscribers for negotiable securities	подписчики на обращающиеся ценные бумаги
S 886	souscripteurs de valeurs mobilières	subscribers for securities	подписчики на ценные бумаги

S

S 887	souscription *f*	1. subscription; application 2. making, signing 3. taking out a policy 4. underwriting	1. подписка *(на ценные бумаги)* 2. выставление *(векселя, чека)* 3. заключение договора страхования 4. андеррайтинг, гарантирование размещения *(ценных бумаг)*
S 888	clôturer la souscription	to close the subscription (list)	закрывать подписку
S 889	émettre en souscription publique	to issue by public offering	выпускать путём публичной подписки
S 890	lancer une souscription	to offer an issue for application	объявлять подписку на выпуск
S 891	offrir en souscription	to offer by subscription	предлагать по подписке
S 892	ouvrir la souscription	to open the subscription	открывать подписку
S 893	par souscription	by subscription	по подписке
S 894	souscription à des actions	stock subscription, application for stock	подписка на акции
S 895	souscription bancaire d'effets publics	bank underwriting of government securities	андеррайтинг государственных ценных бумаг банками
S 896	souscription à des bons du Trésor	subscription for Treasury bills	подписка на боны казначейства [казначейские векселя]
S 897	souscription du capital	capital subscription	подписка на капитал
S 898	souscription au capital social	taking up of the authorized capital	подписка на акционерный капитал
S 899	souscription d'un contrat d'assurance	taking out an insurance policy	заключение договора страхования
S 900	souscription à un emprunt	subscription to a loan	подписка на заём
S 901	souscription, fictive	fictitious subscription	фиктивная подписка
S 902	souscription gonflée	inflated subscription amount	раздутая сумма подписки
S 903	souscription irréductible	application as of right for new shares	подписка на новые акции *(не подлежащая сокращению)*
S 904	souscription d'une lettre de change	making of a bill of exchange	выставление переводного векселя
S 905	souscription à des obligations	bond subscription	подписка на облигации
S 906	souscription des options	writing of options	продажа опционов
S 907	souscription de parts de fonds communs de placement à risque	subscription to venture capital investment fund shares	подписка на паи рисковых паевых фондов
S 908	souscription préférentielle	preferential subscription	преференциальная подписка
S 909	souscription privée	private placement	частное размещение ценных бумаг
S 910	souscription réductible	application for excess shares	подписка на избыточные *(непроданные)* акции
S 911	souscription aux Sicav	subscription for mutual fund shares	подписка на акции СИКАВ *(инвестиционных компаний открытого типа)*
S 912	souscription spéculative	speculative subscription, flipping	спекулятивная подписка
S 913	souscription surpassée	oversubscription	превышение суммы подписки
S 914	souscription à titre irréductible	application as of right for new shares	подписка на новые акции *(не подлежащая сокращению)*
S 915	souscription à titre réductible	application for excess shares	подписка на избыточные *(непроданные)* акции
S 916	souscriptions *f pl*	subscriptions	подписка

S

S 917	souscriptions aux émissions internationales	subscriptions for international issues	подписка на международные выпуски ценных бумаг
S 918	souscriptions initiales	initial public offerings, IPOs	первоначальная подписка, подписка на первоначальные выпуски
S 919	souscriptions à des produits d'assurance	taking out of insurance products	подписка на страховые инструменты
S 920	souscriptions du public	public subscriptions	открытая подписка
S 921	souscriptions supplémentaires	additional subscriptions	дополнительная подписка
S 922	souscrire	1. to subscribe to *(e.g. loans)*, to subscribe for, to apply for *(e.g. stock)* 2. to sign *(a bill)* 3. to insure, to take out a policy 4. to underwrite	1. подписываться *(на ценные бумаги)* 2. выписывать, выставлять *(вексель, чек)* 3. заключать договор страхования 4. заниматься андеррайтингом
S 923	sous-chef *m* de service	assistant manager	помощник руководитель отделом
S 924	souscrit	subscribed *(e.g. issue)*	подписанный *(напр. заём)*
S 925	sous-directeur *m*	submanager	заместитель директора
S 926	sous-épargne *f*	undersaving	недостаточные сбережения, низкий уровень сбережений
S 927	sous-estimation *f*	underestimation	недооценка
S 928	sous-estimer	to underestimate	недооценивать
S 929	sous-évaluation *f*	undervaluation, underestimation; understatement	недооценка
S 930	sous-évaluer	to undervalue, to underestimate; to understate	недооценивать
S 931	sous-garant *m*	subguarantor	субгарант
S 932	sous-gouverneur *m*	assistant governor	заместитель управляющего
S 933	sous-groupes *m pl*	subgroups	дочерние группы
S 934	sous-holding *m*	subholding	дочерний холдинг
S 935	sous-imposition *f*	underassessment	недостаточное налогообложение
S 936	sous-investissements *m pl*	underinvestment	недостаточные инвестиции, низкий уровень инвестиций
S 937	sous-jacent *m*	underlying asset	исходный [опорный] актив, актив, лежащий в основе *(производного инструмента)*
S 938	sous-jacent d'un contrat Matif	underlying asset in the MATIF contract	актив, лежащий в основе контракта Матиф
S 939	sous-jacent d'un contrat Pibor	underlying asset in the PIBOR contract	актив, лежащий в основе контракта Пибор
S 940	sous-marché *m*	market segment	сегмент рынка
S 941	sous-option *f*	underlying asset (for an option)	актив, лежащий в основе опциона
S 942	sous-participant *m*	subparticipant	субучастник
S 943	sous-participation *f*	subparticipation	субучастие *(напр. в синдицированном займе)*
S 944	sous-participation occulte	hidden subparticipation	скрытое субучастие
S 945	sous-payer	to underpay	недоплачивать
S 946	sous-plafond *m*	subceiling	промежуточный потолок *(напр. размера выдаваемой ссуды)*
S 947	sous-prêter	on-lend, relend	перекредитовывать

S

S 948	sous-secrétaire m au Trésor	Treasury undersecretary	заместитель секретаря казначейства
S 949	soussigné m	undersigned	нижеподписавшийся
S 950	sous-succursale f	subbranch	подфилиал, отделение филиала
S 951	sous-système m	subsystem	подсистема
S 952	soustraction f	subtraction	вычитание
S 953	soustraire	to subtract	вычитать
S 954	soutenu	steady, buoyant *(e.g. stock market activity)*, firm *(e.g. price)*	стабильный *(напр. о рынке)*, устойчивый *(напр. о курсе)*
S 955	soutien m	support, backing	поддержка, поддержание
S 956	soutien des cours	price support	поддержание курсов
S 957	soutien financier	financial support [backing]	финансовая поддержка
S 958	soutien logistique	logistical support	логистическая поддержка
S 959	soutien monétaire	financial support [backing]	финансовая поддержка
S 960	soutien monétaire à court terme	short-term financial support	краткосрочная финансовая помощь
S 961	soutien d'une monnaie	currency support	поддержание валюты
S 962	souveraineté f monétaire	monetary sovereignty	валютный суверенитет
S 963	spécialisation f	specialization	специализация
S 964	spécialisation des crédits	credit specialization	кредитная специализация
S 965	spécialisation institutionnelle	institutional specialization	институциональная специализация
S 966	spécialisation par «strates» de clientèle	specialization by 'strata' of clientele	специализация по категориям клиентов
S 967	spécialisés m pl	specialized mutual funds	специализированные взаимные фонды
S 968	spécialiste m	specialist	1. специалист, эксперт 2. специалист, биржевой брокер *(член фондовой биржи, действующий за собственный счёт и по поручению клиентов и специализирующийся на определённом виде ценных бумаг)*
S 969	spécialiste du commerce des devises	foreign exchange trading specialist	специалист по торговле иностранной валютой
S 970	spécialiste conseil	consultant	консультант, эксперт
S 971	spécialiste du crédit	credit specialist	кредитный специалист
S 972	spécialiste des études de marché et de mercatique	marketing specialist	специалист по маркетингу
S 973	spécialiste expérimenté	experienced specialist	опытный специалист
S 974	spécialiste financier	financial specialist	финансовый специалист
S 975	spécialiste en fonds communs de placement	mutual fund specialist	специалист по фондам коллективного инвестирования [взаимным фондам]
S 976	spécialiste en «front office»	front office specialist	специалист «фронт-офиса» *(по обслуживанию клиентов)*
S 977	spécialiste sur graphiques	chartist	чартист
S 978	spécialiste intrinsèque	intrinsic specialist	банковский специалист в *какой-л.* конкретной области

S

S 979	spécialiste de l'investissement en valeurs mobilières	securities investment specialist	специалист по инвестициям в ценные бумаги
S 980	spécialiste des marchés financiers	financial market specialist	специалист по финансовым рынкам
S 981	spécialiste d' [en] obligations	bond specialist	специалист по облигациям
S 982	spécialiste par produit	product specialist	специалист по *какому-л. (банковскому)* инструменту
S 983	spécialiste des questions monétaires	monetary expert	специалист по денежно-кредитным вопросам
S 984	spécialiste des services de banque	bank services specialist	специалист по предоставлению банковских услуг
S 985	spécialiste du traitement automatique de l'information	automated data processing specialist	специалист по автоматизированной обработке данных
S 986	spécialiste en valeurs du Trésor	treasury securities specialist	специалист по ценным бумагам казначейства
S 987	spécialiste du venture capital	venture capital specialist	специалист по рисковому капиталу
S 988	spécialité *f*	specialty	специализация, целевая направленность
S 989	se faire une spécialité	to specialize in	специализироваться
S 990	spécialité des crédits	loan targeting	целевая направленность кредитов
S 991	spécialité des marchés dérivés	market derivative specialty	специализация на рынках производных инструментов
S 992	spécificité *f*	specificity	особенности
S 993	spécificité des banques de dépôt	deposit bank specificity	особенности депозитных банков
S 994	spécificité du régime de change	exchange rate system specificity	особенности валютной системы
S 995	spécifié	specified	подробный, детальный
S 996	spécifier	to specify, to state, to stipulate	оговаривать, уточнять
S 997	spécifique	specific	особенный, особый, специфический
S 998	spécimen *m* de signature	specimen of signature	образец подписи
S 999	spéculateur *m*	speculator	спекулянт, биржевой игрок
S 1000	spéculateur à la baisse	bear (speculator)	«медведь», спекулянт на понижение, понижатель
S 1001	spéculateur boursier	stock market speculator	спекулянт на фондовом рынке *(на бирже и внебиржевом рынке)*
S 1002	spéculateur habituel	trader	дилер, профессиональный участник биржи
S 1003	spéculateur à la hausse	bull *(a speculator)*	«бык», спекулянт на повышение, повышатель
S 1004	spéculateur immobilier	real estate speculator	спекулянт недвижимостью
S 1005	spéculateur sur le marché des changes	foreign exchange market speculator	оператор на валютном рынке
S 1006	spéculateur au Matif	MATIF speculator	оператор на МАТИФ
S 1007	spéculation *f*	speculation	спекуляция
S 1008	faire de la spéculation	to speculate	спекулировать
S 1009	se livrer à la spéculation	to go into speculation	заниматься спекулятивными операциями

S

S 1010	**spéculation active**	active speculation	активная спекуляция (намеренное открытие позиций)
S 1011	**spéculation à la baisse**	bear operation	спекуляция на понижение
S 1012	**spéculation, bonne**	successful speculation	удачная спекуляция
S 1013	**spéculation boursière**	stock market speculation	спекуляция на фондовом рынке
S 1014	**spéculation bridée**	restrained [checked] speculation	контролируемая спекуляция
S 1015	**spéculation cambiste [sur les changes]**	foreign exchange speculation	спекуляция на валютных курсах, валютная спекуляция
S 1016	**spéculation à court terme**	short-term speculation	краткосрочная спекуляция
S 1017	**spéculation sur les effets et les valeurs**	speculation on bills and securities	спекуляция на векселях и ценных бумагах
S 1018	**spéculation excessive**	excessive speculation	чрезмерная спекуляция
S 1019	**spéculation forcenée**	frenzied speculation	безудержная спекуляция
S 1020	**spéculation à la hausse**	bull operation	спекуляция на повышение
S 1021	**spéculation sur le loyer de l'argent**	interest rate speculation	спекуляция на процентных ставках
S 1022	**spéculation, mauvaise**	unsuccessful speculation	неудачная спекуляция
S 1023	**spéculation sur le métal jaune**	gold speculation	спекуляция на золоте
S 1024	**spéculation mixte**	mixed speculation	смешанная спекуляция
S 1025	**spéculation sur l'or incontrôlable**	unchecked gold speculation	неконтролируемая спекуляция на золоте
S 1026	**spéculation passive**	passive speculation	пассивная спекуляция (непокрытые риски)
S 1027	**spéculation sur la progression des dividendes**	speculation on future dividends	спекуляция на будущих дивидендах
S 1028	**spéculation pure**	pure speculation	чистая спекуляция
S 1029	**spéculation sur les taux de change**	exchange rate speculation	спекуляция на валютных курсах, валютная спекуляция
S 1030	**spéculation sur les taux de profit**	profit margin speculation	спекуляция на прибыли
S 1031	**spéculation sur les valeurs cotées**	listed securities speculation	спекуляция на котирующихся (на бирже) ценных бумагах
S 1032	**spéculer**	to speculate	спекулировать
S 1033	**spéculer à la baisse**	to go bear	спекулировать на понижение
S 1034	**spéculer sur le différentiel de cours**	to spread	спекулировать на спреде
S 1035	**spéculer à la hausse**	to go bull	спекулировать на повышение
S 1036	**spéculer sur la marge**	to trade on margin	спекулировать на основе внесённой маржи
S 1037	**sphère** *f*	sphere	сфера
S 1038	**sphère du change**	foreign exchange sphere	валютная сфера
S 1039	**sphère de la finance**	financial sphere	финансовая сфера
S 1040	**spirale** *f* **inflationniste**	inflationary spiral	инфляционная спираль
S 1041	**sponsor** *m*	sponsor	спонсор
S 1042	**sponsoring** *m*	sponsoring, sponsorship	спонсорство
S 1043	**sponsoriser**	to sponsor	спонсировать
S 1044	**spread** *m*	spread	1. спред, маржа; разница (курсов) 2. спред, стрэдл
S 1045	**coter à spread égal**	to quote an equal spread	котировать с равным спредом
S 1046	**déclarer le spread**	to declare the spread	объявлять спред
S 1047	**élargir le spread**	to widen the spread	увеличивать спред

S

S 1048	être en spread sur 10 lots	to take up a spread position on 10 lots	открывать позицию стрэдл на 10 контрактов
S 1049	exploiter des spreads	to exploit the spreads	пользоваться разницей (курсов)
S 1050	gagner des spreads sans risque	to earn riskless margins	получать безрисковую прибыль
S 1051	garder le même spread bid-ask	to preserve the same bid-ask spread	сохранять тот же самый спред между курсами продавца и покупателя
S 1052	payer un spread	to pay a spread	платить маржу
S 1053	prendre une position en spread	to enter into a spread [a straddle]	проводить стрэдл
S 1054	réduire au maximum le spread	to reduce the spread as much as possible	максимально сокращать спред
S 1055	resserrer le spread	to narrow the spread	сужать спред
S 1056	spread à la baisse	bear spread	спред «медведей» (вид операций с опционами)
S 1057	spread à la hausse	bull spread	спред «быков» (вид операций с опционами)
S 1058	spread prêteur/emprunteur sur les devises importantes	bid-ask spread on major currencies	разница между курсами покупателя и продавца по основным валютам
S 1059	spread de volatilité	volatility spread	спред в компенсацию за неустойчивость курсов
S 1060	square *m*: être "square"	to be square	не иметь открытых позиций
S 1061	stabilisation *f*	stabilization	стабилизация
S 1062	stabilisation des changes	exchange rate stabilization	стабилизация валютных курсов
S 1063	stabilisation des cours	price stabilization	стабилизация цен
S 1064	stabilisation monétaire	monetary stabilization	стабилизация денежно-кредитного обращения
S 1065	stabilisation des monnaies	exchange rate stabilization	стабилизация валютных курсов
S 1066	stabilisation des rapports de change	stabilization of exchange relations	стабилизация валютных отношений
S 1067	stabilisation des taux	stabilization of interest rates	стабилизация процентных ставок
S 1068	stabiliser, se	to stabilize, to become stabilized	стабилизироваться
S 1069	stabilité *f*	stability	стабильность, устойчивость
S 1070	stabilité des changes	exchange rate stability	устойчивость валютных курсов
S 1071	stabilité des cours	price stability	стабильность курсов (акций)
S 1072	stabilité monétaire	monetary stability	устойчивость денежно-кредитной системы
S 1073	stabilité d'une monnaie	currency stability	устойчивость валюты
S 1074	stabilité des parités monétaires	stability of exchange rate parities	устойчивость валютных паритетов
S 1075	stabilité, précaire	precarious stability	неустойчивое равновесие
S 1076	stabilité du système financier international	stability of international financial system	устойчивость международной финансовой системы
S 1077	stable	stable	стабильный, устойчивый
S 1078	stage *m* d'acclimatisation boursier	stock market acclimatization period	период адаптации к биржевым условиям

S

S 1079	stagnation *f* des cours d'actions	stagnation of stock prices	низкий уровень курсов акций
S 1080	Standard & Poor's, S&P	Standard & Poor's, S&P	рейтинговое агентство «Стэндард энд Пурз»
S 1081	standardisation *f*	standardization	стандартизация
S 1082	standardisation des bons du Trésor	standardization of treasury bills	стандартизация бон казначейства [казначейских векселей]
S 1083	standardisation des contrats	standardization of contracts	стандартизация контрактов
S 1084	standardisation d'une durée	standardization of maturities	стандартизация сроков *(биржевых контрактов)*
S 1085	standardisation d'un montant	standardization of amounts	стандартизация сумм *(биржевых контрактов)*
S 1086	standing *m*	standing; creditworthiness	положение; кредитоспособность
S 1087	standing, bon	good financial standing	хорошее финансовое положение
S 1088	standing d'un émetteur	creditworthiness of an issuer	кредитоспособность эмитента
S 1089	standing financier	financial standing	финансовое положение
S 1090	standing insuffisant	inadequate credit rating	недостаточная кредитоспособность
S 1091	statistiques *f pl*	statistics	статистические данные
S 1092	statistiques affinées	better [more precise] statistics	уточнённые статистические данные
S 1093	statistiques sur les agrégats monétaires	money aggregates statistics	статистические данные по денежным агрегатам
S 1094	statistiques bancaires	banking statistics	статистические данные по банкам
S 1095	statistiques complètes	complete statistics	полные статистические данные
S 1096	statistiques examinées	examined statistics	изученные статистические данные
S 1097	statistiques financières	financial statistics	данные о финансовом положении
S 1098	statistiques officielles	official statistics	официальные статистические данные
S 1099	statistiques solides	reliable statistics	достоверные статистические данные
S 1100	statut *m*	status	статус; положение
S 1101	avoir un statut	to have a status	иметь статус
S 1102	conférer un statut	to confer a status	предоставлять статус
S 1103	conserver un statut	to preserve a status	сохранять статус
S 1104	jouir d'un statut	to have a status	иметь статус
S 1105	maintenir le statut	to maintain the status	сохранять статус
S 1106	obtenir un statut	to obtain a status	получать [приобретать] статус
S 1107	transformer son statut	to transform one's status	изменять свой статус
S 1108	statut d'actionnaire	stockholder status	статус акционера
S 1109	statut ambigu	ambiguous status	неясный статус
S 1110	statut des back-offices	status of back offices	статус банковского «бэк-офиса»
S 1111	statut de banque privée	private bank status	статус частного банка
S 1112	statut comptable	accounting status	положение компании согласно бухгалтерской отчётности

S

S 1113	statut de concessionnaire	agent [dealer] status	статус агента
S 1114	statut de contrepartie bancaire	bank counterparty status	статус стороны в межбанковских сделках
S 1115	statut de créancier	creditor status	статус кредитора
S 1116	statut d'établissement financier	financial institution status	статус финансового учреждения
S 1117	statut fiscal privilégié	privileged tax status	привилегированное фискальное положение
S 1118	statut international d'une monnaie	international status of a currency	международный статус валюты
S 1119	statut légal spécial	special legal status	специальный юридический статус
S 1120	statut de maison de titres	securities house status	статус компании по ценным бумагам
S 1121	statut d'une monnaie	status of a currency	статус валюты
S 1122	statut mutualiste	mutual fund status	статус взаимного фонда
S 1123	statut de paradis bancaire	bank paradise status	статус «банковского рая»
S 1124	statut de place financière	financial center status	статус финансового центра
S 1125	statut de remisier	intermediate broker status	статус брокера
S 1126	statut résidentiel	resident status, residency	статус резидента
S 1127	statut de tiers détenteur statutaire	official status of third holder	официальный статус третьего держателя
S 1128	statutaire	statutory	уставный
S 1129	statutairement	in accordance with the charter	в соответствии с уставом
S 1130	statuts *m pl*	Articles of Incorporation, Incorporation Charter; (Memorandum and) Articles of Association, bylaws	устав *(организации)*
S 1131	accepter les statuts	to accept the Articles of Incorporation	принимать устав
S 1132	amender les statuts	to amend the Articles of Incorporation	вносить изменения [поправки] в устав
S 1133	conformément aux statuts	in accordance with the charter	в соответствии с уставом
S 1134	contraire aux statuts	contrary to the charter	противоречащий уставу
S 1135	délibérer les statuts	to design the Articles of Incorporation	разрабатывать устав
S 1136	déposer les statuts	to register a company	регистрировать компанию
S 1137	formuler les statuts	to formulate the charter	формулировать устав
S 1138	modifier les statuts	to modify the Articles of Incorporation	изменять устав
S 1139	publier les statuts	to publish the Articles of Incorporation	публиковать устав
S 1140	rédiger les statuts	to draw up the Articles of Incorporation	составлять устав
S 1141	statuts d'une banque	bank charter	устав банка
S 1142	statuts désuets	outdated charter	устаревший устав
S 1143	statuts du Fonds	IMF Charter	устав МВФ
S 1144	statuts originels	original charter	первоначальный устав
S 1145	statuts, présents	current charter	настоящий [действующий] устав
S 1146	statuts d'une société anonyme	Articles of Incorporation, Incorporation Charter	устав акционерного общества
S 1147	stellage *m*	put and call option, double option	стеллаж, стеллажная сделка

S

S 1148	stérilisation *f*	sterilization	стерилизация, компенсация (негативного) эффекта
S 1149	stérilisation d'argent [d'encaisses]	sterilization of cash	стерилизация наличных
S 1150	stérilisation de réserves	sterilization of reserves	стерилизация резервов
S 1151	stérilisation de ressources	sterilization of resources	стерилизация ресурсов
S 1152	sterling *m*	sterling, pound sterling	фунт стерлингов
S 1153	stimulation *f* des investissements	investment stimulation	стимулирование инвестиций
S 1154	stipulation *f*	stipulation, provision	условие, положение (договора); оговорка
S 1155	stipulation d'intérêts	interest provision	положение договора о проценте
S 1156	stipulation de monnaie étrangère	foreign exchange provision	валютная оговорка
S 1157	stipuler	to stipulate	обусловливать, оговаривать
S 1158	stock *m*	stock	1. запас(ы), резерв(ы) 2. капитал(ы); фонд(ы)
S 1159	constituer un stock	to build up reserves	создавать резервы
S 1160	détenir un stock	to hold a reserve	держать резервы
S 1161	utiliser un stock	to use a reserve	использовать резервы
S 1162	stock d'actifs	assets	активы, совокупность активов
S 1163	stock de créances et de dettes	debts receivable and payable	совокупность дебиторской и кредиторской задолженности
S 1164	stock de devises	currency reserve	валютные резервы
S 1165	stock d'investissements	investments	инвестиции
S 1166	stock métallique	gold reserve	золотой запас
S 1167	stock monétaire international	international currency reserves	мировой валютный запас
S 1168	stock de monnaie	currency reserve	валютный запас
S 1169	stock de monnaie fiduciaire	paper money reserve	резерв бумажных денег
S 1170	stock d'or	gold reserve	золотой запас
S 1171	stock d'or monétaire international	international monetary gold reserves	международный запас монетного золота
S 1172	stock présigné	earmarked reserve	специальный резерв *(резерв, выделенный на определённые цели)*
S 1173	stock exchange *m*	stock exchange	фондовая биржа
S 1174	stockage *m* d'un message	storage of a message	хранение сообщения
S 1175	stock-jobber *m*	stockbroker, stock jobber	биржевой брокер, стокброкер
S 1176	straddle *m*	straddle	стрэдл *(вид опционной стратегии)*
S 1177	strangle *m*	strangle	стрэнгл *(вид опционной стратегии)*
S 1178	stratégie *f*	strategy	стратегия
S 1179	stratégie d'anticipation d'évolution du cours	price move anticipation strategy	стратегия предупреждения изменения курса
S 1180	stratégie à la baisse	bear strategy	игра на понижение
S 1181	stratégie de base	basic strategy	базовая стратегия
S 1182	stratégie de diversification	diversification strategy	стратегия диверсификации
S 1183	stratégie financière	financial strategy	финансовая стратегия
S 1184	stratégie fiscale	tax strategy	налоговая стратегия
S 1185	stratégie à la hausse	bull strategy	игра на повышение
S 1186	stratégie d'investissement	investment strategy	инвестиционная стратегия

S

S 1187	stratégie de long terme	long-term strategy	долгосрочная стратегия
S 1188	stratégie mixte	mixed strategy	смешанная стратегия
S 1189	stratégie de placement	investment strategy	инвестиционная стратегия
S 1190	stratégie de portefeuille	portfolio strategy	портфельная стратегия
S 1191	structure *f*	structure	структура
S 1192	structure des actifs	asset structure	структура активов
S 1193	structure du bilan	balance sheet structure	структура баланса
S 1194	structure du capital	capital structure	структура капитала
S 1195	structure du crédit	loan structure	структура кредита
S 1196	structure des échéances	maturity structure	структура по срокам (погашения обязательств)
S 1197	structure des échéances des créances	debt maturity structure	структура долговых требований по срокам
S 1198	structure des échéances des eurocrédits	Eurocredit maturity structure	структура еврокредитов по срокам
S 1199	structure existante du bilan	existing balance sheet structure	существующая структура баланса
S 1200	structure financière	financial structure	финансовая структура
S 1201	structure financière des bilans	financial structure of the balance sheets	финансовая структура баланса
S 1202	structure de gestion	management structure	структура управления
S 1203	structure de holding à plusieurs étages	multilevel holding structure	структура многоуровневого холдинга
S 1204	structure institutionnelle	institutional structure	институциональная структура
S 1205	structure du marché	market structure	структура рынка, рыночная структура
S 1206	structure opérationnelle d'une banque	operational structure of a bank	операционная структура банка
S 1207	structure professionnelle du stock exchange	professional organization of the stock exchange	профессиональная структура фондовой биржи
S 1208	structure des taux de change	exchange rate structure	структура валютных курсов
S 1209	subrogation *f*	subrogation	суброгация, вступление в права кредитора
S 1210	subrogation conventionnelle	contractual subrogation	суброгация в силу соглашения
S 1211	subrogation légale	legal subrogation	суброгация в силу закона
S 1212	subrogé *m*	subrogate	лицо, вступившее в права кредитора, новый кредитор
S 1213	subsidaire	subsidiary	добавочный, дополнительный
S 1214	subside *m*	grant	субсидия
S 1215	substituabilité *f* des capitaux	substitutability of capital	заменяемость капиталов
S 1216	substituable	substitutable	заменяемый, замещаемый
S 1217	substituer	to substitute	заменять, замещать
S 1218	substitution *f*	substitution	замена, замещение; вытеснение
S 1219	substitution de crédits courts à des crédits longs	substitution of short-term loans for long-term loans	замещение долгосрочных кредитов краткосрочными
S 1220	substitution de dettes au capital	substitution of debt for equity	замещение собственного капитала заёмным
S 1221	substitution des nouveaux moyens de paiement au chèque	substitution of new means of payments for checks	вытеснение чека новыми платёжными средствами
S 1222	substitution de prêts au capital de la société	substitution of loans for equity	замещение собственного капитала компании заёмным
S 1223	subvention *f*	grant, subsidy, support	субсидия, дотация

S

S 1224	subvention en capital	capital subsidy [grant]	денежная субсидия
S 1225	subvention de l'État	government subsidy [grant, support]	государственная субсидия
S 1226	subvention d'investissement	investment subsidy [grant]	инвестиционная субсидия
S 1227	subventionné	subsidized, supported	субсидированный
S 1228	subventionner	to subsidize, to support	субсидировать, предоставлять дотацию
S 1229	succédané *m* de market making	substitute for market making	субститут маркет-мейкинга *(обеспечения рынка какого-л. инструмента)*
S 1230	succession *f*	1. succession, series 2. succession	1. последовательность; ряд 2. правопреемство; наследование
S 1231	succession de cours	price series	последовательность курсов
S 1232	succession de dépôt	deposit succession	наследование депозита
S 1233	succession d'un dirigeant	succession of a manager	смена руководителя
S 1234	succession de hausses	series of increases	ряд повышений
S 1235	succession d'obligations	succession of bonds	наследование облигаций
S 1236	succession d'opérations sur valeurs	flip investment	последовательность операций с ценными бумагами
S 1237	succession de séances	series of sessions	ряд (биржевых) сеансов
S 1238	succursale *f*	branch (office), suboffice	филиал, отделение
S 1239	succursale annexe	subbranch	подфилиал
S 1240	succursale bancaire [d'une banque]	(bank) branch	филиал банка
S 1241	succursale centrale	hub [central] branch	центральный филиал
S 1242	succursale courtière	securities trading branch	филиал по торговле ценными бумагами
S 1243	succursale étrangère	foreign branch	зарубежный филиал
S 1244	succursale offshore	offshore branch, offshore banking unit	офшорный филиал (банка)
S 1245	succursale principale	main branch	главное отделение
S 1246	succursale tirée	drawee branch	филиал-плательщик
S 1247	suffisance *f*	sufficiency, adequacy	достаточность
S 1248	suffisance du capital	capital adequacy	достаточность капитала
S 1249	suffisance d'estimation	adequacy of estimation	достаточность оценки
S 1250	suites *f pl*	consequences, repercussions	следствия, последствия
S 1251	suites d'une dévaluation	consequences of a devaluation	последствия девальвации
S 1252	suites pénales et disciplinaires	penal and disciplinary consequences	уголовные и дисциплинарные последствия
S 1253	suivi	steady, constant	устойчивый, постоянный
S 1254	suivi *m*	monitoring, control, follow-up	контроль, наблюдение
S 1255	suivi d'un compte	monitoring of an account	контроль за счётом
S 1256	suivi des contrôles	monitoring, control	контроль, наблюдение
S 1257	suivi des encaissements créance par créance	monitoring of collections for each receivable	наблюдение за инкассированием по каждому долговому требованию
S 1258	suivi de l'investissement	investment monitoring	контроль за инвестициями
S 1259	suivi des opérations	control of operations	контроль за операциями
S 1260	suivi des prévisions	forecast monitoring	наблюдение за осуществлением прогнозов
S 1261	suivi des risques	risk monitoring	наблюдение за рисками
S 1262	suivi des soldes en dates de valeur	monitoring of balances at value dates	наблюдение за сальдо на дату валютирования

S

S 1263	suivi d'un titre en bourse	monitoring of the stock price at the stock exchange	наблюдение за курсом ценной бумаги на бирже
S 1264	suivi de la trésorerie	cash management	управление наличностью
S 1265	superbénéfice m	excess [surplus] profit	сверхприбыль
S 1266	supercapitalisation f boursière	stock market surplus value	биржевая сверхкапитализация
S 1267	superdividende m	surplus dividend	дополнительный дивиденд
S 1268	supermarché m de la finance	financial supermarket	финансовый супермаркет (банк, предлагающий большое количество различных инструментов и услуг)
S 1269	superviser	to supervise, to oversee	контролировать, проверять
S 1270	supervision f	supervision	контроль, проверка, надзор
S 1271	supervision des liquidités	liquidity supervision	контроль за ликвидностью
S 1272	supervision souple et efficace	flexible and efficient supervision	гибкий и эффективный контроль
S 1273	supplément m	supplement	добавление, дополнение
S 1274	supplément de commission	extra commission	дополнительная комиссия
S 1275	supplément d'imposition	additional tax	дополнительный налог
S 1276	supplément de liquidités	additional liquid assets	дополнительные ликвидные средства
S 1277	supplément de valeur	extra value	дополнительная стоимость
S 1278	supplémentaire	additional, supplementary	дополнительный, добавочный
S 1279	support m	1. support 2. medium	1. поддержка, опора; обеспечение 2. носитель, средство передачи информации
S 1280	sur support papier ou magnétique	on paper *or* magnetic storage medium	на бумажном *или* магнитном носителе
S 1281	support commercial	commercial support	коммерческая поддержка
S 1282	support d'une émission monétaire	support for a money issue	обеспечение денежной эмиссии
S 1283	support d'une émission obligataire	support for a bond issue	обеспечение эмиссии облигаций
S 1284	support informatique	(data) storage medium	носитель информации
S 1285	support d'intermédiation	intermediation	посредничество
S 1286	support juridique	legal support	юридическая поддержка, юридическое обеспечение
S 1287	support magnétique	magnetic storage medium	магнитный носитель
S 1288	support matériel	material support	материальная поддержка
S 1289	support monétaire et financier	monetary and financial support	валютно-финансовая поддержка
S 1290	support d'une monnaie internationale de financement	support for an international currency of financing	обеспечение международной валюты финансирования
S 1291	support papier	print-out, hard copy	бумажный носитель
S 1292	support publicitaire	advertising medium	средство рекламы
S 1293	supporter	1. to support 2. to bear *(e.g.* risks)	1. поддерживать 2. нести *(напр. риск)*
S 1294	supposition f de date	indication of a wrong date on a document	указание неправильной даты на документе
S 1295	suppression f	suppression, abolition, lifting	упразднение, отмена, ликвидация
S 1296	suppression des billets	cancellation of (bank)notes	изъятие из обращения банкнот

S

S 1297	suppression de la bourse des valeurs	abolition of the stock exchange	ликвидация фондовой биржи
S 1298	suppression des commissions fixes	abolition of fixed commissions	отмена фиксированных комиссионных
S 1299	suppression du contrôle des changes	abolition of exchange control	отмена валютного контроля
S 1300	suppression de la convertibilité du dollar en or	abolition of convertibility of the dollar into gold	отмена обратимости доллара в золото
S 1301	suppression du découvert	closing of a position	закрытие позиции, упразднение открытой позиции
S 1302	suppression de la double cotation d'une valeur	abolition of the double listing of a security	отмена двойной котировки ценной бумаги
S 1303	suppression de l'encadrement du crédit	abolition of credit control	отход от политики кредитной рестрикции
S 1304	suppression de l'étalon d'or	abolition of the gold standard	отмена золотого стандарта
S 1305	suppression du fixing	abolition of the fixing	отмена фиксации курса
S 1306	suppression des frais d'encaissement	abolition of collection fees	отмена комиссии за инкассирование
S 1307	suppression des impayés	writing off the unpaid bills	списание неуплаченных долгов
S 1308	suppression d'un impôt	abolition of a tax	отмена налога
S 1309	suppression de la limite maximale	abolition of a ceiling	упразднение верхнего предела
S 1310	suppression, partielle	partial abolition	частичная отмена
S 1311	suppression des pièces de monnaie	withdrawal of coins	изъятие монет из обращения
S 1312	suppression de réglemetation plafonnant les taux d'intérêt	abolition of the regulations putting a ceiling on interest rates	отмена нормативных актов, ограничивавших размер процентной ставки
S 1313	suppression des restrictions	abolition of restrictions	отмена ограничений
S 1314	suppression de la retenue à la source	abolition of withholding at source	отмена удержания (налога) у источника
S 1315	suppression du système de rémunérations fixes	abolition of the fixed remuneration system	упразднение системы фиксированного вознаграждения
S 1316	supprimer	to abolish, to do away with	упразднять, отменять, ликвидировать
S 1317	supputation f	calculation, computation	подсчёт, расчёт, калькуляция
S 1318	supputer	to calculate, to compute	подсчитывать, рассчитывать, калькулировать
S 1319	surabondance f de la masse monétaire	oversupply of money	избыток денежной массы
S 1320	suraccumulation f du capital	overaccumulation of capital	сверхнакопление капитала
S 1321	surajustements m pl sur le marché des changes	excessive adjustments in the foreign exchange markets	излишняя корректировка на валютных рынках
S 1322	surcapacité f bancaire	banking overcapacity	избыточное количество банков
S 1323	surcapitalisation f	overcapitalization	сверхкапитализация, чрезмерная капитализация
S 1324	surcapitaliser	to overcapitalize	чрезмерно капитализировать
S 1325	surcharge f	1. excess 2. alteration (e.g. of a check)	1. избыток; превышение 2. надстрочная поправка (к написанному)
S 1326	surcharge de dépenses	extra expenses	перерасход, излишние расходы

S

S 1327	surcharge d'une écriture	alteration [amendment] of an entry	поправка проводки
S 1328	surcharge fiscale	overassessment, overtaxation	чрезмерное налогообложение
S 1329	surchauffe *f*	overheating	«перегрев»
S 1330	surchauffe inflationniste	inflationary overheating	инфляционный «перегрев»
S 1331	surchauffe monétaire	monetary overheating	«перегрев» денежного обращения
S 1332	surcote *f*	premium	1. ажио, лаж 2. (биржевая) премия
S 1333	surcoûts *m pl* bancaires	extra banking costs	чрезмерные банковские издержки
S 1334	surcouverture *f* des besoins à financer	overcoverage of financial needs	чрезмерное покрытие потребностей в финансировании
S 1335	surcroît *m*	addition, rise	увеличение, прирост
S 1336	surcroît de dépenses	additional expenses	увеличение расходов
S 1337	surcroît de la masse monétaire	additional money supply	увеличение денежной массы
S 1338	surcroît de recettes fiscales	additional tax receipts	увеличение налоговых поступлений
S 1339	surcroît de ressources	additional resources	прирост ресурсов
S 1340	surdépréciation *f*	overdepreciation	чрезмерное обесценение
S 1341	surdimensionnement *m* du portefeuille des créances	oversized debt portfolio	чрезмерно раздутый ссудный портфель
S 1342	surélévation *f*	excessive rise	вздувание, чрезмерное повышение
S 1343	surélévation du cours des actions	excessive rise in the stock price	чрезмерное повышение курса акций
S 1344	surélévation des taux d'intérêt	excessive rise in interest rates	чрезмерное повышение процентных ставок
S 1345	surémettre	to overissue	чрезмерно эмитировать
S 1346	surémission *f*	overissue	чрезмерная эмиссия
S 1347	surenchère *f*	higher bid, overbid	надбавка к цене *(на торгах)*
S 1348	faire une surenchère	to make a higher bid	делать надбавку *(на торгах)*
S 1349	surenchère, dernière	last bid; latest bid	последняя надбавка
S 1350	surenchérir	to make a higher bid	делать надбавку *(на торгах)*
S 1351	surépargne *f*	oversaving	чрезмерное сбережение
S 1352	surestimation *f*	overvaluation	завышенная оценка
S 1353	surestimer	to overvalue, to overestimate, to overrate	завышать оценку, переоценивать
S 1354	sûreté *f*	guarantee	гарантия, обеспечение
S 1355	sûreté accessoire	collateral security	дополнительное обеспечение
S 1356	sûreté personnelle	personal guarantee	личная гарантия
S 1357	sûreté réelle	real guarantee	вещное обеспечение
S 1358	surévaluation *f*	overvaluation	завышенная оценка
S 1359	surévaluation criante	blatant overvaluation	явно завышенная оценка
S 1360	surévaluation du dollar	overvaluation of the dollar	завышенная оценка доллара
S 1361	surévaluation des mouvements de capitaux	overvaluation of capital movements	завышенная оценка движения капиталов
S 1362	surévalué	overvalued	завышенный
S 1363	surévaluer	to overvalue	завышать оценку, переоценивать
S 1364	surface *f* financière d'un établissement de crédit	financial position [standing, status] of a credit institution	финансовое положение кредитного учреждения

S

S 1365	surimposer	to overtax, to surtax	облагать чрезмерным налогом
S 1366	surimposition *f*	overassessment, overtaxation	чрезмерное обложение
S 1367	surinvestir	to overinvest	чрезмерно инвестировать
S 1368	surinvestissement *m*	overinvestment	чрезмерное инвестирование
S 1369	surliquidité *f*	overliquidity	сверхликвидность
S 1370	suroffre *f*	higher offer [bid], overbid	предложение более высокой цены *(напр. на торгах)*
S 1371	surplus *m*	surplus	1. излишек, избыток 2. положительное [активное] сальдо баланса
S 1372	surplus d'apport	additional paid-in capital	капитал, внесённый сверх номинальной цены акций
S 1373	surplus de bénéfice	surplus profit	сверхприбыль
S 1374	surplus de billets	surplus of banknotes	излишек банкнот
S 1375	surplus de caisse	cash-over overage	кассовый излишек
S 1376	surplus de capital	capital surplus	избыток капитала
S 1377	surplus distribuable	distributable surplus	прибыль, подлежащая выплате *(в виде дивиденда)*
S 1378	surplus d'épargne	surplus of savings	излишек сбережений
S 1379	surplus de liquidités	surplus of liquid assets	излишек ликвидных средств
S 1380	surplus monétaire	monetary surplus	излишек денег
S 1381	surproduction *f* de capital	overproduction of capital	сверхнакопление капитала
S 1382	surprofit *m*	excess [surplus] profit	сверхприбыль
S 1383	sursis *m*	reprieve, respite	отсрочка
S 1384	sursis de paiement	respite of payment, deferment	отсрочка платежа
S 1385	accorder un sursis de paiement	to grant a deferment	предоставлять отсрочку платежа
S 1386	solliciter un sursis de paiement	to ask for a deferment	просить об отсрочке платежа
S 1387	sursis au paiement d'une créance	respite of payment of a debt	отсрочка платежа по долговому требованию
S 1388	sursouscription *f*	oversubscription	превышение лимита подписки *(на ценные бумаги)*
S 1389	sursouscrit	oversubscribed	сверхподписанный *(напр. выпуск)*
S 1390	surtaux *m*	excessive rate	повышенная ставка
S 1391	surtaxation *f*	overtaxation, overassessment	дополнительное налогообложение
S 1392	surtaxe *f*	1. surcharge, extra charge 2. surtax, supertax	1. дополнительный сбор 2. дополнительный налог
S 1393	surtaxe fiscale	surtax	дополнительный налог
S 1394	surtaxer	1. to surcharge 2. to surtax; to overtax	1. взимать дополнительный сбор 2. облагать дополнительным налогом; облагать чрезмерно высоким налогом
S 1395	surutilisation *f* de modes de règlements coûteux	overutilization of costly methods of payment	чрезмерное использование дорогостоящих способов платежа
S 1396	survaleur *f* d'un bilan consolidé	consolidated goodwill	превышение общей стоимости компании над стоимостью её балансовых активов по консолидированному балансу
S 1397	survalorisation *f* des actifs financiers	overpricing of financial assets	завышение оценки финансовых активов

S

S 1398	surveillance *f*	supervision, monitoring; control, inspection	надзор, наблюдение; контроль
S 1399	surveillance de l'administration des titres	monitoring of securities management	надзор за управлением ценными бумагами
S 1400	surveillance des changes	exchange control	валютный контроль
S 1401	surveillance du comportement des taux de change	monitoring of behavior of exchange rates	надзор за поведением валютных курсов
S 1402	surveillance de la cotation des titres	monitoring of securities quotation	надзор за котировкой ценных бумаг
S 1403	surveillance de la distribution du crédit	supervision of loan distribution	надзор за распределением кредитов
S 1404	surveillance de l'évolution de la masse monétaire	monitoring of money supply	надзор за денежной массой
S 1405	surveillance financière	financial supervision	финансовый надзор
S 1406	surveillance des marchés des changes	foreign exchange market supervision	надзор за деятельностью валютными рынками
S 1407	surveillance de mouvements de trésorerie	cash flow monitoring	надзор за движением наличности
S 1408	surveillance de réseau	network control	контроль (компьютерной) сети
S 1409	survenance *f* des risques couverts	occurrence of covered risks	наступление покрытых рисков
S 1410	suspendre	to suspend	приостанавливать, временно прекращать
S 1411	suspension *f*	1. suspension 2. adjournment, deferral, postponement	1. приостановление, приостановка, временное прекращение 2. перенос, перенесение
S 1412	suspension de l'activité de la bourse	suspension of the stock exchange activities	временное прекращение биржевой деятельности
S 1413	suspension de l'aide financière	suspension of financial aid	приостановление финансовой помощи
S 1414	suspension de la convertibilité dollar-or	suspension of convertibility of the dollar into gold	прекращение обратимости доллара в золото
S 1415	suspension de convertibilité en or	suspension of convertibility into gold	прекращениеобратимости в золото
S 1416	suspension des cotations	suspension of quotation	приостановление котировки
S 1417	suspension des crédits	suspension of credit	временное прекращение кредитования
S 1418	suspension des paiements	suspension of payments	приостановка платежей
S 1419	suspension provisoire des poursuites	temporary suspension of proceedings (in a bankruptcy)	временное прекращение взысканий (*в отношении неплатёжеспособного должника*)
S 1420	suspension de séance	adjournment of a session	перенесение (*биржевого*) сеанса
S 1421	swap *m*	swap, swop	своп (*операция по обмену активами или обязательствами с разными процентными ставками и/или в разной валюте на срок*)
S 1422	conclure [contracter] un swap	to enter into a swap	заключать соглашение о свопе
S 1423	effectuer un swap par échéance	to carry out a maturity swap	осуществлять своп сроков долговых требований

679

S

S 1424	emprunter en swap des dollars	to borrow dollars in a swap	заимствовать доллары путём свопа
S 1425	exécuter [faire] un swap	to carry out a swap	осуществлять своп
S 1426	faire un swap de sens inverse	to carry out a reverse swap	осуществлять обратный своп
S 1427	monter un swap	to mount a swap	осуществлять своп
S 1428	payer au titre de son swap	to pay under one's swap agreement	платить в рамках соглашения о свопе
S 1429	réaliser un swap	to carry out a swap	осуществлять своп
S 1430	retourner le swap initial	to reverse the original swap	осуществлять обратный своп
S 1431	se couvrir en swap	to hedge oneself by a swap	хеджировать с помощью свопа
S 1432	swap d'actifs	asset(-based) swap	своп активов
S 1433	swap amortissable sur 5 ans	swap amortizable over 5 years	своп, подлежащий амортизации в течение 5 лет
S 1434	swap de base	basis (rate) swap	базисный своп *(операция по обмену обязательствами с плавающей процентной ставкой на обязательное с фиксированной ставкой)*
S 1435	swap cambiste	treasury swap	краткосрочный валютный своп *(с целью хеджирования)*
S 1436	swap de compensation [compensatoire]	mirror [reverse] swap	обратный своп
S 1437	swap de créances [de dettes]	debt-debt swap, par debt swap	долговой своп *(обмен одних долговых обязательств (страны) на другие)*
S 1438	swap de devises	currency swap	валютный своп *(обмен обязательствами в разных валютах на равную сумму на срок)*
S 1439	swap en dollars	dollar swap	долларовый своп
S 1440	swap ECU contre devises	swap of ECU against currencies	своп ЭКЮ против валют
S 1441	swap de fin de mois	end-of-the-month swap	своп с исполнением в конце месяца
S 1442	swap initial	original swap	исходный своп
S 1443	swap d'intérêt	interest rate swap	процентный своп *(обмен процентными платежами по кредитным обязательствам на равную сумму, но на разных условиях, напр. плавающие ставки против фиксированных)*
S 1444	swap d'intérêts et de monnaies	combined interest rate and currency swap	комбинированный валютно-процентный своп
S 1445	swap inversé	mirror [reverse] swap	обратный своп
S 1446	swap de LIBOR	LIBOR swap	своп на основе ЛИБОР
S 1447	swap à long terme	long-term swap	долгосрочный своп
S 1448	swap miroir	mirror [reverse] swap	обратный своп
S 1449	swap de monnaies	currency swap	валютный своп *(обмен обязательствами в разных валютах на равную сумму на срок)*
S 1450	swap sur obligations portant un coupon O	zero coupon bond swap	своп по облигациям с нулевым купоном
S 1451	swap optionnel [d'options]	swaption, swap option	опционный своп *(комбинация свопа и опциона)*

S

S 1452	swap de référence	basis (rate) swap	базисный своп
S 1453	swap de sens inverse	mirror [reverse] swap	обратный своп
S 1454	swap synthétique	synthetic swap	синтетический своп
S 1455	swap de taux (d'intérêt)	interest rate swap	процентный своп *(обмен процентными платежами по кредитным обязательствам на равную сумму, но на разных условиях — напр. плавающие ставки против фиксированных)*
S 1456	swap de taux de référence	basis (rate) swap	базисный своп *(операция по обмену обязательствами с плавающей процентной ставкой на обязательства с фиксированной ставкой)*
S 1457	swap à terme	forward swap	срочные свопы
S 1458	swap de trésorerie	treasury swap	краткосрочный валютный своп *(с целью хеджирования)*
S 1459	swapper	to swap	1. обменивать 2. осуществлять своп
S 1460	swapper les dollars reçus contre la devise	to swap the received dollars for the currency	обменивать полученные доллары на другую валюту
S 1461	swaption *f*	swaption	«свопцион», опцион на своп *(комбинация свопа и опциона)*
S 1462	SWIFT, Swift	SWIFT	СВИФТ *(система межбанковской связи)*
S 1463	swingline *f*	swingline	кредитная линия временного финансирования до получения доступа к основному источнику финансирования *(при выпуске евронот)*
S 1464	switch *m*	switch	свитч *(ликвидация фьючерсной позиции с немедленным открытием аналогичной позиции по тому же финансовому инструменту)*
S 1465	symbole *m*	symbol	символ, обозначение
S 1466	symbole d'une action	stock symbol	обозначение акции
S 1467	symbole d'une option	option symbol	обозначение опциона
S 1468	symbole au téléscripteur	ticker symbol	код ценной бумаги *(используемый при проведении операций и в справочных публикациях)*
S 1469	syndic *m* de faillite	official receiver, trustee in bankruptcy	синдик, официальное лицо, назначаемое судом для ликвидации компании-банкрота
S 1470	syndicat *m*	1. union, association 2. syndicate, group	1. союз, ассоциация, объединение 2. синдикат
S 1471	syndicat bancaire	banking syndicate	банковский синдикат
S 1472	syndicat bancaire de garantie	underwriting banking syndicate	синдикат банков-андеррайтеров *(при размещении ценных бумаг)*
S 1473	syndicat de banquiers	banking syndicate	банковский синдикат
S 1474	syndicat de créanciers	creditors' association	объединение кредиторов

S

S 1475	syndicat d'émission	issue [issuing] syndicate	эмиссионный синдикат
S 1476	syndicat d'enchères	tender panel	группа банков, подающая заявки на участие в торгах по размещению ценных бумаг
S 1477	syndicat de faillite	trusteeship, bankruptcy committee	синдикат по ликвидации дел компании-банкрота
S 1478	syndicat financier	loan syndicate; issue [issuing] syndicate, syndicate of financiers	финансовый синдикат; эмиссионный синдикат
S 1479	syndicat de garantie [de garants]	underwriting syndicate	синдикат андеррайтеров *(при размещении ценных бумаг)*
S 1480	syndicat international de banques	international banking syndicate	международный банковский синдикат
S 1481	syndicat d'introduction	placement syndicate, selling group	синдикат по размещению ценных бумаг
S 1482	syndicat occasionnel	ad hoc association	объединение, создаваемое для определённой цели и распускаемое по её достижении
S 1483	syndicat permanent	permanent association	постоянное объединение
S 1484	syndicat de placement	placement syndicate, selling group	синдикат по размещению ценных бумаг
S 1485	syndicat de prise ferme	underwriting syndicate	синдикат андеррайтеров *(при размещении ценных бумаг)*
S 1486	syndicat de soumission	tender panel	группа банков, подающая заявки на участие в торгах по размещению ценных бумаг
S 1487	syndicataire	of a syndicate	принадлежащий синдикату
S 1488	syndicataire *m*	syndicate member, underwriter	член (банковского) синдиката; андеррайтер
S 1489	syndication *f*	syndication	синдицирование, образование банковского *или* финансового синдиката
S 1490	synthétique	synthetic *(e.g. of a financial instrument)*	синтетический *(напр. о финансовом инструменте)*
S 1491	système *m*	system	система
S 1492	système des adjudications périodiques	regular auction system	система регулярных торгов
S 1493	système d'analyse graphique des prix des instruments cotés	chartist system for quoted instruments	чартистская система *(система графического анализа)* котируемых инструментов
S 1494	système d'annuités	annual payment system	система аннуитетов
S 1495	système bancaire	banking system	банковская система
S 1496	système bancaire et de crédit	banking and credit system	банковско-кредитная система
S 1497	système bancaire et financier	banking and financial system	банковско-финансовая система
S 1498	système bancaire international	international banking system	международная банковская система
S 1499	système bancaire public	public banking system	государственная банковская система
S 1500	système de banques individuelles	unit banking	система банков, не имеющих отделений
S 1501	système de banques à succursales	branch banking	система банков с отделениями
S 1502	système bimétallique	bimetallism	биметаллизм

S 1503	système de bonification d'intérêts	preferential interest rate system	система льготных процентных ставок
S 1504	système boursier	stock market system	биржевая система
S 1505	système de calcul du coupon	coupon calculation system	система подсчёта купона
S 1506	système des cartes de crédit	credit card system	система кредитных карточек
S 1507	système de(s) change(s)	exchange rate system	валютная система, система валютных курсов
S 1508	système de changes actuel	present exchange rate system	существующая валютная система
S 1509	système de changes ajustables périodiquement	periodically adjustable exchange rate system	система корректируемых валютных курсов
S 1510	système de changes fixes	fixed exchange rate system	система фиксированных валютных курсов
S 1511	système de changes fixes mais ajustables	fixed but adjustable exchange rate system	система фиксированных, но корректируемых валютных курсов
S 1512	système de changes fixes purs	pure fixed exchange rate system	система полностью фиксированных валютных курсов
S 1513	système de changes flottants	floating exchange rate system	система плавающих валютных курсов
S 1514	système de changes gérés	controlled exchange rate system	система контролируемых валютных курсов
S 1515	système de circuits bancaires	bank channels	банковские каналы
S 1516	système de circulation des fonds	funds transfer system	система движения фондов
S 1517	système de classement des actions	stock rating system	система рейтинга акций
S 1518	système clé de cotation	key quotation system	основная система котировки
S 1519	système de clearing	clearing system	система клиринга
S 1520	système de clearing multilatéral	multilateral clearing system	система многостороннего клиринга
S 1521	système de codification	codification system	система кодификации
S 1522	système de compensation	clearing system	система клиринга
S 1523	système de compensation des chèques	check-clearing system	система клиринга чеков
S 1524	système de compensation des paiements en ECU	ECU payment clearing system	система клиринга платежей в ЭКЮ
S 1525	système de comptabilité [comptable]	accounting system	система бухгалтерского учёта
S 1526	système des comptes et dépôts numérotés	system of numbered accounts and deposits	система нумерованных счетов и вкладов
S 1527	système des comptes nostro et loro	nostro and loro account system	система счетов «ностро» и «лоро»
S 1528	système de contrôle des changes	exchange control mechanism	система валютного контроля
S 1529	système des conversions de dettes	debt conversion system	система конверсии долга
S 1530	système coopératif	cooperative system	кооперативная система
S 1531	système de coopération monétaire international	international monetary co-operation system	система международного валютного сотрудничества
S 1532	système de cotation	trading system	система котировки
S 1533	système de cotation électronique	computerized trading system	компьютеризованная система котировки

S

S 1534	système de cotation et de gestion des opérations	trading and transaction management system	система котировки и контроля за операциями
S 1535	système de cotation par informatique	computerized trading system	компьютеризованная система котировки
S 1536	système de cours du change flottants	floating exchange rate system	система плавающих валютных курсов
S 1537	système de crédit	credit system	кредитная система
S 1538	système de crédit à court terme	short-term lending system	система краткосрочного кредитования
S 1539	système de déduction fiscale	tax deduction system	система вычета налога
S 1540	système de dénouement	settlement system	система урегулирования сделок
S 1541	système de dépôt de garantie	margin system	система гарантийных депозитов
S 1542	système économique et monétaire	economic and monetary system	валютно-экономическая система
S 1543	système électronique de prêts	electronic loan information system	электронная система кредитования
S 1544	système d'encadrement du crédit	credit restriction	система кредитной рестрикции [ограничения кредита]
S 1545	système d'enregistrement des opérations	transaction recording system	система регистрации операций
S 1546	système d'étalon-dollar	dollar standard	долларовый стандарт
S 1547	système d'étalon-or	gold standard	золотой стандарт
S 1548	système des étalons parallèles	parallel standard system	параллельный стандарт
S 1549	système eurobancaire	Eurobank system	система евробанков
S 1550	système d'évaluation de la solvabilité	credit rating system	система оценки платёжеспособности
S 1551	système d'exécution des ordres	order execution system	система исполнения поручений
S 1552	système de factoring	factoring system	система факторинговых операций
S 1553	système des finances et du crédit	financial and credit system	кредитно-финансовая система
S 1554	système financier	financial system	финансовая система
S 1555	système financier international	international financial system	международная финансовая система
S 1556	système fiscal	tax system	налоговая система
S 1557	système de fixing	fixing system	система фиксинга
S 1558	système de flottement concerté	joint float system	система совместного плавания валют
S 1559	système de flottement généralisé des monnaies	general currency floating system	система всеобщего плавания валют
S 1560	système de flottement des taux de change	exchange rate floating system	система плавающих валютных курсов
S 1561	système fondé exclusivement sur l'or	system based exclusively on gold	система, основанная исключительно на золоте
S 1562	système de fourchettes de fluctuation	floatation range system	система пределов плавания
S 1563	système de fourchettes de taux de change	exchange rate range system	система пределов колебаний валютных курсов
S 1564	système de garantie de change	exchange rate guarantee system	система валютной гарантии
S 1565	système de gestion opérationnelle	operational management system	система операционного руководства

S

S 1566	système de giro bancaire	bank giro system	система банковских жиросчетов
S 1567	système du gold exchange standard	gold exchange standard system	золотовалютный стандарт
S 1568	système du gold standard	gold standard system	золотой стандарт
S 1569	système de gré à gré	over-the-counter system	система внебиржевой торговли
S 1570	système informatique	information [computer] system	компьютерная [информационная] система
S 1571	système informatique d'une banque	bank computer system	банковская компьютерная система
S 1572	système informatique centralisé	centralized computer system	централизованная компьютерная система
S 1573	système informatique de cotation	computerized quotation system	компьютерная система котировки
S 1574	système informatique on-line	on-line computer system	компьютерная система «он-лайн»
S 1575	système informatisé	computerized system	компьютеризованная система
S 1576	système informatisé de gestion	computerized management system	компьютеризованная система управления
S 1577	système d'inscription en compte	book-based system	система на основе бухгалтерских книг
S 1578	système intégré d'information	integrated information system	интегрированная информационная система
S 1579	système interbancaire de compensation	interbank clearing system	межбанковская клиринговая система
S 1580	système interbancaire de télécommunications, SIT	interbank telecommunications system	межбанковская телекоммуникационная система
S 1581	système international de(s) change(s)	international exchange system	международная валютная система
S 1582	système international des paiements	international payment system	международная платёжная система
S 1583	système international de transfert de fonds	international funds transfer system	международная система перевода средств
S 1584	système intersociétés de Bourse, ISB	interstockbroker system	межброкерская система
S 1585	système de liberté des changes	free exchange rate system	система свободно плавающих валютных курсов
S 1586	système en ligne	on-line system	система «он-лайн»
S 1587	système hors ligne	off-line system	система «оф-лайн»
S 1588	système des liquidités internationales	international liquidity system	система международных ликвидных средств
S 1589	système de [des] marges élargies	system of extended fluctuation margins *(within EMS)*	режим расширенных пределов колебаний *(в рамках ЕВС)*
S 1590	système de mesure et de contrôle des risques	risk measurement and control system	система расчёта и контроля рисков
S 1591	système mixte	mixed system	смешанная система
S 1592	système de mobilisation du crédit hypothécaire	mortgage loan mobilization system	система мобилизации ипотечных кредитов
S 1593	système monétaire	monetary system	1. денежно-кредитная система 2. валютная система
S 1594	système monétaire et commercial international	international monetary and trade system	международная торгово-валютная система
S 1595	système monétaire et de crédit	monetary and credit system	денежно-кредитная система

S

S 1596	système monétaire à étalon métallique	metallic standard monetary system	валютная система на основе металлического стандарта
S 1597	système monétaire à étalon-or	gold standard monetary system	валютная система на основе золотого стандарта
S 1598	système monétaire et financier	monetary and financial system	валютно-финансовая система
S 1599	système monétaire et financier international	international monetary and financial system	международная валютно-финансовая система
S 1600	système monétaire fondé sur l'or	gold-based monetary system	валютная система на основе золота
S 1601	système monétaire international en vigueur	present international monetary system	существующая международная валютная система
S 1602	système monétaire mondial	world monetary system	мировая валютная система
S 1603	système monétaire national	national monetary system	валютная система страны
S 1604	système multidevise	multicurrency system	мультивалютная система
S 1605	système multilatéral de paiements	multilateral settlement system	система многосторонних расчётов
S 1606	système des OPCVM de capitalisation	capitalization UCITS [undertakings for collective investment in transferable securities] system	система капитализации ОСИОЦБ [организаций по совместному инвестированию в обращающиеся ценные бумаги] *(с реинвестированием доходов)*
S 1607	système des options	option system	система опционов
S 1608	système d'ordinateurs	computer system	компьютерная система
S 1609	système de paie automatique	automatic pay system	система автоматического перевода заработной платы
S 1610	système de paiement	payment system	платёжная система
S 1611	système de paiement électronique	electronic payment system	электронная платёжная система
S 1612	système parabancaire	non-bank bank system	система небанковских кредитных учреждений
S 1613	système de parités fixes	fixed parity system	система фиксированных паритетов
S 1614	système de parités fixes mais ajustables	system of fixed but adjustable parities	система фиксированных, но регулируемых паритетов
S 1615	système de parités flottantes	floating parity system	система плавающих паритетов
S 1616	système de parités glissantes	sliding parity system	система скользящих паритетов
S 1617	système de perception de la TVA	VAT collection system	система взимания НДС
S 1618	système de placement collectif	collective investment system	система коллективного инвестирования
S 1619	système de prêts non indexés	nonindexed loan system	система неиндексированных кредитов
S 1620	système de prêts de titres	securities loan system	система заимствования ценных бумаг
S 1621	système de rassemblement de l'épargne	savings collection system	система привлечения сбережений
S 1622	système de recouvrement des créances	debt recovery system	система взыскания по долговым обязательствам
S 1623	système de rédaction du bilan	balance sheet drafting system	система составления баланса
S 1624	système de règlement des chèques	check payment system	система оплаты чеков

S

S 1625	système de règlement des positions	position settlement system	система урегулирования позиций
S 1626	système de règlements multilatéraux	multilateral settlement system	система многосторонних расчётов
S 1627	système de régulation du crédit	credit regulation system	система регулирования кредита
S 1628	système des relations monétaires internationales modernes	system of modern international monetary relations	система современных международных валютных отношений
S 1629	système du «repo» à taux variable	variable rate repo system	система репо с плавающими ставками
S 1630	système de reporting opérationnel	operational reporting system	система оперативной отчётности
S 1631	système des réserves obligatoires	reserve requirement system	система обязательных резервов
S 1632	système de scorage	credit scoring system	система оценки кредитоспособности путём определения коэффициентов
S 1633	système de services bancaires	banking services system	система банковских услуг
S 1634	système de siphonnage ou d'injection de liquidités	system of siphoning out *or* injection of liquidities	система «откачки» *или* «впрыскивания» ликвидных средств
S 1635	système du support papier	paper-based system	система с использованием бумажных документов
S 1636	système de surveillance bancaire	bank supervision system	система банковского надзора
S 1637	système de taux de change	exchange rate system	система валютных курсов
S 1638	système de taux de change flottants	floating exchange rate system	система плавающих валютных курсов
S 1639	système de taxation des opérations financières	financial transaction taxation system	система налогообложения финансовых операций
S 1640	système de télécommunications	telecommunications system	телекоммуникационная система
S 1641	système télématique	information system	информационная система
S 1642	système de télépaiement	telepayment system	система телеплатежей [электронных платежей]
S 1643	système de traitement en direct des opérations bancaires	on-line banking system	банковская система «он-лайн»
S 1644	système de transactions de blocs de titres	securities block transaction system	система проведения операций с пакетами ценных бумаг
S 1645	système de transfert électronique de fonds	electronic funds transaction system	система электронных денежных переводов
S 1646	système de transferts informatisés	computer transfer system	система переводов с помощью компьютера
S 1647	système de transmission électronique des fonds	electronic funds transaction system	система электронных денежных переводов
S 1648	système des «venture-capital»	venture capital system	система венчурного капитала
S 1649	système de vérification des chèques	check verification system	система проверки чеков
S 1650	système de zones-cibles	target zone system	система целевых зон
S 1651	système de zones-cibles pour les taux de change	exchange rate target zone system	система целевых зон для валютных курсов
S 1652	Système *m*	System	система

S

S 1653	Système automatisé d'affichage des cotations des principales actions	Principal Stock Quotes Automatic Display System	Автоматическая система выведения на экран котировок основных акций
S 1654	Système automatisé d'exécution des petites transactions	Small Transaction Automatic Execution System	Автоматическая система для проведения мелких операций
S 1655	Système de Bretton-Woods	Bretton Woods system	Бреттон-Вудская система
S 1656	Système de compensation et règlement automatisé, SCRA	Automatic Clearing and Settlement System	Автоматическая расчётно-клиринговая система
S 1657	Système de routage des ordres	Order Routing System	Система направления биржевых поручений
S 1658	systèmes *m pl*	systems	системы
S 1659	systèmes comptables	accounting systems	системы бухгалтерского учёта
S 1660	systèmes électroniques de paiement	electronic payment systems	электронные платёжные системы
S 1661	systèmes électroniques de paiements interbancaires de gros montants	large amount electronic interbank payment systems	электронные системы для осуществления крупных межбанковских платежей
S 1662	systèmes Reuter et Telerate	Reuter's and Telerate systems	системы «Рейтер» и «Телерейт»
S 1663	systèmes de télétraitement «Reuter» ou «Telerate-Dow Jones»	Reuter's and Telerate-Dow Jones teleprocessing systems	системы дистанционной обработки информации «Рейтер» и «Телерейт Доу-Джонс»

T

T 1	table *f*	table	таблица
T 2	table de calcul	calculation table	расчётная таблица
T 3	table de changes	exchange rate table	таблица валютных курсов, курсовая таблица
T 4	table d'intérêts	interest table	таблица процентов
T 5	table de paiement hypothécaire	mortgage table	таблица ипотечных платежей
T 6	table de parités	parity table	таблица паритетов
T 7	tableau *m*	1. board 2. table, chart, schedule 3. list, register, roll 4. statement	1. доска, табло 2. таблица, график 3. список, регистр 4. бухгалтерский отчёт
T 8	tableau des affectations de résultats	profit allocation table	таблица распределения прибыли
T 9	tableau d'affichage	notice board	информационное табло
T 10	tableau d'amortissement	depreciation [amortization] schedule, redemption [amortization] table	таблица погашения
T 11	tableau d'annonce	notice board	информационное табло
T 12	tableau d'appel	annunciator board	табло вызова
T 13	tableau de bord des placements financiers	management chart of financial investments	сводка финансовых инвестиций
T 14	tableau comptable	financial statement	бухгалтерский отчёт
T 15	tableau de conversion	conversion table	таблица пересчёта
T 16	tableau de cotation	quotation table	котировальная таблица

T

T 17	tableau de cours	price table	курсовая таблица
T 18	tableau d'échéance	maturity schedule	график платежей
T 19	tableau d'emploi des capitaux	schedule of uses of funds	сводная таблица использования капиталов
T 20	tableau des emplois et ressources	funds statement, statement of source and application of funds	сводная таблица источников и использования средств
T 21	tableau d'escompte	discount table	учётная таблица
T 22	tableau de financement	funds statement, statement of source and application of funds	сводная таблица источников и использования средств
T 23	tableau des opérations financières, TOF	flow of funds table	таблица финансовых операций
T 24	tableau professionnel	personnel roll	список персонала
T 25	tableau récapulatif	summary table	сводная таблица
T 26	tableau de réduction	table of discounts	таблица скидок
T 27	tableau de remboursement	depreciation [amortization] schedule, redemption [amortization] table	таблица погашения
T 28	tableau statistique	statistical table	статистическая таблица
T 29	tableau de tirages	drawing schedule	план выпусков (ценных бумаг)
T 30	tableau de trésorerie	cash flow statement	отчёт о кэш флоу
T 31	tableau des variations de la situation nette	statement of changes in net worth	отчёт об изменениях в акционерном капитале
T 32	tâches *f pl*	tasks, jobs	задачи; функции
T 33	tâches de contrôle	control jobs	задачи в области контроля
T 34	tacite	tacit	молчаливый
T 35	taille *f*	size	размер, величина
T 36	taille standardisée du contrat	standard contract amount	стандартная сумма контракта
T 37	taille unitaire	unit size	единичный размер
T 38	talon *m*	1. stub, counterfoil, stump 2. talon	1. корешок *(чека)* 2. талон, корешок облигации *(бескупонная часть, предъявляемая для получения нового купонного листа)*
T 39	contre remise de talon	against the talon transfer	против передачи купона
T 40	talon de chèque	check stub	корешок чека
T 41	talon détachable	detachable talon	отрывной купон
T 42	tampon *m* de propriété	owner's stamp	печать владельца
T 43	tangible	tangible	1. осязаемый, материальный 2. значительный, существенный
T 44	tantième *m*	percentage; percentage share	часть, процент; процентное отчисление
T 45	tantième d'action	subshare	дробная акция
T 46	tantièmes *m pl*	directors' fees [bonus]	тантьема, вознаграждение директоров компании
T 47	tare *f* de caisse	cash shortage	кассовый дефицит, нехватка наличных
T 48	tarif *m*	1. price list, schedule, tariff 2. price, rate; fare, charge 3. tariff, duty	1. прейскурант 2. цена, ставка, расценка 3. таможенный тариф, пошлина
T 49	abaisser un tarif	to lower a tariff	снижать тариф
T 50	tarif boursier	stock exchange rate	биржевая ставка
T 51	tarif des courtages	brokerage fees	тариф брокерских услуг

T

T 52	tarif d'encaissement	collection charges	плата за инкассо
T 53	tarif de l'impôt	tax rate	ставка налога
T 54	tarif à long terme	long-term rate	долгосрочная ставка
T 55	tarif de paiement	price, rate	расценка
T 56	tarif de recouvrement	collection charges	плата за инкассо
T 57	tarif de service	service rate	тариф за услуги
T 58	tarification f	price scale (fixing)	установление расценок, тарификация
T 59	pratiquer une tarification	to apply a price scale	применять шкалу расценок
T 60	tarification avantageuse	preferential price scale	льготные расценки
T 61	tarification par ligne d'actions ou d'obligations	fixing of a price scale by stock or bond issue	установление цен для каждого выпуска акций или облигаций
T 62	tarification des services	service price scale fixing	установление расценок за услуги
T 63	tassement m des investissements	drop in investments	сокращение инвестиций
T 64	taureau m	bull	«бык», спекулянт, биржевик, играющий на повышение, повышатель
T 65	taux m	1. ratio; rate 2. interest rate 3. exchange rate	1. коэффициент; норма, уровень, размер 2. ставка, процентная ставка 3. валютный курс
T 66	annoncer un taux	to announce a rate	объявлять ставку
T 67	au taux de 10%	at the rate of 10%	по ставке 10%
T 68	taux d'achat [acheteur]	bid [buying] rate	ставка покупателя
T 69	taux acheteur et vendeur	buying and selling rate	курс покупателя и продавца
T 70	taux d'actualisation	discount rate	учётная ставка, ставка дисконта
T 71	taux actuariel	yield	ставка доходности
T 72	taux actuariel brut	yield to maturity, redemption yield [rate]	ставка доходности к погашению
T 73	taux actuariel implicite	implicit yield	предполагаемая ставка доходности
T 74	taux actuariel implicite à l'échéance	implicit yield at maturity	предполагаемая ставка доходности по истечении срока
T 75	taux actuariel implicite à l'origine	implicit yield at the outset	предполагаемая ставка доходности в начале срока
T 76	taux d'adjudication	auction sale rate	аукционная ставка
T 77	taux administré	administered rate	применяемая ставка
T 78	taux de l'amortissement	depreciation rate	амортизационная ставка, ставка погашения
T 79	taux annuel	annual rate	годовая ставка
T 80	taux annuel monétaire, TAM	annual money market rate	годовая ставка денежного рынка
T 81	taux d'appel d'offres	tender rate	тендерная ставка
T 82	taux de l'argents	interest rate	процентная ставка
T 83	taux de l'argent hors banque	market interest rate	рыночная процентная ставка
T 84	taux de l'argent à court terme	short-term interest rate	краткосрочная процентная ставка
T 85	taux de l'argent au jour le jour	overnight interest rate, call [daily] money rate	ставка по однодневным ссудам
T 86	taux d'assurance	insurance premium	ставка страховой премии

T

T 87	taux d'attribution	allocation rate	ставка размещения *(ценных бумаг)*
T 88	taux d'augmentation du crédit	credit increase rate	степень увеличения кредита
T 89	taux d'autofinancement	self-financing rate	уровень самофинансирования
T 90	taux d'autofinancement, fort	high self-financing rate	высокий уровень самофинансирования
T 91	taux des avances de la Banque de France, TAB	rate for Bank of France advances	процентная ставка по ссудам Банка Франции
T 92	taux des avances contre [sur] nantissement	lombard rate	ломбардная ставка
T 93	taux des avances sur titres	broker loan rate	(брокерская) ставка кредитования под ценные бумаги
T 94	taux avantageux	attractive rate	льготная ставка
T 95	taux bancaire	bank rate	банковская ставка
T 96	taux bancaire moyen	average bank rate	средняя банковская ставка
T 97	taux de bancarisation	range of banking services	степень распространения банковских услуг
T 98	taux de banque	bank rate	банковская ставка
T 99	taux hors banque	market interest rate	рыночная процентная ставка
T 100	taux Banque, TB	(official) discount rate	(официальная) учётная ставка Банка Франции
T 101	taux de base bancaire, TBB	base rate, minimum lending rate	базовая (учётная) ставка
T 102	taux bid	bid rate	курс покупателя
T 103	taux bon marché	cheap rate, bargain (basement) rate	низкая ставка
T 104	taux bonifié	subsidized (interest) rate	льготная *(субсидированная государством)* ставка
T 105	taux butoir	ceiling, cap	максимальная ставка
T 106	taux de capitalisation	capitalization rate	коэффициент капитализации
T 107	taux de capitalisation des bénéfices	price/earnings ratio, PER	отношение цены акции к чистой прибыли на акцию
T 108	taux de capitalisation boursière	market capitalization rate	курс биржевой капитализации (компании)
T 109	taux de capitalisation d'un titre	market capitalization rate of a stock	курс биржевой капитализации ценной бумаги
T 110	taux central	central rate	центральный курс
T 111	taux de change	rate of exchange, exchange rate	валютный курс
T 112	taux de change acheteur	buying exchange rate	валютный курс покупателя
T 113	taux de change ajustable	adjustable exchange rate	регулируемый валютный курс
T 114	taux de change comptable	book exchange rate	расчётный валютный курс
T 115	taux de change déclaré	declared exchange rate	объявленный валютный курс
T 116	taux de change effectif	effective exchange rate	фактический валютный курс
T 117	taux de change fixe	fixed exchange rate	твёрдый валютный курс
T 118	taux de change flottant [fluctuant]	floating exchange rate	плавающий валютный курс
T 119	taux de change de monnaies convertibles	exchange rate for (fully) convertible currencies	курс конвертируемых валют
T 120	taux de change multiple	multiple exchange rate	множественный валютный курс
T 121	taux de change pondéré	weighted exchange rate	взвешенный валютный курс
T 122	taux de change rampant	crawling exchange rate	ползучий валютный курс
T 123	taux de change stable	stable exchange rate	устойчивый валютный курс
T 124	taux de change surévalué	overvalued exchange rate	завышенный валютный курс

T

T 125	taux de change à terme	forward exchange rate	срочный валютный курс
T 126	taux de change vendeur	selling exchange rate	валютный курс продавца
T 127	taux de commission	commission rate, fee schedule	комиссионная ставка
T 128	taux au comptant	spot rates	ставка спот
T 129	taux contractuel	nominal rate	номинальная ставка
T 130	taux de conversion	conversion rate [ratio]	курс конверсии; коэффициент перевода
T 131	taux de coupon	coupon rate	купонная ставка
T 132	taux de coupon nul	zero coupon rate	нулевая купонная ставка
T 133	taux courant	current rate	текущая ставка
T 134	taux court [à court terme]	short-term rate	ставка по краткосрочным кредитам
T 135	taux de courtage	commission rate	комиссионная ставка, ставка куртажа
T 136	taux de courtage de base	base commission rate	базисная комиссионная ставка
T 137	taux de courtage libre	free commission rate	свободно устанавливаемая комиссионная ставка
T 138	taux de couverture	1. reserve [cash deposit] ratio, coverage 2. margin (requirement, rate), coverage rate	1. ставка резервов *(против депозитов)* 2. ставка гарантийного депозита
T 139	taux de couverture du dividende	dividend cover	коэффициент покрытия дивиденда *(отношение прибыли к дивиденду)*
T 140	taux des crédits	loan rates	ставка по кредитам
T 141	taux de croissance	growth rate	темпы роста
T 142	taux de croissance des agrégats monétaires	monetary aggregate growth rate	темпы роста денежных агрегатов
T 143	taux de croissance des bénéfices	profit growth rate	темпы роста прибыли
T 144	taux de croissance des liquidités	liquid asset growth rate	темпы роста ликвидных активов
T 145	taux de croissance de la masse monétaire	money supply growth rate	темпы роста денежной массы
T 146	taux débiteur	lending rate	ставка по выдаваемым банком ссудам
T 147	taux demandé	bid rate	ставка покупателя
T 148	taux du déport	backwardation rate	курс операций по депорту
T 149	taux des dépôts	deposit rate	процент по вкладам
T 150	taux de dépréciation d'une monnaie	currency depreciation rate	степень обесценения валюты
T 151	taux de dévaluation	devaluation rate	степень девальвации
T 152	taux directeur	1. refunding rate 2. intervention rate	1. ставка рефинансирования 2. курс интервенции
T 153	taux de distribution des bénéfices	payout ratio	норма выплаты дивидендов
T 154	taux de dividende	dividend rate	ставка дивиденда
T 155	taux effectif	effective (interest) rate	фактическая процентная ставка
T 156	taux effectif global, TEG	annualized percentage rate, overall effective rate	общая фактическая ставка
T 157	taux d'émission	issue rate [price]	курс эмиссии (ценных бумаг)
T 158	taux emprunteur	bid rate	ставка заёмщика

T

T 159	taux emprunteur de 3 mois	3 month bid rate	ставка заёмщика на 3 месяца
T 160	taux d'endettement	debt ratio	уровень задолженности
T 161	taux d'épargne	savings rate	норма сбережений
T 162	taux d'épargne bonifié	bonus savings rate	льготная ставка по вкладам
T 163	taux d'épargne financière	financial savings rate	норма финансовых сбережений
T 164	taux d'équivalence monétaire [des monnaies]	exchange rate	валютный курс
T 165	taux équivalent	yield to maturity, redemption yield	доходность к погашению
T 166	taux d'érosion monétaire	inflation rate	темпы инфляции
T 167	taux d' [de l'] escompte	1. discount rate 2. official discount rate	1. учётная ставка 2. официальная учётная ставка (центрального банка)
T 168	taux d'escompte banque	discount rate	учётная ставка
T 169	taux d'escompte hors banque	market discount rate	рыночная учётная ставка
T 170	taux d'escompte central	central discount rate	официальная учётная ставка
T 171	taux d'escompte fédéral	federal discount rate	учётная ставка ФРС
T 172	taux d'escompte officiel	official discount rate	официальная учётная ставка
T 173	taux d'escompte privé	market discount rate	рыночная учётная ставка
T 174	taux exact de l'emprunt futur	exact interest rate on a future loan	точный уровень процента по будущему займу
T 175	taux d'exercice de l'option	exercise price [rate] of an option	ставка исполнения опциона
T 176	taux d'expansion	expansion [growth] rate	темп роста
T 177	taux d'expansion du crédit intérieur	domestic credit expansion rate	темп роста внутреннего кредита
T 178	taux d'expansion du M1 et M2	M1 and M2 growth rates	темп роста денежных агрегатов M1 и M2
T 179	taux facial	nominal [face] rate	номинальная ставка
T 180	taux de faveur [favorable]	favorable rate	льготная ставка
T 181	taux de fermage	farm rent rate	размер арендной платы за землю
T 182	taux ferme	firm rate	твёрдая ставка
T 183	taux fixe	fixed rate	фиксированная ставка
T 184	taux fixe du swap	fixed rate of the swap	фиксированная ставка в свопе
T 185	taux de floor	floor rate	ставка по операции «флор»
T 186	taux flottant [fluctuant]	floating rate	плавающая ставка
T 187	taux sur le franc	franc (interest) rate	процентная ставка по займам во франках
T 188	taux garanti, TG	guaranteed rate	гарантированная ставка
T 189	taux global d'épargne	overall savings rate	общий уровень сбережений
T 190	taux implicite du forward/forward	implicit forward/forward rate	предполагаемая ставка форвард-форвард [двойной форвард]
T 191	taux d'imposition	tax rate	ставка налога
T 192	taux d'imposition apparent	apparent tax rate	указанная ставка налога
T 193	taux d'imposition du capital	capital tax rate	ставка налога на капитал
T 194	taux d'imposition effectif	effective tax rate	фактическая ставка налога
T 195	taux d'imposition sur le revenu	income tax rate	ставка подоходного налога
T 196	taux indicatif du marché	market sensitive rate	рыночная ставка-индикатор
T 197	taux d'inflation	inflation rate	темпы инфляции
T 198	taux d'intégration	integration level	степень интеграции

T

T 199	**taux interbancaire**	interbank rate	межбанковская ставка
T 200	**taux interbancaire offert, TIO**	interbank offer rate	межбанковская ставка предложения
T 201	**taux interbancaire offert à Londres, TIOL**	London Interbank Offer Rate, LIBOR	ЛИБОР, Лондонская межбанковская ставка предложения
T 202	**taux interbancaire offert à Paris, TIOP**	Paris Interbank Offer Rate, PIBOR	ПИБОР, Парижская межбанковская ставка предложения
T 203	**taux d'intérêt**	interest rate, rate of interest	процентная ставка
T 204	**allouer un taux d'intérêt**	to assign an interest rate	определять процентную ставку
T 205	**baisser un taux d'intérêt**	to reduce an interest rate	снижать процентную ставку
T 206	**établir [fixer] un taux d'intérêt**	to set an interest rate	устанавливать процентную ставку
T 207	**renégocier un taux d'intérêt**	to renegotiate an interest rate	пересматривать процентную ставку
T 208	**servir un taux d'intérêt**	to pay an interest rate	уплачивать процентную ставку
T 209	**taux d'intérêt actuariel**	yield to maturity, redemption yield [rate]	доходность к погашению
T 210	**taux d'intérêt ajusté**	adjusted interest rate	скорректированная процентная ставка
T 211	**taux d'intérêt annuel fixe**	fixed annual interest rate	фиксированная годовая процентная ставка
T 212	**taux d'intérêt applicable au DTS**	SDR interest rate	процентная ставка по СДР
T 213	**taux d'intérêt des avances**	interest rate on (short-term) loans	процентная ставка по (краткосрочным) ссудам
T 214	**taux d'intérêt bancaire**	bank interest rate	банковская процентная ставка
T 215	**taux d'intérêt bas**	low interest rate	низкая процентная ставка
T 216	**taux d'intérêt bonifié**	subsidized interest rate	льготная (субсидированная государством) процентная ставка
T 217	**taux d'intérêt des bons du Trésor**	treasury bill [T-bill] interest rate	процентная ставка по казначейским бонам [векселям]
T 218	**taux d'intérêt sur les certificats du Trésor**	treasury certificate interest rate	процентная ставка по казначейским сертификатам
T 219	**taux d'intérêt commercial de référence, TICR**	base commercial interest rate	базовая коммерческая процентная ставка
T 220	**taux d'intérêt court**	short-term interest rate	процентная ставка по краткосрочным кредитам
T 221	**taux d'intérêt créditeur**	deposit rate	процентная ставка по депозитам
T 222	**taux d'intérêt débiteur**	lending rate	ставка по выдаваемым банком ссудам
T 223	**taux d'intérêt directeur**	key interest rate	основная процентная ставка
T 224	**taux d'intérêt effectif**	effective interest rate	фактическая процентная ставка
T 225	**taux d'intérêt élevé**	high interest rate	высокая процентная ставка
T 226	**taux d'intérêt emprunteur**	borrower rate	процентная ставка заёмщика
T 227	**taux d'intérêt flottant**	floating [variable] interest rate	плавающая процентная ставка
T 228	**taux d'intérêt de futures**	futures interest rate	процентная ставка по фьючерсам

T

T 229	taux d'intérêt garanti	guaranteed interest rate	гарантированная процентная ставка
T 230	taux d'intérêt inchangé	unchanged interest rate	неизменная процентная ставка
T 231	taux d'intérêt légal	statutory [legal] interest rate	официальная ставка ссудного процента
T 232	taux d'intérêt à long terme	long-term interest rate	процентная ставка по долгосрочным кредитам
T 233	taux d'intérêt de marché	market interest rate	рыночная процентная ставка
T 234	taux d'intérêt modéré	moderate interest rate	умеренная процентная ставка
T 235	taux d'intérêt négocié	negotiated interest rate	процентная ставка, установленная по договорённости
T 236	taux d'intérêt nominal	nominal [coupon] interest rate	номинальная процентная ставка
T 237	taux d'intérêt outre-Atlantique	US interest rate	американская процентная ставка
T 238	taux d'intérêt pratiqué	applicable interest rate	применяемая процентная ставка
T 239	taux d'intérêt préférentiel	prime rate	прайм-рейт, ставка для первоклассных заёмщиков
T 240	taux d'intérêt prêteur	lending rate	процентная ставка ссудодателя
T 241	taux d'intérêt sur les prêts bancaires	interest rate on bank loans	процентная ставка по банковским ссудам
T 242	taux d'intérêt réel	1. real interest rate 2. effective interest rate	1. реальная процентная ставка 2. доходность долгового инструмента
T 243	taux d'intérêt usuraire	usurious interest rate	ростовщическая процентная ставка
T 244	taux d'intérêt variable	floating [variable] interest rate	плавающая процентная ставка
T 245	taux d'intérêt en vigueur	actual interest rate	действующая процентная ставка
T 246	taux d'intervention	intervention rate	интервенционный курс
T 247	taux d'investissement(s)	investment level	уровень инвестиций
T 248	taux du jour	daily rate	дневная ставка
T 249	taux au jour le jour	overnight rate	однодневная ставка
T 250	taux de leasing	leasing rate	лизинговая ставка
T 251	taux légal	statutory [legal] rate	официальная процентная ставка
T 252	taux Libor	LIBOR	ЛИБОР, Лондонская межбанковская ставка предложения
T 253	taux de liquidité	liquidity ratio	коэффициент ликвидности
T 254	taux lombard	lombard rate	ломбардная ставка
T 255	taux long [à long terme]	long-term rate	процентная ставка по долгосрочным кредитам
T 256	taux du loyer de l'argent	interest rate	процентная ставка
T 257	taux majoré de 3%	rate raised by 3%	ставка, увеличенная на 3%
T 258	taux du marché	market rate	рыночная ставка
T 259	taux du marché interbancaire à 3 mois	three-month interbank market rate	трёхмесячная ставка межбанковского рынка
T 260	taux du marché monétaire, TMM	money market rate	ставка денежного рынка

T

T 261	taux du marché monétaire au jour le jour	overnight money market rate	однодневная ставка денежного рынка
T 262	taux du marché monétaire à 3 mois	three-month money market rate	трёхмесячная ставка денежного рынка
T 263	taux du marché noir	black market rate	ставка чёрного рынка
T 264	taux du marché obligataire, TMO	bond market rate	ставка облигационного рынка
T 265	taux de marge des sociétés	company (profit) margin	норма прибыли компаний
T 266	taux marginal d'imposition	marginal tax rate	предельная ставка налога
T 267	taux maximum	maximum rate	максимальная ставка
T 268	taux médian	median rate	медианная ставка
T 269	taux minimum d'imposition	minimum tax rate	минимальная ставка налога
T 270	taux moyen	average rate	средняя ставка
T 271	taux nominal, TN, Tn	nominal rate	номинальная ставка
T 272	taux non rajustable	nonadjustable rate	нерегулируемая ставка
T 273	taux offert	offered [ask] rate	ставка предложения, ставка продавца
T 274	taux officiel d'escompte	official discount rate	официальная учётная ставка
T 275	taux de participation	stake, participation level	размер участия
T 276	taux de pénalités	penalty rate	размер штрафа
T 277	taux de pension	repurchase rate	ставка репо, процент по ссудам под залог ценных бумаг
T 278	taux des pensions à 5-10 jours	5-10 day repurchase rate	ставка репо на 5-10 дней
T 279	taux pivot	central rate	центральный курс
T 280	taux plafond	ceiling, cap	максимальная ставка
T 281	taux plancher	floor	минимальная ставка
T 282	taux de plus-value	capital gain rate	ставка прироста капитала
T 283	taux pratiqué	applicable rate	применяемая ставка
T 284	taux de préférence [préférentiel]	prime rate	прайм-рейт, ставка для первоклассных заёмщиков
T 285	taux des prélèvements obligatoires	mandatory deduction rate	размер обязательных отчислений
T 286	taux prêteur	offer(ed) rate	ставка ссудного процента
T 287	taux prêteur garanti au client	offer(ed) rate guaranteed to the client	процентная ставка, гарантированная клиенту
T 288	taux des prêts	loan rate	ставка процента по ссудам
T 289	taux des prêts accordés aux conditions du marché	market lending rate	рыночная ставка ссудного процента
T 290	taux des prêts à long terme	long-term lending rate	ставка процента по долгосрочным кредитам
T 291	taux de la prime	premium rate	размер премии
T 292	taux de prise en pension	repurchase rate	ставка репо, процент по ссудам под залог ценных бумаг
T 293	taux privé	prime rate	прайм-рейт, ставка для первоклассных заёмщиков
T 294	taux privilégié	preferred [concessionary] rate	преференциальная ставка
T 295	taux de profit	return (on capital)	норма прибыли
T 296	taux progressif	graduated (interest) rate	прогрессивная (процентная) ставка
T 297	taux proportionnel	proportional rate	пропорциональная ставка (по кредиту)
T 298	taux réel	real rate	реальная ставка

T

T 299	taux de redevance	royalty rate	ставка роялти
T 300	taux de réescompte	rediscount rate	переучётная ставка
T 301	taux de réévaluation	revaluation rate	степень ревальвации
T 302	taux de référence bancaire	base rate, minimum lending rate	базовая (учётная) ставка
T 303	taux de refinancement	refinancing rate	ставка рефинансирования
T 304	taux réglementé	regulated rate	регламентированная ставка
T 305	taux de réinvestissement	reinvestment rate	уровень реинвестирования
T 306	taux de rémunération	salary [wage, pay] rate	размер вознаграждения
T 307	taux de rémunération de l'épargne	return on savings	уровень доходности сбережений
T 308	taux de rendement	(rate of) return, yield	уровень [показатель] доходности, доходность
T 309	taux de rendement de l'actif	return on assets, ROA	показатель доходности активов
T 310	taux de rendement des actions	dividend yield	доходность по акциям
T 311	taux de rendement actuariel	yield to maturity	доходность к погашению
T 312	taux de rendement brut	gross yield	доходность-брутто
T 313	taux de rendement du capital	return on capital	доходность на капитал
T 314	taux de rendement du capital investi	return on invested capital, ROIC	показатель доходности на вложенный капитал
T 315	taux de rendement des capitaux propres	return on (stockholders') equity, ROE	показатель доходности акционерного капитала
T 316	taux de rendement à long terme	long-term return	долгосрочная доходность
T 317	taux de rendement moyen	average return	средняя доходность
T 318	taux de rendement requis	required return	требуемый уровень доходности
T 319	taux de rentabilité	return (on capital)	уровень рентабельности
T 320	taux du report	contango rate	ставка по репортным операциям
T 321	taux de réserves obligatoires	reserve requirement	норма обязательных резервов
T 322	taux révisable annuellement	annually revised rate	ежегодно пересматриваемая ставка
T 323	taux semi-annuel	half-yearly rate	полугодовая ставка
T 324	taux servi sur les dépôts	deposit rate	процент по вкладам
T 325	taux de service	service rate	тариф за услуги
T 326	taux spot	spot rate	ставка спот
T 327	taux stable	stable rate	твёрдая ставка
T 328	taux standard	standard rate	стандартная ставка
T 329	taux terme à terme	forward/forward rate	ставка форвард-форвард [двойной форвард]
T 330	taux de transfert de données	data transmission rate	скорость передачи данных
T 331	taux en usage	used rate	используемая ставка
T 332	taux usuraire	usurious interest rate	ростовщическая ставка
T 333	taux variable	variable rate	плавающая ставка
T 334	taux variable et révisable	variable and adjustable rate	плавающая и пересматриваемая ставка
T 335	taux variable du swap	variable rate of the swap	плавающая ставка в операции своп
T 336	taux variable synthétique	synthetic variable rate	синтетическая плавающая ставка
T 337	taux vendeur	offered [ask] rate	ставка продавца, ставка предложения

T

T 338	taux de verrouillage	lock rate	предельная ставка
T 339	taux à vue	demand rate	ставка по ссуде до востребования
T 340	taxable	taxable, dutiable	облагаемый налогом, подлежащий налогообложению
T 341	taxateur *m*	taxer	оценщик, таксатор
T 342	taxation *f*	taxation	налогообложение
T 343	faire échapper à la taxation	to hide from taxation	укрывать от налогообложения
T 344	réduire la taxation	to reduce taxation	сокращать размер налогообложения
T 345	taxation des coupons d'obligations	bond interest taxation	налогообложение процентов по облигациям
T 346	taxation des dividendes	dividend taxation	налогообложение дивидендов
T 347	taxation, double	double taxation	двойное налогообложение
T 348	taxation des marges bénéficiaires	profit margin taxation	налогообложение прибылей
T 349	taxation des opérations de Bourse	stock exchange transaction taxation	налогообложение биржевых операций
T 350	taxation des options	option taxation	налогообложение опционов
T 351	taxation des rentes	government bond taxation	налогообложение государственных ценных бумаг
T 352	taxation des revenus	taxation of income	налогообложение доходов
T 353	taxation des revenus du capital	capital gain taxation	налогообложение прироста капитала
T 354	taxe *f*	tax; duty, levy	налог; сбор, пошлина
T 355	exempt de taxe	tax-exempt, tax-free	свободный от налога
T 356	exonérer d'une taxe	to exempt from a tax	освобождать от уплаты налога
T 357	instaurer [lever, mettre] une taxe	to levy a duty	облагать налогом
T 358	réformer en profondeur une taxe	to radically reform a tax	проводить радикальную реформу налога
T 359	soumis [sujet] à une taxe	taxable, dutiable	облагаемый налогом, подлежащий налогообложению
T 360	hors taxes	after tax	за вычетом налогов
T 361	taxe sur les actifs	tax on assets	налог на активы
T 362	taxe sur les activités financières, TAF	tax on financial transactions	налог на финансовые операции
T 363	taxe additionnelle	additional tax, surtax	дополнительный налог
T 364	taxe annuelle unique	single annual tax	единая годовая пошлина
T 365	taxe sur le chiffre d'affaires	turnover tax, sales tax	налог с оборота
T 366	taxe d'égalisaton de l'intérêt	interest equalization tax	налог, уравнивающий ставки процента
T 367	taxe sur les encours de crédit, TEC	tax on loans	налог на кредиты
T 368	taxe d'enregistrement	registration dues [fees]	регистрационный сбор
T 369	taxe forfaitaire	flat rate tax	налог в твёрдой сумме
T 370	taxe de luxe	luxury goods tax	налог на предметы роскоши
T 371	taxe minime	minor tax	мелкая пошлина
T 372	taxe modérée	moderate tax	умеренная пошлина
T 373	taxe sur les opérations de bourse	stock exchange transaction tax	налог на биржевые операции

T

T 374	taxe parafiscale	indirect tax; special levy	косвенный налог; специальный сбор
T 375	taxe de péréquation de l'intérêt	interest equalization tax	налог, уравнивающий ставки процента
T 376	taxe sur la plus-value	capital gain tax	налог на реализованный прирост капитала
T 377	taxe professionnelle	trade tax, local tax on business activity	профессиональный налог *(вид прямого местного налога во Франции)*
T 378	taxe de retenue à la source	withholding at source	налог у источника
T 379	taxe sur le revenu	income tax	подоходный налог
T 380	taxe supplémentaire	extra tax	дополнительный налог
T 381	taxe à [sur] la valeur ajoutée, TVA	value-added tax, VAT	налог на добавленную стоимость, НДС
T 382	taxe sur la vente de métaux précieux	tax on sale of precious metals	налог на продажу ценных металлов
T 383	taxer	to tax	облагать налогом
T 384	taxer lourdement	to tax heavily	облагать высоким налогом
T 385	technicité *f*	1. technical nature, technicality 2. skills	1. технический характер, техничность 2. квалификация, умение
T 386	technicité des gestionnaires	management skills	квалификация руководителей
T 387	technicité des montages financiers	technical nature of financial transactions	техническая сторона финансовых сделок
T 388	technico-commerciaux *m pl*	sales engineers, (securities) salespeople	продавцы ценных бумаг *(клиентам банка)*
T 389	technique *f*	technique, method	техника; способ, метод
T 390	technique bancaire	banking technique	техника банковских операций
T 391	technique boursière	stock market technique	техника биржевых операций
T 392	technique boursière classique	classic stock market technique	классическая техника биржевых операций
T 393	technique de calcul	calculation method	метод вычисления
T 394	technique de cofinancement	cofinancing method	метод совместного финансирования
T 395	technique de comptabilité [comptable]	accounting technique	бухгалтерский метод, метод бухгалтерского учёта
T 396	technique comptable de consolidation	consolidation accounting method	бухгалтерский метод консолидации
T 397	technique des contrats optionnels	option contract method	метод опционных контрактов
T 398	technique du contrôle des changes	exchange control method	метод валютного контроля
T 399	technique de crédit	lending method	техника кредитования
T 400	technique du crédit à court terme renouvelable	short-term revolving credit technique	техника возобновляемых краткосрочных кредитов
T 401	technique de crédit par signature	signature lending method	способ кредитования против подписи
T 402	technique des engagements à terme	forward engagement technique	техника выполнения срочных обязательств
T 403	technique fiscale	tax method	налоговый метод
T 404	technique de garantie des risques	risk hedging technique	способ страхования рисков
T 405	technique de gestion	management technique	метод управления
T 406	technique des options	option technique	техника опционов

T

T 407	technique des pensions	repo technique	техника операций репо *(ссуд под залог ценных бумаг)*
T 408	technique du plan d'option	stock option plan	предоставление возможности (руководству) приобрести акции компании
T 409	technique de restriction	restriction method	метод ограничения
T 410	technique des swaps	swap technique	техника свопов
T 411	technique des swaps d'intérêt	interest swap technique	техника процентных свопов
T 412	technique du syndicat soumissionnaire	tender panel technique	техника организации тендерного синдиката *(для участия в торгах)*
T 413	technique du terme contre terme	forward forward technique	техника операций форвард-форвард
T 414	technique des warrants	warrant technique	техника варрантов
T 415	techniques *f pl*	techniques, methods	способы, методы
T 416	techniques d'allocation du crédit	credit allocation methods	способы распределения кредитов
T 417	techniques hors bilan	off-balance sheet techniques	способы ведения забалансовых операций
T 418	techniques de chiffrement	encryption [encoding] techniques	способы шифровки информации
T 419	techniques de cotation	quotation methods	методы котировки
T 420	techniques de couverture et de prise de risques	risk taking and hedging techniques	способы принятия и покрытия рисков
T 421	techniques électroniques de transfert de fonds	electronic funds transfer techniques	методы электронного перевода денежных средств
T 422	techniques de financement	financing methods	способы финансирования
T 423	techniques financières	financial techniques	финансовые методы
T 424	techniques d'indexation	indexing techniques	методы индексации
T 425	techniques informatiques	computer techniques	компьютерные средства
T 426	techniques d'intervention, nouvelles	new intervention methods	новые методы интервенции
T 427	techniques juridiques utilisées	legal methods used	используемые правовые методы
T 428	techniques de marché	market methods	рыночные методы
T 429	techniques modernes de change	modern foreign exchange techniques	современные методы ведения операций на валютном рынке
T 430	techniques du négoce à terme	forward dealing techniques	способы осуществления срочных операций
T 431	techniques de neutralisation du risque de taux	interest risk neutralization methods	способы нейтрализации процентного риска
T 432	techniques télématiques	telecomputing, telecommuting	телеобработка
T 433	techniques de transmission de l'information	information transmission techniques	способы передачи информации
T 434	technologies *f pl*	technologies	технологии
T 435	technologies carte à piste	magnetic strip card technologies	технологии, использующие карточки с магнитной полоской
T 436	technologies informatiques	information technologies	информационные технологии
T 437	technologies informatiques et de télécommunication aux transactions financières	information and telecommunications technologies for financial transactions	информационные и телекоммуникационные технологии для финансовых операций
T 438	technologies micro-informatiques	microcomputer technologies	микроинформационные технологии

T 439	technologies nouvelles dans la banque	new banking technologies	новые банковские технологии
T 440	technologies de paiement	payment technologies	технологии осуществления платежей
T 441	technologies sophistiquées	sophisticated technologies	новейшие технологии
T 442	télé-avis m de prélèvement	electronic debit advice	электронное дебетовое авизо
T 443	télémarketing m	telemarketing	телемаркетинг
T 444	télématique f	telecomputing (equipment), telecommuting (equipment)	средства телеобработки
T 445	télématique bancaire	bank information retrieval equipment	банковские телеинформационные средства
T 446	télépaiement m	telepayment	дистанционная оплата
T 447	téléscipteurs m pl	teleprinters	телепринтеры
T 448	télétraitement m	general teleprocessing	дистанционная обработка информации, телеобработка
T 449	télétransactions f pl sécurisées	secure teletransactions	безопасное проведение дистанционных операций
T 450	télétransmission f	teletransmission	телетрансмиссия
T 451	télétransmission de fichiers vers la banque	teletransmission of files to the bank	телетрансмиссия файлов в банк
T 452	télétransmission de fichiers vers le client	teletransmission of files to the client	телетрансмиссия файлов клиенту
T 453	télétransmission informatique	computer teletransmission	компьютерная телетрансмиссия
T 454	télévirement m	electronic funds transfer	электронный перевод (денежных средств)
T 455	télévirer	to transfer electronically [by wire]	осуществлять электронный перевод (денежных средств)
T 456	télex m	telex	телекс
T 457	télex inexact	inexact telex	неточный телекс
T 458	télex quotidien envoyé par la banque	daily telex sent by the bank	телекс, ежедневно посылаемый банком
T 459	télexistes m pl	telex operators	операторы телекса
T 460	tempérament m	installment (plan)	рассрочка
T 461	tempête f boursière	stock market upheaval [turmoil]	биржевые потрясения
T 462	temple m de la finance	«temple of the finance» (stock exchange)	«храм финансов» (биржа)
T 463	temps m	time	время
T 464	temps de cotation	quotation time	время котировки
T 465	temps de retour sur investissement	time of return on investment	время окупаемости инвестиций
T 466	temps de travail d'une bourse	stock exchange working hours	часы работы биржи
T 467	tenants m pl du marché	market makers	маркет-мейкеры, «делатели рынка» (участники рынка, постоянно котирующие цены продавца и покупателя по какому-л. финансовому инструменту)
T 468	tendance f	tendency, trend	тенденция
T 469	avoir une tendance	to have [to show] a tendency	иметь тенденцию
T 470	combattre une tendance	to fight against a tendency	противодействовать тенденции
T 471	renverser la tendance	to reverse the trend	изменять тенденцию
T 472	tendance ascendante	upward [bullish, rising] trend	повышательная тенденция

T

T 473	tendance à la baisse [baissière]	downward [bearish, falling] trend	понижательная тенденция
T 474	tendance baissière des taux d'intérêt	downward interest rate trend	понижательная тенденция процентных ставок
T 475	tendance de la bourse [boursière]	stock market trend	биржевая конъюнктура
T 476	tendance courte [de courte période]	short-term tendency	краткосрочная тенденция
T 477	tendance descendante	downward [bearish, falling] trend	понижательная тенденция
T 478	tendance dominante	major trend	доминирующая тенденция
T 479	tendance à épargner	tendency to save	тенденция к сбережению
T 480	tendance, faible	weak tendency	слабая тенденция
T 481	tendance ferme	strong tendency	устойчивая тенденция
T 482	tendance à la hausse [haussière]	upward [bullish, rising] trend	повышательная тенденция
T 483	tendance haussière limitée	limited upward tendency	ограниченная повышательная тенденция
T 484	tendance à investir	tendency to invest	тенденция к инвестированию
T 485	tendance du marché	market trend	конъюнктура рынка
T 486	tendance à la montée des taux d'intérêt	upward interest rate trend	повышательная тенденция процентных ставок
T 487	tendance irrégulière	irregular trend	неустойчивая тенденция
T 488	tendance de longue période	long-term trend	долгосрочная тенденция
T 489	tendance principale	primary trend	основная тенденция *(рынка)*
T 490	tendance des rendements	yield trend	тенденция показателей доходности
T 491	tendance soutenue	steady trend	устойчивая тенденция
T 492	tender *m*	tender	тендер
T 493	tendre, se	to harden, to stiffen, to firm up	укрепляться *(о курсе)*
T 494	tendu	1. firm *(price)* 2. tense	1. стабильный *(о курсе)* 2. напряжённый
T 495	teneur *f*	1. content, terms 2. content, grade	1. содержание *(документа)* 2. (процентное) содержание
T 496	teneur d'un accord	terms of an agreement	содержание соглашения
T 497	teneur d'un contrat	terms of a contract	содержание контракта
T 498	teneur des documents publiés	content of the published documents	содержание опубликованных документов
T 499	teneur légale d'or fin	legal fine gold content	установленное законом процентное содержание чистого золота
T 500	teneur en or du franc	gold content of the franc	золотое содержание франка
T 501	teneur en or d'une monnaie	gold content of a currency	золотое содержание валюты
T 502	teneur en or d'une unité monétaire	gold content of a monetary unit	золотое содержание денежной единицы
T 503	teneur *m*	holder, keeper	держатель, владелец
T 504	teneur de caisse	cashier, teller	кассир
T 505	teneur de compte de titres	securities account holder	владелец счёта ценных бумаг
T 506	teneur de livres	bookkeeper	счетовод, бухгалтер

T

T 507	**teneur de marché**	market maker	маркет-мейкер, «делатель рынка» *(участник рынка, постоянно котирующий цены продавца и покупателя по какому-л. финансовому инструменту)*
T 508	**tension** *f*	tension; pressure	напряжённость; давление
T 509	**aggraver la tension**	to increase the tension	увеличивать напряжённость
T 510	**apaiser la tension**	to relieve the tension	ослаблять напряжённость
T 511	**tension financière**	financial pressure	финансовое давление
T 512	**tension sur le loyer de l'argent**	pressure on the interest rate	давление на процентную ставку
T 513	**tension sur le marché financier**	financial market tension	напряжённость на финансовом рынке
T 514	**tension sur la monnaie**	pressure on the currency	давление на валюту
T 515	**tensions** *f pl*	pressures	трудности, затруднения
T 516	**tensions commerciales**	commercial pressures	коммерческие трудности
T 517	**tensions financières et monétaires**	financial and monetary pressures	валютно-финансовые затруднения
T 518	**tentative** *f*	attempt	попытка
T 519	**tentative de prise de contrôle**	takeover attempt	попытка приобретения контроля над компанией
T 520	**tentative de violation du secret professionnel**	attempt to breach professional secrecy	попытка разглашения профессиональной тайны
T 521	**tenu**	hard, firm *(price)*	твёрдый, устойчивый *(о курсе)*
T 522	**tenue** *f*	1. fulfillment *(of commitments)* 2. keeping *(of accounts)* 3. behavior, performance	1. выполнение *(обязательств)* 2. ведение *(счетов)* 3. поведение; позиция
T 523	**tenue des actions à la bourse**	behavior of a stock at the stock exchange	поведение курса акций на бирже
T 524	**tenue, bonne**	firmness	устойчивая позиция, устойчивость
T 525	**tenue de la bourse**	the tone of the stock market	поведение биржи
T 526	**tenue de la comptabilité clientèle**	keeping of client accounts	ведение клиентских счетов
T 527	**tenue comptable des postes clients**	receivables management	ведение счетов к получению
T 528	**tenue des comptes**	keeping of accounts	ведение счетов
T 529	**tenue des comptes d'épargne**	keeping of saving accounts	ведение сберегательных счетов
T 530	**tenue des cours**	performance of (stock) prices	поведение курсов
T 531	**tenue des engagements contractés**	fulfillment of contract agreements	выполнение взятых на себя обязательств
T 532	**tenue du fichier des obligations nominatives**	keeping of registered bond files	ведение реестра именных облигаций
T 533	**tenue du franc sur le marché des changes**	behavior of the franc in the foreign exchange markets	поведение франка на валютном рынке
T 534	**tenue des livres**	bookkeeping	ведение бухгалтерских книг; бухгалтерский учёт
T 535	**tenue d'une monnaie**	performance of a currency	поведение валюты
T 536	**tenue en partie double**	double-entry bookkeeping	ведение бухгалтерии с помощью двойной записи
T 537	**tenue des risques**	risk management	управление рисками

T

T 538	terme *m*	1. end, date; time limit, deadline 2. due date, payment date 3. rent; installment 4. forward transaction 5. forward market	1. срок; предельный срок 2. срок платежа 3. очередной платёж 4. срочная сделка 5. срочный рынок
T 539	acheter à terme	1. to buy on credit 2. to buy for the account [for the settlement] *(at the stock exchange)*	1. покупать в кредит 2. покупать на срок *(на фондовом рынке)*
T 540	arriver à terme	to expire; to fall [to come] due	истекать; достигать срока исполнения
T 541	à court terme	short-term	краткосрочный
T 542	fixer un terme	to set a date	устанавливать срок
T 543	à long terme	long-term	долгосрочный
T 544	à moyen terme	medium-term	среднесрочный
T 545	payer son terme	to pay one's rent	производить очередной платёж
T 546	à terme	forward	на срок
T 547	avant terme	before due date	досрочно
T 548	à terme échu	at the end of the period	(с оплатой) в конце периода
T 549	à terme fixe	in due time, at maturity	в установленный срок
T 550	traiter à terme	to carry out forward transactions	осуществлять срочные сделки
T 551	vendre à terme	1. to sell on credit 2. to sell for the account [for the settlement] *(at the stock exchange)*	1. продавать в кредит 2. продавать на срок *(на фондовом рынке)*
T 552	venir à terme	to expire; to fall [to come] due	истекать; достигать срока исполнения
T 553	terme de bail	rent period	срок аренды
T 554	terme de contrat	due date of a contract	срок исполнения договора
T 555	terme, court	short term	короткий срок
T 556	terme d'échéance	period [term] of payment, time for payment	срок платежа
T 557	terme fatal	deadline	крайний [предельный] срок
T 558	terme de grâce	grace period, days of grace	грационный [льготный] период
T 559	terme initial	initial due date	срок первого платежа
T 560	terme de liquidation	settlement date	расчётный период, ликвидационный период
T 561	terme de livraison	delivery date, time of delivery	срок поставки
T 562	terme, long	long term	долгий срок
T 563	terme, moyen	middle-term transaction	среднесрочная операция
T 564	terme de paiement	payment date	срок платежа
T 565	terme de préavis	(term of) notice	срок предварительного извещения
T 566	terme de rigueur	deadline	крайний [предельный] срок
T 567	terme contre terme	forward / forward	контракт форвард-форвард
T 568	termes *m pl*	1. terms, conditions 2. installments	1. условия 2. периодические [рентные] платежи
T 569	aux termes de	in accordance with the terms (of the agreement)	в соответствии с условиями (соглашения)
T 570	en termes absolus	in absolute terms	в абсолютном выражении
T 571	termes d'un contrat	terms of a contract	условия контракта
T 572	termes de conversion	terms of conversion	условия пересчёта [конверсии]
T 573	termes d'un crédit	terms of a loan	условия кредита

T

T 574	termes échus	installments due	периодические платежи, срок которых наступил
T 575	termes d'une offre	terms of an offer	условия оферты
T 576	termes de paiement	terms of payment	условия платежа
T 577	termes de règlement	terms of settlement	условия расчёта
T 578	termes de vente	terms of a sale	условия продажи
T 579	terminal *m*	terminal	терминал
T 580	connecter un terminal au système de la banque	to connect the terminal to the bank system	соединять терминал с банковской системой
T 581	indiquer sur le terminal la somme payée	to indicate the amount payable on the terminal	указывать на терминале сумму платежа
T 582	terminal antifraude	antifraud terminal	терминал с системой безопасности
T 583	terminal automatique d'autorisation	automated authorization terminal	терминал автоматического разрешения
T 584	terminal d'autorisation de crédit	credit authorization terminal	терминал для выдачи кредитов
T 585	terminal bancaire	bank terminal	банковский терминал
T 586	terminal de communication de données	data transmission terminal	терминал передачи информации
T 587	terminal de débit	debit terminal	дебетовый терминал
T 588	terminal financier	financial terminal	финансовый терминал
T 589	terminal d'ordinateur	computer terminal	компьютерный терминал
T 590	terminal de paiement électronique, TPE	electronic funds transfer terminal	терминал для электронных платежей
T 591	terminal point de vente, TPV	point of sale [POS] terminal	терминал в месте продажи
T 592	terminal d'un système décentralisé	remote service unit	дистанционный терминал
T 593	test *m*	test	тест; проверка; анализ
T 594	passer un test	to pass a test	проходить проверку [анализ]
T 595	soumettre à un test	to subject to a test	подвергать проверке [анализу]
T 596	test d'admissibilité	eligibility test	проверка соответствия критериям
T 597	test à la baisse	analysis of sensitivity to a fall	проверка чувствительности *(валюты)* на понижение
T 598	test de faisabilité	feasibility test	проверка возможности осуществления *(напр. проекта)*
T 599	test à la hausse	analysis of sensitivity to a rise	проверка чувствительности *(валюты)* на повышение
T 600	test de liquidité	liquidity test	тест ликвидности
T 601	test préalable	preliminary test	предварительный тест
T 602	test de rentabilité	profitability test	тест рентабельности
T 603	test statistique	statistical test	статистический анализ
T 604	tête *f* et épaules	head and shoulders	«голова и плечи» *(фигура технического анализа)*
T 605	texte *m*	text	текст, документ
T 606	texte authentique	authentic text	аутентичный документ
T 607	texte de base	reference text	базовый документ
T 608	texte de comparaison	sample text	образец документа
T 609	théorie *f*	theory	теория
T 610	théorie des fonds prêtables	loanable fund theory	теория процента как платы за заёмные средства

T

T 611	théorie keynésienne	Keynesian theory	кейнсианская (экономическая) теория
T 612	théorie monétariste	monetarist theory	монетаристская теория
T 613	théorie de la parité des taux d'intérêt	interest rate parity theory	теория паритета процентных ставок
T 614	théorie du portefeuille	portfolio theory	«портфельная» теория
T 615	théorie quantitative de la monnaie	quantity theory of money	количественная теория денег
T 616	thésaurisation *f*	hoarding (of money), saving, accumulation of capital	тезаврация, накопление (капитала)
T 617	thésaurisation de l'argent	hoarding of money	тезаврация денег
T 618	thésaurisation des encaisses	hoarding of cash balances	накопление наличных средств
T 619	thésaurisation du métal	hoarding of (precious) metal	тезаврация (ценного) металла
T 620	thésaurisation d'or	hoarding of gold	тезаврация золота
T 621	thésaurisation privée	private saving	частное накопление
T 622	thésauriser	to hoard (money), to save	тезаврировать
T 623	thésauriseur *m*	hoarder (of money); accumulator (of capital)	тезавратор
T 624	thésauriseur privé	private hoarder	частный тезавратор
T 625	tick *m*	tick	тик, разовое изменение биржевой цены
T 626	abaisser le tick	to lower the tick	понижать тик
T 627	ticker *m*	ticker	тикер *(биржевой аппарат, передающий котировки ценных бумаг)*
T 628	ticket *m* de caisse	cash receipt	кассовый чек
T 629	tiers *m*	1. third party 2. third	1. третье лицо 2. треть, третья часть
T 630	pour compte d'un tiers	for the account of a third party	за счёт третьего лица
T 631	tiers bénéficiaire	beneficiary	бенефициар, выгодоприобретатель
T 632	tiers détenteur	third holder *(of pledged goods)*	третий держатель *(залога)*
T 633	tiers de point	third of a point	треть процентного пункта
T 634	tiers porteur	second endorser, holder in due course	держатель
T 635	tiers porteur d'un effet	second endorser of a bill	держатель векселя
T 636	tiers possesseur	holder in due course	законный держатель
T 637	tiers saisi	garnishee	третье лицо, которому вручено уведомление суда о наложении ареста на имеющиеся у него суммы и имущество должника
T 638	timing *m*	timing	выбор времени
T 639	tirage *m*	1. borrowing 2. drawing *(of a bill)*, making out *(a cheque)* 3. draft 4. draw(ing)	1. заём [заимствование] в рамках кредитной позиции 2. выставление *(векселя)*, выписка *(чека)* 3. переводной вексель, тратта 4. тираж *(займа, лотереи)*
T 640	effectuer un tirage sur le Fonds	to withdraw money from the Fund	заимствовать деньги в МВФ
T 641	honorer le tirage	to honor a draft	оплачивать тратту
T 642	votre tirage sur nous	your draft upon us	ваша тратта на нас
T 643	tirage en l'air [en blanc]	kiting, kite-flying	выписка чеков без покрытия
T 644	tirage des chèques	drawing of checks	выписка чеков

T

T 645	tirage pour compte	drawing for the account of a third party	выписка векселей от своего имени, но за счёт третьего лица
T 646	tirage croisé	cross-firing	выписка взаимных векселей без покрытия *(с целью их последующего учёта)*
T 647	tirage à découvert	kiting, kite-flying	выписка чеков без покрытия
T 648	tirage de DTS	SDR issuing	выпуск СДР
T 649	tirage d'effets de commerce	drawing of bills	выставление векселей
T 650	tirage fictif	fictitious drawing	фиктивный вексель
T 651	tirage sur le Fonds	drawing from the Fund	заимствование денег в МВФ
T 652	tirage sur soi-même	drawing on oneself	выписка векселей на себя
T 653	tirage au sort d'obligations	drawing of bonds	облигационная лотерея, выбор облигаций *(напр. к погашению)* путём лотереи
T 654	tirage du Trésor	Treasury drawing	выпуск казначейства
T 655	tirages *m pl*	drawings	1. заимствования 2. выпуски
T 656	recourir aux tirages sur le Fonds	to resort to drawings from the Fund	прибегать к заимствованиям в МВФ
T 657	tirages annoncés	announced drawings	объявленные заимствования
T 658	tirages annuels	annual drawings	ежегодные заимствования
T 659	tirages antérieurs	previous drawings	предыдущие заимствования
T 660	tirages bruts	gross drawings	брутто-заимствования
T 661	tirages de «C.P.»	commercial paper drawings	выпуски коммерческих бумаг
T 662	tirages sur le compte général	drawings on the general account	заимствования по общему счёту
T 663	tirages sur les crédits	drawings against credit lines	заимствования против кредитных линий
T 664	tirages éventuels	potential drawings	потенциальные заимствования
T 665	tirages intergroupe	intergroup drawings	заимствования внутри группы
T 666	tirages de monnaie	money issues	денежная эмиссия
T 667	tirages officiels	official drawings	официальные заимствования
T 668	tirages ordinaires	regular drawings	регулярные заимствования
T 669	tiré *m*	drawee	трассат, плательщик *(по чеку, векселю)*
T 670	tiré accepteur	acceptor	акцептант *(по векселю)*
T 671	tiré non accepteur	drawee who did not accept a bill	трассат, не акцептовавший вексель
T 672	tirer	1. to borrow 2. to draw 3. to issue	1. заимствовать 2. выставлять переводной вексель, выписывать чек 3. выпускать
T 673	tireur *m*	drawer; maker *(of a cheque)*	трассант, векселедатель; чекодатель
T 674	tiroir-caisse *m*	till	касса
T 675	tissage *m* d'un réseau de correspondants	creating of a network of correspondents	создание корреспондентской сети
T 676	titralisation *f*	securitization	секьюритизация *(обращение активов в ценные бумаги)*
T 677	titre *m*	1. title, deed 2. security; share, stock 3. fineness *(of a precious metal)*	1. документ, удостоверяющий право собственности 2. ценная бумага 3. проба *(монеты, ценных металлов)*
T 678	convertir un titre	to convert a security	конвертировать ценную бумагу

T

T 679	coter un titre	to quote a security	котировать ценную бумагу
T 680	lever un titre	to take up a security	принимать поставку ценной бумаги
T 681	traiter un titre	to trade a security	вести операции с (данной) ценной бумагой
T 682	titre d'acquisition	acquisition deed	свидетельство о приобретении [о покупке]
T 683	titre d'action	stock certificate	акционерный сертификат, свидетельство на акцию
T 684	titre adiré	lost certificate	утерянная [утраченная] ценная бумага
T 685	titre appelé au remboursement	called security	досрочно погашенная ценная бумага
T 686	titre authentique	notarial deed	подлинный документ; нотариально заверенное свидетельство
T 687	titre bancable	discountable [bankable] bill; eligible paper	ценная бумага, принимаемая к переучёту центральным банком
T 688	titre bancaire	bank document	банковский (платёжный) документ
T 689	titre en blanc	blank certificate	бланковый документ
T 690	titre de bourse [boursier]	stock exchange security	ценная бумага, обращающаяся на бирже
T 691	titre cambiaire	bill	вексель
T 692	titre circulant matériellement	security in physical circulation	физически обращающаяся ценная бумага
T 693	titre en circulation	outstanding security	ценная бумага, находящаяся в обращении, выпущенная ценная бумага
T 694	titre d'un compte	name of an account	название счёта
T 695	titre constitutif	title deed	сертификат права собственности
T 696	titre convertible	convertible security	конвертируемая ценная бумага
T 697	titre hors cote	unlisted security	ценная бумага, не котирующаяся на бирже
T 698	titre de crédit	proof of credit	кредитный документ
T 699	titre déclassé	downgraded security	ценная бумага с пониженным рейтингом
T 700	titre en défaut	security in default	ценная бумага, по которой прекращены выплаты
T 701	titre en dépôt	segregated security	ценная бумага на депозите
T 702	titre avec droit de vote	voting security	голосующая ценная бумага
T 703	titre d'emprunt	debt security	долговое свидетельство; облигация
T 704	titre d'emprunt encaissable par anticipation	retractable debt security	долговое свидетельство, погашаемое досрочно по желанию кредитора
T 705	titre d'emprunt garanti	guaranteed debt security	гарантированное долговое свидетельство
T 706	titre d'emprunt négociable	negotiable [marketable] debt security	обращающееся долговое свидетельство
T 707	titre d'emprunt rachetable	callable [redeemable] debt security	долговое свидетельство, погашаемое досрочно по желанию должника

T

T 708	titre d'emprunt à taux variable	floating rate debt security	долговое свидетельство с плавающей процентной ставкой
T 709	titre encaissable par anticipation	retractable security	ценная бумага, погашаемая досрочно по желанию кредитора
T 710	titre d'État	government security	государственная ценная бумага
T 711	titre garanti	guaranteed security	гарантированная ценная бумага
T 712	titre garanti par nantissement du matériel	equipment trust certificate	ценная бумага, обеспеченная путём залога оборудования
T 713	titre de garantie	mortgage bond	залоговое свидетельство
T 714	titre hypothécaire	mortgaged-backed security	ценная бумага, обеспеченная залогом (недвижимости)
T 715	titre immatriculé au nom du courtier	street security	ценная бумага, зарегистрированная на имя брокера
T 716	titre à long terme	long-term security	долгосрочная ценная бумага
T 717	titre de membre	member trading permit, (stock exchange) seat	свидетельство о членстве, место (на бирже)
T 718	titre mixte	mixed security	смешанная ценная бумага *(имеющая одновременно черты акции и облигации или именной и предъявительской ценной бумаги)*
T 719	titre mobilisable	mobilizable security	ценная бумага, могущая быть мобилизованной [использованной]
T 720	titre le moins cher à livrer	the cheapest bond to deliver	наименее дорогая ценная бумага к поставке
T 721	titre en monnaie étrangère	foreign pay security	ценная бумага в иностранной валюте
T 722	titre multiple	multiple stock certificate	акционерный сертификат на несколько акций
T 723	titre négociable	negotiable [marketable] security	обращающаяся ценная бумага
T 724	titre négociable sur le marché monétaire	money market security	ценная бумага, обращающаяся на денежном рынке
T 725	titre négociable par voie d'endossement	security negotiable by endorsement, endorsable security	ордерная ценная бумага *(передаваемая путём индоссамента)*
T 726	titre négocié en bourse	stock market security	ценная бумага, обращающаяся на бирже
T 727	titre négocié hors cote	over-the-counter [OTC] security	ценная бумага, обращающаяся вне биржи
T 728	titre nominatif	registered security [share, certificate]	именная ценная бумага; именной сертификат
T 729	titre non admissible	unqualified security	ценная бумага, не подлежащая допуску к котировке
T 730	titre non coté	unlisted security	ценная бумага, не котирующаяся на бирже
T 731	titre non négociable	nonmarketable instrument	необращающаяся ценная бумага
T 732	titre obligataire [d'obligation]	bond, debenture	облигация

T

T 733	titre d'OPCVM	UCITS certificate	сертификат ОКИЦБ (Организации по коллективному инвестированию в ценные бумаги)
T 734	titre de l'or	fineness of gold	проба золота
T 735	titre à ordre	security to order	ордерная ценная бумага
T 736	titre de paiement	order to pay, remittance	платёжный документ
T 737	titre payable à vue	sight security	ценная бумага, оплачиваемая по предъявлении
T 738	titre perdu	lost certificate	утерянная [утраченная] ценная бумага
T 739	titre pilote	bellwether security	ценная бумага-ориентир, ценная бумага-барометр
T 740	titre de placement	investment security	инвестиционная ценная бумага
T 741	titre de placement immobilier	real estate security	ценная бумага, связанная с инвестициями в недвижимость
T 742	titre portant intérêt	interest-bearing security	процентная ценная бумага
T 743	titre porté sur marge	margin(ed) security	ценная бумага, (частично) приобретённая в кредит и обеспеченная депозитом у брокера
T 744	titre au porteur	bearer security	ценная бумага на предъявителя
T 745	titre de premier rang [de première catégorie]	senior security	«старшая» ценная бумага (дающая преимущественное право на активы компании в случае её ликвидации)
T 746	titre de prêt	loan certificate	свидетельство о займе
T 747	titre prioritaire	senior security	«старшая» ценная бумага (дающая преимущественное право на активы компании в случае её ликвидации)
T 748	titre procurant un revenu garanti	fixed-income security	процентная ценная бумага с гарантированным доходом
T 749	titre de propriété	title deed, ownership title	документ о праве собственности, охранный документ
T 750	titre provisoire	interim certificate	временное свидетельство
T 751	titre de rachat	certificate of redemption	сертификат о погашении
T 752	titre radié	delisted security	ценная бумага, снятая с котировки
T 753	titre de rang inférieur	junior security	«младшая» ценная бумага (дающая меньше прав, нежели «старшая», на активы компании в случае её ликвидации)
T 754	titre de remisier	street security	ценная бумага, зарегистрированная на имя брокера
T 755	titre de rendement	income security	доходная ценная бумага
T 756	titre de rente	government bond	государственная облигация
T 757	titre de répartition	notice of allotment	уведомление о распределении ценных бумаг

T

T 758	titre représentatif d'un emprunt	debt security	долговое свидетельство; облигация
T 759	titre représentatif des marchandises	title to goods	товарораспорядительный документ
T 760	titre réputé opéable	security of a company which may be subject to a takeover bid	ценная бумага компании, которая является возможным объектом поглощения
T 761	titre scriptural	security on an account	ценная бумага на счёте
T 762	titre sous-jacent	underlying stock	опорная [исходная] ценная бумага, ценная бумага, лежащая в основе производного финансового инструмента
T 763	titre sous-option	underlying security for an option	ценная бумага, лежащая в основе опциона
T 764	titre support	underlying stock	опорная [исходная] ценная бумага, ценная бумага, лежащая в основе производного финансового инструмента
T 765	titre unitaire	single stock security	сертификат на единичную акцию
T 766	titre universel de paiement, TUP	universal payment order	универсальное платёжное поручение
T 767	titre vif	security in a material form	ценная бумага в материальной форме
T 768	titre volé	stolen security	украденная ценная бумага
T 769	titre à vue	sight security	ценная бумага, оплачиваемая по предъявлении
T 770	titre avec warrant attaché	security with an attached warrant	ценная бумага с варрантом
T 771	titres *m pl*	securities	ценные бумаги
T 772	accaparer des titres	to buy up securities	скупать ценные бумаги
T 773	acquérir des titres contre espèces	to purchase securities for cash	приобретать ценные бумаги *(напр. поглощаемой компании)* за наличные
T 774	acquérir des titres contre remise d'actions	to purchase securities against stock; to swap shares	приобретать ценные бумаги *(напр. поглощаемой компании)* в обмен на собственные акции
T 775	admettre des titres à la cote	to list securities	допускать ценные бумаги к котировке
T 776	céder des titres	to transfer [to sell] securities	уступать [продавать] ценные бумаги
T 777	conserver des titres	to keep [to hold] securities	сохранять ценные бумаги *(в портфеле)*
T 778	délivrer les titres	to issue securities	выдавать ценные бумаги
T 779	déposer des titres en garde	to place securities in safe custody	помещать ценные бумаги на (безопасное) хранение
T 780	détenir des titres en portefeuille	to hold securities in a portfolio	держать ценные бумаги в портфеле
T 781	diviser les titres en plusieurs lots	to split securities into several lots	разделять ценные бумаги на несколько партий
T 782	échanger les titres	to exchange [to swap] securities	производить обмен ценными бумагами

T

T 783	emprunter sur titres	to borrow against securities	получать кредит под залог ценных бумаг
T 784	endosser des titres	to endorse (over) securities	индоссировать ценные бумаги
T 785	faire livraison des titres	to deliver securities	поставлять ценные бумаги
T 786	faire reporter des titres	to give on securities	отсрочивать платёж по купленным ценным бумагам, производить репортную сделку
T 787	garder des titres en portefeuille	to hold securities in a portfolio	держать ценные бумаги в портфеле
T 788	lancer des titres sur le marché	to issue securities	выпускать ценные бумаги
T 789	lever des titres	to take up [to take delivery of] securities	приобретать ценные бумаги; принимать поставку ценных бумаг
T 790	livrer des titres	to deliver securities	поставлять ценные бумаги
T 791	négocier des titres	to trade securities	осуществлять операции с ценными бумагами
T 792	placer des titres auprès des particuliers	to place securities with individual investors	размещать ценные бумаги среди индивидуальных инвесторов
T 793	placer des titres sous un dossier	to place securities on deposit	помещать ценные бумаги на депозит
T 794	prendre livraison des titres	to take up [to take delivery of] securities	принимать поставку ценных бумаг
T 795	prêter sur titres	to lend against securities	выдавать кредит под ценные бумаги
T 796	produire des titres	to present documents	предъявлять документы
T 797	racheter des titres	to repurchase securities	выкупать ценные бумаги
T 798	réaliser des titres	to sell out securities	продавать ценные бумаги
T 799	recevoir des titres en dépôt	to take securities on deposit	принимать ценные бумаги на депозит
T 800	régler en espèces les titres	to pay cash for securities	рассчитываться наличными за ценные бумаги
T 801	remettre des titres en garde	to place securities in safe custody	помещать ценные бумаги на (безопасное) хранение
T 802	rendre attractifs les titres	to make securities attractive	делать ценные бумаги привлекательными
T 803	retirer des titres du dossier	to withdraw securities from deposit	снимать ценные бумаги с депозита
T 804	se séparer de ses titres	to sell out one's securities	продавать свои ценные бумаги
T 805	vendre des titres à découvert	to (sell) short securities	продавать ценные бумаги без покрытия
T 806	vendre des titres dans la même séance	to sell out securities during the same trading day	продавать ценные бумаги в течение одной торговой сессии
T 807	vendre des titres sur plusieurs séances	to sell out securities during several trading days	продавать ценные бумаги в течение нескольких торговых сессий
T 808	titres à acheter	securities to buy	ценные бумаги к покупке
T 809	titres achetés	securities bought	приобретённые ценные бумаги
T 810	titres acquis ferme	securities bought firm	ценные бумаги, приобретённые на условиях твёрдой поставки

T

T 811	titres activement travaillés	actively traded securities	ценные бумаги, активно обращающиеся на рынке
T 812	titres admis à la cote	listed securities	ценные бумаги, допущенные к котировке
T 813	titres assimilables à des obligations	securities classifiable as bonds	ценные бумаги, отнесённые к облигациям
T 814	titres d'associés	shares	ценные бумаги, дающие долю участия
T 815	titres associés sans droit de vote	associated nonvoting stock	подчинённые ценные бумаги без права голоса
T 816	titres bloqués	blocked units	1. ценные бумаги, которые нельзя продавать до определённой даты 2. ценные бумаги, внесённые в список утерянных *или* похищенных
T 817	titres de bonne livraison	good delivery shares	ценные бумаги без изъянов и поставленные в соответствии с условиями сделки
T 818	titres au comptant	spot securities	ценные бумаги на рынке спот
T 819	titres cotés	listed securities	ценные бумаги, допущенные к котировке
T 820	titres à court terme	short-term instruments	краткосрочные ценные бумаги
T 821	titres à court terme [de courte durée] négociables	short-term negotiable instruments	обращающиеся краткосрочные ценные бумаги
T 822	titres courts	short-term instruments	краткосрочные ценные бумаги
T 823	titres courts négociables	short-term negotiable instruments	обращающиеся краткосрочные ценные бумаги
T 824	titres de créances	debt securities	долговые свидетельства
T 825	titres de créances négociables, TCN	negotiable debt securities	обращающиеся долговые свидетельства *(вид ценных бумаг)*
T 826	titres déposés en cautionnement	securities pledged as a guarantee	ценные бумаги, депонированные в качестве гарантии
T 827	titres déposés sous dossier	securities placed on deposit	ценные бумаги, помещённые на депозит
T 828	titres déposés en garantie	pledged securities	ценные бумаги, депонированные в качестве гарантии
T 829	titres détenus	security holdings	ценные бумаги в портфеле
T 830	titres détenus en gage	securities held in pledge	ценные бумаги, хранимые в качестве обеспечения
T 831	titres entièrement libérés	fully paid-up stock	полностью оплаченные ценные бумаги
T 832	titres à faible montant nominal	low face value securities	ценные бумаги низкого номинала
T 833	titres fiduciaires	paper securities	ценные бумаги *(в бумажной форме)*
T 834	titres frappés d'opposition	stopped bonds	ценные бумаги, по которым приостановлена оплата
T 835	titres à haut rendement	high-yield securities	высокодоходные ценные бумаги

T

T 836	**titres immobilisés**	long-term investments	долгосрочные инвестиции *(статья баланса)*
T 837	**titres inscrits à la cote officielle**	listed securities, securities listed at the stock exchange	ценные бумаги, допущенные к официальной котировке
T 838	**titres à intérêt bas**	deep discount bonds	ценные бумаги с низким купоном
T 839	**titres sans intérêt courant**	zero coupon bonds	облигации с нулевым купоном
T 840	**titres libérés**	(fully) paid-up stock	оплаченные ценные бумаги
T 841	**titres livrables**	deliverable securities	ценные бумаги, подлежащие поставке *(напр. по производным контрактам)*
T 842	**titres livrables et payables à terme**	securities dealt in for the account	ценные бумаги со срочным платежом и поставкой форвард
T 843	**titres longs**	long-term securities	долгосрочные ценные бумаги
T 844	**titres à lots**	lottery bonds	выигрышные облигации
T 845	**titres au mieux**	securities sold at best	ценные бумаги, подлежащие продаже по наилучшей рыночной цене
T 846	**titres mis en souscription**	securities offered for application	ценные бумаги, предложенные для подписки
T 847	**titres non admis à la cote officielle [non cotés]**	unlisted securities	ценные бумаги, не допущенные к котировке на бирже
T 848	**titres non écoulés au public**	unsold securities	непроданные ценные бумаги
T 849	**titres non inscrits [non négociés] à la bourse**	unlisted securities	ценные бумаги, не допущенные к котировке на бирже
T 850	**titres non placés**	unplaced securities	неразмещённые ценные бумаги
T 851	**titres de paiement**	payment documents, remittances	платёжные документы
T 852	**titres participatifs**	nonvoting stock	ценные бумаги участия *(без права голоса)*
T 853	**titres participatifs admis à la cote officielle**	listed nonvoting stock	ценные бумаги участия, допущенные к официальной котировке
T 854	**titres de participation**	equity interest [stake] *(balance sheet item)*	инвестиции в другие компании *(статья баланса)*
T 855	**titres peu répandus dans le public**	securities with a limited number of holders	ценные бумаги с ограниченным числом держателей
T 856	**titres en portefeuille**	portfolio securities	ценные бумаги в портфеле
T 857	**titres pris en pension**	securities taken in safe custody	ценные бумаги, принятые в залог *(при соглашении репо)*
T 858	**titres remboursables**	redeemable securities	ценные бумаги, подлежащие погашению
T 859	**titres à réméré**	callable securities, securities with an option to repurchase	ценные бумаги, проданные с правом выкупа
T 860	**titres remis en nantissement**	pledged securities	ценные бумаги, переданные в качестве залога
T 861	**titres répandus**	securities held by a large number of investors	ценные бумаги с большим количеством держателей
T 862	**titres en report [reportés]**	securities on contango [on continuation]	ценные бумаги в репортной сделке

T 863	titres réputés sans risques	securities considered riskless	ценные бумаги, которые считаются свободными от риска
T 864	titres à revenu fixe	fixed-yield securities	ценные бумаги с фиксированным доходом
T 865	titres à revenu variable	variable-yield securities	ценные бумаги с переменным доходом
T 866	titres souscrits en numéraire	securities issued for cash	ценные бумаги, выпущенные за наличные
T 867	titres de spéculation	speculative [trading] portfolio	спекулятивные ценные бумаги
T 868	titres subordonnés à durée indéterminée, TSDI	perpetuities	бессрочные ценные бумаги
T 869	titres synonymes	deliverable securities	ценные бумаги, подлежащие поставке *(напр. по производным контрактам)*
T 870	titres à taux fixe	fixed-interest securities	ценные бумаги с фиксированной ставкой
T 871	titres à taux variable	variable-interest securities	ценные бумаги с плавающей ставкой
T 872	titres à terme	forward securities	срочные ценные бумаги
T 873	titres de tout repos	safe investments, blue chip securities	первоклассные ценные бумаги
T 874	titres de toute échéance	securities of all maturities	ценные бумаги с любым сроком исполнения
T 875	titres traités	securities sold (*or* bought)	реализованные ценные бумаги
T 876	titres transmissibles	transferable securities	переводимые ценные бумаги
T 877	titres du Trésor	treasury securities	ценные бумаги казначейства
T 878	titres du Trésor américain	American treasury securities	ценные бумаги Американского казначейства
T 879	titres à vendre	securities to sell	ценные бумаги к продаже
T 880	titres vendus	sold securities	проданные ценные бумаги
T 881	titre-support *m*	underlying stock	опорная [исходная] ценная бумага, ценная бумага, лежащая в основе производного финансового инструмента
T 882	titrification *f*	securitization	секьюритизация *(обращение активов в ценные бумаги)*
T 883	titrisable	securitizable	могущий быть секьюритизированным
T 884	titrisation *f*	securitization	секьюритизация *(обращение активов в ценные бумаги)*
T 885	titrisation des actifs financiers	securitization of financial assets	секьюритизация финансовых активов
T 886	titrisation des créances	securitization of liabilities	секьюритизация обязательств
T 887	titrisation des créances bancaires	securitization of bank liabilities	секьюритизация банковских обязательств
T 888	titrisation des créances hypothécaires	securitization of mortgage liabilities	секьюритизация ипотечных обязательств
T 889	titrisation des crédits	securitization of credits	секьюритизация кредитов
T 890	titrisation généralisée	generalized securitization	всеобщая секьюритизация
T 891	titrisation des placements	securitization of investments	секьюритизация инвестиций

T

T 892	**titriser**	to securitize	секьюритизировать *(обращать активы в ценные бумаги)*
T 893	**titulaire** *m*	1. person entitled 2. holder	1. лицо, обладающее правом 2. владелец, держатель
T 894	**être titulaire**	to be a holder; to be entitled to	владеть, обладать
T 895	**titulaire d'une action**	stockholder, shareholder	акционер
T 896	**titulaire de bonne foi**	holder in good faith	добросовестный держатель
T 897	**titulaire de carte**	cardholder	владелец (кредитной) карточки
T 898	**titulaire d'un compte**	account holder	владелец счёта
T 899	**titulaire d'un compte bancaire**	bank account holder	владелец счёта в банке
T 900	**titulaire d'un compte courant**	current account holder	владелец текущего счёта
T 901	**titulaire d'un compte postal**	holder of a post office account	владелец почтового счёта
T 902	**titulaire d'une créance**	creditor	кредитор
T 903	**titulaire des droits**	holder of rights	обладатель [носитель] прав
T 904	**titulaire d'un livret d'épargne**	(savings bank) passbook holder	владелец сберегательной книжки
T 905	**titulaire d'obligations**	bondholder	облигационер, владелец облигаций
T 906	**titulaire d'obligations non souscrites**	holder of unsubscribed bonds	держатель облигаций, не проданных по подписке
T 907	**titulaire d'une police**	policy holder	держатель страхового полиса
T 908	**titulaire de revenus**	beneficiary, person entitled to an income	получатель доходов
T 909	**titulaire de revenus des placements**	investment income beneficiary, person entitled to revenues from investments	получатель доходов от инвестиций
T 910	**titulaire d'une somme d'argent**	person entitled to a sum of money	владелец денежной суммы
T 911	**Tokyo**	Tokyo Stock Exchange	Токийская биржа
T 912	**tombés** *m pl*	bills which came to maturity *(over a certain period)*	векселя, срок которых наступил *(за прошедший период)*
T 913	**tombstone** *m*	tombstone	объявление об эмиссии ценных бумаг *(по особой форме)*
T 914	**tontine** *f*	tontine	тонтина *(один из видов рентных займов)*
T 915	**Topval** *m*	Topval *(electronic journal of stock exchange information)*	«Топвал» *(электронный журнал биржевой информации)*
T 916	**total** *m*	total	итог; сумма
T 917	**faire le total**	to add up, to total, to work out the total	подводить итог; суммировать
T 918	**total de l'actif**	total assets	сумма активов
T 919	**total du capital social et des réserves**	total capital stock and reserves	сумма уставного капитала и резервов
T 920	**total cumulé des investissements**	cumulative total of investments	общая сумма инвестиций
T 921	**total de la masse monétaire**	total money supply	денежная масса в обращении
T 922	**total du passif**	total liabilities	сумма пассивов
T 923	**total de vérification**	check total	контрольная сумма
T 924	**totalisateur** *m*	adding machine	суммирующее счётное устройство
T 925	**totaliser**	to add up, to total	суммировать

T

T 926	totalité *f*	the whole, all	совокупность, общая сумма
T 927	verser la totalité	to pay the whole sum	платить полностью
T 928	totalité de la commission	the full commission	полная сумма комиссии
T 929	totalité d'information	all the information	полная информация
T 930	totalité des ordres au mieux	all the orders at best	совокупность поручений к выполнению на рыночных условиях
T 931	totalité du prix d'émission	full issue price	общая сумма эмиссии
T 932	totalité de la somme	whole [entire] sum	полная сумма
T 933	totalité des voix	all the votes	общее число голосов
T 934	touchable	cashable, payable *(e.g. check)*, collectable, payable *(e.g. bill)*	оплачиваемый, подлежащий оплате *(напр. чек, вексель)*
T 935	toucher	to draw *(e.g. a salary)*, to cash *(e.g. a check)*, to collect *(e.g. a bill)*, to be paid, to receive *(e.g. interest)*	получать *(жалованье, деньги по чеку или векселю, проценты)*
T 936	tour *m* de table	1. pool, underwriting syndicate 2. financial package	1. синдикат андеррайтеров, пул 2. «пакет» финансирования
T 937	tourmente *f*	turmoil, upheaval	буря, кризис, потрясение
T 938	tourmente boursière	stock market turmoil	биржевое потрясение
T 939	tourmente financière	financial turmoil	финансовый кризис
T 940	tournage *m*	refinancing of lendings	рефинансирование выданных кредитов
T 941	trace *f* d'une écriture	trace of an entry	бухгалтерское отражение операции
T 942	trader *m*	trader	дилер
T 943	trader à baisse	bear	«медведь», дилер, играющий на понижение, понижатель
T 944	trader day-to-day	day-to-day trader	дилер, играющий на краткосрочных тенденциях
T 945	trader à la hausse	bull	«бык», дилер, играющий на повышение, повышатель
T 946	trader, long-term	long-term trader	дилер, играющий на долгосрочных тенденциях
T 947	trader d'options	option trader	опционный дилер
T 948	trading *m*	trading	дилинг, торговля финансовыми инструментами
T 949	effectier [faire] un trading sur un instrument	to trade	проводить операции с финансовыми инструментами
T 950	trading d'options	option trading	торговля опционами
T 951	trading réalisé sur le marché spot	trading in the spot market	операции на рынке спот
T 952	tradition *f* manuelle	manual transfer (of securities)	передача (ценных бумаг) из рук в руки
T 953	trafic *m*	traffic	оборот
T 954	trafic bancaire	bank traffic	банковский оборот
T 955	trafic non bancaire	non-bank traffic	небанковский оборот
T 956	trafic des paiements	payment traffic	платёжный оборот
T 957	trafic réglementé des paiements	regulated payment traffic	клиринговые платежи
T 958	traite *f*	draft, bill (of exchange)	тратта, переводной вексель
T 959	accepter une traite	to accept a draft	акцептовать тратту

T

T 960	émettre une traite	to issue [to make out] a draft, to draw on	выставлять тратту
T 961	encaisser une traite	to collect a draft	инкассировать тратту, получать по векселю
T 962	endosser une traite	to endorse a draft	индоссировать тратту
T 963	envoyer une traite à l'encaissement	to send a bill for collection	отправлять тратту на инкассо
T 964	escompter une traite	to discount a draft	учитывать тратту
T 965	établir une traite	to issue [to make out] a draft, to draw on	выставлять тратту
T 966	faire bon accueil à une traite	to accept a draft	акцептовать тратту
T 967	faire protester une traite	to have a bill protested [noted]	опротестовывать тратту
T 968	honorer une traite	to honor [to meet] a bill	оплачивать тратту
T 969	négocier une traite	to sell a draft	переуступать тратту
T 970	prendre en pension une traite	to take a draft in safe custody	принимать тратту в залог *(при соглашении репо)*
T 971	présenter une traite à l'acceptation	to present a bill for acceptance	предъявлять тратту для акцепта
T 972	présenter une traite à l'encaissement	to present a bill for collection	предъявлять тратту на инкассо
T 973	présenter une traite au paiement	to present a bill for payment	предъявлять тратту к оплате
T 974	proroger l'échéance d'une traite	to prolong a draft	продлевать тратту
T 975	protester une traite	to have a bill protested [noted]	опротестовывать тратту
T 976	recouvrer une traite	to collect a draft	инкассировать тратту, получать по векселю
T 977	renouveler une traite	to renew a draft	возобновлять тратту
T 978	retirer une traite	to withdraw a draft	отзывать тратту
T 979	retourner une traite	to return a draft	возвращать тратту
T 980	tirer une traite sur une banque	to draw [to make out a draft] on a bank	выставлять тратту на банк
T 981	tirer une traite sur son débiteur	to draw [to make out a draft] on one's debtor	выставлять тратту на своего должника
T 982	toucher une traite	to collect a draft	инкассировать тратту, получать по векселю
T 983	traite à l'acceptation	acceptance bill	тратта к акцепту
T 984	traite acceptée	accepted draft	акцептованная тратта
T 985	traite en l'air	kite	бронзовый [дутый] вексель
T 986	traite avisée	advised draft	авизованная тратта
T 987	traite avalisée	guaranteed [backed] bill	тратта с авалем
T 988	traite bancaire [de banque]	bank [banker's] draft, bank bill, cashier's check	банковский акцепт
T 989	traite de cavalerie	kite	бронзовый [дутый] вексель
T 990	traite de complaisance [complaisemment acceptée]	accommodation bill	«дружеский» вексель
T 991	traite à courte échéance	short(-dated) bill	краткосрочная тратта
T 992	traite à date fixe	time draft [bill], date draft [bill]	тратта с определённым сроком платежа
T 993	traite à délai de date	after date draft, bill after date	тратта с оплатой через определённый срок
T 994	traite à délai de vue	after sight draft	тратта с оплатой через определённый срок после предъявления

T

T 995	traite en devises	currency draft	тратта, выставленная в иностранной валюте
T 996	traite documentaire	documentary bill	документарная тратта
T 997	traite domiciliée	domiciled bill	домицилированная тратта
T 998	traite à échéance	time draft	срочная тратта
T 999	traite à échéance fixe	date draft	тратта с указанием конкретной даты платежа
T 1000	traite échue	due bill [draft]	тратта с наступившим сроком платежа
T 1001	traite endossée	endorsed draft	индоссированная тратта
T 1002	traite escomptable	discountable bill	тратта, принимаемая к учёту
T 1003	traite escomptée	discounted draft	учтённая тратта
T 1004	traite sur l'étranger [sur l'extérieur]	foreign [external] bill	иностранный переводной вексель
T 1005	traite impayée	unpaid draft	неоплаченная тратта
T 1006	traite sur l'intérieur	domestic [home] bill	национальный переводной вексель
T 1007	traite à 120 jours	four-month bill	четырёхмесячная тратта
T 1008	traite libre	general [clean] bill	недокументированный вексель
T 1009	traite à longue échéance	long(-dated) bill	долгосрочная тратта
T 1010	traite non acceptée	dishonored bill	неакцептованная тратта
T 1011	traite non domiciliée	nondomiciled draft	недомицилированная тратта
T 1012	traite pro forma	pro forma bill	проформа векселя *(не подлежащая акцепту)*
T 1013	traite protestée	protested draft	опротестованная тратта
T 1014	traite réescomptée	rediscounted draft	переучтённая тратта
T 1015	traite de renouvellement	renewal bill	возобновлённая тратта
T 1016	traite renvoyée	dishonored bill	неакцептованная тратта
T 1017	traite en souffrance	bill in abeyance [in suspense]	тратта, не оплаченная к настоящему времени
T 1018	trite à terme	date draft [bill]	срочная тратта
T 1019	traite à trente jours	thirty-day draft	месячная тратта
T 1020	traite à trois mois	three-month draft	трёхмесячная тратта
T 1021	traite à vue	draft [bill] payable at sight, sight draft [bill], demand draft [bill]	предъявительский вексель
T 1022	traité *m*	treaty, agreement	договор, соглашение
T 1023	traité de fusion	merger agreement	соглашение о слиянии компаний
T 1024	traitement *m*	1. treatment 2. handling, processing	1. режим 2. обработка
T 1025	automatiser le traitement	to automate the processing	автоматизировать обработку
T 1026	offrir le traitement fiscal le plus favorable	to offer the most favorable tax treatment	предоставлять наиболее благоприятный налоговый режим
T 1027	rationaliser le traitement	to rationalize the processing	рационализировать обработку
T 1028	réserver un traitement de faveur	to give preferential treatment	предоставлять льготный [преференциальный] режим
T 1029	traitement d'affaires	transaction processing	обработка операций
T 1030	traitement comptable d'un instrument	accounting treatment of a (financial) instrument	бухгалтерский учёт (финансового) инструмента
T 1031	traitement différentiel	differential treatment	различный режим

T

T 1032	traitement en direct des opérations bancaires	on-line banking	проведение банковских операций в режиме «он-лайн»
T 1033	traitement des données	data [information] processing	обработка данных
T 1034	traitement électronique	electronic processing	электронная обработка (данных)
T 1035	traitement de faveur	preferential treatment	льготный [преференциальный] режим
T 1036	traitement fiscal	tax treatment	налоговый режим
T 1037	traitement de l'information	information [data] processing	обработка информации
T 1038	traitement informatique	computer processing	компьютерная обработка (данных)
T 1039	traitement matériel des valeurs	physical securities handling	физические операции с ценностями
T 1040	traitement des opérations interbancaires internationales	processing of international interbank transactions	обработка международных межбанковских операций
T 1041	traitement sur ordinateur	computer processing	компьютерная обработка (данных)
T 1042	traitement des ordres de paiement	payment order processing	обработка платёжных поручений
T 1043	traitement de petits ordres	small order processing	обработка мелких поручений
T 1044	traitement des statistiques de crédits	credit statistics processing	обработка статистических данных о кредитах
T 1045	traitement sur système informatique centralisé	processing with a centralized computer system	обработка с помощью централизованной компьютерной системы
T 1046	traitement d'une valeur sur plusieurs marchés à la fois	multiple trading	проведение операций с данной ценной бумагой на нескольких биржах
T 1047	traiter	1. to handle, to deal with, to treat; to process (data) 2. to deal, to negotiate 3. to transact; to make a trade [a deal]	1. обрабатывать (данные) 2. вести переговоры 3. торговать; заключать сделку, проводить операцию
T 1048	traiter en bourse	to deal in the stock exchange	проводить биржевые операции
T 1049	traiter au comptant	to trade in the spot market	проводить операции на рынке спот
T 1050	traiter avec ses créanciers	to negotiate with one's creditors	вести переговоры со своими кредиторами
T 1051	traiter à terme	to trade in the forward market	проводить операции на срочном рынке
T 1052	traiter, se	to be dealt in, to sell	продаваться (о ценных бумагах)
T 1053	tranche f	1. part, section 2. tranche, block; lot; installment 3. band, bracket, section	1. доля, часть 2. транш(а), часть, доля, серия, часть квоты (страны) в Международном валютном фонде 3. лот (партия ценных бумаг, являющаяся единицей сделок на фондовой бирже)
T 1054	tranche de 1000 actions	lot of 1000 shares	лот в тысячу акций
T 1055	tranche d'autorisation	authorization range	лимит разрешаемых к выдаче кредитов (назначаемый кредитному специалисту)
T 1056	tranche du barème d'impôt	income band	категория налогообложения согласно размеру дохода

T

T 1057	**tranche, bear**	bear tranche	транша «медведей» *(в облигационном займе «быков и медведей»)*
T 1058	**tranche, bull**	bull tranche	транша «быков» *(в облигационном займе «быков и медведей»)*
T 1059	**tranche complémentaire**	additional tranche	дополнительная транша
T 1060	**tranche conditionnelle**	conditional tranche	условная транша
T 1061	**tranche de crédit**	credit tranche	кредитная транша [доля] *(в МВФ)*
T 1062	**tranche d'un emprunt**	loan tranche	транша [серия] займа
T 1063	**tranche d'imposition**	tax bracket	категория налогообложения
T 1064	**tranche intermédiaire**	intermediate [mezzanine] tranche	промежуточная транша финансирования
T 1065	**tranche d'obligations**	bond issue	транша [серия] облигационного займа
T 1066	**tranche, première**	first tranche	первая транша *(ценных бумаг)*
T 1067	**tranche de réserve**	reserve tranche	резервная транша [доля] *(в МВФ)*
T 1068	**tranche de revenus**	part of income	часть доходов
T 1069	**tranche de souscription**	subscription tranche	часть подписки
T 1070	**tranche à taux révisable**	reviewable rate tranche	часть займа с пересматриваемым процентом
T 1071	**tranche à taux variable**	variable rate tranche	часть займа с плавающим процентом
T 1072	**tranche-or** *f*	gold tranche	золотая доля квоты *(в МВФ)*
T 1073	**transaction** *f*	1. transaction, deal, trade, bargain 2. settlement, compromise, composition, agreement	1. операция, сделка 2. соглашение, урегулирование
T 1074	**conclure une transaction**	to make [to conclude, to close, to carry out] a deal	заключать сделку
T 1075	**conclure une transaction par téléphone**	to close a deal by telephone	заключать сделку по телефону
T 1076	**conclure une transaction par télex**	to close a deal by telex	заключать сделку по телексу
T 1077	**transaction baissière**	bear transaction	сделка на понижение
T 1078	**transaction de change**	foreign exchange transaction	валютная сделка
T 1079	**transaction dotée d'une option de change**	transaction with a currency option	сделка с правом выбора валюты
T 1080	**transaction sur «financial futures»**	financial futures transaction	сделка с финансовыми фьючерсами
T 1081	**transaction haussière**	bull transaction	сделка на повышение
T 1082	**transactionnel**	1. transactional 2. compromise	1. трансакционный, относящийся к сделке 2. компромиссный
T 1083	**transactions** *f pl*	transactions, deals, operations	операции, сделки
T 1084	**enregistrer des transactions**	to register transactions	регистрировать сделки
T 1085	**faire des transactions sur parole**	to close transactions orally	заключать сделки в устной форме
T 1086	**valider les transactions**	to validate transactions	подтверждать сделки
T 1087	**transactions sur actions**	stock deals	сделки с акциями
T 1088	**transactions bancaires [de banque]**	bank transactions	банковские операции

T

T 1089	transactions par bloc [sur blocs de titres]	block trading	операции с пакетами ценных бумаг
T 1090	transactions de [en] bourse	stock exchange transactions	биржевые операции
T 1091	transactions de compensation	clearing transactions	клиринговые операции
T 1092	transactions au comptant	cash [spot] transactions	наличные сделки, сделки на рынке спот
T 1093	transactions courantes	current operations	текущие операции
T 1094	transactions à crédit	credit transactions	сделки в кредит
T 1095	transactions en devises	currency [foreign exchange] transactions	сделки в иностранной валюте
T 1096	transactions en disponible	cash [spot] transactions	наличные сделки, сделки на рынке спот
T 1097	transactions électroniques	electronic transactions	электронные операции
T 1098	transactions sur emprunts d'État	government debt transactions	операции с облигациями государственных займов
T 1099	transactions épisodiques	occasional transactions	единичные сделки
T 1100	transactions avec l'étranger [étrangères]	foreign transactions	сделки с заграницей
T 1101	transactions de faible montant	low amount transactions	сделки на небольшие суммы
T 1102	transactions fiduciaires	trust transactions	трастовые операции
T 1103	transactions financières	financial transactions	финансовые операции
T 1104	transactions de gré à gré	over-the-counter transactions	внебиржевые операции
T 1105	transactions sur indice boursier	stock market index transactions	контракты на основе биржевого индекса
T 1106	transactions sur les instruments monétaires	monetary instrument transactions	операции с инструментами денежного рынка
T 1107	transactions internationales en ECU	international transactions in ECUs	международные операции в ЭКЮ
T 1108	transactions au jour le jour	overnight transactions	однодневные операции, операции сроком на одни сутки
T 1109	transactions mineures	minor transactions	мелкие операции
T 1110	transactions monétaires	monetary transactions	валютные сделки
T 1111	transactions sur obligations	bond transactions	операции с облигациями
T 1112	transactions opérées sur le marché boursier	market transactions	биржевые операции
T 1113	transactions optionnelles sur instruments à terme	trading in options for forward instruments	операции с опционами на срочные инструменты
T 1114	transactions portant sur les barres	(gold) bullion transactions	операции с (золотыми) слитками
T 1115	transactions quotidiennes	daily transactions	ежедневные операции
T 1116	transactions de réciprocité	reciprocal transactions	взаимные сделки
T 1117	transactions restreintes	restricted transactions	ограниченные сделки
T 1118	transactions de retrait en espèces	cash withdrawals	снятие наличных денег со счёта
T 1119	transactions hors séances, THS	after hours transactions	операции после окончания биржевого дня (на рынке МАТИФ)
T 1120	transactions sporadiques	occasional transactions	единичные операции
T 1121	transactions de swaps d'intérêt	interest swaps	процентные свопы
T 1122	transactions à taux flottant	floating rate transactions	операции с плавающими ставками
T 1123	transactions à terme	settlement transactions	срочные сделки

T

T 1124	**transactions à terme sur devises**	forward currency transactions	срочные сделки с иностранной валютой
T 1125	**transactions à terme directes sur taux d'intérêt**	forward interest rate transactions	срочные сделки на основе процентных ставок
T 1126	**transactions sur titres**	securities transactions	сделки с ценными бумагами
T 1127	**transactions sur titres non négociés en bourse**	unlisted securities transactions	сделки с ценными бумагами, не допущенными к официальной котировке
T 1128	**transactions-cartes** *f pl*	card transactions	операции по кредитным карточкам
T 1129	**transcription** *f* **hypothécaire**	mortgage registration	регистрация ипотеки
T 1130	**transférabilité** *f*	transferability, convertibility	обратимость, возможность перевода
T 1131	**transférabilité illimitée des monnaies**	unlimited convertibility of currencies	неограниченная обратимость валют
T 1132	**transférabilité, libre**	free convertibility	свободная обратимость
T 1133	**transférabilité des monnaies**	convertibility of currencies	обратимость валют
T 1134	**transférabilité en or**	convertibility into gold	обратимость в золото
T 1135	**transférable**	transferable, assignable	переводимый, передаваемый
T 1136	**transférable par chèque**	checkable	передаваемый с помощью чека
T 1137	**transférer**	1. to transfer, to remove 2. to transfer *(funds)* 3. to transfer *(securities)*, to assign, to convey *(rights)* 4. to convert	1. переносить, перемещать 2. переводить, перечислять *(средства)* 3. передавать *(ценные бумаги)* 4. конвертировать
T 1138	**transfert** *m*	1. transfer 2. transfer *(of funds)* 3. transfer *(of securities, debts)* 4. assignment, conveyance *(of rights)*	1. перемещение 2. перевод, перечисление *(средств)* 3. перевод, передача *(ценных бумаг, долга)* 4. уступка, переход *(права)*
T 1139	**faire [opérer] un transfert**	to transfer	переводить, осуществлять перевод
T 1140	**transfert d'actions**	stock transfer	передача акций
T 1141	**transfert bancaire [en banque]**	bank transfer	банковский перевод
T 1142	**transfert de capitaux**	transfer of capital	перемещение капиталов
T 1143	**transfert de chèque**	check transfer	пересылка чека
T 1144	**transfert de compte à compte**	transfer from one account to another, book transfer	перечисление со счёта на счёт
T 1145	**transfert dans les comptes**	book transfer	безналичный перевод
T 1146	**transfert de créances**	transfer [assignment, conveyance] of receivables	передача долговых требований, передача права требования *(по долговым обязательствам)*
T 1147	**transfert du crédit documentaire**	transfer of documentary credit	переадресование документарного аккредитива
T 1148	**transfert de devises**	foreign exchange transfer	перевод иностранной валюты
T 1149	**transfert de domicile**	transfer of domicile	перемена местожительства
T 1150	**transfert de données**	data transfer	передача данных
T 1151	**transfert des droits**	assignment of rights	переход прав
T 1152	**transfert de l'effet en propriété**	assignment of the bill	передача векселя в собственность
T 1153	**transfert électronique de fonds**	electronic funds transfer	электронный перевод денежных средств

T

T 1154	transfert des emprunts émis	transfer of loans issued	передача права требования по выданным кредитам
T 1155	transfert par endossement	transfer by endorsement	переход по индоссаменту
T 1156	transfert d'épargne	transfer of savings	перевод сбережений
T 1157	transfert de fichiers	file transfer	передача файлов
T 1158	transfert par fil	wire [cable, telegraphic] transfer	телеграфный перевод
T 1159	transfert de fonds	funds transfer	перевод денежных средств
T 1160	transfert des fonds vers le marché monétaire	transfer of funds to the money market	перевод денежных средств на денежный рынок
T 1161	transfert d'hypothèques	mortgage switching	передача ипотек
T 1162	transfert de l'impôt	tax shifting	перенос налога
T 1163	transfert des intérêts	interest transfer	перевод процентов
T 1164	transfert dans les livres	book transfer	безналичный перевод
T 1165	transfert de parts de capital	transfer of shares of capital	передача акций
T 1166	transfert physique de monnaie	physical transfer of currency	физический перевод валюты
T 1167	transfert de portefeuille	portfolio transfer	передача портфеля инвестиций
T 1168	transfert du pouvoir de décision	transfer of the decision power	передача права принятия решений
T 1169	transfert de profits	transfer of profits	перевод прибыли
T 1170	transfert de propriété	transfer of ownership	передача права собственности
T 1171	transfert de réserves	transfer of reserves	перевод резервов
T 1172	transfert de risques	risk transfer	перевод рисков
T 1173	transfert du siège social	transfer of headquarters	изменение юридического адреса (компании)
T 1174	transfert simple	blank transfer	бланковый перевод
T 1175	transfert de somme	transfer of a sum of money	перечисление суммы
T 1176	transfert télégraphique, TT	wire [cable, telegraphic] transfer	телеграфный перевод
T 1177	transfert de titres	transfer of securities	передача ценных бумаг
T 1178	transferts *m pl*	transfers	переводы
T 1179	assurer des transferts	to ensure the transfers	обеспечивать переводы
T 1180	effectuer des transferts sans usage de chèque	to carry out transfers without using checks	осуществлять бесчековые переводы
T 1181	transferts d'actifs	asset transfers	переводы активов
T 1182	transferts vers l'extérieur	transfers abroad, foreign transfers	переводы за границу
T 1183	transferts financiers	money transfers	денежные переводы
T 1184	transferts informatisés	computer transfers	электронные переводы
T 1185	transferts infrafirmes	intracorporate transfers (of funds)	внутрифирменные переводы (средств)
T 1186	transferts à titre de dons	gifts	передача в дар
T 1187	transformable	convertible	переводимый
T 1188	transformable en moyen de paiement	convertible into means of payment	переводимый в платёжное средство
T 1189	transformation *f*	transformation; conversion; change, alteration	преобразование; изменение
T 1190	transformation d'actifs en moyens de financement	transformation of assets into means of financing	преобразование активов в средства финансирования
T 1191	transformation des actions en dettes	equity-for-debt swap, transformation of equity into debt	преобразование акций в долговые обязательства
T 1192	transformation bancaire des liquidités	bank transformation of liquid assets	банковское преобразование ликвидных активов

T

T 1193	transformation de créances en participation	debt/equity [debt-for-equity] swap	преобразование долговых обязательств в акции
T 1194	transformation du degré de liquidité de réserves	transformation of reserve liquidity	изменение уровня ликвидности резервов
T 1195	transformation de dépôts à vue	transformation of call deposits	преобразование депозитов до востребования
T 1196	transformation de dettes en participation	debt/equity [debt-for-equity] swap	преобразование долговых обязательств в акции
T 1197	transformation des devises en monnaie nationale	conversion of foreign exchange into the domestic currency	перевод иностранной валюты в национальную
T 1198	transformation des échéances	maturity transformation, term intermediation	изменение сроков платежей по обязательствам
T 1199	transformation financière des liquidités	financial transformation of liquid assets	финансовое преобразование ликвидных активов
T 1200	transformation des fonds courts en fonds longs	transformation of short-term funds into long-term funds	преобразование краткосрочных средств в долгосрочные
T 1201	transformation d'une ligne de crédit	transformation of a line of credit	преобразование кредитной линии
T 1202	transformation de société	enterprise transformation	преобразование компании
T 1203	transformer	1. to transform; to change, to alter 2. to convert	1. преобразовывать; изменять 2. переводить
T 1204	transitoire	transitional; provisional	переходный, промежуточный; временный
T 1205	translation *f* de l'impôt	passing on of the tax burden, tax shifting	перенос налогового бремени
T 1206	transmissibilité *f* des actions	transferability of shares	передаваемость акций
T 1207	transmissible	transferable, assignable	передаваемый, уступаемый
T 1208	transmissible par endossement	transferable by endorsement	передаваемый по индоссаменту
T 1209	transmission *f*	1. transfer 2. transfer, conveyance, assignment 3. transmission	1. перевод 2. передача, уступка 3. передача *(напр. информации)*
T 1210	transmission d'un chèque	check transfer	передача чека
T 1211	transmission d'une créance	assignment of a claim	уступка требования
T 1212	transmission par endossement	transfer by endorsement	передача по индоссаменту
T 1213	transmission de fichiers automatiques	file transfer	передача файлов
T 1214	transmission des obligations	transfer of obligations	уступка обязательств
T 1215	transmission d'ordre de virement	transmission of a transfer order	передача поручения о перечислении (средств)
T 1216	transmission des ordres en bourse	transmission of orders in the stock exchange	передача поручений на бирже
T 1217	transmission de patrimoine	transfer of assets	уступка активов
T 1218	transmission de procuration	proxy transfer	передача доверенности
T 1219	transmission de propriété	transfer of ownership	передача права собственности
T 1220	transmission télégraphique	telegraphic [wire, cable] transfer	телеграфный перевод
T 1221	transnationales *f pl*	transnationals, transnational corporations	транснациональные корпорации
T 1222	transparence *f*	transparency	прозрачность
T 1223	transparence fiscale	tax transparency	налоговая «открытость» *(напр. компании)*
T 1224	transparence du marché	market transparency	«прозрачность» рынка *(качество и доступность информации)*

T

T 1225	**transparent**	transparent	прозрачный
T 1226	**transport** *m*	1. transport, transportation 2. transfer 3. transfer, assignment 4. transfer, carrying over	1. транспорт, транспортировка 2. перевод 3. передача, уступка 4. перенос *(напр. баланса счёта)*
T 1227	**transport d'une créance**	transfer of a claim	уступка долгового требования
T 1228	**transport d'un crédit**	transfer of a loan	уступка права требования по ссуде
T 1229	**transport de fonds**	funds transfer	перевод денежных средств
T 1230	**transport de fonds électronique**	electronic funds transfer	электронный перевод денежных средств
T 1231	**transport de montant**	transfer of a sum (of money)	перечисление суммы
T 1232	**transportabilité** *f*	transferability	1. переводимость 2. передаваемость
T 1233	**transporter**	1. to transport, to carry 2. to transfer 3. to transfer, to assign 4. to carry over, to transfer	1. перевозить, транспортировать 2. переводить 3. передавать, уступать 4. переносить *(баланс счёта)*
T 1234	**trappe** *f* **à liquidités [monétaire]**	liquidity trap	«ловушка ликвидности» *(абсолютная эластичность спроса на деньги при минимальном проценте)*
T 1235	**travailler**	1. to work 2. to deal in	1. работать 2. проводить (биржевые) операции
T 1236	**travailler sur les opérations à long et court terme**	to carry out long-and short-term transactions	проводить долго- и краткосрочные операции
T 1237	**travailler à perte**	to work at a loss	работать в убыток
T 1238	**travailler sur le profit à court terme**	to work for the sake of one's short-term profit	работать над увеличением краткосрочной прибыли
T 1239	**trend** *m*	trend	тенденция
T 1240	**suivre un trend**	to follow a trend	следовать тенденции
T 1241	**trend à la baisse**	downtrend	понижательная тенденция
T 1242	**trend de change**	foreign exchange trend	тенденция валюты
T 1243	**trend, fort**	strong trend	сильная тенденция
T 1244	**trend à la hausse**	uptrend	повышательная тенденция
T 1245	**trend, long**	long trend	долгосрочная тенденция
T 1246	**trend repéré**	discovered trend	замеченная тенденция
T 1247	**trend de taux**	interest rate trend	тенденция процентных ставок
T 1248	**trésor** *m*	treasury, funds, finances	казна, финансы, фонды, средства
T 1249	**trésor de nuit [permanent]**	automatic deposit machine	автомат по приёму вкладов *(работающий круглосуточно)*
T 1250	**Trésor** *m* **de l'État [public]**	Treasury [Exchequer] public revenue department	государственная казна
T 1251	**trésorerie** *f*	1. cash (in hand), cash balances, liquidity 2. accounts 3. treasury (department)	1. денежные средства, наличность, ликвидные средства 2. счета (компании) 3. казначейский отдел, кассовый отдел
T 1252	**ajuster journellement sa trésorerie**	to daily adjust one's cash position	ежедневно корректировать наличную позицию
T 1253	**alimenter sa trésorerie**	to supply cash *(for one's treasury)*	пополнять наличность
T 1254	**améliorer sa trésorerie**	to improve one's cash position	улучшать свою ликвидность

T 1255	disposer d'une trésorerie excédentaire	to have excess cash	иметь избыточную наличность
T 1256	faire la trésorerie de l'opération	to enter the transaction into the accounts	проводить операцию по счетам
T 1257	gérer la trésorerie	to manage cash	управлять наличностью
T 1258	nourrir une trésorerie épuisée	to replenish exhausted funds	пополнять израсходованные средства
T 1259	reconstituer la trésorerie en francs	to rebuild the franc cash position	восстанавливать наличную позицию во франках
T 1260	tenir la trésorerie en date de valeur	to keep value date accounts	вести счета согласно дате валютирования
T 1261	tirer sur la trésorerie	to draw on one's cash balances	расходовать наличные средства
T 1262	trésorerie bancaire	bank treasury (department)	отдел кассовых операций банка
T 1263	trésorerie, bonne	good cash position	хорошая наличная позиция
T 1264	trésorerie centrale	central treasury (department)	центральный отдел кассовых операций
T 1265	trésorerie courante	current funds	текущие средства
T 1266	trésorerie de devises d'une banque	bank's foreign exchange treasury	валютная бухгалтерия банка
T 1267	trésorerie dollars	dollar balances	долларовые средства
T 1268	trésorerie d'une entreprise	cash position [situation] of a company	кассовая позиция компании
T 1269	trésorerie épuisée	exhausted funds	израсходованные средства
T 1270	trésorerie excédentaire	excess cash	избыточная наличность
T 1271	trésorerie immédiatement disponible	readily available cash	наличные средства
T 1272	trésorerie au jour le jour	overnight liquid funds	наличные средства сроком на одни сутки
T 1273	trésorerie nette	net liquid funds	нетто-ликвидность, нетто-наличная позиция
T 1274	trésorerie nette quotidienne	daily net liquid funds	дневная нетто-наличная позиция
T 1275	trésorerie prévisionnelle	cash flow forecasting	планирование потребностей и поступлений наличности
T 1276	trésorerie tendue	strained cash situation	нехватка наличности
T 1277	trésorerie zéro	zero cash [funds]	«нулевая наличность» (стремление поддерживать минимальную наличную позицию)
T 1278	trésorier *m*	treasurer	казначей, заведующий отдела кассовых операций
T 1279	trésorier de banque	bank treasurer	заведующий отдела кассовых операций банка
T 1280	trésorier centralisateur	head of the centralized treasury	заведующий централизованного отдела кассовых операций
T 1281	trésorier devises	foreign exchange treasurer	начальник валютного отдела
T 1282	trésorier d'entreprise	company treasurer	заведующий финансового отдела компании
T 1283	trésorier expérimenté	experienced treasurer	опытный работник отдела кассовых операций
T 1284	trésorier long en dollars	treasury with a long dollar position	финансовый отдел с длинной долларовой позицией

T

T 1285	trésorier riche en liquidités	treasury rich in liquidity	финансовый отдел с хорошей кассовой позицией
T 1286	trésorier de société	company treasurer	заведующий финансового отдела компании
T 1287	trésorier-payeur *m* général	paymaster of treasury department	старший казначей
T 1288	tri *m*	sorting; selection	сортировка; отбор
T 1289	tri sévère des signatures	strict selection of signatures	строгий отбор подписей
T 1290	trieuse *f* de chèques	check sorter	аппарат для сортировки чеков
T 1291	trimestre *m*	quarter	квартал
T 1292	à trimestre échu	at quarter's end	в конце квартала
T 1293	trimestre civil	calendar quarter	календарный квартал
T 1294	tripotage *m*	shady dealings	махинации
T 1295	tripotage en bourse	market-rigging	биржевые махинации
T 1296	tripotage des chiffres	faking the figures	фальсификация [искажение] цифр
T 1297	tripotage financier	financial juggling	финансовые махинации
T 1298	troc *m* de monnaie	currency swap	валютный своп
T 1299	troisième *f* de change	third of exchange	вексель терция, третий экземпляр переводного векселя
T 1300	trop-perçu *m*	excess payment, overpayment	излишек суммы, переплата
T 1301	trop-perçu d'impôt	excess tax payment	налоговая переплата
T 1302	trop-plein *m* de liquidités	excess cash	избыток ликвидных средств
T 1303	trou *m* en dollars	dollar gap	долларовый дефицит
T 1304	troubles *m pl* monétaires	monetary troubles	валютные потрясения
T 1305	truquage *m*	faking, fiddling (*e.g. with figures*); cooking, window-dressing (*e.g. of a balance sheet*)	фальсификация, искажение (*напр. цифр*); приукрашивание (*напр. баланса*)
T 1306	truquage d'un bilan	window-dressing of a balance sheet	приукрашивание баланса
T 1307	truquer	to fake, to fiddle (*e.g. figures*); to cook, to window-dress (*e.g. a balance sheet*)	фальсифицировать, искажать (*напр. цифры*); приукрашивать (*напр. баланс*)
T 1308	trust *m*	trust	трест
T 1309	démanteler un trust	to break up [to dismantle] a trust	закрывать [ликвидировать] трест
T 1310	grouper en trust	to group in a trust	объединять в трест
T 1311	trust bancaire	banking trust	банковский трест
T 1312	trust hypothécaire	mortgage trust	ипотечный трест
T 1313	trust de placement	investment trust	инвестиционный трест
T 1314	trust de valeurs	holding company	холдинговая компания
T 1315	trustee *m*	trustee	попечитель; доверенное лицо
T 1316	truster	to monopolize, to corner	монополизировать
T 1317	tunnel *m*	tunnel	тоннель, коридор (*напр. колебания валют*)
T 1318	turbulences *f pl*	turmoil, unrest	потрясения
T 1319	turbulences sur les marchés	market unrest	рыночные потрясения
T 1320	turbulences monétaires internationales	international monetary crises	международные валютные потрясения
T 1321	tutelle *f*	1. tutelage, protection 2. supervision	1. опека 2. надзор, контроль

T

T 1322	exercer une tutelle	1. to protect 2. to supervise	1. опекать 2. осуществлять надзор, контролировать
T 1323	sous la tutelle du FMI	under IMF's supervision	под надзором МВФ
T 1324	tutelle administrative	administrative authority	административный контроль
T 1325	tutelle réglementaire	legislative authority	законодательный контроль
T 1326	tuyaux m pl	tips	(конфиденциальная) информация, сведения, советы
T 1327	acheter sur des tuyaux	to buy on a tip	покупать на основе совета
T 1328	vendre sur des tuyaux	to sell on a tip	продавать на основе совета
T 1329	tuyaux de bourse	stock market tips	советы относительно игры на бирже
T 1330	type m	type	тип, вид
T 1331	type d'acquéreur	acquirer type	тип покупателя
T 1332	type d'actifs	asset type	вид активов
T 1333	type d'agrégat monétaire	monetary aggregate type	вид денежного агрегата
T 1334	type de bons du Trésor	treasury bill type	вид бон казначейства
T 1335	type de calculs	type of calculation	вид подсчётов
T 1336	type de cambiste	forex dealer type	тип валютного дилера
T 1337	type de cautionnement	type of pledge	вид залога
T 1338	type de contrepartie	counterparty type	тип контрагента
T 1339	type de créance	claim type	вид долгового требования
T 1340	type de crédit	loan type	вид кредита
T 1341	type de débiteur	debtor type	тип должника
T 1342	type de dépôt	deposit type	вид депозита
T 1343	type d'émetteur	issuer type	тип эмитента
T 1344	type d'émission	issue type	вид эмиссии
T 1345	type d'épargne	type of savings	вид сбережений
T 1346	type de financement hors circuits bancaires	type of non-bank financing	вид внебанковского финансирования
T 1347	type d'hommes de la banque	banker type	тип банкира
T 1348	type d'innovation	innovation type	вид нововведения
T 1349	type d'intervention	intervention type	тип интервенции
T 1350	type de joueurs	speculator type	тип участника биржи
T 1351	type d'obligations	bond type	вид облигаций
T 1352	type d'opérateurs	operator type	тип участника биржи
T 1353	type d'opération d'arbitrage	type of arbitrage deal	вид арбитражной сделки
T 1354	type d'opération de trésorerie	type of cash transaction	вид кассовой операции
T 1355	type d'options	option type	вид опционов
T 1356	type d'ordres de bourse	stock exchange order type	вид биржевых поручений
T 1357	type de papier	paper type	вид (ценной) бумаги
T 1358	type de placement	investment type	вид размещения
T 1359	type de police	policy type	вид полиса
T 1360	type de rémunération	remuneration type	вид вознаграждения
T 1361	type de réserves	reserve type	вид резервов
T 1362	type de revenus	income type	вид доходов
T 1363	type de risques	risk type	вид рисков
T 1364	type de société	company type	тип компании
T 1365	type de spéculation	speculation type	вид спекуляции
T 1366	type de swaps	swap type	вид свопов
T 1367	type de système fiscal	type of tax system	вид налоговой системы
T 1368	type de taxation	taxation type	тип налогообложения

U

T 1369	type de titres [de valeurs mobilières]	securities type	вид ценных бумаг

U

U 1	ultimo *m*	last day of month	последний день месяца (в биржевых операциях)
U 2	in ultimo	in ultimo, at period's end	в конце периода
U 3	underwriter *m*	underwriter	андеррайтер (гарант при размещении ценных бумаг)
U 4	underwriting *m*	underwriting	андеррайтинг
U 5	unicité *f*	uniqueness	единство; единственность
U 6	unicité de la cotation	single quotation (principle that a security may only be quoted at one stock exchange)	единство котировки (принцип, согласно которому ценная бумага может котироваться только на одной бирже)
U 7	unicité des cours cotés	uniqueness of quoted prices	единство котируемых курсов
U 8	unicité de lieu et de temps	unity of place and time	единство места и времени
U 9	unicité de la monnaie internationale	single international currency	единая международная валюта
U 10	unicité de montant minimal	single minimum amount	единая минимальная сумма
U 11	unicité de la séance de cotation	single trading session	единственная торговая сессия
U 12	unicité de surveillance	single supervision	единый надзор
U 13	unicité du taux de refinancement	single refinancing rate	единая ставка рефинансирования
U 14	unicité de traitement fiscal	consistent tax treatment	единство правил налогообложения
U 15	unification *f*	unification; standardization	унификация, стандартизация
U 16	unification des cartes bancaires	standardization of bank cards	стандартизация банковских карточек
U 17	unification des codifications	standardization of codes	стандартизация кодов
U 18	unification du droit du change	standardization of the exchange law	унификация вексельного законодательства
U 19	unification de la fiscalité	standardization of taxation	унификация налогообложения
U 20	unification monétaire	monetary unification	валютная унификация
U 21	unification du taux de taxation des plus-values	standardization of capital gain tax rates	стандартизация налогообложения прироста капитала
U 22	unification des taux	unification of interest rates	унификация процентных ставок
U 23	unifier	to unify; to standardize	унифицировать, стандартизировать
U 24	uniforme	uniform	единообразный
U 25	uniformiser	to unify; to standardize	унифицировать, стандартизировать
U 26	uniformité *f*	uniformity	единообразие
U 27	union *f*	union	союз, объединение
U 28	union bancaire	banking union	банковский союз
U 29	union de crédit	credit union	кредитный союз
U 30	union monétaire	monetary union	валютный союз

U

U 31	Union f	Union	Союз, Объединение
U 32	Union d'Assureurs des Crédits Internationaux	International Credit Insurance Union	Международный союз страхователей кредитов
U 33	Union de banques à Paris	Paris Bank Union	Объединение парижских банков
U 34	Union des banques régionales	Regional Bank Union	Объединение региональных банков
U 35	Union économique et monétaire	Economic and Monetary Union	Экономический валютный союз
U 36	Union européenne des paiements	European Payment Union	Европейский платёжный союз
U 37	Union financière internationale, UFI	International Financial Union	Международный финансовый союз
U 38	Union monétaire européenne	European Monetary Union	Европейский валютный союз
U 39	unité f	1. unity 2. unit	1. единство 2. единица
U 40	unité comptable	accounting unit [entity]	компания с самостоятельным балансом
U 41	unité de compte	unit of account	счётная единица; расчётная единица
U 42	unité de compte conventionnelle	conventional unit of account	условная расчётная единица
U 43	unité de compte d'émission	issue unit of account	счётная единица выпуска
U 44	unité de compte européenne, UCE	European unit of account, ECU	европейская расчётная единица, ЭКЮ
U 45	unité de compte internationale, DTS	international unit of account, SDR	международная расчётная единица, СДР
U 46	unité de cotation	quotation unit	единица котировки
U 47	unité de mesure	unit of measure	единица измерения
U 48	unité monétaire	monetary [currency] unit	денежная единица
U 49	unité de négociation	transaction unit (e.g. standard contract)	трансакционная единица, счётная единица при проведении сделок (напр. стандартный контракт)
U 50	unité non résidente	nonresident entity	компания-нерезидент
U 51	unité résidente	resident entity	компания-резидент
U 52	unité de traitement	processing unit	единица обработки информации
U 53	unité de transaction	transaction unit	трансакционная единица, счётная единица при проведении сделок (напр. стандартный контракт)
U 54	Unité f monétaire européenne, UME	European Currency Unit, ECU	Европейская валютная единица, ЭКЮ
U 55	univers m financier	financial world	финансовый мир
U 56	universalité f	universality	универсальность
U 57	universalité du marché des eurodevises	universality of the Eurocurrency market	универсальность рынка евровалют
U 58	universalité du système des finances et du crédit	universality of the financial and credit system	универсальность кредитно-финансовой системы
U 59	universalité du système monétaire international	universality of the international monetary system	универсальность международной валютной системы
U 60	usage m	1. use 2. custom	1. использование 2. обычай
U 61	usage des dépôts d'or	use of gold deposits	использование золотых депозитов

U

U 62	usage des fonds reçus	use of funds received	использование полученных средств
U 63	usage des nouveaux instruments de crédit	use of new credit instruments	использование новых кредитных инструментов
U 64	usage du panier de monnaie	use of the currency basket	использование валютной корзины
U 65	usage privé de l'ECU	private use of the ECU	частное использование ЭКЮ
U 66	usage des ressources	use of the resources	использование ресурсов
U 67	usage des unités monétaires	use of monetary units	использование валютных единиц
U 68	usagers *m pl*	users	пользователи
U 69	usagers du crédit	borrowers	заёмщики
U 70	usages *m pl*	customs, practice	практика
U 71	usages bancaires	banking practice	банковская практика
U 72	usages de la bourse [boursiers]	stock exchange practice	биржевая практика
U 73	usages cambistes	foreign exchange dealing practice	практика валютных дилеров
U 74	usages monétaires	monetary practice	валютная практика
U 75	usance *f* courante	current usance	текущий срок уплаты по векселю
U 76	usances *f pl*	practices, customs	обычаи
U 77	usances de la Banque de France	practices of the Banque de France	обычаи Банка Франции
U 78	usances boursières	stock exchange practices	биржевые обычаи
U 79	usances de règlement	settlement practice	платёжные обычаи
U 80	usufruit *m*	usufruct, beneficial ownership	узуфрукт *(право пожизненного пользования имуществом и доходами от него)*
U 81	usufruit d'un titre	beneficial ownership of a security	узуфрукт на ценную бумагу
U 82	usufruitier *m*	usufructuary, beneficial owner [user]	узуфруктуарий
U 83	usufruitier d'un titre	beneficial owner of a security	узуфруктуарий ценной бумаги
U 84	usuraire	usurious	ростовщический
U 85	usure *f*	usury	ростовщичество
U 86	prêter à usure	to lend at usurious rates of interest	ссужать деньги под ростовщический процент
U 87	usurier *m* international	international usurer	международный ростовщик
U 88	utilisateurs *m pl*	users	пользователи
U 89	utilisateurs de la banque	bank users [customers]	клиентура банка
U 90	utilisateurs de capitaux	users of capital	пользователи капитала
U 91	utilisateurs de cartes	users of (credit) cards	пользователи кредитных карточек
U 92	utilisateurs des crédits	users of loans, borrowers	заёмщики
U 93	utilisateurs, gros	heavy users	крупные потребители
U 94	utilisateurs potentiels	potential users	потенциальные пользователи
U 95	utilisation *f*	use, utilization	использование
U 96	utilisation des actifs	asset utilization	использование активов
U 97	utilisation des cartes de crédit	use of credit cards	использование кредитных карточек
U 98	utilisation commerciale de l'ECU	commercial use of the ECU	использование ЭКЮ в торговле

U 99	utilisation du crédit	use of a loan	использование кредита
U 100	utilisation des crédits bancaires	use of bank loans	использование банковских кредитов
U 101	utilisation des DTS	use of the SDR	использование СДР
U 102	utilisation de l'ECU	use of the ECU	использование ЭКЮ
U 103	utilisation efficace des capitaux	efficient capital utilization	эффективное использование капиталов
U 104	utilisation d'espèces	use of cash	использование наличных денег
U 105	utilisation de fonds	application [uses] of funds	использование денежных средств
U 106	utilisation frauduleuse	fraudulent use	мошенническое использование
U 107	utilisation d'un GAB	use of an ATM [automatic teller machine]	использование банкомата
U 108	utilisation des options	use of options	использование опционов
U 109	utilisation d'un ordinateur de la banque	utilization of a bank computer	использование банкомата
U 110	utilisation des réserves	utilization of reserves	использование резервов
U 111	utilisation des ressources du Fonds	utilization of the IMF's resources	использование ресурсов МВФ
U 112	utilisation de swaps	use of swaps	использование свопов
U 113	utilisation de technologie électronique	use of electronic technology	использование электронной технологии
U 114	utilisation de titres de créances négociables	use of negotiable debt securities	использование обращающихся долговых свидетельств *(вид ценных бумаг)*

V

V 1	vague *f*	wave	волна
V 2	vague d'achats	wave of purchases	волна покупок
V 3	vague d'acquisitions/fusions	wave of mergers and acquisitions	волна слияний и поглощений
V 4	vague baissière	downtrend	понижательная тенденция
V 5	vague de dégagements	selloff wave	волна продаж ценных бумаг
V 6	vague de dévaluations	wave of devaluations	волна девальваций
V 7	vague de faillites	wave of bankruptcies	волна банкротств
V 8	vague de fusions	wave of mergers	волна слияний
V 9	vague de hausses du cours des titres	wave of securities price rises	волна повышения курса ценных бумаг
V 10	vague haussière	uptrend	повышательная тенденция
V 11	vague d'innovations financières	wave of financial innovations	волна финансовых нововведений
V 12	vague d'investissements	investment wave	волна инвестирования
V 13	vague de spéculation	wave of speculation	волна спекуляций
V 14	vague de ventes	wave of sales	волна продаж
V 15	valable	valid, available	действительный, действующий, имеющий юридическую силу

V

V 16	valable jusqu'à révocation	available until revocation (a letter of credit)	действителен до отзыва (об аккредитиве)
V 17	valable pour trois jours	valid for 3 days	действителен в течение 3 дней
V 18	valeur f	1. value, worth 2. value, price, cost 3. asset 4. security	1. ценность 2. стоимость, цена 3. актив 4. ценная бумага
V 19	apprécier à sa juste valeur	to estimate at the true value	оценивать по действительной стоимости
V 20	au-dessous de la valeur	below cost	ниже стоимости
V 21	au-dessus de la valeur	above cost	выше стоимости
V 22	augmenter la valeur	to increase the value	увеличивать стоимость
V 23	avoir bien peu de valeur	to have little value	иметь низкую стоимость
V 24	calculer la valeur	to calculate the value	подсчитывать [исчислять] стоимость
V 25	diminuer la valeur	to reduce the value	уменьшать стоимость
V 26	estimer à sa juste valeur	to estimate at the true value	оценивать по действительной стоимости
V 27	être de valeur	to be of value	представлять ценность
V 28	mettre en valeur	to derive profit	извлекать прибыль
V 29	perdre toute valeur	to lose all value	терять всякую ценность
V 30	prendre de la valeur	to go up in value	повышаться в цене
V 31	de valeur	of value, valuable	ценный
V 32	d'une valeur de	at the value of, at the price of, to the value of	стоимостью
V 33	en valeur	in terms of value, in value terms	в стоимостном выражении, по стоимости
V 34	sans valeur	of no value	не имеющий ценности
V 35	en valeur monétaire	in money terms	в денежном выражении
V 36	valeur d'achat [d'acquisition]	acquisition cost	цена приобретения, первоначальная цена
V 37	valeur d'actif, VA	asset value	сумма актива
V 38	valeur d'actif par action	asset value per share	стоимость активов в расчёте на одну акцию
V 39	valeur d'actif net	net asset value	нетто-стоимость активов
V 40	valeur de l'action	share value	стоимость акции
V 41	valeur active	asset	актив
V 42	valeur actualisée	discounted value	дисконтированная стоимость
V 43	valeur actualisée nette	discounted cash flow	чистая дисконтированная стоимость
V 44	valeur actuelle	present [current] value, present worth, market value	текущая стоимость
V 45	valeur admise au marché officiel	listed security	ценная бумага, допущенная к официальной котировке
V 46	valeur ajoutée	added value	добавленная стоимость
V 47	valeur amortie [après amortissement]	amortized value	амортизированная стоимость (с учётом амортизации)
V 48	valeur des apports	value of contributions	стоимость взносов (в капитал компании)
V 49	valeur en argent	money value, cash value	денежная стоимость, стоимость в денежном выражении
V 50	valeur arrondie	rounded value	округлённая величина
V 51	valeur assurable [d'assurance]	insurable value [interest]	страховая стоимость
V 52	valeur assurée	insured value	застрахованная стоимость

V

V 53	valeur d'aujourd'hui	today's value, value today	стоимость на сегодняшний день
V 54	valeur d'avenir	growth share [stock]	акция роста *(акция с ожидаемым высоким темпом роста курса)*
V 55	valeur des avoirs	value of the holdings	стоимость авуаров
V 56	valeur de bilan	balance sheet value	балансовая стоимость
V 57	valeur boursière	1. market value, value in the open market 2. stock exchange security	1. рыночная стоимость 2. ценная бумага, котируемая на бирже
V 58	valeur boursière de l'action ancienne	market value of an old [existing] share	рыночная стоимость уже существующей акции
V 59	valeur boursière déclassée	displaced stock exchange security	ценная бумага, исключённая из числа котируемых на бирже
V 60	valeur boursière d'une entreprise [d'une société]	market value of a company	рыночная стоимость компании, суммарная биржевая стоимость акций компании
V 61	valeur brute	gross value	валовая стоимость
V 62	valeur cadastrale	land registry [cadastral, ratable] value	кадастровая стоимость
V 63	valeur de capitalisation	capitalized value	стоимость капитализации
V 64	valeur de capitalisation du chiffre d'affaires	capitalized turnover value	стоимость капитализации оборота компании
V 65	valeur à la [de] casse	scrap value	ликвидационная стоимость
V 66	valeur de cession globale	going concern value	стоимость компании как работающего предприятия
V 67	valeur de cession des parts	breakup value	стоимость компании как суммы отдельных активов
V 68	valeur de change du dollar	dollar exchange rate	обменная стоимость доллара
V 69	valeur classée	well-placed [investment] security	первоклассная ценная бумага
V 70	valeur de code	code value	кодовое значение
V 71	valeur commerciale	commercial [market] value	рыночная стоимость
V 72	valeur comptable	book value	балансовая стоимость
V 73	valeur comptable des actifs	book value of assets	балансовая стоимость активов
V 74	valeur comptable d'une action	book value per share	балансовая стоимость в расчёте на одну акцию
V 75	valeur comptable globale	aggregate book value	совокупная балансовая стоимость
V 76	valeur comptable nette	net book value	балансовая нетто-стоимость
V 77	valeur comptable résiduelle	amortized value, remaining book value	остаточная балансовая стоимость *(с учётом амортизации)*
V 78	valeur comptable des titres	book value of securities	балансовая стоимость ценных бумаг
V 79	valeur au comptant	1. cash value 2. security dealt in for cash	1. денежная стоимость, стоимость в наличных деньгах 2. ценная бумага, обращающаяся на рынке спот
V 80	valeur de conversion	translated value	конверсионная [переводная] стоимость
V 81	valeur convertible	convertible security	конвертируемая ценная бумага
V 82	valeur à la cote	quote value	котировочная стоимость

V

V 83	valeur cotée en bourse	security quoted at the stock exchange	ценная бумага, котируемая на бирже
V 84	valeur des coupures	value of the banknotes	стоимость купюр
V 85	valeur courante	present [current] value, present worth, market value	текущая стоимость
V 86	valeur au cours du marché	current market value	текущая рыночная стоимость
V 87	valeur des créances	value of liabilities	стоимость долговых требований
V 88	valeur de croissance	growth share [stock]	акция роста *(акция с ожидаемым высоким темпом роста курса)*
V 89	valeur déclarée	declared value	объявленная стоимость
V 90	valeur demain	tomorrow's value, value tomorrow	стоимость на завтрашний день
V 91	valeur désalignée	out-of-line security	ценная бумага, курс которой изменяется вопреки общей тенденции
V 92	valeur déterministe de l'option	intrinsic value of an option	«внутренняя» стоимость опциона *(разница между ценой исполнения опциона и текущей ценой соответствующего финансового инструмента)*
V 93	valeur en dollars	dollar value, dollar volume	долларовая стоимость, объём *(напр. операций)* в долларовом выражении
V 94	valeur de [en] douane	custums value	таможенная оценка
V 95	valeur du droit de vote	value of the voting right	стоимость права голоса (акции)
V 96	valeur du DTS	value of the SDR	стоимость СДР
V 97	valeur d'échange	exchange value, value in exchange, counter value	меновая стоимость
V 98	valeur à l'échéance	maturity value	стоимость по наступлении срока платежа
V 99	valeur effective	real [actual] value	действительная стоимость
V 100	valeur d'émission	issue value	эмиссионная стоимость
V 101	valeur à l'encaissement	collected value	инкассированная стоимость
V 102	valeur pour l'encaissement	value for collection	«на инкассо», «к получению» *(пометка на векселе)*
V 103	valeur des engagements	value of commitments	стоимость обязательств
V 104	valeur enregistrée	registered value	зарегистрированная стоимость
V 105	valeur équivalente	equivalent value	эквивалентная стоимость
V 106	valeur escomptée	discounted value	дисконтированная стоимость
V 107	valeur en espèces	cash value	денежная стоимость, стоимость в наличных деньгах
V 108	valeur d'estimation [estimative]	appraised value	оценочная стоимость
V 109	valeur estimée	estimated value	1. вычисленная стоимость 2. оценка
V 110	valeur d'expertise	estimated value	оценочная стоимость
V 111	valeur externe de la monnaie	external value of a currency	стоимость валюты за рубежом
V 112	valeur extrinsèque	extrinsic value	нарицательная цена

V

V 113	**valeur faciale**	nominal [face] value	нарицательная оценка; номинальная стоимость, номинал
V 114	**valeur à la ferraille**	scrap value	ликвидационная стоимость
V 115	**valeur fictive**	fictitious value	фиктивная [условная] стоимость
V 116	**valeur fiscale**	taxable [rat(e)able] value	облагаемая (налогом) стоимость
V 117	**valeur de frappe**	minting value	стоимость чеканки (монеты)
V 118	**valeur en gage**	pledged security	заложенная ценная бумага, ценная бумага, предоставленная в качестве обеспечения
V 119	**valeur garantie**	guaranteed security	гарантированная ценная бумага
V 120	**valeur en garantie**	pledged security	заложенная ценная бумага, ценная бумага, предоставленная в качестве обеспечения
V 121	**valeur historique**	historical value	первоначальная стоимость
V 122	**valeur immobilière**	real estate property	недвижимость
V 123	**valeur imposable**	taxable [rat(e)able] value	облагаемая (налогом) стоимость
V 124	**valeur industrielle**	industrial stock	ценная бумага промышленной компании
V 125	**valeur inscrite à la cote**	listed security	ценная бумага, допущенная к котировке
V 126	**valeur intangible**	intangible asset	нематериальный актив
V 127	**valeur à intérêts**	interest-bearing security	ценная бумага, приносящая проценты
V 128	**valeur internationale**	international security	международная ценная бумага
V 129	**valeur intrinsèque**	intrinsic value	1. действительная стоимость (акции) 2. «внутренняя» стоимость опциона *(разница между ценой исполнения опциона и текущей ценой соответствующего финансового инструмента)*
V 130	**valeur intrinsèque nulle**	zero intrinsic value *(option out of the money)*	нулевая внутренняя стоимость опциона
V 131	**valeur intrinsèque positive**	positive intrinsic value *(option in the money)*	положительная внутренняя стоимость опциона
V 132	**valeur du jour**	current value	текущая стоимость
V 133	**valeur latente**	underlying security	опорная [исходная] ценная бумага, ценная бумага, лежащая в основе производного финансового инструмента
V 134	**valeur de liquidation [liquidative]**	salvage value	ликвидационная стоимость
V 135	**valeur liquidative de la part**	market value of a security	продажная стоимость ценной бумаги
V 136	**valeur marchande [au marché]**	market [sale] value	рыночная стоимость
V 137	**valeur marginale**	marginal value	предельная [маржинальная] стоимость

V

V 138	valeur mathématique comptable	book value	балансовая стоимость
V 139	valeur maximum	maximum value	максимальная стоимость
V 140	valeur minière	mining security	ценная бумага добывающей компании
V 141	valeur minimum	minimum value	минимальная стоимость
V 142	valeur monétaire	money value	денежная стоимость, стоимость в денежном выражении
V 143	valeur monétaire des titres	money value of securities	денежная стоимость ценных бумаг
V 144	valeur de la monnaie	value of a currency	стоимость валюты
V 145	valeur en monnaie étrangère	foreign pay security	ценная бумага в иностранной валюте
V 146	valeur moyenne	average value	средняя стоимость
V 147	valeur de nantissement	collateral value	залоговая стоимость
V 148	valeur négociée hors cote	over-the-counter [OTC] security	ценная бумага, обращающаяся на внебиржевом рынке
V 149	valeur nette	net worth	собственный капитал (компании)
V 150	valeur nette comptable	net book value	балансовая нетто-стоимость
V 151	valeur à neuf	replacement value [cost], value as new	стоимость страхового возмещения
V 152	valeur nominale	nominal [face] value	нарицательная цена; номинальная стоимость, номинал
V 153	valeur nominale de l'action	par value of a share	номинальная стоимость акции
V 154	valeur nominale du contrat	par value of a contract	номинальная стоимость контракта
V 155	valeur nominale du titre	par value of a security	номинальная стоимость ценной бумаги
V 156	valeur nominative	registered security	именная ценная бумага
V 157	valeur de l'obligation	bond value	стоимость облигации
V 158	valeur de l'option	option value	стоимость опциона
V 159	valeur or	gold value	золотое содержание
V 160	valeur or des actifs	gold value of the assets	золотая оценка активов
V 161	valeur au pair	par value, value at par	номинал, номинальная стоимость
V 162	valeur patrimoniale de l'entreprise	net value of a company	балансовая стоимость компании
V 163	valeur de père de famille	blue chip (stock), gilt-edged stock	надёжная [первоклассная] ценная бумага
V 164	valeur phare [pilote]	leader, leading share	ценная бумага-лидер *(первой реагирует на изменение общей тенденции на рынке ценных бумаг)*
V 165	valeur pondérée	weighted value	взвешенное значение
V 166	valeur pondérée moyenne	weighted average	средневзвешенное значение
V 167	valeur possédée	owned stock	ценная бумага, находящаяся в собственности
V 168	valeur de premier ordre	blue chip (stock), gilt-edged stock	надёжная [первоклассная] ценная бумага
V 169	valeur présente	realization [realizable] value	стоимость реализации, реализованная стоимость

V

V 170	valeur en procuration	bill for collection	«на инкассо», «к получению» (пометка на векселе)
V 171	valeur de rachat	redemption price	выкупленная стоимость
V 172	valeur rachetée	called security	выкупаемая ценная бумага
V 173	valeur radiée	delisted security	ценная бумага, снятая с котировки
V 174	valeur de réalisation	realization [realizable] value	стоимость реализации, реализованная стоимость
V 175	valeur de rebut	scrap value	ликвидационная стоимость
V 176	valeur en recouvrement	bill for collection	«на инкассо», «к получению» (пометка на векселе)
V 177	valeur reçue	for value received	«получено» (пометка на векселе)
V 178	valeur de récupération	salvage value	ликвидационная стоимость
V 179	valeur réelle	real [actual] value	действительная стоимость
V 180	valeur refuge	safe investment	ценная бумага с низким риском
V 181	valeur de remboursement	redemption price	выкупная стоимость
V 182	valeur de remplacement	replacement value [cost]	восстановительная стоимость, оценка по восстановительной стоимости
V 183	valeur reportable	contangoable stock	ценная бумага, принимаемая к репорту
V 184	valeur résiduelle	1. residual value 2. salvage value	1. остаточная стоимость (основного капитала) 2. ликвидационная стоимость
V 185	valeur de retournement	(trend) reversal value	точка изменения тенденции
V 186	valeur scripturale	security on an account [in an intangible form]	нематериальная ценная бумага, ценная бумага как запись по счёту
V 187	valeur substantielle	intrinsic value	действительная стоимость
V 188	valeur temps	time value	норма времени
V 189	valeur du terme	forward value	стоимость на срок (по срочной сделке)
V 190	valeur d'un tick	value of a tick	величина тика, минимальное значение изменения цены
V 191	valeur totale	aggregate value	совокупная стоимость
V 192	valeur d'un transfert	transfer value	стоимость перевода
V 193	valeur vedette	blue chip (stock), gilt-edged stock	надёжная [первоклассная] ценная бумага
V 194	valeur vénale	blue chip (stock), gilt-edged stock	рыночная [продажная] стоимость
V 195	valeur volatile	high flyer	(спекулятивная) акция с резким ростом курса
V 196	valeur du warrant	value of a warrant	стоимость варранта
V 197	valeurs *f pl*	1. assets 2. securities	1. активы 2. ценные бумаги
V 198	afficher les valeurs cotées sur les tableaux de cotation	to display listed securities on the quotation board	указывать котируемые ценные бумаги на специальном табло
V 199	augmenter les valeurs d'exploitation	to increase operating [working] assets	увеличивать оборотный капитал [оборотные активы]
V 200	convertir les valeurs	to convert securities	конвертировать ценные бумаги (обменивать одни ценные бумаги на другие)

V

V 201	coter les valeurs «à la main»	to quote securities manually	котировать ценные бумаги при помощи жестов
V 202	mettre des valeurs en dépôt	to place securities in safe deposit	депонировать ценные бумаги
V 203	mobiliser ses valeurs	to sell one's securities	продавать свои ценные бумаги
V 204	nantir des valeurs	to pledge securities	отдавать ценные бумаги в залог
V 205	négocier les valeurs en bourse	to trade securities at the stock exchange	проводить операции с ценными бумагами на бирже
V 206	tenir des valeurs en dépôt	to hold securities in safe deposit	держать ценные бумаги на депозите
V 207	vendre les valeurs en bourse	to sell securities at the stock exchange	продавать ценные бумаги на бирже
V 208	valeurs admises à la cote	listed securities	ценные бумаги, допущенные к котировке
V 209	valeurs américaines composant l'indice Standard & Poor's 500	American securities making up the Standard & Poor's 500 index	американские ценные бумаги, на основе которых рассчитывается индекс «Стэндард энд Пурз 500»
V 210	valeurs aurifères	gold securities	ценные бумаги золотодобывающих компаний
V 211	valeurs d'automobiles	automobile securities	ценные бумаги автомобильных компаний
V 212	valeurs bancaires [de banque]	bank assets	банковские активы
V 213	valeurs en banque	over-the-counter securities	ценные бумаги во внебиржевом обороте
V 214	valeurs de bonne livraison	good delivery securities	ценные бумаги, принимаемые к поставке
V 215	valeurs de bonne qualité	quality [investment] securities	первоклассные ценные бумаги
V 216	valeurs de bourse	stock exchange securities	ценные бумаги, обращающиеся на бирже
V 217	valeurs clés	key securities	ключевые ценные бумаги
V 218	valeurs du comptant	spot market securities	ценные бумаги, обращающиеся на рынке спот
V 219	valeurs du hors cote	over-the-counter securities	ценные бумаги во внебиржевом обороте
V 220	valeurs cotées	quoted securities	котирующиеся ценные бумаги
V 221	valeurs cotées en continu	continuously quoted securities	непрерывно котирующиеся ценные бумаги
V 222	valeurs de coulisse	unlisted securities	ценные бумаги, не допущенные на биржу
V 223	valeurs cycliques	cyclical securities	циклические ценные бумаги (движение курсов которых следует экономическому циклу)
V 224	valeurs à découvert	short securities	короткая позиция по ценным бумагам
V 225	valeurs délaissées	inactively traded securities	неактивные ценные бумаги
V 226	valeurs détenues	security holdings	ценные бумаги в портфеле (компании)
V 227	valeurs détenues en gage	securities held in pawn	ценные бумаги, находящиеся в залоге
V 228	valeurs détenues en portefeuille	security holdings	ценные бумаги в портфеле (компании)

V

V 229	valeurs de deuxième catégorie	private sector securities	ценные бумаги частного сектора
V 230	valeurs directrices	key securities	ключевые ценные бумаги
V 231	valeurs disponibles	liquid [available] assets	ликвидные [легкореализуемые] активы
V 232	valeurs à dividendes	dividend securities	ценные бумаги, приносящие дивиденд
V 233	valeurs étrangères	foreign securities	иностранные ценные бумаги
V 234	valeurs d'exploitation	operating [working] assets	оборотный капитал, оборотные активы
V 235	valeurs favorites	favorite securities	ценные бумаги с высоким объёмом операций
V 236	valeurs fiduciaires	paper securities	ценные бумаги *(в собственно бумажной форме)*
V 237	valeurs de haute technologie	high-tech company securities	ценные бумаги высокотехнологичных компаний
V 238	valeurs immatérielles	intangible assets	нематериальные активы
V 239	valeurs immobilisées	fixed [noncurrent, capital] assets	основной капитал
V 240	valeurs inscrites à la cote	quoted securities	котирующиеся (на бирже) ценные бумаги
V 241	valeurs à intérêt fixe	fixed interest securities	ценные бумаги с фиксированным процентом
V 242	valeurs d'investissement	investment securities	инвестиционные ценные бумаги *(для долгосрочных инвестиций)*
V 243	valeurs à lots	lottery securities	лотерейные облигации
V 244	valeurs matérielles	tangible assets	осязаемые [материальные] активы
V 245	valeurs de mines d'or	gold securities	ценные бумаги золотодобывающих компаний
V 246	valeurs mobilières	securities	ценные бумаги *(обращающиеся на бирже)*
V 247	valeurs mobilières admises à la négociation	quoted securities	ценные бумаги, котирующиеся (на бирже)
V 248	valeurs mobilières non admises à une cote officielle	unquoted securities	ценные бумаги, не допущенные к котировке на бирже
V 249	valeurs mobilières de placement	securities	ценные бумаги *(для краткосрочных финансовых вложений)*
V 250	valeurs morales	goodwill	неосязаемые активы компании *(напр. торговые марки, клиентские связи, репутация)*
V 251	valeurs négociables	marketable securities, negotiable instruments	обращающиеся ценные бумаги
V 252	valeurs négociées en bourse	securities traded at the stock exchange	ценные бумаги, обращающиеся на бирже
V 253	valeurs non admises à la cote officielle [non cotées en bourse]	unquoted securities	ценные бумаги, не котирующиеся на бирже
V 254	valeurs non encaissables	write-offs	списанные активы

V

V 255	valeurs non escomptables refinancées	refinanced nondiscountable securities	рефинансированные ценные бумаги, не подлежащие переучёту
V 256	valeurs non inscrites à la cote	unquoted securities	ценные бумаги, не котирующиеся на бирже
V 257	valeurs pétrolières	oil securities	ценные бумаги нефтяных компаний
V 258	valeurs de pieds humides	go-go stocks	акции роста *(акции с ожидаемым высоким темпом роста курса)*
V 259	valeurs de placement	securities	ценные бумаги *(для краткосрочных финансовых вложений)*
V 260	valeurs de portefeuille	portfolio securities	портфельные ценные бумаги
V 261	valeurs au porteur	bearer securities	ценные бумаги на предъявителя
V 262	valeurs de première catégorie	public sector securities	ценные бумаги государственного сектора
V 263	valeurs présélectionnées	preselected securities	предварительно отобранные ценные бумаги
V 264	valeurs pupillaires	blue chips, gilt-edged stocks	надёжные [первоклассные] ценные бумаги
V 265	valeurs réalisables	realizable assets	легкореализуемые активы
V 266	valeurs réalisables à court terme	short-term realizable assets	краткосрочные легкореализуемые активы
V 267	valeurs régionales	regional securities	региональные ценные бумаги
V 268	valeurs remboursables au gré de l'émetteur	callable securities	ценные бумаги, досрочно погашаемые по желанию эмитента
V 269	valeurs de rendement	income stock	высокодоходные ценные бумаги
V 270	valeurs à revenu fixe	fixed income securities	ценные бумаги с фиксированным доходом
V 271	valeurs à revenu «garanti»	«guaranteed» income securities	ценные бумаги с «гарантированным» доходом
V 272	valeurs à revenu variable	variable income securities	ценные бумаги с переменным доходом
V 273	valeurs de spéculation [spéculatives]	speculative securities	спекулятивные ценные бумаги
V 274	valeurs supports des options	underlying securities (for options)	ценные бумаги, лежащие в основе опционов
V 275	valeurs sûres	blue chips, gilt-edged stocks	надёжные [первоклассные] ценные бумаги
V 276	valeurs tangibles	tangible assets	материальные активы
V 277	valeurs taux	securities sensitive to interest-rate fluctuations	ценные бумаги, отличающиеся особой чувствительностью к изменению процентных ставок
V 278	valeurs tenues	security holdings	ценные бумаги в портфеле (компании)
V 279	valeurs de tout repos	blue chips, gilt-edged stocks	надёжные [первоклассные] ценные бумаги
V 280	valeurs traités sur plusieurs marchés	securities traded on several markets	ценные бумаги, обращающиеся на нескольких рынках

V

V 281	valeurs du Trésor	treasury securities	ценные бумаги казначейства
V 282	validation *f*	validation; authentication	признание действительным [законным]; подтверждение
V 283	validation du code confidentiel	validation of the confidential code	подтверждение правильности секретного кода
V 284	validation des informations enregistrées sur la carte magnétique	validation of information recorded on the magnetic card	подтверждение информации, записанной на магнитной карточке
V 285	validation d'une obligation	execution of a bond	признание обязательства
V 286	valide	valid	действительный, законный; действующий
V 287	valider	to validate; to authenticate	признавать действительным [законным]; подтверждать
V 288	validité *f*	validity	**1.** действительность, законность **2.** срок действия
V 289	proroger la validité	to extend validity	продлевать срок действия
V 290	validité d'un contrat	validity of a contract	законность договора
V 291	validité des écritures passées	validity of entries made	правильность сделанных проводок
V 292	validité des enregistrements	validity of registration	правильность записей
V 293	validité d'information	validity of information	правильность информации
V 294	validité d'un titre	validity of a security	законность ценной бумаги
V 295	valoir	to be worth	стоить; представлять ценность
V 296	faire valoir	to invest profitably, to invest to good account	выгодно инвестировать
V 297	à valoir sur une somme due	to be deducted from the amount due	в счёт суммы долга
V 298	valorisation *f*	1. valuation; pricing 2. appreciation	**1.** оценка; определение стоимости **2.** повышение стоимости
V 299	valorisation comptable	accounting valuation	оценка по бухгалтерским записям
V 300	valorisation du franc	appreciation of the franc	повышение курса франка
V 301	valoriser	1. to value 2. to raise the price, to appreciate	**1.** оценивать **2.** повышать стоимость
V 302	variabilité *f*	variability; instability	изменчивость; нестабильность
V 303	variabilité de la demande	variability of demand	изменчивость спроса
V 304	variabilité du dollar	instability of the dollar	нестабильность курса доллара
V 305	variabilité des monnaies	instability of currencies	нестабильность валют
V 306	variabilité des taux de change	instability of exchange rates	нестабильность валютных курсов
V 307	variabilité des taux d'intérêt	instability of interest rates	нестабильность процентных ставок
V 308	variable	variable; fluctuating	переменный, изменчивый; неустойчивый
V 309	variation *f*	variation	изменение, колебание
V 310	variation des besoins en billets	variation of the banknote needs	изменение потребностей в банкнотах
V 311	variation du cours de change	fluctuation of the exchange rate	колебание валютного курса
V 312	variation de l'encours des crédits	variation of the loan volume	изменение объёма ссуд
V 313	variation des engagements à court terme	variation of short-term liabilities	изменение краткосрочных обязательств

V

V 314	variation des fonds de roulement	fluctuation of capital requirement	изменение объёма оборотного капитала
V 315	variation en hausse des cours	upward price fluctuation	изменение курсов в сторону повышения
V 316	variation de l'indice sur un mois	variation of the index over one month	изменение индекса за месяц
V 317	variation de la masse monétaire	fluctuation of the money supply	изменение денежной массы
V 318	variation minimale du cours	minimum price variation, tick	минимально допустимое изменение биржевой цены, тик
V 319	variation de la parité monétaire	fluctuation of the exchange parity	колебание валютного паритета
V 320	variation quotidienne maximum	maximum daily variation	максимальное дневное изменение
V 321	variations *f pl*	variations, fluctuations	изменения, колебания
V 322	variations amples	wide fluctuations	широкие колебания
V 323	variations à la [en] baisse	downward variations	изменения на понижение
V 324	variations brutales	sharp fluctuations	резкие колебания
V 325	variations des cours	price variations	колебания курсов
V 326	variations de créances et de dettes	fluctuations of accounts receivable and payable	изменения требований и обязательств
V 327	variations de la demande et de l'offre de monnaie	currency supply and demand fluctuations	колебания денежного спроса и предложения
V 328	variations effectives	actual variations	реальные колебания
V 329	variations erratiques du change	erratic exchange rate variations	хаотические колебания валютных курсов
V 330	variations, fortes	strong fluctuations, swings	сильные колебания
V 331	variations à la hausse	upward variations	колебания в сторону повышения
V 332	variations au jour le jour	daily variations	ежедневные колебания
V 333	variations monétaires	exchange rate variations	колебания валютных курсов
V 334	variations oscillantes	fluctuations	колебания
V 335	variations de parités	parity variations	изменения паритетов
V 336	variations des réserves obligatoires	reserve requirement variations	изменения обязательных резервов
V 337	variations du service de la dette	debt servicing variations	изменения в обслуживании долга
V 338	variations soudaines	swings, sudden variations	внезапные колебания
V 339	variations spéculatives	speculative fluctuations	спекулятивные колебания
V 340	variations des taux de change	exchange rate variations	колебания валютных курсов
V 341	variations du taux d'escompte	discount rate variations	изменения учётной ставки
V 342	variations des taux d'intérêt	interest rate variations	колебания процентных ставок
V 343	variété *f*	variety	1. разнообразие 2. разновидность, вид
V 344	variété d'escompte	discount variety	форма учёта
V 345	variété de fonds d'investissement	variety of investment fund	вид инвестиционного фонда
V 346	variété des risques	variety of risks	разновидность рисков
V 347	variété des valeurs mobilières	variety of securities	разновидность ценных бумаг
V 348	vedettes *f pl*	blue chips	надёжные [первоклассные] ценные бумаги
V 349	véhicules *m pl*	instruments, means	инструменты, средства

Z

V 350	servir de véhicules aux swaps	to serve as swap instruments	служить инструментом для свопа
V 351	véhicules collectifs obligataires	collective bond (investment) instruments	инструменты коллективного инвестирования в облигации
V 352	véhicules à forte sensibilité	highly sensitive instruments	высокочувствительные инструменты
V 353	véhicules de placement	investment instruments	инвестиционные инструменты
V 354	véhicules à plus forte rentabilité	highly profitable instruments	высокодоходные инструменты
V 355	véhicules sophistiqués	sophisticated instruments	сложные инструменты
V 356	véhicules spécialisés	specialized instruments	специализированные инструменты
V 357	veille *f*	eve, the day before	канун
V 358	à la veille de	the day before	накануне
V 359	à la veille en clôture	at previous day's closure	накануне при закрытии биржи
V 360	à la veille de l'échéance	the day before the maturity date	накануне истечения срока
V 361	à la veille ouvrable de la date fixe	the working day before the fixed date	накануне рабочего дня установленной даты
V 362	veille de la liquidation	the day before the settlement date	день накануне расчётного [ликвидационного] периода
V 363	vendeur *m*	seller	продавец, поставщик
V 364	vendeur de call	seller of a call	продавец опциона колл
V 365	vendeur de cap	seller of a cap	продавец инструмента «кэп»
V 366	vendeur de contrat	seller of a contract	продавец контракта (на бирже)
V 367	vendeur de contrat de future	seller of a futures contract	продавец фьючерса
V 368	vendeur découvert	naked [uncovered] seller	незастрахованный продавец
V 369	vendeur à découvert	short [bear] seller	спекулянт, играющий на понижение
V 370	vendeur de double option	straddle seller	продавец [поставщик] двойного опциона
V 371	vendeur ferme	firm seller	продавец, обязующийся произвести поставку
V 372	vendeur de floor	seller of a floor	продавец инструмента «флор»
V 373	vendeur de FRA	seller of a FRA [forward rate agreement]	продавец по соглашению о будущей процентной ставке
V 374	vendeur impayé	unpaid seller	продавец, не получивший платежа
V 375	vendeur institutionnel	institutional salesman	продавец ценных бумаг компаниям
V 376	vendeur non couvert	naked [uncovered] seller	незастрахованный продавец
V 377	vendeur d'option(s)	option seller [writer]	продавец [поставщик] опциона
V 378	vendeur d'une option d'achat	call option writer	продавец опциона колл
V 379	vendeur d'une option de change	currency option writer	продавец валютного опциона
V 380	vendeur d'une option de vente	put option writer	продавец опциона пут
V 381	vendeur d'options sur devises	currency option writer	продавец валютных опционов
V 382	vendeur d'options sur l'or	gold option writer	продавец золотых опционов
V 383	vendeur d'une prime directe	call option writer	продавец опциона колл
V 384	vendeur d'une prime indirecte	put option writer	продавец опциона пут
V 385	vendeur à réméré	seller under a contract with an option of repurchase	продавец с правом обратного выкупа (ценной бумаги)

V

V 386	vendeur en report	contango seller	продавец по репортной сделке
V 387	vendeur de stellage	double option seller	продавец по стеллажной сделке
V 388	vendeur de straddle	straddle seller	продавец стрэдла
V 389	vendeur de strangle	strangle seller	продавец стрэнгла
V 390	vendre	to sell	продавать, поставлять
V 391	vendre à bénéfice	to sell at a profit	продавать с прибылью
V 392	vendre comptant	to sell for cash	продавать за наличные
V 393	vendre à découvert	to sell short	продавать без покрытия
V 394	vendre immédiatement	to sell spot	продавать с немедленной поставкой [на условиях спот]
V 395	vendre au mieux	to sell at best	продавать на (наилучших) рыночных условиях
V 396	vendre à perte	to sell at a loss, to take a loss	продавать в убыток
V 397	vendre sur place	to sell spot	продавать с немедленной поставкой [на условиях спот]
V 398	vendre à terme	to sell forward; to sell on credit	продавать на срок
V 399	vendredi *m* noir	Black Friday	чёрная пятница *(день биржевого краха)*
V 400	vente *f*	sale; selling	продажа; сделка
V 401	vente sur accréditif	sale against a letter of credit	продажа против аккредитива
V 402	vente d'actifs	sale [disposal] of assets	продажа активов
V 403	vente par adjudication	sale by tender [by auction], auction (sale)	продажа с торгов
V 404	vente à l'amiable	private sale, sale by private agreement	продажа по соглашению *(напр. продажа имущества должника по соглашению с кредитором, вместо аукциона)*
V 405	vente par anticipation	lay-away	досрочная продажа
V 406	vente en bloc	block sale	продажа пакетов ценных бумаг
V 407	vente en bourse	stock exchange sale	купля-продажа на бирже
V 408	vente par caisse	cash sale	продажа за наличные
V 409	vente d'un call	call option sale	продажа опциона колл
V 410	vente à commission	commissionable sale	продажа на комиссионных условиях
V 411	vente au comptant	cash sale; spot selling	продажа за наличные
V 412	vente couverte	covered option writing	продажа покрытых опционов
V 413	vente de couverture	sell-hedge, short hedge	продажа в покрытие
V 414	vente à la criée	auction (sale), sale by auction	продажа с аукциона [с публичных торгов]
V 415	vente à découvert	bear [short] sale	короткая продажа, продажа без покрытия на срок *(продавцы не имеют в наличии продаваемых ценных бумаг)*
V 416	vente à découvert protégée	hedged short sale	покрытая короткая продажа
V 417	vente en disponible	spot sale	продажа за наличные
V 418	vente des droits	rights sale	продажа прав *(на приобретение нового выпуска ценных бумаг)*
V 419	vente à l'encan [aux enchères]	auction (sale), sale by auction	продажа с аукциона [с публичных торгов]

V 420	vente aux enchères d'un bien hypothéqué	auction sale of mortgaged property	продажа заложенного имущества с аукциона
V 421	vente ferme	firm sale	твёрдая продажа
V 422	vente d'un floor	sale of a floor	продажа инструмента «флор»
V 423	vente de gré à gré	private sale, sale by private agreement	продажа по соглашению (напр. продажа имущества должника по соглашению с кредитором, вместо публичных торгов)
V 424	vente initiale	opening sale transaction	исходная операция (в сделке с ценными бумагами)
V 425	vente liée	tied selling	связанная продажа
V 426	vente en liquidation	sale for the account	продажа в расчётный [ликвидационный] период
V 427	vente de liquidation [liquidative]	winding-up [closing-down] sale	распродажа имущества при закрытии (компании)
V 428	vente à livraison sur appel	sale for future delivery on call	продажа с поставкой по требованию
V 429	vente à livrer	sale for delivery, forward sale	продажа на срок, срочная продажа
V 430	vente mobilière	sale of movables	продажа движимого имущества
V 431	vente de monnaie	currency sale	продажа валюты
V 432	vente net comptant	cash sale	продажа за наличные
V 433	vente d'obligations	bond sale	продажа облигаций
V 434	vente d'options	option sale [writing]	продажа опционов
V 435	vente d'options d'achat	call option writing	продажа опционов колл
V 436	vente d'options à découvert	naked option writing	непокрытая продажа опционов
V 437	vente d'options de vente	put option writing	продажа опциона пут
V 438	vente de participation	sale of a stake in a company	продажа пая
V 439	vente partielle du stock d'or	partial sale of gold reserves	частичная продажа золотых запасов
V 440	vente en parties	sale in blocks [in lots]	продажа партиями
V 441	vente des prêts bancaires	sale of bank loans	продажа банковских ссуд
V 442	vente à prime	option sale [writing]	продажа опционов
V 443	vente avec prime	sale at a premium	продажа выше номинальной цены
V 444	vente avec promesse de rachat	repurchase agreement	продажа с обязательством обратного выкупа
V 445	vente publique	public sale [auction]	продажа с публичных торгов
V 446	vente d'un put	put option writing	продажа опциона пут
V 447	vente RM	sale at the monthly settlement market	продажа с поставкой в конце месяца
V 448	vente sèche d'options	naked option writing	непокрытая продажа опционов
V 449	vente spéculative	speculative sale	спекулятивная продажа
V 450	vente d'un straddle	sale of a straddle	продажа стрэдла
V 451	vente d'un strangle	sale of a strangle	продажа стрэнгла
V 452	vente à terme	1. credit sale 2. sale for the account [settlement] 3. forward sale; futures sale	1. купля-продажа с отсрочкой платежа 2. срочная продажа 3. продажа на условиях форвард; продажа фьючерса
V 453	vente à terme ferme	firm forward sale	твёрдая продажа на срок

V

V 454	vente à terme de titres	forward sale of securities	продажа на срок ценных бумаг
V 455	vente-rachat f de titres	repurchase agreement, quick flip	соглашение о продаже ценных бумаг с обратным выкупом
V 456	ventilation f	1. breakdown 2. allocation, distribution	1. разбивка 2. распределение
V 457	ventilation des actifs	asset breakdown	разбивка активов
V 458	ventilation des coûts	cost allocation	распределение затрат
V 459	ventilation des dépenses	expense allocation	распределение расходов
V 460	ventilation des échéances	maturity distribution (of liabilities)	распределение (обязательств) по срокам
V 461	ventilation des émissions d'obligations	bond issue distribution	распределение облигационных выпусков
V 462	ventilation des eurodollars	distribution of Eurodollars	распределение евродолларов
V 463	ventilation de l'impôt sur les bénéfices	income tax distribution	распределение налога на прибыль
V 464	ventilation de la somme	allocation of an amount	распределение суммы
V 465	ventiler	1. to break down 2. to apportion, to allocate	1. разбивать, разносить 2. распределять
V 466	venture capital m	venture capital	венчурный [рисковый] капитал
V 467	venue f	inflow	приток
V 468	venue des capitaux	inflow of capital	приток капитала
V 469	venue de l'épargne	inflow of savings	приток сбережений
V 470	véracité f	truthfulness, veracity	подлинность, правильность
V 471	véracité des comptes	veracity of accounts	правильность бухгалтерских счетов
V 472	véracité de la signature	authenticity of the signature	подлинность подписи
V 473	vérificateur m	inspector, examiner; auditor	инспектор, контролёр; аудитор
V 474	vérificateur de la bourse	exchange examiner	биржевой инспектор
V 475	vérificateur comptable	auditor	аудитор
V 476	vérificateur comptable agréé	certified public accountant	дипломированный аудитор
V 477	vérificateur des comptes	auditor	аудитор
V 478	vérificateur extérieur	external auditor	внешний аудитор
V 479	vérificateur indépendant	independent auditor	независимый аудитор
V 480	vérificateur intérieur	internal auditor	внутренний аудитор
V 481	vérificateur nommé par les actionnaires	shareholders' auditors	аудитор, назначенный акционерами
V 482	vérification f	inspection, checking, examination; audit(ing)	проверка, контроль; аудит, аудиторская проверка
V 483	après vérification	after audit, after inspection	после аудита
V 484	vérification annuelle des comptes	annual audit of the accounts	годовой аудит
V 485	vérification du bilan	balance sheet audit	проверка баланса
V 486	vérification de la caisse	cash inspection	снятие кассы
V 487	vérification de clôture	year-end audit	годовой аудит
V 488	vérification comptable	(financial) auditing, audit	аудит
V 489	vérification d'un compte	auditing of an account	проверка счёта
V 490	vérification de contrats en cours	audit of current contracts	проверка текущих контрактов
V 491	vérification des créances	audit of liabilities	проверка долговых требований

Z

V 492	vérification d'écritures	audit	аудит
V 493	vérification des encaisses	cash inspection	снятие кассы
V 494	vérification extérieure des comptes [externe]	external audit	внешний аудит
V 495	vérification faite	after audit, after inspection	после аудита
V 496	vérification fiscale	tax audit	налоговая проверка
V 497	vérification intérieure des comptes [interne]	internal audit	внутренний аудит
V 498	vérification des livres	audit	аудит
V 499	vérification minutieuse	thorough inspection	тщательная проверка
V 500	vérification partielle	partial inspection	частичная проверка
V 501	vérification périodique	interim audit	промежуточный аудит
V 502	vérification sur place	examination on the spot	проверка на месте
V 503	vérification préalable	preaudit	предварительный аудит
V 504	vérification sélective	selective inspection	выборочная проверка
V 505	vérification d'une signature	signature check	проверка подписи
V 506	vérification de la solvabilité	solvency check	проверка платёжеспособности
V 507	verrouillage *m*	bolting, locking	практика взаимного владения акциями материнской и дочерних компаний
V 508	versement *m*	payment, deposit(ing); remittance	взнос, платёж, оплата; перевод, перечисление
V 509	en un seul versement	in single payment	единовременным платежом
V 510	contre versement	against payment	против платежа
V 511	sans versement immédiat	without an immediate payment	без немедленной оплаты
V 512	versement sur actions	payment for shares	оплата акций
V 513	versement anticipatif [par anticipation]	advance payment	досрочный платёж
V 514	versement d'appel de fonds	payment resulting from a call for funds	дополнительный взнос в капитал компании
V 515	versement à la banque	payment [remittance] to the bank	перечисление (средств) в банк
V 516	versement à la caisse d'épargne	payment [remittance] to the savings bank	перечисление (средств) в сберегательный банк
V 517	versement calculé	calculated payment	рассчитанный платёж
V 518	versement du capital	paying in of capital	взнос капитала
V 519	versement au clearing	clearing payment	оплата по клирингу
V 520	versement en compte courant	remittance to the current account	перечисление на текущий счёт
V 521	versement, dernier	last payment	последний взнос
V 522	versement de différentiel d'intérêt	interest spread payment	выплата процентной разницы
V 523	versement d'un dividende	dividend payment	выплата дивиденда
V 524	versement de fonds	remittance	перечисление средств
V 525	versement au fonds d'amortissement	sinking fund payment	платёж в фонд погашения займа
V 526	versement au fonds de rachat	purchase fund payment	платёж в фонд выкупа (облигаций)
V 527	versement hypothécaire	mortgage payment	ипотечный платёж
V 528	versement immédiat	immediate payment	немедленная оплата
V 529	versement initial	deposit, downpayment	первоначальный взнос
V 530	versement d'un intérêt	interest payment	выплата процента

V

V 531	versement des intérêts moratoires	penal [default] interest payment	выплата штрафного процента
V 532	versement de libération	final [last] payment	последний платёж
V 533	versement de la monnaie nationale	remittance of the national currency	перевод национальной валюты
V 534	versement en or	payment in gold	платёж в золоте
V 535	versement partiel	part payment, installment	частичный взнос
V 536	versement de la première annuité	payment of the first annuity	выплата первого годового взноса
V 537	versement d'une prime	premium payment	уплата премии
V 538	versement de la quote-part	quota payment	взнос квоты
V 539	versement régulier d'une rente	regular annuity payment	регулярная выплата ренты
V 540	versement de répartition	dividend payment	выплата дивиденда
V 541	versement de souscription	application money	платёж по подписке (на ценные бумаги)
V 542	versement supplémentaire	additional payment	дополнительный взнос
V 543	versement télégraphique	telegraphic transfer	телеграфный перевод
V 544	versement d'une tranche de prêt	payment of a tranche of a loan	погашение транша займа
V 545	versements *m pl*	payments	платежи; переводы
V 546	échelonner les versements sur 6 mois	to spread [to stagger] payments over 6 months	рассрочивать платежи на 6 месяцев
V 547	effectuer des versements	to make payments	осуществлять платежи
V 548	versements et dispositions sur un compte	account payments and withdrawals	зачисления и списания со счёта
V 549	versements échelonnés	installments	периодические платежи
V 550	versements effectués	payments made	осуществлённые платежи
V 551	versements effectués sur un compte	payments made on an account	переводы на счёт
V 552	versements effectués périodiquement	regular payments	периодические платежи
V 553	versements en espèces	cash payments	наличные платежи
V 554	versements forfaitaires	lumpsum payments	единовременные платежи всей суммы
V 555	versements en monnaie nationale	payments in the national currency	платежи в национальной валюте
V 556	versements obligatoires	required [compulsory] payments	обязательные платежи
V 557	versements d'or	gold payments	платежи в золоте
V 558	versements périodiques	regular payments	периодические платежи
V 559	versements des soldes	balance payments	платежи сальдо
V 560	versements de sommes prêtées	loan repayments	выплата взятых в долг сумм
V 561	versements spontanés	irregular payments	нерегулярные платежи
V 562	versements trimestriels	quarterly payments	квартальные взносы
V 563	verser	to pay; to transfer, to remit	делать взнос, платить, оплачивать; переводить, перечислять
V 564	verso *m*	back	оборотная сторона (документа)
V 565	au verso d'un chèque	at the back of a check	на оборотной стороне чека
V 566	le verso et le recto	the front and the back, both sides	оборотная и лицевая сторона
V 567	voir au verso	to see overleaf	смотреть на оборотной стороне (документа)

V 568	veto *m*	veto	вето
V 569	mettre son veto	to veto	налагать вето
V 570	vice-gouverneur *m*	vice-governor	заместитель управляющего
V 571	vice-président *m*	vice-president	вице-президент
V 572	vice-président du conseil	vice-president of the board	вице-президент совета директоров
V 573	vice-président principal	senior vice-president	первый вице-президент
V 574	vidéobanque *f*	video-banking	видеобанк
V 575	vie *f* de l'option	life of the option	продолжительность опциона
V 576	violation *f*	breach, violation, infringement	нарушение
V 577	violation d'un accord	breach of an agreement	нарушение соглашения
V 578	violation d'un contrat	breach of contract	нарушение контракта
V 579	violation de la loi de la circulation monétaire	breach of the law of monetary circulation	нарушение закона денежного обращения
V 580	violation de la loi fiscale	breach of the tax law	нарушение налогового законодательства
V 581	violation d'un obligation	breach of an obligation	нарушение обязательства
V 582	violation d'une obligation internationale	breach of an international obligation	нарушение международного обязательства
V 583	violation des prescriptions de change	breach of the exchange regulations	нарушение валютного законодательства
V 584	violation des règles	violation of the rules	нарушение правил
V 585	violation du secret bancaire	breach of bank secrecy	разглашение банковской тайны
V 586	violation des statuts	violation of the charter (of a company)	нарушение устава (компании)
V 587	virement *m*	transfer, remittance	перевод, перечисление (денежных средств)
V 588	effectuer [faire, opérer] un virement	to make a transfer, to transfer	переводить (денежные средства)
V 589	payer par virement bancaire	to pay by bank transfer	оплачивать банковским переводом
V 590	par virement	by (bank) transfer	переводом, посредством перевода
V 591	virement automatique	automatic (funds) transfer	автоматическое перечисление (средств)
V 592	virement bancaire [en banque]	bank transfer	банковский перевод
V 593	virement au compte	transfer to an account	перечисление на счёт
V 594	virement de compte à compte	transfer from one account to another	перечисление со счёта на счёт
V 595	virement direct	direct deposit	прямое перечисление
V 596	virement électronique de fonds	electronic funds transfer, EFT	электронное перечисление средств
V 597	virement de fonds	transfer of funds	перечисление средств
V 598	virement permanent	standing order	приказ *(клиента банку)* о регулярном перечислении
V 599	virement reçu	deposit	поступление на счёт
V 600	virement des réserves au capital	transfer of reserves to capital	превращение резервов в капитал
V 601	virement simple	simple transfer	простое перечисление
V 602	virement télégraphique	telegraphic transfer	телеграфный перевод
V 603	virements *m pl*	transfers	переводы, перечисления

V

V 604	virements aux comptes ouverts	transfers to open accounts	переводы на открытые счета
V 605	virements entre institutions internationales	transfers between international institutions	переводы между международными институтами
V 606	virements interbanques	interbank transfers	межбанковские переводы
V 607	virements postaux	giro [postal] transfers	почтовые переводы
V 608	virer	to transfer, to remit	переводить, перечислять
V 609	visa *m*	1. visa 2. certification (of a check)	1. виза *(на документе)* 2. акцепт (чека)
V 610	apposer le visa	to initial [to sign] a document	визировать
V 611	recevoir un visa indispensable	to obtain the necessary signature	получать необходимую визу
V 612	visa de chèque	check certification	акцепт чека
V 613	visa d'une lettre de change	sighting of a bill	предъявление тратты для акцепта
V 614	viser	1. to visa, to stamp 2. to certify (a check)	1. визировать, ставить визу 2. акцептовать (чек)
V 615	visions *f pl* à long et court terme	short-and long-term vision	краткосрочное и долгосрочное видение (компании)
V 616	visualisation *f* des comptes sur le même terminal	viewing of accounts on the same terminal	выведение счетов на один и тот же терминал
V 617	vitesse *f*	speed, velocity	скорость
V 618	vitesse de circulation des liquidités	velocity of circulation of liquid assets	скорость обращения ликвидных активов
V 619	vitesse de circulation de la monnaie	velocity of money circulation	скорость денежного обращения
V 620	vitesse de rotation	turnover speed [rate]	скорость оборота
V 621	voix *f*	vote	голос, право голоса
V 622	avoir voix délibérative	to have voting rights	иметь решающий голос
V 623	décider à la majorité des voix	to decide by a majority of votes	принимать решения большинством голосов
V 624	à la majorité des voix	by a majority of votes	большинством голосов
V 625	mettre aux voix	to put to the vote	ставить на голосование
V 626	posséder autant de voix que d'actions	to have as many votes as shares	иметь столько же голосов, сколько акций
V 627	à l'unanimité des voix	unanimously	единогласно
V 628	voix additionnelle	extra vote	дополнительный голос
V 629	voix délibérative [prépondérante]	casting vote	решающий голос
V 630	volant *m*	1. tear-off portion, leaf *(of a stub book)* 2. margin, reserve	1. отрывная часть *(напр. чековой книжки)* 2. резерв, маржа
V 631	volant de réserve	reserve	резерв
V 632	volant de sécurité	reserve fund, margin	резервный фонд
V 633	volant de trésorerie	cash reserve	резерв наличности
V 634	volatil	volatile	изменчивый, неустойчивый
V 635	volatilité *f*	volatility	изменчивость, неустойчивость; волатильность *(показатель изменчивости курсов, ставок)*
V 636	volatilité anticipée	expected volatility	ожидаемая волатильность
V 637	volatilité constatée	observed volatility	наблюдаемая волатильность

V 638	volatilité des cours	price volatility	волатильность курсов
V 639	volatilité globale	overall volatility	общая волатильность
V 640	volatilité historique	historical volatility	историческая волатильность
V 641	volatilité implicite	implicit volatility	подразумеваемая волатильность
V 642	volatilité des marchés boursiers	volatility of the stock markets	неустойчивость биржевых рынков
V 643	volatilité observée	observed volatility	наблюдаемая волатильность
V 644	volatilité des rendements boursiers	volatility of stock market returns	изменчивость доходности биржевых операций
V 645	volatilité des taux de change	exchange rate volatility	волатильность валютных курсов
V 646	volatilité des taux d'intérêt	interest rate volatility	волатильность процентных ставок
V 647	volet *m*	1. tear-off [detachable] section (e. g. of a check) 2. part (e. g. of a plan)	1. отрывная часть *(напр. чековой книжки)* 2. часть *(напр. плана)*
V 648	volet de financement	share of financing	доля финансирования
V 649	volume *m*	volume	объём; размер
V 650	volume d'actions	share volume	объём (выпущенных) акций
V 651	volume brut des souscriptions	gross application volume *(of securities)*	валовой объём подписки *(на ценные бумаги)*
V 652	volume des contrats	contract volume	размер контрактов
V 653	volume de la création monétaire	money supply volume	объём денежной массы
V 654	volume du crédit	volume of credit	объём кредита
V 655	volume des échanges sur lingot	bullion trade volume	объём торговли золотыми слитками
V 656	volume de gros déposants	wholesale funding base	объём депозитов крупных вкладчиков
V 657	volume des investissements	investment volume	объём инвестиций
V 658	volume journalier moyen	average daily volume (of transactions)	средний дневной объём (сделок)
V 659	volume des liquidités	volume of liquid assets	объём ликвидных средств
V 660	volume des mobilisations des effets de commerce	trade bill assignments	объём мобилизованных коммерческих векселей
V 661	volume monétaire	money supply volume	объём денежной массы
V 662	volume quotidien de change au comptant	daily foreign exchange spot trading volume	дневной объём валютных операций на рынке спот
V 663	volume des réserves	volume of reserves	объём резервов
V 664	volume restreint d'emprunts	limited loan volume	ограниченный размер займов
V 665	volume de risques inscrits hors bilan	size of off-balance sheet risks	объём забалансовых рисков
V 666	volume des signes monétaires	volume of paper money	объём денежных знаков в обращении
V 667	volume traité	trading volume	объём проведённых операций
V 668	volume des transactions	trading volume, transaction volume	объём операций [сделок]
V 669	volume des transactions boursières	stock market trading volume	биржевой оборот
V 670	vostro *m*	vostro (account)	1. счёт «востро» 2. счёт «лоро»
V 671	vote *m*	1. voting 2. vote	1. голосование 2. голос
V 672	prendre part au vote	to take part in the vote	принимать участие в голосовании

V

V 673	procéder au vote	to proceed to the vote	переходить к голосованию
V 674	s'abstenir du vote	to abstain from voting	воздерживаться от голосования
V 675	soumettre au vote	to put to the vote	выносить на голосование
V 676	vote par appel nominal	roll call	поимённое голосование
V 677	vote par bulletins	vote by ballot	тайное голосование
V 678	vote par correspondance	postal vote	голосование по почте
V 679	vote électronique	electronic vote	электронное голосование
V 680	vote limité	limited vote	ограниченное голосование
V 681	vote à mains levées	vote by a show of hands	голосование поднятием руки, открытое голосование
V 682	vote à la majorité	majority vote	мажоритарное голосование
V 683	vote plural	plural vote	множественное голосование
V 684	vote par procuration	proxy vote	голосование через представителя [по доверенности]
V 685	vote public	public vote	открытое голосование
V 686	vote secret	secret vote [ballot]	тайное голосование
V 687	voter	to vote	голосовать
V 688	voyager	to travel, to move *(e.g. of capital)*	перемещаться *(напр. о капиталах)*
V 689	vulnérabilité	vulnerability	уязвимость
V 690	vulnérabilité du dollar	vulnerability of the dollar	уязвимость доллара
V 691	vulnérabilité financière	financial vulnerability	финансовая уязвимость
V 692	vulnérabilité du système bancaire	vulnerability of the banking system	уязвимость банковской системы
V 693	vulnérable	vulnerable	уязвимый

W

W1	**Wall Street**	Wall Street	Уолл-стрит, Нью-Йоркская фондовая биржа
W2	**warrantage** *m*	warrant discounting	получение ссуды под залог товара, представленноговаррантом
W3	**warranté**	warranted, secured by warrant	обеспеченный варрантом
W4	**warranter**	to warrant, to secure by warrant	обеспечивать варрантом
W5	**warrants** *m pl*	warrants	**1.** варранты, складские расписки **2.** варранты *(ценные бумаги, дающие право на покупку акций или облигаций)*
W6	**warrants sur actions**	stock warrants	варранты на акции
W7	**warrants sur obligations**	bond warrants	варранты на облигации

Z

Z1	**zaitech** *m*	zaitech, zaiteku	«зайтеку» *(финансовые операции крупных японских корпораций, не связанные с их основной деятельностью)*

Z

Z2	zinzins *m pl*	institutional investors	институциональные инвесторы
Z3	zone *f*	zone, area	зона; пространство; регион
Z4	zone communautaire	European Community zone	зона Европейского сообщества
Z5	zone dollar	dollar zone	зона доллара
Z6	zone d'émission	issuing zone	эмиссионная зона
Z7	zone franc	franc zone	зона франка
Z8	zone d'influence	sphere of influence	сфера влияния
Z9	zone monétaire	monetary zone	валютная зона
Z10	zone de parités fixes mais ajustables	adjustable parity zone	зона фиксируемых, но регулируемых паритетов
Z11	zone de parités monétaires	monetary parity zone	зона валютных паритетов
Z12	zone de stabilité des changes [de stabilité monétaire]	monetary stability zone	зона валютной стабильности
Z13	zone sterling	sterling zone	зона фунта стерлингов
Z14	zone de taux d'intérêt	interest rate zone	зона процентной ставки
Z15	zone tunnel	collar	«ошейник» *(фиксированные пределы колебания процентных ставок)*
Z16	zone yen	yen zone	зона иены
Z17	zones *f pl*	zones, areas	зоны
Z18	zones cibles de change	target exchange rate zones	целевые диапазоны колебания валютных курсов
Z19	zones d'intervention	intervention zones	зоны интервенции *(центральных банков)*
Z20	zones de référence	reference [target] zones	целевые зоны
Z21	zones de référence entre devises directrices	reference zones between leading currencies	целевые зоны соотношения между основными валютами
Z22	zones de référence pour les taux de change	reference zones for exchange rates	целевые зоны для валютных курсов

АНГЛИЙСКИЙ АЛФАВИТ

Aa	Hh	Oo	Vv
Bb	Ii	Pp	Ww
Cc	Jj	Qq	Xx
Dd	Kk	Rr	Yy
Ee	Ll	Ss	Zz
Ff	Mm	Tt	
Gg	Nn	Uu	

ENGLISH INDEX

abandonment A9
abated credit C3237
abatement A54, A22
abolishment A31
abolition A31, S1295
abridged prospectus P2626
abrogation A31, A40
absence A44
absolute A52
absolute control C2189
absolute majority M59
absolute stability F400
abstract of account E1773
abundance A35
abundant A38
abuse A57, D940
accelerated conversion C2274
acceleration A66
acceleration clause C969
accentuation A69
acceptable offer O266
acceptance A309, A75
acceptance account C1500
acceptance advice A1612
acceptance against documents A97
acceptance bank B197, B66, M31
acceptance bill T983
acceptance book L439
acceptance credit C3164
acceptance cross-facilities A113
acceptance debtor D80
acceptance for honor A101, A107, A99
acceptance guarantee G74
acceptance houses E1396
acceptance liability E919
acceptance market M178
acceptance period D427
acceptance supra protest A101, A107, A99
accepted A76
accepted bill E257
accepted draft T984
accepting bank B197, B66
accepting house M31
acceptor A115, A74, P494, T670
acceptor for honor A116, I848
acceptor supra protest A116
access A118
accessory revenues P2395
access to credit A124
access to the stock exchange A122
accommodation bill A92, B361, C463, E265, E270, L86, P196, P198, T990
accommodation endorsement E885
accommodation party P405, S872
accompanying investment I985
account C1457, L307

accountable receipt Q83
account agreement C2246
account analysis A988
accountancy C1415
accountant A789, C1440
accountant's assistant A854
account balance B46, R1690
account balancing N162
account book L442, R656
account card C371, F171
account day J67, J86
account entries E212
account entry I473
account fee C1228
account holder D884, P2592, T898
accounting C1405, C1415, C1439
accounting adjustment R834
accounting aggregates A831
accounting approach A1208
accounting balance S647
accounting calculation C80
accounting control C2203
accounting cut-off date D5
accounting cycle C3446
accounting data D1494
accounting department C1415, D1179, S218
accounting document D1453, P792
accounting effect I181
accounting entity P696, U40
accounting entry E183, E191, P1488
accounting error E1263
accounting event F109
accounting expenses F857
accounting falsification D1306
accounting figures C865
accounting firm C6, C8
accounting fraud F940
accounting function F513
accounting gains G34
accounting heading R2120
accounting individualization I311
accounting instruction D1205
accounting loss M927, P732
accounting method M669, M856
accounting office B575
accounting organization O864
accounting period E1668, P630
accounting post F513
accounting practices P1595
accounting principle P2089
accounting problems D1121, P2283
accounting procedure P2293, P2306
accounting profit R1741
accounting rate of return R1140, R1165
accounting ratio R165
accounting record E986

accounting reserves R1513
accounting rules R810
accounting safety S148
accounting software L491
accounting staff E226
accounting standards N317
accounting statement E1450, S419
accounting status S1112
accounting threshold S308
accounting transaction O374, O376
accounting unit U40
accounting valuation E1543, V299
accounting year A1037
account in the red C1554, C1565, C1616, C1648
account journal J101
account keeping method M880
account maintenance charge C1273
account maintenance fee F908
account management G180
account manager C679, D1167
account merger letter L111
account note B492
account officer G226
account of re-exchange C1646
account-only check C814, C830
account opening form F770
account operation charge F894
account receipt E1025
account regulations R604
account seizure S6
account sheet F153
accounts payable C1679, C3359
accounts payable ledger R659
accounts receivable C1673, C3010, D103, D999
accounts receivable turnover R2103
account statement B487
accounts training F732
account turnover M1269
account type I892
accredited banker B198
accrual method M1302
accrued C3441
accrued amount M1167
accrued capital F665
accrued charges F848
accrued days J114
accrued dividend C2509
accrued interest I752, I760, I762
accrued receivables P2430
accrued revenues P2430
accruing debt C2973
accruing interest I706, I711
accumulated arrears A1341
accumulated depreciation A960, A966
accumulated dividend D1378
accumulated funds F665

accumulated reserves R1506
accumulated total C3435
accumulation A209, C1109
accumulation bond O59
accumulation method M853
accumulation of capital T616
accumulation phase P775
accumulator of capital T623
accuracy E1587
accurate E1584
accurate execution E1637
achievement R222
acid test ratio R181, R189
acknowledgment R335
acquired company S455
acquired position P1402
acquirer A297
acquirer of rights A304
acquirer type T1331
acquiring company E1045, S454, S457
acquisition A310, A220, F974
acquisition cost C2793, V36
acquisition deed T682
acquisition fee F849
acquisition financing F289
acquisition gain P1027
acquisition of assets A311
acquisition price P2177, P2179
acquisitions abroad P2132
acquittance Q94
act A335, L498
action A407
action for payment A492
action for recovery A524
action on bill of exchange A420, A424
action ultra vires A60
active A355
active balance B50
active credit policy P1134
active debt D954
active investment I936, P820
active investors I1016
actively traded securities T811
active market M180, M183
active member M605
active money M978, M988, M999
active operations O459
active operators I853
active partner A1421, G162
active savings E1146
active speculation S1010
activities A622
activity A597, F508
Act of God C382
actual cash in hand E759
actual cost C2832

actual delay R1776
actual delivery L422
actual disbursements D136, D139
actual income B268
actual interest rate T245
actual intervention point C2677
actual intervention price C2677
actual monopoly M1123
actual payment P66
actual percentage of cover P1527
actual position S424
actual price C2637, C2674
actual profit B268
actual receipts R277, R285
actual tax cut R482
actual value V179, V99
actual variations V328
actuarial calculations A655
actuarial margins M500
actuary A647
act ultra vires A60
added value V46
adding A656
adding machine T924
addition A656, S1335
additional A659, A1042, C1359, S1278
additional capital C1352
additional risks R2067
additional subscriptions S921
addressed bill E283
adequacy S1247
adequate cover P2694
adequate execution E1650
ad hoc association S1482
adjournment A860, S1411
adjudication order J116
adjustable A862
adjusted price C2588
adjustment A863, A880, A932, C2361, R52, R206, R241, R387, R459, R670, R832, R1938
adjustment market making C2134
adjustment program P2500
A-D line L200, L233
administered rate T77
administration A696, A1535, C1117, G173
administration expenses F881
administration fee F850
administration official F523
administrative authority T1324
administrative circles M703
administrative control C2190
administrative department S140
administrative expenses C683, C700, C2843
administrative function F510
administrative machinery A1125
administrative management G173

administrative measures D1298
administrative organ O851
administrative post P1485
administrative power M87
administrative responsibility R1587
administrative service S209
administrative worker E592
administrator A691, G224
admissibility of a member R304
admissible A705, R305
admission A706, A712, E1020
admission fee C1242
admission to quotation A708
adopted control method M857
adopted rules R803
adopting A712
adoption A712
ADR C512
advance A1555, A1558, A1569
advance acceptance A106
advance account C1516
advance against goods A1571
advance against receivables A1563
advance against security A1573
advance against treasury bills A1567
advance against warrant A1586
advance collection E775
advance collection clause D1293
advanced A1106
advanced capital C196
advance-decline line L200, L233
advanced internationalization I830
advance financing P1629
advance in foreign exchange A1565
advance of the Bank of France A1560
advance on commission A288
advance on contract A1572
advance on goods A1571
advance on securities A1583, P1905
advance payment A282, A292, A1086, A1580, D129, P39, P43, P1616, V513
advance payment bond C424
advance payments R777
advance purchase of foreign exchange A223
advance redemption risk R2042
advance settlement R701
advance to the Treasury A1584
advantage B237, B457
advantageous A1602
advantages A1596, B269
adverse P425
adverse balance B49
adversely classified loan P1802
advertising P2732
advertising campaign C135
advertising medium S1292

759

advice A1608, C1865, N336
advice note L52
advice slip J125
advised bill E259
advised check C767
advised draft T986
adviser C1865, C1881
advising bank B144, B156
advising commission C1256
advisory C1943
advisory banking services B187
advisory board C1230, C1133, C1867
advisory committee C1230, C1133
advisory function F514
advisory functions F555
advocates P1696
affidavit A756
affiliate E1351, S461, S466, S520, S549
affiliated agency C3
affiliated bank B71
affiliated company S461, S466, S520, S549
affiliation A758
after allowing for D296
after audit V483, V495
after date D434
after date bill E275
after date draft T993
after date of payment E75
after deducting D296
after deduction of D296, D311
after-hours H130
after hours B507, C1033, H127
after inspection V483, V495
after sight bill E276
after sight draft T994
after tax I108, T360
after-tax capital gain G33
after-tax profit B260
after-tax yield R1153, R1163
against a guarantee C407
against payment P26, V510
against presentation of documents R1020
against receipt Q81, R398
against the talon transfer T39
age E1197
agency A771, A779, C1, C54, C1688, O252
agency agreement C2015
agency company S576
agency contract C2016
agency fee C1219
agent A782, C1288, C1700, C2749, I797
agent bank B206, B74
agent fee reduction C1402
agents A803
agent status S1113
agent with power of attorney F566

aggravation A69, A813
aggregate G245
aggregate book value V75
aggregate data D1496, D1499
aggregate exercise price P2229, P2236
aggregate figures D1496, D1499
aggregate investments A834
aggregates A830
aggregate value V191
aggregation A829
aging C922
aging of receivables C923
agio A817
agitation in the currency market N124
agreed C2272
agreed price P2190
agreed quantity Q37
agreement A135, A836, A1308, C1992, C2240,
    E911, E1006, P1, P2668, T1022, T1073
agreement in force C2268
agreement of unlimited duration C2038
agreement on assignment C2243
agreement on double taxation A151
agreement on elimination of double taxation A153
Agricultural bank C3343
agricultural loans P1933
agricultural mutual bank C47
AIBOR A843
aid A844, S100
aim O1
aim of a company O22
alienable C570
alienation A876
alignment A880
all T926
all expenses paid F847
all-items CAC index I284
all-items index I283
allocable charges C709
allocated revenues R289
allocation A744, A900, A1400, D856, I158, O545,
    R1293, V456
allocation rate T87
allocation to a debt I161
allocation to financial accounts I160
allocation to reserves A749
allocation to the highest bidder A682, A688
allocation to the lowest tenderer A683, A686
allocator of funds R1292
allonge A910
all or none order O817
allotment A744, A900, A1400, A1483, D1329,
    R1293
allotment of free shares D1336
allotment of shares A1484, R1295
allotted share A414, A525

allowable R305
allowance A22, A900, I222, P1765, P1771, P2672
allowance for bad debts P2680
allowance for currency adjustments R1462
allowance of credit D466
all-purpose loan P1863
all the information T929
all the orders at best T930
all the votes T933
all-time high S789
already existing company S568
alteration A923, C651, M902, S1325, T1189
alteration of an entry S1327
amalgamated bank B135
amalgamated corporate body P708
amalgamating corporate body P707
amalgamation F970, F975
ambiguous status S1109
amelioration A928
amended account C1640
amended prospectus P2633
amendment A946, C2360
amendment of an entry S1327
American commercial paper market M225
American Depository Receipt C512
American Express card C357
American style option O626
American treasury securities T878
American-type negotiability N48
amicable settlement C1711, R700
amortization A955
amortization amount Q112
amortization loan E626
amortization of investments A967
amortization plan P1003
amortization schedule T10, T27
amortization table P983, T10, T27
amortized share A409
amortized value V47, V77
amount I55, M1145, N169, Q35, S734
amount allocated S753
amount available for distribution M1174
amount brought forward R1357
amount carried forward S786
amount collected S778
amount column C1125
amount due M1176, S763
amount fixed in advance S780
amount in cash S755
amount invested in securities S774
amount in words M1199
amount outstanding M1193
amount received M1182, S752, S777
amount registered M1194
amounts involved M1235
amounts offered by auction M1241

amounts payable M1236
amounts requested at bid prices M1233
amounts requested by auction M1232
amounts to be paid M1219
amount to be debited to the account S773
amount to be invested S779
amount to be transferred M1224
amputation A976
Amsterdam European Options Market M424
Amsterdam Interbank Offered Rate A843
analysis A981, D210, D740, E1480
analysis department manager D1169
analysis tool O925
analyst A1017
analytical service S272
analyzable A980
analyzed period P624
anatocism A1028
ancillary costs C2842
ancillary letter of credit L100
ancillary obligation O33
anniversary date of a deposit certificate D4
announced coupon C2506
announced drawings T657
announced time slot P974
announcement A1044
announcement of subscription M779
annual fee R445
annual income R1879
annual sales C849
annuitant C3110
annuity A1049, P565, R1235, R1242
annuity bond O119
annuity debtor D99
annuity holder D896
annulment A31, A40, A1061
annunciator board T12
anonymity A1074
anonymous A1079
anonymous account C1508
anonymous deposits D713
anonymous investments P891
anonymously A1075
anonymous operator O313
answer R1345
answerable J119
antedating A1108
antichresis A1082
anticipated A1106
anticipated interest I754
anticipated profit A1087, B257
anticipation A1083
anticipatory interest I754
antifraud terminal T582
anti-inflationary A1111
anti-inflationary measures L564

anti-inflationary monetary policy P1181
anti-inflationary policy P1137
anti-inflation program P2503
anti-takeover plan P984
antitrust A1112
antitrust laws L37
antitrust regulation R710
any part order O816
AON O817
apathetic A1120
apathy of a market A1119
apparent tax rate T192
appeal A1132, A1478, R347
appearance A1128
appellation D568
applicable A1154
applicable interest rate T238
applicable rate T283
applicant D535, S869
applicant for capital D536
applicant for currency D538
applicant for loans D537
applicant for registration C140
applicant's identity I4
application A1155, D493, I158, S887
application deadline C1037
application fee F868
application for a loan D504
application for stock S894
application money V541
application of funds U105
application receipt R261, R404
application right D1604
"apply in confidence" D1224
appointed agent A783, A785
appointed financial expert E1727
appointed president P1745
appointment N201
apportionment R1293
appraisal increase credit P1043, P1053
appraisal increment P1043, P1053
appraised value V108
appreciation A1186, P1025, V298
appreciation of a currency A1193, A1368
appreciation of assets P1028
appreciation of the franc V300
appreciation risk R1981
approach A1206
appropriate margin M471
appropriation A1155, A744, A900
appropriation account C1505
appropriation for contingencies C1637, P2706
appropriations to the reserves D1529
approval A1203, A836
approval process P2343
approved A76

approximate A1218
approximate figure C856
approximate-limit order O757, O775
approximately A1220
approximate price C2591
approximate valuation E1540
approximation A1219
arbiter A1268
arbitrage A1231
arbitrage in foreign currencies A1244
arbitrage in securities A1262
arbitrage of exchange A1237, A1259
arbitrager A1266
arbitrage situation S416
arbitrage transaction O352
arbitrageur A1266
arbitraging A1231
arbitragist A1266
arbitration A1231, R225
arbitration committee C1220
arbitration proceedings P2304
arbitrator A1268
arbitrators transformed into speculators P2445
area C613, S120, Z3
arrangement A132, A135, A1308, D1290, E1006, M1140
arrangement fee C1251, F893
arranging O862
arrears A1313, A1335, A1339
arrears of rent L553
arrival A1346
arrival of a due date F930
article A1352, C933
article of expenditure O15
articles of incorporation A342, A348, C2033, S1130, S1146
articles of partnership C2019
artificial composite currency M992
artificial parity P263
artificial person P695, P699, P703, P705
ascendant price curve L207
ascent phase P776
Asian style options O687, O708
asked price C2678
asking price P2200, P2271
ask rate T273, T337
assault on the franc A1471
assembly A1381
assessable A1185, E1535, E1335
assessment A1186, C845, E1537, E1337, N331
assessment basis calculation C77
assessment rules R805
assessor E1336
assessor of taxes C1195
asset A356, E423, V18, V41
asset account C1503

asset and liability items P1499
asset-based financing F303
asset-based swap S1432
asset breakdown V457
asset coverage C2879
asset disposal C574
asset grouping R829
asset holders D904
asset item P1483, R2122
asset management A701
asset mix C1386, C1393
asset quality Q13
assets A356, A390, A1639, A1644, B310, E444,
    E582, F643, M521, P448, S1162, V197
assets disposal C577
assets management G172, G209
assets manager G233
assets on a current account A1655
assets on a time account A1656
assets side of the balance A364
assets size I65
asset structure S1192
asset swaps market M250, M392
asset transfers T1181
asset turnover R2101
asset type T1332
asset utilization U96
asset valuation A1190
asset value V37
asset value change C658
asset value per share V38
assignability C567
assignable C570, T1135, T1207
assignable transactions O462
assigned account C1529
assigned claims C3005
assignee A302, C599, D463
assignee of receivables C600
assignment A744, C571, T1138, T1209, T1226
assignment check C766
assignment credit C3196
assignor C466, D462, R1844
assignor of claims C467
assimilation A1402
assistance A844, C1716, S100
Assistance and Cooperation Fund F634
assistance mix M789
assistant governor S932
assistant manager D1162, S923
assistant teller A853, C69, S861
associate A1418
associated account C1513
associated capital C192
associated companies E1084
associated company C1304, E1068, S468
associated member M606

associated nonvoting stock T815
association A1405, A1410, G317, S1470
Association cambiste internationale A1412
association of banks G319
Association of Bank Treasurers A1417
assortment of fixed quantities of currencies A1429
assumed bond O73
at a fixed strike price P2210
at a premium P2022
at best M697
at best sell order O826
ATM B62, B399, C34, D1325, D1327, G1, G349
at market price C2564
at maturity E74, T549
ATM network R1438
atmosphere of confidence C1024
at notice A1611
at par P150
at parity P258
at period's end U2
at previous day's closure V359
at quarter's end T1292
attachable S21
attached account C1649
attaching R198
attaching creditor C3069
attachment S3
attachment by court order P1542
attachment for sale by court order S19
attachment of movable property S14
attachment of real estate S12
attack on the franc A1471
attainment R222
attempt T518
attendance list F160
attendance record F160
attendance sheet F160
attestation of the signature C560
at the back of a bill D1517
at the back of a check V565
at the best price C2580
at the close C1034
at-the-close order O772
at the front of a bill R394
at the institutional level N132
at the money J5
at-the-opening order O803
at the Paris fixing F395
at the price of P2174, V32
at the rate of C2561, C1737
at the value of V32
attorney at low M103
attracted savings E1172
attraction A1478
attraction poles for world capital P1107
attractive A1477

attractive interest C2528
attractive investment P855
attractive price P2223
attractive rate T94
attractive return R1155
attractive source of capital S836
attributable A1481
attributes M634
attribution A900
auction C3388, E813
auction date D3
auctioned bonds B467
auctioneer A670, C1194, C1197, C3393
auctioning M749
auction market M256
auction procedures P2338
auction quota Q104
auction room S32, S36
auction sale E798, V403, V414, V419
auction sale by open outcry E819
auction sale rate T76
auction schedule C102
audit A1224, A1489, C2166, C2204, E1734,
    R1938, V488, V492, V498
Audit and Management Control Division D1191
audit assistant A855
audit clerk A855
audit committee C1147
audit engagements M788
audit firm S514
auditing A623, A1224, A1489, C2166, R1938,
    V482
auditing control C2228
auditing firm C4
auditing of accounts C559
auditing of documents C2226
auditing standards N328
audit of liabilities V491
audit of the accounts A1491
auditor A1489, A1496, C1193, C1196, C2236,
    R1934, V473, V475, V477
auditor's certificate A1474
auditor's comments C1643
auditorship C1199
auditors' report R101, R99
auditors' requests D1134
audit report review C2228
austerity R1967
austerity package P985
authentic A1516
authenticated signature S388
authentication C557, V282
authentic copy C2343
authentic document D1451
authenticity A1512
authentic signature S382

authentic text T606
authorities A1534, I509, I511
authority Q5
authorization A1525
authorization center C490
authorization code C1057
authorization formalities F722
authorization limit M461
authorization number C1057, N373
authorization range T1055
authorization request limit P948
authorization reversal A1062
authorized agent A783, A785, I804, I809, M102
authorized amount M1155
authorized bank B138
authorized broker C2753, C2756
authorized capital C195, C200, C220, C262
authorized capital stock C265
authorized clerk C1187
authorized credit C3175
authorized depositary D628
authorized expenditure D594
authorized financial expert E1727
authorized representative F566
authorized signature P717, S383, S381
automated billing F54
automated clearing house C607
automated teller machine B62, G1
automatic accounting C1421
Automatic Clearing and Settlement System S1656
automatic deduction order P1659
automatic deposit machine T1249
automatic funds transfer V591
automatic pay system S1609
automatic renewal R1193
automatic rescheduling R504
automatic teller card C368
automatic teller machine B399, C34, D1324,
    D1325, D1327, G349
automation of processing A1521
automobile securities V211
autonomous groups G332
autonomous investment I940
autonomy A1522
availability A856, D1248
availability clause C946
available D1281, V15
available assets C206, D1256, D1279, D1282,
    L353, V231
available balance S660
available capital C206, C231, D1269
available cash D1271, E749
available funds D1256, D1279, D1282, F676,
    L353
available means M1319
available reserve R1463

available resources R1655
available savings E1152, F595
available sum of money S762
available until revocation V16
aval G78
average M1311
average bank rate T96
average cost C2827
average increase H45
average life D1634
average market PER P589
average options O687, O708
average rate T270
average return R1161, T317
average revenue R281
average value V146
average yield R1161
avoidance clause C971
award A1316
awarding O232

baby-bond O79
back D1516, V564
back dividend A1342
backed bill E258, P207, T987
backer D1502, F332
backing C406, S955
back interest A1313, A1343, I755
back office B1, P1506, S250
back office risk R1984
back office routing C734
back rent A1315, L553
back tax A1337
back-to-back credit C2119, C3178, C3203, C3324
back-to-back loan procedures P2339
back-to-back placement A240
back-up line L238
back-up line of credit L227
backwardation D619
backwardation currency borrower E710
backwardation rate C2624, T148
backwardation transaction O388
backward method M680
bad P2676
bad check C783, C820
bad debt C2952, N302
bad debtor P495
bad delivery L428
bad loan P1846
bad market situation C1857
bad reputation R1425
bailee D627
bailment C2039
balance B43, D329, D1079, E1207, R951, R1688, S629

balance brought forward R1363, R1368, S685
balance carried forward R1351, R1364, R1368, S678, S686
balance carry-forward R1369
balanced accounts E1212
balanced investment fund F616
balanced investment portfolio P1293
balance due S662
balance in hand S644
balance in the bank S641
balance method B51, M679
balance of an account P1383, R469, R956, R1735, S648
balance of payments C1678
balance of the amount S782
balance payments V559
balance sheet B327
balance sheet accounts C1672, E210
balance sheet activities A626
balance sheet adjustment R388
balance sheet analysis A984
balance sheet audit V485
balance sheet carry-forward R1410
balance sheet currency D1043
balance sheet data D1492
balance sheet drafting system S1623
balance sheet item A1355, P1486
balance sheet proportions E1223
balance sheet showing a loss B336, B342
balance sheet showing a profit B334
balance sheet structure S1193
Balance Sheet Surveillance Department of the Bank of France C475
balance sheet value V56
balances held S697
balancing E1204
balancing cash adjustment S819
balancing method M684
balancing of the books C1038
balloon loan E628, P1797, P1809
ballot method M879, M883
ballot paper B571
ball park figure C856
ban I673, P2519
band F798, T1053
bank B172, B196, B58, B63, C54, C1306, M32, O871, S472
bankable B57, N62
bankable bill E260, T687
bankable paper P191
bank acceptance A86
bank acceptance line L198
bank account C1517, C1520
bank account holder T899
bank accounting C1422
bank account number N374

bank account opening agreement C2261
Bank Act L503
bank advance A1559
bank advice A1616
bank assets A363, V212
bank audit board C1232
bank auditor A1497
bank authorities A1536
bank balances S692
bank balancing E1205
bank behavior C1364
bank bill E261, P192, T988
bank bond O39
bank book J97, L461
bank branch A772, G344, G350, G356, S1240
bank business A727
bank business hours H84
bank capital C197, F690
bank ceiling P945
bank channels S1515
bank charge A819, C1225
bank charges C685, F851, F854
bank charter S1141
bank check C768
bank clearing C980, C1328
bank clerk C1186
bank closing time H81
bank collection E777, R369
bank commission A819, F851
bank committee C1131
bank-company relations R897
bank competition C1747
bank computer system S1571
bank concentration C1691
bank confidentiality clause C1795
bank control C2196
bank corporate file F195
bank counter G350
bank counterparty C2135
bank counterparty status S1114
bank credit C3179, C3185
bank credit card C363
bank credit line package A1380
bank customers U89
bank customs H2
bank debt C2939, E860
bank debtor D83
bank decision D170
bank declaration D180
bank deposit A1301, D650, D730
bank deposit insurance organization O870
bank deposit mix C1389
bank directory R1296
bank discount E1293, E1299, E1306
bank document T688
bank domiciliation D1481

bank draft C768, T988
bank electronic systems E421
bank employee E593, S24
bank endorsement E883
banker B196
banker's acceptance A86
bankers' association A1406
bankers' bank B174
banker's card C358
banker's check C768
banker's dispatch M646
banker's draft C768, T988
banker's reference R541
banker type T1347
bank expansion E1709
bank exposure P1963
bank failure F95, I489
bank financing F261
bank financing consultant C1887
bank flows F484
Bank for Economic Cooperation C57
bank for foreign trade B87
Bank for International Settlements B186
bank funds F667
bank giro G237
bank giro system S1566
bank groups G333
bank guarantee A1547, C417, G77
bank guarantee limit L260
bank holdings S621
bank holiday J63
bank identification form R927
banking A603, A624, B194, B58, B63, C1167, P2434, S126
banking and credit system S1496
banking and financial system S1497
banking arrangements A171
banking center P805, P807
banking commission C1223
banking community M705, M939
banking competence C1342
banking contract C2023
banking costs C2844
banking day J52
banking deregulation D774
banking difficulties D1120
banking environment E1116
Banking Federation of the European Union F130
banking financial institutions I550
banking guide G364
banking industry B63, I319, S125
banking institution C1306, E1352, O871
banking internationalization I831
banking investment pool P1244
banking investments P893
banking law L503

banking niche C3382
banking overcapacity S1322
banking place P807
banking pool P1243, P1245
banking practice P1585, U71
banking principle P2088
banking products P2397
banking profession B63, M693, P2434
banking ratios C1092
banking reciprocity R321
banking record E188, D1521
banking reform R576
banking regulations R746
banking relationship R888
banking sector S122
banking situation P534
banking sphere D1474
banking standards N324
banking statistics S1094
banking syndicate C1916, S1471, S1473
banking system E994, R597, S1495
banking technique T390
banking trust T1311
banking union U28
bank interest I701, R1087
bank interest rate T214
bank interest rate gap D1231
bank intermediary I805
bank intermediation I824
bank internationalization policy P1176
bank know-how S55
bank law D1564
bank lending P1938
bank liabilities E830, E920
bank line L230
bank line of credit L217
bank liquidity L335, L374
bank liquidity policy P1178
bank liquidity ratios F49
bank loan C1719, C3179, E629
bank loan agreement C2037
bank loan commitments E959
bank loan granting schedule R2144
bank machinery A1126
bank management G175
bank manager D1164, G268
bank merger F971
bank money M1005, M1075, M1087, M982, M1026
bank money order M88
bank monopolies M1129
bank network C897
banknote B351, B358, C2533
banknote issuing C3082
banknote plate P1010
banknote printing service S282

banknote replacement C624
banknotes convertible into gold B395
banknotes in circulation B394
banknote supply maintenance M28
bank of domiciliation B112
Bank of England B173
bank officer A786
bank official R1609
Bank of France B179
bank of circulation E1372
bank of issue B115, E1372
bank operation O354
bank order O759
bank overdraft D257
bank paradise status S1123
bank participation P358
bank partner I792
bank pool transactions O483
bank portfolio P1272
bank position S417
bank premises L488
bank problems P2281
bank profit M501, P2465
bank rate T95, T98
bank rating R149
bank reconciliation R125, R127
bank reconciliation statement E1467, R126
bank report R95
bank representation R1395
bank reserve C2880, R1458
bank resources R1647
bank risk R1986
bankrupt B193, D308, F78, F79
bankrupt company E1058
bankruptcy B189, D301, D651, F86, S425
bankruptcy committee S1477
bankruptcy estate M527
bankruptcy proceedings P2312
bankruptcy risks R2075
bankrupt's certificate C1709
bankrupt's estate creditor C3053
bankrupt surety G52
bank's approval A841
banks' cash position P1432
bank's clientele C1001
banks' corporate lending P1939
bank's customer relations R896
bank's customers C1001
bank secrecy S114
bank secret country P522
bank service charge C1248
bank services P1774
bank's foreign exchange treasury T1266
banks' foreign lending P1958
bank shakeout S102
bank share A416

bank shares on the decline R409
banks' internal control mechanism D1287
banks' investment method M873
bank spread M463
banks' risk objections O11
bank staff P711
bank stamp P1067
bank standardization committee C1145
bank statement E1444, E1452, R913, R918
bank stock mutual fund S326
bank supervision system S1636
bank supervisory authorities A1541
bank support C1719
Bank Technical Institute I528
bank telex department S259
bank terminal T585
bank trader C117
bank traffic T954
bank transaction O354, T1088
bank transfer T1141, V592
bank transformation of liquid assets T1192
bank treasurer T1279
bank treasury department T1262
bank trust C1812
bank turnaround solution S720
bank underwriting of government securities S895
bank universalization D851
bank users U89
bank with a diversified customer base B84
bank without branches B72
banning I673
ban on capital export I679
ban on check writing I675
ban on currency export P2520
ban on gold export P2521
ban on pools I678
ban on transfer of gold I680
bar chart G275, G277
bare ownership of a security N362
bare shell M160
bargain T1073
bargain basement rate T103
bar silver A1288
base B223
base capital equivalent E1241
base capital leverage ratio R159
base commercial interest rate T219
base commission rate T136
Basel Committee C1150, C1159
Basel Concordat C1713
baseline cost C2800
base of reference B235
base period P626
base price P2259
base rate T101, T302
base year A1034, A1041

basic data file F190
basic income R1909
basic rules R806
basic salary F392
basic strategy S1181
basic volume E831
basis B223, A1392
basis of assessment A1397
basis point P1074
basis rate swap S1434, S1452, S1456
basis risk R1987
basket A1392, C2352, P168
basket currency of account M994
batch L528
bear B42, J41, O314, O923, T943
bear call spread E9
bear commitments E952
bear covering C2905
bearer P1306
bearer bill B381, E328, P220
bearer bond B440
bearer certificate of deposit C522
bearer check C808, C815
bearer coupon C2520
bearer debenture O121
bearer of a bill P1320
bearer proxy P2360
bearer security P1340, T744, V261
bearer security certificate C551
bearer share A495
bearer share warrant C510
bearer term bill E347
bearer term note B388
bearish B41
bearish market M187
bearish spread O416
bearish trend C2543, T473, T477
bear market M187
bear operation S1011
bear position P1387, P1393, P1433, P1365
bear purchase A225
bear sale V415
bear seller V369
bear speculator S1000
bear spread E8, S1056
bear strategy S1180
bear tranche T1057
bear transaction O353, O387, T1077
before due date T547
before hours B508
before maturity E76
before tax profit B261
before term E76
before the auction A672
beginning D124, O935
beginning of banking business E1022

behavior C1363, T522
behavior of firm C1368
Belgian franc F914
bellwether security T739
below cost V20
below par P151
below par rating D234
below par stock market price C2599
below the price P2165
below the rate C2566
benchmark P1085
benchmark bond O156
benchmark loan E705
beneficial owner U82
beneficial ownership U80
beneficial user U82
beneficiary B282, B283, S473, T631, T908
beneficiary bank B75
beneficiary country P503
beneficiary file management G190
benefit A900, B237, P1765
benefit plan R626
best efforts financing F306
best efforts underwriter P936
best efforts underwriting P835
best estimate E1344
best rate C2669
bet P246
beta of a security S186
betterment tax I140
better rating R154
better return R1160
better statistics S1092
better yield R1160
beyond the upper limit P941
bid E805, M730, O264, P2265, S821
bid-ask prices P2247
bid-ask spread E16
bid-ask spread on major currencies S1058
bid bond C416, C427
bid currency D1053
bidder E826, O262, S828
bidding group in a takeover G307
bid for securities D533
bid for shares D500
bid price C2584, C2622, D493, P2178, P2244
bid rate T102, T147, T158, T68
bid security G115
Big Bang B325, D776
Big Board B326
big disadvantage H6
big discount D238
big gap D344, D349
big investors P1336
big loss P744
big multinationals M1344

big premium P2050
big shareholders P1336
big subscribers S883
bilateral agreement C2244
bilateral clearing C981
bilateral payments P125
bill B351, B358, B428, C2533, E228, F55, P189, R1053, T691
bill acceptance A111, A88
bill after date E275, T993
bill after sight E276
bill at sight E106
bill at usance E351
bill auction A680
bill book C346, E127, E132, L448, L453
bill claim C2943
bill cover P2689
bill diary C104, C346, E127
bill for collection E288, V170, V176
bill for discount E292
bill guarantee A1544
bill held to maturity E321
bill in abeyance T1017
bill in circulation E269
billing A755, F53
billing currency M1021
billing date D32
billing machine M9
bill in pawn E311, E325
bill in suspense T1017
bill journal C346
bill ledger R661
bill merchant M164
bill of exchange B359, E266, L55, L79, R1014, T958
bill of exchange at usance L83
bill of lading C1863
bill of large denomination C2534
bill of sale A351
bill of small denomination C2535
bill on a subsidiary P208
bill on deposit E311, E325
bill payable at sight B366, B378, B382, B390, E295, T1021
bill payable on demand B366, B378, B382, B390
bill payable outside the local area P202
bill payable to bearer E328
bill regulations R747
bill returned dishonored I44
bill returned unpaid I44
bills account C1571
bills in portfolio P1284
bills of exchange E357
Bills of Exchange Act L38, L42
bills of exchange payable abroad E360
bills receivable E372

bills which came to maturity T912
bill to bearer P220
bill to order B375, P218
bill which can be paid in another town D613
bill «without charges» E298
bill «without protest» E298
bill without protest E332
bimetallism B401, S1502
bimonthly settlement L310
binding document D1452
birth E150
birth of a secondary market E152
BIS B186
B/L C1863
Black and Scholes option pricing model B402
Black Friday V399
black interest I753, I761, I778
black knight C841
black market M224, M323, M355
black market rate T263
blank acceptance A87, A94
blank bill E262
blank bill of exchange E267, L71
blank certificate T689
blank check C772, F776
blank credit C3186, C3223
blank endorsement E884
blanket agreement C2061
blanket assignment C587
blanket bond P1115
blanket coverage C2891
blanket mortgage H150
blank form F774
blank liability B404
blank line of credit L218
blank signature B404, S384
blank transactions O473
blank transfer T1174
blank transfer of a claim C579
blatant overvaluation S1359
blended payment R983
bloc B405
block B405, P235, T1053
blocked account C1522
blocked assets A1651, A1670
blocked currency M985
blocked deposit D653
blocked money A1290
blocked units T816
block exchange E46
blocking minority M727
blocking of accounts B417
block of projections B412
block of securities B414, P241
block of shares B408, L528, L530, P237
block positioner I849

block purchase A226
block sale V406
block stock trader N73
block trade A226
block trading C2136, N85, T1089
blue chips V348, V264, V275, V279
blue chip securities T873
board C1201, C1130, C1865, C1876, T7
board broker P1695
board lot L534
board-lot order O785
board member A691, M611
board of directors C1866, D1209
Board of Governors C1153
board of trustees C1869
board room S31
body O850, O862, O869
body of a security C2359
body of creditors M524
bogus company E1090, S518
boiler room C714
bolting V507
bona fide guarantors C452
bona fide holder D881, P1312
bona fide purchaser A301, A261
bond B428, C429, O24, O26, T732
bond anticipation note A1579
bond broker C2775
bond call option O619
bond certificate C544, M159
bond conversion C2290
bond conversion rate C2620
bond convertibility C2309
bond convertible into equity O44, O54, O66
bond convertible into equity with a currency option O55
bond creditor C3062
bond discount E1303, E1307, P2038
bond disposal A878
bonded debt D979
bond financing F327
bond floatation costs F871
bond fund F609
bond futures contract C2101
bond futures market M403
bondholder D893, O25, P1329, T905
bond in circulation O47
bond income R1920
bond income deduction A26
bond index I240, I292
bond interest I723, I779
bond interest taxation T345
bond inventory I923
bond investment I968, P862
bond issue E533, T1065
bond issue loss P739

bond issue premium P2041, P2043
bond issuer E486
bond loan C3292, E678
bond management G204
bond market M327, M330, O25
bond market fund S339
bond number N381
bond owner P2596
bond paid up by installments O97, O102
bond portfolio P1291
bond premium P2037, P2044, P2061
bond price P2243
bond put option O678
bond quality Q23
bond quotation C2417
bond redemption A968, R995
bond refunding R554
bond register R662
bond sale V433
bond savings E1177
bonds on current accounts B462
bonds outstanding E850
bond specialist S981
bonds quoted in percentage points O181
bond subscription S905
bond switch A1250
bonds without coupons O187
bonds with share option O175
bonds with subscription warrant O175
bond trader N67, N76
bond trading N99, O527
bond trading committee C1139
bond trading department S244
bond trading ring C2354
bond transactions T1111
bond type T1351
bond value V157
bond warrant B452, W7
bond with share option O40
bond with subscription warrant O40
bond yield R1166
bonus D1393, D1396, D1424, P2013
bonus for occupational hazards P2071
bonus payment B455
bonus savings account C1580
bonus savings rate T162
bonus share A443, A458, A464
book C342, J95, L438, L460
book-based system S1577
book debts D1003
book difference D1087
booked depreciation A959
book exchange rate T114
bookkeeper A854, C986, C1188, T506
bookkeeping C1415, M114, T534
bookkeeping error E1264

booklet L460
book liabilities P430
book profit B270, P2467
book rate C2614
book transfer J14, T1144, T1145, T1164
book value A367, V138, V72
boom B476, C1853, E461
borrow against bill pledged M765
borrowed amount S766
borrowed capital C211
borrowed funds F677, F694, F699
borrowed resources R1656
borrower C989, E707, P1674
borrower bank B116
borrower country P509
borrower default risks R2071
borrower of liquidities E719
borrower rate T226
borrowers' behavior C1367
borrowers central file F186
borrowers' preferences P1627
borrowing A609, E605, T639
borrowing against security M764
borrowing capacity C151
borrowing of extra funds E738
borrowing power C151
borrowing ratio R173
borrowing relations R910
borrowing requirements B302, N42
boss C716
both sides V566
bottom line of a balance sheet L202
bottom price C2689
bought option O623
bounced P2676
bounced check C774, C776
bouncing of a check R880
boundary L250
box C384
box spread O426
bracket F798, P970, T1053
branch A771, C1688
branch banking system R1448
branching B162
branch manager D1173, G161
branch network R1433, R1442, R1447
branch of a bank C1689
branch of a foreign bank A1081
branch office S1238
breach R2134, V576
breach of a contract N252, V578
breach of an agreement V577
breach of trust A59
break R2134
breakdown D210, V456
break-even analysis A1010

771

break-even point L270, P1081, P1089, S315
break-even transaction O355
breaking point P1087
breaking up D539
breakout point P1087
breakup value V67
Bretton Woods Agreements A175
Bretton Woods institutions I538
Bretton Woods system S1655
bribe C1758
bribery C1758
bridge financing C3171, C3261, C3264, C3301, F299, F313, P1629
bridge loan A1579, C3171, C3261, C3264, C3301, P1928
bridging loan C3261, C3264, C3301, C3303, P1928
bringing closer R124
bringing expenses under control R1049
bringing forward R1351, R1403
bringing of the current balance into equilibrium R515
bringing together R124
brisk A355
broad L18
broadening E410
broadly-based index I283
broad market M308
broad money M540
broad negotiability N56
broad range P164
brochure P2625
broken lot L531, L533
broker B550, C1288, C2749, M33, M70, O255
brokerage A607, B551, C2730, F860
brokerage agreement C2249
brokerage charges F860
brokerage costs F860
brokerage fee C2730, D1617, F860
brokerage firm F337, M33, S474
brokerage house M33, O255
brokerage office B577
brokerage war G339
broker deal A723
broker-dealer M165
broker-dealer contact C1953
broker firm O255, O258
broker loan rate T93
broker's commission C704, C2730
broker's contract note B489
broker services S291
broker's fee C704
broker's monopoly M1119
broker's note B480, N339
brokers on commission R1115
broker's operations O488

broker's part R2092
broker taking customer orders C2780
broking firm S474
broking profession P2435
Brongniart Palace P160
brought forward balance B52
BTAN options O689
budget B563, B552, C75, E1111
budgetary B563
budgetary appropriation A901
budgetary constraints C1986
budgetary funds R1648
budget costs C2845
budget funds D567
budget savings E161
budget subsidies C3370
budget transactions O476
building a checkless society I522
building credit C3215
building loan interest I718
building loans P1951
building society S502
building up reserves C3100
building up savings C1931
bulk E993
bull H57, J42, O321, O329, S1003, T64, T945
Bull and Bear bonds O205
bull call spread E22
bull commitments E966
Bulldog bond O41
bulletin B565, C1299
bullet loan C3321
bullet payment R993
bullet repayment R1002
bullion L298
bullion in deposit L300
bullion reserve R1478
bullion trade volume V655
bullish H56
bullish factors F48
bullish trend C2538, T472, T482
bull market M293
bull operation S1020
bull position P1384, P1388, P1405, P1408, P1360
bull purchase A230, A235
bull purchaser A264
bull spread E21, O421, S1057
bull strategy S1185
bull tranche T1058
bull transaction O406, T1081
Bunds contract C2025
buoyancy of the market A1029
buoyant A355, S954
buoyant market M385
burden L544, P1057
bureau de change O253, O257

burst A118
business A720, C1166, E1042, F570, M30, O946
business account C1538
business acumen S177
business bank B86, B88
business center P805
business computer O735
business concern E1050
business consultancy firm C2
business criteria C3414
business day J52, J73, J76, J85
business ethics N319
business exchange exposure R1995
business hours H85
business information service S254
business loan P1820
business manager D1166
business name R47
business partner I791
business secret S113
business survey E980
butterfly spread O425
buyback R7
buyback agreement E1008
buyback transaction O380
buy-down A245
buyer A297, A260, P1672
buyer by a repurchase agreement A274
buyer of a block A300
buyer of an option A306
buyer of bonds A270
buyer of securities A307
buyer's balance S638
buyers' market M179
buyer's option P2027, P2039, P2052, P2055
buyer's option to double D1535, D1538, F60
buyer-up A64
buying A310, A220
buying and selling rate T69
buying back R6
buying commission C1217
buying credit C3165
buying exchange rate T112
buying exchange rate quoted at a premium C2628
buying for one's own account C2132
buying for the account A238
buying in against bears R10
buying order O753
buying out E1629
buying price C2583, C2584, C2623, C2685, P2244
buying rate T68
buying stockbrokers S604
buying trend C2538
buying up A62
buying-up price C2696
buyout R6

buy-out offer P2589
buy stop O754
buy ticket F178
buy-up R63, R64
bylaws S1130
by order and for account of O750
by payment P21
by proxy P2356
by subscription S893
by tender A677, S823

cable C11
cable transfer M99, T1158, T1176, T1220
CAC index I276
cadastre C13
calculable C96, C844, E1335
calculated indicators P613
calculated payment V517
calculated risk R1988
calculation C75, C1405, C1444, D217, S1317
calculation formula F775
calculation method T393
calculation program P2505
calculation rules R808
calculation table T2
calculator M6
calendar date D7
calendar month M932
calendar quarter T1293
calendar spread E12
calendar year A1036
call A1132, J94
callable R25
callable bond O132, O134
callable debt security T707
callable loan P1884
callable preferred share A517
callable securities T859, V268
callable stock C271
call and check C1107
call date D59
call day J67, J86
call deposit C1660
call deposit account C1564
called security T685, V172
called-up capital C190
call feature C967
call for capital A1135, A1137, A1138
call for funds A1135, A1138, A1152
call for tender A1145
call for the premium L128, L130
calling for delivery before settlement E1281
calling in of funds R89
calling the shareholders together C2322
call interest rate option O669

773

call liquid assets abroad D1280
call loan C3311, C3339, C3341, P1815, P1848, P1878, P1908
call money A1296, A1305
call money market J93, M185
call money rate J26, T85
call notice A1631
call of more D1535, D1538, F60, O641
call option C112, D1513, M363, O609, P2027, P2039, P2052, P2055
call option buying A227
call option contract C2082
call option exercise price P2232
call option premium D1513
call option sale V409
call options market M336
call option writer V378, V383
call option writing V435
call or put of more O399
call premium P2066
call price C2632
call protection P2648
call purchaser A262
call spread O423
call strike price P2232
calming down A1114
calm market M207
campaign C130
cancelable R1556, R1957
canceled check C803
canceled loan E640
canceled share A412
canceling clause C937, C939, C971
cancellation A31, A1061, R1557, R1560, R1958
cancellation fine P550
cancel order O755
candidate for floatation E1048
candidate members A665
canvasser D546
canvassing D544
cap C142, T105, T280
capacity C145
cap guarantee G119
capital C163, C284, F570, F643
capital absorption capacity C146
capital abundance A36
capital account C1525
capital accumulation A210
capital adequacy S1248
capital adequacy ratio C1090, R188
capital allocation A902
capital assets E586, V239
capital budget B561
capital budgeting B564
capital circulation restrictions R1724
capital commitment E923

capital component C1374
capital cost C2821
capital cost allowance D295
capital creation C3085
capital dividend D1386
capital expenditure D596, D603
capital expenditure register C1430
capital expenses C686
capital export restrictions R1728
capital financing F283
capital flow C2540
capital formation C1927, F731
capital freeze B416
capital gain G32, P1025, P1029, P1040
capital gain rate T282
capital gains law L513
capital gains tax I140, I145, I90, I93, T376
capital gain taxation T353
capital gain yield R1091, R1135
capital goods M547
capital grant S1224
capital inflow A765, A1347, I73
capital infusion I461
capital injection I461
capital instrument E430
capital intervention I868
capital invested abroad C329
capital investment E923, I943
capitalizable C272
capitalization C273
capitalization annuity A1052
capitalization issue D1447
capitalization rate T106
capitalization UCITS system S1606
capitalization-weighted index I293
capitalized annuity R1243
capitalized income P2399
capitalized interest I704
capitalized turnover value V64
capitalized value V63
capital lease agreement C2071
capital leverage ratio C1082
capital levy P1643
capital loan E631, P1835
capital loss P730
capital loss risks R2080
capital market M208, M278
capital movements E64
capital outflow S809
capital owner D882
capital productivity ratio P2377
capital provider S467
capital raising costs F853
capital ratio C1070, R158
capital reduction R475
capital renewal cost C2833

capital repayment R982
capital requirements B300
capital reserve R1460
capital risk R1989
capital stock A586, C188, C260, C310
capital structure C1388, S1194
capital structure ratios R197
capital subscription A1167, S897
capital subsidy S1224
capital surplus E1603, E1623, S1376
capital tax I119, I81
capital tax rate T193
10% capital threshold S307
capital to asset ratio R97
capital to be raised C322
capital to fixed assets ratio R174
capital transfer control R767
capital transfer tax I151
capital turnover R2102
capital yield R1882
cap premium P2065
cap purchaser A263
caps and floors C2112
captive financial companies S618
captive firm S485
capture S3
capturing of long-term savings C335
carat C337
card C350, F166
card attributes M636
cardholder A661, D883, P1313, T897
cardholder file F193
cardholder's bank B150
card transactions T1128
careful shareholders' policy P1133
car loans P1935
carry P1256, P1258
carry forward day J90
carrying charges F861
carrying forward R1351, R1403
carrying out A280
carrying over R1351, T1226
carry-over funds R1359
carry-over rate C2698
cartel C379, E1006
case C380
case of absolute necessity C382
case of force majeure C382
cash A1270, A1295, C27, C387, C1447, C1448, F700, L325, L353, M1045, N365
cashable E741, T934
cash account C1524, C1584
cash accounting C1425, C1438
cash advance A852, C3190, C3336
cash amount M1185
cash and carry A1240, P1259

cash balance B45, E744, R1689, R1692, S819, S644, S688, T1251
cash bid O271
cash bond market M328
cash book J99, L441
cash box C27
cash budget B562
cash capital C214, C243
cash card C376
cash centralization service S213
cash collateral account C1558
cash compensation C1327, C1337, R1287
cash contribution A1172, A1179
cash control C2198
cash count C1446
cash cover C2899
cash credit C3271
cash debts C3012
cash deficit C341, D334, D351, D259, D267, D316
cash department S212
cash deposit D665, D690
cash deposit ratio T138
cash desk C1688
cash disbursements S808
cash discount E1292, E1294, E1313
cash dispenser B399, D1325, D1327, G349
cash dividend D1382, D1391, D1411
cash donations D1512
cashed E762
cashed check C788
cash equivalent C2138
cash error E1261
cash expenses C711
cash facility F20
cash fee R446
cash flow C148, C388, M467, N134
cash flow gap D152
cash flow statement S440, T30
cash gain G42
cash holders D906
cash holdings A1652, A1662, L353
cashier C68, T504
cashier code C1058
cashier's check C804, T988
cashier's window G352
cash income R1880, R1899, R1914
cash indemnity I228, I231
cash inflow R1263, R1266
cashing of check E778
cash in hand A1293, E744, E752, E754, T1251
cash in hand and in banks C35
cash inspection V486, V493
cash insufficiency I628
cash in the form of banknotes E747
cash investment P838

cash issue E532
cash item A1356
cash items account C1512
cashless circulation C913
cashless 2% discount C1454
cashless exchange transaction O365
cashless foreign exchange transactions C647
cashless payment P91, P129, P136, P142, R782
cashless settlement R733
cash letter of credit A188
cash levy P1647
cash loan P1853
cash loss P740
cash management G177, G188, G223, M42, S1264
cash margin M477
cash market M227
cash needs N42
cash on delivery C1456, R974
cash on hand and in bank D1268
cash operation O453
cash options O690
cash outflow S796, S797, S800
cash outlay D595
cash overage E11
cash-over overage S1375
cash overs E1602, E1608
cash payment P50, P70, P86, P90, P1766, R709
cash peak P1097
cash pooling C488, P1253
cash position E1472, P1431, S418, S819
cash position of a company T1268
cash price P2189
cash purchase A228
cash ratio C1078, C1091, R179, R181, R189
cash receipt E1031, J122, R276, R295, T628
cash refund R1701
cash register C27, C42
cash remuneration R1086, R1095
cash requirements B301, B304, B308
cash reserve E758, R1459, R1494, R1523, V633
cash resources E744, R1687
cash reward R329
cash sale V408, V411, V432
cash security C436, C442
cash settlement R709, R719
cash share A481
cash shortage C341, D316, E10, M150, T47
cash situation of a company T1268
cash statement B482, E1446, R914
cash subscriber S874, S876
cash surplus E1602, E1608, E1619
cash surplus management G189
cash ticket J122
cash trade C1171
cash transaction M227, M1267, N90, O357, O375
cash transfer C581, R1040

cash value V107, V49, V79
cash voucher P791
cash withdrawal R1815
casting vote V629
category C915, C390
causes O913
caution M756
caution money C429, G7
cautious loan granting policy P1202
cautious policy P1201
CBOE C842, M427
CD C518
ceiling L272, P939, T105, T280
ceiling fixed in advance P957
ceiling fixing terms M834
ceiling guarantee G119
ceiling rate C2687
center C489, P1106
centime C471
Central Agency of Cooperative Banks C58
Central Agency of Popular Banks C56
central bank B174, B202, B77
central branch S1241
central clearing house E1355
central computer O734
Central Credit Surveillance C478
central discount rate T170
central exchange rate P264
Central Federation of Mutual Agricultural Banks F131
central file management G191
central file of unpaid checks F196
central financing unit C473
central government A697
centralization C479
centralized computer system S1572
centralized credit control C2199
central rate C2601, C2686, T110, T279
central rate adjustment A873
Central Risk Department S269
central securities register R654
central teller C36
central treasury department T1264
CEO C722
certain quotation C2398
certificate A1473, C506
certification C557
certification of a check V609
certified accounts C1671
certified bankrupt C1714
certified check C777, C831
certified copy A973
certified debtor D86
certified public accountant V476
certified true C2340
certified true copy A974, C2344

certifier C555
certifying of the accounts A1204
cessation of payments R2140
cession C571
cessionary A302
CFA franc F915
CFP franc F916
chain C602
chain bankruptcy F101
chairman P1746
Chairman and Chief Executive Officer P1747
Chairman and Managing Director P1747
Chairman of the Board P1742
chairmanship P1736
challenger C1756
chamber C605, C609
Chamber of Accounts C611
champion yield shares A587
Chancellor of the Exchequer C617
change C618, C651, I377, M956, M1360, T1189
change in banking M1361
changes in the balance E1574
channel C889
channeling C137
channel method M665
channels of financing C899
chaotic movements M1292
chapter C664
character card F172
character file F188
characteristic Q5
character loan P1887
charge C667, C1201, T48
chargeable I157
charge account C1502
chargeback D72
chargeback check C780
chargeback commission C1267
charge card C355, C372
charge for collection C1239
charges C682, F839
charges to be financed C695
charge ticket N342
charging I158
charging off R30
charging to an account M739
chart F218, G269, G274, T7
chart analysis A1002, A986
chartism A1002, A986, C712
chartist C713, G278, S977
chartist method M666
chartist points S318
chart of accounts E995, P987
chattel mortgage H152
cheap credit C3188
cheap credit practice P1586

cheaper funds F683
cheaper source of refinancing S844
cheap money A1291, C313
cheap rate T103
check C736, C2166, I497, R1938
checkable P2152, T1136
check acceptance A90
check bearer P1314
checkbook C344, C348, C837
check card C358, C361
check certification C558, V612
check character C336
check circulation mechanism F533
check-clearing system S1523
check collection institutions E1405
check collection procedure P2323
checked speculation S1014
check forging D475, D477
check form F776
check images I15
checking C1107, P1092, R1938, V482
checking account C1532, C1544
checking privilege P2154
checking up the balance C1947
check in transit C781
check legislation L506
check list B485
check payment system S1624
checkpoint P1075
check portfolio P1277
check rate C2611
check register R655
check sorter T1290
check specimen M885
check stub S818, T40
check to bearer C808, C815
check to oneself C827
check to order C805
check total T923
check transactions O479
check transfer T1143, T1210
check truncation N226, N250
check verification system S1649
check without cover C783, C820
checkwriter C715
cheque C736
Chicago Board Options Exchange C842, M427
Chicago Mercantile Exchange B539, C843
chief C716
chief accountant C719
chief clerk C1190
chief dealer C718
Chief Executive Officer C722, D1165, D1171
chief financial officer C732
chief teller C70, C72
Chocolate bond O46

777

choice C870, E418
choice investment P867
chronic deficit D335
chronic imbalances D822
chronic inflation I356, I371
chronic problems P2282
Chronoval C878
circle C500, M702, M937
circular C900
circular letter of credit L98
circular note B364
circulating C902
circulating capital C198, C206
circulating letter of credit L98
circulation C889, C903, M1261, M1285, R2112
circumstances C1844
civil liability R1589
civil servant F523
claim C2919, D493
claimant D535
claim for damages C2951
claim type T1339
class C915
classical bills E356
classic bank B82
classic fixed-rate bonds O179
classic stock market technique T392
classification C927, N194
classification by issuer C930
class listing J117
class of options C917, C399
class of stocks C916
clause A1352, C933, D1290
clause "as per advice" C941
clause "under usual reserve" C942
clean acceptance A103
clean advance A1574
clean bill E308, T1008
clearable C1325
clearance C1326
clear day J64, J82
cleared C1339, Q90, Q93
cleared check C779
cleared margins M503
cleared stamp M633
clearing C979, C1326, R708
clearing account C1535, C1539
clearing advances A1592
clearing agent A788
clearing agreement A143
clearing balance S645
clearing bank B83, B89
clearing center C494
clearing credit A1654, C3199
clearing creditor C3356
clearing entry E190

clearing functions F512
clearing fund F591
clearing house B83, C37, C606
clearing institution E1358
clearing office O254
clearing operations O480
clearing payment V519
clearing position P1381
clearing process P2344
clearing report R916
clearing settlements M1296
clearing sheet F157
clearing system S1519, S1522
clearing transaction O371, O373
clear margin M485
clerical error E1267
clerical staff P713
clerk C1184, G122, P1689
client C987
client called for margin C988
clientele C994
client list R915
client's creditworthiness C3200
clients' deposits D718
client's ledger R657
client transaction O370
climate A1467, C1021
clinching of a deal C1703
close F241
closed account C1510, C1536
closed corporation S478
closed-end investment company O872, S323, S546
closed market M276
closed mortgage H155
closed position P1401, P1366
closely held corporation S478
closely held institutions I539
close of business F146
close only chart G270
closing C1032, F145, L121
closing balance S646, S665
closing bid E809, O275
closing down of an institution F148
closing-down sale V427
closing entry E189, E196, E198
closing gap D149
closing-out L307
closing price C2612, C2625, P2188, P2214
closing purchase A237
closing quotation C2459
closing session S85
closing spot rate C2617
closing the gaps R1619
closure C1032, F145
club C1042
club credit C3252

club loan C3206
CME C843
co-administration C1100
co-administrator C1101
coattail provision C966
cocreditor C1054, C3051
code C1056
co-debtor C2326
coded data D1493
Code of Professional Standards of Foreign Exchange Operations C1062
codepositor C1064
code value V70
codification system S1521
codified instruments P2401
co-director C1066
coefficient C1068
coefficient of adjustment C1069
co-financed loan P1803, P1824
cofinancing C1099, F263
cofinancing method T394
co-guarantor C2355
coin P789, P797, P798
coinable M1105
coined money A1303
coiner M1109
coining F934
coin set J22
coinsurance C1050
co-lead manager C1052
co-lessee C2349
collapse C880, C887, D421, D226, E380, K3
collapse of a bank K4
collapse of a currency E387
collapse of contracts D422
collapse of prices E383
collar C1106, Z15
collateral C406, N7
collateral acceptance A89
collateral bill E264, E268, E299
collateral credit C3194
collateral guarantee C446, G117
collateral guarantor C423
collateral loan C3248, C3283, P1828, P1857
collateral mortgage loan P1830
collateral security C1051, G108, G75, N23, S1355
collateral trust bond O85
collateral value V147
collectable E741, P591, P601, R361, T934
collectable amount S767
collectable low-interest debt C2984
collectable revenues R302
collected P603
collected amount M1182
collected premium P2045
collected value V101

collecting agent A793, A801
collecting bank B117, B159, B78, R385
collection C1109, E763, M775, R362, R1263
collection charges F873, F904, T52, T56
collection coin M990
collection department S232, S253
collection fees F904
collection item E333
collection-only check C814, C830
collection operation O396, O436
collection order M90, M98, O774, O807
collection period D437, D456, P668
collection price C2640
collection problems P2289
collection rules R820
collections clerk G124
collection services S281, S296
collection technique P2296
collection transactions A733, A738
collective custody D657, D672
collective investment I945, P834
collective liability R1590
collector C2324, E797, G124, R306
collegial administration D1178
co-loan P1803, P1824
column C874, C1121
co-management C1067, C1103
co-manager C1049, C1127, E1357
combination C1128
combination of options E138
combine C379, E1006
combined deals O514
combined entry A1357
comfort letter L116, L47, L51, L87
coming A1346
coming closer R124
coming closer of interest rates R133
coming off the gold standard A17
coming of orders A1348
coming together R124
commencement date D36
commerce C1166
commercial C1175
commercial assets A397
commercial bank B86, B88
commercial bill B360
commercial community M708
commercial credit C3202, C3243
commercial creditor C3050
commercial currency D1044
commercial debts D1002
commercial dollar D1471
commercial group G296
commercial interest I705
commercial lending center C497
commercial letter of credit L99

commercial loan P1840
commercial monopolies M1130
commercial paper B389, E357
commercial paper drawings T661
commercial paper issuing C3083
commercial paper market M194, M353
commercial paper program P2504
commercial papers P229
commercial payments P126
commercial policy P1144
commercial pressures T516
commercial support S1281
commercial use of the ECU U98
commercial value V71
commingling of funds A927
commission C1198, C1201, C1281, D1617, F860
commissionable sale V410
commission agent M102
commissioner C1191
commissionership C1198
commission for acceptance C1216
commission for risk C1268
commission on invoice amounts C1252
commission on the benefit C1224
commission rate T127, T135
commitment E911, O26, P2554
commitment ceiling P955
commitment fee C1241
commitments by endorsement E963
commitments by signature E974
committed credit line M473
committee C1198, C1201, C1281, C1130, C1148, C1865
committee member M610
committee of creditors D1181
committee of inspection C1135
Committee on Banking Regulation C1158
Committee on Banking Regulation and Supervisory Practices C1150, C1159
commodity broker C1290, C2773
commodity contract C2076
commodity exchange B533, B520, B526
common equity C268
common evaluation E1544
common resource pool P1246
common stock A483, A489, A499, A526
common stock certificate C509
common stock fund F571, F613
common stockholder A552
communication C1294
communication establishing M738
communication of confidential information C1298
communication policy P1145
communiquй C1299
community C1117, M702, M937
companies E1083, E1392, M35, S603

Companies Act L514
company C1303, E1042, E1350, F336, M30, S447
company assets B311
company budget B558
company exporting capital E1057
company fixer S53
company incorporation F741
company in liquidation S507
company manager C723
company needing liquidities E1384
company profit margin T265
company register R664
company's agent M104
company's assets A385
company's liabilities P442
company's signature S393
company treasurer T1282, T1286
comparative costs C2846
comparative quotation C2460
comparative statement E1449
compartment C1317
compartmentalization C1027
compensation C1326, I217, I222, I230, R1286
compensation claim C2986
compensation for damages I219
compensation offer P2588
compensation transaction O371, O373
compensatory agreement C2245
Compensatory and Contingency Financing Facility F16
competence C1341
competent decision-making organ O855
competing C1755
competing bank B90
competition C1347, C1736
competitive C1346, C1757
competitive bidding A1145
competitive company E1051
competitive currency M991
competitive differences D1099
competitive environment C1023
competitive field D1475
competitive markets M435
competitiveness C1348, P1385
competitive position P1385
competitive prices P2274
competitive reasons R49
competitive risk R2001
competitor C1345, C1756
complaint period D455
complement C1351
complementarity C1360
complementary A1042
complementary source of financing S837
complete A52
complete bankruptcy F100

complete discharge of one's debt R1004
complete interbanking I666
complete repayment R984, R1005
complete satisfaction S49
complete secrecy S112, S115
complete statistics S1095
complete withdrawal R1831
completion A280
completion date D2
complex E993
compliance R1563
component C1373, E422
composite C1384
composite currencies used M1096
composite exchange standard E1418
composite products P2402
composite service plan S286
composite spread E14
composite yield R1139
composition C1385, C1709, T1073
composition offer P2586
composition proceedings P2307, P2336
composition with one's creditors A1312
compound C1383
compound arbitrage A1239, A1248
compound entry A1357
compound index I278
compound interest A1028, I758
compound interest bond O95
compound interest certificate C535
compound yield of an investment P609
comprehensive information I408
compressibility C1397
compromise T1073, T1082
comptroller C2238
compulsory auction sale E820
compulsory liquidation L316
compulsory money saving E1160
compulsory payments V556
compulsory publicity P2734
compulsory savings E1159
computable C96
computation C75, S1317
computer O732
computer accounting I432
computer-aided management G174
computer and telecommunications company S537
computer-assisted quotation system C2394
computer file F185
computerization I431
computerized banking B61
computerized bill of exchange L81
computerized bookkeeping C1431
computerized letter of credit L104
computerized management G174, G197, G205
computerized promissory note B377

computerized services S290
computerized system S1575
computer payments P138
computer processing T1038, T1041
computer system S1570, S1608
computer techniques T425
computer teletransmission T453
computer terminal T589
computer trading N84
computer transfers T1184
concealment D1303
concealment of taxable objects D1307
concentration C1690
concern K2
concertation between central banks C1696
concession C1698
concessionary rate T294
concessioner C1700
conclusion C1702
condensed balance sheet B347
condensed financial statements C1686
condition E1439
conditional C1798
conditional claim C2947
conditional contract C2032
conditional endorsement A1548, E887, E899
conditional liability O49
conditional liquidity L337
conditionally C1799
conditional reserves R1515
conditional tranche T1060
conditional transactions M436, O482
conditions C1759, R592, T568
confidence C1808
confidence in banknotes C1813
confidence in the money C1816
confidential C1820
confidential information C1295, I402
confidentiality C1817
confidentiality of information C1819
confidentially C1822
confidential relations R901
confirmation C1823
confirmation charge C1229
confirmation notice A1622, A1628
confirmed credit C3209
confirmed letter of credit A182, L101
confirmed line of credit L219
confirmed transaction O378
confirming C1824
confirming bank B157, B91
confiscation of the security C1832
conformity of orders C1833
confrontation C1834, R1126
confrontation of supply and demand J19
con-man C840

connected account C1540, C1602
connected borrowers E724
connected contract F240
connecting M738
connection to the banking network C1864
consecutive quotation C2430
consent A309, A135, A836
consequences B327, S1250
conservation C1894
conservative evaluation E1554
conservative investors I1034
considerable A1185, S187
considerable deceleration D158
considerable interest on a debt I770
consideration E1593, P2672
consideration for a bill of exchange C405, P2689
consistent tax treatment U14
console screen E171
consolidated C1910, C3441
consolidated account C1541
consolidated balance B47
consolidated capital C199
consolidated data D1495
consolidated debt E861, F671
consolidated goodwill S1396
consolidated government stock R1244
consolidated holdings P392
consolidated income R1758
consolidated interest-bearing bond O92
consolidated loan E633, P1807
consolidated obligation O51
consolidated profit B271
consolidated reserves R1516
consolidated sales C851
consolidated statement E1453, S437
consolidation C1900, R824
consolidation accounting method T396
consolidation loan E633, P1806
consolidation period P632
consols C1912, R1244
consortium C1915
consortium bank B92, C1916
consortium guarantee G80
consortium insurance A1455
consortium member M612
constancy F398
constant S1253
constant deficit D337
constant franc F917
constantly high rates P692
constituting assembly A1387
constitutive C1923
constrained share A490
constrained share company S459
constraint C1981
consultancy S494

consultancy firm C7
consultant C1865, C1881, C1942, P1762, S970
consultation C1944
consultative C1943
consulting agency C7
consulting firm C7, S494
consumer credit C3213
consumer credit companies S617
consumer lending P1949
contact group G297
contacts C1950
contango I729, R1351
contangoable stock V183
contango arbitrage A1254
contango/backwardation quotations C2447
content T495
contentious C1956
contents C1385
contested claim C2948, C2961, C2971
contingencies P2704
contingency account C1637
contingency fund F603
contingency loans C3374
contingency plan P1009
contingency reserve R1471, R1474, R1482
contingent annuity A1053
contingent liability E925, P433
contingent order O752, O782
continuation P1535, P2550, R1351
continuation and backwardation R1361
continuation executed R1367
continuous F219
continuous auction C3392
continuous disclosure I404, I416
continuous distribution P865
continuously negotiable positions P1449
continuously quoted securities V221
continuous market M230
continuous market screens E178
continuous quotation C2400, C2410, C2413, N51
continuous rise H34
contra account C1542, J117
contract C1979, C1992, C2240, M166
contract date D45
contract due date D16
contracted loan E634
contracting C1964
contracting party C1965
contraction C1967
contraction of investment C1970
contraction of money supply C1974
contraction of profit margins P804
contraction of stock market assets C1975
contraction of the market C1972
contract law D1585
contract negociation N91

contract note A1622, A1628, B481, B501
contract of agency C2065
contract of guarantee C2028
contractor loan C3236
contractors E1089
contract penalty D279
contract price P2190
contract procedures P2337
contract settlement date D44
contract size Q114
contractual C1979, C2271, F715
contractual claim C2949
contractual obligation E926
contractual plan E1150, P994
contractual price C2618
contractual reserves R1519
contractual subrogation S1210
contract updating A649
contract volume V652
contra entry E192
contrary to the charter S1134
contrary to the contract C1996
contributed capital C191
contributing partner A1419
contribution A1162, C2487, C2157, F807, P349
contribution agreement C2018
contribution in kind A1177
contribution paid P381
contribution to the capital M778
contributor A1182, C2486
contributor of liquidity C2156
contributory insurance company M1367
control C2166, E600, M40, R740, S1254, S1256, S1398
control body O853, O897
control commission C1231
control committee C1134
control figures C866
control jobs T33
controllable C2165
controlled freedom L178
controlled growth D769
controlled inflation I358
controlled price P2260
controlling account C1537, C1591
controlling block B409
controlling block of shares P238
controlling interest B409, P362, P364, P368, P376
controlling shareholder A543, A549
controlling stake P364, P368, P376
control mechanism D1286
control number N375
control over securities E604
convening C2321
convention C2240
conventional guarantee C435

conventional loan P1864
conventional unit of account U42
convergence R124
conversion C2273, T1189
conversion arbitrage A1241
conversion at parity C2291
conversion cash adjustment S820
conversion date D9
conversion factor F45
conversion into cash C2275, C2285
conversion option O635
conversion order O763
conversion period P634
conversion position P1386
conversion premium P2035
conversion price P266, P2191
conversion privilege P2155
conversion rate C1072, T130
conversion ratio R166, T130
conversion right D1570
conversion table T15
converted share A428
convertibility C2295, T1130
convertibility into gold C2310, C2315, T1134
convertible C2316, C2319, T1187
conveyance T1138, T1209
conveyance of property M1362
conveyance of receivables T1146
Cooke Committee C1150, C1159
cooked-up balance sheet B338, B348
Cooke ratio R167
cooking T1305
cooking of a balance sheet H1, M161
cooking of accounts F940
cooperation P342
cooperative bank B94, S498
cooperative credit C3216
cooperative society C2328
cooperative system S1530
coordinated adjustment R208
coordinated decline of the dollar B26
coordinated interventions I879
coordinated monetary policy P1184
coordination C2332
coordination and conciliation organ O854
coordination committee C1136
coordination group G298
co-owner C2350
co-ownership C2348
coparcenary C2337
copartner C2335
copartnership C2336
copy C2339, D1531, E1654
copy of a bill C2345
core N358
core capital N359

core investors N360
core shareholders N360
cornerer A64
cornering A62
corn exchange B518, B524
corporate account holders E1407
corporate bank B118
corporate bond O62, O141
corporate borrower E1047
corporate budget B558
corporate client E1049
corporate debts D1009
corporate executives D1215
corporate image I14
corporate income R1767, R1902
corporate investors E1403
corporate liquidity L350
corporate loan P1888
corporate management M78
corporate manager G159
corporate name R47
corporate property F628
corporate raider P1617
corporate raiding P802
corporate seal of a bank S65
corporate stockholders S612
corporate tax I116, I146
corporation E1042, S447
corporation tax I116, I146
correct E1584
correct dividend D1387
correcting entry A1365, E203
correction C2361, R387, R459, R1286
correction items P1501
correction of an account R389
corrective C2360
correctness E1587
correlation between short-term interest rates and exchange rates C2368
correspondent C2370
correspondent abroad C2371
correspondent account C1501, C1543, C1596
correspondent agreement A147
correspondent bank B95, C2370
cosignatory C2380
cosponsoring C2338
cosponsorship C2338
cost C682, C2786, C2835, P2164, V18
cost accounting C1420
cost allocation I159, R1311, V458
cost analysis A990
cost-benefit analysis A1009, A992
cost budget B557
cost curve C2548
cost discounting A650
cost estimate B557, P1986

cost incurred C2799
costing C82, C845
costly intermediation I825
co-surety C1051, C1098, C2355
co-tenant C1120, C2349
council C1865
counseling functions F555
count C1444, D740
counter G344
counter check C775
counterclaim C2950
counter clerk E595, E597, G363, P1692
counterfeiter C2127, F128, M1110
counterfeiting A715, C2122, F3, F1, F127, M1107
counterfeiting money F114
counterfeit money M1023
counterfoil T38
counterfoil book L455
counterparty C2129
counterparty currency D1047
counterparty risk R2002
counterparty type T1338
countersecurity C556, C2118
countersignature C2149
countersurety C556
countertrader O317
countervaluation C2121
countervalue C2129, C2150, V97
counting C1444, D740
counting of votes D746
country P502
coupon C2496
coupon accepted for collection C2521
coupon amount M1164
coupon bond B440, O121
coupon book L444
coupon calculation D220
coupon date D14, D38, J58
coupon holder C2525, D885
coupon in arrears C2507
coupon interest rate T236
coupon list B488
coupon number N376
coupon payment R711
coupon rate T131
coupons accounting C1407
coupon servicing S222
coupon sheet F154
coupon statement R921
coupon tax I122
coupon war G338
coupon yield R1910
course of action policy L203
cover C2868, G57, N7
coverage G57, P2105, T138
coverage rate T138

covered C2866, G55
covered call option O611
covered long option A241
covered option writing V412
covered put option O671
covered risk R2004
covered short position P1434
covering up C125
covering up of a kite C127
cover in metal C2897
cover method M1304
cover note L89, N340
cover principle P2090
cover ratio C1073
coveted company S497, S590
crash C3394, D65, K3
crawling exchange rate T122
crawling peg P267, P272, P281
creation C1924, C3079, N1
creator C3078
credibility C3104
credibility of a market C3108
credibility of the dollar C3106
credible C3109
credit A179, C3111, C3353
credit account C1550
credit account balance S655
credit adjustment A934
credit advice A1618
credit adviser C1882
credit agreement A148, C2036, P2669
credit allocation A903
credit analysis A993
credit analyst A1018
credit and exchange policy P1150
credit application D507
credit arrangement E1007
credit assessment E1547
credit at usance C3337
credit authorization terminal T584
credit balance E1605, S639, S642, S654
credit balance of an account S650
credit balance of a nostro account A1641
credit balance of bank accounts B194
credit bank B98, C39, C3342
credit boom E463
credit card C362
credit ceiling D256, P944, P946
credit charges C2806
credit circulation C910
credit clearing C1330
credit clearing balances S695
credit column C1122
credit committee C1137
credit company S501, S521, S570
credit consultant C1882

credit control C2206, E740
credit cooperative C2330
credit crisis C3401
credit crunch C1968, C3401
credit currency M1027
credit deflation D374
credit department S224
credit distribution D1333
credit entry E194, E200
credit expansion E1711
credit facilities F33, F42
credit file D1522
credit financing F269
credit float C907
credit freeze G134
credit granting C1699, D483
credit guarantee G84
credit history A1080
credit increase rate T88
credit inflation I359, I363
credit information I407, R1208
credit institution E1364, O875
Credit Institutions Committee C1152
credit instrument I577
credit insurance A1444, A1456
credit interest I753, I761, I778
credit interruption I845
credit-issuing bank B73
credit item A1360, P1490
credit limit D256, L258, L262, P944, P946
credit line A1528, C3189, C3334, L201, L209, M472
credit loss P736
credit manager C720
credit margin M472
credit market M240
credit means M1305
credit mechanism M569
credit memorandum P2669
credit money M1062, M1025
credit multiplier M1348
credit note A1618, B490, N338, N341
credit officer A792, A800
credit on easy terms C1716, C3177
credit on goods C3275
credit on mortgage C3307
credit operations O489
creditor C3353, C3354, C3045, P411, T902
creditor bank B97
Creditor Board C1285
creditor country P507
creditor meeting R1855
creditor nation N28
creditor participation clause C965
creditor position P1390, S422
creditor ranking E1448

785

creditors' accounts C1675
creditor's bank B102
creditors' club C1045
creditor's creditor C3070
creditors' ledger L445
creditor's residence D559
creditor status S1115
creditor substitution C652
credit overrun D579
credit packages on favorable terms E1114
credit payment P54
credit percentage P1526
credit period P638
credit phase P638
credit policy P1149
credit price P2194
credit rating C2461, C2463, C2475, C3111, R150
credit rationing R190
credit record R1426
credit reform R578
credit regulation R851
credit report R115
credit resources R1654
credit restriction A23, L244, S1544
credit review officer E1536
credit risk R2005
credit risk assessment E1558
credit risk insurance A1452
credit sale V452
credit sanctions S40
credit scale E136
credit scoring system S1632
credit settlements R792
credit shortage P579
credit side A1639
credit situation C1849
credit slip N338, N341
credit specialist S971
credit specialization S964
credit sphere D1476
credit squeeze C1399, C1968, E740, O379, P579, R1618, R1621, R1715
credit surplus E1604
credit system S1537
credit terms C1776, C1782, F33
credit tightening C1968, E740, R1618, R1621, R1715
credit tranche T1061
credit transactions O465, T1094
credit union U29
credit voucher N338, N341
creditworthiness C3111, S721, S1086
creditworthy S728
creditworthy borrower E708, E716
creditworthy companies E1086
creeping inflation I365, I368, I374

criminal responsibility R1601
crisis C3394
crisis of confidence C3400
criteria C3413
crook C840
cross appraisal C2121
cross-bill R1833
cross-border claim C2957, C2977
cross default D317
cross default clause C944, C955
crossed check C769, C782
crossed promissory note B365
crossed selling A1160
crossed trading A1160
cross-firing T646
cross forex rates C2720
cross guarantee C420, C440, C445
cross holdings J21, P393, P397, P2131
crossing A1155, A1160, B216, C3419
crossing of a check B217
crossing off R30
crossing off a list R36
crossing out B323, R30
cross-lending P1845
cross-listing I480
cross rates of exchange P291
crushing majority M62
crushing taxation F358
cum coupon C2498, C2508, J44
cum dividend D1384
cum interest I687
cum right D1561
cumulative C3440
curb M237
curb broker C2490, C2757
curb market A1222, C2489, H131, H132, M190, M197
curb price C2592
curbstone dealing N86
currency D1038, M956
currency account C1567
currency adjustment A869, A935
Currency and Finance Department S267
Currency and Finance Division D1189
currency appreciation A207
currency arbitrage A1237, A1259
currency averaging M1313
currency backwardation D621
currency basket M1092
currency bill E281
currency bloc B410
currency call option O615
currency certificate C515
currency circulation C912
currency clause C943, C949, C956
currency clearing C982

currency code C1060
currency concerned D1046
currency conservation C1895
currency conversion C2320
currency convertibility C2308
currency deflation D377
currency deposits D723
currency depreciation D759
currency diversification D1349
currency draft T995
currency dumping D1630, D1632
currency equalization R833
currency erosion ratio C1080
currency exchange C644
currency fluctuations M1363
currency forward transaction O448
currency futures transaction O403
currency holdings A1653, A1658
currency import and export control C2209
currency jolts S817
currency management D1185
currency manipulations M135
currency mix C1390
currency movements M1272
currency option O633, O638
currency outlay D597
currency pair C2495
currency par level N149
currency put option O675
currency rebate R2086
currency receipts R1271
currency redenomination M909
currency reserve S1164, S1168
currency sale V431
currency snake S198, S205
currency stability S1073
currency support S961
currency swap E50, O366, P1811, S1438, S1449, T1298
currency transactions O494, T1095
currency unit U48
currency value gaps D1106
current C902, C2536
current account C1532, C1544, C1647, L312
current account balance S652
current assets A366, A384, C198, C206
current charter S1145
current commitments E960
current cover G82
current debt D961, D967
current deficit D338
current exchange rate C641
current franc F919
current funds T1265
current liabilities C316, E1684, E1691, P429, P432

current liquid assets D1274
current loans C3371
current management G182
current market price P2193
current market value V86
current operations T1093
current payments P128
current price P2225
current quotation C2407
current rate T133
current ratio R180
current receipts R290
current return R1132, R1142
current savings account C1576
current settlement L312
current transactions A732, O487
current usance U75
current value V132, V44, V85
current year A1038
current yield R1132, R1142
curtailment D1143
curve C2544
cushion of funds R1468
custodianship G125
custody G125
custom C994, U60
custom accounts receivable C1014
customer C987
customer category C391
customer request S714
customer risk R2000
customer service S216
customer service officer P1691
customer's man R1059
customized financial products P2417
customized service S247
customs U70, U76
custums value V94
cut A54, A976, D1143, E1281, M722, R471
cutback C1398
cut-off B343
cut-off price C2699
cut-off procedure P2332
cut-throat competition C1746, C1749
cutting off D862
cycle C3443
cyclical C1861
cyclical securities V223
cyclical switch A1243

dabbler in stocks B547
dabbling at the stock exchange B545
daily J108
daily evaluation E1550
daily loan P1848

daily management G199
daily rate T248
daily receipts R279, R1273
daily reporting R1378
daily returns R1273
daily settlement C1334
daily transactions T1115
daily variations V332
damages D1487
danger money P2071
daring venture E1063
data D1491, I422, R1206
data analysis D742
data bank B113
database B225
data collection C1112
data entry S3
data processing T1033, T1037
data storage medium S1284
data transfer T1150
data transmission network R1452
data updates M759
date D1, E70, J49, T538
date bill E274, E284, T1018, T992
dated bill P203
dated paper P203
date draft T1018, T992, T999
date setting rules R813
day J110, J49
day before settlement J83
day-book M14
daylight overdraft D263
day-limited order O769
day loan P1848
day loan market M306, M359
day of grace J62, J65
day order O780, O821
day session S88
day's price P2225
day-to-day J94
day-to-day trader T944
dead account C1593, C1611
dead assets P1021
dead capital C207, C223, C234
deadline D424, D42, E70, T538, T557, T566
dead money A1298, A1302
dead surety G95
dead-weight debt D972
deal A720, M166, O345, T1073
dealer C115, C1189, C1700, D64, N63, N71, O312
dealer seat S354, S357
dealer status S1113
deal for the settlement O412, O438
dealing A640, N81, P299
dealing for the account N110, O445

dealing for the settlement N110
dealing room S31, S34
debasement A923
debasement of coinage A925
debenture O61, O24, O26, T732
debenture capital C244
debenture debt D979
debenture holder O25, P1316
debenture interest I723
debenture loan E678
debit D71, D75, D1467
debit account C1551
debit advice A1619, A1630
debit and credit D1468
debit balance D69, M1218, S657
debit card C365, C372
debit column C1123
debit entries E997
debit entry E195, E201
debiting of an account I166, M742
debit interest A822, F887, I763, I780, I783
debit item A1361, P1491
debit note A1619, B491, N342
debit side D1467
debit terminal T587
debt C2919, C2978, D948, E859, P426
debt amount S759
debt annulment A41
debt assessment E1546
debt capacity L265
debt ceiling P954
debt collection C1110
debt collector A801
debt conversion C2280
debt crisis C3402
debt-debt swap S1437
debt due D965
debt due on a fixed date C2956
debt-equity ratio R164
debt-equity swap C2277, E49, T1193, T1196
debt financing F274
debtholder D901, P1315, P1321
debt incurred D959
debt manager G227
debt maturity structure S1197
debt not due C2972, D978
debtor D75, D76, D96, O212, R442
debtor attached D101
debtor company S505
debtor country P508
debtor country rating C924
debtor financial straits G139
debtor list L400
debtor nation N29
debtor position P1391, S423
debtor's bank B103

debtor side D1467
debtors' ledger L446
debtor subsidiary F230
debtor substitution C653
debtor type T1341
debtor warrant B442
debt owed us D999
debt paid D963
debt payment R712
debt portfolio P1279
debt quality Q10, Q12
debt ratio C1079, R157, R185, T160
debt recovery system S1622
debt redemption A962
debt reduction A888, D806, R479
debt renegotiation R1176
debt repayment limit P960
debt repayment schedule E130
100% debt rescheduling R505
debt restructuring R242, R1733
debt securities T824
debt security T703, T758
debt selection S166
debt service C689, C667, C670
debts in arrears C3006
debts in security form C3042
debt smoothing L393
debts overdue D1000
debt transfer slip B484, B498
debt without recourse C2964
deceleration D155
decision A1316, D168
decision-making authorities I510
decision-making power P1566
declarable coupon C2510
declaration D178
declaration day J85
declaration forms I156
declaration of bankruptcy D181, D186
Declaration of Basel Principles D195
declaration of compliance D182
declaration of dividend P420
declared bankruptcy F97
declared dividend D1389
declared elements E442
declared exchange rate T115
declared profit B252
declared reserves R1508
declared value V89
declaring bankrupt M750
decline B19, D202, D274, D1143, D927, E1244, R408, R1332
decline in interest rates R413
decline in prices F407
decline in profits B37
decompartmentalization D206

deconsolidation D231
decontrol L141
decontrolling D109, L149
decoy cash B398
decrease A1, A947, D388, D1143
decrease by half a point D1152
decreased competitiveness D1147
decreased cost of credit D1148
decreased inflation R564
decreased profit D1145
decrease in banking costs D1149
decrease in financial costs D1150
decrease of investments B32
decreasing difference D149
decree A1322, O740
decree in bankruptcy D181, D186
dedollarization D280
deducted tax I123
deductibility D284
deductibility from the tax base D285
deductible D291
deductible charges C688
deduction A22, D217, D293, D310, P1613, P1640, R1785
deduction advice A1634
deduction at source R1791
deductions allowed E443
deed A335, C1992, T677
deed authenticated by notary A346
deed of assignation A349
deed of conveyance A341
deed of assignment A349
deed of transfer A341
deed of protest A347
deed of transfer A350
deed of trust A344
deep crisis K7
deep discount bond O75, T838
deep perturbations P772
de-escalation of interest rates D829
de facto company S516
de facto pegging R201
de facto power P1569
defalcation A1213, D940, M71
default A44, D301, D313, E1641, M156, N272
defaulted contract C2090
defaulter D308, E709, P406, P495
defaulting D306
defaulting company E1054
default in payment C340, D319
default interest I730, I776
default of a bank D303
default on obligations M157
default ratio R183
default risk R2007, R2008, R2035
defeasance in substance D807

defeat D226
deferment A860, P2616, R1351, S1384
deferrable bond O68, O129
deferral D1076, S1411
deferred D1075
deferred annuity A1054, R1246, R1251
deferred bond O150
deferred charges C687
deferred credit C3226
deferred depreciation A964, D1077
deferred income P2403
deferred interest I710
deferred liabilities P441
deferred payment D1078, P101, P38, P58, R714
deferred quotation C2405
deferred redemption A964
deferred share A434, A438
deferring P2615
deficiency C338, M142
deficiency advances A1595
deficiency bills A1595
deficiency fees F886
deficiency of the Bretton-Woods System L1
deficiency payment P59
deficit C3385, D329, D244, D313, D1090
deficit of reserves D265
definition D353
defiscalization policy P1154
deflation D372
deflationary D370, D380
deflationary gap E19
deflationary policy P1155
deflation risk R2009
deflator D371
degree D402
deindexation of incomes D834
de jure pegging R200
delay D424, R1773
delayed delivery L421
delay in payment D580
del credere D1626
del credere agent C1291, D1626
del credere bank D1628
del credere commission C1238
del credere operation O394
delegant D462
delegate D472
delegation D464
delegation of a claim D465
delegation of a debt D467
delegation of authority D470
deletion B323
delinquency D301
delinquency note A1613
delinquency ratio P2582
delinquent debtor D87, D100

delisted security T752, V173
delisting R32, R1820
deliverable securities T841, T869
deliverance of the risk of nonpayment L164
deliverer L473
delivery D479, L416, R1014
delivery broker C2770
delivery by lots L431
delivery date D446, D10, J71, T561
delivery deadline D446
delivery month M935
delivery of stocks R1022, R1056
delivery option F61
delivery price C2697
delivery risk R2030
delivery ticket F175
delivery time D446
delivery under a Forward Rate Agreement L424
delta of a position D492
demand D493, E1671
demand bill B366, B390, L80, L84, T1021
demand curve C2549
demand debt C2991
demand deposit C1660, D666, D695, D710
demand draft T1021
demand for dollar assets D499
demand for securities D533
demand funds D710
demanding customers C1017
demand letter of credit C3298, C3339
demand loan C3298, C3339, C3341, P1815, P1878
demand money rate J26
demand pressure P1754
demand rate C2715, T339
dematerialization D551
dematerialized form F753
dematerialized money M1005
demerger F977, S67
demonetization D560
demonetization of gold D561
demonetization of metal P2346
denier D564
denomination D568
department B573, D1177, S139, S208, S266
department head C721, C731
departure D1035, D784
departure date D11
departure from the Bretton-Woods system D788
departure from the law D786
departure from the rules D787
departure point P1076
dependable C1809
dependence D583
dependent currencies M1104
depletion E1201
deposit A1328, C406, C429, C1898, C2868, D625, D635, D670, D1519, P2672, S71, V599, V529

deposit account C1557, C1603
Deposit and Consignment Bank C59
deposit and loan operations O493
depositary C1897, D627
depositary of orders D630
depositary of the IMF's gold D629
deposit at short notice D659
deposit balance S659
deposit bank B105, B85
deposit base D711
deposit book L463
deposit capital C202
deposit cost C2807
deposit drain P737
deposited amount M1170, S758
deposited money E1329
deposited savings E1151
deposit expenses F865
depositing D635, V508
deposit instrument I578
deposit insurance A1457
Deposit Insurance Fund F635
deposit ledger L447
deposit liability E436, P444
deposit limit P950
deposit management G184
deposit market M242
deposit note B367
depositor D622
depositor account C1556
depositor anonymity A1078
depositors with savings institutions I1024
depository O256
depository institution E1368
depository position P1396
Depository Trust Company S346, S602
deposit owner P2593
deposit passbook C343, C345, L463
deposit rate T149, T221, T324
deposit receipt R399, R259
deposits collected D732
deposits in bank accounts D727
deposit slip B570, B502
deposit succession S1232
deposit taking A96
deposit transaction O389
deposit type T1342
depreciable assets A362
depreciated D763
depreciated currency M1006
depreciation A955, D749, D1011, E1244, M925
depreciation account C1506
depreciation allowance P2701, P2705, R1457
depreciation charges A972
depreciation expense A959
depreciation on reducing balance A961

depreciation period P623
depreciation rate T78
depreciation risk R2010
depreciation schedule P983, T10, T27
depressed market C1851, M243
depression of the stock market D766
deputy manager D1162
deputy member M620
derating D397, D196
deregistration R34
deregulation D206, D773, D779
deregulation policy P1156
derivative assets A399
derivative instruments P2407
derivative markets M437
derivatives A399, P2407
descendant price curve L208
description D353
desegmentation D804
designation D568
desk-top computer O733
destabilizing disturbances P769
destruction of money D860
detachable D861
detachable coupon C2511
detached coupon C2512
detailed account C1566, D217
detailed item P1493
detailed report R105
detection of stolen checks D869
deterioration D392, D927
determination D933, F378
detightening of credit D805
detrimental P1639
devaluation D1018
devaluation rate T151
devalued D763
devalued currency M1007
devalued money M1004
developed accounts C1676
developer P2565
development D1026, D789, E1573, F728
development bank B108
development capital C203
development plan S59
deviation D1035, I380
deviation from par E30
deviation of interest rates I382
device D1284
diagonal spread O417
dichotomy D1073
difference D141, D1079, E1
difference in duration D143
difference of standing D1094
differential D1108, E1
differential rent R1248

differential treatment T1031
difficulties D1117, E465
diligent holder P1317
dilution D1135
direct access to the market A125
direct capital gain G35
direct claims on the surety C3016
direct clearer A663
direct clearing C1332
direct collection R376
direct commission C1236
direct control C2208
direct costs C690, C701, C2849, F866
direct credit restrictions R1717
direct data capture S8
direct data entry S8
direct debit agreement C2263
direct debit order P1659
direct deposit V595
direct discount E1300
direct exchange C628
direct interventions I881
direct investment I946, P837
direction I265, O900, S176
directive D1204
directive on insider trading D1206
direct lending P1954
direct loan F6
direct loan market M270
direct options O696
director A691, D1160
directors' bonus T46
director's fees J3, T46
directorship D1177, P1736
directory R1330
direct parity P268
direct participation P363
direct payment department S246
direct placement L6
direct quotation C2464, C2406
direct saving resources R1658
direct tax C2160
direct taxation F356
dirty floating F438, F443, F448
disadvantage H3
disaffection D792
disagio D1216
disagreement C1957
disalignment D800
disappearance D1232
disbursed loan P1875
disbursement D120, D128, S796
disbursement account N343
disbursement loan C3222
disbursements made D137
discharge A329, A1224, D161, L149

discharged Q90, Q93
discharged bankrupt F85
discharge of a bankrupt R860
discharge of a debt A331, R713
disciplinary authority for stockbrokers P1567
discipline D1218
disclaimer clause C945
disclosed reserves R1545
disclosure document D1454
disclosure standards N327
disclosure statement D1454
discontinuance of business C563
discount B457, C1243, D619, E1281, P724,
    P2041, R471, R1014, R2084
discountable B57, E1280
discountable bill E291, P206, T687, T1002
discountable credit note P209, P212
discount accounting C1423
discount amount I67
discount and premium P1656
discount bank B120
discount broker C389, C2763, E1320
discount brokerage C2742
discount ceiling P956
discount charges F874
discount cost C2801
discount counter G351
discount credit C3239
discount deducted R1039
discount department S233
discounted E1317
discounted bill E293
discounted bond O37, O74
discounted cash flow M469, V43
discounted draft T1003
discounted expenditure D591
discounted loan P1821
discounted receipts R288
discounted value V106, V42
discounter E1320
discount form F173
discount guarantee deduction R1789
discount house M34, R2
discounting E1281
discounting procedure P2310
discount in the stock market P2013
discount limit P956
discount line application D522
discount market M257
discount of drafts M809
discount on debts D237
discount on the parity rate D234
discount operation O397
discount plan S60
discount policy P1165
discount portfolio P1286

discount practice P1587
discount promise P2558
discount quota Q105
discount rate T167, T168, T70
discount revenue P2383
discount table T21
discount variety V344
discount without recourse E1312
discovered trend T1246
discrepancy between supply and demand D798
discretion D1223
discretionary account C1527
discretionary account agreement C2247
discretionary order O756, O810
discretionary portfolio P1290
discretion assured D1224
discriminatory practices P1597
discriminatory taxation F357
disengagement D269, D809
disequilibrium D816, N221
disescalation of interest rates D829
disfavor of the dollar D324
dishoarding D939
dishonor D314, N205, R588
dishonored I42, N255
dishonored bill E302, E315, R1794, T1010, T1016
dishonored debts D1008
disinflation phase P778
disintegration of the fixed exchange rate system D797
disintegration of the international financial system D1227
disintermediated financing F319
disintermediation D840
disinvestment D843, R1811
disinvestment from securities D846
dismantling C1967, D539
disorganized financial market I469
disparity D1228
dispersal of securities E1194
dispersed capital C205
dispersion D1244
dispersion of capital D1246
displaced stock exchange security V59
displacement of a security D201
display A755, S10
displayed price P2183
displayed quotations C2442
disposable funds D1282, F676
disposable income R1884
disposal D1290
dispossession D632
dispossession of securities D634
disproportional volatility risk R2052
dispute C1957
dispute over a debt C1959

disruptive exchange rate fluctuations F456
dissaving D815
dissemination D1124
dissenting shareholder A545
dissipation D1308
dissociation D1309
dissociation of capital D1311
dissociation of risks D1313
distinction D1315
distortions D1318
distortions of competition D1320
distrainable S21
distrainee D101, S1
distrainer S22
distraint S3
distressed loan P1816
distributable profit B255, B279
distributable surplus E1606, S1377
distributed income R1912
distributed investments I988
distributed profit B256
distribution D1124, D1329, P328, R1293, V456
distribution channels C139
distribution chart pattern M886
distribution date D63
distribution level N138
distribution method M674
distribution order O773
distribution policy P1158
distribution price P2255
distributor C1700, D1324
distrust M598
disturbances P768
divergence limit S309
diversification D1343
diversification strategy S1182
diversified customer base C1004
diversified portfolio P1282
diversion of savings D943
diversity D1354
divestiture D843
divestment D843
divided markets M1257
dividend D1359
dividend amounts M1215
dividend announcement D185
dividend beneficiary B287
dividend coupon C2513
dividend cover T139
dividend coverage C2885
dividend cut R480
dividend declaration D185
dividend distribution R1307
dividend forecasts P2002
dividend for the financial year D1394
dividend freeze B419

dividend fund F593
dividend gross-up M48
dividend growth C3425
dividend in arrears D1383
dividend income R1883
dividend level N139
dividend limitation L245
dividend off C2500
dividend on C2498
dividend payable D1414
dividend payment V523, V540
dividend payout ratio R170
dividend per share D1380, D1427
dividend policy P1160
dividend preference D1598
dividend proposal P2587
dividend rate T154
dividend report R924
dividend reserve R1464
dividends collected D1433
dividends drawn D1433
dividend securities V232
dividend share A464
dividend statement E1469
dividend taxation T346
dividend tax credit C3227
dividend test N311
dividend warrant C785, C833
dividend yield R1131, T310
divisibility D1438
divisible D1439
divisible debt D964
divisible letter of credit A183, C3228, L103
division D1188, D1440, P328, S139
divisional coin P794
divisional currency M1009
divisor D1436
doctoring C125
document D1450, P189, P789
documentary advance A1566
documentary bill E282, T996
documentary collection R1032
documentary credit C3229, C3379
documentary discount E1301
documentary guarantee G85
documentary information R1209
documentary letter of credit A184, C3338
documentary transaction O391
documentation D1456
documents against acceptance D1459
documents against payment D1463
documents against the banker's signature D1464
document signed in blank B404
dollar D1470
dollar appreciation trend M1263
dollar balances T1267

dollar deficit D342
dollar equivalent E1242
dollar era E1243
dollar exchange rate V68
dollar exchange standard E1422
dollar fall D275
dollar-franc exchange rate C2604, R98
dollar-franc quotation C2408
dollar-franc rate R889
dollar gap T1303
dollar group G300
dollar holdings A1660
dollar intervention I870
dollar pool P1247
dollar prices P2275
dollar standard E1421, S1546
dollar surplus E1607
dollar swap S1439
dollar transaction O392
dollar value V93
dollar volume V93
dollar zone Z5
domain D1473
domestic bill T1006
domestic currencies M1098
domestic exchange rate C639
domestic inflation I361
domestic investments I999
domestic investors I1023
domestic loan E641
domestic market M248
domestic savings E1153
domiciled D1485
domiciled bill E283, T997
domiciled coupon C2514
domiciliating bank B112
domiciliating banker B203
domiciliation D1480
domiciliation commission C1237
dominant firm C724
donation A1162, D1511
dormant account C1593, C1611
dormant balance S668
dormant partner A1420, C1160
dossier D1519
double borrowing E642
double entry E987
double option D1533, D1536, F58, O640, S1147
double option buyer A266
double option price C2703
double option seller V387
double put and call price C2703
double responsibility R1593
double standard E1423
double taxation I82, T347
doubtful account C1523

doubtful assets A370
doubtful debt C2952, C2990, D995
doubtful loan P1817, P1844
Dow-Jones D1539
Dow-Jones index I280
downgraded security T699
downgrading D196, D1540
downpayment A282, V529
downside breakout P1088
down tick N92
downtrend O901, T1241, V4
downturn O901, R1332
downward B41
downward adjustment A864
downward curve C2550
downward pressure P1753
downward revision R53
downward trend C2539, M1265, O901, T473, T477
downward variations V323
draft E228, L55, P2523, R1014, T639, T958
draft charter P2535
draft edict P2530
drafting R426
draft order P2530
drain H69
draining P1227
draining off D1541
drain on foreign exchange H71
drastic reduction R481
drawee D84, P494, R1012, T669
drawee branch S1246
drawee customer C993
drawer E474, S367, T673
drawer of a check E479
drawing D1290, E494, E549, T639
drawing account C1647
drawing at sight D1296
drawing commission C1274
drawing day J91
drawing facilities F44
drawing on a loan P1646
drawing on oneself T652
drawing schedule T29
drawing the balance I22
drawing up E1350, R426
drawn bill E273
drawn bond B443, O143
drifting away D862
drive C130
drive-in bank G355
drop A1, B19, C879, D274, D1143, F406, G240
drop in value D1159, M925
drop lock clause C977
drying up of deposits A1378
dual foreign exchange market M218

dual listing C3437
dubious debt D995
dud banknote B368
dud check C774, C776
due E149, D1624
due bill E285, T1000
due coupon C2515
due date D15, D29, D38, J59, T538
due debt C2942, C2953, C2955, D967
due diligence D1133
Due Diligence Committee C1156
due draft T1000
due for payment E1690
dull A1468, I170, I173, L17, M1258, M1260
dull market C1858, M274, M297, M320, M356
dullness C1845, C1858, L15
dullness of the market A1469, M1259
dummy P1911
dummy account C1587, C1651
dummy bundle L140
dumping D1629
duplicate D1531, D1633, E1655
duplicate check D1532
duplication E576
duration D1634, D1641, L525
duration limit L264
during the February settlement L308
during the trading N82
Dutch auction E822
dutiable T340, T359
duty C667, O26, T354, T48
duty-free N127
dwindling A947
dynamic hedge policy P1148
dynamics D1657

early A1106
earmarked check C824
earmarked reserve S1172
earmarking A744
earned interest B272
earned profit B253
earned revenues P2429
earned surplus P1054
earnest money A1328
earning capacity C149, C155, C161, R1216
earning power C149, C155, C161
earnings B237, B269, G30, G43, R1756, R1874
ease F8
easing A1431, D873, L149
easy access to the market F9
easy terms F33
EBRD B176
echelon E140
EC loan mechanism M570

economic agents A804
Economic and Financial Division D1193
Economic and Financial Evaluation Agency A780
economic and monetary system S1542
Economic and Monetary Union U35
Economic and Social Development Investment Fund F638
economic and statistical expert assessment E1735
economic index I281
economic nature N35
economic planner C1862
economics E155
economist E165
economy E155
ECU E217, U44, U54
edict O740
effect E228, I180
effective date D20, D24
effective yield R1145
effect on liquidity A468, I183
efficiency E375, R1129
efficient P619
EFT V596
EIB B175
elastic F422
elasticity E414, F414
election E418
electronic banking B61, M954, S280
electronic communication C1296
electronic item E286
electronic mail M647
electronic tool O926
electronic transactions T1097
electronic vote V679
element E422
eligibility D408, E451
eligibility standards N320
eligibility test T596
eligible E453
eligible asset E424
eligible paper T687
elimination E454
E-mail M647
embezzlement A1213, D940, D944, M71
emergence A1128, E150, E469
employee E591, F523, P1689
employee financial participation scheme R633
employee profit-sharing scheme P375
employment E570
EMS exchange rates P293, P297
encashable E741, P1712
encashed E762
encashment E743, E763
encoding of a check C1055
encoding techniques T418
encryption techniques T418

encumbered property P2608
end F241, T538
endemic inflation I362
end-of-month F247
end-of-year F243
endorsable E877
endorsable check C790
endorsable security T725
endorsed bill E289
endorsed check C791
endorsed draft T1001
endorsee B283, B288, E878
endorsement A1544, E875, E879, P68
endorsement by proxy E891, E897
endorsement fee C1240
endorsement for pledge E896
endorsement in full E886, E898, E902
endorsement liability E929
endorsement of a bill E890
endorsement to order E894
endorsement without recourse E888
endorser A178, A1552, C466, D1502, E904
endorser of a bill G53
endorsing banker B200
endowment insurance A1447
engaged money M1018
engagement letter L110
engineering company S538
enlargement E410
ensuing account L321
entering to an account O454
enterprise E1042
entire sum T932
entity A1392, E1010
entrance fee D1559
entrepreneur E1041
entries in national currency E1034
entry A1352, E1020, E984, I470, I472, P418, P1482
entry barrier for certain currencies I676
entry of documents S9
enumeration E1110
environment E1115
envisaged investments I986
epoch E1197
equal P251
equality E400
equalization E397, P604, R832
equal rating R151
equilibrium E1207
equipment E1234
equipment credit C3238
equipment financing C3238
equipment lease agreement C2075
equipment trust certificate T712
equities trader C2752

equity A489, A499, A526, F690, P436, P454
equity capital C331, F690
equity contribution A1175
equity-for-debt swap T1191
equity holder A1183, P1309
equity increase A202
equity in income of affiliates R450
equity interest T854
equity investment I937, I953, P821
equity investors I1017
equity issue E496
equity level N144
equity market M181
equity participation I1006
equity ratios R195
equity stake T854
equity trader N72
equity trading N83
equity warrant B445, O662
equivalent C2129, C2150, E1238, E1239
equivalent in francs C2139
equivalent share P312
equivalent value V105
erosion E222, E393, E1244
erratic E1252
erroneous E1276
error E1256
errors and omissions E1274
escalation E1277
escalator clause C948, C952
escape clause C970
escrow B421, D668, D708, M760
escrow account C1609
escrowed share A418
escrow receipt R260
established reputation R1423
establishing D933
establishment E1350, I48
exchange rates E1390
estate P448, P2599
estate agency C9
estate agent A797
estate size I65
estimatable A1185
estimate E1337, P1613, P1979
estimated assessment E1541
estimated cost C2796
estimated expenditure P1986
estimated value V109, V110
estimation A1186, E1443
estimation method M675
euphoria on financial markets E1490
Euro E1491
Euro-activity E1492
Eurobank E1493
Eurobonds E1524

Eurocapital E1496
Eurocard C367
Eurocheque E1498
Euroclear E1499
Eurocommercial papers E1526
Eurocoupon E1500
Eurocredit E1501
Eurocurrency E1504, E1522
Eurodollars E1505
Eurofrancs E1516
Euro-issue E1507
Euroloan E1528
Euromanagers E1517
Euromarket E1518
Euromark market M266
Euromoney market E1519, M262, M267
Euronote E1495
European Bank for Reconstruction and
  Development B176
European Community zone Z4
European Currency Unit E217, U54
European Finance Corporation S596
European Investment Bank B175
European Monetary Agreement A166
European Monetary Cooperation Fund F637
European Monetary Fund F639
European Monetary Union U38
European Mortgage Bank B180
European Payment Union U36
European Social Fund F641
European Union companies E1088
European unit of account U44
Eurorate E1532
Eurosector E1529
Eurospecialists E1530
Eurosterling E1531
Eurosubsidiary E1515
Eurotechniques E1533
Eurotransactions E1534
evaluation E1443, E1537, N331
evaluation at the price of the day E1545
evaluation criteria C3415
evasion E1563
eve V357
evening out P604
evening session S92
even roll R552
event C380, F108
event of default C381, D167
every day J50
eviction of private investment E1572
evolution E1573
exact E1584
exaction E1586
examination E1593, I497, V482
examination on the spot V502

examined statistics S1096
examiner E1596, V473
exceeding the limits of authority E1626
excellent liquidity L338
excellent reputation R1424
exceptional levy P1648
excess E1598, E1622, S1325
excess cash E1619, T1270, T1302
excess investment E1610
excessive investment I991
excessive liquidity L339
excessive price P2176
excessive rate S1390
excessive rise H37, M1248, S1342
excessive speculation S1018
excessive swelling of liquid assets G259
excessive taxation F361
excess money supply M539
excess payment T1300
excess profit S1265, S1382
excess reserve R1465
Exchange B538, B548, B505, C618, C2273, D1038, E42
exchangeability E59
exchangeable E60
exchangeable notes B396
exchange adjustment E13
exchange at par C645
exchange broker C2759
exchange brokerage C2737
exchange business A728, C1170
exchange clause C943, C949, C956
exchange constraints C1987
exchange control C2200, R749, R753, S1400
exchange day J53, J81
exchange discipline D1220
exchange discount D1217
exchange examiner V474
exchange exposure P1367, R1990
exchange gain D1086
exchange guarantee G79
exchange instrument I579
exchange law D1568, D1575, L39
exchange loss D1086, P731, P735
exchange market B519
exchange mechanism M561, M581
exchange office B574, C618, O253, O257
exchange opportunities O576
exchange parity P265, P276
exchange permit A1527
exchange practices P1594
exchange premium A819, P2187, P2034, P2059
exchange profit B249, B251, P1030
exchange rate C618, C630, C2602, T111, T164, T65
exchange regulations R748

exchange relations R899
exchange restrictions R1714, R1716, R1722
exchange risk R1990
exchange sector S128
exchange staff P712
exchange transaction N87, O358, O360, O362
exchange value C2150, V97
exchequer E147
Exchequer public revenue department T1250
excited market M182
excitement F212
exclusion E1628
exclusive right P2147
ex-commission C1209
ex-coupon E1630
ex-dividend D1390, E1631, E1670
executable E1633
executable transactions O500
execution E1635, P1540
execution creditor C3052
execution for debt P1538
execution period D438, P647
executive C14, R1608
executive agency O857
executive body O857
executive committee C1141, C1868
executive director D1170
executive officers P714
exempt company C1308, S506
exempt dividend D1395
exempted amount M1187
exempting from tax D367
exemption D1241, E1698
exemption from tax payments E1699
exempt purchaser A265
exercisable E1657, L120
exercise E1659, L121
exercise cut-off time D445
exercise date D28, D41, D58
exercised options O712
exercise limit L268
exercise price P2198, P2201, P2205, P2226
exercising E1659
exhausted credit C3237
exhausted funds T1269
exhausted letter of credit L105
exhausted resources R1660
exhaustion E1201
ex interest I743, I688
existence E1692
existing laws L40
exit I1045, S796
exit fee C1271
exit from the currency snake S804
exit of the franc from the EMS S801
exorbitant price P2176

exotic currency transaction O363
expansion E1706, E1757, G255
expansion rate T176
expectation A1083
expected delay R1777
expected disinvestment D844
expected investment I939
expected price C2589
expected profit B257, P2470
expected return R1221
expected unfreezing D110
expected volatility V636
expendable N283
expenditure D589
expenditure account C1531, C1590
expense account C1531, C1590
expense allocation V459
expense category C393
expense ceiling P949
expense control C2207
expense item O15, P1492
expense limit L263
expense reimbursement R1699
expenses C682, C2841, D589, F839, S805
expense tax I124
experience E1718
expert C1881, E1721
expert appraisal E1732
expert fees F877
expertise C1341
expert survey R107
expert valuation E1732
expiration D163, E1737
expiration date J61
expiration series S192
expired P621
expired banknote B379
expired bill E326
expired period D439
expired policy P1113
expiry E1737
exploration P2621
explosion E1743
export E1747, S796, S805
export credit C3242, C3340
exporter of capital E1746
export gold point G254, P1090
exposure E1751
exposure to the exchange risk E1752
exposure to the interest risk E1753
ex-premium P2021
expressed in francs C97
ex rights D1573, D1607, E1632
extendable bond O68, O129
extended coverage E1761
extended facility F11

extended margin M476
extended payment D459
extended responsibility R1595
extended terms P2618, P2545
extending P2615
extending the legal power of the IMF R1182
extension E410, E1757, P2616, P2541, P2550, R1192
extension fee C1266
extension granted D443
extensive investment I993
extensive liquid assets D1273
external account C1617
external assets A1663
external audit A1493, C2211, O464, R1945, V494
external bill L76, T1004
external convertibility C2299
external debt D966, D968, E874
external equity F692
external exchange rate C631
external expert E1725
external financing A1173, F277, F321
external flows F491
external holdings A1663
external investments P901
external lender P1920
external liabilities P435
external loan E645, E648, P1822
external markets M438
external operators O334
external payments P130, R784
external resources R1661
external savings E1155
external services P1776
extinction E1763
extortion E1586, E1768
extra banking costs S1333
extra cash D1267
extra charge S1392
extra collateral G24
extra commission S1274
extract E1771
extra dividend D1393, D1396, D1424
extra expenses S1326
extra investment I938
extra margin M495
extra money R62
extraordinary advance A1568
extraordinary charges C693
extraordinary costs C2853
extraordinary item E432
extraordinary loans P1972
extraordinary losses P758
extraordinary meeting A1389, R1857
extraordinary reserve R1466
extra payment P106

extra peak P1096
extra profit P2464
extra tax T380
extravagant expenditure D606
extra value S1277
extra vote V628
extreme confidentiality C1818
extrinsic E1777
extrinsic value V112
ex-warrant B448, E1597, E1756

face amount S756
face rate T179
face side A1604
face-to-face credit C3243
face value M1188, M1225, V113, V152
facilitation of interbank transfers F7
facilities market M271
facility A938, F8, F22
factor F51
factor analysis A995
factoring A716, F52, F53
factoring agreement C2050
factoring charges C1218, F878
factoring company E1046, S460, S515
factoring transactions O501
failed delivery D318
failing business partner C2137
failure D226, D1660
fair competition C1751
fair rate of return R1148, R1169
Fair Trade Commission C1282
fake F122
faking T1305
faking the figures T1296
fall A1, B19, C879, D1143, F406, M1265, R408
fall between two price rises B31
fall clause C964
falling due E134
falling trend T473, T477
fall in prices C881
fall in reserves D391
fall in value D1011
fall-off R59
false coin P795
false entry F124
falsification D1303, F111
family bank B123
fare T48
farm credit C3169
farmers' mutual bank C47
farm lease F138
favorable A355, A1602
favorable balance B50, E1598, S639, S642, S663, S683

favorable developments E1578
favorable limits L278
favorable price C2593
favorable rate C2645, T180
favorable terms C1772, C1781, F22
favorite securities V235
feasibility F102
feasibility study E1482
feasibility test T598
feasible forecast P1989
feasible operation O434
feasible project P2526
federal discount rate T171
Federal Reserve R1493
Federal Reserve Bank B177
federation F129
fee C1201, D1546, H112, R444
fee-based services S287
fee-generating bank services A642
fee schedule T127
fees collected C2747
fees on bonds C2748
fees on stocks C2746
fever F212
fiat money M1025, M1062
FIBOR F165
fictitions assets A372
fictitious bill E296
fictitious drawing T650
fictitious entry E197
fictitious operation O400
fictitious person P695, P699, P703, P705
fictitious profit P2471
fictitious signature S387
fictitious subscription S901
fictitious value V115
fiddling T1305
fidgety market M321
fiduciary F202
field C613, D1473
fierce competition C1746, C1749
figure C846, F218
figurehead P1911
figures profit R1735
file D1519, F184, F194
file transfer T1157, T1213
filing D635
fill or kill order O776
final amount M1169, S769
final balance S666
final borrower E714
final commitment E931
final cost C2812
final date D42
final deadline E89
final debtor D90

final decision D171
final distribution D1335
final dividend D1398, S661
final exemption D1242, E1700
final investors I1027
final maturity date D17
final payment D130, V532
final prospectus P2628
final quotation C2427
final receipts R291
final result R1746
final settlement D222, R992, R721, R727
final yield R1151
finance F250, I320, T1248
financeable F249
finance account C1589
finance and credit mechanism M575
finance and credit organization O865
finance bill B373, E297
finance charges F863
Finance Commission special reporter R119
finance committee C1244
finance company S522
finance contract C2052
financed company E1061
finance department D1183
financed quota Q115
finance expenses F879
financial F333
financial accounting C1427, C1429
financial accumulation A213
financial activity A610
financial administration A699
financial advertisement A1046
financial adviser C1883
financial affiliation method M865
financial agency O858
financial aggregates A832
financial agreement A150
financial aid A845, A850, E1112
financial analysis A996, D1071
financial analyst A1019
financial approach A1209
financial assets A400, A1669, C216, P452, P458
financial assistance A1221, C1722, S100
financial audit A1494, R1943
financial austerity R1968
financial authorities A1538
financial autonomy A1523
financial backer B16
financial backing A1221, A845, C2161, S957
financial barriers O218
financial benefits A1599
financial bonus B475
financial budget B560
financial capitalization C276

financial center C495, P812
financial channel C893
financial circles C503, M942
financial claim C2958
financial collapse D423, E384
financial column C876
financial commitment E932
financial community M709
financial company E1062
financial competence C1344
financial concentration C1694
financial conglomerate C1840
financial consolidation C1906
financial consultant C1870
financial control C2212
financial controller C2238
financial conversion C2286
financial core N361
financial correspondents C2374
financial costs C2854
financial crash D67
financial crisis C3403
financial criteria C3416
financial data D1498
financial decontrolling L155
financial deflation D375
financial department S141, S235
financial dependence D584
financial deregulation D207, D777, D780
financial difficulties D1122, E467, G138, G140
financial director C732
financial disengagement D810
financial disintermediation D841
financial documents D1462
financial draining P1230
financial editor C877
financial effect I184
financial embarrassment G138, G140
financial engineering A636
financial environment E1117
financial equilibrium E1213
financial euphoria E1488
financial exchange risk R1997
financial expansion E1712
financial expenses C696, F879
financial expert E1726
financial fight E598
financial flows F492
financial forecasting P1990
financial function F517
financial futures C2113, P2419
Financial Futures Market Board C1878
financial gadgets G6
financial gains P1046
financial gearing ratio R178
financial globalization G248

financial group G304, G323
financial guarantee G104
financial holdings H101
financial imbalances D824
financial indicator I252
financial industry I320
financial inefficiency I324
financial information C1297
financial innovations I465
financial institution E1374
financial instrument O927
financial integrity I659
financial interdependencies I672
financial intermediary I808
financial intermediation I826
financial interrelation I16
financial investment E1157, I951
financial juggling T1297
financial law D1579
financial leasing C3350, L23, L487
financial legislation L41
financial loan C3244
financial loss P728, P1637
financially F335, P537
financial machinery A1127
financial management G192
financial manager G228
financial manipulations M134
financial market M208, M278
Financial Markets Committee C1154
financial means M1323, P1475
financial measures M652
financial mechanism M573
financial moguls B214
financial monopolies M1131
financial motives M790
financial multinationals M1343
financial multiplier M1349
financial news C876
financial newspaper J104
financial obligations O193
financial official F524
financial oligarchy O300
financial operators O335
financial package E1002, T936
financial paper P209, P212
financial participation P366
financial partner A897
financial performance R1227
financial perturbations P770
financial pillaging P803
financial plan P996
financial planning P1017
financial policy P1168
financial pool G323
financial position S426

financial practice P1588
financial press advertising P2736
financial pressure T511
financial products P2413
financial profession P2436
financial professionals P2448
financial profile P2455
financial program P2506
financial ratios F47, R50
financial redeployment R439
financial redistribution P605
financial regulations R722
financial relations R904
financial reorganization R1280
financial repercussions C1891
financial report R108
financial reserves R1526
financial resources D1272, R1662
financial responsibility R1596
financial revenues P2413
financial risk R2014
financial sanctions S42
financial sector S130
financial services S283
financial situation C1852, P1475, S426
financial soundness S44
financial specialist S974
financial sphere D1477, S1039
financial sponsor P2566
financial stabilization A1373
financial staff E227
financial stakes E978
financial standing C3107, S426, S1089
financial statement E1458, R108, R917, T14
financial statistics S1097
financial status E1457
financial straits E467, G138, G140
financial strategy S1183
financial strength S711
financial structure S1200
financial subsidiary F231
financial summary E1459
financial supercenter M603
financial supermarket S1268
financial supervision S1405
financial support A1221, A845, C1729, S957, S959
financial surplus E1609
financial syndicate C1917
financial system S1554
financial techniques T423
financial terminal T588
financial terms C1783
Financial Times index I282
financial transactions A734, O504, T1103
financial turmoil T939

financial vulnerability V691
financial waste G4
financial weakness F836
financial windfall M138
financial world U55
financial year A1035, A1039, E1659, E1662, E1666, P648
financier F334
financing A1174, F314, F257
financing adjustment R463
financing body O879
financing capacity C153
financing charges C696
financing deal O402
financing loans C3372
financing method M866, M1307
financing plan P995, P2527
financing procedure P2313
financing project P2527
financing solution S718
financing terms M832
fine A941, P540, P547, P553
fine bill E329
fine gold O726
fineness T677
fine paper P192, P194, P221
fine-tuning of money R671
firm C1, E1042, E1350, F336, F136, M30, R1559, S447, S954, T494, T521
firm bid D513
firm buyer A268
firm commitment E930
firm deal M275
firm market M275
firmness F140, T524
firm offered price C2713
firm price P2213
firm prices C2723
firm purchase A234
firm rate T182
firm sale V421
firm seller V371
firm trade O502
first beneficiary B293
first day after ... J84
first day following ... J84
first estimate E1345
first fixing F396
first installment A291
first mortgage H153
first of exchange P1670
first-rate bill E329
first-rate companies E1104
first-rate signature S389
first reading L29
first resort R1626

first session B531
first share A498, A500, A516
first tranche T1066
fiscal F343
fiscal and monetary policy P1171
fiscal legislation J118, L43
fiscal losses P760
fiscally F344
fiscal means M1325
fiscal period P653
fiscal policy P1170
fiscal year A1040
Fitch Investor Services F375
fixed F715
fixed assets A373, A380, I25, V239
fixed capital C217, C219, F598
fixed charges F899
fixed commission C1245, C1246
fixed costs C698, C2847, C2855
fixed date D13
fixed deposit D662
fixed dividend D1399
fixed divisor D1437
fixed income R1888
fixed interest I714
fixed investments E586
fixed limits L283
fixed loan A1582
fixed maturity E86, E90
fixed parities F402, P269, P292
fixed pay day J68
fixed period D441, P640, P649
fixed price C2648, F709, P2216
fixed purchase A234
fixed quota Q116
fixed rate C2647, F709, T183
fixed salary F392
fixed tax I125
fixing D933, E1350, F376, F378, F394
fixing an exchange rate I525
fixing auction C3391
fixing session S87
fixing system S1557
flagging L17
flagship of the group of companies F413
flash estimate E1345
flat F405, F715
flat fee C1245, C1246, F899
flat premium P2049
flat-rate tax F713, I129, T369
flat-rate withholding P1654, P1650
flattening A1121
flexibility F414, F479, S830
flexible F422
flexible payments F421
flight E1563, F954

flight from currency F965
flip investment S1236
flipping S912
float F432
floatation E494
floatation cost F869
floatation date J66
floatation price P2224
floatation terms C1787
floated loan E662, P1849
floating F431, F433, L4
floating assets A366, A384
floating bond rate rise R1120
floating capital C206, C218, C325
floating charge C672
floating currency M1028
floating debt D969
floating franc F920
floating interest I715
floating parity P270
floating policy P1114, P1122
floating price P2217
floating rate C2606, T186
floating stock F432
floating supply F432
floor F423, P1012, T281
floor broker N79
floor guarantee G120
floor premium P2068
Floor Procedure Committee C1155
floor rate C2688, T185
floor ticket F176, F182
floor trader A798
floor trading P299
floatation cost C2809
flow C2537, F429
fluctuating V308
fluctuation E1253
fluidity F479
fluidity of markets F481
fluidity of quotations F480
focus L412
FOK O776
folding money M1062, M1025
follow-up S1254
follow-up letter L117
food exchange B532
force F704
forced bankruptcy D669, D698
forced circulation C2650
forced conversion C2287
forced loan E650
forcing into bankruptcy P1541
for collection E766
forecast E1346, P1979

Forecast Division of the Ministry of Economy and Finance D1201
forecasters P1994
forecasting P1979, P1996
forecasting errors E1275
forecasting range H118
forecast model M887
forecast monitoring S1260
forecast parity P280
forecast performance R1233
foreclosure S3
foreign account C1585
foreign assets A1663
foreign bank B121
foreign banking C1168
foreign bill E294, L76, T1004
foreign bond O76
foreign borrower E713
foreign branch S1243
foreign broker C2764
foreign cash E1330
foreign commitments E965
foreign company S513
foreign competitors E1105
foreign-controlled bank B93
foreign correspondent C2371
foreign currency C618, C630, D1055, M1020
foreign debt D966, D968, E874
foreign exchange C114, C115, C630, D1055
Foreign Exchange Office O261
foreign funds F680
foreign guarantees C457
foreign holdings A1663
foreign investment I947, I994, P844
foreign investors I1025
foreign lending P1957
foreign loan P1822, P1865
foreign markets M438
foreign multinationals M1342
foreign operation O398
foreign operator O320
foreign-owned C2170
foreign ownership P2605
foreign partners P339
foreign pay security T721, V145
foreign section C1321
foreign securities V233
foreign share A528
foreign transactions T1100
foreign transfers T1182
forex card F169
Forex-Club A1412
forfeit D277
forfeited share A426, A494
forfeiting C2053, E1304, F714, F717
forfeiting market M282

forfeiture D163
forged banknote B368
forged check C793
forged document A343, P793
forged seal S66
forged security F125
forged signature S387
forged trademark S400
forger C2127, F120, F128, M1110
forgery C2122, D1469, F111, F122, F126
forging D1303, F3, F1, F111, M1107
forgiveness of a debt R1030, R1187
forgiveness of interest R1188
form B565, F151, F166, F745, F768, F772, M852
formal demand M743
formalities F719
formalized pool P1250
formation C1924, F728, N1
forming F728
form of credit M862
form of ownership M874
forms F763, M891
formula F772
formula investing F789
fortnightly account L310, L319
fortnightly evaluation E1561
fortune P448
for value received V177
forward L414, T546
forward delivery L436
forward discount P734
forward dollar D1472
forward-forward F797, T567
forward hedging C2915
forward market M370, M395, T538
forward method M673
forward order O814
forward payment P109
forward pound L458
forward price C2663, C2706, P2269
forward purchase A251, A253
forward purchase contract C2013
forward quotation C2435
Forward Rate Agreement transactions O506
forward sale C595, V429, V452
forward securities T872
forward swap S1457
forward transaction L415, M315, M395, O445
forward value V189
foundation C3079, F565, F567
founder F564
founder's share A413, A455, P303, P307, P314
founding family F118
four-month bill T1007
FRA C2058, C2054, F818
fraction F819

fractional D1448
fractional share R2098
fraction of capital F823
fraction of shares F821
fragile market M285
fragility F834
fragmentation F838
FRA market M283
frame agreement A167
franc F911
franc countervalue C2151
franc interest rate T187
franc zone Z7
FRA transactions O506
fraud F939, F942
fraud prevention L565
fraudulent F945
free G279
free competition C1750
free convertibility C2306, T1132
freed capital C232
freedom L172
free floating F445, F447
free gift P2013
freehold P2611
freeing D382, L149
freeing from tax D833
freely convertible currency M998
freely floating exchange rate C2658
freely transferable stock A466
free market M310
free negotiability N57
free of N126
free position P1396
free reserve C2894
free rider E182
freeze B415, G133
freeze order O741
freezing B415, G133
freight market B517, B523, B527
French Accounting Association S593
French accounting standards P988
French Association of Brokerage Firms A1415
French Association of Credit Institutions A1414
French Association of Financial Companies A1416
French auction A682
French Bank Association A1413
French Bank of Foreign Commerce B178
French-based monopoly M1117
French Financial Analysts Association S598
French franc F921
French government securities R1258
French International Financial Futures Exchange M550
French International Financial Futures Market M429

French Land Bank C3345
French Small Business Venture Capital Insurance
   Company S599
French Stock Exchange Association S592
French stock mutual fund S327
frenzied speculation S1019
frenzy F212
frequent reporting R1374
fresh capital C318
fresh money A1297
FRIBOR F948
friendly bidder for a company R1384
friendly society M1367, S503
friendly takeover P2110
FRN E345, E1525, N348
front R393
front office F951
frozen G137
fulfillment A280, E1635, T522
full I643
full lot L534
full member M616
full payment P80
full power P1575
full-service broker C2783
function F508
functional assessment A1192
functioning F527
fund C27, F565, F570, F633
fundamental analysis A999
fundamentalists F563
funded debt D958, F671
funded loan E633
funding F257, P2672
funding activity O402
funding by taxation F345
funding policy P1200
funding risk R2013
fund management G194
fund manager G153, G229
fund-raising campaign C132
funds A1270, C163, D565, D1272, F570, F643,
   M1317, M1331, P2672, R1627, T1248
fungibility A1402, F701
fungible F703
fungible bulk E998
funnel effect E290
funneling C137
Future Rate Agreement F818
futures F978, O515
futures buyings A251, A253
futures contract C2095, C1992, C2055
futures dealer C124
futures leverage E306
futures market M232, M289, M395
futures option O634

futures position P1409, P1428
futures price P2219
futures sale V452
futures trader N64
futures transactions A637
fuzzy loan P1904

gage G7
gain G30
gaining O220
galloping inflation I364
gambler A827
gambling J4
gap D141, D329, D1079, D1108, D1228, E1
gapping P2135
garnishee S2, T637
garnishee order O742
garnishment S7
gathering R63
gearing C1079
gearing ratios R193
general acceptance A100, A108, A98
General Bank Control Division D1184
General Banknote Production Division D1197
general bill T1008
general convertibility C2301
General Credit Division D1195
general crisis C3404
general expenses C699, C674
General Foreign Services Division D1199
general fund F601
general indebtedness E868
generalist G147
generalization G142
generalized securitization T890
general journal J105
general ledger L451
general manager D1165, D1171
general meeting A1390
general mortgage H150
general partner A1421
General Personnel Division D1198
general pledge G18
general provisions P2707
General Research Division D1196
general reserve R1472
general rise H41
generals P2707
General Telecommunications Division D1200
general teleprocessing T448
General Terms of the French Bank Association
   C1797
getting O220
getting results O227
gift D1490, R1054

gilt-edged market M415
gilt-edged stock V163, V168, V193, V194
giro account C1534, C1549
Giro Check Service S270
giro form C816, F784
giro transfers V607
given period P641
giver R1370
giver for a call of more D1503
giver for a put of more D1504
giving up A9
global G245
globalization G246, M945
Globex network R1441
glum M1258
goal O1
go-go fund F602
go-go stocks V258
going price P2181
going public A561
gold O721, O722
gold and silver bullions M549
gold and silver reserves E753, M660
gold-backed bond O113
gold bar B215, L301
gold-based monetary system S1600
gold bloc B411, B422
gold boom B479
gold bullion L301, O724
gold clause C960, C978
gold coin M1052, P799
gold consumption C1913
gold content P278, P285
gold dealer N68
golden O722
golden boys L542
golden rule of banking R689
golden share A532
gold equivalent C2152
gold exchange standard E1419, E1420, E1435
gold export S803
gold fever F214, F216
gold franc F933
gold fund F576
gold holdings A1677
gold ingot L301
gold loan E728
gold market M186, M316, M348
gold mine P5
gold monometallism M1113, 630
gold movement M1280
gold napoleon N25
gold operations O532
gold parity D364, P278, P285
gold payments V557
gold point G252, P1083

gold pool P1251
gold premium A818
gold price C2642, C2681, P2251
gold producer P2365
gold production P2373
gold quotation C2681
gold reserve R1495, S1166, S1170
gold rush R2132
gold securities V210, V245
gold speculation S1023
gold standard E1429, E1434, S1547
gold tranche T1072
gold value V159
good R859
good customers C1015
good debt C2941, C2944
good delivery L420
good guarantor C426
good investment P829
good liquidity L341
good opportunities O575
good reputation R1422
good through order O820, O822
good-till-canceled order O809, O823
good trader C118
goodwill F583, V250
government bills E371
government bond R1235, R1249, T756
Government Bond Redemption Fund F642
government borrowers E726
government controlled C2270
government credit C3253
government grant S1225
government loan E644, E653, E687, R1235, R1249
government official F523
government regulated C2270
government securities F679, F693, R1256, T710
government spending D604
government stock F693
government subsidy S1225
government support S1225
grace period D442, P652, T558
grade E140, T495
grading C919, C927
gradual P2512
gradual repayment E1766
grain exchange B518, B524
grandfather clause C947
grand total S769, S666
grant A844, A848, O232, P1825, P1861, S1214, S1223
granted loan C3168, C3170, C3210
granted refunding R555
granting A900, A1483, C465, C1698, O232
grantor C466

graph G269, G274, F728
graphical screen E173
graphic analysis A1002
grave offense I441
gray market M292
great power P2740
green currency M1086
Gresham's law L511
grid G283
grip E600
gross amount M1159
gross assets A365
gross dividend D1385
gross drawings T660
grossed-up dividend D1404
gross income R1881
gross interest I702
gross investment F730, I942
gross margin M466
gross profit B248, R1740
gross receipts R275
gross return R1222
gross sales C850
gross savings E1148
gross value V61
gross yield R1136, T312
ground rent R447, R1250
group G294, G317, S1470
group clearer A662
grouping G317, R824
group intervention I872
group manager M81
growing C3433
growing difference D144
growing gap D339, D346, D144
growth A197, A1500, C3422, E410, E1706, E1757
growth companies S611, S615
growth potential P1512
growth rate T141, T176
growth share V54, V88
growth stock A432, V54, V88
GTC O809, O823
guarantee C406, C429, F201, G56, G57, G7, P1305, S145, S1354
guarantee against rising rates G110
guarantee agreement C2057
guarantee bond O84
guarantee corporation S486
guarantee cost C2816
guarantee credit limit L266
guaranteed C428, C2866, G25, G55
guaranteed bill E258, P207, T987
guaranteed bond O43, O84
guaranteed by A1546
guaranteed credit C3195, C3235, C3249
guaranteed delivery L426

guaranteed dividend D1400
guarantee deposit R1788
guaranteed investment P848
guaranteed issue E521
guaranteed loan C3176, P1829
guaranteed paper P207
guaranteed price P2220
guaranteed quota Q117
guaranteed rate T188
guaranteed security T711, V119
guarantee expenses D601
guarantee fee C1226
guarantee fund C45, F600
guarantee instrument I583
guarantee rules R809
guarantor A178, B18, D1502, F200, G49, R1342
guarantor bank B126
gurus G265

half by half M936, N118
half-commission man R1059
half-yearly dividend D1422
half-yearly interest I784
half-yearly rate T323
hallmark C2166
halt A1316
halt in trading A1320
hammering of a defaulter E1640
handling M112, M122, T1024
handling charges D1582
handout P2625
handover P418, P423
Hang Seng index I285
hard T521
hard cash E1332, M1047, P797
hard copy C2346, S1291
hard currency D1051, M1012, M1076, M1030
hardening D1638
hard loans P1946
hardware E1236
harmful effects E366
harmonization H7
hawker C2772
head C716, D1160
head accountant C719
head and shoulder formation F743
head and shoulders T604
head cashier C717
head clerk C1190
head office S348
headquarters A697, S348, S351
head side F5
head teller C70, C72
heaviness L544
heavy L543

heavy charges C707
heavy debt burden E870
heavy deficit D344, D349
heavy interest burden L546
heavy investments I1000
heavy losses P766
heavy taxation I87
heavy users U93
hedge against inflation C2892, R586
hedge buying A222, A229, A243
hedge cost C2805
hedged asset E426
hedged liability E435
hedged short sale V416
hedger A1267, H61, O319, O327
hedging A629, C2868, G83, H62, O383, O407
hedging against exchange risk A1238
hedging break-even point P1082
hedging instrument I575
hedging method M1304
hedging position S421
hedging technique P2294
hedging tools O931
hegemony H65
help A844, C1716, S100
hidden distribution D1337
hidden inflation I355, I369, I375
hidden reserves R1511, R1540
hiding of assets from creditors' claims D941
hierarchical organization H93
hierarchy H88
hierarchy by instrument H90
hierarchy of financial centers H89
high S788
high ability level N140
high coupons C2532
high efficiency R1134
higher bid S1347, S1370
higher cost of credit E825
higher discount D242
higher offer S1370
highest bid E811
highest bidder A669, E827
highest price C2690
high finance F254
high flyer V195
high income R1915
high interest I712
high margin M481
high percentage P1528
high performance R1764
high profitability R1224
high rank C920
high rating C920
high remuneration R1092
high restraint P544

high return R1092, R1134, R1146
high-risk R2053
highs H60
highs and lows C2721
high-tech company securities V237
high-tech index I300
high-volume institutions E1399
high yield R1134, R1146
hire purchase A250
historical value V121
historical volatility V640
hitting a ceiling P964
hoarded cash E760
hoarded money M1081
hoarder of money T623
hoarding of cash balances T618
hoarding of gold T620
hoarding of money T616, T617
hold E600
holder D877, P1306, T503, T893
holder in due course D895, P1325, T634, T636
holder in good faith P1312, T896
holder's right D1590
holding D911
holding company H97, S495, S517, S533, S562, S567, T1314
holding loss P738
holdings abroad P2132
holdings management G207
holiday J111, J54
home banking B111, S211
home bill E304, T1006
home market M248
homeowner loans P1934
homogeneity of the Bretton-Woods System H110
homogenization of constraints H109
honorary chairman P1744
honorary president P1744
honored bill E301
horizon H116
horizontal spread E23, O422
hostile takeover bid O283
hot Q75
hot bill E263
hot money A1292, A1294, C315, C317, C334
hour H75
24-hour a day operations O562
24-hour service S265
house C605, C609
house construction loan C3254, C3272
household bank B139
housing account passbook L465
housing grant A851
housing investment I963
housing loan P1832
hub branch S1241

809

huge deficit D343
hurdles O214
hyperexpansion H135
hyperinflation H136
hyperinflation phase P780
hyperspecialization H137
hypothecary claim C2960
hypothecation M754
hypothecation and assignment agreement C2260

IBRD B183
identical amounts M1234
identical duration D1648
identical maturity E92
identity I1
idle I170, I329, O299
idle account C1593, C1611
idle capital A1298, A1302, C207, C223, C234
idle cash E751, E756
idle money M1051
idle savings E1178, E1189
IFC S597
IFM's debts C3020
ignorance of financial needs M595
IIB B182
illegal I5
illegal manipulations M133
illegal market M224
illegal possession P1463
illegitimate possession P1463
illicit profits P2490
illiquid I31, I9, N237, N263
illiquid currencies D1064
illiquid investment P860
illiquidity I10, N264
illiquidity risk R2018
image I12
image control C2215
imaginary money M1032
imbalance D816, N221
IMF F640
IMF authorities I512
IMF Charter S1143
IMF currency M1029
IMF reserve position P1426
IMF statutory provisions D1301
imitation C2122
immediate I17
immobility of the discount rate I33
immobilization I21
immoderate deficit D348
immovable property P2609
immunity of the Central Bank I35
immunization I34
impact I180, I36

impact on the interest rates A535
impaired capital I629
impairment D784
impediments O214
imperfect arbitrage A1247
imperfect delegation D468
imperfections of the market I46
impersonal ledger L451
implementation A1155
implicit forward/forward rate T190
implicit volatility V641
implicit yield T73
implied contract Q60
importance I55, P1057
import and export transactions O508
important criteria C3417
import credit C3258
imported inflation I366
import gold point G253, P1078
impossibility of quotation I94
impounding S3
impoundment proceedings P2330
imprecision of terms I153
imprest account C1515
improvement A928
in absolute figures C862
in absolute terms T570
inaccuracy of terms I153
inactive account C1593, C1611
inactive market A61, M274, M297, M320, M356
inactive share A459
inadequacy I626
inadequate controls I630
inadequate credit rating S1090
inadequate remuneration R1099
inadequate supervision D322, I641
inadmissibility I171
in advance A1084, P2675
in and out A893
incalculable I174, I333
incentive I192
incentive bonus P2046
incentive payment R1110
incentive scheme P997
incessant fluctuation of balances E1254
incidence I180
inclusion I196
inclusive F715
inclusively F716
income B237, B269, P2380, P2393, R1756
income account C1636
income after taxes and dividend B280
income-averaging annuity R1254
income band T1056
income-bearing property P457
income bond O91, O94, O116, O138

810

income breakdown D213
income control C2230
income flows F505
income formation F740
income freeze G135
income from debt and equity securities R1926
income from land R1889
income from savings R1913
income gap D1229
income item E438
income level N155
income recognition C1412
income security T755
income spread E35
income statement C1645, E1471
income stock A456, V269
income summary account R1753
income tax I115, I143, T379
income type T1362
incoming confirmation C1827
incompetence of experts I175
inconvertibility I203
inconvertible I206
incorporated company S464
incorporation I207
Incorporation Charter S1130, S1146
incorporation expense F858
incorrect information I410, I421
incorrect payment P69
incorrect quotation C2414
increase A197, A69, C3422, E1277, G255, H22, M45, P2513, R939
increase by category M46
increase in liquidities A203
increase in value A1509, P1025
increasing C3433
increasing share P311
incremental cost C2808
incrimination of money laundering I214
incurred expenses F902
indebted country P510
indebtedness D410, E859
in default of acceptance A77, A80
in demand D534
indemnifiable I216
indemnifiable losses P761
indemnification I217
indemnity I222
independent auditor E1730, V479
independent estimation A1199
independent monetary policy P1182
in-depth study E1481
index I238, I272, I303, R1330
index analysis D212
indexation I241
indexation clause C948, C952

indexation period P654
indexation procedure P2315
indexation system F786
indexed bond B434, O87
indexed interest I717
indexed loan E655, P1838
index fund F604
index futures F979
indexing I241
indexing procedure P2315
indexing techniques T424
index level N146
index-linked bond O87, O151
index-linking I241
index multiplier M1350
index options market M339
index point P1079
index-tied loan P1838
indicated place P1077
indication I265
indication rate C2653
indicative assessment E1549
indicative price P2270
indicative rate C2653
indicator I251, S397, S398
indirect action A460, A482
indirect clearer S855, S866
indirect commission C1249
indirect costs C702, C2856
indirect discount E1305
indirect exchange C637
indirect investment I958, P851
indirect participation P367
indirect quotation C2467, C2415
indirect regulation R854
indirect risks R2077
indirect tax C2163, T374
indirect taxation F363
in discharge of P27
indistributable reserves R1529
individual borrower E717
individual investor E1132
individualization I310
individual limits L285
individual suit A461
indivisible claim C2963
induced investment I317, I959
inducement I192
industrial group G306
industrial investment I960
industrial monopolies M1132
industrial operators O339
industrials I323
industrial share A462
industrial stock V124
industry I318, S120

ineffective I467
inefficiency C338
inelasticity R1964
ineligible bill E317
inequalities I325
inestimable I333
inexact data R1211
inexact telex T457
infallibility I340
inflated bill C1509
inflation G255, I343
inflationary I376
inflationary boom E464
inflationary currency M1035
inflationary expectations A1100
inflationary gap E25
inflationary incidence I186
inflationary overheating S1330
inflationary period P655
inflationary policy P1175
inflationary pressure P1758
inflationary price increase H43
inflationary repercussions R1327
inflationary spiral S1040
inflationary surge E599
inflationary threat M626
inflationary tide D326
inflation bout A129
inflation coefficient C1080
inflation curve P575
inflation gap D1112
inflation index I287
inflation rate T166, T197
inflation resurgence R1768
inflation risk R2012, R2021
inflexibility I378
inflexible I379
inflow A764, R1267, V467
influx A764
informant D177
information I384, I422, R1206
information communication via terminals L138
information IT equipment E1236
information memorandum M623
information network R1450
information processing T1033, T1037
information record D1523
information regularity R843
information restricting M777
information services S289
information technologies T436
informed investors I1028
infraction of the law I443
infringement V576
infulfilled N255
in full I644

in full discharge L167
in full settlement S637
infusion I460
infusion of new money A1165
ingot L298
ingot gold O727
initial I450
initial amount S760
initial capital C191, C201, C225, C245, C251
initial contract C2064
initial contribution A1176
initial deposit D673
initial due date T559
initial expenses F875, F884
initial forecasts P2003
initialization date D36
initial margin D670, D680
initial parity P275
initial price P2222
initial share A413
initial term E94
initial transaction O409
initial trend O906
initiation of a loan I451
initiative I453
initiator of an order D1507
injected liquidities L383
injection I460
injunction M743
injunction letter L115
inland bill E304
in money terms V35
in monthly installments M630
inner reserves R1531
innovation type T1348
inoperative I467
input I897
inquiry D493, E979
insecure investment P1610
insecurity of investment P1610
inside broker C2776
insider dealings O509
insider report D189
insiders I458
insider trading D478, O509
insignificant C2728
insolvency C338, C564, D226, I488
insolvency risk R2023
insolvent I492
inspection C2166, E1593, I497, S1398, V482
inspector C2236, I493, V473
instability I501, V302
installation I48
installment A1553, F819, T538, T1053, V535
installment buying A250
installment credit C3166, C3329

installment issue E552
installment loan P1879, P1901
installment plan T460
installment receipt R262, R406
installment repayment schedule C111
installments due T574
instantaneous settlement R726
insteady market M357
institution C1924, E1350, I513, O862, O869
institutional I533
institutional and fiscal features of countries P399
institutional borrower E718
institutional broker C2767
institutional client C990
institutional convergence of currencies R131
institutional creditor C3357
institutional investment E1165, I998, P853
institutional investors E1165, I534, I1029, P938
institutionalization I529
institutional sales department S264
institutional salesman V375
institutional savings E1165
institutional specialization S965
institutional structure S1204
institutional trading N97
institution's rating Q27
in-store charge card C374
in strict confidence C1821
instruction D1204, I265, O740
instrument I569, O924
instrument to hedge I576
insufficiency I626
insufficient assets I627
insufficient funds I638
insufficient liquidity L343
insufficient resources I640
insufficient savings I633
insurable A1437
insurance A602, A1438
insurance agent A784
insurance benefit I229
insurance broker A784, C2755
insurance circles M938
insurance company C1305, S469
insurance consultant A1462
insurance contract C2020
insurance department S210
Insurance Division D1190
insurance documents D1460
insurance fund C33, F575
insurance guaranty G57
insurance industry A1458, S124
insurance instruments P2396
insurance manager D1163, G225
insurance monopolies M1128
insurance plan R596

insurance policy A1438, C2020, P1111
insurance portfolio P1270
insurance premium P2013, P2030, T86
insurance proposal P2585
insurance subsidiary F222
Insurance Supervisory Board C1283
insurance through banks B60
insured G55, S869
insurer A1461
intangible I210, I642
intangibles B318
integrated company C1310
integrated information system S1578
integration C1690, I648
integration level T198
integrity I657
intelligent management M77
intended investment I661
intensification A69
interaccount movement M1279
interaction J4
interactive mode M859
interbank I663
interbank activities A638
interbank balances S693
interbank broker C2768
interbank certificate C534
interbank checks C835
interbank circulation C894
interbank claims C3024
interbank clearing R780
interbank department S142
interbank financing F284
interbank flows E67
interbank funds D715
interbanking I664
interbank market M300
interbank money M1037
interbank positions P1446
interbank rate T199
interbank relations R905
interbank transactions O510
interbank transfers V606
interbranch account C1599
interbranch clearing C1333
inter-broker trading N94
interchangeable I669
intercompany accounts C1681
intercompany commitment E936
intercompany credit C3262
intercompany loan P1840
interconnected markets M442
interest I737, I686, P349, P382
interest account C1597
interest accrual A215
interest amount M1196

interest arbitrage A1249
interest base D1437
interest-bearing I698, P1324, P2367, R1113
interest burden P1061
interest calculation C88
interest charges C703, C2824, F887
interest coupon C2516
interest coverage C2893
interest cut R485
interest decrease D1154
interest due I764, I767
interested party I682
interest expenses F887
interest flows F497
interest-free deposit D674
interest-free loan A1575, C1292, E699, P1831
interest guarantee G94
interest in arrears I755
interest in capital P360
interest income R1916
interest loss P745
interest margin M482
interest moratorium M1253
interest on arrears I730, I776
interest on capital I703
interest on deposit I709
interest-only loan P1801
interest on savings R1094
interest paid I731
interest parity P284
interest payable I724, I764, I767
interest payment P81, V530
interest payment schedule R2147
interest penalty P552
interest period J115
interest provision S1155
interest rate L550, P2185, T203, T256, T65, T82
interest revenues R298
interest rise P2515
interest risk R2024
interest saved on repaid capital I766
interest served I731
interest servicing S239
interest spread D1101, E26
interest swaps T1121
interest table E137, T4
interest tax I144, I85
interest transfer T1163
interest-yielding I698
interface I787
intergovernmental monetary cooperation C2327
intergroup drawings T665
intergroup relations R906
interim I668
interlocutor I791
intermediary I797, P704

intermediary's job M694
intermediate broker R1059
intermediated financing F323
intermediate goal O4
intermediate holding S535
intermediate profit B262
intermediate tranche T1064
intermediation I822, Q18, S1285
in terms of value V33
internal assets A1671
internal audit A1495, C2217, R1949, V497
internal auditor A1499, C2239, R1937, V480
internal convertibility C2305
internal credit C3265
internal debt D974
internal financing A1517, F280, F285, F287
internal investment P839
internal loan E659
internal market M248
internal resources R1668
internal services P1778
International Bank for Reconstruction and Development B183
international banking center C491
International Bank of Economic Cooperation B181
international capital market M212, M304
international company E1065
international convention C2256
International Credit Insurance Union U32
international finance F255
International Finance Corporation S597
International Financial Union U37
International Investment Bank B182
internationalization I828
international loan E660
International Organization of Securities Boards O867
international payments P133, R787
international security V128
International Stock Exchange B541
international treaty C2256
international usurer U87
International Visa card C360
interpenetration I839
interplay J4
interruption I843
intersection I846
interstate clearing system M567
interstockbroker system S1584
intertwining C3419
interval D141
intervention I862
intervention cost C2820
intervention expenses D602
intervention in the stock market I866
intervention methods M896

intervention operation O410
intervention point C2654, P1080, S314
intervention price C2654
intervention rate T152, T246
intervention reserves R1530
intervention revenues P2424
interventions within margins I886
intervention type T1349
intervention zones Z19
in the absence of... A45
in the black B282
in the money C2565
in the name of N166
in the red R2109
in the region of O749
intra-bank claim C2968
intracorporate transfers of funds T1185
intra-group financing F324
intrinsic specialist S978
intrinsic stock yield R1229
intrinsic value V129, V187
introducing bank B132
introducing brokerage firm C677
introduction I513, I897
introduction price C2655
introductory campaign C133
in ultimo U2
invalid I919, N363
invalidation I918
invalidity I921, N364
invariable I922
inventory E1439
inventory number N380
inversion I924
invested P815
invested capital C212, C227, E586
investigation E1593
investing E911, R233
investment E933, E392, I929, M752, P816
investment abroad I947
investment account C1600, C1630
investment adviser C1883, C1885, C1888
investment allocation A907
investment amount I64
investment analysis A996
investment analyst A1023
investment bank B133, B69
investment banker B199
investment boom B478, R203
investment capacity C156, C158
investment capital C321, C328
investment certificate C537, C548
investment climate C1026
investment club C501, C1043, C1046
investment company C1311, E1066, O890, S545

investment consultant C1874, C1883, C1885, C1888
investment contract C2066
investment cooperative C2331
investment cost C2802, C2821
investment cover C2904
investment crisis C3406
investment currency M1060
investment decision D172, D175
investment demand D520
investment department S249
investment development D1029
investment expenditure D603
investment financing F288, F295
investment flow C2542
investment fund F586, F605, F612
investment goal O7
investment grant S1226
investment groups G335
investment growth C3429, E1713
investment halt A1318
investment holdings P1289, P1292
investment impact I39
investment incentives I195, P1162
investment income P2425, R1919, R1921
investment in shares P821
investment in stock P821
investment instrument I589
investment lending P1962
investment letter L53
investment level N147, T247
investment list L412
investment location L479
investment management G198
investment monitoring S1258
investment multiplier M1351
investment objective O7
investment opportunity O231, O579, P1478
investment orientation O907
investment plan P998
investment policy P1177, P1198
investment portfolio P1289, P1292
investment potential P1514
investment practice P1589
investment premium P2054
investment principle P2094
investment products P2425
investment program P2507, P2509
investment project P2528
investment provision P2688
investment rate R2145
investment recovery R435, R1408
investment renewal R1199
investment resources R1669
investment rise P2516
investment risk R2025

investment safety S150
investment screening S167
investment sector S132
investment security T740, V69
investment seeking Q76
investment selectivity S171
investment services S292
investment situation C1855
investments made I1009
investment specialists P2450
investment spending D603
investment stimulation S1153
investments to be made I989
investment strategy S1186, S1189
investment subsidiary F237
investment subsidy P2054, S1226
investment taxation I86
investment trust T1313
investment type T1358
investment volume V657
investment wave V12
investor E1130
investor acceptance R271
investor confidence C1814
investors' behavior C1369
investors' expectations A1101
invitation A1132
invitation for tender A1145
invitation to attend C2321
invitation to tender A1145, P2303
invoice F55
invoice clerk F57
invoice list R925
invoice posting C1408
invoice price C2644
invoice register F57
invoice total S664
invoicing C3091, F53
invoicing cost C2811
inward swap M776
IOU R336
IPO O269
IPOs S918
irrecoverable I1036
irreducible I1037
irregular fluctuations F459, F465
irregularities I1038
irregular payments V561
irregular trend T487
irresponsibility I1041
irresponsible I1042
irreversibility N294
irrevocable I1043
ISO codes N323
isolated floating F444
isolation of capital I1044

issuance D479
issuance date D10, D21
issuance facility F12, F15
issuance of banknotes E543
issuance tax I126
issue D479, E494
issue above par E540
issue at par E538, E550
issue below par E539
issue broker C2762, C2778
issue ceiling P951
issue date D10, D21
issued capital C209
issued check C787
issued share A449
issue price C2638, P2204, T157
issue publicity P2733
issuer C3078, E474, I896, O877
issue rate T157
issuer bid O285
issuer-distributor E492
issuer rating T1, T2, T3, T4 N335
issuer type T1343
issuer with a worse rating E483
Issues Committee C1151
issue subscriber S873
issues via auction E554
issues with warrants E569
issue syndicate S1475, S1478
issue type T1344
issue unit of account U43
issue value V100
issue yield R1147
issuing C3079, E473, E494, L7
issuing agreement C2045
issuing authorities A1537
issuing bank B114, B148, E1371
issuing banker B205
issuing calendar C105
issuing commuting C1118
issuing company S512
issuing cost F869
issuing department S230
issuing fee D1577
issuing house I527
issuing institution O877
issuing market M253
issuing method M863
issuing monopoly M1120
issuing operations O496, O554
issuing power P1568
issuing practices P1598
issuing syndicate S1475, S1478
issuing terms C1777
issuing threshold S310
issuing to the market of securities I905

issuing without coupon E507
issuing zone Z6
item A1352, C664, E422, P1482
item for collection E333
itemization D210
itemized account C1566
IT service company S581

jackpot L532
job E570, M691, P1482, S413
jobber C2145, J27
jobbing firms S609
jobbing in stocks C2133
joint C1841, I315, P251
joint account C1555, C1594, C1601, C1623
joint and several debt D990
joint auditor C2358
joint claim C2988
joint committee C1259
joint creditor C1054, C3051
joint custody D677, G128
joint debtor C1063
joint float F437
joint guarantee G113
joint guarantor G54
joint heirship C2337
joint holder C1065, C2488
joint holdings P391
joint interventions I879
joint liability O50, R1604
joint loan E656, P1805
jointly C1842
jointly and severally C1843, S699
jointly liable C2357, S698
joint management C1067, C1100, C1103
joint manager C1066, C1101
joint owner C2347, C2350
joint ownership C2348, C2351, P2603
joint participation P361
joint purchaser C1047
joint responsibility C2356
joint security C425, C448
joint shares A591
joint signature C2381, S385
joint stock C188
joint-stock company S458, S464, S484
joint suit A529
joint venture C1093, E1072, F227, J28
jolts S815
journal J95, L438
journalization of accounting entries J109
judgement A1316
judgement creditor C3047
judicial factor A693, L304
jumbo certificate of deposit C519

jumbo check C796
jumbo computer O737
jumpy market M321
junior bond O64
junior creditor C3061, C3358
junior debts C3040
junior executive C15, C21
junior financing F312
junior loan P1891
junior manager C15, C21
junior mortgage H156
junior partner A1424
junior security T753
junk bond O115, O139, O146

Kabuto-Cho B544, K1
keen competition C1746, C1749
keeper D877, T503
keeping G125, R1783, T522
keeping one's word R1571
keeping out individuals M748
key currency M1059, M1085, M1091, M989
Keynesian theory T611
key securities V217, V230
key shareholder A542
kind F745, N30
kingly right D1601
kite C774, C776, C463, P196, P198, P201, T985
kite-flying T643, T647
kiting T643, T647
knight C838
know-how C1341, S54
known future date D34

labor cost C2836
lack A44, D313, M144
lag D610
lagging indicators I263
lag risk R2011
land bank B125
landed property P2609
land register C13, R2090
land tax C2162, I128
languid M1260
languishing L17
lapsed C23
lapsed coupon C2519
lapsed debt D981
lapse of appropriation A1068
lapse of time E1740
laptop computer O739
large amount S772
large block P240
large gap D145, D1230

large majority M64
large profits B273
large reserves R1527
large stockholder A546
last bid O275, S1349
last-but-one business day J78
last day of month U1
last maturity E89
last payment V521, V532
last reading L28
last resort R1625
late A1334, R1775
late delivery R1779
late execution R1778
lateness R1773
latent L20
late payment D580, P41, R1780
later date D61
late response R1350
later settlement day E105
latest bid S1349
latest date D42
launch D547, L4
launched loan E662
launching L4, S796
laundering of money B403
law A335, D1546, L498
Law Commission reporter R118
law enforcement A1157
law firm C10, C5
lawful L30
lawfulness R840
lawful possession P1464
laws on money circulation L507
lay-away V405
laying the basis for future investments M771
LBO P2109
L/C L90
lead D611
lead bank B80, C725, S471, S586
leader C724, V164
lead group G295
leading bank C725
leading company E1082
leading currency M1008, M1010
leading indicator B213, I296
leading market M309
leading share V164
leading shareholder A554
lead manager C724, C726, C728
leads and lags D612
lead time before payment D430
lead underwriter B81
leaf V630
leaflet P2625
leasable L537

lease B2, L538
lease agreement C2067, C2069
lease-back C576, C598
leased goods B314
lease financing receivables C3041
lease-option agreements O516
lease receivables C3041
lease renewal R1194
lease right D1563
leasing C3349, L21, L483, L484, P1910
leasing agreement C2067, C2069
leasing charges L556
leasing commitments E958
leasing company B578, C1312, E1053, S345
leasing customers C1010
leasing rate T250
leasing receivables C3014
leasing revenues P2423
leasing subsidiary F229
ledger L452, R656, S790
ledger assets A367
ledger keeper E596
legal E1594, L30
legal action A407, P1535
legal adviser C1886
legal announcement A1047
legal constraints C1989
legal consultant C1873
legal costs F891
legal department B576, C1957, D1180, S143
legal entity P695, P699, P703, P705
legal expenses F891
legal guarantee C438
legal holder D890
legal investment P824
legality R840
legalized deed A339
legalized signature S388
legal liability R1589
legal note A1047
legal obligation O96
legal person P695, P699, P703, P705
legal possession P1464
legal problems P2284
legal proceedings P1535, P2300
legal rate T251
legal reserve R1475
legal restrictions R1720
legal rules R759
legal settlement C1709
legal soundness S712
legal status I3, P694
legal subrogation S1211
legal support S1286
legal system R627
legal tender M1000, M1041, M981

legend L33
legging a spread options E1412
legislation L35, L498
legislation differences D1103
legislative authority O859, T1325
legislative initiative I454
legitimate owner P2595
legitimate possession P1464
lendable funds F689
lender C3066, P1915
lender-borrower relationship R891
lenders' behavior C1371
lenders' preferences P1628
lending A608, A616, P1780, P1791, P1929
lending and borrowing A643
lending bank B153
lending banker B209
lending business O537
lending institution C39, E1364, E1369
lending limit L259
lending market M240
lending method T399
lending officer A800, P1693
lending on favorable terms P1945, P1947
lending power P1565, P1576
lending principle P2095
lending rate T146, T222, T240
lending selectivity S170
length D1641
lengthening A911
less D294
less brokerage C2732
lessee of a safe-deposit box L482
lessor B15
letter L46
letterhead P205
letter of allotment A1615, L49, L54
letter of commitment L110
letter of consent L88
letter of credit A179, C3111, L90
letter of indemnity L114
letter of intent L116, L87
letter of lien L112
letter of commitment L114
letter of deposit L112
letter of guarantee L110, L114
letter of hypothecation L112
letter of subordination L50
letter of regret A1635
letter of subrogation L50
letter of undertaking L110
letter stock A470
letting out L483
level E140, H116, N131, P165
leveling E397, M761
level repayment R1006

leverage C1079, L134
leveraged buyout A221, A233, P2109
leverage effect E305
leverage ratios R193
leverage transactions O513
levy P592, P1640, T354
levying L121, P1640
liabilities at sight E1689
liabilities due P434
liabilities quality Q15
liability E434, O61, O26, R1576
liability account C1626
liability ceiling P955
liability for a payment E1683
liability for a tax E1682
liability item P1495
liability limit L271
liability management G208
liability operations O533
liability reserves P2683
liable R1607
liable person R442
liable to P424
liberalization L141
liberty L172
LIBID L184
LIBOR L185, T201, T252
LIBOR fixing date D33
LIBOR swap S1446
license P685
lien agreement P2
lienee G28
lien note B380
lienor C3054
life annuitant R1261
life annuity R1255
lifeless A1468
lifelessness of the market A1469
life of an option D1655, V575
life of a swap D1653, D1656
LIFFE L196, L521, M425
lifting L121, S1295
light L34
lightening A886
limit L250, P1068
limitation L243, L250, R1704
limitation period D452
limit down/up L279
limited L273, P963
limited allocation A687
limited control C2229
limited convertibility C2307, C2313
limited credit C3270
limited discount D239
limited funds M1328
limited issue E525

limited liability R1599
limited number N182
limited order O766, O783, O800
limited partner C1160
limited partnership C1161, S491
limited price C2660
limited risk R2028
limited upward tendency T483
limited vote V680
limit gain P1033
limiting L242
limit price C2659, P2238
limits by instrument L286
limits by operator L291
limits by position L293
limit sell order O825
limits in force L297
limit up L284
line L197
linear rent L558
line chart G272, M683
line manager C18, C20
line of credit A1528, L209
line officer C18, C20
line of secured bonds L235
links L137
liquid L324
liquid assets A369, A1659, A1672, C229, D1282, F676, L353, V231
liquidated company S508
liquidating dividend B456
liquidation D574, L307, R222
liquidation period E1199
liquidator L303
liquid debts C3026
liquid funds R1670
liquid investment P856
liquidity D1248, L328, T1251
liquidity constraints C1990
liquidity contract C2068
liquidity cover C2895
liquidity creation C3093
liquidity crisis C3407
liquidity indicator I254
liquidity management G200, R855
liquidity manager G231
liquidity mix D1518
liquidity opportunities O580
liquidity preference P1625
liquidity premium P2057
liquidity ratio D416, T253
liquidity requirements B301, B304, B308
liquidity risk R2029
liquidity squeeze C2493
liquidity supervision S1271
liquidity support C1728

liquidity test T600
liquidity trap T1234
liquid liabilities E969
liquid market M280
liquid means M1329
liquid position P1407
liquid ratio R181, R189
liquid reserve R1476
liquid savings E1167
list B565, B480, L394, N194, R911, T7
listed C2382, C2480, I486, I487
listing A707, A708, C2383, E1110, I470, L413
listing agreement C2255
listing application D501, D517, D519
listing candidates S606
listing committee C1143
listing costs C2858
listing decision D169
listing fee D1560
listing formalities F721, F726
listing intermediary I812
listing managers R1614
listing requirements C1770, C1786
listing statement D179, D190
litigating customers C1018
litigation C1957
living pledge A1082
LMBO L135, R16, R8
load P1057
load fund F599
loan C3111, E605, P1780, P1791, P1800
loanable E706, P1909
loanable funds C330, F689, L378
loan account C1516, C1634
loan accounting C1410
loan activity A608
loan against bills of exchange C3233
loan against pledge C3283
loan against securities C3330
loan agency O891
loan agreement C2088, C2046, C2250, C2264
loan amount E837, M1166, M1181, N135
loan application D509, D525
loan approval A1205
loan at 3% E703
loan at call C3311
loan at notice E701
loan authorization A1532
loan balance S684
loan capital C210, C249
loan category C392
loan certificate T746
loan charges F863
loan commitment E927, E938
loan coupons C2529
loan debtor C989

loan decision D176
loan demand D507, D511
loan department D1182, S231, S251
loan disbursements D138
loan due C3232
loaned amount S757, S781
loan expenses D592
loan facility F8
loan fee F893
loan floatation cost C2822
loan floatation date D40
loan funds C41, C51, F678
loan granting C1699
loan guarantee G87
loan loss P748
loan market M240
loan maturities E114
loan not yet due C3285
loan of any maturity C3331
loan officer C680, P1693
loan on collateral P1828, P1857
loan on landed property C3245
loan on rigid terms P1827
loan on stocks E702
loan on trust P1833
loan options O697
loan overdue C3172
loan portfolio P1294
loan promise P2557
loan quality Q26
loan rate T288
loan ratio C151, C152
loan recovery P1876, R382
loan reduction R477
loan repayments V560
loan rescheduling R511
loan reserves R1514
loan restructuring R246
loan revaluation R1862
loan schedule C106
loan selectivity S172
loan size I59, N135
loans officer A800
loan structure S1195
loans with warrants E731
loan syndicate C1919, S1478
loan targeting S990
loan terms M828
loan tranche T1062
loan transaction O395
loan type T1340
loan value R113
loan voucher J124
loan write-off R38
local bank B110, B137
local bill E327, P219

local claim C2967
local company E1069
localization L475
local liability E935
local money M1043
local paper P219
locals L481, N80
location L475, S348
lock box C386
locked in B426
locked market M277
locked up I31
locking V507
locking up I21
lock rate T338
logic L495
logistical support S958
lombard L518
lombard credit C3273
lombard loan C3273, E667, P1851
lombard rate T254, T92
London Gold Market L520
London Interbank Offer Rate T201
London International Financial Futures Exchange L196, L521
London International Financial Futures Market M425
London Metal Exchange L474
London Stock Exchange L522
long L523
long call A227
long component C1376
long-dated bill E309, P211, T1009
long-dated paper P211
long duration D1636
long period P659
long position P1360, P1384, P1388, P1390, P1405
long put A242, A244
long term T562
long-term T543
long trend T1245
lookback options O706
loose check C784
loosening R883
looting P802
loro L527
loro account C1605
loss D163, M925, P1636, P724
loss account C1628
loss carry-back R1358
losses suffered P767
loss in value P752
loss-leader price P2184
loss-making company E1055
loss on futures P743
loss risk R2032

lost certificate T684, T738
lost check C786
lost profit G36
lot L528, Q111, T1053
lot amount Q40
lottery L535
lottery bond B437, O100
lottery loan E669
lottery prize L528
lottery securities V243
louis L540
low F67, P1073
low coupons C2531
lowering A1, R1941
lower limit L267, P1012
lower parity P274
lower price P2256
lowest price C2689
low exchange rate C627, F70
low face value securities T832
low income R1886, R1908, R1918
low interest I713
low-interest C2270
low investment I950
low level M898
lowness M898
low of securities prices P620
low point C3385, P1073
low prices F71, M901
low profits F69
low rate C2595
low reserves R1534
low return R1150, R1226, R1231
low-standard gold O725
low-value coin B400
low yield R1150
loyal investors I1026
lucrative L561, R1076
lucrative price P2262
lull on the stock exchange A1115
lump indemnity I232
lump sum F709, S771
lump-sum F715
Luxembourg Interbank Offered Rate L567
LUXIBOR L567
luxury goods tax T370

machine M4
machinery A1124
made out to bearer P1308
magnetic card C369, C373
mail payment order O797
main branch S1245
mainframe O734
main office E1381

maintenance M18
maintenance margin C2896
major bankers H107
major depositor D623
major fluctuations F462, F466
major foreign markets P933
majority M53
majority shareholder A543, A549
majority vote V682
«majors» M69
major sections R2123
major stockholder A546
major trend T478
maker C3078, S869, T673
maker of a bill S871
make-up price C2613
making S887
making out C3079, D1290, E1350, E494, T639
making pay R1214
making profit M780
making secret M777
making up C1326
making-up day J55
making-up price C2613
mala fide holder D891
manageable deficit D345
managed G163
management A696, C1802, D1177, G149, M40
management account C1592, C1606
management activity A612
management agreement C2254
management analyst A1021
management authority M93
management board C1142
management buyout O546, R17, R1407, R1428
management charges D1582, F881
management committee C1138, C1868
management company S530
management consultant C1872, E1729, E1731
management contract C2060
management control C2214
management expenses F881
management experience E1719
management fee C1227, F881, F893
management information I412, R1207
management method F783, M867
management position E575
management responsibility R1592
management share A408
management skills T386
management standards N322
management structure S1202
management team E1230
management technique T405
manager C14, C678, D1160, G151, M80, R1608
managerial appointments N202

managerial body O856
managerial function F516
managerial organ O856
managership D1211
manager's share A408
managing agency O883
managing director A692, D1165, D1171
managing partner A1422
mandate M83
mandatory attributes M637
mandatory disclosure I414
mandatory intermediary I814
mandatory publication P2728
M1 and M2 growth rates T178
manipulation M122, M132, M139
manoeuvers M139
man of straw P1911
manpower E225
manual transactions O517
manufacturing F1, P2368
margin C2868, D1079, M451, P2672, V630
margin account C1607
margin agreement C2248
marginal M513
marginal cost C2825
marginal intervention I874
marginal note E459
marginal positions P1448
marginal profit G37
marginal revenue R280
marginal value V137
margin buying A239
margin call A1143
margin contract C2077
margin cover C2868, P2672
margin deficiency I631
margined security T743
margining rate P1524
margin payments R788
margin purchase A239
margin reduction R486
margin refunding R550
margin requirement C2900, E1672, T138
margin system S1541
margin transaction O414
«Marianne» M514
mark M515, S397
marked N330, S187
market C492, M166, M423, P299, P805
marketable C1177, C2536
market analysis A1003, A989, D743
market analyst A1022, C1862
market behavior C1370
market capitalization C275, P450
market close C1039
market confidence C1815

market creation C3094
market day J53, J81
market disclosure D1449
market disequilibrium D818
market efficiency E379
market financing F325
market for delivery M317
market glut S50
market gurus G266
market hours H80, H86
market-if-touched order O765
market indicator I255
marketing C1178, M518, M639
marketing plan P999
marketing specialist S972
market instruments I613
market jolts S816
market maker C2145, T507
market making C2129, O485
market mechanisms M590
market methods T428
market move E1581
market not held order O787
market of issue B522
market of quotation P810
market operators O341
market opportunity C3381, O581
market order O761, O764, O770, O786, O805
market participants O341
market partition C1028
marketplace C492
market position P1422, P1447
market potential P1509
market price C2596, C2664
market quotation C2416, C2468
market rate C2468, E1291, T258
market rating E1339
market regulation R760
market-rigging T1295
market risk R2031
market saturation S50
market segmentation S161
market share P320
market situation C1025, C1856, E1462, S429
market structure S1205
market survey E982, R111
market transactions T1112
market transparency T1224
market trend O909, T485
market turnaround R1804
market unrest T1319
market value V136, V44, V57, V71, V85
mark group G309
mark-to-market E1545
marrying price C2590
mass M520

massive devaluation D1015
massive drain of capital H70
massive outflow of capital H70
massive reinvestment R1201
mass shareholding A560
matched order O782
matching C1834, E1360
material assets A376, E440
material form F758
material loss P1638
material preparations for a loan P1686
material support S1288
material value clause C974
MATIF M429, M550
matured E149
matured bond O69, O78
maturity D15, E104, E70, M553
maturity date D15, D29, E70, J59
maturity month M934
maturity schedule T18
maturity structure S1196
maturity tickler E127
maturity transformation T1198
maturity value V98
MBO R1407, R1428, R17
mean price C2673
means D1272, M1301, M1317, R1627, V349
means of circulation I572
means of payment I588, M1309, M1332, M871
measure D1297, M651, M648
mechanism D1284, J4, M559
median of fluctuations M596
median rate T268
mediation E1035
medio M597
medium-size company S585
medium-term T544
meeting A1381, R1126, R1851
member A661, M604
member company E1080, S553
member countries P526, P531
member firm F338
membership Q21
members of MATIF A664, A667
member trading permit T717
memo M622, N336, N344
memorandum M622, N336
memory card C366, C370, C375
mercantile exchange B526
mercantilism M638
merchandising C1178
merchant M163, N63
merger F970, F975, R1851
merger agreement T1023
merger gain P1032
merger surplus P2051

merging company S528
merit regulation R745
message M640
message system M645
metal M658
metallic base B230
metallic cover C2897
metallic money A1303
metallism M661
method F772, M1301, M663, M852, P2292, T389
mezzanine tranche T1064
microcomputer network R1443
microcomputer technologies T438
MICR reader M11
middle executive C19
middleman C1288, I797, M70
middle manager C19
middle office M695
middle price C2673
middle-term transaction T563
mid-month settlement L319
migration M699
milticurrency line of credit L222
mine J1
mini-currency snake M717
mini-devaluation M710
minimization of rates M711
mini-monetary system M718
minimum M713
minimum balance S671
minimum equity F691
minimum income R1894
mining security V140
mini-revaluation M716
ministers of finance A1306
Minitel M719
minority M726
minority control C2220
minority director G155
minority discount E1290
minority group G310
minority holding P370
minority interest I773, P370
minority share A469
minority shareholder A550
minor stockholder A553
minor tax T371
minor transactions T1109
Mint M1089
minter M1109
minting F934
minting of coins E531, F935, F937, M1106
minting value V117
mint par P155, P157
minus D294
minus tick N92

mirror swap S1436, S1445, S1448, S1453
misappropriation D940
misappropriation of funds M71
miscalculation E1262, M593
miscellaneous management expenses F867
miscount M593
misdating E1266
mismanagement E1268
mismatch D141, M786, N230
mistake E1256
mistrust M598
misuse of funds M71
MIT O765
mix C1385
mixed bank B140
mixed credit C3276
mixed exchange rate system R601
mixed financing F290
mixed funds F684
mixed investment fund F621
mixed loans C1129, E732, E735
mixed policy P1117
mixed products P2420
mixed security T718
mixed speculation S1024
mixed strategy S1188
mixed system S1591
mixed transactions O552
mobility F479, M812
mobilizable loan C3277
mobilizable resources R1673
mobilizable security T719
mobilization M799
mobilization procedure P2319
mobilized M810
mobilized capital C232
mobilized resources R1674
mode M817, M852
model M884
moderate amount S776
moderate interest rate T234
moderate tax T372
moderate taxation F365
modernization M888, R1204
modern telecommunication tools O933
modification M902
modified price C2671
module M922
MOF F17
MONEP M428, M950
monetarism M953
monetarist policy P1194
monetarist school E154
monetarist theory T612
monetary M951
monetary adjustment A935, C2363, R209, R244

monetary aggregates A833, I261
monetary agreement A142, A152, C2259
monetary alignment A881
monetary and fiscal policy P1187
monetary assets A1673, A403
monetary austerity R1969
monetary authorities A1540
monetary autonomy A1524
monetary barriers B221
monetary base B231
monetary bloc B410
monetary borders F950
monetary capital C233
monetary claim C2938, C2980, C2989
monetary competitiveness C1349
monetary context C1960
monetary control C2221
monetary crisis C3408
monetary debt E871
monetary draining P1236
monetary environment E1119
monetary equilibrium E1215
monetary expansion E1716
monetary expert S983
monetary factors F50
monetary fever F215
monetary financing F291
monetary fluctuations F468
monetary forecasts P2522
monetary function of gold F519
monetary gain G38
monetary group G324
monetary illusion I11
monetary imbalances D1322, D826
monetary indicator I256
monetary inflation I370
monetary instrument transactions T1106
monetary integration I653
monetary interest I774
monetary interventionism I876
monetary involvement I54
monetary items P1503
monetary jolts A296
monetary liabilities D1007, P438
monetary liquidities L387
monetary modifications M920
monetary movements M1295
monetary order O790
monetary overheating S1331
monetary parity zone Z11
monetary perturbations P771, R1068
monetary phenomenon P782
monetary poles P1109
monetary policy P1179
monetary practice U74
monetary problems P2287

monetary protectionism P2651
monetary realignment R216
monetary recovery R466
monetary reflation R559
monetary reform R582
monetary regulations R819
monetary relations R907
monetary remuneration R1103
monetary repercussions R1328
monetary reserves R1512, R1536
monetary resources R1650, R1675
monetary restraint A1511
monetary restrictions R1723
monetary risk R2033
monetary sovereignty S962
monetary squeeze R1622
monetary stability S1072
monetary stabilization A1375, S1064
monetary standard E1426
monetary stringency A1511
monetary surplus S1380
monetary system R629, S1593
monetary unification U20
monetary union U30
monetary unit U48
monetary zone Z9
monetization M955
money A1270, D565, F643, M1331, M956
money aggregate increase rates N318
money and finance M1093
money-changer C663
money circulation C895, C912
money compensation I228, I231
money creation C3080, C3096, F736
money debt D957
money deposit D665, D690, D714, D725, D728
money flows F500
money handling M113
money in bank A1287
money incentives E828
money in circulation E1328, M537
money index I239
money in the till A1293
money issues T666
money laundering flows F485
money laundering network C898
money loan C3240, P1795, P1853
money management G202, M75
money manager G153
money market M184, M209, M313, M318, M952
money market bill E310
money market certificate C541
money market department S241
money market frenzy F947
money market fund S338
money market institutions I559

money market instruments I615
money market intermediary I813
money market issue E527
money market mutual fund F588, F590
money market products P2421
money market rate T260
money market security T724
money market trader O323, O325
money of account M993
money order M109, M83
money savings E1173
money shortage M146
money stimuli E828
money supply D1275, E528, F738, M532, O277
money surplus E1612
money transfers T1183
money value V142, V349
monitoring S1254, S1256, S1398
monometallism M1111
monopolistic position S431
monopolizer A64
monopolizing A62
monopoly M1114
month M930
monthly account L315
monthly average M1314
monthly balance S670
monthly installment A290, M629
monthly limits L290
monthly payment P89
monthly report R112
monthly settlement R729
moratorium M1250
moratory M1249
morning session opening O936
morning share block trading S90
mortgage G19, H139
mortgageable G26, H138
mortgage account C1633
mortgage bank B128, B99, C40, C46
mortgage bond C470, O86, T713
mortgage certificate C470
mortgage charge A748, C675
mortgage claim C2960
mortgage clause C950
mortgage company S569
mortgaged G25
mortgaged-backed security T714
mortgage debt D971
mortgage deed A345, B370, C2062
mortgaged loan E654
mortgaged property B316
mortgagee C3056, P1922
mortgage holder P1311
mortgage institution E1365
mortgage insurance A1445

mortgage investment company C1315
mortgage lending P1956, P1959
mortgage loan C3255
mortgage market M296
mortgage officer A796
mortgage payment V527
mortgage pool P1252
mortgage portfolio P1295
mortgager D92, E715
mortgage register R660
mortgage registration I479, T1129
mortgage registry B579
mortgage regulations R752
mortgage renewal R1198
mortgage risk R2017
mortgage savings E1163
mortgage security C437
mortgage switching T1161
mortgage table T5
mortgage trust T1312
mortgage yield R1168
mortgaging E911
mortgagor D92, E715
movable assets C230, C326
movable exchange I176
movable property B320, E364, P2610
movables B320, C230, E364
move M1261
movement C733, D614, M1261
movement of capital C735, D615, F435, M1268
multicomponent facilities F32
multicurrency M1338
multicurrency bank loan C3182
multicurrency clause C957
multicurrency loan P1856
multicurrency system S1604
multidimensional relation R890
multidisciplinary team E1231
multifunctional financial intermediary I811
multilateral business payments R779
multilateral clearing C1336, C983
multilateral clearing system S1520
multilateralization of payments M1339
multilateral payments P137
multilevel holding structure S1203
multinational bank B129
multinational capital C327
multinational company E1070
multinational corporation S555
multinational firm F339
multinational group G316
multinationalization of major banks M1346
multinational monopolies M1135
multinationals M1341
multioption facility F17
multiple currency accounting C1435

multiple exchange rate C2607, T120
multiple guarantee C439
multiple holdings P394
multiple investments locations M1340
multiple quotation D1625
multiple renewal P2547
multiple risks R2079
multiple stock certificate T722
multiple taxation I89
multiple trading T1046
multiple-use instrument I596
multiple-vote share A539
multiple voting right D1613
multiplication M1352
multiplicity P1022
multiplier M1347
municipal bond O48
municipal credit banks C65
municipal loan C3281, E632
municipal tax collector R310
mutilated note B374
mutual bank B101, B141, B76, C66, C3347
mutual benefit society M1367
mutual credit C3282
mutual exchange rates P295
mutual fund F584, F586, O890, S324, S547
mutual fund share A527
mutual fund status S1122
mutual fund trust F206
mutual fund unit S324
mutual guarantee cooperative C2329
mutual guarantee corporation S487
mutual guarantee fund F585
mutual insurance C1050
mutual interest payment P98
mutuality M1366
mutualization M1364
mutualization of risk M1365
mutual obligation E939
mutual trust S556

naked call option O612
naked debenture O107, O45
naked option O637, O657
naked seller V368, V376
name D568, I892, N163
napoleon d'or N25
narrowing A947
narrowing of the bank spread C1976
narrow limits of authorized margins L281
narrow majority M63
narrow margins of fluctuations F460
narrow market M258
narrow money M538
narrow range of fluctuations E1479

NASDAQ N26
nation N27
National Accounting Board C1879
National Agricultural Bank C61
National Association of Auditors O831
National Association of Securities Dealers
   Automated Quotations N26
National Bank C3348
National Bank for Trade and Industry B185
National Board of Financial Consultants and
   Experts C612
National Commission for Credit and Banks C1880
national credit institutions E1400
national currency M1048
National Federation of Agricultural Banks F132
National Girobank C493
National Lottery L536
national savings E1149, E1174
National Savings Bank C62
natural person P709
nature N30
nature of money N38
nature of risks N40
near absence of inflation Q56
near bank E1379, I563, Q59
nearest settlement day E103
near money Q68, S175
near monopoly Q69
near order O757, O775
near stability Q72
necessary capital F685
necessary funds F685
necessary liquidities L389
neckline L205
need B299
negative balance B336, B342, S658, S674, S682
negative basis B232
negative figures R1742, R1748
negative file F192
negative interest I720
negative result R1742, R1748
negative savings E1175
negative tax I133
negligent debtor D94
negligent holder P1328
negligible quantity Q44
negligible result R1749
negotiability N44
negotiable N61
negotiable bill E313
negotiable liabilities C3030
negotiable paper P197, P214
negotiable security T723
negotiable share P319
negotiated price P2190
negotiating bank B142

negotiation N81
nervous market M321
net N125
net amount M1201
net assets A378, P454, S432
net asset value V39
net bank lending F326
net bond issues E563
net book value V150, V76
net borrowed reserves R1522
net borrowing M1202
net capital gain G33
net capital importers I72
net cash C1455
net cash flow A1520, M486
net contributions A1184
net current assets F627
net deduction D240
net discount R1046
net dividend D1405
net forward position P1416
net gap E29
net holdings A1674
net income P2389, R1895
net interest I721
net investment F737, I966
net lending M1205
net loss P746
net margin M485
net position P1413
net premium P2060
net price P2241
net profit B263, E1613, P2474, P2477, R1750
net receipts R282
net sales C852
net savings E1176
netting C480, N128, P607
netting out C1326, C1329, C1335
net value of a company V162
network C896, R1431
network arrangement E1009
network control S1408
network set-up terms C1785
net worth C331, S432, V149
net yield R1153, R1163
new franc F924
new investments I1003
new investor E1131
new issues E565
new money A1297, C3314, M1050
new provisions P2709
new resources R1665
new rise in inflation R434
news C874
new share A480
newspaper J95

New York Interbank Offered Rate N130
New York Stock Exchange B326, N129, N389
next account L318, L321
next settlement day J70
NH O787
NIBOR N130
niche C3381
NIF B397, F13
NIF and RUF E1514
night safe C1097
Nikkei index I290
ninety-nine-year lease B13
nominal N197, N200
nominal account C1592, C1606, C1614
nominal amount M1206
nominal assets A372
nominal capital C195, C200, C235, C262
nominal income R1900
nominal interest I722
nominalism N199
nominal list L401
nominal rate C2646, T129, T179, T271
nominal remuneration R1102
nominal return R1102
nominal value M1188, M1225, V113, V152
nonacceptance D314, N205, R588
nonacceptance penalties S43
nonaccepted N206
nonaccrual claim C2966
nonaccrual debt D973
nonaccrual deposit D675
nonacknowledgement of a debt N282
nonadjustable rate T272
nonadmission N211
nonassessable share A479
nonassessment of income N257
non-bank N223
non-bank activities A631
non-bank bank O886
non-bank bank system S1612
non-bank companies E1099
non-bank deposits D729
non-bank entities E1013
non-bank financing F279
non-bank funding sources S839
nonbanking financial institutions I553
nonbanking operators I856
non-bank institution E1378
non-bank investments I1002
non-bank investors I1031
non-bank market M191
non-bond loan E675
noncallable bond O109
noncallable feature C959
noncallable preferred share A513
noncall feature D1294

noncancelable loan E673
non-cash expenses F856
non-cash instruments I624
non-cash item P1487, P1496
noncheckable deposit D688
noncheckable savings deposit D664
nonclearing item E316
nonclients N227
noncommercial debt D976
noncommercial payments P124
noncompetitive bid auction A681
noncompetitive tender auction A681
noncompletion N207
nonconformity N232
nonconsolidated debt D977
nonconvertible N235
noncoverage N238
noncredit business A729, A736
noncumulative N239
noncumulative share A440
noncurrent assets V239
noncurrent cover G99
noncurrent debt D978
noncurrent liabilities P439
nondeductible N241
nondeductible charges C706
nondeduction tax regulation R686
nondelivery D318, N265
nondetachable exchange option O643
nondetachable warrant B451
nondisclosure of the parity grid N249
nondiscountable bill P216
nondistrainable property B319
nondistribution of dividend N248
nondomiciled draft T1011
nonencashable deposit D684
nonendorsable check C801
nonexecution I334
non-exempt company S559
nonexercised options O713
nonexercise of an option N253
nonexistence of a unit of value I338
nonfinancial company E1071
nonfinancial corporation S560
nonfinancial correspondents C2375
nonfinancial institution O887
nonfinancial multinationals M1345
nonfinancial operators A808
nonfinancial services S295
nonfraudulent bankruptcy B192
nonfulfillment D315, I334, N207, N293
nonfulfillment of a contract N252
nonholder of a current account N244
nonimpoundable property B319
nonindexed loan P1859
noninflationary financing F293

noninstitutional bank association G325
noninterest-bearing N279
noninterference N260
nonintervention N260
nonissuance N242
nonmajority holding P372
nonmarketable instrument T731
nonmarket risk R2020
nonmatching of revenues to expenses N212
nonmembership N216
nonmobilizable loan C3287
nonmobilized resources R1678
nonmonetary assets A404
nonmonetary capital C240
nonmonetary financing F294
nonmonetary items P1504
nonmonetary resources R1679
nonnegotiability of options N268
nonnegotiable N269
nonnegotiable bill E319
nonnegotiable bond O108
nonnegotiable check C799, C802
nonnegotiable treasury bills B474
nonobservance N293
nonobservance of obligations N270
nonobservance of the terms of a contract I466
nonoperating revenues R1747
nonparticipating share A503
nonpayable I168
nonpayment C340, D319, N272, R590
nonperformance E1641, E1645
nonperforming claim C2974
nonperforming deposit D685
nonperforming investments I995
nonperforming loan C3288, P1860
nonpermanent member M614
nonposted transactions O523
nonproductive assets A1675
nonproductive investment I967
nonprofessional trader N66
nonprofitability A51
nonprofit association A1408
non-profit-making company S477
nonrealizable N267
nonrecourse financing F281, F301
nonrecourse loan P1826
nonrecoverable debts D1006
nonredeemable funds F608
nonredeemed share A473
nonrefundable N285
nonregistered bank B143
nonrenewal N288
nonrepaid loan E672
nonrepaid loan balance S676
nonrepaid loans E736
nonrepatriation of payments from abroad N280

nonrepayable I1040
nonrepayable subsidy P1825, P1861
nonreplacement N286
nonreporting issuer E485
nonreproducibility N290
nonrepurchasable I1035
nonrequest of the credit lines N296
nonrescheduling of a debts N284
nonresidence Q22
nonresident N291, N292
nonresident entity U50
nonresident ownership P2605
nonresidents' debts C3015
nonresident shareholder A551
non-risk-free transactions O525
nonsecuritized loans C3376
nonshareholder N209
nonspecialist N297, P2723
nonspecialized financial institutions I554
nonspecialized stock mutual fund S328
nonspecific loss reserve R1480
nonstandard gold O731
nonstandard maturities E120
nonsyndicated bank loan C3183
nontaxable N256
nontaxable institutions E1401
nontaxation N300
nontax funds R1677
nontax revenues R299
nontermination N243
nontrader individual P400
nontrading day J74
nontrading real estate investment trust S490
nontransfer N301
nontransferability I178, I894
nontransferable I179, I893, I895, N225
nontransferable interest I716
nontransferable paper P215
nontransferable share P318
nonunderwritten facilities F40
nonutilization fee C1221
nonvoting common share A484
nonvoting preference share A442, C537
nonvoting share A445
nonvoting stock T852
no-par-value share A538
no quotation C2386
norm N309
normal dividend policy P1211
normal maturity date D18
normal order of recourse R358
normal trading hours H83
nostro account C1618, N329
notarial deed A339, A346, T686
notarial protest certificate C543
notarized certificate A1475
not due I337

note B428, B480, E353, N336, N347, P232
note in transit B362
note issuing limit P952
note of large denomination C2534
note of small denomination C2535
notes to the accounts A1043
notes to the balance sheet C1163
note to bank's order B376
not exceeding ... C1738
not-for-profit company S477
not held order O787
notice A1608, C2321, N351, P1604
noticeable N330
noticeable deceleration D158
notice board T11, T9
notice date D54
notice deposit D694, D719
notice of allotment T757
notice of dishonor C543
notice of listing A1625
notice of renewal A1633
notice of tax assessment F155
notice to pay a debt S732
notification A1044, C2321, N351
notification commission C1222
notified bank B201
notifying bank B144, B156
notional N353
notional amount M1208
notional assessment I83
notional base B233
notional capital C242
notional contract C2079, N354
notional instrument I587
notional loan E677
notoriety of a bank N355
novice investor E1131, I1021
NSF P2687
nucleus N358
null C23, N363
null and void C23, I919
nullification A1061
nullification of shares A1070
nullity C26, I921, N364
number C846, N169, N371, Q35
numbered account C1619
numbered deposits D731
numbering machine N388
numbering of banknotes N386
numerator N368
numerator of the Cooke ratio N370
numerator of the ratio N369
NYSE B542, N129, N389

object A1392, O12
objection O588

objective O1
object of financing O17
object of taxation C616, M548, O18
obligation E911, O26, O157
obligator O212
obligatory indemnification I220
obligee D463
observance R1563
observed volatility V637, V643
obsolete C23, P621
obstacles O214
obtaining O220
obverse A1604, F5
occasional issuer E487
occasional operators O342
occasional transactions T1099, T1120
occupation M691
occurrence of covered risks S1409
odd lot L531, L533, R2099
odd-lot index I288
odd-lot order O778, O784
odd-lot trader N74
odd money M979
off-balance accounts E211
off-board market H131, H132, M202, M235
off-board operations O475
offense D474, I436
offer O264, P2584
offered O251
offered investments P915
offered price C2631, C2675, C2712, P2244
offered rate T273, T286, T337
offeree S497
offering book R663
offering price P2246
offer of sale O292
offeror S539
offer to buy O267
offer validity period D461
off-floor market C2489, M237
office B573, C1, E1480, F508, O252
office automation B582
office building I18
office clerk E594, G123
office computer O733
office hours H85
office machine M5
office procedure P2305
officer A782, A803, C14, C678, P1689, P694
officers of the exchange D1214
office staff P713
office worker E594
official A782, P694, R1608
official accounting C1432
official accounting plan P987
official assignee L305

official audit of the accounts C2218
official body O888
official brokerage C2739
official bulletin B567, B572
official check C804
official circles M704
official currency holdings A1676
official devaluation D1022
official discounting E1308
official discount rate T100, T167, T172, T274
official drawings T667
official gold price P2245
official indices I304
official interest I734, I772
official intermediary I816
official international institutions I562
Official Journal J107
official list B566
official market M198, M332, O868
official parity P277
official position P1417
official procedure period P666
official quotation C2469
official rate C2657, C2676
official receiver A693, L304, S1469
official regulations R773
official statistics S1098
of first-rate quality Q7
off-line system S1587
offsetting C1326
offsetting asset E425
offsetting liabilities C3011
offsetting position P1381
offsetting transaction O371, O373
offshore E1776, H125, O297
off-site ATM D1326
of value V31
oil certificate C547
oil securities V257
old account C1507
old balance S640
old bonds O174
old franc F913
old share A411
OMF index futures contract M401
omitted dividend D1407, D1412
omnibus proxy P2362
on call A1133
on-call credit C3293
on credit C3127
on demand A1133
one-man business E1064, E1074, E1081
on favorable terms C1761
on-lend S947
on-lending R1849
on-line banking T1032

on-line system S1586
on one's own account C1494
on paper S1280
on payment P26
on production of P2369
on receipt of R396
on request A1133, D496
on security of N8
on the credit side of A357
on the following terms C1763
onward clearing R1027
open account C1622
open account on credit C3294
open balance S677
open bid A685
open check C800
open credit C3269
open-end company S480
open-end investment companies and mutual funds O305
open foreign exchange market M219
open futures position P1420
opening balance S681
opening balance sheet B340, B346
opening bank B158
opening bid E812, O278
opening of a credit line O939, O942
opening of an account E1359, O938
opening of a session O945
opening position P1406
opening price C2683, C2692, P2252
opening purchase A236
opening quotation C2403, C2423
opening sale transaction V424
opening up D206, O935
opening up of capital A561, O937
open interest I708, P1419
open letter of credit C3294
open long position P1362
open market M310, M352
open market distribution P858
open market intervention I875
open market operations O528
open market policy P1196
open market procedure P2321
open market transaction O413
open order O809, O823
open outcry C3388, C3389
open outcry dealer C3393
open outcry quotation C2404
open policy P1114, P1120, P1122
open position P1419
open short position P1436
open tendering A1148
operating account C1586
operating assets A371, V234

operating budget B559
operating capital F627
operating cash E746
operating control C2205
operating costs C2852, C2859
operating expenses C694
operating income B259, P2384, R1763, R1885
operating loss P742
operating profit B259, P2489, R1744, R1763
operating revenue P2384
operating surplus E1614
operation A720, F527, O345
operational indicators P617
operational instruments I618
operational management system S1565
operational relations L187
operational reporting system S1630
operational revenues and expenses P2400
operation ratios R194
operator J40, O312
operator in a contract transaction I850
operators' expectations A1102
operator's positions P1451
opportunity O230, P1465
opportunity cost C2828, C2838
opposing creditor C3063
opposition O588
optimal investments I1005
option O595, O685, P2013
optional O685
optional tax scheme R618
option bond O111
option buyer A271
option component C1377
option contract C2081, C2085
option deal N107
option dealer C2777
option dealing O433
option declaration R1348
option derivatives P2408
option exercisable immediately O648
option exercise day J87, J89
option exercise price P2211
option expiry date D31
option hedging C2902
option holder D894
option instruments I619
option loan E681
option market B529
option maturity date D19
option of repurchase F63, F65
option order O793, O804
option period P663
option position P1418
option premium P1671, P2249, P2257
option price C2680, C2693

option privilege D1586
options account C1620
option sale V434, V442
option seller V377
option series S195
options exchange M335
Options Exchange of Paris M428
options investors I1030
option specialist C2777
options trading N102, O441, O529
options with limits O688
option symbol S1467
option system S1607
option taxation T350
option technique T406
option to buy O609
option to double M273, O393, O399
option to sell O670
option trader N77, T947
option trading O433, T950
option transaction M365
option type T1355
option value V158
option writer D1506, O684, V377
option writing V434, V442
order A1316, A1322, B428, D1204, D1290, O740
order at best O777, O781, O788
order bills E367
order book official P1695
order check C805
order clause C961
order entry S15
order execution slip B497
order execution system S1551
order for immediate settlement O808
order for the account O814
order for the settlement O814
order given at an about price O775
order of precedence O802
order of priority O802, R66
Order Routing System S1657
orders received O847
order ticket F177
order to pay A1620, M96, O743, T736
order valid today O780, O821
ordinary advance A1577
ordinary bank B146, B82
ordinary creditor C3064
ordinary debt C2976
ordinary dividend D1413
ordinary interest charges F888
ordinary limits L292
ordinary market making C2140
ordinary member M615
ordinary members of MATIF A668
ordinary mutual fund S343

ordinary open safe custody account D691
ordinary passbooks L468
ordinary quotation C2421
ordinary share A483, A489, A499, A526
ordinary shareholder A552
organ O850
organization O862, O869
organization of clearing I515
organized central file F187
organized market M350, M367, M371, O868
organizer C3078
organizing O862
orientation O900
original bid O278
original charter S1144
original copy E1656
original debtor D95
original swap S1442
originating bank B158
origination fee F893
originator P2565
origins O913
OTC market G280, M195, M199, M233, M291
OTC option O655, O658
OTC security T727, V148
other assets A396
ounce O301
ounce of gold O302
outbreak of speculative fever A128
outdated charter S1142
outflow E1563, F954, R561, S796, S805
outgoing confirmation C1826
outgoing director A694
outgoings S805
outlay D119, D120, D122, D589, M730
outlay of capital M752
outlet I1045
outmoded C23
out-of-country H126
out-of-court settlement A1310, R700, S717
out-of-date P621
out-of-line security V91
out-of-the-money H124
out-of-town H126
outrageous price P2176
outside M237
outside broker C1289, C2490, C2769, C2774
outside market C2489, M190, M197
outsiders N258
outstanding A1334, E149, N214
outstanding account C1511, I43
outstanding amount S765
outstanding amount curve C2551
outstanding balance S667
outstanding bill I43
outstanding capital stock C266

outstanding check C778
outstanding consumer credit payments I45
outstanding contract C2034
outstanding coupon C2515
outstanding debt C2937, C2983, D954, E836
outstanding economist E166
outstanding issue E508
outstanding loan P1836, P1862
outstanding payment I43
outstanding receivables E836
outstanding security E858, T693
outstanding share A425
outstanding treasury bills E832
overabundance of capital P1020
overaccumulation of capital S1320
overall G245
overall amount C857, M1190
overall cash flow A1519
overall cost C2839
overall effective rate T156
overall savings E1162, E162
overall savings rate T189
overall trend E1579
overall valuation of reserves E1548
overall volatility V639
overassessment S1328, S1366, S1391
overbid S1347, S1370
overcapitalization S1323
overcoverage of financial needs S1334
overdepreciation S1340
overdiversification D1345
overdraft A1562, D244, D661
overdraft charge C1234
overdraft facility F31, L229
overdraft lending P1814
overdraft of an account D260
overdraft protection A1529, P2640
overdrawn account C1554, C1565, C1616
overdue A1334
overdue bill E342
overdue debt D991
overdue interest I765
overdue loan E643, E693, P1889
overdue payment E81, F697, P41
overdue receipts R294
overexpenditure D579
overheating S1329
overindebtedness of debtors E866
over in the cash E1602, E1608
overinvestment I991, S1368
overissue E518, S1346
overlapping E576
overlapping period P629
overliquidity S1369
overnight cost of credit C2798
overnight deposit D689

overnight interest rate T85
overnight liquid funds T1272
overnight loan C3268, E661
overnight rate J26, J93, T249
overnight rate of interest L551
overnight repurchase agreements P571
overnight transactions T1108
overpayment T1300
overpricing of financial assets S1397
overproduction of capital S1381
overregulated market M295
overrun D578
oversaving E1154, S1351
Overseas Bankers Club A1411
Overseas Territories Development Fund F636
overshooting P786
oversized debt portfolio S1341
oversophisticated capital market M211
oversophisticated market M418
overspending D579
overstepping F928
overstepping of a limit F931
oversubscribed S1389
oversubscription D581, S1388, S913
oversupply of money S1319
overtaxation S1328, S1366, S1391
over-the-counter B509
overvaluation S1352, S1358
overvaluation risks R2083
overvalued S1362
overvalued currency M1080
overvalued exchange rate T124
overvalued option O663
overwhelming majority M62
own capital P454
own capital criteria C1988
owned stock V167
owner P1455, P2590
owner of securities P2598
owner of the metal P1456
owners' equity F690, S432
ownership P1457, P2599
ownership capital C195
ownership title T749
owner's stamp T42
own funds M1335
own resources R1684

PAC O640
package E993, P235
package deal C2061
packaged service plan P2508
package of debts P239
paid A325, R1113
paid bill E324

paid check C809
paid debt C2979
paid-in capital C247, C263
paid-off A954
paid-out capital C254
paid services S294
paid-up L168
palette P161
panic P180
paper J95, P189, P789
paper assets A389
paper-based document D1455
paper-based system S1635
paper bill of exchange L85
paper bonds B463
paper currency P213
paper franc F925
paperless handling of securities D553, D555
paper money A1289, M1025, P213, S402
paper money printing C3102
paper money reserve S1169
paper profit P1055, P2471, P2475
paper securities T833, V236
paper standard E1438
paper transaction J14
paper type T1357
par P146
paragraph C664
par debt swap S1437
parent company C1313, C1316, S509, S550, S571
pari passu P248
Paris Bank Union U33
Paris market P814
parity P146, P252, P286
parity adjustment A870, A936, R56
parity bond O70
parity calculation C90
parity definition D360
parity differences D1104
parity grid G288
parity point P1084
parity table T6
par price C2684
par rate of exchange P252, P265, P276
part F819, P300, P401, R2089, T1053, V647
part exemption E1702
partial acceptance A104
partial convertibility C2311
partial withdrawal R1828
participant P343, A352, I852, P345
participating bank B147, B165
participating bond O116
participating share A417, A436
participating stock C269
participation P349
participation certificate B439, C546

participation fee C1260
participation in a syndicate P380
participation level T275
participation loan C3297, C3302, E683, P1866
participation margin M488
participation network R1445
particular power of attorney P2364
particular receipts R283
partly paid issues E566
partly paid share A491
partly paid-up L170
partner A1418, A1425, A896, P337
partnership P342, S447, S543, S557, S565, S582
partnership agreement A155
partner's share P304, P316, P327
part of profits F822, P305, Q50
part payment P93, V535
party P401
par value M1206, P146, P2254, P252, V161
passbook C343, C345, L460, L461, L462
passed dividend D1407, D1412
passing of the accounts A1204
passing on of the tax burden T1205
passing to an account O454, P418, P419
passive P425
passive balance B49
passivity P445
past due A1334
past due bill E342
pathfinder prospectus P2635
pause A1316
pawnbroker P1921, P1923
pawnee G29
pawner D91, G28
pawning E911, M754
pawnshop M1244
payability E1679
payable A328, E1690, P459, P478, R669, T934
payable at counters C64
payable at maturity P466
payable at sight P465, P474, P477
payable bills E368
payable by... C669
payable check C807
payable interest I785
payable on delivery P475
payable on demand P465, P474, P477
payable on presentation P465, P474, P477
payable over the counter G360
payables C1679
payable to O748, O751
payable to bearer P472
payback period P669
payback possibilities P1479
pay day J67, J79, J86
payee B283, B288, B292, P1672, P411

payer P413, P492, S729, S869, S871
payer's bank B167
paying L561, P478
paying agent D1478, D1479
paying bank B167, B79, E1370
paying banker B207
paying country P524
paying in of capital V518
paying member C2486
paying money A1215
paying off A329, A955, D835
paying off a creditor D836
paying off a loan A965, A969, L314
paying off debts L313
paying off loans L161
payings lip F162
paying up L149
pay-in slip B570
paymaster P492
paymaster of treasury department T1287
payment A329, D128, D1329, M763, P7, R1077, R694, V508
payment against acceptance P34
payment against documents P62
payment agreement A154, P3
payment at maturity P55, P64
payment authorization A1531
payment balance S680
payment by a letter of credit P84
payment by card P47
payment by check P48, R707
payment by collection order P88
payment by credit card R705
payment by installments E143, E145, P108, P110, P37, P65, P75, R699
payment by money order M107
payment by opening of a documentary credit P92
payment by transfer P113
payment check C806
payment commitments E973
payment crisis C3410
payment date D63, J80, T538, T564
payment documents T851
payment flows F501, F504
payment for shares V512
payment for stock R977
payment gap D148
payment guarantee G101
payment guarantors C461
payment in arrears P41
payment in cash P86
payment in coins P71
payment in foreign exchange P57
payment in full L157, P80
payment in full discharge P85
payment in gold V534

payment in installments P108, P110, P65, P75
payment in kind R730
payment in specie P71
payment instrument E322, E337
payment item E322, E337
payment on account A1554, P36
payment on behalf of a third party P82
payment on open account P51
payment order M96, O796
payment overdue P105
payment period E1200
payment receipt R403
payments-to-receipts ratio C1083
payment terms M838, M842
payment time D447
payment to the bank V515
payment traffic T956
payment under reserve P102
payout R1004, R992
payout date D63
payout period P669
payout ratio T153
pay rate T306
payroll E1464
payroll accounting P6
payroll accounting functions F559
pay sheet F158
pay slip F158
peak H60, P1095, S788
peak hours H82
pecuniary P536
pecuniary loss P728, P747
pecuniary obligation O118
pecuniary penalty P553
pegging A195, R198
penal interest I730, I776
penalization P542
penalty A1463, D277, P538, P547, P555, S37, S42
penalty incurred P539
penalty rate T276
penetration P562
penny share A421
pension P565, R1235
pension fund C49, C52, F611
people H105, P716
people authorized to sign P717
PER C1071, P588, R102, T107
P/E ratio C1071, R102, R168
percent P1516
percentage P1517, T44
percentage discount P1531
percentage point P1068
percentage quotation C2422
percentage share T44
perceptible shortage P585
perfect arbitrage A1251, A1256

perfect delegation D469
perfected security N19
perfect hedging C2901, C2903
perfection of banking mechanisms P608
perfect liquidity L348
perfect mobility of capital M815
performance C1363, E1635, P610, R1129, R1216, T522
performance fund F630
performing investments E1180
period D1641, D424, E1197, J113, L525, P622
periodical disclosure I415
periodically adjustable exchange rate system S1509
periodicity P679
period in office M83
period under consideration P631
permanence I172, P682
permanent advance A1578
permanent association S1483
permanent branch G353
permanent capital C248
permanent deficit P689
permanent inflation I357
permanent liabilities P440
permanent market exploration P2624
permanent member M617
permanent monetary assistance P683
permanent participation P374
permanent representative R1390
permit A1525, P685
permit holder D897
perpetual bond O119
perpetual loan E684, R1252
perpetual preferred share A511, A515
perpetual warrant B453
perpetuity R1252, T868
persistence P688
persistent capital flows P691
persistent deficit D350
persistent imbalances D827
person P702
personal account C1615, C1627
personal computer O736, O738
personal control C2225
personal credit C3299
personal deposit D692
personal fortune P455
personal funds F687
personal guarantee S1356
personal guarantor C422
personal identification number C1059, N379
personal income R1901
personalized check C811
personalized service S247
personal means R1682
personal property E364, O19, P2610, P455

personal savings E1179
personal security C422, C443, G105
personal share A471
personal tax I139
person authorized to sign S365
person entitled T893
personnel P710
personnel expenses F898
personnel roll T24
person of independent means R1259
person of private means R1259
person prohibited to make out checks I681
perturbations P768
petrodollars P773
petty cash C50
phantom share A454
phase P774
phasing E143
phenomenon P781
physical delivery L427, L432
physical investments I1007
PIBOR P787, T202
PIBOR contract market M231
PIBOR contracts options O692, O716
PIBOR-linked bonds O207
PIBOR position P1421
pick-up in investments R435
pie chart M689
pigeon-hole quotation C2397
piling up A209
pillaging P802
pilot project P2531
PIN C1059, N379
pit E802, G299, R1970
placarding A755
place L188, P1068
place clause O659
placed P815
placement P816
placement by auction P823
placement commission C1247, C1262
placement memorandum M623
placement of a loan P842
placement of securities P882
placement of shares in safe custody D648
placement of short-term bonds P830
placement opportunities O582
placement syndicate S1481, S1484
placement type C400
placement with a repurchase clause P874
place of departure P1076
place of fulfillment L192
place of investment L194
place of issue L191
place of payment L195
place option O659

placer P935
placing M766, P418, P816
placing funds at someone's disposal M747
placing memorandum M623
placing to an account O454
plaintiff D535
plain unheaded paper P210
plan P2523, P981, S58
planned amount outstanding E844
planned receipts E1033, R284
planning O743, P1015
plastic money M1014, M1061
players of the financial market P347
play on a fall of the exchange rate J8
play on a rise of the exchange rate J16
pledge G7, N7
pledgeable G26
pledge certificate C514
pledged G25
pledged assets B313, B315
pledged debts C3009
pledged security T828; T860, V118, V120
pledgee B17, C3054, D888, G29
pledge loan P1857
pledge of foreign exchange G22
pledge of movables G21
pledge of real property G20
pledger C1922, D1505, D91, G28
pledge right D1581
pledging C1932, M754, M764, N7, R1042
pledging as collateral A747
plenary meeting of governors R1858
plentiful liquidities L372
plentiful resources R1644
plowing back A1517, R872
plummeting C880, C887
plunge B28, D421
plunge of margins E181
plurality P1022
plural vote V683
plus tick N93
point P1068, S302
point and figure chart G273, G276
point chart M687
point interventions I889
point of departure P1076
point of POS terminal T591
point of sale terminal T591
45 point rise in the Dow-Jones index H47
points forward P1101, P1103
poles P1106
policy P1110, P1126
policy encouraging investment P1162
policy encouraging savings P1174
policy holder S869, T907
policy of alliances P1136

policy to bearer P1124
policy to named person P1119
policy to order P1121
policy type T1359
politics P1126
pool P1241, T936
pooled share A418
pooling G317, M733
pooling agreement C2258
pooling of shares G318
pool of banking institutions P1248
poor rating R153
popular credit bank B149
portable P1255
portable computer O739
portfolio P1260
portfolio adjustment A871
portfolio analysis A1007
portfolio assets A405
portfolio base F562
portfolio bonds O198
portfolio components C1382
portfolio evaluation E1551
portfolio holders D909
portfolio income R1922
portfolio insurance A1449
portfolio investment I970, P866
portfolio investment balance S669
portfolio management C1804, G150, G210
portfolio manager G156, G234, P1304
portfolio mix C1394
portfolio of bills P1284
portfolio operation O432
portfolio securities T856, V260
portfolio status report R938
portfolio strategy S1190
portfolio switch A1253, R331
portfolio theory T614
portfolio trading N106
portfolio transactions A641
portfolio transfer T1167
portfolio yield R1106
portion Q106
position E570, P1341, P1482, Q5, S413
position at the bank S417
position carried over P1424
position held P1397
position limit L269
position management G215
positions by instrument P1445
position sheet F159
position taking dealers O333
position to be carried over P1425
position unwinding date E85
position with respect to the dollar P1400
positive balance B334, S639, S642, S663, S683

positive basis B234
positive figures R1739, R1745, R1752
positive file F189
positive result R1739, R1745, R1752
positive savings E1183
positive tax I141
positive yield R1171
possession P1457, P2599
possessor D877, P1455
possibility F58, P1465
possible dividend D1392
possible losses P757
post F508, P1482, P1489, P1494, S413
postal check book J100
postal giro account C1631
postal money M1063
postal savings bank C44
postal transfers V607
postal vote V678
post-computed interest I781
post-dated check C817
posted price P2183
post entry E202
posting C1405, I470, I472, P418, R1351
posting to an account P419
post office account C1534, C1549
post office money order M97
postponed payment P38
postponement R1014, R1351, S1411
postponement contract C2022
potential P1507, P1511
potential expenses D608
pound sterling L457, S1152
power P1552, P2737
practice P1583, U70
praecipium P1611
praecipuum P1611
preaudit V503
preauthorized check C818
preauthorized credit C3174
preauthorized payment P45, R703
precarious position S434
precarious stability S1075
precautionary selloff D383
preceding party C466
precious metal content C1954
precious metal resources R1963
precious metals M662
precious stones P801
precomputed interest I782
predominance P1618
preeminence P2009
preemption right D1591, D1593
preference P1622
preference as to assets D1596
preference dividend D1415

preference share A441, A496, A501, A504
preferential P2162
preferential credit C3177, C3304
preferential debt C2982, D983
preferential loan P1799, P1808, P1895
preferential rate loan C1726
preferential right D1592
preferential subscription S908
preferential tax treatment R619
preferential treatment T1035
preferred P2162
prefinancing P1629
pre-investment P1635
prejudicial P1639
preliminary analysis A1008
preliminary estimate P1992
preliminary test T601
premier borrower E720
premium A817, P2013, R1351, S1332
premium adjustment R91
premium bond B441, O100, O126, O38
premium on gold P2063
premium on shares P2028
premium payment V537
premium rate T291
premium savings account C1580
prenumbered card F180
prepaid P1687, P481
prepaid expenses C708
prepaid interest I726, I782
preparation P1685
prepayment A282, P1602, P1684, P39, P43, R978
prepayment clause C969
preponderant P1688
preprinted form F785
prescribed limit M489
prescribed margin M489
prescriptible P1699
presence P1704
presentation P1714, P2368, R1014
presenter P1713
presenting bank B152
present value V44, V85
present worth V44, V85
preservation C1894, P1733
presidency P1736
president P1740
president-elect P1748
press P1749
pressure P1752, T508
presumptive assessment I83
pretax yield R1136
prevailing rate C2714
prevention P1976
price C2556, P2164, T48, T55, V18
price adjustment A872

price asymmetry A1464
price at par P2253
price awarded by auction P2182
price behavior law L508
price calculation C81
price-cash flow ratio R103
Price Committee C1157
price competition C1752
price control R764
price cursor C3442
price curve L206
price decline F407, R1334
price deviation D1036
price drawn by lot C2709
price-earnings multiple R168
price-earnings ratio C1071, R102, R168, T107
price estimate E1340
price fall C885
price fixed in advance P2197, P2218
price fixing procedures P2314
price fluctuations E1577, F457, O919
price gap D1088, D142
price increase R1117, R941
price index I286
price indication I269
price inflation I373
price level N137
price list C2479, T48
price maker F106, F393
price margin M451, M497, M504
price markup M47, P2013
price quotation C2402
price-quotation list L399
price range F800, R71
price-restraint agreement C2017
price rise R1062, R1117
price scale fixing T58
price series S1231
price spread E41
price stability F141, S1071
price stabilization S1063
price support M21, R835, S956
price support clause C953
price swings M1270
price table T17
pricing V298
primacy P2009
primary P2008
primary capital C250
primary currency D1049
primary market M322, M354, M360
prime B64
prime bank B151
prime-based lending C3260
prime cost C2818
prime paper P192, P194, P221

prime rate P2075, T239, T284, T293
principal C163, C1183, D1507, F204, M82
principal aggregates A835
principal and interest C226, P2085
principal bank B204
principal creditor C3067
principal debt C2981
principal debtor D97
principal due C208
principal outstanding C257
Principal Stock Quotes Automatic Display System S1653
principle P2087
printer I155, M8
printing of securities C1806
print-out S1291
priority D1595, P2100
priority financing F296
priority investments I1008
prior-lien debenture O123
prior share A498, A500, A516
prior to maturity E76
prior to the auction A672
private B64
private account C1624, C1635
private bank B154
private capital C252
private clients C1011
private investors E1164, E1185
private issue E510
private lender P1924
private limited company S577
private loan E685, P1871
private placement P833, P837, P870, S909
private rate E1291
private sale V404, V423
private saving T621
private savings E1185
private sector S135
privatization of the banking sector P2146
privilege P2147
privileged P2162
privileged partner A898
privileged tax status S1117
prize P2164
prize bond B437, O100
probability P2277
probable losses P764
probationary period P665
problems P2280
procedure P2300
proceeds P2380, P2393
process P2292, P2341
processing M122, T1024
processing and posting costs C2862
processing fee D1558

procurement A1215
produce broker C2771
product P2380
production F1, P2368
production costs C2860
productive P2366
productive capital C187
productive investment I972, P871
productivity P2375
product launch campaign C133
product specialist S982
profession M691, P2432
professional advice C1946
professional association G326
professional code of behavior R807, R811
professional code of ethics N319
professional discretion D1225
professionalism P2438, P2441
professionalization P2438
professional management G213
professional manager G235
professional market M366
professional qualification Q3
professional secrecy S119
professional skills A1223
profession in its own right P2437
profession of an actuary A655
proficiency A1223
profile P2454
profit B237, B269, B455, L562, M464, M497, P2380, P2457
profitability R1129, R1216
profitability analysis E1485
profitability calculation C91
profitability forecasting P2004
profitability prospects P723
profitability ratio C1085, R184
profitability requirements E1678
profitability study E1485
profitability test T602
profitable A1602, B282, L561, P2479, P478, P619, R1076, R1234
profitable capital C255
profitable company E1073
profitable investment P826
profit allocation table T8
profit and loss P2493
profit and loss account C1629, C1645
profit assessment A1187, E1553
profit capitalization ratio R163
profit center C498
profit concealment D1304
profit consolidation C1908
profit curve C2547, C2554
profit details R1759
profit distribution R1297, R1319, R1321

841

profit generation C3095
profit goal O8
profit growth C3424
profit growth rate T143
profit-making B282
profit-making association A1407
profit margin M451, M490, S642
profit margin speculation S1030
profit margin taxation T348
profit maximization M554
profit on capital M470
profit on investments P2476
profit per share R1737
profit reduction A977
profits distributed M1215
profit seeking C2727, L497
profit sharing P359
profit squeeze C1401
profit taking P2104, P2139
profit to value added ratio R114
pro forma bill T1012
pro forma earnings per share B267
program P2499, P981
program analyst A1027
program trading N84
progress D789, P2513
progressive P2512
progressive amount M1212
progressive commission C2740
progressive depreciation A970
progressive interest I727
progressive rent L560
progress report S415
prohibition I673, P2519
prohibitive interest rate policy P1166
prohibitive price P2176
prohibitive tax rate P1530
project P2523
project financing F298
projection P1979
project management C1805
project manager C730
project of composition P2525
project sponsor P2568
project team G312
proliferation P2536
promise E911, P2554
promise to buy P2555
promise to pay P2561
promise to sell P2564
promising market C3383
promissory note B351, B360, B375, B384, C469, P200, P2563
promoter F564, P2565
promotion P2570
promotional campaign C134

promotional drive C134
promotional loans C3377
prompt payment P76
proof P790, P796
proof of credit T698
proof teller C71, C74
propensity P2575
property B310, B317, B322, I20, P2599, P448
property account C1657
property income R1924
property loan C3257
property mortgage H151
property ownership P2607
property right D1588
property tax C2162, I128
property transaction O408
proportion F819, P2580, P2612
proportional commission C2741
proportional participation P377
proportional rate T297
proportional share P2612
proposal P2584
proposed dividend D1416
proposed investment I973
proprietary trading A634, I885
proprietor P2590
pro rata P2613
pro rata commission C1264
pro rata reduction R493
prosecution P1535
prospecting P2621
prospects P720
prospectus N344, N350, P2625
prospectus filing D696
prospectus of an issue P2629
protected price C2694
protection P1733, P2638, T1321
protectionism P2638
protest P2656
protestable P2652
protest charges F900
protested P2654
protested bill B383, E331
protested check C819
protested draft T1013
protest expenses F900
protest for nonacceptance P2664
protest for nonpayment P2665
protest of a bill P2666
protest of a check P2663
protocol P2668
provider P1761
provincial bank B155
provincial stock exchange B534
provision C933, D1290, F812, P2672, R1454, S1154

provision against bad debts C676
provisional P2695, P2717, T1204
provisional accounts C1682
provisional certificate C550
provisional quotation C2474
provisional system R648
provision for debts P2683
provision for depreciation P2701
provision for losses P2691
provisioning C1937
provisions for risks P2712
provisions for securities P2716
provisions of a law D1300
proxies circular C901
proxy M102, M83, P1305, P2351
proxy form F771, F791
proxy for the general shareholders' meeting P1562
proxy in writing P2361
proxy signature S391
proxy solicitation S715
proxy transfer T1218
proxy vote V684
prudential regulation R765
prudent man rule R678
public P2718, P2719
publication P2724, P414, S796
public auction E821, V445
Public Audit Division D1192
public auditor O326
public borrowers E726
public corporation E1383
public credit C3241
public debts C3036
public enterprise E1077
public entities E1015
public funds D567, F693
public investment I974
public issue A1150, E544, O351
public issue rules R804
publicity P2732
publicity drive C135
publicity of trading P2735
public loan E644, E653, E687
public loan market M255
publicly held corporation S465, S561
publicly listed company S500
publicly traded company S500
publicly traded share A450
public money F693
public offer of exchange O284
public offer of sale O286
public placement of shares P822
public receipts R303
public relation methods M892
public sale V445
public savings E1187

public screen E174
public sector bond O124
public sector securities V262
public shareholding P378
public share sale M783
public subscriptions S920
public telecommunications network R1446
public vote V685
publishing P2724
pumping P1222
punctuality E1587
punctual payer P498
purchase A220, A310, O349
purchase average method M685
purchase brokerage C2735
purchase discrepancy E1599, E7
purchase fund F625
purchase fund payment V526
purchasing contract C2012
purchasing power C147, P1556
pure finance F256
pure gold O729
pure holdings H102
pure interest I721
pure speculation S1028
purpose D856, O1
pursuit Q74
put O922
put and call O640
put and call option P2040, S1147
put in the money P2747
put of more D1534, D1537, F59, F62, O642
put option M364, O670, O922, P2031, P2053
put out of the money P2748
put price C2682
put purchaser A273
put spread O424
put strike price P2235
putting into circulation M732
putting off R1014
putting out for auction M731
putting up for sale M782

qualification Q1
qualification share A533
qualified Q4
qualified acceptance A109, A93
qualified accountant C1441, C1443
qualified agreement A144
qualified endorsement E888
qualified expert E1724
qualifying share A457
qualitative approach A1210
quality Q5
quality debtor D98

quality loan P1874
quality of the signature Q29
quality securities V215
quantifiable Q32
quantification of liquid assets Q33
quantitative credit control system R605
quantity Q35
quantity held Q47
quantity theory of money T615
quarter Q51, T1291
quarter in convertible currency Q53
quarter in gold Q54
quarterly dividend D1426
quarterly limits L295
quarterly payment P111
quarterly rollover R2097
quarter point Q55
quasi-anonymity Q58
quasi-contract Q60
quasi-devaluation Q62
quasi-equity Q65
quasi-fixed parities Q64
quasi-monetary Q67
quasi-money Q68, S175
quasi-monopoly Q69
quasi-rent Q71
quasi-revaluation Q70
quasi-shares Q57
quasi-usufruct Q73
quest Q74
question P1068
quick assets A369, A375, A377, A381, D1256
quick-disbursing loan P1812
quick flip V455
quick ratio R181, R189
quick response R1349
quick rise R1063
quiet market M207
quietus Q94
quittance Q94
quorum Q96
quota C1961, C2487, Q106, Q111, Q99
quotable C2382
quota payment V538
quota size I66
quotation C2383, C2450
quotation at a premium C2424
quotation at fixing C2411
quotation by opposition C2418
quotation currency D1048
quotation day J112
quotation error E1265
quotation imbalances D823
quotation level N136
quotation line L204
quotation manager R1611

quotation mechanism M568
quotation method M670, M825, T419
quotation minimum M714
quotation of a company C2409
quotation of prices C2462
quotation period P635
quotation per unit C2436, C2438
quotation pit E804
quotation provided C2412
quotation range P971
quotation regularity R842
quotation screen E172
quotation spread E15
quotation table T16
quotation time T464
quotation unit U46
quotation waiting list L396
quote R87
quoted bank B96
quoted currency D1049
quoted financial products P2415
quoted investment certificate C538
quoted list C2469
quoted option O636
quoted price C2621
quoted products P2404
quoted securities V220, V240
quoted share A429, A463
quoted stock prices E996
quoters F105
quote value V82
quoting agent A791
quoting broker C2485

race C2725
raidable O311
raider A1470, I452, P2567, R45, R1385
raiding P802
raising L121, M799, R861, R939
raising of capital A313, M801
raising of funds M806
rally R433
random fluctuations F459, F465
range E1568, F798, M497, P161, P970, R69
rank C919, R66
ranking C919, C927
rapidity R81
rapporteur R117
rare coin M1066
rare currency M1066
rate C2450, C2556, N309, R2143, T138, T48
rateable value V116, V123
rate application limit P943
rate expectations A1094
rate for Bank of France advances T91

rate guarantee operation O405
rate of conversion C2619
rate of exchange C2602, C2626, T111
rate of interest T203
rate of return T308
rate of the day C2656, C2695
rating C919, C927, C2450, E1337, E1537, N331, N336, R144
rating agency A773, A775, A777, O874
ratio C1068, R156, R886, R93, T65
ratio withdrawal plan P1005
reacting market M368
readily available M796
reading L26, L27
readjustment policy P1206
read-out A755
ready cash A1300
ready for delivery L414
ready money A1300, L325
real account C1657
real assets A383, I20
real cost C2832
real estate B317, B322, C221, E362, I20, P2609
Real Estate Investment Company S601
real exchange rates P294, P296
real guarantee S1357
real hierarchy of signatures H91
realignment R213
real interest I728
realizable R220
realizable assets R221, V265
realizable operation O434
realizable value V169, V174
realization M799, R222
realization by acceptance of the principal R223
realization value V169, V174
realized gain P1044, P1049, P1052
realized income P2429
realized operation O435
reallocable R239
real mortgage loan P1834
real property E362, P2609
real rate T298
realtor A797, C9, S525, S536
realty I20, P2609
real value V179, V99
real yield R1108
reappraisal R527
rearrangement A932
reasonable checkpoint S306
reasonable prices M901
reasons R48
reassessment R1412, R527
rebate A22, B457, E1281, R1014, R2084, R471
rebuilding R338
recall R1812

recapitalization R1732, R569, R961
recapitulative statement E1468
receipt A324, D161, D194, E1020, J123, P2103, Q77, R257, R264, R395
receipt for payment A327, Q84
receipt for premium Q85
receipt for the balance Q86
receipt from clearing report R258
receipt in full Q86
receipt on account Q88, R405
receipts and disbursements E795, R1274
receipts and expenditures P1505
receipts and expenses R292
receipts item A1364
receivable R305
receivables C1014, C1673, C2992, C3010, D103
received P603
received with thanks A325
receiver L303, R306
receivership S436
receivership procedure P2328, R728
receiving broker C2782
recipient P411
reciprocal par P159
reciprocal shareholding P393, P397
reciprocal transactions T1116
reciprocity rule R691
reclassification of assets R324
reclassification upgrading R323
recognition C1405, R335
recognizable C1404
recommenders P1696
reconcilement of accounts A1214
reconciliation R124
reconciliation account C1537, C1591
reconciliation statement A218
reconditioning R1047
reconstitution R338
reconstruction of the monetary system R344
reconveyance R1846
record E984, P2668
record dividend D1418
recorded shareholder A548
recording E984
record level N151
record profits R1766
recourse R347
recourse action A523
recourse beneficiary B295
recoverable R361, R415
recovered dividend D1420
recovered loan P1876
recoveries on previous reserves R1415
recovering market M373
recovery R1403, R362, R416, R433, R459
recovery by enforcement P73

recruiter R386
rectification R387, R459
recycling R420
red R2106
red clause credit C3198
redeemable A954, R25, R963
redeemable annuity R1241, R1253
redeemable in installments R969
redeemable share A410, A521
redeemable stock C271
redeemed bond O135, O34
redeemed share A522
redemption A955, D382, L149, R1812, R6, R971
redemption bond O52
redemption date D46, E70, J88
redemption fee D1602, F901
redemption fund C32
redemption premium P2069
redemption price P2258, P2261, V171, V181
redemption rate T209, T72
redemption schedule P1003, P983
redemption table T10, T27
redemption to be carried out R990
redemption yield T165, T209, T72
redeployment R436
redeployment compensation P2035
redeposit percentage P1532
red herring prospectus P2636
red interest I763, I780, I783
rediscount R517
rediscountable R516
rediscountable loan C3308
rediscountable paper P204
rediscountable portfolio P1298
rediscount agency O893
rediscount counter G354
rediscounted bill E335
rediscounted draft T1014
rediscounter R524
rediscounting agreement A159
rediscount limit P958
rediscount operations O541
rediscount option F64
rediscount policy P1207
rediscount procedure P2325
rediscount quota C1962
rediscount rate T300
redistribution P604, R451
redraft R314
redraft fees F903
reduced R500
reduced-rate loan E630, E696
reducible R470
reduction A886, C1398, D1143, M722, P1227
re-endorsement C2146
re-establishment A1370

re-exchange R314
referee in bankruptcy A693, L304
reference basis B235
reference forward price P1105
reference index I297
reference parity P282
reference period P670
reference price P2259
reference quotation C2428
references R540
reference text T607
reference zones Z20
refinanced nondiscountable securities V255
refinancing M799, R543
refinancing agreements A173
refinancing crisis C3411
refinancing loan C3309
refinancing rate T303
refining of loan techniques A762
reflation R558
reflation policy P1209
reform R1204, R575
refuge R584
refuge currency M1069
refugee capital C312
refund R1695, R2084, R971
refundable M796, R1693, R415, R963
refundable loan C3277
refunded M810
refunded loan C3279
refunding M799, R416, R543
Refunding Agency C55
refunding agreements A173
refunding bank B160
refunding beneficiary B296
refunding bill E312
refunding ceiling P959
refunding commitments E971
refunding company M798
refunding debts C3034
refunding limit P959
refunding loans P1969
refunding needs B307
refund of an amount R1003
refund slip N338, N341
refusal F248, R587
Regional Bank Union U34
regional securities V267
regional stock exchange B535
register R2089, R650, T7
registered I486, N200
registrar A790
registrar of mortgages C1893
registration D635, E984, I470, I481
registration deadline C1037
registration dues T368

registration fee F885
registration formalities F724
registration procedure P2316
regular R693, R859
regular customer C991
regular dividend D1421
regularity R840
regularization R832
regulation R670, R674, R740, R848
regulation power P1578
regulations in force R772
regulator O895, R845
regulatory R739
regulatory agency O895
regulatory measures M656
reimbursement R971
reimbursement credit C3312
reinforcement R1179
reinstatable R865
reinstatement R866
reinsurance C2116, R249
reinsurance agreement C2265
reinsurance broker C2781
reinsurance company S574
reinsurance cover G107
reinsurance premium P2067
reinsured R250
reinsurer R252
reintegratable R865
reintegration R866
reintermediation R869
reintroduction R870
reinvested income R1925
reinvesting R872
reinvestment P861, R1184, R513, R872
reinvestment loss P749
reinvestment rate T305
reissue of a bill R1196
rejection R879
related markets M444
relating to exchange law C113, C114
relating to the business cycle C1861
relation A1431, R886
relationship R120, R886
relationship manager D1172
relative majority M65
relaxation D873, L149, R883
release D109, D382, Q94
release of a debt R1030, R1187
release of mortgage M15
releasing D382
relend S947
relevant document P790, P796
reliability F163
reliable C1809, F164
RELIT R958

relocation D488, D614
relocation for tax purposes D491
remainder R1555, R951
remaining book value V77
remelting R568
reminder L117, R87
remisier R1059
remission R1014, R1186
remittal of a debt R1187
remittance E1121, R1014, T736, V508, V524
remittance account C1641
remittance date D60
remittance for collection R1036, R1051
remittance for discount R1037
remittance letter L119
remittance order M96
remittance to the bank V515
remittance to the current account V520
remitted earnings B278
remittee D855
remitter R1012
remitting E1121
remitting bank B188
remote banking B109
remote information I420
remote service unit T592
remote settlement day E98
remuneration R1077
remuneration amount M1214
remuneration in kind R1101
remuneration in the form of commission R1097
remuneration type T1360
remunerative R1076
remunerative investments E590
rendering of accounts R432
renegotiated reduced rate loan P1882
renegotiation R1173
renewable R1190
renewal P2541, P2616, R1192, R332
renewal bill E330, E339, T1015
renewal period P667
renouncement R1416
renovation R1204
renowned bank B161
renowned dealer C123
rent C705, L549, R1235, R444, T538
rental charges C705
rental payment P87
rent for a safe-deposit box L554
renting L483, R1262
renting company E1367
rent in kind R449
rent not yet due L559
rent of land R1250
rent payments L555
rent period T553

reorganization R1278, R960
repaid debt C2954
repaid loan E664, P1880
reparation of losses I219
repatriation R72
repayability of a debt E1681
repayable R963
repayable debt D988
repayable in installments R966, R970
repayment E1763, R1283, R1929, R971
repayment guarantee G109
repayment period P671
repayment ratio C160
repayment schedule C103, C104, C109, E127, E133, P1003
repayment security S152
repeated interventions I891
repercussions R1325, S1250
replacement R1069
replacement cost V151, V182
replacement value V151, V182
reply R1345
reply to invitations to tender R1347
repo P1258, P2133, P4, R1010, R1341
report C1642, E1439, R93
reporter R117
reporting P2724, R1373
reporting issuer E475
reporting procedures P2340
report of bankruptcy P2350
repos granted P569
repo technique T407
representation R1392
representation abroad R1396
representative A782, M102, R1386, R1391
representative and consultative body O860
representative money M1026, M1075, M1087, M982
representative office B581
represented member M619
repricing date D47
reprieve S1383
repudiation R1416
repurchase R6
repurchase agreement A157, P4, R1010, V444
repurchase agreement on securities R1011
repurchase agreements O543, P568
repurchase at the stock market R11
repurchase price P2258
repurchase rate T277, T292
repurchase right D1599
reputation R1421
request A1132, D493, S713
request for additional cover in forward deals A1143
required R1427

required payments V556
required reserves P2711
required return T318
requirement E1671
resale R1867
resale at a profit R1869
resale market M331, M376, O230
rescheduled debt D987
rescheduled payments M1242
rescheduling R501
rescheduling operations O540
rescindable R1957
rescinding clause C971
rescission R1560, R1958
rescriptions R1429
rescuer R1383, R1384
research E1480, R315
Research and Statistics Division D1194
reservable foreign currency deposit D682
reservation R1454
reserve P2672, R1454, V630, V631
reserve account C1644
reserve assets A1679
reserve capital C256, C333
reserve currency M1068, M1073
reserve deposit D660
reserve for bad debts P2680, R1461
reserve for contingencies P2710, P2713
reserve forecasts P2005
reserve for tax liability R1467, R1473
reserve fund V632
reserve instruments I623
reserve items E447
reserve level N152
reserve means M1310
reserve price M774
reserve ratio C1086, T138
reserve requirement R1479, T321
reserves with the Central bank A1650
reserve tranche T1067
reshaping of the management methods R571
residence Q28
residence loan P1927
residency S1126
resident R1554
resident bank B163
resident entity U51
resident nonfinancial operators A809
resident shareholder A556
resident status S1126
residual value V184
resistance barrier P167
resistance level N153, P167
resistance line L236
resistant line P1086
resistant point P1086

resort R347
resorting to bank loans R352
resource allocation R1322
resource allocation program P2502
resource level N154
resource replacement R1072
resources R1627
respect R1563
respite S1383
respite for payment D447
response R1345
responsibility R1576, R1624
responsible R1607
restitution R1695
restoration R1695
restoring R1047, R1769
restrained speculation S1014
restraining C1980
restraint P542, R1709
restricted R1702
restricting C1980
restriction L243, R1704
restrictive L242, R1703
restructured loan P1883
restructuring A932, R1731, R241, R568
result R1735
resurvey C2121
retail bank B106, B139
retail banking A625
retail broker C2760
retail brokerage service S223
retail lending C3224
retained N213, N247
retaining R1783
retention R1783
retiming M907
retired debt D955
retirement R6
retirement fund C49, C52
retirement savings plan P993
retirement scheme P1007
retiring director A694
retractable E742, R1810, R27
retraction by investors E775
retraction date D22
retraction feature P2158
retraction obligation O72
retraction privilege P2158
retrocedence R1846
retroceder R1844
retrocession R1846
retrocessionnaire R1850
retrospective effect R1843
return F952, P2380, R1077, R1129, R1216
return after interest charges R1164
returned bill E271, E336, E338, E340, R1794

returned check C823, C825
returned premium P2072
return of an amount overpaid R2084
return on assets R175, R184, T309
return on capital F953, R1088, R1137, R1223
return on equity R175, R184
return on investment R110, R1156, R1157, R1167
return on savings T307
return on the debt due R1143
return to the gold standard R1798
Reuter's or Telerate screens E179
Reuter's and Telerate systems S1662
Reuter's information message C1301
Reuter's information service S258
revaluation R1861, R527
revaluation differential E33
revaluation entry E204
revaluation rate T301
revaluation reserve R1486
revalued franc F923
revalued loan E691
revenue P2380, R1874
revenue account C1636
reversal C2120, C2146, I924, R1803
reverse entry E193, E199
reverse of a coin R1928
reverse stock split R1853, R825
reverse swap S1436, S1445, S1448, S1453
reverse trade O411
reversible transactions O547
reversing C2120, C2146
reversing entry A1359, A1363
revertibility R1931
revertible R1932
review R1938
reviewable rate tranche T1070
revision R1938, R206, R52, R960
revival R1403
revocable R1957
revocable letter of credit A190, C3315, L108
revocation R1812, R1958
revocatory action A493
revolving R1190
revolving credit C3313, C3316
revolving facility E940
revolving prefinancing P1632
rewarding policy P1197
rider A910, C938
right D1546, F58
rights issue E512
rights market M249
rights sale V418
rigid I379
rigidity I378, R1964
rigid planning P1019
ring R1970

rise A197, H22, M45, P1547, R1061, S1335
rise in discount rate E450
rise lock clause C976
rising A1367, C3433
rising stock market H33
rising trend T472, T482
risk R1971
risk analysis A1011
risk arbitrage A1255
risk assessment A1196, E1347, E1557
risk capacity C162
risk capital C186, C258, C283
risk category C402
risk classification C931
risk coverage C2907
risk distribution R1323
risk-free gain G41
risk hedging technique T404
risk incurred I69
risk investors I1019
riskless arbitrage A1251, A1256
risk level H119
risk limitation L249
risk management T537
risk margin M491
risk monitoring O563, S1261
risk mutual fund F589
risk offsetting C1338
risk premium P2071
risk profile P2456
risks borne R2073
risk screening S168
risk sharing ratio R171
risk transfer T1172
risk type T1363
risky R2053
ROA T309
ROE T315
ROIC R1138, T314
role R2089
roll E1439, R2089, T7
roll call V676
rolling R2112
rolling down R2115
rolling forward R2114
rolling hedge C2890
rolling in R2113
rolling out R2114
rolling over R1192
rolling-rate bond O149
rolling up R2117
rollover R2096
rollover certificate of deposit C524
rollover credit facility P1899
rollover loan C3318, C3328, E692, P1899
roly-poly certificate of deposit C524

room C605, S26
rotation R2100
rough A1218
rough book M14
rough estimate A1219, E1338
roughly A1220
rounded value V50
round figure S784
round lot L534, Q113
round transaction A893
round trip A893
round-tripping P2342
round trip trade O350
round turn A893
round turn trade O350
routine indebtedness E862
routing C733
royalty R444
royalty rate T299
rubber P2676
rubber check C774, C776
RUF F18, F39, R2133
rule R674
ruling price C2587, P2225
runaway inflation D771, I364
running C1802, D1177, F527, G168
running costs C2852, C2859
running policy P1114, P1122
run on banks C2726, R1827, R2128
rush R2127
rush hours H82

SAF F10
safe C1094
safe currency M1079
safe custody D671, D678
safe deposit box C385, C1094, C1318, C38
safe deposit vault S29, S33
safe investment P878, V180
safekeeping department S236
safety S145
safety margin M492
safety ratio C1081, C1088
safe vault G47
sag F406
sagging A740
salaried personnel S23
salaried staff S23
salary rate T306
salary scale G289
sale C571, E1652, V400
sale by auction A671, V414, V419
sale by tender V403
sale contract C2104
sale for delivery V429

sale for the account V426, V452
sale for the settlement V452
sale in blank M241
sale in blocks V440
sale in lots V440
sale leaseback arrangement A141
sales brokerage C2743
sales charge F849
sales commission C1280, C2743
sales engineers T388
sales load F849
sales manager D1166
sales room S36
sales tax T365
sale value V136
salles room S32
salvage value V134, V178, V184
SAM P1967
sample text T608
sampling deviation E36
Samurai bond O140
sanctions S37
satellite company S456
satisfaction S45
saver E1130
saving E155, T616
saving forced by tax methods E1161
saving incentive I193
saving resources R1657
savings E156, E1134, P535
savings account C1574, C1603
savings bank B119, C43
savings bond B433
savings book L464
savings certificate B433, C530
savings deposit D663
savings flows M1274
savings formation F734
savings fund F594
savings growth C3428
savings incentives P1174
savings legislation L509
savings level N142
savings movement M1274
savings of households E1170
savings passbook L464
savings period P643
savings phase P779
savings plan P989, R612
savings policy P1163
savings premium P2047
savings protection P2641
savings rate T161
savings secrecy S117
scale B210, E135, G283
scalper B547, O328

scalping A895
scarcity D313, M144, P576, R134, R140
scatter D1244
schedule B210, C99, P981, P2499, R2143, T48
scheduled R859
scheduling O743
scheme R592
scheme of composition C1712
scope of activities C1341
score S62
scoring E1559, S61
scrap value V114, V175, V65
screen E168
screening S164
screens E176
scrip S69
scrip certificate C511, C550
scripholder D900
scrip issue A1485, D1379
scripophily S70
SDR D1619, M1029, U45
SDR accounting C1424
SDR acquisitions A321
SDR allocation A905
SDR and ECU E1502
SDR basket P173
SDR holdings A1661
SDR issue E513
SDR issuing T648
seal S64
sealed bid A687
sealed safe custody D667, D700
search R315
search for capital R316
search for profits R318
search for substitution solutions R319
seasonal credit C3192
seasonal loan C3320
seat holder D897
SEC S95
SEC approval number N385
second S96
secondary S98
secondary bond market M380
secondary capital C259
second beneficiary B297
second category bill E280
second endorser T634
second fixing F397
second market M375, S97
second mortgage H148
second-rate Q6
second signature S392
second-tier commercial bank B107, B164
secrecy S105
secret S105

secret accounts F686
secret ballot V686
secret vote V686
section C1317, C664, T1053
sector S120
secured C428, G25, G55, N4
securing O220
securities C450, M986, O556, P227, T771, V197
securities account C1563, C1655
securities act L517
securities administration A703
securities adviser C1889
securities amount M1222
securities analysis A985
securities analyst A1026
Securities and Exchange Commission C1286, S95
Securities and Investments Board C1286, C1877
securities book L456
securities bought T809
securities bought firm T810
securities canvassing D545
securities clearing C984
securities commission C1275, C1279
securities cover C2916
securities dealer S566
securities dealing O520
Securities Delivery System C477
securities department S260
securities file D1524
securities firm S566
securities holder P2598
securities houses M39
securities income R1927
securities index I301
securities industry S138
securities intermediary I821
securities issuer E490
securities issuers S614
securities journal J106
securities market M407, M414
securities of all maturities T874
securities on contango T862
securities on continuation T862
securities options O720
securities orders O849
securities package E1005
securities pawning O534
securities peddling C1126
securities purchase A319
securities put option O682
securities quota C1963
securities rating R155
securities register R667
securities salesman C1176
securities sellers O296
securities selloff D384

securities sold T875
securities tax I145
securities to buy T808
securities to sell T879
securities trader N70
securities trading A258, C1173, E69, N105, N111
securities transactions O555, T1126
securities type T1369
securitizable T883
securitization M430, M791, O548, S156, T676
securitization law L516
securitized debts C3043
securitized loans C3378
security A1552, E228, G7, N7, P189, S145
security analyst A1019
security bill E264, E268, E299
Security Clearing Association C60
security holdings T829, V226, V228, V278
security in cash C419, C421, C436, C442
security in default T700
security number N384
security on an account T761, V186
security to order T735
seed money C201, C225, C245, C311, I961
segment F819
segmentable S158
segmentation S159
segmented market M226, M284, M286
segregated account C1650
segregated security T701
seizure P1542, S3
seizure for protest S17
seizure under protest S17
selection C870, S164, T1288
selective hedging C2911
selective inspection V504
selective policy P1217
selectivity S169
self-financing A1517
self-fulfilling prophecy P1981
self-liquidating credit C3173
self-service bank B136
sell-down P854
seller L473, V363
seller's balance S689
seller's hedging O680
seller's option P2031, P2053, P2058, P2064, P2070, P2073
seller's position S442
sell-hedge V413
selling M782, V400
selling exchange rate T126
selling for one's own account C2143
selling group S1481, S1484
selling off D382
selling order O824

selling out R222
selling price C2631, C2675, C2712, P2271
selling stockbrokers S605
selling trend C2543
selloff D382
selloff wave V5
sell-out against a buyer R1868
sell ticket F179
semiannual coupon C2523
semiannual dividend D1422
semiannual installment S174
semipublic company S578
sending E1121
senior bond O123
senior debt D982
senior executive C16, C22
senior financing F311
seniority of a debt R67
seniority of mortgage P2102, R68
senior manager C16, C22
senior mortgage H154
senior partner A1423, A1426
senior security T745, T747
senior share A498, A500, A516
sense of the option S179
sensitive S187
sensitive market M383
sensitivity S180
separate deposit D701
separation pay I233, I235
serial number N382
series E993, S1230, S188
serious offense I441
serious risk R2043
service S208, S266, S271
service charge C1225, C1269, F850, F882, F906
service company E1075, S580
service industry I321
service provider P1763
service quality Q25
service rate T325, T57
services on credit S279
service speed R85
services provided P1777
service trade E68
servicing S208
serving chairman P1743
set E993, J4, L528, R693, S188
set-off C1326
set of options E1570
set of the letter of credit J11
set price F709
set standards N321
setting F378, M766
setting up C1924, C3079, E1350, F565, I48

settlement A1308, A1322, A329, C1326, D571, L307, P7, R694, R971, T1073
settlement card F170
settlement charges F897
settlement date D43, D57, E97, L307, T560
settlement day J67, J86, L307
settlement department C1144
settlement discount E1292, E1313
settlement period D457, P658
settlement power P1577
settlement price C2662
settlement rate C2662
settlement report R934
settlement safety S151
settlement session S89
settlement system S1540
settlement transaction M315
settling date E70
settling day E70, J67, J86
set-up costs F864, F875, F884, F892
set-up fee C1251, F893
severance pay I233, I235
severing R2134
shadow market M355
shady dealings T1294
shakeout D228, D68
share C2487, E167, F807, P300, Q106, T677
share accounts C1683
share applied for A531
share at par value A488
share capital C188, C246, C260, C264
share certificate M159
shared funds R1681
share gathering R64
shareholder A540, D878, P1309, P1330, T895
shareholder equity C188
shareholder information I398
shareholder meeting R1852
shareholder register L440
shareholders' advances A1590
shareholders' auditors V481
shareholder's contribution A1164
shareholders' deposits D733
shareholders' equity S432
shareholders' meeting A1386
shareholders' pool P1242
shareholders' trust C1811
shareholding A557, P1461
share income R1878
share in profits P306
share in the common stock M778
share ledger R652, R653
sharelike bonds O178
share market M181
share of capital P404
share of expenses Q110

share of financing V648
share of gold P1065
share of profits F822
share ownership A557
share premium P2029
share price P2180
share promise P2556
share purchase A312
sharepusher C2772
share repurchase A318
share subscribed A531
share swap E57
share to order A487
share transactions O458
share under escrow A418
share value V40
share volume V650
sharing D1440
shark repellent provision C975
sharp deviation I381
sharp drop D421
sharpening of a trend A72
sharp fall B28, C880, C887
sharp fluctuations F453, O918, V324
sharp rise H39
sheet F151, F166
shelter R584
shift C651, D609, D614
shifting D614
shipping E1121
shipping exchange B517, B523, B527
shock S101
short C2728
short account D244
shortage D244, D313, I306, I626, M142, P576
short call position P1437
short covering C2905
short-dated bill E272, P199, T991
short duration D1635
shortening R3
short exercise price P2234
shortfall D329
short hedge V413
short payment M924
short period P636
short position D244, P1365, P1387, P1391, P1393
short put position P1438
short sale M241, V415
short securities V224
short seller V369
short strike price P2234
short supply R134
short term E82, T555
short-term E73, T541
showing a profit B282
shrinking A947, R1836

shunting A1246, A1252, A1258, A1260
shying away of the stock market D793
SIBOR S322
SICAV P2410
sick market B34
side activity A614
side income R1907
side of an account C1124
sight bank loans E955
sight bill B366, E106, E323, P225, R1057, T1021
sight deposits with banks D737
sight draft B454, T1021
sight funds D710
sighting of a bill V613
sight liabilities E975
sight remittance R1057
sight security T737, T769
sign S397, S398
signal S360
signatory S363
signatory country P523
signature E459, S368
signature category C403
signature check V505
signature lending method T401
signature loan P1887
signature panel P978
signer S363
significant N330, S187
signing E459, S368, S887
signing authority D471, P1579, P2363, S365
signing officer S365
silent partner C1160
silver A1270, M659, M984
silver bullion L299
silver certificate C513
silver coin M980, M984
silver monometallism M1112
silver standard E1433
SIMEX S407
simple arbitrage A1245, A1257
simple bankruptcy B192
simple bond O114
simple cover C2912
simple debenture O107, O45
simple debt D984
simple demerger S68
simple guarantee C441, C447
simple index I298
simple interest I732
simple letter of credit L109
simple majority M66
simple obligation O130
simple order O806
simple transfer V601
simplification S408

simultaneous devaluation of currencies D1024
simultaneous quotation of securities C2429
Singapore Interbank Offered Rate S322
Singapore Mercantile Exchange S407
single annual tax T364
single-coupon bonds O184
single-entry bookkeeping C1434
single market M420
single options O719
single order O819
single payment P112, P72
single price C2711
single quotation C2437, U6
single supervision U12
sinking fund C32, F574, P983
siphoning off P1222
sister company S583
situation C1844, P533, S413
sizable C1892
size I55, T35
skeleton agreement C2026
skills Q3, T385
skip D81
skipped payment P103
slack I170, L17, L543, M1260
sleep-at-night investment P864, P873, P880
sleeping partner A1420, B16, C1160
slide G240
sliding exchange rate C636
sliding parity P267, P272, P281
sliding scale clause C948, C952
sliding up D768
slight L34
slip B480, F151, F166, J123, S444
slowdown of investment F946
slowdown of monetary circulation R61
slowing down R59
sluggish A1120, A1468, I173, L543, M1260
sluggish market A61, M274, M297, M320, M356
sluggishness I330, L15, L544
slump A740, C1845
slush fund C48, C53, F686
small F67
small business investment trust F211
small change M1009, M1046, M1058, M979, M983
small investor R1260
small payments P131
small saver E1133
small savings E1156, E1181
small stockholder A553
Small Transaction Automatic Execution System S1654
smart card C366, C370, C375
snake in the tunnel S207
SNIF F14

soaring E1126
soaring money supply D772
soaring prices E462
social security benefits P1779
social security contribution C710
society S447
Society for Worldwide Interbank Financial Telecommunications S584
soft costs C2842
soft currency D1050, M1022
soft landing of the dollar A1472
soft loans P1945
software L489
sold note B501
sold securities T880
sole agent R1388
sole proprietor P2597
sole proprietorship E1064, E1074, E1081, S564
solicitation S713
solicited subscriber S878
solidarity S702
solid clientele C1012
solution S716
solvency E1473, S721
solvency assessment A1198
solvency certificate C552
solvency check V506
solvency control C2231
solvency crisis C3412
solvency information I419
solvency margin M493
solvency ratio C1089, R185
solvency regulation R766
solvent S728
solvent debtor R443
solvent guarantor C426
sophisticated S795
sophistication S791
sorter M10
sorting T1288
sorting machine M10
sou S814
sound investment P829
sound management G219
soundness S709
soundness certificate C552
source S834
sovereign debt swap E48
sovereign risk claim C2987
S&P S1080
space arbitrage A1246, A1252, A1258, A1260
special acceptance A109, A93
special account C1652
special charges F907
«special circumstances» S443
special endorsement E901

special financing bank B124
special investment loans P1970
specialist S968
specialist dealer N78
specialist holdings H104
specialization S963
specialized companies S628
specialized firm F340
specialized instruments V356
specialized intermediary I818
specialized prefinancing P1633
special legal status S1119
special levy T374
special permission D1241
special sections R2126
specialty S988
specialty fund F629
specific S997
specificity S992
specifics P2715
specified S995
specimen of signature S998
specimen signature S394
specimen signature card C377, F181
speculating in backwardations J13
speculation A825, C2494, J4, O549, S1007
speculation in foreign exchange M1297
speculation on bills and securities S1017
speculation on exchange rate fluctuations J25
speculation on future dividends S1027
speculation type T1365
speculative buying A247
speculative fever F217
speculative fluctuations V339
speculative fund F630
speculative interest I733
speculative manipulations M136
speculative market M386
speculative portfolio T867
speculative positions P1452
speculative pressure P1760
speculative products P2431
speculative profits G46, P2495
speculative risks R2082
speculative sale V449
speculative securities V273
speculative subscription S912
speculative trading O549
speculator A827, J40, S999
speculators on margin M16
speed R81, V617
speeding up A66
spending D589
spending cuts C1400
sphere C613, D1473, S1037
spin-off F238

split F828, F829
split bond O83
split by currency R1316
split by residency R1315
splitting D1440, F828
splitting in two D282
split-up F828, F829
sponsor C1160, F332, P2565, S1041
sponsorship S1042
spontaneous financing F307
spot C1447, D1282
spot check I499
spot component C1375
spot credit C3300
spot dealer C120
spot exchange D1060
spot market C1448, D1282, M227, M387, R725
spot movements M1298
spot position P1382
spot price C2615, C2630, C2701, P2189, P2267
spot quotation C2399
spot rate C2615, T326
spot sale C590, V417
spot securities T818
spot selling V411
spot trading N108
spot transaction M227, O375
spread D1079, E1, M451, O415, S1044
spread buyer A276
spreading E1410, R1293
spreading out E143
spread level N157
spread order O789
spread position P1410, P1427
spread risk R2026
sprinkling S51
squandering G131
squeeze C1398
stability F398, I172, I340, S1069
stabilization A1370, S1061
stabilization loan E694
stabilizing A1370
stable S1077
stable currency M1074, M1078
stable jobs E584
stable price C2702
stable rate T327
stable standard E1430
staff E225, P710
staff executive C17
stage P165, P774
staggered E142
staggering E143, E1410
staggering rise in prices H40
stagnant market M388
stagnation of stock prices S1079

stagnation of the market M162
stags L541
stake M730, P349, T275
stale check C810
stamped paper P223
stamped stock A589
stamping fee C1270
stamping of securities E1334
standard E1414, N309
standard check N310
standard cost C2830, C2837
standard deviation E40
standard form F174
standard gold O730
standardization B55, N305, S1081, U15
standardized contract C2091
standardized financial products P2414, P2418
standardized maturities E121
standard maturities E123
standard money M1011, M1019, M1040
standard of value E1431
standard periods P678
Standard & Poor's S1080
standard premium P2049
standard rate T328
stand-by agreement A145, A161
stand-by commitment E941
stand-by credit C3208, C3323
stand-by facilities F43
stand-by reserves R1546
standing S1086
standing committee C1261
standing order O794, O801, P1659, V598
standstill agreement M1250
start D124, D547
start date J57
starting point D11, P1076
starting price P2222
start-up capital C201, C225, C245, C251, C311
start-up costs F864, F892
state E1439
state bonds O191, O201
state capital C253
state control C2210, R754
state credit C3241
State gold reserves R1542
state guarantee G89
state institutions I548
state investment I992
statement A1044, A1322, B480, C1299, D178, E1439, R911, S413, T7
state of insolvency E1447
state of monetary reserves E1470
state-owned company S573
state shareholding A559
state tax system F360

statistical analysis A1004, A1012
statistical data D1500
statistical department S297
statistical table T28
statistical test T603
statistic approach A1211
statistics S1091
statistics analysis D748
status S1100, S413
status inquiry E983
status report S415
statute-barred debt D981
statutory L30, R739, S1128
statutory dividend D1423
statutory documents D1465
statutory fund F632
statutory interest I734, I772
statutory limits L294
statutory manager G160
statutory provisions D1302
statutory rate T251
statutory regulations P1703
statutory reserve R1491
statutory return R931
statutory terms C1796
steadiness F140, F398
steady S1253, S954
steady market M374
steady relations R909
steady trend T491
steels S347
step E140
step-by-step acquisition A317
step-up loan P1873
sterilization S1148
sterling S1152
sterling bloc B413
sterling zone Z13
sticky assets P1021
stipulated C2272
stipulation C933, S1154
stock P2672, R1454, S1158, T677
stock appreciation right D1589
stock arbitrage A1234, A1262
stockbroker A787, B549, C2758, I806, S474
stock broking C2736
stock capital C188
stock certificate C508, T683
stockcharting service S238
stock contract C2014
stock deals T1087
stock depreciation D753
stock dilution D153
stock dividend D1379
stock exchange B505, C492, M367, O868, P299, S1173

Stock Exchange Commission approval A842
Stock Exchange Committee C1149, C1286
stock exchange cover C2882
stock exchange crash K5
stock exchange dealer O315
stock exchange directory R1331
stock exchange fluctuations M1266
stock exchange hours H80, H86
Stock Exchange Information Distribution Company S594
stock exchange institutions I537
stock exchange law D1567
stock exchange legislation L504, L505
stock exchange list B566, C2450
stock exchange losses P755
stock exchange marketing M519
stock exchange member M608
stock exchange month M931
stock exchange news C875
stock exchange newspaper J98
stock exchange operator B549, I848, O315
stock exchange order O760
stock exchange panic P184
stock exchange participants A353
stock exchange pit E803
stock exchange practice U72
stock exchange price P2192
stock exchange quotation C2396, C2457, C2597
stock exchange rate T50
stock exchange sale V407
stock exchange seat S348, T717
stock exchange section C1105
stock exchange security T690, V57
stock exchange session B505
stock exchange settlement L311
stock exchange software L490
stock exchange speculation J9
Stock Exchange Supervisory Board C1287
stock exchange takeovers R1413
stock exchange tax I118, I135
stock exchange trader O315
stock exchange transactions N115, T1090
stock exchange upheaval D778
stock exchange working hours T466
stock gambling A825
stockholder A540, D878, P1309, P1330, T895
stockholder equity C188
stockholder information I398
stockholder's equity C331
stockholders' meeting A1386
stockholder status S1108
stockholding A557
stock holdings P1300, P1303
stock in demand A433
stock index I273
stock issue E496

stock item P1484
stock jobber S1175
stock-ledger L395
stock market B505, B537, M181, M200, P805
stock market behavior C1365
stock market charges F855
stock market collapse E381, E385
stock market commitments E956
stock market crash C3399, D66, J56
stock market deal O356
stock market discount D236
stock market euphoria E1487
stock market explosion E1744
stock market fever F213
stock market floatation I898
stock market fluctuations I1038
stock market forecast P1982
stock market income R1757
stock market index I275
stock market indicator R1329
stock market information I399
stock market investment I941
stock market listing I897, I898, I900
stock market move E1575
stock market mutual fund S325
stock market operation O356
stock market operators I854
stock market participants F251
stock market portfolio P1275
stock market premium P2033
stock market profit P1039
stock market raids R46
stock market recovery R1404
stock market regulations R704
stock market security T726
stock market services S278
stock market shock S103
stock market situation C1847
stock market speculation S1013
stock market speculator S1001
stock market system S1504
stock market technique T391
stock market tips T1329
stock market upheaval D1661, T461
stock option C2085, O610, O625, O662
stock ownership A557
stockpiling of gold C1938
stock portfolio P1268
stock price C2586, P2180
stock promoter P2569
stock promotion P2573
stock purchase A312
stock quotation C2392
stock remuneration R1084
stock repurchase R7
stock right D1562

stock split D1440, D1441, D1445, D1447
stock splitting F829
stock subscriber S870
stock subscription S894
stock symbol S1466
stock transfer T1140
stock warrants W6
stock watering D153
stock yield R1131, R1220
stolen security T768
stop-gap loan C3261, C3264, C3301, C3303
stop limit order O758, O767
stop-loss E1616
stop order O811
stoppage C562, O588
stop payment charge F896
stop payment order O588
stopped bonds T834
stopped check C773, C795
stopping A1316, C562
stopping list L402
stop price C2704
storage of a message S1174
store R1454
straddle J117, O369, O393, S1176
straddle buyer A276, A277
straddle position P1380
straddle purchase A248
straddle seller V370, V388
straight paper S321
strained cash situation T1276
strain on liquidity C1971
strangle S1177
strangle buyer A278
strangle purchase A249
strangle seller V389
strategic approach A1212
strategic investments I1012
strategy S1178
street certificate C516
street market A1222, M190, M197
street price C2592
street security T715, T754
strength E225
strengthening R1179, R42
strict accounting C1413
strict control C2232
strict discipline D1222
strict equality E405
strict obligations O203
strict regulations R768
strike price C2643, C2652, P2198, P2201, P2205
striking off R30
striking out R30
stripped bonds O188
stripped preferred share A507

stripping D556
strong box C1094
strong currency D1051, M1030, M1076
strong deceleration D156
strong deflation D376
strong fluctuations V330
strong market M374
strong money market A858
strong rise R1066
strongroom C608
strong shock S104
strong tendency T481
strong trend T1243
Structural Adjustment Facility F10
structural borrowers E727
structural investments I1013
structural regularization R837
structure C1385, O862, S1191
structured secondary market M382
struggle L563
stub T38
stub book L455
study E1480
stump T38
subagency S856
subagent S857
subbranch S1239, S856, S950
subcategory S864
subceiling S946
subcommittee S865
subgroups S933
subguarantor S931
subholding S934
subject O12
sublease S859
sublessor S860
subloan P1886, P1892
submanager S925
submission of a tender D702
suboffice S1238
subordinated bonds O204
subordinated debt D989, D992
subordinated loan E688, P1891
subordinated note E343
subordinated voting share A448
subparticipant S942
subparticipation S943
subpurchaser R29
subrogate S1212
subrogation S1209
subscribed S924
subscribed capital C261
subscriber C2486, S869
subscriber circle C502
subscriber client C992
subscription A39, S887

subscription department S255
subscription form B569
subscription list L407
subscription offer O289
subscription office O259
subscription period P673
subscription price C2700, P2266
subscription rate C2638
subscription right D1604
subscription tranche T1069
subsequent acceptance A105, A112
subsequent endorser E906, E908
subsequent law L515
subsequent payment P95
subsequent signer S366
subshare T45
subsidiary E1060, F220, S1213, S496, S510
subsidiary account S868
subsidiary holding H99
subsidiary institutions I566
subsidiary liability R1606
subsidiary loan P1886, P1892
subsidiary network R1440
subsidized C2270, S1227
subsidized interest I757
subsidized loan E630, P1799, P1808, P1895
subsidy A844, A900, S1223
substantial A1185
substitutable S1216
substitute currency M1072
substitute for market making S1229
substitution C651, S1218
substitution currency D1069
subsystem S951
subtraction S952
successful P619
succession S1230
successive monetary measures M654
successive quotation C2478
sudden rise H49
sudden variations V338
sufficiency S1247
sufficient cover P2694
sufficient security C418
sugar exchange B536
suggestion P2584
suit A407, P1535
suit in equity A431
sum C846, M1145, M1190, M1223, S734
summarized balance sheet B347, E1772
summary R256
summation S730
summons M743, S730
sum total S785
sundries account C1568
sundry creditors C3360

sundry debtors D104, D106
superannuation fund C49, C52
supermajority clause C954
supernational entities E1017
supertax S1392
supervision C2166, D1177, S1270, S1398, T1321
supervisory agency O260
supervisory authority P1580
supervisory board C1146, C1875
Supervisory Office of Public Finance I500
supervisory organ O861
supplement S1273
supplementary A1042, C1359, S1278
supplier F808, P1544, P1761
supplier credit C3247
supply F812, O264, P2672
supply and demand O273
supply curve C2552
supplying A1215
support C406, S1223, S1279, S955
support arrangement A160
supported S1227
support level N156, N158, S314
support line L237, L239
suppression R1398, S1295
supranational institutions I567
supranational regulations R769
surcharge M45, S1392
surety A1552, C429, F200, G49, R1342
surety bond A340, E934
surety in cash G104
surge P1547
surge of speculation D160
surplus B455, D1091, E1598, R1472, S1371
surplus dividend S1267
surplus investments I990
surplus profit S1265, S1373, S1382
surrender of a policy R21
surtax C472, S1392, S1393, T363
Surveillance C474
survey E1480, E1593, E979
surveying P2621
surveyor C2236
suspended quotation C2405, C2426
suspense account C1514, C1608, C1621, C1625
suspense balance S649
suspense entry E205
suspension C562, S1411
swap E42, E51, S1421
swap agreement C2092, C3220, C3326
swap contract C2042
swap deposit D658
swap option S1451
swapping C3420
swap price P2268
swaption O664, S1451, S1461

sweetener C940
swelling G255
SWIFT S1462, S584
SWIFT message standards N325
SWIFT Users' Association G328
swindler C840
swingline S1463
swings O917, O919, V330, V338
Swiss franc F922, F926
switch S1464
switch clause C946
switch order O492, O752, O782
sworn broker C2754
symbol S1465
synchronized deflation D379
syndicate C1915, S1470
syndicated C1914
syndicated loan A721, C3193, E695, P361
syndicated transaction O442
syndicate means M1318
syndication S1489
syndication fee F876
syndication principle P2098
syndication risk R2044
synthetic S1490
system R592, S1491, S1652
system deficiencies D328
systems analyst A1020, A1024

table B210, T1, T7
table of discounts T26
tacit T34
tag end R955
tailored index funds F682
tailored investment I965
tailored management G201
take-off of investments D548
takeover A54, O222, P2108, R1403, R6
takeover bid O280
takeover panel C1257
takeover prospectus P2634
takeover regulations R762
taker P1672, S869
taking P2103
taking on deposit P2114
taking out a policy S887
taking over A54
taking up L121
talks N112
talon T38
tangible T43
tangibles B321
tape price C2705
tape quotation C2434
tapered commission C2738

tapering factor C1074
tapering rent L557
tapping D1541
tap stock O191, O201
target O1
target company S497, S590
target customers C1003, C1013
target date D42
target investment P884
target ranges F806
target zones Z20
tariff T48
task force G312
tasks T32
tax C2157, C667, F343, I95, T354
tax abatements A27
taxable I101, I109, I113, I74, T340, T359
taxable income P2387, R1891, R1911
taxable profit P2473
taxable value V116, V123
tax accounting C1428
tax adjustment R464
tax advisor F349
tax allowance D234, D293, D420, M715
tax amount I63
tax arrears M928
tax assessment C86, R1314
tax assessor R1291
taxation C2814, F350, I77, P1649, P1652, T342
taxation level N143
taxation period P653
tax audit V496
tax authorities A1539, A698, A700, F341
tax avoidance E1567
tax band F803
tax base A1397, B229
tax benefit A1600
tax bill E1113
tax bite P1231, P1233, P1649, P1652
tax boycott G281
tax bracket C469, F803, T1063
tax break A1600, A889
tax burden C2814, C671, F119, P1060, P1231
tax capacity C154
tax certificate C533
tax charges C697
tax check C794
tax collection C1114, P1649, P1652, P592, P597
tax collector P590, R307, R309
tax consultant C1871, C1884, F349
tax control C2213
tax credit A1643, C3259, D234
tax cut D420, R483
tax declaration D187, D193
tax deductibility D287
tax-deductible interest I768

tax-deductible provision P2681
tax deduction D234, D293
tax deduction at source P1614
tax deferral R1366
tax-deferred dividend D1402
tax-deferred preferred share A512
tax department F341, S237
tax differences D1100
tax differential D1111
tax discrimination D1226
tax dodgers F944
tax dodging F941, F962
tax drain P1231, P1233
tax-driven reserve R1490
tax dumping D1631
tax effect I185
tax entity P697
tax environment E1118
tax equality E402
taxer T341
tax evaders F944
tax evasion D1307, D945, E1567, F941, F962
tax evasion and fraud risks R2074
tax-exempt T355
tax exemption D161, E1701, F927
tax expert E1728, F349
tax form F155, M106
tax-free I105, I107, N127, T355
tax funds R1663
tax heaven P244, R585
tax hurdles I449
tax in arrears A1337
tax incentive I194
tax increase A921, R942
tax inequalities I326
taxing F345
tax inspector C2237, I494, I496
tax investigation I927
tax law D1580
tax legislation L43, L510, L512
tax level P166
tax levy P1649, P1652
tax liability A1436
tax load P1231, P1233
tax measures M653
tax mechanism M576
tax method T403
tax monopoly M1124
tax notice A1605, A1624
tax office R286
tax official A795, F525
tax on assets T361
tax on loans T367
tax on movables C2164
tax paid I108, I136
tax payable I137

taxpayer C2154, I76
tax payment P77
tax penalization of savings P543
tax penalty A945, P560, S41
tax period D440
tax planning G193
tax potential P1513
tax power P1570
tax premium P2048
tax pressure P1756
tax privilege P2159
tax problems P2286
tax protection P2642
tax provisions D1299, P2708
tax rate T191, T53
tax reappraisal R464
tax reasons R51
tax rebate D234, D420
tax receipts R1272
tax reduction A1600, A889
tax reform R579
tax refund R1700, R994
tax regime R617
tax registration E988
tax regulations R617, R755
tax relief A27, A889, D234, D420, E1701
tax remission A889
tax return D187, D193, F155
tax revenue R297, R1272, R1887
tax rules R816
tax savings E1158, E163
tax scale B211
tax schedule B211
tax services D1202, S285
tax shelter P244, R585
tax-sheltered deposit D699
tax shifting T1162, T1205
tax situation S427
tax slip F155
tax sources S851
tax strategy S1184
tax strike G281
tax surplus P1047
tax system F350, R617, S1556
tax take P1649, P1652
tax threshold S316
tax transparency T1223
tax treatment T1036
tax withholding P1614
tax year A1040
tax yield R1154
T-bill account C1581
T-bill index I274
TCN market M410
team E1225
team manager C729

tear-off coupon B432
tear-off portion V630
tear-off section V647
technical analysis A1013
technical analyst A1025
technical criteria C3418
technical decline R1337
technical interbanking I665
technicality T385
technical support department S298
technical terms M848
technical trading C2433
technician A802
technique P2292, T389
technologies T434
telecommunications M1327
Telecommunications Finance Company S595
telecommuting T432
telecomputing T432
telegram C11
telegraphic transfer C11, M99, T1158, V543
telemarketing T443
telepayment P60, T446
teleprinters T447
Telerate information message C1302
teletransmission T450
telex T456
telex access A131
telex operators T459
telex payment order O798
teller C68, E595, E597, G363, M121, P492, T504
«temple of the finance» T462
temporary association A1409
temporary transaction O444
temporary worker I790
tendency M1261, O900, T468
tender O264, S821, T492
tender amount M1220
tender bids S827
tender bond O145
tenderer S828
tender guarantee G115
tender loan P1890
tender panel B195, S1476, S1486
tender purchase A224
tender rate T81
tenor of a bill D436
tense T494
tension T508
tenure D911, M83
term D1641, D424, L525
term contract C2041
term debtor D102
term deposit D704
terminal T579
termination C562, E1737, E1763, R1557, R2134

termination clause C970
termination date E70
term intermediation T1198
Term Investment Growth Receipt R401
term liability E943
term loan P1902
term of office M83
term policy P1125
terms of payment C1789, C1793, M838, T576
test T593
text T605
third T629
third party T629
thorough execution E1650
thorough inspection V499
thorough study E1481
threat M624
threshold L267, S302
threshold effect E341
thresholds limits S317
thrift E155
tick E141, E28, T625, V318
ticker T627
ticker symbol S1468
ticket B428
tied creditor G29
tied loan C3207, E665, P1804, P1850
tied selling V425
tied share A422
tied-up I31
tied-up capital A380, C222, C224
tightening R1616
tight policy P1215
TIGR R401
till C27, T674
time D424, E1197, H75, H78, T463
time arbitrage A1261
time bargains A739
time bill B385, E346, T992
time chart C99
time commitment E943
time debt D994
time deposits D739
time difference D146
time draft T992, T998
time left P672
time left to run D1652
time limit D424, T538
timely payment P94
time management G222
time note B385
time policy P1125
time slot P973
time spread E12
time stamping H121
time-table P981

time value V188
timing T638
timing difference D1089
tiny minority M729
tips T1326
title T677
title deed T695, T749
title to goods T759
TME-linked bonds O196
trace F240
trace of an entry T941
tradable C1177
trade C1166, C1175, E62, E65, T1073
trade acceptance A91
Trade and Company Register R668
trade bill B360
trade bill assignments V660
trade bills E357
traded amount Q45
traded options O709
trade margin M451
trade press P1751
trade profits P2488
trader C1189, M163, N63, N71, O312, S1002, T942
trader in the over-the-counter market N75
trade tax T377
trade ticket F177
trading A605, C1166, E62, F431, N81, T948
trading account C1586, C1612
trading charges F895
trading companies S607
trading day J53
trading desk P1489, P1494, P2742
trading fee C1254
trading floor C2352, S27, S35
trading halt A1320
trading hours H80, H86
trading in securities A615
trading in stocks C2133
trading in the spot market T951
trading of a contract N91
trading pit C2352
trading places P932
trading portfolio T867
trading post P1489, P1494
trading prices C2722
trading privilege P2160
trading profit R1744, R1763
trading range F799
trading ring C2352
trading room S28, S30, S35
trading session S72, S86, S91
trading square S144
trading volume V667, V668
traditional financial instruments I609

traditional functions of money F561
traffic T953
tranche T1053
transaction A335, A720, M166, N81, O345, T1073
transactional T1082
transfer C571, D614, M1360, R1929, T1138, V587
transferability C567, T1130, T1232
transferable C570, T1135, T1207
transferable account C1656
transferable securities T876
transferable share A423, A536
transfer account C1658
transfer advice A1637
transfer agreement A164
transfer as a security C596
transfer bank B171
transfer book R666
transfer by endorsement T1155, T1212
transfer check C814, C830
transfer control C2234
transfer cover sheet B499
transfer department S261
transfer duty D1609
transferee A302, C599
transference of lease C576, C598
transfer entry E193, E206
transfer fee C1277, F910
transfer for a consideration R1055
transfer for free R1054
transfering C465
transfer instrument I594
transfer item A1366
transfer notice A1637
transferor C466
transfer order M100, O818, O827
transfer payments O558, P143
transfer permit A1533
transfer price P2186
transfer register R666
transfer restrictions R1730
transfer risk R2039, R2048
transfer slip B483, F161, F183
transfer to an account R1028, V593
transfer value V192
transfer without compensation C588
transformation T1189
transformed bank B168
transit assets A406
transitional T1204
transitional system R648
transition to floating exchange rates M751
transit operations O559
translated value V80
translation at parity C2291
translation exposure R2003

translation risk R2003, R2049
transmission T1209
transmission default D323
transmission screen E175
transnational bank B169
transnationals T1221
transparency T1222
transparent T1225
transport T1226
traveler's check C832
treasurer C1442, D1176, T1278
treasury T1248
treatment T1024
treaty P1, T1022
trend C2537, D1290, E1573, M1261, O900, T1239, T468
trial balance B344, B350, B53, P1609
trial period P665
triangle formation F744
trigger point S314
triple A rating N332
trough C3385, C3386
troy ounce O303
troy ounce of pure gold O304
true discount E1298, E1311
true interbanking I667
truncation D554
trust C1808, F198, G301, T1308
trust account C1588
trust company C1309, E1059, S519
trust deed A344
trustee C1897, D627, F199, F203, T1315
trustee in bankruptcy S1469
trusteeship S1477
trust estate P451
trust fund F592, F597
trust investment P845, P847
trust mortgage H149
trust operation O401
trust ownership P2606
trust relationship R122
trust transactions T1102
trust unit P313
trustworthy C1809
truthfulness V470
try-out campaign C131
tunnel T1317
turmoil T1318, T937
turnaround R1803, R459
turning point R2134
turn of the market E16
turnover C848, C868, M1261, M1285, R2100
turnover commission C1253
turnover consolidation R826
turnover rate V620
turnover ratios R192

turnover speed V620
turnover tax I120, T365
tutelage T1321
twin shares A592
two-thirds majority M61
two-way quotations C2443
tying up I21
type F745, F772, N30, T1330

UCITS certificate T733
ultra vires E1626
umbrella company S511
unacceptable N204
unallotted N213
unanimously V627
unassignable claim C2962
unauthorized charge D73
unauthorized signature S386, S395
unavailability I306, N245
unbankable N222
unblocking D109
unbundled stock units P178
uncallable loan P1847
uncalled N217
uncashed check C789
unchangeable parity P273
unchecked gold speculation S1025
unclaimed N281
uncommitted lending capacity C159
unconditional acceptance A98, A100, A108
unconditional loan P1837
unconfirmed N231
unconsolidated I200
uncontrollable I201
uncontrolled I202
unconverted debts C3031
uncovered C2871, C869
undated N240
underassessment S935
undercapitalization I629, S862
undercapitalized companies E1107
undercapitalized institutions E1406
undercompetitiveness S867
underestimation S927, S929
underinsurance S858
underinvestment S439, S936
underlying asset A386, S937
underlying contracts I457
underlying currency D1054
underlying financial instrument I581
underlying interest P2385
underlying loan E652, E666
underlying obligation O81
underlyings I457
underlying security V133

underlying stock T762, T764, T881
undermargined account C1595
undersaving S926
undersigned S949
understanding E1006
understatement S929
undertaking E1042, P2554
under the presidency P1739
undervaluation M722, S929
undervalued currency M1077
undervalued option O661
underwriter P1678, P935, S1488, S875, U3
underwriting A619, G57, P2103, P2117, S887, U4
undischarged bankrupt F84
undischarged debt D975
undiscountable I331
undiscounted I332
undistributed N247
undivided I315
undrawn credit margin M474
undrawn portion of a loan P409
unearned dividend D1397
unearned interest I707
unearned revenues P2403
unemployed I329
unequivocal repudiation of a debt R1419
uneven lot L531, L533
unexpected expenses D607
unexpected intervention I873
unexpired N278
unfair competition C1748, D1320
unfair manipulations M133
unfavorable P425
unfreezing D109
unfrozen assets F672
unfrozen capital C232
unguaranteed bond O107
unification U15
unified money market M419
uniform U24
Uniform Customs and Practices for Documentary Credits R822
uniformity U26
unilateral clearing C985
unilateral revaluation R537
uninsured N219
Union S1470, U27, U31
uniqueness U5
unissuable note B371
unissued bond O106, O110, O144
unissued capital stock C238
unissued share A476, A530
unit C474, M922, U39
unit amounts traded M1243
unit banking S1500
unit cost C2840

unit holder D902
unit price M1225
unit size T37
unit trust F208, S483, S547
unity U39
universal bank B170
universal credit card C364
universality U56
universalization D850
unlawfulness of foreign exchange transactions I7
unlawful possession P1463
unless otherwise stated C935
unlimited A52, I8
unlisted C2386, H130, N210, N259
unlucky trader C121
unmatched forward position P1429
unmatured N251
unnegotiable bill E303, E314
unofficial market H131, H132, M235, M299
unofficial price C2594
unpaid I169, I42, N208, N262, N277, N303
Unpaid Bills Surveillance C476
unpaid capital C236, C239, C241
unpegging D269
unplaced securities T850
unpostable N229
unpredictability of exchange rates I154
unproductive capital C207, C223, C234, C320
unprofitable N289
unprotested bill E320
unqualified security T729
unquotable I212
unquoted I213, N236, N259
unquoted list C2456
unquoted securities V247, V248, V253, V256
unquoted share A475
unrealizable debts C3032
unrealized gain P1051
unrealized profit G36
unredeemable N215
unredeemable bond O104
unredeemed pledge G23
unregulated market M325
unremitted earnings B276
unrest T1318
unrestricted A52
unrestricted ownership P2611
unrestricted practice broker C2779
unsecured C869, D249, G67, N254
unsecured debt C2946
unsettled H74, I215
unsigned N295
unsold securities T848
unspecified date D35
unspecified maturity E93
unstable I507

unsteadiness F834
unsteady H74
unsteady currency M1031, M1033, M1036
unsteady market M285, M294, M298, M305
unsuccessful placement I625
unsuccessful speculation S1022
untapped I339
untaxed savings accounts L469
untightening of exchange control D854
untransferability I894
untransferable I893, I895
unused I329, I339
unused capital C320
unused credit C3290
unvalued policy P1120
unverifiable I201
unverified I202
unwarranted G67
unweighted index I291, I298
unwinding D116, D117
updating A648, M757
upgrading of a loan R326
upheaval T937
upon receipt R265, R266
upper limit L272, P939
ups and downs I1038, O917
upset price M774
upsurge P1547
upswing A929
up tick N93
up to... C1738
uptrend O905, T1244, V10
upturn A929, O905, R459
upturn in prices R462
upward H56
upward adjustment A868
upward curve C2546
upward drift D768
upward movement M1278
upward pressure P1757
upward revision R54
upward trend C2541, M1264, M1278, O905, T472, T482
upward variations V331
urgent cover C2906
urgent meeting R1859
use E570, U60, U95
used rate T331
users E1108, U68, U88
USU P178
usufruct U80
usufructuary U82
usurious U84
usury U85
utilization U95

valid N278, V15, V286
validation V282
valid check C829
validity V288
valid receipt Q87
valid signature S396
valid until revocation R1959
valuable V31
valuables O23
valuation A1186, E1337, E1537, P2144, V298
valuation account C1638
valuation base B227, B236
valuation day J60
valuation price C2641
value P2164, V18
value-added tax T381
value adjustment A874
value analysis A1014
value as new V151
value at par V161
value date D23, D62, E70, J92
value difference D1097
valued policy P1112, P1118
valued position P1381
value for collection V102
value increase A206
value in exchange V97
value in the open market V57
value reduction R497
value today V53
value tomorrow V90
variability V302
variable V308
variance on gap analysis A1015, A994
variation V309
variation limits L296
variety V343
VAT T381
vault access card C354
vehicle currency M1085
velocity R81, V617
vendue E821
venture E1042
venture capital C186, C258, C283, V466
venture capitalists I1019
veracity V470
verbal agreement C2267
verbal announcement A1048
vertical bullish spread O427
vertical call spread O428
vertical put spread O429
vertical spread E41
vesting of pledgee M773
veto V568
vice-governor V570
vice-president V571

video-banking V574
violation I436, V576
violation of contract C2115
violation of the law I443
violation of the rules V584
visa V609
Visa card C359, C378
visible reserve R1492
void N220
voidable R1556
voidance A1061
volatile V634
volatility V635
volatility expectations A1105
volatility index I302
volatility level N160
volatility ratio D418
volatility spread S1059
volume E829, V649
volume trading N85, O474
voluntary auction sale E823
voluntary liquidation L323
voluntary loan E704
voluntary reserves R1525
voluntary saving E1191
vostro account C1659, V670
vote V621, V671
vote by a show of hands V681
vote by ballot V677
voting V671
voting certificate C527
voting right D1611, P1581
voting right share A446
voting security T702
voting share A444
voting trust agreement C2269
voting trust certificate C554
voucher B428, C736, J120, J123
vulnerability V689
vulnerable V693
vulnerable currency M1088, M996

wage earners S23
wage indexation I245
wage rate T306
wage scale G289
wage structure G289
waiting delay D430
waiting period D429
waiver of protest D1243, D848, R1189
waiving one's voting right A15
Wall Street W1
Wall Street gurus G267
want A44, M144
war G337

warehouse warrant C528
warning M756
warning list L402
warrant B428, B444, C545, R263
warrant bond O154
warrant discounting W2
warranted W3
warrant exercise price P2206
warrant holder D880
warrant premium P2032
warrant technique T414
waste G131, G2
wastebook M14
watch list L408
watered capital C204
watered share A435
wave V1
way F772
weak F67
weak currency D1050, M1022
weakening A717, D392, F406
weak franc F72
weakness D301, F68, F834
weak positions F837
weak quotation C2466
weak tendency T480
wealth tax I130, I132, I147, I84
weekly accounting report S428
weekly reporting R1375
weight P1057
weighted average M1315, V166
weighted index I294
weighted risks R2081
weighted value V165
weighting of risks P1240
welcome letter L48
welfare costs C710
well-informed consultants P1698
well-placed security V69
well-regulated currency appreciation A1194
when due E74
white knight C839, S462, S544
whole E993, I645
wholesale bank B127
wholesale funding base V656
wholesale funds F681
whole sum T932
wholly owned corporation S488
wide L18
widely-held institutions I565
widening E410
windfall profit B258
winding-up L307
winding-up sale V427
window G344
window-dressing C125, T1305

window loans E733, E739
winning transaction O404
wiping away E222
wiping off A1224
wire C11
wire confirmation C1830
wire transfer T1158, T1176, T1220
with coupon C2498, J44
withdrawal D809, D847, P1640, R1812
withdrawal check C792, C826
withdrawal fee D1603
withdrawal from circulation R1819
withdrawal from reserves P1655
withdrawal notice P1608
withdrawal slip B500, D531
withholding P1640, R1785
withholding tax I148
Witteven facility F21
workforce E225, P710
work group G315
working J4, O946
working account C1586
working assets V234
working budget B559
working capital C215, F582, F627
working day J73, J76
working expenses C694
working hours H114
working out a price list E1353
working out cross-rates F2
world M937
World Bank B184
World Bank group C1293
world bank market M189
world creditor P2738
world index I289
world money M1084

world of financial gadgets M943
worsening A813, A918, D927
worth V18
worthiness of a debtor H111
worthless security N302
write E183
write-off R30
write-offs V254
writing E183
writing off A955, R30
writing of options S906
written agreement C2253, E928
wrong information I410, I421

Yankee bond O155
year A1030
yearly dividend D1381
year-to-date figure C3436
yen zone Z16
yield P2380, R93, R1129, R1216, R1874, T71
yield book L454
yield curve C2553, H92
yield differential D1114
yield spread E34
yield to maturity R1144, T72, T165, T209, T311
young financiers L542

zaitech Z1
zaiteku Z1
zero cash T1277
zero cost option O660
zero coupon C2524
zero funds T1277
zero profit G39
zone Z3

РУССКИЙ АЛФАВИТ

Аа	Ии	Рр	Шш
Бб	Йй	Сс	Щщ
Вв	Кк	Тт	Ъъ
Гг	Лл	Уу	Ьь
Дд	Мм	Фф	Ээ
Ее, Ёё	Нн	Хх	Юю
Жж	Оо	Цц	Яя
Зз	Пп	Чч	

УКАЗАТЕЛЬ РУССКИХ ТЕРМИНОВ

абсорбировать деньги M962
авалированный вексель E258
авалировать A1545, A1551
авалист A1552, D1502, G53, P408
аваль A1544, G78
авальный кредит C3176
аванс A282, A1555, A1580, P1616
авансировать A1556, A1587
авансовый платёж A282, A1553, A1555, A1580
авансовый счёт C1515
аверс A1604, F5
авизо A1608, L52, N336
авизование A1608
авизованная тратта T986
авизованный аккредитив L97
авизованный вексель E259
авизовать вексель E232
авизовать документарный аккредитив C3143
авизующий банк B144, B156
автоматизированный учёт C1421
автоматическая отсрочка R504
Автоматическая расчётно-клиринговая система S1656
автоматически возобновляемый аккредитив C3313, C3316, C3319
автоматическое кредитование C3174
автоматическое перечисление средств V591
автоматическое списание сумм с банковского счёта P1659
автоматическое фактурирование F54
автомат по приёму вкладов T1249
Автономная касса рефинансирования C55
авуары A1639, A1644
авуары в золоте A1677
авуары в СДР A1661
агент A782, C1288, C2749, I797, M102
агент делькредере D1626
агент по взысканию долгов A801
агент по выплате дивидендов A799
агент по найму R386
агент по продаже недвижимости A797
агрегатные показатели D1496, D1499
агрегаты денежной массы A833
агрегирование A829
агрегированные показатели бухгалтерского учёта A831
агрегированные показатели инвестиций A834
ажио A817, S1332
ажиотаж на валютном рынке N124
ажиотаж на денежном рынке F947
азиатские опционы O687, O708
АИБОР A843
аккордный налог F713
аккредитив A179, C3111, L90
аккредитив в иностранной валюте L102

аккредитив, оплачиваемый по предъявлении C3298, C3339
аккредитив «с красным условием» C3198
аккредитив с рассрочкой платежа C3296
аккредитованный банк B198
аккумулировать A217
аккумулировать биржевые поручения O838, O844
аккумулировать капитал C288
аккумуляция A209
аккумуляция денежных средств C1113, C1115
акт A335
актив E423, V18, V41
актив баланса A364
активизироваться R1382
актив, лежащий в основе контракта Матиф S938
актив, лежащий в основе контракта Пибор S939
актив, лежащий в основе опциона S941
активная котировка ценных бумаг H134
активная спекуляция S1010
активное сальдо E1598, S639, S642, S663, S683
активное сальдо баланса S1371
активный A355
активный баланс B334
активный рынок M180, M183, M308
активный счёт C1551
активы A356, A390, A1639, A1644, B310, C665, E444, F643, P448, P457, S1162, V197
активы в виде недвижимого имущества P453
активы в виде ценных бумаг P458
активы в форме акций A1648
активы, не приносящие дохода A1675
активы, подлежащие амортизации A362
активы, полученные в качестве гарантии A382
активы с плавающей ставкой A388
активы с фиксированной ставкой A387
акт о протесте векселя A347
акт передачи A341
актуарий A647
актуарные вычисления A655
актуарные расчёты A655
акт уступки A341
акт экспертизы R107
акцепт A75
акцептант A74, A115, T670
акцептант в качестве поручителя A116
акцептант опротестованного векселя I848
акцептант по векселю A117
акцепт на доверии A101, A107, A99
акцептное обязательство E919
акцептно-рамбурсный кредит C3312
акцептный кредит C3164
акцептованная тратта T984
акцептованный вексель E257
акцептованный счёт C1500

«акцептовано» A76
акцептовать A81, A85, A114
акцептовать вексель E229, E242, E244, L56
акцептовать тратту T959, T966
акцептовать чек V614
акцепт против документов A97
акцепт чека V609, V612
акции инвестиционной компании открытого типа S324
акции на рынке «спот» A588
акционер A540, A1182, A1183, D878, P1309, S445, T895
акционерная компания S464
акционер-нерезидент A551
акционерное общество E1080, S458, S463, S484
акционерное общество закрытого типа S459, S478
акционерное общество открытого типа S465, S480, S561
акционерное общество, существующее лишь юридически M160
акционерный взнос M778
акционерный капитал A586, C188, C246, C260, C264, C310, F628, F690
акционерный сертификат T683
акционер-резидент A556
акционирование A561
акция A407
акция без права голоса A445
акция без указания номинальной стоимости A538
акция в обращении A425
акция, дающая право на часть имущества ликвидируемой компании A464
акция, деноминированная в центах A421
акция за наличный расчёт A481
акция, котирующаяся без учёта дивиденда A430
акция, на которую имеется подписка A531
акция на предъявителя A495
акция, обеспечивающая участие в управлении компанией A417
акция, обращающаяся на открытом рынке A450
акция, по которой нельзя потребовать дополнительного платежа в случае банкротства A479
акция, пользующаяся спросом A433
акция, приносящая дивиденд A436, A464
акция, продающаяся по номиналу A488
акция роста A432, V54, V88
акция с варрантом на акцию A419
акция с гарантированным дивидендом A441
акция СИКАВ A527
акция с неограниченным правом передачи A466
акция с ограниченной обращаемостью A470
акция с ограниченным правом передачи A422
акция с ограниченным участием A490

акция с отсроченной выплатой дивидендов A434
акция с отсроченным дивидендом A438
акция с правом выкупа со стороны компании A521
акция с расчётом в марте A467
акция с фиксированным дивидендом A439
аллонж A910
амальгамация банков A927
американская процентная ставка T237
американские ценные бумаги, на основе которых рассчитывается индекс «Стэндард энд Пурз500» V209
американский опцион O626
амортизационная ставка T78
амортизационные отчисления A959, A972, D295
амортизационный резерв R1457, R1469
амортизационный фонд F574
амортизация A955
амортизация капиталовложений A967
амортизация основного капитала A966
амортизированная стоимость V47
амортизировать A953
анализ A981, D210, D740, E979, E1480, T593
анализ баланса A984
анализ забалансовых операций A1005
анализ затрат и результатов A992, A1009
анализ издержек и прибыли A991
анализ конъюнктуры A989
анализ риска A1011
анализ рынка D743, E982
анализ стоимости кредита E981
анализ счёта A988
аналитик по ценным бумагам A1026
аналитический учёт C1420
андеррайтер P935, P1678, S875, S1488, U3
андеррайтер без гарантии размещения P936
андеррайтинг A619, E521, E541, G57, P2117, S887, U4
андеррайтинг государственных ценных бумаг банками S895
андеррайтинговое соглашение C2057, C2089
аннуитет A1049, A1056, R1235
аннулирование A40, A1061, R1557, R1560, R1958
аннулированная акция A412
аннулированный заём E640
аннулированный чек C803
аннулировать A43, A1073, R1558, R1962
аннулировать аренду B10
аннулировать заём E611
аннулировать чек C737, C762
анонимность вкладчика A1078
анонимный A1079
антиинфляционная мера M649
апелляция о пересмотре величины налога R322

аппарат A1124, M4
аппарат для заполнения фактур M9
аппарат для заполнения чеков M7
аппарат для сортировки чеков T1290
арбитр A1268
арбитраж A1231
арбитражёр A1266
арбитраж на разнице курса спот и форвард A1240
арбитражный инструмент I570
арбитраж с акциями A1234
арбитраж с бонами казначейства A1235
арбитраж с облигациями A1250
арбитраж с целью страхования валютных рисков A1238
арбитраж с ценными бумагами A1262
аренда B2, F138, L483, L538
арендная плата L549, P87, R447
арендный договор B2
арендовать B7, B11, L539
арендодатель по договору субаренды S860
АРП C607
ассигнование A744, A900, A906, A1159, A1400, S753
ассигнование средств A750
ассигновывать средства R1628, R1640
ассимилируемость финансовых инструментов F702
ассимиляция A1402
ассимиляция бон казначейства A1403
ассоциация A1405, A1410, G317, S1470
Ассоциация банковских казначеев A1417
Ассоциация международных банков A1411
Ассоциация по клирингу ценных бумаг C60
Ассоциация пользователей системы СВИФТ G328
Ассоциация финансовых аналитиков Франции S598
Ассоциация французских банков A1413
Ассоциация французских бирж S592
Ассоциация французских кредитных учреждений A1414
ассоциированная компания E1068, S468
ассоциированный капитал C192
ассоциированный счёт C1513
ассоциированный член M606
астрэнт A1463
аудит A1489, A1491, E1734, R1938, R1943, V482, V488, V492, V498
аудитор A1489, A1496, C1193, C1196, C2236, R1934, R1935, V473, V475, V477
аудитор, назначенный акционерами V481
аудиторская проверка баланса C2197
аудиторская проверка счетов C2166, C2204, C559
аудиторская ревизия A1489

аудиторский контроль C2166, C2204
аудиторский отчёт C1643, R101, R99
аудиторское свидетельство A1474
аудиторство C1199
аукцион C3388, E798, E813, E821
«аукцион выкриков» E819
аукцион для установления курса C3391
аукционер E826
аукционист A670, C1194, C1197, C3393
аукционная продажа ассимилированных облигаций казначейства A684
аукционная продажа векселей A680
аукционная продажа казначейских бон A678
аукционная продажа казначейских векселей A689
аукционная продажа контрактов на иностранную валюту A679
аукционная ставка T76
аукционный зал S32, S36
аукционный рынок M256
аукцион по французскому методу A682
аутентичный документ T606
аутсайдеры N258
аффидавит A756
аффидавит ценной бумаги A757

база A1392, B223
база данных B225
база налогообложения B229, M548
база оценки B227, B236
база процента D1437
база ренты A1398
база цены B226
Базельские принципы D195
Базельский комитет C1150, C1159
Базельский конкордат C1713
базисная комиссионная ставка T136
базисная котировка C2428
базисная цена P2259
базисные издержки C2800
базисный год A1034, A1041
базисный индекс I297
базисный объём E831
базисный период B235, P626, P670
базисный пункт P1074
базисный риск R1987
базисный своп S1434, S1452, S1456
базовая заработная плата F392
базовая коммерческая процентная ставка T219
базовая учётная ставка T101, T302
базовый документ T607
базовый паритет P275
баланс B43
баланс активов и пассивов B44
балансирование E1204

балансирование активов и пассивов группы по валютам C1335
балансирование банковских счетов E1205
балансирование счёта N162
балансировать B54, E1221, L327
балансирующая статья актива E425
баланс на конец года B337
баланс на начало периода B340, B346
балансовая нетто-стоимость V150, V76
балансовая прибыль B270, P2467, R1741
балансовая прибыль за вычетом налога B260
балансовая стоимость C2614, V138, V56, V72
балансовая стоимость в расчёте на одну акцию V74
балансовая стоимость ценных бумаг V78
балансовое равновесие E1212
балансовые пассивы P430
балансовые резервы R1507
балансовые счета C1672, E210
балансовый валютный риск R1996
балансовый год A1037
баланс с поправками на колебания валютного курса B349
балльная система E1559, S61
банк B63, B196, C1306, E1352, M32, O871, S472
банк-авалист B200
банк-агент B74, B206
банк-акцептант B66, B197
Банк Англии B173
банкаризация B59
банк-бенефициар B75
банк-ведущий менеджер B80
банк взаимного кредита B76, B101, B141, C3347
банк-вкладчик B104
банк, возникший в результате слияния B135
банк-гарант платёжеспособности D1628
банк данных B113
банк, дающий поручение B204
банк-депозитарий B104
банк держателя кредитной карточки B150
Банк для внешней торговли Франции B178
банк-заёмщик B116
Банк земельного кредита C3345
банкир B196
банк-исполнитель B112, B203
банк-конкурент B90
банк-корреспондент B95, C2370
банк, котирующийся на бирже B96
банк-кредитор B97
банк, купивший ценные бумаги на торгах B67
Банк международных расчётов B186
банк-менеджер S586
банк, негоциирующий тратту B142
банкнота B351, B358, C2533

банкнотное обращение C905
банкноты B391, M1025, M1055, M1062, M1094
банкноты в обращении B394
банкноты, обратимые в золото B395
банкноты, подлежащие обмену B396
банковская акцептная линия L198
банковская акция A416
банковская гарантия C417, G77
банковская декларация D180
банковская депозитная книжка L461
банковская задолженность D1001, E860
банковская карточка C358, C361
банковская клиентура C1001
банковская компьютерная система S1571
банковская кредитная карточка C363
банковская кредитная линия L217, L230
банковская ликвидность L335
банковская лицензия P686
банковская маржа M463
банковская наличность E1326
банковская облигация O39
банковская прибыль P2465
банковская проводка E188
банковская процентная ставка T214
банковская сеть C897
банковская система «он-лайн» S1643
банковская ссуда A1559, C3179, E629
банковская ставка T95, T98
Банковская федерация Европейского Союза F130
банковские деньги M982, M1026, M1075, M1087
банковские депозиты до востребования D737
банковские дилеры O331
банковские издержки F854
банковские инвестиции P893
банковские инвестиции по договорным ставкам P894
банковские инструменты P2397
банковские каналы S1515
банковские комиссионные F854
банковские обязательства по требованию E955
банковские операции A624, A727, O466, T1088
банковские операции в евровалютах O468
банковские операции, являющиеся источником комиссионных A642
банковские пассивы E830
банковские расходы C685
банковские ресурсы R1647
банковские референции R541
банковские средства F667
банковские холдинги S621
банковский B58
банковский аваль A1547
банковский авансовый счёт C1518
банковский автомат B62, B399, C34, D1324, D1325, D1327, G1, G349

«банковский ад» E909
банковский акцепт A86, T988
банковский аудитор A1497
банковский билет B358
банковский брокер C1289
банковский бухгалтерский учёт C1422
банковский вексель E261, P192
банковский депозит D1519, D650
банковский депозитный сертификат B367
банковский дилер C117
банковский должник D83
банковский индоссамент E883
банковский капитал C197
банковский клерк C1186, G363
банковский клиринг C980, C1328, G237
банковский консорциум C1916
банковский контрагент C2135
банковский кредит C1719, C3179, C3185
банковский кредит без обеспечения C3299
банковский кредит без увязки с торговой сделкой C3244
банковский кредит, используемый в нескольких валютах C3182
банковский необеспеченный кредит C3291
банковский оборот T954
банковский овердрафт D257
банковский перевод M88, T1141, V592
банковский платёжный документ T688
банковский портфель P1272
банковский процент I701, R1087
банковский пул P1243, P1245
банковский резерв R1458
банковский рейтинг R149
банковский риск R1986
банковский счёт C1457, C1517, C1520
банковский терминал T585
банковский чек C768
банковский штемпель P1067
банковское дерегулирование D774
банковское досье D1521
банковское законодательство L503
банковское инкассо E777, R369
банковское кредитование P1938
банковское ноу-хау S55
банковское обязательство E920
банковское покрытие C2880
банковское посредничество I824
банковское право D1564
банковское преобразование ликвидных активов T1192
банковское уведомление A1616
банковское финансирование F261
банковское хранилище C608
банковско-кредитная система S1496
банковско-финансовая система S1497

банкомат B62, B399, C34, D1324, D1325, D1327, G1, G349
банкомат, расположенный вне банка D1326
банк, осуществляющий операции «своп» B166
банк, отвечающий за регистрацию ценных бумаг компании на бирже B132
банк, открывающий аккредитив B158
банк, открывший аккредитив B73
банк-партнёр I792
банк-плательщик B79, B207
банк под контролем иностранного капитала B93
банк, подтверждающий аккредитив B91, B157
банк-получатель B75
банк получателя B103
банк, предоставляющий кредит B153, B209
банк-представитель B206
банк, представляющий платёжный документ к оплате B152, B208
банк-принципал B204
банк продавца B102
банк развития B108
банк-резидент B163
банк-ремитент B188
банк рефинансирования B160
банкрот B193, C1714, D308, F79
банкрот, восстановленный в правах F85
банкрот, заключивший соглашение с кредиторами F82
банкрот, не восстановленный в правах F84
банкротство B189, D301, D651, F86
банкротство банка D303, F95, I489
банкротство маркер-мейкера F96
банк самообслуживания B136
банк с диверсифицированной клиентурой B84
Банк сельскохозяйственного кредита C3343
банк с обширной сетью отделений B162
банк со сложившейся репутацией B161
банк средне- и долгосрочного кредитования B100
банк-участник B147, B165
банк, учитывающий тратту B142
Банк Франции B179
банк-член Ассоциации французских банков B68
банк-член консорциума B92
банк-эмитент B114, B148, B205, E1371
бегство F954, E1563, H69
бегство за пределы банковской системы F968
бегство капиталов E1697, H70
бегство от валюты F965
бегство от франка F961
безвалютный чек C783, C820
без варранта B448, E1597, E1756
безвозвратная ссуда P1825, P1861
безвозвратный вклад F608
безвозмездная передача C588, R1054
безвозмездный G279

без гарантии G67
«безголосая» акция A445
бездействующий I170
без дивиденда D1390, E1631
безжалостная ценовая война G341
без затрат F842
без извещения A1609
без интерфейса с бухгалтерией I788
без комиссионных C1205
без котировки C2386
без купона C2500, E1630
безкупонная эмиссия E507
безнадёжный долг N302
безналичная валютная операция O365
безналичные деньги M982, M1026, M1075, M1087
безналичный S71
безналичный межбанковский оборот M1293
безналичный перевод T1145, T1164
безналичный расчёт P91, R708, R733
безналичный расчёт по долгу в иностранной валюте R734
безналичный расчёт по долгу в национальной валюте R735
безналичный расчёт по операциям R736
без немедленной оплаты V511
без обеспечения C869, C2871, D249
без оборота R348
безоборотный вексель E303, E319
безоборотный индоссамент E888
без обязательства E913
без оговорок R1455
безоговорочно R1455
безоговорочный отказ от уплаты долга R1419
без ограничений R1455, R1705
безопасное проведение дистанционных операций T449
безопасность депозитов S149
без оплаты P28
безответственный I1042
безотзывное обязательство C2970
безотзывный I1043
безотзывный аккредитив A186, C3267, L106
безотлагательный I17
без подсчёта процентов F405
без покрытия D249, P2676
без права D1573
без права на варрант B448
без права на подписку D1607
без права на приобретение дополнительных ценных бумаг E1597, E1756
без предварительного извещения P1607
без протеста F842, P2661
без процента I1688, I743
безрисковые инвестиции P864, P873, P880
безрисковый арбитраж A1251, A1256

безрисковый доход G41
без скидки D235
безудержная спекуляция S1019
без указания даты I266
безусловно R1455
безусловно ликвидные средства L381
безусловные резервы R1528
безусловный аваль A1549
без участия P353
без учёта комиссионных C1209
без учёта купона C2500
без учёта накопленных дивидендов C2499
без учёта опционной премии P2021
без учёта подлежащей выплате части купона F824
без учёта стоимости текущего купона C2504
«белый рыцарь» C839, S462, S544
бельгийский франк F914
бенефициар B283, B288, D855, P411, T631
бенефициар по тратте P1679
бенефициар при регрессе B295
бенефициар при рефинансировании B296
бесплатная акция A443, A458
бесплатный G279
беспорядочные колебания валютных курсов A828, F455
беспорядочные колебания курса доллара M1294
беспредельный I8
бесприбыльная операция O355
беспроцентная облигация B435, O90
беспроцентная ссуда A1575, C1292, E658, P1831, P1842, P1898
беспроцентный депозит D674
беспроцентный заём E699
беспроцентный кредит C3263, C3289
бессрочная облигация O60
бессрочная привилегированная акция A511, A515
бессрочные ценные бумаги T868
бессрочный I8
бессрочный варрант B453
бессрочный заём E684, R1252
бессрочный контракт C2038
бессрочный кредит C3231
бесфилиальный банк B72
«бесчековое общество» S489
«Биг-Бэнг» D776
билонная монета M983
биметаллизм B401, S1502
биржа B505, B538, M332, M371, M423, O868, P299, P805
биржа выпуска B522
биржа государственных векселей B521
биржа драгоценных металлов B528
биржа недвижимости B525
биржа опционов B529

биржа продовольственных товаров B532
биржевая газета J98
биржевая игра A825
биржевая кассовая сделка N90
биржевая конъюнктура A1467, C1022, C1847, O902, T475
биржевая котировка C2396, C2457, C2596, C2597
биржевая лихорадка F213
биржевая операция O356
биржевая оценка стоимости компании E1542
биржевая практика U72
биржевая премия P2033, S1332
биржевая прибыль R1757
биржевая регистрация класса ценных бумаг J117
биржевая розничная брокерская фирма C2760
биржевая сверхкапитализация S1266
биржевая скидка D236
биржевая ставка T50
биржевая стоимость акций компании P450
биржевая торговая деятельность A605, A618, A640, A646
биржевая торговля акциями N83
биржевик, играющий на повышение T64
биржевое законодательство L504
биржевое покрытие C2882, G57
биржевой B548
биржевой анализ A985
биржевой брокер B549, C2752, C2758, C2783, C2785, I821, S474, S968, S1175
биржевой дилер A798, O315
Биржевой дисциплинарный комитет C1155
биржевой «заяц» C2772
биржевой игрок A827, J40, S999
биржевой индекс I275
биржевой инспектор V474
биржевой климат C1022
биржевой крах D66, E381, K5
биржевой кризис C3399
биржевой круг C2352
биржевой курс C2596, P2192
биржевой курс выше паритета C2600
биржевой курс ниже паритета C2599
биржевой маклер A787
биржевой маркетинг M519
«биржевой» месяц M931
биржевой налог I118, I135
биржевой оборот V669
биржевой реестр R1331
биржевой «ринг» R1970
биржевой ринг акций C2353
биржевой ринг облигаций C2354
биржевой рынок C492, M200
биржевой сеанс B505, S72
биржевой спад A742

биржевые издержки F855
биржевые инвестиции I941, P896
биржевые махинации M140, T1295
биржевые обязательства E956
биржевые операторы I854
биржевые операции A628, N115, T1090, T1112
биржевые операции за свой счёт A634
биржевые операции с крупными пакетами ценных бумаг C2136
биржевые операции с целью компенсации разрыва между спросом и предложением C2134
биржевые поглощения компаний R1413
биржевые показатели P612
биржевые потрясения D1661, D778, S103, T461
биржевые прибыли P1039
биржевые сделки с облигациями O527
биржевые спекулянты, совершающие сверхкраткосрочные сделки за собственный счёт L481, N80
биржевые убытки P755
бланк B565, F151, F166, F768, F772, F774
бланк биржевого заказа F177
бланк биржевого поручения F177
бланк для оплаты налогов M106
бланк для открытия счёта F770
бланк для почтового перевода M105
бланк доверенности F771, F791
бланк заказа на покупку F178
бланк заказа на продажу F179
бланки декларации I156
бланковая доверенность P2360
бланковая кредитная линия L218
бланковая передача требования C579
бланковая подпись S384
бланковая ссуда P1798, P1813, P1858
бланковая тратта E267
бланко-вексель E262
бланк о взносе депозита B570
бланковое обязательство B404
бланковый акцепт A87, A94
бланковый вексель E262, L71
бланковый документ T689
бланковый индоссамент E884
бланковый кредит C3186, C3223
бланковый перевод T1174
бланковый чек C772
бланк перевода F161, F183
бланк переучёта F173
бланк подписки B569
бланк поручения на покупку F178
бланк поручения на продажу F179
бланк учёта биржевой операции F176, F182
бланк учёта поставки F175
бланк учёта расчётных операций F170

бланк чека F776
ближайший расчётный день E103
блокирование B415
блокирование банковских депозитов B418
блокирование суммы на счёте B420
блокирование счетов B417
блокирование ценных бумаг B421
блокированная валюта M985
блокированные авуары A1651, A1670
блокированные средства F669
блокированный депозит D653
блокированный счёт C1522
блокировать счёт C1467
«блокирующее меньшинство» M727
блок сейфов G47
блуждающие капиталы C315, C317, C334
более высокий дисконт D242
более дешёвые средства F683
более низкая цена P2256
более поздний расчётный день E105
более поздняя дата D61
более точная оценка E1344
бо́льшая часть капитала M60
большинство в две трети голосов M61
большинство голосов M67
большинством голосов M52, M55, V624
бонус B455, B475, D1393, D1396, D1424, P2013
бонусная эмиссия A1485
боны B460
боны казначейства B471
боны на бланках B463
боны на текущих счетах B462
боны, подлежащие переучёту B469
боны, помещённые в СИКАВ B466
боны с фиксированной ставкой B470
бордеро B480, B489
бордеро о покупке ценных бумаг B481
бордеро о продаже ценных бумаг B501
брать в аренду B5, B7, L539
брать в внаём L539
брать в залог векселя P567
брать в кредит C3150
брать комиссионные A820
брать коммерческие бумаги в залог E359
брать кредит C3121, C3125
брать на себя обязательство E912, E916, O29
брать на себя риск R1979
брать опцион на O603
бремя L544, P1057
бремя выплаты процентов L546, P1061
бремя финансирования P1059
Бреттон-Вудская система S1655
Бреттон-Вудские валютные соглашения A175
брокер B550, C2749, M70
брокер-дилер M165

брокер по операциям с ценными бумагами C2785
брокер по перестрахованию C2781
брокер-поставщик C2770
брокер, принимающий клиентские поручения C2780
брокер, принимающий поставку C2782
брокерская деятельность на бирже C2736
брокерская записка N339
брокерская ставка кредитования под ценные бумаги T93
брокерские комиссионные C704, C2730, D1617, F860
брокер с неограниченной сферой деятельности C2779
брокер с ограниченной сферой деятельности C2765
брокер-член биржи N79
брокеры-покупатели S604
брокеры-продавцы S605
бронзовый вексель T985, T989
«бросовая» облигация O115, O139, O146
брутто-активы A365
брутто-доходность R1222
брутто-заимствования T660
брутто-кэш флоу A1518, M467
брутто-кэш флоу в расчёте на акцию M468
брутто-процент I702
брутто-сбережения E1148
брутто-эмиссионный доход P2381
бум B476, C1853, E461
бумажная копия C2346
бумажно-денежный стандарт E1438
бумажное обращение C909
бумажные деньги A1289, A1307, M1025, M1055, M1062, M1094, P213, P226
бумажный документ D1455
бумажный носитель S1291
бумажный франк F925
бум выпуска ценных бумаг B477
бум на еврорынке коммерческих ценных бумаг E1125
бум новых финансовых инструментов F428
бухгалтер A789, C1440, T506
бухгалтерия B575, C1415, D1179, S218
бухгалтер-ревизор C2239
бухгалтер-регистратор A790
бухгалтерская документация D1461
бухгалтерская запись E183, E191, E986, I472
бухгалтерская инструкция D1205
бухгалтерская квитанция Q83
бухгалтерская книга L438, L442, L452, R650, R656, S790
бухгалтерская операция O374, O376
бухгалтерская отчётность C1415, C2203, D1461

бухгалтерская отчётность, проверенная
   аудиторами C1671
бухгалтерская подготовка F732
бухгалтерская прибыль G34
бухгалтерская проверка R1938, R1943
бухгалтерская проводка P1488
бухгалтерская процедура P2306
бухгалтерский C1439
бухгалтерский баланс B327
бухгалтерский коэффициент R165
бухгалтерский лимит S308
бухгалтерский отчёт E1450, S419, T7, T14
бухгалтерский подсчёт E1543
бухгалтерский показатель доходности R1140,
   R1165
бухгалтерский принцип P2089
бухгалтерский расчёт C80
бухгалтерский учёт C1415, T534
бухгалтерский учёт финансового инструмента
   T1030
бухгалтерское сальдо S647
«бык» H57, J42, O321, O329, S1003, T64, T945
«бык» по долларам H58
быстро выплачиваемая ссуда P1812
быстро отреагировать R1346
быстро расти G292
быстрорастущие компании E1092, S611, S615
быть банкротом F89
быть допущенным к котировке на бирже E1021
быть мажоритарным акционером D872
быть на грани банкротства F88
быть неплатёжеспособным C565
быть несостоятельным должником F89
быть признанным банкротом F90
«бэк-офис» B1, P1506, S250
бюджет B552
бюджетное финансирование A901
бюджетные ассигнования C3370, E1111
бюджетные ограничения C1986
бюджетные средства D567, R1648
бюджетный B563
бюджетный год A1035
бюджет расхода наличности B562
бюллетень B565
бюллетень для голосования B571
бюллетень котировки подписных прав C2465
бюллетень курсов иностранной валюты C2470
бюро B573, C1, O252
бюро обмена валюты C618
бюро регистрации ипотек B579

в абсолютном выражении T570
в абсолютном цифровом выражении C862
в актив A357
валовая прибыль B248, M466, R1740, R1755

валовая стоимость V61
валовая сумма M1159
валовое накопление основного капитала F730
валовой дивиденд D1385
валовой доход R275, R1136, R1222, R1881
валовой убыток R1740, R1755
валовые инвестиции I942
валовые капиталовложения F730
валовые сбережения E1148
валюта M956
валюта аккредитива M1003
валюта баланса D1043
валюта выпуска M1016
валюта долгового треебования M1001
валюта займа D1052, M1017
валюта замещения D1069
валюта за наличные D1060
валюта заявки D1053
валюта инвестиций M1060
валюта интервенции M1039
валюта контрагента D1047
валюта контракта M997, M1021
валюта котировки D1048
валюта кредита M1002, M1027
валюта МВФ M1029
валюта международных расчётов M1054
валюта на рынке спот D1060
валюта на рынке форвард D1070
валюта на срок D1070
валюта на хранении в сейфах M995
валюта переводного векселя M1042
валюта платежа M1053, M1070
валюта погашения займа M1071
валюта, полученная в уплату D1067
валюта сделки D1044, M1083
валюта с завышенным курсом M1080
валюта с заниженным курсом M1077
валюта спот D1060
валюта-субститут M1072
валюта счёта D1045
валюта-«убежище» M1069
валюта цены M1021, M1065
валютированный страховой полис P1112
валютная автономия A1524
валютная биржа B519
валютная бухгалтерия банка T1266
валютная война G340
валютная выручка R1271
валютная диверсификация D1349
«валютная змея» S198, S205
«валютная змея» в туннеле S207
валютная зона Z9
валютная интеграция I653
валютная интервенция I862
валютная ликвидность L347
валютная лицензия P687

валютная нетто-позиция Р1414
валютная оговорка С943, С949, С956, S1156
валютная оговорка в условиях эмиссии облигаций О654
валютная операция N87, О358, О360, О362
валютная позиция Р1367, Р1398, Р1411
валютная позиция спот Р1378
валютная премия А819, Р2034, Р2059
валютная прибыль Р2466
валютная сделка с немедленной поставкой О361, О367
валютная сделка спот О361, О367
валютная система на основе золота S1600
валютная система на основе золотого стандарта S1597
валютная система на основе металлического стандарта S1596
валютная спекуляция S1015, S1029
валютно-депозитный арбитраж А1244
валютное законодательство L39
валютное покрытие С2884
валютное соглашение А142, А152, С2029, С2040, С2259
Валютное управление О261
Валютно-финансовое управление D1189, S267
валютно-финансовые рынки М446
валютно-финансовый механизм М574
валютные авуары А1653, А1658
валютные диспропорции D826, D1322
валютные коды Международной организации по стандартам N323
валютные колебания F468
валютные кросс-курсы С2720, Р291
валютные ограничения В221, С1987, С2200, R1714, R1716, R1722
валютные операции на рынке спот С625
валютные поступления Е1032, R1271
валютные потрясения А296, Р771, R1068, S817, T1304
валютные предписания Р1701
валютные резервы R1512, R1536, S1164
валютные ресурсы R1651
валютные средства за рубежом D1276
валютный С114, С115, М951
валютный арбитраж А1237, А1259
валютный голод Р580
валютный демпинг D1630, D1632
валютный депозит D656
валютный депорт D621
валютный дефицит D341
валютный дилер С116, С122, О316
валютный дилер на рынке спот С120
валютный дилер на рынке фьючерсов С124
валютный дилинг А606
валютный индекс I239
валютный интервенционизм I876

валютный клиринг С982
валютный контроль С2200, R749, R753, S1400
валютный кредит С3197
валютный кризис С3408
валютный курс С618, С2602, С2626, С2672, Р265, Т65, Т111, Т164
валютный курс на внешнем рынке С631
валютный курс на внутреннем рынке С639
валютный курс покупателя Т112
валютный курс продавца Т126
валютный курс спот С625
валютный курс форвард С648
валютный опцион С2083, О633, О638
валютный опцион покупателя О615, О618
валютный опцион пут О675
валютный паритет Р156, Р158
валютный расчёт С78
валютный режим R629
валютный риск R1990, R2046
валютный риск, связанный с основной деятельностью R1995
валютный риск, связанный с финансовыми операциями R1997
валютный рынок М215, М245, Р809
валютный рынок с двойным режимом М218
валютный рынок спот М216
валютный своп С2043, С2093, Е50, О366, Р1811, S1438, S1449, Т1298
валютный сертификат С515
валютный суверенитет S962
валютный счёт С1530, С1567, С1610
валютный фьючерс С2098
валюты, входящие в Европейскую Валютную Систему М1101
«валюты змеи» D1068
валюты с высокими процентными ставками М1100
валюты с плавающими курсами М1103
вариационный анализ А994, А1015
варрант В428, В444, R263
варрант, котирующийся на бирже В446
варрант на акции В445
варрант на облигации В452
варрант, не котирующийся на бирже В450
ваучер С736
ваша тратта на нас Т642
введение А712, I513, I897, L4, М766
введение валютных ограничений I909
введение выборочного допуска I910
введение конвертируемости валют I517
введение налога на добавленную стоимость I912
введение обратимости валют А713
введение10-процентного корпоративного налога I902
введение режима свободного плавания валют М751

введение системы гарантийных депозитов I514
введение системы заимствования ценных бумаг I520
введение системы плавающих валютных курсов I523
введение системы поддержания гарантийного депозита на должном уровне M767
введение утреннего сеанса на бирже I521
введение «целевых зон» I526
ввод I897
вводить I52, I916, L14
вводить валютный контроль C2179
вводить в компьютер S20
вводить дополнительную надбавку к цене M51
вводить кредитные ограничения C3133, C3148, C3152, C3158
вводить налог I79, I106
вводить обращаемость ценных бумаг N45
вводить ограничения R1712
вводить поручения в компьютерную систему O841
в возмещение R975
в денежном выражении V35
в денежном отношении P537
«в деньгах» C2565
в должном виде F746
ведение C1802, R1624, T522
ведение банковских операций R234
ведение бухгалтерии с помощью двойной записи T536
ведение клиентских счетов T526
ведение операций с иностранной валютой N101
ведение реестра именных облигаций T532
ведение сберегательных счетов T529
ведение счетов M114, T528
ведущая валюта M1008, M1010
ведущие индикаторы I260, I262, I264
ведущий банк C725, S471, S586
ведущий рынок-ориентир для мировых бирж M246
векселедатель T673
векселедержатель P1320, P1326
вексель B428, E228, P189, R1014, T691
вексель без издержек E298
вексель без индоссамента E303, E319
вексель без протеста E298, E332
вексель в обращении E269
вексель второй категории E280
вексель, выписанный в иностранной валюте E281, E307
вексель, выставленный на определённую дату E274, E284, L72
вексель в электронной форме E286
вексель, депонированный в качестве гарантии E278
вексель к учёту E292

вексель на бумаге L85
вексель на инкассо E288, E333
вексель на клиринге B362
вексель на предъявителя B381, E295, E328, P220, R1057
вексельная гарантия G78
вексель, не допущенный к клирингу E316
вексель, не оплаченный в срок E342
вексель, не подлежащий учёту B372
вексель, не приемлемый для переучёта P193, P216
вексель, не приемлемый для учёта в банке P217
вексельное законодательство L38, L42
вексельное обеспечение S146
вексельное обращение C908
вексельное обязательство E922, E924, O42
вексельное поручительство A1544
вексельный C113, C114
вексельный акцепт A88, A102, A111
вексельный брокер C2763, M164
вексельный должник D84
вексельный индоссамент E890
вексельный кредит C3233, C3337
вексель, обращающийся на денежном рынке E310
вексель, оплачиваемый по предъявлении B366
вексель, представляющий несколько банковских кредитов E300
вексель, приемлемый для переучёта E260, E287
вексель, приемлемый для учёта E291
вексель прима P1670
вексель, свободный от ограничений E308
вексель секунда D1010, S99
вексель с истекшим сроком погашения E263
вексель с наступившим сроком оплаты E285
вексель с оплатой по предъявлении B454, E106, E295, E328, P225
вексель с плавающей ставкой E345
вексель с платежом через определённый срок после выставления E275, L73
вексель с платежом через определённый срок после предъявления E276, L74
вексель, срок оплаты которого не наступил E318
вексель терция T1299
вексель, хранящийся в портфеле до наступления срока платежа E321
векселя для привлечения краткосрочных кредитов E365
векселя к оплате E368
векселя к получению E372
векселя, по которым наступил срок платежа E374
величина задействованных сумм I70
величина налога I63
величина понесённого риска I69

величина тика V190
венчурная компания S482, S523, S589
венчурный капитал C258, C283, F670, V466
вертикальный спред E41
вертикальный спред «быков» O427
вертикальный спред колл O428
вертикальный спред пут O429
верхнее значение S788
верхние статьи бухгалтерского баланса P1502
верхний предел P939
верхний предел дневного колебания цен L284
верхний предел колебания L272
верхняя «неподвижная» часть баланса H59
вести бухгалтерию C1419
вести кассу C30
вести книгу срочных платежей E128
вести счета C1419, C1664, C1667, E209
вести счёт клиента C1495
вето V568
вещная гарантия G108
вещное обеспечение S1357
вещный поручитель C423
взаимная гарантия C420
взаимная компенсация сальдо банковских филиалов для выявления чистой позиции N128
взаимная покупка A240
взаимная уплата процентов P98
взаимное невыполнение обязательств D317
взаимное обязательство E939
взаимное поручительство C420, C440, C445
взаимно одобренное рефинансирование R553
взаимные паритеты P295
взаимные приобретения доли участия P2131
взаимные сделки T1116
взаимный акцепт A113
взаимный гарантийный фонд F585
взаимный инвестиционный фонд, акции которого продаются с уплатой специальной надбавки F599
взаимный кредит C3282
взаимный паритет P159
взаимный паритет составляющих корзину валют I838
взаимодействие банков I664
взаимодействие денежной массы и цен I662
взаимодействие денежных потоков J15
взаимодополняемость источников средств C1362
взаимодополняемость объектов инвестирования C1361
взаимодополняющие чистые холдинги H103
взаимозависимость валют в ЕВС C1104
взаимозаменяемость финансовых инструментов F702
взаимозаменяемый F703, I669

взаимозачёт C1326, C1329, R715
взаимозачёт кредитов C1330
взаимозачёт платежей C1839
взаимопроникновение рынков I842
взаимосвязанные рынки M442, M444
взаимосвязь денежного и финансового рынков I671
взаимосвязь денежной массы и цен I670
взаимосвязь между валютными курсами и реальными процентными ставками R892
взаимосвязь между платёжным балансом и валютным курсом R887
взаимоуничтожение рисков C1338
взвешенная оценка E1554
взвешенные риски R2081
взвешенный валютный курс T121
взвешивание рисков P1240
вздувание S1342
взимаемый P591, P601, R361
взимание C1109, L121, P592, P1640, R362
взимание банковских комиссионных P593
взимание дополнительных банковских комиссионных P600
взимание ежегодных платежей P594
взимание комиссионных P596
взимание налогов E785, P597, P1649, P1652, R381
взимание процентной задолженности P595
взимание процентов E786
взимать C1116, L133, P602, P1641, P1669, R364, R366, R384
взимать долг R1264
взимать дополнительный сбор S1394
взимать комиссионные C1208, C1210
взимать налоги P1658
взимать неуплаченные долги A1340
взимать плату F843, R1082
взимать премию P2020
взимать процент I691, I693
взлёт спекуляции D160
взнос A1162, C2157, C2487, D635, E167, F807, M730, R1263, V508
взнос акционера A1164
взнос в акционерный капитал A1168, A1175
взнос в золоте A1180
взнос вкладчика коммандитного товарищества A1170
взнос денежных средств A1174
взнос капитала V518
взнос квоты V538
взнос материальными ценностями A1177
взнос участника A1166
взыскание C1109, R362
взыскание денег E1586
взыскание денег по векселю E784
взыскание долга R375

взыскание задолженности путём наложения ареста на имущество должника P1542
взыскание задолженности путём объявления должника несостоятельным P1541
взыскание платежа по счёту R379
взыскание по неторговым счетам к получению R372
взыскание по ссудам R382
взыскание по счетам к получению R371
взыскание по счетам к получению и урегулирование долгов R373
взыскиваемый долг D986
взыскивать C1116, R364, R366, R384
взятие внаём L483
взятие образца подписи P2142
взятие под контроль расходов R1049
взятка C1758
взяточничество C1758
вид C390, F745, F772, N30, T1330, V343
видеобанк V574
виза V609
визированный чек C777, C831
визировать V610, V614
вилка F798
вилка котировки F799
вилка цен F800
в качестве задатка A287
в качестве компенсации I226
в качестве платежа P25
вклад A1162, C2157, D635, F807, M730
вклад без уведомления об изъятии D695
вклад в капитал компании A1181
вклад в сберегательной кассе D654
вклад в сберегательном банке D654
вклад до востребования D666
вклад на открытый счёт D691
вклад на срок D662
вклад, не обратимый в наличность D684
вкладной лист F166, F171
вклад с уведомлением об изъятии D694
вклад частного лица D692
вкладчик D622, E1130
вкладчик в коммандитном товариществе A1420, C1160
вкладывать D624, E976, P818, P927
включать в актив A360
включать в баланс B332
включать в бюджет B555
включать в капитал I211
включать оговорку C934, C936
включать разницу D1081
включая проценты I687
включение I196, I207
включение всех валют в ЕВС I198
включение долга в состав капитала I208
включение фунта стерлингов в валютную корзину I197

в конце торговой сессии S76
в кредит C3127
в крéдит... A357
владелец D877, P1306, P1455, P2590, T503, T893
владелец кредитной карточки A661, P1313, T897
владелец купона C2525
владелец опциона D894
владелец почтового счёта T901
владелец ренты D896
владелец сберегательной книжки T904
владелец счёта в банке T899
владение D911, P1457, P2599
владение акциями A557, P1461
владение бонами D913
владение валютными активами D912
владение валютными счетами P1462
владение варрантом D926
владение долговыми требованиями D915
владение кассовой наличностью D917
владение контрольным пакетом акций D919
владение ликвидными средствами D918
владение наличными средствами D920
владение недвижимостью P2607
владение опционом D921
владение ценной бумагой без права получения доходов по ней N362
владение ценными бумагами D925
владеть D870, P1458, T894
в ликвидационный день в феврале L308
влиять на ликвидность D1249
вложение E911, P816
вложенный капитал C212, C227, C321, C328
в материальной форме F747
вменение в вину «отмывания» денег I214
вменённый налог I129
вменяемые издержки C2799
вмешательство I862
в налоговом отношении F344
в начале торговой сессии S74
внебалансовый счёт C1521
внебанковские операции A631
внебанковский B64
внебанковское финансирование F279
внебиржевая продажа ценных бумаг O478
внебиржевая торговля C1169, N86
внебиржевой B509
внебиржевой курс C2594, C2598
внебиржевой маклер на денежном рынке C2757
внебиржевой рынок A1222, C2489, G280, H131, H132, M195, M199, M233, M237, M291, M324
внебиржевой рынок опционов M345
внебиржевые операции O475, O518, T1104
внедрение компьютеров в банках I907
внедрение опционов с ЭКЮ C3098
внедрение финансовых инструментов I903

внедрять I52, I916
внедряться I53
внезапное повышение H49
внезапные колебания V338
вне лимита P941
внеоборотные активы A373, I25
внесение бухгалтерских исправлений R834
внесение необходимых валютных средств A1171
внесение первоначального гарантийного депозита D680
внесённая сумма S758
вне часов работы банковских отделений H79
вне часов работы биржи H115, H127
внешнее финансирование A1173, F277, F321
внешнеторговый банк B87
внешнеторговый кредит C3201
внешние авуары A1663
внешние источники финансирования R1661, S849
внешние ликвидные авуары A1668
внешние межбанковские требования C3025
внешние расчёты P130, R784
внешние ресурсы R1661
внешние участники рынка O334
внешний акционерный капитал F692
внешний аудит A1493, C2211, O464, R1945, V494
внешний аудитор A1498, O326, R1936, V478
внешний кредитор P1920
внешняя задолженность D966, D968
внешняя конвертируемость C2299
вновь брать взаймы R1075
вновь выпущенная акция A480
вновь оживляться R1382
вновь платить R1324
вновь резко понизиться R1340
вновь эмитированные деньги M1050
вносить в реестр R651
вносить гарантийный взнос M456
вносить денежные средства C309
вносить деньги на банковский депозит D646
вносить задаток A285, A1329, A1333, P2678
вносить залог C410, C412, C415, C430, C434
вносить исправления R839
вносить курс для котировки C2577
вносить наличность в банк D1250
вносить на счёт C1498
вносить оговорку C934, C936
вносить поправки в устав S1132
вносить средства в обеспечение P2674
вносить средства на счёт C1461
вносить ценные бумаги на хранение D647
внутренние авуары A1671
внутренние валюты M1098
внутренние инвестиции I999

внутренние инвесторы I1023
внутренние кредиты C1733
внутренние ресурсы R1668
внутренние сбережения E1153
внутренний аудит A1495, C2217, R1949, V497
внутренний аудитор A1499, R1937, V480
внутренний вексель E304
внутренний долг D974
внутренний заём E641, E659
внутренний кредит C3265
внутренний лимит банка по предоставлению займов L261
внутренний рынок M248
«внутренняя» доходность акций R1229
внутренняя конвертируемость C2305
«внутренняя» стоимость опциона V129, V92
внутрибанковское требование C2968
внутрифирменные цены P2276
в обмен на E43
во время биржевого сеанса S79
во время торговли на бирже N82
во время торговой сессии S75
возврат R870, R1695, R1769, R1794
возвращаемая ссуда P1877
возвращаемый досрочно E742
возвращать R419, R1172, R1694, R1696, R1808
возвращение R416, R1794
возвращение капитала в страну R1795
возвращение фунта стерлингов в «валютную змею» R867
возвращение части страховой премии R2087
возвращённая ссуда P1876
возвращённая страховая премия P2072
возвращённый вексель E271, E336, E338, E340, R1794
возвращённый неоплаченный вексель I44
возвращённый чек C823, C825
воздействие A407, I36, I180, P1752
воздействие налоговых мер I185
воздействовать на кредит C3116
воздействовать на курс C2576
воздействовать на ликвидность D1249, L330
воздерживаться от голосования V674
возместимый C1325
возмещаемый R415, R963
возмещать C1340, R419, R1009, R1289, R1694, R1696
возмещать задаток A1332
возмещать капитал C303
возмещать разницу D1084
возмещать с процентами I748
возмещать ссуду P1793
возмещать стоимость C2792
возмещать убытки I221
возмещение нанесённого ущерба R1288
возмещение расходов R1699, R380

возможные убытки P757, P764
возможный дивиденд D1392
возможный штраф P551
вознаграждать R330, R1114
вознаграждение P2013, R1077
вознаграждение в заранее твёрдо установленной сумме R1096
вознаграждение в форме комиссионных R1097
возникновение A1128, E150, E469, N1
возникновение вторичного рынка E152
возникновение рынка N3
возникновение финансовых новаций E151
возобновление R332, R1192, R1403
возобновлённая тратта T1015
возобновляемая кредитная линия E940
возобновляемое краткосрочное финансирование F266
возобновляемое обязательство принимать ценные бумаги с гарантией размещения P2119
возобновляемое предварительное финансирование P1632
возобновляемые облигации казначейства O202
возобновляемый R1190
возобновляемый аккредитив A189, A191
возобновляемый краткосрочный кредит C3218, D266
возобновляемый краткосрочный перенос срока уплаты R506
возобновляемый накопительный аккредитив A192
возобновлять R1191, R334
возобновлять аренду B9
возобновлять договор C2004
возобновлять кредит C3157
возобновлять купоны R346
возобновлять платежи P122
возобновлять тратту T977
возражать против суммы налогообложения I112
возражение O588
возражения банков относительно риска O11
возрастание стоимости A206
возрастающая доля P311
возрастающая кривая цен L207
возрастающие комиссионные C2740
возрастающий A1367, P2512
возросшая конкуренция за кредиты C1745
война валютных курсов G342
война комиссионных G339
война купонов G338
война процентных ставок G343
волатильность V635
волатильность валютных курсов V645
волатильность курсов V638
волатильность процентных ставок V646
в оплату A330, P27, R697, S635

в оплату вашего счёта C1487
в оплату моего счёта S636
восполнять дефицит R2111
воспрещение платежей O588
восприимчивость курса ценной бумаги к рыночной конъюнктуре S186
восприимчивый S187
восстанавливать авуары A1646
восстанавливать в правах банкрота F80
восстанавливать наличную позицию во франках T1259
восстанавливать на счёте C1491
восстанавливать резервы R1504
восстановительная стоимость V182
восстановление R338, R866, R1047, R1769
восстановление гарантийных депозитов R339
восстановление доверия к валюте R1796
восстановление запасов ликвидных средств R340, R343
восстановление равновесия баланса по текущим операциям R515, R1797
восстановление резервов R342
востребованный капитал C190
востребовать вклад D638, D645
восходящая кривая C2546
в отсутствие рейтинга R145
в погашение A330
в подтверждение C1824, R1393
в поисках приложения Q75
в поисках размещения Q76
в покрытие C2870, P27, R697, S635
в полное покрытие S637
в полный расчёт S637
в пользу B238
в порядке предпочтения P1623
в правильной и надлежащей форме F746
в пределах... C1738
в применение A1156
«впрыскивание» I460
«впрыскивание» капитала I461
«впрыскивание» ликвидных средств I463
«впрыскивание» финансовых ресурсов I464
«впрыскивать» I459
«впрыснутые» ликвидные средства L383
враждебное поглощение O283
в рамках кредитного соглашения C3122
в расчёт S635
временная нехватка валютных средств P583
временная нехватка денежных средств C3387
временная нехватка наличности R1707
временная операция O444
временное освобождение E1703
временное повышение курса ценных бумаг между периодами его падения H55
временное прекращение биржевой деятельности S1412

временное прекращение взысканий S1419
временное прекращение кредитования S1417
временное свидетельство T750
временное свидетельство о страховании N340
временно замороженные счета E215
временно исполняющий обязанности директора I789
временной арбитраж A1261
временной горизонт валютных дилеров H120
временной промежуток P973
временной сдвиг платежей D148
временной спред E12
временно отзывать полномочия посредника I803
временно прекращать S1410
временно приостановленная котировка C2405, C2426
временно приостановленные счета E215
временные владельцы ценных бумаг D910
временные держатели ценных бумаг D910
временные диспропорции D825, D828
временные излишки текущих средств E1618
временные ссуды A1595
временный переучёт R522
временный сертификат C536, C550
время до истечения срока D1652
время котировки T464
время на инкассо D437, D456
время окупаемости инвестиций T465
время платежа D447
время подтверждения наличия средств D432
время расчётного дня H76
Всемирный банк B184
всеобщая секьюритизация T890
всеобщее плавание валют F441
всеобщее снижение цен B29
вскрытие запечатанных заявок на торгах D744, D747
в случае неплатежа P18
в соответствии с условиями соглашения T569
в соответствии с уставом S1129, S1133
в соответствии с чёткими правилами R800
в состоянии дефицита R2109
вспомогательный аккредитив L100
вспышка инфляции A129
встречная тратта R314
встречный залог C2118
вступать A1428
вступать в ЕВС M564
вступать во владение P1459
вступительный взнос D1559
в счёт суммы долга V297
вторая закладная H148
вторая подпись S392
вторичная ссуда P1886, P1892
вторичное размещение ценных бумаг P828

вторичное распределение D1341
вторичные резервы R1550
вторичный S98
второй S96
второй рынок M375, S97
второй фиксинг F397
второй экземпляр переводного векселя D1010, S99
второсортный Q6
в установленном порядке M818
в установленный срок T549
в финансовом отношении F335
в ходе фиксинга на Парижской бирже F395
входить в «валютную змею» S200, S202
входить в корзину P170
вхождение фунта стерлингов в «валютную змею» E1029
вхождение фунта стерлингов в ЕВС I654
в цифровом выражении C861
выбор C870, E418, O595, S164
выбор валюты на мировом уровне E420
выбор инвестиционных возможностей S167
выбор облигаций путём лотереи T653
выборочная проверка I499, V504
выборы E418
выборы простым большинством E419
выведение на экран S10
выведение счетов на один и тот же терминал V616
выверка A1224, R124
выверка банковских счетов E1467, R127
выверять A1230
выверять счёт C1460, C1462, C1486, C1497
выверять требования C3004
выводить сальдо S631
выводить среднее M1312
выводить франк из «валютной змеи» S204
вывод на экран дисплея A755
вывоз золота E1749
вывозить капитал за границу C294
выгодная цена P2223, P2262
выгодное вложение средств P826
выгодно инвестировать V296
выгодные условия C1772, C1781
выгодный A1602, P478, P2479, R1076
выгодный валютный курс C632
выгодный курс C2593, C2645
выгодоприобретатель B283, T631
выдавать D385
выдавать сертификат C507
выдавать ссуду A1556, A1587, P1781, P1783, P1787, P1790
выдавать ссуду под залог G14
выданная ссуда P1849, P1875
выданные гарантии и поручительства C458
выданные и полученные ссуды E962

выданный в качестве ссуды P1524
выданный кредит C3210
выдача D382, D479, O232
выдвигать возражения O10
выделение средств A744, A900, A902, A1400
выделенная сумма S753
выделять D1530, R1496
выделять квоту Q100
выделять кредит C3115 s, C3132
выделять средства A752, A915, A1401, F644, R1628, R1640
вызывать в суд S787
выигрывать на курсовой разнице C620
выигрыш в лотерее L528
выигрышная облигация O100
выигрышная сделка O404
выигрышный заём E669
вы имеете длинную позицию L524
выйти на биржу E1021
выкачивание D1541, P1222
выкачивание капиталов P1223
выкачивание ликвидных средств D1543, P1224
выкачивание прибылей D1544, P1225
выкачивание сбережений D1542
выкачивание средств P1226
«выкачивать» деньги A1275
выкачивать ликвидные средства L363
выкачивать наличные средства D1260
выкуп A955, D382, L149, R6, R1812
выкупаемая рента R1241, R1253
выкупаемая ценная бумага V172
выкупаемые акции C271
выкупаемый A954, R25
выкупаемый до наступления срока погашения R26
выкуп акций A956, A958, E1629, R7
выкупать D385, L171, R28, R1792
выкупать акции A563, A579
выкупать долю участия P356
выкупать закладную H140, H145, H147
выкупать из залога D830, G17
выкупать облигации O159, O164
выкупать свою валюту M968
выкупать собственный опцион O604
выкупать ценные бумаги T797
выкуп залога R1826
выкупленная акция A409, A522
выкупленная закладная H155
выкупленная стоимость V171
выкуп национальной валюты, внесённой в ВМФ R18
выкупная стоимость V181
выкупной фонд F625
выкуп паёв R20
выкуп полиса R21
выкуп собственных акций A318

выкуп собственных ценных бумаг на бирже R11
выкуп собственных ценных бумаг на рынке R24
выкуп ценных бумаг A971
вымогательство E1586, E1768
«вымывание» мелких акционеров D1239
«вымывание» резервов D1240
вынесение обязательств за баланс D70
выносить на голосование V675
вынужденное банкротство D669, D698
выписка A1322, C3079, D1290, E494, E1350, E1771, R911, T639
выписка банковских документов E511
выписка векселей на себя T652
выписка векселей от своего имени, но за счёт третьего лица T645
выписка взаимных векселей без покрытия T646
выписка из баланса E1772
выписка из банковского лицевого счёта клиента R913, R918
выписка из банковского лицевого счёта на дискете R919
выписка из счёта A1323, B487, D741, E1451, E1773, S420, S413
выписка из счёта, выдаваемая банковским автоматом J125
выписка из счёта о накопленных процентах A1325
выписка из счёта ценных бумаг E1774
выписка об операциях и сальдо по счёту R928
выписка почтового денежного перевода E526
выписка с банковских счетов E1444
выписка счёта-фактуры R428
выписка чека C3087, D1292, E506
выписка чеков без покрытия T643, T647
выписывание счёта F53
выписывать C3380, D1283, E493, E1349, S922
выписывать вексель B356
выписывать квитанцию Q79
выписывать опцион O599, O608
выписывать почтовый перевод M84
выписывать сертификат C507
выписывать счета за услуги P1772
выписывать счёт-фактуру F56
выписывать чек C745, C748, C752, C758, T672
выплата D120, D128, D1329, M763, P7, R6, R971, R1283, R1293, R1929
выплата в форме акции A443
выплата гарантированных прибылей P46
выплата денежной суммы D133
выплата дивиденда D1334, P61, R1307, V523, V540
выплата долга E223
выплата заработной платы через банк D1484
выплата ипотеки L156
выплата краткосрочной ссуды R14
выплата основной суммы долга R1285

выплата основной суммы и процентов R1001
выплата остатка P100, P104
выплата первого годового взноса V536
выплата по ипотеке C675
выплата по купонам P52, R711
выплата процентной разницы R716, V522
выплата процентов по вкладам R1094
выплата средств в счёт займов D138
выплата суммы возмещения убытков P63
выплата штрафного процента V531
выплаты займов E114
выплаченная ссуда E664
выплаченные дивиденды D1430, D1432, D1434
выплаченный долг D963
выплаченный капитал C254
выплаченный процент I731
выплачиваемые проценты I763, I780, I783, I785
выплачиваемый ежемесячно P470
выплачивание долга D835
выплачивать D121, L171, P482, P2744, R1009, R28, R1930, S301, S690
выплачивать долг D839
выплачивать досрочно A1107
выплачивать остаток R953
выплачивать прибыль акционерам P2484
выплачивать проценты I738, I745, I749, I751, P123
выплачивать ренту R1238, R1240
выплачивать страховку A1440
выполнение E1635, R222, R1563, T522
выполнимость F102
выполнимый R220
выполняемый E1633
выполнять E1634, E1658, H113, R1575, R238
выполнять регулирующую функцию R846
выполнять роль маркет-мейкеров M517
выполнять роль посредника I802
выполнять свои обязательства E945, E947, E949, O163, S373
выполнять функции центрального банка F548
выпуск акций E496
выпуск акций в обмен на вложение активов E501
выпуск акций за наличные E499
выпускать C3380, E493, T672
выпускать акции A566, A571
выпускать банкноты B392
выпускать боны B461
выпускать заём E612, E616, L14
выпускать облигации O162
выпускать по номиналу P148
выпускать свои акции на фондовый рынок B516
выпускать ценные бумаги на биржу I917
выпускающий E473
выпуск банкнот C3082, E502
выпуск бесплатных акций E497

выпуск в оборот M732
выпуск в обращение M732
выпуск государственных облигаций и ценных бумаг казначейства E542
выпуск денег в обращение E528
выпуск денежных знаков C3102, E543
выпуск депозитных сертификатов C3086
выпуск долговых обязательств E509
выпуск займа E516, L4, L8
выпуск металлических денег E531
выпуск «младших» облигаций E537
выпуск на рынок евроэмиссий S799
выпуск на рынок ценных бумаг I905
выпуск новых акций E498
выпуск облигаций с обеспечением L235
выпуск по курсу выше номинала E540
выпуск по курсу ниже номинала E539
выпуск по номиналу E538, E550
выпуск привилегированных акций E500
выпуск СДР E513, T648
выпуск с постепенным погашением E552
выпуск среднесрочного займа в ЭКЮ L9
выпуск «старших» облигаций E535
выпуск фальшивых денег E530
выпуск ценных бумаг E545, E551
выпуск ценных бумаг участия E548
выпустить на рынок срочный контракт C2000
выпущенная акция A449
выпущенная ценная бумага T693
выпущенные государственные ценные бумаги R1257
выпущенные государственные ценные ренты R1257
выпущенный заём E662
выпущенный капитал C209
выравнивание A863, A880, A932, A1121, E397, H7, M761, P604, R52, R832
выравнивание валютных курсов A881, R833
выравнивание доходов R484
выравнивание европейских ставок НДС H20
выравнивание котировок H9
выравнивание коэффициентов капитала H17
выравнивание кривой A1122
выравнивание курса R835
выравнивание нормы прибыли E399
выравнивание паритетов A870, A936
выравнивание цен A882, E398
выравнивать A875, A883, H21, N161, R58, R839
выравнивать котировки C2440
выравнивать систему налогообложения F352
выраженный во франках C97
выручка R1268, R272
высокая доходность R1134, R1146
высокая конъюнктура денежного рынка A858
высокая ликвидность L338, L341
высокая маржа M481

высокая номинальная стоимость М1226
высокая прибыльность R1134
высокая процентная ставка Т225
высокая рентабельность R1224
высокий валютный курс С629
высокий доход R1092
высокий процент I712, P1528
высокий размер налогов I87
высокий рейтинг С920, R154
высокодоходная акция А456
высокодоходная ценная бумага Р195
высокодоходные инструменты V354
высокодоходные облигации О195
высокоразвитый рынок М418
высокоразвитый рынок капиталов М211
высокорентабельное дело Р5
высокорисковые компании S620
высокочувствительные инструменты V352
выставление С3079, D1290, E494, E1350, S887, T639
выставленная котировка С2412
выставленный вексель Е273
выставленный чек С787
выставлять С3380, D1283, E493, E1349, S922
выставлять вексель Е236, Е238, L59, L69
выставлять на публичные торги E800, E816
выставляться на торги А673
выставлять тратту Т960, Т965
выставлять тратту на банк Т980
выставлять тратту на своего должника Т981
выставлять чек С763
выступать гарантом G50, G61
выступать законным платёжным средством F706
выступать на бирже B511, B515
выступать покупателем опциона О607
выступать поручителем С414, С449
выступать посредником между кредиторами и заёмщиками Р1707
высшая золотая точка Р1078
вытеснение частных инвестиций Е1572
вытеснение чека новыми платёжными средствами S1221
выход из «валютной змеи» S804
выходить из-под валютного контроля С2185
выход франка D270
выход франка из ЕВС S801
вычет А22, D217, D293, D310, P1613, R1785
вычет из подлежащей налогообложению суммы D293
вычет на амортизацию D295
вычет НДС D299
вычет отрицательного сальдо прошлого периода D298
вычет после зачисления суммы D221
вычет после получения суммы D221

вычет процентов D297
вычет суммы D224
вычеты из базы налогообложения Е443
вычеты из наличных средств банков Р1664
вычисленная стоимость V109
вычисляемый С96
вычитаемые расходы С688
вычитаемый D291
вычитать D218, D225, D300, D312, P1615, R1, R1782, R1786, R1834, S953
вычитать брокерские комиссионные С2745
вычитать задаток А283
вычитать проценты I742
вычитать сумму S740
вычтенная сумма М1187
вычтенный налог I123
выше курса С2567
выше паритета Р152
выше стоимости V21
выше цены Р2166
вялая конъюнктура С1845, С1851, С1858
вялая конъюнктура на рынке А61
вялость рынка А1469, М1259
вялый рынок М243, М274, М297, М320, М356, М368, М388

Гаагская конференция С1807
галопирующая инфляция I364
гамбургский метод В51, М679
гарант В18, С406, F200, G49, R1342, S875
гарант векселя Р408
гарантийное обязательство С406, Е934
гарантийное письмо L110, L114, L87
гарантийный акцепт А89
гарантийный вексель Е264, Е268, Е299
гарантийный взнос М451, М479
гарантийный депозит С2868, D670, R1788
гарантийный договор С2057
гарантийный инструмент I583
гарантийный кредит С3208, С3323
гарантийный резерв R1471, R1474, R1482
гарантийный счёт С1529
гарантирование размещения S887
гарантированная квота Q117
гарантированный С2866, G55, G68
гарантировать С449, G121, R1343
гарантия F201, G7, G57, S145, S1354
гарант по векселю G53
гарант по долгу G51
гарант по коммерческому векселю R328
гарант при банкротстве G52
гарант размещения ценных бумаг Р1678
гармонизация Н7
гармонизация валютного законодательства Н19
гармонизация налогового режима Н18

гармонизировать систему налогообложения F352
гегемония доллара H66
гегемония еврорынка H68
генеральная закладная H150
Генеральная финансовая инспекция I500
Генеральное соглашение о займах A165
генеральный полис P1114, P1122
генерировать наличные средства D1259
генерировать необходимые инвестиции I980
генерировать новые средства R1629
генерировать сбережения E1137
генерировать сумму денег S741
гербовая бумага P223
гибкий валютный курс C634
гибкость финансирования S831
гиперинфляция H136
гиперспециализация H137
главная бухгалтерская книга L451
Главное кредитное управление D1195
Главное управление банковского контроля D1184
Главное управление по выпуску банкнот D1197
Главное управление по оказанию услуг за рубежом D1199
гласность сделок P2735
глобализация G246, M945
глобальная цессия C587
глобальный G245
глобальный риск R2015
годный для чеканки M1105
годовая бухгалтерская отчётность C1669, C1677
годовая выручка R274
годовая ревизия C2194
годовая ставка денежного рынка T80
годовая сумма НДС M1154
годовой аудит R1946, V484, V487
годовой аудиторский контроль C2194
годовой дивиденд D1381
годовой доход B247, R1085, R1879
годовой оборот C849
годовой отчёт R106, R109, R94
годовой платёж R445
годовой финансовый доход от вложения P2386
«голландский» аукцион E822
«голова и плечи» T604
голосование V671
голосование поднятием руки V681
голосование по доверенности V684
голосование по почте V678
голосование через представителя V684
голосовать V687
голосовать большинством голосов M58
голосовать по доверенности P2358
«голосующая» акция A444
голосующая ценная бумага T702

горизонтальный спред E23, O422
«горячие» векселя P228
«горячие» деньги A1292, A1294, C315, C317, C334
господство доллара P1620
господство иностранного капитала P1619
государственный облигационный заём E679
Государственный фонд погашения облигаций F642
график B210, C99, F218, F728, G269, G274, P981, R2143, T7
график биржевых цен в виде «крестиков и ноликов» G273, G276
график вида «голова с плечом» F743
график вида «треугольник» F744
график выплат C104
график займов C106
график изменения курсов G271
график курсов на закрытие биржи G270
график платежей C107, E127, R2146, T18
график погашения долгов E133
график погашения займа C110, P983, P1003
график предоставления банковских ссуд R2144
график проведения торгов C102
график роста и падения курса ценных бумаг L200, L233
график цен на закрытие биржи G270
график «шея» L205
грационный день J62, J65
грационный период D442, P652, T558
группа E1225, G294, G317
группа банков, подающая заявки на участие в торгах по размещению ценных бумаг S1476, S1486
группа дилеров, специализирующаяся на операциях с долларом G300
группа дилеров, специализирующаяся на операциях с маркой G309
группа Мирового банка C1293
группировать долговые требования C2994, C3002
группировать кредиты C3368
группировать счета C1668
группы-инвесторы G335
«грязное» плавание валют F438, F443, F448

давать в долг P1912
давать взаймы P1912
давать гарантийное обязательство C432
давать наличные средства взаймы D1263
давать поручительство C412, C449
давать расписку Q78
давать согласие на котировку C2387
давление P1752, T508
давление в сторону повышения P1757

давление в сторону понижения P1753
давление на курс валюты P1759
давление на процентную ставку T512
давление со стороны спроса P1754
данные D1491, I384, I422
данные баланса D1492
данные бухгалтерской отчётности C865
дар D1490
датировать прошедшим числом A1109, A1110
движение C733, C903, D614, E63, E1573, F433, F482, M1261, M1285
движение активов и пассивов M1286
движение банковских акцептов M1262
движение валют D617
движение депозитов F489
движение золота M1280
движение капиталов C735, D615, E64, F435, M1268
движение курса спот M1298
движение наличности F483, F506
движение сбережений F490, M1274
движение спекулятивных «горячих денег» M1288
движение средств со счёта на счёт M1279
движимое имущество B320, C230, C326, E364, O19, P2610
движимость O19
двойная бухгалтерия C1433
двойная запись E576, E987
двойное налогообложение I82, T347
двойной опцион D1533, D1536, F58, O640, O641, O642
двойной опцион колл D1535, D1538
двойной опцион покупателя F60, O369, O393
двойной опцион продавца F59, F62
двойной опцион пут D1534, D1537
двойной рынок золота M349
двойной рынок франка M287
двойной счёт E576
двусторонние котировки C2443
двусторонние расчёты P125
двусторонний клиринг C981
дебет D1467, D71
дебет и кредит D1468
дебет-нота A1619, N342
дебетование D71
дебетовать D74
дебетовая запись B491, P1491
дебетовая карточка C365, C372, C376
дебетовая позиция P1391
дебетовая проводка E195, E201, P1491
дебетовое авизо A1619, B491, N342
дебетовое сальдо D69, S657
дебетовые проценты A822
дебетовый терминал T587
дебитор D76, O212

дебитор по акцепту D80
дебиторская задолженность C1673, C2992, D103, D999
дебиторская задолженность по аренде C3014, C3041
дебиторская позиция S423
дебиторские проценты I763, I780, I783
дебиторский D75
дебиторский варрант B442
дебитор с неизвестным адресом D81
девальвация D1011, D1018
девальвация валюты D1016, D1021
девальвация доллара D1014
девальвация доллара по отношению к золоту D1020
девальвированная валюта M1004, M1007
девальвировать D1017, D1025
девальвировать валюту M960
девизы C618, D1055
дедолларизация D280
дезагрегированные счета C1676
деинвестирование капитала D845
деинвестировать D842
деиндексация доходов D834
действителен в течение 3 дней V17
действителен до отзыва R1959, V16
действительная подпись S396
действительная расписка Q87
действительная стоимость V99, V179, V187
действительная стоимость акции V129
действительный чек C829
действовать F544
действовать за счёт C1459
действовать как простой агент C2750
действовать на рынке M174
действовать по доверенности P2352
действующая процентная ставка T245
действующее законодательство L36, L45
действующий V15, V286
действующий контракт C2034
действующий курс C2714
действующий устав S1145
декларация D178
декларированный доход R1887
декларировать свои доходы R1904
деконсолидация D231
«делатели рынка» F107, M17, M516, T467
делать взнос A1163, V563
делать выписку из счёта C1489, R950
делать заявку на торгах A1147
делать надбавку к цене E806, E808, E815, E817, E824
делать передаточную надпись E876, E903
делать поручительскую надпись A1545, A1551
делать предписание о выдаче денег O744
делать проводку по счетам E184, E186

делать рискованные капиталовложения C306
делать сальдо счёта из отрицательного
    положительным R2108
делать скидку A29, D243, E1282, E1285, R2085
делать ставку M785
делать тендерное предложение S822, S829
делегант D462
делегат D472
делегатарий D463
делегирование D464
делегирование полномочий D470
делегировать полномочия P1553
деление акции D557
делимое обязательство D964
делимый аккредитив A183, C3228, L103
делить акции A569
делькредере D1626
дельта D492
дематериализация денег D552
дематериализация ценных бумаг D553, D555
демонетизация D560
демонетизация золота D561
демонетизировать D562
демпинг D1629
денежная база B231
денежная единица U48
денежная задолженность E871
денежная компенсация C1327, C1337, I228,
    I231, R1287
денежная масса D1275, M532, O277
денежная масса в обращении B231, M537, T921
денежная масса по агрегату M3 M540
денежная масса по агрегату M1 M538
денежная наличность E754, L387
денежная рефляция R559
денежная реформа R582
денежная ссуда C3240, C3336, P1795, P1853
денежная стоимость V49, V79, V107, V142
денежная стоимость ценных бумаг V143
денежная субсидия S1224
денежная экспансия E1716
денежная эмиссия E528, T666
денежное вознаграждение R329, R1086, R1095,
    R1103
денежное обеспечение C406, C419, C421, C429,
    C436, C442, G105
денежное обращение C895
денежное обязательство D957, O118, P2563
денежное пособие A900, I222
денежное поступление E1020
денежное равновесие E1215
денежное требование C2938, C2980, C2989
денежно-кредитная дефляция D377
денежно-кредитный M951
денежные агрегаты A833, I261
денежные активы A403

денежные взыскания S42
денежные депозиты D714, D725
денежные обязательства D1007, P438
денежные переводы T1183
денежные пожертвования D1512
денежные поступления E1030, R272, R287,
    R1266, R1268
денежные потоки F500
денежные расходы S808
денежные ресурсы R1650, R1675
денежные сбережения A1673, E1173
денежные средства D1272, M1317, M1331,
    R1627, R1687, T1251
денежные субституты Q68
денежные фонды C284
денежный P536
денежный аванс A1558
денежный аккредитив A188
денежный взнос A1172, A1179
денежный долг D957
денежный доход G38, R1880, R1899
денежный знак S402
денежный капитал C214, C233
денежный перевод E1122, M100, M109, R1014,
    R1023, R1040
денежный показатель I256
денежный риск R2033
денежный рынок M184, M313, M318, M952
денежный стандарт E1426
денежный убыток P728, P740, P747
денежный штраф P540, P553
деноминировать СИКАВ в валюте P386
деньги A1270, C27, D565, F643, M956
деньги в обращении M978, M988, M999
деньги в системе почтовых счетов M1063
деньги на счетах M1005, M1013
деньги, помещённые на депозит A1301
денье D564
депозит D625, D635, D665, D690
депозитарий D627, O256
депозитарий поручений D630
депозитарная американская расписка C512
депозит без начисления процентов D675
депозит без права выписки чеков D688
депозит в иностранной валюте, подпадающий
    под резервные требования D682
депозит до востребования C1660, D659, D710
депозитная книжка C343, C345, L463
депозитная расписка R259, R399
депозитная статья пассива E436
депозит, не приносящий дохода D685
депозит, не приносящий процента D686
Депозитно-сохранная касса C59
депозитный банк B85, B105
депозитный инструмент I578
депозитный капитал C202

депозитный рынок M242
депозитный сейф C38
депозитный сертификат C518
депозитный сертификат на крупную сумму C519
депозитный сертификат на предъявителя C522
депозитный сертификат с заранее удержанными процентами C520
депозитный сертификат с пересматриваемой ставкой C524
депозитный сертификат с плавающей ставкой C525
депозитный сертификат с фиксированной ставкой C523
депозитный счёт C1557, C1603
депозитный счёт на определённый срок C1569
депозитный счёт с предварительным уведомлением C1560
депозит, пользующийся льготным финансовым режимом D699
депозит, приносящий процент D693
депозит своп D658, D703
депозит с ежедневным начислением процентов D676
депозит с кратковременным уведомлением D659
депонирование и снятие средств M1291
депонирование на хранение у третьих лиц D668, D679, D708
депонированная наличность E1329
депонированная сумма S758
депонировать D624, P927
депорт D619
депорт на валюту D621
депортная операция O388
дерегулирование D206, D773, D779, L141, L149
дерегулирование Лондонской фондовой биржи D776
дерегулировать D209, L171
держатель D877, P1306, P1455, T503, T634, T893
держатель акций A540, P1309
держатель варранта D880
держатель векселя T635
держатель векселя, выполнивший все необходимые формальности P1317
держатель векселя, не выполнивший все необходимые формальности P1328
держатель долгового требования P1315
держатель долговых ценных бумаг D901
держатель закладной P1311
держатель именных акций P1310, P1323
держатель ипотеки P1311
держатель необеспеченных облигаций P1316
держатель облигаций D893, O25, P1329
держатель облигаций, не проданных по подписке T906

держатель опциона D894
держатель паёв P1330
держатель переводного векселя P1326
держатель прав на подписку P1319
держатель привилегированных акций A555
держатель страхового полиса S869, T907
держатель ценных бумаг D900, P1322, P1331, P2598
держать D870
держать авуары A1645
держать акции A568
держать в качестве залога N10, N17
держать до наступления срока их погашения N356
держать купленные контракты C2110
держать определённый процент акций P1519
держать портфель до наступления срока активов P1265
держать портфель ценных бумаг P1261, P1263
держать резервы S1160
держать ценные бумаги в портфеле T780, T787
держать ценные бумаги на депозите D637, V206
деривативы A399
десегментация D804
деспециализация D850
дестабилизирующие колебания валютных курсов F456
дестабилизирующие потрясения P769
детализированная выписка из счёта B492
детализированный счёт C1566
детезаврация золота D939
дефицит C338, C3385, D244, D313, D329, D1090, M144, P576, R2106
дефицит кассовой наличности D259, D267, D316, D334, D351
дефицитность R134, R140
дефицитность сбережений в форме ипотек R136
дефицит резервов D265
дефлятор D371
дефляционный D370, D380
дефляционный разрыв E19
дефляция D372
дешёвые деньги A1291, C313
дешёвый кредит C3188
«джентльменское» соглашение C2266
джоббер J27
диагональный «медвежий» спред O418
диагональный спред O417
диагональный спред «быков» O419
диагональный спред колл O420
диапазон E1568, F798, P970, R69
диапазон колебаний курса доллара F802
диапазон процентных ставок E1571, P979
диапазон размеров займа P976
диапазон ставок доходности F805
диапазон цен R71
диверсификация D1343

диверсификация активов D1344
диверсификация инвестиций D1351
диверсификация платёжных средств D1350
диверсификация рисков D1353
диверсификация финансовых инструментов D1347, D1352
диверсификация форм международной ликвидности D1346
диверсифицированная клиентура C1004
диверсифицированный инвестиционный фонд открытого типа, ориентированный на французские ценные бумаги S334
диверсифицированный портфель P1282
диверсифицировать активы A393
диверсифицировать внешние авуары A1665
диверсифицировать свои активы P449
дивиденд D1359
дивиденд в расчёте на одну акцию D1380, D1427
дивиденд, выплаченный наличными D1382, D1391, D1411
дивиденд, выплачиваемый из основного капитала D1386
дивиденд за отчётный год D1394
дивиденд к выплате D1414
дивиденд, могущий быть полученным D1419
дивиденд, не облагаемый налогом D1395
дивидендное свидетельство B436
дивидендный доход R1883
дивиденд, облагаемый налогом D1401
дивиденд, определённый уставом D1423
дивиденд с отсроченным налогообложением D1402
дивиденды прошлых периодов A1342
дизажио D1216
дилер C1189, C1700, D64, N63, N71, O312, S1002, T942
дилер, играющий на долгосрочных тенденциях T946
дилер, играющий на краткосрочных тенденциях T944
дилер, играющий на повышение T945
дилер, играющий на понижение T943
дилер на внебиржевом рынке N75
дилер — нечлен биржи N66
дилер, осуществляющий хеджирование O319, O327
дилер по акциям N72
дилер по долгосрочным операциям O322
дилер по золоту N68
дилер по краткосрочным операциям O318
дилер по облигациям N67, N76
дилер по опционам N77
дилер по пакетам акций N73
дилер по сделкам с нестандартным количеством ценных бумаг N74

дилер по фьючерсам N64
дилер по ценным бумагам N70
дилер по ценным металлам N65
дилерский C115
дилерский зал S31, S34
дилерское место P2742, S354, S357
дилер-специалист N78
дилер — член биржи N69
дилинг A605, A618, A640, A646, T948
динамика D1657, D614, E1573, M1261, M1285
динамика биржевого рынка E1575
динамика биржевых курсов M1266
динамика валютного курса E1576
динамика процентных ставок D1659, E1583
динамика рынка E1581
директорская акция A408
дисбаланс D816, N221
дисбаланс между рынками акций и облигаций D819
дисбурсментский счёт C1552
дисконт C1243, D234, D619, E1281, P724
дисконтёр E1320
дисконт и премия P1656
дисконтирование A648, E1281
дисконтирование варрантов E1316
дисконтирование доходности A653
дисконтирование издержек A650
дисконтирование инвестиций A652
дисконтирование купонов E1296
дисконтирование процентного спреда A651
дисконтированная стоимость V106, V42
дисконтированная сумма-нетто M1203
дисконтированные поступления R288
дисконтированные расходы D591
дисконтированный E1317
дисконтированный брутто-кэш флоу M469
дисконтированный доход по ценной бумаге R1149
дисконтировать A654, E1284, E1318
дисконтируемые облигации O181
дисконтная квота Q105
дисконтный брокер C389
дисконтный кредит C3239
дисконтный портфель P1286
дисконт по долговым обязательствам D237
дисконт по облигациям E1307
дисконт при андеррайтинге R492
дисконт при срочной котировке P734
дисконт при эмиссии облигаций E1303
дискредитировать D268
дискриминационное налогообложение F357
диспропорции компенсационной системы I327
дистанционная оплата T446
дистанционный терминал T592
дистрибутор C1700
дистрибьютор C1700

дифференциальная рента R1248
дифференциация I310
дифференцировать I314
дихотомия банковской системы D1074
длинная позиция P1360, P1384, P1388, P1405, P1408
длинная позиция по опционам на покупку P1363
длинная позиция по опционам на продажу P1364
длинная позиция по срочным контрактам P1361
длинная составляющая позиция C1376
длинный банковский цикл C3445
для сведения I268
дневная выручка R279, R1273
дневная нетто-наличная позиция T1274
дневная ставка T248
дневная торговая сессия S88
дневной объём валютных операций на рынке спот V662
дневной предел колебания цен L288
дневные поступления R1273
до аукциона A672
добавленная стоимость V46
добавлять A660
добавочная стоимость, образовавшаяся при слиянии компаний P2051
добавочная сумма денег R62
добиваться кворума Q97
добиваться рентабельности R1215
добровольная продажа с аукциона E823
добровольное поручительство C435
добровольные сбережения E1191
добровольный заём E704
добросовестный держатель D881, P1312, T896
добросовестный держатель векселя P1325
добросовестный покупатель A261, A301
доверенное лицо T1315
доверенность M83, P2351
доверенный M102
доверие C1808, C3104, C3111
доверитель C1183, F204, M82
доверительное лицо F199, F203
доверительный F202
доверительный фонд F198
до востребования J94
договаривающаяся сторона C1965
договор A135, C1992, C2240, P1, T1022
договорённость A135, A1308, E1006
договор займа C2046, C2088
договор купли C2012
договорная цена P2190
договорное обязательство C2949
договорное поручительство C435
договорный C1979, C2271
договор о банковском кредите C2037

договор об аренде оборудования C2075
договор об аренде сейфа C2070
договор об аренде с последующим приобретением C2071
договор об установлении ипотеки C2062
договор о возможности овердрафта в пределах определённой суммы L229
договор о долгосрочных сбережениях C2048
договор о закладе P2
договор о капитальной аренде C2071
договор о поручительстве C2057
договор о страховании C2020
договор о страховании кредитов C2021
договор перестрахования C2265
договор поручения C2016, C2065
договор поручительства C429, C2028
договор форфетирования C2053
документ A335, D1450, P189, P789, T605, T677
документарная проверка C2226
документарная ревизия C2226
документарная ссуда A1566
документарная тратта E282, T996
документарное инкассо E783, R1032
документарные векселя E361
документарный аккредитив A184, C3229, C3338, C3379
документация D1456
документ, имеющий силу контракта D1452
документооборот J12
документ о праве собственности T749
документ с указанием реквизитов банка и счёта клиента R927
долг C2919, D948, D959, D1624, O26
долг банку C2939
долговая корзина A1395
долговая расписка B351, C469
долговое обязательство C2919, O61
долговое свидетельство R336, T703, T758
долговое свидетельство, погашаемое досрочно по желанию должника T707
долговое свидетельство с плавающей процентной ставкой T708
долговое требование C2919
долговое требование на заграницу C2957, C2977
долговое требование, не приносящее процентов C2974
долговое требование, по которому наступил срок платежа C2942, C2953
долговое требование, по которому не наступил срок платежа C2972
долговое требование с процентом, заранее включённым в основную сумму C2966
долговой своп E48, S1437
долгосрочная аренда B14
долгосрочная доходность T316

долгосрочная задолженность E869
долгосрочная кредитная линия в поддержку эмиссии ценных бумаг L199
долгосрочная облигация O99
долгосрочная ссуда E631, P1852
долгосрочная ставка T54
долгосрочная тратта T1009
долгосрочная ценная бумага T716
долгосрочное инвестирование P857
долгосрочное прогнозирование P1991
долгосрочное рефинансирование R549
долгосрочное соглашение C2257
долгосрочное финансирование A635, F272, F322
долгосрочный T543
долгосрочный вексель E309, P211
долгосрочный займ E668
долгосрочный капитал C248
долгосрочный контракт C2072, C2074
долгосрочный контракт МАТИФ C2073
долгосрочный кредит C3274
долгосрочный лизинг L25
долгосрочный льготный кредит C1723
долгосрочный опцион O646
долгосрочный процентный опцион O650
долгосрочный сберегательный счёт C1579
долгосрочный своп S1447
долгосрочный сегмент рынка капиталов C1320
долг, погашаемый в первую очередь D983
долг, подлежащий взысканию D986
долг, подлежащий оплате по первому требованию C2955
долг, подлежащий погашению D988
долг, по которому еще не наступил срок платежа D978
долг, по которому не начисляются сложные проценты D973
долг, прекращённый за давностью D981
долг с изменённым графиком погашения D987
долг с фиксированной процентной ставкой D993
долевая акция A520
долевая ссуда C3297, C3302
долевое участие P300, P349
должник D76, D96, O212, R442
должник по денежному обязательству D82
должник по закладной E715
должник по залоговому обязательству D91
должник по ипотеке D92, E715
должник, получивший отсрочку платежа D86
должник по срочному обязательству D102
должник по текущему счёту D85
должник, просрочивший исполнение обязательства D100
должностное лицо R1608
доллар D1470

доллар на срок D1472
долларовая интервенция I870
долларовая операция O392
долларовая стоимость V93
долларово-девизный стандарт E1422
долларовые авуары A1660
долларовые средства T1267
долларовые цены P2275
долларовый голод D342, P581
долларовый дефицит T1303
долларовый пул P1247
долларовый своп S1439
долларовый стандарт E1421, S1546
долларовый эквивалент E1242
доля A1162, E167, F807, F819, L528, P300, P349, P1057, P2580, Q99, Q106, Q111, T1053
доля в акционерном капитале Q108
доля в прибылях P306
доля в уставном капитале P309
доля дохода P2583
доля задействованного капитала P2581
доля заёмных средств в капитале фирмы L134
доля капитала F823
доля операций спот P1064
доля прибыли F822, P305
доля рынка P320
доля сомнительных счетов P2582
доля участия в капитале банка P390
доля участия в капитале товарищества P316, P327
доля участия, не подлежащая переуступке P318
доля финансирования V648
доминирующая тенденция T478
домицилиат D1479, E1370
домицилирование D1480
домицилирование векселя D1482
домицилирование своих квитанций D1483
домицилированная тратта T997
домицилированный D1485
домицилированный вексель E283
домицилированный купон C2514
домицилировать D1486
домицилировать акцепт A78
домицилировать вексель E237
домицилирующий банк B112, B203
до начала биржевого сеанса D126
дополнительная гарантия, предоставленная третьим лицом G118
дополнительный A659, A1042, C1359, O685, P2615, S1213, S1278
дополнительный взнос A1161, V542
дополнительный дивиденд C1353, D1393, D1396, D1424, S1267
дополнительный кредит C3204, C3325
дополнительный налог C472, S1275, S1392, S1393, T363, T380

до предъявления документов P1715
допуск A706, I897, M451
допускать овердрафт по счёту D252, D254
допуск к котировке I475, I900
допуск ценных бумаг к обращению на бирже A711
допуск ценных бумаг на рынок капиталов A710
допуск ценных бумаг на фондовую биржу C2383
допустимые инвестиции P824
допустимый уровень потерь N133
допустимый уровень убытков N133
допущенный к котировке I487
до размера... C1738
дорожный чек C832
до срока A1084
досрочная оплата A1086, D611, R701
досрочная покупка валюты A223
досрочная продажа V405
досрочно A1084, T547
досрочный A1106
досрочный возврат займа R1814
досрочный платёж D129, P39, P43, V513
доставка ценных бумаг L416
доставлять ценные бумаги L459
доступ A118, E1020
доступность кредитов D1252
доступные финансовые инструменты P2416
доступ с помощью телекса A131
до суммы в... C1738
досье D1519, D1523
досье на ценные бумаги D1524
досье тендерной информации за год D1520
дотация S1223
доход B237, G30, L562, P2380, P2457, R93, R272, R1077, R1129, R1874
доход в денежном выражении G42
доход за вычетом процентов P2392
доход к погашению ценной бумаги R1144
доход на акции R1131
доход на акционерный капитал R1133
доход на капитал R96, R1088, R1842
доходная облигация O91, O94, O138
доходная ценная бумага T755
доходность C149, C155, C161, P2375, P2380, R93, R1077, R1129, R1216, R1794, R1874, T308
доходность актива R1130
доходность акций R1131, R1220
доходность акций при немедленной реализации R1228
доходность акционерного капитала R1133
доходность-брутто T312
доходность в расчёте на оборот P2378
доходность выпуска ценных бумаг R1147
доходность долгового инструмента T242

доходность инвестиций R110, R1156, R1167, R1230, R1232, R1800
доходность капитала R1137, R1223
доходность к погашению T165, T209, T311
доходность кредитов под недвижимость R1168
доходность на капитал T313
доходность облигаций R1166
доходность по акциям T310
доходность портфеля ценных бумаг R1106
доходность после вычета процентов R1164
доходность средств на срочных счетах R1141
доходный B282, L561, P478, P619, P2366, R1234
доход от акции R1084
доход от изменения курса ценных бумаг R1091
доход от инвестиций R1104, R1892
доход от налогов R1154
доход от финансовых инвестиций R1111
доход от целевых сберегательных вкладов R1105
доход после уплаты налогов R1897
доход с капитала R1882
доходы B269, F952, G43, M497, P1034, P2393, P2481, R287, R1267, R1756, R1903
доходы СИКАВ P2410
дочерняя компания C1304, E1060, E1351, F220, S461, S466, S496, S510, S520, S549
дробить акции A567, F831
дробить риски R2056
дробление акций D1440, D1441, D1445, D1447, F829
дробление биржевого курса F830
дробление компаний F977
дробная акция T45
другие счета C1568
«дружеский» вексель A92, B361, E265, E270, L86, P196, P198, P201, T990
«дружеский» индоссамент E885
дутый вексель C463, T985, T989
дутый чек C774, C776
дюрация D1634

ЕБРР B176
евро E1491
евробанк E1493
евробанкир E1494
евровалютные депозиты D724
евровалюты E1522
евровексель E1495
евродевизы E1504
евродоллары E1505
еврозаймы E1512
еврокапиталы E1496
еврокоммерческие ценные бумаги E1526
еврокредиты E1512

еврокредиты в составных валютах E1502
еврокредиты по плавающей ставке E1513
еврокупон E1500
евронота E1495
еврооблигации E1524
еврооблигации с плавающей ставкой E1525
Европейская валютная единица E217, U54
Европейская «валютная змея» S206
европейская расчётная единица U44
Европейская финансовая корпорация S596
Европейский банк реконструкции и развития B176
Европейский валютный союз U38
Европейский валютный фонд F639
Европейский инвестиционный банк B175
Европейский ипотечный банк B180
европейский опцион O647
Европейский платёжный союз U36
Европейский рынок опционов в Амстердаме M424
Европейский фонд валютного сотрудничества F637
Европейское валютное соглашение A166
еврорынок E1518
евросектор E1529
евроставка E1532
еврофранки E1516
еврофунт E1531
еврочек E1498
евроэмиссия E1507
евроэмиссия по плавающей ставке E1510
евроэмиссия по фиксированной ставке E1509
евроэмиссия с полностью изменяющейся ставкой E1511
единая годовая пошлина T364
единая котировка C2437
единая международная валюта U9
единая минимальная сумма U10
единая ставка рефинансирования U13
единица котировки U46
единовременное погашение R1002, R993
единовременный платёж P112, P72
единовременным платежом V509
единогласно V627
единственная торговая сессия U11
единство U39, U5
единство котировки U6
единство котируемых курсов U7
единство места и времени U8
единство правил налогообложения U14
единый денежный рынок M419
единый курс C2711
единый надзор U12
единый рынок M420
ежегодная выплата основной суммы долга A1055

ежегодная корректировка M758
ежегодная публикация баланса P2725
ежегодная рента R1242
ежегодно пересматриваемая ставка T322
ежегодные заимствования T658
ежегодные отчисления D1526
ежегодные периодические платежи A1057
ежегодные поступления A1057
ежегодный автоматически возобновляемый депозит D649
ежегодный взнос A1049, A1056
ежедневная выписка из банковского лицевого счёта R920
ежедневная оценка E1550
ежедневно J50
ежедневное внесение дополнительных гарантийных депозитов A1144
ежедневное закрытие позиций A1326
ежедневное занесение бухгалтерских операций в бухгалтерский журнал J109
ежедневный бюллетень официальной котировки C2471
ежедневный отчёт о позициях R933
ежедневный отчёт о проведённых операциях R932
ежедневный расчёт C1334
ежеквартальный ролл-овер R2097
ежемесячная уплата налога M628
ежемесячное предоставление отчётов R1377
ежемесячный взнос A290
ежемесячный платёж P89
ежемесячными платежами M630
«если не указано иного» C935
желаемый паритет двух валют P283
жёсткие нормы R768
жёсткий валютный контроль C2201
жёсткое ограничение P544
жёсткое планирование P1019
жетон J2
жират E878
жиробланк F784
жиросчёт C1658

забалансовая статья E428
забалансовое долговое требование C2940
забалансовое кредитование F30
забалансовое обязательство E921
забалансовые операции A627, A729, A736, H128, O472
забалансовые риски банка R2068
забалансовые финансовые инструменты I602
заблокированный кредит C3187
заверенная копия C2344
заверенная подпись S388
за верхним пределом P941

завершать C1701
завершение A280, C1702, D571, F241
завершение международного перевода средств D576
завершение процентного свопа D118
заверять C561, L31
зависимость D583, R886
зависимость от банков D586
зависимость от кредиторов D587
зависимые валюты M1104
за вычетом D294, D296, D311, N126
за вычетом брокерских комиссионных C2732
за вычетом налога N127
завышать курс валюты M975
завышать оценку S1353, S1363
завышенная оценка S1352, S1358
завышенная оценка движения капиталов S1361
завышенная оценка доллара S1360
завышенный S1362
завышенный валютный курс T124
завышенный опцион O663
завышенный при покупке валютный курс C2628
заграничные банковские операции O467
заграничные наличные средства до востребования D1280
задаток A1328, A282, P2672
задаток в счёт комиссии A288
задействованные суммы M1235
задействованный капитал C232
задействовать капитал C171
задерживать R1781
задерживать платежи R1774
задержка D424, R1773
задержка в поставке R1779
задержка платежа R1048, R1780
задолженность A1339, C2978, D69, D948, D996, E829, E859
задолженность банку по банковской ссуде C2939
задолженность перед МВФ E867
задолженность по арендной плате L553
задолженность по коммерческим кредитам D1002
задолженность покупателей C1014
задолженность по налогам A1337
задолженность по платежам A1338
задолженность по процентам A1343
задолженность согласно бухгалтерским книгам D1003
заём E605, O395
заём в евровалюте E646
заём в рамках кредитной позиции T639
заём, выпускаемый местными органами власти E632

заём, деноминированный в иностранной валюте E663
заём, котирующийся на бирже E636
заём, лежащий в основе производного финансового инструмента E666
заём, не подлежащий аннулированию E673
заёмно-ссудные операции A643
заёмно-ссудные отношения R910
заёмные средства F677, R1656
заёмный капитал C211
заём-ориентир E705
заём, погашаемый выигрышными тиражами E690
заём под 3% E703
заём, подлежащий погашению E689
заём с выбором валюты погашения E682
заём с низкой процентной ставкой E696
заём с нулевым купоном E637
заём с опционом E681
заём с плавающей процентной ставкой E698, E700
заём с фиксированной процентной ставкой E697
заём участия E683
заёмщик D536, E707, P1674
заёмщик валюты в депортной сделке E710
заёмщик валюты в репортной сделке E711
заёмщик ликвидных средств E719
заёмщик, не выплативший ссуду в срок E709
заёмщик, обременённый долгами E712
заимствование E605
заимствование денег в МВФ T651
заимствование дополнительных средств E738
заимствованная сумма S766
заимствованные средства F694, F699, R1656
заимствовать T672
заимствовать деньги в МВФ T640
заимствовать доллары путём свопа S1424
займодержатель P1321
«зайтеку» Z1
заказчик C987
заклад E911, G7, N7
закладная B370, C470, H139, L112
закладная на движимое имущество H152
закладная на недвижимость H151
закладная низкой очерёдности H156
закладная с плавающей ставкой L113
закладное свидетельство C514
закладной лист C470
закладывать E976, H157, N5, N9, N11, N13, N16
закладывать имущество G282
заключать A1327, C1040, C1701
заключать арендный договор B4, B6
заключать договор страхования A1439, A1442, S922

заключать контракт C1966, C1994, C2001, C2008
заключать сделку A337, M169, M177, T1047, T1074
заключать сделку по телексу T1076
заключать сделку по телефону T1075
заключать соглашение A136, C1715, C2241, E912
заключение A1322, C1032, C1702
заключение договора поручительства C1928
заключение договора страхования S887, S899
заключение счёта A1323
заключительная торговая сессия S85
заключительное сальдо S646, S665
заключительный курс C2612, C2625, P2188, P2214
заключительный курс спот C2617
заключительный остаток S646, S665
закодированная информация о чеках и вкладах I400
закон Грешема L511
законное платёжное средство M981, M1000, M1041
законность R840, V288
законность договора V290
законность сделанных записей по счетам L32
законность ценной бумаги V294
законные инвестиции P824
законный L30, V286
законный держатель D890, D895, T636
закон об акционерных обществах L514
закон о банках L503
законодательный контроль T1325
законодательный орган O859
«законодательный рай» P245
законодательство D1546, L35, L498
закон о налогообложении прироста капитала L513
закон о сбережениях L509
закон о ценных бумагах L517
закон поведения курсов L508
закреплять клиентуру C998
закрывать A1327, B504, C1031, C1040, L133, L327
закрывать банковский счёт C1475, C1478
закрывать валютную позицию P1371
закрывать доступ на рынок A120
закрывать короткую позицию D248
закрывать подписку S888
закрывать позицию P1342, P1359
закрывать счёт C1463, C1469, S690
закрытая позиция P1366, P1401
закрытая эмиссия E510
закрытие A1322, C1032, D116, D117, D571, F145, L121
закрытие биржевой сессии L131

закрытие биржи C1035, C1039
закрытие валютных рынков F150
закрытие касс F149
закрытие позиции S1301
закрытие счёта B503, C1036, F147
закрытый рынок M276
закрытый счёт C1510, C1536
залог B313, B315, C406, C429, G7, N7, R1042
залог активов N18
залог векселя в обеспечение M765
залог движимого имущества G21
залог долгового требования M755
залог золота N22
залог иностранной валюты G22
залог недвижимого имущества G20
залог недвижимости C437
залог облигации N21
залоговая стоимость V147
залоговое письмо L112
залоговое поручительство C446
залоговое право D1581
залоговое свидетельство T713
залоговый вексель E278
залоговый индоссамент E896
залогодатель C1922, D1505, G28
залогодержатель B17, C3054, D888, G29
залог ценной бумаги в обеспечение ссуды M764
залог ценных бумаг N24
заложенная ценная бумага V118, V120
заложенные долговые требования C3009
заложенный вексель E311, E325
замена C651, R1069, S1218
заменяемость капиталов S1215
заменяемый S1216
заменять S1217
заменять рейтинг R148
замещать S1217
замкнутая валюта M1034, M1049
замораживание B415, G133, I21
замораживание дивидендов B419
замораживание доходов G135
замораживание капитала B416
замораживание кредита G134
замораживание налоговых порогов G136
замораживать B427, I32
замораживать капитал C176
замороженная акция A418
замороженные авуары A1651, A1670
замороженные активы C319
замороженные средства A1290, F669
замороженный B426, G137, I31
замороженный капитал C222, C224
замороженный кредит C3187, C3251
замороженный счёт C1522
за неимением... A45
занесение I470

заниженный опцион O661
занимать деньги A1273
заносить в актив A361
заносить в кредит C3140, C3147, C3149, C3163, C3352
заносить в приход R273
заносить на карточку F167
заносить сумму в дебет счёта S744
заносить сумму в кредит счёта S745, S750
за одну торговую сессию S80
записывать на счёт C1470, C1481, C1483
запись A1352, E183, E984, I470, N336, P1482
запись в дебет счёта E195, E201
запись в кредит счёта E194, E200
запись о переводе денег E206
запись по счетам E984, J14
запись ценных бумаг на счёт I485
заполнять бланк F168, F769, F773
заполнять чек C761
запрашиваемая цена C2678, P2200
запрет I673, P2519
запрет выписывать чеки I675
запретительная ставка налогов P1530
запретительное письмо-уведомление L115
запрет на ввоз определённых валют I676
запрет на вывоз валюты P2520
запрет на вывоз золота P2521
запрет на вывоз капитала I679
запрет на перевозку золота I680
запрет на проведение операций I677
запрет на создание консорциумов I678
запрещать обращение до наступления срока N46
запрос клиента S714
запускать печатный станок P1011
заранее обусловленная цена P2218
заранее обусловленный срок платежа E91
заранее оговорённый срок D433
заранее оплаченные расходы C708
заранее разрешённая ссуда C3174
заранее согласованная цена P2218
заранее твёрдо установленный налог P1650, P1654
заранее удержанные комиссионные A824
заранее уплаченный процент I726
заранее установленная маржа M478
заранее установленная сумма S780
заранее установленная цена P2197
заранее установленный лимит P957
зарегистрированная акция A451
зарегистрированная стоимость V104
зарегистрированная сумма M1194
зарегистрированный I486, N200
зарегистрированный акционер A548
зарегистрированный банк B130
зарегистрированный биржевой брокер C2784

зарегистрированный залог N19
зарегистрировать ценные бумаги I916
зарегистрировать цену P2170
зарезервированная кредитная линия M473
зарезервировать средства для платежа по чеку F646
зарубежные инвестиции I947
зарубежные рынки M438
зарубежный банк-корреспондент C2371
зарубежный биржевой рынок M203
зарубежный филиал S1243
зарубежный холдинг H98
засвидетельствование C557
за свой собственный счёт C1494
застой на рынке M162
застойный L17
застрахованная стоимость V52
застрахованный G55
застрахованный актив E426
застрахованный капитал C193
застрахованный пассив E435
застрахованный риск R2004
застраховаться от любого неплатежа D302
застраховываться от повышения процентных ставок H29
за счёт C669
за счёт третьего лица T630
затрата денег D120
затраты C682, C2786, C2841, D589, F839
затраты, подлежащие финансированию C695
зафиксированный курс C2648
зачесть чек C741
зачёт встречных требований C1326
зачёт в счёт долга I161
зачёт в счёт суммы ссуды I162
зачётная операция O371, O373
зачёт суммы I158
зачисление I158, P418
зачисление денег на счёт O454
зачисление издержек I159
зачисление на счёт P419, P421, R1028
зачисление на финансовые счета I160
зачисление суммы в дебет счёта I166
зачисление суммы в кредит счёта I165
зачисление убытков, связанных с изменением курсов валют I164
зачисления и списания по счёту R1058
зачисления и списания со счёта V548
зачислять C1481, C1483
зачислять в актив A361
зачислять в кредит C3140, C3147, C3149, C3163, C3352
зачислять на счёт C1458
зачислять платёж в счёт P20
зачислять сумму в счёт предоставленного кредита C3139

зачислять сумму на счёт M1150
зачислять сумму чека на свой счёт C765
зачтённые остатки M503
зачтённые платежи P132
зачтённый чек C779
зашифрованная информация о чеках и вкладах I400
защита P2638
защита валютных резервов P2649
защита зарубежных инвестиций P2645
защита от досрочного выкупа P2648
защита от колебания ставок P2643
защита от кредитных рисков P2650
защита прибыли P2647
защита сбережений P2641
защита фиксированных паритетов P2646
защитная оговорка C942, C966, C975
защищать инвестиции P887
защищать от валютного риска R1993
защищать от подделки C2123
защищать паритет P254
заявитель D177, D535
заявка A1132, D493, O264, S821
заявка на акции D500
заявка на банковские билеты D502
заявка на банковское обслуживание D532
заявка на дисконтную линию D522
заявка на иностранную валюту D508
заявка на наличность D510
заявка на освобождение от налога D512, D516
заявка на открытие аккредитива D524
заявка на перевод в доллары D506
заявка на платёжные средства D523
заявка на получение ссуды D507, D509, D525
заявка на резервную кредитную линию D521
заявка на снижение налога D505
заявка на снятие денег со счёта D531
заявка на участие в торгах в запечатанном конверте S824
заявка на финансирование D514
заявка на ценные бумаги D533
заявка о пересмотре сроков погашения долга D528
заявка о принятии к котировке D501, D517, D519
звонкая монета E1332
«зелёная валюта» M1086
земельная рента R1250
земельный банк B125
земельный доход R1889
земельный кредит C3245
земельный налог I128
злостное банкротство B191, F98
злостные махинации M141
злоупотреблять D947
злоупотреблять банковскими ссудами R350
значительный A1185, C1892, N330, S187, T43

золотая акция A532
золотая доля квоты T1072
золотая лихорадка F214, F216, R2132
золотая монета M1052, P799
золотая оговорка C960, C978
золотая оценка активов V160
«золотая» позиция P1430
золото O721
золото без пробы O731
золотовалютные резервы R1544
золотовалютный стандарт E1419, E1435, S1567
золото в слитках O724
золотодевизный стандарт E1420, E1436
«золотое дно» P5
золотое обеспечение C2897
золотое правило банковской ликвидности R690
золотое содержание P278, P285, V159
золотое содержание валюты P276, T501
золотое содержание денежной единицы T502
золотое содержание франка T500
золотой O722
золотой блок B411, B422
золотой бум B479
золотой заём E728
золотой запас E753, E757, S1166, S1170
золотой монометаллизм M1113
золотой паритет D364, P278, P285
золотой паритет валюты D366
золотой паритет СДР D365
золотой паритет швейцарского франка D359
золотой пул P1251
золотой резерв R1478, R1495
золотой слиток B215
золотой стандарт E1429, E1434, S1547, S1568
золотой фонд F576
золотой франк F933
золотомонетный стандарт E1428
золотослитковый стандарт E1425, E1437
золото с пробой O730
золотые и серебряные резервы M660
золотые и серебряные слитки M549
зона Z3
зона валютной стабильности Z12
зона валютных паритетов Z11
зона доллара Z5
зона Европейского сообщества Z4
зона иены Z16
зона процентной ставки Z14
зона фиксируемых, но регулируемых паритетов Z10
зона франка Z7
зона фунта стерлингов Z13
зоны интервенции Z19

игра на бирже J9
игра на колебаниях валютных курсов J25

игра на повышение O406, S1185
игра на повышение курса валюты J16
игра на повышение учётной ставки M127
игра на понижение O353, O387, S1180
игра на понижение курса валюты J8
игра на понижение учётной ставки M124
играть на бирже A826, B514, J29, J34
играть на ожиданиях изменения процентной ставки J31
играть на повышение D245, H28, H30, J37
играть на повышение цен J38
играть на понижение B22, B24, D255, J32
играть на понижение процентной ставки J33
играть на разнице курсов валют J36
играть на стоимости кредита J35
играть на стоимости на процентных ставках J35
играть роль эталона E1416
идеальные деньги M1032
идентификационный номер эмиссии ценных бумаг N378
идентичный срок платежа E92
иерархия H88
иерархия по каждому финансовому инструменту H90
иерархия финансовых центров H89
избавляться от валюты M974
избавляться от долговых требований C3000
избирательное предоставление ссуд S172
избирательное страхование C2911
избирательность S169
избыток A35, D1091, E1598, E1622, S1325, S1371
избыток внутренних сбережений E1624
избыток денежной массы S1319
избыток долларов E1607
избыток капитала E1603, P1020, S1376
избыток кассовой наличности E11
избыток кредита E1604
избыток ликвидных средств A37, E1625, T1302
избыток резервов E1617
избыток свободных денежных средств L372, L379
избыточная наличность T1270
избыточная покупательная способность P1557
избыточное инвестирование E1610
избыточные инвестиции I990
избыточные сбережения E1154
избыточный A38
извещать A1638
извещение A1044, A1608, L52, N336
извлекать прибыль P2462, V28
извлечение прибыли M780
издержки C682, C2786, C2841, D119, D122, D589, F839
издержки на обновление капитала C2833
издержки по банковским операциям C2844

издержки по выписке счетов C2811
издержки по депозитам C2807
издержки по займу C2810
издержки по предоставлению ссуды C2831
издержки по производству и поддержанию купюр F862
издержки по эмиссии займа C2822
издержки по эмиссии ценных бумаг C2809
из-за неакцепта A77, A80
излишек E1598, E1622, S1371
излишек банкнот S1374
излишек денежной массы E1612
излишек кассовой наличности E1602, E1608
излишек ликвидных средств E1611, S1379
излишек сбережений S1378
излишняя денежная масса M539
излишняя корректировка на валютных рынках S1321
изменение A923, C651, D614, E1573, I377, I380, M902, M1261, R568, T1189, V309
изменённый курс C2671
изменённый проспект P2633
изменчивость доходности биржевых операций V644
изменчивость спроса V303
изменчивый V308, V634
изменять C659, T1203
изменять паритет P257
изменять свой статус S1107
изменять состав своего портфеля A1265
изменяющаяся корзина P179
измерять рентабельность R1218
изобилие A35
изобилие инструментов с плавающей процентной ставкой F507
изобилие финансовых нововведений P2497
изображения чеков I15
изоляция капитала I1044
израсходование E1201
израсходование наличных средств E1202
израсходованные средства T1269
израсходованный кредит C3237
израсходовать внешние авуары A1666
из расчёта... C1737
изучение A981, E1480, E1593, P2621, R315
изъятая акция A426, A494
изъятие E1628, P1640, R1812
изымаемый R1810
изымать P1641, P1669, R1792, R1813
именная акция A471
именная акция с ограниченным правом передачи A472
именная облигация B438, O103
именная погашаемая учредительская акция P308
именная ценная бумага P215, T728, V156

именное участие P371
именной N197, N200
именной вексель E314, P215
именной индоссамент E892
именной полис P1119
именной сертификат T728
именной сертификат на акции C542
именной чек C799, C802
иметь большинство голосов M54
иметь валютную позицию P1368, P1372
иметь долю участия P385
иметь доступ через «Минитель» M720
иметь избыточную наличность T1255
иметь короткую позицию D253
иметь меньшинство с возможностью вето M728
иметь овердрафт по счёту D250
иметь пай в компании I696
иметь право на дивиденд D1363
иметь решающий голос V622
иметь сальдо S630, S632
иметь статус S1101, S1104
иметь столько же голосов V626
иметь хождение C2558
имеющаяся наличность E749
имеющаяся неиспользованная кредитная линия L224
имеющаяся позиция P1397
имеющиеся в наличии финансовые инструменты P2416
имеющиеся поручения для дневного сеанса биржи O848
имеющий обеспечение N4
имеющийся в наличии D1281
имеющий юридическую силу V15
иммобилизация I21
иммобилизация денежных средств I24
иммобилизованные ресурсы R1678
иммобилизованный капитал C222, C224
иммунизация I34
иммунитет Центрального банка I35
импортируемая инфляция I366
имущественное право D1588
имущество B310, P448, P2599
имущество в трастовом управлении P451
имущество, залог которого зарегистрирован N19
имущество, заложенное под ипотеку B316
имущество, на которое не может быть наложен арест B319
имущество несостоятельного должника M527
имущество, переданное в залог B313, B315
имущество, переданное в обеспечение N23
имущество, сданное в аренду B314
инвентарная опись E1439
инвентарный номер N380
инверсия I924

инверсия капиталопотоков I925
инверсия кривой ставок процента I926
инвестирование E923, E933, I929, M752, R233
инвестирование в акции I937, I953
инвестирование в иностранные ценные бумаги I975
инвестирование в капиталоёмкие отрасли I954
инвестирование в недвижимость I957
инвестирование в облигации I968
инвестирование в ценные бумаги I976
инвестирование ликвидных сбережений P899
инвестирование на определённый срок P840
инвестирование сбережений E964
инвестирование фондов I952
инвестированные сбережения E1166, E1182
инвестированный P815
инвестированный капитал C212, C227, C321, C328
инвестировать E1142, I928, I982, P927
инвестиции E968, E1166, E1182, I929, I943, I977, P816, P885, S1165
инвестиции в акции I1006, P890
инвестиции в акции СИКАВ P921
инвестиции в государственные ценные бумаги P879
инвестиции в движимое имущество P859
инвестиции в драгоценные металлы P908
инвестиции в евробумаги I948
инвестиции в еврооблигации P900
инвестиции в жилищное строительство I963
инвестиции в именные ценные бумаги P912
инвестиции в краткосрочные ценные бумаги P923
инвестиции в материальные активы I1007, I964
инвестиции в недвижимость P849
инвестиции в нематериальные активы I956
инвестиции в необращающиеся ценные бумаги P913
инвестиции в облигации E588, P862
инвестиции в обращающиеся ценные бумаги P911, P924
инвестиции в стабильной валюте P909
инвестиции в финансовые активы P902
инвестиции в ценные бумаги I944, P883, P885
инвестиции дилеров P916
инвестиции за рубежом C329, P904
инвестиционная компания C1311, C2331, E1066, S545
инвестиционная компания закрытого типа F580, F596, F614, F618, O872, S323, S546
инвестиционная компания открытого типа F581, F610, F615, F623, O890, S324, S483, S547
инвестиционные инструменты V353
инвестиционные расходы C2821, D596, D603, F890

инвестиционные ресурсы R1669
инвестиционные фонды I558
инвестиционные ценные бумаги V242
инвестиционный банк B69, B133, B199
инвестиционный бум B478, R203
инвестиционный кредит C3266, P1835
инвестиционный кризис C3406
инвестиционный мультипликатор M1351
инвестиционный налоговый кредит A1601
инвестиционный портфель P1289, P1292
инвестиционный поток C2542
инвестиционный риск R2025
инвестиционный сберегательный счёт C1583
инвестиционный сертификат C537, C548
инвестиционный сертификат, котирующийся на бирже C538
инвестиционный спад D203
инвестиционный спрос D520
инвестиционный счёт C1600, C1630
инвестиционный траст F206
инвестиционный траст с фиксированным доходом F209
инвестиционный фонд F605, F612
инвестиционный фонд денежного рынка S338
инвестиционный фонд закрытого типа S323, S546
инвестиционный фонд недвижимости в форме гражданского товарищества S490
инвестиционный фонд обычных акций F613
инвестиционный фонд открытого типа S324, S547
инвестиционный фонд открытого типа, ориентированный на реинвестирование доходов S330
инвестиционный фонд открытого типа, ориентированный на французские акции S327
инвестиционный фонд открытого типа со срочными депозитами S333
инвестиционный фонд открытого типа, специализирующийся на инвестировании в недвижимость S336
инвестиционный фонд рынка облигаций S339
инвестиционный фонд рынка облигаций с реинвестированием процентов S340
Инвестиционный фонд социально-экономического развития F638
инвестиционный фонд ценных бумаг F624
инвестор E1130, P937
индекс I238, I272
индекс акций I273
индексация I241
индексация доходов в зависимости от категории I248
индексация займа I242
индексация заработной платы I245

индексация облигаций государственного займа I244
индексация процентных ставок I246
индексация сбережений I243
индексация ценных бумаг I247
индексация цены погашения государственных облигаций I249
индекс бон казначейства I274
индекс векселей казначейства I274
индекс, взвешенный на основе капитализации I293
индекс волатильности I302
индекс Доу-Джонса D1539, I280
индексированная облигация B434, O87
индексированный заём E655
индексированный кредит P1838
индексированный процент I717
индексированный фонд F604
индексировать I250
индекс курсов акций I279
индекс курсов по нестандартным лотам I288
индекс неустойчивости I302
индекс Никкей I290
индексный пункт P1079
индекс покупательной способности I295
индекс «Файнэншл Таймс» I282
индекс Ханг Сенг I285
индекс цен I286
индекс ценных бумаг I301
индивидуальное плавание валют F444
индивидуальные сберегательные счета P992
индивидуальный заёмщик E717
индивидуальный учёт I311
индоссамент E875, E879
индоссамент с оговоркой «без оборота» E888
индоссант C466, E904, S363
индоссат E878
индоссированная тратта T1001
индоссированный вексель E289
индоссированный чек C791
индоссировать E876, E880, E903
индоссировать вексель E240
индоссировать тратту T962
индоссировать ценные бумаги T784
индоссировать чек C747
индоссируемый чек C790
индуцированный кредит P1866
инжиниринговая компания S538
инициирование ссуды I451
инкассатор A793, C2324, E797
инкассация E763
инкассация денег E776
инкассация дивидендов E782
инкассация долговых обязательств E780
инкассация ценных бумаг E792
инкассирование E763, R362, R1263

инкассирование векселей R377, R1038
инкассирование доходов E791
инкассирование коммерческих бумаг R378
инкассирование тратты E793
инкассирование чеков R370
инкассированная стоимость V101
инкассированная сумма M1182
инкассированные средства M1289
инкассированный E762
инкассировать E765, E768, E770, E796, R364, R366, R384
инкассировать вексель E239, E250, L60, L70, R1016
инкассировать долговое требование C2929
инкассировать премию R1353
инкассировать тратту T961, T982
инкассировать чек C746, C764
инкассируемая сумма S767
инкассируемое требование с низкой процентной ставкой C2984
инкассируемый E741, R361
инкассирующий банк B78, B117, B159
инкассо E763, E787, R362, R1263
инкассо акцептованных векселей E774
инкассовая операция O396, O436
инкассовое извещение A1621
инкассовое поручение M90, M98, O774, O807
инкассовый отдел S232, S253
инкассо купонов E779
инкассо с немедленным платежом E788
инкассо с предварительным акцептом E773
инкорпорировать разницу D1081
иногородний вексель E277, E279, E348, P202
иностранная валюта C618, C630, D1038, D1055, M1020
инсайдеры I458
инспектор C2236, E1596, I493, R1934, V473
Институт банковских технологий I528
институционализация I529
институционализировать I532
институциональное сближение валют R131
институциональные и налоговые особенности P399
институциональные инвестиции I998, P853
институциональные инвесторы I534, I1029, P938, Z2
институциональные клиенты C1007, C1020
институциональные сбережения E1165
институциональный I533
институциональный брокер C2767
институциональный заёмщик E718
институциональный клиент C990
институциональный кредитор C3357
институциональный I533
инструкция D1204, I265, O740
инструмент I569, M1301, O924

инструмент анализа O925
инструмент арбитража M1303
инструмент взыскания по долговым обязательствам I591
инструмент денежно-кредитного регулирования I592
инструмент для привлечения ликвидных сбережений I571
инструмент для сделок спот с ценными бумагами I573
инструмент накопления M1302
инструмент налогового перераспределения I582
инструмент, подлежащий покрытию I576
инструмент страхования I575, M1304
инструмент хеджирования I575, M1304
интеграция I648
интегрированная информационная система S1578
интегрировать I656
интерактивный режим M859
интервенции I877
интервенции в валюте страны местонахождения I888
интервенции во время рабочих часов биржи I880
интервенции в установленных пределах I886
интервенции в ЭКЮ на валютных рынках I882
интервенции на валютном рынке I887
интервенционная точка S314
интервенционные операции I877
интервенционный курс C2654, P1080, T246
интервенция за пределами установленных границ I874
интервенция на рынке O410
интервенция уполномоченного банка I865
интервенция Центрального банка на межбанковском рынке I864
интернационализация I828
интернационализация банковского дела I831
интернационализация биржевых операций I837
интернационализация валютных рынков I834
интернационализация капитала I832
интернационализация крупных банков M1346
интерфейс I787
инфляционный I376
инфляция I343
инфляция внутри страны I361
инфляция вызванная увеличением денежной массы I370
информационная служба Рейтер S258
информация C1294, D1523, I384, I422, R1206
«инъекция» I460
ипотека A345, H139
ипотечная гарантия A748
ипотечная задолженность D971
ипотечная облигация O80, O86

ипотечная оговорка C950
ипотечная система R624
ипотечная ссуда P1830, P1834
ипотечное страхование A1445
ипотечно-кредитный банк B99
ипотечный банк B128, C40, C46
ипотечный договор A345
ипотечный заём E654
ипотечный залог G19
ипотечный кредит C3255
ипотечный платёж V527
ипотечный реестр R660
ипотечный риск R2017
ипотечный рынок M296
ипотечный сертификат C532
ипотечный трест T1312
иск A407, D493
исключая ошибки и пропуски E1258
исключая проценты I688
иск о взыскании A524
иск о взыскании платежа A492
иск по векселю A420, A424
иск по долговому требованию A431
искусственная составная валюта M992
искусственный паритет P263
исполнение E1635, E1659, L121
исполненные опционы O712
исполнять E1634 E1658 L133
использование A1155, E570, U60, U95
использовать E1742
используемый A1154
исправление A946, R387, R459, R832, R1286
исправление в налоговой декларации R464
исправление счёта A866, R389, R461
исправленный коэффициент капитала R162
исправленный счёт C1640
исправлять ошибку E1260
испытывать нехватку наличности L360
исследование рынка P2623
исследователь конъюнктуры C1862
истекать E148, E1741, T540, T552
истекающий E134
истекшее покрытие G99
истекший E149
истекший долг D981
истекший срок D439, J114
истекший финансовый год E1665
истец D535
истечение E1737
истечение срока D163, E1740
истечение срока аренды E1739
источник S834
источник внебанковского финансирования S839
источник денег S835
источник доходов S846
источник рефинансирования S843

истощать ликвидные средства банков L355
истощение валютных резервов E1203
исходная валюта D1049
исходный актив S937
исходный депозит D673
исходный инструмент A386
исходный контракт C2064
исходный курс по срочным сделкам C2708
исходный своп S1442
исходный финансовый инструмент I581
исходящий номер авизо R1277
исчезновение наличности D1235
исчерпывать квоту Q101
исчисление C75, E1110
исчисление банковских издержек C85
исчисление индексов C87
исчисление комиссионных C79
исчисление налога C86
исчисление процентов C88
исчислимый E1535
исчисляемый C96
исчислять C98, D218, D225
итог баланса L202, M522
итоговая запись E189, E196, E198
итоговый счёт C1537, C1591

кадастр C13, R2090
кадастровая стоимость V62
казна T1248
казначей C1442, D1176, P492
казначейский вексель E349
казначейство D1203, E147
календарная дата D7
календарь займов C106
календарь проведения торгов C102
калькулировать S1318
калькулятор M6
калькуляция C75, S1317
камбист C116, C122, C2761, O316
каналы «отмывания» денег C898
каналы финансирования C899
капитал A356, C163, F570, F643
капитализационная облигация B431
капитализационный контракт на10 лет C2027
капитализация C273, F731
капитализированный аннуитет A1052
капитализированный процент I704
капитализировать C178, C282, I211
капитализируемый C272
капитал и проценты P2085
капитал на развитие C203
капиталовложения E968, I929, I943, I977
капиталоёмкость C146
капиталопотоки F486
капитал участия C246

капитальные вложения E586
капитальные затраты C686
капитальные отчисления D1527
каптивная компания S485
карат C337
картель C379, E1006
картель евробанков E1497
картотека F184, F194
карточка C350, F166
карточка «Виза» C359, C378
карточка для использования в банкомате C368
карточка доступа к сейфам C354
карточка с интегрированной микросхемой C366, C370, C375
карточка с конфиденциальными сведениями F172
карточка с образцом подписи C377, F181
карточка с электронным чипом C366, C370, C375
карточка учёта валютных операций F169
касса C27, C54, C1688, G344, P145, T674
кассир C68, G363, M121, P492, P1692, T504
кассир Казначейства C73
кассир-контролёр C71, C74
кассовая выручка R276
кассовая и банковская наличности C35
кассовая книга L441
кассовая наличность A1293, C27, E744, E752, E1321, E1327, F579, S644, S688
кассовая операция O357, O375, O453
кассовая позиция P1431, S418
кассовая расписка P791
кассовая сделка M227
кассовое окно G344
кассовые активы A1652, A1662
кассовые поступления E1031
кассовые расходы C711, D595
кассовый аппарат C27, C42
кассовый дефицит D259, D267, D316, D334, D351, T47
кассовый излишек S1375
кассовый код C1058
кассовый оборот R1274
кассовый остаток B45, R1689, R1692, S644, S688
кассовый отчёт E1446, R914
кассовый резерв R1459
кассовый чек C775, T628
кассы взаимного кредита C66
кассы муниципального кредита C65
квазиденьги M544, Q68, S175
квазиконтракт Q60
квазиликвидные средства L392
квазимонополия Q69
квазиналичность Q63
квазирента Q71

квазиузуфрукт Q73
квартальный дивиденд D1426
квартальный отчёт о кэш флоу S441
квартальный платёж P111
квитанционная книжка L455
квитанция A324, D161, D194, J120, J123, Q77, R395
квитанция в зачёт R405
квитанция в оплату Q88
квитанция на остаток счёта Q86
квитанция на премию Q85
квитанция о подписке R404
квитанция о полной оплате R402
квитанция увеличивающихся срочных инвестиций R401
кворум Q96
квота C1961, Q99, Q111
квота на аукционе Q104
кейнсианская экономическая теория T611
класс акций C916
классификация C919, C927
классифицировать C926, C932
классические векселя E356
классические облигации с фиксированной ставкой O179
классический банк B82
классический паевой фонд F587
класс опционов C917
класть деньги в банк A1272
класть деньги на счёт C1473
клерк C1184, E594, G122, G123, P1689
клиент C987, C1457, C2129
клиент-заёмщик C989
клиент-подписчик C992
клиентская дебиторская задолженность C3010
клиентская операция O370
клиентские депозиты D718
клиентские депозиты с изъятием по требованию D720
клиентские депозиты с уведомлением об изъятии D719
клиентский риск R2000
клиентский счёт C1457
клиент-трассат C993
клиентура C994
клиентура банка U89
клиентура эмитентов C1005
клиринг C979, C1326, R708
клиринговая контора O254
клиринговая операция O371, O373
клиринговая палата C37, C606
клиринговая позиция P1381
клиринговая проводка E190
клиринговая расписка R258
клиринговые платежи T957
клиринговый агент A788

клиринговый банк B83, B89
клиринговый счёт C1535, C1539
клиринговый фонд F591
клиринг ценных бумаг C984
ключевая валюта M989, M1059, M1085, M1091
ключевые ценные бумаги V217, V230
книжка вкладчика C343, C345
ковернота N340
код C1056
код валюты C1060
код доступа C1057
кодирование чека C1055
кодировать информацию I387
кодифицированные инструменты P2401
кодовое значение V70
код операции C1061
код ценной бумаги S1468
колебания E1253, F451, I1038, M1261, M1285, O917, V321, V334
колебаться F476, O921
колеблющийся валютный курс C2658
коллективный депозит D657, D672
коллекционная монета M990
комбинированные сделки O514, O552
комбинированный валютно-процентный своп S1444
коменеджер C1049, C1052, C1127
комиссионер C1288
комиссионер делькредере C1291
комиссионная ставка T127, T135
комиссионное вознаграждение C1201
комиссионные C1201, C2744, P1517
комиссионные за ведение счёта C1273
комиссионные за выставление векселей C1274
комиссионные за гарантию C1226
комиссионные за делькредере C1238
комиссионные за индоссамент C1240
комиссионные за инкассо C1239
комиссионные за обязательство C1241
комиссионные за овердрафт C1234
комиссионные за операции с иностранной валютой C1258, C2737
комиссионные за операции с ценными бумагами C1275, C1279
комиссионные за предоставление займов A823
комиссионные за риск C1268
комиссионные по операциям с акциями C2746
комиссионные по операциям с облигациями C2748
комиссионные сделки O481
комиссионные с продажи C1280
комиссионный сбор C1201
комиссионный сбор за домицилирование C1237
комиссионный сбор при покупке C1217
комиссия C1198, C1201, C1281, D1617
Комиссия биржевого надзора C1287

комиссия за авизование C1222, C1256
комиссия за акцепт C1216
комиссия за банковские услуги C1225, C1248, C1269
комиссия за ведение счёта C1228
комиссия за возможность пользоваться кредитной линией C1221
комиссия за открытие кредитной линии C1250
комиссия за покупку C2735
комиссия за проведение биржевой сделки C1254
комиссия за размещение ценных бумаг C1247 C1262
комиссия за трансферт C1277
комиссия за факторинговые операции C1218
Комиссия по биржевым операциям C1286
Комиссия по ценным бумагам и биржам S95
комиссия с суммы счетов C1252
комитент C1183
Комитет C1130, C1148, C1198, C1201
Комитет кредитных учреждений C1152
Комитет по банковскому надзору и регулированию C1150, C1159
Комитет по банковскому регулированию C1158
комитет по изучению андеррайтинга C1140
комитет по изучению операций с облигациями C1139
комитет по контролю C1134
комитет по листингу C1143
комитет по надзору C1146
коммандитное товарищество C1161, S491
коммерсант M163
коммерция C1166
коммерческая бумага B389
коммерческая поддержка S1281
коммерческие активы A397
коммерческие банковские услуги B118
коммерческие бумаги E357, P229
коммерческие кредиты P1942
коммерческий C1175
коммерческий банк B86, B88, B107, B118, B164
Коммерческий банк Франции C3344
коммерческий вексель B360
коммерческий директор D1166
коммерческий дисконт E1293, E1299, E1306
коммерческий кредит C3202, P1840
коммерческо-банковские услуги S273
коммунальный заём E632
коммюнике C1299
компания C1303, E1042, E1350, F336, F570, M30, S447
компания, акции которой котируются на бирже S500, S542
компания, акции которой не котируются на бирже S558
компания-банкрот E1058

компания-бенефициар S473
компания-«вывеска» S511
компания-выгодополучатель S473
компания, выдвинувшая публичное предложение о покупке S540
компания-дебитор S505
компания-заявитель о предоставлении ссуды E1056, E1078
компания — инициатор поглощения S539
компания ипотечного инвестирования C1315
компания ипотечного кредита S569
компания — кандидат для выпуска акций на биржу E1048
компания-клиент E1049
компания-коменеджер E1357
компания-лидер E1082
компания, не имеющая освобождения от обязательства S559
компания-нерезидент U50
компания — объект попытки поглощения S497, S590
компания, освобождённая от выполнения C1308
компания по взысканию долгов S575
компания-поглотитель E1045
компания, получившая банковский кредит E1047
Компания по страхованию рискового капитала мелких и средних предприятий S599
компания по торговле недвижимостью S525, S536
компания-резидент U51
компания рискового капитала S482, S523, S589
компания с высокой долей долга в пассивах S526
компания с высокой рыночной стоимостью акций S527
компания с единственным участником S564, S588
компания-спутник S456
компания с самостоятельным балансом U40
компания-участница S553
компания — экспортёр капитала E1057
компания-эмитент S512
компаньон C2335
компенсационные сделки A730
компенсационные требования C3023
компенсационный аккредитив C2119, C3178, C3203, C3324
компенсационный дебет D72
компенсация C1326, I217, I222, I230
компенсация в твёрдой сумме I232
компенсация за невыполнение обязательств в срок I234
компенсация за расторжение договора I233, I235

компенсировать C1340, I221
компенсировать наличными N366
компенсировать несовершенство рынка I47
компенсировать нехватку M145
компенсировать утечку своих депозитов F960
компенсируемые убытки P761
компенсируемый C1325
компетентность C1341, Q1
компетенция C1341, R1624
комплект векселей J10, J17
комплект документарного аккредитива J11
композитная валюта M1092
компромиссный T1082
компьютеризация биржевых операций I434
компьютеризация бухгалтерского учёта I432
компьютеризированные клиринговые операции O557
компьютеризованная система котировки S1533, S1535
компьютеризованные банковские операции B61
компьютеризованные банковские услуги B109
компьютеризованный учёт C1431
компьютеризовать I435
компьютерная обработка T1038, T1041
компьютерная система S1570, S1608
компьютерная система «он-лайн» S1574
компьютерный аккредитив L104
компьютерный вексель L81
компьютерный простой вексель B377
компьютерный терминал T589
конвенция C2240
конверсионная операция с опционами P1386
конверсионная премия P2035
конверсионная стоимость V80
конверсионный арбитраж A1241
конверсионный коэффициент C1072
конверсионный риск R2003, R2049
конверсия C2273
конверсия в именные акции M762
конверсия в ликвидные средства C2275
конверсия в платёжные средства C2289
конверсия государственных займов C2292
конверсия долга C2280
конверсия долговых обязательств в инвестиции C2278
конверсия долговых требований в активы C2276
конверсия займа C2284
конверсия краткосрочных ссуд C2279
конверсия облигаций C2290
конверсия обязательств в активы C2281
конвертированная акция A428
конвертировать C2317, T1137
конвертировать во франки F912
конвертировать заём E609
конвертировать облигации O161

конвертировать ценные бумаги V200
конвертируемая акция А427
конвертируемая валюта D1062
конвертируемая государственная ценная бумага R1245
конвертируемая облигация O53, O65
конвертируемая привилегированная акция А505
конвертируемая ценная бумага T696, V81
конвертируемость C2295
конвертируемость авуаров C2296
конвертируемость валюты C2308
конвертируемые облигации с плавающей ставкой N349
конвертируемый C2316, C2319
конвертируемый депозит D658
конвертируемый долг D960
конвертируемый заём E635
конвертируемый франк F918
конкурент C1345, C1756
конкурентоспособность C1348, P1385
конкурентоспособный C1346, C1757
конкуренция C1347, C1736
конкурировать C1740, C1742, C1754
конкурирующий C1755, C1757
коносамент C1863
консалтинговая компания S494
консоли C1912
консолидированная государственная ценная бумага R1244
консолидированная задолженность E861
консолидированная запись А1357
консолидированная прибыль B271, R1758
консолидированная процентная облигация O92
консолидированное обязательство O51
консолидированный C1910, C3441
консолидированный баланс B47, B335, B339
консолидированный долг D958, F671
консолидированный заём E633
консолидированный капитал C199
консолидированный коэффициент капитала R160
консолидированный кредит P1807
консолидированный оборот C851
консолидированный отчёт E1453
консолидированный счёт C1541
консолидировать C1911
консолидирующий кредит P1806
консорциальная гарантия G80
консорциальное страхование А1455
консорциальные банковские кредиты P1940
консорциальные кредиты P1950, P1973
консорциальный C1914
консорциальный банковский кредит C3181, C3184
консорциальный кредит А721, C3193, C3214, C3327, P361, P1866
консорциум C1915, P1241, P1243, P1245
консорциум андеррайтеров C1918
консорциум по предоставлению ссуды C1919
консорциумы по предоставлению международных синдицированных займов C1920
консультант C1865, C1881, C1942, P1762, S970
консультативный C1943
консультация C1865, C1944
консультироваться C1948
контактная группа G297
контокоррент C1544
контокоррентный кредит C3205
контокоррентный счёт C1544
контора B573, C1, E1480, O252
конторский служащий C1184, E594, G122, G123
контрагент C1965, C2129
контракт C1992, M166
контрактант C1965
контракт «кэп» C142
контракт МАТИФ C2078
контракт на основе гарантийного депозита у брокера C2077
контракт на основе ноционного займа C2047
контракт на основе ставки ПИБОР на3 месяца C2087
контракт на основе условного займа C2047
контрактная система сбережений E1150
контрактная цена C2618, P2190
контракт своп C2042
контракт с твёрдой ценой F709
контракт с фиксированной ценой C2053
контракт форвард-форвард T567
контракты «кэп» и «флор» C2112
контрзапись А1359, А1363
контролёр C2236, V473
контролировать C2186, C2235, M44, S1269, T1322
контролируемый C2165
контроль C2166, E600, I497, M40, R740, S1254, S1256, S1270, S1398, T1321, V482
контрольная выверка банковского счёта R126
контрольная сумма T923
контрольные цифры C866
контрольный орган O260
контрольный пакет акций B409, P238
контрольный счёт C1537, C1591
контроль со стороны мажоритарного акционера C2219
контроль со стороны миноритарных акционеров C2220
контроль со стороны рейтинговых агентств C2192
контрсчёт C1542, J117
конфиденциальная информация C1295, I402, T1326

конфиденциально С1822
конфиденциальность С1817
конфиденциальный С1820
конфиденциальный идентификационный номер N379, N383
конфискация залога С1832
концентрация С1690
концерн К2
концессионер С1700
концессия С1698
конъюнктура С1021, С1025, С1363, С1844
конъюнктура биржи С1365
конъюнктура рынка С1370, Е1462, Т485
конъюнктурный С1861
кооператив С2328
кооперативный банк В94, S498
кооперативный кредит С3216
координация банковского законодательства С2333
копия С2339, D1531, D1633, Е1654
копия векселя С2345
копия чека D1532
корешок облигации Т38
корешок чека S818, Т40
корзина А1392, С2352, Р168, R1970
корзина валют М1092, Р172, Р176
корзина СДР Р173
корзина финансовых активов Р171
корзина ЭКЮ С1053, Е220, Р174
королевское право D1601
короткая позиция D244, Р1365, Р1387, Р1393, Р1433
короткая позиция банка по данной валюте Р1392
короткая позиция по опциону на покупку Р1437
короткая позиция по опциону на продажу Р1438
короткая позиция по ценным бумагам V224
короткая продажа М241, V415
короткий банковский цикл С3444
короткий срок Е82, Т555
корпоративный налог I116, I146
корпорация S447
корректировать А168, А654, А875, С2377, R58, R212, R219, R248, R839
корректировка А648, А863, А932, С2361, М757, R52, R206, R213, R241, R387, R832
корректировка валютного курса А865, А933, С2363, С2365
корректировка валютного курса в сторону понижения С2362
корректировка в сторону повышения А868, R54
корректировка в сторону понижения А864, R53
корректировка паритетов R217
корректировка процентных ставок R247
корректировка страховой премии R91
корректировочная сумма S819

корректируемый А862
корректирующая запись Е203
корректирующая статья А1365
корреспондентский счёт С1501, С1543, С1596
корреспондентское соглашение А147
косвенная котировка С2415, С2467
косвенное комиссионное вознаграждение С1249
косвенное налогообложение F363
косвенное участие Р367
косвенные затраты С702, С2856
косвенные издержки С702
косвенные кредитные ограничения R1719
косвенный иск А460, А482
косвенный налог С2163, Т374
«котельная» С714
котировать С2388, С2391, С2481
котировать в национальной валюте С2483
котировать как курс продавца Р2273
котировать контракт С1997
котировать курс С2560, С2569, С2574
котировать по паритету С2484
котировать по твёрдо установленному курсу С2482
котировать с премией Р2015
котировать с равным спредом S1045
котироваться на бирже В510
котироваться на понижение В23
котироваться с дисконтом Р726
котировать фиксированный курс С505
котировать ценную бумагу Т679
котировать цену Р2169
котировка С2383, С2450, R87
котировка акций С2392
котировка валютного опциона С2419
котировка валюты С2458
котировка в процентах С2422
котировка курсов С2402, С2462
котировка не обращающихся на бирже акций С2456
котировка облигации С2417
котировка опциона на ценные бумаги С2420
котировка отдельной ценной бумаги С2436, С2438
котировка при закрытии С2459
котировка процентного свопа С2432
котировка путём сопоставления заявок С2418
котировка свопа С2431
котировка спот С2399
котировка с премией С2424
котировка фиксинга С2411
котировка форвард С2435
котировка ценной бумаги на бирже С2590
котировочная стоимость V82
котировочная строка L204
котировочный бюллетень ценных бумаг С2477
котировочный день J112

котировочный лист L399
котировочный экран E172
котировщик C2485
котировщик цены F393
котируемая валюта D1049
котируемая разница между курсом спот и форвард P1102
котируемые финансовые инструменты P2415
котируемый C2382
котируемый курс C2621
котируемый опцион O649
котирующаяся акция A429, A463
котирующиеся ценные бумаги V220
коэффициент C1068, R93, R156, R886, T65
«к получению» V102, V170, V176
крайний срок D42, T557, T566
краткий период P636
краткосрочная аренда B12
краткосрочная ссуда A1270, A1561, A1576, A1581, A1585, C3190, E638, P1810
краткосрочная тратта T991
краткосрочная финансовая помощь S960
краткосрочная ценная бумага P189
краткосрочное инвестирование P836
краткосрочное кредитование C1729 F20
краткосрочное финансирование F265 R231
краткосрочные гарантии C454
краткосрочные инструменты I599, P2405
краткосрочные облигации N347
краткосрочные облигации с плавающей ставкой N348
краткосрочные обязательства C3013, E957, E1686, P429, P432
краткосрочные ценные бумаги N347, P227, P232, T820, T822
краткосрочные эмиссии E556
краткосрочный E73, T541
краткосрочный банковский кредит D244
краткосрочный банковский рынок M188
краткосрочный валютный своп S1435, S1458
краткосрочный вексель B363, B430, E272, P199
краткосрочный долг D962
краткосрочный контракт C2035
краткосрочный кредит C3217, C3261, C3264, C3301, C3303, C3305, C3310, C3322, C3332, C3335
краткосрочный лизинг L22
краткосрочный льготный кредит C1720 C1728
краткосрочный овердрафт D262
краткосрочный опцион O644
крах D65, D226, E380, K3
крах биржевого рынка E385
крах международной банковской системы E389
крах системы фиксированных паритетов E390
кредит A1639, C3111, F8
кредит без обеспечения C3186, C3223

кредит в иностранной валюте C3225
кредит в налично-денежной форме C3336
кредит в форме банковской гарантии C3235
кредит в форме переучёта векселей C3278, C3308
кредит в форме учёта C3239
кредит до востребования C3293, C3298, C3311, C3339, C3341
кредит импортёру C3167, C3258
кредит казначейства P1906
кредит любой срочности C3331
кредит на жилищное строительство C3254, C3272
кредит на льготных условиях C1716
кредит на основе переуступки требования C3196
кредит на покупку C3165
кредит на приобретение оборудования C3238
кредит на рефинансирование C3309
кредит на сезонные работы C3192, C3320
кредит на строительство C3215
кредитная дефляция D374
кредитная доля T1061
кредитная заявка D504, D507, D509, D525
кредитная инфляция I359, I363
кредитная карточка C362
кредитная карточка «Америкэн Экспресс» C357
кредитная карточка «Еврокард» C367
кредитная касса C39
кредитная линия A1528, C3189, C3334, L201, L209, M472
кредитная линия «стэнд-бай» L216, L226
кредитная рестрикция C1968, L244
кредитная транша T1061
кредит, не подлежащий рефинансированию C3246
«кредитник» A792, A800, C680
кредитное досье D1522
кредитное обращение C910
кредитное поручительство G84
кредитное соглашение A148, A150, C2036, C2046, C2088, C2250, C2264, E1007, P2669
кредитное товарищество C2330
кредитное учреждение E1364, E1369, O875, O891
кредитно-расчётная операция O391
кредит-нота A1618, N338, N341
кредитные деньги M1025, M1055, M1062, M1094
кредитный анализ A993
кредитный банк B98 C3342
кредитный бум E463
кредитный голод P579
кредитный документ T698
кредитный инструмент F8, I577
кредитный лимит C3189, C3334, L258, L262, M461, P944, P946

кредитный рейтинг С2475, R150
кредитный риск R2005
кредитный рынок М240
кредитование А608, С1699, С3089, С3362,
  Е927, Е938, F22, F257, F269, F314, Р1780,
  Р1929
кредитование на льготных условиях F33, F42,
  Р1945, Р1947
кредитование на рыночных условиях Р1946
кредитование под залог счетов к получению
  F267
кредитование под обеспечение активами
  компании F303
кредитование по клирингу А1592
кредитование по овердрафту Р1814
кредитовать А885, С3140, С3147, С3149,
  С3352, F315, F330, F650
кредитовая запись В490 Р1490
кредитовая колонка С1122
кредитовая проводка Е194, Е200, Р1490
кредитовое авизо А1618, В490, N338, N341
кредитовое сальдо Е1605, S654
кредитовое сальдо по счетам в банках В194
кредитовое сальдо по счёту S655
кредитовый С3353
кредитовый рейтинг С2461, С2463
кредитор В16, С3045, С3354, Р411, Р1321,
  Р1915, Р1917, Т902
кредитор банкрота С3053
кредитор кредитора С3070
кредитор по векселю С3048, С3057
кредитор под залог Р1921, Р1923
кредитор по договору поручительства G56
кредитор по займу С3066
кредитор по закладной С3056
кредитор по ипотеке С3056, Р1922
кредитор по клирингу С3356
кредитор по облигациям С3062
кредитор по однодневной ссуде Р1916
кредитор последней инстанции Р1918
кредитор по торговым сделкам С3050
кредитор при переводе долга D463
кредиторская задолженность С1679
кредиторские проценты I753, I761, I778
кредиторский С3353
кредитор с полностью обеспеченными
  требованиями С3065
кредитор с правом обращения взыскания на
  собственность должника С3052
кредитоспособность С151, С3111, S721, S1086
кредитоспособность банка S722
кредитоспособность заёмщика С3234
кредитоспособность клиента С3200
кредитоспособность подписчика S727
кредитоспособность эмитента S1088
кредитоспособный S728

кредит под залог С3194, С3248, С3283
кредит под залог недвижимости С3245, С3257,
  С3307
кредит под обеспечение С3219, С3250
кредит под ценные бумаги С3196, С3330
кредит по клирингу С3199
кредит по льготной ставке С3211
кредит по открытому счёту С3294
кредит по пересмотренной в сторону
  понижения ставке Р1882
кредит по рыночной ставке С3212
кредит пособия Р1780
кредит поставщику С3247
кредит по счёту «ностро» А1641
кредит по текущему счёту А1562, С3205
кредит с единовременным погашением всей
  суммы С3321
кредит с истекшим сроком С3232
кредит с недостаточно высоким процентом
  С3288
кредит с пересматриваемой ставкой Р1899
кредит с погашением в рассрочку С3166, С3329
кредит экспортёру С3242, С3340
кривая С2544
кривая доходности С2553, Н92
кривая затрат С2548
кривая инфляции Р575
кривая предложения С2552
кривая прибыли С2547
кривая спроса С2549
кривая стоимости С2548
кризис С3394, D1660, К3, Т937
кроссирование чека В217
кроссированный вексель В365
кроссированный чек С769, С782
кроссировать В220
круглая сумма S784
круглосуточные операции О562
кругооборот капитала С906
крупная купюра С2534
кулиса С2489
кумулятивный С3440
купленный опцион О623
купля-продажа валюты О456
купля-продажа иностранной валюты С1170
купля-продажа наличной валюты С1171
купля-продажа с отсрочкой платежа V452
купля-продажа ценных бумаг А258
купля-продажа ценных бумаг по месту
  нахождения клиента D544, D545
купон С2496
купон на получение дивиденда С2513
купон на предъявителя С2520
купон на промежуточный процент С2517
купонная книжка L444
купонная ставка Т131

купонные платежи E113
купонный лист F154
купонный реестр B488
купчая A351
купюра C2533
курс C2383, C2450, C2556, P2164
курс акции C2586
курс биржи C2664
курс валют по сделкам спот C2603, C2629
курс валют по срочным сделкам C2610
курс вторичного рынка на бирже C2666
курс выпуска ценных бумаг на биржу P2224
курс дня C2656, C2695, C641
курс доллара к франку R98
курс доллара к франку в Париже P2202
курс доллара против франка C2408
курс инкассирования C2640
курс иностранной валюты C630
курс интервенции T152
курс конверсии P2191, T130
курс МАТИФ C2667
курс на закрытие биржи C2625
курс на открытие биржи C2683, C2692
курс обмена облигации C2620
курсовая потеря P731, P735
курсовая премия P2187
курсовая прибыль B249, B251, P1030
курсовая разница D142, D1086, D1088, D1110, E13
курсовая скидка C2624
курсовая таблица T3, T17
курсовой бюллетень B566, C2450, C2479
курсовой перекос A1464
курсовой разрыв при ревальвации E33
курс операций по депорту C2624, T148
курсор цены C3442
курс по кассовым сделкам P2189
курс покупателя C2584, T102
курс покупателя и продавца T69
курс покупки C2583
курс по сделкам спот P2189
курс по срочным сделкам C2706
курс продавца C2712
курс расчётов на бирже C2613
курс спот C2603, C2615, C2630, C2701
курс спроса C2715
курс срочной сделки C2663, P1104
курс форвард C2610
курс ценной бумаги при эмиссии P2204
курс эмиссии ценных бумаг T157
куртаж B551, C2730
«кэп» C142, G119
кэш флоу C148, C388, N134

лаж A817, S1332
лаж на золото P2063

лаж на золотые слитки P2056
легализировать L31
легальный L30
легкореализуемые активы A369, A375, A377, A381, L353, V231, V265
легкореализуемый L324
легкорефинансируемый банковский кредит C3277
либерализация L141, L149
ЛИБИД L184
ЛИБОР L185, T201, T252
лизинг B14, C3349, L21, L484, P1910
лизинг недвижимости C3351
лизинговая дочерняя компания F229
лизинговая компания B578, C1307, C1312, E1053, E1366, S345, S504, S548
лизинговая ставка T250
лизинговое финансирование F262
лизинговые платежи L556
лизинг с возможностью выкупа L486
ликвидатор L303
ликвидатор имущества несостоятельного должника L304
ликвидатор компании L306
ликвидационная сессия S89
ликвидационная стоимость V65, V114, V134, V175, V178, V184
ликвидационный день D43 E70 E97 J67 J86 L307
ликвидационный день по контракту D44
ликвидационный день по срочным сделкам J69
ликвидационный дивиденд B456
ликвидированная компания S508
ликвидировать A1230, L327, S1316
ликвидируемая компания S507
ликвидная покупательная способность P1558
ликвидность D1248, L328
ликвидные авуары A1672
ликвидные активы A369, A375, A377, A381, A1659, C229, F676, V231
ликвидные средства C323, D1256, D1279, D1282, L328, L353, M1329, R1670, T1251
ликвидный L324
лимит L250, P939, P1012
лимит банковских гарантий L260
лимит-заказ O766, O783, O800
лимит-заказ на продажу O825
лимитированный L273
лимитированный курс C2660
лимитировать L274
лимит кредитования L259
лимитная цена C2659, P2238
лимитное поручение O766, O783, O800
лимит переучёта P958
лимит по взаимному овердрафту M475
лимит подписи P978

лимит расходов L263, P949
лимит рефинансирования P959
лимит учёта P956
лимит эмиссии банкнот P952
линейный график G272
Лионский кредит C3346
листинг I470, I475, I477, I897, I900, L413
листинг ценных бумаг на втором рынке I484
листинг ценных бумаг одновременно на нескольких биржах I480
ЛИФФЕ L196, L521, M425
лицевой счёт C1614
лицензия P685
личная гарантия C422, G105, S1356
личная материальная ответственность R1600
личная подпись S390
личная ссуда P1868
личное банкротство F99
личное поручительство C443
личные сбережения E1164, E1170, E1179, E1185
личный идентификационный номер N379, N383
личный код для кредитной карточки C1059
личный контроль C2225
личный налог I139
личный поручитель C422
личный счёт C1556, C1615, C1627
«ловушка ликвидности» T1234
ложная запись E197
локальная инфляция I362
ломбард L518, M1244
ломбардная ссуда E667, P1851
ломбардная ставка T92, T254
ломбардный кредит C3273
Лондонская межбанковская ставка предложения L185, T201, T252
Лондонская межбанковская ставка спроса L184
Лондонская международная биржа финансовых фьючерсов L196, L521, M425
Лондонская фондовая биржа B540, L522
Лондонский рынок золота L520
лоро L527
лот L528, Q111, T1053
лот акций L530
лотерея L535
луидор L540
льгота B237, B457, D1241, P2147
льготная отсрочка платежа J62, J65
льготная процентная ставка B459, T216
льготная ссуда P1799, P1808, P1895
льготная ставка T94, T104, T180
льготный C2270, P2162
льготный кредит C1716, C3177, C3304, P1872
льготный налоговый режим R619
льготный период D442, P652 ,T558
льготный режим T1035
льготный срок D430

льготы A938, A1596, B269, F22
лэп-топ O739
Люксембургская межбанковская ставка предложения L567
ЛЮКСИБОР L567

магнитная карточка C369, C373
мажоритарная группа G308
мажоритарное голосование V682
мажоритарное участие P364, P368, P376
мажоритарный акционер A543, A549
маклер M70
малоподвижный рынок M277
манипулирование акциями M123
манипулировать M137
манипуляции M132, M139
маржа D670, D1079, M451, M479, S1044, V630
маржинальная стоимость V137
маржинальный M513
маржинальный счёт C1607
марка M515
маркетинг C1178, M518, M639
маркет-мейкер C2145, S475, T507
маркет-мейкинг C2129, O485
материальные активы A368, A376, A383, E440, I27, I30, V244, V276
материальный T43
материальный ущерб P1638
материнская компания C1313, C1316, S509, S550, S571
материнская холдинговая компания S534
МАТИФ M402, M406, M429, M550
машина для сортировки M10
МБРР B183
МВФ F640
«медведь» B42, J41, O314, O923, S1000, T943
«медвежий» спред E8, O416
«медвежий» спред колл E9
медианная ставка T268
медио L319, M597
межбанковский I663
межбанковский счёт C1501, C1543, C1596
межбанковское финансирование F284
Международная ассоциация валютных дилеров A1412
Международная ассоциация комиссий по ценным бумагам O867
международная карточка «Виза» C
международная кредитная карточка C356
международная платёжная система S1582
международная расчётная единица U45
международная система перевода средств S1583
международная торгово-валютная система S1594
Международная фондовая биржа B541

международная ценная бумага V128
международное платёжное поручение M91, M94
международное регулирование валютных курсов R758
международное рейтинговое агентство по ценным бумагам A774
международный банковский кредит C3206, C3252
Международный банк реконструкции и развития B183
Международный валютный рынок M426
Международный валютный фонд F640
международный денежный знак S403
международный денежный рынок M319
международный заём E660
международный запас монетного золота S1171
Международный инвестиционный банк B182
международный лизинг L24
Международный союз страхователей кредитов U32
международный статус валюты S1118
международный финансовый союз U37
Межпрофессиональная клиринговая палата ценных бумаг S346, S602
межфилиальный клиринг C1333
межфилиальный счёт C1599
межфирменный кредит C3243, C3262
мелкая купюра C2535
мелкая пошлина T371
мелкая разменная монета B400, M979, M1009, M1046, M1058
мелкий инвестиционный фонд S342
мелкий инвестор R1260
мена E42
менеджер C14, C678, C716, G151, G224, M80, R1608
менеджмент M74
меновая стоимость V97
меньшинство с возможностью вето M727
меняла C663
меняльная контора O253, O257
менять C659
мера M648
мера стоимости E1431, I586, M650
меры защиты в случае неплатежа R355
меры защиты при отказе от акцепта R354
местная валюта M1043
местный банк B110, B137
местный валютный курс C646
местный вексель E327, P219
местный чек C813, C822
месяц истечения срока M934
месячная тратта T1019
месячное сальдо S670
месячный бухгалтерский отчёт S430

месячный отчёт R112
металлическая монета P797
металлический паритет P155, P157
металлическое покрытие банкнот C2897
метод F772, M663, M852, P2292, T389
метод «каналов» M665
меченые банкноты B398
мёртвая точка при хеджировании P1082
«мидл-офис» M695
микропроцессорная карточка C366, C370, C375
мини-валютная система M718
мини-девальвация M710
«мини-змея» M717
минимальная ставка T281
минимальная стоимость V141
минимальная цена P2240
«Минитель» M719
миноритарная акция A469
миноритарный акционер A550
Мировой банк B184
мировой валютный запас S1167
мировой индекс I289
«младшая» акция A534
«младшая» голосующая акция A448
«младшая» облигация O64
«младшая» ценная бумага T753
«младшие» долговые требования C3040
МНК F339
многовалютная оговорка C957
многовалютный M1338
многовалютный стандарт E1418
«многоголосая» акция A446, A539
Многостороннее инвестиционно-гарантийное агентство A781
многосторонний клиринг C1336, C983
многоцелевая кредитная карточка C364
многоцелевой инструмент I596
множественное голосование V683
множественное поручительство C439
множественное право голоса D1613
множественность котировки D1625
мобилизационный вексель E312
мобилизация денежных средств M806
мобилизация иностранной валюты M807
мобилизованный капитал C232
молчаливое согласие E942
молчаливое соглашение C2266
молчаливый акцепт A110
МОНЕП M428, M950
монета M956, P789, P798
монетаризм M953
монетарная функция золота F519
монетарный M951
монета-эталон M1011, M1019, M1040
Монетный двор M1089
монетчик M1109

монополизировать A63, T1316
мораторий M1250
моратoрный процент I730
мультивалютная кредитная линия L222
мультивалютная система S1604
мультивалютная ссуда P1856
мультипликатор M1347
мультипликация M1352
муниципальный кредит C3281
муниципальный налоговый инспектор R310
мягкая валюта D1063

набавлять цену E806, E808, E817, E824
набежавшие проценты I760, I762
наблюдаемая волатильность V637, V643
набор C1385, C2352, E993, E1568, P161, P168, P186
наводнять ликвидными средствами L370
на выгодных условиях C1761
навязывать условия C1766
надбавка за репортные сделки C2698
надбавка к официальному курсу P2036
надбавка к ставке по вкладам M496
надбавка к цене E805, M45, M451, P2013, R1351, S1347
надёжная ценная бумага V163, V168, V193
надзор C2166, S1270, S1398, T1321
надлежащее исполнение E1637, E1650
надлежащий R1427
наднациональные нормы R769
надпись «приказу» C961
надстрочная поправка S1325
наём L538
назначать посредника I800
назначать сумму M1148
назначать цену C2481, P2169
наивысший курс C2473
наилучший курс C2669
наименьшая цена C2670
наименьший курс C2670
«на инкассо» V102, V170, V176
накануне истечения срока V360
накануне при закрытии биржи V359
«на клиринг» C1339
накопление A209
накопленный C3441
накопленный дивиденд D1378
налагать вето V569
налагать штраф A942
на лицевой стороне векселя R394
наличие плавающих валют E1695
наличие средств на счёте P2679
наличная сделка M227
наличная сумма S762
налично-денежное обращение C912

наличность E761, F700, L325, L353, T1251
наличный C1447, D1281, L324
наличный капитал C206, C231, D1269
налог C667, C2157, I77, I95, I137, I142, P1640, T354
налог на добавленную стоимость T381
налоговая администрация F341
налоговая гавань R585
налоговая декларация D187, D193, F155
налоговая дискриминация D1226
налоговая защита P2642
налоговая инспекция B580, P592
налоговая льгота C3259, P2159
налоговая недоимка A1337
налоговая «открытость» T1223
налоговая премия P2048
налоговая проверка V496
налоговая регистрация E988
налоговая реформа R579
налоговая система F350, S1556
налоговая скидка A25, A1643, D234, D293
налоговая стратегия S1184
налоговое бремя C671, F119, P1060, P1231, P1233, P1756
налоговое законодательство D1580, J118, L43, L510, L512
налоговое извещение A1605, A1624
налоговый F343
налоговый агент A795
налоговый инспектор C2237, I494, I496, P590, R307, R309, R1291
налоговый контроль C2213
«налоговый рай» P244
налоговый реестр R2093
налоговый сертификат C533
налоговый штраф A945
налоговый эксперт E1728, F349
налогообложение F345, F350, I77, T342
налогоплательщик C2154
наложение ареста на бухгалтерские книги S11
наложение ареста на движимое имущество S14
на менее выгодных условиях C1762
наниматель R386
на оборотной стороне векселя D1517
на оборотной стороне чека V565
наполеондор N25
на предъявителя P472, P1308
нарицательный N197
народный банк B149
нарушать закон L499
нарушать нормативные акты R743
нарушать правила R695, R796, R801
нарушение D784, I436, M156, R2134, V576
НАСДАК N26
наследование S1230
наследование депозита S1232

наследование облигаций S1235
на следующих условиях С1763
на срок T546
наступление на франк A1471
на сумму S736
насыщать рынок M173
находящийся в обращении С902
Национальная ассоциация аудиторов O831
национальная валюта M1048
национальная лотерея L536
национальная налоговая система F366
Национальная палата финансовых консультантов и экспертов С612
Национальная федерация сельскохозяйственных банков F132
национальные сбережения E1149, E1153, E1174
Национальный банк сельскохозяйственного кредита С61
начисленные платежи P132
начисляемый I157
начислять на I167
НДС T381
неактивный рынок M274, M297, M320, M356, M368, M388
неактивный счёт С1593, С1611
неакцепт D314
неакцептованная тратта T1010, T1016
неакцептованный N206
неакцептованный вексель E315
неакционер N209
небанковский оборот T955
невзысканный платёж I43
невозвратный I1036
невозместимый I1036
невозмещаемый N283
невостребованный N217, N281
невыгодный курс С626
невыдача N242
невыкупаемый I1035, N215
невыплаченный дивиденд D1408, D1410
не выплачивать дивиденд D1372
невыполнение D313, D315, I334, M156, N207, N293
невыполненный N255
невычитаемый N241
не выше... С1738
невыявленный L20
негарантированный G67, N254
«негативная» картотека F192
негибкий I379
негоциация N81
негоциация векселя N95
негоциация тратты N98
негоциировать вексель E246
недатированный N240

недвижимое имущество B317, B322, С221, E362, I20, P453
недвижимость B317, B322, С221, E362, I20, P2609, V122
недействительный С23, I919, N220, N363, P621
недействующий I467
не декларировать доходы R1906
неделимый I315
неденежные активы A404
неденежный капитал С240
недоверие к американскому доллару M599
недоверие к бумажным деньгам M601
недоверие к доллару D324
недоверие к рынку M600
недоверие рынка D327
недокументированный вексель T1008
недомицилированная тратта T1011
недооценивать M723, S928, S930
недооценка M722, S927, S929
недоплачивать S945
недостаток A44, D313, D329, I626, M142, M144, P576, R134, R140
недостаточность F68, I626
независимость Центрального банка I35
независимый аудит С2211
независимый аудитор E1730, V479
независимый эксперт E1725
незаконная валютная операция O364
незаконно I6
незаконность I921
незаконный I5
незарегистрированный банк B143
не зарегистрированный на бирже N259
незастрахованность N238
незастрахованный N219
неизменная корзина P175
неизменность учётной ставки I33
неизменный паритет P273
неизменяемый I922
неизменяющийся I922
не иметь валютной позиции P1373
не иметь открытых позиций S1060
не имеющий «внутренней» стоимости H124
не имеющий силы N220
не имеющийся в наличии I309, N246
не имеющийся в распоряжении N246
не имеющий ценности V34
неинвестированные сбережения E1178, E1189
неиндексированный кредит P1859
неисполнение опциона N253
не исполнять совсем O840
неиспользуемый I329
неисправный должник D87, D94
неисправный плательщик P495
не истекший N251
неисчислимый I174

некассовая статья P1487, P1496
некассовые расходы F856
некоммерсант P400
неконвертируемая валюта D1050, D1063, M1034, M1049
неконвертируемый I206, N235
неконсолидированный I200
неконтролируемый I201
некотируемый I212, N236
некотирующаяся акция A475
некотирующийся N259
некроссированный чек C800
некумулятивная акция A440
некумулятивный дивиденд D1406
неликвидность A49, I10, N264
неликвидный I9, I31, N263
нелимитированное поручение O761, O764, O770, O779, O786, O805
нелимитированный кредит C3286
немажоритарное участие P372
нематериальная форма F753
нематериальные активы A372, A374, F583, I29, V238
нематериальный I210, I642
немедленная выплата D131
немедленная оплата V528
немедленная прибыль P2472
немедленное покрытие C2906
немедленное получение прибыли P2140
немедленное финансирование F282
немедленно исполнять опцион O601
немедленный доход от акции R1098
немедленный перевод R1043
немедленный платёж P76
немедленный расчёт R725, R726
неместный чек C812, C821
не могущий быть использованным I309
ненадлежащее исполнение E1641, E1645
ненакапливаемый N239
неналоговые поступления R299, R1677
необеспеченная облигация O45, O107
необеспеченная ссуда A1574, E639, E674, P1833
необеспеченный C869, G67, N254
необеспеченный депозит D683
необеспеченный кредит C3186, C3223, C3306
необеспеченный чек C795
необлагаемый минимум дохода по облигациям A26
необлагаемый минимум доходов M715
не облагаемый налогом N256
необлигационный заём E675
необратимая валюта M1034, M1049
необратимость I203, N294
необратимость банкнот I204
необратимость доллара в золото N234
необратимый I206, N235

необращаемость опционов N268
необращающаяся облигация O108
необращающаяся ценная бумага T731
необращающиеся казначейские векселя B474
необращающийся N269
необращающийся вексель B371
необусловленный акцепт A100, A108, A98
необъявленный дивиденд D1407, D1412
неограниченная гарантия G92
неограниченная кредитная линия L221
неограниченная обратимость валют T1131
неограниченный A52, I8, R1705
неоплаченная акция A478
неоплаченная тратта T1005
неоплаченное требование C2975
неоплаченные долги E119
неоплаченные счета C1680
неоплаченный I42, I169, N208, N255, N262, N277
неоплаченный акционерный капитал C236, C239, C241
неоплаченный баланс S667
неоплаченный вексель E302, E336, E338, E340, I43
неоплаченный долг D975
неоплаченный счёт C1511, I43
неоплаченный чек C797
неоплачиваемая акция A443, A458
неопределённый срок D35
неопротестованный вексель E320
несостоятельность D301
неосязаемый актив E427
неотделяемый варрант B451
неоторванный купон C2508
неофициальный рынок M224, M299, M323, M355
неоценимый I333
неперевод N301
непереводимый I893, I895
непередаваемый I179, I893, I895, N225
непереучитываемый вексель E317
неплатёж D319, N272
неплатёжеспособность C338, C564, D226, I488
неплатёжеспособный D306, F78, I492
неплательщик P406
непогашаемый I1040, N215, N285
непогашаемый заём E676
непогашенный заём E508, E672
неподвижные деньги A1298, A1302
не подлежащий выкупу I1035, I1040, N215
не подлежащий уплате I168
не подлежащий учёту N229
неподписанный N295
неподтверждённый аккредитив A187, C3284, L107
непокрытая короткая позиция P1435

непокрытая продажа опционов V436, V448
непокрытая сумма M1168
непокрытый овердрафт D258
непокрытый опцион O637, O657
непокрытый опцион покупателя O612
непокрытый опцион продавца O672
непокрытый остаток на счёте D244
непокрытый риск R2034
непокрытый чек C783, C820
неполный лот L531, L533
неполный лот ценных бумаг R2099
неполученная прибыль P729
непостоянный эмитент E487
неправильная котировка C2414
непредвиденные расходы C693, C2853
непрерывная котировка C2400, C2410, C2413, N51
неприемлемый N204
неприемлемый для переучёта N222
неприемлемый для учёта I331
непризнание долга N282
непринятие F248, N205
непринятый N206
непроверенный I202
непродление срока действия N288
непросроченный N251, N278
непрямой учёт E1305
непрямые риски R2077
непубликуемый курс C2456
нераспределённая акция A474, A530
нераспределённая прибыль B275, B277, P2492, S643
нерасторжение N243
нереализованная прибыль P1051, P2475
нереализуемый N267
нерегулируемая ставка T272
нерегулируемый рынок M325
нерезидент N292
нерентабельность A51, I324
нерентабельный N289
нерепатриированная прибыль B276
нерыночный риск R2020
несбалансированность платёжного баланса D817, D820
несекьюритизованные кредиты C3376
несиндицированный банковский кредит C3183
несоблюдение условий контракта I466
несолидарное поручительство C441, C447
несостоятельный D306, F78
нестабильность I501, V302
нестабильный I507
нести валютный риск R1994
нести расходы E976, F846
нести риск R1972, R1976
нетаксированный полис P1120
«неттинг» C480, C1335, N128

нетто N125
нетто-авуары A1674
нетто-активы A378, S432
нетто-взносы A1184
нетто-внутренние инвестиции I962
нетто-выручка R282
нетто-дивиденд D1405
нетто-доходность R1153, R1163
нетто-заёмные резервы R1522
нетто-закупки иностранной валюты A322
нетто-закупки иностранных облигаций A323
нетто-кэш флоу A1520, M486
нетто-ликвидность T1273
нетто-наличная позиция T1273
нетто-объём облигационных эмиссий E563
нетто-позиция по ссуде P1415
нетто-процент I721
нетто-скидка R1046
нетто-стоимость активов V39
неуплата N272
неуплаченный A1334, N303
неустойка D277, P547, P561
неустойчивая валюта M1031, M1033, M1036, M1044, M1064
неустойчивый H74, I215, I507, V308, V634
неучаствующая акция A503
неучтённый I332
неформальное гарантийное письмо L47, L51, L116
нефтедоллары P773
нехватка A44, C338, C3385, D244, D313, D329, I306, I626, M142, M144, P576, R134, R140
неходовая акция A459
нецелевая ссуда P1863
НИБОР N130
нивелировать N161
ниже курса C2566
ниже паритета P151
нижеподписавшийся S949
ниже стоимости V20
ниже цены P2165
нижний предел P1012
низкая доходность A51, R1150, R1226, R1231
низкий валютный курс C627
низкий курс C2466, C2595
низкий процент I713
низкий рейтинг R153
низкий спрос D527
низкопробное золото O725
низшая золотая точка P1090
низший паритет P274
НИФ F13
ниша C3381
номинал M1188, M1206, M1225, P146, V113, V152, V161
номинал акций N198

номинал ценных бумаг M1228
номинальная процентная ставка T236
номинальная ставка T129, T179, T271
номинальная ставка процента I722
номинальная стоимость M1188, M1206, M1225, P146, V113, V152, V161
номинальная стоимость акции M1207, V153
номинальная стоимость контракта V154
номинальная стоимость ценной бумаги V155
номинальная цена C2684
номинальное вознаграждение R1102
номинальный N197
номинальный доход R1102, R1900
номинальный капитал C235
номинальный процент I722
норма N309, R674, T65
норма времени V188
норма выплаты дивидендов T153
норма дивиденда N311
норма обязательных резервов T321
норма прибыли M464, M490, T295
норма сбережений T161
нормативная стоимость C2830, C2837
нормативные акты R740
нормативные ограничения C1991
нормативный R739
норма финансовых сбережений T163
нормы бухгалтерского учёта N317
нормы валютного законодательства R819
нормы роста денежных агрегатов N318
носитель информации S1284
носитель прав T903
нотариально заверенное свидетельство T686
нотариально заверенный акт A346
нотификация N351
ноу-хау в области управления наличностью S56
ноциональная основа B233
ноционный N353
ноционный заём E677
ноционный инструмент I587
ноционный капитал C242
ноционный контракт C2079, N354
ночная торговая сессия S92
ночной сейф C1097
нулевая внутренняя стоимость опциона V130
нулевая купонная ставка T132
«нулевая наличность» T1277
нулевое сальдо резервов в Центральном банке N233
нулевой доход G39
нулевой купон C2524
нумератор N388
нумерация банкнот N386
нумерованные акции A589
нумерованные депозиты D731
нумеровать N387

Нью-Йоркская межбанковская ставка предложения N130
Нью-Йоркская фондовая биржа B326, B542, N129, N389, W1

обанкротившийся F78
обанкротиться B190, D227, F91, F94
обеспечение A1215, C2868, G7, G57, G75, G117, N23, S145, S1279, S1354
обеспечение векселя P2689
обеспечение движимым имуществом G98
обеспечение денежной эмиссии S1282
обеспечение займов C444
обеспечение залогом N7
обеспечение личным имуществом G105
обеспечение рынка C2129
обеспечение эмиссии облигаций S1283
обеспеченная облигация O43, O84
обеспеченная ссуда A1570, E651, P1829, P1857
обеспеченное обязательство C2959, O43
обеспеченность A856
обеспеченность денежными средствами A859
обеспеченность финансовыми ресурсами A857
обеспеченный вексель с преимущественным правом требования B369
обеспеченный долг D970
обеспеченный срочный вексель B387
обеспечивать биржевой рынок C2130, C2131
обеспечивать варрантом W4
обеспечивать взыскание за собственный счёт R363
обеспечивать гарантию G61
обеспечивать дивиденд D1362
обеспечивать заём E610
обеспечивать залогом N5
обеспечивать ипотекой H157
обеспечивать ликвидность L332
обеспечивать обязательства E946
обеспечивать переводы T1179
обеспечивать платёжеспособность M459
обеспечивать покрытие C2875
обеспечивать риски R2064
обеспечивать себя залогом N6
обеспечивать ссуду P1788
обесценение D749, D1011, E1244, M925, P752
обесцененный D763
обесценивать D764, D1017
обесцениваться A1606, D765
обесценившийся D763
обещание P2554
облагаемая налогом статья баланса E433
облагаемая налогом стоимость V116, V123
облагаемая прибыль P2473, P2496
облагаемая часть дохода Q118
облагаемые налогом финансовые инструменты I604

облагаемый доход P2387, R1891
облагаемым налогом I74, I101, I109, I113, T340, T359
облагать высоким налогом F348, T384
облагать дополнительным налогом S1394
облагать налогом F347, I75, I100, I102, T357, T383
облагать чрезмерно высоким налогом S1394
обладатель кредитной карточки D883
обладатель места на МАТИФ D898
обладатель поручений D630
обладатель прав T903
облигации O157, O190
облигации без купонов O187
облигации «быки и медведи» O205
облигации, вышедшие в тираж O189
облигации с погашенным купоном O182
облигационер O25, P1329, T905
облигационная лотерея T653
облигационный брокер C2775
облигационный долг D979
облигационный заём C3292, E678
облигационный заём с фиксированной ставкой E680
облигационный индекс I240, I292
облигационный капитал C244
облигационный рынок M327, M330, O25
облигационный сертификат C544
облигационный фонд F609
облигация B428, B443, O26, O35, T703, T732, T758
облигация без права досрочного погашения O109
облигация «Бульдог» O41
облигация, в которую конвертируются облигации старого займа O52
облигация в обращении O47
облигация выигрышного займа B437
облигация, выпускаемая при условии регулярного внесения эмитентом определённых сумм в фонд погашения займа O82
облигация, выпущенная организацией государственного сектора O124
облигация, выпущенная организацией частного сектора O62
облигация, выпущенная по номиналу O70
облигация, вышедшая в тираж O143
облигация, дающая право на участие в прибылях компании O116
облигация казначейства C553
облигация, конвертируемая в акцию O54
облигация, конвертируемая в акцию с валютным опционом O55
облигация мелкого номинала O79
облигация на предъявителя B440, O121
облигация, не облагаемая налогом O77

облигация, обеспеченная золотом O113
облигация, обеспеченная ценными бумагами O85
облигация-ориентир O156
облигация по курсу выше номинала O38
облигация по курсу ниже номинала O37, O74
облигация «Самурай» O140
облигация с боном подписки на акции O40
облигация с валютным опционом O112
облигация с варрантом O154
облигация с возможностью продления срока погашения O129, O68
облигация с высоким дисконтом O75
облигация с заранее удержанным процентом B435
облигация с номиналом меньше стандартного O79
облигация с обеспечением O84
облигация с опционом O111
облигация со скользящей ставкой O149
облигация со сложными процентами O95
облигация с особым налоговым режимом O117
облигация с пересматриваемой ставкой O151
облигация с плавающей ставкой O148, O152
облигация с правом досрочного погашения O71, O132, O134
облигация с правом обмена на акцию O44, O66
облигация с премией B441
облигация с премией при погашении O126
облигация с прогрессивной ставкой O150
облигация с растущей процентной ставкой O93
облигация с рейтингом AAA O56, O122
облигация, срок погашения которой наступил O69, O78
облигация с фиксированной ставкой O147
облигация с фиксированным доходом O137
облигация с фиксированным сроком погашения O67
облигация частного сектора O141
облигация «Шоколад» O46
облигация «Янки» O155
обложение налогом A1436, F345, F350
обмен C618, C2273, E42
обмен активами E51
обмен акций E45
обмен акциями E57
обмен банкнот C624
обмен валюты C644
обмен валюты на золото C2283
обмен долговых обязательств на акции E49
обмен долговых требований на акции C2277
обмениваемый E60
обменивать C659, E61, S1459
обменивать банкноты на монеты E1324
обменивать долевое участие в капитале компании на облигации P351

обменивать полученные доллары на другую
    валюту S1460
обменивать свою валюту на иностранную M961
обменивать СДР на валюту D1621
обменивать старые акции на новые A570
обмениваться лотами Q121
обмениваться по паритету P153
обмен краткосрочными обязательствами в
    различной валюте E47
обмен на именные ценные бумаги C2294
обмен на наличные C2285
обменная контора O253, O257
обменная скидка D1217
обменная стоимость доллара V68
обменный курс C2619
обменный курс по кассовым сделкам C2615
обменный паритет P266
обменный пункт валюты B574
обмен облигаций на акции E53
обмен пакетами акций E46
обмен по паритету C645, C2291
обмен участиями E54
обмен ценными бумагами E58
обмен ценных бумаг C2293
обменять одно долговое требование на другое
    C2928
обналиченный E762
обналичивать L371
обнаружить ошибку E1257
обновление M757, M888, R1047
обновлять R1205
обозначение S397, S1465
обозначение акции S1466
обозначение опциона S1467
оборачиваемость активов R2101
оборачиваемость счетов к получению R2103
оборот C889, C903, M1261, M1285, R2100,
    R2112, T953
оборот, включающий налоги C854
оборот долговых требований R2104
оборот за вычетом налогов C853
оборот капитала C891, R2102, R2116
оборот на векселедателя R360
оборот на предшествующего индоссанта R356
оборот на третьи лица R359
оборотная и лицевая сторона V566
оборотная сторона документа V564
оборотная сторона монеты R1928
оборотные активы V234
оборотные средства A366, A384
оборотный C902
оборотный капитал A366, C198, C206, C215,
    F582, F627, V234
оборот средств R2105
оборот средств по счёту M1269
обрабатывать компьютерный вексель L82
обработка M122, T1024

обработка данных D740, T1033
обработка международных межбанковских
    операций T1040
обработка платёжных поручений T1042
образец M884, P1085
образец документа T608
образец подписи S394, S998
образец чека M885
образование C1924, C3079, F728
образовывать внешние авуары A1664
образовывать «валютную змею» S199
обратимость C2295, R1931, T1130
обратимость бумажных денег C2300
обратимость валют T1133
обратимость в золото C2310, C2315, T1134
обратимость облигаций C2309
обратимые сделки O547
обратимый C2316, C2319, R1932
обратимый в наличность M1105
обратимый РУФ F19
обратная запись A1359, A1363, E193, E199
обратная операция O411
обратная покупка R6
обратная сделка O380, O411
обратный метод котировки M680
обратный своп S1436, S1445, S1448, S1453
обращаемость N44
обращаемость депозитных сертификатов N50
обращаемость переводного векселя N49
обращаемость по американскому образцу N48
обращаемость финансовых инструментов N55
обращаемость ценной бумаги N60
обращаемость ЭКЮ N54
обращать в наличность L371
обращать в наличные E1322, M1108
обращать во франки F912
обращаться N123
обращаться за банковскими кредитами C1731
обращаться за ссудой C3129, P1786, P1794
обращаться к поручителям C451
обращающаяся коммерческая бумага I595
обращающаяся ценная бумага T723
обращающееся долговое свидетельство T706
обращающееся складское свидетельство C529
обращающиеся акции A593
обращающиеся долговые свидетельства T825
обращающиеся инструменты финансового
    рынка I617
обращающиеся казначейские векселя B473
обращающиеся краткосрочные ценные бумаги
    T821, T823
обращающиеся кредитные инструменты I601
обращающиеся опционы O709
обращающиеся опционы на акции O710
обращающиеся опционы на ценные бумаги
    O711
обращающиеся ценные бумаги V251

обращающийся C902, N61
обращающийся вексель E313, L78, P197, P214
обращающийся депозитный сертификат C521
обращающийся инвестиционный сертификат C539
обращающийся опцион покупателя O620
обращающийся опцион продавца O681
обращающийся срочный вексель B386
обращающийся срочный контракт C2100
обращающийся срочный фьючерс C2100
обращение A1132, C889, C903, D493, M1261, M1285, R347
обращение банкнот M1287
обращение бумажных денег с принудительным курсом C2650
обращение взыскания на залог P1540
обращение взыскания на имущество S3
обращение за кредитами в банк R352
обращение к индоссанту R353
обращение к финансовому рынку R357
обращение финансовых активов C904
обращение ценных бумаг M1283
обращение чека C892
обращённый чек C780
обслуживание C667, S208
обслуживать S301
обуздывать инфляцию I348, I352
обусловленный C2272
обусловленный индоссамент E887, E899
обусловленный кредит P1804, P1850
обусловливать C1800, S1157
обусловливать в договоре C2011
обходить валютный контроль C2174
обходить закон L500, L502
обходить налоговое законодательство F342
обходить нормативные акты R741
общая сумма C857, E829, M1145, M1159, M1190, M1223, S785, T926
общество C1303, S447
общество взаимного кредита S503
общество взаимного поручительства S487
общество взаимного страхования M1367, S470
общество взаимной гарантии C2329
общество взаимопомощи S556
«общество-вывеска» M160
общество по кредитованию жилищного строительства S502
общество с ограниченной ответственностью S577
Общие условия Ассоциации французских банков C1797
общий G245
общий счёт C1555, C1594, C1601, C1623
общий фонд F601
объединение A1405, C1042, G317, I648, M733, P1241, R1851, S1470, U27, U31

Объединение парижских банков U33
Объединение региональных банков U34
объект A1392, O12
объект кредитования O17
объект налогообложения A1397, C616, O18
объект финансирования O17
объём I55, M520, V649
объём акций компании, которые могут свободно поступать на рынок F432
объём бон казначейства в обращении E832
объём в долларовом выражении V93
объём вывоза банкнот Банка Франции E1750
объявление A1044, D178
объявление банкротом M750
объявление закрытых торгов A1149
объявление открытых торгов A1148
объявленная прибыль B252
объявленная стоимость V89
объявленное банкротство F97
объявленные активы E442
объявленные заимствования T657
объявленные резервы R1508
объявленный валютный курс T115
объявленный дивиденд D1389
объявленный купон C2506
объявляемый купон C2510
объявлять банкротом F87, F92
обыкновенная акция A483, A489, A499, A526
обыкновенная «безголосая» акция A484
обычаи Банка Франции U77
обычная акция без номинала A486
обычная котировка C2421
обычная облигация O114
обязательные отчисления P1667
обязательные платежи V556
обязательство D948, E911, O26, P2554
обязательство выкупить досрочно O72
обязательство, не подлежащее оплате C2973
обязательство о покупке P2555
обязательство о продаже P2564
обязательство по акциям P2556
обязательство по второй ипотеке O63
обязательство по выкупу O131
обязательство, подлежащее исполнению в месте нахождения должника D985
обязательство, подлежащее исполнению в месте нахождения кредитора D980
обязательство по индоссаменту E929
обязательство по контракту E926
обязательство по погашению O136
обязательство предоставлять котировку O57
обязательство с неустановленным сроком исполнения D984
обязательство с плавающей ставкой F450
обязательство с фиксированным сроком исполнения C2956

обязательство уплатить по истечении срока E937
обязательство учесть вексель P2558
овердрафт A1562, D244, F31
овердрафт по счёту D260, D661
овердрафт по текущему счёту D261, D336
оговаривать условия C1768
оговаривать условия займа E618
оговаривать условия контракта N121
оговоренное количество ценных бумаг Q49
оговорённый C2272
оговорка C933, R1454, S1154
оговорка об оборотном капитале C968
оговорка об ограничении ответственности C945
оговорка об очерёдности требования по ценным бумагам C972
оговорка об ускоренном погашении долга C969
оговорка об участии кредитора C965
оговорка о взаимном невыполнении обязательств C944, C955
оговорка о возможности для кредитора выбрать место погашения облигационного займа O659
оговорка о досрочном выкупе ценных бумаг C967
оговорка о досрочном погашении C969
оговорка о квалифицированном большинстве C954
оговорка о конверсии O635
оговорка о максимальной процентной ставке C976
оговорка о минимальной процентной ставке C977
оговорка о наличии валюты C946
оговорка о невозможности досрочного выкупа ценных бумаг C959
оговорка о платеже в иностранной валюте C962
оговорка о расторжении C937, C939, C971
оговорка о сохранении реальной стоимости C974
оговорка о сохранении цены C953
оговорка о счётной единице C973
оговорка о том, что договор не имеет обратной силы C947
оговорка «согласно извещению» C941
ограничение C1981, L243, P542, P964, R1616, R1704
ограничение ввоза и вывоза валюты C2209
ограничение денежной эмиссии L246
ограничение колебаний валютного курса L247
ограничение кредита E740, L244, P967, R1618
ограничение прибыли P966
ограничение размера дивиденда L245
ограничение риска неплатежа R1708
ограничение рисков L249, L480
ограничение роста инвестиций P545

ограничение сбережений с помощью налоговых мер P543
ограничение средств финансирования R1706
ограничения на движение капитала R1724
ограничения на импорт капитала R1718, R1721
ограниченная конвертируемость C2307, C2313
ограниченная конкуренция C1753
ограниченная обращаемость ценных бумаг N58
ограниченная повышательная тенденция T483
ограниченная свобода ценообразования L182
ограниченная скидка D239
ограниченная способность выполнять функцию законного платёжного средства P1573
ограниченная эмиссия E525
ограниченное голосование V680
ограниченные сделки T1117
ограниченные средства M1328
ограниченный индоссамент E889, E893, E900
ограниченный кредит C3270
ограниченный курс C2660
ограниченный размер займов V664
ограниченный риск R2028
ограничивать C1955, L274, P546, P969, R1623
ограничительный C1980, L242, R1703
одиночные опционы O719
одновременная девальвация валют D1019, D1024
одновременная котировка ценных бумаг C2429
одновременное обесценение доллара и золота D754
однодневная процентная ставка J93
однодневная ссуда A1299, C3268, E661, P1848
однодневная ставка T249
однодневная ставка денежного рынка T261
однодневный депозит D689
однодневный овердрафт D263
односторонний клиринг C985
односторонняя ревальвация R537
одолженная сумма S757, S781
оживление R433, R459, R1403
оживление инвестиций R435, R1408
оживление на бирже R1404
оживление рынка A1029
оживлённый A355
оживлённый рынок M180, M183, M308, M373
ожидаемая волатильность V636
ожидаемая доходность R1221
ожидаемая прибыль A1087, P2470
ожидаемая просрочка R1777
ожидаемое деинвестирование D844
ожидаемое отклонение курса валюты D783
ожидаемое размораживание D110
ожидаемые инвестиции I939, I986
ожидаемые проценты I754
ожидаемый доход B257
ожидаемый курс C2589

оздоровление баланса A1371
оздоровление рынка A1374
оздоровление финансов A1372
оказаться банкротом F81
оклад F392
окно переучёта векселей G354
окно учёта G351
окончательная выплата D130
окончательная котировка C2427
окончательная сумма M1169, S769
окончательная цена E809
окончательное закрытие счёта A1324
окончательное погашение R992
окончательное распределение D1335
окончательно рассчитаться по сделке L327
окончательные размеры поступлений R291
окончательный баланс S666
окончательный вариант проспекта P2628
окончательный дивиденд D1398, S661
окончательный расчёт D130, D222, P85, R721, R727
округлённо C863
округлять A1349
округлять в бо́льшую сторону A1351
округлять в ме́ньшую сторону A1350
окупаемость P1479
окупать свои вложения F658
омертвлять капитал C176
онкольная ссуда P1815, P1878, P1908
онкольный кредит C3293, C3298, C3311, C3339, C3341
опека F198, T1321
опекать T1322
операционные инструменты I618
операционные показатели P617
операционные расходы C2852, C2859
операционный день J85
операционный зал S28, S30, S35
операционный отдел P1506
операция A720, M166, N81, O345, T1073
операция делькредере O394
операция «кэш энд кэри» P1259
операция ликвидационного периода O412
операция на открытом рынке O413
операция непосредственного перевода средств на счёт M1284
операция по выпуску ценных бумаг на рынок O351
операция по деинвестированию O390
операция по корректировке курсов O439
операция по покупке ценных бумаг в кредит по маржинальному счёту у брокера O414
операция по финансированию O402
операция расчётного периода O412
операция с валютными фьючерсами O403
операция своп по срочным депозитам O386

операция с двойным опционом O399
операция с депозитным счётом O377
операция с использованием кредитной карточки O359
операция с недвижимостью O408
операция с процентными ставками O443
операция с редкой валютой O363
операция стрэдл P1380
опечатанное депонирование D667, D700
опечатанный почтовый ящик для приёма платежей C386
опись B480, L394, R1330
опись векселей, предъявляемых к учёту B496
опись заложенных векселей B493
опись кассовой наличности B482
опись недвижимости L403
опись пересылаемых ценных бумаг B495
оплата L149, P7, R694, R1077, V508
оплата акций R977, V512
оплата в валюте P57
оплата векселей R717
оплата в кредит P54
оплата в натуральной форме R1101
оплата гарантийных депозитов R702
оплата доли в компании L152
оплата инкассовым поручением P88
оплата капитала R12
оплата кредитной карточкой R705
оплата наличными P86, P90
оплата натурой R730
оплата опционной премии R732
оплата пая в компании L152
оплата пластиковой карточкой P47
оплата по клирингу V519
оплата при размещении L163
оплата, произведённая гарантом P82
оплата расходов P2105
оплата счёта-фактуры R720
оплата тратты по предъявлении P114
оплата чеком P48, R707
оплатив расходы F847
оплаченная акция A409, A465
оплаченное требование C2979
оплаченные векселя и чеки R1267
оплаченные ценные бумаги T840
оплаченный L168
оплаченный акционерный капитал C228, C247
оплаченный вексель E301, E324
оплаченный заранее P481
оплаченный капитал C189, C263
оплаченный полис P1116
оплаченный чек C788, C809
оплачено A325
оплачиваемый A328, P459, R669, R963, R1113, T934
оплачиваемый в рассрочку P476

оплачиваемый чек C807
оплачиваемый чеком P461
оплачивать A333, D381, L171, P482, R1114, V563
оплачивать акции A574, A576
оплачивать банковским переводом V589
оплачивать вексель E77, E230, E247, E252
оплачивать в рассрочку F820
оплачивать долг D952
оплачивать досрочно P484
оплачивать капиталы C301
оплачивать купон C2497, C2503, C2505
оплачивать наличными A1281
оплачивать почтовым переводом M108
оплачивать разницу D1083, D1085
оплачивать расходы F841
оплачивать счёт C1488
оплачивать тратту T641, T968
оплачивать чек C751, C753
оплачивать чеком C754, C760
оплачивать чек по предъявлении C755
оплачивать через месяц P486
опорная валюта D1054
опорная ценная бумага T762, T764, T881, V133
опорные контракты I457
опорный актив S937
опорный финансовый инструмент I581
определение A1186, D353, D933, F378
определённая дата D13
определённая облигация O88
определённое количество унций чистого золота Q39
определённое количество ценных бумаг Q38
определять A1201
опротестование векселя P2653
опротестованная тратта T1013
опротестованный P2654
опротестованный вексель B383, E331
опротестованный чек C819
опротестовывать P2655, P2659
опротестовывать вексель B354, E243, L63
опротестовывать тратту T967, T975
опротестовывать чек C757
опротестуемый P2652
оптовый банк B127
опцион C2081, C2085, D1586, O595, P2013
опцион, допущенный к котировке O649
опцион, истекающий в июне O645
опцион колл C112, C2082, D1513, M363, O609, P2027, P2039, P2052, P2055
опцион, котирующийся на бирже O636
опцион, который может быть немедленно исполнен O648
опцион на акции O610, O625
опцион на боны казначейства O631
опцион на векселя казначейства O631

опцион на материальные активы O624
опцион на ноционный контракт O656
опцион на операцию своп O664
опцион на своп S1461
опцион на фьючерс O634
опцион на фьючерсные контракты O694
опционная премия P1671
опционная сделка M365, N107, O433, O595
опционная составляющая C1377
опционная торговля N102
опционное поручение O793, O804
опционные инструменты I619
опционный дилер C2777, T947
опционный контракт C2081, C2085
опционный период P663
опционный своп S1451
опционный счёт C1620
опцион, обращающийся на внебиржевом рынке O655, O658
опцион покупателя C112, C2084, O609, P2027, P2039, P2052, P2055
опцион покупателя на облигации O619
опцион покупателя на ценные бумаги O621
опцион продавца C2082, O670, O922, P2031, P2053, P2058, P2064, P2070, P2073
опцион продавца на золото O679
опцион продавца на облигации O678
опцион продавца на ценные бумаги O682
опцион пут C2084, M364, O670, O922, P2031, P2053, P2058, P2064, P2070, P2073, P2745
опцион пут, «внутренняя» стоимость которого отрицательна P2748
опцион пут, «внутренняя» стоимость которого положительна P2747
опцион пут, покупаемый для хеджирования O680
опцион пут, цена исполнения которого более выгодна покупателю, чем текущая цена финансового инструмента, лежащего в его основе O673, O676
опцион пут, цена исполнения которого менее выгодна покупателю, чем текущая цена финансового инструмента, лежащего в его основе O674, O677
опцион с нулевой вероятностью исполнения O630
опцион с нулевой премией O660
опцион со стопроцентной вероятностью исполнения O632
опцион, цена исполнения которого более выгодна покупателю, чем текущая цена финансового инструмента, лежащего в его основе O613, O616, O628, O652
опцион, цена исполнения которого менее выгодна покупателю, чем текущая цена финансового инструмента, лежащего в его основе O614, O617, O629, O653

опцион, цена исполнения которого совпадает с ценой финансового инструмента, лежащего в его основе O627, O651
организационно оформленный пул P1250
организация-эмитент O877
организованный рынок M234, M332, M350, M367, M371, O868
организовывать ссуду C3142
орган надзора O853, O897
ордерная акция A487
ордерная ценная бумага R1014, T725, T735
ордерный вексель P218
ордерный индоссамент E894
ордерный полис P1121
ордерный чек C805
ордонанс O740
ориентировочная оценка E1549
ориентировочная стоимость C2850
ориентировочная цена P2270
освобождаемый от налога D419
освобождать от долга D950
освобождать от ипотеки D830
освобождать от обязательств D813, O30
освобождать от ответственности R1578, R1580
освобождать от привязки D273
освобождать от уплаты долга R1019
освобождать от уплаты налога T356
освобождать прибыль от налога P1036
освобождать себя от обязательств E948
освобождать собственность от закладной P2602
освобождать собственность от ипотеки P2602
освобождаться от обязательств D814
освобождённый от налога N127
освобождённый от налогообложения D369
ослабление валютного контроля A1432, A1435, D854, R411
основа двойного рынка F568
основной капитал C217, C219, F598, V239
остаток B43, D1079, E1598, R1555, R1688, S629, S819
остаточная балансовая стоимость V77
остаточная стоимость V184
остаточный платёж P59
осуществлённая сделка O435
осуществлённые выплаты D137
осуществлённые платежи V550
осуществлять E1634, E1658, O564, P120, R238
осязаемые активы V244
отбор долговых требований S166
отвлекать сбережения от финансовых рынков E1136
отдаваемый в долг P1909
отдавать в залог E976, G10, G13, G27
отдавать с торгов A690
отдалённый расчётный день E98
отдел B573, C474, C489, D1177, D1440, S139, S208, S266

Отдел аудита и управленческого контроля D1191
отделение A771, C1317, C1688, D269, D862, S208, S1238
отделение банка A772, C1689, G344, G350, G356
отделение купона D863
отдел инвестиций S249
Отдел кредитного надзора в Банке Франции C478
Отдел надзора за финансовой деятельностью компаний Банком Франции C475
отдельный депозит D701
отдельный счёт C1650
отделяемый варрант B447
отзыв R1958
отзыв аккредитива R1961
отзывать R1792, R1962
отзывать аккредитив A181, C3159, L95
отзывать вексель E254
отзывать тратту T978
отзывный аккредитив A190, C3315, L108
отказ A9, D847, F248, R587, R879, R1186, R1416
отказаться от исполнения опциона O596
отклонение D800, D1035, E1, I380
отклонение валютных курсов D802
отклонение курса D1036
отклонение от паритета E30
отклонение цены D1036
отклонять вексель E245
отклоняться от паритета P147, P154, P259
открывать O947
открывать аккредитив A176, A180, C3134, C3141, C3146, L91, L94
открывать аккредитив в банке A177
открывать счёт в банке C1480
открытая длинная позиция P1362
открытая короткая позиция P1436
открытая подписка S920
открытая позиция P1419
открытая позиция по плавающей ставке E1754
открытая срочная позиция P1420
открытие O935
открытие биржевого сеанса O945
открытие документарного аккредитива O940
открытие капитала компании O937
открытое голосование V681, V685
открытый аккредитив C3294
открытый выпуск E544
открытый кредит C3269
открытый рынок M352
открытый счёт C1502, C1622
отливка в монету M955
отмена A9, A31, A40, A1061, D539, D1232, E454, L121, R1812, R1958, S1295

отмена валютного контроля A33, D540, D1233, L125, S1299
отмена взимания двойных брокерских комиссионных D1234
отмена двойной котировки ценной бумаги S1302
отмена золотого стандарта S1304
отмена комиссии за инкассирование S1306
отмена моратория L127
отмена налога S1308
отмена нормативных актов S1312
отмена обратимости доллара в золото S1300
отмена ограничения кредита A16
отмена регистрации R34
отмена скидки D115
отменительный приказ O755
отменить конвертируемость валюты в золото D1040
отменять A21, A30, A43, A1073, D543, L133, R1792, R1813, R1962, S1316
отметка на полях E459
отмечать разницу E3
«отмывание» денег B403
относить на счёт C1464, C1468, C1471, I167
относить расход на счёт C1477
относящийся к квазиденьгам Q67
относящийся к сделке T1082
оторванный купон C2512
отправитель денежного перевода R1012
отправка векселей E1123
отправлять тратту на инкассо T963
отправная цена P2222
отражать в бухгалтерском учёте C1414
отрезной купон C2511
отрицательная сумма налога I133
отрицательное сальдо B49, B336, B342, D329, R2106, S658, S674, S682
отрицательные сбережения E1175
отрицательный базис B232
отрицательный процент I720
отрывать чек из чековой книжки C742
отрывная часть V630, V647
отрывной купон B432, T41
отсеивание рисков S168
отсоединение валюты D272
отсроченная амортизация A964, D1077
отсроченная поставка L421
отсроченная рента R1246
отсроченная рента с ежедневно начисляемым процентом R1247
отсроченное погашение A964
отсроченные обязательства P441
отсроченный D1075
отсроченный аннуитет A1054
отсроченный долг D987
отсроченный кредит C3226

отсроченный платёж D1078, P38, P58, P101, R714
отсроченный процент I710
отсрочивать A1344, P2620, R1013, R1781
отсрочивать долг R512
отсрочивать исполнение поручений O839
отсрочивать платёж A1466, E109, P10, P14, P32
отсрочка A860, D424, D1076, R1014, R1351, R1773, S1383
отток H69, R561, S796, S805
отток банкнот S806
отток долларов на валютных рынках R563
отток золота R565
отток иностранной валюты S810
отток капиталов R562
отток финансовых ресурсов R566
отток финансовых средств H72
отход от золотого стандарта D865, D1236
отчёт C1642, E1439, R93, R911, S413
отчётная прибыль B270
отчётный период P630
отчёт о банкротстве P2350
отчёт об основном капитале E1442
отчёт о выплате дивидендов R924
отчёт о дивидендах E1469
отчёт о долгах и счетах к оплате R923
отчёт о кассовой наличности E1446
отчисления D1525, P1657
отчисления в общий резерв D1529
отчисления в целевой резерв D1528
отчисления на социальное обеспечение C710
отчислять полученную прибыль P2485
отчуждатель C466
отчуждающий C465
отчуждение A876
отчуждение недвижимости A877
оферент O262
оферта O264
оферта, подлежащая акцепту O266
офис C1
официальная девальвация D1022
официальная котировка C2469
официальная котировка ценной бумаги N100
официальная процентная ставка T251
официальная ставка ссудного процента T231
официальная учётная ставка T167, T170, T172, T274
официальная учётная ставка Банка Франции T100
официальная фондовая биржа C2469
официальная цена золота P2245
официально допускать цену C2575
официальное лицо P694
официальное ЭКЮ E218
официально зарегистрированная задолженность C2965

Официальный биржевой бюллетень B572
официальный биржевой курс C2457, C2469
официальный рынок M332, M350, M367, M371, O868
официальный учёт E1308
офшорная деятельность A617
офшорная дочерняя компания F235
офшорная компания C1314, O298
офшорный E1776, H125, O297
офшорный банк B122, B145, O298
офшорный инвестиционный фонд F617
офшорный рынок M333, M358
офшорный филиал банка S1244
офшорный финансовый центр C496
«охотиться на медведей» D251
охранный документ T749
оцениваемый A1185, E1335, E1535
оценивать A1201, C858, E1348, E1562, E1736, P1615, P2145, V301
оценивать активы A359
оценивать в твёрдой сумме F718
оценивать по действительной стоимости V19, V26
оценивать свою валютную позицию P1375
оценивать стоимость своего портфеля P1267
оценка A1186, C845, C2450, E1337, E1443, E1537, N331, P1613, P2144, Q1, S62, V109, V298
оценочная стоимость C2850, V108, V110
оценочная цена C2641
оценщик E1336, T341
очередная поставка L434
очередной платёж T538
очерёдность O746, O802, R66
очерёдность долгового требования R67
очерёдность ипотеки P2102, R68
очерёдность кредиторов C1119, O771
очистка счёта A1225
очищать счёт C1460, C1462, C1486, C1497
«ошейник» C1106, Z15
ошибочный платёж P69

падение B19, C879, D274, F406, R408, R1332
падение курса доллара R1335
падение курса доллара против марки A127
падение курсов C881, F407, R1334
падение курсов акций B27
падение курсов ценных бумаг E1250
падение цен C885
паевладелец D902
паевой инвестиционный траст F208
паевой инвестиционный фонд F586
паевой фонд F584, O890
паевой фонд рискового инвестирования F589
паевые счета C1683

пай C2487, E167, F807, I686, P300, P316, P327, P349
пай трастового фонда P313
пай участника товарищества P304
пай члена товарищества P304
пайщик C2486, S445
пакет B405, E993, P235
пакет акций B408, L530, P237
пакет банковских кредитных линий A1380
пакет долговых требований P239
пакет участий J21
«пакет» финансирования T936
пакет ценных бумаг B414, E1005, P241
паника на бирже P184
паника на валютных рынках P185
парабанковские учреждения I563
параллельная дефляция D379
параллельная европейская валюта M1056
параллельный рынок M224, M323, M355
параллельный стандарт S1548
Парижская биржа B543
Парижская комиссия по контролю за финансовыми инструментами C1284
Парижская межбанковская ставка предложения T202
Парижская опционная биржа M428, M950
Парижская переучётная компания P250
Парижская расчётная палата финансовых инструментов C610
Парижская фондовая биржа P160
парижский рынок доллара спот M228
Парижский финансовый центр P814
паритет P146, P252
паритет валюты P276
паритет на основе корзины из 5 валют D356
паритетная комиссия C1259
паритетная оговорка C964
паритетная стоимость P2254
паритетный P251
паритет покупательной способности P279
паритет процентных ставок P284
паритет французского франка к доллару P271
паритеты между валютами ЕВС P293, P297
партнёр A896, A1418, O317
партнёрский риск R2002
партнёрство P342
пассив баланса банка P428
пассивный баланс B336, B342
пассивный счёт C1550
паулианов иск A493
паушальная сумма S771
паушальная цена C2651
паушальный контракт M282
паушальный платёж R448
пачка меченых банкнот L140
пенсионные сберегательные счета P993

пенсионный фонд C49, C52, F611
пенсия P565
пеня P540, P553
первичный рынок M322, M354, M360
перевести в легкореализуемую форму M797
перевод C2273, D464, D614, E1121, T1138, T1209, T1226, V508, V587
переводить C2317, D618, R1018, T1137, T1139, T1203, T1233, V563, V608
переводный счёт C1656
переводом V590
«перегрев» денежного обращения S1331
передаваемая акция A423
передаваемый по индоссаменту E877, T1208
передаваемый с помощью чека T1136
передавать C468, C572, R1013, T1137, T1233
передаточный акт A349
передача C571, D464, D1124, P418, R1014, T1138, T1209, T1226
перекредитовывать S947
перекупщик R29
перелив M699
перелив банковских депозитов M701
перелив капиталов в ЭКЮ M700
перелив сбережений D490
переменный V308
перемещение C903, D488, D614, M699, T1138
перемещение валют D617
перемещение капитала C906
перенасыщение долларами E1607
перенесение R1351, S1411
перенесённое сальдо B52
переносить A861, D1116, R1371, T1137, T1233
переориентация в использовании фондов R440
переоценённая ссуда E691
переоценить валюту M976
переоценка R1412, R527, R1861
переплавка монет R572
переплата T1300
переплетение банковского и коммерческого кредита C3421
перепродавать свою долю участия P357
перепродажа R1867
перепродажа опциона R1870
перепродажа с прибылью R1869
перепродажа ценных бумаг R1872
перераспределение D1341, P604, R451
перераспределяемый R239
перерасход S1326
перерасходовать свой бюджет B553
пересматриваемая цена P2264
пересматривать A875, C2377, R58, R212, R219, R248, R1933
пересмотр A863, C2361, R52, R206, R213, R241, R960, R1938
перестрахование C2116, R249

перестрахователь R250
перестраховочное покрытие G107
перестраховщик R252
перестраховывать R251
перестройка A932, R1731, R568
перестройка валютной системы R344
пересчёт C2273
пересчёт валюты цены в валюту платежа C89
пересчёт во франки C2288
пересчёт иностранной валюты C2282
пересчёт суммы с учётом курсовой разницы A874
пересчитанный во франки C97
пересылка чека T1143
переуступать тратту T969
переуступающая компания R1844
переуступка R1846
переуступка банковских комиссионных R1847
переуступка ссуды R1849
переуступка требования R1848
переучёт векселей R517
переучёт векселей по фиксированной ставке R521
переучётная квота C1962
переучётная ставка T300
переучёт среднесрочных кредитов R520
переучитываемый вексель E334
переучтённая тратта T1014
переучтённый вексель E335
переходить к голосованию V673
переход к безбумажным операциям с ценными бумагами D553, D555
переход контрольного пакета акций P417
переход к системе взаимного страхования M1364
переход к электронному переводу денежных средств D554
переходная статья A1366
переходный режим R648
переход по индоссаменту T1155
переход права собственности M1362
переходящие активы A406
перечень E1110, L394, N194, R911, R1330, R2089
перечисление A1215, E1110, R1929, T1138, V508
перечислять на счёт C1499
период E1197, L525, P622, P774
периодическая отчётность R1379
периодическая переоценка государственных золотых запасов R536
периодические выплаты ссуд A1059
периодические платежи A293, T568, V549, V552, V558
периодический бухгалтерский отчёт S433
периодический платёж R444

периодичность выплат P681
перпетуитет R1252
персональный портфель ценных бумаг P1288
персональный чек на специальном бланке C811
печатать деньги P1011
печатающее устройство I155
печатный бланк F785
печать банка P1067, S65
печать владельца T42
ПИБОР P787, T202
пик наличности P1097
письменная доверенность P2361
письменное обязательство E928
письменное соглашение C2253, E928
письмо L46
письмо-напоминание о неоплаченных счетах L118
письмо о подчинении долга L50
письмо-поручительство L116, L47, L51, L87
письмо-предложение L110
письмо-уведомление банка клиенту об открытии счёта L48
письмо-уведомление о распределении новых акций L49, L54
плавание валют F446
плавание доллара F430
плавание купона F439
плавающая валюта M1028
плавающая и пересматриваемая ставка T334
плавающая процентная ставка T227, T244
плавающая ставка T186, T333
плавающая ставка в операции своп T335
плавающая цена P2217
плавающий валютный курс C635, C650, C2606, C2649, T118
«плавающий залог» C672
«плавающий залог» первой очереди C673
плавающий курс P270
плавающий процент I715
плавающий франк F920
план P2523, P981, S58
планирование P1015
план маркетинга P999
плановый показатель O1
план счетов E995, P987
пластиковые карточки M1014, M1061
плата C1201, C1326, D1546
плата, взимаемая брокерами за управление маржинальными счетами F861
плата за андеррайтинг C1263, C1272
плата за аренду C705
плата за возврат неоплаченных чеков C1267
плата за вступление C1242
плата за выдачу банковской кредитной карточки C1235
плата за выход C1271

плата за гарантию C1270
плата за допуск на биржу F859
плата за допуск ценных бумаг к котировке на бирже F889
плата за инкассо T52, T56
плата за ликвидность P2057
плата за наём C705
плата за неподдержание достаточного сальдо счёта F886
плата за осуществление эмиссии D1577
плата за открытие документарного аккредитива C1233
плата за приостановку платежа по чеку F896
плата за проведение операций по счёту F894
плата за рассмотрение заявления на ссуду F868
плата за снятие денег со счёта D1603
плата за учёт векселя C1243
плата за факторские операции F878
плата за хранение D1582
плата, получаемая за услуги H112
платёж A329, D128, M763, P7, R694, V508
платёж в золоте V534
платёж в рассрочку P37, P65, P75, P108, P110, R699
платёж в срок P55, P64
платёж в счёт причитающейся суммы P36
платёж в твёрдой сумме P74
платёж в фонд выкупа облигаций V526
платёж в фонд погашения займа V525
платёж дебетованием счёта P45
платёжеспособность C150, C152, C157, C160, E1473, S721
платёжеспособность дебитора S724
платёжеспособность заёмщика S725
платёжеспособный S728
платёжеспособный должник R443
платёжеспособный поручитель C426
платёж за третье лицо P82
платежи сальдо V559
платежи, связанные с движением капиталов P141
платёж монетами P71
платёж наличными P50, P70, R446
платёж наличными без скидки C1455
платёж наличными при поставке C1456
платёж наличными против документов C1453
платёж наличными с2% скидкой C1454
платёжная ведомость E1464, F158
платёжная карточка C355, C365, C372, C376
платёжная квитанция R403
платёжная операция O430
платёжная расписка F162
платёжная система S1610
платёжная способность P1577
платёжная ссуда C3222
платёжное обязательство P2561

платёжное поручение М96, О796
платёжное поручение банка О759
платёжное поручение, отправляемое по телексу О798
платёжное поручение, переданное через систему СВИФТ О799
платёжное соглашение А154, А164, Р3
платёжные льготы F41
платёжный баланс С1678
платёжный документ Т736
платёжный инструмент Е322, Е337
платёжный кризис С3410
платёжный оборот Т956
платёжный период D447
платёж по местонахождению банка D1481
платёж по открытому счёту Р51
платёж по переводному векселю Р83
платёж по подписке V541
платёж почтовым переводом М107
платёж против акцепта Р34
платёж против документов Р62
платёж прямым дебетованием счёта R703
платёж путём индоссирования Р68
платёж путём перевода Р113
платёж с аккредитива Р84
платёж с оговоркой Р102
платёж списанием денег со счёта Р45
платёж с помощью документарного аккредитива Р92
платёж частями Р37, Р65, Р75, Р108, Р110
платёж через определённый срок Р109
плательщик Р413, Р479, Р492, R442, S729, S869, Т669
плательщик — третье лицо Р480
платить Р482, R793, R1009, R1114, V563
платные услуги S294
платный Р478
платящий Р478
поверенный М102
повреждённый вексель В374
повторная экспертиза С2121
повышатель Н57, J42, О329, S1003, Т64, Т945
повышательная рыночная тенденция М293
повышательная тенденция С2538, С2541, М1264, М1278, О905, Т472, Т482, Т1244, V10
повышательная тенденция курса доллара М1263
повышательная тенденция процентных ставок Т486
повышательное движение курса франка F442
повышательные колебания курса ценных бумаг F463
повышательные факторы F48
повышательный А1367, Н56
повышать Н54, М51, R864, R950

повышать курс С2573, R1866
повышаться на один пункт Р1071
повышать цену С2557, С2579, Р2167
повышение А928, А1186, А1500, Н22, М45, М1245, R459, R861, R939, R1061, R1117
повышенная ставка S1390
погашаемый А954, R963
погашаемый аннуитет R1241, R1253
погашаемый в рассрочку R966, R969
погашаемый долг D956, D988
погашаемый заём Е626, Е689
погашаемый исковой давностью Р1699
погашаемый по истечении срока R965, R968
погашаемый по номиналу R967
погашать А334, А953, А1230, L171, Р2744, R28, R1009
погашение А955, А1224, Е1763, L149, R6, R971
погашение внешней задолженности А963
погашение государственной облигации R22
погашение долга А1226, А331, А962, Е1764, Р7, R15, R713, R987
погашение задолженности Р56
погашение займа А965, Е1765, R991
погашение ипотеки Р2743
погашение краткосрочных облигаций на предъявителя R981
погашение кредита R985
погашение облигаций А968, R19, R995
погашение обязательства D835
погашение ссуды А969, L314, R998
погашение транша займа V544
погашенная облигация О135, О34
погашенная ссуда Е664, Р1880
погашенный долг С2954, D955
поглощать компанию R28, S448
поглощающая компания S454, S457
поглощение А54, F974, О280, Р2108, R1403
подавать заявку D497, S829
подавать заявку на допуск к котировке I476
подавать заявку на открытие кредитной линии L212
подавать заявку на торги А675
подавляющее большинство М62
податель заявки на валюту D538
подача тендера D702
подведение баланса С1038, I22
подведение итога S730
подвергать рискам R2059
подвергаться ограничениям R1711
подвергаться проставлению времени Н122
подвергаться процентному риску R1975
подвергаться риску R1973
подвергаться штрафу Р548
подверженность валютному риску Е1752
подверженность процентному риску Е1753
подвижность котировок F480

подвижность рынка F419
подводить итог B330, L327, S690, S787, T917
подводить сальдо счёта C1466, C1493
подготавливать котировку C2390
поддающийся оценке E1335
поддающийся управлению дефицит D345
поддельная печать S66
поддельный чек C793
подделка A715, C2122, F1, F111, F122
подделывать подпись S371
поддельный документ A343, P793
поддержание валюты S961
поддержание запаса банкнот M28
поддержание курса M21
поддержание размеров маржи M24
поддержание стабильности валютных курсов M27
поддержание стоимости валюты D325, M29
поддерживаемая цена C2694
поддерживаемый валютный курс C2609
поддерживать валюту M967
поддерживать инвестирование I934
поддерживать курс C2582
поддерживать твёрдый паритет P260
поддерживать фиксированные валютные курсы F399
поддержка курса R835
под залог C407, N8
подкатегория S864
подлежать возмещению R964
подлежать уплате R964
подлежащий P424
подлинная копия C2343
подлинная подпись S382
подлинность A1512, V470
подлинность документов A1513
подлинность подписи A1514, V472
подлинный A1516
подлог D1469
под надзором МВФ T1323
под обеспечение N8
по доверенности P2356
подоходный налог I115, I143, T379
подоходный налог в твёрдой сумме I131
подпадающий под юрисдикцию J119
подписанный S924
подписанный авалистом A1546
подписанный бланковый чек C818
подписное право D1604
подписное свидетельство B444, R261
подписной варрант C545, D1604
подписной капитал A1167, C261
подписчик S869
подписывать S369, S375, S378, S404
подписываться S922
подписываться на акции A582

подписываться на заём E625
подписываться на облигацию O32
подпись E459, S368
подпись лица, не имеющего полномочий S386, S395
подпись на документе до его составления B404
подпись по доверенности S391
подпись, удостоверяющая другую подпись на чеке C2149
подпись уполномоченного лица S381, S383
под поручительство C407
под председательством P1739
подразумеваемая волатильность V641
подразумеваемое нарушение I445
подразумеваемый контракт Q60
под расписку Q81
подробное подтверждение M642
подробный S995
подрядчик P2565
подставное лицо P1911
подсчёт C75, C845, C1405, C1444, D217, D740, E1537, S1317
подсчёт голосов D746
подсчитываемый C844
подсчитывать C76, C1414, C1445, C98, C858, D218, D225, E1348, E1562, S1318
подтверждать C1831, C561, J126, V287
подтверждающий документ J120, J123, P790, P796
подтверждение C1823, M640, V282
подтверждённая кредитная линия L219
подтверждённая операция O378
подтверждённый аккредитив A182, C3209, L101
подтоварный кредит C3275
подфилиал S1239, S950
подхлёстывать инфляцию I345
подчинённая ссуда P1886, P1892
подчинённый вексель E343
подчинённый долг D989, D992
пожизненная рента R1255
по заранее установленной твёрдой цене F716
по заранее фиксированной цене исполнения P2210
позволять валютному курсу свободно плавать C2578
позволяющий выписывать чеки P2152
поземельный налог C2162
«позитивная» картотека F189
позиционный лист F159
позиция P1341, S413, T522
позиция «быка» P1360, P1384, P1388, P1405, P1408
позиция в покрытие процентного риска P1389
позиция в рейтинге R66
позиция в ЭКЮ P1399
позиция к переносу P1425

позиция «медведя» P1365, P1387, P1393, P1433
позиция на бирже P1341
позиция на срочном рынке P1409
позиция, перенесённая на следующий период P1424
позиция по контрактам на основе ПИБОР P1421
позиция по наличным сделкам P1382
позиция по опционам P1418
позиция по отношению к доллару P1400
позиция по сделкам спред P1410, P1427
позиция при игре на повышение P1360, P1384, P1388, P1405, P1408
позиция при игре на понижение P1365, P1387, P1393, P1433
позиция, при которой опцион имеет «внутреннюю» стоимость P1394
позиция, при которой опцион не имеет «внутренней» стоимости P1395
позиция, приобретённая в результате покупки контракта МАТИФ P1403
позиция продавца S442
позиция спот P1382
поимённое голосование V676
поимённый список L401
по индоссаменту E882
по истечении срока E1738
показатель C1068, I251, I272, R156
покрывать дефицит D246, D331
покрывать риски R1974, R2064
покрытая короткая позиция P1434
покрытая короткая продажа V416
покрытие C125, C2868, P2672
покрытый актив E426
покрытый кредит C3219
покрытый опцион покупателя O611
покрытый опцион продавца O671
покрытый пассив E435
покрытый риск R2004
покупатель A260, A297, C987, P1672
покупатель-«бык» A264
покупатель валютных опционов A272
покупатель двойного опциона A266, D1503
покупатель долговых требований A303
покупатель за счёт маржи A269
покупатель иностранных ценных бумаг A279
покупатель колла A262
покупатель контракта «кэп» A263
покупатель контрольного пакета A300
покупатель на твёрдых условиях A268
покупатель облигаций A270
покупатель опциона A306, O594, P1680
покупатель опциона колл A262, P1676
покупатель опциона пут A273, P1677
покупатель, освобождённый от обязательства A265
покупатель по репортной сделке A275

покупатель по соглашению об обратном выкупе A274
покупатель по стеллажной сделке A276, P1683
покупатель прав A267
покупатель пута A273
покупатель стрэдла A277
покупатель стрэнгла A278
покупатель ценных бумаг A307
покупать A259, A299, A308
«покупаю» J1
покупка A220, A310, L121, O349
по курсу C2561
по курсу дня C2563
ползучая инфляция I365, I368, I374
ползучий валютный курс T122
полис с истекшим сроком действия P1113
полис страхования от широкого спектра рисков P1115
полис с участием в прибылях P1123
полная конвертируемость C2298, C2302, C2304, C2312, C2314
полная ликвидность L348
полная мобильность капиталов M815
полная стоимость C2804
полная сумма T932
полное банкротство F100
полное и надёжное хеджирование C2901, C2903
полное погашение своего долга R1004
полное покрытие C2917
полномочия M83, P1552, Q5
полномочия Комиссии по конкуренции C1343
полноправный член M616
полностью оплаченный L169
полностью оплачиваемый P467
полностью разводнённый доход в расчёте на акцию R1896
полноценная валюта M1057
полные сутки J64, J82
полный выкуп L157
полный индоссамент E886, E898, E902
полный контроль C2189, C2233
полный кэш флоу A1519
полный лот L534, Q113
полный отказ от уплаты долга R1420
полный расчёт Q94
полный риск E853
полный риск подписи E854
полный товарищ в коммандитном товариществе A1421
положение C933, D1290, E1439, P533, P1341, Q5, R694, S413, S1086, S1100
положения устава МВФ D1301
положительная внутренняя стоимость опциона V131
положительное сальдо B50, B334, S639, S642, S663, S683

положительный A355
положительный базис B234
положительный доход от сбережений R1107
полугодовая консолидированная отчётность I429
полугодовая ставка T323
полугодовой взнос S174
полугодовой дивиденд D1422
полугодовой купон C2523
полугодовые проценты I784
полуофициальный рынок M292
получаемые проценты I753, I761, I778
получатель R306
получать P602, T935
получающий выгоду B282
получение O220, P592, P2103, R264
полученный P603
«получено» V177
получить мораторий M1252
пользователи U68, U88
пользователи капитала U90
пользователи кредитных карточек U91
пользоваться возможностями O571
пользоваться гарантией G62
пользоваться кредитом C3137
пользоваться льготами A1597, F24, F26
пользоваться правом D1552
пользоваться привилегией P2148, P2151
пользоваться разницей S1049
пользоваться сбережениями E159
пользующийся спросом D534
полюбовная договорённость S717
полюбовное соглашение C1711
полюбовное урегулирование A1310, R700
пометка «зачтено» M633
помечать задним числом P1481
помечать прошедшим числом P1481
помещать карточку в считывающее устройство C352
помещать ценные бумаги на депозит T793
помещение C605, P816, S26
по наивысшей предложенной цене O263
по наилучшему курсу M697
по наступлении срока платежа E74
понесённые расходы D599, F902
понесённые риски R2073
понесённые убытки P767
понижаемый R470
понижатель B42, J41, O314, O923, S1000, T943
понижательная рыночная тенденция M187
понижательная тенденция C2539, C2543, M1265, O901, T473, T477, T1241, V4
понижательная тенденция на рынке L548
понижательная тенденция процентных ставок T474
понижательная тенденция рынка L544

понижательное движение курса франка F434
понижательные колебания курса ценных бумаг F452
понижательный B41
понижать A8, D767, M723, R1, R498
понижать курс C2572
понижать оплату R1078
понижаться G244, R1339, R414, R499
понижаться на один процентный пункт P1072
понижаться на один пункт P1069
понижать тик T626
понижать цену P2168
понижение A1, B19, F68, G240, M722, R408, R471
пониженное налогообложение I92
пониженные комиссионные C2742
понизиться в цене по состоянию на конец биржевого дня C1041
понизиться на один пункт P1070
поощрительная выплата P2046, R1110
поощрительная премия P2046
по паритету P150, P258
попечитель T1315
по подписке S893
пополнение рынка деньгами A884
пополнять A885
по получении R265, R266, R396
по поручению и за счёт O750
поправка A946, C2360, R387
по предъявлении P2369
по приказу и за счёт O750
по просьбе D496
порог налогообложения S316
пороговый эффект E341
порог рентабельности L270, S315
порог требования задатка S311
портфель акций P1268
портфель бон казначейства P1274
портфель бон на текущем счету P1273
портфель векселей казначейства P1274
портфель Депозитно-сохранной кассы P1276
портфель долговых требований P1279
портфель ипотечных ссуд P1295
портфель краткосрочных СИКАВ P1299
портфель краткосрочных ценных бумаг P1278
портфель ликвидных активов P1302
портфель международных авуаров P1271
портфельная операция O432
портфельная стратегия S1190
портфельное инвестирование I958, I970
портфельное страхование A1449
портфельные активы A405
портфельные векселя E369
портфельные инвестиции P866
портфельные облигации O198
портфельные операции A641

портфельные ценные бумаги V260
портфель облигаций P1291
портфель подлежащих переучёту векселей P1298
портфель среднесрочных векселей P1285
портфель ссуд P1294
портфель ссуд с фиксированной ставкой P1296
портфель ценных бумаг P1260, P1300, P1303
портфель ценных бумаг, котирующихся на бирже P1275
поручать M108
поручение M83, O746
поручители по платежам C461
поручитель A178, C406, C555, F200, G49, R1342
поручитель за поручителя C556
поручительское общество S486
поручительство C406, C429, F201, G57
поручительство банка C417
поручительство в силу закона C438
порча монеты A925
по рыночной цене P2175
по рыночному курсу C2564
по самой низкой цене P2173
после аудита V483, V495
после вычета D296, D311
последующий акцепт A105, A112
последующий индоссант E906, E908, S366
последующий платёж P95
после закрытия C1033
после наступления срока платежа E75
после передачи документов R1021
после уплаты налога I108
пособие P1765
пособие в денежной форме P1766, P1768
пособия по социальному обеспечению P1779
посредник A782, C1288, C1700, C2749, I797, M70, P704
посредническая операция A723
посреднические услуги S291
посредничество C2730, E1035, I822, I862, Q18, S1285
посредством досрочного погашения E1039
посредством перевода V590
посредством платежа P21
поставка F812
поставлять V390
поставщик F808, P1544, P1761, V363
поставщик капиталов P1545
постепенная скупка акций R63, R64
постепенное падение курса доллара E394
постепенное падение курсов ценных бумаг E396
постепенное погашение E1766
постепенное понижение курса доллара B26
постепенное приобретение A317
постепенно погашаемая облигация O102, O97

постепенно погашать заём E624
постепенно скупать акции R65
по стоимости V33
«постоянное поручение» O794, O801
постоянный R859, S1253
Постоянный комитет по разработке общих принципов учёта и ревизии C1156
постоянный франк F917
поступательный P2512
поступать A763, R1275
поступление A1346, A764, R1263
поступление долларов E1026
поступление на счёт E1025, V599
поступление поручений A1348, A770
поступление средств E1027, R1265
поступления B269, M1289, R383, R1267, R1903
посылать вексель на инкассо L61
посылать денежный перевод R1017, R1018
посылать для акцепта A79
посылать на инкассо E767
по текущему курсу C2562
потери на валютном курсе H4
потери при реинвестировании P749
потеря D163, M925, P724
потеря депозитов банком P737
потеря прибыли P729
потеря процентов P745
потеря сбережений P741
потерять задаток A1330
поток C2537, F429
потоки банковских капиталов F484
потоки «горячих денег» F487
потоки доходов F505
потоки ликвидных средств L388
потоки «отмываемых» денег F485
потоки платежей F501, F504
поток капиталов C2540
потолок процентных ставок P961
потребительские ссуды P1949
потребительский кредит C3213
потребление золота C1913
потребность B299
по требованию A1133, D496
по уведомлении A1611
по форме F746
по цене P2174
«почти акции» Q57
«почти банки» I563
почтовая сберегательная касса C44
почтовая чековая книжка J100
почтовое платёжное поручение O797
почтовые вклады M1063
почтовый перевод L119, M83, M110
почтовый сберегательный банк C44
почтовый чек C816
пошлина C667, T354, T48

появление вторичного рынка E471
правила инкассирования R820
Правила и обычаи документарного аккредитива R822
правильность E1587, R840, V470
правильный E1584
правительственный кредит C3253
правление C1866, D1209
право D1546, F58
правовая гарантия учёта G96
правовое обязательство O96
правовое регулирование R759
правовой порядок распределения финансовых издержек R628
правовой режим R627
правовой статус P694
правонарушение D474
праздные сбережения E1178, E1189
праздный капитал C207, C223, C234, C320
прайм-рейт P2075, T239, T284, T293
превышать D582
превышение D578, D1091, E1598, E1622, F928, S1325
предварительный A1106, P2717
предварительный подсчёт голосов P1092
предел L250, M451, P1068, S302
предельная доходность капитала R1158
предельная прибыль P1033
предельная скидка10% P942
предельный L273, M513
предлагать по подписке S891
предлагать цену E807
предложение O264, P2584
предложение цены E805, O264
предоплата P1602, P1684
предоплаченный P1687, P481
предоставить обеспечение G69
предоставление A1483, C1698, E911, F812, O232, P1765
предоставление ссуды A746, A1488, C1699, E938, L433, O246
предоставлять кредит C3113, C3117, C3124, C3145
предоставлять ссуду E606, E619, P1781, P1783, P1787, P1790
предписание о выдаче денег O743
предписанный уставом R739
предполагаемая ставка двойной форвард T190
предполагаемая ставка доходности T73
предполагаемая ставка доходности в начале срока T75
предполагаемая ставка доходности по истечении срока T74
предполагаемая ставка форвард-форвард T190
предполагаемая сумма налога I114
предполагаемый доход B257

предпоследний рабочий день J78
предпочтение ликвидности P1625
предприниматель E1041
предпринимательство E1042
предприятия — нечлены группы E1098
предприятия — члены группы E1097
представитель A782, M102, R1386
представительство A771, R1392
представлять на подпись S376
предстоящее погашение R990
предъявитель P1306, P1713
предъявительский P472
предъявительский вексель B381, E295, E328, L80, L84, P220, T1021
предъявление P1714, P2368
предъявление на инкассо M775, P1727
предъявление счетов R432
предъявление тратты для акцепта V613
предъявление чека P1721
предъявляемый на инкассо P1712
предъявлять P2379
предъявлять иск P1543
предъявлять чек к оплате C756
предыдущий биржевой сеанс B530
предыдущий индоссант E905, E907, S364
предыдущий курс C2691
предынвестирование P1635
прежний паритет P262
преимущественное право D1591, D1592, D1593, D1595
прейскурант T48
прекращать выплаты P116
прекращать действие договора C2007
прекращение A1316, C562, R2134
премия B455, B475, P2013, P2164, R1351
премия на золото P2063
премия на золотые слитки P2056
премия по акциям P2028
премия по варранту P2032
премия по облигации P2037
премия по операции «кэп» P2065
премия по операции «флор» P2068
премия по опциону колл D1513
премия по опциону продавца P2062
премия по опциону пут P2062
премия по сберегательным вкладам P2047
премия по срочным сделкам P2013
премия при выпуске акций на рынок P2029
премия при выпуске облигаций на рынок P2044, P2061
премия при досрочном погашении облигаций P2066
премия при перестраховании P2067
премия при погашении облигации P2069
преобладание государственных ценных бумаг P1621

преобразованный банк B168
преобразовывать наличные средства D1266
преобразовывать отделение банка G362
преодоление порога F928, F931
препоручительный индоссамент E891, E897
препятствовать утечке капиталов E1564
преследовать по суду P1543
преференциальная выплата дивидендов D1338
преференциальная подписка S908
преференциальная ставка T294
преференциальный кредитор C3068
преференциальный режим T1035
прибегать к внешним источникам финансирования R1633
прибегать к заёмным средствам E621
прибегать к заимствованиям в МВФ T656
приблизительно A1220, C863
приблизительный A1218
прибыли и убытки P2493
прибыль B237, B269, B455, G30, G31, L562, M451, M464, P1034, P2380, P2393, P2457, P2481, R1739, R1745, R1747, R1752, R1756, S642
прибыль в расчёте на акцию B246, P2463, R1737
прибыль в расчёте на акцию с учётом всех акций, которые могут быть выпущены B254
прибыль до вычета налогов B261
прибыль на долгосрочные вложения P2382
прибыль на инвестированный капитал R1157
прибыль на капитал M470
прибыльность C149, C155, C161, R1129, R1216
прибыльность прямых инвестиций P2478
прибыльный B282, L561, P2479, R1076, R1234
прибыль от инвестиций B265, P2476
прибыль от инвестиций в ценные бумаги B266
прибыль от срочных операций R1743
прибыль от торговых операций P2488
прибыль от финансовых операций B272, E1609
прибыль, перенесённая на следующий период B281
прибыль, подлежащая выплате S1377
прибыль, подлежащая налогообложению B274, P2496
прибыль, подлежащая обложению налогом P2473
прибыль, подлежащая распределению E1606
прибыль после выплаты налогов и дивидендов B280
приватизация банковского сектора P2146
приведение в исполнение E1635
привилегированная акция A496, A501, A504, A513
привилегированная облигация O128
привилегированное долговое требование C2982

привилегированное фискальное положение S1117
привилегированный P2162
привилегированный инвестиционный сертификат C540
привлекательная цена P2184
привлекательные инвестиции I987, P892
привлекательные проценты C2528
привлекательный доход R1155
привлекательный источник капиталов S836
привлекать A1153, R1860
привлекать сбережения E1135, E1139, E1145
привлекать средства F649, F654, F660, R1635
привлечение A1132
привлечённые деньги M1018
привлечённые депозиты D732
привлечённые сбережения E1172
привлечённые средства F694, F699, R1645, R1652
привлечённый капитал F694, F699
привязка A195, R198
привязка валют к золоту R202
привязка де-факто R200
привязка де-юре R201
привязка к доллару R199
привязывать валюту M957
привязывать валюту к доллару M970
приемлемый A705, E453
приемлемый для залога G26, H138
приемлемый для переучёта B57, R516
приемлемый для учёта E1280, N61
приемлемый для учёта в банке N62
приём депозитов A96
приём на депозит ценных бумаг A95
признавать действительным V287
признавать законным V287
признавать недействительным A1073, I920
признавать несостоятельным F87, F92
признавать себя должником D78
признавать требование C2935
признак падения курса валюты S362
признак снижения процентной ставки S361
признание действительным V282
признание долга R336
признание законным V282
признание недействительным A1061, I918
признание обязательства V285
признание правильности счетов A1204
признание статуса ЭКЮ как валюты R337
признание убытков C1921
приказ A1322, B428, M83, O746
приказ, действительный до отмены O809, O823
приказодатель D1507
прикреплять валюту M957
прикреплять валюту к доллару M970
прилив капиталов E1024, I868

приложение капитала M781
приложение к финансовым отчётам A1043
применение множественных курсов валют P1601
применяемая процентная ставка T238
применять санкции S38
применять шкалу расценок T59
применять штрафы P556
примечания к балансу C1163
принадлежать к ЕВС M565
принадлежащий синдикату S1487
принимаемый к судопроизводству R305
принимать A114
принимать поставку ценных бумаг L133, L418, T789, T794
приносить прибыль A1284, B243, P2460, R1736
приносить процент I699, P1307
приносить сумму денег S741
приносящий процент P1324, R1113
принудительный заём E650
принудительный курс C2650
принятие A75, A706, A712, P2103, R264
приобретатель A297
приобретатель прав A304
приобретатель с торгов A669, B284
приобретать A259, A299, A308
приобретающая компания E1045
приобретение A220, A310, O220, P2103
приобретённая позиция P1402
приобретённое право D1557
приобретённые ценные бумаги T809
приоритет D1595, P2009, P2100
приостанавливать S1410
приостанавливать платёж по чеку C739, C749, C750, C759, O589
приостановка I843, S1411
при отсутствии прямого запрета I674
приписать ценной бумаге рейтинг Aaa N337
при посредстве... E1037
приращение A1500
прирост A197, G30, S1335
прирост капитала G32, P1025, P1029
прирост капитала за вычетом налогов G33
прирост ресурсов S1339
прирост стоимости A206
присваивать рейтинг N346
присяжный брокер C2754
присяжный эксперт E1723
приток A1346, A764, R2127, V467
приток денежных средств A767
приток золота A769
приток иностранного капитала A1169
приток иностранной валюты A766
приток капиталов E1024, I868
приток ликвидных средств A768
приток сбережений V469

приукрашенный баланс B338, B348
приукрашивание баланса C126, D1305, F112, H1, M161, T1306
приукрашивание счетов C128
приукрашивать баланс B331, B333
приукрашивать отчётность C1665
при условии акцепта A84
приходная операция E1020, O454
приходная статья A1364
приходная сторона A1639
приходный ордер B502
приходовать C1481, C1483
«причёсывание» баланса H1, M161
причитающаяся сумма M1176, S763
причитающиеся доходы R294
причитающиеся проценты I764, I767
проба золота T734
пробирное клеймо C2166
«пробить» порог S304
проведение арбитражных сделок R225
проведение банковских операций в режиме «онлайн» T1032
проведённая репортная сделка R1367
проверка E1593, I497, P1092, S1270, T593, V482
проверка аудиторской отчётности C2228
проверка баланса V485
проверка бухгалтерских книг I498
проверка отчётности C2226
проверка платёжеспособности C2231, V506
проверять C2186, C2235, P1098, S1269
проверять кассу C29
проверять наличность C31
проверять подлинность подписи S380
проверять правильность записи E985
проводимый по счетам S71
проводить O564
проводка A1352, E984, I470, I472, O374, O376, P418, P1482
прогнозирование движения наличных средств P1984, P1993
прогнозировать A1107
прогнозируемая прибыль R1765
прогнозируемая рентабельность R1233
прогнозируемые инвестиции I986
прогнозируемый курс P280
прогнозная модель M887
прогнозная оценка E1346
программное обеспечение L489
продаваемый C1177
продавать C468, R238, V390
продавец V363
продажа C571, E1652, R222, V400
продажа активов V402
продажа акций C575, C593
продажа банковских ссуд V441
продажа без покрытия на срок V415

продажа брокером ценных бумаг, не оплаченных клиентом-покупателем R1868
продажа валюты V431
продажа в ликвидационный период V426
продажа в покрытие V413
продажа в расчётный период V426
продажа выше номинальной цены V443
продажа движимого имущества V430
продажа заложенного имущества с аукциона V420
продажа за наличные C581, V408, V411, V417, V432
продажа за свой счёт C2143
продажа имущества C577
продажа иностранной валюты C586
продажа инструмента «флор» V422
продажа на комиссионных условиях V410
продажа на срок C595, V429
продажа на срок ценных бумаг V454
продажа на условиях форвард V452
продажа облигаций C591, V433
продажа опциона колл V409
продажа опциона пут V437, V446
продажа опционов колл V435
продажа пакетов ценных бумаг V406
продажа партиями V440
продажа пая V438
продажа покрытых опционов V412
продажа по соглашению V404, V423
продажа прав V418
продажа против аккредитива V401
продажа с аукциона M749, V414, V419
продажа с аукциона неделимого имущества, принадлежащего нескольким владельцам L186
продажа с обязательством обратного выкупа V444
продажа с поставкой в конце месяца V447
продажа с поставкой по требованию V428
продажа спот C590
продажа с публичных торгов A671, V414, V419, V445
продажа с торгов C3388, V403
продажа стрэдла V450
продажа стрэнгла V451
продажа финансового контракта C582
продажа фьючерса V452
продажа ценных бумаг C597, D382
продажная стоимость V194
продажная стоимость ценной бумаги V135
проданная дебиторская задолженность C3005
проданные ценные бумаги T880
проданный опцион колл O622
проданный опцион пут O683
продвижение на рынок P2570
продлевать P2553, P2620, R1191

продление A911, D424, P2541, R1192
продлённый срок P667
продолжительность действия ценных бумаг D1634
продолжительность опциона V575
продолжительность отсрочки D428
«прозрачность» рынка T1224
произведённые инвестиции I317
производитель золота P2365
производительный капитал C187
производить платёж P15, P17, P30
производные активы A399
производные инвестиции I959
производные финансовые инструменты P2407
пролонгация D424, P2541, R1192
пролонгированный вексель E330, E339
пролонгировать P2553, R1191
промежуточная запись E205
промежуточная прибыль B262
промежуточная ссуда A1579, P1928
промежуточная транша финансирования T1064
промежуточное финансирование C3171, C3261, C3264, C3301, C3303, C3305, C3310, C3322, C3332, C3335, F286, F299, F313
промежуточный счёт C1514, C1598, C1608, C1621, C1625, C1653
промежуточный холдинг S535
проникновение «горячих денег» P563
проникновение финансовых групп I51
пронумерованная карточка F180
пропорции баланса E1223
пропускать платёж P23
пропущенный платёж P103
просить кредит C3129
просить мораторий M1251
просить об отсрочке платежа S1386
просить о новой отсрочке долга R502
просроченная задолженность D1000
просроченная ссуда E643, E693, P1889
просроченный A1334, E149, P621, R1775
просроченный вексель E326, E342
просроченный дивиденд D1383
просроченный долг D991
просроченный кредит C3172
просроченный купон C2507
просроченный платёж A1335, A1338, E81, P41, P105
просроченный процент, подлежащий выплате I725
просроченный чек C810
просрочивать A1345
просрочка D424
просрочка платежа D580
проставление времени H121
простая акция A483, A489, A499, A526
простой акцепт A98, A100, A108

простой вексель B351, B375, B384, R1053
пространственный арбитраж A1246, A1252, A1258, A1260
просчёт M593
противозаконно I6
противозаконный I5
противоречащий контракту C1996
против передачи документов R1020
против платежа P26, R974, V510
против расписки в получении R398
протокол P2668
протокол о намерениях D191, L87, L116
проформа векселя T1012
проходить проверку T594
процент P1516, P1517, T44
процент акций P1521
процентная маржа M482
процентная облигация O120, O89
процентная ссуда P1841, P1869, P1881
процентная ставка L550, P2185, T65, T82, T203, T256, T287
процентный депозитный счёт C1559, C1561
процентный доход I686
процентный заём E686
процентный купон C2516
процентный опцион O666, O668
процентный риск R2024, R2027, R2045, R2047
процентный своп C2044, C2094, E56, S1443, S1455
процентный состав ликвидности D1518
публичный выпуск A1150, E544
пул P1241, T936
пул банковских учреждений P1248
пул евровалют P1249
пул ипотек P1252
пункт A1352, C933, P1068
пункт об индексации C948, C952
пункт по обмену валюты O253, O257
пункт по обмену иностранной валюты B574
пускать вексель в обращение E246
пускать капитал в оборот C173
путём торгов S823

работать за комиссионное вознаграждение C1214
рабочий день J73, J76
равнозначный E1238
равноценный E1238
равный во всех отношениях P248
равный объём операций E404
равный рейтинг R151
разбивать пассивы по статьям E950
разбивка активов V457
разбивка комиссионных банка D219
разбивка прибыли R1759

разбивка сальдо D214
разбивка суммы D215
разбивка счёта D217, D867
разбивка цены C1958
разблокированные средства F672
разбухание G255
разбухание валютных авуаров G257
разбухание денежной массы C3431, G258
разбухание доходов в денежном выражении G260
разбухание кредита P1549
разбухание ликвидных средств G259
разбухание резервов G262
разводнение D1135
разводнённая акция A435
разводнённый капитал C204
разводнять акционерный капитал D154
разводнять капитал D169
разглашать тайну S109
разграничение денежных агрегатов D473
раздвоение валютного рынка D283
раздел C664, P328
раздел баланса R2120
разделение D1309, D1315, D1440, D231, F838, P328, S67
раздел рынка D1444
раздробленная облигация O83
раздробленность рынков C1028, M1257
раздробленность финансовой системы S162
раздробленный рынок M226, M284, M286
раздувать денежную массу M533
раздутая сумма подписки S902
раздутый счёт C1509
размен C2273
разменивать деньги M963
разменная монета M956, P794
разменный D1448
размер M648, M1145, Q35, T35, T65, V649
размещение D1290, I48, P418, P816
размещение выпусков ценных бумаг P841
размещение контрольного пакета P827
размещение краткосрочных бон P830
размещение краткосрочных облигаций P830
размещение на национальном рынке P839
размещение на открытом рынке P858
размещение облигаций среди широкой публики P863
размещение ссуд P868
размещение ценных бумаг P882
размещение ценных бумаг с возможностью обратного выкупа P874
размещение ценных бумаг с репортом P875
размещение через торги P823
размораживание D109
размораживание капиталов D111
размораживание кредитов D386

размораживание счёта D112
размораживать D114, D387
размораживать капиталы C289
размораживать кредитную линию L211
размытость границ рынков F481
разница D141, D1079, D1108, D1228, E1, S1044
разница в процентных ставках D1101, D1113, D1115, E239
разница между курсом спот и форвард P1101, P1103
разовое изменение биржевой цены T625
разовый аккредитив A194
разовый платёж P112, P72
разрастание денежной массы C3431
разрешать овердрафт D247
разрешение A836, A1203, A1308, A1525
разрешение на прямое списание денег со счёта A1531
разрешённая сумма M1155
разрешённые инвестиции P824
разрешённые расходы D594
разрешённый к выпуску капитал C195, C200, C220
разрешённый кредит C3175
разрешённый овердрафт D256
разрешительный код C1057
разрушение барьеров между денежными рынками D208
разрыв D141, D1079, D1108, D1228, D1318, E1, F798, R2134
разрыв в цене E7
разрыв котировок покупателя и продавца E15
разрыв между банковскими процентными ставками D1231
разрыв процентных ставок F804
рамочное соглашение A167, C2026
ранг E140
ранжирование долговых обязательств E1448
ранжирование долговых требований E1454
рантье R1259
распад D539, D1309
распад Бреттон-Вудской валютной системы D541
распад международной валютной системы D542
распад международной финансовой системы D1227
распад системы фиксированных валютных курсов D797
расписка A324, B480, D161, D194, J120, J123, Q77, R257
расписываться на полях E460
расплатившийся Q90
расплатившийся и свободный Q93
расплачиваться A334
располагаемый доход R1884
располагать излишками текущих средств E1620

располагать правом D1549
распорядитель кредитов O745
распоряжаться собственным капиталом C291
распоряжение D1290, M83, M112, O740
распределение A1483, A900, D1329, P328, R1293, V456
распределение прибыли A745, D1331, R1297, R1319, R1321
распределённая акция A414, A525
распределённая прибыль B256
распределённые доходы R1912, R289
распределённые инвестиции I988
распределённые ресурсы R1681
распределитель международных ликвидных средств D1328
распределительный счёт C1535, C1539
распределяемая прибыль B255
распределяемый A1481
распределять A1482, R1290, V465
распродажа имущества при закрытии компании V427
распродажа легкореализуемых активов L322
распродажа ликвидных активов L322
распространение D1026, D1124, G142, P2536, P2570
распространение акций среди широкой публики D1126
распространение инфляции P2574
распространение карточек с микропроцессором D1128
распространение карточек с электронным чипом D1128
распространение плавающих валютных курсов G146
распространение платёжных карточек D1027
распространение секьюритизации I914
распространение схем сбережений G145
распространение ценных бумаг P2573
распространитель ценных бумаг P2569
распыление капитала D1246
распыление ценных бумаг E1194
распылённость акционеров D1245
распылённый капитал C205
рассредоточение инвестиций M1340
рассредоточение риска D1142
рассроченный E142
рассрочивание R1293
рассрочивание платежей E1410
рассрочивать E146, R1290
рассрочивать платежи R776
рассрочка E1410, E143, T460
рассрочка платежей E145
расстаться с валютой M974
рассчитавшийся Q90
рассчитанный платёж V517
рассчитанный риск R1988

рассчитываемый C844, C96
рассчитывать C76, C98, S1318
рассчитывать курс C2559
рассчитывать на повышение H25
рассчитывать срочную биржевую позицию P1423
рассчитываться наличными за ценные бумаги T800
рассчитываться с кредиторами C3074
расторгать контракт C1993, C2005
расторжение контракта R2135
расторжение кредитного соглашения R2136
расторжимый R1556
расточительство D1308
растрата D940, D944, M71
растрачивание G131, G2
растрачивать D947, G132
растущий дефицит D339, D346
растущий разрыв D144
расхищать D947
расход D120
расход денежных средств S797, S800
расходная статья A1362
расходный ордер B500
расходование денежных средств S796
расходовать D121, D588
расходовать наличные средства L366, T1261
расходовать средства R1630
расходы C682, D119, D122, D589, D605, F839, S805
расхождение валютных курсов D1037
расценка T48, T55
расчёт C75, C1326, C1444, D217, D571, P7, R694, S1317
расчётная валюта на основе корзины M994
расчётная ведомость F153
расчётная единица U41
расчётная книжка L462
расчётная операция O437
расчётная палата C37, C606
расчётная прибыль на акцию B267
расчётная сессия S89
расчётная таблица T2
расчётная часть B575
расчётные показатели P613
расчётный банк B171
расчётный валютный курс T114
расчётный день D43, D57, E70, E97, J67, J86, L307
расчётный день по контракту D44
расчётный дисконт E1298, E1311
расчётный доллар D1471
расчётный курс на бирже C2662
расчётный лист F157
расчётный период D457, E1199, P658, T560
расчётный чек C814, C830

расчёт паритетов C90
расчёт платежей C83
расчёт по валютным операциям R731
расчёт по внебиржевым покупкам R698
расчёт по долговым обязательствам R712
расчёт по контракту МАТИФ D573
расчёт по обязательствам L313
расчёт по сделкам с ценными бумагами R737
расчёт раз в два месяца L310
расчёт рентабельности C91
расчёт срочной задолженности C84
расчёт цен C81
расчёт через клиринговую палату R706
расчёты по клирингу M1296, P127
расчитывать C1445
«расчленённая» привилегированная акция A507
«расчленённые» облигации O188
расширение D1026, E1706, E1757, E410
расширенное покрытие E1761
расширенные полномочия по контролю и применению санкций P1563
расширенный доступ к кредиту F11
расширенный предел колебаний M476
расширять корзину A1394
расширять сферу своего надзора C2176
рационирование кредита R190
реабилитация банкрота R860
реализация C1178, D1124, R222
реализация выпусков на торгах E554
реализация залога R232
реализация права R229
реализация с согласия принципала R223
реализованная прибыль P1044, P1049, P1052
реализованная стоимость V169, V174
реализованные опционы O712
реализованные ценные бумаги T875
реализовывать залог G15
реализуемость F102, N44
реальная доходность R1108, R1145, R1170
реальная ставка T298
реальное снижение налога R482
реальные выплаты D136, D139
реальные деньги M1067
реальные паритеты P294
реальный курс C2674
реальный процент I728
ребанкаризация R253
ревальвация R1861
ревальвация валюты R527, R534
ревальвация одной валюты R533
ревальвация франка R1864
ревальвированный франк F923
ревальвировать R1866
ревальвировать валюту R538
реверс R1928
ревизия C2166

ревизовать R1933
ревизовать счета компании C1663
ревизор R1934
ревизор по оценке взносов в компанию C1192
револьверный аккредитив A189, A191, C3313, C3316, C3319
револьверный кредит C3313, C3316
револьверный накопительный аккредитив A192
регистр T7
регистратор ипотек C1893
регистрационный взнос за допуск к котировке на бирже D1560
регистрационный номер R540
регистрационный сбор T368
регистрация D635, E984, I470, I481
регистрировать ипотеку H144
регистрировать компанию S1136
регистрировать курс C2481
регистрировать платежи на обороте аккредитива L93
регистрировать произведённые платежи P119
регистрировать сделки T1084
регистрируемый на бирже C2382
регламент R694
регламентарный R739
регламентация R740
регламент биржи R704
регламентированная ставка T304
регламентировать выпуск банкнот E503
регресс R347
регрессный иск A523
регулирование A863, A880, A932, C2166, M40, R670, R740, R848
регулирование цен R764
регулировать A875, A883, C2235, M44
регулировать кредит C3153
регулируемая цена P2260
регулируемое ценообразование L182
регулируемый A862, C2270
регулируемый валютный курс T113
регулируемый рынок M234
регулярная выплата ренты V539
регулярная отчётность об управлении кассовой наличностью E1475
регулярность доходов и расходов R844
регулярный R693, R859
регулятор валютных курсов R847
редкая валюта M1066
редкая монета M1066
реестр B480, R650,1330, R2089
режим R592, T1024
резерв R1454, V630, V631
резервная валюта M1068, M1073
резервная позиция в МВФ P1426
резервный фонд P2672, R1454, V632
резкий взлёт курсов E462

резкий рост цен E1127
резкое падение курса валюты E387
резкое падение курсов акций E388
резкое падение цен E383
резкое снижение прибылей E181
резко падать E391
резко повышаться H31
результаты отчётного года R1760
реинвестирование P861, R513, R872, R1184
реинвестированные доходы P1054, R1925
реинвестировать R514, R871, R1074, R1185
реиндоссировать вексель собственному приказу E251
реинтеграция валют R868
реинтегрируемый R865
реинтермедиация R869
рейдер A1470, I452, P1617, R1385
рейтинг C919, C2450, E1337, E1537, N331, N336, R144
рекамбио C1646
рекапитализация R1732, R569, R961
реквизиты M634
реклассификация ссуды R326
рекордная прибыль R1766
рекордный дивиденд D1418
РЕЛИТ R958
ремизье R1059
ремитент B283, B288, P1672, P1675, P1681, R1012
рента R1235, R444
рентабельность R1129, R1216
рентабельный R1234
рентинг B12, R1262
рентная облигация O119
рентный должник D99
рентный кредитор C3110
реорганизация Лондонской фондовой биржи B325
репатриация R72
репатриированная прибыль B278
репатриировать R80
репатриировать капитал F655
репатриировать прибыль P2486
РЕПО A157, P4, P568, P1258, P2133, R1010, R1341
репорт R1351
репорт и депорт R1361
рескрипции R1429
реструктуризация R1731
реструктурированный кредит P1883
ресурсы драгоценных металлов R1963
ресурсы казначейства R1686
ретратта R1833, R314
ретроцедировать R1845
ретроцессионер R1850
референции R540

рефинансирование M799, R543
рефинансированный кредит C3279
рефинансировать M811, R557
рефинансируемый M796
рефляция R558
реформа R1204, R575
реформа денежного рынка R581
реформировать R1205
рециклирование R420
рециклирование доходов R424
рециклирование капиталов R421
рециклирование нефтедолларов R423
рециклирование ресурсов R425
рециклировать долларовые авуары A1647
решать в арбитраже A1269
решающий голос V629
решение D168, S716
решение, принимаемое большинством в 3/4 D173
решение, принимаемое простым большинством D174
ринг фондовой биржи E803
риск R1971
риски переоценки R2083
риск колебания курсов R2050
рискованный R2053
рисковое финансирование C258, C283
рисковый капитал C186, C258, C283, F670, V466
розничное кредитование C3224
розничные банковские операции A625
розничные брокерские услуги S223
розничный банк B106, B139
ролл-овер R2096
ролл-оверная ссуда E692
ролл-оверный кредит C3318, C3328, P1899, R2096
рост A197, A918, A928, A1500, C3422, D1026, E410, E1277, E1706, E1757, H22, M1245, P2513, P2536
ростовщическая сделка M421
ростовщическая ссуда P1907
ростовщическая ставка T332
ростовщический U84
ростовщический процент I735
ростовщичество U85
роялти R2119, R444
РУФ F18, F39, R2133
рынок C489, M166, M423, P805
рынок акций M181
рынок акций СИКАВ M384
рынок американских коммерческих бумаг M225
рынок банковских акцептов M178
рынок банковских посреднических услуг M303
рынок бон казначейских векселей M196
рынок бон казначейства M196

рынок «бросовых» облигаций M307
рынок «быков» M293
рынок валютных опционов M337
рынок валютных свопов M393
рынок государственных займов M255
рынок государственных процентных бумаг M372
рынок депозитов M242
рынок долгосрочных облигаций M329
рынок долгосрочных ссудных капиталов M213, M278
рынок евроакций M259
рынок евровалют M262, M267
рынок евроденег E1519
рынок евродолларов M263
рынок еврокапиталов E1520, M260
рынок еврокредитов E1521, M261
рынок евромарок M266
рынок еврооблигаций M268
рынок еврофранков M265
рынок еврофунтов M269
рынок евроэмиссий M264
рынок золота M186, M316, M348
рынок индексных опционов M339
рынок иностранных банкнот M220
рынок ипотечных обязательств M238
рынок капиталов M208
рынок коммерческих бумаг M194, M353
рынок контрактов на основе ПИБОР M231
рынок котировки ценной бумаги P810
рынок краткосрочных векселей M252
рынок краткосрочных гарантий процентных ставок M290
рынок краткосрочных межбанковских кредитов M413
рынок краткосрочных межбанковских ссуд J93
рынок краткосрочных ссуд до востребования M185
рынок краткосрочных ссудных капиталов M209, M313, M318
рынок краткосрочных ссуд центрального банка M314
рынок краткосрочных ценных бумаг M409
рынок кредитных ресурсов M271
рынок кредитов M240
рынок кредитов без посредников M270
рынок «медведей» M187
рынок наличного товара D1282
рынок наличных сделок M227, M247
рынок не принятых к официальной котировке ценных бумаг M202, M235
рынок новых выпусков M254, M326, M354
рынок облигаций M327, M330
рынок облигаций за наличный расчёт M328
рынок облигаций с плавающими ставками M279

рынок облигаций «янки» M422
рынок обмена активами M392
рынок обмена долговыми требованиями M250
рынок обращающихся валютных опционов на акции M342
рынок обращающихся долговых обязательств M410
рынок обращающихся краткосрочных ценных бумаг M408
рынок обращающихся опционов M340
рынок обращающихся опционов на акции M341
рынок обращающихся опционов на облигации M343
рынок обращающихся ценных бумаг M412
рынок обязательств в форме ценных бумаг M239
рынок обязательств с плавающей ставкой M193
рынок однодневных ссуд M306, M359
рынок опционов B529, M335, M365
рынок опционов на золото M344
рынок опционов на условный заём M338
рынок опционов на ценные бумаги M346
рынок опционов покупателя M336
рынок опционов продавца M347
рынок первоклассных ценных бумаг415
рынок покупателя M179
рынок по сделкам на срок M232
рынок прав на приобретение акций M249
рынок простых векселей M192
рынок процентных свопов M394
рынок свопов M391
рынок свопов доллар/марка M389
рынок свопов доллар/французский франк M390
рынок сделок с поставкой M317
рынок с длительным сроком поставок M232
рынок спот C1448, D1282, M227, M247, M387, R725
рынок ссудного капитала M281
рынок с участием небанковских учреждений M191
рынок твёрдых сделок M334
рынок финансовых фьючерсов M402, M406
рынок форфейтинга M282
рынок фьючерсов на процентные ставки M405
рынок ценных бумаг B505, M407, M414, P808
рынок ценных бумаг денежного рынка M411
рынок ценных бумаг с фиксированным доходом M416
рынок ЭКЮ M251
рынок эмиссий ценных бумаг M253
рынок эмиссионных гарантий M272
рыночная капитализация C275
рыночная конъюнктура C1856
рыночная котировка C2416, C2468
рыночная процентная ставка T83, T99, T233
рыночная ставка T258
рыночная ставка-индикатор T196

рыночная ставка ссудного процента T289
рыночная стоимость V57, V71, V136, V194
рыночная стоимость компании V60
рыночная стоимость уже существующей акции V58
рыночная учётная ставка E1291, T169, T173
рыночная цена C2664
рыночное поручение на продажу O826
рыночное финансирование F325
рыночный индикатор I255
рыночный приказ O761, O764, O770, O786, O805
рыночный риск R2031
ряд C602, S1230, S188
ряд курсов спот S190

сальдирование A1324
сальдировать C1040, S690
сальдо D1079, P1341, R1688, S629
сальдо активного счёта S651
сальдо банковского счёта S641
сальдо выданных ссуд S684
сальдо задолженности S662
сальдо клиринга S645
сальдо к переносу R1351, R1364, R1368, S678, S686
сальдо межбанковских расчётов S693
сальдо невыплаченных ссуд S676
сальдо нефинансовых капиталопотоков S673
сальдо пассивного счёта S650
сальдо, перенесённое с прошлого периода R1363
сальдо платёжных операций S680
сальдо по временному счёту S649
сальдо по клирингу S694
сальдо портфельных инвестиций S669
сальдо по статье «движение капиталов» S672
сальдо по статье «прочие банковские операции» S679
сальдо по счёту S648
сальдо прошлого периода R1357, S640
сальдо расчётов по клирингу S645
сальдо счёта R1690
сальдо счёта покупателя S638
сальдо счёта продавца S689
самоликвидирующийся кредит C3173
самофинансирование A1517, F280, F285, F287
самофинансироваться F331
самый низший курс ценных бумаг P620
санация денежного обращения A1375
санкции за отказ от акцепта S43
сантим C471
сбалансированность E1207
сбалансированный инвестиционный портфель P1293
сбалансированный инвестиционный фонд F616

сберегательная касса С43
сберегательная книжка С347, L464
сберегательная книжка целевого
　инвестиционного счёта L466
сберегательная книжка целевого счёта
　жилищного строительства L465
сберегательные вклады Р2411
сберегательные вклады, освобождённые от
　налога Р2412
сберегательные счета L467
сберегательные счета с фиксированными
　взносами Р994
сберегательный банк В119, С43
сберегательный депозит D663
сберегательный депозит без права выписки
　чеков D664
сберегательный сертификат В433, С530
сберегательный счёт С1574, С1603
сберегательный счёт инвестирования в акции
　С1575
сберегательный счёт инвестирования в
　казначейские векселя С1581
сберегательный счёт на жилищное
　строительство С1582
сберегательный счёт с ежедневным
　начислением процентов С1577
сберегательный счёт с повышенным процентом
　С1580
сберегательный фонд F594
сберегать деньги А1274
сбережения Е156, Е1134, R1657
сбережения в ликвидной форме Е1167
сбережения в форме вложений в недвижимость
　Е1163
сбережения в форме облигаций Е1177
сбережения в форме ценных бумаг Е1171,
　Е1190
сбережения на депозитах Е1151
сбережения, приносящие доход Е1180
сбережения частных лиц Е1170, Е1179, Е1185
сближение потоков официальных и частных
　ЭКЮ R128
сближение процентных ставок R133
с более близким сроком исполнения R2113
сбор С1109, D1546, D1615, Р592, S3, Т354
сбор налогов R272
сборщик налогов Р590, R307, R309
сбрасывать ценные бумаги D385
сброс валюты F965
сброс франка F961
сброс ценных бумаг D382, D384
сбывать С1182
сбыт С1178, D1329
сведение баланса С1900
сведение банковских счетов Е1467
сведения о счёте клиента I428

сверка банковских счетов R125
сверка счетов А1214
сверка финансовых отчётов R132
свёрнутый баланс В347
свёртывание валютных отношений С1048
сверхбыстрая экспансия Н135
сверхкапитализация S1323
сверхликвидность S1369
сверхнакопление капитала S1320, S1381
сверхподписанный S1389
сверхприбыль В258, S1265, S1373, S1382
свидетельство А1473, В428, С506, Р685, R257
свитч S1464
СВИФТ S1462, S584
свободное плавание валют F445, F447
свободно конвертируемая валюта D1061, М998
свободные резервы банков С2894
свободный биржевой торг С3388
свободный валютный рынок М219, М311
свободный капитал С206
свободный от уплаты налога I105, I107
свободный перелив капитала L183
свободный резерв R1463
свободный рынок М310
свободный рынок золота М312
сводить баланс В54
сводиться с дефицитом D330, D333, R2107,
　R2110
сводная таблица R256, Т25
сводный баланс S437
сводный счёт С1639
своевременно погашать долг Е1585
своевременный возврат ссуды F245
своевременный платёж Р94
своп С2042, С2092, Е42, Е51, S1421
своп активов S1432
«своп»-банк В166
«свопинг» С3420
своп на основе ЛИБОР S1446
своп основной суммы Е55
своп по облигациям с нулевым купоном S1450
«своп»-сделки С3420
своп с исполнением в конце месяца S1441
«свопцион» О664, S1461
своп ЭКЮ против валют S1440
с выплатой процентов 15 января J47
связанная продажа V425
связанная ссуда Р1804, Р1850
связанный заём Е665
связанный контракт F240
связанный кредит С3207
связанный с отсрочкой М1249
связанный счёт С1540, С1602, С1649
связываться С1949
связь С1294, I787, R886
с гарантией G68

с гарантированным распространением G55
сглаживание долга L393
сглаживать диспропорции D1319
сдаваемый в аренду L537
сдавать в аренду B3, B5, L539
сдавать в внаём L539
сдавать купон на инкассо C2502
сдача внаём L483
сделавший взнос A1419
сделать выписку из банковского лицевого счёта клиента R912
сделать новый взнос в капитал A1140
сделать публичное предложение о покупке O281
сделка A335, A720, M166, N81, O345, T1073, V400
сделка за наличный расчёт M227, O357, O375
сделка на повышение T1081
сделка на понижение T1077
сделка на срок N110
сделка с клиентом O370
сделка с обратной премией P2031, P2053, P2058, P2064, P2070, P2073
сделка спот N108, O375
сделка с правом выбора валюты T1079
сделка с предварительной премией P2027, P2039, P2052, P2055
сделка с премией O433
сделка с финансовыми фьючерсами T1080
сделка с ценной бумагой по цене более высокой, чем предыдущая N93
сделка с ценной бумагой по цене более низкой, чем предыдущая N92
сделка «форвард» M315
сделка форвард — форвард F797
сдерживать C1955, P546
сдерживать инфляцию I347, I350
сдерживать курс C2581
сдерживать увеличение денежной массы M535
сдерживать утечку капиталов F957
сдерживать финансирование F316
сдерживающий фактор C1981
с дивидендом D1384
СДР D1619, E1502, M1029, U45
себестоимость C2786, C2835
сегментирование рынка C1322
сегментированный рынок M226, M284, M286
сегментировать C1323, S160, S163
сегмент рынка F827, S157, S940
сегодняшняя наличность L373
сейф C1094, C27
сектор I318, S120
секция биржи C1105
секция торгового зала биржи S144
секьюритизация M430, M791, S156, T676, T882, T884

секьюритизация банковских обязательств T887
секьюритизация долга M792
секьюритизация инвестиций M433, M795, T891
секьюритизация ипотечных обязательств T888
секьюритизация кредитов T889
секьюритизация обязательств M431, T886
секьюритизация сбережений M793
секьюритизация финансирования M432, M794
секьюритизация финансовых активов T885
секьюритизировать T892
секьюритизировать долговые требования C3001
секьюритизировать кредиты C3369
семейный банк B123
серебро в слитках A1288
серебряная монета M980, M984
серебряный монометаллизм M1112
серебряный сертификат C513
серебряный стандарт E1433
серия S188, T1053
серия займа T1062
серия кодов S189
серия облигационного займа T1065
серия опционов S195
серия опционов «в деньгах» S193
серия опционов «вне денег» S191, S194
серия свопов S196
серия с истекшим сроком S192
серия ценных бумаг S197
сертификат B428, C506
сертификат денежного рынка C541
сертификат долевого участия C546
сертификат инвестиционного фонда P315
сертификат казначейства C553
сертификат межбанковского займа C534
сертификат на акцию M159
сертификат на акцию с бланковой подписью владельца C516
сертификат на валюту C515
сертификат на единичную акцию T765
сертификат на обычные акции C509
сертификат на право голоса C527
сертификат на право голоса по доверенности C554
сертификат на предъявителя на ценные бумаги C551
сертификат нефтяных компаний C547
сертификат об освобождении C517, D1241
сертификат ОКИЦБ T733
сертификат о неплатеже C543
сертификат о погашении T751
сертификат платёжеспособности C552
сертификат права собственности T695
сертификат с начислением сложных процентов C535
сертификат участия B439
сертификация C557

«серый» рынок M292
сестринская компания S583
«сетевое» соглашение E1009
сетка G283
сетка взаимных паритетов валют в ЕВС G288
сетка процентных ставок G291
сеть C896, R1431
сеть банкоматов R1438
сеть Глобэкс R1441
СИБОР S322
СИКАВ S324
СИКАФ S323
сильная валюта D1051, M1030
Сингапурская срочная финансовая биржа S407
синдик S1469
синдикат C1915, G294, G305, S1470
синдикация кредита P854
синдицированная сделка O442
синдицированный C1914
синдицированный банковский кредит C3181, C3184
синдицированный заём E695
синдицированный кредит A721, C3193, C3214, C3327
синдицировать кредит P1784
синтетическая плавающая ставка T336
синтетические сделки O552
синтетический S1490
синтетический своп S1454
система D1284, E993, R592, S1491, S1652
система автоматического перевода заработной платы S1609
система котировки S1532
система налогообложения F350
система «он-лайн» S1586
система «откачки» S1634
система «оф-лайн» S1587
система плавающих валютных курсов R600, R646, S1513, S1536, S1560, S1638
система фиксированных валютных курсов R599, S1510
«скальпер» O328
скачок инфляции E599, P1550
с квитанцией R397
скидка B457, D234, E1281, R471, R1014, R2084
скидка в валюте R2086
скидка миноритарным акционерам E1290
скидка при платеже наличными E1294
скидка при расчёте E1292, E1313
скидка с курса D619
складские расписки W5
складское свидетельство C528
скользящий валютный курс C636
скользящий паритет P267, P272, P281
скоринг E1559, S61
скорректированный курс C2588

скрытая инфляция I355, I369, I375
скрытая прибыль P2491
скрытые резервы R1511, R1531, R1540
скрытые убытки P762
скупать ценные бумаги T772
скупка A62
скупка акций компании с целью завладеть контрольным пакетом P802
скупка акций рейдерами R47
с купоном C2498, J44
скупщик акций R1385
слабая валюта D1050, M1022
следующий ликвидационный период L318, L321
следующий расчётный день J70
слежение за курсом на бирже L27
слитковое золото O727
слиток золота L301
слиток на депозите L300
слиток серебра L299
слияние F970, R824, R1851
слияния и поглощения O457, O507
служебная записка N344
слушать телефонный биржевой журнал J96
смета C75, E1439
смета капиталовложений B561
смета расходов B557, E1455, E1460, P1986
сметные издержки C2845
смешанная ценная бумага T718
смешанное кредитование C1129
смешанное страхование A1447, M1359
смешанное финансирование F290
смешанный банк B140
смешанный инвестиционный фонд F621
смешанный кредит C3276
смешанный полис P1117
смещение конверсии D612
смотреть на оборотной стороне документа V567
смягчать валютный контроль C2167
смягчать кредитную политику C3119, C3131
смягчение валютного контроля L143
смягчение кредитной политики D805
смягчение условий предоставления кредита D874
снабжать A885
снабжать вексель поручительством E231, E233
снижать A29, A8, A892, R1
снижать курс валюты M965
снижать налог I96, I98
снижать налогообложение F351
снижать паритет валюты P253
снижать процентную ставку T205
снижать стоимость C2787, C2791
снижать тариф T49
снижение A1, A22, A717, A740, A886, B19, C879, D202, D274, D388, D392, D873, D927, D1143, E1244, F406, G240, R408, R1332

сниженная цена P2184
снимать P1641, P1669, R1792
снимать с вклада D640
снимать со счёта деньги R1813
СНИФ F14
соарендатор C1120, C2349
соаудитор C2358
с оборотом R349
собственная акция в портфеле компании A537
собственно ценная бумага C2359, M159
собственные авуары A1678
собственные средства A378, F690, R1684
собственный капитал C331, F690, P454, S432
совершать контрсделку P1345
совершать обмен E44
совершать операции на рынке M174
совершать сделку A337
совершенный арбитраж A1251, A1256
Совет C1281, C1865, C1876
совещательный C1943
совкладчик C1064
совладелец C1065, C2347, C2350, C2488
совместная ссуда P1805
совместное предприятие C1093, C2336, E1052, E1067, E1072, F227, J28, S492, S554, S563
совместное страхование C1050
совместно и порозни C1843
совместно финансируемый заём P1803, P1824
совместный C1841
совместный банковский счёт C1519
совместный депозит D677
совместный держатель C1065
совместный должник C1063
совместный инвестиционный банк B134, B70
совместный кредитор C3051
совместный счёт C1555, C1594, C1601, C1623
совместный текущий счёт C1548
совокупная балансовая стоимость V75
совокупная стоимость V191
совокупное сальдо S656
совокупность C3435, E993, M520, T926
совокупный C3440, G245
совокупный дефицит D340
совокупный доход R1890
совокупный остаток B48
совокупный размер M1167
совпадение сроков активов и пассивов A149, C1708
согласие банка A841
согласно банковскому праву D1551
согласно действующим правилам M818
согласно приложенной копии C2342
согласно расписке Q82
согласование C2332, H7
согласование размера комиссионных за гарантию и размещение N89

согласование сроков платежей и поступлений C1838
согласование условий займа N96
согласованная корректировка R208
согласованная оценка E1544
согласованный C1697
согласовывать A168, C1715, H21
соглашение A132, A135, A1308, C1992, C2240, E1006, P1, P2668, T1022, T1073
с оговорками R1456
содержать риски R2057
содиректор C1066
содолжник C1063
соединять терминал с банковской системой T580
создавать C3380, E1349
создавать резервы P2699, R1500, S1159
создание C1924, C3079, E1350, F565, F728, M766
создание банка данных S5
созыв акционеров C2322
созывать кредиторов C3073
сойтись на этой цене P2171
сокращать A53, A979, C1403, C1966, E1196, L3, P1239, R498
сокращаться A952, R499, R560, R823, R1835
сокращение A54, A947, A976, C1398, C1967, D1143, L243, P1227, R3, R471, R561, R1616, R1836
сокращённый R500
сокредитор C1054
сокрытие от налогообложения D1307, D945
сокрытие прибылей D1304
сокрытие части имущества от преследования кредиторов D941
солидарная подпись S385
солидарная финансовая ответственность банков S706
солидарно C1843, S699, S700
солидарный S698
солидарный гарант G54
солидарный долг D990
солидарный должник C2326
солидарный иск A529
солидный банк B161
соло-вексель S321
сомнительная ссуда P1802, P1817, P1844, P1846
сомнительный долг C2952, C2990, D995
сомнительный счёт C1523
соответствовать паритету P149
соответствующая валюта D1046
соответствующая запись по другому счёту E192
соответствующая маржа M471
соответствующий контракту C1995
с оплатой в конце периода T548
с оплатой всех расходов F847

сопоручитель C1098, C2355, G54
сопоручительство C1051
сопоставительный курс C2460
сопоставление C1834, R124
соприобретатель C1047
сопровождать поручения оговорками O834
сопутствующие инвестиции I985
соразмерно P2613
со спредом30 пунктов P1100
состав валютной корзины C1390
состав внешних авуаров C1387
составление баланса C1941, E1354, E409, F729
составлять акт A336, A338
составляющая капитала C1374, E430
составляющие ЭКЮ M1097
составная валюта M1092
составной доход R1139
состав портфеля C1394
состояние валютных резервов E1470
сострахование C1050
с отрицательным сальдо R2109
с отсрочкой платежа C3127
соуправляющий C1101
«сохранение тайны гарантировано» D1224
сохранный счёт D707
спад A740, D202, R408, R561, R1332
спаренные акции A592
спекулировать A826, J29, S1008, S1032
спекулировать на повышение S1035
спекулировать на понижение S1033
спекулировать против собственной валюты D1041
спекулировать фьючерсами J39
спекулянт J40, S999, T64
спекулянт, играющий на повышение H57, J42
спекулянт, играющий на понижение B42, J41, O923, V369
спекулянт на повышение S1003
спекулянт на понижение S1000
спекулятивный F431
спекуляция A825, C2494, M136, S1007
специальные счета казначейства C1685
специальный индоссамент E901
специальный резерв S1172
специальный сбор T374
специальный счёт C1652
специальный чек C824
списание неуплаченных долгов S1307
списание отрицательного сальдо A1229
списание ссуды R38
списанные активы V254
список E1439, L394, N194, R650, R911, R1330, R2089, T7
«с подлинным верно» A974
спокойный рынок M207
спонсировать S1043

спонсор B16, C1160, F332, S1041
спонсорство S1042
спорное право требования C2948, C2961, C2971
спорный C1956
способ F772, M663, M852, P2292, T389
спотовая составляющая C1375
«справедливая» ставка дохода R1148, R1169
с правом D1561
справочная цена P2259
справочный курс C2653
справочный паритет P282
спред D1079, E1, M451, O415, S1044
спред «бабочка» O425
спред «быков» E21, O421, S1057
спред «быков» колл E22
спред в компенсацию за неустойчивость курсов S1059
спред колл O423
спред «коробка» O426
спред «медведей» S1056
спред между фиксированной и рыночной ставками D1095
спред при погашении ссуды D1093
спред пут O424
с премией P2022
спрос D493
спрос и предложение O273
с процентами I687
сращивать капиталы C297
среднесрочная облигация O101
среднесрочная операция T563
среднесрочная ссуда P1855
среднесрочный T544
средний доход R281
средний курс покупки валюты M1313
средний объём E849
средний рост H45
средний срок дюрации D1637
средняя банковская ставка T96
срок D1, D424, D1641, E1197, J113, L525, P622, T538
срочный L414
ссуда A1555, A1569, C3111, E605, P1780, P1800
ссуда Банка Франции A1560
ссуда без дополнительных условий P1837
ссуда без обеспечения A1564, P1798, P1813, P1858
ссуда без права досрочного требования P1847
ссуда без права обращения взыскания на имущество членов ограниченного товарищества P1826
ссуда без риска непогашения основной суммы P1885
ссуда в иностранной валюте A1565, P1854
ссуда внутри финансовой группы P1845
ссуда, возмещаемая по требованию P1815, P1878, P1908

ссуда до востребования A1296, A1305
ссуда казначейству A1584
ссуда на доверии P1833
ссуда на жёстких условиях P1827
ссуда на жилищное строительство P1832, P1927
ссуда на нечётко определённых условиях P1904
ссуда на определённый срок P1818
ссуда на особом контроле P1893
ссуда на пополнение оборотных средств A852
ссуда, не приносящая указанный в договоре процент P1860
ссуда, обеспеченная ценными бумагами P1851
ссуда одного клиента банка другому P1839
ссуда по базовой ставке P1894
ссуда под высокий процент P1843
ссуда под государственные векселя A1567
ссуда под заключённый контракт A1572
ссуда под залог A1573, P1828
ссуда под залог векселей P1796
ссуда под залог требований A1563
ссуда под залог частных векселей P1819
ссуда, подлежащая возврату P1877
ссуда под низкий процент E649, P1799, P1808, P1823, P1895
ссуда под обеспечение товарами A1571
ссуда под подпись P1887
ссуда под процент E657
ссуда подрядчику C3236
ссуда под складское свидетельство A1586
ссуда под ценные бумаги A1583, E702, P1905
ссуда, по которой прекращены выплаты P1816
ссуда по льготной процентной ставке E630
ссуда по прайм-рейт P1894
ссуда предпринимателю C3236
ссуда, признанная рисковой P1802
ссуда против гарантии A1570
ссуда с выплатой в рассрочку P1879, P1901
ссуда с изменяющейся ставкой P1870
ссуда с плавающей ставкой P1897, P1900
ссуда с погашением основной суммы в конце срока E628
ссуда с погашением периодическими платежами P1879, P1901
ссуда с правом досрочного погашения P1884
ссуда с твёрдо обусловленным сроком A1582
ссуда с фиксированной годовой выплатой E627
ссуда с фиксированной ставкой P1896
ссуда физическому лицу P1868
ссуда частному лицу P1868
ссудная касса C41, C51
ссудный банк B153, B209
ссудный капитал C210, C249
ссудный процент I686
ссудодатель P1915
ссудополучатель E707
ссужаемый капитал C330

ссужать деньги в долг A1271, A1283
ссужать деньги под ростовщический процент U86
ссужать под проценты I694, I697
ссужать привлечённые средства R1639
стабилизационный валютный фонд F626, F631
стабилизационный заём E694
стабилизация S1061
стабильная валюта M1074, M1078
стабильное ядро акционеров B407
стабильность курсов S1071
стабильность курсов ценных бумаг F144
стабильные, но регулируемые валютные курсы C662
стабильные паритеты P298
стабильные ресурсы банка R1685
ставить визу V614
ставить на голосование V625
ставить подпись S375, S378, S404
ставить под угрозу M458
ставить пробу C2235
ставить свою подпись S369
ставка M730, N309, T48, T65
стальной сейф C608
стандартизация B55, N305, S1081, U15
стандартизировать U23, U25
стартовый капитал C191, C201, C225, C245, C251, C311
«старшая» акция A498, A500, A516
«старшая» ценная бумага T745, T747
старший казначей T1287
старший кассир C70, C72, C717
старый счёт C1507
старый франк F913
статус S1100
статьи актива и пассива P1499
статьи поступлений и расходов P1505
статья A1352, C664, C933, E422
статья актива E423, P1483
статья баланса A1355, P1482, P1486
статья дохода E438
статья пассива баланса C666
статья расходов O15, P1492
статья счёта A1358
стеллажная операция O441
стеллажная сделка M273, O640, P2040, S1147
степень платёжеспособности C1089, M493
степень ревальвации T301
стерилизация S1148
стерлинговый блок B413
стимулирование I192, P2570
стоимость C2786, P2164, V18
стоимостью V32
стокброкер S1175
столбиковая диаграмма G275, G277
столкновение заявок на покупку и на продажу R1127

столкновение спроса и предложения R1128
стоп-лосс E1616
стоп на убытки E1616
с торгов A677, C3389, S823
сторнирование C2120, C2146, C2147, E1769
сторнировать E1770
сторнировать запись E185
сторнировать проводку по созданию резерва P2677
сторно E193, E199
страна-дебитор N29, P508
страна-должник P510
страна-заёмщик P509
страна-кредитор N28, P507
страна-мировой кредитор P2738
страна-плательщик P524
страна-получатель P503
страны золотого блока P527
страны-нетто — импортёры капитала I72
страны-нечлены организации P529
страны-партнёры P531
страны-полноправные члены ЕВС P532
страны с уязвимыми валютами P528
страны-участницы ЕВС P348
страхование A602, A1438, C2868, G83, O383, S124
страхование валютных рисков C2909
страхование вкладов A1457
страхование выплаты по номиналу A1453
страхование зарубежных инвестиций A1446
страхование кредита A1444, A1456
страхование кредитного риска A1452
страхование личных ссуд A1451
страхование на определённый срок A1454
страхование невозвращения долгов A1443
страхование от валютных рисков O384
страхование от инфляции C2892
страхование от повышения курса P2644
страхование от понижения курса P2639
страхование от потерь H62
страхование перед выдачей ссуды A1450
страхование процентного риска C2914
страхование с правом участия в прибылях A1448
страхование ценных бумаг C2916
страхователь A1459, P1673, S869
страховать A1460, C2918
страховать валютные риски R2063
страховать заём E623
страховать от потерь H63
страховать путём покупки опциона O606
страховать свои риски путём выплаты R976
страховать себя от будущего валютного риска R1999
страховать себя от непосредственного риска R1978

страховаться как от падения, так и от роста цены C2869
страховая касса C33
страховая коверноста L89
страховая премия P2013, P2030
страховая стоимость V51
страховая сумма S756
страховой брокер C2755
страховой депозит P2672
страховой менеджер G225
страховой полис A1438, C2020, P1110, P1111
страховой полис на срок P1125
страховой портфель P1270
страховой резерв R1468
страховой риск R1983
страховой фонд F575
страховщик A1461
страхуемый риск R1982
строго конфиденциально C1821
структура C1385, S1191
структурное упорядочение R837
структурные заёмщики E727
структурные инвестиции I1013
стрэдл A248, J117, O369, O393, S1044, S1176
стрэнгл A249, S1177
су S814
субаренда S859
субгарант S931
субординационные кредиты P1965
субординационный заём E688, P1867
субординированные облигации O204
субординированный вексель E343
субординированный вексель с преимущественным правом требования E344
субординированный заём P1891
суброгация S1209
суброгация в силу закона S1211
суброгация в силу соглашения S1210
субсидии D1525, E1112
субсидирование O249
субсидированная ссуда E630
субсидированный S1227
субсидировать P2076, S1228
субсидия A844, A900, S1214, S1223
субсидия на капиталовложения P2054
субститут маркет-мейкинга S1229
субсчёт S868
субучастие S943
субучастник S942
судебный спор C1957
сужать спред S1055
сужаться R1835
сумма C846, S734, T916
суммирование A656, S730
суммировать A660, S743, S787, T917, T925
суммирующее счётное устройство T924

с условием R1456
суточный кредит A1299
с участием P352
с учётом купона C2498
с финансовой точки зрения F335
сформировать корзину A1393
сформировать лот L529
схема S58
схема пенсионного обеспечения P1007
схема переучёта S60
схема подписки на акции R640
схема получения дохода в определённый срок P1004
схема получения фиксированного процента дохода P1005
схема регулярного получения дохода P1006
сходный срок D1648
счёт C1457, D740, F55
счёт актива баланса C1503
счёт амортизационных отчислений C1506
счёт без обеспечения C1553
счёт векселей C1571
счёт векселей к оплате C1572
счёт векселей к получению C1573
счёт в иностранной валюте C1610
счёт вкладов до востребования C1564
счёт вкладчика C1556
счёт «востро» C1659, V670
счёт в системе почтовых жиросчетов C1534, C1549, C1631
счёт в управлении у брокера C1592, C1606
счёт в ЭКЮ C1570
счёт движения капиталов C1525
счёт закупок в кредит C1502
счёт за рубежом C1585
счёт издержек C1531, C1590
счёт ипотечного кредитования C1633
счёт кассовой наличности C1512
счёт кассы C1524, C1584
счёт компании C1538
счёт кредитной карточки C1528
счёт «лоро» C1605, L527, V670
счётная единица M993, U41
Счётная палата C611
счёт недвижимого имущества C1657
счёт нерезидента C1617
счёт «ностро» C1618, N329
счётные символические деньги M1024
счетовод A854, C986, C1188, C1440, E596, T506
счетоводство C1415
счёт основного капитала C1657
счёт, открываемый вкладчику-некоммерсанту C1624, C1635
счёт пассива C1626
счёт перевода C1641

счёт переходящих сумм C1514, C1608, C1621, C1625, C1653
счёт, по которому брокер может совершать операции без предварительного согласия клиента C1527
счёт, по которому допущен овердрафт C1554, C1565, C1616
счёт по операциям с опционами C1620
счёт прибылей C1636
счёт прибылей и убытков C1629, C1645, E1471
счёт процентов C1597
счёт расходов C1531, C1590, N343
счёт резерва на непредвиденные риски и расходы C1637
счёт резерва на обесценение ценных бумаг C1638
счёт резервов C1644
счёт с дебетовым сальдо C1551, C1648
счёт с кредитовым сальдо C1550
счёт с недостаточным гарантийным депозитом C1595
счёт с подробным перечислением операций C1566
счёт с предварительным уведомлением C1632
счёт срочных вкладов C1562
счёт ссуд C1516, C1634
счёт трастовых операций C1588
счёт убытков C1628
счёт-фактура F55
счёт финансирования C1589
счёт ценных бумаг C1563, C1655
счётчик N388
счёт эмиссионной премии R1484
сэкономленные средства бюджета E161

таблица валютных курсов G284, G290, T3
табло вызова T12
тайное голосование V677, V686
таксатор T341
таксированный страховой полис P1112
таможенная оценка V94
таможенный тариф T48
тантьема C1224, T46
тариф брокерских услуг T51
тариф за услуги T325, T57
тарификация T58
твёрдая валюта D1051, D1062, M1012, M1030, M1076
твёрдый F136, R1559, T521
твёрдый валютный курс C633, C640, T117
твёрдый курс покупки C2585
твёрдый курс продажи C2713
твёрдый паритет P269
тезавратор T623
тезаврация T616

тезаврация денег Т617
тезаврация золота Т620
тезаврация ценного металла Т619
тезаврированные деньги А1298, А1302, Е760, М1081
тезаврировать Т622
тезаврировать золото О723
текущая стоимость V132, V44, V85
текущая цена С2407, С2587, Р2181, Р2225
текущий С2536, С902
текущий банковский счёт С1532, С1544
текущий бюджет В559
текущий валютный курс С2603, С2629, С641
телеграфный перевод С11, Т1158, Т1176, Т1220, V543, V602
телеграфный платёж Р107
телекс Т456
телексный отдел банка S259
телемаркетинг Т443
телеобработка Т432, Т448
телеплатёж Р60
телетрансмиссия файлов в банк Т451
телетрансмиссия файлов клиенту Т452
темп роста денежных агрегатов М1 и М2 Т178
тенденция С2537, D1290, М1261, О900, Т1239, Т468
тендер Т492
тендерная ссуда Р1890
тендерная ставка Т81
тендерное поручительство G115
тендерное предложение S821
терминал Т579
терпеть убытки Р754
терять на курсовой разнице С623
тест ликвидности Т600
тест рентабельности Т602
тик Т625, V318
тикер Т627
товарная биржа В520, В526, В533
товарный аккредитив L99
товарный брокер С1290, С2771, С2773
товарораспорядительный документ Т759
Токийская фондовая биржа В544
только в этот расчётный день Е72
«только основная сумма» Р2086
тонтина Т914
«Топвал» Т915
торги А671
торги с неконкурирующими предложениями А681
торговать С1174, N121, Т1047
торговать большими пакетами В425
торговать долговыми требованиями С2996
торговая группа G296
торговая наценка М451
торговая сессия S72, S82, S84, S86, S91
торговля С1166, Е63, Е65, N112

торговые надбавки М502
торговые тратты Е357
торговые тратты, подлежащие погашению за границей Е360
торговый С1175
торговый акцепт А91
торговый зал биржи F423, Р299, S27
торговый посредник М163
торговый процент I705
точная дата D55
точная сумма дивиденда D1387
точная цифра дохода S438
традиционный учёт Е1314
трансакционная единица U49, U53
трансакционные издержки С2863, F909
трансакционный Т1082
трансакция М166, О345
транснациональная корпорация S587
транснациональный банк В169
транснациональный капитал С327
трансферабельный аккредитив С3333
трансфертная цена Р2186
трансфертные платежи О558, Р143
транша Т1053
транша «быков» Т1058
транша займа Т1062
транша «медведей» Т1057
транша облигационного займа Т1065
трассант Е481, Е491, S367, Т673
трассат Т669, Т671
траст F198, F205, F570
траст-закладная Н149
трастовый договор А344
трастовый фонд F592, F597
траст по инвестированию в малые предприятия F211
траст по инвестированию в недвижимость F207, F210
тратта Е266, Т639, Т958
тратта, выставленная в иностранной валюте Т995
тратта к акцепту Т983
тратта, не оплаченная к настоящему времени Т1017
тратта, принимаемая к учёту Т1002
тратта с авалем Т987
тратта с наступившим сроком платежа Т1000
тратта с оплатой через определённый срок Т993
тратта с оплатой через определённый срок после предъявления Т994
тратта с определённым сроком платежа Т992
тратта с указанием конкретной даты платежа Т999
требование D493, Е1671
требовать возмещения убытков по суду D1488
требовать гарантию G65
требовать расписку Q80

требуемый R1427
требующаяся сумма C322
трест G294, G301, G317, G322, G327, T1308
третий держатель D899, T632
третье лицо, которому вручено уведомление суда о наложении ареста на имеющиеся у него суммы и имущество должника T637
третье лицо, которому вручён приказ суда о наложении ареста на имеющееся у него имущество должника S2
треть процентного пункта T633
третья валюта M1082
тройская унция чистого золота O304
трудно рефинансируемый банковский кредит C3287
туристический аккредитив L98
тяжёлое положение доллара H5
«тяжёлый» франк F923

убытки D1487, P753
убыточный P1639
уведомление A1608, L52, N336, N351, P1604
уведомлённый банк B201
уведомлять A1638
увеличение A69, A197, A911, A918, A1500, C3422, E410, E1706, G30, H22, M45, P2513, R939, S1335
увеличенный дивиденд D1404
увеличивать A73, A916, H54, M51, R950
увеличиваться A208, A917, A1501, C2555, C3434, H23, H26, H54, R1067
увеличивающиеся арендные платежи L560
уголовная ответственность R1601
уголовное преследование за выпуск фальшивых денег P1539
угроза поглощения M625
угроза санкций M627
удельный вес валют в корзине P1063
удельный вес валют в ЭКЮ P1062
удельный вес золота P1065
удельный вес СДР P1058
удержание D217, D293, P1640, R1783, R1785
удержанная скидка R1039
удерживать D300, P1615, P1641, P1669, R1, R1782, R1786
удорожание R1117
удостоверение подписи C560
удостоверение чека C558
удостоверенная подпись S388
удостоверенные счета C1671
удостоверенный акт A339
удостоверенный чек C777, C831
удостоверять A1515, C561, L31
удостоверять вексель E256
удостоверять подпись S370, S374
удостоверять правильность счетов E1588
удостоверять чек C740

удостоверяющий право собственности T677
ужесточать валютный контроль C2184
ужесточать контроль C2173
ужесточать кредитную политику C3133, C3148, C3152, C3158
ужесточение валютного контроля R1617
узкий рынок M258
узуфрукт U80
узуфрукт на ценную бумагу U81
узуфруктуарий U82
узуфруктуарий ценной бумаги U83
указание неправильной даты на документе S1294
указание эмитента I271
указанная ставка налога T192
указанный срок D453
указывать котируемые ценные бумаги на специальном табло V198
указывать на терминале сумму платежа T581
указывать реквизиты M635
уклонение E1563
уклонение от уплаты налогов E1567, F941, F962
уклоняться от выполнения обязательств O170
уклоняться от уплаты налогов F342, I78
украденная ценная бумага T768
укрепление денежной единицы A1376
укрепление франка R43
укрывать от налогообложения T343
улучшать свою ликвидность T1254
ультимо L315
уменьшать A53, A8, A892, M723, R498
уменьшающиеся арендные платежи L557
уменьшающиеся комиссионные C2738
уменьшающийся разрыв D149
уменьшение A1, A54, A886, A947, A1377, B19, D388, D392, D927, D1143, E1244, F406, M722, R1616, R1836, R471
умеренная пошлина T372
умеренная процентная ставка T234
умеренное налогообложение F365
умеренные цены M901
универсализация D850
универсализация банков D851
универсальное платёжное поручение T766
универсальность U56
универсальные сверхбанки M602
универсальный банк B170
унция золота O302
Уолл-стрит W1
уплата A329, L149, P7, R971
уплаченная сумма S778
уплаченные премии P2081
уплаченный взнос P381
уплаченный налог I136
уплачиваемый приказу O748, O751
уплачивать A333
уплачивать процентную ставку T208

уполномоченный F566, M102, R1386
уполномочивать M108, P2355
упорядочение условий расчёта N306
упорядоченная центральная картотека F187
упорядоченное повышение курса иностранной валюты A1194
упорядочивать O744, R839
управление A696, C1802, C2166, D1177, D1188, G149, G168, M40, M74, M112, O252, R848, S266
Управление аудита D1192
Управление почтовых чеков S270
управляемое хеджирование C2889
управляемый G163
управляемый дефицит D345
управляемый счёт C1504
управлять A704, C1801, C2235, G164, M44, M120, M455
управляющий D1160, G151, G224, M80
упразднение A31, S1295
упразднять A30, S1316
упрощение B55, S408
упрощённая система R638
упрощённая система выпуска ценных бумаг R636
упрощённая система налогообложения R639
упрощённый вариант проспекта P2637
упрощённый порядок бухгалтерского учёта C1436
уравновешивание валютных и процентных ставок E1206
уравновешивать C2117, E1221
урегулирование A1308, R694, T1073
урегулировать R793
урегулировать сальдо S633
урезанный L273
урезывание финансовых средств P1230
урезывать P1239
уровень D402, E140, H116, N131, P165, S302, T65
усиление инфляции R434
усиление межбанковской конкуренции I660
усиление тенденции A72
усиливать инфляцию I344
ускоренная конверсия C2274
ускорять платёж P13
условие C933, D1290, R1454, S1154
условия акцепта C1769
условия выплаты премии M839
условная валютная позиция P1379
условная ликвидность L337
условная основа B233
условная расчётная единица U42
условная срочная сделка O447
условная стоимость V115
условная сумма контракта M1208
условная сумма сделок M1209

условная транша T1060
условная цена C2646
условно C1799
условный C1798, N353
усложнение формул индексации S792
усложнённый S795
услуги P1771, S271
устав акционерного общества S1146
устав банка S1141
устав МВФ S1143
уставный R739, S1128
уставный акционерный капитал C262, C265
уставный капитал C195, C200, C220, F632
уставный фонд F632
устанавливать верхний предел P940, P969
устанавливать квоту Q102
установка банковских автоматов I50, I508
установление D353, D933, E1350, F378, I513, M766
устная котировка C2404, C3388
устойчивая валюта M1079
устойчивая позиция T524
устойчивая тенденция T481, T491
устойчивость F140, F398, I340, P688, S1069, S709, T524
устойчивый F136, R1559, S1077, S1253, S954, T521
уступаемый C570, T1207
уступать C468, C572, T1233
уступка A309, A876, C571, C1698, T1138, T1209, T1226
утверждать баланс B328
утверждаться в качестве групп G331
утверждение баланса R143
утерянная ценная бумага T684, T738
утерянный чек C786
утечка F954, E1563, H69, S796, S805
утративший юридическую силу C23
утраченная ценная бумага T684, T738
утрачивать право D164
ухудшать D767
ухудшаться A816, A917, D401, L16
ухудшение A813, A918, D392, D927
участвовать I858, P398
участвовать в ЕВС M566
участвовать в «банковской змее» S201
участвовать в капитале C182, P403
участвовать в прибылях P301
участие I686, I862, P349
участник A661, I848, P343, P401
учёт C1405
учёт векселей E1281, E1302, M809
учёт векселей в банке E1293, E1299, E1306
учёт вексельных кредитов C1423
учёт документарной тратты E1301
учёт долговых требований E1297
учёт доходов C1412

учёт заработной платы Р6
учёт и переучёт векселей Е1319
учёт купонов С1407
учётная единица Р696
учётная карточка счёта С371
учётная кредитная линия L231
учётная ставка Е1281, Т167, Т168, Т70
учётная ставка ФРС Т171
учётная таблица Т21
учётный банк В120
учётный курс С2614
учётный рынок М257
учёт переводных векселей Е1315
учёт переводных тратт Е1315
учёт резервов на покрытие потерь по ссудам С1411
учёт ссуд С1410
учёт счетов-фактур С1408
учёт трастовых операций С1426
учёт финансовых векселей Е1309
учёт ценных бумаг С1437
учёт частных векселей Е1310
учитываемый вексель Р206
учредитель С3078, F564, Р2565
учредительное собрание А1387
учредительный С1923
учредительская акция А413, А455, Р307, Р314
учредительские расходы F858, F875, F884
учредительский договор А342, А348
учреждать С3380, Е1349
учреждение С3079, Е1350, F565, I513, О862, О869
учреждения Бреттон-Вудской валютной системы I538
учреждения-трассаты Е1408
учреждения — члены Ассоциации французских банков Е1397
учтённая ссуда Р1821
учтённая тратта Т1003
учтённый вексель Е293
уязвимая валюта М1088, М996
уязвимость банковской системы V692
уязвимость доллара V690

факт неплатежа С381
факторинг А716, F52, F53
факторинговая компания Е1046, S460, S515
факторинговые операции О501
фактор-компания F51
фактурирование F53
фактурировать услуги Р1772
фактурная книга F57
фактурная цена С2644
факультативная налоговая схема R618
фальсификатор F120
фальсификация D1303, F1, F111, T1305
фальсификация баланса D1305

фальсификация бухгалтерских документов D1306
фальсификация учёта F940
фальсификация цифр Т1296
фальсифицировать F117, Т1307
фальшивая банкнота В368
фальшивая монета Р795
фальшивомонетничество F127
фальшивомонетчик F128, M1110
фальшивый чек С793
ФИБОР F165
«фигура» F218
фидуциарий F199, F203
фидуциарная операция О401
фидуциарная эмиссия Е520
фидуциарное владение Р2606
фидуциарный F202
физическое лицо Р709
фиксация F378
фиксация валютного курса F376, F394
фиксация курсов F380
фиксинг F376, F394, S87
фиксированность F398
фиктивный счёт С1587, С1651
филиал-плательщик S1246
финансирование F257, F314, О245
финансировать С1162, F315, F330, F650
финансируемый F249
финансист F334
финансовые инструменты С2114, F793, I606, Р2393, Р2413, Р2425
финансовый год А1039, Е1659, Е1662, Е1666, Р648
финансы F250, Т1248
фирма С1, Е1042, Е1350, F336, М30, S447
фирма по размещению ценных бумаг S566
фирма-участница F338
фирменный бланк Р205
фирменный кредит С3202
фискальный F343
Фитч F375
«флор» F423, G120
фондовая биржа В505, В537, С2352, М350, М367, Р808, S1173
форфейтирование Е1304, F281, F301, F714, F717
франк F911
франк КФА F915
франк КФП F916
«франт офис» F951
Французская ассоциация биржевых брокеров А1415
Французская бухгалтерская ассоциация S593
французские государственные ценные бумаги R1258
Французский международный срочный рынок М429, М550

французский франк F921, P249
фрахтовая биржа B517, B523, B527
ФРИБОР F948
«фундаменталисты» F563
фундаментальный анализ A999
функциональная оценка A1192
функционирование F527, J4
функционировать F544
фунт стерлингов L457, S1152
фунт стерлингов на срок L458
фьючерс C2055, C2095
фьючерс на боны казначейства C2097
фьючерс на золото C2102
фьючерс на облигации C2101
фьючерс на серебро C2096
фьючерсный контракт C2055, C2095
фьючерсный рынок M232, M289

хеджер A1267, H61
хеджирование A1242, A629, A722, C1929, C2868, G83, H62, O383, O407
хеджирование инвестиций C2904
хеджировать C2877, C2918, H63
хищение D940, D944, M71
хлебная биржа B518, B524
холдинг H97, S495, S517, S533, S562, S567
холдинговая компания H97, S495, S517, S533, S562, S567, T1314
холдинговые компании H100
«храм финансов» T462
хранение C1894, D911, G125
хранилище депонированных ценностей S29, S33
хранитель денежных средств C1897
хранитель золота МВФ D629
хранить G130

цедент C466
цедент по долговым требованиям C467
целевая направленность кредитов S990
целевое вложение средств P884
целевое назначение кредита D857
целевой размер денежной массы O5
целевые зоны для валютных курсов Z22
целевые инвестиционные кредиты P1970
целевые кредиты на рефинансирование P1971
целевые сберегательные счета P989
целевые фонды F696
целиком I644
целостность Бреттон-Вудской системы H110
целостность бюджета I658
целостность валютной системы I647
цена C2556, C2786, P2164, T48, V18
ценная бумага E228, T677, V18

ценная бумага-барометр T739
ценная бумага в иностранной валюте T721, V145
ценная бумага в материальной форме T767
ценная бумага, дающая право подписки на акцию O662
ценная бумага добывающей компании V140
ценная бумага, допущенная к котировке V125
ценная бумага, допущенная к официальной котировке V45
ценная бумага, зарегистрированная на имя брокера T715, T754
ценная бумага, исключённая из числа котируемых на бирже V59
ценная бумага как запись по счёту V186
ценная бумага компании, которая является возможным объектом поглощения T760
ценная бумага, котируемая на бирже V57, V83
ценная бумага, курс которой изменяется вопреки общей тенденции V91
ценная бумага, лежащая в основе опциона T763
ценная бумага, лежащая в основе производного финансового инструмента T762, T764, T881, V133
ценная бумага-лидер V164
ценная бумага, могущая быть использованной T719
ценная бумага, могущая быть мобилизованной T719
ценная бумага на депозите T701
ценная бумага на предъявителя P1340, T744
ценная бумага на счёте T761
ценная бумага, находящаяся в обращении T693
ценная бумага, находящаяся в собственности V167
ценная бумага, не котирующаяся на бирже T697, T730
ценная бумага, не подлежащая допуску к котировке T729
ценная бумага, обеспеченная залогом недвижимости T714
ценная бумага, обеспеченная путём залога оборудования T712
ценная бумага, обращающаяся вне биржи T727
ценная бумага, обращающаяся на бирже T690, T726
ценная бумага, обращающаяся на внебиржевом рынке V148
ценная бумага, обращающаяся на денежном рынке T724
ценная бумага, обращающаяся на рынке спот V79
ценная бумага, оплачиваемая по предъявлении T737, T769
ценная бумага-ориентир T739
ценная бумага, погашаемая досрочно по желанию кредитора T709

ценная бумага, по которой прекращены выплаты T700
ценная бумага, предоставленная в качестве обеспечения V118, V120
ценная бумага, принимаемая к переучёту центральным банком T687
ценная бумага, принимаемая к репорту V183
ценная бумага, приносящая проценты V127
ценная бумага промышленной компании V124
ценная бумага с варрантом T770
ценная бумага, связанная с инвестициями в недвижимость T741
ценная бумага с низким риском V180
ценная бумага, снятая с котировки T752, V173
ценная бумага с плавающей ставкой P222
ценная бумага с пониженным рейтингом T699
ценная бумага с фиксированными купонами P190
ценная бумага, частично приобретённая в кредит и обеспеченная депозитом у брокера T743
ценные бумаги Американского казначейства T878
Ценовой комитет C1157
ценовой разрыв D1088
централизация C479
Центральная картотека неплательщиков по чекам F196
Центральный банк B174, B202, B77
Центральный банк Англии B173
центральный валютный курс C2601, C2686
центральный курс P264, T110, T279
Центральный фонд экономического сотрудничества C57
центр клиринга C494
цепь банкротств C383, F101
цессионарий A302, C599
цессия C571
цикл бухгалтерской отчётности C3446
циклические ценные бумаги V223
циклический арбитраж A1243
цикл учёта C3446
циркуляр C900
циркуляр для сбора голосов C901
циркулярный аккредитив B364, L98
чартизм A1002, A986, C712
чартист C713, G278, S977
чартистская система котируемых инструментов S1493
чартистские точки S318
частное ЭКЮ E219
частный капитал C252
частный тезавратор T624
часть F819, L528, P300, P401, Q99, Q106, Q111, T44, T1053, V647
чеканить монету M1108, M958, M964
чек без обеспечения C774, C776

чек в обращении C778
чек в оплату налогов C794
чек выписанный для осуществления платежа C806
чек, выписанный для получения наличных со счёта C792
чек, выписанный для получения наличных со счёта C826
чек, выписанный на третье лицо C766
чек, датированный более поздним днём C817
чек кассира C804
чек, который не может быть передан путём индоссамента C801
чек на инкассо C789
чек на клиринге C781
чек на крупную сумму C796
чек на предъявителя C808, C815
чек на самого себя C827
чековая карточка C358, C361
чековая книжка C344, C348, C837
чековый P2152
чековый акцепт A90
чековый курс C2611
чековый портфель P1277
чековый принтер M7
чековый счёт C1532
«чекограф» C715
чекодатель E479, T673
чекодержатель B286
чек с общим кроссированием C770
чек со специальным клирингом C828
чек со специальным кроссированием C771
чек с уведомлением C767
через брокера E1038
через посредство I799
черновая конторская книга M14
чёрная касса C48, C53
чёрная пятница V399
чёрный рынок M224, M323, M355
«чёрный рыцарь» C841
чёткие временные пояса F969
Чикагская биржа опционов C842
Чикагская опционная биржа M427
Чикагская товарная биржа B539, C843
числитель индекса Кука N370
число C846, N169, Q35
число голосов N193
чистая прибыль B263, E1613, M465, M485, P2474, P2477, R1750
чистое золото O726, O729
член правления A691, D1160
член правления, представляющий большинство голосов G154
член правления, представляющий меньшинство голосов G155
членство Q21
чрезвычайная ссуда A1568

чрезвычайно жёсткий плановый показатель
   денежной массы O6
чрезмерный рост H37, M1248
чувствительный рынок M383

швейцарский франк F922, F926
широкий набор валют E1569
штраф A941, P538, P547
штраф за досрочное погашение P554
штраф за расторжение контракта P550
штрафной процент I730, P552

эйфория на бирже E1487
эйфория на финансовых рынках E1490
эйфория роста курсов E1489
экономикс E155
экономическая рента R1235
Экономический валютный союз U35
экран консолей E171
экраны «Рейтер» E179
экс-варрант E1597, E1756
экс-дивиденд E1631, E1670
экс-купон E1630
эксперт A1017, E1721, S968, S970
экспертиза C1946, E1732
эксперт по рынку A1022
эксперт по финансовым вопросам E1726
экспорт D488, E1747, S805
экспортёр капиталов E1746
экспорт капиталов D489, E1748
экстенсивные капиталовложения I993
ЭКЮ E217, E1502, U44, U54
эластичный рынок M383
электронная почта M647
электронная связь C1296
электронное голосование V679
электронные банковские услуги S280
«электронные» деньги M1014, M1061
электронные платёжные системы S1660
электронные терминалы E180
электронный вексель E286
электронный перевод денежных средств T1153,
   T1230, T454
электронный перевод средств при чековом
   клиринге N226, N250
электронный платёж P67
эмиссионная зона Z6
эмиссионная премия P2041, P2043
эмиссионная цена C2638, P2204
эмиссионный банк B115, E1372
эмиссионный брокер C2762, C2778
эмиссионный дисконт P2041, P2042
эмиссионный доход P2079, R1147
Эмиссионный комитет C1151
эмиссия C3079, E494, L7
эмиссия в ЭКЮ с фиксированной ставкой E514

эмиссия денег C3080, C3096
эмиссия денежных знаков C3102
эмиссия еврооблигаций E1508
эмиссия за наличные E532
эмиссия инвестиционных сертификатов E505
эмиссия иностранных облигаций E534
эмиссия иностранных ценных бумаг E546
эмиссия коммерческих бумаг C3083
эмиссия краткосрочных облигаций E504
эмиссия на денежном рынке E527
эмиссия нот с плавающими ставками E564
эмиссия облигаций E533
эмиссия ценных бумаг E545, E551, L4
эмитент C3078, E474, O877
эмитент векселя E481
эмитент денег E484
эмитент долгового требования на предъявителя
   E480
эмитент дружеского векселя S872
эмитент кредитной карточки E478
эмитент кредитной линии поддержки E482
эмитент, не обязанный выполнять требования о
   предоставлении отчётности E485
эмитент облигаций E486
эмитент переводного векселя E491
эмитент простого векселя E476
эмитент рентной ценной бумаги E489
эмитент с более низким рейтингом E483
эмитент ценных бумаг E490
эмитировать L14
эмитировать акции A571
эмитировать акции A566
эмитировать заём E612, E616
эмитирующий E473
эмиттировать C3380, E493
эскалационная оговорка C948, C952
эскалация E1277
эскалация инфляции E1278
эскалация процентных ставок E1279
эффект «воронки» E290
эффективность E375, R1129
эффективный P619
эффективный валютный курс доллара I299
эффект маятника P786
эффект рычага фьючерсов E306

юридический адрес компании S358
юридический адрес кредитора D559
юридический статус I3
юридическое лицо P695, P699, P703, P705
юридическое лицо по французскому
   законодательству P706

явно завышенная оценка S1359
ядро капитала N359

Издательство «Р У С С О», выпускающее научно-технические словари, предлагает:

Толковый биржевой словарь
Большой англо-русский политехнический словарь в 2-х томах
Новый англо-русский словарь по нефти и газу в 2-х томах
Англо-русский словарь по авиационно-космической медицине, психологии и эргономике
Англо-русский словарь по психологии
Англо-русский словарь по машиностроению и автоматизации производства
Англо-русский медицинский словарь
Англо-русский словарь по парфюмерии и косметике
Англо-русский словарь по полиграфии и издательскому делу
Англо-русский словарь по рекламе и маркетингу
Англо-русский юридический словарь
Англо-русский и русско-английский словарь ресторанной лексики
Англо-немецко-французско-русский физический словарь
Англо-немецко-французско-итальянско-русский медицинский словарь
Англо-русский и русско-английский лесотехнический словарь
Англо-русский и русско-английский медицинский словарь
Русско-англо-немецко-французский металлургический словарь
Русско-английский геологический словарь
Русско-английский политехнический словарь
Русско-английский словарь по нефти и газу
Русско-французский и французско-русский физический словарь

Адрес: 117071, Москва, Ленинский пр-т, д. 15, офис 323.
Телефон: 955-05-67. **Факс:** 237-25-02.
Web-страница: http: //www.aha.ru/~russopub/
E-mail: russopub@aha.ru

Издательство «Р У С С О», выпускающее научно-технические словари, предлагает:

Французско-русский математический словарь
Французско-русский технический словарь
Французско-русский юридический словарь
Немецко-русский ветеринарный словарь
Немецко-русский словарь по автомобильной технике и автосервису
Немецко-русский политехнический словарь
Немецко-русский словарь по психологии
Немецко-русский словарь по судостроению и судоходству
Немецко-русский сельскохозяйственный словарь
Немецко-русский экономический словарь
Немецко-русский электротехнический словарь
Немецко-русский юридический словарь
Новый немецко-русский экономический словарь (Габлер)
Новый русско-немецкий экономический словарь (Габлер)
Русско-немецкий автомобильный словарь
Русско-немецкий и немецко-русский медицинский словарь
Русско-итальянский политехнический словарь
Итальянско-русский автомобильный словарь
Итальянско-русский политехнический словарь
Самоучитель французского языка
Стрелковое оружие. Терминологический словарь
Тематический словарь сокращений русского языка
Шведско-русский горный словарь

Адрес: 117071, Москва, Ленинский пр-т, д. 15, офис 323.
Телефон: 955-05-67. **Факс:** 237-25-02.
Web-страница: http: //www.aha.ru/~russopub/
E-mail: russopub@aha.ru

Болотина А. Ю.

СЛОВАРЬ ЛЕКАРСТВЕННЫХ РАСТЕНИЙ

Латинский, английский, немецкий, русский

Около 12 000 названий

Вышел в свет в 1999 году

Предлагаемый словарь содержит около 12 000 названий лекарственных растений, применяемых в медицине, в том числе и гомеопатии, и связанных с ними терминов.

Исходными в словаре являются латинские термины, к которым даны эквиваленты на английском, немецком и русском языках.

Для удобства пользователей в конце словаря имеются указатели английских, немецких и русских терминов.

Словарь предназначен для врачей, фармацевтов, биологов, преподавателей и студентов профильных учебных заведений, переводчиков, а также для всех, кто интересуется лекарственными растениями.

Издательство «РУССО»
Адрес: 117071, Москва, Ленинский пр-т, д. 15, офис 323.
Телефон: 955-05-67. **Факс:** 237-25-02.
Web: http: //www.aha.ru/~russopub/
E-mail: russopub@aha.ru

Лисовский Ф. В., Калугин И. К.

АНГЛО-РУССКИЙ СЛОВАРЬ ПО РАДИОЭЛЕКТРОНИКЕ

Около 63 000 терминов

Вышел в свет в 1999 году

Словарь содержит около 63 000 терминов и терминологических сочетаний по радиотехнике и электронике, различным видам связи, радиолокации, радионавигации, физике твердого тела, кристаллографии, записи, хранению и воспроизведению информации. В словарь включена также основная терминология по вычислительной технике, телевидению, микроэлектронике и САПР.

В конце словаря даны сокращения.

Отдельным приложением дан указатель русских терминов.

Словарь рассчитан на переводчиков, инженерно-технических работников, аспирантов и студентов.

Издательство «РУССО»
Адрес: 117071, Москва, Ленинский пр-т, д. 15, офис 323.
Телефон: 955-05-67. **Факс:** 237-25-02.
Web: http://www.aha.ru/~russopub
E-mail: russopub@aha.ru

Прокопович С. С.

ИТАЛЬЯНСКО-РУССКИЙ АВТОМОБИЛЬНЫЙ СЛОВАРЬ

Около 16 000 терминов

Вышел в свет в 1999 году

Словарь содержит около 16 000 терминов, относящихся к теории, конструкции и испытаниям автомобильной и мотоциклетной техники, а также к их техническому обслуживанию, ремонту и эксплуатации, включая автотранспортные перевозки.

Словарь снабжен указателем русских терминов. Предназначен для широкого круга специалистов, работающих с литературой по автомобильной технике, студентов, переводчиков научно-технической литературы, автолюбителей.

Издательство «РУССО»
Адрес: 117071, Москва, Ленинский пр-т, д. 15, офис 323.
Телефон: 955-05-67. **Факс:** 237-25-02.
Web: http: //www.aha.ru/~russopub/
E-mail: russopub@aha.ru

Дж. П. Мюррей, В. Л. Ривкин

АНГЛО-РУССКИЙ МЕДИЦИНСКИЙ СЛОВАРЬ-СПРАВОЧНИК

«НА ПРИЕМЕ У АНГЛИЙСКОГО ВРАЧА»

Вышел в свет в 1999 году

Данная книга представляет собой оригинальное издание, сочетающее в себе свойства словаря, разговорника и справочника на медицинскую тему. Автор английской части — носитель языка — доктор из Великобритании Дж. П. Мюррей, автор перевода — профессор В. Л. Ривкин.

Часть первая книги представляет собой англо-русский словарь медицинской терминологии, необходимой для общения врача и пациента. Во второй части приводится 21 пример клинических случаев и широкий круг различных вариантов неотложных состояний, наиболее часто встречающихся во врачебной практике. Части третья и четвертая содержат некоторые медицинские понятия и их характеристики, т.е. представляют собой своего рода идеографический словарь. Часть пятая книги содержит важнейшие термины, употребляемые при описании различной патологии. Часть шестая включает в себя список наиболее употребительных современных английских медицинских аббревиатур и нескольких примеров оформления английской медицинской документации. Последняя часть книги представляет профессиональную разговорную лексику, которой пользуются английские врачи.

В книге принята английская орфография.

Издание предназначено для преподавателей английского языка медицинских вузов, врачей, студентов-медиков и переводчиков, а также всех тех, кто пользуется услугами английских врачей.

Адрес: 117071, Москва, Ленинский пр-т, д. 15, офис 323.
Телефон: 955-05-67. **Факс:** 237-25-02.
Web-страница: http://www.aha.ru/~russopub/
E-mail: russopub@aha.ru

СПРАВОЧНОЕ ИЗДАНИЕ

ГАВРИШИНА
Капитолина Семеновна
САЗОНОВ
Михаил Анатольевич
ГАВРИШИНА
Ирина Николаевна

БАНКОВСКО-БИРЖЕВОЙ СЛОВАРЬ

ФРАНЦУЗСКИЙ
АНГЛИЙСКИЙ
РУССКИЙ

Ответственный за выпуск
ЗАХАРОВА Г. В.

Ведущие редакторы:
ГВОЗДЕВА Т. Ф.
КОЛПАКОВА Г. М.

Редактор
КИСЛОВА Е. Е.

Лицензия ЛР № 090103
от 28. 10. 1994 г.

Подписано в печать 02.02.1999 г. Формат 70х100/16.
Печать офсетная. Бумага офсетная № 1. Печ. л. 61.
Тираж 2060.

«РУССО», 117071, Москва, Ленинский пр-т, д. 15, офис 323.
Телефон: 955-05-67. Факс: 237-25-02.
Web: http://www.aha.ru/~russopub/
E-mail: russopub@aha.ru

Отпечатано в Московской типографии №2 РАН.
121099, Москва, Шубинский пер., 6.

Заказ 480